Igl · Welti | Gesundheitsrecht

Gesundheitsrecht

Eine systematische Einführung

Herausgegeben von
Prof. Dr. Gerhard Igl und Prof. Dr. Felix Welti

Mitautoren:
Prof. Dr. Andreas Hoyer, Kiel
Prof. Dr. Gerhard Igl, Kiel
Rechtsanwalt und Notar Prof. Dr. Mathias Nebendahl, Kiel
Prof. Dr. Frank L. Schäfer, Freiburg
Prof. Dr. Edzard Schmidt-Jortzig, Kiel
Prof. Dr. Felix Welti, Kassel

3. neu bearbeitete Auflage 2018

Verlag Franz Vahlen

Zitiervorschlag: *Bearbeiter* in Igl/Welti GesundheitsR § Rn.

www.vahlen.de

ISBN 978 3 8006 5422 2

© 2018 Verlag Franz Vahlen GmbH
Wilhelmstraße 9, 80801 München
Druck: Nomos Verlagsgesellschaft mbH & Co. KG / Druckhaus Nomos
In den Lissen 12, 76547 Sinzheim

Satz: R. John + W. John GbR, Köln
Umschlaggestaltung: Martina Busch Grafikdesign, Homburg Saar

Gedruckt auf säurefreiem, alterungsbeständigem Papier
(hergestellt aus chlorfrei gebleichtem Zellstoff)

Übersicht über die Kapitel und die Autoren

Vorwort zur 3. Auflage

Die hier vorliegende systematische Einführung in das Gesundheitsrecht hatte in den Vorauflagen das Anliegen, vor allem Studierenden der Rechtswissenschaft, aber auch anderer Disziplinen, die sich mit dem Gesundheitswesen und dem Gesundheitsrecht befassen, ein wissenschaftlich fundiertes Lehrbuch an die Hand zu geben. Aus dem Lehrbuch, das in zwei Auflagen erschienen ist (2012 und 2014), ist das jetzt vorliegende Werk entwickelt worden. Der Grundcharakter als systematische Einführung in das Gesundheitsrecht ist beibehalten worden. Das Werk ist jedoch inhaltlich wesentlich erweitert worden um die Materien des Gesundheitssozialrechts, dh insbesondere um die Materien des Sozialleistungsrechts auf den wichtigsten Feldern der gesundheitlichen Versorgung.

Die Autoren gehen davon aus, dass das Anliegen jeder Wissenschaft, die methodische und dogmatische Durchdringung des Stoffes, nur dann realisierbar ist, wenn das gesamte Feld des Gesundheitswesens rechtlich in den Blick genommen wird. An dieser methodischen und dogmatischen Aufarbeitung des Gebietes des Gesundheitsrechts fehlt es bisher. Mit diesem Werk soll ein erster Schritt in diese Richtung gegangen werden. Dabei ist auch hier klar, dass die gesamte Stofffülle nicht dargeboten und aufgearbeitet werden kann. Was jedoch geleistet werden kann, ist ein Beitrag zur (gesundheits-)rechtlichen Bewusstseinsbildung. Diese soll darin gesehen werden, dass das menschliche Grundbedürfnis der Gesundheit von einer Vielzahl von Akteuren und Institutionen in rechtlichen Dimensionen ganz unterschiedlicher Art zu gewährleisten ist.

Wenn schon jetzt von einem Stilmerkmal des Gesundheitsrechts gesprochen werden kann, dann ist es das Zusammenspiel der verschiedenen juristischen Disziplinen und das Zusammenwirken unterschiedlicher Rechtsquellen, das dieses Rechtsgebiet auszeichnet. Ebenso ist ein Grundverständnis für die Arbeitsweise anderer Wissenschaften und Professionen wie Medizin, Pflege und Gesundheitsökonomie hilfreich. Für die Studierenden, aber auch für die Lehrenden dieses Rechtsgebiets stellt diese Komplexität eine besondere Herausforderung dar.

In diesem Werk wird ein besonderer Akzent gelegt auf die Akteure des Gesundheitswesens und die Rechtsräume, in denen sie handeln. Nach der letzten Juristenausbildungsreform soll mit den Schwerpunktbereichen auch ein Beitrag für eine spätere berufliche Orientierung geleistet werden. Für die anwaltliche Tätigkeit auf dem Gebiet des Gesundheitsrechts ist die akteursspezifische Sicht von besonderer Bedeutung. Rechtsanwälte und Rechtsanwältinnen vertreten die Akteure, zurzeit vor allem den Arzt, das Krankenhaus, aber auch den Patienten. Mit diesem Werk wird versucht, neben den Rechtsschutzfragen auch eine rechtssystematische Dimension zu vermitteln.

Die Herausgeber dieses Werks haben den Mitautoren für ihre Bereitschaft zur Mitarbeit jetzt auch an der dritten Auflage zu danken. Diese rechtsinterdisziplinäre Mitarbeit ist Voraussetzung für das Konzept dieses Werks.

Die Gesetzgebung ist bis zum 31. Juli 2017 berücksichtigt.

Kiel/Kassel, im Sommer 2017

Inhaltsübersicht

Inhaltsverzeichnis

Abkürzungen

ABl.	Amtsblatt
abl.	ablehnend
Abs.	Absatz, Absätze
aE	am Ende
AEUV	Vertrag über die Arbeitsweise der Europäischen Union.
aF	alte Fassung
AGB	Allgemeine Geschäftsbedingungen
AGG	Allgemeines Gleichbehandlungsgesetz
AktG	Aktiengesetz
ALG II	Arbeitslosengeld II
AltPflG	Altenpflegegesetz
AMG	Gesetz über den Verkehr mit Arzneimitteln (Arzneimittelgesetz)
AMNOG	Arzneimittelmarktneuordnungsgesetz
AMPreisV	Arzneimittelpreisverordnung
AM-RL	Richtlinie des gemeinsamen Bundesausschusses über die Verordnung von Arzneimitteln in der vertragsärztlichen Versorgung (Arzneimittel-RL)
Anm.	Anmerkung
AnwBl.	Anwaltsblatt (Zeitschrift)
AOP-Vertrag	Vertrag nach § 115b Abs. 1 SGB V – ambulantes Operieren und stationsersetzende Eingriffe im Krankenhaus – zwischen den Spitzenverbänden der gesetzlichen Krankenversicherung (GKV), der Deutschen Krankenhausgesellschaft e.V (DKG) und der Kassenärztlichen Bundesvereinigung
ApBetrO	Apothekenbetriebsordnung
ApoG	Gesetz über das Apothekenwesen (Apothekengesetz)
ApprOÄ	Approbationsordnung für Ärzte
AQUA-Institut	Institut für angewandte Qualitätsförderung und Forschung im Gesundheitswesen
ARGE	Arbeitsgemeinschaft
ArztHAusbV	Verordnung über die Berufsausbildung zum Medizinischen Fachangestellten/zur Medizinischen Fachangestellten
ARSP	Archiv für Rechts- und Sozialphilosophie
Art.	Artikel
Arzneimittelagentur-VO	VO (EG) Nr. 726/2004 des Europäischen Parlaments und des Rates zur Festlegung von Gemeinschaftsverfahren für die Genehmigung und Überwachung von Human- und Tierarzneimitteln und zur Errichtung einer Europäischen Arzneimittel-Agentur
Ärzte-ZV	Zulassungsverordnung für Vertragsärzte
ArztR	Arztrecht
ASB	Arbeiter-Samariter-Bund
ASiG	Gesetz über Betriebsärzte, Sicherheitsingenieure und andere Fachkräfte für Arbeitssicherheit (Arbeitssicherheitsgesetz)
ASR	Anwalt/Anwältin im Sozialrecht (Zeitschrift)

Abkürzungen

BGHSt	Entscheidungen des Bundesgerichtshofs in Strafsachen
BGHZ	Entscheidungen des Bundesgerichtshofs in Zivilsachen
BKartA	Bundeskartellamt
BlnVerf	Verfassung von Berlin
BMAS	Bundesministerium für Arbeit und Soziales
BMFSFJ	Bundesministerium für Familie, Senioren, Frauen und Jugend
BMG	Bundesministerium für Gesundheit
BMJV	Bundesministerium der Justiz und für Verbraucherschutz
BMV-Ä	Bundesmantelvertrag Ärzte
BPflV	Verordnung zur Regelung der Krankenhauspflegesätze (Bundespflegesatzverordnung)
BRAK	Bundesrechtsanwaltskammer
BRAO	Bundesrechtsanwaltsordnung
Brem. GBl.	Bremer Gesetzesblatt
BremVerf	Landesverfassung der Freien Hansestadt Bremen
BRK	Behindertenrechtekonvention
BSG	Bundessozialgericht
BSGE	Entscheidungen des Bundessozialgerichts
BSHG	Bundessozialhilfegesetz
bspw.	beispielsweise
BT	Besonderer Teil
BT-Drs.	Bundestagsdrucksache
BTHG	Gesetz zur Stärkung der Teilhabe und Selbstbestimmung von Menschen mit Behinderungen (Bundesteilhabegesetz)
Buchholz	Sammel- und Nachschlagewerk der Rechtsprechung des Bundesverwaltungsgerichts (begründet v. Buchholz)
Buchst.	Buchstabe
BuGBl.	Bundesgesundheitsblatt
BVerfG	Bundesverfassungsgericht
BVerfGE	Entscheidungen des Bundesverfassungsgerichts
BVerfGK	Kammerentscheidungen des Bundesverfassungsgerichts
BVerwG	Bundesverwaltungsgericht
BVerwGE	Entscheidungen des Bundesverwaltungsgerichts
BVG	Gesetz über die Versorgung der Opfer des Krieges (Bundesversorgungsgesetz)
BVL	Bundesamt für Verbraucherschutz und Lebensmittelsicherheit
BZgA	Bundeszentrale für gesundheitliche Aufklärung
bzw.	beziehungsweise
CRC	Übereinkommen über die Rechte des Kindes
CRPD	Übereinkommen über die Rechte von Menschen mit Behinderungen
DAV	Deutscher Anwaltverein
DÄBl.	Deutsches Ärzteblatt
dh	das heißt
Diplomanerkennungs-RL	Richtlinie 2005/36/EG des Europäischen Parlaments und des Rates über die Anerkennung von Berufsqualifikationen der Heilberufe
DMP	Disease Management Programme
DNQP	Deutsches Netzwerk für Qualität in der Pflege

DÖV . . . . Die öffentliche Verwaltung
DRG . . . . Diagnosis Related Groups
DRiZ . . . . Deutsche Richterzeitung
DRK . . . . Deutsches Rotes Kreuz
Dt. . . . . Deutsch(es)
DVBl. . . . . Deutsches Verwaltungsblatt (Zeitschrift)

EBM . . . . Einheitlicher Bewertungsmaßstab
EFZG . . . . Gesetz über die Zahlung des Arbeitsentgelts an Feiertagen und im Krankheitsfalle (Entgeltfortzahlungsgesetz)
EG . . . . EG-Vertrag
EGBGB . . . . Einführungsgesetz zum Bürgerlichen Gesetzbuch
EKV . . . . Ärzte-Ersatzkassenvertrag
EL . . . . Ergänzungslieferung
EMA . . . . European Medicines Agency
EMRK . . . . Konvention zum Schutz der Menschenrechte und Grundfreiheiten
ESchG . . . . Gesetz zum Schutz von Embryonen (Embryonenschutzgesetz)
ESC . . . . Europäische Sozialcharta
EStG . . . . Einkommenssteuergesetz
etc. . . . . Et cetera
EthikMed . . . . Ethik in der Medizin (Zeitschrift)
EthRG . . . . (Gesetz zur Einrichtung des Deutschen Ethikrats) Ethikratsgesetz
EU . . . . Europäische Union
EuGH . . . . Gerichtshof der Europäischen Union
EuGHE . . . . Entscheidungen des EuGH
EUR . . . . Euro
EUV . . . . Vertrag über die Europäische Union
e.V. . . . . Eingetragener Verein
EWG . . . . Europäische Wirtschaftsgemeinschaft
EWR . . . . Europäischer Wirtschaftsraum

f./ff. . . . . folgende/fortfolgende
FamRZ . . . . Zeitschrift für das gesamte Familienrecht
Fn. . . . . Fußnote
FPfZG . . . . Gesetz über die Familienpflegezeit (Familienpflegezeitgesetz)
FS . . . . Festschrift

GA . . . . Goltdammer's Archiv
G-BA . . . . Gemeinsamer Bundesausschuss
GbR . . . . Gesellschaft bürgerlichen Rechts
GdB . . . . Grad der Behinderung
gem. . . . . gemäß
GenDG . . . . Gesetz über genetische Untersuchungen bei Menschen (Gendiagnostikgesetz)
GesR . . . . GesundheitsRecht (Zeitschrift)
GewO . . . . Gewerbeverordnung
GG . . . . Grundgesetz
ggf. . . . . gegebenenfalls
GKV . . . . Gesetzliche Krankenversicherung

GKV-WSG . . . . Gesetz zur Stärkung des Wettbewerbs in der gesetzlichen Krankenversicherung (GKV-Wettbewerbsstärkungsgesetz)
GmbH . . . . Gemeinschaft mit beschränkter Haftung
GmbHG . . . . Gesetz betreffend die Gesellschaften mit beschränkter Haftung
GoA . . . . Geschäftsführung ohne Auftrag
GOÄ . . . . Gebührenordnung für Ärzte
GOZ . . . . Gebührenordnung für Zahnärzte
GRCh . . . . Charta der Grundrechte der Europäischen Union
GRV . . . . Gesetzliche Rentenversicherung
GuP . . . . Gesundheit und Pflege (Zeitschrift)
GUV . . . . Gesetzliche Unfallversicherung
GVOBl. . . . . Gesetz und Verordnungsblatt

HebG . . . . Gesetz über den Beruf der Hebamme und des Entbindungspflegers (Hebammengesetz)
HeilprG . . . . Heilpraktikergesetz
HeimG . . . . Heimgesetz
HeimPersV . . . . Verordnung über personelle Anforderungen für Heime (Heimpersonalverordnung)
HGB . . . . Handelsgesetzbuch
HHG . . . . Gesetz über Hilfsmaßnahmen für Personen, die aus politischen Gründen außerhalb der Bundesrepublik Deutschland in Gewahrsam genommen wurden (Häftlingshilfegesetz)
HIV . . . . Humanes Immundefizienz-Virus
hM . . . . herrschende Meinung
Hmb . . . . Hamburg
HmbGVBl. . . . . Hamburger Gesetzes- und Verordnungsblatt
Hrsg. . . . . Herausgeber
HRRS . . . . Höchstrichterliche Rechtsprechung im Strafrecht (Zeitschrift)
Hs. . . . . Halbsatz
HStR . . . . Handbuch des Staatsrechts, herausgegeben von
HV . . . . Hessische Verfassung

idF . . . . in der Fassung
idR . . . . in der Regel
IFD . . . . Integrationsfachdienst
IfSG . . . . Gesetz zur Verhütung und Bekämpfung von Infektionskrankheiten beim Menschen (Infektionsschutzgesetz)
iHv . . . . in Höhe von
info also . . . . Informationen zum Arbeitslosenrecht und Sozialhilferecht (Zeitschrift)
IPWSRK . . . . Internationaler Pakt über wirtschaftliche, soziale und kulturelle Rechte
IQTIG . . . . Institut für Qualitätssicherung und Transparenz im Gesundheitswesen
IQWiG . . . . Institut für Qualität und Wirtschaftlichkeit im Gesundheitswesen
iSd . . . . im Sinne der/des/dieser
iSe . . . . im Sinne eines/einer
iSv . . . . Im Sinne von
IVF . . . . In-Vitro-Fertilisation

iVm	In Verbindung mit
JA	Juristische Arbeitsblätter
JAMA	Journal of the American Medical Association
JFDG	Gesetz zur Förderung von Jugendfreiwilligendiensten (Jugendfreiwilligendienstegesetz)
jM	juris – Die Monatszeitschrift
JR	Juristische Rundschau (Zeitschrift)
JURA	Juristische Ausbildung (Zeitschrift)
jurisPR-SozR	juris PraxisReport Sozialrecht (Zeitschrift)
JuS	Juristische Schulung (Zeitschrift)
JWE	Jahrbuch für Wissenschaft und Ethik
JZ	Juristen-Zeitung (Zeitschrift)
KalV	Verordnung über die versicherungsmathematischen Methoden zur Prämienkalkulation und zur Berechnung der Altersrückstellung in der privaten Krankenversicherung (Kalkulationsverordnung)
KBV	Kassenärztliche Bundesvereinigung
KE	Entwurf eines Gesetzes zur Reform des Versicherungsvertragsrechts, in: Abschlussbericht der Kommission zur Reform des Versicherungsvertragsrechts vom 19.4.2004, 195 ff.
Kfz	Kraftfahrzeug
KG	Kammergericht
KHEntgG	Gesetz über die Entgelte für voll- und teilstationäre Krankenhausleistungen (Krankenhausentgeltgesetz)
KHG	Gesetz zur wirtschaftlichen Sicherung der Krankenhäuser und zur Regelung der Krankenhauspflegesätze (Krankenhausfinanzierungsgesetz)
KRINKO	Kommission für Krankenhaushygiene und Infektionsprävention beim Robert-Koch-Institut
KritV	Kritische Vierteljahresschrift für Gesetzgebung und Rechtswissenschaft
KrpflG	Gesetz über die Berufe in der Krankenpflege (Krankenpflegegesetz)
KrV	Kranken- und Pflegeversicherung (Zeitschrift)
KSVG	Gesetz über die Sozialversicherung der selbständigen Künstler und Publizisten (Künstlersozialversicherungsgesetz)
KV	Kassenärztliche Vereinigung
KVAV	Verordnung betreffend die Aufsicht über die Geschäftstätigkeit in der privaten Krankenversicherung (Krankenversicherungsaufsichtsverordnung)
KVLG	Gesetz zur Weiterentwicklung des Rechts der gesetzlichen Krankenversicherung (Gesetz über die Krankenversicherung der Landwirte)
KSVG	Gesetz über die Sozialversicherung der selbständigen Künstler und Publizisten (Künstlersozialversicherungsgesetz
KZV	Kassenzahnärztliche Vereinigung
LAG	Landesarbeitsgemeinschaft
LFGB	Lebensmittel-, Bedarfsgegenstände- und Futtermittelgesetz

LG	Landgericht
LPartG	Gesetz über die Eingetragene Lebenspartnerschaft (Lebenspartnerschaftsgesetz)
LSAVerf	Verfassung des Landes Sachsen-Anhalt
LSG	Landessozialgericht
mAnm	mit Anmerkungen
MB/EPV	Musterbedingungen für die ergänzende Pflegekrankenversicherung
MB/GEPV	Musterbedingungen für die staatlich geförderte ergänzende Pflegeversicherung
MB/KK	Musterbedingungen für die Krankheitskosten- und Krankenhaustagegeldversicherung
MB/KT	Musterbedingungen für die Krankentagegeldversicherung
MBO	Musterberufsordnung der deutschen Ärzteschaft
MBO-Ä	(Muster-) Berufsordnung für die deutschen Ärztinnen und Ärzte
MB/PSKV	Allgemeine Versicherungsbedingungen für die Private Studentische Krankenversicherung
MB/PV	Musterbedingungen für die Pflegekrankenversicherung
MB/ST	Allgemeine Versicherungsbedingungen für den Standardtarif
MDK	Medizinischer Dienst der Krankenversicherung
MDR	Monatsschrift für Deutsches Recht
MDS	Medizinischer Dienst des Spitzenverbandes Bund der Krankenkassen
MedR	Medizinrecht (Zeitschrift)
Med Klinik	Medizinische Klinik
MedSach	Der Medizinische Sachverständige (Zeitschrift)
MELD-Score	Model End Stage Liver Disease-Score
Merkur	Deutsche Zeitschrift für europäisches Denken
MPAV	Verordnung zur Regelung der Abgabe von Medizinprodukten
MPBetreibV	Medizinprodukte-Betreiberverordnung
MPG	Gesetz über die Medizinprodukte (Medizinproduktegesetz)
MPKV	Verordnung über klinische Prüfungen von Medizinprodukten
MTAG	Gesetz über technische Assistenten in der Medizin (MTA-Gesetz)
MuSchG	Gesetz zum Schutze der erwerbstätigen Mutter (Mutterschutzgesetz)
MVVerf	Verfassung des Landes Mecklenburg-Vorpommern
MVZ	Medizinisches Versorgungszentrum
MWBO	Muster-Weiterbildungsverordnung
mwN	mit weiteren Nachweisen
NachfG	Nachfolgegesetz
Nachw.	Nachweis
NDV	Nachrichtendienst des Deutschen Vereins für Öffentliche und Private Fürsorge
nF	neue Fassung
NJOZ	Neue Juristische Online-Zeitschrift
NJW	Neue Juristische Wochenschrift

NJW-RR . . . . Neue Juristische Wochenzeitschrift – Rechtsprechungsre-
port
NK-StGB . . . . Nomos Kommentar zum Strafgesetzbuch,
Nr. . . . . Nummer/Nummern
NRW . . . . Nordrhein-Westfalen
NStZ . . . . Neue Zeitschrift für Strafrecht
NUB . . . . Neue Untersuchungs- und Behandlungsmethoden
NVersZ . . . . Neue Zeitschrift für Versicherung und Recht
NVwZ . . . . Neue Zeitschrift für Verwaltungsrecht
NVwZ-RR . . . . Neue Zeitschrift für Verwaltungsrecht – Rechtsprechungs-
report
NZS . . . . Neue Zeitschrift für Sozialrecht
NZV . . . . Neue Zeitschrift für Verkehrsrecht

OEG . . . . Gesetz über die Entschädigung für Opfer von Gewalttaten
(Opferentschädigungsgesetz)
OLG . . . . Oberlandesgericht
OTC . . . . over the counter (nicht verschreibungspflichtig)
OVG . . . . Oberverwaltungsgericht
OVGE . . . . Entscheidungen des Oberverwaltungsgerichts

PartGG . . . . Gesetz über Partnerschaftsgesellschaften Angehöriger frei-
er Berufe (Partnerschaftsgesellschaftsgesetz)
PartG mbB . . . . Partnerschaftsgesellschaft mit beschränkter Berufshaftung
Patientenrechte-RL . . . . . Richtlinie 2011/24/EU des Europäischen Parlaments und
des Rates über die Ausübung der Patientenrechte in der
grenzüberschreitenden Gesundheitsversorgung
PEI . . . . Paul-Ehrlich-Institut
PflBG . . . . Gesetz über die Pflegeberufe (Pflegeberufegesetz)
PflegeVG . . . . Gesetz zur sozialen Absicherung des Risikos der Pflegebe-
dürftigkeit (Pflege-Versicherungsgesetz)
PflegeWEG . . . . Gesetz zur strukturellen Weiterentwicklung der Pflegever-
sicherung (Pflegeweiterentwicklungsgesetz)
PflegeZG . . . . Gesetz über die Pflegezeit (Pflegezeitgesetz)
PflR . . . . PflegeRecht
PharmR . . . . Pharmarecht (Zeitschrift)
PID . . . . Präimplantationsdiagnostik
PIDV . . . . Verordnung zur Regelung der Präimplantationsdiagnostik
(Präimplantationsdiagnostikverordnung)
PKV . . . . Private Krankenversicherung; Verband der privaten Kran-
kenversicherung e.V.
PND . . . . Pränataldiagnostik
PräimpG . . . . Gesetz zur Regelung der Präimplantationsdiagnostik (Prä-
implantationsdiagnostikgesetz)
ProdHaftG . . . . Gesetz über die Haftung für fehlerhafte Produkte (Pro-
dukthaftungsgesetz)
PSG I, II, III . . . . Pflegestärkungsgesetz I, II, III

QBR-RL . . . . Qualitätsbeurteilungs-Richtlinie Radiologie
Qesü-RL . . . . Richtlinie zur einrichtungs- und sektorenübergreifenden
Qualitätssicherung

r+s . . . . recht und schaden (Zeitschrift)

RdLH . . . . Recht der Lebenshilfe (Zeitschrift)
RE . . . . Referentenentwurf des Bundesministeriums der Justiz:
Entwurf eines Gesetzes zur Reform des Versicherungsver-
tragsrechts vom 13.3.2006
RegE . . . . Regierungsentwurf
RGSt . . . . Entscheidungen des Reichsgerichtshofs in Strafsachen
RhPfVerf . . . . Verfassung von Rheinland-Pfalz
RL . . . . Richtlinie
Rn. . . . . Randnummer
RöV . . . . Verordnung über den Schutz vor Schäden durch Röntgen-
strahlen (Röntgenverordnung)
RPG . . . . Recht und Politik im Gesundheitswesen (Zeitschrift)
RP-Reha . . . . Recht und Praxis der Rehabilitation (Zeitschrift)
Rs. . . . . Rechtssache
RsDE . . . . Beiträge zum Recht der sozialen Dienste und Einrichtungen
Rspr. . . . . Rechtsprechung

s. . . . . siehe
SAPV . . . . Spezialisierte ambulante Palliativversorgung
SAPV-RL . . . . Richtlinie des Gemeinsamen Bundesausschusses zur Verordnung von spezialisierter ambulanter Palliativversor-
gung (Spezialisierte Ambulante Palliativversorgungs-
Richtlinie)
SaVerf . . . . Verfassung des Freistaates Sachsen
sc. . . . . scire licet (das heißt; nämlich)
SchiedsAmtsV . . . . Verordnung über die Schiedsämter für die vertragsärztliche
(vertragszahnärztliche) Versorgung (Schiedsamtsverord-
nung)
SchKG . . . . Gesetz zur Vermeidung und Bewältigung von Schwanger-
schaftskonflikten (Schwangerschaftskonfliktsgesetz)
SchlHA . . . . Schleswig-Holsteinische Anzeigen
SDSRV . . . . Schriftenreihe des Deutschen Sozialrechtsverbandes e.V.
SG . . . . Gesetz über die Rechtsstellung von Soldaten (Soldatenge-
setz)
SGB I . . . . Sozialgesetzbuch (SGB) Erstes Buch (I)
– Allgemeiner Teil
SGB II . . . . Sozialgesetzbuch (SGB) Zweites Buch (II) – Grundsiche-
rung für Arbeitsuchende
SGB III . . . . Sozialgesetzbuch (SGB) Drittes Buch (III) – Arbeitsförde-
rung
SGB IV . . . . Viertes Buch Sozialgesetzbuch – Gemeinsame Vorschriften
für die Sozialversicherung
SGB V . . . . Sozialgesetzbuch (SGB) Fünftes Buch (V) – Gesetzliche
Krankenversicherung
SGB VIII . . . . Sozialgesetzbuch (SGB) Achtes Buch (VIII) – Kinder- und
Jugendhilfe
SGB IX . . . . Sozialgesetzbuch (SGB) Neuntes Buch (IX) – Rehabilitation
und Teilhabe behinderter Menschen
SGB XI . . . . Sozialgesetzbuch (SGB) Elftes Buch (XI) – Soziale Pflege-
versicherung
SGB XII . . . . Sozialgesetzbuch (SGB) Zwölftes Buch (XII) – Sozialhilfe
SGb . . . . Die Sozialgerichtsbarkeit
SGG . . . . Sozialgerichtsgesetz

SHVerf	Verfassung des Landes Schleswig-Holstein
Slg.	Sammlung
SLVerf	Verfassung des Saarlandes
Sog.	So genannt
Soziale-Sicherheit-Koordinierungs-VO II	VO (EG) Nr. 987/2009 des Europäischen Parlaments und des Rates zur Festlegung der Modalitäten für die Durchführung der Verordnung (EG) Nr. 883/2004 über die Koordinierung der Systeme der sozialen Sicherheit
SozR	Sozialrecht, Sozialrechtliche Rechtsprechung, bearbeitet von den Richterinnen und Richtern des Bundessozialgerichts
SozSich	Soziale Sicherheit (Zeitschrift)
SozVers	Die Sozialversicherung (Zeitschrift)
SpiBundKK	Spitzenverband Bund der Krankenkassen
SR	Soziales Recht (Zeitschrift)
STIKO	Ständige Impfkommission
StrRehaG	Gesetz über die Rehabilitierung und Entschädigung von Opfern rechtsstaatswidriger Strafverfolgungsmaßnahmen im Beitrittsgebiet (Strafrechtliches Rehabilitierungsgesetz)
StrRG	Gesetz zur Reform des Strafrechts
stRspr	ständige Rechtsprechung
StGB	Strafgesetzbuch
StrlSchV	Verordnung über den Schutz vor Schäden durch ionisierende Strahlen (Strahlenschutzverordnung)
StV	Strafverteidiger (Zeitschrift)
StVollZG	Gesetz über den Vollzug der Freiheitsstrafe und der freiheitsentziehenden Maßregeln der Besserung und Sicherung (Strafvollzugsgesetz)
StZG	Gesetz zur Sicherstellung des Embryonenschutzes im Zusammenhang mit Einfuhr und Verwendung menschlicher embryonaler Stammzellen (Stammzellgesetz)
SuP	Sozialrecht und Praxis (Zeitschrift)
SVG	Gesetz über die Versorgung für die ehemaligen Soldaten der Bundeswehr und ihre Hinterbliebenen (Soldatenversorgungsgesetz)
SVLFG	Sozialversicherung für Landwirtschaft, Forsten und Gartenbau
SZ	Süddeutsche Zeitung
TB/ST	Tarifbedingungen Standardtarif
TFG	Gesetz zur Regelung des Transfusionswesens (Transfusionsgesetz)
ThürVerf	Verfassung des Freistaats Thüringen
TierSchG	Tierschutzgesetz
TPG	Gesetz über die Spende, Entnahme und Übertragung von Organen und Geweben (Transplantationsgesetz)
UN-BRK	Übereinkommen über die Rechte von Menschen mit Behinderungen (UN-Behindertenrechtskonvention)
Urt.	Urteil
v.	von/vom
VAG	Gesetz über die Beaufsichtigung von Versicherungsunternehmen (Versicherungsaufsichtsgesetz)

VerfG	Verfassungsgericht
VerfGH	Verfassungsgerichtshof
VersR	Versicherungsrecht (Zeitschrift)
VG	Verwaltungsgericht
VGH	Verwaltungsgerichtshof
vgl.	vergleiche
VO	Verordnung
Vol.	Volume
VSSR	Vierteljahresschrift für Sozialrecht
VuR	Verbraucher und Recht (Zeitschrift)
VwRehaG	Gesetz über die Aufhebung rechtsstaatswidriger Verwaltungsentscheidungen im Beitrittsgebiet und die daran anknüpfenden Folgeansprüche (Verwaltungsrechtliches Rehabilitierungsgesetz)
VVaG	Versicherungsverein auf Gegenseitigkeit
VVDStRL	Veröffentlichungen der Vereinigung der Deutschen Staatsrechtslehrer (Zeitschrift)
VVG	Gesetz über den Versicherungsvertrag (Versicherungsvertragsgesetz)
VVG-InfoV	Verordnung über Informationspflichten bei Versicherungsverträgen (VVG-Informationspflichtenverordnung)
VwVfG	Verwaltungsverfahrensgesetz
WBVG	Gesetz zur Regelung von Verträgen über Wohnraum mit Pflege- oder Betreuungsleistungen (Wohn- und Betreuungsvertragsgesetz)
WfbM	Werkstätten für behinderte Menschen
WHO	Weltgesundheitsorganisation/World Health Organisation
WVO	Werkstättenverordnung
WzS	Wege zur Sozialversicherung (Zeitschrift)
ZahnheilkG	Gesetz über die Ausübung der Zahnheilkunde
ZAR	Zeitschrift für Ausländerrecht und Ausländerpolitik
zB	zum Beispiel
ZDG	Gesetz über den Zivildienst der Kriegsdienstverweigerer (Zivildienstgesetz)
ZEE	Zeitschrift für evangelische Ethik
ZESV	Verordnung über die Zentrale Ethik-Kommission für Stammzellenforschung und über die zuständige Behörde nach dem Stammzellengesetz (ZES-Verordnung)
ZESAR	Zeitschrift für europäisches Sozial- und Arbeitsrecht
ZfS	Zeitschrift für Schadensrecht
ZfSH/SGB	Zeitschrift für die sozialrechtliche Praxis
ZfV	Zeitschrift für Versicherungswesen
ZG	Zeitschrift für Gesetzgebung
Z Geront Geriat	Zeitschrift für Gerontologie und Geriatrie
ZIAS	Zeitschrift für ausländisches und internationales Arbeits- und Sozialrecht
ZIS	Zeitschrift für Internationale Strafrechtsdogmatik
ZJS	Zeitschrift für das Juristische Studium
ZKM	Zeitschrift für Konfliktmanagement
ZMGR	Zeitschrift für das gesamte Medizin- und Gesundheitsrecht
ZME	Zeitschrift für Medizinische Ethik

Abkürzungen

Verzeichnis der abgekürzt zitierten Literatur

Bach, P./Moser, H., Private Krankenversicherung: Kommentar zu den §§ 192–208 VVG, zu den MB/KK und MB/KT sowie zu weiteren Gesetzes- und Regelwerken der privaten Krankenversicherung, 5. Aufl. 2015 (zit.: Bach/Moser/*Bearbeiter*)

Becker, U./Kingreen, T., SGB V, 5. Aufl. 2017 (zit.: Becker/Kingreen/*Bearbeiter*)

Calliess, C./Ruffert, M., EUV/EGV, Das Verfassungsrecht der Europäischen Union mit Europäischer Grundrechtecharta, 5. Aufl. 2016 (zit.: Calliess/Ruffert/*Bearbeiter*)

Deutsch, E./Spickhoff, A., Medizinrecht, 7. Aufl. 2014 (zit.: *Deutsch/Spickhoff* MedizinR)

Ehlers, A. P. F./Broglie, M. G. (Hrsg.), Arzthaftungsrecht, 5. Aufl. 2014 (zit.: *Bearbeiter* in Ehlers/Broglie ArztHaftR)

Fischer, T., Strafgesetzbuch, 64. Aufl. 2017 (zit.: *Fischer* StGB)

Frahm, E./Nixdorf, W./Walter, A., Arzthaftungsrecht, 5. Aufl. 2013 (zit.: *Frahm/Nixdorf/ Walter* ArztHaftR)

Gehrlein, M., Grundriss der Arzthaftpflicht, 2. Aufl. 2006 (zit.: *Gehrlein* Arzthaftpflicht)

Geiß, K./Greiner, H.-P., Arzthaftpflichtrecht, 7. Aufl. 2014 (zit.: *Geiß/Greiner* ArzthaftpflichtR)

Grube, C./Wahrendorf V., SGB XII – Sozialhilfe mit Asylbewerberleistungsgesetz, 5. Aufl. 2014 (zit.: Grube/Wahrendorf/*Bearbeiter*)

Huster, S./Kaltenborn, M., Krankenhausrecht, 2. Aufl., 2017 (zit.: *Bearbeiter* in Huster/ Kaltenborn KrankenhausR)

Igl, G., Recht der Gesundheitsfachberufe, Heilpraktiker und sonstigen Berufe im Gesundheitswesen, Stand: 82. Aktualisierung, 2017 (zit.: *Igl* RDG)

Kasseler Kommentar Sozialversicherungsrecht, 91. EL 2016 (zit.: KassKomm/*Bearbeiter*)

Kindhäuser, U./Neumann, U./Paeffgen, H.-U., Strafgesetzbuch, 4. Aufl. 2013 (zit.: NK-StGB/ *Bearbeiter*)

Klie, T./Krahmer, U./Plantholz, M., Sozialgesetzbuch XI, 4. Aufl. 2013 (zit.: Klie/Krahmer/ Plantholz/*Bearbeiter*)

Kraatz, E., Arztstrafrecht, 2013 (zit.: *Kraatz* ArztStrafR)

Krauskopf, D., Soziale Krankenversicherung, Pflegeversicherung, 94. Aufl. 2017 (zit.: Krauskopf/*Bearbeiter*)

Küppersbusch, G./Höher, O., Ersatzansprüche bei Personenschäden, 12. Aufl. 2016 (zit.: *Küppersbusch/Höher* Ersatzansprüche)

Lackner, K./Kühl, K., Strafgesetzbuch, 28. Aufl. 2014 (zit.: Lackner/Kühl/*Bearbeiter*)

Langheid, T./Rixecker, R., Versicherungsvertragsgesetz mit Einführungsgesetz und VVG-Informationspflichtenverordnung, 5. Aufl. 2016 (zit.: Langheid/Rixecker/*Bearbeiter*)

Laufs, A./Katzenmeier, C./Lipp, V., Arztrecht, 7. Aufl. 2015 (zit.: *Bearbeiter* in Laufs/Katzenmeier/Lipp ArztR)

Laufs, A./Kern, B.-R., Handbuch des Arztrechts, 4. Aufl. 2010 (zit.: *Bearbeiter* in Laufs/ Kern ArztR-HdB)

Leipziger Kommentar zum Strafgesetzbuch, 12. Aufl. 2009–2014 (zit.: LK-StGB/ *Bearbeiter*)

Martis, R./Winkhart, M., Arzthaftungsrecht, 4. Aufl. 2014 (zit.: *Martis/Winkhart* ArztHaftR)

Münchener Kommentar zum Bürgerlichen Gesetzbuch, 7. Aufl. 2016 (zit.: MüKoBGB/ *Bearbeiter*)

Münchener Kommentar zum Strafgesetzbuch, Bd. 3, 2. Aufl. 2012 (zit.: MüKoStGB/ *Bearbeiter*)

Münchener Kommentar zum Versicherungsvertragsgesetz, Bd. 2, 2. Aufl. 2017 (zit.: MüKoVVG/*Bearbeiter*)

Oetker, H./Preis, U., Europäisches Arbeits- und Sozialrecht, EAS, Stand: Juli 2017 (zit.: Oetker/Preis EAS)

Palandt, O., Bürgerliches Gesetzbuch, 76. Aufl. 2017 (zit.: Palandt/*Bearbeiter*)

Prölss, J./Martin, A., Versicherungsvertragsgesetz mit Nebengesetzen, Vermittlerrecht und Allgemeinen Versicherungsbedingungen, 29. Aufl. 2015 (zit.: Prölss/Martin/ *Bearbeiter*)

Prütting, D., Medizinrecht Kommentar, 4. Aufl. 2016 (zit.: Prütting/*Bearbeiter* MedizinR)

Quaas, M./Zuck, R., Medizinrecht, 3. Aufl. 2014 (zit.: *Bearbeiter* in Quaas/Zuck MedR)

Roxin C., Strafrecht AT I, 4. Aufl. 2006 (zit.: *Roxin* StrafR AT I)

Roxin, C./Schroth, U., Handbuch des Medizinstrafrechts, 4. Aufl. 2010 (zit.: *Bearbeiter* in Roxin/Schroth MedizinStrafR-HdB)

Rüffer, W./Halbach, D./Schimikowski, P., Versicherungsvertragsgesetz, Handkommentar, 3. Aufl. 2015 (zit: HK-VVG/*Bearbeiter*)

Schnapp, F. E./Düring, R. (Hrsg.), Handbuch des sozialrechtlichen Schiedsverfahrens, 2. Aufl. 2016 (zit.: Schnapp/Düring/*Bearbeiter* HdB Schiedsverfahren)

Schönke, A./Schröder, H., Strafgesetzbuch, Kommentar, 29. Aufl. 2014 (zit.: Schönke/ Schröder/*Bearbeiter*)

Schroth, U./König, P./Gutmann, T./Oduncu, F., Transplantationsgesetz, 2005 (zit.: Schroth/ König/Gutmann/Oduncu/*Bearbeiter*)

Schwintowski, H.-P./Brömmelmeyer, C., Praxiskommentar zum Versicherungsvertragsrecht, 3. Aufl. 2017 (zit.: Praxiskommentar/*Bearbeiter*)

Sodan, H., Handbuch des Krankenversicherungsrechts, 2. Aufl. 2014 (zit.: *Bearbeiter* in Sodan KrankenVersR-HdB)

Spickhoff, A., Medizinrecht, 2. Aufl. 2014 (zit.: Spickhoff/*Bearbeiter*)

Steffen, E./Pauge, B. W., Arzthaftungsrecht, 12. Aufl. 2013 (zit.: *Steffen/Pauge* ArztHaftR)

Terbille, M. (Hrsg.), Münchener Anwaltshandbuch Medizinrecht, 2. Aufl. 2013 (zit.: MAH MedizinR/*Bearbeiter*)

Udsching, P./Schütze, B., SGB XI – Soziale Pflegeversicherung, Kommentar, 5. Aufl. 2017 (zit.: Udsching/Schütze/*Bearbeiter*)

Ulsenheimer, K., Arztstrafrecht in der Praxis, 5. Aufl. 2015 (zit.: *Bearbeiter* in Ulsenheimer ArztStrafR)

Wandt, Versicherungsrecht, 5. Aufl. 2016 (zit.: *Wandt* VersR)

Wenzel, F. (Hrsg.), Der Arzthaftungsprozess, 2012 (zit.: Wenzel/*Bearbeiter*)

Wolter, J. (Hrsg.), Systematischer Kommentar zum Strafgesetzbuch, Loseblattsammlung, (zit.: SK-StGB/*Bearbeiter*)

Hinweise zu den Lern- und Arbeitsmaterialien

Lehrbücher:

Der akademische Unterricht auf dem Gebiet des Gesundheitsrechts hat noch keine lange Tradition. Daraus resultiert insbesondere ein Mangel an juristischer Ausbildungsliteratur bei den Lehrbüchern und Fachzeitschriften.

Das aus der Lehre des Medizinrechts entstandene Lehrbuch von *Constanze Janda* liegt jetzt in dritter Auflage vor (Medizinrecht, 2016, 415 S.). Dieses Lehrbuch ist thematisch auf Arzt, Krankenhaus, Krankenversicherungsrecht, Arznei-, Heil- und Hilfsmittel zugeschnitten und deckt insofern das traditionelle Spektrum dessen ab, was unter Medizinrecht verstanden wird. Das Krankenversicherungsrecht (SGB V) ist hingegen in seiner ganzen Breite unter Einschluss von Mitgliedschafts-, Finanzierungs- und Organisationsrecht dargestellt. Der Lehrbuchcharakter wird durch didaktische Momente (Orientierungs- und Kontrollfragen) unterstrichen.

Überblickswerke/Handbücher:

Auf dem Gebiet des Medizinrechts, mittlerweile aber weiter ausgreifend auf das Gebiet des Gesundheitsrechts liegen zahlreiche Handbücher für die juristische, insbesondere die rechtsberatende Praxis vor (etwa *Prütting* [Hrsg.], Medizinrecht Kommentar, 4. Aufl., 2016; *Ratzel/Luxenburger* [Hrsg.], Handbuch Medizinrecht, 3. Aufl., 2015; *Wenzel* [Hrsg.], Handbuch des Fachanwalts Medizinrecht, 3. Aufl. 2013). Diese Handbücher, von denen die meisten über 1000 Seiten haben, enthalten, soweit sie sich nicht als Kommentierungssammlungen verstehen, zu den einzelnen Fachgebieten des Gesundheitsrechts thematisch aufgearbeitete Beiträge, die nicht nur den bereits in der Praxis stehenden Juristen, sondern auch Studierenden zur Vertiefung auf diesen Gebieten dienen können.

Obwohl nicht als Handbuch bezeichnet, kann man das Werk von *Quaas/Zuck,* Medizinrecht, 3. Aufl. 2014 (1009 S.) allen uneingeschränkt empfehlen, die auf diesem unübersichtlichen Gebiet kundigen Rat und vor allem Überblick suchen. Dieses Werk profitiert von der weitreichenden praktischen und fachlichen Erfahrung der beiden Autoren, und verzichtet trotzdem nicht auf wissenschaftlichen Anspruch. Die Autoren konzentrieren sich auf die Bereiche, die bisher zum Medizinrecht gezählt worden sind, wählen aber etwa mit dem Einbezug des Pflegeversicherungsrechts schon einen breiteren Ansatz. Auch das Arztstrafrecht kommt nicht zu kurz.

Die beiden lang eingeführten Standardwerke bei den Handbüchern stammen von den Mentoren des deutschen Medizinrechts, *Erwin Deutsch* und *Adolf Laufs.* Zu diesen Handbüchern kann nur gesagt werden, dass sie von ebenso hohem wissenschaftlichem Anspruch wie von minutiöser Detailtreue geprägt sind (*Deutsch/Spickhoff*, Medizinrecht, 7. Aufl. 2014, 1387 S.; *Laufs/Kern,* Handbuch des Arztrechts, 4. Aufl. 2010, 1928 S.). Dabei ist, den Titeln der Werke entsprechend, das Werk von *Deutsch/ Spickhoff* thematisch breiter aufgestellt als das Handbuch von *Laufs/Kern.*

An der Hauptfigur des Arztes als Leistungserbringer im Gesundheitswesen knüpft das Werk von *Laufs/Katzenmeier/Lipp* (Arztrecht, 7. Aufl. 2015, 586 S.) an. Es kann als das Standardwerk auf diesem Gebiet gelten. Das Vertragsarztrecht wird in diesem Buch nicht behandelt. Das Vertragsarztrecht ist Gegenstand eines weiteren Standardwerkes von *Schnapp/Wigge* (Handbuch des Vertragsarztrechts, 3. Aufl., 2017, 905 S.).

Das Praxishandbuch zum Recht des Krankenhauswesens (*Huster/Kaltenborn*, Krankenhausrecht, 2. Aufl. 2017, 710 S.) enthält neben einem für das Verständnis gerade dieses Versorgungssektors wichtigen Beitrag zu den ökonomischen Grundlagen der Krankenhausversorgung (*Wasem/Walendzik/Thomas*) rechtliche Abhandlungen, die sich thematisch nicht nur im Kern dieses Versorgungszweigs, sondern um diesen herum ansiedeln, so zB das Recht der Krankenbehandlung als Leistung der privaten Krankenversicherung (*Patt/Wilde*), das Recht des Krankenhauspersonalwesens (*Ricken*), der Krankenhausprivatisierung (*Lambrecht/Vollmöller*) und der Public-Private-Partnership (*Reit-Born/Weiner*). Mit diesem Werk ist ein ebenbürtiges Pendant zu den arztrechtlichen Handbüchern geschaffen worden.

Für das Rehabilitationsrecht sind zu nennen der umfassend angelegte, arbeits- und sozialrechtliche sowie öffentlich-rechtliche und zivilrechtliche Regelungen umfassende Stichwortkommentar zum Behindertenrecht (Hrsg. *Deinert/Welti*, SWK Behindertenrecht, 2014, Neuauflage 2018 in Vorbereitung). Die medizinische Rehabilitation wird hier ausführlich von *Welti* behandelt. Auf das sozialrechtliche Rehabilitationsrecht beschränkt ist das von *Luthe* herausgegebene Handbuch (Rehabilitationsrecht, 2. A., 2014), in dem die medizinische Rehabilitation von *Oppermann* bearbeitet wird.

Kommentare:

Aus den Kommentaren zu den einzelnen für das Gesundheitsrecht einschlägigen Fachgebieten, die hier nicht aufgeführt werden können, ragt ein konzeptionell neuartiges Werk heraus. Es handelt sich um eine Sammlung von Kommentaren zu medizinrechtlich einschlägigen Gesetzen (*Spickhoff*, Medizinrecht, 2. Aufl. 2014, 3073 S.). Diese Kommentarsammlung hat einen großen Vorteil. Wer sich, im Gesundheitsrecht arbeitend, nicht den Schreibtisch mit Kommentaren zu den verschiedenen Gesetzen voll stellen will, ist mit diesem Werk gut bedient. Das Spektrum der über 40 kommentierten Gesetze bzw. Auszüge von Gesetzen ist sehr breit. Der Kommentar zum Gesamten Medizinrecht von *Bergmann/Pauge/Steinmeyer* (Hrsg.), 2. Aufl., 2014, 1877 S., weist trotz seines Titels nicht diese Breite auf.

Zeitschriften:

Die einschlägigen juristischen Fachzeitschriften sind sowohl fachwissenschaftlich wie praxisorientiert ausgerichtet. Eine spezielle juristische Ausbildungszeitschrift ist nicht vorhanden.

Für die Praxis wie für die Lehre sehr hilfreich sind die Überblicksartikel über die Rechts- und Rechtsprechungsentwicklung. Diese Überblicksartikel finden sich in den allgemeinen juristischen Fachzeitschriften (so zB zum Gesundheitsrecht *Kingreen* NJW 2015, 3413, zum Vertragsarztrecht *Maaß* NZS 2017, 41, 88, zum Arztrecht *Spickhoff* NJW 2917, 1790, zum Krankenhausrecht *Stollmann/Hermanns* DVBl. 2011, 599, und zum Krankenhausplanungsrecht *Stollmann/Hermanns* NZS 2015, 881.

Medizin-/gesundheitsrechtliche Zeitschriften:

- Medizinrecht (MedR)
- Gesundheitsrecht (GesR)
- Gesundheit und Pflege (GuP), Rechtszeitschrift für das gesamte Gesundheitswesen (2011 neu erschienen)
- Zeitschrift für das gesamte Medizin- und Gesundheitsrecht (ZMGR), (hrsg. vom Geschäftsführenden Ausschuss der Arbeitsgemeinschaft Medizinrecht im Deutschen Anwaltverein)

Zeitschriften für Fachgebiete:

- Behindertenrecht (br), Fachzeitschrift für Fragen der Rehabilitation
- Krankenhausrecht (KHR) (Zeitschrift für das gesamte Krankenhausrecht)
- PflegeRecht (PflR) (Zeitschrift für Rechtsfragen in der stationären und ambulanten Pflege)
- Recht und Praxis der Rehabilitation (RPReha)

Sozialrechtliche Lehrbücher, Handbücher und Kommentare:

Das Sozialrecht hat in vielen seiner Leistungsbereiche die gesundheitliche Versorgung zum Gegenstand. Hier sind nicht nur das Krankenversicherungsrecht (SGB V), sondern auch das Pflegeversicherungsrecht (SGB XI), das Unfallversicherungsrecht (SGB VII), das Rehabilitationsrecht (SGB IX), das Sozialhilferecht (SGB XII) und das Versorgungsrecht (BVG) einschlägig. Einschlägige **Lehrbücher** sind etwa *Eichenhofer,* Sozialrecht, 10. Aufl. 2017; *Kokemoor,* Sozialrecht, 7. Aufl. 2016; *Muckel/Ogorek,* Sozialrecht, 7. Aufl. 2016; *Waltermann,* Sozialrecht, 12. Aufl. 2016. Für die Grundlagen des Sozialrechts nach wie vor geeignet sind *Fuchs/Preis,* Sozialversicherungsrecht, 2. Aufl. 2009; *Igl/Welti,* Sozialrecht, 8. Aufl. 2007.

Bei den sozialrechtlichen **Handbüchern** ist insbesondere auf das Sozialrechtshandbuch zu verweisen, das auch Einzelübersichten über die verschiedenen Sozialleistungsbereiche enthält (*Axer/Becker/Ruland,* Sozialrechtshandbuch – SRH, 6. Aufl. 2018).

Die sozialrechtliche **Kommentarliteratur** ist mittlerweile sehr stark angewachsen. Zu jedem Sozialleistungszweig existiert eine Vielzahl von Kommentaren. Eine repäsentative Darstellung dieser Werke ist hier nicht möglich. Bei den Loseblattsammlungen ragen heraus die verschiedenen Bände zum SGB, herausgegeben von *Hauck/Noftz* (*Hauck/Noftz,* SGB), sowie der *Kasseler Kommentar Sozialversicherungsrecht* (München). Bei den gebundenen Werken sind vor allem zu nennen *Becker/Kingreen,* SGB V, 5. Aufl. 2017, *Hänlein/Schuler,* SGB V, 5. Aufl. 2016, *Udsching/Schütze,* SGB XI, 5. Aufl. 2017, *Grube/Wahrendorf* SGB XII, 5. Aufl. 2014 (6. Aufl. in Vorbereitung), *Klie/Krahmer/Plantholz,* LPK-SGB XI, 4. Aufl. 2014, *Dau/Düwell/Joussen,* SGB IX, 4. Aufl. 2014 sowie *Knickrehm,* Soziales Entschädigungsrecht, 2012.

1. Kapitel. Begriff und System des Gesundheitsrechts

Zur Vertiefung: *Deutsch/Spickhoff,* Medizinrecht, 2014, 3–11; *Spickhoff/Deutsch,* Medizinrecht, 2014, Einleitung, 1; *Kingreen,* Governance im Gesundheitsrecht, Die Verwaltung 2009, 339; *Kingreen,* Medizinrecht und Gesundheitsrecht, FS Deutsch, 2009, 283; *Laufs,* Medizinrecht – eine neue juristische Disziplin? in Lilie/Bernat/Rosenau (Hrsg.), Standardisierung in der Medizin als Rechtsproblem, 2008, 19; *Quaas/Zuck,* Medizinrecht, 2014, 1–7.

Kommentare und Handbücher: *Bergmann/Pauge/Steinmeyer,* Gesamtes Medizinrecht, 2014; *Deutsch/Spickhoff,* Medizinrecht, 2014; *Prütting,* Medizinrecht Kommentar, 2016; *Raetzel/Luxenburger,* Handbuch Medizinrecht, 2015; *Spickhoff,* Medizinrecht, 2014.

§ 1 Das Rechtsgebiet Gesundheitsrecht

Gegenstand des Rechtsgebietes Gesundheitsrecht ist das **Recht, das sich mit der** **1** **menschlichen Gesundheit** befasst. Die menschliche Gesundheit wird in der **Präambel der Verfassung der Weltgesundheitsorganisation** (World Health Organization – WHO) wie folgt definiert: »Gesundheit ist der Zustand völligen körperlichen, geistigen, seelischen und sozialen Wohlbefindens.« Dieser Begriff steht für ein zu erreichendes Ziel. Gesundheitsrecht wäre demnach das Rechtsgebiet, das sich mit dieser Zielerreichung befasst.[1]

Gesundheit kann in verschiedener Weise Gegenstand von Rechtsnormen sein.[2] Als **2** Schutzgut ist Gesundheit in vielen Rechtsbereichen zu beachten, deren Regulierungen entscheiden, ob Lebensverhältnisse, Produkte und Dienstleistungen der Gesundheit förderlich oder zumindest nicht abträglich oder gar diese gefährdend sind. In diesem Sinne ist Gesundheitsrecht eine Querschnittsmaterie. So verstanden könnten beispielsweise auch die direkt und indirekt die Gesundheit schützenden Vorschriften des Lebensmittelrechts zum Gesundheitsrecht zählen. Gleiches gilt für die immissionsvermeidenden Vorschriften des Immissionsschutzrechtes.

In dieser systematischen Einführung in das Gesundheitsrecht sollen vor allem diejeni- **3** gen **Rechtsbereiche** näher betrachtet werden, die sich **spezifisch mit dem Schutz der Gesundheit, der Herstellung von Gesundheit und dem Umgang mit beeinträchtigter Gesundheit** befassen. In der Sprache des Gesundheitswesens sind hier vor allem die Gesundheitsförderung und Prävention, Kuration, Rehabilitation und Teilhabe, die Pflege im Sinne der Langzeitpflege[3] sowie die Palliation betroffen.

Zur Förderung, Erhaltung und Wiederherstellung der Gesundheit bedarf es in einem **4** Gemeinwesen auch bestimmter Akteure, die entsprechende Qualifikationen aufweisen. Solche Akteure sind im Hinblick auf die Kuration im deutschen Gesundheitswesen vor allem die Ärzte, also Angehörige eines die Heilkunde ausübenden Berufes. Aus dieser **Sicht der personellen Akteure** heraus ist das Rechtsgebiet des **Arztrechts** zu verstehen. Die Qualifikation, die die Ärzte aufweisen müssen, erlangen sie durch das Studium der Medizin, also der Wissenschaft von der Heilkunde. Das **Medizinrecht** steht aber nicht für das Recht der Wissenschaft von der Heilkunde, sondern für das **Recht der praktischen Ausübung der Heilkunde.** Damit verweist das Medizin-

---

1 Krit. zu dieser weiten begrifflichen Fassung *Zuck* in Quaas/Zuck MedR § 1 Rn. 20.
2 Zu den rechtlichen Dimensionen des Gesundheitsbegriffs *Möller* SGb 2015, 423.
3 *Quaas/Zuck* MedR § 69 haben das Pflegeversicherungsrecht jetzt ebenfalls aufgenommen (S. 940 ff.).

recht auf die **handlungsbezogene Sicht.** Da Handlungen ohne Akteure nicht vorstellbar sind, **umschließt das Medizinrecht auch das Arztrecht.** Das Medizinrecht ist aber von den erfassten Gegenständen her gesehen sehr viel weiter als das Arztrecht. So gehört zum Medizinrecht zB auch das Recht der Medizinprodukte. In der Bundesrepublik hat sich der Begriff des Medizinrechts seit längerem eingebürgert.[4] Fachzeitschriften tragen den Begriff im Titel; es gibt den Fachanwalt für Medizinrecht und mittlerweile auch eine wissenschaftliche Vereinigung der Medizinrechtslehrerinnen und -lehrer.[5]

5 Der **Begriff des Gesundheitsrechts** umfasst zwar auch das Gebiet des Medizinrechts, ist aber wesentlich weiter gespannt. Er trägt insbesondere der Tatsache Rechnung, dass in den entwickelten Staaten die gesundheitliche Versorgung der Bevölkerung in einem institutionalisierten Rahmen stattfindet. Dazu gehört zB ein öffentlicher Gesundheitsdienst, der wichtige Aufgaben des Gesundheitsschutzes wahrnimmt. In vielen Staaten, so auch in der Bundesrepublik Deutschland, ist das Gesundheitssystem noch breiter institutionalisiert, wenn eine öffentliche Verantwortung für die Bereitstellung bestimmter Vorkehrungen wie Krankenhäuser, Rehabilitationseinrichtungen, Pflegeeinrichtungen, eine ausreichende Anzahl an Ärzten etc. gegeben ist ($\rightarrow$ § 10 Rn. 1 ff.). Auch die verschiedenen Gebiete des gesundheitsbezogenen Sozialleistungsrechts, insbesondere das Kranken- und Pflegeversicherungsrecht und das Recht der medizinischen Rehabilitation rechnen hierzu. Unter diesem Blickwinkel kann man von einem **Recht der gesundheitlichen Versorgung der Bevölkerung** sprechen. Dazu kommt, dass das Recht auf gesundheitliche Einschränkungen reagiert, indem es etwa im Betreuungsrecht die Rechtssubjektivität gesundheitlich eingeschränkter Menschen sichert und im Behindertenrecht ihre Gleichbehandlung und besondere Berücksichtigung zu erreichen sucht.

6 Das **Gesundheitsrecht** umfasst also die Bereiche des Medizinrechts, das Recht der gesundheitlichen Versorgung der Bevölkerung sowie weitere Aspekte des rechtlichen Umgangs mit gesundheitlicher Beeinträchtigung wie insbesondere das Betreuungsrecht und das Behindertenrecht. Diese sehr breite Konfiguration des Rechtsgebiets kommt der in der WHO-Verfassung aufgestellten Beschreibung der Gesundheit am nächsten.

7 Der hier verwendete **Begriff des Gesundheitsrechts** weist **zwei Besonderheiten** auf: Er wird in der rechtswissenschaftlichen Literatur bisher nirgendwo so weit verstanden wie hier und er umfasst auch die Gegenstände, die unter das Medizinrecht und unter das Arztrecht fallen. Im Übrigen ist zu vermerken, dass selbst der engere Begriff des Medizinrechts nicht einheitlich verwendet wird. Aufschlussreich ist insofern der Blick auf einschlägige Fachveranstaltungen und Fachpublikationen unter dem Titel Medizinrecht. Hier zeigt sich, dass in der Praxis der Begriff des Medizinrechts schon heute sehr viel weiter und nicht nur auf die Medizin beschränkt verwendet wird.[6] Für das

---

4 S. etwa Spickhoff/*Deutsch* Rn. 1 ff.
5 Gegründet im Jahr 2008 anlässlich der 1. Tagung der Medizinrechtslehrerinnen und Medizinrechtslehrer in Halle an der Saale, s. den Tagungsband *Lilie/Bernat/Rosenau* (Hrsg.), Standardisierung in der Medizin als Rechtsproblem. Beiträge der 1. Tagung der Medizinrechtslehrerinnen und Medizinrechtslehrer 2008 in Halle an der Saale, 2009.
6 So werden in der Festschrift der *Arbeitsgemeinschaft Medizinrecht im Deutschen Anwaltverein* Medizinrecht heute: Erfahrungen, Analysen, Entwicklungen. FS 10 Jahre Arbeitsgemeinschaft Medizinrecht im DAV, 2008, das Recht der medizinischen Behandlung, das Haftungsrecht, das Vertragsarztrecht, das Krankenhausrecht, das Vertragsrecht, das Berufsrecht, das Strafrecht und das Arzneimittel-, Medizinprodukte- und Apothekenrecht behandelt. Noch breiter ist der Praktikerkommentar von *Spickhoff*, Medizinrecht, angelegt, in dem zB neben dem Recht der Gesetzlichen Krankenversicherung auch das Recht der privaten Krankenversicherung behandelt wird. Das Lehrbuch von *Janda* mit dem Titel »Medizinrecht« (2016) enthält auch das Krankenversicherungsrecht. Das Werk von *Quaas/Zuck* (2014) enthält unter dem gleichen Werktitel ebenfalls das Kranken- und Pflegeversicherungsrecht.

Igl

rechtliche Verständnis sind solche begrifflichen Unklarheiten dann unschädlich, wenn im jeweiligen Kontext das jeweilige Begriffsverständnis dargelegt wird.

Trotz des in dem vorliegenden Werk zugrunde gelegten weiten Begriffsverständnisses **8** können die zahlreichen Teilbereiche des Gesundheitsrechts nicht vollständig dargestellt werden. Es wird auch von Studierenden dieses Fachs nicht erwartet werden können, dass sie das Gesundheitsrecht gemäß einem sehr weit ausgreifenden Verständnis beherrschen. Es ist aber schon im Studium von Bedeutung, sich den Problemen der **Rechtsinterdisziplinarität des Gesundheitsrechts** zu stellen. So ist es eine der besonderen Herausforderungen des Studiums des Gesundheitsrechts, sich mit Rechtsfragen vom EU-Recht über das Verfassungsrecht bis hin zum Verwaltungs-, Straf- und Privatrecht befassen und das Zusammenspiel von Rechtsvorschriften aus mehreren Rechtsgebiete rechtsinterdisziplinär bewältigen zu müssen. In der beratenden und judizierenden Rechtspraxis auf dem Gebiet des Gesundheitsrechts gerät dies dann zum selbstverständlichen Umgang mit diesem Rechtsgebiet.

§ 2 Bereiche der gesundheitlichen Versorgung

A. Überblick über die Bereiche der gesundheitlichen Versorgung

Das Gesundheitsversorgungssystem kann auf verschiedene Weise untergliedert wer- **1** den. Die nachstehende Untergliederung orientiert sich an den wichtigsten Bereichen gesundheitsrelevanter Interventionen. Als die vier wichtigsten Bereiche sind allgemein anerkannt die Prävention, die Kuration, die Rehabilitation und die Pflege im Sinne von Langzeitpflege. In jüngerer Zeit haben auch die Bereiche der Gesundheitsförderung und der Palliation eine immer stärker werdende Bedeutung erlangt.

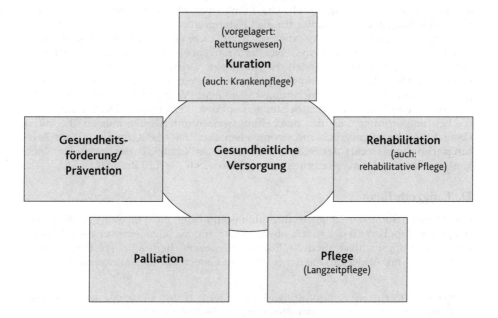

B. Gesundheitsförderung – gesundheitliche Prävention

2 Zur **Gesundheitsförderung** gehören nach der WHO (Ottawa Charta)[1] alle Maßnahmen, die sowohl auf die Veränderung und Förderung des individuellen Verhaltens als auch der Lebensverhältnisse im positiven Sinne abzielen. Ziel der Gesundheitsförderung ist es, bestehende Ungleichheiten bezüglich des Gesundheitszustandes und der Lebenserwartung unterschiedlicher sozialer Gruppen zu reduzieren. Die **Gesundheitsförderung** und die **gesundheitliche Prävention** sind zum Teil in das Recht wichtiger Lebensbereiche integriert, wie es etwa im Arbeitsschutzrecht der Fall ist. Bis zum Präventionsgesetz von 2015 war eine zentrale Institution oder ein Hauptakteur für die Gesundheitsförderung und die gesundheitliche Prävention nicht auszumachen. Mittlerweile hat sich eine gewisse Konzentration der Verantwortlichkeiten ergeben. Nach wie vor aber sind Gesundheitsförderung und gesundheitliche Prävention einer Vielzahl von verschiedenen Akteuren und Institutionen im Gesundheitswesen zugewiesen (→ § 29 Rn. 5 ff.).[2]

3 Der Bereich der Gesundheitsförderung überschneidet sich zum Teil mit der Primärprävention. Seit Anfang 2000 ist die **primäre gesundheitliche Prävention Satzungsleistung der gesetzlichen Krankenkassen** (vgl. § 20 Abs. 1 SGB V; → § 29 Rn. 1 ff.).

C. Kuration

4 Die Kuration, also das Heilen, ist der zentrale Bereich des deutschen Gesundheitswesens. Rechtsterminologisch wird das Heilen als Bestandteil der Krankenbehandlung betrachtet (vgl. § 27 Abs. 1 S. 1 SGB V). In Deutschland ist der Bereich der Kuration institutionell und systemisch von der Gesetzlichen Krankenversicherung (**SGB V: Gesetzliche Krankenversicherung;** → § 30 Rn. 1 ff.) geprägt, in der knapp 90% der Bevölkerung versichert sind. Die Gestalt des deutschen Gesundheitswesens ist auf dem Gebiet der Kuration bzw. der Krankenbehandlung in sehr hohem Maße von den Bedingungen geprägt, die das gesetzliche Krankenversicherungssystem setzt. Das gilt für das Leistungsrecht ebenso wie für die Leistungserbringung und damit für die leistungserbringenden Akteure. Aus diesem Grund kann gesagt werden, dass das deutsche Gesundheitswesen auf dem Gebiet der Krankenbehandlung sozialversicherungsdominiert ist. Allerdings handelt es sich beim Leistungserbringungssystem der Gesetzlichen Krankenversicherung nicht um ein System, in dem die Leistungserbringer Bedienstete der Sozialversicherungskassen sind. Vielmehr vollzieht sich die Beschaffung von Gesundheitsdienstleistungen auf dem Vertragsweg. Daraus folgt, dass die Leistungserbringer sich den Beschaffungsweisen unterwerfen müssen, die in der Gesetzlichen Krankenversicherung vorgesehen sind. Dies ist **Gegenstand des Leistungserbringungsrechts des SGB V** (SGB V. Viertes Kapitel. Beziehungen der Krankenkassen zu den Leistungserbringern, → § 15 Rn. 29 ff., → § 20 Rn. 20 ff.).

D. Langzeitpflege

5 Die Pflege im Sinne der **Langzeitpflege (long-term care)**, nicht im Sinne der Krankenpflege, die dem Bereich der Krankenbehandlung zuzurechnen ist, ist erst seit 1994 sozialversicherungsrechtlich (**SGB XI: Soziale Pflegeversicherung**) ausgestaltet worden (→ § 31 Rn. 1 ff.). Anders als auf dem Gebiet der Gesetzlichen Krankenversicherung ist

---

1 Die Ottawa Charta zur Gesundheitsförderung ist am 21.11.1986 im Gefolge der Ersten Internationalen Konferenz für Gesundheitsförderung verabschiedet worden.

2 S. den Überblick bei *Rosenbrock*, Prävention und Gesundheitsförderung als Elemente des Gesundheitswesen in Igl/Welti (Hrsg.), Gesundheitliche Prävention im Sozialrecht, 2003, 6 ff. = ZSR 2003, 342.

hier auch die private Pflegeversicherung für Personen, die für das Risiko der Krankheit Versicherungsschutz bei einem Privatversicherungsunternehmen haben, dem Leistungsrecht der gesetzlichen Versicherung unterworfen worden (vgl. § 110 Abs. 1 SGB XI). Die Einführung einer gesetzlichen Pflegeversicherung hat für die Leistungserbringer Ähnliches bewirkt wie die Gesetzliche Krankenversicherung: Die Leistungen definieren sich nach den gesetzlich vorgegebenen Inhalten; die Zulassung zur Leistungserbringung folgt einem Vertragssystem. Allerdings sind die Pflegeleistungen nach dem SGB XI begrenzt (»gedeckelt«), sodass sich jenseits des Leistungskataloges des SGB XI Leistungsspielräume ergeben können.

E. Rehabilitation

Die **Leistungen zur Teilhabe für behinderte Menschen (SGB IX: Rehabilitation und** 6
Teilhabe behinderter Menschen) haben das Ziel, Behinderung durch das Ansetzen am Gesundheitszustand und seinen Kontextfaktoren zu verhindern oder behinderten Menschen ein möglichst selbstbestimmtes Leben mit gleichwertiger Teilhabe zu ermöglichen.[3] Die dazu erforderlichen Leistungen sind gegliedert in medizinische Rehabilitation, Leistungen zur Teilhabe am Arbeitsleben (berufliche Rehabilitation) und Leistungen zur Teilhabe am Leben in der Gemeinschaft (soziale Rehabilitation), bei denen Institutionen und Berufe des Sozial- und Gesundheitswesens zusammenwirken. Sie sind durch einen gemeinsamen Rahmen verbunden (§§ 1–25 SGB IX; ab 1.1.2018: §§ 1–41 SGB IX).

Die im engeren Sinne gesundheitsbezogene Rehabilitation, in der rechtlichen Termino- 7
logie als **medizinische Rehabilitation** bezeichnet (vgl. § 5 Nr. 1 SGB IX), ist Bestandteil insbesondere des Leistungskataloges der Gesetzlichen Krankenversicherung (SGB V), der Gesetzlichen Rentenversicherung (SGB VI), der Gesetzlichen Unfallversicherung (SGB VII) und der Sozialhilfe (SGB XII). Ein einheitlicher Rehabilitationsträger existiert nicht. Mit dem SGB IX ist es aber immerhin gelungen, für alle Sozialleistungsbereiche, in denen medizinische Rehabilitation stattfindet, **gemeinsame Regelungen** zu finden (§§ 26–32 SGB IX; ab 1.1.2018: §§ 42–48 SGB IX; → § 32 Rn. 1 ff.).

F. Palliation

Der Bereich der Palliation stellt sich noch nicht als eigenständiger Systembereich des 8
Gesundheitswesens dar. Seine Bedeutung nimmt aber zu, was sich auch an den seit 2007 vorgesehenen Leistungen der Gesetzlichen Krankenversicherung ablesen lässt (vgl. § 37b SGB V; → § 33 Rn. 1 ff.).

§ 3 Überblick über die systematische Ordnung des Gesundheitsrechts

A. Gesamtüberblick

Im Folgenden soll ein Überblick über eine mögliche systematische Ordnung des Ge- 1
sundheitsrechts gegeben werden. Dieser Überblick setzt an dem ökonomischen Vorgang einer **Güterbeschaffung** an und nimmt die an dieser Güterbeschaffung beteiligten öffentlichen und privaten Akteure samt der dazu gehörigen **rechtlichen Ordnung** in den Blick. Dabei ist zu berücksichtigen, dass das deutsche Gesundheitsrecht auch durch **internationale und europäische Rechtsakte** beeinflusst wird (→ § 4 Rn. 1 ff., → § 8 Rn. 1 ff.).

---

3 Grundlegend *Welti*, Behinderung und Rehabilitation im sozialen Rechtsstaat, 2005.

2 Das menschliche Handeln auf dem Gebiet der gesundheitlichen Versorgung wird seit jeher von besonderen ethischen Ansprüchen getragen. Über das Handeln im konkreten Behandlungsverhältnis zwischen Arzt und Patienten hinaus sind **ethische Maßstäbe** aber auch schon in der Forschung zu berücksichtigen (→ § 56 Rn. 1 ff.).

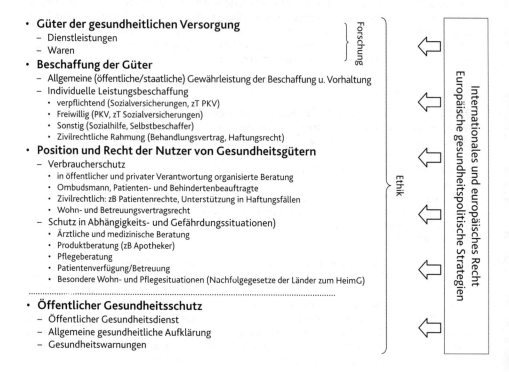

B. Güter der gesundheitlichen Versorgung

3 Die Güter der gesundheitlichen Versorgung sind **Waren,** wie zB pharmazeutische Produkte, Medizinprodukte, Hilfsmittel, und **Dienstleistungen,** die von Personen und Institutionen produziert werden. Bei den Personen in professioneller Funktion sind es insbesondere die Angehörigen der Heilberufe, aber auch die der sonstigen Gesundheitsberufe, die solche Dienstleistungen erstellen. Nicht zu vergessen sind die Personen, die im Gesundheitsbereich als bürgerschaftlich Engagierte oder in der Selbsthilfe teilnehmen. Im Sozialrecht wird auf diese Personengruppe mittlerweile besonders abgestellt.[1] Bei den Institutionen sind es die Krankenhäuser und sonstige medizinische und rehabilitative Dienste und Einrichtungen, weiter Pflegeeinrichtungen und Hospize. Auch in den Apotheken werden beim Verkauf von Produkten gesundheitliche Dienstleistungen in Form von Beratung angeboten.

4 Im Bereich der **Dienstleistungen** siedeln sich rechtlich vor allem das **Berufsrecht** und das **Recht der Gesundheitsinstitutionen** an (→ § 12 Rn. 1 ff. und → §§ 19–22). Zu diesem Gebiet rechnet auch die zivil- und strafrechtliche Haftung beim dienstleistenden Handeln (→ § 48 Rn. 1 ff. und → §§ 51–55). Bei den **Waren** geht es vor allem um das **Pharmazierecht** (zB Apothekenrecht) und das **Produkterecht** (Medizinprodukterecht; → § 27).

---

1 Vgl. etwa § 20h SGB V, § 29 SGB IX, § 45d SGB XI.

Dienstleistungen	Waren

– Personen mit professioneller Funktion
  – Heilberufe
    – Ärzte
    – Pflegeberufe
    – Apotheker (beratende Funktion)
    – Sonstige Gesundheitsberufe
– Personen im bürgerschaftlichen Engagement
  – Selbsthilfegruppen
  – Freiwillige
– Institutionen
  – Krankenhaus
  – Rehabilitationseinrichtungen
  – Pflegeeinrichtungen
  – Hospize
  – Apotheken (Funktion als Verkaufsstellen)
– Besondere Settings
  – Arbeit/Betrieb
  – Schule
	– Pharmazeutische Produkte
	– Medizinprodukte
	– Hilfsmittel

C. Beschaffung der Güter

Die Beschaffung von Gesundheitsgütern kann auf sehr unterschiedliche Weise statt- **5** finden. In Deutschland kommt dem Staat eine verfassungsrechtlich verankerte Verantwortung für die **allgemeine Gewährleistung eines Gesundheitssystems** zu (→ § 10 Rn. 1 ff.). Daneben bleibt ein Bereich **individueller Leistungsbeschaffung,** der wiederum ganz überwiegend rechtsförmig gestaltet, dh vor allem mit Leistungsansprüchen in der Gesetzlichen Krankenversicherung versehen worden ist. Auch das Privatversicherungsrecht (private Krankenversicherung) trägt zur Sicherung der Leistungsansprüche von Patienten bei.[2]

Allgemeine Gewährleistungen	Individuelle Leistungsbeschaffung

– Vorgelagert: Bereithaltung eines Gesundheits-
  systems in staatlicher Verantwortung
  (Sozialstaatsauftrag; kein reines Einkaufsmodell)
– Infrastrukturelle Vorhaltungen durch Planung
  und Förderung
  – Krankenhausplanung und Investitions-
    förderung
  – Förderung von Pflegeeinrichtungen
– Verantwortung für die Sicherung der
  individuellen Leistungsbeschaffung
– Rationierung von Gesundheitsleistungen
– Speziell: Transplantationen
	– Verpflichtend mit Rechtsan-
	  spruch:
	  – Sozialversicherung
	  – Zum Teil: PKV (Pflegepflicht-
	    versicherung; Basistarif)
	– Freiwillig mit Rechtsanspruch:
	  – PKV
	  – Zum Teil: Sozialversicherung
	    (freiwillige Versicherung in
	    GKV)
	– Freiwillig (Selbstzahler)
	– Subsidiär mit Rechtsanspruch:
	  – Sozialhilfe

---

2 S. speziell zum Privatversicherungsrecht → §§ 34–38.

D. Position und Rechte der Nutzer von Gesundheitsgütern

6 Die Position und die Rechte der Nutzer von Gesundheitsgütern stellen einen Bereich des Gesundheitsrechts dar, der in letzter Zeit immer stärker in den Vordergrund gerückt worden ist. Hier wirkt auch noch der traditionelle **Verbraucherschutz** herein. Die Entwicklung in den einzelnen Bereichen verläuft sehr unterschiedlich. So sind im **Sozialrecht** wichtige Vorkehrungen getroffen worden, die von der Einrichtung von Wunsch- und Wahlrechten bis hin zur Patienten- und Pflegeberatung und der Beratung bei Haftungsfällen reichen.[3]

7 Für das Gesundheitsrecht einschlägig sind auch die Schutzgesetze für Bewohner von Pflegeeinrichtungen. Hier hat sich in jüngster Zeit seit der Föderalisierung der Gesetzgebung zum Heimrecht (vgl. Art. 74 Abs. 1 Nr. 7 GG) in den auf das **Heimgesetz** folgenden Landesgesetzen eine Entwicklung weg von nur ordnungsrechtlich orientierten Schutzanliegen und hin zur Realisierung des Teilhabegedankens ergeben. Traditionelle Instrumente im gesundheitlichen Nutzerschutz im Sinne der Gewährleistung der Selbstbestimmung finden sich im **Betreuungsrecht.** Die viel diskutierte **Patientenverfügung** ist ebenfalls zu erwähnen.[4]

Verbraucherschutz	Schutz in Abhängigkeits- und Gefährdungssituationen

– In öffentlicher und privater Verantwortung organisierte Beratung
– Institutionell:
  – Ombudsmann (Bürgerbeauftragte)
  – Patientenbeauftragte
  – Behindertenbeauftragte
 	
– Zivilrechtlich:
  – Patientenrechte
  – Unterstützung in Haftungsfällen
  – Wohn- und Betreuungsvertragsrecht
	– Ärztliche und medizinische Beratung
	– Produktberatung (zB Apotheker)
	– Pflegeberatung
	– Patientenverfügung/Betreuung
	– Besondere Wohn- und Pflegesituationen (Nachfolgegesetze der Länder zum HeimG)

E. Öffentlicher Gesundheitsschutz – Öffentlicher Gesundheitsdienst

8 Der **öffentliche Gesundheitsschutz** versteht sich zum einen als rein ordnungsrechtliche Materie, wenn es zB um den **Infektionsschutz,**[5] früher Seuchenschutz genannt, geht. Zum anderen wirkt der öffentliche Gesundheitsschutz vor allem auf dem Gebiet der Gesundheitsförderung und der Prävention. Auch die **gesundheitliche Aufklärung der Bevölkerung,** wahrgenommen durch das Bundesamt für gesundheitliche Aufklärung, rechnet hierher. In einem weiteren Sinn kann man hier auch die **Gesundheitsberichterstattung** als Voraussetzung für gesundheitspolitische Maßnahmen einordnen.

9 Zwei begriffliche Klärungen sind angebracht: **Öffentlicher Gesundheitsschutz** entspricht nicht dem Begriff **Public Health** (→ Rn. 12). Der Öffentliche Gesundheitsschutz entspricht auch nicht vollständig dem Begriff des **Öffentlichen Gesundheits-**

---

3 S. hierzu die Beiträge in *Igl* (Hrsg.), Verbraucherschutz im Sozialrecht, 2011.
4 S. etwa *Meier/Deinert*, Handbuch Betreuungsrecht, 2. Aufl. 2016; *Bauer/Klie*, Patientenverfügungen und Vorsorgevollmachten, 3. Aufl. 2016.
5 Gesetz zur Verhütung und Bekämpfung von Infektionskrankheiten beim Menschen (Infektionsschutzgesetz – IfSG) v. 20.7.2000 (BGBl. 2000 I 1045).

dienstes. Unter diesem werden vor allem die von Landesbehörden (Gesundheitsämtern) wahrgenommenen Aufgaben des öffentlichen Gesundheitsschutzes verstanden.

Auch wenn der **öffentliche Gesundheitsschutz** zumeist mit dem öffentlichen Ge- **10** sundheitsdienst assoziiert wird, würde mit dieser Beschränkung das Bild des öffentlichen Gesundheitsschutzes nicht vollständig sein. So kann öffentlicher Gesundheitsschutz auch darin bestehen, auf Lebensmittelverpackungen die Zusammensetzung, die Kalorienzahl und sonstige für die gesunde Ernährung wichtige Hinweise zu geben.[6] Gleiches gilt für die drastischen **Warnhinweise** auf den Verpackungen der Tabakerzeugnisse, die durch eine EG-Richtlinie[7] erforderlich geworden sind. Neben den **allgemeinen Warnungen vor Gesundheitsgefahren,** für die vor allem die seit 1967 bestehende **Bundeszentrale für gesundheitliche Aufklärung** (BZgA) zuständig ist, gibt es auch **anlassbezogene Warnungen,** zB bei befürchteten Epidemien (etwa Vogelseuche oder Schweinegrippe). Hierfür ist auf Bundesebene die Bundesregierung, dh das Bundesministerium für Gesundheit, zuständig.

Das **Rechtsgebiet des öffentlichen Gesundheitsschutzes** ist, soweit es als besondere **11** ordnungsrechtliche Materie zum Ordnungsrecht zählt, für den juristischen Unterricht im Gesundheitsrecht und für die fachanwaltschaftliche Ausbildung nicht von besonderem Belang. Soweit öffentlicher Gesundheitsschutz durch oder aufgrund von Rechtsakten der EU betrieben wird, stellt sich vor allem die Frage nach der entsprechenden Kompetenzgrundlage im EUV und im AEUV (→ § 5 Rn. 1 ff.; → § 6 Rn. 1 ff.). Bei öffentlichen Warnhinweisen durch die Bundesregierung oder durch eine Landesregierung hat in der Vergangenheit vor allem die Frage nach der Kompetenzgrundlage[8] und ggf. nach Schadensersatz bei Fehlinformationen eine Rolle gespielt. Das Infektionsschutzrecht enthält neben den gesundheitspolitischen Materien auch sozialrechtliche Vorschriften, so bei der Entschädigung von Impfopfern (§§ 56 ff. IfSG). Ansonsten weist das Recht des öffentlichen Gesundheitsschutzes keine rechtlichen Besonderheiten auf. Die gesundheitspolitische Bedeutung des öffentlichen Gesundheitsschutzes wird damit nicht infrage gestellt.

F. Public Health

Der Begriff Public Health ist ziemlich unscharf. Zunächst sollte er im angelsächsischen **12** Sprachgebrauch nur für das wissenschaftliche Fach der **Gesundheitswissenschaften** stehen, wobei das Verständnis der Gesundheitswissenschaften ein interdisziplinäres war. Mittlerweile wird der Begriff auch im Sinne von **politischen Programmen und praktischer gesundheitspolitischer, insbesondere gesundheitsfördernder und präventiver Maßnahmen** verwendet.

Unter **rechtlichen Aspekten** verbindet sich mit dem Begriff Public Health nichts, was **13** nicht schon unter die bisherigen rechtlichen Gebietsbezeichnungen gefasst werden könnte. Für das inhaltlich korrespondierende Rechtsgebiet wäre mit dem Gesundheitsrecht eine zumindest zum Teil adäquate Entsprechung gegeben. Trotzdem bleibt das hier zugrunde gelegte Verständnis des Gesundheitsrechts sehr viel weiter als die inhaltliche Erstreckung des Begriffs Public Health.

---

6 Hierzu die VO (EU) Nr. 1169/2011 des Europäischen Parlamentes und des Rates betreffend die Information der Verbraucher über Lebensmittel v. 25.10.2011, ABl. 2011 L 304, 18.
7 RL 2001/37/EG des Europäischen Parlaments und des Rates zur Angleichung der Rechts- und Verwaltungsvorschriften der Mitgliedstaaten über die Herstellung, die Aufmachung und den Verkauf von Tabakerzeugnissen v. 5.6.2001, ABl. 2001 L 194, 26.
8 S. etwa BVerfGE 105, 252 = NJW 2002, 2621 – Glykolwarnung.

2. Kapitel. Europarechtlicher Rahmen

Zur Vertiefung: *Frenz,* Soziale Grundlagen in EUV und AEUV, NZS 2011, 81; *Frenz/Ehlenz,* Grenzüberschreitende Wahrnehmung von Gesundheitsdienstleistungen, MedR 2011, 629; *Kemmler,* Einflussrichtungen der Europäischen Union auf das Krankenversicherungsrecht in Deutschland, NZS 2015, 401; *Kingreen,* Der Vorschlag der Europäischen Kommission für eine Patienten-Richtlinie, ZESAR 2009, 109; *Kopetzki,* Die EG als Normsetzer vor dem Hintergrund des Art. 152 EGV? in Lilie/Bernat/Rosenau (Hrsg.), Standardisierung in der Medizin als Rechtsproblem, 2009, 139; *Lenze,* Koordinationsrechtliche Probleme bei Pflegebedürftigkeit – aus deutscher Sicht, ZESAR 2008, 371; *Udsching,* Die deutsche Pflegeversicherung im europäischen Rahmen, in Freiheit – Gerechtigkeit – Sozial(es) Recht, FS für Eberhard Eichenhofer, 2015, 671; *Wollenschläger,* Patientenmobilität in der Europäischen Union – von der Rspr. des EuGH zur neuen Richtlinie 2011/24/EU über die Ausübung der Patientenrechte in der grenzüberschreitenden Gesundheitsversorgung, EuR 2012, 149.

Health Systems Governance in Europe. The Role of European Union Law and Policy. Edited by Elias Mossialos, Govin Permanand, Rita Baeten and Tamara K. Hervey. Cambridge University Press 2010 (kostenloser Download unter http://www.euro.who.int/en/home/projects/observatory/news/news/2012/04/eu-law-and-health-systems-book-now-free-to-download)

Kommentare und Handbücher: *Callies/Ruffert,* EUV/AEUV – Das Verfassungsrecht der Europäischen Union mit Europäischer Grundrechtecharta, 5. Aufl. 2016; *Fuchs/Cornelissen* (Hrsg.), EU Social Security Law: A Commentary on EU Regulations 883/2004 and 987/2009, 2015.

§ 4 Rechtsgrundlagen

A. Europarat – Europäische Union

Wenn von Europa gesprochen wird, ist in der Regel das Europa der **Europäischen** **1** **Union** gemeint. Der **Europarat,** die sehr viel ältere europäische Einrichtung,[1] wird deswegen oft übersehen. Es sind aber die im Rahmen des Europarates zustande gekommenen Verträge wie die **Europäische Menschenrechtskonvention (EMRK)**[2] und die **Europäische Sozialcharta (ESC)**,[3] die wichtige Aussagen enthalten, die direkt oder indirekt auf den Bereich Gesundheit Einfluss haben. Auch in seiner sonstigen Tätigkeit befasst sich der Europarat mit Gesundheitsthemen. So hat die ESC (Art. 11 ESC) auch die **Charta der Grundrechte der Europäischen Union**[4] beeinflusst, die ein Recht auf Gesundheitsschutz vorsieht (Art. 35 GRCh).

Trotz dieser nicht zu vernachlässigenden Aktivitäten des Europarates steht im Zent- **2** rum der Befassung mit den europäischen Aspekten des Gesundheitsrechts das **Recht** **der Europäischen Union (Unionsrecht),** wie es im **Vertrag über die Europäische Union (EUV)** und im **Vertrag über die Arbeitsweise der Europäischen Union (AEUV)** niedergelegt ist. Beide Verträge sind gleichrangig (Art. 1 Abs. 3 S. 2 EUV). Da der EUV eher für die allgemeinen Ziele und der AEUV mehr für das konkrete Programm steht, ist letzterer Vertrag für die Belange des Gesundheitsrechts vorrangig heranzuziehen.

---

1 Gegründet am 5.5.1949.
2 Konvention zum Schutz der Menschenrechte und Grundfreiheiten idF der Bek. v. 22.10 2010 (BGBl. 2010 II 1198). S. auch Art. 6 Abs. 3 EUV.
3 v. 18.10.1961 (BGBl. 1964 II 1262).
4 v. 12.12.2007, ABl. 2016 C 202, 389.

3 Das Unionsrecht spielt mittlerweile eine wesentliche Rolle in der Gestaltung des nationalen Gesundheitsrechts. Neben dem Primärrecht in Gestalt des EUV und des AEUV ist es das Sekundärrecht, das auf dem Gebiet des Gesundheitsrechts vor allem mit Richtlinien wirkt. Nicht zu unterschätzen sind auf dem Gebiet des Gesundheitsrechts, hier vor allem des Gesundheitssozialrechts, aber auch auf dem Gebiet des Apothekenrechts, die an den Marktfreiheiten ausgerichteten Entscheidungen des Gerichtshofs der Europäischen Union (EuGH) (→ § 9 Rn. 1 ff.), die wiederum gestaltende Wirkungen im nationalen Recht haben.

B. Allgemeines zum EUV und zum AEUV

I. Zuständigkeiten

4 Der EUV und der AEUV enthalten Vorschriften, die für das Verständnis der Behandlung des Gesundheitsrechts auf EU-Ebene von Bedeutung sind. Dazu gehören als erstes die Arten und Bereiche der Zuständigkeit der Union. Gemäß dem **Prinzip der begrenzten Einzelermächtigung** (Art. 5 EUV, Art. 7 AEUV) findet sich hierzu eine differenzierte **Ordnung der Zuständigkeiten.** Neben der Unterscheidung zwischen **ausschließlichen,** dh nur der Union zustehenden Zuständigkeiten, und zwischen der Union und den Mitgliedstaaten **geteilten Zuständigkeiten,** ist es vor allem die Regelung über die **Unterstützungs-, Koordinierungs- und Ergänzungstätigkeit,** die für den Gesundheitsbereich einschlägig ist (Art. 2 Abs. 5, Art. 6 Buchst. a AEUV). Der Gesundheitsbereich ist im Dritten Teil des AEUV über die internen Politiken und Maßnahmen der Union unter dem **Titel XIV »Gesundheitswesen«** erfasst (Art. 168 AEUV). In Art. 2 Abs. 5 AEUV ist klargestellt, dass die verbindlichen Rechtsakte auf diesem Gebiet keine Harmonisierung von Rechtsvorschriften der Mitgliedstaaten beinhalten dürfen.

II. Rechtsquellen

5 Bei den Rechtsakten sind es die **Verordnung** und vor allem die **Richtlinie,** die für den Bereich des Gesundheitsrechts maßgeblich sind (Art. 288 AEUV). Verordnungen, Richtlinien und Beschlüsse stellen **Gesetzgebungsakte** dar, die in einem bestimmten Gesetzgebungsverfahren zustande kommen (Art. 289 Abs. 1 AEUV).

III. Rechtliche Kontrolle

6 Unter dem Gesichtspunkte der rechtlichen Kontrolle wird unterschieden zwischen Gesetzgebungsakten und anderen Handlungen der Organe, Einrichtungen und sonstigen europäischen Institutionen. Diese Handlungen werden vom Gerichtshof der Europäischen Union (EuGH) überwacht (Art. 263 AEUV).

§ 5 Bereiche und Arten der Zuständigkeiten der Union auf dem Gebiet der Gesundheit

1 Im AEUV wird zwischen dem **öffentlichen Gesundheitsschutz,** dem **Schutz der menschlichen Gesundheit** und dem **Gesundheitswesen** unterschieden:

– Für **gemeinsame Sicherheitsanliegen im Bereiche des öffentlichen Gesundheitsschutzes** ist eine **geteilte Zuständigkeit** zwischen der Union und den Mitgliedstaaten eingerichtet (Art. 4 Abs. 2 Buchst. k AEUV). Der Begriff des öffentlichen Gesundheitsschutzes ist im Vertrag nicht näher erläutert.

- Auf dem Gebiet des **Schutzes und der Verbesserung der menschlichen Gesundheit** ist die Union für die Durchführung von Maßnahmen mit europäischer Zielsetzung zur **Unterstützung, Koordinierung oder Ergänzung der Maßnahmen der Mitgliedstaaten** zuständig (Art. 6 Buchst. a AEUV).
- Unter den **allgemeinen Bestimmungen** ist die **Erreichung eines hohen Gesundheitsschutzniveaus** geregelt. Diesem hat die Union bei der Festlegung und Durchführung ihrer Politik und ihrer Maßnahmen Rechnung zu tragen (Art. 9 AEUV). Die Kommission hat bei Vorschlägen zur Angleichung von Rechtsvorschriften von einem hohen Gesundheitsschutzniveau auszugehen (Art. 114 Abs. 3 AEUV).
- Speziell der **Schutz der Gesundheit der Arbeitnehmer** spielt im Rahmen der **Maßnahmen zur Verbesserung des Arbeitsumfeldes** eine Rolle (Art. 153 AEUV). Diese Kompetenz ist aber nicht auf dem Gebiet des Gesundheitswesens, sondern auf dem **Gebiet der Sozialpolitik** angesiedelt (Dritter Teil – Titel X AEUV). Hierzu zählt auch die Förderkompetenz für den Gesundheitsschutz bei der Arbeit (Art. 156 AEUV).
- Eine längere Vorschrift ist dem **Gesundheitswesen** gewidmet (Art. 168 AEUV). Hier geht es um die **fördernde, ergänzende und unterstützende Tätigkeit der Union.** Mit dieser Vorschrift ist der Kern der Tätigkeit der Union auf dem Gebiet des Gesundheitswesens angesprochen.

Im AEUV wird der Sozialpolitikbereich[1] deutlich von dem Bereich des Gesundheitswesens getrennt. Allerdings muss man sich bewusst sein, dass die **sozialen Sicherungssysteme** und dort die Gesundheitsdienst- oder Krankenversicherungssysteme ganz wesentlichen Einfluss auf die Gestaltung des Gesundheitswesens haben können. Das ist besonders in der Bundesrepublik Deutschland der Fall, in der die Gesetzliche Krankenversicherung eine prägende Rolle bei der Ausgestaltung auch des Gesundheitsversorgungssystems hat. In dem im AEUV angesprochenen Sozialpolitikbereich wird allerdings der Blick verengt auf die soziale Sicherheit, verstanden als System von Sozialleistungen, und auf den sozialen Schutz des Arbeitnehmers (vgl. Art. 153 Abs. 1 Buchst. c AEUV). 2

Das **Gesundheitswesen** bildet einen eigenen Titel in dem den »**Politiken der Gemeinschaft**« gewidmeten Dritten Teil des AEUV (Titel XIV). Die der Union eingeräumten Kompetenzen sind begrenzt. Die Union kann **keine autonome Gesundheitspolitik** betreiben; sie soll sich auf einen **Beitrag zur Erreichung eines hohen Gesundheitsschutzniveaus** beschränken (Art. 9 AEUV). Im Rahmen des Art. 168 AEUV wird dieser Beitrag »**vertikal**« zu den Gesundheitspolitiken der Mitgliedstaaten geleistet. Außerhalb von Art. 168 AEUV geschieht dies im Zusammenhang mit anderen Gemeinschaftspolitiken (»**horizontal**«).[2] 3

Die **Marktfreiheiten** können insofern einen **indirekten Einfluss auf die mitgliedstaatliche Gestaltung** auch des **Gesundheitswesens** haben, als es die Gewährleistung der Marktfreiheiten erforderlich machen kann, die nationale Gesetzgebung anzupassen. Dies gilt besonders für die **Dienstleistungsfreiheit** (Art. 56 AEUV), dort die **grenzüberschreitende Inanspruchnahme von Gesundheitsleistungen** und die **Warenverkehrsfreiheit,** bei Letzterer insbesondere für die medizinischen und pharmazeutischen Produkte (→ § 9 Rn. 1 ff.). Einen solchen mittelbaren Einfluss kann auch das den Markt gestaltende Europäische Wettbewerbsrecht (Art. 101 ff. AEUV) haben. **Gesundheitsleistungen** in öffentlicher Verantwortung können im Verhältnis zum Europäischen Marktrecht häufig als **Dienste von allgemeinem wirtschaftlichem In-** 4

---

1 Hierzu *Frenz* NZS 2011, 81.
2 Calliess/Ruffert/*Kingreen* AEUV Art. 168 Rn. 2.

teresse (Art. 14 AEUV) gelten, die besonders zu respektieren sind (vgl. Art. 106 Abs. 2 AEUV).

5 Schließlich ist die **Nichtdiskriminierung,** auch wegen einer Behinderung, als Querschnittsmaterie Gegenstand europäischer Normsetzung (Art. 10, 19 AEUV).

§ 6 Gesundheitswesen (Art. 168 AEUV)

A. Übersicht über die Handlungsbereiche und die Handlungsinstrumente

1 Die zentrale **Zuständigkeitsvorschrift für das Gesundheitswesen** beginnt mit der auch an anderen Stellen des AEUV aufgeführten Zielsetzung der **Sicherstellung eines hohen Gesundheitsschutzniveaus** (Art. 168 Abs. 1 AEUV).

2 Zum besseren Verständnis der ziemlich unübersichtlichen Zuständigkeitsvorschrift empfiehlt es sich, zwischen **Handlungsbereichen** und **Handlungsinstrumenten** sowie zwischen den **allgemeinen und besonderen Bereichen und Instrumenten** zu unterscheiden:

3 **Rahmen für alle Handlungsbereiche (Art. 168 Abs. 1 S. 2 und 3 AEUV):**

Verbesserung der Gesundheit der Bevölkerung, Verhütung von Humankrankheiten und Beseitigung von Ursachen für die Gefährdung der körperlichen und geistigen Gesundheit. Davon sind umfasst:

– Bekämpfung der weit verbreiteten schweren Krankheiten, wobei die Erforschung der Ursachen, der Übertragung und der Verhütung dieser Krankheiten sowie Gesundheitsinformation und -erziehung gefördert werden;
– Beobachtung, frühzeitige Meldung und Bekämpfung schwerwiegender grenzüberschreitender Gesundheitsgefahren.

Allgemeine Handlungsinstrumente:

4 – Die Union **fördert** die Zusammenarbeit zwischen den Mitgliedstaaten in den in Art. 168 genannten Bereichen und **unterstützt** erforderlichenfalls deren Tätigkeit (Art. 168 Abs. 2 S. 1 AEUV).
– Die Tätigkeit der Union **ergänzt** die Politik der Mitgliedstaaten (Art. 168 Abs. 1 S. 2 AEUV).
– Die Mitgliedstaaten **koordinieren** untereinander im Benehmen mit der Kommission ihre Politiken und Programme in den in Art. 168 Abs. 1 AEUV genannten Bereichen. Die Kommission kann in enger Verbindung mit den Mitgliedstaaten alle Initiativen ergreifen, die dieser Koordinierung förderlich sind, insbesondere Initiativen, die darauf abzielen, Leitlinien und Indikatoren festzulegen, den Austausch bewährter Verfahren durchzuführen und die erforderlichen Elemente für eine regelmäßige Überwachung und Bewertung auszuarbeiten. Das Europäische Parlament wird in vollem Umfang unterrichtet (Art. 168 Abs. 2 S. 3–5 AEUV).
– Der Rat kann ferner auf Vorschlag der Kommission für die in diesem Artikel genannten Zwecke **Empfehlungen** erlassen (Art. 168 Abs. 6 AEUV).
– Bei der Tätigkeit der Union wird die **Verantwortung der Mitgliedstaaten** für die Festlegung ihrer Gesundheitspolitik sowie für die Organisation des Gesundheitswesens und die medizinische Versorgung **gewahrt**. Die Verantwortung der Mitgliedstaaten umfasst die Verwaltung des Gesundheitswesens und der medizinischen Versorgung sowie die Zuweisung der dafür bereitgestellten Mittel (Art. 168 Abs. 7 S. 2 u. 3 AEUV).

Igl

Besondere Handlungsbereiche/-instrumente: **5**

- Verringerung drogenkonsumbedingter Gesundheitsschäden einschließlich der Informations- und Vorbeugungsmaßnahmen: Die Union **ergänzt** die Maßnahmen der Mitgliedstaaten (Art. 168 Abs. 1 S. 4 AEUV).
- Verbesserung der Komplementarität der Gesundheitsdienste der Mitgliedstaaten in den Grenzgebieten: Die Union **fördert** die Zusammenarbeit zwischen den Mitgliedstaaten und **unterstützt** erforderlichenfalls deren Tätigkeit (Art. 168 Abs. 2 AEUV).
- **Zusammenarbeit** mit dritten Ländern und den für das Gesundheitswesen zuständigen internationalen Organisationen: **Förderung** durch Union und Mitgliedstaaten (Art. 168 Abs. 3 AEUV).
- Gesundheitsprodukteschutz (im ordentlichen Gesetzgebungsverfahren) (Art. 168 Abs. 4 AEUV):
  - Maßnahmen zur Festlegung hoher Qualitäts- und Sicherheitsstandards für Organe und Substanzen menschlichen Ursprungs sowie für Blut und Blutderivate; diese Maßnahmen hindern die Mitgliedstaaten nicht daran, strengere Schutzmaßnahmen beizubehalten oder einzuführen;
  - Maßnahmen in den Bereichen Veterinärwesen und Pflanzenschutz, die unmittelbar den Schutz der Gesundheit der Bevölkerung zum Ziel haben;
  - Maßnahmen zur Festlegung hoher Qualitäts- und Sicherheitsstandards für Arzneimittel und Medizinprodukte.
- Gesundheitsschutz (im ordentlichen Gesetzgebungsverfahren, auch Fördermaßnahmen zum Gesundheitsschutz und Maßnahmen zur Gefahrenbekämpfung) (Art. 168 Abs. 5 AEUV):
  - Maßnahmen zum Schutz und zur Verbesserung der menschlichen Gesundheit, insbesondere zur Bekämpfung der weit verbreiteten schweren grenzüberschreitenden Krankheiten,
  - Maßnahmen zur Beobachtung, frühzeitigen Meldung und Bekämpfung schwerwiegender grenzüberschreitender Gesundheitsgefahren,
  - Maßnahmen, die unmittelbar den Schutz der Gesundheit der Bevölkerung vor Tabakkonsum und Alkoholmissbrauch zum Ziel haben.

B. Handlungsbereiche

Die **besonderen Handlungsbereiche der Union** auf dem Gebiet des Gesundheitswe- **6** sens konzentrieren sich auf Felder, die in Deutschland dem **öffentlichen Gesundheitsschutz** zugeordnet sind. Dies sind einige Bereiche der **Prävention** und die **Warnung vor Gesundheitsgefahren**. Für den Teilbereich der Maßnahmen gegen gemeingefährliche oder übertragbare Krankheiten sowie das Recht der Arzneien, der Medizinprodukte und Betäubungsmittel ist in der Bundesrepublik eine konkurrierende Gesetzgebungszuständigkeit des Bundes gegeben (Art. 74 Abs. 1 Nr. 19 GG). Ansonsten liegt der öffentliche Gesundheitsschutz in der Zuständigkeit der Länder. Die weiteren Handlungsbereiche betreffen grenzüberschreitende Gesundheitsprobleme bzw. die grenzüberschreitende Zusammenarbeit und die Zusammenarbeit mit Drittländern und internationalen Organisationen.

Diese besonderen Handlungsbereiche sind in der Vorschrift, in der der allgemeine **7** Rahmen für alle Handlungsbereiche auf dem Gebiet des Gesundheitswesens festgelegt wird, unter den Titeln »**Verhütung von Humankrankheiten**« und »**Beseitigung von Ursachen für die Gefährdung der körperlichen und geistigen Gesundheit**« einzuordnen (Art. 168 Abs. 1 S. 2 AEUV). Der weitere, und in dieser Vorschrift an erster Stelle genannte Titel »**Verbesserung der Gesundheit der Bevölkerung**« umfasst auch die beiden vorgenannten Titel, den es wird kaum zu bezweifeln sein, dass Prävention und Beseitigung gesundheitsgefährdender Ursachen der Verbesserung der Gesundheit dienen.

8 Es erhebt sich daher die Frage, ob über diese beiden Handlungsbereiche hinaus auch **weitere Handlungsbereiche auf dem Gebiet der Verbesserung der Gesundheit** erfasst sind, die in dieser Vorschrift aber nicht besonders erwähnt werden. Ausdrücklich festgestellt wird, dass die Bereiche der **Organisation des Gesundheitswesens und der medizinischen Versorgung nicht erfasst** sind (Art. 168 Abs. 7 S. 1 u. 2 AEUV). Insgesamt wird man aber den Handlungsbereich auf die Prävention und den öffentlichen Gesundheitsschutz beschränken müssen, da dies der Zielrichtung des Art. 168 AEUV am ehesten gerecht wird.

C. Handlungsinstrumente

9 Instrumentell wird der **Schwerpunkt** auf die die **Politik der Mitgliedstaaten ergänzenden Maßnahmen** der Union gelegt. In einigen Bereichen kann die Union gesetzgeberisch tätig werden (Art. 168 Abs. 4 u. 5 AEUV). Für alle Bereiche kann der Rat Empfehlungen erlassen (Art. 168 Abs. 6 AEUV).

§ 7 Andere Bereiche im Zusammenhang mit dem Gesundheitsschutz

1 Die in Art. 168 Abs. 1 S. 1 AEUV aufgeführte **Querschnittsklausel** verpflichtet dazu, bei der Festlegung und Durchführung aller Unionspolitiken und -maßnahmen ein **hohes Gesundheitsschutzniveau** sicherzustellen.

2 **Beschränkungen der Grundfreiheiten,** die sich aus den einzelstaatlichen Gesundheitsschutzpolitiken ergeben, können durch die Schaffung gemeinschaftlicher Schutzstandards auf einem hohen Schutzniveau ausgeräumt werden (Art. 114 Abs. 3 AEUV). Allerdings ist diese Möglichkeit durch die Harmonisierungsverbote in Art. 168 AEUV beschränkt.

§ 8 Richtlinien

A. Heilberuferecht

1 Auf Grundlage der **Richtlinie 2005/36/EG des Europäischen Parlaments und des Rates über die Anerkennung von Berufsqualifikationen der Heilberufe (Diplomanerkennungs-RL)**[1] hat der deutsche Gesetzgeber das Gesetz zur Umsetzung dieser Richtlinie erlassen.[2] Damit wird der **Freizügigkeit** der Arbeitnehmer, der **Niederlassungsfreiheit** der Selbstständigen (vgl. Art. 49, 53 AEUV) und der **Dienstleistungsfreiheit** (Art. 56 ff. AEUV) für die Angehörigen der Heilberufe Rechnung getragen.

---

1 v. 7.9.2005, ABl. 2005 L 255, 22; 2007 L 271, 18, zuletzt geändert durch Delegierten Beschluss B (EU) 2016/790 der Kommission zur Änderung des Anhangs V der Richtlinie 2005/36/EG des Europäischen Parlaments und des Rates hinsichtlich von Ausbildungsnachweisen und den Titeln von Ausbildungsgängen v. 13.1.2016, ABl. 2016 L 134, 135.
2 v. 2.12.2007 (BGBl. 2007 I 2686).

Die Richtlinie ist durch die RL 2013/55/EU v. 20.11.2013 geändert worden.[3] Für die Heilberufe ergeben sich nur wenige Änderungen im Verhältnis zu den bisherigen Bestimmungen der Richtlinie, so bei den Ärzten die Verkürzung der Ausbildungsdauer auf fünf Jahre unter Beibehalt des Ausbildungsvolumens, bei den Hebammen die Anhebung der Dauer der der Ausbildung vorhergehenden Schulausbildung auf zwölf Jahre und bei den Krankenschwestern/Krankenpflegern für die allgemeine Pflege die alternative Eröffnung der Möglichkeit, als Mindestvoraussetzung für den Zugang zur Ausbildung zwölf Jahre oder zehn Jahre schulische Ausbildung zu wählen. Die Richtlinie enthält weiter für alle erfassten Berufe Präzisierungen hinsichtlich der erforderlichen Sprachkenntnisse. Als Neuerung ist die Einführung eines Europäischen Berufsausweises zu verzeichnen.[4]

Die RL 2005/36/EG enthält auch **Anforderungen an die Ausbildung von Heilberu-** **2** **fen,** so für die Ärzte (Art. 24 ff. RL 2005/36/EG), Zahnärzte (Art. 34 ff. RL 2005/36/EG), Krankenschwestern und Krankenpfleger für allgemeine Pflege (Art. 31 ff. RL 2005/36/EG), Hebammen (Art. 40 ff. RL 2005/36/EG), Apotheker (Art. 44 ff. RL 2005/36/EG).[5]

B. Patientenrechterichtlinie

Die **grenzüberschreitende Gesundheitsversorgung von Patienten** ist seit der Recht- **3** sprechung des EuGH in den Rechtssachen *Kohll* und *Decker* aus dem Jahr 1998 und der darauffolgenden Reihe von Judikaten zur Inanspruchnahme von Krankenhausleistungen im Ausland und zur Exportierbarkeit des Pflegegeldes (→ § 9 Rn. 7) ein fortdauerndes europasozial- und gesundheitspolitisches Thema geworden. Die Kommission hat dann im Jahr 2008 einen Vorschlag für eine Richtlinie des Europäischen Parlaments und des Rates über die Ausübung der Patientenrechte in der grenzüberschreitenden Gesundheitsversorgung vorgelegt.[6] Diese Richtlinie liegt vor als **Richtlinie 2011/24/EU** **des Europäischen Parlaments und des Rates über die Ausübung der Patientenrechte** **in der grenzüberschreitenden Gesundheitsversorgung (Patientenrechte-RL).**[7] Dazu ist in Deutschland ein Patientenrechtegesetz erlassen worden.[8] Mit diesem Gesetz ist vor allem der Behandlungsvertrag als Vertragstypus in das BGB aufgenommen worden (§§ 630a–630h BGB).[9] Weiter sind Verbesserungen bei der Patientensicherheit und der Patientenbeteiligung vorgesehen.[10]

Die **unionsrechtliche Rechtsgrundlage** für die Richtlinie wird in den Erwägungs- **4** gründen zur Richtlinie (Nr. 2) in Art. 114 AEUV gesehen.

---

3 RL 2013/55/EU des Europäischen Parlaments und des Rates zur Änderung der Richtlinie 2005/36/EG über die Anerkennung von Berufsqualifikationen und der Verordnung (EU) Nr. 1024/2012 über die Verwaltungszusammenarbeit mit Hilfe des Binnenmarkt-Informationssystems (»IMI-Verordnung«) v. 20.11.2013, ABl. 2013 L 354, 132. Abdruck der konsolidierten Fassung der geänderten Richtlinie bei *Igl* RDG, Nr. 180.0. S. dazu auch das Gesetz zur Umsetzung dieser Richtlinie v. 18.4.2016 (BGBl. 2016 I 886).
4 Zum Inhalt der Änderungen *Igl/Ludwig* MedR 2014, 214, sowie *Haage* MedR 2014, 469.
5 S. hierzu *Tiemann,* Die Einwirkungen des Rechs der Europäischen Union auf die Krankenversicherung, Gesundheitsversorgung und Freien Heilberufe in der Bundesrepublik Deutschland, 2011, 211.
6 KOM (2008) 414 endg.
7 v. 9.3.2011, ABl. 2011 L 88, 45.
8 Gesetz über die Verbesserung der Rechte von Patientinnen und Patienten v. 20.2.2013 (BGBl. 2013 I 277).
9 Dazu *Katzenmeier* NJW 2013, 817.
10 Dazu *Wenner* SGb 2013, 162.

5 Der **Anwendungsbereich** der Richtlinie ist für **jede Gesundheitsversorgung von Patienten** unabhängig von ihrer Organisations-, Erbringungs- und Finanzierungsweise eröffnet (Art. 1 Abs. 2 Patientenrechte-RL). Sie gilt **nicht** für Leistungen der **Langzeitpflege,** für Zuteilung und Zugang zu Organen zum Zweck der **Organtransplantation** und für **öffentliche Impfprogramme** (Art. 2 Abs. 3 Patientenrechte-RL). Auch in den Erwägungsgründen zur Richtlinie (Nr. 14) wird klargestellt, dass Pflegeleistungen nicht erfasst werden. Damit fallen die Pflegeleistungen nach dem SGB XI nicht in den Anwendungsbereich der Richtlinie.

6 Die Richtlinie zeigt, wie aus dem Bedarf an Regelung des zunächst vordringlichen Problems, nämlich der Herstellung von Rechtssicherheit für Patienten bei der grenzüberschreitenden Gesundheitsversorgung, eine Erweiterung der Anliegen in Richtung auf die Einhaltung von gemeinsamen Grundsätzen in allen EU-Gesundheitssystemen und in Richtung auf eine europäische Zusammenarbeit bei der Gesundheitsversorgung geworden ist. In der Richtlinie wird klargestellt, welche **Ansprüche die Patienten auf gesundheitliche Versorgung in einem anderen Mitgliedstaat** haben, einschließlich der Beschränkungen, welche die Mitgliedstaaten für eine solche Versorgung im Ausland festlegen können, und bis zu welcher Höhe die Kosten für grenzüberschreitende Gesundheitsversorgung erstattet werden (Art. 7–9 Patientenrechte-RL). Letzteres stützt sich auf den Grundsatz, dass die Patienten einen Anspruch auf Kostenerstattung in Höhe der Kosten haben, die für die betreffende Behandlung in ihrem Land erstattet würden (Art. 7 Abs. 4 Patientenrechte-RL).[11]

7 Die Richtlinie enthält darüber hinaus sehr weit gehende Aussagen zur **europäischen Zusammenarbeit bei der Gesundheitsversorgung.** So soll ein Rahmen für die europäische Zusammenarbeit festgelegt werden, zB Zusammenarbeit in Grenzregionen (Art. 10 Patientenrechte-RL), Anerkennung von Verschreibungen aus dem Ausland (Art. 11 Patientenrechte-RL), europäische Referenznetzwerke (Art. 12 Patientenrechte-RL), Gesundheitstechnologiefolgenabschätzung (Art. 15 Patientenrechte-RL), Netzwerke für elektronische Gesundheitsdienste (Art. 14 Patientenrechte-RL).

C. Sonstige Richtlinien

8 Insbesondere der Bereich des Arzneimittel- und des Medizinprodukterechts ist sehr stark von Richtlinien und zum Teil auch von Verordnungen der Union geprägt. Die Ermächtigungsgrundlage für das Tätigwerden der Union auf diesem Gebiet beruht vor allem auf den gesundheitsschützenden Kompetenzen, zB in Art. 168 Abs. 4 AEUV (→ § 6 Rn. 6 ff.).

§ 9 Einfluss der Rechtsprechung des EuGH auf das Gesundheitswesen und das Gesundheitsrecht

1 Auch wenn **mangels einer Harmonisierung** auf Unionsebene jeder Mitgliedstaat das Recht hat, sein nationales System der sozialen Sicherheit ebenso wie sein System der Gesundheitsversorgung selbst zu bestimmen (Art. 153 Abs. 4 AEUV), so sind doch bei der Ausübung dieser Befugnis das Unionsrecht, insbesondere die **Marktfreiheiten** zu beachten. Im Folgenden soll nur auf die Rechtsprechung eingegangen werden, die direkt auf die Auslegung und Gestaltung des deutschen Gesundheitsrechts Wirkung

---

11 Insgesamt zur Patientenmobilität *F. Wollenschläger* EuR 2012, 149.

hatte.[1] Die sonstige koordinierungsrechtliche Rechtsprechung des EuGH ist an dieser Stelle nicht zu thematisieren.[2]

Die das Gesundheitssozialrecht, hier das **Recht der gesetzlichen Krankenversiche-** **2** **rung,** beeinflussende Rechtsprechung des EuGH begann 1998 mit einer Entscheidung über die Inanspruchnahme von **Sachleistungen der Krankenversicherung im Ausland.**[3] In der Rechtssache *Decker* ging es um den Kauf einer Brille in einem anderen Mitgliedstaat als dem Staat, in dem der Versicherte leistungsberechtigt ist. In der Rechtssache *Kohll* war die Erstattung von Kosten einer Zahnbehandlung in einem anderen EG-Staat streitig. In beiden Fällen bestand eine Genehmigungspflicht seitens des luxemburgischen Krankenversicherungsträgers. Die Genehmigung wurde jeweils versagt. In der Rechtssache *Kohll* ging es damit um die Frage, ob der freie Dienstleistungsverkehr aus Gründen der Kontrolle der Gesundheitskosten eingeschränkt werden könne. Der Gerichtshof sah in rein wirtschaftlichen Gründen keine Möglichkeit, den Grundsatz des **freien Dienstleistungsverkehrs** einzuschränken. Jedoch könne »eine erhebliche Gefährdung des finanziellen Gleichgewichts des Systems der sozialen Sicherheit einen zwingenden Grund des Allgemeininteresses darstellen, der eine solche Beschränkung rechtfertigen kann«. Während in der Rechtssache *Kohll* die Dienstleistungsfreiheit berührt war, ging es in der Rechtssache *Decker* um die Grundfreiheit des **freien Warenverkehrs.** Der Gerichtshof bedient sich in dieser Rechtssache der gleichen Argumentation wie in der Rechtssache *Kohll*.

In einer weiteren Rechtssache *(Smits/Peerbooms)* ging es um die nach mitgliedstaatli- **3** chem Recht genehmigungspflichtige Inanspruchnahme von **Krankenhausleistungen im Ausland.**[4] Der Gerichtshof sah in der Rechtssache *Smits/Peerbooms* eine solche Genehmigungspflicht nicht als der **Dienstleistungsfreiheit** widersprechend an, sofern sie bestimmten Anforderungen genügt, insbesondere der Erreichbarkeit einer ebenso wirksamen Behandlung in einer Vertragseinrichtung der Krankenkasse, der der Versicherte angehört. Mit dieser Anforderung will der EuGH der Sorge begegnen, dass Versicherte die Krankenhausversorgung in anderen Mitgliedstaaten in Anspruch nehmen und damit die Planungs- und Rationalisierungsanstrengungen der Krankenkassen in ihrem Wohnsitzstaat infrage stellen.

Den Abschluss dieser Entscheidungsreihe bildeten die Rechtssachen *Müller-Fauré*[5] und **4** *Watts*[6]. Hier ging es wiederum um die Inanspruchnahme von **Krankenhausleistungen im Ausland** und um die nationale Genehmigungspflichtigkeit dieser Inanspruchnahme.[7]

Die besondere koordinierungsrechtliche Problematik, die der Rechtssache *Vanbraekel*[8] **5** zugrunde liegt – **Erstattung der höheren Kosten,** wenn die Kosten für eine Kranken-

---

1 Hierzu *Eichenhofer,* Sozialrecht der Europäischen Union, 6. Aufl. 2015, 75 ff.; s. auch *Kemmler* NZS 2015, 401.
2 Hierzu *Bieback* in Fuchs (Hrsg.), Europäisches Sozialrecht, 2013, Vorbem. Art. 17 ff VO (EG) Nr. 883/2004; *Eichenhofer,* Sozialrecht der Europäischen Union, 6. Aufl. 2015, 123 ff.; *Tiemann,* Die Einwirkungen des Rechs der Europäischen Union auf die Krankenversicherung, Gesundheitsversorgung und Freien Heilberufe in der Bundesrepublik Deutschland, 2011, 135 ff.
3 EuGH Urt. v. 28.4.1998 – C-120/95, Slg. 1998, I-1831 = NJW 1998, 1769 – Decker; EuGH Urt. v. 28.4.1998 – C-158/96, Slg. 1998, I-1931 = NJW 1998, 1771 – Kohll.
4 EuGH Urt. v. 12.7.2001 – C-157/99, Slg. 2001, I-5473 = NJW 2001, 3391.
5 EuGH Urt. v. 13.5.2003 – C-385/99, Slg. 2003, I-4509 = NJW 2003, 2298.
6 EuGH Urt. v. 16.5.2006 – C-372/04, Slg. 2006, I-4325 = BeckRS 2006, 70372.
7 Zur Frage, ob bei Fehlen von Medikamenten und grundlegendem medizinischen Material in einem anderen Mitgliedstaat die Leistungen erbracht werden dürfen, EuGH ECLI:EU:C:2014: 2271 = BeckRS 2014, 82052.
8 EuGH Urt. v. 12.7.2001 – C-368/98, Slg. 2001, I-5363 = NJW 2001, 3397.

behandlung im Wohnmitgliedstaat höher sind als im Aufenthaltsmitgliedstaat, in dem die Krankenbehandlung stattfindet –, ist mittlerweile durch Art. 25 Abs. 8 Soziale-Sicherheit-Koordinierungs-VO II[9] dergestalt geklärt, dass die Erstattung an den Versicherten in keinem Fall den Betrag der ihm tatsächlich entstandenen Kosten überschreitet.[10]

6 Die Rechtsprechung des EuGH zu den **grenzüberschreitenden Gesundheitsdienstleistungen** hatte direkte Auswirkungen auf den deutschen Gesetzgeber, der sich veranlasst sah, Abweichungen vom Sachleistungsprinzip (§ 2 Abs. 2 S. 1 SGB V) zuzulassen und für die Auslandsfälle besondere Regelungen zu treffen (vgl. § 13 Abs. 4 und 5 SGB V). Damit haben die fraglichen Entscheidungen des EuGH auch zu einer Veränderung eines bisher sehr hoch gehaltenen Prinzips der deutschen gesetzlichen Krankenversicherung geführt.

7 Auf dem Gebiet der **Pflegeleistungen** sind auch mit der Reform des Koordinierungsrechts durch die Soziale Sicherungssysteme-Koordinierungs-VO I[11] keine Änderungen im Verhältnis zum bisherigen Rechtszustand vorgenommen worden, obwohl einige Entscheidungen des EuGH hierzu Anlass gegeben hätten. **Pflegeleistungen** gelten nach der Auffassung des EuGH als **Leistungen bei Krankheit**. Damit sind sie dem Koordinierungsrecht in der bisherigen Fassung nach der VO (EWG) Nr. 1408/71 wie in der jetzigen Fassung nach der VO (EG) Nr. 883/2004 zugänglich. Die erste Entscheidung des EuGH zu den Leistungen bei Pflegebedürftigkeit nach dem SGB XI hat dazu geführt, dass das Pflegegeld zu exportieren ist.[12] Die Übernahme der Rentenversicherungsbeiträge einer Pflegeperson (vgl. § 44 SGB XI), die in einem anderen Mitgliedstaat wohnt und eine in Deutschland wohnhafte pflegebedürftige Person versorgt, musste vom EuGH ebenso geklärt werden[13] wie in weiteren Entscheidungen[14] sonstige koordinierungsrechtliche Fragen bei Pflegebedürftigkeit. Inzwischen scheint festzustehen, dass **Pflegesachleistungen nicht exportfähig** sind, wenn der Wohnmitgliedstaat solche Sachleistungen nicht vorsieht und damit auch keine Sachleistungsaushilfe geleistet werden kann. Der EuGH hat auch in einer weiteren Entscheidung zu dieser Frage darauf verzichtet, unter Heranziehung primärrechtlicher Erwägungen zu einer Änderung seiner Rechtsprechung zu kommen.[15]

8 Andere Entscheidungen betreffen die **Berufsausübung im Gesundheitsrecht.** In der – populär sogenannten – DocMorris-Entscheidung[16] hatte sich der EuGH mit der Frage zu befassen«, ob das nach deutschem Recht bestehende »**Fremdbesitzverbot**«, dh, dass nur Apotheker Eigentümer und Betreiber von Apotheken sein dürfen (vgl. § 2 Abs. 1 Nr. 3 ApoG iVm §§ 7, 8 ApoG), die Niederlassungsfreiheit verletze. Hier sah

---

9   VO (EG) Nr. 987/2009 des Europäischen Parlaments und des Rates zur Festlegung der Modalitäten für die Durchführung der Verordnung (EG) Nr. 883/2004 über die Koordinierung der Systeme der sozialen Sicherheit v. 16.9.2009, ABl. 2009 L 284, 1.

10 S. in diesem Sinn EuGH Urt. v. 15.6.2010 – C-211/08, Slg. 2010, I-5267 = BeckRS 2010, 90729, noch zur Rechtslage unter der VO (EWG) Nr. 1408/71.

11 VO (EG) Nr. 883/2004 des Europäischen Parlaments und des Rates zur Koordinierung der Systeme der sozialen Sicherheit v. 29.4.2004, ABl. 2004 L 166, 1.

12 EuGH Urt. v. 5.3.1998 – C-160/96, Slg. 1998, I-843 = NJW 1998, 1767 – Molenaar.

13 EuGH Urt. v. 8.7.2004 – C-502/01 und C-31/02, Slg. 2004 I-6483 = BeckRS 9998, 92897 – Gaumain-Cerri und Barth, abgedruckt bei *Oetker/Preis* EAS, VO (EWG) 1408/71 Art. 4 Nr. 29.

14 S. die Rechtsprechungsübersicht bei *Lenze* ZESAR 2008, 371; *Udsching,* Die deutsche Pflegeversicherung im europäischen Rahmen, in Freiheit – Gerechtigkeit – Sozial(es) Recht, FS Eichenhofer, 2015, 671. Zur Leistung von Verhinderungspflege in der Schweiz BSG SozR 4-3300 § 34 Nr. 3 = BeckRS 2016, 70845.

15 EuGH Urt. v. 16.7.2009 – C-208/07, Slg. 2009, I-6095 = NZS 2010, 479 Anm. *Bassen.*

16 Nicht zu verwechseln mit dem Urteil des EuGH v. 11.12.2003 – C-322/01, Slg. 2003, I-14887 = NJW 2004, 131 – Deutscher Apothekerverband.

---

der EuGH **keine Verletzung der Niederlassungsfreiheit.** Die fragliche Regelung im ApoG sei geeignet, die Erreichung des mit ihr verfolgten Ziels zu gewährleisten, und gehe nicht über dasjenige hinaus, was zur Erreichung dieses Ziels erforderlich ist.[17]

Der EuGH (Gerichtshof – Erste Kammer) hat die Festpreisbindung für verschreibungs-   **9** pflichtige Arzneimittel als gegen Art. 34 und 36 AEUV verstoßend angesehen, wenn die Preisbindung für die Abgabe durch eine Versandapotheke mit Sitz im EU-Ausland gelten soll (→ § 25 Rn. 27).[18]

Deutsches Recht der Gesundheitsberufe betraf auch eine Entscheidung des EuGH zur   **10** Frage der Zulässigkeit von – im deutschen Recht mittlerweile aufgehobenen (s. § 97 Abs. 7 S. 3 SGB V aF) – **Altersgrenzen für die Tätigkeit als Vertrags(zahn)arzt.** Die damals geltende Altersgrenze von 68 Jahren hielt der EuGH[19] – wie übrigens auch das BVerfG[20] – für möglich. Gesichtspunkte einer Altersdiskriminierung spielten dabei keine Rolle. Vielmehr wurde darauf abgestellt, dass die Regelung Ziele des Gesundheitsschutzes unter dem Aspekt des finanziellen Gleichgewichts der gesetzlichen Krankenkasse verfolge.

---

17 EuGH Urt. v. 19.5.2009 – C-171/07 und C-172/07, Slg. 2009, I-4171 = NJW 2009, 2112 – Apothekerkammer des Saarlandes.
18 EuGH Urt. v. 19.10.2016 – C-148/15 = NJW 2016, 1793.
19 EuGH Urt. v. 12.1.2010 – C-341/08, Slg. 2010, I-47 = NJW 2010, 587 – Petersen.
20 Zuletzt im Nichtannahmebeschluss v. 7.8.2007, BVerfGK 12, 26 = BVerfG NZS 2008, 311.

3. Kapitel. Öffentliche Verantwortung für das Gesundheitswesen

§ 10 Öffentliche Verantwortung für Gesundheit

Ob und wieweit es eine öffentliche Verantwortung für Gesundheit gibt, geben darf **1** und geben muss, ist zuerst eine **Grundentscheidung,** die vor allem aus dem **Verfassungsrecht** folgt und dann im einfachen Recht konkretisiert wird. Das Forum dafür bleibt bis auf Weiteres vor allem das nationalstaatliche Recht, auch wenn zunehmend das Europäische Recht (→ § 4 Rn. 1 ff.) und das Völkerrecht Einfluss haben.

A. Verfassungsrechtliche Vorgaben

Das Verfassungsrecht steht über dem einfachen Recht. Das Grundgesetz und die Verfassungen der Länder bestimmen in Deutschland Staatsgrundsätze, Regeln und Prinzipien, an denen das einfache Recht zu messen ist. Die effektive Kontrolle liegt beim BVerfG und bei den Verfassungsgerichten der Länder, die dem Verfassungsrecht vielfach seine konkrete Gestalt geben. Viele Regelungsbereiche des Verfassungsrechts beeinflussen das Gesundheitsrecht. **2**

I. Sozialer Rechts- und Bundesstaat

Die Bundesrepublik Deutschland ist ein **sozialer Rechts- und Bundesstaat** (Art. 20 **3** Abs. 1 GG). Diese Staatsgrundsätze sind unabänderbar (Art. 79 Abs. 3 GG); sie binden auch die Länder (Art. 28 Abs. 1 GG) und sie sind Voraussetzung der Europäischen Integration (Art. 23 Abs. 1 GG).[1] Der Grundsatz sozialer Staatlichkeit begründet eine Verantwortung des Staates für die Gesellschaft, ihre Individuen und Interessen. Der soziale Staat ist der **Achtung und dem Schutz der Menschenwürde** verpflichtet (Art. 1 Abs. 1 GG) und hat entsprechend jeden Menschen als Person im Recht zu achten und als Persönlichkeit in der Gesellschaft zu schützen. Konkret hat er das **Existenzminimum** zu garantieren,[2] zu dem auch die **gesundheitliche Versorgung** gehört.[3] Diese Ziele verlangen vom Staat, auf die ganz unterschiedliche gesundheitliche Lage der Menschen Rücksicht zu nehmen, sie in Bezug auf ihre Gesundheit rechtlich handlungsfähig zu machen und das gesellschaftliche Streben nach Schutz und Wiederherstellung der Gesundheit, nach Teilhabe trotz gesundheitlicher Beeinträchtigung und nach allgemeinem Zugang zu Gesundheitsleistungen in den Formen des Rechts zu unterstützen. Konkret ist daher umstritten, ob und wieweit dies für Personen gewährleistet ist, die Grundsicherungsleistungen und insbesondere Leistungen für Asylbewerber erhalten[4].

Der soziale Staat ist in der Verantwortung, durch **Daseinsvorsorge** die Gesellschaft zu **4** ordnen, zu stabilisieren und zu integrieren. Dabei ist der **Schutz der Gesundheit** ein

---

1 Vgl. BVerfGE 123, 267 = NJW 2009, 2267 – Vertrag von Lissabon.
2 BVerfGE 125, 175 = NJW 2010, 505; BVerfGE 137, 34 = NJW 2014, 3425 – Regelsätze SGB II; BVerfG NVwZ 2012, 1024 – Regelsätze AsylbLG.
3 BVerfGE 120, 125 = NJW 2008, 1868; BSGE 109, 281 = NJOZ 2012, 1478 – notwendige Krankenversicherungsbeiträge als Teil des Existenzminimums; BVerfGE 125, 175 (223) = NJW 2010, 505; vgl. *Harich* SGb 2012, 584. Vgl. *V. Neumann* RsDE 68 (2009), 1; *Wenner* GesR 2009, 169.
4 *Wilksch*, Recht auf Krankenbehandlung und Recht auf ein menschenwürdiges Existenzminimum, 2017; *Bockholdt* NZS 2016, 881; *Zwermann-Milstein*, Grund und Grenzen einer verfassungsrechtlich gebotenen gesundheitlichen Mindestversorgung, 2015; *Kaltenborn* NZS 2015, 161; *Rixen* NVwZ 2015, 1640; *Müller-Krah* GuP 2012, 132; *Brockmann* SozSich 2010, 310.

häufiges Motiv, sei es beim Schutz vor Gewalt, bei der Durchsetzung und Sicherung allgemeiner Abwasserentsorgung, Trinkwasserversorgung[5] und Müllabfuhr zur Seuchenabwehr und öffentlichen Gesundheit oder bei der **öffentlichen Finanzierung von Gesundheitseinrichtungen,** der **Ausbildung von Gesundheitsberufen** oder der **medizinischen Forschung.**

5 **Soziale Staatsziele** sind in den **Verfassungen** der meisten **(Bundes-)Länder** konkretisiert. Dabei sind auch die soziale Sicherung bei Krankheit[6] und der Schutz behinderter und pflegebedürftiger Menschen[7] in den Verfassungen mehrerer Länder ausdrücklich genannt.

II. Grund- und Menschenrechte

1. Schutz der Bevölkerung

6 Die **Grundrechte** bezeichnen Freiheitsbereiche der Menschen, die der Staat zu respektieren, zu schützen und zum Teil auch zu gewährleisten hat. Weiterhin beinhalten sie Ansprüche der Menschen auf Gleichbehandlung, zum Teil auch auf Gleichstellung durch den Staat.

7 Im sozialen Rechtsstaat haben die **Schutz- und Gewährleistungsfunktionen der Grundrechte** neben den Abwehrfunktionen an Bedeutung gewonnen. Grundrechte sind meist auch Menschenrechte, die in internationalen Pakten völkerrechtlich garantiert sind. Entsprechend werden die **internationalen Menschenrechte** immer stärker zur Auslegung und Konkretisierung des Grundrechtsschutzes in Deutschland herangezogen, so auch der **Internationale Pakt über wirtschaftliche, soziale und kulturelle Rechte** (IPWSRK)[8], die **UN-Kinderrechtskonvention** (CRC)[9] und die **UN-Behindertenrechtskonvention** (CRPD),[10] die das Recht auf gesundheitliche Versorgung ansprechen. In Art. 12 IPWSRK erkennen die Vertragsstaaten das Recht eines jeden auf das für ihn erreichbare Höchstmaß an körperlicher und geistiger Gesundheit an. In Art. 25 CRPDwird dies für behinderte Menschen bekräftigt und konkretisiert, insbesondere was die Zugänglichkeit des Gesundheitswesens betrifft.[11] Art. 24 CRC konkretisiert das Recht auf Gesundheit und Zugang zu Gesundheitsdiensten für Kinder.

8 Das **Recht auf Leben und körperliche Unversehrtheit** (Art. 2 Abs. 2 S. 1 GG) steht der Menschenwürde nahe. Dies wird systematisch etwa in der **Charta der Grundrechte der Europäischen Union** deutlich, die in Art. 2–4 GRCh der Menschenwürde das Recht auf Leben, die körperliche und geistige Unversehrtheit, die freie Einwilligung im Rahmen von Medizin und Biologie, das Verbot eugenischer Praktiken, das Verbot, den menschlichen Körper und Teile davon zur Erzielung von Gewinnen zu nutzen, das Verbot des reproduktiven Klonens, das Verbot der Folter und unmenschlicher oder

---

5 *Laskowski,* Das Menschenrecht auf Wasser, 2010.
6 **Berlin:** Art. 22 Abs. 2 BlnVerf; **Brandenburg:** Art. 45 BbgVerf; **Bremen:** Art. 57 BremVerf; **Hessen:** Art. 35 HV; **Rheinland-Pfalz:** Art. 53 RhPfVerf; **Saarland:** Art. 46 SLVerf.
7 **Berlin:** Art. 10 Abs. 3 BlnVerf; **Brandenburg:** Art. 12 Abs. 4 BbgVerf; **Bremen:** Art. 2 Abs. 3 BremVerf; **Mecklenburg-Vorpommern:** Art. 17a MVVerf; **Sachsen:** Art. 7 Abs. 2 SaVerf; **Sachsen-Anhalt:** Art. 38 LSAVerf; **Schleswig-Holstein:** Art. 7, 8 SHVerf; **Thüringen:** Art. 2 Abs. 4 ThürVerf.
8 v. 19.12.1966 (BGBl. 1973 II 1569). Vgl. *Ramm* VSSR 2008, 203; *Lörcher* AuR 2016, 488.
9 Übk. über die Rechte des Kindes v. 20.11.1989 (BGBl. 1992 II 121).
10 Übk. über die Rechte von Menschen mit Behinderungen v. 13.12.2006 (BGBl. 2008 II 1419); *Nieding* SDSRV 66 (2015), 77; *Schulte* ZESAR 2012, 69, 112; *Welti* RdLH 2012, 1; *Banafsche* SGb 2012, 373; 440; *Aichele* AnwBl. 2011, 727; *Degener* Behindertenrecht 2009, 34.
11 Vgl. BSGE 110, 94 = BeckRS 2012, 68265; *Welti,* www.reha-recht.de, D7-2016. *Schafhausen* ASR 2012, 248; *Welti* SuP 2012, 71.

erniedrigender Strafe oder Behandlung zuordnet. In diesen grundrechtlichen Garantien kann ein Kernbereich des grundrechtlichen Gesundheitsschutzes erkannt werden. Staatliche Eingriffe in die Unversehrtheit sind unter dem Vorbehalt des Gesetzes zulässig, so etwa Blutentnahmen zur Strafverfolgung, unterliegen aber strengen Anforderungen an ihre Verhältnismäßigkeit. Art. 2 Abs. 2 S. 1 GG wird als **Schutzpflicht** verstanden.[12] Diese kann auch zur Begründung von Freiheitseingriffen herangezogen werden, wenn diese Leben und Gesundheit schützen sollen.[13]

Auch in Bezug auf gesundheitsrechtliche Regelungen haben die an das Recht gebun- 9 denen Personen den Anspruch vor dem Gesetz und durch das Gesetz **gleich behandelt** zu werden (Art. 3 Abs. 1 GG). Differenzierungen bedürfen einer Rechtfertigung. Das kann auch für den Zugang zu einem sozialen Sicherungssystem gelten.[14]

Eine **Differenzierung** ist besonders streng zu prüfen, wenn sie an **gesundheitlichen** 10 **Merkmalen** ansetzt, denn diese sind in der Regel nicht veränderbar und oft persönlichkeitsprägend,[15] wie etwa die genetischen Merkmale (vgl. Art. 21 GRCh). Besonders ausgeprägt ist dies beim **Benachteiligungsverbot wegen einer Behinderung** (Art. 3 Abs. 3 S. 2 GG), das auch ein Gebot zu angemessenen Vorkehrungen[16] (vgl. Art. 5 Abs. 3 UN-BRK) und zur Einbeziehung und Teilhabe enthält[17] (vgl. Art. 26 GRCh). Durch die von Deutschland ratifizierte Behindertenrechtskonvention der Vereinten Nationen wird verdeutlicht, dass der effektive gleiche Genuss der Menschenrechte durch behinderte Menschen eine Querschnittsaufgabe in der gesamten Rechtsordnung ist.

2. Schutzsysteme und Zugang zu diesen

Pflichtversicherungssysteme gegen die Folgen von Krankheit, Pflegebedürftigkeit 11 oder Behinderung bedeuten **Freiheitseingriffe,** die zugleich die Funktion haben, Voraussetzungen von Freiheit und Persönlichkeitsentfaltung zu schützen und die dadurch gerechtfertigt werden können.[18] Das BVerfG hat herausgearbeitet, dass diesem Freiheitseingriff ein **angemessenes Schutzniveau des Krankenversicherungssystems** entsprechen muss.[19]

Das **Recht auf Zugang zu Leistungen der sozialen Sicherheit und zu den sozialen** 12 **Diensten** in Fällen wie Mutterschaft, Krankheit, Arbeitsunfall, Pflegebedürftigkeit oder im Alter sowie auf **Zugang zur Gesundheitsvorsorge und ärztlichen Versorgung** hat in allen EU-Staaten hohen Rang und wird entsprechend in der Charta der Grundrechte der EU ausdrücklich als soziales Solidaritätsrecht respektiert (Art. 34 und 35 GRCh).

---

12 BVerfGE 39, 1 = NJW 1975, 573 – Abtreibung; BVerfGE 46, 160 = NJW 1977, 2255 – Schleyer; BVerfGE 49, 89 = NJW 1979, 359 – Schneller Brüter; BVerfGE 79, 174 = NJW 1989, 1271 – Lärmschutz.
13 BVerfGE 95, 173 = NJW 1997, 2871 – Warnhinweise auf Zigarettenschachteln.
14 *Welti* SuP 2012, 71.
15 BVerfGE 88, 87 = NJW 1993, 1517 – Transsexuellengesetz.
16 *Welti* RdLH 2012, 1; *Kocher/Wenckebach* SR 2013, 17.
17 BVerfGE 96, 288 = NJW 1997, 1844 – Sonderschule.
18 BVerfGE 103, 197 = NJW 2001, 1709 – Pflegeversicherung.
19 BVerfGE 115, 25 = NJW 2006, 891. Vgl. dazu und zur nachfolgenden sozialgerichtlichen Rechtsprechung: *Wenner* GesR 2009, 169; *Kingreen* NJW 2006, 877; *Francke/Hart* MedR 2006, 131; *Huster* JZ 2006, 466; zu einem Leistungsausschluss der GKV (Brillen): BSG SozR 4-2500 § 33 Nr. 49.

3. Grundrechtsschutz für die Akteure im Gesundheitswesen

13 Die an der Gesundheitssicherung beteiligten Personen und Organisationen des privaten Rechts genießen ebenfalls Grundrechtsschutz. Die Einbindung von Ärztinnen und Ärzten und anderen Gesundheitsberufen, der Produzenten von Gesundheitsgütern und der Anbieter von privaten Krankenversicherungen in berufs-, produkt-, versicherungs- und sozialrechtliche Regulierungen ist an ihrer **Berufsfreiheit** zu messen.[20] Dagegen sind gesetzliche Krankenkassen öffentliche Körperschaften, die die Grundrechte zu wahren haben, sie aber nicht selbst in Anspruch nehmen können.[21] Auch die abhängig Beschäftigten des Gesundheitswesens stehen unter dem Schutz der Berufsfreiheit.[22] Der Schutz der Kranken, die Qualität der Gesundheitsversorgung und die Finanzierbarkeit des sozialen Krankenversicherungssystems sind Gemeinwohlbelange, die dem Gesetzgeber erlauben, **Schranken der Berufsfreiheit** und eines freien Marktes von Versicherungen[23] und im Gesundheitswesen[24] aufzustellen. Dabei ist die Freiheit der Berufswahl am stärksten geschützt gegen objektive Zugangsschranken, die unabhängig vom Ansehen der Person sind, etwa die Bedarfszulassung von Gesundheitsberufen. Gleichwohl ist selbst diese Beschränkung im vertragsärztlichen System möglich (§§ 99 ff. SGB V).[25] Strenge Hürden dürfen für die subjektive Eignung von Gesundheitsberufen durch die staatliche Berufszulassung aufgestellt werden.[26] Die Berufsausübung selbst kann aufgrund vernünftiger Überlegungen des Gemeinwohls geregelt werden, immer aber nur in den Schranken der Verhältnismäßigkeit.

14 Auch wer zum Gesundheitswesen beiträgt und dazu nicht oder nicht nur beruflich und materiell motiviert ist, hat Grundrechtsschutz. Die religiös oder weltanschaulich motivierte Sorge für andere, insbesondere in der freien Wohlfahrtspflege, wird als Ausdruck der **Freiheit der Religion oder Weltanschauung** (Art. 4 GG) geschützt, die zum Teil im Staatskirchenrecht (Art. 140 GG) rechtlich institutionalisiert ist,[27] stellt aber nicht von rechtlichen Bindungen frei[28]. Die Selbsthilfe und Interessenvertretung kranker und behinderter Menschen ist Ausdruck ihrer **Vereinigungs- und Handlungsfreiheit**. Als Teil der Arbeits- und Wirtschaftsbedingungen ist die soziale Sicherung bei Krankheit, Behinderung und Pflegebedürftigkeit auch ein legitimes **Handlungsfeld der Gewerkschaften und Arbeitgeberverbände** (Art. 9 Abs. 3 GG).[29] Die allgemeine Beteiligung an der gesundheitspolitischen oder gesundheitsfachlichen Diskussion ist von der **Meinungsfreiheit** (Art. 5 Abs. 1 GG) geschützt.[30] Die **Forschung und Lehre** der Medizin, Psychologie, Gesundheits-, Rehabilitations- und Pflegewissenschaften ist frei (Art. 5 Abs. 3 GG). Der Staat schützt diese Freiheit institutionell, indem er Hochschulen und Forschungseinrichtungen schafft und unterhält.

---

20 BVerfGE 7, 377 = NJW 1958, 1035 – Apotheken; BVerfGE 11, 30 = NJW 1960, 715 – Kassenärzte; BVerfGE 82, 209 = NJW 1990, 2306 – Krankenhausplan; BVerfGE 123, 186 = NJW 2009, 2033 – Basistarif in der PKV.
21 BVerfGE 39, 302 = BeckRS 1975, 105598 – AOK-Zusammenschluss; BVerfG SozR 4–2500 § 266 Nr. 7 = NZS 2005, 139 – Risikostrukturausgleich.
22 BVerfG-Kammerbeschluss BeckRS 2012, 51730– Hessische Universitätskliniken.
23 *Wallrabenstein*, Versicherung im Sozialstaat, 2009.
24 *Wallrabenstein* JZ 2012, 818.
25 BVerfG MedR 2001, 639.
26 BVerfGE 78, 155 = NJW 1988, 2292 – Heilpraktikergesetz.
27 BVerfGE 53, 366 = NJW 1980, 1895 – konfessionelle Krankenhäuser.
28 BVerfG, Kammerentscheidung DVBl. 2007, 1555 – Belegungspflicht von Pflegeeinrichtungen.
29 Vgl. BVerfGE 103, 293 = BeckRS 2001, 30172531 – Anrechnung von Kuren auf tariflichen Urlaub.
30 BVerfG NJW 2000, 3413; 2003, 961 – Kritik unter Ärzten.

III. Kompetenzen im Bundesstaat

Staatliche Verantwortung ist im Bundesstaat zwischen Bund und Ländern geteilt (Ver- **15**
bandskompetenz).[31] Sie muss funktional in Gesetzgebung, Regierung, Verwaltung und
Rechtsprechung von den jeweils zuständigen Organen wahrgenommen werden, um
rechtmäßig zu sein. Staatliche Organe haben nicht die Freiheit, nach Belieben als wichtig erkannte Handlungsfelder zu bearbeiten, weil staatliches Handeln immer Freiheits-
und Gleichheitsrechte berühren kann, die nur in dem dafür vorgesehenen Verfahren
beschränkt werden dürfen. Dies wurde deutlich an der Diskussion über die **staatliche
Warnung vor gesundheitsschädlichen Produkten:** Auch hierfür ist eine gesetzliche
Grundlage vorzugswürdig, die zugleich der Kompetenzordnung des Grundgesetzes
genügen muss. Allerdings kann eine solche Warnung im Krisenfall auch mit der Aufgabe der Staatsleitung begründet werden.[32] Wo viele Akteure gemeinsam tätig werden
müssen, wie in der Gesundheitsprävention, kann der Wunsch nach kooperativem
Handeln in einem Spannungsverhältnis zur Kompetenzordnung stehen, wie die Diskussion um das Präventionsgesetz gezeigt hat.[33]

In der Bundesrepublik Deutschland ist die **Gesetzgebung** (Art. 70 GG) primär den **16**
Ländern zugeordnet. Der Bund darf nur dann Gesetzgeber sein, wenn dies im Grundgesetz ausdrücklich vorgesehen ist. Hier kann eine ausschließliche (Art. 73 GG) oder
eine konkurrierende (Art. 74 GG) Kompetenz des Bundes vorgesehen sein. Im letzteren Falle ist bei vielen Materien noch zu prüfen, ob eine Bundesgesetzgebung erforderlich ist (Art. 72 GG).[34]

Auch die **Verwaltung** ist Sache der Länder, auch wenn Bundesgesetze auszuführen **17**
sind (Art. 84 GG). Ausnahmen sind wiederum im Grundgesetz selbst geregelt. Hier
sind insbesondere die **bundesunmittelbaren Träger der Sozialversicherung** zu nennen (Art. 87 Abs. 2 GG).

Die Rechtsprechung auch über Bundesrecht, obliegt zuerst den von den Ländern ein- **18**
gerichteten Gerichten der ordentlichen Gerichtsbarkeit (Strafrecht und Zivilrecht einschließlich Betreuungsgerichte), der Arbeitsgerichtsbarkeit, der Sozialgerichtsbarkeit,
Verwaltungsgerichtsbarkeit und Finanzgerichtsbarkeit. Erst in der letzten Instanz,
zumeist der nur über Rechtsfragen geführten Revision, entscheiden die für diese Ge-
richtsbarkeiten eingerichteten obersten Bundesgerichte (Art. 95 GG), soweit Bundesrecht im Streit steht.

IV. Kommunale Selbstverwaltung

Das Grundgesetz bindet die Länder daran, dass Gemeinden und Kreise vom Volk ge- **19**
wählte Vertretungen und Selbstverwaltung im Rahmen der Gesetze haben müssen
(Art. 28 Abs. 2 GG). Die Verfassungen und Gesetze der Länder konkretisieren dies. Die
Städte und Gemeinden sind berechtigt, selbst Aufgaben der örtlichen Gemeinschaft
aufzugreifen und in eigener Verantwortung zu erfüllen. Damit können sie neuen gesellschaftlichen Anliegen, etwa bei der **Unterstützung der gesundheitlichen Selbsthilfe,** Raum geben. Sie können auch selbst Rechtsnormen schaffen (Satzungen), die
sich zum Beispiel auf den öffentlichen Raum und die öffentlichen Einrichtungen der
Gemeinde beziehen können. Die Städte und Gemeinden sowie die Kreise erfüllen viele
staatliche Aufgaben nach Maßgabe der Landesgesetze oder sind dazu verpflichtet, be-

---

31 Vgl. *Schmidt am Busch*, Die Gesundheitssicherung im Mehrebenensystem, 2006.
32 BVerfGE 105, 252 = NJW 2002, 2621 – Glykol im Wein.
33 Vgl. *Axer* und *Schuler-Harms* in Spiecker gen. Döhmann/Wallrabenstein (Hrsg.), Rechtswis-
    senschaftliche Fragen an das neue Präventionsgesetz, 2016.
34 BVerfGE 106, 62 = NJW 2003, 41 – Altenpflegegesetz.

stimmte Aufgaben als Selbstverwaltungsaufgaben zu erfüllen, etwa die Kreise und die kreisfreien Städte als Träger der Kinder- und Jugendhilfe oder des öffentlichen Gesundheitsdienstes. Damit soll eine möglichst bürgernahe Aufgabenerfüllung gesichert werden.

20 Die kommunale Selbstverwaltung kann auch ein Abwehrrecht gegen die Übertragung staatlicher Aufgaben sein, wenn diese die Kommunen zu sehr einschränkt und insbesondere die landesverfassungsrechtlichen Vorschriften über einen finanziellen Ausgleich für die Aufgabenübertragung **(Konnexität)** nicht eingehalten werden.[35]

V. Sozialversicherung

21 Die **Sozialversicherung** vollzieht sich in Form der **mittelbaren Staatsverwaltung** (vgl. Art. 87 Abs. 2 GG). Die Sozialversicherung kann durch bundesunmittelbare oder landesunmittelbare Körperschaften durchgeführt werden. Der Gesetzesvollzug durch die Sozialversicherungsträger erfolgt in Selbstverwaltung. Diese wird traditionell vor allem von den Versicherten und den Arbeitgebern ausgefüllt, kann aber auch weiterentwickelt werden, wie vor allem die gesetzliche Krankenversicherung zeigt.[36] Es handelt sich dabei um **funktionale Selbstverwaltung**[37] in einem Lebens- und Regelungsbereich durch Vertreter von Gruppen, die der Gesetzgeber wegen besonderer Betroffenheit oder Fachkunde dazu beruft. In der Sozialversicherung ist auch ein hohes Maß an bundesweiter Solidarität und Umverteilung zulässig,[38] was sie zu einem bevorzugten Instrument bundesstaatlicher Sozialpolitik macht.

B. Öffentliche Verantwortung

I. Der Bund

22 Der Bund hat **gesundheitsspezifische Gesetzgebungskompetenzen** als **konkurrierende Zuständigkeit** für Maßnahmen gegen gemeingefährliche oder übertragbare Krankheiten bei Menschen und Tieren, die Zulassung zu ärztlichen und anderen Heilberufen und zum Heilgewerbe, das Recht des Apothekenwesens, der Arzneien, der Medizinprodukte, der Heilmittel, der Betäubungsmittel und der Gifte (Art. 74 Abs. 1 Nr. 19 GG), für die wirtschaftliche Sicherung der Krankenhäuser und die Regelung der Krankenhauspflegesätze (Art. 74 Abs. 1 Nr. 19a GG) und die medizinisch unterstützte Erzeugung menschlichen Lebens, die Unterstützung und die künstliche Veränderung von Erbinformationen sowie Regelungen zur Transplantation von Organen, Geweben und Zellen (Art. 74 Abs. 1 Nr. 26 GG).

23 Diese **Gesetzgebungskompetenzen** hat er **weit gehend ausgeschöpft,** insbesondere durch das Infektionsschutzgesetz, die Approbationsordnung für Ärztinnen und Ärzte, das Heilpraktikergesetz, das Psychotherapeutengesetz, das Krankenpflegegesetz, das Altenpflegegesetz und zahlreiche weitere Gesetze über den Berufszugang von Heilberufen (→ § 14 Rn. 1 ff.), das Apothekengesetz, das Arzneimittelgesetz, das Heilmittelwerbegesetz, das Medizinproduktegesetz, das Betäubungsmittelgesetz, das Kranken-

---

35 Vgl. BVerfGE 83, 363 = NVwZ 1992, 365 – Krankenhausumlage Rheinland-Pfalz; VerfGH Rheinland-Pfalz NVwZ 2001, 912 – Förderung von Betreuungsvereinen; VerfGH Nordrhein-Westfalen NVwZ-RR 2011, 41 – Förderung von Tageseinrichtungen; VerfGH Nordrhein-Westfalen NVwZ 2017, 780 = DVBl. 2017, 249 – schulische Inklusion.
36 Vgl. *Welti* SGb 2011, 485.
37 BVerfGE 107, 59 = NVwZ 2003, 974 – Lippeverband.
38 BVerfGE 113, 167 = NVwZ 2006, 559 – Risikostrukturausgleich; vgl. *Bieback,* Sozial- und verfassungsrechtliche Aspekte der Bürgerversicherung, 2. Aufl. 2014; dazu *Welti* SR 2014, 121 ff.

hausfinanzierungsgesetz, das Krankenhausentgeltgesetz, das Embryonenschutzgesetz und das Transplantationsgesetz.

Viele für Gesundheitsschutz und Gesundheitswesen relevante Bundesgesetze sind auf **gesundheitsunspezifische Kompetenztitel** gestützt. So sind das Recht des Behandlungsvertrages (§§ 630a ff. BGB) und das Betreuungsrecht (§§ 1896 ff. BGB) Teil des Bürgerlichen Gesetzbuches (BGB) auf der Grundlage der Kompetenz für das Bürgerliche Recht (Art. 74 Abs. 1 Nr. 1 GG). Das spezifischere Gesetz zur Regelung von Verträgen über Wohnraum mit Pflege- oder Betreuungsleistungen (WBVG) ist ebenfalls auf diese Kompetenz gestützt, während das früher bundesrechtlich geregelte öffentliche Ordnungsrecht der Heime seit der Reform der bundesstaatlichen Ordnung 2007 jetzt ausdrücklich nur noch in der Länderkompetenz ist (vgl. Art. 74 Abs. 1 Nr. 7 GG). Der Gesundheitsschutz am Arbeitsplatz durch das Arbeitsschutzgesetz ist Teil des Arbeitsrechts (Art. 74 Abs. 1 Nr. 7 GG). Die Regelung der privaten Kranken- und Pflegeversicherung im Versicherungsvertragsgesetz ist Teil des Rechts der Wirtschaft (Art. 74 Abs. 1 Nr. 11 GG). 24

Das **gesundheitsrelevante Sozialrecht** ist teils als Recht der Versorgung der Kriegsbeschädigten und Kriegshinterbliebenen (Art. 73 Abs. 1 Nr. 13 GG), teils als Recht der öffentlichen Fürsorge (Art. 74 Abs. 1 Nr. 7 GG) und als Recht der Sozialversicherung (Art. 74 Abs. 1 Nr. 12 GG) in der Regelungskompetenz des Bundes, von der dieser im Sozialgesetzbuch (SGB) mit zwölf Büchern sowie weiteren inkorporierten Gesetzen (vgl. § 68 SGB I) recht umfassend Gebrauch gemacht hat. Gesundheitsspezifisch sind hier insbesondere das Recht der gesetzlichen Krankenversicherung (SGB V), Rehabilitation und Teilhabe (SGB IX) sowie sozialen Pflegeversicherung (SGB XI). Diese Gesetze enthalten auch relevante Regulierungen der Gesundheitsberufe (Leistungserbringungsrecht), etwa die Bildung der Kassenärztlichen Vereinigungen. Relevante Regelungen für soziale Leistungen bei Behinderung, Erwerbsminderung, Krankheit und Pflegebedürftigkeit finden sich auch im Recht der Sozialhilfe (SGB XII). Mit der sozialrechtlichen Regulierung prägt der Bund das deutsche Gesundheitswesen. 25

Produktbezogene Regelungen mit dem Zweck des Gesundheitsschutzes sind auf die Kompetenz für das Recht der Lebensmittel, Genussmittel und Bedarfsgegenstände gestützt (Art. 74 Abs. 1 Nr. 20 GG). 26

Eine Querschnittsmaterie mit Bezug zur Gesundheit ist die **Gleichstellung behinderter Menschen,** die der Bund für das Zivilrecht im Allgemeinen Gleichbehandlungsgesetz (AGG) und für das öffentliche Recht im Behindertengleichstellungsgesetz (BGG) geregelt hat. Sie umfasst zivilrechtlich Gebote zu angemessenen Vorkehrungen und im öffentlichen Recht die Anforderung der Barrierefreiheit (Zugänglichkeit) öffentlicher Einrichtungen und Leistungen. 27

Für die meisten dieser Materien der Gesetzgebung liegt die Zuständigkeit in der Arbeitsteilung von Bundestag und Bundesregierung beim Ausschuss für Gesundheit und dem Bundesministerium für Gesundheit (BMG), für andere – insbesondere aus der sozialen Sicherheit – bei den Bereichen Arbeit und Soziales (BMAS), Familie, Senioren, Frauen und Jugend (BMFSFJ). Das Betreuungswesen ist Angelegenheit des Justizbereichs (BMJV). 28

Die wichtigsten **Träger gesundheitsrelevanter Verwaltung** im Bereich des Bundes sind die bundesunmittelbaren Sozialversicherungsträger. Sie werden beaufsichtigt vom Bundesversicherungsamt (§ 94 SGB IV). Wegen ihrer Entscheidungskompetenzen für alle Krankenkassen und Vertragsärzte zu nennen sind der GKV-Spitzenverband (§ 217a SGB V), die Kassenärztliche und die Kassenzahnärztliche Bundesvereinigung 29

(§ 77 Abs. 4 SGB V) und der Gemeinsame Bundesausschuss (G-BA; § 91 SGB V). Sie werden vom BMG beaufsichtigt. Weitere Einrichtungen im Bereich des BMG sind das Robert-Koch-Institut,[39] die Bundeszentrale für gesundheitliche Aufklärung und der oder die Patientenbeauftragte des Bundes (§ 140h SGB V). Im Bereich des BMAS sind zu nennen das Bundesamt für Arbeitsschutz und Arbeitsmedizin und die oder der Beauftragte der Bundesregierung für die Belange behinderter Menschen (§ 17 BGG).

II. Die Länder

30   In allen Ländern bestehen **Gesetze über die Krankenhäuser,** über die **Pflege,** über den **Rettungsdienst, das Heim- und Einrichtungsrecht** und über den **öffentlichen Gesundheitsdienst.** Mit diesen Gesetzen werden wichtige Bereiche der Infrastruktur der Gesundheitsversorgung geregelt. Sie enthalten in unterschiedlicher Weise die Rechtsgrundlage für Planung, die Vergabe von Fördermitteln insbesondere für Investitionen sowie Aufgabenübertragungen an die Kommunen. Alle Länder haben auch **Gleichstellungsgesetze für behinderte Menschen** und Gesetze über die Unterbringung psychisch Kranker, auch zur Zwangsbehandlung.[40] Sie haben die Kompetenz für das **Berufsrecht der Heilberufe,** die sie auch zur **Schaffung von Kammern**[41] genutzt haben.

31   Die Länder administrieren den Bereich Gesundheit entweder in eigenen Ministerien oder (überwiegend) in Abteilungen der Sozialministerien. Sie haben die Aufsicht über die landesweit tätigen Träger der Sozialversicherung und über die Kassenärztlichen und Kassenzahnärztlichen Vereinigungen sowie die Kammern der Gesundheitsberufe. Sie richten Unfallkassen als öffentliche Träger der gesetzlichen Unfallversicherung ein. Die Länder sind zumeist Träger der Universitäten mit den Universitätskliniken und Medizinischen Fakultäten sowie zum Teil auch von Fachkliniken der psychiatrischen Versorgung und des Maßregelvollzugs.[42] Die Länder richten die Aufsichtsbehörden des Arbeitsschutzes sowie zum Teil eigene Ämter des öffentlichen Gesundheitsdienstes ein. Die Länder tragen die Integrationsämter (§ 185 SGB IX) und die Versorgungsämter mit ihren Funktionen für den Schwerbehindertenschutz und die soziale Entschädigung. Sie richten Träger der Sozialhilfe ein (§ 3 SGB XII) und entscheiden, ob und wieweit diese Träger der Hilfen zur Gesundheit, der Eingliederungshilfe für behinderte Menschen und der Hilfe zur Pflege sind (§ 97 Abs. 2 SGB XII). Ab 2020 werden die Träger der Eingliederungshilfe eigenständig von den Ländern bestimmt (§ 94 SGB IX). Sie präzisieren die Aufgaben der Träger der Kinder- und Jugendhilfe, zu denen auch die Eingliederungshilfe für seelisch behinderte Kinder und Jugendliche (§ 35a SGB VIII) gehört.

III. Die Gemeinden und Gemeindeverbände

32   Die Städte und Gemeinden, Kreise und weiteren Gemeindeverbände haben für die gesundheitliche Versorgung neben den ihnen durch Landesgesetz übertragenen Aufgaben weitere Funktionen, über die sie im Rahmen ihrer Selbstverwaltung selbst entscheiden. Hierzu kann insbesondere die **eigene Trägerschaft** von Rettungsdiensten,

---

39 Gesetz über Nachfolgeeinrichtungen des Bundesgesundheitsamtes (BGA-Nachfolgegesetz – BGA-NachfG) v. 24.6.1994 (BGBl. 1994 I 1416).
40 Vgl. BVerfGE 133, 112 = NJW 2013, 2337 – Sächsisches PsychKG; *Schmidt-Recla* MedR 2013, 567.
41 Zurzeit für Ärzte, Zahnärzte, Tierärzte und Apotheker; in einigen Ländern auch für Pflegeberufe.
42 BVerfGE 130, 76 = NJW 2012, 1563 – Verfassungswidrigkeit der formellen Privatisierung in Hessen.

Krankenhäusern, Pflegeheimen und Beratungsstellen gehören oder die Entscheidung darüber, ob und wie diese Aufgaben von **Trägern der freien Wohlfahrtspflege** oder **privaten Unternehmen** wahrgenommen werden. Je nach landesrechtlicher Ausgestaltung werden Aufgaben des öffentlichen Gesundheitsdienstes von Gemeinden oder Kreisen in Selbstverwaltung oder Auftragsverwaltung wahrgenommen (Gesundheitsamt). Die Kreise und kreisfreien Städte sind in allen Ländern örtliche Träger der Sozialhilfe (Sozialamt) und der Kinder- und Jugendhilfe (Jugendamt) mit jeweils gesundheitsrelevanten Aufgaben. Durch ihr Recht der Bauplanung können sie die Standorte von Gesundheitseinrichtungen mitbestimmen.[43] Die Stadtstaaten Berlin, Hamburg und Bremen vereinigen die Aufgaben eines Landes und einer Stadt und gestalten insofern besonders intensiv die gesundheitliche Versorgung.[44]

IV. Die Sozialversicherung

Die **Träger der Sozialversicherung** tragen den größten Teil der gesundheitsbezogenen **33** sozialen Risiken. Sie sind selbstverwaltete Körperschaften des öffentlichen Rechts (§ 29 SGB IV), in denen die Versicherten und Arbeitgeber Vertreterinnen und Vertreter wählen. Sie stehen unter Rechtsaufsicht entweder des Bundes oder eines Landes (§§ 87, 90 SGB IV).

Die **gesetzliche Krankenversicherung** (SGB V) und die **soziale Pflegeversicherung** **34** (SGB XI) tragen große Teile der Kosten des Krankheits- und Pflegerisikos. Die Krankenkassen haben zusammen mit der Kassenärztlichen Vereinigung die ambulante Krankenversorgung in den Ländern vertraglich sicherzustellen (§ 72 SGB V). Durch Verträge mit den Leistungserbringern beeinflussen die Krankenkassen und ihre Verbände auch alle anderen Bereiche der Gesundheitsversorgung. Die Krankenkassen sind zugleich die Pflegekassen und gestalten als solche durch Verträge mit Pflegediensten und Pflegeheimen die pflegerische Versorgung (§ 69 SGB XI). Die Verträge des Leistungserbringungsrechts der Krankenbehandlung und Pflege werden vor allem auf der Ebene der Länder geschlossen. In ihnen und in den Richtlinien des Gemeinsamen Bundesausschusses (§ 92 SGB V) werden Standards der Versorgung definiert.

Die Krankenkassen sind zusammen mit dem öffentlichen Gesundheitsdienst der wich- **35** tigste **Träger von Prävention und Gesundheitsförderung** (§§ 20–22a SGB V).[45] Sie gestalten diese selbst durch Satzungsrecht im Rahmen ihrer Selbstverwaltungsorgane.

Die **Träger der gesetzlichen Unfallversicherung** (SGB VII), die Berufsgenossenschaf- **36** ten und Unfallkassen, sind bei den Folgen von Arbeitsunfällen und Berufskrankheiten umfassender Träger der Prävention, Krankenbehandlung, Rehabilitation und Pflege sowie finanzieller Kompensation von Gesundheitsschäden. Sie unterhalten auch eigene Krankenhäuser und Rehabilitationseinrichtungen.

Die **gesetzliche Rentenversicherung** (SGB VI) ist verantwortlich für Erwerbsminde- **37** rungsrenten und für Leistungen zur Prävention und Rehabilitation für die meisten erwerbstätigen Personen. Die Träger der gesetzlichen Rentenversicherung, Unfallversicherung und Krankenversicherung sind in fast allen Fällen für die **medizinische Rehabilitation** zuständig. Als **Rehabilitationsträger** sind sie zur gemeinsamen Konkretisierung der Leistungen verpflichtet und haben die Verantwortung für deren Qualität und Infrastruktur. Sie schließen nach gemeinsamen Grundsätzen Verträge mit den

---

43 Vgl. VGH München – Streit über Forensikkrankenhaus.
44 Vgl. VerfG Hamburg DÖV 2005, 252 – Volksbegehren »Gesundheit ist keine Ware«.
45 *Mühlenbruch*, Gesundheitsförderung im Recht der gesetzlichen Krankenversicherung, 2001.

Diensten und Einrichtungen der Rehabilitation, soweit sie nicht selbst deren Träger sind.

V. Sozialstaatliche Regulierung der Privatversicherung

38 Die privaten Krankenversicherungsunternehmen werden seit längerer Zeit sozialstaatlich in die Pflicht genommen. Dies gilt für den Schutz bei Krankheit ebenso wie bei Pflegebedürftigkeit.

39 In der **Pflegeversicherung** ist dies auf zweierlei Weise geschehen, einmal durch die verpflichtende Zuweisung einer bestimmten Kategorie von Personen zum Privatversicherungsschutz bei Pflegebedürftigkeit (§ 23 SGB XI)[46] und zum anderen durch Vorschriften über die Gestaltung dieses Versicherungsschutzes (§ 110 SGB XI).

40 Auf dem Gebiet der **Krankenversicherung** werden Vorkehrungen getroffen, die dazu dienen, diesen existenzwichtigen Versicherungsschutz auch im Privatversicherungsrecht so zu gestalten, dass eine gewisse sozialstaatliche Verträglichkeit hergestellt wird. Zuletzt hat dies das BVerfG im Basistarifurteil[47] mit folgenden Worten beschrieben: »Der Basistarif stellt sich damit insgesamt als eine zulässige, sozialstaatliche Indienstnahme der privaten Krankenversicherungsunternehmen zum gemeinen Wohl dar, die der mit dem GKV-Wettbewerbsstärkungsgesetz angestrebten Vollfunktionalität der privaten Krankenversicherung für alle ihr zugewiesenen Versicherten dient und sicherstellt, dass die von Krankheit am stärksten betroffenen Personen unter den Bedingungen risikoäquivalent berechneter Prämien bezahlbaren und gleichwohl ausreichenden Versicherungsschutz finden.« Damit hat das BVerfG klargestellt, dass es zwar zwei unterschiedlich konfigurierte Systeme zum Schutz bei Krankheit und Pflegebedürftigkeit gibt, dass beide Systeme jedoch sozialstaatliche Funktionen gewährleisten müssen.

VI. Die Kammern

41 Die Länder haben das **Berufsrecht akademischer Gesundheitsberufe** so ausgestaltet, dass die Angehörigen des ärztlichen, psychotherapeutischen und pharmazeutischen Berufs jeweils in einer Kammer als **Pflichtmitglieder** zusammengeschlossen sind. Zuletzt sind Kammern landesrechtlich auch für die Angehörigen von Pflegeberufen eingerichtet worden.[48] Dies wird als gerechtfertigter Eingriff in die Handlungsfreiheit angesehen.[49] Die Kammern als Körperschaften des öffentlichen Rechts sind grundrechtsgebunden und selbst keine Träger von Grundrechten.[50] Sie geben den Berufsgruppen jeweils ein eigenes Berufsrecht und unterhalten eine Berufsgerichtsbarkeit. Sie sind selbstverwaltet, die Berufsangehörigen wählen ihre Vertreterinnen und Vertreter. Sie stehen unter Aufsicht eines Landes. Die bundesweiten Zusammenschlüsse der Kammern, zB die Bundesärztekammer, sind politisch einflussreich, haben aber nur einen privatrechtlichen Status.

---

46 Zur Verfassungsmäßigkeit BVerfGE 103, 197 = NJW 2001, 1709.
47 BVerfGE 123, 186 = NJW 2009, 2033.
48 Derzeit in Niedersachsen, Rheinland-Pfalz und Schleswig-Holstein, vgl. *Martini*, Die Pflegekammer – verwaltungspolitische Sinnhaftigkeit und rechtliche Grenzen, 2014; *Igl*, Weitere öffentlich-rechtliche Regulierung der Pflegeberufe und ihrer Tätigkeit – Voraussetzungen und Anforderungen, 2008, 106 ff.
49 BVerfG DÖV 2002, 429 = NVwZ 2002, 335 – Mitgliedschaft in einer Industrie- und Handelskammer; BVerwGE 39, 100 = NJW 1972, 350 – Mitgliedschaft in der Ärztekammer eines Landes.
50 BVerfG NJW 1997, 1634.

Welti

Die Kammern haben **Eingriffsbefugnisse,** die zB bis zur Entziehung der ärztlichen **42** Approbation reichen. Die Voraussetzungen des beruflichen Status dürfen sie aber nicht selbst bestimmen, dies ist dem Gesetzgeber vorbehalten.[51] Sie organisieren einen Teil der Fort- und Weiterbildung und vertreten auch berufspolitische Interessen.[52] Grundgedanke der Kammern ist, dass die Berufsgruppen selbst besser als der Staat in der Lage sind, die verbindlichen Standards ihres Handelns zu bestimmen und durchzusetzen. Die Kammern sind zum Teil auch Träger der sozialen Sicherheit für ihre Angehörigen **(Versorgungswerke).**[53]

VII. Die Wissenschaft

Selbstverständnis und Weiterentwicklung der Gesellschaft und so auch ihres Gesund- **43** heitswesens sind auf die Wissenschaft angewiesen, die auch aus diesem Grunde besonderen Grundrechtsschutz genießt. Das Hochschulrecht der Länder verfasst die Hochschulen, die teils als selbstverwaltete Körperschaften öffentlichen Rechts, teils als Stiftungen die Rahmenbedingungen für Lehre und Forschung organisieren. In der medizinischen Ausbildung wird der nötige enge Bezug zwischen Lehre, Forschung und Praxis vor allem durch die Universitätskliniken hergestellt, die auch eine wichtige Funktion in der medizinischen Versorgung der Bevölkerung haben.[54] Neben der Medizin sind als gesundheitsspezifische Fächer insbesondere Psychologie, Pflegewissenschaft und Gesundheitswissenschaften/Public Health zu nennen. Die pharmazeutische Forschung findet zu einem erheblichen Teil in der privaten Verantwortung der pharmazeutischen Unternehmen statt, was bei der Regulierung von Arzneimittelzulassung und Arzneimittelversorgung zu bedenken ist.

VIII. Wahrnehmung der ethischen Belange

Die Wahrnehmung ethischer Belange ist nicht nur eine Angelegenheit der im Gesund- **44** heitswesen Tätigen selbst, sondern wird als Überwachungs- und Beratungsfunktion zunehmend von Kommissionen, Räten etc. übernommen. Solche Kommissionen oder Räte sind zum Teil gesetzlich vorgeschrieben zB bei klinischen Prüfungen von Arzneimitteln (§§ 40, 42 Abs. 1 AMG) oder eingerichtet (so der Deutsche Ethikrat);[55] zum Teil existieren sie auf freiwilliger Basis (so die Zentrale Ethikkommission der Bundesärztekammer).[56] Für Juristinnen und Juristen ist der Umgang mit ethischen Belangen oft insofern schwierig, weil ein ethischer Belang zwar in einer Rechtsquelle verfestigt sein kann, aber nicht muss. Aus diesem Grund ist in diesem Lehrbuch ein besonderes Kapitel der »Ethik im Gesundheitswesen« gewidmet (→ § 56 Rn. 1 ff.).

---

51 BVerfGE 33, 125 = NJW 1972, 1504 – Facharzt.
52 Vgl. zu den Grenzen: OVG Berlin-Brandenburg OVGE BE 27, 372; VGH Hessen ESVGH 55, 47.
53 Dazu BVerfGE 10, 354 = NJW 1960, 619.
54 Vgl. zum Grundrechtsschutz: BVerfGE 57, 70 = NJW 1981, 1995.
55 Gesetz zur Einrichtung des Deutschen Ethikrats (Ethikratgesetz – EthRG) v. 16.7.2007 (BGBl. 2007 I 1385).
56 Statut der Zentralen Kommission zur Wahrung ethischer Grundsätze in der Medizin und ihren Grenzgebieten (Zentrale Ethikkommission), www.zentrale-ethikkommission.de.

§ 11 Verantwortung für die Infrastruktur des Gesundheitswesens

A. Allgemeine Fragen der Infrastrukturverantwortung

1 Die Frage nach der Verantwortung für die Infrastruktur des Gesundheitswesens ist zu unterscheiden von der Frage nach der Verantwortung für die Bereitstellung eines Gesundheitswesens. Diese Frage hat mit der öffentlichen Verantwortung für die Gesundheit zu tun und sie ist zuvorderst anhand der verfassungsrechtlichen Maßgaben zu beantworten (→ § 10 Rn. 1 ff.). Bei der weiteren Frage nach der Infrastrukturverantwortung geht es darum, wer für die Vorhaltung der sächlichen und personellen Voraussetzungen die Verantwortung hat. Diese Frage kann für die Bundesrepublik Deutschland nicht einheitlich, dh mit nur einer Lösungsmöglichkeit, beantwortet werden. Vielmehr muss nach den verschiedenen Versorgungsbereichen unterschieden werden. Im Krankenhausbereich wird die Infrastrukturverantwortung grundsätzlich ganz in die Hand öffentlicher Akteure, hier der Länder, gelegt. Bei der ärztlichen Versorgung liegt die Infrastrukturverantwortung bei den kassenärztlichen Vereinigungen auf Ebene der Länder. Komplizierter ist die Situation bei den Pflegeeinrichtungen (stationäre wie ambulante Einrichtungen). Hier gibt es eine Infrastrukturverantwortung vieler Beteiligter mit einer Letztverantwortung der Länder. Ähnlich, aber ohne eine Letztverantwortung der Länder, ist es bei den Rehabilitationseinrichtungen.

B. Zum Recht der Infrastrukturverantwortung

2 **Gesetzlicher Ausgangspunkt für die allgemeine sozialrechtliche Infrastrukturverantwortung** für alle Dienste und Einrichtungen ist **§ 17 Abs. 1 Nr. 2 SGB I**. Diese Vorschrift reflektiert jedoch nur die jeweiligen Infrastrukturverantwortlichkeiten. Eine direkte Verantwortlichkeit bestimmter Akteure für bestimmte Versorgungsbereiche kann aus ihr nicht hergeleitet werden. Zu der Zeit, als das SGB I geschaffen worden ist, war es im Übrigen keineswegs selbstverständlich, das Sozialrecht nicht nur als Leistungsrecht, sondern auch als Recht zu verstehen, das über das Leistungsrecht hinausgreift und das sich zB auch zur Art und Weise der Infrastrukturverantwortung artikuliert. Insofern ist diese Vorschrift als Hinweis an die verfassungs- und sozialrechtlich verantwortlichen Akteure zu verstehen, dass das Sozialleistungsrecht nicht nur kraft seiner Konstitution als subjektiv öffentlich-rechtlicher Anspruchsverbürgungen lebt, sondern dass diese auch eingelöst werden müssen. Bei Ansprüchen auf Dienstleistungen heißt dies nichts anders, als dass es zur Realisierung solcher Ansprüche bestimmter hierfür qualifizierter Personen (zB Ärzte, Pflegepersonal) und Institutionen (zB Krankenhäuser, Pflege- und Rehabilitationseinrichtungen) bedarf.

3 Für das **Recht der Infrastrukturverantwortung** gibt es im Allgemeinen Teil des Sozialgesetzbuchs (SGB I) keine allgemeinen Prinzipien und Regeln. Das Recht der Infrastrukturverantwortung hat sich historisch in den verschiedenen Versorgungsbereichen ziemlich isoliert und ohne Blick auf die jeweils anderen Versorgungsbereiche entwickelt. Man kann insofern von einem **bereichsspezifischen Infrastrukturrecht** sprechen. Die föderale staatsorganisatorische Ordnung hat dabei eine wesentliche Rolle gespielt. So hat der Bund konkurrierende Gesetzgebungskompetenzen nur für die Sozialversicherung (Art. 74 Abs. 1 Nr. 12 GG) und die öffentliche Fürsorge (Art. 74 Abs. 1 Nr. 7 GG), diese verstanden als Kompetenz für das Leistungsrecht der Sozialversicherung. Die **Kompetenz für das Leistungserbringungsrecht** ergibt sich dabei als ungeschriebene **Annexkompetenz**. Für das **bereichsspezifische Infrastrukturrecht** gibt es aber – bis auf eine Ausnahme – **keine Annexkompetenzen.** Vielmehr ist aus der fehlenden Erwähnung dieser letzteren Kompetenz zu schließen, dass nach der bundes-

staatlichen Ordnung die Länder zuständig sind (Art. 30 GG). Dies war für die **Krankenhäuser** seit jeher klar. Für die **Pflegeeinrichtungen** liegt die Infrastrukturverantwortung bei den Ländern (§ 9 S. 1 SGB XI). Für die **Rehabilitationseinrichtungen** ist es auch mit dem SGB IX noch nicht gelungen, Klarheit bezüglich der Infrastrukturverantwortung, auch im Sinne einer Letztverantwortung, zu schaffen. Die auf mehrere Akteure (Rehabilitationsträger, Bundesregierung, Landesregierungen) aufgeteilte Infrastrukturverantwortung wird dort nicht strukturiert wahrgenommen (§ 19 Abs. 1 SGB IX, ab 1.1.2018: § 36 Abs. 1 SGB IX).

Instrumente des Infrastrukturrechts sind die planerischen Maßnahmen (Analyse des 4
zukünftigen Bedarfs an dienstleistenden Personen und Einrichtungen auf Grundlage des bisherigen Bedarfs und zukünftiger Einflussfaktoren) und die Sicherung des Bedarfs in der Zukunft durch Beeinflussung und Steuerung der Märkte der Leistungsanbieter, ggf. auch schon durch Förderung und Schaffung entsprechender Ausbildungsmöglichkeiten sowie durch Anwerben von entsprechenden Arbeitskräften. Letztere Maßnahmen rechnen aber nicht zu den Instrumenten des Infrastrukturrechts. Im **Zusammenhang des Gesundheitswesens** wird das **Infrastrukturrecht** nur als **Recht der Planung und Sicherung von gegenwärtigen und künftigen Versorgungsbedarfen** verstanden (= **Bedarfsplanung**, s. auch § 95 Abs. 1 SGB X).

C. Bereichsspezifisches Infrastrukturrecht: Bedarfsplanung

I. Krankenhäuser

Die Versorgung mit einer Infrastruktur an Krankenhäusern liegt in der Kompetenz der 5
Länder, auch wenn ein Bundesgesetz[1] hierzu Aussagen enthält. Die Länder kommen dieser Verantwortung im Rahmen der jeweiligen Landeskrankenhausgesetze nach. Dabei gilt für alle Länder ein gemeinsamer Grundsatz, der zwar nicht verfassungsrechtlich abgeleitet, aber aus der besonderen Situation des Versorgungsbereichs Krankenhaus geboren ist. Dieser gemeinsame Grundsatz lautet, dass die Infrastrukturverantwortung für die Krankenhausversorgung beim Staat, dh bei den Ländern liegt. Damit wird praktisch ein gesamter Wirtschaftssektor staatlicher Planung unterworfen. Diese Planung ist eine Bedarfsplanung, dh sie richtet sich nach dem Bedarf an Krankenhausversorgung der jeweiligen Bevölkerung im jeweiligen Land. Die – auch verfassungsrechtliche – Rechtfertigung für die staatliche Beplanung dieses Wirtschaftssektors ist sachlich ziemlich einfach nachvollziehbar. Die Bereitstellung eines Krankenhauses erfordert einen hohen Aufwand an Investition in Gebäuden, apparativer und personeller Ausstattung, dies jeweils je nach Art des Krankenhauses in einem mehr oder weniger hohen Spezialisierungsgrad. Damit Krankenhäuser einigermaßen wirtschaftlich agieren können, muss für sie eine gewisse hochgradige Auslastung ihrer Kapazitäten gewährleistet sein. Diesem Erfordernis muss die Bedarfsplanung Rechnung tragen (§ 1 Abs. 1 KHG). Da der Bund nur für das Wie der Finanzierung der Krankenhäuser zuständig ist, nicht aber für die Bedarfsplanung selbst, musste im KHG ein Mechanismus der Verknüpfung der wirtschaftlichen Sicherung der Krankenhäuser mit der Bedarfsplanung gefunden werden. Dies ist mit den Regelungen zur Investitionsförderung und zu den Pflegesätzen geschehen (§§ 4, 8, 16 ff. KHG).

Bedarfsplanung bedeutet gleichzeitig, dass sich neben diesen Krankenhäusern nicht 6
andere, nur privatwirtschaftlich agierende Krankenhäuser etablieren sollen, die die

---

1 Gesetz zur wirtschaftlichen Sicherung der Krankenhäuser und zur Regelung der Krankenhauspflegesätze (Krankenhausfinanzierungsgesetz – KHG) v. 10.4.1991 (BGBl. 1991 I 886).

gewinnträchtigen Versorgungsbereiche abschöpfen,[2] während die Plankrankenhäuser die Versorgung für den Rest der ökonomisch nicht interessanten Versorgungsbereiche sicherstellen müssen. Krankenhausplanung bewirkt damit immer auch einen Ausschluss von bestimmten Krankenhausbetreibern, womit stets Art. 12 Abs. 1 GG angesprochen ist (→ § 20 Rn. 26).

II. Pflegeeinrichtungen

7   Die Verantwortlichkeit für das Vorhalten einer leistungsfähigen, zahlenmäßig ausreichenden und wirtschaftlichen pflegerischen Versorgungsstruktur liegt bei den Ländern. Darauf wird in § 9 S. 1 SGB XI deklaratorisch verwiesen. Die Vorschrift hat also keine verantwortungsbegründende – konstitutive – Wirkung, sondern beschreibt nur die gegebene verfassungsrechtliche Lage.[3] Die Länder kommen dieser Verantwortlichkeit im Rahmen ihrer Landespflegegesetze nach. Eine dem Krankenhausbereich vergleichbare völlige Beplanung dieses Marktsektors ist nicht möglich.[4]

8   Als einziges Sozialleistungsgesetz enthält das SGB XI einen Passus über die »gesamtgesellschaftliche Aufgabe« der pflegerischen Versorgung (§ 8 Abs. 1 SGB XI). Unter dieser Überschrift wird die Infrastrukturverantwortung über die Länder und Kommunen hinaus erweitert in Richtung auf die Pflegeeinrichtungen und Pflegekassen (§ 8 Abs. 2 S. 1 und 2 SGB XI). Allerdings stellt das Gesetz keine Instrumente für die Realisierung dieser Verantwortung bereit, weder in Hinblick auf Planungs- noch auf Finanzierungsmaßnahmen. Es können aber Finanzmittel für **Modellvorhaben zur Entwicklung neuer qualitätsgesicherter Versorgungsformen** bereitgestellt werden (§ 8 Abs. 3 SGB XI).

9   Der **Versorgungssicherstellungsauftrag der Pflegekassen** (§§ 12 Abs. 1 S. 1, 69 SGB XI) ist nicht mit einem Auftrag zur Sicherung der Infrastruktur zu verwechseln. Beim Auftrag der Pflegekassen zur Sicherstellung der pflegerischen Versorgung ihrer Versicherten handelt es sich vielmehr um den Auftrag, im Einzelnen die Versorgung zu sichern. Das kann zB durch den Einsatz einer Einzelperson bei der häuslichen Pflege geschehen (§ 77 Abs. 1 S. 1 SGB XI).

III. Rehabilitationseinrichtungen

10   Bis zum Inkrafttreten des SGB IX gab es keine gesetzlichen Aussagen zur Verantwortung für die Infrastruktur von Rehabilitationseinrichtungen. Nunmehr ist bestimmt, dass die Rehabilitationsträger gemeinsam unter Beteiligung der Bundesregierung und der Landesregierungen darauf hinwirken, dass die fachlich und regional erforderlichen Rehabilitationsdienste und -einrichtungen in ausreichender Zahl und Qualität zur Verfügung stehen (§ 19 Abs. 1 S. 1 SGB IX; ab 1.1.2018: § 36 Abs. 1 S. 1 SGB IX). Die Rehabilitationsträger sind in § 6 SGB IX aufgeführt. Dabei könnten auch gemeinsame

---

2 Ein Krankenhaus, das nicht Plankrankenhaus ist oder einen Versorgungsvertrag nach § 109 SGB V hat, kann die Behandlung von in der gesetzlichen Krankenversicherung versicherten Personen nicht mit der Krankenkasse abrechnen (vgl. § 108 SGB V). Dies ist der eine wirtschaftlich interessante Grund, als Plankrankenhaus zu gelten. Der andere Grund liegt im Anspruch auf Investitionsförderung (§ 8 KHG).
3 BSGE 88, 215 (223).
4 OVG Berlin-Brandenburg OVGE BE 27, 372; VGH Kassel ESVGH 55, 47. So auch *Burgi*, Kommunale Verantwortung und Regionalisierung von Strukturelementen in der Gesundheitsversorgung, 2013, 86 ff.

Empfehlungen in einigen speziellen Punkten zu dieser Sicherstellung beitragen (vgl. etwa § 13 SGB IX; ab 1.1.2018: § 26 SGB IX).[5]

IV. Vertragsärztliche Versorgung

In der vertrags(zahn)ärztlichen Versorgung ist die Bedarfsplanung ein Instrument der **11** Sicherstellung der vertrags(zahn)ärztlichen Versorgung (§ 72 Abs. 1 SGB V). Dieser Sicherstellungsauftrag liegt bei den Kassenärztlichen Vereinigungen und der Kassenärztlichen Bundesvereinigung (§ 75 SGB V). Hierfür ist auf Landesebene nach Maßgabe von Richtlinien des Gemeinsamen Bundesausschusses[6] von den Kassenärztlichen Vereinigungen ein Bedarfsplan zur Sicherstellung der vertragsärztlichen Versorgung aufzustellen, dies im Einvernehmen mit den Landesverbänden der Krankenkassen und im Benehmen mit den zuständigen Landesbehörden (§ 99 Abs. 1 SGB V). Als Maßnahme zur Versorgungssteuerung dient die Feststellung einer Unter- oder Überversorgung (§§ 100, 101 SGB V), der mit den Instrumenten der Förderung oder der Zulassungsbeschränkung begegnet wird (§§ 103 f., 105 SGB V).

V. Verantwortlichkeit für die Leistungserschließung

Seit nicht allzu langer Zeit finden sich im Gesundheitssozialrecht Instrumente der **12** Leistungserschließung, die über die ebenfalls der Leistungserschließung dienenden Informationsrechte nach §§ 13–15 SGB I hinausgehen. Rechtlich sind diese Instrumente meist als Anspruch des Leistungsberechtigten ausgestaltet. Begonnen hat diese Entwicklung mit dem Einsatz des Instrumentes des **Versorgungsmanagements** beim Übergang vom Krankenhaus in eine Pflegesituation (§ 11 Abs. 4 SGB V). Mit dem SGB IX ist der leistungserschließende Ansatz zum ersten Mal in breiterem Maß verfolgt worden. Die bisher hierfür vorgesehenen **Gemeinsamen örtlichen Servicestellen der Rehabilitationsträger**[7] hat der Gesetzgeber mit dem BTHG abgeschafft. Stattdessen sind nun alle Rehabilitationsträger verpflichtet, **Ansprechstellen** für Leistungsberechtigte, Arbeitgeber und andere Rehabilitationsträger zu einzurichten (§ 12 Abs. 1 SGB IX). Eine ähnliche Funktion haben die **Pflegestützpunkte bei Pflegeleistungen** (§ 7c SGB XI). In diesen Fällen treten jedenfalls nach dem gesetzlichen Anspruch zusätzlich zur Leistungserschließung noch Elemente des Fallmanagements hinzu.

Die **Verantwortlichkeit** für diese Einrichtungen und Funktionen ist **nicht einheitlich.** **13** Sie reicht von den Leistungserbringern (beim Versorgungsmanagement, § 11 Abs. 4 S. 2 SGB V) bis zu den Leistungsträgern ab 1.1.2018 bei den Ansprechstellen, § 12 Abs. 1 SGB IX, und bei den Pflegestützpunkten, § 7c Abs. 1 S. 1 SGB XI), wobei auch eine Beteiligung der Länder und des Bundes vorgesehen sein kann.

---

5 S. hierzu ausführlich *Köster,* Das Leistungserbringungsrecht der medizinischen Rehabilitation, 2013, 111 ff.

6 RL des Gemeinsamen Bundesausschusses über die Bedarfsplanung sowie die Maßstäbe zur Feststellung von Überversorgung und Unterversorgung in der vertragsärztlichen Versorgung (Bedarfsplanungs-RL) in der Neufassung v. 20.12.2012, zuletzt geändert am 15.12.2016; iK seit 1.6.2017..

7 Vgl. *Reza F. Shafaei,* Die gemeinsamen Servicestellen für Rehabilitation, 2008.

4. Kapitel. Personelle leistungserbringende Akteure im Gesundheitswesen: Ärzte, Pflegeberufe und andere Heilberufe

Zur Vertiefung: *Lilie/Bernat/Rosenau* (Hrsg.), Standardisierung in der Medizin als Rechtsproblem, 2009; *Guttau,* Nichtärztliche Heilberufe im Gesundheitswesen 2012; *Penner,* Leistungserbringungswettbewerb in einer sozialen Krankenversicherung 2010; *Schnitzler,* Das Recht der Heilberufe, 2004; *Sickor,* Normenhierarchie im Arztrecht, 2005; *Wiese,* Die Einbindung von Gesundheitsberufen in die gesundheitssozialrechtlichen Leistungserbringungssysteme und der Einfluss auf die Gestaltung der Gesundheitsberufe und ihrer Berufsausübung, 2015.

Zu gesundheitsberufepolitischen und -rechtlichen Fragen: *Robert Bosch Stiftung* (Hrsg.), Gesundheitsberufe neu denken, Gesundheitsberufe neu regeln. Grundsätze und Perspektiven. Eine Denkschrift der Robert Bosch Stiftung, 2013 (kostenloser Download: http://www.bosch-stiftung.de/content/language1/downloads/2013_Gesundheitsberufe_Online_Einzelseiten.pdf)

Kommentare, Handbücher, Sammelbände: *Deutsche Gesellschaft für Kassenarztrecht,* Vertragsarztrecht zu Beginn des 21. Jahrhunderts, 2010; *Igl* (Hrsg.), Recht der Gesundheitsfachberufe, Heilpraktiker und sonstigen Berufe im Gesundheitswesen, Stand: August 2017, 82. Aktualisierung; *Kremer/Wittmann,* Vertragsärztliche Zulassungsverfahren: Zulassungsgremien als Einrichtung der gemeinsamen Selbstverwaltung, Verfahren, einzelne Zulassungssachen, 2012; *Laufs/Katzenmeier/Lipp,* Arztrecht, 2015; *Laufs/Kern,* Handbuch des Arztrechts, 2010; *Schnapp/Wigge,* Handbuch des Vertragsarztrechts, 2017.

Rechtsprechungsübersichten: *Hermanns/Stollmann,* Die jüngere Rechtsprechung zum Krankenhausfinanzierungsrecht, NZS 2015, 881, NZS 2016, 414; *Maaß,* Die Entwicklung des Vertragsarztrechts in den Jahren 2014 und 2015, NZS 2016, 1, 42; *Maaß,* Die Entwicklung des Vertragsarztrechts in den Jahren 2015 und 2016, NZS 2017, 41, 88; *Spickhoff,* Die Entwicklung des Arztrechts 2016/2017, NJW 2017, 1790.

§ 12 Heilberufe und andere Berufe auf dem Gebiet des Gesundheitswesens

Es gibt keine für alle Berufe des Gesundheitswesens einheitliche Terminologie und systematische Einteilung. Zwar kann man alle im Gesundheitswesen tätigen Berufe unter den Oberbegriff der Gesundheitsberufe einordnen. Damit wird aber nicht klar, ob auch die Berufe erfasst sind, die zwar im Gesundheitswesen arbeiten, jedoch vornehmlich Verwaltungstätigkeiten ausführen. Im Folgenden werden unter Gesundheitsberufen nur diejenigen Berufe verstanden, die direkt mit der gesundheitlichen Versorgung der Bevölkerung zu tun haben. Solche Berufe werden auch Gesundheitsdienstberufe genannt.[1] Diese auch zu statistischen Zwecken so bezeichneten Berufe sind aber nicht gleichzusetzen mit den Berufen, die im öffentlichen Gesundheitsdienst (→ § 29 Rn. 15) tätig sind. **1**

Eine erste große Unterscheidung könnte man zwischen denjenigen Gesundheitsberufen anbringen, die eine **staatlich geregelte gesundheitsfachliche Ausbildung** genießen, und den Berufen, die wegen ihrer zwar nicht gesundheitsspezifischen, aber doch fachlichen Ausrichtung auch die menschliche Gesundheit betreffen. Solche Berufe finden sich zB auf dem Gebiet der Ernährungswissenschaft. Problematisch **2**

---

1 *Kluth* MedR 2010, 372 (374).

bei dieser Unterscheidung ist aber, dass sich die Ärzte als zentraler Gesundheitsberuf nicht als Gesundheitsfachberuf verstehen, obwohl sie die umfassendste fachliche Ausbildung im Gesundheitswesen genießen. Unter systematischen Gesichtspunkten muss man aber auch die Ärzte aus diesem Grund zu den Gesundheitsfachberufen rechnen. Bei den Gesundheitsfachberufen nehmen wiederum die **Heilberufe** eine zentrale Stellung ein.

3 Zu den Gesundheitsfachberufen kann man all diejenigen Angehörigen von Berufen rechnen, die spezifische Güter (Waren und Dienstleistungen) im Zusammenhang mit der Gesundheit herstellen und die hierfür eine besondere staatlich geregelte Ausbildung genossen haben. Der Begriff der Gesundheitsfachberufe ist im deutschen Recht noch kein Rechtsbegriff. Anderes gilt für den Begriff der Heilberufe, der im Grundgesetz (Art. 74 Abs. 1 Nr. 19 GG), aber auch einfachgesetzlich an verschiedenen Stellen verwendet wird.[2] Unter den Heilberufen wird wieder der **ärztliche Beruf als wichtigster Heilberuf** terminologisch herausgestellt. Zu den Ärzten gehören der Arzt,[3] der Zahnarzt[4] und der Tierarzt.[5] Der Begriff des Heilberufs wird sehr weit ausgelegt und umfasst auch die helfende Betreuung von Menschen mit gesundheitlichen Problemen.[6] Alle Heilberufe weisen eine staatlich in Ausbildungs- und Prüfungsordnungen geregelte Ausbildung auf. Dies gilt nicht für Heilpraktiker,[7] deren Ausbildung nicht staatlich geregelt ist und deren Erlaubnis zur Ausübung der Heilkunde nur auf einer Überprüfung der Kenntnisse und Fähigkeiten[8] beruht, dass die Ausübung der Heilkunde keine Gefahr für die Volksgesundheit bedeutet.[9] Zu den anderen als ärztlichen Heilberufen zählen die Apotheker,[10] die psychologischen Psychotherapeuten und Kinder- und Jugendlichenpsychotherapeuten[11] und die Pflegeberufe (Kinder-, Alten-, Gesundheits- und Krankenpfleger,[12] die Hebammen und Entbindungspfleger[13])

---

2 Hierzu im Einzelnen *Schnitzler,* Das Recht der Heilberufe, 2004, 143 ff.

3 Bundesärzteordnung (BÄO) idF der Bek. v. 16.4.1987 (BGBl. 1987 I 1218).

4 Gesetz über die Ausübung der Zahnheilkunde (ZahnheilkG) idF der Bek. v. 16.4.1987 (BGBl. 1987 I 1225).

5 Bundes-Tierärzteordnung (BTÄO) idF der Bek. v. 20.11.1981 (BGBl. I 1193).

6 BVerfGE 33, 125 (154) = NJW 1972, 1504; BVerfGE 106, 62 (108) = NJW 2003, 41.

7 Gesetz über die berufsmäßige Ausübung der Heilkunde ohne Bestallung (Heilpraktikergesetz) v. 17.2.1939 (RGBl. 1939 I 251).

8 Immerhin soll die Überprüfung der Kenntnisse und Fähigkeiten durchgeführt werden aufgrund von Leitlinien zur Überprüfung von Heilpraktikeranwärtern des Bundesgesundheitsministeriums, die bis spätestens 31.12.2017 bekannt zu machen sind, § 2 Abs. 1 S. 1 Buchst. i, 2 und 3 Erste Durchführungsverordnung zum Gesetz über die berufsmäßige Ausübung der Heilkunde ohne Bestallung (Heilpraktikergesetz).

9 Zur Sonderstellung des Heilpraktiker als Heilberuf s. *Sasse,* Der Heilpraktiker. Ein Gesundheitsberuf ohne Berufsausübungsrecht?, 2011. Zur Geschichte *Igl* RDG, Vorbemerkungen zu Nr. 30.1., ausführlich zur Rechtsprechung Nr. 30.1.

10 Bundes-Apothekerordnung (BApO) idF der Bek. v. 19.7.1989 (BGBl. 1989 I 1478). Bei den Apothekern wurde bislang angenommen, dass sie zu den Heilberufen iSd Art. 74 Abs. 1 Nr. 19 GG rechnen. Im Zuge der Föderalismusreform ist dies jetzt in dieser Vorschrift klargestellt worden (»Recht des Apothekenwesens«).

11 Gesetz über die Berufe des Psychologischen Psychotherapeuten und des Kinder- und Jugendlichenpsychotherapeuten (Psychotherapeutengesetz – PsychThG) v. 16.6.1998 (BGBl. 1998 I 1311).

12 Diese versteht das BVerfG als Heilhilfsberufe, s. die Aufzählung in BVerfGE 106, 118f.; Gesetz über die Berufe in der Krankenpflege (Krankenpflegegesetz – KrPflG) v. 16.7.2003 (BGBl. 2003 I 1442); Gesetz über die Berufe in der Altenpflege (Altenpflegegesetz – AltPflG) idF der Bek. v. 25.8.2003 (BGBl. 2003 I 1690). S. oben → § 16 Rn. 14 zu den ab 1.1.2020 vorgesehenen Änderungen nach dem Gesetz zur Reform der Pflegeberufe.

13 Gesetz über den Beruf der Hebamme und des Entbindungspflegers (Hebammengesetz – HebG) v. 4.6.1985 (BGBl. 1985 I 902).

Igl

und bestimmte Therapie- und Assistenzberufe.[14] Für diese Berufe existieren auf der Grundlage der Gesetzgebungskompetenz für »andere Heilberufe« (Art. 74 Abs. 1 Nr. 19 GG) erlassene Ausbildungsgesetze, die auch einen Berufsbezeichnungsschutz enthalten. Auch die Länder können Gesetze auf dem Gebiet der Heilberufe erlassen.[15]

Als **Ausbildungsberuf** nach dem Berufsbildungsgesetz (BBiG) gilt der Beruf der Medizinischen Fachangestellten.[16] Dieser Beruf ist in seiner Funktion ein Assistenzberuf. Ausbildungs- und Prüfungsgegenstand ist die Assistenz bei Diagnose- und Therapiemaßnahmen einschließlich Betreuen des Patienten oder der Patientin vor, während und nach der Behandlung.[17] Es handelt sich nicht um einen Heil(hilfs)beruf[18] iSd Art. 74 Abs. 1 Nr. 19 GG.   **4**

Zu den Gesundheitsberufen rechnen auch die in der Handwerksordnung verankerten **Gesundheitshandwerker** (Augenoptiker, Hörgeräteakustiker, Orthopädietechniker, Orthopädieschuhmacher, Zahntechniker).   **5**

Im Folgenden wird neben dem Recht des ärztlichen Berufs auch das Recht der Pflegeberufe dargestellt. Damit sind die beiden zentralen Berufsgruppen des Gesundheitswesens erfasst.   **6**

§ 13 Rechtsquellen – Regelungsebenen

Normhierarchisch betrachtet ist das Recht der Heilberufe in der Hauptsache auf fünf Ebenen geregelt: Unionsrecht (früher: Gemeinschaftsrecht), Verfassungsrecht, Bundesrecht, Landesrecht, untergesetzliches Recht. Wegen der **unionsrechtlich** zu gewährleistenden Dienstleistungsfreiheit spielt die unionsrechtliche Regulierungsebene für die Heilberufe eine wichtige Rolle. Dies wurde zuletzt mit dem Gesetz zur Umsetzung der Richtlinie 2005/36/EG des Europäischen Parlaments und des Rates über die An-   **1**

---

14 Gesetz über den Beruf des pharmazeutisch-technischen Assistenten idF v. 23.9.1997 (BGBl. 1997 I 2349); Gesetz über den Ergotherapeutin und des Ergotherapeuten (Ergotherapeutengesetz) v. 25.5.1976 (BGBl. 1976 I 246); Gesetz über den Beruf des Logopäden v. 7.5.1980 (BGBl. 1980 I 529); Gesetz über den Beruf der Orthoptistin und des Orthoptisten (Orthoptistengesetz)v. 28.11.1989 (BGBl. 1989 I 2061); Gesetz über technische Assistenten in der Medizin (MTA-Gesetz – MTAG) v. 2.8.1993 (BGBl. 1993 I 1402) Gesetz über den Beruf der Diätassistentin und des Diätassistenten ((Diätassistentengesetz) v. 8.3.1994 (BGBl. 1994 I 446); Gesetz über die Berufe in der Physiotherapie (Masseur- und Physiotherapeutengesetz) v. 26.5.1994 (BGBl. 1994 I 1084); Gesetz über den Beruf der Podologin und des Podologen (Podologengesetz – PodG) v. 4.12.2001 (BGBl. 2001 I 3320). Das Gesetz über den Beruf der Rettungsassistentin und des Rettungsassistenten (Rettungsassistentengesetz) v. 10.7.1989 (BGBl. I 1384) trat am 31.12.2014 außer Kraft. Seit dem 1.1.2014 ist das Gesetz über den Beruf der Notfallsanitäterin und das Notfallsanitäters (Notfallsanitätergesetz – NotSanG) v. 22.5.2013 (BGBl. 2013 I 1348), in Kraft.
15 S. hierzu die Übersicht bei *Schnitzler*, Das Recht der Heilberufe, 2004, 37 ff.
16 Verordnung über die Berufsausbildung zum Medizinischen Fachangestellten/zur Medizinischen Fachangestellten (ArztHAusbV) v. 26.4.2006 (BGBl. 2006 I 1097).
17 S. die Prüfungsinhalte in § 9 ArztHAusbV.
18 Der gesetzlich nicht verwendete Begriff des Heilhilfsberufes ist wenig aussagekräftig und wird unterschiedlich verwendet, s. BVerfGE 106, 62 (118 f.) = NJW 2003, 41; dazu *Schnitzler*, Das Recht der Heilberufe, 2004, 102 ff. *Schnitzler*, Das Recht der Heilberufe, 2004, 104, bemerkt, dass das geltende Recht zwar eine Hierarchisierung der Heilberufe nicht vornimmt, aber in Teilen von einer solchen ausgeht.

erkennung von Berufsqualifikationen der Heilberufe v. 2.12.2007[1] deutlich. Im **Verfassungsrecht** sind vor allem das Grundrecht der Berufsfreiheit (Art. 12 Abs. 1 GG) sowie die Gesetzgebungskompetenzvorschrift in Art. 74 Abs. 1 Nr. 19 GG einschlägig. Aufgrund der Zuständigkeit des Bundes für die Gesetzgebung zur Berufszulassung der Heilberufe, die auch die Mindestanforderungen der Berufsausbildung umfasst,[2] werden zentrale Bereiche des direkten Berufsrechts[3] durch **Bundesgesetze** geregelt.

2 Solange und soweit der Bund nicht von seiner Heilberufegesetzgebungskompetenz Gebrauch gemacht hat, können die Länder auch die Zulassung zu den Heilberufen regeln.[4] Den Ländern verbleibt die Gesetzgebungskompetenz zur Regelung der Berufsausübung der Heilberufe. Die Länder haben hier Regelungen für die Heilberufe und insbesondere für die Ärzte getroffen. Für die Ärzte sind auf Grundlage dieser Gesetze Kammern errichtet worden. Die Ärztekammern sind Selbstverwaltungskörperschaften des öffentlichen Rechts, die für die Ärzte Berufsordnungen im Rahmen ihres Satzungsrechts erlassen können. Die Bundesärztekammer ist jedoch keine Körperschaft des öffentlichen Rechts, sondern eine Arbeitsgemeinschaft der deutschen Ärztekammern. Der Bund hat keine Gesetzgebungskompetenz für die Schaffung einer solchen Kammer auf Bundesebene. Die Landesärztekammern werden vom Landesgesetzeber errichtet. Um bei den Berufsordnungen für Ärzte Einheitlichkeit zu erzielen, hat die Bundesärztekammer eine Muster-Berufsordnung für Ärzte vorgelegt.[5] Diese Muster-Berufsordnung bildet die Grundlage für die Berufsordnungen der Landesärztekammern. Unabhängig davon können die Länder aber auch selbst Berufsordnungen und Weiterbildungsordnungen als Gesetze oder Verordnungen erlassen. Davon ist zum Teil für die Pflegeberufe und für andere Heilberufe Gebrauch gemacht worden (→ § 16 Rn. 12), da diese Berufe (noch) nicht über Kammern verfügen (→ § 16 Rn. 11). Zum Teil haben die anderen als ärztlichen Heilberufe auch im Rahmen ihrer Berufsverbände Berufsordnungen oder Berufsrichtlinien erlassen, die aber keine normative Wirkung haben und die nur für die Angehörigen dieser Berufsverbände aufgrund deren Vereinssatzung verpflichtend wirken können.

3 Zum untergesetzlichen Recht zählen auch die im Rahmen des indirekten Berufsrechts[6] auf dem Gebiet des Leistungserbringungsrechts des SGB V und des SGB XI gegebenen Vorschriften mit rechtlicher Bindungswirkung, so vor allem die Richtlinien des Gemeinsamen Bundesausschusses (§ 92 Abs. 1 S. 2 SGB V), die verschiedenen Normverträge im SGB V, oder auch sonstige Vereinbarungen der an der Selbstverwaltung Beteiligten, zB die Qualitätsdarstellungsvereinbarungen (§ 115 Abs. 1a SGB XI).

---

1 BGBl. 2007 I 2686. S. dazu und zur Änderung der Richtlinie → § 8 Rn. 1 ff.
2 BVerfGE 106, 62 (124, 129 f., 131) = NJW 2003, 41.
3 Zu dieser Begriffsverwendung sogleich → § 14 Rn. 6 ff.
4 So zB für Desinfektorinnen und Desinfektoren (Hessen; Nordrhein-Westfalen) oder für Operationstechnische Assistenz (Sachsen-Anhalt; Schleswig-Holstein). S. die Übersicht bei *Igl* RDG 100.
5 (Muster-) Berufsordnung für die deutschen Ärztinnen und Ärzte – MBO-Ä 1997 idF der Beschlüsse des 114. Deutschen Ärztetages 2011 in Kiel. (www.bundesaerztekammer.de).
6 Zu dieser Begriffsverwendung sogleich → § 14 Rn. 7 ff.

Igl

§ 14 Strukturmerkmale des Rechts der Heilberufe

Das **Recht der Heilberufe** folgt keinem einheitlichen, an bestimmten systematischen 1
Erfordernissen ausgerichteten Plan oder Muster. Es ist nicht zusammenhängend in einem Gesetzbuch kodifiziert, sondern **besteht aus vielen Einzelgesetzen.** Mangels einer Kodifikation existiert auch kein Allgemeiner Teil des Rechts der Heilberufe.

Für das Recht der Heilberufe lassen sich jedoch zum Teil durchaus konsistente Struk- 2
turmerkmale feststellen. Im Folgenden sollen diese Strukturmerkmale zum besseren
Verständnis des komplizierten und unübersichtlichen Rechts der Heilberufe kenntlich
gemacht werden.

A. Unterscheidung zwischen direktem und indirektem Berufsrecht

Im Recht der Heilberufe kann zwischen direktem und indirektem Berufsrecht unter- 3
schieden werden. Diese Unterscheidung dient dazu, die verschiedenen Regelungsbereiche, die sich mit den Heilberufen befassen, zu ordnen.[1] Da sich diese Unterscheidung mit dieser Terminologie noch nicht eingebürgert hat, ist darauf hinzuweisen,
dass in der Fachliteratur beim direkten Berufsrecht häufig nur vom Berufsrecht, beim
indirekten Berufsrecht dann von den betreffenden Rechtsbereichen, so vor allem vom
Sozialleistungserbringungsrecht, meistens dem Leistungserbringungsrecht des SGB V,
gesprochen wird.

Bei der Unterscheidung zwischen direktem und indirektem Recht handelt es sich nicht 4
um eine verfassungsrechtlich diktierte Unterscheidung, sondern um eine Zuordnung
im Sinne einer Strukturierung des Rechtsgebiets. In Art. 12 Abs. 1 GG wird zwischen
Berufszulassung (Berufswahl), zu der auch die Mindestanforderungen der Berufsausbildung rechnen,[2] und Berufsausübung unterschieden, wobei Einigkeit darüber besteht, dass die Übergänge fließend sind. In der Regel werden die Vorschriften des indirekten Berufsrechts die Berufsausübung betreffen, während das direkte Berufsrecht
hauptsächlich die Materien des Berufszugangs bzw. der Berufsausbildung enthält. Die
verfassungsrechtliche Frage, ob ein Gesetz eine berufsregelnde Tendenz hat und damit
in den Schutzbereich der Berufsfreiheit eingreifen kann, betrifft deshalb die Vorschriften des indirekten Berufsrechts.

Erst in der Zusammenschau der Vorschriften des direkten und des indirekten Berufs- 5
rechts ergibt sich ein vollständiges Bild der rechtlichen Ordnung, die das Handeln der
Heilberufe bestimmt. In der Praxis sind dabei die leistungserbringungsrechtlichen
Vorschriften des Sozialleistungsrechts für das Handeln der Heilberufe in der Regel bedeutsamer als die Vorschriften des direkten Berufsrechts.

B. Direktes Berufsrecht

Zum direkten Berufsrecht gehören in erster Linie die Berufsausbildung, die Berufs- 6
zulassung, die Berufsausübung und deren Beendigung, sodann die Verfassung der Berufe zB in Kammern, die Berufsordnung, schließlich die Vergütung der Leistungen
außerhalb des sozialrechtlichen Leistungserbringungssystems. Die wichtigsten Vorschriften zum direkten Berufsrecht finden sich in den Heilberufegesetzen (→ § 12
Rn. 3).

---

1 Das BVerfG spricht im Altenpflegeurteil in diesem Zusammenhang auch von mittelbar wirkenden Normen, BVerfGE 106, 62 (128 f.) = NJW 2003, 41.
2 BVerfGE 106, 62 (124, 129 f., 131) = NJW 2003, 41.

C. Indirektes Berufsrecht

7 Mindestens ebenso bedeutend wie das direkte Berufsrecht ist das indirekte Berufsrecht. Damit ist dasjenige Recht gemeint, das mit seinen Regelungen an den Berufen
anknüpft, aber keine direkten Auswirkungen auf den berufsrechtlichen Status hat. In-
direktes Berufsrecht findet sich bei Heilberufen vor allem im Sozialleistungsrecht und
dort besonders in der **Gesetzlichen Krankenversicherung (SGB V)** und der **Sozialen
Pflegeversicherung (SGB XI)**. Hier werden vor allem im Rahmen des **Leistungserbringungsrechts**[3] Regelungen für die berufliche Tätigkeit der Heilberufe getroffen.
Neben den Vorschriften des Leistungserbringungsrechts sind die leistungsrechtlichen
Vorschriften zu nennen, nach denen sich bestimmt, welche Leistungen ein Leistungserbringer für Versicherte zulasten der Kranken- oder Pflegekasse erbringen darf.

8 Das **zivile Haftungsrecht** und das **Strafrecht** beeinflussen die Berufsausübung ebenfalls indirekt. Hier handelt es sich um Rechtsvorschriften, die alle Bürger, nicht nur die
Heilberufe betreffen. Das Haftungsrecht des Bürgerlichen Gesetzbuchs war bis zur
Einführung der Vorschriften zum Behandlungsvertrag (§§ 630a ff. BGB) nicht speziell
auf die Belange der heilberuflichen Tätigkeit ausgelegt. Trotzdem hat sich, geprägt
durch die Rechtsprechung, ein haftungsrechtliches Sondergebiet entwickelt, das als
Arzthaftungsrecht bezeichnet wird (→ § 46 Rn. 1 ff.).

9 Im Folgenden wird, wie auch beim direkten Berufsrecht, das indirekte Berufsrecht der
Ärzte und der Pflegeberufe, also derjenigen Berufe dargestellt, die im Gesundheitswesen als die zentralen heilberuflichen Akteure gelten können. Aus den Materien des indirekten Berufsrechts werden hier nur die leistungserbringungsrechtlichen Bereiche
vorgestellt. Für die Ärzte ist dies vor allem das Leistungserbringungsrecht der Gesetzlichen Krankenversicherung (SGB V), für die Pflegeberufe das der Sozialen Pflegeversicherung (SGB XI). Es ist zu betonen, dass diese Gebiete nicht die einzigen sind, in
denen leistungserbringungsrechtliche Vorschriften die Berufsausübung der Ärzte und
der Pflegeberufe bestimmen. Im Sozialleistungsrecht ist dies auch noch das Sozialhilferecht (SGB XII), das Recht der Gesetzlichen Unfallversicherung (SGB VII) und das
Recht der Rehabilitation und Teilhabe behinderter Menschen (SGB IX – Erster Teil).
Am Rande ist darauf hinzuweisen, dass auch das frühere Heimgesetz des Bundes[4]
und jetzt die Gesetze, die die Länder auf dem Gebiet des Heimrechts wegen der Verlagerung der Gesetzgebungskompetenz im Zuge der Föderalismusreform, verabschiedet haben,[5] Einfluss auf die Berufsausübung insbesondere der Pflegeberufe haben.

D. Sozialleistungserbringungsrecht als wichtigster Bereich des indirekten Berufsrechts

I. Fragestellungen zur systematischen Ordnung des Leistungs- erbringungsrechts

10 Die defizitäre rechtssystematische Erfassung des Leistungserbringungsrechts erschwert
die rechtliche Durchdringung dieses Gebietes. Jeder Sozialleistungszweig hat sein eigenes Leistungserbringungsrecht, das sich wieder aufsplittert in unterschiedliche Regelungen für die verschiedenen Leistungserbringer. Die untergesetzliche Gestaltung
des Leistungserbringungsrechts wirft zahlreiche rechtsdogmatische, teilweise auch
verfassungsrechtliche Fragen auf, so etwa nach der Bindungswirkung bestimmter

---

3 Beziehungen der Krankenkassen zu den Leistungserbringern, §§ 69–140h SGB V; Beziehungen
  der Pflegekassen zu den Leistungserbringern, §§ 69–81 SGB XI.
4 S. zur Geltung nach der Föderalismusreform Art. 125a Abs. 1 GG.
5 Alle Länder haben mittlerweile von ihrer Gesetzgebungskompetenz Gebrauch gemacht.

Igl

Richtlinien oder Empfehlungen oder nach der Zugehörigkeit bestimmter Vereinbarungen zum öffentlichen Recht oder zum Privatrecht, schließlich der Verfassungsmäßigkeit unter berufsfreiheitsrechtlichen Aspekten. Die Heterogenität des Leistungserbringungsrechts bedürfte einer Ordnung, etwa durch die Schaffung gemeinsamer gesetzlich verankerter Grundsätze für dieses Gebiet bzw. seine zahlreichen Einzelgebiete.[6]

Das Leistungserbringungsrecht im SGB V und im SGB XI ist selbst für im Sozialrecht kundige Personen oft ein Buch mit sieben Siegeln, dies vor allem aus zwei Gründen: Erstens ist die Materie schon im Gesetz meist unsystematisch und sehr unübersichtlich dargestellt (man lese nur die §§ 72 ff. SGB V); zweitens gibt es gerade im Leistungserbringungsrecht eine Reihe von untergesetzlichen Regelungstypen (Empfehlungen, Richtlinien, Verträge mit unterschiedlichen Beteiligten), mit denen ein weiterer Beitrag zur Normierungsvielfalt und damit zur Unübersichtlichkeit geleistet wird. Der Zugang zu diesem Rechtsgebiet und dessen Verständnis erschließt sich daher am besten mit einem strukturierten Ansatz, der im Folgenden vorgestellt wird: **11**

– Zulassung der Leistungsanbieter zur Leistungserbringung
– Sozialrechtliche Steuerung des Zugangs der Leistungsanbieter zur Leistungserbringung
– Leistungsgestaltung:
  – Leistungseinschluss/Leistungsausschluss
  – Konkretisierung des Inhalts und des Umfangs
– Qualitätssicherung
– Vergütung der Leistungsanbieter
– Beendigung des Zugangs zur Leistungserbringung
– Nutzerstellung.

II. Zulassung der Leistungsanbieter zur Leistungserbringung

In der Regel ist bei den Gesundheitsberufen eine besondere Qualifikation erforderlich, die Voraussetzung für den Zugang zur Leistungserbringung ist, so zB beim Arzt die Approbation. Das Sozialrecht kann darüber hinaus aber weitere qualitative Anforderungen stellen, so etwa die Facharztausbildung als Voraussetzung für die Zulassung als Vertragsarzt (→ § 15 Rn. 12) oder die für die Leistungserbringung erforderliche Ausbildung bei Heilmittelerbringern (vgl. § 124 Abs. 2 S. 1 Nr. 1 SGB V). Das bedeutet, dass die berufsrechtliche Zulassung zwar eine notwendige, nicht immer aber auch eine hinreichende Bedingung für die sozialrechtliche Zulassung zum Leistungsgeschehen ist, das über Sozialleistungsträger finanziert wird. Verfassungsrechtlich gesprochen handelt es sich hier um subjektive Berufszulassungsregelungen iSd Art. 12 Abs. 1 GG. **12**

Der Zugang kann aber durch objektive Voraussetzungen weiter gesteuert – und damit eingeschränkt – werden, so zB durch den Einsatz der Bedarfsplanung im vertragsärztlichen Bereich oder durch regionale Tätigkeitsbegrenzungen (→ § 15 Rn. 41). **13**

III. Besondere Arten des Zugangs zur Leistungserbringung (sozialrechtliche Steuerung des Zugangs der Leistungsanbieter zur Leistungserbringung)

Das Recht der Leistungserbringer, an der gesundheitlichen Versorgung der sozialversicherten Personen mitzuwirken, korrespondiert nicht immer mit einem Recht der **14**

---

6 Bisher haben solche Aufforderungen weder in der Literatur noch in der Gesetzgebung Widerhall gefunden. S. dazu *Rixen*, Sozialrecht als öffentliches Wirtschaftsrecht: Am Beispiel des Leistungserbringerrechts der gesetzlichen Krankenkassen, 2005, 581 ff.; *Hänlein* NZS 2003, 617.

Versicherten, sich den jeweiligen Leistungserbringer selbst aussuchen oder sich direkt an diesen wenden zu dürfen.

15 Neben der Zulassung des Leistungserbringers zur gesundheitlichen Versorgung im Rahmen dessen, was man herkömmlich unter Zulassung versteht, existieren häufig noch weitere Voraussetzungen zum Zugang zur Leistungserbringung, die als zusätzliche Anforderungen an die Versicherten erhoben werden. So kann man sich zB außer im Notfall nicht ohne Weiteres in einem Krankenhaus oder bei einem Facharzt behandeln lassen. Bei Rehabilitationsmaßnahmen ist ein direkter Zugang des Versicherten zu den zur Leistungserbringung zugelassenen Einrichtungen überhaupt nicht statthaft. Bei Pflegeleistungen wird ein aufwendiges Begutachtungs- und Beratungsverfahren vorgeschaltet. Selbst die freie Arztwahl besteht nicht unbegrenzt (vgl. § 76 SGB V).

16 Solche zusätzlichen Voraussetzungen, die in der Regel sozialleistungsrechtlicher und nicht sozialleistungserbringungsrechtlicher Art sind, betreffen als erstes die Versicherten selbst. Sie betreffen aber auch indirekt die Leistungserbringer, da damit der Zugang zu ihnen beschränkt wird. Zusätzliche Zugangsvoraussetzungen für die Versicherten können zum Teil den Sinn haben, die Versicherten besser, dh bedarfsentsprechender mit Leistungen zu versorgen. Das gilt etwa für das Begutachtungs- und Beratungsverfahren in der Pflegeversicherung. Solche Voraussetzungen dienen aber auch dazu, unter wirtschaftlichen Gesichtspunkten zu einer effizienten Leistungsinanspruchnahme beizutragen. Besondere Arten des Zugangs zur Leistungserbringung können weiter bei bestimmten Versorgungsformen gegeben sein, zB bei der hausarztzentrierten Versorgung (→ § 15 Rn. 51).

Ebenso wie die Zulassungsvoraussetzungen für Leistungserbringer können auch die Zugangsvoraussetzungen für Versicherte die Berufsfreiheit, in der Regel die Berufsausübungsfreiheit, der Leistungserbringer berühren.

IV. Leistungsgestaltung

17 In zunehmendem Maße widmet sich das Leistungserbringungsrecht der Gestaltung der Leistungen. Hier handelt es sich um eine Berufsausübungsregelung. An erster Stelle ist zu fragen, *ob* überhaupt eine Leistung zulasten der Sozialversicherung erbracht werden darf. Diese Frage erhebt sich insbesondere dann, wenn der Leistungsanspruch des Versicherten sehr allgemein gefasst ist, wie beim Anspruch auf ärztliche Behandlung bei Krankheit (§ 27 Abs. 1 S. 2 Nr. 1 SGB V). Obwohl das zunächst als sozialleistungsrechtliches Problem erscheint, handelt es sich auch um ein leistungserbringungsrechtliches Problem. *Wie* hingegen eine Leistung erbracht wird, ist zuvorderst eine Frage des jeweiligen Kenntnisstandes auf dem Gebiet der Medizin oder der Pflege. Sozialleistungsgesetze enthalten aber auch hier objektive Begrenzungen, wenn es zB darum geht, den Inhalt der Leistung zu bestimmen (ausreichend und zweckmäßig, § 12 Abs. 1, § 28 Abs. 1 S. 1 SGB V) oder das Maß der Leistungen auf das Notwendige (§ 27 Abs. 1 S. 1 SGB V) und das Wirtschaftliche (§ 12 Abs. 1 SGB V) zu begrenzen.

V. Qualitätssicherung

18 Zum *Wie* der Leistungserbringung gehört auch die Qualitätssicherung der Leistungserbringung. Erst die rechtlich konkretisierte Leistung kann Gegenstand einer Beschreibung unter Qualitätsgesichtspunkten sein; sie setzt diese mithin voraus. Das Qualitätsthema ist erst in jüngerer Zeit rechtlich durchdrungen worden. Das Qualitätsrecht

stellt ein Querschnittsrechtsgebiet[7] dar, das Gegenstände des Privatrechts, des Öffentlichen Rechts und des Strafrechts betrifft.

VI. Vergütung der Leistungsanbieter

Für Leistungen, die die Angehörigen der Heilberufe im Rahmen des Sozialrechts **19** erbringen, können diese Leistungserbringer keine Preise mit den Nutzern (Patienten, pflegebedürftigen Menschen) aushandeln. Vielmehr tritt in der Regel der Sozialleistungsträger an die Stelle des Nutzers und vereinbart mit dem Leistungserbringer die Vergütung im Rahmen der gesetzlich festgelegten Maßgaben. Dabei können auch die Verbände der jeweils Beteiligten tätig werden. Dieses Vergütungsrecht hat den allgemeinen haushaltsrechtlichen Anforderungen der Sparsamkeit und Wirtschaftlichkeit zu folgen; im Sozialversicherungsrecht gilt häufig auch das Gebot der Beitragssatzstabilität. Gesetzlich werden mangels eines Marktmechanismus die Techniken der Vergütungsfindung vorgegeben, wenn zB ein prospektives Budget ohne nachträgliche Ausgleichsmöglichkeiten zu vereinbaren ist. Das Vereinbarungsmodell beherrscht nach wie vor das Vergütungsrecht. Eine denkbare hoheitlich erlassene staatliche Gebührenordnung für ärztliche oder pflegerische Leistungen ist dem sozialrechtlichen Vergütungssystem fremd.[8] Da Vereinbarungen auch scheitern können, sind gesetzlich Schiedsstellen, Schiedsämter oder Schiedspersonen vorgesehen, die an die Stelle der Vereinbarungspartner treten und die Vergütungen festsetzen. Die gesetzlichen Vorgaben für die Regulierung der Vergütung sind bei den Ärzten und den Krankenhäusern am stärksten ausdifferenziert, während für die anderen als ärztlichen Heilberufe die gesetzlichen Hinweise eher vage sind.[9]

VII. Beendigung des Zugangs zur Leistungserbringung

Der Zugang zur Leistungserbringung kann auf unterschiedliche Weise beendet wer- **20** den, sei es durch Altersgrenzen, Verzicht oder sonstige Beendigung.

VIII. Nutzerstellung

Die Stellung des Nutzers im Leistungserbringungsgeschehen wurde lange Zeit nicht **21** *expressis verbis* thematisiert in der Annahme, dass das gesamte Leistungserbringungsgeschehen am Wohl des Nutzers ausgerichtet ist. Aber selbst unter dieser Annahme müssen dem Nutzer Rechte eingeräumt werden, die ihn das Leistungserbringungsgeschehen beeinflussen lassen. Dies geschieht in der Regel durch die Zuerkennung von Wunsch- und Wahlrechten, auch durch die Berücksichtigung spezieller Bedürfnisse bestimmter Gruppen, wie zB Frauen, Kinder.[10]

---

7 S. die Beiträge von *Buchner, Kohte, Höfling, Spickhoff, Kopetzki* und *Tag* in Lilie/Bernat/Rosenau (Hrsg.), Standardisierung in der Medizin als Rechtsproblem, 2009. Zur Qualitätssicherung im Sozialrecht s. den gleichnamigen Band zur Bundestagung 2011 des Deutschen Sozialrechtsverbandes, SDSRV Bd. 61 (2012).

8 Eine Ausnahme gilt für ambulante Pflegeleistungen (§ 90 SGB XI). Hier kann eine Gebührenordnung für die Vergütung der ambulanten Pflegeleistungen und der hauswirtschaftlichen Versorgung der Pflegebedürftigen erlassen werden, soweit die Versorgung von der Leistungspflicht der Pflegeversicherung umfasst ist.

9 S. die Hinweise bei *Rixen* Soziale Sicherheit 2014, 77.

10 Das Thema der Nutzerstellung in Hinblick auf ärztliche und Krankenhausleistungen wird im 9. Kapitel (→ § 41 Rn. 1 ff.) behandelt.

§ 15 Ärzte

A. Direktes Berufsrecht der Ärzte

I. Berufsausbildung

1. Besonderheiten der ärztlichen Berufsausbildung

1 Das Recht der ärztlichen Berufsausbildung weist zwei Besonderheiten auf. Die eine Besonderheit ist verfassungsrechtlich bedingt, die andere Besonderheit hängt mit der Einbindung der Ärzte in das Leistungserbringungssystem der Gesetzlichen Krankenversicherung (SGB V) in ihrer Funktion als Vertragsärzte zusammen.

2 Da für die Regulierung des ärztlichen Berufes nur eine auf die **Zulassung zum ärztlichen Heilberuf** beschränkte Gesetzgebungskompetenz des Bundes besteht (Vgl. Art. 74 Abs. 1 Nr. 19 GG), kann der Bundesgesetzgeber nur solche Vorschriften erlassen, die sich auf die Zulassung beziehen. Dazu rechnen auch der Nachweis der Zulassungsvoraussetzungen und das Prüfungswesen, während das Ausbildungswesen nicht insgesamt von der Gesetzgebungskompetenz erfasst wird.[1] Von der Gesetzgebungskompetenz gedeckt sind jedoch die Mindeststandards der Ausbildung und die schulischen Voraussetzungen für den Zugang zur Ausbildung.[2] Dies ist in der Bundesärzteordnung (BÄO) und der Approbationsordnung für Ärzte (ApprOÄ) geregelt, während das **Weiterbildungsrecht** als landesrechtliche Materie gilt und dort von den Ärztekammern in der Rechtsform der Satzung als Weiterbildungsordnung erlassen wird.

3 Die aufgrund der Weiterbildungsordnung erworbenen Kompetenzen (zB Facharzt) sind Voraussetzung für die **Zulassung als Vertragsarzt** im Leistungserbringungssystem der Gesetzlichen Krankenversicherung (§§ 95, 95a SGB V). Die Zulassungsverordnung für Vertragsärzte (Ärzte-ZV)[3] nimmt auf die landesrechtlichen Vorschriften Bezug (§ 3 Abs. 2 Buchst. b Ärzte-ZV).

2. Berufsausbildung nach der Bundesärzteordnung

4 Die Ausbildung der Ärzte ist in der Bundesärzteordnung (BÄO) gesetzlich verankert. Die Regelung im Einzelnen ist an eine Rechtsverordnung delegiert (§ 4 Abs. 1 BÄO), die Approbationsordnung für Ärzte (ApprOÄ). Ziel der ärztlichen Ausbildung ist der wissenschaftlich und praktisch in der Medizin ausgebildete Arzt, der zur eigenverantwortlichen und selbstständigen ärztlichen Berufsausübung, zur Weiterbildung und zu ständiger Fortbildung befähigt ist. Die Ausbildung soll grundlegende Kenntnisse, Fähigkeiten und Fertigkeiten in allen Fächern vermitteln, die für eine umfassende Gesundheitsversorgung der Bevölkerung erforderlich sind (§ 1 Abs. 1 ApprOÄ). Die Ausbildungsdauer beträgt sechs Jahre und drei Monate und umfasst ein Studium der Medizin von sechs Jahren an einer Universität oder gleichgestellten Hochschule (Universität), das eine zusammenhängende praktische Ausbildung (Praktisches Jahr) von 48 Wochen einschließt, eine Ausbildung in erster Hilfe, einen Krankenpflegedienst von drei Monaten, eine Famulatur von vier Monaten und die Ärztliche Prüfung, die in zwei Abschnitten abzulegen ist (§ 1 Abs. 2 ApprOÄ).

---

1 Obwohl die Delegation ärztlicher Leistungen an anderes medizinisches Personal eindeutig eine Berufsausübungsregelung darstellt und deshalb nicht zur Berufszulassung gehört, ist im Berufszulassungsgesetz für Zahnärzte eine solche Delegationsvorschrift aufgenommen worden, § 1 Abs. 5 ZahnheilkG.

2 S. hierzu BVerfGE 106, 62 (131) = NJW 2003, 41.

3 S. dazu → § 15 Rn. 3.

Igl

Weder in der BÄO noch in der ApprOÄ wird im Zusammenhang mit der Ausbildung 5
vom **Erlernen heilkundlicher Fähigkeiten** gesprochen, obwohl die Ausübung des
ärztlichen Berufs die Ausübung der Heilkunde unter der Berufsbezeichnung »Arzt«
oder »Ärztin« ist (§ 2 Abs. 5 BÄO).

Die ApprOÄ spricht vom »wissenschaftlich und praktisch in der Medizin ausgebilde- 6
ten Arzt« (§ 1 Abs. 1 S. 1 ApprOÄ). Eine Definition dessen, was unter Medizin zu verstehen ist, ist gesetzlich nicht gegeben. Im üblichen Wortgebrauch wird unter Medizin
die Heilkunde verstanden. Deshalb ist es etwas erstaunlich, dass weder die ApprOÄ
noch die BÄO für die Berufsausübung auf die einzige **gesetzliche Definition** Bezug
nimmt, die sich mit der **Heilkunde** befasst, nämlich § 1 Abs. 2 HeilprG:

> »Ausübung der Heilkunde im Sinne dieses Gesetzes ist jede berufs- oder gewerbsmäßig vorge-
> nommene Tätigkeit zur Feststellung, Heilung oder Linderung von Krankheiten, Leiden oder
> Körperschäden bei Menschen, auch wenn sie im Dienste von anderen ausgeübt wird.«

Das Erlernen der Ausübung der Heilkunde wird verfolgt mit dem Ziel der Befähigung 7
zur »umfassenden Gesundheitsversorgung der Bevölkerung« (§ 1 Abs. 1 S. 2 ApprOÄ).
Das heißt, dass die Ärzte insgesamt so ausgebildet sein sollen, dass dieses Ziel erreicht
wird. Dieses Ziel wird dann in § 1 Abs. 1 BÄO noch einmal beschrieben: »Der Arzt
dient der Gesundheit des einzelnen Menschen und des gesamten Volkes«.

Mit dieser Zielsetzung wird der Ärzteschaft als Berufsstand eine bestimmte **Funktion** 8
im Gemeinwesen zugeschrieben. Solche Zuschreibungen existieren auch für andere
Berufe. So ist der Rechtsanwalt ein unabhängiges Organ der Rechtspflege (§ 1 BRAO).
Bleibt man auf dem Gebiet der gesundheitlichen Versorgung der Bevölkerung, so kann
als weiteres Beispiel der Apotheker herangezogen werden, der dazu berufen ist, »die
Bevölkerung ordnungsgemäß mit Arzneimitteln zu versorgen«. Auch der Apotheker
»dient damit der Gesundheit des einzelnen Menschen und des gesamten Volkes« (§ 1
BApO).[4] Werden bestimmten Berufen solche Funktionen zugewiesen, an denen der
Staat ein Interesse hat, wird häufig von staatsnahen oder staatsgebundenen Berufen
gesprochen. Dabei handelt es sich nicht um einen Rechtsbegriff. Für solche Berufe
können sich aber Auswirkungen in Hinblick auf mögliche Einschränkungen der Berufsfreiheit ergeben.[5] Für Ärzte, auch für Vertragsärzte, wird dieser Begriff nicht verwendet.[6]

3. Weiterbildungsrecht

Das Recht der Weiterbildung der Ärzte ist landesrechtlich geregelt. Im Rahmen der 9
von den Ländern erlassenen Kammergesetze für Ärzte oder für Heilberufe werden die
entsprechenden Weiterbildungsordnungen für Ärzte als Satzungen der Kammern erlassen. Um eine gewisse Vereinheitlichung zu erzeugen, hat die Bundesärztekammer[7]
eine **Muster-Weiterbildungsordnung**[8] erarbeitet, die von den Ärztekammern für ihre
landesrechtlichen Weiterbildungsordnungen zugrunde gelegt wird. Der erfolgreiche

---

4 Bei den Apothekern wurde bislang angenommen, dass sie zu den Heilberufen iSd Art. 74
  Abs. 1 Nr. 19 GG rechnen. Im Zuge der Föderalismusreform ist dies jetzt in dieser Vorschrift
  klargestellt worden (»Recht des Apothekenwesens«).
5 Bisher ist der Begriff des staatsnahen bzw. staatsgebundenen Berufes vor allem für Notare verwendet worden, nicht für die Stellung des Arztes, → § 15 Rn. 98 ff.
6 *Rixen*, Sozialrecht als öffentliches Wirtschaftsrecht: Am Beispiel des Leistungserbringerrechts
  der gesetzlichen Krankenkassen, 2005, 252.
7 Die Bundesärztekammer ist eine »Arbeitsgemeinschaft der Deutschen Ärztekammern«.
8 (Muster-)Weiterbildungsordnung (MWBO) 2003 idF v. 23.10.2015 sowie die (Muster-)Richt-
  linien über die Inhalte der Weiterbildung (MWBO 2003) idF v. 18.2.2011 (www.bundesaerzte
  kammer.de).

Abschluss der Weiterbildung führt zur Facharztbezeichnung in einem Gebiet, zur Schwerpunktbezeichnung im Schwerpunkt eines Gebietes oder zur Zusatzbezeichnung (§ 2 Abs. 1 MWBO 2003). Das ärztliche Weiterbildungsrecht wird auch unionsrechtlich durch die Diplomanerkennungs-RL (→ § 8 Rn. 1 ff.) beeinflusst.[9]

II. Berufsbezeichnung und Berufszulassung

1. Nach der Bundesärzteordnung

10   Die Berufszulassung und damit der Zugang zur Berufsausübung wird durch die **Approbation** eröffnet (§ 2 Abs. 1 BÄO). Neben der ärztlichen Ausbildung ist für die Erteilung der Approbation ein amtliches Führungszeugnis und gesundheitliche Eignung erforderlich (§ 3 Abs. 1 S. 1 BÄO). Mit diesen Voraussetzungen soll ordnungsrechtlichen Kriterien genüge getan werden, die sich sonst auch im Gewerberecht finden (Gesundheit, Straffreiheit). Für eine nur vorübergehende Ausübung der ärztlichen Tätigkeit ist die Erteilung einer Erlaubnis vorgesehen (§ 2 Abs. 2 BÄO).

11   Die Approbation als Arzt stellt einen Verwaltungsakt dar. Rücknahme, Widerruf und Ruhen der Approbation unterliegen besonderen Voraussetzungen (§§ 5 ff. BÄO). Die Approbation bedeutet eine Erlaubnis, die Berufsbezeichnung Arzt zu führen und unter dieser Bezeichnung die Heilkunde auszuüben (§ 2a BÄO).

2. Nach dem Weiterbildungsrecht

12   Der erfolgreiche Abschluss der Weiterbildung führt zur Facharztbezeichnung in einem Gebiet, zur Schwerpunktbezeichnung im Schwerpunkt eines Gebietes oder zur Zusatzbezeichnung (§ 2 Abs. 1 MWBO 2003). Ein **Gebiet** wird als ein definierter Teil in einer Fachrichtung der Medizin beschrieben.[10] Die Gebietsdefinition bestimmt die Grenzen für die Ausübung der **fachärztlichen Tätigkeit.** Wer innerhalb eines Gebietes die vorgeschriebenen Weiterbildungsinhalte und -zeiten abgeleistet und in einer Prüfung die dafür erforderliche Facharztkompetenz nachgewiesen hat, erhält eine Facharztbezeichnung (§ 2 Abs. 2 MWBO 2003). Ein **Schwerpunkt** wird durch eine auf der Facharztweiterbildung aufbauenden Spezialisierung im Gebiet beschrieben. Wer die innerhalb eines Schwerpunktes vorgeschriebenen Weiterbildungsinhalte und -zeiten abgeleistet und in einer Prüfung die dafür erforderliche fachliche Kompetenz nachgewiesen hat, erhält eine Schwerpunktbezeichnung (§ 2 Abs. 3 MWBO 2003). Eine **Zusatz-Weiterbildung** beinhaltet die Spezialisierung in Weiterbildungsinhalten, die zusätzlich zu den Facharzt- und Schwerpunktweiterbildungsinhalten abzuleisten sind. Wer in der Zusatz-Weiterbildung die vorgeschriebenen Weiterbildungsinhalte und -zeiten abgeleistet und in einer Prüfung die dafür erforderliche fachliche Kompetenz nachgewiesen hat, erhält eine Zusatzbezeichnung (§ 2 Abs. 4 MWBO 2003).

III. Berufsausübung

1. Bundesärzteordnung

13   Im direkten Berufsrecht finden sich – anders als im indirekten Berufsrecht – nur spärliche Hinweise, wie sich die berufliche Tätigkeit der Ärzte gestaltet. Neben der bereits erwähnten Stellung des Arztes im Gemeinwesen (»Der Arzt dient der Gesundheit des einzelnen Menschen und des gesamten Volkes«, § 1 Abs. 1 BÄO) finden sich in der BÄO bis auf die Feststellung, dass der ärztliche Beruf kein Gewerbe, sondern seiner

---

9 Dazu *Jaeger,* Ärztliches Weiterbildungsrecht im Spannungsfeld zwischen deutschem und europäischem Recht, 2007.
10 Abschnitt B der MWBO 2003.

Natur nach ein freier Beruf ist (§ 1 Abs. 2 BÄO), und dass der Arzt Heilkunde ausübt (§ 2 Abs. 5 BÄO), keine Hinweise auf die Berufsausübung.

Wesentliches Element der ärztlichen Tätigkeit ist die **Therapiefreiheit,** die aus **14** Art. 12 Abs. 1 GG abgeleitet wird.[11] Die Therapiefreiheit besteht aus drei Elementen, der Entscheidung, ob eine Behandlung stattzufinden hat, welche Methoden für sie anwendbar sind und der Freiheit des Arztes, nicht gegen sein Gewissen zu einer bestimmten Methode gezwungen zu werden.[12]

Die Ausübung der Heilkunde ist nicht allein dem Arzt vorbehalten. Dies geht aus dem **15** Heilpraktikergesetz hervor (§ 1 Abs. 1 HeilprG). Für andere Heilberufe ergibt sich dies aus den berufsrechtlichen Bestimmungen, die auf die Heilkunde Bezug nehmen, so zB bei den Pflegeberufen (vgl. § 3 Abs. 1 S. 1 KrPflG).

Anders als manchmal angenommen gibt es im direkten Berufsrecht **keinen** expliziten **16** **Arztvorbehalt für die Ausübung der Heilkunde.**[13] § 2 Abs. 5 BÄO besagt nur, dass Heilkunde unter einer bestimmten Berufsbezeichnung ausgeübt wird. Von Ausschließlichkeit iSe Vorbehalts, der Ärzten bei der Ausübung von Heilkunde eingeräumt wäre, ist in der Vorschrift nicht die Rede.[14] Ein impliziter Arztvorbehalt wird allerdings § 1 Abs. 1 HeilprG entnommen, wonach derjenige, der die Heilkunde, ohne als Arzt bestallt zu sein, ausüben will, dazu der Erlaubnis bedarf.[15] Die Vorschrift besagt aber im Grunde nur, dass die Ausübung der Heilkunde der Erlaubnis bedarf. Auch die ärztliche Approbation stellt unter diesem Blickwinkel eine Erlaubnis zur Ausübung der Heilkunde dar.

2. Landesrecht

a) Kammern

Wie die meisten freien Berufe (→ § 15 Rn. 99) ist auch der Beruf des Arztes ein ver- **17** kammerter Beruf. Das bedeutet, dass die Angehörigen des Berufs in einer öffentlich-rechtlichen (Zwangs-)Körperschaft vereinigt sind, die die Angelegenheiten des Berufs eigenständig regelt. Da für das Berufsausübungsrecht der Ärzte keine Gesetzgebungskompetenz des Bundes[16] besteht, ist die Verkammerung landesgesetzlich geregelt, zB in Heilberufe- oder Kammergesetzen, die auch die Satzungsermächtigung für die Kammern vorsehen.

b) Berufsordnung

Um eine gewisse Einheitlichkeit der Berufsausübung der Ärzte zu gewährleisten, hat **18** die Bundesärztekammer[17] eine (Muster-)Berufsordnung für die deutschen Ärztinnen

---

11 BVerfGE 106, 275 Rn. 125 = NJW 2003, 1232.
12 *Laufs* in Laufs/Kern ArztR-HdB § 3 Rn. 14 ff.
13 Dies ist anders im indirekten Berufsrecht (vgl. § 15 Abs. 1 S. 1 SGB V) → § 15 Rn. 30.
14 So auch *Deutsch/Spickhoff* MedizinR Rn. 25.
15 Vgl. dazu *Kluth* MedR 2010, 372 (375 Fn. 39).
16 So enthält die BÄO keine Vorschriften zu Ärztekammern. Anders ist dies zB beim Beruf des Rechtsanwalts (vgl. §§ 60 ff. BRAO), weil die konkurrierende Gesetzgebungskompetenz des Bundes in Art. 74 Abs. 1 Nr. 1 GG hier breiter gestaltet ist als die entsprechende Gesetzgebungskompetenz bei den Ärzten, die sich nur auf die Zulassung zum ärztlichen Beruf bezieht (vgl. Art. 74 Abs. 1 Nr. 19 GG).
17 Die Bundesärztekammer ist eine Arbeitsgemeinschaft der Landesärztekammern; sie hat keinen öffentlich-rechtlichen Status, vgl. § 1 der Satzung der Bundesärztekammer (www.bundes aerztekammer.de).

und Ärzte[18] erarbeitet, die für sich genommen keine Rechtsnormqualität hat. Diese (Muster-)Berufsordnung wird von den Landesärztekammern zugrunde gelegt für den Erlass entsprechender Berufsordnungssatzungen. Diese Berufsordnungen enthalten zum Teil sehr weitgehende Anforderungen an den ärztlichen Berufsstand bis hin zum Verbot der Annahme von Geschenken von Patienten.

c) Berufsgerichte

19 Berufsgerichte werden ebenfalls landesrechtlich in den Heilberufe- und Kammergesetzen geregelt. Das Verfahren der Berufsgerichte ist in Berufsgerichtsgesetzen geregelt. Die Berufsgerichte ahnden schuldhafte Verstöße eines Berufsangehörigen gegen seine Berufspflichten (Berufsvergehen). Berufsgerichte werden in den Ländern unterschiedlich geregelt. Sie können der Verwaltungsgerichtsbarkeit oder ordentlichen Gerichtsbarkeit zugeordnet oder als selbstständige Gerichte bei den Ärztekammern eingerichtet sein.[19]

d) Gebietsbeschränkungen – fachgebietsfremde Tätigkeit

20 Die mit der Absolvierung der Weiterbildung verliehene Fachkompetenz, auf einem bestimmten Gebiet tätig zu sein, wird in den Kammer- und Heilberufegesetzen der Länder mit einer Regelung versehen, nach der der Facharzt nur auf diesem Gebiet tätig sein darf.

21 Diese **Gebietsbeschränkung der fachärztlichen Tätigkeit,** die sich auch auf die vertragsärztliche Tätigkeit erstreckt,[20] ist **verfassungsrechtlich unbedenklich.**[21] Allerdings hat das BVerfG gesagt, dass jede Einschränkung der freien Betätigung im Beruf unter dem Gebot der Verhältnismäßigkeit steht und deshalb nur so weit gehen darf, wie es zur Erreichung der angestrebten Ziele erforderlich ist. Je stärker die Gebietsbeschränkung die Berufstätigkeit einengt, umso gewichtiger müssen die sie rechtfertigenden Gründe sein. Diesem Grundsatz wird das Verbot der Betätigung außerhalb des Fachgebiets nur gerecht, wenn es als allgemeine Richtlinie gilt und nicht als eine auch einzelne Ausnahmefälle ausschließende Regel aufgefasst wird.[22] Das BVerfG hat auch die Führung einer zweiten Gebietsbezeichnung erlaubt.[23]

22 Eine andere Frage ist, auf welchen Gebieten ein **approbierter Arzt ohne Facharztbezeichnung** tätig sein darf. Hierzu hat das BVerfG in einem stattgebenden Kammerbeschluss[24] gesagt, dass insbesondere der Patientenschutz es nicht erfordert, einem bestimmten Fachgebiet zugeordnete Behandlungen nur durch Ärzte dieses Fachgebiets durchführen zu lassen. Weiter führt die Kammer aus:

»Die Qualität ärztlicher Tätigkeit wird durch die Approbation nach den Vorschriften der Bundesärzteordnung sichergestellt. Zwar hat ein Arzt in jedem Einzelfall zu prüfen, ob er aufgrund seiner Fähigkeiten und der sonstigen Umstände – wie etwa der Praxisausstattung – in der Lage ist, seinen Patienten nach den Regeln der ärztlichen Kunst zu behandeln. Vorbehaltlich dieser Prüfung ist er aber, unabhängig vom Vorhandensein von Spezialisierungen, berechtigt, Patienten auf allen Gebieten, die von seiner Approbation umfasst sind, zu behandeln. Eine generelle Verpflichtung, Patienten mit Erkrankungen auf einem bestimmten Gebiet an einen für dieses Gebiet zu-

---

18 MBO-Ä 1997 idF der Beschlüsse des 118. Deutschen Ärztetages 2015 in Frankfurt a.M. (www.bundesaerztekammer.de).
19 Vgl. *Laufs* in Laufs/Kern ArztR-HdB § 14 Rn. 15 ff.
20 *Wenner,* Vertragsarztrecht nach der Gesundheitsreform, 2008, 187.
21 BVerfGE 33, 125 (167) = NJW 1972, 1504 – Facharztbeschluss.
22 BVerfGE 33, 125 (168) = NJW 1972, 1504.
23 BVerfGE 106, 181 = NJW 2003, 879.
24 BVerfG NZS 2012, 62 Rn. 27 ff. Dazu *Hahn/Sendowski* NZS 2011, 728.

Igl

ständigen Facharzt zu verweisen, (…) ist hiermit nicht vereinbar. Sie würde bei Ärzten ohne Facharzttitel im Übrigen dazu führen, dass diese praktisch gar nicht mehr ärztlich tätig sein könnten, weil die fachärztlichen Bereiche das Spektrum ärztlicher Tätigkeit inzwischen weitgehend abdecken.«

Diese Ausführungen sind jedoch vor dem Hintergrund zu sehen, dass es sich im vorliegenden Fall nur um eine fachgebietsfremde Tätigkeit in geringem Umfang (2–5% der Tätigkeit im eigenen Fach) handelte.

IV. Vergütung

Die Vergütungen der Dienstleistungen von Angehörigen der Freien Berufe werden in der Regel durch staatliche Gebührenordnungen geregelt. Für Ärzte besteht in § 11 BÄO eine Ermächtigung für eine Rechtsverordnung zum Erlass einer Gebührenordnung, in der die Mindest- und Höchstsätze für die ärztlichen Leistungen festgesetzt werden, wobei den berechtigten Interessen der Ärzte und der zur Zahlung der Entgelte Verpflichteten Rechnung zu tragen ist. Diese Gebührenordnung ist in der GOÄ niedergelegt.[25] Sie stellt eine Taxe iSd § 611 Abs. 2 BGB dar, wobei es sich um eine Dispositivtaxe handelt, die durch Parteivereinbarung in Grenzen geändert werden kann (§ 2 GOÄ).[26]   **23**

Die GOÄ gilt zwar für alle beruflichen Leistungen der Ärzte (§ 1 Abs. 1 GOÄ). In der Praxis ist die GOÄ jedoch vor allem anwendbar bei sog. Selbstzahlern. Bei privatversicherten Selbstzahlern beziehen sich die Versicherungsverträge für die Erstattung der Aufwendungen auf die GOÄ. Bei beihilfeberechtigten Angehörigen des öffentlichen Dienstes werden die Aufwendungen ebenfalls auf Grundlage der GOÄ erstattet.[27] Die GOÄ gilt nicht für die Leistungen der Ärzte, die sie im Rahmen der Gesetzlichen Krankenversicherung erbringen. Dort wird die Vergütung für ärztliche Leistungen durch ein besonderes Vergütungsrecht geregelt.[28]   **24**

V. Beendigung der Berufsausübung

Das direkte Berufsrecht sieht keine Begrenzungen der Ausübung des ärztlichen Berufes gem. dem Lebensalter vor. Es existieren **keine Altersgrenzen für die Berufsbeendigung.**[29]   **25**

Die Berufsausübung kann durch **Rücknahme und Widerruf der Approbation** beendet werden (§ 5 BÄO). Diese Vorschriften gehen den entsprechenden Vorschriften im VwVfG als spezielle Regelungen vor. Der wichtigste Fall des Widerrufs ist der **Widerruf wegen Unzuverlässigkeit oder Unwürdigkeit** (§ 5 Abs. 2 BÄO iVm § 3 Abs. 1 S. 1 Nr. 2 BÄO).[30] **Unzuverlässigkeit** liegt vor, wenn Tatsachen die Annahme rechtfertigen, der Arzt werde in Zukunft die Vorschriften und Pflichten nicht beachten, die sein Beruf mit sich bringt. Maßgeblich für diese auf die Person des Arztes bezogene Prognose ist die Würdigung der gesamten Lebensumstände des Betreffenden sowie seines vor allem durch die Art, die Schwere und die Zahl der Verstöße gegen die Berufspflichten offenbar gewordenen Charakters.[31] Beim Widerruf wegen **Unwürdigkeit** des Arztes geht es um den Schutz des Ansehens der Ärzteschaft in den Augen der Öffentlichkeit   **26**

---

25 Für Zahnärzte s. die Gebührenordnung für Zahnärzte (GOZ) v. 22.10.1987 (BGBl. 1987 I 2316).
26 S. die Darstellung der GOÄ bei Spickhoff/*Spickhoff* GOÄ 767 ff.
27 Vgl. für die Bundesbeamten § 6 Abs. 3 BBhV.
28 Vorrang des spezielleren Bundesgesetzes, vgl. § 1 Abs. 1 2. HS GOÄ. Zur Vergütung ärztlicher Leistungen im Rahmen des SGB V → § 15 Rn 87 ff.
29 → § 9 Rn. 9, zur nunmehr aufgehobenen Altersgrenze für Vertragsärzte.
30 Zur einschlägigen Rspr. des BVerwG *Kuhlmann* DVBl. 2013, 1292.
31 BVerwG Beschl. v. 27.10.2010 – 3 B 61.10 = BeckRS 2010, 55626, Rn. 5.

und des Vertrauens der Patienten in die Integrität der Ärzte. Dieses Vertrauen würde zerstört durch eine fortgesetzte Berufstätigkeit von Ärzten, die ein Fehlverhalten gezeigt haben, das mit dem Berufsbild und den allgemeinen Vorstellungen von der Persönlichkeit eines Arztes schlechthin nicht zu vereinbaren ist.[32] Unwürdigkeit besteht zB beim Abrechnungsbetrug, unabhängig davon, ob es sich um den vertrags- oder privatärztlichen Bereich handelt.[33] Da der Widerruf der Approbation einen **erheblichen Eingriff in das Grundrecht der Berufsfreiheit** (Art. 12 Abs. 1 GG) darstellt, ist den Voraussetzungen des Verhältnismäßigkeitsgrundsatzes besonders Rechnung zu tragen. § 8 BÄO eröffnet die Möglichkeit, einen Antrag auf **Wiedererteilung der Approbation** zu stellen. Die weitere Berufsausübung kann dann befristet aufgrund einer **Erlaubnis** gestattet werden. Dem Antragsteller kann mit Blick auf Art. 12 Abs. 1 GG und das Verhältnismäßigkeitsgebot die Approbation nicht länger verwehrt werden, als es die den Widerruf tragenden Gründe erfordern. Hat er die Würdigkeit oder Zuverlässigkeit zur Ausübung des ärztlichen Berufes zweifelsfrei wiedererlangt und liegt auch sonst kein Versagungsgrund vor, hat er einen Anspruch auf erneute Erteilung der Approbation.[34]

27 Durch die Anordnung des **Ruhens der Approbation** wird die Berufsausübung nicht beendet, sondern nur vorübergehend untersagt (§ 6 BÄO).

28 Bei Verurteilung des Arztes wegen einer Straftat kann unter den Voraussetzungen des § 70 StGB ein **Berufsverbot** bis zu fünf Jahren verhängt werden. Umstritten ist die Wirkung eines strafrechtlichen Berufsverbots auf die Handlungsmöglichkeiten der Approbationsbehörde. Ist ein **berufsrechtlicher Überhang** gegeben, dh, wenn nach einer strafrechtlichen Verurteilung noch weitere im Strafurteil nicht sanktionierte berufsrechtlich relevante Handlungen gegeben sind, kann die Approbationsbehörde zusätzlich berufsrechtliche Maßnahmen, ergreifen. Ist dies nicht der Fall, darf es nicht zu weiteren berufsrechtlichen Maßnahmen kommen, da sonst der Grundsatz ne bis in idem (Art. 103 Abs. 3 GG) verletzt würde.

B. Indirektes Berufsrecht der Ärzte: Sozialrechtliches Leistungserbringungsrecht

I. Rechtsquellen

29 Die Rechtsquellen für die Teilnahme von Ärzten im Leistungserbringungsgeschehen der Gesetzlichen Krankenversicherung sind das SGB V und die Ärzte-ZV (erlassen gem. § 98 SGB V).

II. Die zentrale Stellung des Arztes in der Leistungserbringung nach dem SGB V

30 Die Krankenbehandlung für Versicherte der Gesetzlichen Krankenversicherung ist grundsätzlich in die Hand des Arztes gelegt (§§ 15 Abs. 1, 27, 28 SGB V). Danach wird ärztliche oder zahnärztliche Behandlung von Ärzten oder Zahnärzten erbracht, soweit nicht in Modellvorhaben nach § 63 Abs. 3c SGB V etwas anderes bestimmt ist. Sind Hilfeleistungen anderer Personen erforderlich, dürfen sie nur erbracht werden, wenn sie vom Arzt (Zahnarzt) angeordnet und von ihm verantwortet werden (§ 15 Abs. 1

---

32 BVerwG NJW 2011, 1830 Rn. 4.
33 OVG Münster NVwZ 2014, 459 mAnm *Braun*.
34 BVerwG NJW 2011, 1830 Rn. 6.

SGB V). Daraus wird der sog. **Arztvorbehalt** abgeleitet.[35] Dieser Arztvorbehalt besteht jedoch nur im Rahmen des Leistungserbringungsrechts des SGB V.[36]

Die Krankenbehandlung umfasst jedoch mehr als die ärztliche Behandlung, so zB die Versorgung mit Heilmitteln, die häusliche Krankenpflege und die medizinische Rehabilitation (§ 27 Abs. 1 S. 1 Nr. 3, 4, 6 SGB V). Der Arztvorbehalt erstreckt sich nicht auf diese Leistungen der Krankenbehandlung. Allerdings wird der Arzt hier verordnend tätig (vgl. § 92 Abs. 1 S. 2 Nr. 6 und 8 SGB V). **31**

III. Zulassung zur Leistungserbringung (Teilnahme an der vertrags-ärztlichen Versorgung)

1. Zulassungsausschuss – Berufungsausschuss

Zur Beschlussfassung und Entscheidung in Zulassungssachen errichten die Kassenärztlichen Vereinigungen und die Landesverbände der Krankenkassen sowie die Ersatzkassen für den Bezirk jeder Kassenärztlichen Vereinigung oder für Teile dieses Bezirks (Zulassungsbezirk) einen Zulassungsausschuss für Ärzte, die aus Vertretern der Ärzte und der Krankenkassen in gleicher Zahl bestehen (§ 96 Abs. 1 und Abs. 2 S. 1 SGB V). Ebenso wird der Berufungsausschuss gebildet (§ 97 Abs. 1 SGB V). Die Berufungsausschüsse bestehen aus einem Vorsitzenden mit der Befähigung zum Richteramt und aus Vertretern der Ärzte einerseits und der Landesverbände der Krankenkassen sowie der Ersatzkassen andererseits in gleicher Zahl als Beisitzern (§ 97 Abs. 2 S. 1 SGB V). **32**

Das Verfahren vor dem Zulassungsausschuss und vor dem Berufungsausschuss ist in der Ärzte-ZV geregelt (§§ 36–46 Ärzte-ZV). Das Verfahren vor dem Berufungsausschuss gilt als Vorverfahren iSd § 78 SGG (§ 97 Abs. 3 S. 2 SGB V). **33**

2. Persönliche Voraussetzungen beim Arzt

Für den Großteil der Ärzte ist angesichts der Tatsache, dass etwa 90% der Bevölkerung in der Gesetzlichen Krankenversicherung versichert sind, der Zugang zur Leistungserbringung in diesem System existenzentscheidend. Der Zugang zur Leistungserbringung vollzieht sich in der Zulassung als Vertragsarzt oder in der Ermächtigung als Arzt (§ 95 SGB V). **34**

Dieser Zugang zur Leistungserbringung ist in besonderer Weise ausgestaltet, indem hier zusätzlich zur Approbation als Arzt (→ § 15 Rn. 10 f.) die Erfüllung weiterer Ausbildungsvoraussetzungen gefordert wird. Zur **Zulassung als Vertragsarzt** muss sich der Arzt in ein Arztregister eintragen lassen (§ 95 Abs. 2 SGB V). Diese Eintragung wiederum ist an bestimmte Weiterbildungsvoraussetzungen geknüpft, die in der Zulassungsverordnung für Vertragsärzte (Ärzte-ZV) geregelt sind. Die Dauer der Weiterbildung beträgt fünf bis sechs Jahre. Dies ergibt sich aus den von den Ärztekammern erlassen Weiterbildungsordnungen, die als Satzungen auf der Grundlage einer (Muster-)Weiterbildungsordnung der Bundesärztekammer erlassen werden. Die Nennung im Arztregister ist der Ausweis für die Zulassung als Vertragsarzt (§ 1 Abs. 2 Buchst. a Ärzte-ZV). Die näheren Voraussetzungen für die Zulassung finden sich in der Ärzte-ZV (§§ 19 ff.). Die Zulassung erfolgt für den Ort der Niederlassung als Arzt (Vertragsarztsitz) (§ 24 Abs. 1 Ärzte-ZV). Deshalb wird auch oft vom niedergelassenen Arzt ge- **35**

---

35 Vgl. *Wenner,* Vertragsarztrecht nach der Gesundheitsreform, 2008, 23.
36 Zum Arztvorbehalt im direkten Berufsrecht → § 15 Rn. 16.

sprochen.[37] Die Zulassung bewirkt, dass der Vertragsarzt Mitglied der für seinen Kassenarztsitz zuständigen Kassenärztlichen Vereinigung wird (§ 95 Abs. 3 S. 1 iVm § 77 I SGB V).

36 Mit der **Ermächtigung** als weiterer Form der Teilnahme an der vertragsärztlichen Versorgung wird der ermächtigte Arzt zur Teilnahme an der vertragsärztlichen Versorgung berechtigt und verpflichtet (§ 95 Abs. 4 SGB V). Die Voraussetzungen für die Erteilung einer Ermächtigung sind ebenfalls in der Ärzte-ZV geregelt (§§ 31, 31a).

37 Das **Verhältnis zwischen Zulassung und Ermächtigung** ergibt sich aus ihren Voraussetzungen. Um die Zulassung als Vertragsarzt kann sich jeder Arzt bewerben, der seine Eintragung in ein Arztregister nachweist (§ 95 Abs. 2 1 SGB V). Bei Erfüllung der gesetzlichen Voraussetzungen besteht ein Anspruch auf Zulassung, dh auf einen entsprechenden Beschluss des Zulassungsausschusses (§ 19 Abs. 1 S. 1 Ärzte-ZV). Die Ermächtigung steht hingegen im Ermessen des Zulassungsausschusses. Sie ist insofern subsidiär zur Zulassung, als sie erteilt werden kann, um eine Unterversorgung abzuwenden oder um einen begrenzten Personenkreis zu versorgen (§ 31 Abs. 1 Ärzte-ZV).[38]

38 Die Zulassung bzw. die Ermächtigung als Vertragsarzt ist damit in ihrem Charakter eine sozialleistungserbringungsrechtliche Voraussetzung. Allerdings ist die Aufteilung der Ausbildungsanforderungen an den Vertragsarzt im direkten und indirekten Berufsrecht in der ApprOÄ einerseits und in der Ärzte-ZV andererseits etwas ungewöhnlich.

3. Voraussetzungen beim medizinischen Versorgungszentrum

39 An der vertragsärztlichen Versorgung nehmen nicht nur zugelassene und ermächtigte Ärzte, sondern auch medizinische Versorgungszentren und ermächtigte ärztlich geleitete Einrichtungen teil (§ 95 Abs. 1 S. 1 SGB V).[39] Während Letztere durch Ermächtigung zur Teilnahme an der vertragsärztlichen Versorgung berechtigt und verpflichtet werden (§ 95 Abs. 4 SGB V), gilt für Erstere die Zulassung (§ 95 Abs. 2 S. 5 SGB V).

40 Medizinische Versorgungszentren sind fachübergreifende ärztlich geleitete Einrichtungen, in denen Ärzte, die in das Arztregister eingetragen sind, als Angestellte oder Vertragsärzte tätig sind. Eine Einrichtung ist dann fachübergreifend, wenn in ihr Ärzte mit verschiedenen Facharzt- oder Schwerpunktbezeichnungen tätig sind (§ 95 Abs. 1 S. 2–5 SGB V). Die medizinischen Versorgungszentren können sich nur bestimmter Organisationsformen bedienen; sie können von den Leistungserbringern, die aufgrund von Zulassung, Ermächtigung oder Vertrag an der medizinischen Versorgung der Versicherten teilnehmen, sowie von Kommunen gegründet werden (§ 95 Abs. 1a SGB V). Die Zulassung erfolgt für den Ort der Niederlassung als Arzt oder den Ort der Niederlassung als medizinisches Versorgungszentrum (Vertragsarztsitz) (§ 95 Abs. 1 S. 5 SGB V). Die Anstellung eines Arztes in einem zugelassenen medizinischen Versorgungszentrum bedarf der Genehmigung des Zulassungsausschusses (§ 95 Abs. 2 S. 7 SGB V).

---

37 Mit dem Begriff der Niederlassung ist die Niederlassung in einer Praxis (Praxissitz) gemeint, in der die ambulante ärztliche Tätigkeit ausgeübt wird, vgl. § 17 Abs. 1 MBO-Ä (→ § 15 Rn. 18).

38 *Wenner,* Vertragsarztrecht nach der Gesundheitsreform, 2008, 100 f.

39 Zum MVZ nach dem GKV-Versorgungsstärkungsgesetz *Schaks* NZS 2016, 761.

4. Steuerung der Bedarfsdeckung durch Bedarfsplanung und Ermächtigung

Die Zulassung zur ärztlichen Versorgung hängt auch von den Maßgaben der Bedarfs- **41** planung zur Sicherstellung der vertragsärztlichen Versorgung ab (§§ 99 ff. SGB V).[40] Bei einer **Überversorgung** sind Zulassungsbeschränkungen anzuordnen (§§ 101, 103 Abs. 1 SGB V). Bei einer **Unterversorgung** haben die Kassenärztlichen Vereinigungen entsprechende Maßnahmen zu treffen (§ 100 SGB V). Zur **Förderung der vertragsärztlichen Versorgung bei Unterversorgung** besteht seit 2012[41] die Möglichkeit, einen Strukturfonds zu bilden (§ 105 Abs. 1a SGB V).

Die Bedarfsplanung dient der Sicherstellung der vertragsärztlichen Versorgung auf **42** Landesebene (§ 72 SGB V). Damit stellt die Sicherstellung der vertragsärztlichen Versorgung die Schranke für den damit verbundenen Eingriff in die Berufsfreiheit der Ärzte dar.

Für die Aufstellung des **Bedarfsplans** sind die Kassenärztlichen Vereinigungen (§ 77 **43** SGB V) zuständig. Dabei ist Einvernehmen mit den Landesverbänden der Krankenkassen und den Ersatzkassen und Benehmen mit den zuständigen Landesbehörden herzustellen (§ 99 Abs. 1 SGB V). Dies hat nach Maßgabe der vom Gemeinsamen Bundesausschuss erlassenen Richtlinien zu geschehen.[42] In der entsprechenden Bedarfsplanungsrichtlinie werden allgemeine bedarfsgerechte Versorgungsgrade arztgruppenspezifisch als Einwohner-Arzt-Relation festgelegt. Weiter wird ein Demografiefaktor als Leistungsbedarf für über und unter 65-Jährige angebracht. Wird der allgemeine bedarfsgerechte Versorgungsgrad für eine Arztgruppe in einem Planungsbereich um 10% überschritten, liegt Überversorgung vor (§ 101 Abs. 1 S. 3 SGB V). Unterversorgung ist gegeben, wenn der Stand der hausärztlichen Versorgung den ausgewiesenen Bedarf um mehr als 25% und den der fachärztlichen und spezialisierten fachärztlichen Versorgung um mehr als 50% unterschreitet (§ 29 Bedarfsplanungs-RL → § 11 Rn. 11). Dies wird durch die Landesausschüsse der Ärzte und Krankenkassen festgestellt (§§ 100 Abs. 1, 103 Abs. 1 SGB V).[43]

Jenseits der Bedarfsplanung als Instrument der Sicherstellung der vertragsärztlichen **44** Versorgung kann auch über **Ermächtigung** von einzelnen Ärzten zur Teilnahme an der vertragsärztlichen Versorgung eine Feinsteuerung vorgenommen werden. Allerdings stellt die Ermächtigung kein Planungsinstrument dar, ist also nicht prospektiv ausgerichtet. Sie ist vielmehr ein Instrument, mit dem unter Bedarfsgesichtspunkten dann reagiert werden kann, wenn ein Arzt diese Art der Teilnahme an der vertragsärztlichen Versorgung wünscht (→ § 15 Rn. 36).

IV. Berufspflichten im Leistungserbringungsrecht

Schon das direkte Berufsrecht enthält für den Arzt eine Reihe von Berufspflichten, die **45** in den von den Ärztekammern erlassenen Berufsordnungen niedergelegt sind (→ § 15 Rn. 18). Aber auch das indirekte Berufsrecht schreibt dem Arzt bestimmte berufliche

---

40 Hierzu auch unter verfassungsrechtlichen Aspekten *Kühl*, Sicherstellung ambulanter medizinischer Versorgung in ländlichen Regionen, 2011.
41 Eingeführt durch das GKV-Versorgungsstrukturgesetz v. 22.12.2011 (BGBl. 2011 I 2983). S. hierzu die Beiträge von *Gibis*, *Hess* und *Hase* in Bloch (Hrsg.), Herausforderungen der retionalen Versorgung nach dem Versorgungsstrukturgesetz, 2013.
42 RL des Gemeinsamen Bundesausschusses über die Bedarfsplanung sowie die Maßstäbe zur Feststellung von Überversorgung und Unterversorgung in der vertragsärztlichen Versorgung (Bedarfsplanungs-RL) in der Neufassung v. 20.12.2012 zuletzt geändert am 16.6.2016; iK seit 1.6.2017.
43 *Steinhilper* MedR 2012, 441; *Debong/Osmialowski* ArztR 2013, 61.

Verhaltensweisen vor, die in der Ärzte-ZV in verschiedenen Anforderungen, zB der persönlichen Berufsausübung (§ 32 Abs. 1 S. 1, § 32a S. 1 Ärzte-ZV) oder der Pflicht zur vollzeitigen Ausübung (§ 19a Abs. 1 Ärzte-ZV) und im SGB V zB in der Pflicht zur fachlichen Fortbildung liegen (§ 95d SGB V). Diese Anforderungen an den Beruf des Arztes stellen Berufsausübungsregelungen dar, für die nach Art. 74 Abs. 1 Nr. 19 GG keine Gesetzgebungskompetenz des Bundes besteht. Da die Einhaltung der Berufspflichten jedoch im Zusammenhang mit der Zulassung als Vertragsarzt geregelt ist und da das Vertragsarztwesen Bestandteil der Gesetzlichen Krankenversicherung ist, wofür eine konkurrierenden Gesetzgebungskompetenz besteht (»Sozialversicherung«, vgl. Art. 74 Abs. 1 Nr. 12 GG), können solche die Berufsausübung betreffenden Regelungen auch vom Bundesgesetzgeber geschaffen werden.

46   Der Arzt hat bei der Behandlung die Sorgfalt walten zu lassen, die den Vorschriften des bürgerlichen Vertragsrechts entspricht (§ 76 Abs. 4 SGB V). Der Informationsaustausch zwischen vor- und nachbehandelnden Ärzten ist zu gewährleisten (§ 76 Abs. 3a SGB V).

V. Sozialrechtliche Steuerung des Zugangs zur Leistungserbringung

1. Freie Arztwahl und Steuerung der Arztwahl

47   Der Zugang zum zugelassenen Arzt ist grundsätzlich als freier Zugang ausgestaltet. Dies wird als **Recht der freien Arztwahl** bezeichnet (§ 76 Abs. 1 S. 1 SGB V). Die freie Arztwahl besteht aber nur in Richtung auf die zugelassenen und ermächtigten Ärzte, nicht in Richtung auf andere Ärzte. Nur im Notfall können andere Ärzte in Anspruch genommen werden (§ 76 Abs. 1 S. 2 SGB V). Aber selbst dann, wenn der Versicherte ohne zwingenden Grund einen anderen Arzt in Anspruch nimmt, geht dies finanziell nicht voll zulasten des Versicherten. Er hat dann nur die Mehrkosten zu tragen (§ 76 Abs. 2 SGB V).

48   Da bei der kassenärztlichen Versorgung zwischen der hausärztlichen und der fachärztlichen Versorgung unterschieden wird (§ 73 Abs. 1 SGB V), wird die Notwendigkeit gesehen, die Versicherten bei der Arztwahl zu steuern. Eine solche Steuerungswirkung unter dem Gesichtspunkt bedarfsentsprechender Versorgung der Versicherten wird mit dem Anliegen bezweckt, dass Versicherte einen Hausarzt wählen sollen (§ 76 Abs. 3 S. 2 SGB V) und dass sie den Arzt innerhalb eines Quartals nur beim Vorliegen eines wichtigen Grundes wechseln sollen (§ 76 Abs. 3 S. 1 SGB V). Eine Steuerungswirkung unter Wirtschaftlichkeitsgesichtspunkten wird mit den Maßnahmen gegen die unkoordinierte Mehrfachinanspruchnahme von Vertragsärzten bezweckt (§ 76 Abs. 3a SGB V).

2. Besondere ärztliche Versorgungsformen

49   Besondere ärztliche Versorgungsformen müssen gesetzlich vorgesehen sein, da der Vorbehalt des Gesetzes (§ 31 SGB I) auch für das Leistungserbringungsrecht gilt. Das bedeutet, dass die Krankenkassen und die Leistungserbringer die ärztliche Versorgung nicht nach Belieben gestalten können, sondern hierzu gesetzlicher Vorgaben bedürfen. Man könnte insofern auch von einem geschlossenen Katalog der Formen ärztlicher Leistungserbringung sprechen. Unabhängig davon ist das Erfordernis einer gesetzlichen Regelung schon aus sachlichen Gründen gegeben. Da das Vergütungsrecht für Ärzte an einer bestimmten Art der Versorgung anknüpft, müssen bei den besonderen Versorgungsformen auch die vergütungsrechtlichen Wirkungen gesetzlich berücksichtigt werden (vgl. § 73b Abs. 5 S. 1, Abs. 7 und Abs. 8 SGB V).

Vor dem Hintergrund der freien Arztwahl kann der Versicherte nicht gezwungen wer-   50
den, an besonderen Formen der ärztlichen Versorgung teilzunehmen. Die Teilnahme
ist deshalb freiwillig (§ 73b Abs. 3 S. 1 SGB V).

Mit der **hausarztzentrierten Versorgung** (§ 73b SGB V) wird bezweckt, dass sich Ver-   51
sicherte an einen bestimmten Hausarzt (freiwillig) binden, und dass sich die Hausärzte
bestimmten Qualitätsanforderungen unterwerfen, so zB die Behandlung nach evidenzbasierten, praxiserprobten Leitlinien (§ 73b Abs. 2 SGB V). Versicherte, die sich für die
Teilnahme an dieser Versorgungsform entschieden haben, sind mindestens ein Jahr an
die Wahl ihres Hausarztes gebunden (§ 73b Abs. 3 S. 6 SGB V). Der Versicherte darf
ambulante fachärztliche Behandlung mit Ausnahme der Leistungen der Augenärzte
und der Frauenärzte nur auf Überweisung des Hausarztes in Anspruch nehmen; die
direkte Inanspruchnahme eines Kinderarztes ist möglich (§ 73b Abs. 3 S. 2 SGB V). Die
hausarztzentrierte Versorgung stellt ein Pflichtangebot der Krankenkassen an ihre Versicherten dar. Zur flächendeckenden Sicherstellung des Angebots an hausarztzentrier-
ter Versorgung haben die Krankenkassen die entsprechenden Verträge insbesondere
mit Gemeinschaften von Allgemeinärzten abzuschließen (§ 73b Abs. 4 SGB V). Die
Kassenärztlichen Vereinigungen, die sonst die Ärzte gegenüber den Krankenkassen
vertreten und Vertragspartner der Kassen sind, sind nur noch über eine mögliche Beteiligung einbezogen (§ 73b Abs. 5 S. 2 SGB V).[44]

Die bisherige **besondere ambulante ärztliche Versorgung** ist mit Wirkung zum   52
23.7.2015 weggefallen.

Mit dem Versorgungsstrukturgesetz (→ § 15 Rn. 41, Fn. 41) wurde eine Form der ärzt-   53
lichen Zusammenarbeit eingeführt, die aber als solche im SGB V nur im Zusammenhang mit Vergütungsregelungen genannt wird. Es handelt sich um **Praxisnetze** (§ 87b
Abs. 2 S. 3 SGB V). Eine gesetzliche Definition hierzu existiert nicht. In der hierzu von
der Kassenärztlichen Bundesvereinigung erlassenen **Rahmenvorgabe für die Anerkennung von Praxisnetzen nach § 87b Abs. 4 SGB V** werden Praxisnetze wie folgt
definiert: Praxisnetze im Sinne der Rahmenvorgabe sind Zusammenschlüsse von Vertragsärzten und Vertragsärztinnen verschiedener Fachrichtungen sowie Psychotherapeuten und -therapeutinnen zur interdisziplinären, kooperativen, wohnortnahen
ambulanten medizinischen Versorgung unter Berücksichtigung der lokalen sozio-
demographischen Situation. Ziel solcher Kooperationen ist, die Qualität sowie die Effizienz und Effektivität der vertragsärztlichen Versorgung im Rahmen einer intensi-
vierten fachlichen Zusammenarbeit zu steigern.[45] Vergütungsrechtlich werden aber
nur besonders förderungswürdige Praxisnetze berücksichtigt, wobei diese mit Blick
auf Versorgungsziele besondere Kriterien und Qualitätsanforderungen erfüllen müssen.

Ebenfalls mit dem Versorgungsstrukturgesetz wurde die **ambulante spezialfachärzt-**   54
liche Versorgung eingeführt (§ 116b SGB V). Es handelt sich hier um eine Versorgungsform mit besonderen Leistungen, die von den an der vertragsärztlichen Versorgung teilnehmenden Leistungserbringern wie auch von zugelassenen Krankenhäusern
erbracht werden können (§ 116b Abs. 2 S. 1 SGB V). Die ambulante spezialfachärztliche
Versorgung umfasst die Diagnostik und Behandlung komplexer, schwer therapier-
barer Krankheiten, die je nach Krankheit eine spezielle Qualifikation, eine interdiszi-

---

44 S. hierzu auch *Huster* NZS 2010, 69.
45 § 1 Abs. 1 S. 2 der Rahmenvorgabe, Ausfertigung v. 16.4.2013, http://www.kbv.de.html/
    praxisnetze.php.

plinäre Zusammenarbeit und besondere Ausstattungen erfordern, die beispielhaft aufgeführt sind (§ 116b Abs. 1 S. 2 SGB V).[46]

VI. Leistungsgestaltung

1. Parameter der Leistungsgestaltung

55 Die Parameter, die die Gestaltung ärztlicher Leistungen[47] beeinflussen, sind vor allem unter drei rechtlichen Gesichtspunkten von Interesse:

– für die sozialversicherte Person, weil durch die ärztliche Behandlung ihr Leistungsanspruch konkretisiert und realisiert wird;
– für den Vertragsarzt, weil dadurch seine Berufsausübung geregelt wird und er damit in seinem beruflichen Handeln gebunden wird (Problem der Therapiefreiheit, die durch Vorschriften der Leistungsgestaltung eingeschränkt wird);
– für den Vertragsarzt, weil nur diejenigen Leistungen vergütet werden, die in das Spektrum der zulässigen Leistungserbringung fallen.

2. Leistungseinschluss/Leistungsausschluss

56 Was der Arzt im Einzelnen leistungserbringungsrechtlich darf, bestimmt sich zunächst durch das Leistungsrecht selbst.[48] Allerdings kann vom sozialrechtlichen Leistungsausschluss nicht auf ein Therapieverbot geschlossen werden. Wenn eine ärztliche Behandlung dem allgemein anerkannten Stand der medizinischen Erkenntnisse entspricht, darf sie der Arzt durchführen. Jenseits des sozialrechtlich definierten Leistungsinhalts und -umfangs hat der Versicherte die Kosten hierfür selbst zu tragen.[49]

57 In dem wegweisenden Beschluss vom 6.12.2005[50] hat das BVerfG ausgeführt, dass es mit den Grundrechten aus Art. 2 Abs. 1 GG in Verbindung mit dem Sozialstaatsprinzip und aus Art. 2 Abs. 2 S. 1 GG nicht vereinbar sei, einen gesetzlich Krankenversicherten, für dessen lebensbedrohliche oder regelmäßig tödliche Erkrankung eine allgemein anerkannte, dem medizinischen Standard entsprechende Behandlung nicht zur Verfügung steht, von der Leistung einer von ihm gewählten, ärztlich angewandten Behandlungsmethode auszuschließen, wenn eine nicht ganz entfernt liegende Aussicht auf Heilung oder auf eine spürbare positive Einwirkung auf den Krankheitsverlauf besteht.[51] Einer solchen Behandlung stand eine vom G-BA erlassene Richtlinie zur Bewertung medizinischer Untersuchungs- und Behandlungsmethoden entgegen. Mit

---

46 RL des Gemeinsamen Bundesausschusses über die ambulante spezialfachärztliche Versorgung nach § 116b SGB V (Richtlinie ambulante spezialfachärztliche Versorgung § 116b SGB V – ASV-RL) idF v. 21.3.2013, zuletzt geändert am 15.3.2017; iK seit 8.6.2017.
47 Der rechtlich exakte Begriff lautet »ärztliche Behandlung«, vgl. § 27 Abs. 1 S. 2 Nr. 1 SGB V. Die ärztliche Behandlung ist ein Unterfall der Krankenbehandlung (§ 27 Abs. 1 SGB V).
48 S. die Einschränkungen bei der künstlichen Befruchtung als ärztliche Leistung (§ 27a SGB V) oder den Ausschluss kieferorthopädischer Leistungen aus dem Katalog der zahnärztlichen Leistungen (§ 28 Abs. 2 S. 6 SGB V).
49 Dies gilt zB für die integrierten Gesundheitsleistungen (IGeL), s. hierzu den Ratgeber Selbst zahlen? Ein Ratgeber zu Individuellen Gesundheitsleistungen (IGeL) für Patientinnen und Patienten sowie Ärztinnen und Ärzte, 2. Aufl. November 2012, zuletzt geändert Juni 2015, www.kbv.de; krit. dazu der vom Medizinischen Dienst des GKV-Spitzenverbandes (MDS) herausgegebene IGel-Monitor, www.igel-monitor.de.
50 BVerfGE 115, 25 = NJW 2006, 891 – Nikolausbeschluss.
51 S. die aufgrund der Entscheidung des BVerfG eingefügte Vorschrift des § 2 Abs. 1a SGB V.

Igl

dieser Entscheidung ist ein **verfassungsunmittelbarer Leistungsanspruch** bewirkt worden.

3. Konkretisierung des Inhalts und des Umfangs der Leistungen

Für den Vertragsarzt ist bei der ärztlichen Behandlung wichtig zu wissen, ob er eine **58** bestimmte Leistung zulasten der Krankenkasse erbringen darf. Er soll bei der Krankenbehandlung nicht lange überlegen müssen, ob nun eine bestimmte Therapie krankenversicherungsrechtlich zulässig ist oder nicht und damit vergütet wird oder nicht, oder ob ein bestimmtes Medikament notwendig oder unwirtschaftlich ist. Mit anderen Worten: Der Arzt benötigt klare Aussagen für die Entscheidung, für einen Versicherten eine bestimmte Leistung zu erbringen. Es kann ihm weder fachlich noch zeitlich zugemutet werden, jeweils im Einzelfall aus sehr vagen unbestimmten Begriffen wie »ausreichend«, »zweckmäßig« oder »wirtschaftlich« (vgl. §§ 12 Abs. 1, 28 Abs. 1 S. 1 SGB V) eine konkrete Regel zu entwickeln. Diese Festlegungen müssen andere für ihn treffen. Zu diesen Festlegungen ist der Gemeinsame Bundesausschuss (abgekürzt: G-BA) berufen, der von der Kassenärztlichen Bundesvereinigung, der Deutschen Krankenhausgesellschaft und dem Spitzenverband Bund der Krankenkassen gebildet wird (§ 91 SGB V). Der G-BA beschließt die zur Sicherung der ärztlichen Versorgung erforderlichen **Richtlinien über die Gewährung für eine ausreichende, zweckmäßige und wirtschaftliche Versorgung der Versicherten** unter anderem für die ärztliche Behandlung (§ 92 Abs. 1 S. 2 Nr. 1 SGB V). Bei den Richtlinien über Arzneimittel sind diese so zusammenzustellen, dass dem Arzt der Preisvergleich und die Auswahl therapiegerechter Verordnungsmengen ermöglicht wird (§ 92 Abs. 2 S. 1 SGB V).

Es sind also vor allem diese Richtlinien, mit denen der Arzt leistungserbringungsrecht- **59** liche Sicherheit in der täglichen Behandlungspraxis erlangt. In der Rechtswissenschaft werden diese Richtlinien des G-BA seit langem vor allem unter dem Gesichtspunkt der demokratischen Legitimation des G-BA diskutiert (→ § 28 Rn. 49 ff.).[52] Das BVerfG hat in seinem Beschluss vom 6.12.2005[53] zwar offen gelassen, ob der Bundesausschuss über eine hinreichende demokratische Legitimation verfügt und welche Rechtsqualität seinen Richtlinien zukommt. In der Rechtsprechung des Bundessozialgerichts (BSG) wird die hinreichende demokratische Legitimation des Bundesausschusses zum Erlass derartiger Richtlinien nicht grundsätzlich in Zweifel gezogen. Das BSG behält sich aber vor, die vom G-BA erlassenen, im Rang unterhalb des einfachen Gesetzesrechts stehenden normativen Regelungen formell und auch inhaltlich in der Weise zu prüfen, wie wenn der Bundesgesetzgeber derartige Regelungen in Form einer untergesetzlichen Norm – etwa einer Rechtsverordnung – selbst erlassen hätte, wenn und soweit hierzu aufgrund hinreichend substantiierten Beteiligtenvorbringens konkreter Anlass besteht.[54]

---

52 S. hierzu *Kingreen* NJW 2006, 877; *Kingreen* NZS 2007, 113.
53 BVerfGE 115, 25 = NJW 2006, 891 – Nikolausbeschluss. S. auch die diesbezüglichen Äußerungen des BVerfG im Beschl. v. 10.11.2015 (BVerfGE 140, 229 Rn 22 = MedR 2016, 970 =): »Denn es ist nicht ausgeschlossen, dass der Gemeinsame Bundesausschuss für eine Richtlinie hinreichende Legitimation besitzt, wenn sie zum Beispiel nur an der Regelsetzung Beteiligte mit geringer Intensität trifft, während sie für eine andere seiner Normen fehlen kann, wenn sie zum Beispiel mit hoher Intensität Angelegenheiten Dritter regelt, die an deren Entstehung nicht mitwirken konnten. Maßgeblich ist hierfür insbesondere, inwieweit der Ausschuss für seine zu treffenden Entscheidungen gesetzlich angeleitet ist.« Hierzu *Kingreen* MedR 2017, 8.
54 BSGE 97, 190 (194) = NJW 2007, 1385.

VII. Qualitätssicherung

1. Terminologie

60 Wie in keinem anderen Teilrechtsgebiet des SGB V hat sich für die die Sicherung der Qualität der Leistungserbringung betreffenden Vorschriften (§§ 135 ff. SGB V) eine besondere Terminologie entwickelt, deren Kenntnis auch für das rechtliche Verständnis Voraussetzung ist. Im Folgenden kann kein Glossar[55] der in den rechtlichen Vorschriften verwendeten Begriffe geliefert werden. Die im SGB V verwendeten Begriffe werden im jeweiligen rechtlichen Kontext erläutert. Darüber hinaus ist es jedoch erforderlich, einige terminologische Grundlegungen zu liefern.

61 Der **Begriff Qualität** steht für den Grad an Erfüllung von vorher definierten Merkmalen. Er steht insofern nicht für gute oder schlechte Qualität, sondern ist nur orientiert an den vorher definierten Merkmalen. Der **Begriff Qualitätssicherung** meint alle Vorkehrungen, die der Realisierung einer vorher definierten Qualität dienen. Dazu gehören zB Vorkehrungen aufseiten der Leistungserbringer, etwa in Form der Einführung eines betrieblichen Qualitätsmanagements. Bei der Qualitätssicherung wird auch zwischen **interner und externer Qualitätssicherung** unterschieden, wobei diese Terminologie im SGB V nicht mehr verwendet wird und durch die Begriffe der **einrichtungsinternen** und **einrichtungsübergreifenden Qualitätssicherung** ersetzt worden sind. Unter **interner Qualitätssicherung** werden alle im Betrieb stattfindenden Qualitätssicherungsmaßnahmen verstanden, während mit **externer Qualitätssicherung** vor allem der **einrichtungsübergreifende Qualitätsvergleich** gemeint ist. Dieser soll dann auch Rückschlüsse auf die jeweils von einer Einrichtung erbrachte Qualität erlauben.[56]

62 Seit Ende der 1960 Jahre werden die aus der US-amerikanischen Debatte um die **Qualitätssicherung in der Krankenpflege** stammenden Unterscheidungen[57] von **Struktur-, Prozess- und Ergebnisqualität** auch in der internationalen und nationalen Qualitätssicherungsterminologie verwendet. **Strukturqualität** beschreibt die Rahmenbedingungen, unter denen medizinische Versorgung geleistet wird. Sie ist gekennzeichnet durch die Eigenschaften der eingesetzten personellen und materiellen Ressourcen, unter denen Versorgung, Betreuung und medizinische Versorgung geleistet wird. Zur Strukturqualität zählen Organisationsform, Materialausstattung, Größe, Bau und Ausstattung einer Einrichtung sowie die quantitative und qualitative Personalausstattung. Der Begriff **Prozessqualität** beschreibt die Art und den Umfang des jeweiligen Handelns. Die Prozessqualität ist auf den unmittelbaren Versorgungsprozess bezogen. Zur Prozessqualität gehören Planung, Dokumentation und Kontrolle ebenso wie die Entwicklung themenbezogener Standards. Die **Ergebnisqualität** zeigt sich zum einen beim Patienten und zum anderen beim Personal. Das Ergebnis ist gekennzeichnet durch die Veränderungen des gegenwärtigen und künftigen Gesundheitszustands des Patienten, andererseits dem physischen, psychischen und sozialen Wohlbefinden des Patienten und des Personals.

63 Die zunächst aus der Krankenpflege stammende **Begrifflichkeit Struktur-, Prozess- und Ergebnisqualität** hat sich auch im SGB V und im SGB XI niedergeschlagen (§ 136c Abs. 1 S. 1 SGB V; § 114 Abs. 2 S. 3, 4 SGB XI). Eine weitere Qualitätsdimension wird mittlerweile mit dem Begriff **Lebensqualität** angesprochen. Dieser Begriff wird in der

---

55 S. etwa für ein Glossar *Ärztliches Zentrum für Qualität in der Medizin (äzq)* (Hrsg.), Kompendium Q-M-A, 2008 (unter: 15 Glossar).
56 Zum Recht der Qualitätssicherung im SGB V s. *Harney/Huster/Reckenwald* MedR 2014, 273 ff., 365 ff.
57 *Donabedian* The Milbank Quarterly, Vol. 83, No. 4, 2005, 691.

Igl

Sozialen Pflegeversicherung im Zusammenhang mit dem Begriff der Ergebnisqualität (§ 113b Abs. 4 S. 2 Nr. 4 SGB XI), in der Gesetzlichen Krankenversicherung nur im Zusammenhang mit der Prävention (§ 20 Abs. 3 S. 1 Nr. 2 SGB V mit der Arzneimittelversorgung (§§ 34 Abs. 1 S. 7, 35 Abs. 1b S. 5, 35b Abs. 1 S. 4 SGB V) verwendet.

2. Rechtliche Struktur der Qualitätserstellung

Bei den rechtlichen Fragen im Zusammenhang mit Qualitätsanforderungen und der **64** Erstellung von Qualität[58] können fünf Dimensionen unterschieden werden. Diese fünf Dimensionen können dann verschiedenen Verantwortlichkeiten und Zuständigkeiten zugeordnet werden.[59] Zu unterscheiden sind folgende **Dimensionen:**

- Entwicklung von Qualitätsanforderungen,
- Herstellung der Verbindlichkeit von Qualitätsanforderungen,
- Umsetzung von Qualitätsanforderungen in der Praxis und Qualitätsdarstellung,
- Überwachung der Einhaltung von Qualitätsanforderungen (Qualitätsprüfung),
- Reaktionen bei Nichteinhaltung von Qualitätsanforderungen (insbesondere Sanktionen).

Bei den **Verantwortlichkeiten** ist zunächst grob zu unterscheiden zwischen staat- **65** licher/öffentlicher Verantwortlichkeit und privater Verantwortlichkeit und weiter zwischen einem Mix aus diesen Verantwortlichkeiten.[60] Schwieriger wird die Zuordnung zu **Zuständigkeiten,** einmal auf der staatsorganisatorischen Ebene, zum anderen auf der Ebene der Verwaltungen. Im privaten Bereich sind die Zuständigkeiten zum Teil bereits zivilrechtlich vorgegeben, zB bei der Haftung für Schäden aufgrund von Qualitätsmängeln; zum Teil sind die Zuständigkeiten betriebsorganisatorisch geregelt.

3. Qualitätssicherung als rechtliche Querschnittmaterie

Gegenstände der Qualitätssicherung, insbesondere der Bereich des fachlichen/ärzt- **66** lichen/medizinischen Standards, betreffen nicht nur das Leistungserbringungsrecht, sondern sie sind Bestandteil des ärztlichen Berufsrechts und des Haftungsrechts.[61] Die Verletzung von fachlichen Standards kann auch von strafrechtlicher Relevanz sein. Auch das Verhältnis von Qualität und Wirtschaftlichkeit, dh auch der vergütungsrechtliche Bereich, ist hier anzusprechen.[62]

4. Allgemeiner rechtlicher Rahmen der Qualitätssicherung im SGB V

Das Recht der Qualität hat sich im SGB V ziemlich unsystematisch und Stück für Stück **67** entwickelt. Zentral ist das Recht der Qualität im Leistungserbringungsrecht geregelt. Darüber hinaus finden sich aber auch allgemeine Vorschriften zur Qualität.

---

58 Wichtige Ansätze werden geliefert in der grundlegenden rechtlichen Aufarbeitung von *Bieback,* Qualitätssicherung der Pflege im Sozialrecht, 2004. S. allgemein zur Qualitätssicherung in der Kranken- und Pflegeversicherung *Igl* SDSRV 61 (2012), 81 ff.; zu den verfassungsrechtlichen Anforderungen *Wallrabenstein* SDSRV 61 (2012), 157 ff. Grundlegend *Warneg/Huster/ Recktenwald* MedR 2014, 273 ff., 365 ff.
59 *Igl* SGb 2007, 381.
60 Hierzu insgesamt *Hamdorf,* Öffentliche und private Verantwortung für Qualität in der Pflege, 2009. S. auch *Pitschas* VSSR 2013, 341.
61 Hierzu *Buchner* und *Kothe* in Lilie/Bernat/Rosenau (Hrsg.), Standardisierung in der Medizin als Rechtsproblem, 2009, 63 und 79.
62 S. *Huster* VSSR 2013, 327.

68 Die **allgemeine Qualitätsnorm** der Gesetzlichen Krankenversicherung besagt (§ 2 Abs. 1 S. 3 SGB V):

»Qualität und Wirksamkeit der Leistungen haben dem allgemein anerkannten Stand der medizinischen Erkenntnisse zu entsprechen und den medizinischen Fortschritt zu berücksichtigen.«

Leistungserbringungsrechtlich wird diese Qualitätsnorm in § 70 Abs. 1 SGB V aufgenommen. Mit diesen gesetzlichen Aussagen ist die **allgemeine Verbindlichkeit der Leistungsqualität** für die am Leistungsgeschehen beteiligten Akteure **grundsätzlich gegeben.**[63]

69 Im Leistungserbringungsrecht des SGB V stellt § 70 Abs. 1 SGB V die Grundnorm dar. Hier gilt die Verpflichtung der Krankenkassen und der Leistungserbringer auf eine Versorgung der Versicherten entsprechend dem **allgemein anerkannten Stand der medizinischen Erkenntnisse** (§ 70 Abs. 1 S. 1 SGB V). Da in § 70 Abs. 1 SGB V auch die Vorgabe der ausreichenden, zweckmäßigen, notwendigen und wirtschaftlichen Versorgung der Versicherten enthalten ist, hat der Gesetzgeber klargestellt, dass die Versorgung »**in der fachlich gebotenen Qualität**« erbracht werden muss (§ 70 Abs. 1 S. 2 SGB V). Damit ist – zumindest auf normativer Ebene – der oft so dargestellte vorgebliche Widerspruch zwischen Qualität und Wirtschaftlichkeit aufgelöst, denn die in § 70 Abs. 1 S. 2 SGB V genannten Versorgungskriterien dürfen nicht im Widerspruch zur fachlich gebotenen Qualität der Versorgung stehen.

70 Im Leistungserbringungsrecht des SGB V ist ein ganzer Abschnitt dem Recht der Qualitätssicherung der Leistungserbringung gewidmet (§§ 135–139d SGB V). Dieser Abschnitt ist – wie viele andere Teile des Leistungserbringungsrechts im SGB V – ziemlich unübersichtlich und unsystematisch aufgebaut. Problematisch ist dabei besonders, dass **allgemeine und besondere Gegenstände der Qualitätssicherung** und die jeweiligen **Adressaten der Qualitätssicherung** nicht systematisch getrennt sind. Dies hat auch damit zu tun, dass sich die Qualitätssicherung im Rahmen des SGB V zunächst **sektorenspezifisch,** dh auf den ambulanten und den stationären Bereich (Vertragsärzte und Krankenhäuser) bezogen, dann aber zunehmend **sektorenübergreifend** entwickelt hat. Der Übersichtlichkeit der Darstellung halber werden im Folgenden zunächst die allgemeinen und sektorenübergreifenden Regelungen der Qualitätssicherung und dann die die Vertragsärzte betreffenden sektorspezifischen Regelungen behandelt. Die die Krankenhäuser betreffenden sektorspezifischen Regelungen zur Qualitätssicherung finden sich im dortigen Zusammenhang (→ § 20 Rn. 34 ff.).

71 Der **Gemeinsame Bundesausschuss** nimmt im Rahmen der sektorenübergreifenden Entwicklung von Qualitätsanforderungen eine zentrale Stellung bei der Normierung der Qualitätssicherung (§ 136 SGB V), bei der Förderung der Qualitätssicherung in der Medizin (§ 137b SGB V) und bei der Durchsetzung und Kontrolle von Qualitätsanforderungen (§ 137 SGB V) ein. Dazu liefern zwei Institute die nötigen Grundlagen: das **Institut für Qualitätssicherung und Transparenz im Gesundheitswesen** (§ 137a SGB V) und das **Institut für Qualität und Wirtschaftlichkeit im Gesundheitswesen** (§ 139a SGB V).

5. Allgemeine Gegenstände der Qualitätssicherung – sektorenübergreifende Qualitätssicherung

72 Zu den allgemeinen Gegenständen der Qualitätssicherung gehört die alle **Leistungserbringer** betreffende Verpflichtung zur Qualitätssicherung und die Verpflichtung zur **Leistungserbringung nach dem jeweiligen Stand der wissenschaftlichen Erkenntnisse** und in der **fachlich gebotenen Qualität** (§ 135a Abs. 1 SGB V).

---

63 Zur evidenzbasierten Medizin in diesem Zusammenhang *Ertl* NZS 2016, 889.

Auf der Ebene der Entwicklung, Umsetzung und Darstellung der sektorenübergrei- **73** fenden Qualität bedient sich der Gemeinsame Bundesausschuss einer fachlich unabhängigen Institution, des **Instituts für Qualitätssicherung und Transparenz im Gesundheitswesen (IQTIG)** (§ 137a SGB V). Dieses Institut arbeitet an Maßnahmen zur Qualitätssicherung und zur Darstellung der Versorgungsqualität im Gesundheitswesen. Es entwickelt Konzepte und Instrumente zur externen Qualitätssicherung und beteiligt sich an der Umsetzung der Verfahren. (vgl. die Aufträge in § 137a Abs. 3 SGB V).

Ein weiteres ebenso fachlich unabhängiges wissenschaftliches Institut, das **Institut für** **74** **Qualität und Wirtschaftlichkeit im Gesundheitswesen (IQWiG)** dient vor allem der Bewertung von Nutzen und Schaden medizinischer Leistungen und nimmt zu Fragen von grundsätzlicher Bedeutung für die Qualität und Wirtschaftlichkeit der im Rahmen der gesetzlichen Krankenversicherung erbrachten Leistungen tätig, wobei einige Gebiete besonders genannt werden (zB Recherche, Darstellung und Bewertung des aktuellen medizinischen Wissensstandes zu diagnostischen und therapeutischen Verfahren bei ausgewählten Krankheiten, oder Bewertungen evidenzbasierter Leitlinien für die epidemiologisch wichtigsten Krankheiten (s. im Einzelnen § 139a Abs. 3 SGB V). Das IQWiG hat sich an die **international anerkannten Standards** zu halten (§ 139a Abs. 4 SGB V). Eine Vorschrift zur Compliance dient der Sicherung der fachlichen Unabhängigkeit (§ 139a Abs. 6 SGB V).

Die **gesetzlichen Aufträge** an die beiden Institute unterscheiden sich unter Gesichts- **75** punkten der Qualitätssicherungssystematik vor allem dadurch, dass das **IQWiG** nicht selbst die Entwicklung von Qualitätsanforderungen vornimmt, sondern **vorhandene Äußerungen über Qualitätsanforderungen rezipiert** und diese **bewertet**. Dies gilt insbesondere für die Aufgaben nach § 139a Abs. 3 Nr. 1–5 SGB V. Auch die Information über Qualität gehört zu den Aufgaben des Instituts (§ 139a Abs. 3 Nr. 6 SGB V). Das **IQTIG** hingegen ist teilweise auch qualitätsentwickelnd tätig (§ 137a Abs. 3 S. 1 SGB V).

Die rechtlichen Instrumente der **Normierung von sektorenübergreifenden Qualitäts- 76** **anforderungen** sind die Richtlinien des Gemeinsamen Bundesausschusses (G-BA) (§ 136 SGB V iVm § 92 Abs. 1 S. 2 Nr. 13 SGB V). In der **Richtlinie zur einrichtungs-** **und sektorenübergreifenden Qualitätssicherung** (Qesü-RL)[64] werden zum ersten Mal mit Rahmenbestimmungen die infrastrukturellen und verfahrenstechnischen Grundlagen zur Bemessung der Versorgungsqualität durch das Erheben von Daten bei den Leistungserbringerinnen und Leistungserbringern und deren untereinander erfolgenden Vergleich festgelegt. Die Richtlinie enthält noch keine themenspezifischen Bestimmungen, also keine Bestimmungen zu einzelnen Qualitätsanforderungen. Sie stellt lediglich das institutionelle Gerüst im Sinne einer Aufbau- und Ablauforganisation dar. Dabei hat der G-BA die Rolle, das sektorenübergreifende Thema auszuwählen, für das dann von dem Institut nach § 137a SGB V die Instrumente und Qualitätsindikatoren, die notwendige Dokumentation und die EDV-technische Aufbereitung der Dokumentation, der Datenübermittlung und Prozesse zum Datenfehlermanagement sowie ein Datenprüfprogramm für das ausgewählte Thema entwickelt werden (§ 4 Qesü-RL). Auf der Ebene der Bundesländer oder auch bundeslandübergreifend bilden die jeweilige Kassen(zahn)ärztliche Vereinigung, die Landeskrankenhausgesellschaft und die Verbände der Krankenkassen einschließlich Ersatzkassen im

---

64 RL des Gemeinsamen Bundesausschusses nach § 92 Abs. 1 S. 2 Nr. 13 i.V.m. § 137 Abs. 1 Nr. 1 SGB V über die einrichtungs- und sektorenübergreifenden Maßnahmen der Qualitätssicherung (RL zur einrichtungs- und sektorenübergreifenden Qualitätssicherung – Qesü-RL) idF v. 19.4.2010, zuletzt geändert am 20.4.2017; iK seit 8.7.2017.

Land eine Landesarbeitsgemeinschaft (LAG), die länderbezogene Aufgaben wahrnimmt (§§ 5, 6 Qesü-RL). Eine Bundesstelle nimmt bundesbezogene Aufgaben wahr (§§ 7, 8 Qesü-RL). Weiter werden Datenannahme-, Auswertungs- und Vertrauensstellen gebildet (§§ 9–11 Qesü-RL). Aus dieser Aufbauorganisation wird ersichtlich, dass die sektoren- und einrichtungsübergreifende Qualitätssicherung eine aufwendige Bürokratie erfordert.

6. Besondere Adressaten und Gegenstände der Qualitätssicherung (Vertragsärzte)

77 Die **Förderung der Qualität** in der vertragsärztlichen Versorgung obliegt den **Kassenärztlichen Vereinigungen** (§ 135b Abs. 1 SGB V).[65] Diese prüfen auch die Qualität der Leistungen (§ 135b Abs. 2 SGB V).

78 Vertragsärzte sind zu einem **einrichtungsinternen Qualitätsmanagement** verpflichtet (§ 135a Abs. 2 S. 1 Nr. 2 SGB V). Der G-BA hat hierzu eine Richtlinie – Qualitätsmanagement-Richtlinie[66] – erlassen (§ 136 Abs. 1 S. 1 Nr. 1 SGB V).

79 Weiter ist für **Qualitätsprüfungen** eine Richtlinie des G-BA – Qualitätsprüfungs-Richtlinie vertragsärztliche Versorgung[67] – erlassen worden (§ 137 SGB V).

80 Für **einzelne Themen** liegen ebenfalls Richtlinien des G-BA vor, so zB die Qualitätsbeurteilungs-Richtlinie für die Kernspintomographie oder die Qualitätsbeurteilungs-Richtlinie Radiologie (QBR-RL).[68]

81 **Neue Untersuchungs- und Behandlungsmethoden (NUB)** dürfen in der vertragsärztlichen Versorgung zulasten der Krankenkassen nur erbracht werden, wenn der **G-BA Empfehlungen** abgegeben hat über die **Anerkennung des diagnostischen und therapeutischen Nutzens der neuen Methode** sowie deren medizinische Notwendigkeit und Wirtschaftlichkeit nach dem jeweiligen Stand der wissenschaftlichen Erkenntnisse in der jeweiligen Therapierichtung (§ 135 Abs. 1 SGB V). Dies stellt ein präventives Verbot mit Erlaubnisvorbehalt dar.[69] Die **Partner der Bundesmantelverträge** (§ 82 SGB V) werden ermächtigt, **Qualitätsanforderungen** in Bezug auf **Fachkunde und Praxisausstattung** zu treffen (§ 135 Abs. 2 SGB V).

82 Die Vorschriften zu den NUB werfen eine Reihe **rechtlicher Fragen** auf. Diese sind vor allem die **Definition der NUB**, die **Bindungswirkung der Empfehlungen des G-BA** und deren **gerichtliche Kontrolle**.

83 Das BSG definiert zunächst den **Begriff der Untersuchungs- und Behandlungsmethoden** als die auf einem theoretisch-wissenschaftlichen Konzept beruhende systematische Vorgehensweise bei der Untersuchung und Behandlung einer Krankheit,

---

65 Zu den sonstigen Beteiligten s. *Wünschmann*, Qualitätsmanagement in der vertragsärztlichen Versorgung, 2010.
66 RL des Gemeinsamen Bundesausschusses über grundsätzliche Anforderungen an ein einrichtungsinternes Qualitätsmanagement für die an der vertragsärztlichen Versorgung teilnehmenden Ärzte, Psychotherapeuten und medizinischen Versorgungszentren (Qualitätsmanagement-Richtlinie/QM-RL) idF v. 17.12.2015.
67 RL des Gemeinsamen Bundesausschusses zu Auswahl, Umfang und Verfahren bei Qualitätsprüfungen im Einzelfall nach § 136 Abs. 2 SGB V (»Qualitätsprüfungs-Richtlinie vertragsärztliche Versorgung«) v. 18.4.2006.
68 RL des Gemeinsamen Bundesausschusses über Kriterien zur Qualitätsbeurteilung in der radiologischen Diagnostik (Qualitätsbeurteilungs-Richtlinie Radiologie/QBR-RL) in der Neufassung v. 17.6.2010, zuletzt geändert am 17.9.2015.
69 Becker/Kingreen/*Schmidt-De Caluwe* SGB V § 135 Rn. 27.

Igl

womit die Diagnose und das therapeutische Vorgehen eines Arztes gemeint sind.[70] Untersuchungs- und Behandlungsmethoden werden im Rahmen einer ärztlichen Leistung angewendet. Sie müssen sich auf ein bestimmtes Krankheitsbild beziehen und für dieses ein systematisches Konzept der Diagnose und Behandlung bereithalten.

Der Begriff der **Neuheit** einer Untersuchungs- und Behandlungsmethode kann materiell und formell gefasst werden. In **materiellem Sinn** ist Neuheit gegeben, wenn sich das Verfahren von der bisherigen vertragsärztlichen Versorgung unterscheidet und sich darüber hinaus auf nicht weitgehend einhellig anerkannte wissenschaftliche Erkenntnisse berufen kann.[71] Für die Praxis handhabbarer ist ein **formelles Verständnis** der Neuheit. Das heißt, dass die Methode bisher nicht Gegenstand der vertragsärztlichen Versorgung war. Diesem Verständnis folgt auch der G-BA in seiner Verfahrensordnung.[72] **84**

Obwohl sich die gesetzliche Ermächtigung für die NUB-Empfehlungen im Leistungserbringungsrecht des SGB V findet, und von daher gesehen die **Bindungswirkung** nur für die Leistungserbringer gegeben ist, wird doch angesichts der Rechtsprechung des BSG zur leistungsrechtskonkretisierenden Funktion des Leistungserbringungsrechts eine Bindungswirkung auch für die Versicherten gefolgert. **85**

Für die gerichtliche Kontrolle der Empfehlungen des G-BA zu NUB gelten die Regeln, die die Rechtsprechung zur Richtlinienkontrolle entwickelt hat.[73] **86**

VIII. Vergütung

1. Zur Situation des Vergütungsrechts

Das Vergütungsrecht der Ärzte ist im Einzelnen hochkomplex: **87**

»Die ärztliche Vergütung ist eine der ewigen Baustellen des Gesetzgebers im Bereich der gesetzlichen Krankenversicherung. Hier scheint sich eine Reform nahtlos an die andere anzuschließen, was dazu geführt hat, dass die Regelungsmaterie der §§ 82 ff. SGB V kaum noch durchdringbar ist.«[74]

Im Folgenden kann es daher nur darum gehen, die wichtigsten Grundstrukturen der Gestaltung der ärztlichen Vergütung im Rahmen des SGB V darzustellen. Ärztliche Leistungen werden auch im Zusammenhang der Leistungserbringung für andere Sozialleistungsträger, insbesondere für Unfallversicherungsträger (SGB VII) vergütet. Für die Vergütung ärztlicher Leistungen bei Selbstzahlern → § 15 Rn. 24.

Das Vergütungsrecht für Vertragsärzte ist seit dem 1.1.2009 auf neue Grundlagen gestellt worden (§§ 87a, 87b SGB V). Wichtigste Ziele dieses neuen Vergütungsrechts sind **88**

---

70 BSGE 84, 247 (250).
71 Becker/Kingreen/*Schmidt-De Caluwe* SGB V § 135 Rn. 7.
72 2. Kapitel der Verfahrensordnung des Gemeinsamen Bundesausschusses idF v. 18.12.2008, zuletzt geändert am 20.4.2017, iK seit 5.8.2017:
»§ 2 Neue Methode
(1) Als »neue« Untersuchungs- und Behandlungsmethode für Zwecke des § 135 Abs. 1 Satz 1 SGB V können nur Leistungen gelten,
a) die nicht als abrechnungsfähige ärztliche oder zahnärztliche Leistungen im Einheitlichen Bewertungsmaßstab (EBM) oder Bewertungsmaßstab (Bema) enthalten sind oder
b) die als Leistungen im EBM oder im Bema enthalten sind, deren Indikation oder deren Art der Erbringung, bei zahnärztlichen Leistungen einschließlich des zahntechnischen Herstellungsverfahrens, aber wesentliche Änderungen oder Erweiterungen erfahren haben.«
73 S. dazu die knappe Rechtsprechungsübersicht bei Becker/Kingreen/*Schmidt-De Caluwe* SGB V § 92 Rn. 7.
74 *Wille* WzS 2009, 200 (210).

die Anerkennung der vom Arzt tatsächlich erbrachten Leistungen (§ 87a Abs. 3 S. 3 SGB V) und die Herstellung finanzieller Transparenz durch die Bewertung ärztlicher Leistungen in Europreisen (§ 87a Abs. 2 S. 5 SGB V). Weiter wird das Risiko eines morbiditätsbedingten Leistungszuwachses, zB durch Epidemien, den Krankenkassen auferlegt (§ 87a Abs. 3 S. 4 SGB V).

2. Zahlungsströme

89   Da die Ärzte im Rahmen der Leistungserbringung nach dem SGB V in einem Sachleistungssystem tätig werden (§ 2 Abs. 2 S. 1 SGB V), gibt es grundsätzlich keine direkten Geldflüsse zwischen versichertem Patient und Arzt. Der Arzt erhält die Vergütung für seine Leistung vielmehr von der Kassenärztlichen Vereinigung, also der Körperschaft, der der Vertragsarzt angehört. Die Kassenärztliche Vereinigung wiederum schließt mit den Landesverbänden der Krankenkassen und den Ersatzkassen gemeinsam und einheitlich für alle Kassenarten Gesamtverträge über die Gesamtvergütung der Ärzte (§§ 82 Abs. 2 S. 1, 85 Abs. 2 S. 1 SGB V). Diese von jeder Krankenkasse an die Kassenärztliche Vereinigung zu zahlende Gesamtvergütung für die Versorgung der Versicherten im Wohnbezirk der Kassenärztlichen Vereinigung ist morbiditätsbedingt, dh sie orientiert sich an der Morbiditätsstruktur der Versicherten (§ 87a Abs. 3 S. 1 SGB V). Die Kassenärztliche Vereinigung vergütet dem Arzt die erbrachten Leistungen mit den Preisen der Euro-Gebührenordnung (§ 87 Abs. 3 S. 2 SGB V).

3. Grundlagen des Vergütungsrechts

90   Das ärztliche Vergütungsrecht setzt sich zusammen auf der einen Seite aus bundesgesetzlichen Vorgaben, hier insbesondere in den §§ 87, 87a und 87b SGB V geregelt, und einer Reihe von Normierungen im Rahmen der Gemeinsamen Selbstverwaltung von Ärzten und Kassen auf der Ebene des Bundes und der Länder. Die bundesgesetzlichen Vorgaben entfalten dabei zum Teil direkte Regelungswirkung, zum Teil delegieren sie Regelungsbefugnisse an die Gemeinsame Selbstverwaltung.

91   Zentrales vergütungsrechtliches Steuerungsinstrument ist der **einheitliche Bewertungsmaßstab (EBM)**, der auf Bundesebene zwischen den Kassenärztlichen Bundesvereinigungen und dem Spitzenverband Bund der Krankenkassen als Bestandteil der Bundesmantelverträge durch einen Bewertungsausschuss zu vereinbaren ist (§ 87 Abs. 1 S. 1 SGB V). Der EBM bestimmt den Inhalt der abrechnungsfähigen Leistungen und ihr wertmäßiges in Punkten ausgedrücktes Verhältnis zueinander (§ 87 Abs. 2 S. 1 Hs. 1 SGB V). Dabei werden die ärztlichen Leistungen der hausärztlichen Versorgung als **Versichertenpauschalen** abgebildet, mit denen die gesamten im Abrechnungszeitraum üblicherweise im Rahmen der hausärztlichen Versorgung eines Versicherten erbrachten Leistungen einschließlich der anfallenden Betreuungs-, Koordinations- und Dokumentationsleistungen vergütet werden (§ 87 Abs. 2b S. 1 und 2 SGB V). Im Rahmen der fachärztlichen Versorgung sind die Leistungen arztgruppenspezifisch und unter Berücksichtigung der Besonderheiten kooperativer Versorgungsformen als Grund- und Zusatzpauschalen abzubilden (§ 87 Abs. 2c S. 1 SGB V).

92   Da im EBM zunächst nur das Wertverhältnis ärztlicher Leistungen zueinander in Punkten zum Ausdruck gebracht wird, sind diese Punkte mit Werten zu versehen, die dann in Preise umgerechnet werden können. Diese Umrechnung vollzieht sich auf zwei Ebenen. Zum einen wird auf der Bundesebene im EBM für die ärztlichen Leistungen jährlich ein **bundeseinheitlicher Punktwert als Orientierungswert in Euro** zur Vergütung der vertragsärztlichen Leistungen im Regelfall festgelegt § 87 Abs. 2e SGB V). Dieser Orientierungswert wird dann auf der Ebene der Kassenärzt-

lichen Vereinigungen und der Landesverbände der Krankenkassen und der Ersatzkassen gemeinsam und einheitlich umgesetzt in eine **regionale Euro-Gebührenordnung** (§ 87a Abs. 2 S. 1 SGB V). Auf dieser Ebene sind dann Zu- und Abschläge
auf den Orientierungswert möglich, um insbesondere regionale Besonderheiten bei
der Kosten- und Versorgungsstruktur berücksichtigen zu können (§ 87a Abs. 2 S. 2
SGB V). Aus den vereinbarten Punktwerten und dem EBM ist dann eine regionale
Gebührenordnung mit Europreisen (regionale Euro-Gebührenordnung) zu erstellen
(§ 87a Abs. 2 S. 5 SGB V).

Die **Kassenärztlichen Vereinigungen** sind für die **Verteilung der vereinbarten Ge-**   93
samtvergütungen an die Ärzte, Psychotherapeuten, medizinischen Versorgungszentren sowie ermächtigten Einrichtungen, die an der vertragsärztlichen Versorgung teilnehmen, zuständig. Die Verteilung wird getrennt für die Bereiche der hausärztlichen
und fachärztlichen Versorgung vorgenommen. Hierfür wird im Benehmen mit den
Landesverbänden der Krankenkassen und den Ersatzkassen ein **Verteilungsmaßstab**
festgesetzt (§ 87b Abs. 1 S. 1–3 SGB V). Der Verteilungsmaßstab hat Regelungen vorzusehen, die verhindern, dass die Tätigkeit des Leistungserbringers über seinen Versorgungsauftrag nach § 95 Abs. 2 S. 3 SGB V oder seinen Ermächtigungsumfang
hinaus übermäßig ausgedehnt wird; dabei soll dem Leistungserbringer eine Kalku-
lationssicherheit hinsichtlich der Höhe seines zu erwartenden Honorars ermöglicht
werden (§ 87b Abs. 2 S. 1 SGB V). Die **Kassenärztliche Bundesvereinigung** hat **Vorgaben** zur Festlegung und Anpassung des Vergütungsvolumens für die hausärzt-
liche und fachärztliche Versorgung zu bestimmen. Diese Vergütungs- und Vertei-
lungsbestimmungen enthalten jeweils besondere Regelungen für die Versorgung im
Rahmen von besonderen Kooperationsformen und Praxisnetzen (§ 87b Abs. 4 SGB V;
→ § 15 Rn. 49 ff.).

Für die Erstellung des EBM und die Festlegung der Orientierungswerte haben sich die   94
Vereinbarungspartner des **Bewertungsausschusses** zu bedienen, der von einem Institut unterstützt wird (§ 87 Abs. 1 S. 1, Abs. 3b SGB V). Der Bewertungsausschuss ist als
nicht rechtsfähiger Vertragsausschuss zu qualifizieren, dessen Handeln den Vereinbarungspartnern nach § 87 Abs. 1 S. 1 SGB V zugerechnet wird. Ein **erweiterter Bewertungsausschuss** tritt zusammen, wenn im Bewertungsausschuss keine Vereinbarung
über den EBM zustande kommt (§ 87 Abs. 4 und Abs. 5 SGB V). Seine Festsetzungen
haben gegenüber Dritten Normsetzungscharakter (§ 87 Abs. 5 S. 2 SGB V). Gegenüber
den Vereinbarungspartnern wirken sie als Verwaltungsakte.[75]

4. Überprüfung von Leistungen und Abrechnungen

Die Überprüfung von Leistungen und Abrechnungen ist vor allem unter dem Blick-   95
winkel des Wirtschaftlichkeitsgebotes zu sehen (§ 12 SGB V). Dieser Teil des Vertragsarztrechts hat in der anwaltschaftlichen Praxis besondere Bedeutung. Dabei besteht
ein Unterschied, ob ein Vertragsarzt falsch abgerechnet hat (Abrechnungsprüfung,
§ 106d SGB V) oder ob er sich unwirtschaftlich verhält (Wirtschaftlichkeitsprüfung,
§ 106a SGB V).

Die Krankenkassen und Kassenärztlichen Vereinigungen nehmen **Wirtschaftlichkeits-**   96
und Abrechnungsprüfungen vor (§ 106 SGB V). Während es bei der **Wirtschaftlichkeitsprüfung** um das ärztliche Leistungsverhalten geht (§ 106a Abs. 1 SGB V), setzt

---

75 BSGE 90, 61 (62f.) = MedR 2003, 650.

die **Abrechnungsprüfung** an der Richtigkeit (Rechtmäßigkeit und Plausibilität) der Abrechnungen der Vertragsärzte an (§ 106d SGB V). Das Recht der Wirtschaftlichkeits- und Abrechnungsprüfungen ist seit dem 1.1.2017 neu geordnet und die Ausgestaltung in die Hände der Gemeinsamen Selbstverwaltung gelegt worden.

IX. Beendigung der Zulassung zur Leistungserbringung

97 Die Zulassung endet mit dem Tod, dem Wegzug aus dem Bezirk eines Vertragsarztsitzes, mit dem Ablauf eines Befristungszeitraums oder dem Verzicht (§ 95 Abs. 7 S. 1 SGB V). Ein kollektiver Verzicht auf die Zulassung ist mit den Pflichten eines Vertragsarztes nicht vereinbar (§ 95b SGB V).

C. Rechtsstellung des Arztes im Gesundheitswesen – Arztberuf als Freier Beruf

I. Unterscheidung beruflicher Status – berufliche Funktionen

98 Der Arzt ist der zentrale Akteur im deutschen Gesundheitsversorgungssystem. Seine rechtliche Stellung kann nicht schlagwortartig beschrieben werden. Eine Beschreibung muss an den rechtlichen Zusammenhängen anknüpfen, in denen der Arzt tätig wird. Ausgangspunkt für jede Beschreibung der Stellung des Arztes ist zunächst seine Stellung als approbierter Arzt. Die weitere rechtliche Stellung des Arztes knüpft dann daran an, in welchen Zusammenhängen der Arzt tätig wird, die seine berufliche Tätigkeit und ihre Bindungen charakterisieren: freiberuflich als niedergelassener Arzt, als Vertragsarzt zugelassener Leistungserbringer im System der Gesetzlichen Krankenversicherung, als Arzt in einem Leistungsverbund (zB als angestellter Arzt in einem Krankenhaus oder als Arzt in einem Medizinischen Versorgungszentrum), als öffentlich Bediensteter (zB im Öffentlichen Gesundheitsdienst), als Wissenschaftler in der medizinischen Forschung. Die rechtliche Stellung des Arztes richtet sich weiter nach den Funktionen, die ein Arzt ausübt, als krankenbehandelnder Arzt, als medizinischer Sachverständiger, als Gutachter. Zum besseren Verständnis der rechtlichen Stellung des Arztes empfiehlt es sich deshalb, zwischen dem beruflichen Status des Arztes und den jeweiligen Funktionen zu unterscheiden. Im Folgenden wird dabei nur auf den Status und die Funktion des Arztes in der gesundheitlichen Versorgung von Patienten eingegangen.

II. Beruflicher Status

99 Die BÄO sagt, dass der ärztliche Beruf seiner Natur nach ein freier Beruf ist, und kein Gewerbe darstellt (§ 1 Abs. 2 BÄO). Eine gesetzliche Definition der Freien Berufe findet sich in § 1 Abs. 2 PartGG:

»Die Freien Berufe haben im allgemeinen auf der Grundlage besonderer beruflicher Qualifikation oder schöpferischer Begabung die persönliche, eigenverantwortliche und fachlich unabhängige Erbringung von Dienstleistungen höherer Art im Interesse der Auftraggeber und der Allgemeinheit zum Inhalt. Ausübung eines Freien Berufs im Sinne dieses Gesetzes ist die selbstständige Berufstätigkeit der Ärzte, Zahnärzte, Tierärzte, Heilpraktiker, Krankengymnasten, Hebammen, Heilmasseure, Diplom-Psychologen, Mitglieder der Rechtsanwaltskammern, Patentanwälte, Wirtschaftsprüfer, Steuerberater, beratenden Volks- und Betriebswirte, vereidigten Buchprüfer (vereidigte Buchrevisoren), Steuerbevollmächtigten, Ingenieure, Architekten, Handelschemiker, Lotsen, hauptberuflichen Sachverständigen, Journalisten, Bildberichterstatter, Dolmetscher, Übersetzer und ähnlicher Berufe sowie der Wissenschaftler, Künstler, Schriftsteller, Lehrer und Erzieher.«

100 Der **Freie Beruf** hat in Hinblick auf das Berufsrecht insofern keine besondere Bedeutung, als er kein eigenes verfassungsrechtlich oder sonstig geschütztes Rechtsinstitut

ist.[76] Angehörige der Freien Berufe genießen gegenüber den anderen Berufen keine besondere verfassungsrechtlich begründete Regulierungsfreiheit. Sie sind sogar teilweise besonders hohen Anforderungen an den Berufszugang und die Berufsausübung unterworfen, weil ihre Tätigkeit einen Gemeinwohlbezug aufweist. Bedeutung hat die Anerkennung einer beruflichen Tätigkeit als freiberufliche Tätigkeit jedoch vor allem im Steuerrecht[77] und im PartGG. Die Pflichtmitgliedschaft der Ärzte in den Landesärztekammern knüpft nicht an der Freiberuflichkeit an.

Dem dem Arzt nach der BÄO zuerkannten Status der Freiberuflichkeit kommt besonders dann Bedeutung zu, wenn der Arzt als zugelassener **Vertragsarzt** im Rahmen des Leistungserbringungssystems der Gesetzlichen Krankenversicherung tätig wird. In diesem Leistungserbringungssystem werden Ärzte nicht als Angestellte oder Bedienstete der Krankenkassen oder ihrer Verbände tätig. Es besteht daher kein Weisungsrecht einer Krankenkasse gegenüber den Ärzten im Rahmen eines Über- und Unterordnungsverhältnisses, wie es vom Beschäftigungsverhältnis oder vom Beamtenverhältnis her bekannt ist. Die Ärzte werden im Rahmen der Gesetzlichen Krankenversicherung als Teilnehmer an der vertragsärztlichen Versorgung zugelassen (→ § 15 Rn. 32 ff.). Ihr Verhältnis zu den Krankenkassen regelt sich nach einem öffentlich-rechtlich geprägten Vertragsregime, woraus die Bezeichnung als Vertragsarzt resultiert.[78] Auch sind die Vertragsärzte den sonstigen rechtlichen Bindungen des SGB V und anderer Gesetze unterworfen, soweit sie auf den Vertragsarztstatus Bezug nehmen. **101**

Das BVerfG hatte mehrfach Gelegenheit, sich zur **Stellung des Vertragsarztes** (nach früherer Terminologie: Kassenarzt) **in Hinblick auf Art. 12 Abs. 1 GG** zu äußern. Im **Kassenarzturteil**[79] hat es schon 1960 festgestellt, dass der Beruf des Kassenarztes kein eigener Beruf ist, der dem des nicht zu den Kassen zugelassenen frei praktizierenden Arztes gegenübergestellt werden kann. Das bedeutet, dass die Tätigkeit des Kassenarztes nur eine Ausübungsform des Berufs des frei praktizierenden Arztes ist. Deshalb ist die **Zulassung zum Kassenarzt** als **Berufsausübungsregelung iSd Art. 12 Abs. 1 GG** zu verstehen. Weiter führt das BVerfG in dieser Entscheidung gemäß seiner früheren Rechtsprechung aus, dass auch innerhalb der Ausübungsregelungen der Gesetzgeber inhaltlich umso freier ist, je mehr er nur die Berufsausübung trifft. Er ist umso stärker gebunden, je mehr zugleich die Berufswahl berührt ist. Eine Berufsausübungsregelung könne auch einer verfassungsrechtlich besonderer Rechtfertigung unterliegender objektiven Zulassungsvoraussetzung gleichkommen. Im **Facharztbeschluss**[80] bestätigt das BVerfG zunächst diese Rechtsansicht. Diese Entscheidung ist – anders als das Kassenarzturteil – aber zur Gesetzgebungskompetenz[81] ergangen und weiter zur Frage, ob und inwieweit Satzungsrecht der Ärztekammern den Voraussetzungen des Art. 12 Abs. 1 S. 2 GG genügt. Danach steht die Regelung des Facharztwesens in der ausschließlichen Gesetzgebungskompetenz der Länder. Weiter müssen im Bereich des Facharztwesens zumindest die statusbildenden Normen, dh diejenigen Regeln, welche die Voraussetzungen der Facharztanerkennung, die zugelassenen Facharztrichtungen, die Mindestdauer der **102**

76 *Sodan*, Freie Berufe als Leistungserbringer im Recht der gesetzlichen Krankenversicherung, 1997, 62; zu den Veränderungen bei den Freien Berufen s. *Kluth* DÄBl. 2007, 3314.
77 Vgl. die Aufzählung der freiberuflichen Tätigkeiten in § 18 Abs. 1 Nr. 1 EStG.
78 Bis zum Gesundheitsstrukturgesetz v. 21.12.1992 (BGBl. I 2266), wurde vom Kassenarzt gesprochen. Im SGB V wird die Terminologie jedoch nicht einheitlich verfolgt. So wird nach wie vor der Begriff der Kassenärztlichen Vereinigungen verwendet.
79 BVerfGE 11, 30 = NJW 1960, 715.
80 BVerfGE 33, 125 = NJW 1972, 1504.
81 Damals Art. 74 Nr. 19 GG, jetzt Art. 74 Abs. 1 Nr. 19 GG.

Ausbildung, das Verfahren der Anerkennung, die Gründe für eine Zurücknahme der Anerkennung sowie die allgemeine Stellung der Fachärzte innerhalb des gesamten Gesundheitswesens betreffen, in den Grundzügen durch ein förmliches Gesetz festgelegt werden.

103 Da die Zulassung als Vertragsarzt die (Pflicht-)**Mitgliedschaft** in der für sie zuständigen **Kassenärztlichen Vereinigung (KV)** (→ § 28 Rn. 43 f.) bewirkt (§ 95 Abs. 3 S. 1 SGB V), sind die Vertragsärzte auch dem Satzungsrecht der KV unterworfen (§§ 77, 81 SGB V).

104 Die so gestaltete Einbindung der Ärzte in das Gesundheitswesen einerseits über den Status der Freiberuflichkeit, andererseits als Vertragsarzt kann zu Konflikten im beruflichen Verständnis führen. Solche Konflikte werden vor allem auf dem Gebiet der Gestaltung der Therapie, der Pflichten zur Qualitätssicherung und der damit zusammenhängenden Dokumentationen und der Vergütung ärztlicher Leistungen artikuliert. In rechtlicher Sicht lassen sich diese Konflikte in der Regel angemessen lösen. Allerdings verstellt manche berufspolitische Wahrnehmung solcher Konflikte durch die ärztlichen Berufsverbände oft den Blick auf angemessene Lösungen.[82]

III. Berufliche Funktionen

105 Die verschiedenen beruflichen Funktionen, die ein Arzt ausübt, können zwar nicht losgelöst von seinem jeweiligen beruflichen Status betrachtet werden. Da aber die funktionalen Zusammenhänge, in denen der Arzt tätig werden kann, jeweils auch von oft unterschiedlichen Rechtsvorschriften bestimmt werden, ist eine solche Unterscheidung angebracht. Im Folgenden sollen einige dieser Funktionen betrachtet werden.

106 Die zentrale ärztliche Tätigkeit findet im **Arzt-Patienten-Verhältnis** statt. Dieses Arzt-Patienten-Verhältnis ist selbst bei gesetzlich versicherten Personen neben öffentlich-rechtlichen Maßgaben, die insbesondere die Leistungsgestaltung, etwa die Verschreibung bestimmter Medikamente zulasten der Krankenkasse, betreffen, auch zivilrechtlich durch den Behandlungsvertrag bestimmt. So nimmt das SGB V für die Haftung des Arztes Bezug auf eine zivilrechtliche Sorgfaltsvorschrift (vgl. § 76 Abs. 4 SGB V).[83]

107 Der Konflikt eines Arztes, der eine **bestimmte Therapie für zweckmäßig erachtet** und dessen Handeln damit der Berufsordnung entspricht, die Therapie aber von den Krankenkassen nicht finanziert wird, ist nach dem jeweiligen Rechtskreis zu beurteilen: einerseits nach dem Recht des Behandlungsvertrages und dem Einfluss der Berufsordnung auf den Handlungsstandard des Arztes und andererseits nach dem öffentlichen Sozialleistungsrecht, hier dem SGB V. Allerdings ist festzustellen, dass solche Konflikte in der Praxis meist unproblematisch gelöst werden können.[84]

108 Wenig nach außen getragen werden Konflikte von bei einem Krankenhausträger angestellten Ärzten. Hier können sich durchaus Situationen ergeben, dass ein verantwortlicher Arzt Therapien angewendet wissen will, die der Krankenhausträger aus ökonomischen oder anderen Erwägungen nicht in seine Behandlungsschemata aufgenommen hat.

---

82 S. die treffliche Schilderung zur Vergütungsdiskussion bei *Wenner*, Vertragsarztrecht nach der Gesundheitsreform, 2008, 235.
83 Vgl. im Einzelnen → § 48 Rn. 89 ff.
84 Hierzu *Buchner* und *Kothe* in Lilie/Bernat/Rosenau (Hrsg.), Standardisierung in der Medizin als Rechtsproblem, 2009, 63 und 79.

Igl

Die Frage, in welchem **Rechtsverhältnis der Vertragsarzt zu einer Krankenkasse** 109
steht, kann auch bei der **Verwirklichung von Straftatbeständen** eine Rolle spielen, so
bei der Frage, ob der Vertragsarzt als Amtsträger Straftaten im Amt (§§ 331 ff. iVm § 11
Abs. 1 S. 1 Nr. 2 Buchst. c StGB) oder als Angestellter oder Beauftragter eines geschäft-
lichen Betriebes iSd § 299 StGB handelt.[85]

D. Der Arzt in der Konkurrenz zu anderen Ärzten und zur ambulanten Versorgung in Krankenhäusern

I. Konkurrenzsituationen und Rechtsschutz

Konkurrenzsituationen erlangen eine besondere rechtliche Qualität, wenn für Dienst- 110
leistende der Zugang zu Märkten öffentlich-rechtlich geregelt ist, dh, wenn eine öffentlich-rechtliche Zulassungsentscheidung für den Marktzugang ausschlaggebend ist.[86]
Dies ist bei der Zulassung von Ärzten als Vertragsärzte der Fall. Konkurrenzsituationen für Vertragsärzte können innerhalb der ambulanten Versorgung, aber auch im
Verhältnis zur stationären Versorgung auftreten, wenn Krankenhäuser ambulante ärztliche Versorgung anbieten.

Für Konkurrenzsituationen von Dienstleistern gelten unter rechtlichen Gesichtspunk- 111
ten folgende Grundsätze:

- Es gibt keinen verfassungsrechtlichen Schutz auf Konkurrenzschutz im marktwirtschaftlichen Wettbewerb.
- Verfassungsrechtlicher Schutz im marktwirtschaftlichen Wettbewerb kommt dann
  zur Geltung, wenn seitens des Staates in diesen Markt eingegriffen wird, zB durch
  Vergabe von Erlaubnissen, die die Marktteilnahme ermöglichen.
- Verfassungsrechtlicher Schutz ist dort gegeben, wo Märkte besonders stark staatlicher Regulierung unterliegen, insbesondere wenn Märkte einer Bedarfsplanung unterliegen, wie es bei der vertragsärztlichen Versorgung und bei der Versorgung mit
  Krankenhäusern der Fall ist.
- Prozessrechtlich ist zu unterscheiden, ob ein Marktteilnehmer eine nur einmal zu
  vergebende Berechtigung erhalten oder aufrechterhalten will, oder ob er bei einer
  bestehenden Berechtigung Schutz vor neuer Konkurrenz begehrt. Im ersteren Fall
  spricht man von einer positiven oder offensiven Konkurrentenklage, im letzteren
  Fall von einer negativen oder defensiven Konkurrentenklage. Die Konkurrentenklage stellt jedoch keine Klageart dar, sondern bezeichnet nur die Konstellation der
  Beteiligten.

Die jeweilige Klageart bestimmt sich wie immer nach dem konkreten Klagebegehren. 112
Da eine spezielle Klageart für die Konkurrentenklage nicht existiert, muss anhand der
gegebenen Klagearten geprüft werden, mit welcher dieser Klagearten das Rechtsschutzziel zu erreichen ist. Bei der positiven Konkurrentenklage ist dies in der Regel
die Anfechtungs- und Verpflichtungsklage, bei der negativen Konkurrentenklage die
Anfechtungsklage.

Auch wenn mit den beiden Arten von Rechtsschutzbegehren bei Konkurrenzsituati- 113
onen die rechtlichen Grundkonstellationen einer möglichen Konkurrenz klar strukturiert sind, gibt es doch in der Praxis der vertragsärztlichen Versorgung eine Viel-

---

85 Nach BGHSt 57, 202 = NJW 2012, 2530 nimmt der Vertragsarzt keine Aufgabe öffentlicher
   Verwaltung wahr noch handelt er als Beauftragter der gesetzlichen Krankenkassen.
86 Hierzu *Klöck* NZS 2010, 358.

falt von Konkurrenzsituationen.[87] Dabei überwiegen die Konkurrenzsituationen, in denen es um die Abwehr neu hinzutretender Konkurrenten geht (defensive Konkurrenzsituation).

II. Rechte des Arztes in Konkurrenzsituationen

114 Die Wahl der zum Rechtsschutzziel führenden Klageart ist zu unterscheiden von der Frage, ob dem Arzt ein subjektiv öffentliches Recht zur Verfügung steht, auf das er sich in einer Konkurrenzsituation berufen kann. Dieses Recht muss ihm entweder die Möglichkeit verschaffen, für sich eine Begünstigung (zB Zulassung) zu erreichen und gleichzeitig dem Mitbewerber diese Begünstigung zu versagen, oder die Begünstigung eines Mitbewerbers zu beseitigen oder zu verhindern. Solche subjektiven öffentlichen Rechte können dem Arzt durch einfaches Gesetz oder durch die Grundrechte verliehen sein. Ein einfaches Gesetz kann dem Arzt direkt ein solches Recht verleihen. Ein einfaches Gesetz kann aber auch rechtsverleihend an einen Konkurrenten gerichtet sein und der ebenfalls konkurrierende Arzt hat möglicherweise nur einen Anspruch auf Drittschutz aus dieser Rechtsnorm.

115 Während die Rechtsprechung bis zu einer Entscheidung des BVerfG im Jahr 2004 die Rechtsposition konkurrierender Ärzte nach dem einfachen Gesetz bestimmt hat, hat das BVerfG[88] in einem Kammerbeschluss entgegen der Rechtsprechung des BSG ausgeführt:

»Das Grundrecht des Vertragsarztes aus Art. 12 I GG wird im Interesse der Funktionsfähigkeit des Systems der gesetzlichen Krankenversicherung in vielfältiger Weise eingeschränkt. Zur Sicherung von Qualität und Wirtschaftlichkeit muss er Einschränkungen seines Behandlungsspektrums ebenso hinnehmen wie Regelungen, die seine Niederlassungsfreiheit, seine Fallzahlen und seine Vergütung begrenzen. Diese Eingriffe können im Bereich der gesetzlichen Krankenversicherung durch den Gemeinwohlbelang der Sicherstellung der Versorgung der gesetzlich Versicherten gerechtfertigt werden. An diesem legitimen Zweck sind aber die jeweiligen Beschränkungen der Berufsfreiheit der im System tätigen Leistungserbringer auch zu messen (vgl. BVerfGE 94, 372 [395]; 103, 172 [184 f.]). Kommt es durch hoheitliche Maßnahmen zu weiter gehenden, an diesen Belangen nicht ausgerichteten Eingriffen in die gesetzlich durchstrukturierten Marktbedingungen, die zu einer Verwerfung der Konkurrenzverhältnisse führen können, können die im System eingebundenen Leistungserbringer in ihrem Grundrecht aus Art. 12 I GG verletzt sein.«

116 Das BSG[89] hat dann im Jahr 2007 diese Rechtsprechung weiter entwickelt und gefolgert, dass bei der Möglichkeit einer Grundrechtsverletzung auch die Befugnis des Grundrechtsträgers gegeben sein muss, die Einhaltung der gesetzlichen Vorgaben anlässlich der Gewährung der Rechtsposition für den Konkurrenten zur gerichtlichen Überprüfung zu stellen. Das heißt nach der Entscheidung des BVerfG zunächst nur, dass eine Klagemöglichkeit im Sinne einer Klagebefugnis, also Verfahrensrechtsschutz, gegeben sein muss.

117 Für die nähere Ausgestaltung hat das BSG[90] anlässlich einer **negativen Konkurrentenklage** (Klage eines Vertragsarztes gegen die Zulassung eines anderen Vertragsarztes) ausgeführt:

---

87 S. die hilfreiche Übersicht bei *Steinhilper* MedR 2008, 498 (500 ff.), mit Hinweisen zur jeweiligen Rechtsprechung und zum Meinungsstand. In dieser Übersicht sind über dreißig Konkurrenzsituationen aufgeführt. S. auch *Shirvani* SDSRV 62 (2012), 107 ff. (119 ff., 126 ff.).

88 BVerfG BeckRS 2004, 24860 Rn. 27 – Klage eines niedergelassenen Strahlentherapeuten gegen Ermächtigungen an Krankenhausärzte.

89 BSGE 98, 98 = MedR 2007, 499 (Arzt, der Inhaber einer Dialysegenehmigung ist, und der sich gegen die einem anderen Arzt erteilte gleiche Genehmigung wendet).

90 BSGE 98, 98 (101) = MedR 2007, 499.

Igl

»Während bei der sog offensiven Konkurrentenklage, bei der mehrere Bewerber um die Zuerkennung einer nur einmal zu vergebenden Berechtigung streiten (auch als Mitbewerberklage bezeichnet), die Anfechtungsbefugnis aus der eigenen Grundrechtsbetroffenheit jeden Bewerbers folgt (…), kann bei der sog defensiven Konkurrentenklage zur Abwehr eines zusätzlichen Konkurrenten, wie sie vorliegend vom Kläger verfolgt wird, eine Anfechtungsbefugnis nicht aus materiellen Grundrechten abgeleitet werden, weil – wie ausgeführt – diese keinen Anspruch auf Fernhaltung anderer begründen (…). Eine Befugnis zur Abwehr des Konkurrenten kann sich nur aus einschlägigen sog einfach-rechtlichen Regelungen ergeben. Dies ist lediglich der Fall in der besonderen Konstellation, dass den Bestimmungen, auf die sich die Rechtseinräumung an den Konkurrenten stützt, ein Gebot der Rücksichtnahme auf die Interessen derer zu entnehmen ist, die schon eine Position am Markt innehaben, wenn also die einschlägigen Bestimmungen diesen einen sog Drittschutz vermitteln (…). Bei der Auslegung, ob den einschlägigen gesetzlichen Regelungen eine solche drittschützende Wirkung entnommen werden kann, sind die Besonderheiten des jeweils betroffenen Sachbereichs zu berücksichtigen.«

In Hinblick auf die drittschützende Wirkung gelten nach dieser Rechtsprechung drei **118** Voraussetzungen für die Anerkennung einer Drittanfechtungsberechtigung:[91]

(1) dass der Kläger und der Konkurrent im selben räumlichen Bereich die gleichen Leistungen anbieten,
(2) dass dem Konkurrenten die Teilnahme an der vertragsärztlichen Versorgung eröffnet oder erweitert und nicht nur ein weiterer Leistungsbereich genehmigt wird,
(3) dass der dem Konkurrenten eingeräumte Status gegenüber demjenigen des Anfechtenden nachrangig ist. Letzteres ist der Fall, wenn die Einräumung des Status an den Konkurrenten vom Vorliegen eines Versorgungsbedarfs abhängt, der von den bereits zugelassenen Ärzten nicht abgedeckt wird.

Vor dem Hintergrund dieser Rechtsprechung haben also die vertragsärztlichen Zulas- **119** sungsvorschriften (§§ 95 ff. SGB V) keine drittschützende Wirkung. Jedoch entfalten die Vorschriften über die Ermächtigung eines Krankenhausarztes drittschützende Wirkung (vgl. § 116 S. 2 SGB V), da die Ermächtigung nachrangig gegenüber der Zulassung ist. Ähnliches gilt bei sog. Sonderbedarfszulassungen im Verhältnis zur normalen Zulassung.[92] Auch wenn die einem MVZ erteilte Genehmigung zur Durchführung künstlicher Befruchtungen keinen vertragsärztlichen Status vermittelt (vgl. § 121a SGB V), kann ein Facharzt für Frauenheilkunde und Geburtshilfe mit der Schwerpunktbezeichnung »gynäkologische Endokrinologie und Reproduktionsmedizin« diese Genehmigung anfechten.[93]

Eine **offensive Konkurrentenklage** ist bei der Bewerbung um die Nachbesetzung ei- **120** nes Vertragsarztsitzes (§ 103 Abs. 4 S. 4 SGB V) möglich.[94]

---

91 So BSGE 103, 269 (270f.) = MedR 2010, 205.
92 BSGE 103, 269 (272) = MedR 2010, 205. Zur Anfechtungsbefugnis gegen eine Zweigpraxisgenehmigung BSGE 105, 10 = MedR 2010, 511.
93 BSG Rn. 17 ff.
94 BSG MedR 2013, 814; hierzu *Arnold/Poetsch* MedR 2013, 773.

§ 16 Pflegeberufe

A. Direktes Berufsrecht der Pflegeberufe

I. Berufsausbildung

1 Für die Pflegeberufe existieren zwei Ausbildungsgesetze, das **Krankenpflegegesetz (KrPflG)** und das **Altenpflegegesetz (AltPflG)**.[1] Beide Gesetze weisen eine gemeinsame Regelungsstruktur aus: Sie enthalten Vorschriften zum Berufsbezeichnungsschutz, zur Ausbildung und Prüfung und zum Ausbildungsverhältnis. Für die Gesundheits- und Krankenpflege und die Gesundheits- und Kinderkrankenpflege wird Näheres zu den Ausbildungs- und Prüfungsinhalten in einer aufgrund des KrPflG ergangenen Verordnung[2] geregelt. Die Ausbildung wird für die Berufe der Krankenpflege und der Kinderkrankenpflege als dreijährige Ausbildung festgesetzt (§ 4 Abs. 1 KrPflG). Für die Altenpflege legt das AltPflG die Ausbildung ebenfalls auf drei Jahre fest (§ 4 Abs. 1 AltPflG). Näheres zu den Ausbildungs- und Prüfungsinhalten wird in einer aufgrund des AltPflG ergangenen Verordnung[3] geregelt.

2 Die Ausbildung und die Voraussetzungen für den Zugang zur Ausbildung sind für die **Gesundheits- und Krankenpflege** unionsrechtlich durch Art. 31 **Diplomanerkennungs-RL** vorgegeben (→ § 8 Rn. 1 ff.). Dies gilt ausdrücklich nur für die **Ausbildung zur Krankenschwester und zum Krankenpfleger, die für die allgemeine Pflege verantwortlich** sind, nicht für die Gesundheits- und Kinderkrankenpflege und nicht für die Altenpflege.

3 Die Ausbildungsziele der Gesundheits- und Krankenpflege sind (§ 3 Abs.1 KrPflG):

»Die Ausbildung (…) soll entsprechend dem allgemein anerkannten Stand pflegewissenschaftlicher, medizinischer und weiterer bezugswissenschaftlicher Erkenntnisse fachliche, personale, soziale und methodische Kompetenzen zur verantwortlichen Mitwirkung insbesondere bei der Heilung, Erkennung und Verhütung von Krankheiten vermitteln.«

4 Das Gesetz erläutert, zur Erfüllung welcher Aufgaben diese Kompetenzen dienen sollen (§ 3 Abs. 2 KrPflG):

»Die Ausbildung für die Pflege (…) soll insbesondere dazu befähigen,

1. die folgenden Aufgaben eigenverantwortlich auszuführen:
   a) Erhebung und Feststellung des Pflegebedarfs, Planung, Organisation, Durchführung und Dokumentation der Pflege,
   b) Evaluation der Pflege, Sicherung und Entwicklung der Qualität der Pflege,
   c) Beratung, Anleitung und Unterstützung von zu pflegenden Menschen und ihrer Bezugspersonen in der individuellen Auseinandersetzung mit Gesundheit und Krankheit,
   d) Einleitung lebenserhaltender Sofortmaßnahmen bis zum Eintreffen der Ärztin oder des Arztes,
2. die folgenden Aufgaben im Rahmen der Mitwirkung auszuführen:
   a) eigenständige Durchführung ärztlich veranlasster Maßnahmen,
   b) Maßnahmen der medizinischen Diagnostik, Therapie oder Rehabilitation,
   c) Maßnahmen in Krisen- und Katastrophensituationen,
3. interdisziplinär mit anderen Berufsgruppen zusammenzuarbeiten und dabei multidisziplinäre und berufsübergreifende Lösungen von Gesundheitsproblemen zu entwickeln.«

---

1 Die beiden Gesetze werden am 31.12.2019 außer Kraft treten → § 16 Rn. 14.
2 Ausbildungs- und Prüfungsverordnung für die Berufe in der Krankenpflege v. 10.11.2003 (BGBl. 2003 I 2263).
3 Ausbildungs- und Prüfungsverordnung für den Beruf der Altenpflegerin und des Altenpflegers (Altenpflege-Ausbildungs- und Prüfungsverordnung) v. 26.11.2002 (BGBl. 2002 I 4418).

Igl

Die Ausbildungsziele der Altenpflege sind (§ 3 S. 1 AltPflG): 5

»Die Ausbildung in der Altenpflege soll die Kenntnisse, Fähigkeiten und Fertigkeiten vermitteln, die zur selbständigen und eigenverantwortlichen Pflege einschließlich der Beratung, Begleitung und Betreuung alter Menschen erforderlich sind.«

Sodann wird erläutert, zur Erfüllung welcher Aufgaben diese Qualifikationen dienen 6 sollen (§ 3 S. 2 und 3 AltPflG):

Dies umfasst insbesondere:

1. die sach- und fachkundige, den allgemein anerkannten pflegewissenschaftlichen, insbesondere den medizinisch-pflegerischen Erkenntnissen entsprechende, umfassende und geplante Pflege,
2. die Mitwirkung bei der Behandlung kranker alter Menschen einschließlich der Ausführung ärztlicher Verordnungen,
3. die Erhaltung und Wiederherstellung individueller Fähigkeiten im Rahmen geriatrischer und gerontopsychiatrischer Rehabilitationskonzepte,
4. die Mitwirkung an qualitätssichernden Maßnahmen in der Pflege, der Betreuung und der Behandlung,
5. die Gesundheitsvorsorge einschließlich der Ernährungsberatung,
6. die umfassende Begleitung Sterbender,
7. die Anleitung, Beratung und Unterstützung von Pflegekräften, die nicht Pflegefachkräfte sind,
8. die Betreuung und Beratung alter Menschen in ihren persönlichen und sozialen Angelegenheiten,
9. die Hilfe zur Erhaltung und Aktivierung der eigenständigen Lebensführung einschließlich der Förderung sozialer Kontakte und
10. die Anregung und Begleitung von Familien- und Nachbarschaftshilfe und die Beratung pflegender Angehöriger.

Darüber hinaus soll die Ausbildung dazu befähigen, mit anderen in der Altenpflege tätigen Personen zusammenzuarbeiten und diejenigen Verwaltungsarbeiten zu erledigen, die in unmittelbarem Zusammenhang mit den Aufgaben in der Altenpflege stehen.

Die **Vorschriften zu den Ausbildungszielen** beschreiben, auf welche erwartete Tätigkei- 7 ten und Aufgaben der späteren Berufsausübung hin ausgebildet werden soll. Dabei geht es bei der Ausübung von Heilkunde in der Regel darum, Patienten einen entsprechenden Standard der zu erbringenden Leistungen zu sichern und sie vor Schädigungen durch unqualifiziertes Personal zu schützen. Aus diesem Grund besteht auch ein **Berufsbezeichnungsschutz**, damit Patienten, aber auch Arbeitgeber das so bezeichnete Personal von anders oder nicht ausreichend qualifizierten Personen unterscheiden können.

II. Berufsbezeichnung und Berufszulassung

Die Pflegeberufe unterliegen für die **Führung ihrer jeweiligen Berufsbezeichnung** 8 der Erlaubnispflicht. Von dieser Erlaubnis ist die **Berufszulassung zu unterscheiden**. Während bei den Ärzten nicht nur eine Erlaubnis zur Führung der Berufsbezeichnung (§ 2a BÄO), sondern auch eine Zulassung zur Ausübung der Heilkunde erteilt wird (§ 2 Abs. 5 BÄO), ist eine solche Zulassung nach dem KrPflG/AltPflG nicht vorgesehen. Das heißt aber nicht, dass die Angehörigen der Pflegeberufe einer besonderen berufsrechtlichen Zulassung zur Ausübung der Heilkunde auf ihrem Gebiet bedürften. Insofern entspricht die Erlaubnis zur Führung der Berufsbezeichnung bei den Pflegeberufen funktional der Approbation bei den Ärzten (§ 3 BÄO).

Die **Erlaubnis zur Führung der Berufsbezeichnung** wird nach Absolvierung einer ge- 9 setzlich vorgeschriebenen Ausbildung und Prüfung erteilt, wobei weitere Voraussetzungen wie Zuverlässigkeit, gesundheitliche Geeignetheit und Sprachkenntnisse einzuhalten sind (§ 2 Abs. 1 KrPflG/AltPflG).[4] Diese Erlaubnis ist nicht gleichzusetzen mit

---

4 Auf die besonderen Vorschriften zur Gewährleistung der Dienstleistungsfreiheit und Freizügigkeit wird hier nicht eingegangen.

Igl

einem Berufs- oder Tätigkeitsschutz in dem Sinn, dass nur die Träger dieser Berufsbezeichnung die Tätigkeiten ausüben dürfen, für die sie ausgebildet worden sind.
Vielmehr darf jeder andere diese Tätigkeiten, allerdings ohne Führung dieser Berufsbezeichnung, ausüben.[5] Die Erlaubnis hat für die Träger der jeweiligen Berufsbezeichnung einen zweifachen Wert: Sie eröffnet grundsätzlich Beschäftigungschancen, wenn
dem Arbeitgeber daran gelegen ist, Fachpersonal zu gewinnen. Noch hilfreicher ist die
Situation, wenn ein Arbeitgeber gesetzlich verpflichtet ist, Fachpersonal einzustellen,
oder wenn – wie im Sozialleistungsrecht – Sozialleistungen davon abhängen, dass sie
durch bestimmtes Fachpersonal erbracht werden.[6]

10   Da der Bezeichnungsschutz nicht mit einem Berufs- oder Tätigkeitsschutz gleichzuset-
zen ist, bedarf es für den Berufsschutz oder für den Schutz einzelner Tätigkeiten im
Sinne einer exklusiven Wahrnehmung des Berufes oder der Tätigkeiten besonderer
Regelungen, die jedoch für die Pflegeberufe nicht gegeben sind.[7]

III. Berufsausübung

1. Pflegekammern

11   Anders als bei den Ärzten, bei denen die Art und Weise der Berufsausübung in Berufsordnungen der Ärztekammern (→ § 13 Rn. 2, → § 15 Rn. 18) festgelegt ist, fehlen für die
Pflegeberufe dort solche Berufsordnungen, wo sie noch nicht verkammert sind. Mittlerweile haben einige Bundesländer auch **Kammern für die Pflegeberufe** vorgesehen.[8]

2. Berufsordnungen

12   Die **Pflegeberufsverbände** haben sich jedoch **eigene Berufsordnungen** gegeben, auf
deren Einhaltung sich die Mitglieder dieser als eingetragene Vereine organisierten
Verbände verpflichten. In einigen Bundesländern existieren auch **gesetzliche Regelungen** zu den **Berufsordnungen** der Pflegeberufe, so in Bremen,[9] in Hamburg[10], im
Saarland[11] und in Sachsen.[12]

---

5   BVerfGE 106, 62 (126) = NJW 2003, 41.
6   Vgl. BVerfGE 106, 62 (127f.) = NJW 2003, 41.
7   Sog. vorbehaltene Tätigkeiten bei Hebammen (§ 4 Abs. 1 HebG) und medizinisch-technischen
    Assistenten (§ 9 MTAG).
8   Mittlerweile ist in Rheinland-Pfalz eine Pflegekammer errichtet worden (§ 111 RPHeilBG).
    Die Länder Schleswig-Holstein (Pflegeberufekammergesetz v. 16.7.2015, GVOBl. Schl.-H. 206)
    und Niedersachsen (Gesetz über die Pflegekammer Niedersachsen v. 14.12.2016, Nds. GVBl.
    Nr. 18/2016, 272) haben Errichtungsgesetze für Pflegekammern verabschiedet. Auch in ande-
    ren Bundesländern wird die Errichtung von Pflegekammern diskutiert. Der Freistaat Bayern
    geht mit dem Gesetz zur Errichtung einer Vereinigung der Pflegenden in Bayern (Pflegen-
    denvereinigungsgesetz v. 24.4.2017, GVBl. 2017, 18, den Weg über eine öffentlich-rechtliche
    Körperschaft, die sich Vereinigung der Pflegenden nennt. Die Debatte um die Einführung
    von Pflegekammern wird seit längerem geführt, s. dazu *Roßbruch* PflR 2001, 2, *Roßbruch* PflR
    2013, 530. Zur europäischen Situation *Hanika* PflR 2010, 415, 445. Krit. *Martini*, Die Pflege-
    kammer – verwaltungspolitische Sinnhaftigkeit und rechtliche Grenzen, 2014.
9   Berufsordnung für die staatlich anerkannten Pflegeberufe v. 4.2.2011 (Brem. GBl. 2011, 69).
10 Berufsordnung für Gesundheits- und Krankenpflegerinnen, Gesundheits- und Krankenpfle-
    ger, Gesundheits- und Kinderkrankenpflegerinnen und Gesundheits- und Kinderkranken-
    pfleger sowie Altenpflegerinnen und Altenpfleger (Pflegefachkräfte-Berufsordnung) v. 29.9.2009
    (HmbGVBl. 2009, 339).
11 Berufsordnung für Pflegefachkräfte im Saarland v. 28.11.2007 (Amtsblatt 2007, 2466).
12 Verordnung des Sächsischen Staatsministeriums für Soziales und Verbraucherschutz über
    die Berufsausübung von Pflegefachkräften (Berufsordnung Pflegefachkräfte) v. 30.11.2012
    (Sächs.GVBl. 696).

Igl

IV. Beendigung der Berufsausübung

Die berufliche Ausübung der pflegerischen Tätigkeiten unter der in § 1 Abs. 1 KrPflG   **13**
bzw. § 1 AltPflG genannten Berufszeichnung endet mit Rücknahme oder Widerruf der
Erlaubnis (§ 2 Abs. 2 KrPflG, § 2 Abs. 2 AltPflG).

V. Neuordnung der Pflegeberufe

Zum 1.1.2020 tritt mit dem **Pflegeberufegesetz (PflBG)**[13] eine **Neuordnung der Pflege-**   **14**
berufe in Kraft. Mit diesem Gesetz ist eine über zehn Jahre geführte Debatte zur
Neugestaltung des Berufsrechts der Pflege beendet worden.[14] Die Neuordnung sollte
ursprünglich einen einheitlichen Pflegeberuf mit gemeinsamer generalistischer Ausbildung schaffen.[15] Jetzt wird es wie bisher den Beruf Gesundheits- und Kinderkranken-
pfleger/-pflegerin und Altenpfleger/-pflegerin geben. Der bisherige Beruf Gesundheits-
und Krankenpfleger/-pflegerin wird zum Beruf der **Pflegefachfrau/des Pflegefach-**
manns (§ 1 PflBG).[16] Die wichtigsten berufsrechtlichen Neuerungen bestehen in einer
zweijährigen generalistischen, dh für alle Pflegeberufe einheitlichen Ausbildung, in
der Formulierung kompetenzorientierter Ausbildungsziele, der Einräumung vorbehal-
tener Tätigkeiten, der Eröffnung einer hochschulischen Ausbildung sowie der Finanzierung der Ausbildung.

Die **Ausbildung der Pflegeberufe** beträgt drei Jahre (§ 6 Abs. 1 PflBG). Zum Ende des   **15**
zweiten Ausbildungsdrittels soll eine Zwischenprüfung stattfinden (§ 6 Abs. 5 PflBG).
Bis dahin wird die Ausbildung der drei Pflegeberufe gemeinsam durchgeführt. Nach
dem Ende des zweiten Ausbildungsdrittels kann sich der Auszubildende entscheiden,
entweder die bisherige Ausbildung zur Pflegefachfrau bzw. zum Pflegefachmann wei-
terzuführen, oder die Ausbildung zum Gesundheits- oder Kinderkrankenpfleger oder
die Ausbildung zum Altenpfleger durchzuführen (§ 59 Abs. 2, 3 PflBG).

Die **Ausbildungsziele** für den Beruf der Pflegefachfrau bzw. des Pflegefachmanns   **16**
sind **kompetenzorientiert** (§ 5 Abs. 1 PflBG). Dabei wird unterschieden, ob die **Aufga-**
ben selbstständig, eigenständig oder interdisziplinär durchzuführen sind (§ 5 Abs. 3
PflBG):

»Die Ausbildung soll insbesondere dazu befähigen

1. die folgenden Aufgaben selbstständig auszuführen:
   a) Erhebung und Feststellung des individuellen Pflegebedarfs und Planung der Pflege,
   b) Organisation, Gestaltung und Steuerung des Pflegeprozesses,
   c) Durchführung der Pflege und Dokumentation der angewendeten Maßnahmen,
   d) Analyse, Evaluation, Sicherung und Entwicklung der Qualität der Pflege,
   e) Bedarfserhebung und Durchführung präventiver und gesundheitsfördernder Maßnahmen,
   f) Beratung, Anleitung und Unterstützung von zu pflegenden Menschen bei der individuel-
      len Auseinandersetzung mit Gesundheit und Krankheit sowie bei der Erhaltung und Stär-
      kung der eigenständigen Lebensführung und Alltagskompetenz unter Einbeziehung ihrer
      sozialen Bezugspersonen,

---

13 Gesetz über die Pflegeberufe (Pflegeberufegesetz – PflBG) = Art. 1 des Gesetzes über die Re-
    form der Pflegeberufe v. 17.7.2017 (BGBl. 2017 I 2581). S. hierzu demnächst *Igl*, Gesetz über
    die Pflegeberufe. Praxiskommentar, 2018, sowie *Igl* MedR 2017, 859.
14 S. hierzu die Beiträge in *Stöcker* (Hrsg.), Bildung und Pflege, 2002, sowie in *Pundt/Kälble*
    (Hrsg.), Gesundheitsberufe und gesundheitsberufliche Bildungskonzepte, 2015.
15 S. dazu die Gesetzesbegründung zum ursprünglichen Gesetzentwurf BT-Drs. 18/7823. Zum
    ursprünglichen Gesetzentwurf s. *Kostorz* NVwZ 2016, 241.
16 Nur der Beruf Pflegefachfrau/-fachmann eröffnet die Möglichkeit der automatischen Berufs-
    anerkennung im Sinne der Diplomanerkennungs-RL, → § 8 Rn. 1 ff.

g) Erhaltung, Wiederherstellung, Förderung, Aktivierung und Stabilisierung individueller Fähigkeiten der zu pflegenden Menschen insbesondere im Rahmen von Rehabilitationskonzepten sowie die Pflege und Betreuung bei Einschränkungen der kognitiven Fähigkeiten,

h) Einleitung lebenserhaltender Sofortmaßnahmen bis zum Eintreffen der Ärztin oder des Arztes und Durchführung von Maßnahmen in Krisen- und Katastrophensituationen,

i) Anleitung, Beratung und Unterstützung von anderen Berufsgruppen und Ehrenamtlichen in den jeweiligen Pflegekontexten sowie Mitwirkung an der praktischen Ausbildung von Angehörigen von Gesundheitsberufen,

2. ärztlich angeordnete Maßnahmen eigenständig durchzuführen, insbesondere Maßnahmen der medizinischen Diagnostik, Therapie oder Rehabilitation,

3. interdisziplinär mit anderen Berufsgruppen fachlich zu kommunizieren und effektiv zusammenzuarbeiten und dabei individuelle, multidisziplinäre und berufsübergreifende Lösungen bei Krankheitsbefunden und Pflegebedürftigkeit zu entwickeln sowie teamorientiert umzusetzen.«

17 Dem Beruf Pflegefachfrau/-fachmann (den anderen Pflegeberufen begrenzt auf die Pädiatrie bzw. die allgemeine Langzeitpflege) werden **vorbehaltene Tätigkeiten** eingeräumt (§ 4 Abs. 1 PflBG). Diese Aufgaben werden im Verhältnis zu den erworbenen Kompetenzen definiert. Es handelt sich um folgende Aufgaben (§ 4 Abs. 2 PflBG):

»Die pflegerischen Aufgaben im Sinne des Absatzes 1 umfassen

1. die Erhebung und Feststellung des individuellen Pflegebedarfs nach § 5 Absatz 3 Nummer 1 Buchstabe a,

2. die Organisation, Gestaltung und Steuerung des Pflegeprozesses nach § 5 Absatz 3 Nummer 1 Buchstabe b
sowie

3. die Analyse, Evaluation, Sicherung und Entwicklung der Qualität der Pflege nach § 5 Absatz 3 Nummer 1 Buchstabe d.«

Es besteht ein mit Ordnungswidrigkeit bewehrtes **Verbot zur Durchsetzung der vorbehaltenen Tätigkeiten**. Wer als Arbeitgeber Personen ohne eine Erlaubnis zur Führung der jeweiligen Berufsbezeichnung in der Pflege beschäftigt, darf diesen Personen Aufgaben nach § 4 Abs. 2 PflBG weder übertragen noch die Durchführung von Aufgaben nach § 4 Abs. 2 PflBG durch diese Personen dulden (§§ 4 Abs. 3, 57 Abs. 1 Nr. 2 und 3 PflBG).

18 Mit dem PflBG ist die Möglichkeit für eine **primärqualifizierende hochschulische Ausbildung** eröffnet worden (§§ 37–39 PflBG). Die hochschulische Ausbildung versteht sich als Ausbildung mit einem im Verhältnis zur schulischen Ausbildung erweiterten Ausbildungsziel, die zur unmittelbaren Tätigkeit an zu pflegenden Menschen aller Altersstufen befähigen soll (§ 37 Abs. 1 PflBG). Die Kompetenzen umfassen insbesondere (§ 37 Abs. 3 PflBG):

»Die hochschulische Ausbildung umfasst die in § 5 Absatz 3 beschriebenen Kompetenzen der beruflichen Pflegeausbildung. Sie befähigt darüber hinaus insbesondere

1. zur Steuerung und Gestaltung hochkomplexer Pflegeprozesse auf der Grundlage wissenschaftsbasierter oder wissenschaftsorientierter Entscheidungen,

2. vertieftes Wissen über Grundlagen der Pflegewissenschaft, des gesellschaftlich-institutionellen Rahmens des pflegerischen Handelns sowie des normativ-institutionellen Systems der Versorgung anzuwenden und die Weiterentwicklung der gesundheitlichen und pflegerischen Versorgung dadurch maßgeblich mitzugestalten,

3. sich Forschungsgebiete der professionellen Pflege auf dem neuesten Stand der gesicherten Erkenntnisse erschließen und forschungsgestützte Problemlösungen wie auch neue Technologien in das berufliche Handeln übertragen zu können sowie berufsbezogene Fort- und Weiterbildungsbedarfe zu erkennen,

4. sich kritisch-reflexiv und analytisch sowohl mit theoretischem als auch praktischem Wissen auseinandersetzen und wissenschaftsbasiert innovative Lösungsansätze zur Verbesserung im eigenen beruflichen Handlungsfeld entwickeln und implementieren zu können und

5. an der Entwicklung von Qualitätsmanagementkonzepten, Leitlinien und Expertenstandards mitzuwirken.«

Für die hochschulische Ausbildung ist eine andere Form der **Prüfung** vorgesehen, in **19** der auch Elemente der Bachelorprüfung berücksichtigt werden (§ 39 Abs. 2–4 PflBG). Die hochschulische Prüfung umfasst auch die staatliche Prüfung zur Erlangung der Berufszulassung (§ 39 Abs. 3 S. 2 PflBG). Das Studium schließt mit der Verleihung des akademischen Grades durch die Hochschule ab (§ 39 Abs. 1 S. 1 PflBG).

Die **Kosten der Pflegeausbildung** sollen über auf Landesebene zu organisierende und **20** verwaltende **Ausgleichsfonds** finanziert werden (§§ 26 ff. PflBG).

B. Indirektes Berufsrecht der Pflegeberufe: Sozialrechtliches Leistungserbringungsrecht

I. Zum Verständnis der unterschiedlichen Einbindung von Ärzten und Pflegekräften in die sozialrechtlichen Leistungserbringungssysteme

Pflegekräfte und Angehörige der Pflegeberufe können innerhalb der Leistungserbrin- **21** gungssysteme der Gesetzlichen Krankenversicherung (SGB V), der Sozialen Pflegeversicherung (SGB XI) oder der Sozialhilfe (SGB XII) tätig sein, wobei auch Tätigkeiten in anderen Leistungserbringungssystemen, so zB der Gesetzlichen Unfallversicherung (SGB VII), denkbar sind. Im Folgenden werden nur die Bereiche des SGB V und des SGB XI behandelt.

Anders als die Ärzte, die durch Zulassung oder Ermächtigung als persönliche Leistungs- **22** erbringer in der Gesetzlichen Krankenversicherung eingebunden sind, vollzieht sich die Einbindung von Angehörigen der Pflegeberufe in der Gesetzlichen Krankenversicherung und in der Sozialen Pflegeversicherung unterschiedlich. In der **Pflegeversicherung** werden sie nur **ausnahmsweise als Einzelpersonen zur Leistungserbringung zugelassen.** Sie sind dort ganz überwiegend als Pflegekräfte in Einrichtungen (ambulant und stationär), dh nicht als Selbstständige, sondern als Arbeitnehmer tätig. Umgekehrt heißt dies aber nicht, dass ein Verbot für Angehörige der Pflegeberufe bestünde, selbstständig bzw. freiberuflich tätig zu werden. Nur ist das Leistungserbringungssystem des SGB XI bis auf eine Ausnahme nicht auf die selbstständige Tätigkeit von Pflegekräften eingerichtet.

Genauso wie es in der gesundheitlichen Versorgung nach dem SGB V die Unterschei- **23** dung zwischen ambulantem und stationärem Sektor gibt, ist dies auch bei der Pflege nach dem SGB XI der Fall. Die häusliche Pflege wird von ambulanten Pflegediensten versehen, die stationäre Pflege von stationären Pflegeheimen.[17] In beiden Arten von Pflegeeinrichtungen ist die Pflegekraft bei der Einrichtung beschäftigt.

Auf dem Gebiet der **Gesetzlichen Krankenversicherung** ist die Pflegekraft im statio- **24** nären Bereich (Krankenhaus) ebenfalls beim Träger der Einrichtung (Krankenhausträger) angestellt. Im ambulanten Bereich kann sie als Angehörige eines Pflegedienstes, als Angestellte eines Arztes oder selbstständig tätig sein. Im SGB V wird auf Angehörige von Pflegeberufen gerade in ihrer Funktion als nach dem KrPflG bzw. dem AltPflG ausgebildete Personen insofern nur indirekt abgestellt, als von Pflegekräften, nicht aber von Angehörigen der Alten- und Krankenpflegeberufe gesprochen wird. Auf dem Gebiet der **Sozialen Pflegeversicherung** wird bei der Qualifikation der verantwortlichen Pflegefachkraft von einer ausgebildeten Pflegefachkraft gesprochen und

---

17 Der Oberbegriff für Pflegedienste und Pflegeheime lautet Pflegeeinrichtungen, vgl. § 71 Abs. 1 und 2 SGB XI.

auf die Ausbildung nach dem KrPflG und AltPflG Bezug genommen (vgl. § 71 Abs. 3 S. 1 SGB XI). Im Leistungserbringungssystem des SGB V wie des SGB XI ist die Tätigkeit der Pflege also nicht nur den nach dem KrPflG und AltPflG ausgebildeten Pflegefachkräften anvertraut. Mit anderen Worten heißt dies, dass auf diesen Gebieten auch anders geschulte Personen oder Laien tätig werden können. Die Geeignetheit dieser Personen muss dann anderweitig festgestellt werden.

II. Rechtsquellen

1. SGB V

25 Das Leistungserbringungsprogramm im SGB V ist gesetzlich und untergesetzlich geregelt. Gesetzliche Regelungen mit leistungserbringungsrechtlicher Bedeutung finden sich schon im Leistungsrecht, in dem eine bestimmte Art der Qualifikation, die keine berufsfachliche Qualifikation sein muss, angesprochen wird: »geeignete Pflegekräfte« bei der **häuslichen Krankenpflege** (§ 37 Abs. 1 S. 1 SGB V), oder indem – ebenfalls bei der häuslichen Krankenpflege – der Inhalt der Pflegeleistungen beschrieben wird: »verrichtungsbezogene krankheitsspezifische Pflegemaßnahmen« (§ 37 Abs. 2 S. 1 SGB V) und »medizinische Behandlungspflege« (§ 37 Abs. 2 S. 3 SGB V). In der **spezialisierten ambulanten Palliativversorgung** werden ebenfalls »pflegerische Leistungen« geboten (§ 37b Abs. 1 S. 3 SGB V). Nicht speziell auf den Einsatz von Pflegekräften gerichtet ist die Vorschrift zur Heranziehung von Hilfspersonen seitens des Arztes (§ 15 Abs. 1 S. 2 SGB V). In der Praxis sind es allerdings in der Hauptsache die medizinischen Fachangestellten, die iSd Vorschrift als Hilfspersonen tätig werden.[18]

26 Untergesetzliche Vorschriften existieren in Form von Richtlinien des Gemeinsamen Bundesausschusses, Rahmenempfehlungen und Empfehlungen.

2. SGB XI

27 Da im Leistungserbringungssystem des SGB XI nur ausnahmsweise Einzelpersonen Pflegeleistungen erbringen, sind auch nur für diese Konstellation Vorschriften zur Leistungszulassung und -erbringung notwendig (vgl. § 77 SGB XI). Untergesetzliche Vorschriften sind nicht vorgesehen.

III. Zulassung zur Leistungserbringung

1. SGB V

a) System des Leistungserbringungsrechts bei Pflegeleistungen

28 Da im System der Pflegeleistungserbringung nach dem SGB V nicht ausschließlich auf eine bestimmte berufliche Qualifikation wie die Ausbildung nach dem KrPflG oder dem AltPflG Bezug genommen wird, sind im SGB V spezielle Vorschriften für die Zulassung notwendig. Diese Vorschriften beziehen sich auf bestimmte Leistungen (häusliche Krankenpflege mit verschiedenen Ausprägungen der Pflegeleistungen, spezielle ambulante Palliativversorgung). Das bedeutet, dass für jede pflegerische Sozialleistung in diesem Zusammenhang ein besonderes Leistungserbringungsrecht vorgesehen ist.

---

18 S. auch die beispielhafte Aufzählung im Anhang zur Anlage 24 des Bundesmantelvertrages Ärzte, Vereinbarung über die Delegation ärztlicher Leistungen an nichtärztliches Personal in der ambulanten vertragsärztlichen Versorgung gem. § 28 Abs. 1 3 SGB V v. 1.10.2013.

Igl

b) Häusliche Krankenpflege

Für die Verordnung der Leistung der **häuslichen Krankenpflege** (§ 37 Abs. 1 SGB V) **29**
sind **Richtlinien des Gemeinsamen Bundesausschusses** vorgesehen (§ 92 Abs. 1 S. 2
Nr. 6 SGB).[19] **Rahmenempfehlungen des Spitzenverbandes Bund der Krankenkassen** ergehen zur einheitlichen Versorgung mit häuslicher Krankenpflege, die auch Regelungen zum Inhalt der Leistungen und zur Eignung der Leistungserbringer enthalten (§ 132a Abs. 1 S. 1, 4 Nr. 2 SGB V). Die **Rahmenempfehlungen** enthalten Hinweise
zur Qualifikation der verantwortlichen Pflegefachkraft eines ambulanten Pflegedienstes,
zum Verordnungs- und Genehmigungsverfahren und zum Datenträgeraustausch.[20] Die
Funktion der Zulassung zur Erbringung der Leistung der häuslichen Krankenpflege
ist im Abschluss eines Vertrages mit der Krankenkasse zu sehen (§ 132a Abs. 4 S. 1
SGB V).[21] Bei der Auswahl der Leistungserbringer ist ihrer Vielfalt, insbesondere der
Bedeutung der freien Wohlfahrtspflege, Rechnung zu tragen (§ 132a Abs. 4 S. 10
SGB XI). Auf den Abschluss des Vertrages besteht ein Rechtsanspruch iSe diskriminierungsfreien Behandlung im Verhältnis zu anderen Leistungsanbietern.[22] Bedarfskriterien sind gesetzlich nicht vorgesehen und dürfen deshalb auch beim Vertragsabschluss
keine Rolle spielen. Die Krankenkassen schließen in der Regel auf Landesebene **Rahmenverträge** mit den Leistungserbringungsorganisationen, die dann Grundlage der
Einzelverträge werden.[23]

c) Spezialisierte ambulante Palliativversorgung

Für die Verordnung der Leistung der **spezialisierten ambulanten Palliativversorgung** **30**
(§ 37b Abs. 1. SGB V) sind **Richtlinien des Gemeinsamen Bundesausschusses** (§§ 37b
Abs. 3, 92 Abs. 1 S. 2 Nr. 14 SGB V)[24] und **Empfehlungen des Spitzenverbandes Bund
der Krankenkassen** (§ 132d Abs. 2 SGB V)[25] vorgesehen. Die Empfehlungen enthalten
auch Maßgaben für die sächlichen und personellen Anforderungen an die Leistungserbringung (§ 132d Abs. 2 Nr. 1 SGB V) und Maßstäbe für eine bedarfsgerechte Versorgung (§ 132d Abs. 2 Nr. 3 SGB V).

Die Funktion der **Zulassung zur spezialisierten ambulanten Palliativversorgung** ist **31**
im Abschluss eines Vertrages mit der Krankenkasse zu sehen. Die Einrichtungen oder
Personen müssen geeignet sein. Die Geeignetheit einer Pflegefachkraft setzt neben der
Ausbildung nach dem KrPflG oder dem AltPflG eine zusätzliche Qualifikation in
Theorie und Praxis voraus.[26]

---

19 RL des Gemeinsamen Bundesausschusses über die Verordnung von häuslicher Krankenpflege
(Häusliche Krankenpflege-RL) in der Neufassung v. 17.9.2009, zuletzt geändert am 16.3.2017;
iK seit 2.6.2017.
20 Rahmenempfehlungen nach § 132a Abs. 1 SGB V zur Versorgung mit Häuslicher Krankenpflege v. 10.12.2013.
21 BSGE 90, 150.
22 BSGE 90, 150 (152f.), dazu Becker/Kingreen/*Rixen* SGB V § 132a Rn. 6.
23 Spickhoff/*Trenk-Hinterberger* SGB V § 132a Rn. 8.
24 RL des Gemeinsamen Bundesausschusses zur Verordnung von spezialisierter ambulanter
Palliativversorgung (Spezialisierte Ambulante Palliativversorgungs-Richtlinie/SAPV-RL) v.
20.12.2007, zuletzt geändert am 15.4.2010.
25 Empfehlungen nach § 132d Abs. 2 SGB V für die spezialisierte ambulante Palliativversorgung
v. 23.6.2008 idF v. 5.11.2012.
26 Abschnitt 5.3 der Empfehlungen nach § 132d Abs. 2 SGB V für die spezialisierte ambulante
Palliativversorgung v. 23.6.2008 idF v. 5.11.2012.

32 Der Vertragsabschluss muss zur **bedarfsgerechten Versorgung** notwendig sein (§ 132d Abs. 1 S. 1 SGB V). Die Gemeinsamen Empfehlungen[27] enthalten hierzu nur sehr vage Angaben. Trotz des Hinweises, dass ein Anspruch auf Abschluss eines Vertrages nicht besteht,[28] muss die Bedarfsprüfung aus Gründen des Art. 12 Abs. 1 GG strengen Kriterien unterworfen werden.[29]

2. SGB XI

33 Im SGB XI sollen die Pflegekassen auch **Einzelpersonen** zur **pflegerischen Versorgung in der häuslichen Pflege** heranziehen (§ 77 SGB XI). Hierzu schließen die Kassen Verträge mit einzelnen geeigneten Pflegekräften. Verträge mit Verwandten oder Verschwägerten des Pflegebedürftigen bis zum dritten Grad sowie mit Personen, die mit dem Pflegebedürftigen in häuslicher Gemeinschaft leben, sind unzulässig. In dem Vertrag sind Inhalt, Umfang, Qualität, Qualitätssicherung, Vergütung sowie Prüfung der Qualität und Wirtschaftlichkeit der vereinbarten Leistungen zu regeln. Weiter sind die Vergütungen für Leistungen der Grundpflege und der hauswirtschaftlichen Versorgung sowie für Betreuungsleistungen zu vereinbaren (§ 77 Abs. 1 S. 1–3 SGB XI). Pflegekräfte als Einzelpersonen dürfen kein Beschäftigungsverhältnis mit dem Pflegebedürftigen eingehen (§ 77 Abs. 1 S. 2 SGB XI).

34 Die **Pflegekasse** kann bei Bedarf auch selbst **einzelne Pflegekräfte** zur Sicherstellung der häuslichen Pflege **anstellen** (§ 77 Abs. 2 SGB XI).

35 § 77 SGB XI enthält außer dem Erfordernis der Geeignetheit der Pflegekraft keine besonderen Hinweise zu Qualifikationsanforderungen. Jedoch werden in dem Einzelvertrag Inhalt, Umfang, Qualität, Qualitätssicherung, Vergütung sowie Prüfung der Qualität und Wirtschaftlichkeit der vereinbarten Leistungen geregelt (§ 77 Abs. 1 S. 2 SGB XI).

IV. Sozialleistungsrechtliche Steuerung des Zugangs zur Leistungserbringung

1. SGB V

36 **Häusliche Krankenpflege** ist vom Arzt zu verordnen. Diese Voraussetzung der **ärztlichen Verordnung** ist nicht im Leistungsrecht (§ 37 SGB V), sondern im Leistungserbringungsrecht im Zusammenhang mit den Richtlinien des Gemeinsamen Bundesausschusses geregelt (§ 92 Abs. 1 S. 2 Nr. 6 SGB V). Der Katalog der zu verordnenden Leistungen ist in der entsprechenden Richtlinie enthalten.[30] Weiter muss die Leistung von der Krankenkasse genehmigt werden.[31]

37 Die Verordnung der Leistung der **spezialisierten ambulanten Palliativversorgung** (§ 37b Abs. 1 SGB V) durch den Arzt ist in den Richtlinien des Gemeinsamen Bundesausschusses geregelt (§§ 37b Abs. 3, 92 Abs. 1 S. 2 Nr. 14 SGB; § 7 SAPV-RL). Eine ärztliche Verordnung muss von der Krankenkasse genehmigt werden.[32]

---

27 Abschnitt 2.1 der Empfehlungen nach § 132d Abs. 2 SGB V für die spezialisierte ambulante Palliativversorgung v. 23.6.2008 idF v. 5.11.2012.

28 Abschnitt 2.2 der Empfehlungen nach § 132d Abs. 2 SGB V für die spezialisierte ambulante Palliativversorgung v. 23.6.2008 idF v. 5.11.2012.

29 Ebenso Spickhoff/*Trenk-Hinterberger* SGB V § 132d Rn. 4.

30 Verzeichnis verordnungsfähiger Maßnahmen der häuslichen Krankenpflege (Leistungsverzeichnis), Anlage zur Häuslichen Krankenpflege-RL.

31 § 6 Häusliche Krankenpflege-RL.

32 Abschnitt 3.1 der Empfehlungen nach § 132d Abs. 2 SGB V für die spezialisierte ambulante Palliativversorgung v. 23.6.2008 idF v. 5.11.2012; § 8 SAPV-RL.

Igl

2. SGB XI

Im SGB XI sind eine besondere Verordnung oder andere als die erwähnten Voraus- **38** setzungen und Einschränkungen für das Tätigwerden einer Einzelperson in der häuslichen Pflege gem. § 77 SGB XI nicht vorgesehen.

V. Leistungsgestaltung

1. SGB V

Die nähere Leistungsgestaltung für die **häusliche Krankenpflege** (§ 37 SGB V) wird **39** durch Rahmenempfehlungen geregelt (§ 132a Abs. 1 S. 1 SGB V).[33] Auch die Häusliche Krankenpflege-Richtlinie gibt hierzu im Leistungsverzeichnis Hinweise.[34]

Bei den **verrichtungsbezogenen krankheitsspezifischen Pflegemaßnahmen** (§ 37 **40** Abs. 2 S. 1 SGB V) bestimmt der Gemeinsame Bundesausschuss das Nähere über deren Art und Inhalt (§ 37 Abs. 6 S. 2 SGB V).[35]

Der Inhalt und Umfang der Leistungen der **spezialisierten ambulanten Palliativver-** **41** **sorgung** (§ 37b Abs. 1 SGB V) ist in der Richtlinie des Gemeinsamen Bundesausschusses (§§ 37b Abs. 3, 92 Abs. 1 S. 2 Nr. 14 SGB V) geregelt (§ 5 SAPV-RL).

2. SGB XI

Im Einzelvertrag werden Inhalt und Umfang der Leistungen geregelt (§ 77 Abs. 1 S. 2 **42** SGB XI).

VI. Qualitätssicherung

1. SGB V

Die nähere Leistungsgestaltung der Maßnahmen zur Qualitätssicherung für Leis- **43** tungen der **häuslichen Krankenpflege** (§ 37 SGB V) wäre in den Rahmenempfehlungen (→ § 16 Rn. 29) zu regeln (§ 132a Abs. 1 S. 4 Nr. 2 SGB V). Diese enthalten hierzu noch keine Bestimmungen. Die Krankenkassen müssen, ggf. auf der Grundlage von Rahmenverträgen (→ § 16 Rn. 29), in den Einzelverträgen die Leistungsinhalte beschreiben.

Die Maßnahmen zur Qualitätssicherung der Leistungen der **spezialisierten ambulan-** **44** **ten Palliativversorgung** (§ 37b Abs. 1 SGB V) sind in den Empfehlungen (§ 132d Abs. 2 Nr. 2 SGB V) geregelt, allerdings nur sehr rudimentär.[36]

2. SGB XI

Im Einzelvertrag werden Qualität, Qualitätssicherung sowie Prüfung der Qualität der **45** vereinbarten Leistungen geregelt (§ 77 Abs. 1 S. 2 SGB XI).

---

33 Rahmenempfehlungen nach § 132a Abs. 1 SGB V zur Versorgung mit Häuslicher Krankenpflege v. 10.12.2013.
34 Verzeichnis verordnungsfähiger Maßnahmen der häuslichen Krankenpflege (Leistungsverzeichnis), Anlage zur Häuslichen Krankenpflege-RL.
35 §§ 2 Abs. 6 Häusliche Krankenpflege-RL enthält hierzu nähere Beschreibungen.
36 Abschnitt 6 der Empfehlungen nach § 132d Abs. 2 SGB V für die spezialisierte ambulante Palliativversorgung v. 23.6.2008 idF v. 5.11.2012.

VII. Vergütung

1. SGB V

46 Die Grundsätze der Vergütung und ihrer Strukturen für die Leistungen der **häuslichen Krankenpflege** (§ 37 SGB V) wären in den Rahmenempfehlungen (→ § 16 Rn. 29) zu regeln (§ 132a Abs. 1 S. 4 Nr. 5 SGB V). Hierzu sind in den Rahmenempfehlungen noch keine Bestimmungen vorgesehen. Die Krankenkassen müssen, ggf. auf der Grundlage von Rahmenverträgen (→ § 16 Rn. 29), die Vergütungen in den Einzelverträgen selbst regeln (§ 132a Abs. 2 S. 1 SGB V).[37]

47 Die Vergütung der Leistungen der **spezialisierten a.mbulanten Palliativversorgung** (§ 37b Abs. 1 SGB V) wird in den Einzelverträgen, ggf. auf der Grundlage von Rahmenverträgen, geregelt (§ 132d Abs. 1 S. 1 SGB V).

2. SGB XI

48 Im Einzelvertrag werden die Vergütung sowie die Prüfung der Wirtschaftlichkeit der vereinbarten Leistungen geregelt (§ 77 Abs. 1 S. 2 SGB XI).

VIII. Nutzerstellung

1. SGB V

49 Die Vorschriften zur Leistungserbringung durch Pflegekräfte enthalten einige spezielle Regelungen, die sich (auch) auf die Nutzerstellung der Leistungsberechtigten beziehen. Bei der **häuslichen Krankenpflege** ist dies die Möglichkeit, dem Versicherten die Kosten für eine **selbstbeschaffte Kraft** in angemessener Höhe zu erstatten (§ 37 Abs. 4 SGB V). Der Wunsch, eine häusliche Pflegekraft selbst zu beschaffen, kann Ausdruck des Wunsch- und Wahlrechtes gem. § 33 SGB I sein.[38] Ansonsten stellt die Leistung der häuslichen Krankenpflege eine Sachleistung der Krankenkasse dar. Auch hier besteht die Möglichkeit, unter den zur Verfügung stehenden Leistungserbringern auszuwählen.[39]

50 Bei der **spezialisierten ambulanten Palliativversorgung** ist vorgesehen, dass die Einzelverträge auch Regelungen enthalten müssen, in welcher Weise die Leistungserbringer beratend tätig werden (§ 132d Abs. 1 S. 2 SGB V). Anders als es der Gesetzeswortlaut vermuten lässt, ist hier aber nicht die Beratung der Versicherten, sondern die Beratung anderer Leistungserbringer gemeint.[40]

2. SGB XI

51 Erst die Möglichkeit, **häusliche Pflege durch eine Einzelperson** erbringen zu lassen, verschafft einem **möglichen Wunsch** des Pflegebedürftigen Raum, eine ganz bestimmte Person zur Pflege auswählen zu können. Dies kommt auch in den Gründen für die Wahl dieser Form der Leistungserbringung zum Ausdruck, wo auf dieses Wunschrecht hingewiesen wird (§ 77 Abs. 1 S. 1 Hs. 1 SGB XI). Damit reduziert sich auch das Ermessen der Pflegekassen erheblich, wenn ein solcher Wunsch geäußert wird.[41]

---

37 S. hierzu auch BSG SozR 4–2500 § 132a Nr. 1 = PflR 2004, 459.
38 So auch Spickhoff/*Trenk-Hinterberger* SGB V § 37 Rn. 22.
39 So ausführlich BSGE 90, 84 = NZS 2003, 654.
40 So BT-Drs. 16/3100, 144.
41 Udsching/Schütze/*Udsching* SGB XI § 77 Rn. 3a.

Igl

§ 17 Heilmittelerbringer im SGB V

A. Heilmittelerbringung im Leistungserbringungssystem des SGB V

I. Begriff des Heilmittels

Mit einer zunächst verwirrenden Terminologie wird in § 124 Abs. 1 SGB V von **Heil-** **1** **mitteln** gesprochen, die als **Dienstleistungen** abgegeben werden. Die terminologische Vermischung einer Waren- mit einer Dienstleistungsbegrifflichkeit wirkt schon deshalb ungewöhnlich, weil an anderer Stelle des SGB V im Kontext der Leistung von Waren wie Arznei- und Verbandmitteln (§ 31 SGB V) und Hilfsmitteln (§ 33 SGB V) auch von Heilmitteln (§ 32 SGB V) gesprochen wird. Hinzu kommt, dass eine Legaldefinition des Begriffs der Heilmittel nicht gegeben ist, und auch in § 124 Abs. 1 SGB V nur auf die Variante Bezug genommen wird, dass Heilmittel als Dienstleistungen abgegeben werden können. Diese terminologischen Verwendungen können aber nur vor dem Hintergrund der historischen Entwicklung des Heilmittelbegriffs nachvollzogen werden, der ursprünglich auch sächliche Mittel mit umfasst hat, und deswegen auch vom Begriff der Hilfsmittel nicht immer leicht abzugrenzen war. Der begrifflichen Verwirrung wurde 2001 durch die Rechtsprechung des BSG[1] ein Ende gesetzt. Seitdem ist unter einem Heilmittel ausschließlich eine nichtärztliche persönliche medizinische Dienstleistung zu verstehen.

II. Heilmittel im Verhältnis zu anderen medizinischen Dienstleistungen

Wenn das Heilmittel als eine nichtärztliche persönliche medizinische Dienstleistung zu **2** verstehen ist, muss weiter gefragt werden, ob unter diesem Begriff alle anderen möglichen medizinischen Dienstleistungen, die nicht von Ärzten erbracht werden, zu verstehen sind. Weiter ist zu fragen, wie sich das Verhältnis zu den Hilfeleistungen anderer Personen darstellt (§ 15 Abs. 1 S. 2 SGB V).

Der **Begriff der Hilfeleistung anderer Personen** muss im Verhältnis zu dem in der **3** gleichen Vorschrift geregelten Arztvorbehalt gesehen werden (§ 15 Abs. 1 S. 1 SGB V), der sich auf die ärztliche Behandlung als Krankenbehandlung iSv § 27 Abs. 1 S. 2 Nr. 1 SGB V bezieht.[2] Daher sind Hilfeleistungen anderer Personen nur solche, die zur ärztlichen Behandlung, verstanden als Krankenbehandlung, gehören. Der **Begriff des Heilmittels** umfasst demgegenüber keine Hilfeleistungen, die zur ärztlichen Behandlung iSv § 27 Abs. 1 S. 2 Nr. 1 SGB V gehören. Das wird auch schon durch die besondere Erwähnung des Heilmittels als Bestandteil der Krankenbehandlung, nicht aber der ärztlichen Behandlung, deutlich (vgl. § 27 Abs. 1 S. 2 Nr. 3 SGB V). Das besondere Merkmal, das die Dienstleistung der Heilmittelerbringung im Verhältnis zur ärztlichen Behandlung ausmacht, ist in § 124 Abs. 1 SGB V erwähnt, wo exemplarisch auf bestimmte **therapeutische Dienstleistungen** abgestellt wird. Das gemeinsam verwendete Merkmal für alle Heilmittel ist damit die Zugehörigkeit der Dienstleistung zur Therapie. Das gesetzliche Erfordernis, dass ein Heilmittel vom Arzt zu verordnen ist (§ 92 Abs. 1 S. 2 Nr. 6, Abs. 6 S. 1 Nr. 1 SGB V), macht die Erbringung des Heilmittels nicht zu einer Hilfeleistung einer anderen Person iSd § 15 Abs. 1 S. 2 SGB V.

B. Leistungserbringer von Heilmitteln

Die Leistungserbringer von Heilmitteln werden in § 124 Abs. 1 SGB V nicht unter dem **4** Gesichtspunkt der Zugehörigkeit zu einer (Heil-)Berufsgruppe aufgeführt, obwohl die

---

1 BSGE 88, 204 = BeckRS 2001, 41747.
2 Spickhoff/*Nebendahl* SGB V § 28 Rn. 8.

beispielhaft aufgeführten Therapien bestimmten Berufsgruppen iSv Heilberufen entsprechen (Physio- und Ergotherapeuten, Logopäden; → § 13 Rn. 3). Vielmehr müssen die jeweiligen Leistungserbringer noch besonders zur Leistungserbringung im SGB V zugelassen werden. Berufsrechtlich ist von besonderem Interesse, dass für die Leistungserbringung zwar auf den Betätigungsbereich bestimmter anderer als ärztlicher Heilberufe verwiesen wird, die Angehörigkeit zu einem dieser Heilberufe für sich allein aber nicht ausreicht, um ohne Weiteres die Zulassung zu erhalten (vgl. § 124 Abs. 2 SGB V). Vergleicht man das System der Leistungserbringung von Heilmitteln mit dem System der Leistungserbringung bei der Krankenbehandlung durch Ärzte, so besteht der wesentliche Unterschied darin, dass bei der Heilmittelerbringung die spezielle Therapie im Vordergrund steht, und dann der zugehörige Beruf für diese Therapie zu bestimmen ist, während bei der ärztlichen Leistungserbringung der Arzt als Vertragsarzt im Vordergrund steht, und die entsprechenden Therapien und sonstigen ärztlichen Handlungsweisen immer bezogen auf den Vertragsarzt konkretisiert werden. Daraus folgt auch, dass der Vertragsarzt selbst Heilmittel als Dienstleistung erbringen darf.[3]

C. Voraussetzungen der Heilmittelerbringung

I. Heilmittel

5   Der **Begriff des Heilmittels** ist in § 124 Abs. 1 SGB V auf therapeutische Dienstleistungen begrenzt, wobei einige dieser Therapien beispielhaft aufgeführt sind. Der **Katalog der verordnungsfähigen Heilmittel** wird als Richtlinie des Gemeinsamen Bundesausschusses festgelegt (§ 92 Abs. 6 S. 1 Nr. 1 SGB V).[4] Danach sind zurzeit Maßnahmen der physikalischen Therapie, der podologischen Therapie, der Stimm-, Sprech- und Sprachtherapie und der Ergotherapie als Heilmittel verordnungsfähig. Bestandteil der Richtlinie ist der Heilmittel-Katalog, in dem beschrieben wird, welche Heilmittel in welchen Mengen bei welchen Diagnosen (Diagnosegruppen) im Regelfall zu einer medizinisch angemessenen und wirtschaftlichen Versorgung führen. Außerdem gibt er Auskunft darüber, welche Heilmittel indikationsbezogen verordnungsfähig sind.

6   Der Arzt darf nur die im Heilmittel-Katalog festgelegten Heilmittel verordnen. **Neue Heilmittel** darf er nur verordnen, wenn der Gemeinsame Bundesausschuss zuvor ihren therapeutischen Nutzen anerkannt hat (§ 138 SGB V). Ein Angehöriger eines Heilberufes, dessen Berufsausübung eine therapeutische Dienstleistung iSd § 124 Abs. 1 SGB V darstellt, hat ein Recht darauf, dass der Gemeinsame Bundesausschuss in einem förmlichen Verfahren nach § 138 SGB V über die Aufnahme der Therapie in die Heilmittel-Richtlinien entscheidet.[5]

II. Zulassung zur Heilmittelerbringung

7   Für die Abgabe von Heilmitteln bedarf es der Zulassung durch die Landesverbände der Krankenkassen und die Ersatzkassen (§ 124 Abs. 1 und 5 SGB V). Die weiteren Rahmenbedingungen und die Vergütungen werden vertraglich zwischen Krankenkassen und Therapeuten bzw. deren Verbänden geregelt (§ 125 Abs. 2 SGB V). Die Zulas-

---

3 S. Spickhoff/*Wabnitz* SGB V § 124 Rn. 2.
4 RL des Gemeinsamen Bundesausschusses über die Verordnung von Heilmitteln in der vertragsärztlichen Versorgung (Heilmittel-Richtlinie/HeilM-RL) idF v. 19.5.2011, zuletzt geändert am 16.3.2017; iK ab 30.5.2017).
5 So für die Aufnahme der Diättherapie durch Angehörige des Berufes der Diätassistenten BSGE 86, 232.

sungsvoraussetzungen betreffen die für die Leistungserbringung erforderliche Ausbildung, die Praxisausstattung und die Anerkennung der für die Versorgung der Versicherten geltenden Vereinbarungen (§ 124 Abs. 2 SGB V). Der Spitzenverband Bund der Krankenkassen gibt Empfehlungen zur einheitlichen Anwendung der Zulassungsbedingungen ab (§ 124 Abs. 4 SGB V).[6] Diese Empfehlungen sind als Verwaltungsbinnenrecht nicht rechtsverbindlich.[7]

III. Gestaltung des Leistungserbringungsverhältnisses

Die weiteren Rahmenbedingungen des Leistungserbringungsverhältnisses, auch die 8 der Vergütungen, werden vertraglich zwischen Krankenkassen und Therapeuten bzw. deren Verbänden geregelt (§ 125 Abs. 2 SGB V). Der Spitzenverband Bund der Krankenkassen und die maßgeblichen Spitzenorganisationen der Heilmittelerbringer auf Bundesebene geben hierzu gemeinsam Rahmenempfehlungen für eine einheitliche Versorgung mit Heilmitteln ab (§ 125 Abs. 1 SGB V). Diese Empfehlungen bilden die Grundlage für die Verträge nach § 125 Abs. 2 SGB V.

Zur **Ausgabensteuerung** im Heilmittelbereich werden auf Ebene der Kassenärztlichen Vereinigungen zwischen Kassen- und Vertragsarztseite Heilmittel-Vereinbarungen auf der Basis von auf Bundesebene mit der Kassenärztlichen Bundesvereinigung getroffenen Rahmenvorgaben für Heilmittel geschlossen (§ 84 Abs. 7, 8 SGB V).[8]

§ 18 Kooperation der Heilberufe

A. Zum Kooperations- und Koordinationserfordernis bei der gesundheitlichen Versorgung

Kooperation und Koordination der im Gesundheitswesen tätigen Akteure stellen ein 1 selbstverständliches Erfordernis bei der Versorgung von Patienten dar. In institutionellen Zusammenhängen, so zB im Krankenhaus, wird dies betriebsorganisatorisch im Aufbau und im Ablauf gewährleistet. Außerhalb institutioneller Zusammenhänge ist dies in der Regel nicht der Fall, außer die Kooperation und Koordination der Akteure ist rechtlich vorgeschrieben oder es werden Formen der Kooperation und Koordination vom Recht angeboten.

Die rechtlichen Voraussetzungen und Grenzen der Kooperation und Koordination 2 können auf vier Ebenen betrachtet werden:

– auf der Ebene der Handlungsvoraussetzungen der dienstleistenden Akteure;
– auf der Ebene der Abläufe der gesundheitlichen Versorgung;
– auf der Ebene der leistungserbringungsrechtlichen Voraussetzungen;
– auf der Ebene der Rechtsformen der koordinierten und kooperierenden Leistungsbereitstellung und der daraus resultierenden Rechtspflichten.

---

6 Empfehlungen des GKV-Spitzenverbandes gem. § 124 Abs. 4 SGB V zur einheitlichen Anwendung der Zulassungsbedingungen nach § 124 Abs. 2 SGB V für Leistungserbringer von Heilmitteln, die als Dienstleistung an Versicherte abgegeben werden (Zulassungsempfehlungen) idF v. 7.3.2016.

7 Becker/Kingreen/*Butzer* SGB V § 124 Rn. 16.

8 Rahmenvorgaben nach § 84 Abs. 7 iVm Abs. 8 SGB V – Heilmittel – für das Jahr 2017 v. 30.9.2016 vereinbart zwischen dem Spitzenverband Bund der Krankenkassen (GKV-Spitzenverband) und der Kassenärztlichen Bundesvereinigung.

Die Ebene der die Versorgungssektoren (stationär/ambulant) übergreifenden Voraussetzungen ist ebenfalls zu nennen.[1]

B. Handlungsvoraussetzungen der dienstleistenden Akteure

3 Die Handlungsvoraussetzungen der dienstleistenden Akteure werden berufsrechtlich und im Sozialleistungserbringungsrecht geregelt. Hier sind zwei Dimensionen zu unterscheiden: einmal die Dimension der formalen Qualifikation durch Absolvierung einer entsprechenden Ausbildung, sodann die Dimension des beruflichen Handelns, das durch Ge- und Verbote bestimmt wird.[2]

4 In der **Dimension der formalen Qualifikation** geht es vor dem Hintergrund des Patientenschutzes (Art. 2 Abs. 2 GG) darum, dass eine bestimmte Qualifikation dazu dienen soll, dem Patienten die fachlich gebotene Behandlung angedeihen zu lassen. Die breiteste formale Qualifikation auf dem Gebiet der Heilkunde hat in dieser Hinsicht der approbierte Arzt bzw. der Facharzt. Andere Heilberufe verfügen über Qualifikationen in Teilgebieten der Heilkunde, so zB die Angehörigen der Pflegeberufe oder der medizinischen Assistenzberufe. Diese Qualifikationen können aufgrund der Spezialisierung dazu führen, dass der jeweilige Berufsangehörige auf seinem beruflichen Tätigkeitsfeld eine höhere formale Qualifikation als der Arzt hat. Die höhere Qualifikation des anderen Berufsangehörigen führt aber nicht dazu, dass deswegen dem Arzt die entsprechende Tätigkeit untersagt wäre.

5 In der **Dimension des beruflichen Handelns** sind aus Gründen des Patientenschutzes und des sonstigen Rechtsgüterschutzes Zuordnungen von Tätigkeiten vorgenommen worden, die jeweils nur bestimmten Berufsangehörigen zugewiesen sind. Man spricht hier von **vorbehaltenen Tätigkeiten.** Solche vorbehaltene Tätigkeiten existieren in unterschiedlicher Ausprägung. So gibt es ausschließlich dem Arzt vorbehaltene Tätigkeiten, zB im Transplantationswesen (§§ 3 ff. TPG), im Transfusionswesen (§§ 4, 5 TFG), in der Fortpflanzungsmedizin (§ 9 ESchG) und beim Schwangerschaftsabbruch (§ 218a StGB).[3] Auch andere Heilberufe können auf vorbehaltene Tätigkeiten verweisen, so die Hebammen- und Entbindungspfleger (§ 4 HebG) und die MTA-Berufe (§ 9 MTAG), die aber nicht als ausschließliche Vorbehalte gefasst sind.

6 Zurzeit soll im Rahmen von **Modellvorhaben** eine **Übertragung von ärztlichen Tätigkeiten,** bei denen es sich um **selbstständige Ausübung von Heilkunde** handelt, auf Angehörige der im KrPflG und AltPflG geregelten Heilberufe stattfinden, wenn diese hierfür eine besondere berufliche Qualifikation erworben haben (§ 63 Abs. 3c SGB V). Das Novum ist hierbei nicht die Übertragung von ärztlichen Tätigkeiten, sondern die selbstständige Ausübung von Heilkunde.[4] Schon bisher konnten Angehörige von Heilberufen und sogar anderer Gesundheitsfachberufe im Rahmen der Übertragung ärztlicher Tätigkeiten (Delegation), aber bei Überwachung durch den Arzt, ärztliche Tätigkeiten außerhalb des Kernbereichs ärztlicher Tätigkeit wahrnehmen.[5] Eine ge-

---

1 Diese letztere Ebene wird im 5. Kapitel (→ § 23 Rn. 1 ff.) behandelt.
2 S. dazu die Beiträge in *Brandhorst/Hildebrandt/Luthe* (Hrsg.), Kooperation und Integration – das unvollendete Projekt des Gesundheitssystems, 2017.
3 *Kluth* MedR 2010, 372 (375), spricht hier von explizitem Arztvorbehalten.
4 RL des Gemeinsamen Bundesausschusses über die Festlegung ärztlicher Tätigkeiten zur Übertragung auf Berufsangehörige der Alten- und Krankenpflege zur selbständigen Ausübung von Heilkunde im Rahmen von Modellvorhaben nach § 63 Abs. 3c SGB V (Richtlinie nach § 63 Abs. 3c SGB V) idF v. 20.10.2011,.
5 S. dazu *Achterfeld*, Aufgabenverteilung im Gesundheitswesen, 2014; *Bohne*, Delegation ärztlicher Tätigkeiten, 2012.

Igl

setzlich detailliert geregelte **Delegationsmöglichkeit** besteht für **Zahnärzte** (§ 1 Abs. 5 und 6 ZHG).[6]

Eine besondere Form der Bestimmung von Handlungsvoraussetzungen stellt der 7 **Arztvorbehalt im SGB V** dar, der als Kooperationsform mit anderen Personen nur die Figur der Hilfeleistungen durch andere Personen kennt (§ 15 Abs. 1 S. 2 SGB V).

C. Abläufe der gesundheitlichen Versorgung

Zur Kooperation und Koordination der Erbringer von medizinischen Dienstleistungen 8 sind verschiedene Instrumente vorgesehen. So stellt die **ärztliche Verordnung** im Rahmen der vertragsärztlichen Versorgung ein übliches Instrument der Kooperation und Koordination dar (s. den Katalog der möglichen ärztlichen Verordnungen in § 73 Abs. 2 1 SGB V). Auch die **ärztliche Anordnung** von Hilfeleistungen Dritter Personen rechnet hierzu (§ 73 Abs. 2 S. 1 Nr. 6 SGB V).

Speziell auf bestimmte Behandlungsabläufe bezogen sind **strukturierte Behandlungs-** 9 **programme bei chronischen Krankheiten** (§ 137f SGB V; → § 23 Rn. 13).

Bei der **ambulanten spezialfachärztlichen Versorgung** (§ 116a SGB V) wird auf die 10 Notwendigkeit **interdisziplinärer Zusammenarbeit** besonders hingewiesen.

Unter dem Oberbegriff der **Besonderen Versorgung** stellt die **integrierte Versorgung** 11 eine verschiedene Leistungssektoren übergreifende Versorgung der Versicherten oder eine interdisziplinär-fachübergreifende Versorgung dar (§ 140a Abs. 1 SGB V; dazu ausführlicher → § 23 Rn. 11 f.).

D. Leistungserbringungsrechtliche Voraussetzungen

Wegen des Vorbehalts des Gesetzes, der auch für das Leistungserbringungsrecht gilt 12 (§ 31 SGB I), bedarf die Begründung von Rechten und Pflichten einer gesetzlichen Grundlage. Das gilt auch für Rechte und Pflichten bei der Kooperation und Koordination von Leistungserbringern. Dabei ist zu berücksichtigen, dass die Kooperation und Koordination von Leistungserbringern nicht nur die Dimension des jeweiligen Handelns eines Leistungserbringers zB im Behandlungsablauf betrifft, sondern dass damit neben Haftungsfragen, die Gegenstand des Zivilrechts sind, auch Qualitätssicherungs- und Vergütungsfragen aufgeworfen werden, die gesetzlicher Regelung bedürfen.

Im Leistungserbringungsrecht werden zwei wichtige Formen der Kooperation der 13 ärztlichen Tätigkeit aufgeführt. Es handelt sich um das **Medizinische Versorgungs- zentrum** (→ § 15 Rn. 39 f.) und die **Praxisnetze** (→ § 15 Rn. 53).

E. Rechtsformen der koordinierten und kooperierenden Leistungs- bereitstellung und berufsrechtliche Voraussetzungen und Pflichten

Bei den Rechtsformen von Koordination und Kooperation ist neben der leistungs- 14 erbringungsrechtlichen Zulässigkeit auch die **privatrechtliche Seite** in den Blick zu nehmen. Darauf kann hier jedoch nicht eingegangen werden.[7]

---

6 Diese Vorschrift betrifft die Berufsausübung, nicht die Berufszulassung. Da die Gesetzge- bungskompetenz in Art. 74 Abs. 1 Nr. 19 GG nur die Berufszulassung betrifft, muss man hier- für eine Annexkompetenz annehmen.

7 S. zB die Möglichkeiten, die durch das PartGG eröffnet werden. S. insgesamt hierzu *Halbe/ Schirmer*, Handbuch Kooperationen im Gesundheitswesen, 42. Update März 2017.

15   Von besonderem Interesse sind die **berufsrechtlichen Voraussetzungen und Pflichten,** wie sie in der **ärztlichen Berufsordnung** niedergelegt sind. Die hier bestehende **Zusammenarbeitsgrundregel** (§ 29a MBO-Ä 1997) besagt, dass es Ärzten nicht gestattet ist, zusammen mit Personen, die nicht Ärzte sind, noch zu ihren berufsmäßig tätigen Mitarbeitern gehören, zu untersuchen oder zu behandeln. Dies gilt nicht für Personen, welche sich in der Ausbildung zum ärztlichen Beruf oder zu einem medizinischen Assistenzberuf befinden. Die Zusammenarbeit mit Angehörigen anderer Gesundheitsberufe ist zulässig, wenn die Verantwortungsbereiche des Arztes und des Angehörigen des Gesundheitsberufs klar erkennbar voneinander getrennt bleiben. Jedoch ist eine **Medizinische Kooperationsgemeinschaft** zwischen Ärzten und Angehörigen anderer Fachberufe möglich (§ 23b MBO-Ä 1997). Weiter sind vorgesehen **Ärztegesellschaften** (§ 23a MBO-Ä 1997) und **Praxisverbünde** (§ 23d MBO-Ä 1997).

5. Kapitel. Institutionelle leistungserbringende Akteure im Gesundheitswesen (Krankenhäuser, Pflege- und Rehabilitationseinrichtungen) und andere institutionelle Akteure

Zur Vertiefung: *Burgi,* Moderne Krankenhausplanung zwischen staatlicher Gesundheitsverantwortung und individuellen Trägerinteressen, NVwZ 2010, 601; *Quaas/Zuck,* Medizinrecht, 3. Aufl. 2014, 491; *Szabados,* Krankenhäuser als Leistungserbringer in der gesetzlichen Krankenversicherung, 2009; *Steiner,* Höchstrichterliche Rechtsprechung zur Krankenhausplanung, NVwZ 2009, 486; *Stollmann/Hermanns,* Die jüngere Rechtsprechung zum Krankenhausrecht, DVBl. 2011, 599.

Kommentare und Handbücher (ohne Sozialleistungsrecht): *Dettling/Gerlach* (Hrsg.), Krankenhausrecht, 2014; *Huster/Kaltenborn* (Hrsg.), Krankenhausrecht. Praxishandbuch zum Recht des Krankenhauswesens, 2. Aufl. 2017; *Spickhoff* (Hrsg.), Medizinrecht, 2. Aufl. 2014 (Kommentierungen zu KHEntgG und KHG)

§ 19 Strukturmerkmale des Rechts der institutionellen Akteure

A. Arten der institutionellen Akteure im Gesundheitswesen

Bei den institutionellen Akteuren im Gesundheitswesen kann eine große **Unterschei- 1 dung** angebracht werden zwischen **Akteuren, die direkt Gesundheitsleistungen erbringen,** so vor allem Krankenhäuser, Pflegeeinrichtungen und Vorsorge- und Rehabilitationseinrichtungen (→ §§ 20–22), und **sonstigen Akteuren.** Bei den sonstigen Akteuren wiederum kann unterschieden werden zwischen solchen, die institutionell und rechtlich in das Leistungserbringungssystem eingebunden sind, ohne selbst Gesundheitsdienstleistungen zu erbringen. Dazu gehören vor allem die im SGB V aufgeführten Institutionen der Krankenkassen und ihrer Verbände, der Kassenärztlichen Vereinigungen auf Länder- und Bundesebene, der Gemeinsame Bundesausschuss und der Medizinische Dienst der Krankenversicherung und der Medizinische Dienst des Spitzenverbandes Bund der Krankenkassen (→ § 28 Rn. 38 ff.). Andere Akteure haben ganz unterschiedliche Rollen im Gesundheitswesen, so zB die Kommunen, die Freie Wohlfahrtspflege, die Selbsthilfevereinigungen (→ § 28 Rn. 31 ff.).

B. Unterscheidung zwischen Einrichtung und Träger einer Einrichtung

Bei den personellen leistungserbringenden Akteuren, so vor allem bei den Ärzten, fallen 2 das Zuordnungssubjekt von Rechtsnormen und die tatsächlich leistungserbringende Person in einer Person zusammen. Dies ist bei den institutionellen leistungserbringenden Akteuren im Gesundheitswesen anders. Als institutionelle leistungserbringende Akteure sind hier Einheiten zu verstehen, die für sich genommen keine Rechtspersönlichkeit haben und zB als Krankenhäuser, Rehabilitationseinrichtungen oder Pflegeeinrichtungen bezeichnet werden, hinter denen aber ein rechtlich verantwortlicher Träger steht. Dieser Träger kann eine natürliche oder eine juristische Person sein. Das bedeutet auch, dass ein Träger als natürliche oder juristische Person mehrere Einrichtungen, zB Krankenhäuser, betreiben kann. Während der **Träger** also immer **Rechtspersönlichkeit** haben muss, handelt es sich bei den **Einrichtungen** in der Regel um **selbstständig wirtschaftende Einheiten,** in denen die entsprechenden Gesundheitsdienstleistungen dann wieder von natürlichen Personen erbracht werden. Der Begriff der Einrichtung ist dabei als Oberbegriff zu verstehen.

3   Die Rechtsnormen, die mit den institutionellen leistungserbringenden Akteuren im Gesundheitswesen zu tun haben, sprechen die rechtsverantwortlichen Träger und die Einrichtungen in unterschiedlicher Weise an. Beim institutionellen Akteur trifft die Rechtsverantwortlichkeit den **Träger,** während die **Einrichtung** dienstleistend handelt. Die handelnde Einrichtung, zB das Krankenhaus oder das Heim, ist in der Regel keine juristische Person, sondern ein Betrieb einer natürlichen oder juristischen Person. Es ist deshalb wichtig zu wissen, ob eine Rechtsvorschrift die Einrichtung oder den Träger im Auge hat.

> **Beispiel:** In den Krankenhausplan werden Krankenhäuser aufgenommen, vgl. § 8 Abs. 1 S. 1 KHG; zu ihrer wirtschaftlichen Sicherung werden die Investitionskosten gefördert, § 4 S. 1 Nr. 1 KHG; Krankenhäuser bestimmter Träger werden aber nicht gefördert, § 5 Abs. 1 Nr. 5 KHG.

C. Strukturierung des Rechts der institutionellen leistungserbringenden Akteure

4   Die Strukturierung des Rechts der institutionellen leistungserbringenden Akteure im Gesundheitswesen orientiert sich zum großen Teil an der Strukturierung des Rechts der personellen leistungserbringenden Akteure (→ § 14 Rn. 1 ff.). Danach sind folgende Punkte zu unterscheiden:

- Infrastrukturverantwortung
- Zulassung zur Leistungserbringung
- Sozialrechtliche Steuerung des Zugangs zur Leistungserbringung
- Personal
- Leistungen
- Qualitätssicherung
- Vergütung
- Beendigung der Marktteilnahme
- Nutzerstellung.

I. Infrastrukturverantwortung

5   Wenn die Versorgung der Bevölkerung mit komplexen und hochwertigen Gesundheitsdienstleistungen, deren Erbringung an räumliche, technische und apparative Voraussetzungen geknüpft ist, qualitativ angemessen und für alle in gleicher Weise zugänglich gestaltet werden soll, bedarf es einer öffentlichen Verantwortlichkeit für die Sicherung der Infrastruktur dieser Versorgung. Dabei wird davon ausgegangen, dass diese Dienstleistungen vom Markt nicht in dieser Weise angeboten werden oder werden können. Die öffentliche Verantwortlichkeit wird bei Krankenhäusern und bei Pflegeeinrichtungen durch Planungsmaßnahmen, auch in Form der Bedarfsplanung, und durch finanzielle Förderung der Investitionen wahrgenommen (→ § 11 Rn. 5 ff.).

II. Zulassung zur Leistungserbringung

6   Die Zulassung institutioneller Leistungserbringer zur Leistungserbringung hat eine ordnungsrechtliche und eine sozialleistungserbringungsrechtliche Komponente, wobei die ordnungsrechtliche Komponente nur für die der Gewerbeordnung unterliegenden gewerbsmäßig betriebenen Einrichtungen einschlägig ist. Die sozialleistungserbringungsrechtliche Komponente gilt hingegen für Einrichtungen aller Trägerarten.

III. Personal

Anders als bei der Zulassung von personellen Dienstleistern, bei denen der Zulas- 7
sungsakt direkt an den persönlichen und fachlichen Eigenschaften der jeweiligen Personen anknüpft, können bei institutionellen Dienstleistern zusätzlich Anforderungen an das Personal gestellt werden. Solche Personalanforderungen rechnen zu den Anforderungen an die Strukturqualität (→ § 15 Rn. 60 ff.).

IV. Leistungen

Bei den Leistungen ist zu unterscheiden zwischen dem Leistungsangebot, das ein in- 8
stitutioneller Leistungserbringer vorhält oder vorhalten muss, und den Leistungen, auf die ein individueller Leistungsbezieher einen Sozialleistungsanspruch hat. Das Vorhalten von bestimmten Leistungen ist bei Krankenhäusern wegen der Vielfalt der Leistungen der Krankenhausbehandlung wesentlich differenzierter als etwa das Vorhalten von Pflegeleistungen in einer Pflegeeinrichtung. Im Rahmen der Bedarfsplanung wird bereits auf Art und Umfang der vorzuhaltenden Leistungen abgestellt. Die entsprechenden Zulassungsakte knüpfen dann an die jeweilige Leistungsspezifikation der Einrichtung an.

V. Qualitätssicherung

S. hierzu → § 14 Rn. 18.   9

VI. Vergütung

Bis heute gibt es einen missverständlichen und irreführenden Begriff für die Vergü- 10
tung von Leistungen institutioneller Leistungserbringer im Gesundheits- und Pflegebereich, den **Pflegesatz.** Der Begriff des Pflegesatzes ist in zweifacher Hinsicht irreführend: In **Krankenhäusern** steht die medizinische Behandlung im Vordergrund, nicht die Pflege, und weiter hat die gesundheitliche Versorgung in Institutionen in der Regel nicht nur die Leistungen zum Inhalt, die den Anlass für die Versorgung in der Institution gegeben hat, also zB eine spezifische Krankenbehandlung, sondern auch die Unterkunft und Verpflegung (»Hotelleistungen«). Das für die Krankenhäuser einschlägige Vergütungsrecht regelt beide Segmente (vgl. § 17 Abs. 3 KHG). Bei **stationären Pflegeeinrichtungen** in der Pflegeversicherung (SGB XI) sind vergütungsrechtlich auch die Kosten für Unterkunft und Verpflegung umfasst (§ 82 Abs. 1 S. 1 SGB XI), obwohl leistungsrechtlich ein Anspruch auf Übernahme dieser Kosten anders als im Krankenhaus nicht gegeben ist (§ 4 Abs. 2 S. 2 SGB XI). Anders als im Krankenhausfinanzierungsrecht umfasst der Pflegesatz in der Pflegeversicherung nur die Pflegeleistungen (§ 84 Abs. 1 SGB XI).

Das Vergütungsrecht für Dienstleistungen von Gesundheitseinrichtungen hat sich in 11
den letzten 25 Jahren grundlegend geändert. Für lange Zeit war die **Deckung der Selbstkosten** einer Einrichtung das leitende Finanzierungsprinzip. Dieses Prinzip beruhte darauf, dass die Selbstkosten, also die Gestehungskosten der Dienstleistung, meist ergänzt um einen Anteil für den Unternehmerlohn, als Grundlage für die Finanzierung herangezogen wurden. Zwar war der Ansatz von Selbstkosten nicht unbegrenzt. Jedoch waren bei einer Finanzierung nach diesem Prinzip keine Anstrengungen der Einrichtung zu erwarten, effizienter zu wirtschaften, da grundsätzlich alle Gestehungskosten über den Pflegesatz refinanziert wurden. Ebenso wenig geeignet, den Einrichtungen Anreize für mehr Effizienz zu bieten, war die gängige Praxis, im Nachhinein den Haushaltsfehlbedarf zu decken.

12 Das **Selbstkostendeckungsprinzip** wie die nachgängige Fehlbedarfsfinanzierung wurden zuerst im Einrichtungsvergütungsrecht der Sozialhilfe,[1] dann in der Pflegeversicherung[2] und schließlich in der Krankenhausfinanzierung[3] **abgeschafft** und **neue Finanzierungsprinzipien** eingeführt. Auf diesen drei Gebieten wurde das Prinzip der **prospektiven Budgetvereinbarung** mit nur ausnahmsweiser nachschüssiger Fehlbedarfsfinanzierung zugrunde gelegt. Die Vergütungen für die Leistungen wurden weitgehend pauschaliert. In der **Sozialhilfe** wird zwischen Grund- und Maßnahmepauschalen unterschieden. In der **Krankenhausfinanzierung** werden Fälle für die Finanzierung zugrunde gelegt und mit Fallpauschalen entgolten. In der **Pflegeversicherung** wird bei den stationären Pflegeleistungen zwischen den Pflegeleistungen und den Unterkunfts- und Verpflegungsleistungen unterschieden. Die **Vergütung der Pflegeleistungen** orientiert sich nicht mehr ausschließlich an den Gestehungskosten, sondern wird auch im Vergleich mit den Vergütungen anderer Pflegeeinrichtungen vereinbart (externer Marktvergleich).[4]

13 Die **vereinbarten Vergütungen** werden, wenn es zum Leistungsfall kommt, in der vereinbarten Höhe von den **Sozialleistungsträgern übernommen.** Nur in der **Pflegeversicherung** gilt anderes. Dort werden wegen der **Deckelung der Leistungen** (= Begrenzung der Leistungshöhe) die Pflegesätze abhängig von der Pflegestufe nur in bestimmter Höhe übernommen (vgl. § 43 Abs. 2 SGB XI). Der überschießende Betrag ist vom Leistungsberechtigten selbst zu übernehmen; bei Bedürftigkeit springt der Sozialhilfeträger ein. Die Unterkunfts- und Verpflegungsleistungen hat der Leistungsberechtigte vollständig zu tragen (§ 4 Abs. 2 S. 2 SGB XI). Auch hier ist der Sozialhilfeträger bei Bedürftigkeit subsidiär zuständig.

VII. Beendigung der Marktteilnahme

14 Bei der Beendigung der Marktteilnahme eines institutionellen Leistungserbringers ist wieder zu unterscheiden zwischen dem Träger und der jeweiligen Einrichtung. In der Regel ist die Beendigung der Marktteilnahme nur für die Einrichtung, nicht für den Träger einer Einrichtung, vorgesehen.

VIII. Nutzerstellung

15 S. hierzu oben → § 14 Rn. 41 sowie allgemein unten 9. Kapitel.

D. Rechtsquellen – Regelungsebenen

16 Ähnlich wie beim Recht der personellen Akteure im Gesundheitswesen ist das Recht der institutionellen Akteure normhierarchisch in der Hauptsache auf fünf Ebenen geregelt: Unionsrecht, Verfassungsrecht, Bundesrecht, Landesrecht, untergesetzliches Recht. Anders als bei den personellen Akteuren spielt jedoch die unionsrechtliche Regulierungsebene auf dem Gebiet des Unionssekundärrechts eine weniger bedeutende Rolle. Jedoch kommen auch hier mehr und mehr vergaberechtliche Erwägungen zum Tragen.[5]

17 Das Zusammenspiel von Bundes- und Landesrecht ist insbesondere im Krankenhausrecht und im Recht der Pflegeeinrichtungen von Bedeutung. Dies hat mit der födera-

---

1 Ab 1994, s. dazu Grube/Wahrendorf/*Flint* SGB XII § 75 Rn. 3.
2 Ab 1996, s. dazu Udsching/Schütze/*Udsching* SGB X § 79 Rn. 3.
3 Ab 2003.
4 S. zu den Vergütungen für Pflegeheime BSGE 102, 227 = NZS 2010, 35; zu Vergütungen von Pflegediensten BSGE 105, 126 = BeckRS 2010, 69469.
5 Vgl. dazu Becker/Kingreen/*Becker* SGB V § 108 Rn. 13 ff.; zum Vergaberecht in der GKV ab 18.4.2016: *Hansen* NZS 2016, 814; *Höfer/Nolte* NZS 2015, 441.

Igl

len Ordnung der Bundesrepublik, aber auch mit der kommunalen Zuständigkeit für die Daseinsvorsorge zu tun, wobei die historische Entwicklung sehr bestimmend wirkt. Anders ist dies bei den medizinischen Rehabilitationseinrichtungen, für die landesrechtlich kaum Vorschriften anzutreffen sind.

§ 20 Krankenhäuser

A. Rechtsquellen

Die **konkurrierende Gesetzgebungskompetenz des Bundes** für das Krankenhauswe- 1
sen beschränkt sich auf die **wirtschaftliche Sicherung der Krankenhäuser** und die **Regelung der Krankenhauspflegesätze** (Art. 74 Abs. 1 Nr. 19a GG).[1] Auf dieser Grundlage sind das **Krankenhausfinanzierungsgesetz (KHG)**, die **Bundespflegesatzverordnung (BPflV)** sowie das **Gesetz über die Entgelte für voll- und teilstationäre Krankenhausleistungen (KHEntgG)** ergangen. Weitere bundesrechtliche Vorschriften finden sich im Recht der Gesetzlichen Krankenversicherung (vgl. §§ 107 ff. SGB V) sowie – für Privatkrankenanstalten – in der Gewerbeordnung (GewO). Durch die **Krankenhausgesetze der Länder** wird das Nähere zur Förderung von Krankenhäusern bestimmt (vgl. § 11 S. 1 KHG). Für die **psychiatrischen und psychosomatischen Einrichtungen** soll eine Änderung der Finanzierungsweisen in Richtung auf ein durchgängiges, leistungsorientiertes und pauschalierendes Vergütungssystem auf der Grundlage von tagesbezogenen Entgelten eingeführt werden (vgl. § 17d Abs. 1 KHG).[2]

Das **Zusammenspiel der verschiedenen Gesetze** stellt sich wie folgt dar: 2

- Die Zulassung von Krankenhäusern ist nur für **Privatkrankenanstalten** einer **gewerberechtlichen Konzession** unterworfen (§ 30 GewO). Krankenhäuser der öffentlichen, zB kommunalen, Träger oder in Trägerschaft der Wohlfahrtsverbände bedürfen keiner gewerberechtlichen Konzession.
- Die Zulassung von Krankenhäusern als **Leistungserbringer im Rahmen der Gesetzlichen Krankenversicherung** ist im SGB V geregelt (§ 108 SGB V), wobei im SGB V für solche Krankenhäuser, die im Krankenhausplan eines Landes aufgenommen worden sind, keine eigene Zulassungsprüfung nach dem SGB V erfolgt. Die Frage, ob ein Bedarf für ein Krankenhaus besteht, wird auf Landesebene im Rahmen der Krankenhausplanung geklärt. Die Krankenkassen stellen keine eigene oder weitere Bedarfsprüfung an.[3]
- Die **Regelungen zur Bedarfsplanung** werden nur von den **Ländern** getroffen (vgl. § 6 Abs. 1 KHG). Weder der Bund noch die Krankenkassen haben Gestaltungsrechte im Rahmen dieser Bedarfsplanung. Ihnen stehen aber **Beteiligungsrechte** zu, die landesrechtlich auszuformen sind (vgl. § 7 Abs. 1 S. 2 KHG).
- Es besteht ein **Zusammenhang** zwischen der Zuständigkeit der Länder für die **Bedarfsplanung** und der **Förderung der Investitionen** von Krankenhäusern (§ 8 Abs. 1 S. 1 KHG). Die Investitionsförderung ist in den Grundsätzen im KHG (2. Abschnitt) geregelt. In der Regel sind die **Länder für die Finanzierung der Investitionsförderung** zuständig.

---

1 Zu den Gesetzgebungskompetenzen *Kuhla* NZS 2014, 361.
2 S. Gesetz zur Einführung eines pauschalierenden Entgeltsystems für psychiatrische und psychosomatische Einrichtungen (Psych-Entgeltgesetz) v. 20.7.2012 (BGBl. 2012 I 1613); hierzu *Tuschen* NZS 2013, 531; Gesetz zur Weiterentwicklung der Versorgung und der Vergütung für psychiatrische und psychosomatische Leistungen v. 19.12.2016 (BGBl. 2016 I 2986).
3 Zur Zulassung eines Krankenhauses durch einen Versorgungsvertrag → § 20 Rn. 26.

– Das Recht der **Entgelte für Krankenhausleistungen** ist **bundesrechtlich** im KHG, im KHEntgG und in der BPflV geregelt.
– Das Recht der **Krankenhausleistungen für Versicherte der Gesetzlichen Krankenversicherung** ist Gegenstand des Leistungsrechts des SGB V (§ 39 SGB V).

B. Arten von Krankenhäusern

3 **Begriffsbestimmungen für das Krankenhaus** finden sich im KHG und im SGB V. Dabei ist die Begriffsbestimmung des KHG weiter als die des SGB V. Nach **§ 2 Nr. 1 KHG** sind Krankenhäuser Einrichtungen, in denen durch ärztliche und pflegerische Hilfeleistung Krankheiten, Leiden oder Körperschäden festgestellt, geheilt oder gelindert werden sollen oder Geburtshilfe geleistet wird und in denen die zu versorgenden Personen untergebracht und verpflegt werden können. Differenzierter ist die Begriffsbestimmung in **§ 107 Abs. 1 SGB V,** wonach Krankenhäuser Einrichtungen sind, die 1. der Krankenhausbehandlung oder Geburtshilfe dienen, 2. fachlich-medizinisch unter ständiger ärztlicher Leitung stehen, über ausreichende, ihrem Versorgungsauftrag entsprechende diagnostische und therapeutische Möglichkeiten verfügen und nach wissenschaftlich anerkannten Methoden arbeiten, 3. mithilfe von jederzeit verfügbarem ärztlichem, Pflege-, Funktions- und medizinisch-technischem Personal darauf eingerichtet sind, vorwiegend durch ärztliche und pflegerische Hilfeleistung Krankheiten der Patienten zu erkennen, zu heilen, ihre Verschlimmerung zu verhüten, Krankheitsbeschwerden zu lindern oder Geburtshilfe zu leisten, und in denen 4. die Patienten untergebracht und verpflegt werden können.

C. Infrastrukturverantwortung

I. Verteilung der Zuständigkeiten zwischen Bund und Ländern

4 § 6 KHG weist den Ländern explizit die Verantwortlichkeit für die Vorhaltung einer bedarfsgerechten Versorgung der Bevölkerung mit leistungsfähigen, eigenverantwortlich wirtschaftenden Krankenhäusern zu (vgl. § 1 Abs. 1 KHG). In den Landeskrankenhausgesetzen werden auch die Gemeinden und Landkreise in diese Verantwortlichkeit genommen.[4] Dabei wäre es verfassungsrechtlich möglich, dass die Länder – oder auch die Kommunen – diese Verantwortlichkeit dergestalt wahrnehmen, dass sie selbst als Betreiber und Träger von Krankenhäusern auftreten. Das heißt aber nicht, dass die Wahrnehmung der Verantwortlichkeit ausschließlich in dieser Form stattfinden kann. Vielmehr ist aus historischen Gründen eine **Betreiber- und Trägervielfalt** gegeben. Dies kommt auch in § 1 Abs. 2 S. 2 KHG zum Ausdruck, wonach die freigemeinnützigen und privaten Träger besonders zu fördern sind.

5 Eine Beteiligung der **Bundesebene,** hier in Form des Spitzenverbandes Bund der Krankenkassen und der Deutschen Krankenhausgesellschaft, ergibt sich bei der Vereinbarung über eine **bundeseinheitliche Definition,** die die **Kriterien für den Standort oder die Standorte eines Krankenhauses und dessen Ambulanzen** festlegt. Die Vereinbarungspartner haben sicherzustellen, dass diese Definition des Standorts eines Krankenhauses und dessen Ambulanzen eine eindeutige Abgrenzung von Versorgungseinheiten insbesondere in räumlicher, organisatorischer, medizinischer, wirtschaftlicher und rechtlicher Hinsicht ermöglicht. Die Definition soll insbesondere für Zwecke der Qualitätssicherung, der Abrechnung, für die Krankenhausplanung und die Krankenhausstatistik geeignet sein (§ 2a Abs. 1 KHG).[5]

---

4 Darauf weisen *Friedrich/Leber* in Huster/Kaltenborn KrankenhausR § 18 Rn. 13 hin.
5 Dazu die VO zur Verwaltung des Strukturfonds im Krankenhausbereich (Krankenhausstrukturfonds-Verordnung) v. 17.12.2015 (BGBl. 2015 I 2350).

Igl

Die **Bundesebene** ist finanziell bei der **Förderung von Vorhaben zur Verbesserung von** 6
Versorgungsstrukturen beteiligt. Zweck der Förderung durch einen Strukturfonds ist
insbesondere der Abbau von Überkapazitäten, die Konzentration von stationären Ver-
sorgungsangeboten und Standorten sowie die Umwandlung von Krankenhäusern in
nicht akutstationäre örtliche Versorgungseinrichtungen; palliative Versorgungsstrukturen sollen gefördert werden (§ 12 Abs. 1 KHG).

Darüber hinaus ist eine **allgemeine staatliche Verantwortung für die stationäre** 7
Krankenversorgung verfassungsrechtlich in der Schutzpflicht aus Art. 2 Abs. 2 S. 1
GG und im Sozialstaatsprinzip (Art. 20 Abs. 1 GG) sowie durch den aufgabenrecht-
lichen Gehalt der Kompetenzvorschrift in Art. 74 Abs. 1 Nr. 19a GG konstituiert.[6]

Die **Gesetzgebungskompetenz** in Art. 74 Abs. 1 Nr. 19a GG über »die wirtschaftliche Si- 8
cherung der Krankenhäuser und die Regelung der Krankenhauspflegesätze« gibt dem
Bund eine konkurrierende Gesetzgebungszuständigkeit für die aufgeführte Materie.[7] Sie
besagt jedoch nichts darüber, wer im Verhältnis von Bund und Ländern die Infrastrukturverantwortung für das tatsächliche Vorhalten von Krankenhäusern trägt. Das auf dieser Kompetenzgrundlage verabschiedete KHG belässt diese Verantwortung bei den
Ländern, enthält aber Aussagen darüber, wie diese Verantwortung wahrzunehmen ist.[8]
Der **Bund** nimmt seine **Verantwortung für die Krankenhausversorgung** also dadurch
war, dass er eine entsprechende **Gesetzgebung für das System der Krankenhausfinanzierung** bereitstellt. Diese Bereitstellungsverantwortung drückt sich auch darin aus, dass
die Finanzierung der Leistungen der Krankenhäuser durch Bundesgesetze[9] geregelt ist.
Das bedeutet aber nicht, dass der Bund für diese Finanzierung aufzukommen hat.

Die **Infrastrukturverantwortung** wird seitens der **Länder** durch eine **mit einer Be-** 9
darfsplanung verknüpften Investitionsförderung von Krankenhäusern wahrgenommen (§ 6 Abs. 1 KHG). Das heißt gleichzeitig, dass weder eine Bedarfsplanung
ohne Investitionsförderung noch eine Investitionsförderung ohne Bedarfsplanung
möglich ist. Insofern unterscheidet sich die Situation von der ärztlichen Versorgung.
Dort wird nur eine Bedarfsplanung vorgenommen; eine Investitionsförderung findet
nicht statt (→ § 15 Rn. 41 ff.).

Maßnahmen der Bedarfsplanung haben als Eingriff in den Markt an Krankenhausver- 10
sorgungsleistungen besondere Grundrechtsrelevanz, vor allem hinsichtlich der Berufsfreiheit der Krankenhausträger (Art. 12 Abs. 1 GG). Die Verwaltungsgerichte, auch das
BVerfG,[10] hatten mehrfach Gelegenheit, sich zu den grundlegenden Fragen einer Bedarfsplanung und der Aufnahme in einen Krankenhausplan zu äußern. Aus diesem
Grund wird im Folgenden die einschlägige Rechtsprechung dargestellt.[11]

II. Bedarfsplanung

Das Bundesverwaltungsgericht hat 1985 die **Grundlagen der Bedarfsplanung** aus- 11
führlich und lehrbuchartig für die **Planaufstellungsstufe**[12] dargelegt:[13] Ein Krankenhausbedarfsplan muss im Wesentlichen folgenden Inhalt haben:

---

6 *Burgi* NVwZ 2010, 601 (602 f.).
7 Hierzu *Kaltenborn* in Huster/Kaltenborn KrankenhausR § 2 Rn. 1 ff.
8 Im 2. Abschnitt des KHG.
9 3. Abschnitt des KHG; KHEntgG.
10 Beginnend mit BVerfGE 82, 209 = NJW 1990, 2306, zuletzt im Beschl. v. 23.4.2009, BVerfG
    NVwZ 2009, 977.
11 Insgesamt zur Krankenhausplanung *Stollmann* in Huster/Kaltenborn KrankenhausR § 4
    Rn. 1 ff.; *Burgi* NVwZ 2010, 601; *Steiner* NVwZ 2009, 486.
12 Vgl. Becker/Kingreen/*Becker* SGB V § 108 Rn. 6 f.
13 Der folgende Text stammt hauptsächlich aus BVerwGE 72, 38 (46 ff.) = NJW 1986, 796.

- Eine **Krankenhauszielplanung,** die im Rahmen des durch die Vorschriften des Krankenhausfinanzierungsgesetzes begrenzten Gestaltungsspielraumes die Ziele festlegt, auf deren Verwirklichung der Plan ausgerichtet ist.
- Eine **Bedarfsanalyse,** die eine Beschreibung des zu versorgenden Bedarfs der Bevölkerung enthält.
- Eine **Krankenhausanalyse,** die eine Beschreibung der Versorgungsbedingungen bei den in den Plan aufgenommenen Krankenhäusern enthält.
- Die Festlegung der durch die späteren Feststellungsbescheide zu treffenden (eigentlichen) **Versorgungsentscheidung** darüber, mit welchen Krankenhäusern der festgestellte Bedarf der Bevölkerung versorgt werden soll.

12 Bei der **Krankenhauszielplanung** handelt es sich um eine **Maßnahme,** die einen **überwiegend planerischen Charakter** hat. Die Planaufstellungsbehörde ist verpflichtet, unter der in § 1 Abs. 2 S. 1 KHG vorgeschriebenen Beachtung der Vielfalt der Krankenhausträger ein koordiniertes System bedarfsgerecht gegliederter, leistungsfähiger und wirtschaftlich arbeitender Krankenhäuser festzulegen. Es soll erreicht werden, dass sich die richtigen Krankenhäuser am richtigen Platz befinden. Im Hinblick auf diese Aufgabenstellung ist die Annahme gerechtfertigt, dass der für die Aufstellung des Krankenhausbedarfsplans zuständigen Behörde bei der **Festlegung der Ziele** der Krankenhausbedarfsplanung des Landes ein **planerischer Gestaltungsspielraum** eingeräumt ist. Hieraus folgt, dass die im Krankenhausbedarfsplan festgelegten Ziele der Krankenhausbedarfsplanung von den Gerichten nur daraufhin nachgeprüft werden können, ob sie sich im Rahmen der Gesetze und insbesondere der Regelungen des KHG halten und ob die unterschiedlichen öffentlichen sowie privaten Interessen der Krankenhausträger gerecht gegeneinander und untereinander abgewogen worden sind.

13 Die **Bedarfsanalyse** ist die **Beschreibung des zu versorgenden Bedarfs der Bevölkerung an Krankenhausbetten.** Dabei kann zwischen der als notwendig anzusehenden Beschreibung des gegenwärtig zu versorgenden Bedarfs sowie einer ebenfalls notwendigen Bedarfsprognose, also der Beschreibung des voraussichtlich in der Zukunft zu erwartenden Bedarfs, unterschieden werden. Unter dem Bedarf im Sinne des Gesetzes ist der tatsächlich auftretende und zu versorgende Bedarf und nicht ein mit dem tatsächlichen Bedarf nicht übereinstimmender erwünschter Bedarf zu verstehen. Es wäre mit dem in § 1 Abs. 1 KHG bezeichneten überragenden Ziel einer bedarfsgerechten Versorgung der Bevölkerung unvereinbar, wenn die einzelnen Länder bei der Ermittlung des zu versorgenden Bedarfs ihrer Bedarfsanalyse nicht den tatsächlichen Bedarf zugrunde legen, sondern versuchen würden, durch eine Minderversorgung des tatsächlichen Bedarfs die unversorgt bleibenden Patienten zu zwingen, in andere Länder abzuwandern. Ob eine solche auf Minderversorgung gerichtete Verfahrensweise mit dem Recht des Bürgers auf die im Grundsatz freie Wahl des Arztes und des Krankenhauses im Widerspruch stehen würde, kann dahinstehen. Jedenfalls wäre eine solche einseitige Verfahrensweise mit § 6 Abs. 2 KHG unvereinbar. Danach kann das Land bei einem Krankenhaus, das auch für die Versorgung der Bevölkerung anderer Länder wesentliche Bedeutung hat, bestimmte Maßnahmen ergreifen, die zu einer Verminderung des in seinem Land zu versorgenden tatsächlichen Bedarfs führen. Insbesondere kann es sich in Abstimmung mit den anderen Ländern darum bemühen, dass diese Länder ihrerseits Maßnahmen ergreifen, die zu einer Abwanderung des entsprechenden Patientenanteils in die anderen Länder führen. Soweit solche Maßnahmen eingeleitet sind, können ihre voraussichtlichen Auswirkungen berücksichtigt werden.

14 Die **Bedarfsanalyse** als solche ist also **kein Planungsinstrument.** Es ist der tatsächliche Bedarf festzustellen, der zu versorgen ist. Sowohl die Ermittlung des gegenwärtig zu versorgenden Bedarfs wie auch die Prognostizierung des voraussichtlich zukünftigen Bedarfs haben Feststellungen und Schätzungen zum Inhalt, die ausschließlich auf tat-

sächlichem Gebiet liegen. Diese Feststellungen und Schätzungen können im Grundsatz in gleicher Weise wie jede sonstige Ermittlung von Tatsachen gerichtlich voll nachgeprüft werden. Eine gewisse Einschränkung dieser grundsätzlichen Überprüfbarkeit kann sich in Fällen ergeben, in denen der Bedarfsanalyse nicht nur Tatsachen zugrunde liegen, die in der Vergangenheit oder in der Gegenwart eingetreten sind, sondern wenn auch in der Zukunft liegende Tatsachen berücksichtigt worden sind, deren zukünftiger Eintritt vorausschauend angenommen worden ist. Solche ebenfalls auf tatsächlichem Gebiet liegende Prognosen über die zukünftige Entwicklung der tatsächlichen Verhältnisse entziehen sich naturgemäß einer exakten Tatsachenfeststellung, wie dies für bereits eingetretene Tatsachen zutrifft. Wegen dieser tatsächlichen Schwierigkeiten bei der Nachprüfung prognostischer Feststellungen und Schätzungen wird sich das Gericht bei einer gebotenen Sachaufklärung auf die Nachprüfung beschränken müssen, ob die Behörde von zutreffenden Werten, Daten und Zahlen ausgegangen ist und ob sie sich einer wissenschaftlich anerkannten Berechnungsmethode bedient hat.

Die **Krankenhausanalyse** ist die **Beschreibung der tatsächlichen Versorgungsbedingungen** in den einzelnen Krankenhäusern, die in den Krankenhausbedarfsplan aufgenommen worden sind. Diese ebenfalls auf tatsächlichem Gebiet liegende Krankenhausbeschreibung insbesondere nach Standort, Bettenzahl und Fachrichtungen erfordert die Ermittlung der gegenwärtigen Einrichtungen und Ausstattungen in den betreffenden Krankenhäusern. Darüber hinaus kann auch eine Versorgungsprognose geboten sein. Sie betrifft die Prognostizierung der zukünftigen Entwicklung der Versorgungsbedingungen in den Krankenhäusern. Insoweit kann es auch von Bedeutung sein, ob ein Krankenhaus im Falle seiner Aufnahme in den Krankenhausbedarfsplan die Möglichkeit zur Teilnahme an der Notfallversorgung bietet. Die Krankenhausanalyse kann gerichtlich in gleicher Weise wie die Bedarfsanalyse überprüft werden. **15**

Auf der Grundlage der im Krankenhausbedarfsplan bezeichneten Ziele der Krankenhausbedarfsplanung des Landes sowie der Bedarfsanalyse und der Krankenhausanalyse ist im Krankenhausbedarfsplan letztlich festzulegen, **mit welchen Krankenhäusern der festgestellte Bedarf versorgt** werden soll. Durch diese verwaltungsinterne Festlegung wird die für den Erlass der **Feststellungsbescheide** nach § 8 Abs. 1 S. 3 KHG zuständige Landesbehörde ähnlich wie bei einer verwaltungsinternen Weisung verpflichtet, entsprechende Feststellungsbescheide zu erlassen. **16**

III. Investitionsförderung

Die Krankenhäuser werden auf zweierlei Weise wirtschaftlich gesichert: durch Übernahme ihrer **Investitionskosten** im Wege **öffentlicher Förderung** (§ 4 Nr. 1 KHG) und durch leistungsgerechte Erlöse aus den Pflegesätzen, die nach Maßgabe des KHG auch Investitionskosten enthalten können, sowie Vergütungen für vor- und nachstationäre Behandlung und für ambulantes Operieren (§ 4 Nr. 2 KHG; → § 20 Rn. 45 ff.). Bei der Übernahme der Investitionskosten haben die Krankenhäuser **Anspruch auf Investitionsförderung**.[14] Voraussetzung ist die Aufnahme in den Krankenhausplan eines Landes und bei Investitionen nach § 9 Abs. 1 Nr. 1 KHG in das Investitionsprogramm (§ 8 Abs. 1 S. 1 KHG). **Investitionskosten** sind vor allem (§ 2 Nr. 2 KHG): **17**

– die **Kosten der Errichtung** (Neubau, Umbau, Erweiterungsbau) von Krankenhäusern und der Anschaffung der zum Krankenhaus gehörenden Wirtschaftsgüter, ausgenommen der zum Verbrauch bestimmten Güter (Verbrauchsgüter), und
– die **Kosten der Wiederbeschaffung** der Güter des zum Krankenhaus gehörenden Anlagevermögens (Anlagegüter); zu den Investitionskosten gehören nicht die Kos-

---

14 Hierzu *Prütting* in Huster/Kaltenborn KrankenhausR § 5 Rn. 1 ff. (15 ff.).

ten des Grundstücks, des Grundstückserwerbs, der Grundstückserschließung sowie ihrer Finanzierung.

– Als den Investitionskosten **gleichstehende Kosten** werden angesehen die Entgelte für die Nutzung der Anlagegüter, und die Zinsen, die Tilgung und die Verwaltungskosten von Darlehen sowie Kapitalkosten (Abschreibungen und Zinsen) für die Verbrauchs- und Anlagegüter (§ 2 Nr. 3 KHG).

Diese Art der Förderung stellt sich damit grundsätzlich als Bau- und Ausstattungsförderung dar. Dabei bleibt es den Ländern überlassen, in welcher Form sie die Förderung vornehmen. So sind auch Baupauschalen zulässig.[15]

D. Zulassung (ordnungsrechtlich)

18 Krankenhäuser bedürften nur dann einer **gewerberechtlichen Konzession** (Zulassung), wenn es sich um **gewerbsmäßig betriebene Privatkrankenanstalten** handelt (§ 30 GewO). Krankenhäuser anderer Träger, auch der freigemeinnützigen Träger, sind nicht konzessionspflichtig.

19 Die **gewerberechtliche Konzession** hat **nur ordnungsrechtlichen Charakter.** Sie besagt nichts darüber, ob ein solches Krankenhaus auch die Voraussetzungen für die Aufnahme in den Krankenhausplan erfüllt. Ein gewerberechtlich konzessioniertes Krankenhaus ist allgemein zur Leistungserbringung zugelassen. Das bedeutet aber nicht, dass dort ohne Weiteres Patienten der Gesetzlichen Krankenversicherung zulasten der Krankenkasse versorgt werden können. Hierzu müssen die Voraussetzungen nach § 108 SGB V erfüllt sein. Ein solches Krankenhaus kann jedoch privatversicherte Patienten oder Selbstzahler aufnehmen.

E. Sozialrechtliche Voraussetzungen des Zugangs zur Leistungserbringung nach SGB V

20 Die Krankenkassen dürfen Krankenhausbehandlung nur durch folgende Krankenhäuser **(zugelassene Krankenhäuser)** erbringen lassen (§ 108 SGB V): 1. Krankenhäuser, die nach den landesrechtlichen Vorschriften als **Hochschulklinik** anerkannt sind, 2. Krankenhäuser, die in den Krankenhausplan eines Landes aufgenommen sind **(Plankrankenhäuser),** oder 3. Krankenhäuser, die einen **Versorgungsvertrag** mit den Landesverbänden der Krankenkassen und den Verbänden der Ersatzkassen abgeschlossen haben. Im Folgenden interessieren nur die Plankrankenhäuser und die Krankenhäuser, die durch Versorgungsvertrag zugelassen sind.

I. Plankrankenhäuser

21 Die Vorschrift des SGB V über die Zulassung von Plankrankenhäusern nimmt Bezug auf die Aufnahme in den Krankenhausplan des Landes (§ 108 Nr. 2 SGB V). Im Rahmen des **SGB V** ist also **keine eigene Bedarfsplanung** für Krankenhäuser eingerichtet. Wenn auf Landesebene in der **Planaufstellungsstufe** (→ § 20 Rn. 11 ff.) der Krankenhausplan aufgestellt worden ist, schließt sich daran die **Planvollziehungsstufe** an. Hier wird aufgrund eines **Feststellungsbescheides** der **Status des zugelassenen Krankenhauses iSd § 108 Nr. 2 SGB V begründet** (§ 8 Abs. 1 S. 3 KHG).

22 In der **Planvollziehungsstufe** sind **zwei Phasen** zu unterscheiden. In der **ersten Phase** geht es um die Feststellung, welche Krankenhäuser bedarfsgerecht, leistungsfähig und kostengünstig bzw. wirtschaftlich sind. Erst wenn die Versorgungskapazität durch die

---

15 BVerwGE 139, 309 = NVwZ-RR 2011, 729.

so bestimmten vorhandenen Krankenhäuser überschritten ist, ist in einer **zweiten Phase** eine Auswahlentscheidung zu treffen.

Für die **Feststellung in der ersten Phase** sagt das BVerwG,[16] dass die Begriffe der be- **23** darfsgerechten Versorgung, der Leistungsfähigkeit und der Wirtschaftlichkeit Rechtsbegriffe darstellen, die zwar inhaltlich unbestimmt sein mögen, jedoch unter Berücksichtigung der Zielsetzung des Gesetzes sinngemäß ausgelegt werden können. Diese Begriffe geben nichts dafür her, dass mit der in § 6 Abs. 1 KHG getroffenen Regelung der Behörde durch eine Beurteilungsermächtigung ein Beurteilungsspielraum oder durch eine Handlungsermächtigung ein Handlungsspielraum im Sinne des Handlungsermessens eingeräumt worden ist. Insbesondere spricht gegen die Annahme einer Beurteilungsermächtigung der Gesichtspunkt, dass die zu treffende Entscheidung, welche Krankenhäuser bedarfsgerecht, leistungsfähig und wirtschaftlich sind, weder im Hinblick auf die zur Entscheidung berufene Behörde einen höchstpersönlichen Charakter besitzt noch im Hinblick auf den zu beurteilenden Sachverhalt die besonderen Fachkenntnisse der dafür zuständigen Behörde erfordert. Die Entscheidung der Behörde, dass ein Krankenhaus bedarfsgerecht, leistungsfähig und wirtschaftlich sei oder nicht sei, kann vom Gericht in vollem Umfang nachvollzogen werden. Deshalb spricht nichts dafür, dass der Behörde insoweit ein Beurteilungsspielraum zugebilligt worden ist. Hiernach stellt die Entscheidung der Behörde über die Aufnahme der bedarfsgerechten, leistungsfähigen und wirtschaftlichen Krankenhäuser in den Krankenhausbedarfsplan dann eine gesetzesakzessorische Entscheidung dar, wenn die Zahl der Planbetten dieser Krankenhäuser die Zahl der zur bedarfsgerechten Versorgung der Bevölkerung benötigten Betten nicht übersteigt.

Für die **Feststellung in der zweiten Phase** muss sich wegen einer Überkapazität die Not- **24** wendigkeit ergeben, dass zwischen mehreren bedarfsgerechten leistungsfähigen und wirtschaftlichen Krankenhäusern ausgewählt werden muss. Das BVerwG[17] stellt hierzu fest, dass die Regelung des § 8 Abs. 2 S. 2 KHG, wonach die zuständige Landesbehörde **bei notwendiger Auswahl zwischen mehreren Krankenhäusern** abzuwägen bzw. zu entscheiden hat, welches von mehreren Krankenhäusern den Zielen der Krankenhausbedarfsplanung des Landes am besten gerecht wird, eindeutig Bestandteil des gesetzlichen Tatbestandes ist und damit die Subsumtion des Sachverhalts unter diese Norm betrifft und nicht die Rechtsfolge aus dieser Subsumtion. Das Gesetz verpflichtet die Behörde, dasjenige Krankenhaus in den Krankenhausbedarfsplan aufzunehmen, das nach sachgerechter Beurteilung den Planungszielen am besten gerecht wird. Die Behörde hat also auf der Rechtsfolgenseite keinen Ermessensspielraum mehr, welches von mehreren Krankenhäusern, die den Anforderungen des § 6 Abs. 1 KHG genügen, weil sie bedarfsgerecht, leistungsfähig und wirtschaftlich sind, in den Plan aufzunehmen ist. Sie kann nicht nach ihrem Ermessen entscheiden, ob sie das beste oder aufgrund irgendwelcher vertretbarer Erwägungen das zweitbeste Krankenhaus in den Plan aufnehmen will. Bereits durch die Subsumtion unter den Rechtsbegriff »am besten gerecht wird« ist die Rechtsfolge bestimmt. Infolgedessen ist **kein Handlungsermessen** eingeräumt.

Hiernach kommt das BVerwG[18] zu dem Ergebnis, dass die Regelung des § 8 Abs. 2 S. 1 **25** und 2 KHG als eine **Beurteilungsermächtigung** verstanden werden muss, durch die der Behörde ein Beurteilungsspielraum (»Beurteilungsermessen«) zugebilligt wird. Daraus folgt, dass die Entscheidung der Behörde, durch die sie bei notwendiger Auswahl zwischen mehreren bedarfsgerechten, leistungsfähigen und wirtschaftlichen Krankenhäusern die Feststellung der Aufnahme eines der betroffenen Krankenhäuser

---

16 Der folgende Text ist weitgehend BVerwGE 72, 38 (46 ff.) = NJW 1986, 796 entnommen.
17 BVerwGE 72, 38 (46 ff.) = NJW 1986, 796.
18 Der folgende Text entstammt hauptsächlich BVerwGE 72, 38 (46 ff.) = NJW 1986, 796.

in den Krankenhausbedarfsplan abgelehnt hat, **gerichtlich nur eingeschränkt überprüft** werden kann. Die gerichtliche Kontrolle muss sich auf die Nachprüfung beschränken, ob die zuständige Landesbehörde bei ihrer Entscheidung darüber, welches Krankenhaus den Zielen der Krankenhausbedarfsplanung des Landes am besten gerecht wird, von einem zutreffenden und vollständig ermittelten Sachverhalt ausgegangen ist, ob sie einen sich sowohl im Rahmen des Gesetzes wie auch im Rahmen der Beurteilungsermächtigung haltenden Beurteilungsmaßstab zutreffend angewandt hat und ob für ihre Entscheidung keine sachfremden Erwägungen bestimmend gewesen sind. Dabei ist letztlich auch zu erwägen, ob der Grundsatz der Gleichbehandlung gem. Art. 3 Abs. 1 GG dazu führen kann, dass mehrere in gleichem Maße geeignete Krankenhäuser anteilig berücksichtigt werden müssen.[19]

II. Durch Versorgungsvertrag zugelassene Krankenhäuser

26   Die Zulassung eines Krankenhauses durch Versorgungsvertrag (§ 108 Nr. 3 SGB V) stellt eine nachrangige Form der Zulassung als Leistungserbringer dann dar, wenn eine sonstige bedarfsgerechte Versorgung[20] der Versicherten nicht gegeben ist (§ 109 Abs. 3 S. 1 Nr. 3 SGB V).

III. Rechtsschutz

27   Zwar besteht nach dem Gesagten kein Anspruch eines Krankenhauses auf Aufnahme in den Krankenhausplan, jedoch kann sich die Situation ergeben, dass bei offenem Bedarf ein geeignetes Krankenhaus einen Anspruch auf Aufnahme hat, weil sich die **Nichtaufnahme** in den Krankenhausplan als **Eingriff in das Grundrecht auf Berufsfreiheit** (Art. 12 Abs. 1 GG) darstellt.[21] Die Verpflichtungsklage ist für diese Situation die statthafte Klageart.

28   Eine andere Situation liegt vor, wenn ein Krankenhaus in **Konkurrenz** zu anderen Krankenhäusern steht, die in den Krankenhausplan aufgenommen worden sind oder werden sollen. Dieses konkurrierende Krankenhaus muss gegen die Aufnahme der anderen Krankenhäuser vorgehen, da der entsprechende Bedarf an Krankenhäusern nur einmal gedeckt werden kann. Diese Situation wird als **offensive Konkurrentensituation** bezeichnet, weil das klagende Krankenhaus nicht nur seine eigene Planaufnahme bezweckt, sondern dafür auch gegen die Konkurrenten vorgehen muss. Das bedeutet, dass die eigene Planaufnahme mit der Verpflichtungsklage, und die Abwehr des Konkurrenten mit der Anfechtungsklage (Drittanfechtung) verfolgt werden muss.[22] Dafür steht auch der einstweilige Rechtsschutz offen.[23]

29   Will sich ein Plankrankenhaus gegen die geplante Aufnahme eines weiteren Krankenhauses in den Plan wehren, ist eine **defensive Konkurrentensituation** gegeben, in der es um den Erhalt der eigenen Begünstigung durch die Abwehr eines Konkurrenten geht. Einstweiliger Rechtsschutz ist in dieser Situation nicht gegeben.[24] Erst bei einem gegen das Plankrankenhaus vorliegenden Herausnahmebescheid kann hier im Wege der Anfechtungsklage gegen diesen vorgegangen werden.[25]

---

19   Zum Anspruch auf Planaufnahme des sog. Newcomers s. BVerfG NJW 2004, 1648 = BVerfGK 3, 39 = NJW 2004, 1648; hierzu *Steiner* NVwZ 2009, 486 (489).
20   Zur Prüfung der Bedarfsgerechtigkeit *Meßling* SGb 2011, 257.
21   BVerfGE 82, 209 = NJW 1990, 2306.
22   Becker/Kingreen/*Becker* § 108 Rn. 10.
23   BVerfG NVwZ 2007, 691; OVG Lüneburg DVBl. 2014, 257.
24   BVerfG NVwZ 2009, 977.
25   S. zu den Rechtsschutzfragen *Stollmann* in Huster/Kaltenborn KrankenhausR § 4 Rn. 169 ff.; *Shirvani* SDSRV 62 (2012), 107 ff. (109 ff., 126 ff.).

Igl

F. Personal

Bis auf die in § 107 Abs. 1 Nr. 3 SGB V enthaltenen Hinweise, dass ein Krankenhaus **30** jederzeit verfügbares ärztliches, Pflege- und Funktionspersonal und medizinisch-technisches Personal vorhalten muss, waren bislang – mit einer Ausnahme – keine bundesgesetzlichen Regelungen für die Krankenhauspersonalausstattung in quantitativer und qualitativer Hinsicht gegeben. Die genannte Ausnahme besteht für den Bereich der psychiatrischen Einrichtungen, die Krankenhausbehandlung iSv § 39 Abs. 1 SGB V leisten. Die hier einschlägige Psychiatrie-Personalverordnung (Psych-PV)[26] gibt detaillierte Hinweise zum Personalbesatz der psychiatrischen Einrichtungen. Der vorrangige Zweck der Psych-PV ist jedoch die Festlegung der Vergütungen gem. dem Personalbesatz (§ 2 Psych-PV).[27]

Die **Festlegung des Personalbedarfs** für Krankenhäuser ergibt sich nach Aufhebung **31** des Selbstkostendeckungsprinzips (→ § 19 Rn. 12) indirekt durch die **Finanzierungsvorgaben der Fallpauschalen.** Zwar sind diese leistungs- und nicht aufwandsorientiert (vgl. § 17b Abs. 1 S. 1 KHG). Bei der Festlegung der Fallpauschalen gehen jedoch die durchschnittlichen Kosten der Leistungserbringer in die Berechnung ein.[28] Bei der Festlegung des Personalbedarfs sind auch **tarifvertragliche Regelungen** und **gesetzliche Arbeitszeitbestimmungen** von Einfluss. Seit Juli 2017 liegt nun eine Regelung vor, nach der bis zum 30. Juni 2018 der Spitzenverband Bund der Krankenkassen und die Deutsche Krankenhausgesellschaft im Benehmen mit dem Verband der Privaten Krankenversicherung pflegesensitive Bereiche im Krankenhaus festlegen, für die verbindliche Pflegepersonaluntergrenzen mit Wirkung für alle gemäß § 108 SGB V zugelassenen Krankenhäuser zu vereinbaren sind, die dann ab dem 1. Januar 2019 gelten sollen (§ 137i Abs. 1 S. 1 SGB V). Damit hat der Gesetzgeber nach langen Diskussionen auf die Personalsituation im Pflegebereich, hier in der Krankenpflege, reagiert.

Hinweise auf das in Krankenhäusern einzusetzende Personal ergeben sich indirekt aus **32** der **Begriffsbestimmung der mit Krankenhäusern notwendig verbundenen Ausbildungsstätten,** in der über zehn Berufe aufgeführt sind (§ 2 Nr. 1a KHG).[29]

G. Leistungen eines Krankenhauses

Die Leistungen eines Krankenhauses werden in unterschiedlichen rechtlichen Zu- **33** sammenhängen, allerdings ziemlich deckungsgleich, beschrieben. Im **Sozialleistungsrecht** umfasst der Anspruch des Versicherten auf Krankenhausbehandlung im Rahmen des Versorgungsauftrags des Krankenhauses alle Leistungen, die im Einzelfall nach Art und Schwere der Krankheit für die medizinische Versorgung der Versicherten im Krankenhaus notwendig sind, insbesondere ärztliche Behandlung, Krankenpflege, Versorgung mit Arznei-, Heil- und Hilfsmitteln, Unterkunft und Verpflegung; die akutstationäre Behandlung umfasst auch die im Einzelfall erforderlichen und zum frühestmöglichen Zeitpunkt einsetzenden Leistungen zur Frührehabilitation (§ 39 Abs. 1 S. 3 SGB V). Diese Bestimmung des Leistungsinhalts deckt sich im Wesentlichen

---

26 Die Psych-PV sollte mit Wirkung zum 1.1.2017 außer Kraft treten, Die Geltung der Psych-PV ist jedoch durch Art. 8 Abs. 3 des Gesetzes v. 21.7.2012 (BGBl.2012 I 1613), idF des Art. 16c des Gesetzes v. 21.7.2014 (BGBl. 2014 I 1133), über den 31.12.2016 hinaus bis zum 31.12.2018 verlängert worden.

27 Die Ermächtigungsgrundlage für die Psych-PV ist § 16 S. 1 KHG und der weggefallene § 19 Abs. 2 KHG. Letztere Vorschrift hat sich zum Personalbesatz geäußert, während die erstgenannte Vorschrift Gegenstände des Pflegesatzes erwähnt.

28 So *Plücker/Wolkinger* Arzt und Krankenhaus 01/2007, 9.

29 S. allgemein zum Krankenhauspersonalwesen *Ricken* in Huster/Kaltenborn KrankenhausR § 13 Rn. 1 ff.

mit den im **Krankenhausrecht** verwendeten Beschreibungen (vgl. § 2 KHEntgG; hierzu im Einzelnen → § 30 Rn. 227 ff.).

H. Qualitätssicherung

I. Rechtlicher Rahmen der Qualitätssicherung bei Krankenhäusern

34 Das die Krankenhäuser betreffende Recht der Qualitätsanforderungen ist Teil des **Leistungserbringungsrechts**. Das für Krankenhäuser einschlägige Qualitätsrecht ist auch **Teil des allgemeinen Qualitätsrechts des SGB V** (→ § 15 Rn. 60 ff.).[30] Auch das KHG enthält Maßgaben zur Qualität der Krankenhausversorgung. So ist die »qualitativ hochwertige« Versorgung mit Krankenhäusern zum Grundsatz erhoben worden. Bei der Krankenhausplanung sind Qualitätsanforderungen zu berücksichtigen (§ 8 Abs. 1a, 1b KHG).[31]

35 Das Recht der Qualitätsanforderungen ist im SGB V überwiegend allgemein für die Leistungserbringer und nur an **wenigen Stellen speziell für die Krankenhäuser** (§ 137c SGB V) geregelt. Ansonsten ist der **Gemeinsame Bundesausschuss** (§ 91 SGB V) zu Richtlinien allgemein (§ 92 Abs. 1 S. 2 Nr. 13 SGB V) und für besondere die Krankenhäuser betreffende Materien zu Richtlinien oder Beschlüssen beauftragt (vgl. §§ 136, 136a Abs. 1–3, 136b, 136c, 137, 137c Abs. 1 S. 2 SGB V). Im Folgenden wird das Recht der Qualitätsanforderungen für Krankenhäuser nur anhand der ausschließlich auf Krankenhäuser abstellenden Vorschriften und aus Gründen der Übersichtlichkeit im Zusammenhang der jeweiligen Vorschriften dargestellt.

36 § 136 SGB V enthält für die Qualitätssicherung bei Vertragsärzten und Krankenhäusern eine Richtlinienermächtigung. Speziell für die **Qualitätssicherung in Krankenhäusern** liegt in § 136b SGB V eine Beschlussermächtigung vor. Diese betrifft im Bereich der **Strukturqualität** vor allem folgende Gegenstände:

– die Nachweise über die Erfüllung der Fortbildungsverpflichtungen der Fachärzte, Psychologischen Psychotherapeuten und der Kinder- und Jugendlichenpsychotherapeuten (S. 1 Nr. 1);
– Mindestmengenregelungen (S. 1 Nr. 2; → § 20 Rn. 59).
– Inhalt, Umfang und Datenformat eines zu veröffentlichenden strukturierten Qualitätsberichts der zugelassenen Krankenhäuser (S. 1 Nr. 3).

Die **Beschlüsse** sind für die zugelassenen Krankenhäuser **unmittelbar verbindlich** (§ 136b Abs. 2 S. 1 SGB V).

37 Der Gemeinsame Bundesausschuss legt durch Richtlinien geeignete Maßnahmen zur Sicherung der **Hygiene in der Versorgung** fest (§ 136a Abs. 1 SGB V) und bestimmt die **grundsätzlichen Anforderungen an ein einrichtungsinternes Qualitätsmanagement** (§ 136a Abs. 2 SGB V).

38 Der Gemeinsame Bundesausschuss beschließt **Qualitätsindikatoren zur Struktur-, Prozess- und Ergebnisqualität**, die als Grundlage für qualitätsorientierte Entscheidungen der Krankenhausplanung geeignet sind und nach § 6 Abs.1a KHG Bestandteil des Krankenhausplans werden (§ 136c Abs. 1 S. 1 SGB V).

39 Im Rahmen der **Bewertung von Untersuchungs- und Behandlungsmethoden im Krankenhaus** (§ 137c SGB V) hat der Gemeinsame Bundesausschuss solche Methoden

---

30 Zur Frage der Länderkompetenzen für die Qualitätssicherung bei Krankenhäusern s. *Wollenschläger/Schmidl* VSSR 2014, 117.
31 Hierzu *Stollmann* NZS 2016, 201. Zum Zusammenhang von Qualität und Vergütung *Kuhla* NZS 2015, 561. Zu methodischen Aspekten *F.E. Schnapp/P. Schnapp* NZS 2015, 201.

durch Richtlinie auszuschließen, die nicht für eine ausreichende, zweckmäßige und wirtschaftliche Versorgung der Versicherten unter Berücksichtigung des allgemein anerkannten Standes der medizinischen Erkenntnisse erforderlich sind (§ 137c Abs. 1 S. 2 SGB V). Die ausgeschlossene Behandlung darf ab dem Tag des Inkrafttretens der Richtlinie nicht mehr zulasten der Krankenkassen erbracht werden (§ 137c Abs. 2 S. 2 SGB V). Diese Maßnahme stellt sich als Maßnahme auf der Stufe der **Entwicklung von Qualitätsanforderungen** dar, denn auch beim Ausschluss fragwürdiger Behandlungen handelt es sich um eine Qualitätsanforderung.[32]

II. Herstellung der Verbindlichkeit von Qualitätsanforderungen

Die Qualitätsanforderungen, die durch den Gemeinsamen Bundesausschuss als **Richt-** **40**
linien erlassen werden, entfalten normative Wirkung und sind damit für die Leistungserbringer verbindlich (vgl. § 94 SGB V). Die in **Beschlüssen** enthaltenen Qualitätsanforderungen sind für die zugelassenen Krankenhäuser ebenfalls unmittelbar verbindlich (§ 136b Abs. 2 S. 1 SGB V).

Die Verbindlichkeit von **besonderen Qualitätsanforderungen an bestimmte Leis-** **41**
tungserbringer, die im Krankenhaus tätig sind, wird zusätzlich durch den Einbezug in die jeweiligen Verträge hergestellt, so beim ambulanten Operieren (§ 115b Abs. 1 S. 3 SGB V).

III. Überwachung von Qualitätsanforderungen

Darüber hinaus wird die **Qualitätsüberwachung der Krankenhausbehandlung** in **42**
§ 113 SGB V geregelt. Danach ist ein Prüfer zu bestellen. Besondere Überwachungsvorschriften existieren auch für das ambulante Operieren (§ 115b Abs. 2 S. 5 SGB V).

IV. Reaktionen bei Nichteinhaltung von Qualitätsanforderungen

Der Gemeinsame Bundesausschuss hat zur Förderung der Qualität ein **gestuftes Sys-** **43**
tem von Folgen der Nichteinhaltung von Qualitätsanforderungen nach den §§ 136–136c SGB V festzulegen. Er ist ermächtigt, neben Maßnahmen zur Beratung und Unterstützung bei der Qualitätsverbesserung je nach Art und Schwere von Verstößen gegen wesentliche Qualitätsanforderungen angemessene Durchsetzungsmaßnahmen vorzusehen. Solche Maßnahmen können insbesondere Vergütungsabschläge und der Wegfall des Vergütungsanspruchs sowie die Information Dritter über die Verstöße und die einrichtungsbezogene Veröffentlichung von Informationen zur Nichteinhaltung von Qualitätsanforderungen sein. Dabei sind Maßnahmen verhältnismäßig zu gestalten und anzuwenden (§ 137 Abs. 1 SGB V).[33]

Ein **Versorgungsvertrag** kann unter den Voraussetzungen der § 110 Abs. 1 iVm § 109 **44**
Abs. 3 S. 1 SGB V **gekündigt** werden. Dies gilt nicht nur für Krankenhäuser mit Versorgungsvertrag gem. § 108 Nr. 3 SGB V, sondern auch für **Plankrankenhäuser,** denn mit diesen gilt ein Versorgungsvertrag als abgeschlossen (§ 109 Abs. 1 S. 2 SGB V). Hier ist jedoch bei der zuständigen Landesbehörde ein Antrag auf Aufhebung oder Änderung des Feststellungsbescheides nach § 8 Abs. 1 S. 2 KHG zu stellen (§ 110 Abs. 1 S. 4 SGB V). Der Kündigungsgrund muss dauerhaft sein (§ 110 Abs. 1 S. 3 SGB V). Fraglich ist allerdings, ob als Kündigungsgrund auch ein Verstoß gegen Qualitätsanforderungen genügt. In § 109 Abs. 3 S. 1 iVm § 110 Abs. 1 S. 1 SGB V wird nur der Verstoß gegen die Gewähr für die leistungsfähige, wirtschaftliche oder bedarfsge-

---

32 S. hierzu *Stallberg* NZS 2017, 332.
33 Zur vergleichenden Qualitätsberichterstattung *Schnapp* NZS 2014, 281.

rechte Krankenbehandlung genannt. Ein Verstoß gegen Qualitätsanforderungen betrifft das Kriterium der Leistungsfähigkeit eines Krankenhauses.[34]

J. Vergütung

45 Bei der Finanzierung der Gesundheitsleistungen von Einrichtungen wird in der Regel betriebswirtschaftlich zwischen der Finanzierung der **Betriebskosten** und der Finanzierung der **Investitionskosten** unterschieden. Wenn hierfür unterschiedliche Finanzierungsträger zuständig sind, wird von einer dualen Finanzierung, wenn nur ein Finanzierungsträger zuständig ist, von einer monistischen Finanzierung gesprochen. Im Bereich der **Krankenhausfinanzierung** ist die **duale Finanzierung** gegeben.[35] Für die Finanzierung der Krankenhäuser sind zwei Bundesgesetze und eine Verordnung einschlägig. Dies sind das **Krankenhausfinanzierungsgesetz (KHG)** und die auf dieser Grundlage erlassene **Bundespflegesatzverordnung (BPflV)** sowie das **Krankenhausentgeltgesetz (KHEntgG)**. In den **Krankenhausgesetzen der Länder** finden sich die Vorschriften zur Krankenhausplanung und Investitionsförderung (vgl. § 11 KHG), wobei die Begriffe und Vorgaben hierfür auch im KHG geregelt sind.

46 Das **KHG** stellt das **gemeinsame Dach für die Krankenhausfinanzierung** im Sinne einer **dualen Finanzierung** dar (§ 4 KHG). Im KHG wird der Begriff der **Investitionskosten** gesetzlich definiert (§ 2 Nr. 2 KHG; → § 20 Rn. 17). Der Begriff der Betriebskosten wird anhand des Begriffs der Pflegesätze als Entgelte für die stationären und teilstationären Leistungen beschrieben (§ 2 Nr. 4 KHG). Der Begriff des Pflegesatzes entspricht nicht den Leistungen eines Krankenhauses, da im Krankenhaus vor allem ärztlich behandelt wird und die erforderliche Pflege mit der Therapie verbunden sein kann, aber nicht ausschlaggebend gerade für eine Krankenhausbehandlung ist.[36]

47 Neben der Begriffsbestimmung der Investitionskosten und der Festlegung der nicht förderungsfähigen Einrichtungen (§ 5 KHG) enthält das KHG auch die **Grundsätze der Investitionsförderung** (§§ 8–11 KHG). Maßgebend für einen Anspruch eines Krankenhauses auf Förderung ist die Aufnahme in den Krankenhausplan eines Landes (§ 8 Abs. 1 S. 1 KHG).[37]

48 Das **Pflegesatzrecht**[38] ist nur im KHG, in der BPflV und im KHEntgG geregelt. Unter dem **Oberbegriff Pflegesatz** finden sich zwei grundsätzlich unterschiedliche Ausprägungen des Pflegesatzes, so der **tagesgleiche Pflegesatz** (§ 17 Abs. 2 KHG) und der **pauschalierte Pflegesatz** (§ 17 Abs. 1a KHG). Der tagesgleiche Pflegesatz stellt die lange Zeit übliche Finanzierungsweise der Leistungen eines Krankenhauses dar. Diese Finanzierungsweise ist weitgehend abgelöst worden durch den pauschalierten Pflegesatz. Vereinfacht dargestellt beruht die Berechnungsweise des tagesgleichen Pflegesatzes auf den täglich erbrachten Leistungen eines spezifischen Krankenhauses, der pauschalierte Pflegesatz auf der Berechnung eines spezifischen Krankheitsfalles, weshalb der pauschalierte Pflegesatz auch **Fallpauschale** genannt wird (vgl. § 7 Abs. 1 S. 1 Nr. 1 KHEntgG).

49 Die **Grundsätze der Pflegesatzregelung** sind:
- die einheitliche Berechnung für alle Benutzer des Krankenhauses (§ 17 Abs. 1 S. 1 KHG),
- die prospektive Berechnung (§ 17 Abs. 1 S. 2 KHG),

---

34 So auch VG Freiburg Urt. v. 20.2.2002 – 1 K 148/00.
35 Hierzu *Wasem/Walendzik/Thomas* in Huster/Kaltenborn KrankenhausR § 1 Rn. 1 ff. (43 ff.). S. zur ebenfalls dualen Finanzierung von Pflegeeinrichtungen → § 21 Rn. 67 ff.
36 Zur missverständlichen Bedeutung des Begriffs Pflegesatzes → § 19 Rn. 10.
37 S. dazu → § 20 Rn. 11 sowie zur Investitionsförderung → § 20 Rn. 17.
38 Hierzu *Prütting* in Huster/Kaltenborn KrankenhausR § 5 Rn. 50 ff.

Igl

– die Beachtung des Grundsatzes der Beitragssatzstabilität bei der Ermittlung der Pflegesätze (§ 17 Abs. 1 S. 3 KHG),
– der Verbleib von Überschüssen und Verlusten beim Krankenhaus (§ 17 Abs. 1 S. 4 KHG).

Maßstab für die Ermittlung der **tagesgleichen Pflegesätze** ist, dass diese **medizinisch** **50** **leistungsgerecht** sein und einem Krankenhaus bei wirtschaftlicher Betriebsführung ermöglichen müssen, den **Versorgungsauftrag zu erfüllen** (§ 17 Abs. 2 KHG).

Das System der **pauschalierten Pflegesätze (Fallpauschalen)** (§ 17 Abs. 1a KHG) musste **51** erst entwickelt und dann Schritt für Schritt eingeführt werden. Das **Konzept, das Ver-fahren** und die **Schritte der Entwicklung** sind in einer Vorschrift zur Einführung eines pauschalierenden Entgeltsystems für DRG-Krankenhäuser enthalten (§ 17b KHG). Das **Konzept des Fallpauschalensystems**[39] ist in seiner Grundlage einfach, in seinen einzelnen Ausprägungen aber komplex und hochdifferenziert (§ 17b Abs. 1 KHG). Das einzufüh-rende System zur Vergütung der allgemeinen Krankenhausleistungen soll durchgängig, leistungsorientiert und pauschalierend sein. Mit den Entgelten dieses Vergütungssys-tems werden die **allgemeinen** vollstationären und teilstationären **Krankenhausleistun-gen für einen Behandlungsfall vergütet** (§ 17b Abs. 1 S. 1 und 3 KHG).[40]

Das **Verfahren der Entwicklung** des neuen Fallpauschalensystems ist dem Spitzen- **52** verband Bund der Krankenkassen, dem Verband der privaten Krankenversicherung und der Deutschen Krankenhausgesellschaft anvertraut, wobei ein Vergütungssystem, das sich an einem international bereits eingesetzten Vergütungssystem auf der Grund-lage der **Diagnosis Related Groups (DRG)** orientiert, zu vereinbaren ist (§ 17b Abs. 2 KHG). Die **Schritte der Entwicklung** sind einmal durch die Entwicklung des neuen Vergütungssystems bestimmt (§ 17b Abs. 3 KHG), zum anderen durch die Umsetzung auf die Finanzierung der einzelnen Krankenhäuser (§ 17b Abs. 4–8 KHG).

Von den verschiedenen Entgeltarten sollen hier nur die **Fallpauschalen** besonders er- **53** wähnt werden (§ 7 Abs. 1 S. 1 Nr. 1 KHEntgG). Diese Fallpauschalen werden für Be-handlungsfälle abgerechnet (§ 8 Abs. 2 KHEntgG). Sie werden in einem **Fallpauscha-len-Katalog** jährlich bundesweit durch Vereinbarung des Spitzenverbandes Bund der Krankenkassen, des Verbandes der privaten Krankenversicherung und der Deutschen Krankenhausgesellschaft festgelegt (§ 9 Abs. 1 S. 1 Nr. 1 KHEntgG). Dies geschieht durch Festlegung von Fallgruppen und deren Bewertungsrelationen, wobei die Bewer-tungsrelationen als Relativgewichte auf eine Bezugsleistung zu definieren sind (§ 17b Abs. 1 S. 10 und 11 KHG). Die Bewertungsrelation 1,0 entspricht den mittleren Fallkos-ten aller kalkulierten DRG-Fälle. Beispielsweise bedeutet eine Bewertungsrelation 3,0 bei einer DRG, dass diese DRG dreimal so kostenaufwendig ist wie die DRG-Durch-schnittsleistung.

Die **Höhe der Fallpauschalen** wird durch einen jährlich auf Landesebene zu vereinba- **54** renden Basisfallwert **(Landesbasisfallwert)** bestimmt (§ 10 Abs. 1 S. 1 KHEntgG). Dieser Landesbasisfallwert wird zur Berechnung der Fallpauschale mit der für die DRG ein-schlägigen Bewertungsrelation multipliziert. Die unterschiedlichen Landesbasisfallwerte sind in einer Konvergenzphase (2010–2014) angeglichen worden (§ 10 Abs. 8 KHEntgG). Mittlerweile liegt ein einheitlicher Basisfallwert vor (vgl. § 10 Abs. 9 KHEntgG).

Für die **Vergütung des einzelnen Krankenhauses**[41] kommt es darauf an, ob es ein sog. **55** **DRG-Krankenhaus** ist oder nicht (§ 1 Abs. 1 und 2 KHEntgG). Bei DRG-Kranken-

---

39 Aus ökonomischer Sicht *Wasem/Walendzik/Thomas* in Huster/Kaltenborn KrankenhausR § 1 Rn. 1 ff. (52 ff.). Aus verfassungsrechtlicher Sicht *Rübsamen,* Verfassungsrechtliche Aspekte des Fallpauschalensystems im Krankenhauswesen (DRG-Vergütungssystem), 2008.
40 Zur Finanzierung der Ausbildungskosten an Krankenhäusern s. § 17a KHG.
41 Zum Vergütungsanspruch des Krankenhauses gegenüber den Krankenkassen aufgrund der Krankenbehandlung *Felix* SGb 2017, 181, 259.

häusern wird ein **Erlösbudget** vereinbart. Das Erlösbudget wird leistungsorientiert ermittelt, indem für die voraussichtlich zu erbringenden Leistungen Art und Menge der Entgelte mit der jeweils maßgeblichen Entgelthöhe multipliziert werden (§ 4 Abs. 1 und 2 KHEntgG). Die Leistungen eines Krankenhauses bestimmen sich nach dem Versorgungsauftrag (§ 8 Abs. 1 KHEntgG). Die Vereinbarung ist prospektiv und wird für ein Jahr getroffen (§ 11 Abs. 1 und 2 KHEntgG). Ist das Krankenhaus **kein DRG-Krankenhaus,** findet das **Pflegesatzverfahren** nach § 18 KHG statt. Auch hier ist die Vereinbarung prospektiv (§ 18 Abs. 3 KHG).

56 Kommt eine Vereinbarung über die Höhe der Pflegesätze nicht zustande, kann die **Schiedsstelle** angerufen werden (§ 13 KHEntgG; §§ 18 Abs. 4, 18a KHG). Die **Vereinbarung** oder die **Festsetzung der Schiedsstelle** müssen durch die zuständige Landesbehörde **genehmigt** werden; gegen die Genehmigung ist der Verwaltungsrechtsweg eröffnet (§ 14 Abs. 1 KHEntgG; § 18 Abs. 5 KHG).

K. Beendigung der Marktteilnahme

I. Herausnahme aus dem Krankenhausplan

57 Die Beendigung der Marktteilnahme durch **Herausnahme eines Krankenhauses aus dem Krankenhausplan** stellt wie die Feststellung der Aufnahme in den Plan einen **Verwaltungsakt** dar. Dabei handelt es sich um einen belastenden Verwaltungsakt, für dessen Erlass eine Ermächtigungsgrundlage erforderlich ist. Einige Landeskrankenhausgesetze enthalten eine solche Ermächtigungsgrundlage. Ist eine solche landesrechtliche Ermächtigungsgrundlage nicht gegeben, stellt sich die Frage, ob § 8 Abs. 1 S. 3, Abs. 2 S. 2 KHG eine bundesrechtliche, im Verhältnis zur allgemeinen Widerrufsvorschrift in den jeweiligen Landesverwaltungsverfahrensgesetzen besondere Regelung darstellt oder ob auf die Widerrufsvorschrift im Landesverwaltungsverfahrensgesetz zurückgegriffen werden muss.[42] Der Unterschied besteht vor allem darin, dass nach der allgemeinen Widerrufsvorschrift die den Widerruf erschwerende Voraussetzung der Gefährdung des öffentlichen Interesses vorliegen muss (§ 49 Abs. 2 S. 1 Nr. 3 VwVfG), und dass weiter die Fristregelung in § 48 Abs. 4 VwVfG einschlägig wäre.[43]

II. Kündigung des Versorgungsvertrages

58 Ein **Versorgungsvertrag** kann unter den Voraussetzungen der § 110 Abs. 1 SGB V iVm § 109 Abs. 3 S. 1 SGB V **gekündigt** werden. Dies gilt nicht nur für Krankenhäuser mit Versorgungsvertrag gem. § 108 Nr. 3 SGB V, sondern auch für Plankrankenhäuser, denn mit diesen gilt ein Versorgungsvertrag als abgeschlossen (§ 109 Abs. 1 S. 2 SGB V). Hier ist jedoch bei der zuständigen Landesbehörde ein Antrag auf Aufhebung oder Änderung des Feststellungsbescheides nach § 8 Abs. 1 S. 2 KHG zu stellen (§ 110 Abs. 1 S. 3 SGB V). Der Kündigungsgrund muss dauerhaft sein (§ 110 Abs. 1 S. 2 SGB V).

III. Verbot der Leistungserbringung

59 § 136b Abs. 4 S. 1 SGB V sieht ein **Verbot der Leistungserbringung** bei **Unterschreitung von Mindestmengen bei bestimmten planbaren Leistungen** vor. Von diesem gesetzlichen Verbot kann die für die Krankenhausplanung zuständige Landesbehörde absehen (§ 136b Abs. 5 SGB V). Die Mindestmengen werden vom Gemeinsamen Bundesausschuss durch Beschluss festgelegt (§ 136b Abs. 1 S. 1 Nr. 2 SGB V).

---

42 Vgl. § 49 VwVfG; es käme der Widerrufsgrund in § 49 Abs. 2 Nr. 3 VwVfG infrage.
43 So *Steiner* NVwZ 2009, 486 (490 f.). S. umfassend *Vitkas* MedR 2010, 539. Guter Überblick über die Rspr. und den Meinungsstand bei Prütting/*Stollmann*, Fachanwaltskommentar Medizinrecht, 4. Aufl. 2016, KHG § 8 Rn. 23 ff.

Igl

Rechtsschutz gegen entsprechende Beschlüsse des G-BA kann durch eine Normenfest- **60** stellungsklage[44] im Rahmen der Feststellungsklage nach § 55 Abs. 1 S. 1 SGG gewährt werden, allerdings nur mit Wirkung zwischen den Parteien. Einstweiliger Rechtsschutz ist über eine Regelungsanordnung – Aussetzung des Beschlusses mit Wirkung zwischen den Parteien – nach § 86b Abs. 2 SGG möglich.

L. Nutzerstellung

Der Wahrnehmung der Rechte und Interessen von Patienten gerade bei Krankenhaus- **61** leistungen vollzieht sich bei der Auswahl eines Krankenhauses durch Informationsmöglichkeiten und Wahlrechte, bei der Einholung einer zweiten Meinung vor Eingriffen, bei der sozialen Begleitung im Krankenhaus, schließlich beim Übergang in eine andere Versorgungssituation.

Zugelassene Krankenhäuser sind verpflichtet, im Abstand von zwei Jahren **struktu-** **62** **rierte Qualitätsberichte** zu veröffentlichen (§ 136b Abs. 1 S. 1 Nr. 3 SGB V). Dadurch besteht für die Patienten, aber auch für die Ärzte, die Möglichkeit, sich bei der **Auswahl eines Krankenhauses** entsprechend zu informieren.

Eine ähnliche Funktion wie Qualitätsberichte hat das **Verzeichnis stationärer Leistun-** **63** **gen und Entgelte,** das die Landesverbände der Krankenkassen, die Ersatzkassen und die Deutsche Rentenversicherung Knappschaft-Bahn-See gemeinsam so erstellen, dass die Entgelte miteinander verglichen werden können (§ 39 Abs. 3 SGB V). Dieses Verzeichnis ist auch bei der Verordnung einer Krankenhausbehandlung zu berücksichtigen (§ 73 Abs. 4 S. 4 SGB V).

Bei der **Auswahl eines Krankenhauses** ist der Versicherte an die **Verordnung des** **64** **Arztes** gebunden. Jedoch sind in dieser Verordnung in geeigneten Fällen auch die beiden nächsterreichbaren, für die vorgesehene Krankenhausbehandlung geeigneten Krankenhäuser anzugeben (§ 73 Abs. 4 S. 3 SGB V).

Der Versicherte hat das Recht, vor planbaren Eingriffen eine **zweite Meinung** einzuho- **65** len (§ 27b Abs. 1 SGB V).

In einigen Bundesländern sehen die Landeskrankenhausgesetze **soziale Beratung und** **66** **Betreuung im Krankenhaus** vor. In diesen Ländern wird überwiegend die funktionale Existenz eines sozialen Dienstes verpflichtend festgeschrieben.[45]

Versicherte haben Anspruch auf ein **Versorgungsmanagement,** insbesondere beim **67** Übergang in eine andere Versorgungssituation (§ 11 Abs. 4 SGB V). Mit dieser Vorschrift wird der Tatsache Rechnung getragen, dass gerade beim Übergang von einem Krankenhaus in eine häusliche oder stationäre Pflegesituation, in die Rehabilitation oder in die ambulante ärztliche Versorgung Schnittstellenprobleme zu bewältigen sind, die professioneller Unterstützung bedürfen. Ungewöhnlich ist die Ausgestaltung der Vorschrift, die sich inhaltlich als **Kooperations- und Koordinierungsvorschrift für** **Leistungserbringer** versteht, als Anspruch der Versicherten. Allerdings bestimmt die Vorschrift nicht klar, wer **Anspruchsverpflichteter** ist. § 11 Abs. 4 S. 2 SGB V spricht nur von den betroffenen Leistungserbringern, die für eine sachgerechte Anschlussversorgung des Versicherten sorgen.[46]

Die Krankenbehandlung umfasst ein **Entlassmanagement** zur Unterstützung einer **68** sektorenübergreifenden Versorgung der Versorgung der Versicherten beim Übergang in die Versorgung nach Krankenhausbehandlung (§ 39 Abs. 1a SGB V).[47]

---

44 BSGE 112, 257 = MedR 2013, 622.
45 Dazu *Igl*, Rechtliche Verankerung der Sozialarbeit im Gesundheitswesen, 2017, 70 f.
46 So auch Becker/Kingreen/*Becker/Kingreen* SGB V § 11 Rn. 33 f.
47 Hierzu *Kuck* NZS 2016, 256.

§ 21 Pflegeeinrichtungen

A. Rechtsquellen

1 Das Recht der Pflege wird maßgeblich bestimmt vom **Recht der Sozialen Pflegeversicherung (SGB XI)** (→ § 31 Rn. 3 ff.). Trotzdem darf nicht übersehen werden, dass in der Gesetzlichen Unfallversicherung (SGB VII), in der Sozialhilfe (SGB XII) und im Versorgungsrecht (Bundesversorgungsgesetz – BVG) ebenfalls Pflegeleistungen vorgesehen sind. Im SGB VII und im BVG gibt es kein besonderes Leistungserbringungsrecht (vgl. § 44 SGB VII, § 35 BVG). In der **Sozialhilfe** existieren hingegen besondere **leistungserbringungsrechtliche Vorschriften für die stationäre Versorgung** (§§ 75 ff. SGB XII). Bei der stationären pflegerischen Versorgung wird dabei teilweise Bezug genommen auf die leistungserbringungsrechtlichen Vorschriften des SGB XI (§ 61 Abs. 6 SGB XII). Im Folgenden wird nur auf das Recht der Pflegeeinrichtungen nach dem SGB XI eingegangen.

2 Das **Recht der Sozialen Pflegeversicherung** ist in seinem sozialrechtlichen Teil[1] in seiner Rechtsquellenstruktur an das Recht der Gesetzlichen Krankenversicherung (SGB V) angelehnt. Zwar existiert in der Pflegeversicherung **keine der Krankenversicherung vergleichbare gemeinsame Selbstverwaltung** (→ § 28 Rn. 46), wie sie insbesondere in der Institution des normsetzenden Gemeinsamen Bundesausschusses zum Ausdruck kommt (vgl. § 91 SGB V). Was aber die **untergesetzlichen Rechtsquellen** angeht, lehnt sich das SGB XI sehr an das Muster des SGB V an. So finden sich auch im SGB XI Bundesempfehlungen und Bundesvereinbarungen, Rahmenverträge (vgl. § 75 SGB XI), sonstige Vereinbarungen (zB §§ 113 Abs. 1, 115 Abs. 1a S. 2 SGB XI) und Richtlinien (zB §§ 17, 53a SGB XI). Die Rechtsnatur solcher Vorschriften kann nicht verallgemeinernd bestimmt werden. Vielmehr ist der jeweilige Entstehungs- und Wirkungskontext zu berücksichtigen.

3 Ähnlich wie im Krankenhausrecht ist das Recht der Pflegeeinrichtungen auf der einen Seite durch das **Sozialleistungsrecht,** das SGB XI, und auf der anderen Seite durch das Landesrecht, die **Landespflegegesetze,** geprägt. Allerdings verlaufen die Linien der Verteilung der gesetzgeberischen Kompetenzen etwas unterschiedlich: Während wie bei den Krankenhäusern die Bedarfsplanung und die Investitionsförderung bei den Ländern liegen, hierfür aber – anders als bei den Krankenhäusern im KHG – praktisch keine bundesrechtlichen Maßgaben existieren, ist das die Vergütungen der Pflegeeinrichtungen bestimmende Recht nur im SGB XI (§§ 82 ff.) und nicht in besonderen Bundesgesetzen zu finden.

4 Als weitere Rechtsquelle für die Pflegeeinrichtungen konnte früher das **Heimgesetz des Bundes (HeimG)** gelten. Dieses Gesetz ist nach der Föderalismusreform in allen Bundesländern durch entsprechende Landesgesetze abgelöst worden (s. Art. 74 Abs. 1 Nr. 7, Art. 125a Abs. 1 GG). Die Landesgesetze enthalten ordnungsrechtliche Vorschriften zur baulichen und personellen Ausstattung. Dem Verbraucherschutz dienen Vorschriften zum finanziellen Schutz der Bewohner. Ebenso sind zum Verbraucherschutz die heimvertraglichen Vorschriften nach dem HeimG zu rechnen, die mittlerweile durch das Wohn- und Betreuungsvertragsgesetz (WBVG) abgelöst worden sind.[2]

---

1 Das SGB XI enthält auch Regelungen zur privaten Pflegepflichtversicherung, §§ 110, 111 SGB XI, → § 38 Rn. 4 ff.
2 Abdruck und Kommentierung der Ländergesetze bei *Dahlem/Giese/Igl,* Heimrecht des Bundes und der Länder, 2014, Bd. II u. III, Heimrecht der Länder.

Igl

B. Arten von Pflegeeinrichtungen

Die Leistungen der Pflegeversicherung werden vor allem durch **Pflegeeinrichtungen** 5
(§ 71 SGB XI) erbracht. Zur Sicherstellung der häuslichen Versorgung ist die Erbringung von Pflegeleistungen durch **Einzelpersonen** vorgesehen, mit denen die Pflegekasse einen Vertrag außerhalb des sonst für Pflegeleistungen vorgesehenen Leistungserbringungsrechts abschließt (§ 77 SGB XI; → § 16 Rn. 33 ff.).

Mit der Vorschrift über die Pflegeeinrichtungen werden drei Zwecke verfolgt:[3] 6

– die Sicherung einer Mindestausstattung in organisatorischer Hinsicht,
– die Sicherung einer fachlichen Qualifikation der verantwortlichen Pflegeleitung,
– die Ausrichtung der Einrichtung gerade auf die pflegerische Versorgung.

Pflegeeinrichtungen werden definiert als selbstständig wirtschaftende Einheiten der 7
ambulanten und stationären Versorgung, die unter ständiger Verantwortung einer
ausgebildeten Pflegefachkraft stehen (§ 71 SGB XI). Der **Begriff der Einrichtungen**
umfasst die **Pflegedienste** (= die ambulanten Dienste der häuslichen Pflege), und die
Pflegeheime (= die voll- und teilstationären Pflegeeinrichtungen). Mit diesen Einrichtungen ist der Versorgungsvertrag zu schließen (§ 72 SGB XI). Nur mit solchen Einrichtungen darf die Pflegekasse Leistungen erbringen.

In **organisatorischer Hinsicht** wird neben einem Mindestmaß an Organisationsstruk- 8
tur ein **selbstständiges Wirtschaften** gefordert (§ 71 Abs. 1 und 2 SGB XI). Das bedeutet, dass eine eigene Aufgaben- und Wirtschaftlichkeitsverantwortung gegeben ist,
was nicht ausschließt, dass der Träger der Einrichtung nicht auch andere Leistungen
als solche der Pflegeversicherung erbringen kann. Die Buchhaltung hat den Regeln der
Pflege-Buchführungsverordnung[4] zu folgen.

Hinsichtlich der **Personalausstattung** wird für die Eigenschaft als Pflegeeinrichtung 9
nur auf die »**ständige Verantwortung einer ausgebildeten Pflegefachkraft**« (§ 71
Abs. 2 SGB XI) hingewiesen. Dabei bezieht sich diese Verantwortung nicht auf die
Führung der Einrichtung, sondern auf die Pflege, Verpflegung und Unterkunft von
Pflegebedürftigen. Unter ständiger Verantwortung einer verantwortlichen Pflegefachkraft stehen Leistungen in einem Pflegeheim nur, wenn die verantwortliche Pflegefachkraft die Pflegeleistungen für jeden Heimbewohner zumindest in den Grundzügen selbst festlegt, ihre Durchführung organisiert und ihre Umsetzung angemessen
kontrolliert. Es ist nicht erforderlich, die Aufgaben einer verantwortlichen Pflegefachkraft in größeren Pflegeheimen in Vollzeitbeschäftigung und von der Funktion der
Heimleitung getrennt zu versehen. Bei einer Delegation von Aufgaben dürfen diese
jedoch nur von Mitarbeitern wahrgenommen werden, die als verantwortliche Pflegefachkraft qualifiziert und den Pflegekassen entsprechend benannt sind.[5]

Die **qualifikatorischen Voraussetzungen** an die verantwortliche Pflegefachkraft sind 10
in § 71 Abs. 3 SGB XI aufgeführt. Eine ausgebildete Pflegefachkraft hat gegenüber den
Landesverbänden der Pflegekassen keinen Anspruch auf formelle Anerkennung als
»verantwortliche Pflegefachkraft« in ambulanten oder stationären Pflegeeinrichtungen
im Sinne einer Statusentscheidung, wohl aber auf **schriftliche Auskunft,** ob sie zu einem bestimmten Zeitpunkt die Voraussetzungen für die Tätigkeit als »verantwortliche
Pflegefachkraft« erfüllt. Ein solcher Auskunftsanspruch steht auch dem Einrichtungsträger zu. Rechtsgrundlage des Auskunftsanspruchs ist § 71 Abs. 3 SGB XI in ent-

---

3 So etwa Udsching/Schütze/*Schütze* SGB XI § 71 Rn. 2.
4 Pflege-Buchführungsverordnung (PBV) v. 22.11.1995, BGBl. I 1528, kommentiert in *Dahlem/
   Giese/Igl*, HeimR, Bd. I, CVII.
5 Mit ausführlicher Begründung BSGE 103, 78 = NZS 2010, 334.

sprechender Anwendung. Das BSG sieht diesen im Gesetz nicht formulierten Aus-kunftsanspruch im Einzelfall als Ausfluss des Gebots der gegenseitigen Rücksicht-nahme an, wonach auch schon im Vorfeld eines Zulassungsverfahrens (§ 72 SGB XI) Auskunft zu geben ist, ob eine zur Bestellung als verantwortliche Pflegefachkraft vor-gesehene ausgebildete Pflegefachkraft diese Leitungsfunktion zu einem bestimmten Zeitpunkt auch ausüben darf. Dem Einrichtungsträger ist es aus finanziellen Gründen nicht zuzumuten, einen Bewerber erst einstellen zu müssen, um anschließend die Frage seiner Anerkennung als verantwortliche Pflegefachkraft klären zu lassen. Als Reflex aus dieser Regelung ist auch ausgebildeten Pflegefachkräften, die sich als verant-wortliche Pflegefachkraft bewerben wollen, ein entsprechender Auskunftsanspruch gegenüber den Landesverbänden der Pflegekassen zuzubilligen, wenn Unsicherheiten über ihre Anerkennungsmöglichkeit bestehen. Sie sind in gleicher Weise schutzbedürftig wie die Einrichtungsträger. Dabei kann die Unsicherheit über die Anerkennung als verantwortliche Pflegefachkraft nicht nur darauf beruhen, ob die praktische Berufs-erfahrung von zwei Jahren innerhalb der Rahmenfrist gegeben ist (etwa bei Arbeits-platzwechseln und Arbeitslosigkeit), sondern zB auch bei Erwerb der Berufserfahrung im nicht zur Europäischen Union gehörenden Ausland oder nur in Teilzeitstellen (statt Vollzeitbeschäftigungen), bei einem Arbeitsplatzwechsel nach Kündigung des Versorgungsvertrages der früheren Pflegeeinrichtung wegen erheblicher Pflegemängel, bei einer Bewerbung nur um eine Teilzeitbeschäftigung als verantwortliche Pflege-fachkraft sowie bei Eintragungen im Führungs- oder im Gesundheitszeugnis, die Zweifel an der Eignung für die Tätigkeit als verantwortliche Pflegefachkraft begrün-den könnten.[6]

11 Die sonstigen Anforderungen an die Personalausstattung der Pflegeeinrichtungen sind in der Heimpersonalverordnung[7] und den landesrechtlichen Vorschriften in der Nach-folge des Heimgesetzes (→ § 21 Rn. 4) geregelt. Im Regelungsbereich des SGB XI fin-den sich in den Qualitätsanforderungen an Pflegeeinrichtungen ebenfalls Hinweise.[8]

12 Die Einrichtung muss als **Pflegeeinrichtung** ausgerichtet sein. **Stationäre Einrichtun-gen,** in denen die Leistungen zur medizinischen Vorsorge, zur medizinischen **Reha-bilitation,** zur **Teilhabe** am Arbeitsleben oder am Leben in der Gemeinschaft, die schulische Ausbildung oder die Erziehung kranker oder behinderter Menschen im Vordergrund des Zweckes der Einrichtung stehen, sowie Krankenhäuser sind **keine Pflegeeinrichtungen** (§ 71 Abs. 4 SGB XI).

13 Die **unterschiedliche Behandlung von Pflegebedürftigen in zugelassenen Pflege-heimen** einerseits und **Einrichtungen der Behindertenhilfe** andererseits verstößt nicht gegen das in Art. 3 Abs. 3 S. 2 GG geregelte spezielle Verbot der Benachteili-gung wegen einer Behinderung. Die unterschiedliche Behandlung der Behinderten untereinander in Ansehung des Ortes ihrer Unterkunft und Versorgung falle, so das BSG,[9] nicht unter dieses spezielle Benachteiligungsverbot, sondern unter den allge-meinen Gleichheitssatz (Art. 3 Abs. 1 GG) und sei durch sachliche Gründe gerecht-fertigt.

---

6 So BSG SGb 2012, 484.
7 S. dazu *Dahlem/Giese/Igl*, Heimrecht des Bundes und der Länder, 2014, Bd. I, C II 2, § 5.
8 Maßstäbe und Grundsätze für die Qualität und die Qualitätssicherung in der ambulanten und stationären Pflege gem. § 113 Abs. 1 S. 1 SGB XI (nach der vorhergehenden Gesetzesfassung: § 80 Abs. 1 SGB XI; zur Weitergeltung der auf Grundlage dieser Vorschrift ergangenen Maßstä-be und Grundsätze s. BSGE 103, 78 = NZS 2010, 334).
9 BSG NZS 2002, 89; krit.: *Welti* Sozialrecht aktuell 2012, 189.

Igl

C. Infrastrukturverantwortung

I. Zuständigkeit

Das Recht der Verantwortung für die Infrastruktur der pflegerischen Versorgung nach **14** dem SGB XI wird erst verständlich im Vergleich mit dem Recht der Verantwortung für die Krankenhausinfrastruktur, das als Vorbild diente (→ § 20 Rn. 4). Allerdings sind die staatsorganisationsrechtlichen Ausgangsbedingungen nicht ganz vergleichbar. Während für die wirtschaftliche Sicherung der Krankenhäuser in Art. 74 Abs. 1 Nr. 19a GG eine konkurrierende Gesetzgebungszuständigkeit des Bundes besteht, von der dieser auch mit dem KHG Gebrauch gemacht hat, besteht eine solche Kompetenz für den Bereich der Pflegeeinrichtungen (ambulant und stationär) nicht. Aus diesem Grund muss Art. 30 GG für die Kompetenzbestimmung der Verantwortung für die pflegerische Infrastruktur herangezogen werden. Das heißt, dass die Länder und ggf. die Kommunen im Rahmen der Daseinsvorsorge für diese Aufgabe zuständig sind. Im SGB XI wird dieser Kompetenzzuordnung mit dem deklaratorischen Verweis auf die **Verantwortlichkeit der Länder für die pflegerische Infrastruktur** Rechnung getragen (§ 9 S. 1 SGB XI).

II. Beteiligung anderer Akteure

Das SGB XI begnügt sich aber nicht mit einer alleinigen Verantwortlichkeit der Länder **15** für die Infrastruktur, sondern greift sehr viel weiter aus, indem die pflegerischer Versorgung zur **gesamtgesellschaftlichen Aufgabe** bestimmt wird (§ 8 Abs. 1 SGB XI). Eine solche Bestimmung ist einmalig in der deutschen Gesetzgebung. Man könnte geneigt sein, sie als gesetzgeberische Lyrik abzutun. Auch könnte man fragen, wo die Gesetzgebungskompetenz des Bundes für eine solche gesellschaftsumspannende Aufgabe zu suchen ist.[10] Unabhängig davon wird diese als **Aufgaben- und nicht als Befugnisnorm** gefasste Vorschrift nicht zu Rechtsstreitigkeiten führen, da ihr nur **appellativer und nicht verpflichtender Charakter** beizumessen ist. Allenfalls könnte diese Vorschrift, verstanden als Auftrag einer Aufgabenausführung an alle öffentlichen Haushalte, als Rechtfertigung für die Verwendung von öffentlichen Haushaltsmitteln für die pflegerische Versorgung dienen.

Präziser wird die **gemeinsame Verantwortung für die pflegerische Versorgung** in § 8 **16** Abs. 2 SGB XI formuliert. Dort sind als **Aufgabenträger** genannt die Länder, die Kommunen, die Pflegeeinrichtungen und die Pflegekassen unter Beteiligung des Medizinischen Dienstes. Als **Aufgaben** sind aufgeführt:

– Enges Zusammenwirken, um eine leistungsfähige, regional gegliederte, ortsnahe und aufeinander abgestimmte **ambulante und stationäre pflegerische Versorgung der Bevölkerung zu gewährleisten;**
– Beitragen zum Ausbau und zur Weiterentwicklung der **notwendigen pflegerischen Versorgungsstrukturen;** das gilt insbesondere für die Ergänzung des Angebots an häuslicher und stationärer Pflege durch neue Formen der teilstationären Pflege und Kurzzeitpflege sowie für die Vorhaltung eines Angebots von die Pflege ergänzenden Leistungen zur medizinischen Rehabilitation;
– Unterstützen und Fördern der Bereitschaft zu einer humanen Pflege und **Betreuung durch hauptberufliche und ehrenamtliche Pflegekräfte sowie durch Angehörige, Nachbarn und Selbsthilfegruppen** und Hinwirken auf eine neue Kultur des Helfens und der mitmenschlichen Zuwendung.

---

10 Die Gesetzgebungskompetenz für die Sozialversicherung in Art. 74 Abs. 1 Nr. 12 GG wird die Vorschrift nicht tragen können.

17 Darüber hinaus kommen den **Pflegekassen** in Hinblick auf **Infrastrukturaufgaben** noch einmal **besondere Aufgaben** zu (§ 12 SGB XI):

- **Sicherstellung der pflegerischen** Versorgung ihrer Versicherten
  - durch enge Zusammenarbeit mit allen an der pflegerischen, gesundheitlichen und sozialen Versorgung Beteiligten,
  - durch Hinwirken auf eine Vernetzung der regionalen und kommunalen Versorgungsstrukturen, um eine Verbesserung der wohnortnahen Versorgung pflege- und betreuungsbedürftiger Menschen zu ermöglichen (§ 12 Abs. 1 SGB XI).
- **Koordination der Hilfen** durch Zusammenwirken mit den Trägern der ambulanten und der stationären gesundheitlichen und sozialen Versorgung (§ 12 Abs. 2 S. 1 SGB XI).
- **Sicherstellung der haus-, fach- und zahnärztlichen Versorgung der Pflegebedürftigen** durch Hinwirken auf Kooperationen der stationären Pflegeeinrichtungen mit niedergelassenen Ärzten (§ 12 Abs. 2 S. 3 SGB XI).

18 Bei den aufgeführten Aufgaben der Infrastrukturverantwortung geht es um die Gewährleistung der entsprechenden professionellen pflegerischen Versorgung **(formelle Pflege).** Gleichzeitig baut die Pflegeversicherung auf die Unterstützung des **informellen Pflegesektors,** also durch sozial Engagierte, Angehörige etc. (§ 3 S. 1, § 8 Abs. 2 S. 3 SGB XI). Mittlerweile werden **bürgerschaftlich Engagierte** noch stärker als früher in die pflegerische Versorgung einbezogen (vgl. § 75 Abs. 2 S. 1 Nr. 9 SGB XI), was auch in den Pflegevergütungen berücksichtigt wird (§ 82b SGB XI). In der Pflegeversicherung kommt damit insgesamt eine **veränderte versorgungspolitische Konzeption** zum Tragen, die auf die Beteiligung zahlreicher Akteure iSe **Mixes von formeller und informeller Pflege** setzt.

III. Ausgestaltung

19 Angesichts dieser im Infrastrukturrecht der Pflegeversicherung angelegten Versorgungskonzeption ist auch eine **strikte Bedarfsplanung,** wie sie den Krankenhaussektor prägt, **weder versorgungspolitisch angebracht noch rechtlich möglich.** Auch wenn die meisten Länder ursprünglich in ihren Landespflegegesetzen das Instrumentarium der Krankenhausbedarfsplanung (Aufnahme in den Plan und Anspruch auf Investitionsförderung; → § 20 Rn. 47) als geeignet angesehen haben, haben sich mittlerweile verbreitet andere Instrumente durchgesetzt, so zB statt der Objektförderung im Rahmen einer Investitionsförderung eine Subjektförderung im Sinne der Leistung eines Pflegewohngeldes.[11] Das BSG hat in einer grundlegenden Entscheidung darauf hingewiesen, dass auf dem Gebiet der pflegerischen Versorgung eine Bedarfsprüfung nicht stattfindet[12] und eine staatliche finanzielle Förderung erst dann eingreifen soll, wenn sich herausstellen sollte, dass unter den Regeln des Marktwettbewerbs eine ausreichende Versorgung der Bevölkerung mit Pflegeeinrichtungen, etwa in strukturschwachen Gebieten, nicht sicherzustellen ist.[13]

D. Zulassung (ordnungsrechtlich)

20 **Vorbemerkung zur ordnungsrechtlichen Zulassung:** Die im Folgenden dargestellten Regelungen des **Heimgesetzes (HeimG)** sind mittlerweile in allen Bundesländern **durch Landesgesetze abgelöst** worden (zur Ablösung → § 21 Rn. 4). Diese Gesetze verfolgen in der Mehrzahl nicht mehr einen institutionellen, am Heimbegriff orientierten

---

11 S. hierzu BSGE 91, 182 = BeckRS 2003, 41869.
12 BSGE 88, 215 = BeckRS 2001, 41798, ebenso BVerwGE 121, 23 = BeckRS 9998, 32880.
13 BSGE 88, 215 = BeckRS 2001, 41798.

Igl

Ansatz, sondern stellen die besondere Situation von Personen in Wohn- und Betreuungssituationen etwa im Sinne von Wohnen, Betreuung und Teilhabe[14] oder der Stärkung der Selbstbestimmung[15] oder auch der Förderung der Pflegequalität[16] heraus. Die bisherigen Bestimmungen des HeimG und seiner Verordnungen zeigen jedoch, wie Schutzfunktionen mit einem ordnungsrechtlichen Instrumentarium gewährleistet werden können.

Die gewerberechtliche Konzession (Zulassung), die gewerbsmäßig betriebene Privat-   **21** krankenanstalten benötigen (§ 30 GewO), ist für Pflegeeinrichtungen zunächst durch eine Genehmigungspflicht nach dem **Heimgesetz (HeimG)**, dann durch eine **Anzeigepflicht** ersetzt worden (§ 12 HeimG). Diese Anzeigepflicht gilt unabhängig von der Trägerschaft, also auch für in öffentlicher oder freigemeinnütziger Trägerschaft stehende Heime (§ 1 Abs. 1 HeimG). Das HeimG sieht eine Reihe ordnungsrechtlicher Eingriffsmöglichkeiten vor, so zB Beschäftigungsverbote (§ 18 HeimG) oder Untersagungen (§ 19 HeimG).

Schon nach dem HeimG war der **Anwendungsbereich für ordnungsrechtliche Vor-**   **22** **schriften** gegenüber Einrichtungen wesentlich weiter als nach dem Pflegeheimbegriff des § 71 Abs. 2 SGB XI. Der **Einrichtungsbegriff des HeimG** umfasst auch Einrichtungen, die nicht für pflegebedürftige Menschen bestimmt sind, so zB **Wohn- und Betreuungseinrichtungen für ältere Menschen** (§ 1 Abs. 1 HeimG). **Ambulante Dienste** werden vom HeimG **nicht erfasst.** Zur Abgrenzung der verschiedenen **Formen des Betreuten Wohnens**[17] dient eine klärende Definitionsvorschrift in § 1 Abs. 2 HeimG, wonach es wesentlich darauf ankommt, ob der Mieter vertraglich verpflichtet wird, neben der Wohnung auch Verpflegung und Betreuungsleistungen von bestimmten Anbietern anzunehmen (§ 1 Abs. 2 S. 2 HeimG).

Die **Funktion ordnungsrechtlicher Vorschriften** ist es, dem Schutz von Rechtsgütern   **23** und Interessen zu dienen (vgl. die in § 2 Abs. 1 HeimG aufgeführten Schutzzwecke). Diese Schutzfunktion kann aber auch durch Vorschriften gewährleistet werden, die nicht dem Ordnungsrecht zugerechnet werden. Im **Sozialleistungsrecht** und besonders im Gesundheitssozialrecht werden solche **Schutzfunktionen im Rahmen von leistungserbringungsrechtlichen Bestimmungen** wahrgenommen. Auch das Vertragsrecht, so das Wohnungs- und Betreuungsvertragsrecht des WBVG, dient dazu, (Verbraucher-)Schutzinteressen durchzusetzen. Gleiches gilt für die Intentionen des Qualitätssicherungsrechts (→ § 21 Rn. 42 ff.). Im Vergleich der typischen Sanktionen des Ordnungsrechts bei Gefahrenabwehr (zB Anordnungen zur Mängelbeseitigung, Untersagungen) und der typischen Sanktionen anderer Rechtsgebiete (zB Vertragskündigungen) lässt sich zwar ein **unterschiedliches rechtliches Sanktionsinstrumentarium** feststellen. Die **faktischen Wirkungen der Sanktionen** sind jedoch zumindest **in wirtschaftlicher Hinsicht meist gleichartig** (zB im Vergleich einer Betriebsuntersagung gem. § 19 HeimG und der den Zugang zur Leistungserbringung im Rahmen des SGB XI beendenden Kündigung eines Versorgungsvertrages gem. § 74 SGB XI). Aus

---

14 So etwa in **Nordrhein-Westfalen**: Wohn- und Teilhabegesetz v. 2.10.2014 (GVBl. 2014, 625 [632]).
15 **Schleswig-Holstein**: Gesetz zur Stärkung von Selbstbestimmung und Schutz von Menschen mit Pflegebedarf oder Behinderung (Selbstbestimmungsstärkungsgesetz) v. 17.7.2009 (GVBl. 2009, 402).
16 **Bayern**: Gesetz zur Regelung der Pflege-, Betreuungs- und Wohnqualität im Alter und bei Behinderung (Pflege- und Wohnqualitätsgesetz) v. 8.7.2008 (GVBl. 2008, 346).
17 Das betreute Wohnen stellt keinen spezifischen Einrichtungs- oder Versorgungstypus dar, sondern tritt in vielfältigen Formen auf. Daher ist bei der Prüfung der Anwendbarkeit von Vorschriften auf die konkrete Fallgestaltung abzustellen. S. hierzu *Börner*, »Betreutes Wohnen« in Abgrenzung zum Heimgesetz, 2008.

diesem Grund empfiehlt es sich, sauber zwischen der ordnungsrechtlichen – rechtsgüterschützenden – Funktion einer Rechtsnorm und dem jeweiligen Durchsetzungsinstrumentarium zu unterscheiden.

E. Sozialrechtliche Steuerung des Zugangs zur Leistungserbringung nach SGB XI

I. Zulassung durch Versorgungsvertrag – Anspruch auf Versorgungsvertrag

24 Zur Pflege im Rahmen des SGB XI wird der Träger einer Pflegeeinrichtung durch einen schriftlichen **Versorgungsvertrag** mit den Landesverbänden der Pflegekassen **zugelassen** (§ 72 Abs. 4 S. 1, 73 Abs. 1 SGB XI). Deswegen spricht man von **zugelassenen Pflegeeinrichtungen** (§ 72 Abs. 1 S. 1 SGB XI).

25 Auf den **Abschluss** eines Versorgungsvertrages besteht ein **Anspruch,** soweit und solange eine Pflegeeinrichtung die Voraussetzungen nach § 72 Abs. 3 S. 1 Nr. 1–4 SGB XI erfüllt (§ 72 Abs. 3 S. 1 Hs. 2 SGB XI). An diesem Anspruch ändert auch die Trägervorrangklausel in § 72 Abs. 3 S. 2 SGB XI nichts. Sie widerspricht dem Abschlussanspruch und kann daher nicht zur Anwendung kommen.[18] Der Anspruch auf Abschluss eines Versorgungsvertrages bedeutet auch, dass **eine Bedarfsprüfung nicht vorzunehmen** ist.

26 Angesichts der Tatsache, dass die Pflegeversicherung Volksversicherungscharakter[19] hat, stellt die **Zulassung durch Versorgungsvertrag** für den ganz überwiegenden Teil der Pflegeeinrichtungen praktisch das Ticket für den **Zugang zum Markt an Pflegedienstleistungen** dar. Da diese **vertragsrechtlich gestaltete Zulassung** in dieser faktischen **Wirkung einer Erlaubnis** gleicht, haben die entsprechenden rechtlichen Vorschriften verfassungsrechtlich den Anforderungen an die Gleichbehandlung und der Berufsfreiheit gerecht zu werden. Ebenso sind zu berücksichtigen die Rechte der Pflegebedürftigen die sich verfassungsrechtlich im Schutz des Lebens und der körperlichen Unversehrtheit spiegeln.

II. Rechtsnatur des Versorgungsvertrages – Rechtsschutz

27 Der Versorgungsvertrag begründet Rechte und Pflichten auf dem Gebiet des öffentlichen Rechts und ist deshalb **öffentlich-rechtlicher Natur**. **Rechtsschutz gegen die Ablehnung des Abschlusses eines Versorgungsvertrages** durch die Landesverbände der Pflegekassen wird vor den Sozialgerichten gewährt (§ 73 Abs. 2 SGB XI). Gleiches gilt im Übrigen für **andere Rechtsstreitigkeiten im Zusammenhang mit dem Versorgungsvertrag** (vgl. § 51 Abs. 2 S. 2 SGG). Die besondere Erwähnung des Rechtsschutzes in § 73 Abs. 2 SGB XI ist deshalb nur insofern von Bedeutung, als in dieser Vorschrift ein Vorverfahren und die aufschiebende Wirkung ausgeschlossen werden.

III. Beteiligte des Versorgungsvertrages

28 Beteiligte des Versorgungsvertrages sind der **Träger einer Pflegeeinrichtung** oder eine vertretungsberechtigte Vereinigung gleicher Träger auf der einen Seite und auf der anderen Seite die **Landesverbände der Pflegekassen**. Da der Versorgungsvertrag aufseiten der Pflegekassen im **Einvernehmen mit den überörtlichen Trägern der Sozialhilfe** im Land abzuschließen ist, sind diese zwar nicht Vertragspartner, geben mit der Her-

---

18 Die Äußerungen zur Wirksamkeit dieser Vorschrift reichen von »überflüssig«, »kein Anwendungsbereich« bis »verfassungswidrig«, s. die Hinweise bei Udsching/Schütze/*Schütze* SGB XI § 72 Rn. 11.
19 BVerfGE 103, 197 (221) = NJW 2001, 1709.

Igl

stellung des Einvernehmens jedoch faktisch die Zustimmung zum vertraglichen Handeln der Pflegekassen (§ 72 Abs. 2 S. 1 SGB XI).[20]

IV. Voraussetzungen für den Abschluss eines Versorgungsvertrages

Die Voraussetzungen für den Abschluss eines Versorgungsvertrages sind in § 72 Abs. 3 **29** Nr. 1–4 SGB XI aufgeführt. Dort wird zunächst der selbstverständliche Bezug auf die **Voraussetzungen des § 71 SGB XI** hergestellt (Nr. 1). In zweifacher Weise wird auf die **Einhaltung von Qualitätsanforderungen** hingewiesen (Nr. 3 und 4). Zwei weitere Voraussetzungen ganz unterschiedlicher Art sind in einer Vorschrift zusammengefasst. In Nr. 2 wird neben der **Gewähr für eine leistungsfähige und wirtschaftliche pflegerische Versorgung** die Zahlung einer **ortsüblichen Arbeitsvergütung** für die Beschäftigten gefordert, soweit diese nicht von einer Verordnung über Mindestentgeltsätze aufgrund des Gesetzes über zwingende Arbeitsbedingungen für grenzüberschreitend entsandte und für regelmäßig im Inland beschäftigte Arbeitnehmer und Arbeitnehmerinnen (Arbeitnehmer-Entsendegesetz) erfasst sind.[21] Die erstere Voraussetzung setzt eine prospektive Sicht voraus und ist an § 1 Abs. 1 KHG angelehnt. Die letztere Voraussetzung mag zwar arbeitsmarkt- und sozialpolitisch erwünscht sein, wirft aber rechtliche Fragen auf. Dazu gehört zunächst das **Problem** der **Feststellung der Ortsüblichkeit**, insbesondere die Frage, ob die Ortsüblichkeit an regional eventuell vorhandenen Tarifverträgen und dann – bei mehreren Tarifverträgen – an welchen Tarifverträgen zu messen ist, womit dann eine Art indirekter Tarifbindung erzeugt würde. Das weitere Problem ist, dass die Landesverbände der Pflegekassen Funktionen einer **Vergütungsüberwachungsbehörde** übernehmen. Eine solche Aufgabe käme aber eher den Heimaufsichtsbehörden zu. Soweit mit der Ortsüblichkeitsklausel verhindert werden soll, dass unangemessene Niedriglöhne bezahlt werden, könnte schon § 138 BGB helfen. Unabhängig davon sind Tarifverträge oder gesetzliche Mindestlöhne das einzig rechtlich taugliche Instrument, zu einer angemessenen Vergütung der Arbeitsleistung gerade in den unteren Lohnsegmenten zu gelangen.[22]

V. Inhalt des Versorgungsvertrages

Im Versorgungsvertrag werden **Art, Inhalt und Umfang der allgemeinen Pflegeleis-** **30** **tungen** iSv § 84 Abs. 4 SGB XI festgelegt. Dies gilt dann als **Versorgungsauftrag** der Pflegeeinrichtung (§ 72 Abs. 1 S. 2 SGB XI). Bei **ambulanten Pflegediensten** wird im Versorgungsvertrag auch der **Einzugsbereich** genannt, in dem die Leistungen zu erbringen sind (§ 72 Abs. 3 S. 3 SGB XI).[23] Wie sich diese Regelung allerdings zu § 72 Abs. 2 S. 2 SGB XI – Geltung der Versorgungsverträge im Inland – verhält, ist nicht klar. Man wird sie wohl nur so verstehen können, dass für den im Versorgungsvertrag festgelegten Einzugsbereich auch ein Versorgungsauftrag besteht. Diese Festlegung hindert den Pflegedienst jedoch nicht, auch außerhalb dieses Bereichs tätig zu werden.[24]

---

20 Udsching/Schütze/*Schütze* SGB XI § 72 Rn. 15.
21 Vgl. die Mindestentgeltregelungen für grundpflegerische Tätigkeiten in der Verordnung über zwingende Arbeitsbedingungen für die Pflegebranche (Pflegearbeitsbedingungenverordnung) v. 15.7.2010 (BAnz. 2010, Nr. 110, 2571). S. auch *Papperger*, Mindestlohn in der Pflege, 2016.
22 Udsching/Schütze/*Schütze* SGB XI § 72 Rn. 7f.
23 Die Vorschrift wurde aufgrund der Rspr. des BSG eingeführt, wonach die Festlegung eines Versorgungsbereichs dem Wahlrecht der Versicherten widersprach (BSGE 96, 233 = BeckRS 2006, 42900).
24 So Klie/Krahmer/Plantholz/*Plantholz* SGB XI § 72, Rn. 20.

VI. Wirkungen des Versorgungsvertrages

31 Der **Versorgungsvertrag** ist für die Pflegeeinrichtung und für alle Pflegekassen **unmittelbar verbindlich** (§ 72 Abs. 2 S. 2 SGB XI). Das heißt, dass eine Pflegeeinrichtung Pflegeleistungen auch für Versicherte anderer Bundesländer auf der Grundlage des für ihre Region geschlossenen Versorgungsvertrages erbringen darf.

32 Die Wirkungen des Versorgungsvertrages bestehen weiter in der **Verpflichtung** der Pflegeeinrichtung, die **pflegerische Versorgung im Rahmen ihres Versorgungsauftrages** durchzuführen (§ 72 Abs. 4 S. 2 Hs. 1 SGB XI). Bei ambulanten Pflegediensten gehört hierzu auch die Durchführung der Pflegeeinsätze nach § 37 III SGB XI (§ 72 Abs. 4 S. 2 Hs. 2. SGB XI). Gleichzeitig besteht das **Recht auf Vergütung der Leistungen** der Einrichtung (§ 72 Abs. 4 S. 3 SGB XI).

F. Personal

I. Personalvorgaben

33 Für die **Personalausstattung der Pflegeeinrichtungen** existieren **ordnungsrechtliche** und **sozialleistungserbringungsrechtliche Vorgaben.** Dazu ist zunächst zu bemerken, dass nicht nur die Doppelung der Vorgaben in unterschiedlichen Rechtsgebieten vordergründig als ungewöhnlich erscheinen mag. Zur **Doppelung der Vorgaben in unterschiedlichen Rechtsgebieten** ist zu sagen, dass die **Nachfolgegesetze der Länder zum HeimG** je nach ihrem Anwendungsbereich Personalvorgaben enthalten können.

II. Ordnungsrechtliche Personalvorgaben: Landesrechtliche Regelungen

34 Obwohl das HeimG (→ § 21 Rn. 4) in allen Bundesländern durch Landesgesetze abgelöst worden ist, können die Länder auf die auf Grundlage des HeimG erlassene **Heimpersonalverordnung** eingehen, die gemäß ihrem Anwendungsbereich nur die Mindestanforderungen an stationäre Einrichtungen betreffen. Deshalb ist hier kurz auf die Vorschriften der HeimPersV einzugehen: Zu diesen **Mindestanforderungen** gehören die **Eignung des Heimleiters** (§§ 2, 3 HeimPersV), die **Eignung der Beschäftigten und die berufliche Qualifikation der Fachkräfte** (§§ 4, 6 HeimPersV) und die **Fachkraftquote bei betreuenden Tätigkeiten** (§ 5 HeimPersV). Sie gilt für die Betreuung pflegebedürftiger Bewohner, wobei der Begriff der Pflegebedürftigkeit an den im SGB XI verwendeten Begriff angelehnt ist (vgl. § 5 Abs. 3 HeimPersV und § 14 Abs. 1 SGB XI). Die in § 5 Abs. 1 S. 2 HeimPersV festgelegte **Fachkraftquote** ist **umstritten,** weil sie für die Festsetzung des Anteils der Fachkräfte nicht nur von der Zahl der pflegebedürftigen Bewohner, sondern auch von der Zahl der Beschäftigten ausgeht. Dies führt dazu, dass bei einem insgesamt höheren Personalbesatz auch der Fachkräfteanteil wächst, während bei einem niedrigeren Personalbesatz dieser Anteil sinkt.

III. Personalvorgaben im SGB XI

35 Maßstäbe und Grundsätze für eine wirtschaftliche und leistungsbezogene, am Versorgungsauftrag orientierte personelle und sächliche Ausstattung der Pflegeeinrichtungen werden durch **Rahmenverträge** der Landesverbände der Pflegekassen mit den Vereinigungen der Träger der Pflegeeinrichtungen vereinbart (§ 75 Abs. 1 S. 1, Abs. 2 S. 1 Nr. 3 SGB XI). Der **Inhalt dieser Rahmenverträge** wird in § 75 Abs. 3 SGB XI präzisiert. Die Rahmenverträge sind für die Pflegekassen und die zugelassenen Pflegeeinrichtungen im Inland **unmittelbar verbindlich** (§ 75 Abs. 1 S. 4 SGB XI). Der Spitzenverband Bund der Pflegekassen und die Vereinigungen der Träger der Pflegeeinrichtungen auf Bundesebene haben hierzu **gemeinsame (Bundes-)Empfehlungen**

abgegeben (vgl. § 75 Abs. 6 SGB XI).[25] Die Personalvorgaben werden Gegenstand der Pflegesatzvereinbarung (§ 84 Abs. 5 S. 2 Nr. 2 SGB XI) und müssen vom Träger der Einrichtung sichergestellt werden (§ 84 Abs. 6 S. 1 SGB XI). Hierfür kann ein Personalabgleich durchgeführt werden (§ 84 Abs. 5 S. 2 Nr. 2, Abs. 6 SGB XI).

In den Rahmenverträgen können entweder landesweite **Verfahren zur Ermittlung des** 36 **Personalbedarfs oder zur Bemessung der Pflegezeiten** oder **landesweite Personalrichtwerte** vereinbart werden (§ 75 Abs. 3 S. 1 SGB XI). Bisher ist es noch nicht zu Verfahren zur Ermittlung des Personalbedarfs oder zur Bemessung der Pflegezeiten gekommen. Es liegen nur Regelungen zu landesweiten Personalrichtwerten (§ 75 Abs. 3 S. 1 Nr. 2 SGB XI) vor. Diese werden als Korridore oder als Höchstwerte festgelegt (vgl. § 75 Abs. 3 S. 4 SGB XI).[26] Mit Blick auf die **künftige Bemessung der Personalausstattung** ist die Entwicklung und Erprobung eines wissenschaftlich fundierten Verfahrens zur einheitlichen Bemessung des Personalbedarfs in Pflegeeinrichtungen nach qualitativen und quantitativen Maßstäben bis zum 30. Juni 2020 abzuschließen. Auf dieser Grundlage ist ein strukturiertes, empirisch abgesichertes und valides Verfahren für die Personalbemessung in Pflegeeinrichtungen auf der Basis des durchschnittlichen Versorgungsaufwands für direkte und indirekte pflegerische Maßnahmen sowie für Hilfen bei der Haushaltsführung unter Berücksichtigung der fachlichen Ziele und Konzeption des ab dem 1. Januar 2017 geltenden Pflegebedürftigkeitsbegriffs zu erstellen (§ 113c Abs. 1 SGB XI).

Rechtsschutz gegen Bestimmungen der Rahmenverträge kann nicht in einem Nor- 37 menkontrollverfahren begehrt werden, da ein solches – anders als in § 47 Abs. 1 Nr. 2 VwGO – im SGG nicht vorgesehen ist.[27] Jedoch kann der Träger einer Einrichtung Rechtsschutz im Rahmen der Ablehnung eines Versorgungsvertrages (§ 73 Abs. 2 SGB XI) oder im Rahmen einer drohenden Kündigung des Versorgungsvertrages wegen Verletzung einer Vertragsbestimmung (§ 74 SGB XI) erlangen.[28]

G. Leistungen der Pflegeeinrichtungen

I. Leistungsprogramm des SGB XI

Das **Leistungsprogramm des SGB XI** ist – anders als das Leistungsprogramm des 38 SGB V bei der Krankenbehandlung[29] – gesetzlich verhältnismäßig **genau beschrieben** (§§ 36–43a SGB XI). Der Inhalt der Pflegeleistungen wird in Rahmenverträgen und Bundesempfehlungen bestimmt (§ 75 Abs. 1, Abs. 2 S. 1 Nr. 1 SGB XI). Nur diese Leistungen werden von der Pflegekasse übernommen, wobei die **Leistungen finanziell begrenzt** sind.[30] **Zusatzleistungen im Pflegeheim** sind nur begrenzt möglich (§ 88 SGB XI). Bei der **häuslichen Pflege** besteht **keine Einschränkung,** zusätzliche Leistungen mit dem Pflegedienst zu vereinbaren. Die zusätzlichen Leistungen werden aber nicht von der Pflegekasse geleistet und vergütet.

---

25 Zur Frage, ob die Empfehlungen gegenüber der gesetzlichen Ermächtigung berufsausübungsbegrenzende Einschränkungen enthalten dürfen, verneinend BSG SozR 3–3300 § 72 Nr. 2 Rn. 25 ff. = BeckRS 9999, 00406.

26 S. Klie/Krahmer/Plantholz/*Plantholz* SGB XI § 72, Rn. 26.

27 Die Rechtsschutzgarantie des Art 19 Abs. 4 GG gebietet es aber, die Feststellungsklage gegen untergesetzliche Rechtsnormen als statthaft zuzulassen, wenn die Normbetroffenen ansonsten keinen effektiven Rechtsschutz erreichen können, etwa weil ihnen nicht zuzumuten ist, Vollzugsakte zur Umsetzung der untergesetzlichen Norm abzuwarten oder die Wirkung der Norm ohne anfechtbare Vollzugsakte eintritt, so BSGE 112, 257 = MedR 2013, 622.

28 Hierzu Udsching/Schütze/*Schütze* SGB XI § 75 Rn. 14.

29 So wird in § 28 Abs. 1 SGB V der Inhalt der ärztlichen Behandlung nicht beschrieben.

30 S. §§ 36 Abs. 3, 37 Abs. 1, 41 Abs. 2, 42 Abs. 2, 43 Abs. 2 SGB XI.

II. Gesetzliche Leistungen

39 Die von Pflegeeinrichtungen auszuführenden gesetzlichen Leistungen (ausführlich → § 31 Rn. 29 ff.) sind in der **häuslichen Pflege (Pflegesachleistung)** die Grundpflege und die hauswirtschaftliche Versorgung (§ 36 Abs. 1 S. 1, Abs. 2 SGB XI), sowie bei Inanspruchnahme des Pflegegeldes die **Beratung in der eigenen Häuslichkeit** (§ 37 Abs. 3 SGB XI). Im **teilstationären Bereich** werden bei der **Tages- und Nachtpflege** und bei der **Kurzzeitpflege** die pflegebedingten Aufwendungen, die Aufwendungen der sozialen Betreuung und die Aufwendungen für die in der Einrichtung notwendigen Leistungen der medizinischen Behandlungspflege übernommen (§§ 41 Abs. 2 S. 1, 42 Abs. 2 S. 2 SGB XI). Gleiches gilt für die **vollstationäre Pflege** (§ 43 Abs. 2 SGB XI).

40 **Leistungen der Unterkunft und Verpflegung in der stationären Pflege** werden von den Pflegekassen **nicht übernommen** (§ 4 Abs. 2 S. 2 SGB XI). Gleichwohl werden die **Entgelte** für diese Leistungen im SGB XI geregelt (§ 87 SGB XI).

III. Zusatzleistungen im Pflegeheim

41 Zusatzleistungen sind zum Schutz der pflegebedürftigen Versicherten nur unter **engen Voraussetzungen** möglich. Die Regelung hierzu findet sich im Vergütungsrecht, weil der Schutzzweck finanzieller Art ist (§ 88 SGB XI). Den Einrichtungen soll es nicht möglich sein, über die Vereinbarung von zusätzlich vergüteten Zusatzleistungen Leistungsverschiebungen aus dem gesetzlichen Leistungsbereich zu bewirken, denn es wird vergütungsrechtlich davon ausgegangen, dass alle notwendigen Leistungen von der Pflegevergütung abgedeckt sind. **Zusatzleistungen** sind **Komfortleistungen bei Unterkunft und Verpflegung** und **zusätzliche pflegerisch-betreuende Leistungen.** Die Abgrenzung der notwendigen Leistungen von den Zusatzleistungen wird in den Rahmenverträgen nach § 75 SGB XI festgelegt (§ 88 Abs. 1 SGB XI).

H. Qualitätssicherung

I. Besonderheiten der Qualitätssicherung in der Pflege

42 Bis zur Einführung der Sozialen Pflegeversicherung gab es auf dem Gebiet der Pflege in der Versorgungspraxis **keine nennenswerte Qualitätsdebatte.** Pflegequalität wurde medial fast ausschließlich unter dem negativen Aspekt von Pflegeskandalen diskutiert. Von verbindlichen Qualitätsstandards war kaum die Rede. Dies ist insofern erstaunlich, als in der Bundesrepublik Deutschland sehr früh mit dem **Heimgesetz (HeimG) von 1974**[31] auch zur Qualität auf dem Gebiete der **stationären Versorgung von volljährigen älteren und pflegedürftigen Menschen** beigetragen werden sollte. Allerdings waren die Qualitätsanforderungen des HeimG vor allem auf die **bauliche und personelle Strukturqualität beschränkt,** wie sie in der Heimmindestbau- und der Heimpersonalverordnung festgelegt wurde. Für die **Qualität der an der Person erbrachten Pflege** hingegen existierte kein allgemein anerkannter Stand medizinisch-pflegerischer Erkenntnisse, auf deren Grundlage man Qualitätsanforderungen hätte formulieren und regeln können.

43 Mit Einführung der Pflegeversicherung wurden die Pflegeeinrichtungen zur Pflege entsprechend dem **allgemein anerkannten Stand medizinisch-pflegerischer Erkenntnisse** verpflichtet (§ 11 Abs. 1 S. 1 SGB XI). Die Soziale Pflegeversicherung hat dazu geführt, dass sich das Bewusstsein für Qualität schneller entwickelt hat, so zunächst bei den Anforderungen an die Strukturqualität, die in den Maßstäben und

---

31 BGBl. 1974 I 1873.

Grundsätzen für Qualität und Qualitätssicherung gem. § 80 SGB XI aF.[32] niedergelegt waren. Mit den Vereinbarungen zu den **Maßstäben und Grundsätzen für die Qualität, Qualitätssicherung und Qualitätsdarstellung** in der ambulanten und stationären Pflege sowie für die Entwicklung eines einrichtungsinternen Qualitätsmanagements, das auf eine stetige Sicherung und Weiterentwicklung der Pflegequalität ausgerichtet ist (§ 113 Abs. 1 S. 1 SGB XI), wird eine allgemeine Grundlage für die Qualitätssicherung gelegt. Hierbei geht es im stationären Bereich insbesondere um die Beschreibung eines indikatorengestützten Verfahren zur vergleichenden Messung und Darstellung von Ergebnisqualität, das auf der Grundlage einer strukturierten Datenerhebung im Rahmen des internen Qualitätsmanagements eine Qualitätsberichterstattung und die externe Qualitätsprüfung ermöglicht (§ 113 Abs. 1a S. 1 SGB XI).

In der weiteren Entwicklung der Sozialen Pflegeversicherung sind dann insbesondere 44 mit dem Pflege-Qualitätssicherungsgesetz[33] und dem Pflege-Weiterentwicklungsgesetz[34] sehr weitgehende Regelungen zur Qualitätssicherung geschaffen worden. Das hat dazu geführt, dass in keinem anderen gesundheitlichen Versorgungsbereich das Recht eine derart **hohe quantitative und qualitative Regelungsdichte auf dem Gebiet der Qualitätsanforderungen** aufweist, wie es mittlerweile in der Pflegeversicherung der Fall ist. Man kann jetzt von einem **besonderen Recht der Qualitätsanforderungen in der Pflege** sprechen. Mittlerweile werden auf diesem Gebiet auch Rechtsstreitigkeiten geführt. Aus der jüngeren Rechtsprechung ist hier das Thema der Vergabe von Pflegenoten und der Pflege-Transparenzvereinbarungen (§ 115 Abs. 1a SGB XI) zu nennen.[35]

Im Folgenden wird das Recht der Qualitätsanforderungen in der Pflege anhand der Di- 45 mensionen der Entwicklung von Qualitätsanforderungen, der Herstellung ihrer Verbindlichkeit, der Umsetzung in der Praxis, der Überwachung der Einhaltung, und der Reaktionen auf Nichteinhaltung dargestellt.[36] Auf das bisherige, jetzt in allen Bundesländern durch Landesgesetze abgelöste Heimrecht (→ § 21 Rn. 4) wird nur kurz verwiesen.

II. Entwicklung von Qualitätsanforderungen – Finanzierung und Zustandekommen

Anders als auf dem Gebiet der Medizin, auf dem Qualitätsanforderungen im Rahmen 46 von Wissenschaft und Forschung und von den beteiligten Fachgesellschaften entwickelt werden, gab es auf dem Gebiet der Pflege lange Zeit keine Wissenschaft und Forschung, die Anforderungen für die Qualität in der Pflege herausarbeiten und formulieren konnte.[37] Qualitätsanforderungen wurden überlängere Zeit maßgeblich von den Prüfinstanzen, in der Pflegeversicherung dem Medizinischen Dienst der Krankenversicherung (MDK; → § 28 Rn. 41) bzw. dem MDS (→ § 28 Rn. 42), im ordnungsrechtlichen Heimwesen (HeimG und Nachfolgegesetze der Länder) durch die dort zuständigen Aufsichtsbehörden formuliert, allerdings auch dies meist ohne einigermaßen gefestigte wissenschaftliche Grundlage. Einige Institutionen haben sich der Aufgabe der Entwicklung von Qualitätsstandards verschrieben, so das Deutsche Netzwerk für Qualitätsentwicklung in der Pflege (DNQP)[38] mit seinen Nationalen Expertenstandards.[39] Um diese **Entwicklung von Qualitätsstandards,** die bisher durch Zuwendungen seitens des

---

32 Vorgängervorschrift zu § 113 Abs. 2 SGB XI.
33 v. 9.9.2001 (BGBl. 2001 I 2320).
34 v. 28.5.2008 (BGBl. 2008 I 874).
35 Es geht um die zahlreichen Rechtsstreitigkeiten zu den sog. Pflegenoten, dazu *Hoffer* PflR 2010, 223. S. dazu ausführlicher unten → § 21 Rn. 100.
36 S. bei *Igl* SGb 2007, 381 (386), *Klie* RsDE 2009 (Heft 70), 7.
37 Zum Ganzen *Bieback*, Qualitätssicherung der Pflege im Sozialrecht, 2004.
38 Zu diesem Netzwerk www.dnqp.de.
39 Zur Begrifflichkeit *Igl* RsDE 2008 (Heft 67), 38 (49).

Bundes gefördert wurden, auf eine **verlässliche Finanzierungsbasis** zu stellen, wurde mit dem Pflege-Weiterentwicklungsgesetz (PflegeWEG) eine Kostentragungspflicht des Spitzenverbandes Bund der Pflegekassen eingerichtet (§ 113a Abs. 4 SGB XI).

47 Mit dem PflegeWEG wurde die Entwicklung und Aktualisierung wissenschaftlich fundierter und fachlich abgestimmter Expertenstandards zur Sicherung und Weiterentwicklung der Qualität als **Sicherstellungsauftrag** den Vertragsparteien nach § 113 SGB XI überantwortet. Dies ist rechtlich wie pflegequalitätsinhaltlich sehr ungewöhnlich, da damit eine Verantwortlichkeit der Pflegewissenschaft und der entsprechenden wissenschaftlichen Fachgesellschaften und der in der Pflege als Leistungserbringer tätigen Akteure auch auf die Pflegekassen übertragen wird. Inhaltlich nachvollziehbar wird diese Regelung allerdings unter Berücksichtigung der Situation der Entwicklung von wissenschaftlich fundierten Anforderungen an die Pflegequalität. Der Gesetzgeber hat sich hier zu Recht in der Verantwortung gesehen, Instrumente der Förderung für die Entwicklung von Pflegequalitätsanforderungen zu schaffen.

48 Die Förderung der Entwicklung von Qualitätsanforderungen bezieht sich ausdrücklich auf **Expertenstandards.** Dieser Begriff wurde vom DNQP in die deutsche Pflegequalitätsentwicklung eingeführt.[40] Für die Entwicklung von Qualitätsanforderungen iSv Expertenstandards ist gesetzlich ein Verfahren festgelegt worden, mit dem sichergestellt werden soll, dass die Expertenstandards den **wissenschaftlichen Anforderungen** entsprechend erarbeitet werden (§ 113a Abs. 1 und 2 SGB XI).[41] Der **Weg zur Entwicklung von Expertenstandards** ist gesetzlich vorgezeichnet: **Vorschlag,** zu welchen Themen Expertenstandards zu entwickeln sind (§ 113a Abs. 1 S. 5 SGB XI); **Auftrag zur Entwicklung** durch Beschluss und **Einführung** durch Beschluss der Vertragsparteien (§ 113a Abs. 1 S. 5 SGB XI).[42] Kommen die genannten Beschlüsse nicht zustande, ist hierfür ein Beschluss des Qualitätsausschusses möglich (§ 113b Abs. 3 S. 1 SGB XI; → § 45 Rn. 39).

49 Mit dem Zweiten Pflegestärkungsgesetz[43] wurde die im Jahr 2008 eingerichtete Schiedsstelle Qualitätssicherung als **Qualitätsausschuss** konstruiert (§ 113b SGB XI).[44] Der Qualitätsausschuss beauftragt zur Sicherstellung der Wissenschaftlichkeit unabhängige wissenschaftliche Einrichtungen oder Sachverständige (§ 113b Abs. 4 S. 1 SGB XI). Dabei werden die Aufträge im Einzelnen gesetzlich präzisiert. Es handelt sich insbesondere um die Entwicklung von Instrumenten für die Prüfung der Qualität der Leistungen, die von den stationären Pflegeeinrichtungen erbracht werden, und für die Qualitätsberichterstattung in der stationären und ambulanten Pflege, die Entwicklung eines bundesweiten Datenerhebungsinstrument, bundesweiter Verfahren für die Übermittlung und Auswertung der Daten einschließlich einer Bewertungssystematik sowie für die von Externen durchzuführende Prüfung der Daten sowie um die Entwicklung weiterer Instrumente der Qualitätssicherung (s. § 113b Abs. 4 S. 2 Nr. 1–3 SGB XI). Die Aufgaben werden aus Mitteln des Ausgleichsfonds (§ 8 Abs. 4 SGB XI) finanziert (§ 113b Abs. 5 SGB XI).

50 Als Fortentwicklung der Funktionen der bisherigen Schiedsstelle Qualitätssicherung in Richtung auf eine Sicherung der Wissenschaftlichkeit ihrer Aufgaben kann die Einrichtung einer **qualifizierten Geschäftsstelle** für die Dauer von fünf Jahren gelten

---

40 Zum Begriff s. auch die Gesetzesbegründung, BT-Drs. 16/7439, 80; *Klie* RsDE 2009 (Heft 70), 7 (11 ff.).
41 Der Expertenstandard »Erhaltung und Förderung der Mobilität« befindet sich in der modellhaften Implementierung. Er ist noch nicht verabschiedet (September 2017).
42 Zu den Expertenstandards s. www.dnqp.de.
43 v. 21.12.2015 (BGBl. 2015 I 2424).
44 Hierzu *Axer,* Instrumente der Qualitätssicherung in der Pflegeversicherung – insbesondere zum Qualitätsausschuss nach § 113b SGB XI, Sozialrecht aktuell – Sonderheft 2016, 34.

Igl

(§ 113b Abs. 4 SGB XI). Die Geschäftsstelle nimmt auch die Aufgaben einer wissenschaftlichen Beratungs- und Koordinierungsstelle wahr. Sie soll insbesondere den Qualitätsausschuss und seine Mitglieder fachwissenschaftlich beraten, die Auftragsverfahren nach § 113b Abs. 4 SGB XI koordinieren und die wissenschaftlichen Arbeitsergebnisse für die Entscheidungen im Qualitätsausschuss aufbereiten (§ 113b Abs. 6 S. 2, 3 SGB XI).

Für die **Weiterentwicklung qualitätsgesicherter Versorgungsformen** können Modellvorhaben durchgeführt werden (§ 8 Abs. 3 SGB XI).   51

III. Herstellung der Verbindlichkeit von Qualitätsanforderungen

In der Frage der Herstellung der rechtlichen Verbindlichkeit von Qualitätsanforderun-   52
gen gab es einige Zeit eine Auseinandersetzung darüber, ob diese berufsrechtlich, also über die Anforderungen an die Fachlichkeit des beruflichen Handelns, oder, bei Berufen, die im Gesundheitswesen als Leistungserbringer tätig werden, sozialleistungserbringungsrechtlich Verbindlichkeit erlangen. Im SGB XI ist diese Frage in zwei Vorschriften geregelt. In § 11 Abs. 1 S. 1 SGB XI wird auf die Pflicht der Pflegeeinrichtungen zur Leistungserbringung entsprechend dem allgemein anerkannten Stand der medizinisch-pflegerischen Erkenntnisse hingewiesen. Dem entspricht ein Sicherstellungsauftrag der Pflegekassen (§§ 28 Abs. 3, 69 S. 1 SGB XI). Die Expertenstandards leisten einen Beitrag zur Konkretisierung des allgemein anerkannten Standes der medizinisch-pflegerischen Erkenntnisse (§ 113a Abs. 1 S. 2 SGB XI). Sie sind für die Pflegekassen und deren Verbände sowie für die zugelassenen Pflegeeinrichtungen unmittelbar verbindlich (§ 113a Abs. 3 S. 2 SGB XI). Die **unmittelbare** Verbindlichkeit nach dieser Vorschrift gilt aber nur für diejenigen Expertenstandards, die im Verfahren nach § 113a Abs. 1 und 2 SGB XI zustande gekommen sind. Wenn aber andere Expertenstandards existieren, die nach den international üblichen Verfahren zustande gekommen sind, so ist deren Verbindlichkeit schon nach § 11 Abs. 1 S. 1 SGB XI gegeben. Das heißt umgekehrt, dass nicht nur die Expertenstandards nach § 113a Abs. 1 und 2 SGB XI für die Pflegeeinrichtungen und die Pflegekassen verbindlich sind. Dem Gesetz ist nur zu entnehmen, dass die nach dem Verfahren gem. § 113a Abs. 1 und 2 SGB XI zustande gekommenen Expertenstandards auf jeden Fall **unmittelbar** verbindlich sind.[45]

Mit der Schaffung eines besonderen Verfahrens der Qualitätsentwicklung in der Pflege   53
taucht die Frage auf, ob damit jetzt **zwei Arten von Qualität** gelten. Rechtlich problematisch kann diese Frage vor allem bei der Kündigung eines Versorgungsvertrages wegen eines Pflegemangels oder im zivilrechtlichen Haftungsfall werden. Wenn eine Qualitätsanforderung unmittelbar mit der Veröffentlichung im Bundesanzeiger verbindlich wird (vgl. § 113a Abs. 3 SGB XI), dann ist bei Verletzung dieser Qualitätsanforderung, die für einen Schaden mitursächlich wird, dieser Zeitpunkt entscheidend.[46] Für die Qualitätsanforderungen nach § 11 Abs. 1 S. 1 SGB XI ist ein solcher Zeitpunkt hingegen oft nur schwer auszumachen. Insofern dient § 113a Abs. 3 SGB XI der Herstellung von mehr rechtlicher Klarheit in Hinblick auf die Verbindlichkeit von Qualitätsanforderungen in Form der Expertenstandards.

Schließlich ist auf eine **weitere Art der Herstellung der Verbindlichkeit von Quali-**   54
tätsanforderungen zu verweisen: Die Einrichtungen werden zur Einhaltung der Qualität im Rahmen des Versorgungsvertrages (§ 72 Abs. 3 Nr. 3 und 4 SGB XI) und im Rahmen der Pflegesatzvereinbarung (§§ 84 V, 89 Abs. 3 4 SGB XI) verpflichtet.

---

45 Zur zivilrechtlichen Verbindlichkeit von Expertenstandards *Theuerkauf* MedR 2011, 72.
46 So Udsching/Schütze/*Weber* SGB XI § 113a Rn. 6.

IV. Umsetzung von Qualitätsanforderungen in die Praxis

55 Wie Qualitätsanforderungen in die Praxis umgesetzt werden, war bislang – anders als das Ob der Umsetzung – kein Gegenstand rechtlicher Vorschriften. Im SGB XI wird die Umsetzung der Expertenstandards in die Praxis durch die Vertragsparteien unterstützt (§ 113a Abs. 3 S. 3 SGB XI). Allerdings sagt die Vorschrift nichts Konkretes über die Art und Weise der Unterstützung aus. Immerhin ist damit eine gesetzliche Aufgabe gegeben, die es den Pflegekassen ermöglicht, hierfür Haushaltsmittel zu verwenden (vgl. § 30 Abs. 1 SGB IV).

V. Überwachung der Einhaltung von Qualitätsanforderungen

56 In keinem anderen Sozialleistungsbereich ist die Überwachung der Einhaltung von Qualitätsanforderungen – kurz Qualitätsprüfungen genannt – so **ausführlich gesetzlich geregelt** wie im SGB XI (§§ 114, 114a SGB XI). Hinzu kommen die untergesetzlichen Vorschriften in den Richtlinien über die Prüfung der in Pflegeeinrichtungen erbrachten Leistungen und deren Qualität (§ 114a Abs. 7 SGB XI).[47]

57 Die Vertragsparteien nach § 113 SGB XI beauftragen zur Sicherstellung der Wissenschaftlichkeit bei der Wahrnehmung ihrer Aufgaben durch den **Qualitätsausschuss** wissenschaftliche Einrichtungen und Sachverständige insbesondere mit der Erarbeitung von Prüfinstrumenten (§ 113b Abs. 4 SGB XI).

58 **Zuständig** für die Veranlassung von Qualitätsprüfungen sind die **Landesverbände der Pflegekassen.** Diese erteilen dem **Medizinischen Dienst der Krankenversicherung** oder von ihnen bestellten **Sachverständigen** einen **Prüfauftrag** (§ 114 Abs. 1 S. 1 SGB XI). **Prüfarten** sind die Regel-, Anlass- und Wiederholungsprüfung (§ 114 Abs. 1 S. 3 SGB XI). Regelprüfungen haben einmal im Jahr stattzufinden (§ 114 Abs. 2 S. 1 SGB XI).

59 Die **Gegenstände der Prüfung** sind die Qualitätsanforderungen nach dem SGB XI und nach den auf dieser Grundlage abgeschlossenen vertraglichen Vereinbarungen (§ 114 Abs. 2 S. 2 SGB XI). Die Regelprüfung bezieht sich auf die Qualität der allgemeinen Pflegeleistungen, der medizinischen Behandlungspflege, der sozialen Betreuung einschließlich der zusätzlichen Betreuung und Aktivierung iSd § 43b SGB XI, der Leistungen bei Unterkunft und Verpflegung (§ 87 SGB XI), der Zusatzleistungen (§ 88 SGB XI) und der nach § 37 SGB V erbrachten Leistungen der häuslichen Krankenpflege (§ 114 Abs. 2 S. 5 SGB XI). Zu prüfen ist auch, ob die Versorgung der Pflegebedürftigen den Empfehlungen der Kommission für Krankenhaushygiene und Infektionsprävention nach § 23 Abs. 1 IfSG entspricht (§ 114 Abs. 2 S. 5, 6, 8 SGB XI). Die **Dimensionen der Regelprüfung** sind insbesondere wesentliche Aspekte des Pflegezustandes und die Wirksamkeit der Pflege- und Betreuungsmaßnahmen **(Ergebnisqualität).** Sie kann auch auf den Ablauf, die Durchführung und die Evaluation der Leistungserbringung **(Prozessqualität)** sowie die unmittelbaren Rahmenbedingungen der Leistungserbringung **(Strukturqualität)** erstreckt werden (§ 114 Abs. 2 S. 3 und 4 SGB XI).

60 Die **Art und Weise der Durchführung von Qualitätsprüfungen** und die entsprechenden **Duldungspflichten** der Pflegeeinrichtungen sowie die **Wohnungsbetretungsrechte** sind in § 114a Abs. 1–3 SGB XI geregelt. Besonders geregelt ist die **Inaugenscheinnahme des gesundheitlichen und pflegerischen Zustands** von Pflegebedürftigen (§ 114a Abs. 3 SGB XI).

61 In Hinblick auf die **organisatorische Gestaltung der Qualitätsprüfung** sind Beteiligungsrechte für Leistungserbringer, Trägervereinigungen und für die nach SGB XI be-

---

47 S. hierzu auch *Büscher,* Sicherung der Qualitätsstandards durch Pflege-TÜV, Sozialrecht aktuell – Sonderheft 2016, 42.

auftragten Prüfer bei Prüfungen nach den heimrechtlichen Vorschriften vorgesehen (§ 114a Abs. 4 SGB XI).

Die **Kosten für die Prüfung** durch den MDK werden von diesem getragen. Zur **Betei- 62 ligung der privaten Versicherungsunternehmen,** die die private Pflege-Pflichtver- sicherung durchführen, wird eine 10% Kostenbeteiligung festgelegt (§ 114a Abs. 5 S. 1 SGB XI), da dies in etwa den Anteil der privat Pflege-Pflichtversicherten ausmacht. Auch der Prüfdienst des Verbandes der privaten Krankenversicherung e.V. ist mit Qualitätsprüfungen beauftragt (s. §§ 97c, 114 Abs. 1 S. 1, 114a Abs. 1 S. 1 SGB XI).

Nach dem **Ordnungsrecht** der Nachfolgegesetze der Länder zum HeimG sind die 63 Aufsichtsbehörden zur **Überwachung** bestimmt.

VI. Reaktionen auf die Nichteinhaltung von Qualitätsanforderungen

Im SGB XI wird mit folgenden Instrumenten – abgesehen von einer möglichen zivil- 64 rechtlichen Haftung[48] oder einer strafrechtlichen Sanktion – auf die Nichteinhaltung von Qualitätsanforderungen reagiert:

– mit einem Mängelbeseitigungsbescheid (§ 115 Abs. 2 S. 1 SGB XI),
– mit einer Kündigung des Versorgungsvertrages (§ 115 Abs. 2 S. 2 SGB XI),
– mit einer Kürzung der Pflegevergütung (§ 115 Abs. 3 SGB XI),[49]
– bei schwerwiegenden, kurzfristig nicht behebbaren Mängeln in der stationären Pflege die Vermittlung einer anderen geeigneten Pflegeeinrichtung (§ 115 Abs. 4 SGB XI),
– bei schwerwiegenden Mängeln in der ambulanten Pflege die vorläufige Untersa- gung der weiteren Betreuung und die Vermittlung eines anderen geeigneten Pfle- gedienstes (§ 115 Abs. 5 SGB XI),
– in den beiden letzten Fällen die Kostentragung für die Vermittlung einer anderen Einrichtung, wenn der Träger die Mängel zu vertreten hat (§ 115 Abs. 6 SGB XI).

Bei den **ordnungsrechtlichen Sanktionsmöglichkeiten der Nachfolgegesetze der 65 Länder zum HeimG** im Falle der Nichteinhaltung von Qualitätsanforderungen han- delt es sich vor allem um Anordnungen, die Verhängung von Beschäftigungsverboten und die Einsetzung einer kommissarischen Heimleitung, schließlich die Betriebsunter- sagung. In der Regel geht eine Mängelberatung voraus.

J. Vergütungen

I. Allgemeine Vorschriften zur Pflegevergütung

Das **SGB XI** enthält neben allgemeinen **Vorschriften zur Pflegevergütung** jeweils 66 auch besondere Vorschriften zur Vergütung von stationären und ambulanten Pflege- leistungen. Zu den entsprechenden Finanzierungsregelungen des SGB XI treten wegen der **dualen Finanzierung** die **landesrechtlichen Vorschriften zur Finanzierung der Investitionskosten** der Einrichtungen (§ 9 S. 2 SGB XI).[50]

---

48 Hierzu *Gaßner/Strömer* MedR 2012, 487.
49 BSGE 112, 1 = NZS 2013, 265; hierzu die kritische Besprechung von *Bieback* SGb 2013, 547.
50 Zur Regelung verschiedener Gegenstände der Pflegevergütung kann eine Rechtsverordnung erlassen werden (§ 83 SGB XI). Dies ist bisher nur für die Rechnungs- und Buchführungsvor- schriften mit der Pflege-Buchführungsverordnung v. 22.11.1995 (BGBl. 1995 I 1528) geschehen.

II. Prinzipien der Einrichtungsfinanzierung im SGB XI

67 Bei der Finanzierung der von Dritten erbrachten Pflegeleistungen wendete man sich seit Mitte der neunziger Jahr vom Selbstkostendeckungsprinzip ab.[51] Damit wird vor allem ein wirtschaftlicheres Agieren der Einrichtungen angestrebt. Dies wird unter anderem auch durch **prospektive Vergütungsvereinbarungen** erreicht, dh, dass die Vergütung für einen künftigen Pflegesatzzeitraum vereinbart wird und dass nachträgliche Ausgleiche nicht vorgesehen sind (vgl. § 85 Abs. 3 S. 1 SGB XI). **Überschüsse wie Verluste** sind beim Einrichtungsträger **möglich** (§ 84 Abs. 2 S. 7 SGB XI). Nur beim Wegfall der Geschäftsgrundlage kann Neuverhandlung beantragt werden (§ 85 Abs. 7 SGB XI).

III. Duale Finanzierung

68 Die **duale Finanzierung** lehnt sich an das **Krankenhausfinanzierungssystem** nach dem Krankenhausfinanzierungsgesetz (KHG) an. Im SGB XI tritt die duale Finanzierung nur undeutlich und indirekt hervor, was auch damit zu tun hat, dass im Gesetzentwurf ursprünglich eine monistische Finanzierung vorgesehen war.[52]

69 Es sind nur die durch Versorgungsvertrag **zugelassenen Pflegeheime und Pflegedienste** dem Finanzierungssystem des SGB XI unterstellt.[53] Diese Pflegeeinrichtungen erhalten eine **leistungsgerechte Vergütung für die allgemeinen Pflegeleistungen (Pflegevergütung)** sowie bei **stationärer Pflege ein angemessenes Entgelt für Unterkunft und Verpflegung** (§ 82 Abs. 1 S. 1 SGB XI). Diese beiden Positionen stehen – ohne dass es das Gesetz so ausdrückt – vor allem für die Finanzierung des laufenden Betriebes der Einrichtung (Betriebskosten). Um die Wettbewerbschancen der Einrichtungen nicht zu verzerren, wird das Finanzierungssystem bei den Betriebskosten als geschlossenes System behandelt. **Öffentliche Zuschüsse zu den Betriebskosten einer Pflegeeinrichtung** sind deshalb von der Pflegevergütung **abzuziehen** (§ 82 Abs. 5 SGB XI). **Kosten für die Ausbildungsvergütung** und **für ehrenamtliche Unterstützung** sind in den Vergütungen zu berücksichtigen (§§ 82a, 82b SGB XI).

70 In die Pflegevergütung bzw. in die Entgelte für Unterkunft und Verpflegung dürfen insbesondere **Investitionsaufwendungen und andere Aufwendungen** (§ 82 Abs. 2 SGB XI) nicht eingehen. Diese Aufwendungen sollen durch landesrechtliche Förderungen (teilweise) gedeckt (vgl. § 9 S. 2 und 3 SGB XI) oder vom Pflegebedürftigen selbst übernommen werden.

71 Da der Gesetzgeber des SGB XI den Ländern über den allgemeinen Auftrag des § 9 SGB XI hinaus keine konkreteren Maßgaben für die landesrechtliche Ausgestaltung der Förderung von Pflegeeinrichtungen machen durfte, war es erforderlich, besondere Bestimmungen für den Fall zu treffen, dass eine **Pflegeeinrichtung keine oder eine nicht ausreichende Investitionsförderung nach Landesrecht** erfährt. Ist dies der Fall, kann die Pflegeeinrichtung die entsprechenden Aufwendungen dem Pflegebedürftigen gesondert in Rechnung stellen (§ 82 Abs. 3 und 4 SGB XI). Allerdings ist dabei zu berücksichtigen, dass dies dann im Verhältnis zu den landesrechtlich geförderten Einrichtungen zu ungleichen Wettbewerbsbedingungen führen kann.

---

51 Zum Ganzen *Igl* in Igl/Klie (Hrsg.), Pflegeversicherung auf dem Prüfstand. Analysen und Perspektiven zum Vergütungs- und Leistungserbringungsrecht bei stationären Pflegeleistungen, 2000, 29 ff., Rn. 343.

52 BT-Drs. 12/5262, 83 f.

53 Allerdings besteht die Möglichkeit, die Kostenerstattung nach § 91 SGB XI zu wählen, wenn man sich dem Finanzierungssystem des SGB XI nicht unterwerfen will. Voraussetzung ist allerdings ein Versorgungsvertrag.

Igl

IV. Vergütung der stationären Pflegeleistungen

Im stationären Bereich sind die **voll- und teilstationären Pflegeleistungen** (§ 84 Abs. 1 **72** SGB XI), die **Unterkunfts- und Verpflegungsleistungen** (§ 87 SGB XI) und ggf. **Zusatzleistungen** (§ 88 SGB XI) zu vereinbaren. Für diese drei Leistungsbestandteile sind folgende Verfahren vorgesehen:

- die **Pflegeleistungen** und die **Unterkunfts- und Verpflegungsleistungen** werden im Rahmen eines **Pflegesatzverfahrens** vereinbart (§§ 85, 87 SGB XI);
- die **Zusatzleistungen** müssen den Voraussetzungen des § 88 SGB XI genügen und sie müssen den Landesverbänden der Pflegekassen und den überörtlichen Trägern der Sozialhilfe im Land vor Leistungsbeginn schriftlich mitgeteilt werden (§ 88 Abs. 2 Nr. 3 SGB XI).

1. Bemessungsgrundsätze der Entgelte für Pflegeleistungen (Pflegesätze)

Pflegesätze[54] sind die Entgelte der Heimbewohner oder ihrer Kostenträger für die **73** voll- oder teilstationären Pflegeleistungen des Pflegeheimes sowie für die soziale Betreuung und die medizinische Behandlungspflege, sofern für diese kein Anspruch auf Krankenpflege nach § 37 SGB V besteht (§ 84 Abs. 1 SGB XI). In den Pflegesätzen dürfen keine Aufwendungen berücksichtigt werden, die nicht der Finanzierungszuständigkeit der sozialen Pflegeversicherung unterliegen (§ 84 Abs. 1 SGB XI). § 84 Abs. 2–4 SGB XI enthalten die Bemessungsgrundsätze für die Pflegesätze. Die Vorschrift enthält die Rahmenbedingungen für vertraglich zu vereinbarende Entgelte.

Bei der Bemessung der Pflegesätze ist grundsätzlich Folgendes zu berücksichtigen: die **74** Pflegesätze müssen **leistungsgerecht** sein, und die Leistungen müssen so entgolten werden, dass die Pflegeheime in der Lage sind, die Leistungen gemäß dem **Versorgungsauftrag** zu erbringen (§ 84 Abs. 2 S. 1 und 4 SGB XI). Die Pflegekassen können somit nicht erwarten, dass der Träger des Pflegeheims über die ihm durch die Pflegekassen zufließenden Mittel hinaus noch weitere Mittel (zB aus öffentlichen Zuwendungen, wie bei den Trägern der freien Wohlfahrtspflege) einsetzt. Nur die in § 82 Abs. 5 SGB XI genannten öffentlichen Betriebskostenzuschüsse und die Zuwendungen aus der Landesförderung nach § 9 SGB XI gehen nicht in den Pflegesatz ein.

Eine ausschließliche Orientierung an den Selbstkosten einer Einrichtung bei der **Be- 75 messung der Pflegesätze** ist nicht möglich. Das BSG hat hier früher auf einen einfachen **externen Marktvergleich** als »Methode der Wahl« für die Vergütungsfindung verwiesen,[55] dh den Vergleich mit Pflegesätzen von ortsnahen Einrichtungen mit vergleichbaren Leistungen angestellt. Auf die Kostenstruktur sollte es nur dann ankommen, wenn ein solcher Vergleich nicht möglich ist. Mittlerweile ist diese Methode verfeinert worden.[56] Das BSG hält zwar daran fest, dass ausschließlich auf Gestehungskosten gestützte Vergütungsansprüche im geltenden Recht keine Grundlage finden. Jedoch gibt es die Auffassung auf, dass sich die Vergütung im Allgemeinen ausschließlich nach Marktpreisen bestimmt und die kalkulatorischen Gestehungskosten regelmäßig außer Betracht bleiben. Es soll jetzt nach einem **zweigliedrigen Prüfungsmuster** vorgegangen werden: Grundlage der Verhandlung über Pflegesätze und Entgelte ist zunächst die **Abschätzung der voraussichtlichen Kosten der in der Einrichtung erbrachten Leistungen** nach § 85 Abs. 3 S. 2 Hs. 1 und S. 3 SGB XI (Prognose). Daran schließt sich

54 Während der Begriff der Pflegevergütung iSv § 82 Abs. 1 SGB XI die Vergütung für stationäre wie ambulante Pflegeleistungen betrifft, bezieht sich der Begriff Pflegesatz nur auf die stationären Pflegeleistungen. Zum Begriff Pflegesatz → § 19 Rn. 10.
55 BSGE 87, 199 (204) = BeckRS 2001, 40654.
56 BSGE 102, 227 = NZS 2010, 35.

in einem **zweiten Schritt** die **Prüfung der Leistungsgerechtigkeit** nach § 84 Abs. 2 S. 1 und 4 SGB XI an. Maßgebend hierfür sind die Kostenansätze vergleichbarer Leistungen in anderen Einrichtungen **(externer Vergleich)**. Im Ergebnis sind Pflegesätze und Entgelte dann leistungsgerecht iSv § 84 Abs. 2 S. 1 SGB XI, wenn erstens die voraussichtlichen Gestehungskosten der Einrichtung nachvollziehbar und plausibel dargelegt werden und sie zweitens in einer angemessenen und nachprüfbaren Relation zu den Sätzen anderer Einrichtungen für vergleichbare Leistungen stehen. Geltend gemachte Pflegesätze und Entgelte sind dann nicht angemessen, wenn Kostenansätze und erwartete Kostensteigerungen nicht plausibel erklärt werden können oder wenn die begehrten Sätze im Verhältnis zu anderen stationären Pflegeeinrichtungen unangemessen sind.[57]

76 Die Pflegesätze sind nach dem Versorgungsaufwand, den der Pflegebedürftige nach Art und Schwere seiner Pflegebedürftigkeit benötigt, entsprechend den **fünf Pflegegraden** einzuteilen (§ 84 Abs. 2 S. 2 SGB X); zu den einrichtungsinternen Eigenanteilen s. § 84 Abs. 2 S. 3 SGB XI (→ § 31 Rn. 77).

77 In Hinblick auf eine **entgeltmäßige Gleichbehandlung aller Heimbewohner und aller Kostenträger** sind die Pflegesätze für alle Heimbewohner des Pflegeheimes nach einheitlichen Grundsätzen zu bemessen. Eine **Differenzierung der Pflegesätze nach Kostenträgern** ist **nicht möglich** (§ 84 Abs. 3 SGB XI).

78 Mit den Pflegesätzen sind alle für die Versorgung der Pflegebedürftigen nach Art und Schwere ihrer Pflegebedürftigkeit erforderlichen Pflegeleistungen der Pflegeeinrichtung (allgemeine Pflegeleistungen) abgegolten.[58] Für die **allgemeinen Pflegeleistungen** dürfen, soweit nichts anderes bestimmt ist, ausschließlich die nach den §§ 85 oder 86 SGB XI vereinbarten oder von der Schiedsstelle festgesetzten Pflegesätze berechnet werden, ohne Rücksicht darauf, wer zu ihrer Zahlung verpflichtet ist (§ 84 Abs. 4 SGB XI).

2. Bemessungsgrundsätze der Entgelte für Unterkunft und Verpflegung

79 Obwohl die **Unterkunfts- und Verpflegungsleistungen des Pflegeheims** nicht von den Pflegekassen getragen werden, sondern vom Pflegebedürftigen selbst (§ 82 Abs. 1 S. 2 SGB XI) oder ggf. vom Sozialhilfeträger, vereinbaren die Pflegekassen, die sonstigen Sozialleistungsträger und die Sozialhilfeträger mit dem Träger des Pflegeheims die von den Pflegebedürftigen zu tragenden Entgelte für Unterkunft und Verpflegung (§ 87 S. 1 SGB XI).

80 Die Entgelte müssen in einem angemessenen Verhältnis zu den Leistungen stehen. Sie müssen weiter – wie die Pflegesätze – nach **einheitlichen Grundsätzen für alle Heimbewohner** und **ohne Differenzierung nach den Kostenträgern** bemessen werden. Die Vereinbarung von Zusatzleistungen bleibt möglich (§ 87 S. 3 Hs. 2 SGB XI).

3. Zusatzleistungen

81 Zusatzleistungen (Komfortleistungen bei Unterkunft und Verpflegung; zusätzliche pflegerisch-betreuende Leistungen) dürfen im Pflegeheim nur unter engen Voraussetzungen vereinbart werden (§ 88 SGB XI). So ist unter anderem eine detaillierte Leistungs- und Entgeltbeschreibung sowie eine schriftliche Mitteilung an die Sozialleistungsträger erforderlich (§ 88 Abs. 2 SGB XI).

---

57 S. auch Udsching/Schütze/*Schütze* SGB XI § 84 Rn. 13 ff.
58 Übersicht über die durchschnittlichen Pflegesätze im Sechsten Bericht über die Entwicklung der Pflegeversicherung und den Stand der pflegerischen Versorgung in der Bundesrepublik Deutschland, BT-Drs. 18/10707, 177 f.

Igl

V. Vergütungen der ambulanten Pflegeleistungen

Für die Bemessung der Vergütung von ambulanten Pflegeleistungen und der haus- **82** wirtschaftlichen Versorgung stehen als Instrumente die **Vergütungsregelung** (§ 89 SGB XI) und die **Gebührenordnung** (§ 90 SGB XI) zur Verfügung.

1. Vergütungsregelung

Die Vergütungsregelung für ambulante Pflegeleistungen und der hauswirtschaftlichen **83** Versorgung orientiert sich in den wesentlichen Punkten an den Pflegesätzen für die stationären Leistungen.

Vertragspartner sind der Träger des Pflegedienstes und die Pflegekassen oder sonstige **84** Sozialversicherungsträger sowie der für den Sitz des Pflegedienstes nach Landesrecht zuständige (örtliche oder überörtliche) Träger der Sozialhilfe, soweit auf den jeweiligen Kostenträger im Jahr vor Beginn der Pflegesatzverhandlungen jeweils mehr als 5% der vom Pflegedienst betreuten Pflegebedürftigen entfallen (§ 89 Abs. 1 S. 1, Abs. 2 SGB XI).

Die Vergütung wird für alle Pflegebedürftigen nach **einheitlichen Grundsätzen** ver- **85** einbart. Sie muss leistungsgerecht sein. Für die Findung der Vergütung gelten die gleichen Grundsätze wie bei den Vergütungen für stationäre Pflegeleistungen.[59] Die Vergütung muss einem Pflegedienst bei wirtschaftlicher Betriebsführung ermöglichen, seinen Versorgungsauftrag zu erfüllen; eine **Differenzierung nach Kostenträgern ist unzulässig** (§ 89 Abs. 1 SGB XI).

Für die Vergütungen liefert das Gesetz **Gestaltungsgrundsätze** (§ 89 Abs. 3 S. 1 und 2 **86** SGB XI), nach denen diese je nach Art und Umfang der Pflegeleistung, nach dem dafür erforderlichen Zeitaufwand oder unabhängig vom Zeitaufwand nach dem Leistungsinhalt des jeweiligen Pflegeeinsatzes, nach Komplexleistungen oder in Ausnahmefällen auch nach Einzelleistungen bemessen werden können. Sonstige Leistungen wie hauswirtschaftliche Versorgung, Behördengänge oder Fahrkosten können auch mit Pauschalen vergütet werden. Bisher sind hier Vergütungen nach **Komplexleistungen** vereinbart worden. Weder die Pflegekassen noch die Pflegedienste können einseitig bestimmen, nach welchem Vergütungsmodell ambulante Pflegeleistungen abzurechnen sind. Bei fehlender Einigung hat die Schiedsstelle hierüber zu entscheiden.[60]

2. Gebührenordnung

Von der Möglichkeit der Aufstellung einer Gebührenordnung für die ambulanten **87** Pflegeleistungen und die hauswirtschaftliche Versorgung ist bisher noch nicht Gebrauch gemacht worden (§ 90 SGB XI).

VI. Festsetzung der Vergütung durch die Schiedsstelle

Eine der der Schiedsstelle nach § 76 Abs. 1 S. 2 SGB XI gesetzlich zugewiesenen Auf- **88** gaben besteht in der Festsetzung der Pflegesätze bzw. der Vergütung der ambulanten Leistungen (§§ 85 Abs. 5, 89 Abs. 3 S. 3 SGB XI). Die Schiedsstelle wird im Falle des Scheiterns der Verhandlungen über eine Vereinbarung auf Antrag einer Vertragspartei tätig. Ihre Festsetzung wird unmittelbar verbindlich (§ 85 Abs. 6 S. 1 SGB XI) und kann vor dem Sozialgericht als Verwaltungsakt angefochten werden (§ 85 Abs. 5 S. 3 SGB XI; → § 45 Rn. 39 ff.).

---

59 BSGE 105, 126 = BeckRS 2010, 69469; → § 21 Rn. 73 f.
60 BSG SozR 4–3300 § 89 Nr. 1 = BeckRS 2009, 66804.

VII. Kostenerstattung statt Vereinbarung einer Vergütung

89 Zugelassene Pflegeeinrichtungen, die auf eine vertragliche Regelung der Pflegevergütung verzichten oder mit denen eine solche Regelung nicht zustande kommt, können den Preis für ihre Leistungen unmittelbar mit den Pflegebedürftigen vereinbaren (§ 91 Abs. 1 SGB XI). Den Pflegebedürftigen werden die Kosten erstattet bis zu 80% des Betrages, den die Pflegekasse für den einzelnen Pflegebedürftigen nach dem Leistungsrecht des SGB XI zu leisten hat (§ 91 Abs. 2 S. 1 SGB XI).

90 Die Kostenerstattungsmöglichkeit gilt auch für **private pflegepflichtversicherte Personen** (§ 91 Abs. 3 SGB XI). Bei Wahl der Kostenerstattung ist dem **Träger der Sozialhilfe eine weitere Kostenerstattung untersagt** (§ 91 Abs. 2 S. 3 SGB XI).

K. Beendigung der Marktteilnahme

91 Wie schon im **HeimG** finden sich auch in den **Nachfolgegesetzen der Länder zum HeimG** Vorschriften zur **ordnungsrechtlichen Beendigung** der Marktteilnahme. Diese besteht in der **Betriebsuntersagung**.

92 Die Beendigung der Marktteilnahme aufgrund **leistungserbringungsrechtlicher Vorschriften des SGB XI** vollzieht sich durch **Kündigung des Versorgungsvertrages** (§ 74 SGB XI). Ein besonderes Kündigungsrecht besteht bei Qualitätsmängeln (§ 115 Abs. 2 S. 2 SGB XI). Eine vorläufige Beendigung der Marktteilnahme ist möglich bei schwerwiegenden Mängeln in der **ambulanten Pflege** durch **vorläufige Untersagung der weiteren Betreuung** und die Vermittlung eines anderen geeigneten Pflegedienstes (§ 115 Abs. 5 SGB XI).

93 Die Kündigung des Versorgungsvertrages ist als **fristgebundene und als fristlose Kündigung** ausgestaltet (§ 74 Abs. 1 und 2 SGB XI). In beiden Fällen ist die Kündigung durch die Landesverbände der Pflegekassen in deren Ermessen gestellt.

94 Die an eine **Frist von einem Jahr gebundene Kündigung** ist gesetzlich am **Verhältnismäßigkeitsgrundsatz** orientiert. So sollen, bevor zur Kündigung geschritten wird, Fort- und Weiterbildungsmaßnahmen ergriffen werden (§ 74 Abs. 1 S. 3 Nr. 2 SGB XI). Auch kann die Versorgung weiterer Pflegebedürftiger bis zur Beseitigung der in § 74 Abs. 1 S. 1 SGB XI aufgeführten Kündigungsgründe vorläufig ausgeschlossen werden (§ 74 Abs. 1 S. 3 Nr. 2 SGB XI). Damit besteht ein Regel-Ausnahme-Verhältnis von Mangelbeseitigung und Kündigung.[61]

95 Die **fristlose Kündigung** durch den Landesverband der Pflegekassen setzt eine besonders gröbliche Verletzung der gesetzlichen oder vertraglichen Verpflichtungen voraus (§ 74 Abs. 2 SGB XI). Sie ist auch möglich, wenn dem Einrichtungsträger die heimrechtliche Betriebserlaubnis entzogen oder der Betrieb des Heimes untersagt worden ist (§ 74 Abs. 2 S. 3 SGB XI).

96 Für den **Rechtsschutz** gegen eine Kündigung wird auf den Rechtsweg zu den Sozialgerichten verwiesen (§ 74 Abs. 3 SGB XI). Der Gesetzgeber sieht damit die **Kündigung als belastenden Verwaltungsakt**[62] an, dem mit der Anfechtungsklage begegnet werden kann (§ 74 Abs. 3 S. 2 SGB XI). Sozialverwaltungsverfahrensrechtlich ist bei einem belastenden Verwaltungsakt eine Anhörung erforderlich (§ 24 Abs. 1 SGB X).

L. Nutzerstellung

97 Das die Pflegeeinrichtungen betreffende Ordnungs- und Sozialleistungserbringungsrecht enthält eine Reihe von Vorschriften, die sich auf die Nutzerstellung von pflege-

---

61 Udsching/Schütze/*Schütze* SGB XI § 74 Rn. 3.
62 Udsching/Schütze/*Schütze* SGB XI § 74 Rn. 12.

bedürftigen Menschen und ihren Angehörigen beziehen.[63] Im Folgenden soll nur auf diese speziell auf Pflegeeinrichtungen bezogenen Vorschriften zur Nutzerstellung eingegangen werden.[64]

Die **ordnungsrechtlichen Vorschriften der Nachfolgegesetze der Länder zum HeimG** 98 sind insgesamt darauf ausgerichtet, die Stellung des Heimbewohners zu schützen und zu stärken.[65] Bewohner genießen **Beratungs- und Mitwirkungsrechte.** Auch die durch das **Wohn- und Betreuungsvertragsgesetz (WBVG)** abgelösten Vorschriften zum früher im HeimG geregelten Heimvertrag (§§ 5–9 HeimG) dienen insbesondere in Hinblick auf die Leistungsgestaltung, die Entgelterhöhung und die Kündigungsmöglichkeiten dem besonderen Schutz von Bewohnern. Die **finanziellen Interessen** der Heimbewohner werden jetzt auch im WBVG (§ 14) geschützt.

Im **SGB XI** sind die besonders auf die Nutzerstellung bezogenen Vorschriften neben 99 den Hinweispflichten in § 91 Abs. 1 und 4 SGB XI bei der Kostenerstattung vor allem im Zusammenhang mit der **Qualitätssicherung** zu finden. Zwar hat das gesamte Recht der Qualitätsanforderungen den Nutzerschutz im Auge. Es ragen jedoch einige Vorschriften heraus, die die Position des Nutzers und seine **Funktion als Marktteilnehmer** besonders stärken sollen. Zur validen Marktteilnahme gehört als erstes der Abbau von Informationsasymmetrien. Hierzu dient die **Leistungs- und Preisvergleichsliste,** die dem Pflegebedürftigen von der zuständigen Pflegekasse zur Verfügung zu stellen ist, und die dazu dient, einen Überblick über den Pflegemarkt im Einzugsbereich der Pflegekasse zu erhalten (§ 7 Abs. 3 SGB XI).

Der Verbesserung der Marktübersicht dient auch die **Veröffentlichung im Internet** 100 **der von Pflegeeinrichtungen erbrachten Leistungen und deren Qualität (»Pflegenoten«)** (§ 115 Abs.1a S. 1 SGB XI). Für die Kriterien der Veröffentlichung einschließlich der Bewertungssystematik existieren Vereinbarungen, die zwischen dem Spitzenverband Bund der Pflegekassen, den Vereinigungen der Träger der Pflegeeinrichtungen auf Bundesebene, der Bundesarbeitsgemeinschaft der überörtlichen Träger der Sozialhilfe und der Bundesvereinigung der kommunalen Spitzenverbände unter Beteiligung des Medizinischen Dienstes des Spitzenverbandes Bund der Krankenkassen zustande gekommen sind (**Qualitätsdarstellungsvereinbarungen**) (§ 115 1a S. 4 SGB XI).

Seit der Veröffentlichung von Pflegenoten im Internet sind zahlreiche Pflegeeinrich- 101 tungen vor allem im Wege vorläufigen Rechtsschutzes gegen die Veröffentlichung vorgegangen.[66] Die entsprechenden Entscheidungen machen deutlich, dass bei hoheitlichen Eingriffen in das Marktgeschehen, auch wenn es sich nur um Informationen über Dienstleistungen von Marktteilnehmern handelt, regelmäßig die Berufsausübungsfreiheit (Art. 12 Abs. 1 GG) der Einrichtungsträger betroffen sein kann. Deshalb sind hier besondere Anforderungen an die Verhältnismäßigkeit des Eingriffs und an die Rechtsschutzmöglichkeiten zu stellen.[67]

Der Wahrung und Sicherung der Rechte von Nutzern von Pflegeeinrichtungen dient 102 auch die 2005 vorgelegte **Charta der Rechte hilfe-und pflegebedürftiger Menschen.**[68]

---

63 S. hierzu Igl/*Igl,* Verbraucherschutz im Sozialrecht, 2011, 93.
64 Insgesamt zur Nutzerstellung → § 41 Rn. 12 ff.
65 S. die in § 2 Abs. 1 Nr. 1–6 HeimG aufgeführten Schutzzwecke; ähnlich die Nachfolgegesetze der Länder.
66 S. hierzu *Hoffer* PflR 2010, 223.
67 Hierzu *Bachem* PflR 2009, 214; *Klie* PflR 2010, 351, *Igl* RsDE 2011 (Heft 73), 47. S. dazu BSG = PflR 2013, 758. Zu diesem Urteil krit. *Klie/Theda* PflR 2014, 3 (9 f.), 71.
68 *Bundesministerium für Familie, Senioren, Frauen und Jugend/Bundesministerium für Gesundheit* (Hrsg.), Charta der Rechte hilfe-und pflegebedürftiger Menschen, 11. Aufl., Stand: Mai 2014. Hierzu *Igl/Sulmann,* 10 Jahre Pflege-Charta, Z Geront Geriat 2017, 287.

Diese stellt zwar keine Rechtsquelle dar, sondern führt gegebene Rechte systematisch geordnet auf. Sie kann aber hilfreich für die Wahrnehmung und Durchsetzung von Rechten pflegebedürftiger Menschen sein.

§ 22 Dienste und Einrichtungen der Rehabilitation und Teilhabe sowie der Prävention

1 Dienste und Einrichtungen der Rehabilitation und Teilhabe sowie solche der Prävention unterliegen **keiner kohärenten rechtlichen Regulierung.** Dies gilt für öffentlich-rechtliche Aufsichtsnormen ebenso wie für sozialrechtliches Leistungserbringungsrecht. Der Bund hat nur punktuelle Kompetenzen, vor allem über das Sozialrecht. Hier ist spezifisches Leistungserbringungsrecht der Rehabilitation und Prävention knapp geregelt. Die Länder könnten – so wie für Krankenhäuser und Pflegeeinrichtungen – auch für diese Bereiche eigene Gesetze zu Aufsicht, Planung und Förderung erlassen, haben jedoch von dieser Möglichkeit bisher keinen Gebrauch gemacht. Die Gesetze über den öffentlichen Gesundheitsdienst erfassen nur den kleinen Teil von Leistungen, die Länder und Kommunen selbst erbringen, nicht oder nur punktuell die Dienste und Einrichtungen der freien Wohlfahrtspflege, der Selbsthilfe und privater Unternehmen.

A. Allgemeines zu Diensten und Einrichtungen der Rehabilitation und Teilhabe

2 Dienste und Einrichtungen der Rehabilitation und Teilhabe sind verbunden durch den Zweck, **Leistungen zur Teilhabe** zu erbringen, mit denen Behinderung verhindert, aufgehoben, gemildert oder ausgeglichen wird. Damit unterscheiden sie sich nach dem Ziel und entsprechend auch den Mitteln von Einrichtungen der Krankenbehandlung, deren Ziel die Heilung und Linderung von Krankheiten ist. Je nachdem, wie stark die Leistung auf die Funktionseinschränkung oder mehr auf die individuellen oder gesellschaftlichen Kontextfaktoren ausgerichtet ist, erfordert sie mehr oder weniger starke medizinische, pflegerische, psychologische, pädagogische oder technische Anteile. Oft sind Leistungen zur Teilhabe multimodal und interdisziplinär ausgerichtet (vgl. § 42 II und III SGB IX) und erfordern entsprechend ausgestattete und ausgerichtete Dienste und Einrichtungen (vgl. § 107 SGB V). Die Bandbreite geht von ärztlich geleiteten und geprägten Einrichtungen der medizinischen Rehabilitation über pädagogisch geleitete und geprägte Heime oder Werkstätten bis hin zu Assistenzdiensten, die bewusst und im Interesse ihrer Nutzer auf professionelle Fachlichkeit zugunsten Gunsten einer Orientierung am Selbstbestimmungsrecht behinderter Menschen verzichten.

3 Sozialrechtlich können verschiedene Rehabilitationsträger für die Leistungen zur Teilhabe verantwortlich sein, die traditionell mit den Diensten und Einrichtungen nach eigenen, in den jeweiligen Leistungsgesetzen enthaltenen Regeln Verträge schließen. Das Anliegen des SGB IX – Rehabilitation und Teilhabe behinderter Menschen – die Rehabilitationsträger zu **Kooperation und Koordination** zu verpflichten und eine **leistungsrechtliche Konvergenz** herbeizuführen, ist auch für das Leistungserbringungsrecht angelegt worden.[1] Nach § 28 I SGB IX können die Rehabilitationsträger die Leistungen selbst, durch andere Rehabilitationsträger oder unter Inanspruchnahme von

---

1 Ausführlicher hierzu *Fuchs/Welti*, Die Rehabilitation, 2007, 111.

Igl/Welti

freien und gemeinnützigen oder privaten Diensten und Einrichtungen ausführen. Sie sollen dabei im Einzelfall den am besten geeigneten Leistungserbringer in Anspruch nehmen und Vielfalt, Unabhängigkeit und Selbstständigkeit der Leistungserbringer achten (§ 36 II SGB IX). Hierdurch wird deutlich, dass das Leistungserbringungsrecht der Leistungen zur Teilhabe keine exklusiven und selektiven Beziehungen der Rehabilitationsträger zu Leistungserbringern voraussetzt, sondern die Selbstbestimmung der Leistungsberechtigten schützen soll.[2]

Erbringen die Rehabilitationsträger die Leistungen selbst, so verfügen sie über eigene **4** Dienste und Einrichtungen als Teil der Verwaltung. Dies ist insbesondere bei der medizinischen Rehabilitation der gesetzlichen Rentenversicherung und Unfallversicherung der Fall. Dagegen sind die gesetzlichen Krankenkassen rechtlich gehindert, neue Eigeneinrichtungen zu schaffen, es sei denn, sie können die Aufgaben der Gesundheitsvorsorge und Rehabilitation nicht auf andere Weise erfüllen (§ 140 II SGB V). Die Träger der Sozialhilfe sollen eigene Einrichtungen nicht neu schaffen (§ 75 II 1 SGB XII). Die Länder können jedoch von dieser Regelung abweichen (Art. 84 I 2 GG) und die Kreise und kreisfreien Städte ihr die kommunale Selbstverwaltungsgarantie (Art. 28 II GG) entgegenhalten.

Erbringen die Rehabilitationsträger die Leistungen durch freie und gemeinnützige **5** oder private Dienste und Einrichtungen, so müssen sie mit ihnen Verträge abschließen (§ 38 I SGB IX; §§ 111–111c SGB V; § 15 II SGB VI; § 34 VIII SGB VII; § 75 SGB XII; § 123 SGB IX ab 1.1.2020). Die Verträge sollen nach gemeinsamen Grundsätzen geschlossen werden, die in Rahmenverträgen oder zumindest gemeinsamen Empfehlungen der Rehabilitationsträger vereinbart werden sollen (§ 38 II SGB IX). Dies hat den Zweck, dass grundsätzlich alle geeigneten Dienste und Einrichtungen Leistungen für alle Rehabilitationsträger erbringen können sollen und den Leistungen gemeinsame Qualitätsstandards (§ 37 SGB IX) zugrunde gelegt werden können. Eine solche gemeinsame Vertragspraxis der Rehabilitationsträger ist jedoch bislang trägerübergreifend nicht erreicht worden.

Im allgemeinen Rehabilitationsrecht ist die **Verantwortung für die Dienste und Ein-** **6** **richtungen der Rehabilitation** in § 36 I SGB IX angesprochen. Danach wirken die Rehabilitationsträger gemeinsam unter Beteiligung der Bundesregierung und der Landesregierungen darauf hin, dass die fachlich und regional erforderlichen Dienste und Einrichtungen in ausreichender Zahl und Qualität und barrierefrei zur Verfügung stehen. Sie müssen dabei die Verbände behinderter Menschen beteiligen. Die Verantwortung ist durch diese Norm so vielen Akteuren zugewiesen, dass die Gefahr besteht, dass sie nicht wahrgenommen wird. Als Instrumente der Infrastrukturverantwortung könnten auf der Ebene des Bundes gemeinsame Empfehlungen der Rehabilitationsträger zu Koordination, Qualität und Vertragsinhalten nach §§ 25, 26, 37, 38 SGB IX genutzt werden, die im Rahmen der Bundesarbeitsgemeinschaft für Rehabilitation (BAR) vereinbart werden. Die Rehabilitationsträger sollen auch regionale Arbeitsgemeinschaften bilden (§ 25 II SGB IX), was bisher nicht geschehen ist. Die Konkretisierung der regionalen und kommunalen Verantwortung für Dienste und Einrichtungen der Rehabilitation und Teilhabe könnte und sollte landesgesetzlich erfolgen. Sie ist inhaltlich wichtig, insbesondere um die Voraussetzungen für gemeindenahe Leistungen (Art. 26 I UN-BRK) und für barrierefreie Leistungen zu schaffen.

Nicht abschließend geklärt ist die **Abgrenzung zwischen Einrichtungen und Diens-** **7** **ten.** In § 36 SGB IX sind Dienste und Einrichtungen vorausgesetzt, aber nicht definiert. Die Leistungsgesetze der Leistungen zur Teilhabe sind uneinheitlich. Während § 107 II

---

2 *Welti* SGb 2009, 330.

Nr. 3 SGB V vermuten lässt, dass Einrichtungen nur diejenigen Leistungserbringer sind, bei denen Unterbringung und Verpflegung zur Leistung gehören, sehen §§ 40 I, 111c SGB V ambulante Rehabilitation in und durch Einrichtungen vor. Dabei können Leistungserbringer der ambulanten medizinischen Rehabilitation auch solche sein, die keine stationären Leistungen erbringen. Es wäre systematisch schlüssiger, solche Leistungserbringer als Dienste zu bezeichnen. In § 75 I SGB XII werden Einrichtungen und Dienste für den Bereich der Sozialhilfe so abgegrenzt, dass Einrichtungen stationäre und teilstationäre Leistungen erbringen und Dienste andere Leistungserbringer sind. Das neue Recht der Eingliederungshilfe im SGB IX trennt nicht zwischen ambulanten und stationären Leistungen. Anders als in der Krankenbehandlung gibt es in der medizinischen Rehabilitation keine strikte Trennung zwischen ambulanten und stationären Leistungserbringern, sodass auch die Abgrenzung zwischen Diensten und Einrichtungen schwieriger ist.

B. Medizinische Rehabilitation

8 In der medizinischen Rehabilitation werden viele Einrichtungen als »Klinik« bezeichnet. Sie unterliegen aber nicht dem Krankenhausplanungsrecht des Bundes und der Länder. Soweit sie gewerblich sind, unterstehen sie der Gewerbeaufsicht für Privatkrankenanstalten (§ 30 GewO).

9 Für das **Leistungserbringungsrecht der medizinischen Rehabilitation** wird für die Rentenversicherung (§ 15 II 1 SGB VI) und die Unfallversicherung (§ 34 VIII 2 SGB VII) auf § 21 SGB IX verwiesen. Im Krankenversicherungsrecht sind in §§ 107, 111–111c SGB V eigene Regelungen enthalten, die jedoch nicht im Widerspruch zu § 38 SGB IX stehen und darum neben ihnen angewandt werden können. Gleichwohl wäre eine Vereinfachung und Vereinheitlichung des Leistungserbringungsrechts der medizinischen Rehabilitation angezeigt.

10 In § 107 II SGB V sind **Rehabilitationseinrichtungen als Einrichtungen definiert,** die der stationären Behandlung dienen, um eine Krankheit zu heilen, ihre Verschlimmerung zu verhüten oder Krankheitsbeschwerden zu lindern oder im Anschluss an Krankenhausbehandlung den dabei erzielten Behandlungserfolg zu sichern oder zu festigen, auch mit dem Ziel, eine drohende Behinderung oder Pflegebedürftigkeit abzuwenden oder zu beseitigen, zu mindern, auszugleichen, ihre Verschlimmerung zu verhüten oder ihre Folgen zu mildern. Sie müssen fachlich-medizinisch unter ständiger ärztlicher Verantwortung und unter Mitwirkung von besonders geschultem Personal darauf eingerichtet sein, den Gesundheitszustand der Patienten nach einem ärztlichen Behandlungsplan vorwiegend durch Anwendung von Heilmitteln einschließlich Krankengymnastik, Bewegungstherapie, Sprachtherapie oder Arbeits- und Beschäftigungstherapie, ferner durch andere geeignete Hilfen, auch durch geistige und seelische Einwirkungen, zu verbessern und den Patienten bei der Entwicklung eigener Abwehr- und Heilungskräfte zu helfen. In ihnen müssen die Patienten untergebracht und verpflegt werden können.

11 Diese **Definition ist missverständlich und nicht zeitgemäß**, da sie das eigentliche leistungsrechtliche Ziel der medizinischen Rehabilitation nach § 11 II SGB V, § 42 I SGB IX nur als ein »auch« zu erreichendes Ziel an die Zwecksetzung der allgemeinen Krankenbehandlung anschließt. Es wäre jedoch unzutreffend, daraus zu schließen, die medizinische Rehabilitation sei im Rahmen der gesetzlichen Krankenversicherung nur eine Phase der Krankenbehandlung. Der Hinweis auf das Heilungsziel ist vielmehr daraus erklärbar, dass während einer stationären Leistung der medizinischen Rehabilitation oft ein zusätzlicher Bedarf an Krankenbehandlung besteht, der von der Einrichtung und vom Rehabilitationsträger mit gedeckt werden muss (vgl. zur

Rentenversicherung § 13 III SGB VI, sogenannte »interkurrente Erkrankung«). Im Rahmen der medizinischen Rehabilitation ist die Medizin Leitprofession, muss dabei aber nach rehabilitativen Grundsätzen und in Kooperation mit anderen Berufsgruppen handeln.

Einrichtungen der medizinischen Rehabilitation schließen nach §§ 111–111c **Versor-** **12** **gungsverträge** mit Krankenkassen. Diese haben dabei nur die Geeignetheit der Einrichtung zu prüfen. Eine weiter gehende Bedarfsprüfung ist nicht vorgesehen, ein entsprechender Eingriff in die Berufsfreiheit wäre nicht gerechtfertigt.[3] Die Krankenkassen entscheiden über den Leistungsfall selbst, sodass eine durch Rehabilitationseinrichtungen induzierte Nachfrage nicht zu befürchten ist. Das Risiko einer Überversorgung tragen die Leistungserbringer.

C. Berufliche Rehabilitation

Einrichtungen, die **Leistungen zur Teilhabe am Arbeitsleben** (§ 49 SGB IX) erbrin- **13** gen, werden als Einrichtungen der **beruflichen Rehabilitation** bezeichnet (§ 51 SGB IX). Stationäre Einrichtungen sind insbesondere Berufsbildungswerke, in denen Leistungen der Erstausbildung behinderter Menschen erbracht werden und Berufsförderungswerke, die der Fort- und Weiterbildung dienen. Werkstätten für behinderte Menschen (§ 219 SGB IX), andere Leistungsanbieter (§ 60 SGB IX) und Inklusionsbetriebe (§ 215 SGB IX) bieten behinderten Menschen Arbeit und Beschäftigung, sind jedoch keine Einrichtungen des Wohnens. Integrationsfachdienste (§ 192 SGB IX) werden bei der Durchführung von Maßnahmen zur Teilhabe am Arbeitsleben beteiligt. Fast alle dieser Leistungserbringer stehen in öffentlicher oder in gemeinnütziger Trägerschaft. Sie sind – auch soweit sie stationäre Einrichtungen sind – aus dem Geltungsbereich der Heim- und Einrichtungsgesetze und Krankenhausgesetze der Länder ausdrücklich ausgenommen. Die Teilnehmerinnen und Teilnehmer der Leistungen sind keine Arbeitnehmer im Sinne des BetrVG, wählen aber zu ihrer Mitwirkung besondere Vertreter und genießen Schutzrechte des Individualarbeitsrechts (§ 51 SGB IX). Die fachlichen Anforderungen an Berufsförderungswerke (BFW) und Berufsbildungswerke (BBW) sind in § 51 SGB IX nur allgemein beschrieben. Sie arbeiten interdisziplinär mit einem hohen Gewicht berufspädagogischer und sozialpädagogischer Elemente.

Werkstätten für behinderte Menschen (WfbM) dienen der Ausbildung und Beschäf- **14** tigung behinderter Menschen, die auf dem allgemeinen Arbeitsmarkt nicht beschäftigt werden können, aber ein Mindestmaß an wirtschaftlich verwertbarer Arbeit leisten können.[4] Sie verfügen über ein Eingangsverfahren, einen Berufsbildungsbereich und einen Arbeitsbereich (§§ 57, 58 SGB IX). Fachliche Anforderungen sind in der Werkstattverordnung (WVO) der Bundesregierung bestimmt. Die WfbM müssen von der Bundesagentur im Einvernehmen mit dem überörtlichen Träger der Sozialhilfe anerkannt werden (§ 225 SGB IX).

Die **Leistungen in WfbM** begründen ein Verhältnis, das einer Berufsausbildung oder **15** einem Beschäftigungsverhältnis angenähert ist (§ 221 SGB IX), sind aber zugleich Sozialleistungen des zuständigen Rehabilitationsträgers, mit dem die WfbM Verträge abschließen. Für die dauerhaft Beschäftigten in WfbM ist der Status als nur arbeitnehmerähnliche Personen fragwürdig.[5] Zuständiger Träger ist im Eingangsverfahren und

---

3 BSGE 89, 294.
4 Zur Reformdiskussion in Folge der BVRK vgl. *Wendt* Behindertenrecht 2010, 149; *Schütte* NDV 2012, 575.
5 Vgl. EuGH Urt. v. 26.3.2017 – C-316/13 – Fenoll.

Berufsbildungsbereich zumeist die Bundesagentur und im Arbeitsbereich zumeist der Träger der Sozialhilfe/Eingliederungshilfe. Die WfbM verfügen zudem meist über Bereiche oder Gruppen, in denen Leistungen zur Teilhabe am Leben in der Gemeinschaft erbracht werden (§ 219 III SGB IX). Die behinderten Beschäftigten der WfbM wirken durch die Werkstatträte (§ 222 SGB IX) mit.

16 **Inklusionsbetriebe** sind Unternehmen, Betriebe oder Abteilungen zur Beschäftigung behinderter Menschen auf dem allgemeinen Arbeitsmarkt, deren Teilhabe dort auf besondere Schwierigkeiten stößt (§ 215 I SGB IX).

17 **Integrationsfachdienste (IFD)** sind freie gemeinnützige oder private Dienste, die bei der Durchführung von Maßnahmen zur Teilhabe am Arbeitsleben beteiligt werden (§ 192 I SGB IX). Sie sollen betriebsnahe Leistungen wie etwa die unterstützte Beschäftigung (§ 55 SGB IX) ermöglichen und behinderte Menschen und ihre Arbeitgeber informieren, beraten und unterstützen. Sie werden im Auftrag der Integrationsämter oder der Rehabilitationsträger tätig. Die Integrationsämter haben die Infrastrukturverantwortung (§ 194 V SGB IX). Die fachlichen Anforderungen sind in § 195 SGB IX sowie in gemeinsamen Empfehlungen der Rehabilitationsträger (§ 196 III SGB IX) geregelt. Fachlich werden dabei psychosoziale und arbeitspädagogische Qualifikationen von Fachkräften mit Berufserfahrung herausgehoben.

18 Im Bereich der Arbeitsförderung durch die Bundesagentur (SGB III) und die Träger der Grundsicherung für Arbeitsuchende (SGB II) werden die Rechtsbeziehungen zwischen den Trägern und den Leistungserbringern vielfach auf der Basis von Ausschreibungen begründet.[6]

D. Soziale Rehabilitation

19 Dienste und Einrichtungen der sozialen Rehabilitation erbringen **Leistungen zur sozialen Teilhabe.** Der Begriff der sozialen Rehabilitation ist allerdings im Gesetz nicht zu finden, sodass auch andere Begriffe Verwendung finden können. Bei stationären Einrichtungen zum Wohnen wird auch von Behindertenheimen gesprochen. Dienste bezeichnen sich zum Teil als Assistenzdienste.

20 **Einrichtungen** der sozialen Teilhabe, in denen behinderte Menschen wohnen, unterliegen dem Wohn- und Betreuungsvertragsgesetz des Bundes (WBVG) und den entsprechenden Gesetzen der Länder. In ihnen werden Leistungen zur sozialen Teilhabe und häufig auch Pflegeleistungen erbracht. Die Abgrenzung ist leistungsrechtlich (vgl. § 13 Abs. 3, § 43a SGB XI; § 55 SGB XII; ab 1.1.2020: § 101 SGB IX) schwierig.

21 **Wichtigste Träger** insbesondere dauerhaft erforderlicher Leistungen zur Teilhabe am Leben in der Gemeinschaft sind die **Träger der Sozialhilfe (ab 1.1.2020: Eingliederungshilfe)**. Das Leistungserbringungsrecht der Dienste und Einrichtungen richtet sich nach § 38 SGB IX und §§ 75–81 SGB XII; ab 1.1.2020 nach §§ 123–134 SGB IX. Es werden Verträge mit den Trägern der Sozialhilfe/Eingliederungshilfe geschlossen, die die Leistung, Vergütung und Prüfung der Wirtschaftlichkeit und Qualität regeln müssen (§ 75 III SGB XII; ab 1.2.2020: § 125 SGB IX; zur Prüfung: § 128 SGB IX). Auf der Ebene der überörtlichen Träger der Sozialhilfe/Eingliederungshilfe – meist auf der Landesebene – werden Rahmenverträge geschlossen (§ 79 SGB XII; ab 1.1.2020: § 131 SGB IX). Für das Leistungserbringungsrecht besteht eine Schiedsstelle (§ 80 SGB XII; ab 1.1.2020: § 133 SGB IX). Eine **Planungsverantwortung** ergibt sich zukünftig speziell aus § 95 SGB IX.

---

6 Vgl. BKartA, Vergabekammer des Bundes, Beschl. v. 29.4.2009 – VK 3 – 61/09; krit. dazu *Welti* SDSRV 60 (2011), 93.

Die **Leistungen zur sozialen Teilhabe** bedürfen einer besonderen Offenheit und sind   22
nicht eindeutig einer Leitprofession zugeordnet. Zu ihrer Erbringung können zB Fachkräfte aus Medizin (vgl. § 119a SGB V), Pflege, Psychologie, Heilpädagogik und sozialer Arbeit oder Gebärdensprachdolmetscher tätig werden. Im Bereich der Assistenzdienste wird zum Teil auf besondere Fachlichkeit im Sinne der Selbstbestimmung
behinderter Menschen bewusst verzichtet.

E. Dienste und Einrichtungen der Prävention

Das Leistungsrecht und Leistungserbringungsrecht der **gesundheitlichen Prävention**   23
ist wenig strukturiert. Stationäre Einrichtungen der gesundheitlichen Vorsorge (Vorsorgekliniken) sind zum Teil zugleich Rehabilitationseinrichtungen. Sie schließen Verträge nach §§ 111–111b SGB V mit den Krankenkassen. Besonders ausgewiesen sind
die Einrichtungen des Müttergenesungswerks und gleichartigen Einrichtungen, die
Vorsorgeleistungen für Mütter und Väter erbringen und Verträge nach § 111a SGB V
mit den Krankenkassen schließen. Soweit die Vorsorgekliniken in gewerblicher Trägerschaft sind, unterliegen sie der Gewerbeaufsicht nach § 30 GewO. Die für ambulante Vorsorgeleistungen in anerkannten Kurorten (§ 23 II SGB V) relevante Anerkennung
von Gemeinden als Kurort oder Heilbad erfolgt durch die Länder auf Basis eigener
Gesetze oder Verordnungen.

Ambulante Leistungen der Vorsorge und Prävention werden teils von Vertragsärzten   24
und Vertragszahnärzten (§§ 22, 23 SGB V) erbracht, teils vom öffentlichen Gesundheitsdienst, teils von weiteren Leistungserbringern, die Verträge mit Krankenkassen
schließen. Im Bereich der **Primärprävention** (§§ 20–20i SGB V) ist eine Zertifizierung
der Leistungen erforderlich (§ 20 V 1 SGB V). **Leistungserbringer** der gesundheitlichen Prävention können – wenn es der Schutzzweck erfordert – dem Heilpraktikergesetz unterliegen.[7]

§ 23 Formen der Kooperation zwischen institutionellen und personellen leistungserbringenden Akteuren

A. Allgemeines

Ebenso wie die berufliche Tätigkeit der personellen und institutionellen Akteure im   1
Gesundheitswesen bei der Erbringung von Gesundheitsdienstleistungen rechtlicher
Regulierung unterliegt, bedarf es **rechtlicher Regulierung** auch **für das Zusammenwirken dieser Leistungserbringer.** Bei den personellen Akteuren, so bei den Ärzten,
ist die Zusammenarbeit mit anderen Akteuren im direkten wie im indirekten Berufsrecht, also in den Berufsordnungen, im Zulassungsrecht und im Sozialleistungserbringungsrecht, geregelt. Bei den institutionellen Akteuren finden sich die Vorschriften für
die Kooperation in der Hauptsache im Sozialleistungserbringungsrecht. Zum Teil enthalten jedoch die Landeskrankenhausgesetze Regelungen über die (Nicht-)Beteiligung
von Vertragsärzten.

Im Folgenden können nur die wichtigsten **Kooperationsformen zwischen Ärzten und**   2
Krankenhäusern geschildert werden. Auf Kooperationsformen anderer Leistungs-

---

7 Vgl. VG München Beschl. v. 11.9.2001 – M 16 S 01.2462.

erbringer wird nicht eingegangen. Auch die gesellschaftsrechtlichen und haftungsrechtlichen Fragen können hier nicht erläutert werden.[1]

B. Kooperation zwischen Ärzten und Krankenhäusern

3 Die Zusammenarbeit zwischen Ärzten und Krankenhäusern findet im Wesentlichen in
den institutionalisierten Formen des Belegarztwesens, der Tätigkeit als ermächtigter
(Krankenhaus-)Arzt und beim ambulanten Operieren statt. Darüber hinaus sind auch
noch andere Kooperationsformen denkbar, zB die Tätigkeit eines Vertragsarztes in
oder die Zusammenarbeit mit einem zugelassenen Krankenhaus nach § 108 SGB V
oder einer Vorsorge- oder Rehabilitationseinrichtung nach § 111 SGB V (§ 20 Abs. 2 S. 2
Ärzte-ZV).[2]

I. Belegarzt

4 Die **Förderung des Belegarztwesens** obliegt den Landesverbänden der Krankenkassen und den Ersatzkassen, den Landeskrankenhausgesellschaften und den Kassenärztlichen Vereinigungen (§ 121 Abs. 1 SGB V).

5 **Belegärzte** sind nach **gesetzlicher Definition** nicht am Krankenhaus angestellte Vertragsärzte, die berechtigt sind, ihre Patienten (Belegpatienten) im Krankenhaus unter
Inanspruchnahme der hierfür bereitgestellten Dienste, Einrichtungen und Mittel vollstationär oder teilstationär zu behandeln, ohne hierfür vom Krankenhaus eine Vergütung zu erhalten (§ 121 Abs. 2 SGB V). Sie werden aus der vertragsärztlichen Gesamtvergütung vergütet (§ 121 Abs. 3 S. 1 SGB V). Die Krankenhäuser können jedoch mit
den Belegärzten Honorarverträge schließen (§ 121 Abs. 5 SGB V).

6 Für die Belegärzte existiert ein **Anerkennungsverfahren,** das jedoch nicht im SGB V,
sondern im Bundesmantelvertrag Ärzte (BMV-Ä)[3] geregelt ist (§ 82 Abs. 1 SGB V). Die
Anerkennung als Belegarzt setzt voraus, dass an dem betreffenden Krankenhaus eine
Belegabteilung der entsprechenden Fachrichtung nach Maßgabe der Gebietsbezeichnung (Schwerpunkt) der Weiterbildungsordnung in Übereinstimmung mit dem Krankenhausplan oder mit dem Versorgungsvertrag eingerichtet ist und der Praxissitz des
Vertragsarztes im Einzugsbereich dieser Belegabteilung liegt. Über die Anerkennung
als Belegarzt entscheidet die für seinen Niederlassungsort zuständige Kassenärztliche
Vereinigung auf Antrag im Einvernehmen mit allen Landesverbänden der Krankenkassen und den Verbänden der Ersatzkassen (§ 40 Abs. 1 und 2 BMV-Ä). Das Verfahren der Anerkennung muss vom Vertragsarzt betrieben werden; nur dieser ist an-
tragsbefugt.

II. Ambulantes Operieren

7 Krankenhäuser haben die Möglichkeit, ohne besondere Zulassung, ambulant durch-
führbare Operationen und sonstige stationsersetzende Eingriffe vorzunehmen, wenn
diese Operationen bzw. Eingriffe in einer Vereinbarung (sog. AOP-Vertrag) zwischen
dem Spitzenverband Bund der Krankenkassen, der Deutschen Krankenhausgesellschaft und den Kassenärztlichen Bundesvereinigungen aufgeführt sind und das Krankenhaus dies dem Landesverband der Krankenkassen bzw. den Ersatzkassen mitge-

---

1 Zu den haftungsrechtlichen Fragen der Zusammenarbeit → § 48 Rn. 15 ff., 48 ff.; s. insgesamt
  zur Thematik die Beiträge in *Brandhorst/Hildebrandt/Luthe* (Hrsg.), Kooperation und Integration
  – das unvollendete Projekt des Gesundheitssystems, 2017.
2 Hierzu *Bohl* in Huster/Kaltenborn KrankenhausR § 9 Rn. 26 ff.
3 Bundesmantelvertrag – Ärzte vom 21.8.2013, idF vom 1.1.2017.

teilt hat (§ 115b Abs. 1 und 2 S. 1 SGB V). Die Vergütung wird unmittelbar durch die Krankenkasse an das Krankenhaus entrichtet.

III. Ambulante Behandlung durch ermächtigte Krankenhausärzte

Krankenhausärzte mit abgeschlossener Weiterbildung können mit Zustimmung des   8
Krankenhausträgers vom Zulassungsausschuss (§ 96 SGB V) zur Teilnahme an der vertragsärztlichen Versorgung der Versicherten ermächtigt werden. Diese Ermächtigung ist allerdings im Verhältnis zur vertragsärztlichen Zulassung nachrangig. Sie ist zu erteilen, soweit und solange eine ausreichende ärztliche Versorgung der Versicherten ohne die besonderen Untersuchungs- und Behandlungsmethoden oder Kenntnisse von hierfür geeigneten Krankenhausärzten nicht sichergestellt wird (§ 116 SGB V).

Fraglich ist bei der Nachrangigkeit, ob die mangelnde Sicherstellung des ambulanten   9
Versorgungsbedarfs nur in qualitativer Hinsicht oder auch in quantitativer Hinsicht gilt. Obwohl in § 116 S. 2 SGB V dem Wortlaut nach gerade auf den qualitativen Aspekt der besonderen Methoden der Krankenhausärzte abgestellt wird, wird nach Ansicht der Rechtsprechung auch ein allgemeiner quantitativer Bedarf von der Vorschrift erfasst.[4]

C. Ärztliche Versorgung in Pflegeeinrichtungen

Die ärztliche Versorgung in Pflegeheimen wird durch die Vertragsärzte durchgeführt.   10
Diese Versorgung wird erleichtert durch die **Ermächtigung der stationären Pflegeeinrichtung** zur Teilnahme an der vertragsärztlichen Versorgung von pflegebedürftigen Versicherten in der Pflegeeinrichtung (§ 119b Abs. 1 S. 3 SGB V). Diese Ermächtigung ist aber subsidiär zu Kooperationsverträgen nach § 75 Abs. 1 SGB V (§ 119b Abs. 1 S. 1 SGB V). Weitere Kooperationsmöglichkeiten zwischen Pflegeheimen und Vertragsärzten bestehen im Rahmen der Verträge nach §§ 73b, 73c SGB V.[5]

D. Besondere Versorgung (Integrierte Versorgung)

Eine allgemeine Möglichkeit, um in dem in Leistungssektoren aufgeteilten Gesund-   11
heitsversorgungssystem zur Kooperation der Beteiligten zu kommen und um die disziplinäre Aufspaltung zu überwinden, stellt die **integrierte Versorgung** dar (§ 140a SGB V). Die Krankenkassen können Verträge über eine verschiedene Leistungssektoren übergreifende Versorgung der Versicherten oder eine interdisziplinär-fachübergreifende Versorgung mit bestimmten Vertragspartnern abschließen (§ 140a Abs. 1 SGB V). Diese **Vertragspartner** sind vor allem Vertragsärzte und -zahnärzte, Krankenhausträger, Pflegekassen und Pflegeeinrichtungen (§ 140a Abs. 3 SGB V).

Um den Vertragspartnern eine gewisse **Flexibilität bei der Gestaltung der integrier-**   12
ten Versorgung zu ermöglichen, können die Verträge Abweichendes von den Vorschriften des Leistungserbringungsrechts des SGB V, des KHG, des KHEntgG sowie den nach diesen Vorschriften getroffenen Regelungen insoweit regeln, als die abweichende Regelung dem Sinn und der Eigenart der integrierten Versorgung entspricht und sie insbesondere darauf ausgerichtet ist, die Qualität, die Wirksamkeit und die Wirtschaftlichkeit der integrierten Versorgung zu verbessern (§ 140a Abs. 2 SGB V).

---

4 BSGE 73, 25 (29) = NJW 1994, 1612.
5 S. BT-Drs. 16/7439, 97.

E. Strukturierte Behandlungsprogramme

13 **Strukturierte Behandlungsprogramme**[6] bei chronischen Krankheiten dienen dazu, den Behandlungsablauf und die Qualität der medizinischen Versorgung chronisch Kranker zu verbessern (§ 137f Abs. 1 S. 1 SGB V). Der **sektorenübergreifende Behandlungsbedarf einer chronischen Krankheit** soll eines der Kriterien darstellen (§ 137f Abs. 1 S. 2 Nr. 4 SGB V). Strukturierte Behandlungsprogramme stellen eine besondere Form der Kooperation der Leistungserbringer in Hinblick auf bestimmte Krankheiten dar. Der besondere Qualitätsaspekt, der diesen Programmen zugrunde liegt, rechtfertigt die systematische Stellung der entsprechenden Vorschriften im Abschnitt über die Sicherung der Qualität der Leistungserbringung (§§ 135–139c SGB V).

14 Bei der Empfehlung, Festlegung, Zulassung und Durchführung der strukturierten Behandlungsprogramme sind zahlreiche Akteure beteiligt (unter anderem der Gemeinsame Bundesausschuss, das Bundesministerium für Gesundheit, das Bundesversicherungsamt, die Krankenkassen und die Leistungserbringer). Der Gemeinsame Bundessausschuss legt geeignete chronische Krankheiten fest, für die strukturierte Behandlungsprogramme entwickelt werden sollen (§ 137f Abs. 1 SGB V).[7] Die **Teilnahme der Versicherten** an den Programmen ist **freiwillig** (§ 137f Abs. 3 SGB V).

---

6 Auch Disease Management Programme (DMP) genannt.
7 S. dazu die Richtlinie des Gemeinsamen Bundesausschusses zur Regelung von Anforderungen an die Ausgestaltung von Strukturierten Behandlungsprogrammen nach § 137f Abs. 2 SGB V (DMP-Richtlinie/DMP-RL) idF v. 16.2.2012, zuletzt geändert am 21.7.2016; iK seit 1.1.2017.

Igl

6. Kapitel. Waren (Arzneimittel – Hilfsmittel – Medizinprodukte)

Zur Vertiefung: *Ebsen,* Die zentralen Reformelemente des Arzneimittelmarktneuordnungsgesetzes, GuP 2011, 41; *Felix/Ullrich,* Paradigmenwechsel in der Methodenbewertung, NZS 2015, 921; *Hase,* Instrumente der Arzneimittelsteuerung aus verfassungsrechtlicher Sicht, VSSR 2013, 159.

Kommentare und Handbücher: *Deutsch/Spickhoff,* Medizinrecht, 7. Aufl. 2014 (B Arzneimittelrecht; C. Medizinprodukterecht); *Deutsch/Lippert/Ratzel/Tag,* Kommentar zum Medizinproduktegesetz (MPG), 2. Aufl. 2010; *Fuhrmann/Klein/Fleischfresser,* Arzneimittelrecht, 2. Aufl. 2014; *Kieser/Wesser/Saalfrank,* Apothekengesetz Kommentar, 2015; *Pramann/Albrecht,* Umgang mit Medizinprodukten in Krankenhaus und Arztpraxis, 2016; *Spickhoff,* Medizinrecht, 2. Aufl. 2014 (10. AMG; 380. MPG).

§ 24 Überblick: Arzneimittel – Hilfsmittel – Medizinprodukte

A. Regulierungsweisen und Rechtsquellen

Neben den immateriellen Produkten, dh den Dienstleistungen der Angehörigen der **1** Heilberufe und der anderen Gesundheitsberufe sowie der Krankenhäuser, Pflege- und Rehabilitationseinrichtungen werden im Gesundheitswesen auch Waren, dh materielle Produkte bzw. Sachgüter, bereitgestellt. Bei diesen **Sachgütern** handelt es sich vor allem um **Hilfsmittel** und **Arzneimittel** sowie um **Verbandmittel.**[1] Auch **Medizinprodukte** gehören hierzu. Nicht zu den Sachgütern rechnen die Heilmittel. Bei diesen handelt es sich um Dienstleistungen anderer als ärztlicher Heilberufe, insbesondere der Therapieberufe (vgl. § 124 SGB V; → § 17 Rn. 1 ff.).

Das die Arzneimittel betreffende Recht ist im **Arzneimittelgesetz (AMG),** einem Bun- **2** desgesetz, geregelt (Gesetzgebungskompetenz in Art. 74 Abs. 1 Nr. 19 GG). Es hat **ordnungsrechtlichen Charakter,** weil es der Sicherheit im Verkehr mit Arzneimitteln dient (vgl. § 1 AMG). Zum Teil ist auch das Apothekenrecht[2] für den Umgang mit Arzneimitteln einschlägig. Das Arzneimittelrecht hat aber auch **preisgestaltenden Charakter.**[3] In der jüngeren Gesetzgebung ist der Arzneimittelmarkt in zentralen Punkten neu geordnet worden (→ § 25 Rn. 29).

Gesundheitliche Dienstleistungen werden immer mehr unter Zuhilfenahme techni- **3** scher Vorrichtungen erbracht. Solche Produkte werden für diagnostische und therapeutische Zwecke eingesetzt. Sie unterliegen in Hinblick auf die Produktion wie die Überwachung den Regelungen des **Medizinproduktegesetzes (MPG),** das ebenfalls **ordnungsrechtlichen Charakter** hat (vgl. § 1 MPG).

Die **Werbung für Arzneimittel und Medizinprodukte** unterliegt dem **Heilmittelwer-** **4** **begesetz** (HWG). Das HWG enthält ein **Verbot irreführender Werbung** (§ 3 HWG). Der Schutzzweck des HWG liegt in den Gesundheitsinteressen des Einzelnen und der Allgemeinheit. Das HWG enthält auch ein **Verbot der Annahme von Werbegeschenken** für Angehörige der Heilberufe und des Heilgewerbes (§ 7 HWG).[4]

---

1 Verbandmittel werden hier nicht behandelt.
2 Apothekengesetz sowie die Verordnung über den Betrieb von Apotheken.
3 Arzneimittelpreisverordnung (AMPreisV) v. 14.11.1980 (BGBl. 1980 I 2147.)
4 Auf dieses Rechtsgebiet kann in diesem Lehrbuch nicht eingegangen werden. Eine kompakte und auch für Studierende geeignete Darstellung findet sich in der Einführung zum HWG in Prütting/*Mand,* Medizinrecht Kommentar, 4. Aufl. 2016, Einführung und Grundlagen HWG, S. 1351 ff.

B. Zur Strukturierung des Produkterechts

5 Das Produkterecht auf dem Gebiet der Medizin ist nicht nur **ordnungsrechtlich** geprägt und hat nicht nur damit zu tun, vor möglichen Gefahren zu schützen. Das Produktrecht wird auch vom darüber hinausgehenden **Verbraucherschutz** und von **Anliegen der gesundheitlichen Versorgung der Bevölkerung** geprägt. Schließlich wird die Vermarktung der Produkte durch **Einflussnahme auf die Preisgestaltung** geregelt. Zum besseren Verständnis der Regulierung des Produktrechts kann dieses strukturiert werden nach den Dimensionen der **Produkterstellung (Herstellung)**, der **Produktbereitstellung und -veräußerung (Abgabe, Inverkehrbringen)**, der **Produktverwendung**, schließlich der **Preisgestaltung.**

§ 25 Arzneimittel

A. Überblick

1 Das Inverkehrbringen von Arzneimitteln birgt große Risiken für die Gesundheit in sich. Deshalb ist hierfür ein besonderes Zulassungsverfahren vorgesehen (§§ 21 ff. AMG). Das Zulassungsrecht ist seit längerem sehr stark von europarechtlichen Einflüssen geprägt. Die Warenverkehrsfreiheit ist die Grundlage für diese europäischen Einflussnahmen, die sich vor allem, aber nicht ausschließlich auf das Verfahren der Zulassung von Arzneimitteln dergestalt ausgewirkt haben, dass ein europäisches und ein deutsches Zulassungsverfahren existiert. Die Zuteilung von Arzneimitteln regelt sich für sozialversicherte Personen zunächst über das Leistungsrecht des SGB V (vgl. §§ 31, 33, 34 SGB V). Um Zugang zu bestimmten Arzneimitteln zu haben, bedarf es darüber hinaus einer ärztlichen Verschreibung (§ 48 AMG). Bestimmte Arzneimittel dürfen nur in Apotheken abgegeben werden (§ 43 AMG). Apotheken unterliegen wiederum den Vorschriften des Apothekenrechts (Apothekengesetz – ApoG, Apothekenbetriebsordnung – ApBetrO). Hier handelt es sich um ordnungsrechtliche Vorschriften zum Schutz der Patienten.

B. Begriffe

I. Arzneimittel

2 Die Vorschrift zum **Arzneimittelbegriff** (§ 2 AMG) enthält neben einer materiellen Definition des Arzneimittels (§ 2 Abs. 1 AMG) die **Erweiterung des Arzneimittelbegriffs** auf bestimmte Gegenstände, Instrumente und Stoffe (§ 2 Abs. 2 AMG) sowie eine **Abgrenzung zu anderen Erzeugnissen** (§ 2 Abs. 3 AMG). Eine **Kollisionsvorschrift** regelt die Begriffsbestimmung, wenn ein Erzeugnis sowohl unter die Definition in § 2 Abs. 1 wie in Abs. 3 AMG fällt (§ 2 Abs. 3a AMG). In § 2 Abs. 4 AMG wird das Vorliegen eines Arzneimittels formell an die Zulassung oder Registrierung und die rechtsförmige Freistellung von der Zulassung oder Registrierung geknüpft (§ 2 Abs. 4 AMG).

3 **Arzneimittel** (§ 2 Abs. 1 AMG) sind Stoffe[1] oder Zubereitungen aus Stoffen, 1. die zur Anwendung im oder am menschlichen oder tierischen Körper bestimmt sind und als Mittel mit Eigenschaften zur Heilung oder Linderung oder zur Verhütung menschlicher oder tierischer Krankheiten oder krankhafter Beschwerden bestimmt sind oder 2. die im oder am menschlichen oder tierischen Körper angewendet oder einem Men-

---

[1] Definition in § 3 AMG. S. auch den Vorlagebeschluss des BGH MedR 2014, 236 und das Urt. der 4. Kammer des EuGH MedR 2015, 184.

Igl

schen oder einem Tier verabreicht werden können, um entweder a) die physiologischen Funktionen durch eine pharmakologische, immunologische oder metabolische Wirkung wiederherzustellen, zu korrigieren oder zu beeinflussen oder b) eine medizinische Diagnose zu erstellen.

Als den **Arzneimitteln gleichgestellt** gelten Gegenstände, die ein Arzneimittel enthalten oder auf die ein Arzneimittel aufgebracht ist und die dazu bestimmt sind, dauernd oder vorübergehend mit dem menschlichen oder tierischen Körper in Berührung gebracht zu werden (§ 2 Abs. 2 AMG).   **4**

Keine Arzneimittel sind Lebensmittel, kosmetische Mittel, Tabakerzeugnisse, Biozidprodukte, Medizinprodukte, Organe, wenn sie zur Übertragung auf menschliche Empfänger bestimmt sind (§ 2 Abs. 3 AMG). Die **Abgrenzung** zu den **Lebensmitteln, kosmetischen Mitteln** u.a. wird dabei unter Zuhilfenahme der gesetzlichen Definitionen in den einschlägigen Gesetzen vorgenommen.   **5**

So sind **Lebensmittel** definiert in § 2 Abs. 2 LFGB, wobei die Vorschrift auf eine EG-Verordnung[2] verweist. **Lebensmittel** sind danach alle Stoffe oder Erzeugnisse, die dazu bestimmt sind oder von denen nach vernünftigem Ermessen erwartet werden kann, dass sie in verarbeitetem, teilweise verarbeitetem oder unverarbeitetem Zustand von Menschen aufgenommen werden. Zu Lebensmitteln zählen auch Getränke, Kaugummi sowie alle Stoffe – einschließlich Wasser –, die dem Lebensmittel bei seiner Herstellung oder Ver- oder Bearbeitung absichtlich zugesetzt werden.   **6**

Kosmetische Mittel (§ 2 Abs. 5 LFGB) sind Stoffe oder Zubereitungen aus Stoffen, die ausschließlich oder überwiegend dazu bestimmt sind, äußerlich am Körper des Menschen oder in seiner Mundhöhle zur Reinigung, zum Schutz, zur Erhaltung eines guten Zustandes, zur Parfümierung, zur Veränderung des Aussehens oder dazu angewendet zu werden, den Körpergeruch zu beeinflussen. Als kosmetische Mittel gelten nicht Stoffe oder Zubereitungen aus Stoffen, die zur Beeinflussung der Körperformen bestimmt sind.   **7**

II. Stoffe

Im AMG wird auch der **Begriff der Stoffe** definiert (§ 3 AMG). Stoffe sind 1. chemische Elemente und chemische Verbindungen sowie deren natürlich vorkommende Gemische und Lösungen, 2. Pflanzen, Pflanzenteile, Pflanzenbestandteile, Algen, Pilze und Flechten in bearbeitetem oder unbearbeitetem Zustand, 3. Tierkörper, auch lebender Tiere, sowie Körperteile, -bestandteile und Stoffwechselprodukte von Mensch oder Tier in bearbeitetem oder unbearbeitetem Zustand, 4. Mikroorganismen einschließlich Viren sowie deren Bestandteile oder Stoffwechselprodukte.   **8**

III. Weitere Begriffe

§ 4 AMG enthält weitere Begriffsbestimmungen, so zB zu den Fertigarzneimitteln, den Sera, den Impfstoffen und den Allergenen.   **9**

---

2 Art. 2 VO (EG) Nr. 178/2002 des Europäischen Parlaments und des Rates zur Festlegung der allgemeinen Grundsätze und Anforderungen des Lebensmittelrechts, zur Errichtung der Europäischen Behörde für Lebensmittelsicherheit und zur Festlegung von Verfahren zur Lebensmittelsicherheit v. 28.1.2002, ABl. 2002 L 31, 1.

C. Herstellung

I. Erlaubnis

10 Das gewerbs- oder berufsmäßige Herstellen von Arzneimitteln bedarf der **Erlaubnis** (§ 13 Abs. 1 AMG). Die Erlaubnis ist personengebunden und wird für eine bestimmte Betriebsstätte und für bestimmte Arzneimittel erteilt (§ 16 AMG). Die Erlaubnis ist bei Vorliegen ihrer Voraussetzungen zu erteilen, dh Versagungsgründe nach § 14 AMG dürfen nicht vorliegen (gebundener Verwaltungsakt).[3] Es handelt sich hier um ein **präventives Verbot mit Erlaubnisvorbehalt.**

II. Rücknahme und Widerruf der Erlaubnis

11 Für **Rücknahme und Widerruf** sind besondere Regelungen getroffen worden (§ 18 Abs. 1 AMG). Wenn Versagungsgründe nachträglich eintreten, kann auch das **Ruhen einer Erlaubnis** angeordnet werden, was zur Folge hat, dass die Erlaubnis bestandskräftig bleibt, von ihr aber nicht Gebrauch gemacht werden darf. Als Reaktion auf das Fehlen von Nachweisen für die Herstellung und Prüfung kann die zuständige Behörde vorläufig anordnen, dass die Herstellung eines Arzneimittels eingestellt wird, wobei die vorläufige Anordnung auf eine Charge[4] beschränkt werden kann (§ 18 Abs. 2 AMG).

D. Bereitstellung (Zulassung)

I. Zulassungspflicht

12 Die Erteilung einer Erlaubnis zur Herstellung von Arzneimitteln hat nicht das **Inverkehrbringen eines Fertigarzneimittels** zum Gegenstand. Hierfür bedarf es einer **besonderen Zulassung,** die auf das Medikament bezogen ist (§§ 21 Abs. 1 S. 1, 25 Abs. 1 S. 2 AMG). Auch hier handelt es sich um ein **präventives Verbot mit Erlaubnisvorbehalt.** Die Zulassung ist zu erteilen, wenn keine Versagungsgründe vorliegen (§ 25 Abs. 2 und 3 AMG).

II. Zuständigkeiten

13 Das Verfahren und die Zuständigkeit für die Erteilung einer Erlaubnis zum Inverkehrbringen von Fertigarzneimitteln hängen davon ab, ob das Arzneimittel nur in einem Mitgliedstaat der EU oder ob es EU-weit vertrieben werden soll. Im ersteren Fall ist nur der Mitgliedstaat für die Zulassung zuständig, im letzteren Fall ist entweder eine europäische Behörde oder die zuständige Behörde des Mitgliedstaates zuständig.

14 Die europäische Behörde, die **European Medicines Agency (EMA)**, ist durch die Arzneimittelagentur-VO[5] eingerichtet worden. Ein **Zulassungsverfahren** bei dieser Behörde ist notwendig für bestimmte Arzneimittel, die im Anhang der Verordnung genannt sind (Art. 3 Abs. 1 Arzneimittelagentur-VO). Für andere Arzneimittel kann eine

---

3 Arzneirechtliche Zulassungsvorschriften liefern keinen Drittschutz, OVG Münster NVwZ-RR 2016, 627.
4 Definition in § 4 Abs. 16 AMG: Eine Charge ist die jeweils aus derselben Ausgangsmenge in einem einheitlichen Herstellungsvorgang oder bei einem kontinuierlichen Herstellungsverfahren in einem bestimmten Zeitraum erzeugte Menge eines Arzneimittels.
5 VO (EG) Nr. 726/2004 des Europäischen Parlaments und des Rates zur Festlegung von Gemeinschaftsverfahren für die Genehmigung und Überwachung von Human- und Tierarzneimitteln und zur Errichtung einer Europäischen Arzneimittel-Agentur v. 31.3.2004, ABl. 2004 L 136, 1.

Igl

Zulassung bei dieser Behörde beantragt werden (Art. 3 Abs. 2 Arzneimittelagentur-VO). Die Genehmigung wird nicht von der Behörde, sondern von der Kommission der EU erteilt (Art. 10 Abs. 2 Arzneimittelagentur-VO). Sie gilt EU-weit zunächst für fünf Jahre und kann verlängert werden (Art. 14 Abs. 1 und 2 Arzneimittelagentur-VO). Das Medikament wird in das Arzneimittelregister der EU aufgenommen (Art. 13 Abs. 1 Arzneimittelagentur-VO). Rechtsschutz bei Versagung wird gem. Art. 263, 256 AEUV gewährt.

Für das **Zulassungsverfahren in Deutschland** ist als Bundesoberbehörde das **Bundes-** **15** **institut für Arzneimittel und Medizinprodukte (BfARM)** zuständig, sofern nicht das **Paul-Ehrlich-Institut (PEI)** oder das **Bundesamt für Verbraucherschutz und Lebensmittelsicherheit (BVL)** zuständig sind (§ 77 Abs. 1 AMG). Das **PEI** ist zuständig für Sera, Impfstoffe, Blutzubereitungen, Knochenmarkzubereitungen, Gewebezubereitungen, Gewebe, Allergene, Arzneimittel für neuartige Therapien, xenogene Arzneimittel und gentechnisch hergestellte Blutbestandteile, das **BVL** für Arzneimittel, die zur Anwendung bei Tieren bestimmt sind (§ 77 Abs. 2 und 3 AMG).

Wenn der Antragsteller die Zulassung nicht nur in Deutschland, sondern auch in an- **16** deren Mitgliedstaaten der EU beantragt, sind zwei Verfahrensmöglichkeiten gegeben:

– die dezentrale Zulassung,
– das Verfahren der gegenseitigen Anerkennung.

Bei der **dezentralen Zulassung** muss der Antragsteller einen identischen Antrag in den Mitgliedstaaten stellen, für die die Zulassung beantragt wird (§ 25b Abs. 1 AMG). Das **Verfahren der gegenseitigen Anerkennung** ist möglich, wenn das Arzneimittel zum Zeitpunkt der Antragstellung bereits in einem anderen Mitgliedstaat der EU genehmigt oder zugelassen worden ist. Dann ist diese Zulassung auf der Grundlage des von diesem Staat übermittelten Beurteilungsberichtes anzuerkennen, es sei denn, dass Anlass zu der Annahme besteht, dass die Zulassung des Arzneimittels eine schwerwiegende Gefahr für die öffentliche Gesundheit oder für die Umwelt darstellt (§ 25b Abs. 2 AMG).

Das **Zulassungsverfahren** besteht aus einem Antrag des pharmazeutischen Unter- **17** nehmers (§ 21 Abs. 3 AMG) und dem Verfahren bei der zuständigen Behörde, das mit der Entscheidung über die Zulassung abgeschlossen wird (§ 25 AMG). Der wichtigste Teil des Antrags besteht in der Vorlage der Ergebnisse physikalischer, chemischer, biologischer oder mikrobiologischer Versuche und die zu ihrer Ermittlung angewandten Methoden (analytische Prüfung), der Ergebnisse der pharmakologischen und toxikologischen Versuche, der Ergebnisse der **klinischen Prüfungen** oder sonstigen ärztlichen Erprobung, einer detaillierten Beschreibung des Pharmakovigilanz- und, soweit zutreffend, des Risikomanagement-Systems, das der Antragsteller einführen wird (§ 22 Abs. 2 AMG).

Die **klinische Prüfung** verläuft nach einem standardisierten Verfahren, dessen Grund- **18** lagen sich in der VO (EU) Nr. 536/2014[6] finden (§ 40 Abs. 1 S. 1 AMG). Dieses sehr aufwendige Verfahren ist in vier Phasen aufgeteilt.[7] Bereits die klinische Prüfung unterliegt der **Genehmigungspflicht**. Voraussetzung der Genehmigung ist eine zustimmende Bewertung der **Ethik-Kommission** (§ 40 Abs. 1 S. 2 AMG). Das Nähere zur Bildung, Zusammensetzung und Finanzierung der Ethik-Kommission wird durch

---

6 VO (EU) Nr. 536/2014 des Europäischen Parlaments und des Rates über klinische Prüfungen mit Humanarzneimitteln und zur Aufhebung der Richtlinie 2001/20/EG v. 16.4.2014, ABl. 2014 L 158, 1; iK seit 28.5.2016.
7 S. hierzu näher *Deutsch/Spickhoff* MedizinR Rn. 1304–1308; Spickhoff/*Listl* AMG § 40.

Landesrecht bestimmt (§ 42 Abs. 1 S. 3 AMG). Das Zulassungsverfahren beginnt dann mit der **Vorprüfung** (§ 25a AMG). In der Vorprüfung wird der Zulassungsantrag durch unabhängige Sachverständige auf Vollständigkeit und daraufhin überprüft, ob das Arzneimittel nach dem jeweils gesicherten Stand der wissenschaftlichen Erkenntnisse ausreichend geprüft worden ist. Über den Antrag auf Zulassung muss innerhalb von sieben Monaten entschieden werden (§ 27 Abs. 1 AMG). Die Zulassung kann mit Auflagen verbunden werden. Solche können auch nachträglich angeordnet werden (§ 28 Abs. 1 und 2 AMG).

19 Für **Rücknahme, Widerruf und Ruhen der Zulassung** existieren besondere Vorschriften (§ 30 AMG). Die Zulassung erlischt beim Vorliegen der gesetzlichen Erlöschenstatbestände (§ 31 AMG). Da die Zulassung für ein Arzneimittel nach fünf Jahren ausläuft (§ 31 Abs. 1 Nr. 3 AMG), ist eine Verlängerung auf Antrag vorgesehen, die dann unbegrenzt ist (§ 31 Abs. 1a AMG).

E. Inverkehrbringen (Abgabe)

I. Begriffe

20 Im Arzneimittelrecht ist die Schnittstelle zwischen dem Bereithalten eines Medikamentes und der Übergabe an Verbraucher oder sonstige Verwender besonders kritisch, da sich das Medikament und seine Verwendung dann der Kontrolle durch Fachpersonal entziehen. Der Rechtsbegriff für diese Schnittstelle heißt **Inverkehrbringen.** Darunter wird das Vorrätighalten zum Verkauf oder zu sonstiger Abgabe, das Feilhalten, das Feilbieten und die Abgabe an andere verstanden (§ 4 Abs. 17 AMG). Das bedeutet, dass die Schnittstelle, an der die ordnungsrechtlichen Vorschriften des Arzneimittelrechts zum Inverkehrbringen ansetzen, schon vorverlagert ist zur Bevorratung.[8] Da die Abgabe von Arzneimitteln grundsätzlich den Apotheken vorbehalten ist, finden sich entsprechende Vorschriften auch in der Apothekenbetriebsordnung (§ 17 Abs. 1 ApBetrO).

II. Verantwortlichkeit für die Abgabe

21 **Verantwortlicher** für das Inverkehrbringen ist nicht, wie man annehmen könnte, der Apotheker, sondern der **pharmazeutische Unternehmer** (§ 9 AMG). Der pharmazeutische Unternehmer ist bei zulassungs- oder registrierungspflichtigen Arzneimitteln der Inhaber der Zulassung oder Registrierung (§ 4 Abs. 17 S. 1 AMG). Diese Bestimmung über die Abgabeverantwortlichkeit des pharmazeutischen Unternehmers schließt aber nicht aus, dass im Zusammenhang der Abgabe von Medikamenten auch andere Normadressaten, so insbesondere die Apotheker, existieren. Die Abgabeverantwortlichkeit des pharmazeutischen Unternehmers erstreckt sich zB auf die Kennzeichnungspflicht (§ 10 AMG) und die Pflicht, eine Packungsbeilage beizufügen (§ 11 AMG).

III. Abgabeverbote

22 Abgabeverbote existieren für Arzneimittel mit erhöhten Gefährdungsmöglichkeiten, so für **bedenkliche Arzneimittel.** Bedenklich sind Arzneimittel, bei denen nach dem jeweiligen Stand der wissenschaftlichen Erkenntnisse der begründete Verdacht besteht, dass sie bei bestimmungsgemäßem Gebrauch schädliche Wirkungen haben, die über ein nach den Erkenntnissen der medizinischen Wissenschaft vertretbares Maß hinausgehen (§ 5 AMG). Weiter ist verboten, Arzneimittel zu Dopingzwecken im Sport

---

8 Krit. zu dieser Begrifflichkeit *Deutsch/Spickhoff* MedizinR Rn. 1204.

Igl

oder radioaktive Arzneimittel in Verkehr zu bringen (§§ 6a, 7 AMG). Gleiches gilt für minderwertige oder gefälschte Arzneimittel und Arzneimittel, deren Verfalldatum abgelaufen ist (§ 8 AMG).

IV. Apothekenpflicht

Arzneimittel dürfen grundsätzlich nur **in Apotheken in den Verkehr gebracht** werden (§ 43 Abs. 1 S. 1 AMG). **Ausnahmen** davon sind gesetzlich geregelt (§ 44 AMG) oder in der Verordnung über apothekenpflichtige und freiverkäufliche Arzneimittel[9] erfasst (Ermächtigungsgrundlage § 45 AMG). Arzneimittel, die zu anderen Zwecken als zur Beseitigung oder Linderung von Krankheiten, Leiden, Körperschäden oder krankhaften Beschwerden zu dienen bestimmt sind, sind für den Verkehr außerhalb der Apotheken freigegeben (§ 44 Abs. 1 AMG). Ferner sind für den Verkehr außerhalb der Apotheken freigegeben unter anderem natürliche und künstliche Heilwässer, Heilerde, Bademoore, Pflaster, ausschließlich oder überwiegend zum äußeren Gebrauch bestimmte Desinfektionsmittel, Mund- und Rachendesinfektionsmittel (§ 44 Abs. 2 AMG). Mit der Apothekenpflicht wird ein **Vertriebsmonopol** für Apotheken geschaffen.

23

V. Versandhandel – elektronischer Handel

Das auf Arzneimittel bezogene Recht des Versandhandels und des elektronischen Handels (§ 11 ApoG) ist mittlerweile ziemlich komplex geworden und kann an dieser Stelle nicht behandelt werden.[10] Dies gilt auch für die europarechtliche Problematik. Der EuGH hat in einem Vorabentscheidungsverfahren[11] klargestellt, dass ein absolutes Verbot des grenzüberschreitenden Versandhandels für nicht verschreibungspflichtige Arzneimittel nicht möglich ist.

24

VI. Verschreibungspflicht

Arzneimittel mit bestimmten Wirkstoffen dürfen nur bei Vorliegen einer **ärztlichen Verschreibung** an Verbraucher abgegeben werden (§ 48 Abs. 1 S. 1 AMG). Die Arzneimittelverschreibungsverordnung führt die entsprechenden Arzneimittel auf.

25

F. Preisgestaltung

Die Preise für Arzneimittel sind nur dann Marktpreise, wenn es sich um nicht verschreibungspflichtige Medikamente handelt. Verschreibungspflichtige Medikamente unterliegen der staatlichen Preisregulierung in zweierlei Hinsicht: durch die Arzneimittelgesetze selbst und durch das Sozialrecht, hier durch die entsprechenden Bestimmungen des SGB V.

26

I. Im Arzneimittelrecht

Die gesetzliche Ermächtigung für die **staatliche Preisregulierung** findet sich in § 78 AMG. Diese Vorschrift enthält eine Verordnungsermächtigung, von der mit der Arzneimittelpreisverordnung (AMPreisV) auch Gebrauch gemacht worden ist. Nach der gesetzlichen Ermächtigung können Preisspannen und Preise festgesetzt werden. Die AMPreisV gilt nur für **verschreibungspflichtige Arzneimittel** (§ 1 Abs. 4 AMPreisV). Kriterium für die Preisbildung sind die berechtigten Interessen der Arzneimittel-

27

---

9 VO über apothekenpflichtige und freiverkäufliche Arzneimittel v. 24.11.1988 (BGBl. I 2150).
10 S. überblicksweise *Deutsch/Spickhoff* MedizinR Rn. 1592–1594.
11 EuGH Urt. v. 11.12.2003 – C-322/01, Slg. 2003, I-14887 = NJW 2004, 131.

verbraucher, der Apotheken und des Großhandels. Dabei ist ein einheitlicher Apothekenabgabepreis für Arzneimittel, die vom Verkehr außerhalb der Apotheken ausgeschlossen sind, zu gewährleisten. Dies gilt aber nicht für nicht verschreibungspflichtige Arzneimittel, die nicht zulasten der gesetzlichen Krankenversicherung abgegeben werden (§ 78 Abs. 2 AMG). Das Preisrecht für Arzneimittel lässt sich von dem **Grundsatz des einheitlichen Apothekenabgabepreises** her verstehen. Dieser Grundsatz dient dazu, einen Preiswettbewerb unter Apotheken in dem zentralen Segment der verschreibungspflichtigen Arzneimittel auszuschließen. Dem liegt die Annahme zugrunde, dass mit einem bundesweit einheitlichen Apothekenabgabepreis eine qualitativ hochstehende Versorgung der Bevölkerung gewährleistet ist. Ob und inwieweit eine solche Annahme unter den heutigen wirtschaftlichen Umständen auf diesem Markt noch ihre volle Gültigkeit hat, ist allerdings schwer überprüfbar.[12]

28 Die öffentlich-rechtliche Preisgestaltung für Arzneimittel nach dem AMG betrifft nur die **Ebene des Groß- und Einzelhandels (= Apotheken),** nicht aber den Hersteller selbst. Auf der **Ebene des Großhandels,** der zwischen dem Hersteller und dem Apotheker steht, bestimmen sich die Zuschläge nach § 2 AMPreisV. Auf der **Ebene der Apotheke,** also der Ebene des Einzelhandels vergleichbar, sind zur Berechnung des Apothekenabgabepreises ein Festzuschlag von 3% zuzüglich 8,35 Euro zuzüglich 16 Cent zur Förderung der Sicherstellung des Notdienstes sowie die Umsatzsteuer zu erheben (§ 3 Abs. 1 S. 1 AMPreisV).[13]

II. Im Sozialrecht (SGB V)

29 Das Recht der Gesetzlichen Krankenversicherung[14] sieht drei Arten von Preisregulierung für Arzneimittel vor, so die **Festbeträge** (§ 35 SGB V), die **Erstattungsbeträge für nicht festbetragsfähige Arzneimittel** (§ 130b Abs. 1 SGB V) und die **Pflichtrabatte** im Sinne von **Apothekerrabatten** (§ 130 SGB V) und **Herstellerrabatten** (§ 130a SGB V). Ein **Rahmenvertrag über die Arzneimittelversorgung** (§ 129 Abs. 2 SGB V) regelt das Nähere unter anderem über die Abgabe preisgünstiger Arzneimittel.[15] Während die Bestimmung von Fest- und Höchstbeträgen und die Erstattung dann nur dieser Fest- bzw. Höchstbeträge für Medikamente einen leistungsrechtlichen Preisbildungsansatz darstellen und somit einen indirekten Markteingriff bewirken, ist das Verlangen von Pflichtrabatten bei Apotheken und Herstellern ein direkter Zugriff auf die Preisgestaltung.

---

12 S. dazu EuGH Urt. v. 19.10.2016 – C-148/15 = NJW 2016, 1793. Nach diesem Urteil stellt die Festsetzung einheitlicher Apothekenabgabepreise für verschreibungspflichtige Humanarzneimittel eine Maßnahme mit gleicher Wirkung wie eine mengenmäßige Einfuhrbeschränkung iSd Art. 34 AEUV dar (Rn. 27). Außerdem kann dies nicht mit dem Schutz der Gesundheit und des Lebens von Menschen iSd Art. 36 AEUV gerechtfertigt werden (Rn. 46).

13 Zur Berechnungsbasis s. § 3 Abs. 2 AMPreisV.

14 Mit dem Gesetz zur Neuordnung des Arzneimittelmarktes in der gesetzlichen Krankenversicherung (Arzneimittelmarktneuordnungsgesetz) v. 22.10.2010 (BGBl. 2010 I 2262), ist das Recht der Preisgestaltung bei Arzneimitteln zum Teil erheblich verändert worden. Auf Einzelheiten kann hier nicht eingegangen werden. Zum Arzneimittelmarktneuordnungsgesetz s. etwa *Andreas* ArztR 2011, 98; *Ebsen* GuP 2011, 41. S. auch die letzten Änderungen durch das Gesetz zur Stärkung der Arzneimittelversorgung in der GKV (GKV-Arzneimittelversorgungsstärkungsgesetz) v. 4.5.2017 (BGBl. 2017 I 1050).

15 Rahmenvertrag über die Arzneimittelversorgung nach § 129 Abs. 2 SGB V idF v. 30.9.2016 zwischen dem Spitzenverband Bund der Krankenkassen und dem Deutschen Apothekerverband e.V.

Igl

1. Festbeträge

Festbeträge können nur für **bestimmte Gruppen von Arzneimitteln** festgelegt wer- 30
den. Es sind dies Arzneimittel mit denselben Wirkstoffen, mit pharmakologisch-
therapeutisch vergleichbaren Wirkstoffen und mit therapeutisch vergleichbarer Wirkung (§ 35 Abs. 1 S. 2 SGB V). Diese Festbeträge werden vom Gemeinsamen Bundesausschuss in Richtlinien festgelegt.

Die Einführung von Festbeträgen für Arzneimittel wird von der pharmazeutischen 31
Industrie als erheblicher **Eingriff in die unternehmerische Freiheit** angesehen. In der
Tat ist ein hoheitlicher Eingriff in die Preisgestaltung in einer Marktwirtschaft durchaus bemerkenswert. Allerdings hat das BVerfG[16] hier nicht einmal den Schutzbereich
des Grundrechts aus Art. 12 Abs. 1 GG bei den Herstellern oder Anbietern von Arzneimitteln als berührt angesehen, wenn die Kostenübernahme gegenüber den Versicherten im Rahmen der gesetzlichen Krankenversicherung geregelt wird. Die Auswirkungen der Festbetragsvorschriften auf die Berufsausübung der Hersteller seien ein
bloßer Reflex einer auf das System der gesetzlichen Krankenversicherung bezogenen
Regelung. Darin sei keine berufsregelnde Tendenz zu erkennen. Die wesentlichen Argumente des Gerichts lauten: Indem im Versicherungssystem Preise offen gelegt und
Preisgrenzen für die Kostenübernahme festgesetzt werden, hätten die Anbieter am
Markt die Möglichkeit, sich darauf einzustellen und zu entscheiden, ob sie sich in der
Folge auf den eingeschränkten Markt außerhalb der gesetzlichen Krankenversicherung konzentrieren wollen oder ob sie bei einer insgesamt unveränderten Abnahme-
menge durch ihre Preisgestaltung weiterhin konkurrenzfähig bleiben und so versuchen wollen, ihre Marktanteile zu behalten und auszubauen. Solche Entscheidungen
seien typisch für unternehmerisches Verhalten im Wettbewerb.

2. Erstattungsbeträge für nicht festbetragsfähige Arzneimittel

Der Spitzenverband Bund der Krankenkassen vereinbart mit pharmazeutischen Un- 32
ternehmern auf Grundlage des Beschlusses des Gemeinsamen Bundesausschusses
über die Nutzenbewertung von Arzneimitteln mit neuen Wirkstoffen nach § 130b
Abs. 1 S. 1 SGB V mit Wirkung für alle Krankenkassen Erstattungsbeträge für Arzneimittel,[17] die mit diesem Beschluss keiner Festbetragsgruppe zugeordnet wurden.

3. Pflichtrabatte

Die Krankenkassen erhalten von den Apotheken für **verschreibungspflichtige Fertig-** 33
arzneimittel einen Abschlag (§ 130 Abs. 1 S. 1 SGB V) (Apothekenrabatt).

Die Krankenkassen erhalten für die zu ihren Lasten abgegebenen **Arzneimittel** einen 34
Abschlag auf den Abgabepreis des pharmazeutischen Unternehmers. Diesen Rabatt
erhalten die Kassen von den Apotheken, die diesen Rabatt wiederum von den Herstellern erstattet bekommen (§ 130a Abs. 1 S. 3 SGB V).

Die Einführung von Pflichtrabatten als Eingriff in die Preisgestaltung berührt – anders
als die Leistungsbegrenzungen durch Festbeträge – die Berufsausübungsfreiheit, wie
das BVerfG[18] festgestellt hat. Allerdings liegen hier vernünftige Gründe des Gemeinwohls als Eingriffsrechtfertigung vor. Dazu gehört die Sicherung der finanziellen Sta-
bilität der gesetzlichen Krankenversicherung.

---

16 BVerfGE 106, 275 = NJW 2003, 1232.
17 S. hierzu die Arzneimittel-Nutzenbewertungsverordnung (AM-NutzenV) v. 28.12.2010 (BGBl.
    2010 I 2324). Zur Nutzenbewertung *Huster* NZS 2017, 681.
18 BVerfGE 114, 196 = NVwZ 2006, 191.

§ 26 Hilfsmittel

A. Regelungsorte

1 Anders als das Arzneimittelrecht ist das Hilfsmittelrecht kein besonderes Rechtsgebiet mit einem eigenen Gesetzbuch. Hilfsmittel stellen grundsätzlich nicht ein so großes Gefahrenpotenzial für Verbraucher dar, wie es bei Arzneimitteln der Fall ist. Die Eigenart des Hilfsmittelrechts besteht darin, dass hier die Herstellung, Lieferung und Zuteilung eines Produktes nicht als wirtschaftsrechtlicher Vorgang begriffen wird, für dessen Regelung der Bund eine konkurrierende Gesetzgebungszuständigkeit unter dem Titel »Recht der Wirtschaft« (Art. 74 Abs. 1 Nr. 11 GG) hätte, sondern dass die Regelung dieses Bereiches im Rahmen der Sozialversicherungsgesetzgebung auf Grundlage des Kompetenztitels in Art. 74 Abs. 1 Nr. 12 GG stattfindet.

2 Die **Rechtsquellen** des Hilfsmittelrechts sind neben den gesetzlichen Vorschriften in **§§ 33, 34, 36, 126, 127 und 139 SGB V** die dort aufgeführten **untergesetzlichen Instrumente**, unter denen wiederum nicht alle Normcharakter aufweisen. Letzteres gilt für die **Empfehlungen des Spitzenverbandes Bund der Krankenkassen** (§ 126 Abs. 1 S. 3, § 127 Abs. 1a SGB V) und das **Hilfsmittelverzeichnis** dieses Spitzenverbandes (§ 139 Abs. 1 S. 1 SGB V). **Normcharakter** haben die **Richtlinien des Gemeinsamen Bundesausschusses zur Hilfsmittelverordnung** nach § 92 Abs. 1 S. 2 Nr. 6 SGB V.

B. Begriff und Arten des Hilfsmittels

3 Hilfsmittel existieren im Sozialleistungsrecht in zwei Arten, den Hilfsmitteln im Rahmen der Gesetzlichen Krankenversicherung (Begriff in § 33 Abs. 1 S. 1 SGB V; → § 30 Rn. 259 ff.) und den Pflegehilfsmitteln im Rahmen der Sozialen Pflegeversicherung (§ 40 Abs. 1–3 SGB XI; → § 31 Rn. 36). Im Folgenden wird nur noch auf die Hilfsmittel im Rahmen der Gesetzlichen Krankenversicherung eingegangen.

C. Herstellung

4 Die Herstellung von Hilfsmitteln ist im Zusammenhang der Abgabe von Hilfsmitteln an Versicherte geregelt, wonach nur solche Hilfsmittel abgegeben werden dürfen, die auf der Grundlage der **Verträge** nach § 127 Abs. 1, 2 und 3 SGB V abgegeben werden (§ 126 Abs. 1 S. 1 SGB V). Dabei wird bestimmt, dass Vertragspartner der Krankenkassen nur Leistungserbringer sein können, die die Voraussetzungen für eine ausreichende, zweckmäßige und funktionsgerechte Herstellung, Abgabe und Anpassung der Hilfsmittel erfüllen. Hierzu gibt der Spitzenverband Bund der Krankenkassen Empfehlungen für eine einheitliche Anwendung dieser Anforderungen, einschließlich der Fortbildung der Leistungserbringer, ab (§ 126 Abs. 1 S. 2 und 3 SGB V). Wichtigstes Instrument der Einflussnahme auf die Herstellung ist die Bestätigung einer geeigneten Stelle, einer sog. **Präqualifizierungsstelle** (§ 126 Abs. 1a S. 2 SGB V). Um die Bestätigung zu erhalten, ist ein **Präqualifizierungsverfahren** zu durchlaufen, das in einer Vereinbarung geregelt ist (§ 126 Abs. 1a S. 3 SGB V).[1] Das Verfahren dient dazu, die Eignung von Leistungserbringern von Hilfsmitteln zur Erbringung von Versorgungen in bestimmten Bereichen gem. § 126 Abs. 1 SGB V nachweisen zu können. Das Präqualifizierungsverfahren umfasst die Ausstellung, die Erweiterung, die Aussetzung, die Einschränkung oder die Rücknahme von Bestätigungen nach § 126 Abs. 1a SGB V (§ 1 Abs. 1 und 2 der Präqualifizierungsvereinbarung).

---

1 S. Vereinbarung gem. § 126 Abs. 1a SGB V über das Verfahren zur Präqualifizierung von Leistungserbringern v. 29.3.2010.

Igl

D. Bereitstellung (Zulassung)

Die Bereitstellung von Hilfsmitteln unterliegt, abgesehen von einer möglichen An- **5** wendbarkeit des Medizinproduktegesetzes (→ § 27 Rn. 1 ff.) oder sonstiger technischer Zulassungsbestimmungen im Einzelfall, nur den Vorschriften des SGB V. Diese Vorschriften regeln auf der einen Seite den **Marktzugang der Hersteller** von Hilfsmitteln durch Verträge im Zusammenhang der Abgabe von Hilfsmitteln (§ 127 SGB V), und auf der anderen Seite bestimmte **Produktvoraussetzungen** im Zusammenhang der Qualitätssicherung, gesteuert durch die Aufnahme in das Hilfsmittelverzeichnis (§ 139 SGB V).

I. Zulassung durch Verträge

Für die Zulassung zur Abgabe von Hilfsmitteln durch Verträge existieren drei Mög- **6** lichkeiten:[2]

– Abschluss von Verträgen mit Leistungserbringern oder zu diesem Zweck gebildeten Zusammenschlüssen der Leistungserbringer durch Ausschreibung seitens der Krankenkassen, ihrer Landesverbände oder Arbeitsgemeinschaften (§ 127 Abs. 1 SGB V). Der Spitzenverband Bund der Krankenkassen und die Spitzenorganisationen der Leistungserbringer haben hierzu Empfehlungen[3] herausgegeben (§ 127 Abs. 1a SGB V), in denen Kriterien genannt sind, wonach eine Ausschreibung nicht zweckmäßig erscheint (zB kleiner Anbieterkreis, nicht standardisierbare Leistungen);
– Abschluss von Verträgen zwischen denselben Vertragspartnern ohne Ausschreibung, aber mit öffentlicher Bekanntgabe der Absicht, über die Versorgung mit bestimmten Hilfsmitteln Verträge abzuschließen (§ 127 Abs. 2 und 2a SGB V);
– Abschluss von Verträgen im Einzelfall zwischen einer Krankenkasse und einem Leistungserbringer, wenn keine Vereinbarungen nach § 127 Abs. 1 oder 2 SGB V bestehen oder wenn durch Vertragspartner eine Versorgung der Versicherten in einer für sie zumutbaren Weise nicht möglich ist (§ 127 Abs. 3 SGB V).

II. Aufnahme in das Hilfsmittelverzeichnis

Für die von den gesetzlichen Krankenkassen zu leistenden Hilfsmittel ist vom Spit- **7** zenverband Bund ein **Hilfsmittelverzeichnis** aufzustellen (§ 139 Abs. 1 SGB V). Der Hersteller von Hilfsmitteln muss die Aufnahme in das Verzeichnis beantragen (§ 139 Abs. 3 SGB V). Das Hilfsmittel ist aufzunehmen, wenn der Hersteller die Funktionstauglichkeit und Sicherheit, die Erfüllung der Qualitätsanforderungen und, soweit erforderlich, den medizinischen Nutzen nachgewiesen hat und es mit den für eine ordnungsgemäße und sichere Handhabung erforderlichen Informationen in deutscher Sprache versehen ist (§ 139 Abs. 4 SGB V). Damit kommt der Aufnahme in das Hilfsmittelverzeichnis die Wirkung einer Produktzulassung zu. Sind Hilfsmittel Medizinprodukte, gilt der Nachweis der Funktionstauglichkeit und der Sicherheit durch die CE-Kennzeichnung grundsätzlich als erbracht (§ 139 Abs. 5 S. 1 SGB V).

Die **Aufnahme in das Hilfsmittelverzeichnis** stellt einen **Verwaltungsakt** dar (§ 139 **8** Abs. 6 S. 4 SGB V). Das Hilfsmittelverzeichnis versteht sich nicht als Positivliste,

---

2 S. die leistungsrechtliche Ausnahme in § 33 Abs. 6 S. 3 SGB V.
3 Gemeinsame Empfehlungen gem. § 127 Abs. 1a SGB V zur Zweckmäßigkeit von Ausschreibungen v. 2.7.2009.

sondern es ist eine unverbindliche Auslegungs- und Orientierungshilfe.[4] Einem Leistungsanspruch steht die Nichtaufnahme in das Hilfsmittelverzeichnis nicht entgegen.[5]

E. Abgabe an die Versicherten

9 Die Krankenkassen stellen den Versicherten die Hilfsmittel nach dem Sachleistungsprinzip zur Verfügung (§ 2 Abs. 2 S. 1 SGB V). Bei der Versorgung mit Hilfsmitteln heißt dies in der Sprache des Gesetzes »Abgabe von Hilfsmitteln an Versicherte« (vgl. § 126 Abs. 1 S. 1 SGB V). Darunter kann man aber nicht eine reine Zuteilung durch die Krankenkasse verstehen. Vielmehr können die Versicherten unter den Leistungserbringern auswählen, die Vertragspartner der Krankenkasse sind (§ 33 Abs. 6 S. 1 und 2 SGB V). Die Hilfsmittel können auch leihweise überlassen werden (§ 33 Abs. 5 SGB V).

10 Hilfsmittel dürfen nicht an Versicherte über Depots bei Vertragsärzten abgegeben werden, außer es handelt sich um Hilfsmittel zur Versorgung in Notfällen (§ 128 Abs. 1 SGB V). Wirken Vertragsärzte über die ihnen im Rahmen der vertragsärztlichen Versorgung obliegenden Aufgaben hinaus an der Durchführung der Versorgung mit Hilfsmitteln mit, können hierzu Verträge mit den Krankenkassen geschlossen werden (§ 128 Abs. 4a SGB V).

F. Preisgestaltung

11 Die Preisgestaltung hängt davon ab, ob Festbeträge für Hilfsmittel existieren oder nicht. Wie auch sonst stellen Festbeträge eine Preisgestaltung auf der leistungsrechtlichen Seite dar. Ist der Abgabepreis höher als der Festbetrag, hat der Versicherte die Differenz zu tragen.

I. Festbeträge

12 Die Bestimmung der Hilfsmittel, für die Festbeträge festgesetzt werden, und die Festsetzung der Festbeträge selbst wird durch den Spitzenverband Bund der Krankenkassen einseitig vorgenommen (§ 36 SGB V). Die Spitzenorganisationen der Hersteller und Leistungserbringer haben nur ein Recht zur Stellungnahme (§ 36 Abs. 1 S. 3 SGB V). Die Preisgestaltung darf allerdings nicht dazu führen, dass sie zu grundsätzlichen Einschnitten in den GKV-Leistungskatalog führt, denn die Festbeträge sind so festzusetzen, dass sie im allgemeinen eine ausreichende, zweckmäßige und wirtschaftliche sowie in der Qualität gesicherte Versorgung gewährleisten.[6]

II. Vertragliche Gestaltung

13 Wenn keine Festbeträge bestimmt sind, werden die Preise für Hilfsmittel durch Verträge nach § 127 Abs. 1, 2 und 3 SGB V vereinbart. Die Krankenkasse übernimmt diese Preise (§ 33 Abs. 7 SGB V).

---

4 BSG SozR 4–2500 § 33 Nr. 32 = BeckRS 2011, 69131.
5 BSG SGb 2010, 594.
6 BSGE 105, 170 = BeckRS 2010, 67137.

Igl

§ 27 Medizinprodukte (Überblick)

A. Gesetzeszweck

Die Regulierung der Medizinprodukte[1] wird vor allem durch Unionsrecht beeinflusst.[2] **1**
Wie beim Arzneimittelrecht handelt es sich um ein Teilgebiet des Gesundheitsrechts,
das **ordnungsrechtlichen Charakter** hat. Dies geht aus dem Zweck des Gesetzes hervor, der darin liegt, den Verkehr mit Medizinprodukten zu regeln und dadurch für die
Sicherheit, Eignung und Leistung der Medizinprodukte sowie die Gesundheit und den
erforderlichen Schutz der Patienten, Anwender und Dritter zu sorgen (§ 1 MPG). Diesem Schutz dient auch das allgemeine Verbot, sicherheits- und gesundheitsgefährdende Medizinprodukte oder solche, deren Anwendungsdatum abgelaufen ist, in den
Verkehr zu bringen, zu errichten, in Betrieb zu nehmen, zu betreiben oder anzuwenden (§ 4 MPG).[3]

B. Begriffe

Medizinprodukte im Sinne des MPG sind Instrumente, Apparate, Vorrichtungen, **2**
Software, Stoffe und Zubereitungen aus Stoffen oder andere Gegenstände, die vom
Hersteller zur Anwendung für Menschen mittels ihrer Funktionen zum Zwecke a) der
Erkennung, Verhütung, Überwachung, Behandlung oder Linderung von Krankheiten,
b) der Erkennung, Überwachung, Behandlung, Linderung oder Kompensierung von
Verletzungen oder Behinderungen, c) der Untersuchung, der Ersetzung oder der Veränderung des anatomischen Aufbaus oder eines physiologischen Vorgangs oder d) der
Empfängnisregelung zu dienen bestimmt sind (§ 3 Nr. 1 MPG).

Das MPG ist nur ausnahmsweise auch auf Arzneimittel anwendbar (§ 2 Abs. 3 MPG). **3**
Auf Hilfsmittel ist es anwendbar, wenn die Voraussetzungen nach § 3 Nr. 1 MPG erfüllt sind. Dies gilt vor allem für die Kompensierung von Behinderungen (vgl. § 3 Nr. 1
Buchst. b MPG).

C. Herstellung

Das MPG enthält ähnlich wie das Arzneimittelgesetz Vorschriften über die Herstel- **4**
lung von Medizinprodukten. Medizinprodukte werden Klassen zugeordnet (§ 13
Abs. 1 MPG). Die Eignung von Medizinprodukten für den vorgesehenen Verwendungszweck ist durch eine **klinische Bewertung** anhand von klinischen Daten zu belegen (§ 19 Abs. 1 MPG).[4]

---

1 S. hierzu näher *Deutsch/Spickhoff* MedizinR Abschnitt C. Medizinprodukterecht.
2 Die EU hat kürzlich eine Reform des Medizinprodukterechts verabschiedet; VO (EU) Nr.
 2017/745 des Europäischen Parlaments und des Rates über Medizinprodukte, zur Änderung
 der Richtlinie 2001/83/EG, der VO (EG) Nr. 178/2002 und der VO (EG) Nr. 1223/2009 und zur
 Aufhebung der RL 90/385/EWG und 93/42/EWG des Rates v. 5.4.2017, ABl. 2017 L 117, 1; VO
 (EU) Nr. 2017/746 des Europäischen Parlaments und des Rates über In-vitro-Diagnostika und
 zur Aufhebung der RL 98/79/EG und des Beschlusses 2010/227/EU der Kommission v. 5.4.2017,
 ABl. 2017 L 117, 176.
3 Zur Bewertung neuer Untersuchungs- und Behandlungsmethoden mit Medizinprodukten hoher Risikoklasse (§ 137h SGB V) s. *Felix/Ullrich* NZS 2015, 921.
4 S. hierzu die VO über klinische Prüfungen von Medizinprodukten (MPKV) v. 10.5.2010
 (BGBl. 2010 I 555).

D. Bereitstellung – Inverkehrbringen

5 Vor dem Inverkehrbringen ist ein **Konformitätsbewertungsverfahren** zu durchlaufen (§ 7 MPG).[5] Von den Vorschriften des MPG, die sich mit der Bereitstellung und dem Inverkehrbringen von Medizinprodukten befassen, ist weiter neben der allgemeinen **Anzeigepflicht für die Aufnahme der Tätigkeit** (§ 25 MPG) vor allem die **Kennzeichnungspflicht** (§ 6 MPG) zu nennen. Für bestimmte Medizinprodukte besteht Verschreibungspflicht und Apothekenpflicht (§ 11 Abs. 3 MPG).[6]

E. Verwendung – Betrieb

6 Betriebe, die mit Medizinprodukten zu tun haben, unterliegen behördlicher **Überwachung** (§ 26 MPG).[7]

F. Preisgestaltung

7 Anders als bei Arzneimitteln und Hilfsmitteln existieren speziell für Medizinprodukte keine Preisgestaltungsvorschriften.

---

5 S. hierzu die VO über Medizinprodukte (Medizinprodukte-Verordnung) v. 20.12.2001 (BGBl. 2001 I 3854).

6 S. hierzu die VO zur Regelung der Abgabe von Medizinprodukten (Medizinprodukte-Abgabeverordnung) v. 25.7 2014 (BGBl. 2014 I 1227).

7 S. hierzu die VO über das Errichten, Betreiben und Anwenden von Medizinprodukten (Medizinprodukte-Betreiberverordnung – MPBetreibV) idF der Bek. v. 21.8.2002 (BGBl.2002 I 3396).

7. Kapitel. Öffentlich-rechtliche Sicherung: Sozialleistungsrecht

Zur Vertiefung: *Masuch/Spellbrink/Becker/Leibfried*, Grundlagen und Herausforderungen des Sozialstaats – Bundessozialgericht und Sozialstaatsforschung, 2015, darin Beiträge von *Huster, Wasem/ Staudt, Badura, Hauck* zu Gesundheit; *Igl, Rothgang, Görres, Schütze* zu Pflege; *Welti, Wacker, Greß, Coseriu* zu Behinderung und Rehabilitation; *Brockmann*, Prävention an der Schnittstelle von Arbeits- und Sozialrecht, 2014; *Welti*, Die gesetzliche Krankenversicherung im Kräftefeld der Gesundheitspolitik, Soziales Recht 2012, 124-133; *Wallrabenstein*, Versicherung im Sozialstaat, 2009; *Rixen*, Sozialrecht als öffentliches Wirtschaftsrecht, 2005; *Hänlein*, Rechtsquellen im Sozialversicherungsrecht, 2001; *Axer*, Normsetzung der Exekutive in der Sozialversicherung, 2000; *Zacher*, Sozialstaat und Gesundheitspolitik in Igl (Hrsg.), Perspektiven einer sozialstaatlichen Umverteilung im Gesundheitswesen, 1999, 143-164.

Kommentare und Handbücher: *Becker/Kingreen*, SGB V, 5. Aufl., 2017; *Berchtold/Huster/Rehborn*, Gesundheitsrecht, 2015; *Eichenhofer*, Sozialrecht, 9. Auflage, 2015; *Eichenhofer/Wenner*, Kommentar zum Sozialgesetzbuch X, 2. Aufl., 2017; *Engelmann/Schlegel*, Juris-Praxiskommentar SGB V, 2016; *Hänlein/Schuler*, SGB V, 5. Aufl., 2016; *Klie/Krahmer/Plantholz*, SGB XI, 4. Aufl., 2013; *Krasney/ Udsching/Groth*, Handbuch des sozialgerichtlichen Verfahrens, 7. Aufl., 2016; *von Maydell/Ruland/ Becker*, Sozialrechtshandbuch, 5. Aufl., 2011; *Noftz*, Sozialgesetzbuch – SGB V (Loseblatt); *Udsching*, SGB XI, 4. Aufl., 2015

§ 28 Überblick

A. Einbettung der Gesundheitsversorgung in das allgemeine Sozialrecht

Die Versorgung mit Dienstleistungen und Gütern für die menschliche Gesundheit und die Sicherung gegen die finanziellen Folgen von Krankheit, Pflegebedürftigkeit und Behinderung werden in der Bundesrepublik Deutschland zu einem wesentlichen Teil über sozialrechtliche Regelungen organisiert. Diese finden sich im **Sozialgesetzbuch** (SGB). Das Sozialgesetzbuch geht auf einen in den frühen 1970er Jahren entwickelten Ansatz einheitlicher und systematischer Kodifizierung zuvor verstreuter Regelungen zurück[1]. Das SGB besteht heute aus zwölf mit römischen Zahlen bezeichneten Büchern (es sind also Bücher des Sozialgesetzbuchs, nicht »Sozialgesetzbücher«) sowie weiteren Gesetzen, die in § 68 SGB I genannt sind. Es hat zwei allgemeine Teile (SGB I – Allgemeiner Teil und SGB X – Verwaltungsverfahren) und einen allgemeinen Teil für die fünf Zweige der Sozialversicherung (SGB IV – Gemeinsame Vorschriften für die Sozialversicherung). Jedes Buch des SGB hat auch mit Gesundheitsversorgung zu tun, von zentraler Bedeutung sind die **Gesetzliche Krankenversicherung** (SGB V), die **Rehabilitation und Teilhabe von Menschen mit Behinderungen** (SGB IX) und **die Soziale Pflegeversicherung** (SGB XI). 1

I. Soziale Rechte im SGB I

Das SGB I beginnt mit der Aufzählung der **sozialen Rechte** (§§ 2–10 SGB I)[2]. Diese beinhalten keine unmittelbaren Anspruchsnormen, zeigen aber programmatisch die Ziele des Sozialrechts auf. Die notwendigen Maßnahmen zum Schutz, zur Erhaltung, 2

---

1 *Zacher* SDSRV 40 (1995), 7.
2 *Eichenhofer* SGb 2011, 301; 511.

zur Besserung und zur Wiederherstellung der Gesundheit sowie die wirtschaftliche Sicherung bei Krankheit, Mutterschaft und Minderung der Erwerbsfähigkeit sind hier der **Sozialversicherung** zugeordnet (§ 4 Abs. 2 SGB I). Das Recht auf **soziale Entschädigung bei Gesundheitsschäden**, für deren Folgen die staatliche Gemeinschaft in Abgeltung eines besonderen Opfers einsteht, umfasst die gleichen Leistungen (§ 5 SGB I). Nicht explizit genannt, aber von der persönlichen und wirtschaftlichen Hilfe, die dem besonderen Bedarf entspricht, umfasst sind Gesundheitsleistungen der **Sozialhilfe** (§ 9 SGB I). Quer zu den anderen sozialen Rechten ist das Recht auf **Teilhabe behinderter Menschen** (§ 10 SGB I) normiert.

3   Mit §§ 4, 5, 9 SGB I folgen die sozialen Rechte der systematischen Trias von **Sozialversicherung**, **Sozialer Entschädigung** (Versorgung) und **Sozialhilfe** (Fürsorge), mit der die Sozialrechtswissenschaft das Sozialrecht herkömmlich strukturiert[3] und die nicht inhaltlich, sondern nach der Struktur der ausführenden Sozialleistungsträger und ihren Zugangskriterien definiert ist. Während die Sozialversicherung auf Mitgliedschaft, Beitrag und erworbenen Leistungen beruht und in eigenen Körperschaften der mittelbaren Staatsverwaltung organisiert ist, werden Versorgung und Fürsorge von staatlichen oder kommunalen Behörden aus Steuermitteln geleistet. Versorgung beruht auf besonderen Tatbeständen, Fürsorge auf Bedarf und Bedürftigkeit.

4   Einen ausführlicheren einführenden Blick über das Sozialgesetzbuch geben die §§ 18–29 SGB I, in denen einzelne Sozialleistungen und zuständige Leistungsträger aufgezählt werden, darunter die Leistungen der gesetzlichen Krankenversicherung (§ 21 SGB I), der sozialen Pflegeversicherung (§ 21a SGB I), bei Schwangerschaftsabbrüchen (§ 21b SGB I), die Versorgungsleistungen bei Gesundheitsschäden (§ 24 SGB I), die Leistungen der Sozialhilfe (§ 28 SGB I) und die Leistungen der Rehabilitation und Teilhabe behinderter Menschen (§ 29 SGB I).

II. Verfahrensrecht im SGB I und SGB X

5   Das SGB I und das SGB X enthalten **Verfahrensgrundsätze** und Regeln, die für alle Sozialleistungsträger gelten. Diese unterliegen nicht den Verwaltungsverfahrensgesetzen des Bundes und der Länder, sondern dem Sozialverfahrensrecht, das einige dem sozialen Schutzgedanken und der partizipativen Konkretisierung von Sozialleistungen geschuldete Besonderheiten enthält[4]. Das SGB I und das SGB X gelten, soweit sich aus den übrigen Büchern des SGB nichts Abweichendes ergibt (§ 37 SGB I; Ausnahmen: §§ 1–17 und 31–36 SGB I).

6   Besonders ausgestaltet ist der Anspruch auf **Auskunft** und **Beratung** gegen alle Sozialleistungsträger, der auch trägerübergreifend gilt (§§ 14, 15 SGB I)[5]. Dieser ist bedeutend, da die Menschen, gerade in gesundheitlichen Notlagen, auf Auskunft und Beratung angewiesen sind, um die ihnen zustehenden Leistungen »in zeitgemäßer Weise, umfassend und zügig« (§ 17 Abs. 1 Nr. 1 SGB I) zu erhalten. Bei Verletzung ihrer Auskunfts- und Beratungspflichten kann sich ein Anspruch gegen die Leistungsträger richten, die falsch oder unzureichend Beratenen so zu stellen als ob sie richtig beraten worden wären (**sozialrechtlicher Herstellungsanspruch**)[6]. Die besonderen Teile des SGB enthalten spezifische Realisierungen der zu Auskunft und Beratung nötigen

---

3 Vgl. *Eichenhofer,* Sozialrecht, 9. Aufl. 2015, Rn. 10.
4 Vgl. *Kingreen/Rixen* DÖV 2008, 741.
5 *von Koch,* Auskunfts- und Beratungspflichten im Sozialrecht, 2000.
6 StRspr zB BSGE 50, 12; vgl. *Ebsen* DVBl. 1987, 389–395; *Ebsen* VSSR 1992, 149; *Schmidt-de Caluwe,* Der sozialrechtliche Herstellungsanspruch, 1992; *Goertz,* Die Gesetzmäßigkeit der Verwaltung im Rahmen des sozialrechtlichen Herstellungsanspruchs, 2007.

Inhalte und Infrastruktur (§§ 7–7c SGB XI: Pflegestützpunkte; § 12 Abs. 1 SGB IX: Ansprechstellen der Rehabilitationsträger; § 39b SGB V: Hospiz- und Palliativberatung durch die Krankenkassen).

Die Sozialleistungsträger sind dazu verpflichtet, ihr Verfahren **zugänglich** zu gestalten   7
(§ 17 Abs. 1 Nr. 3 SGB I). Dies gilt in besonderer Weise für die **Barrierefreiheit** der Gebäude und Kommunikation (§ 17 Abs. 1 Nr. 4 SGB I; § 17 Abs. 2 SGB I; ergänzend die Behindertengleichstellungsgesetze von Bund und Ländern)[7].

Bei der Konkretisierung der Leistungen gelten für alle Sozialleistungsträger der **Indi-**   8
vidualisierungsgrundsatz und das **Wunsch- und Wahlrecht** (§ 33 SGB I)[8], die zum Teil in den besonderen Teilen des SGB erweitert oder eingeschränkt werden (§ 8 SGB IX; §§ 39 Abs. 2, 40 Abs. 3, 76 SGB V).

Die Sozialleistungsberechtigten haben **Mitwirkungspflichten** (§§ 60–66 SGB I), die   9
auch beinhalten können, sich Untersuchungen zu unterziehen (§ 62 SGB I) und sich einer Heilbehandlung zu unterziehen, was jedoch bei möglichen Gesundheitsschäden, Schmerzen und Eingriffen in die körperliche Unversehrtheit abgelehnt werden kann (§ 65 Abs. 2 SGB I)[9]. Fehlende Mitwirkung kann zur Versagung und Entziehung von Leistungen führen (§ 66 SGB I).

Ausführliche Regelungen enthält das Sozialverfahrensrecht zum **Datenschutz** durch   10
die Sozialleistungsträger (§ 35 SGB I; §§ 67–85a SGB X). **Gesundheitsbezogene Da-**
ten[10] werden darin als besonders schutzbedürftig angesehen (§§ 67 Abs. 12, 67a Abs. 1 S. 4, 76 SGB X). Das Krankenversicherungsrecht enthält hierzu besondere Regelungen (§§ 294–307b SGB V).

III. Rechtsweg im Sozialrecht

Der Rechtsweg der Versicherten und Leistungsberechtigten gegen die Sozialleis-   11
tungsträger sowie in den meisten Fällen auch der Leistungserbringer gegen die Sozialleistungsträger ist fast immer zu den Gerichten der **Sozialgerichtsbarkeit** eröffnet[11], so in den für die Gesundheitsversorgung relevanten **Angelegenheiten der**
gesetzlichen Krankenversicherung (§ 51 Abs. 1 Nr. 2 SGG) und gegen alle anderen **Sozialversicherungsträger**, in Angelegenheiten des **sozialen Entschädigungsrechts** außer der Kriegsopferfürsorge (§ 51 Abs. 1 Nr. 6 SGG), der **Sozialhilfe** und Eingliederungshilfe (§ 51 Abs. 1 Nr. 6a SGG) und bei der **Feststellung von Behinderungen** (§ 51 Abs. 1 Nr. 7 SGG). Zu den Angelegenheiten der gesetzlichen Krankenversicherung gehören auch **vertragsärztliche Streitigkeiten** gegen die Kassenärztlichen Vereinigungen.

Das sozialgerichtliche Verfahren ist im **Sozialgerichtsgesetz** eigenständig geregelt. Es   12
enthält Besonderheiten zu Gunsten der Versicherten und Leistungsberechtigten[12], so die **Gerichtskostenfreiheit** (§ 183 SGG)[13] für Versicherte und behinderte Menschen und die Möglichkeit eines selbst veranlassten **ärztlichen Gutachtens** (§ 109 SGG)[14]. Es gilt der

---

7 *Welti* SGb 2015, 533.
8 *O. E. Krasney*, FS Wiegand, 2003, 153; *Welti/Sulek* VSSR 2000, 453.
9 Vgl. *Grühn*, Gesundheitsbezogene Handlungspflichten der Versicherten in der Sozialversicherung als Dimensionen von Eigenverantwortung und Solidarität, 2001.
10 Vgl. *Kircher*, Der Schutz personenbezogener Gesundheitsdaten im Gesundheitswesen, 2016.
11 Vgl. *Zacher* SDSRV 54 (2006), 7.
12 Vgl. *Masuch/Spellbrink* in Masuch/Spellbrink/Becker/Leibfried (Hrsg.), Grundlagen und Herausforderungen des Sozialstaats – Denkschrift 60 Jahre Bundessozialgericht, 437.
13 *Höland/Welti/Schmidt* SGb 2008, 689.
14 *Schweigler*, Das Recht auf Anhörung eines bestimmten Arztes (§ 109 SGG), 2013.

Amtsermittlungsgrundsatz (§ 103 SGG). Typischerweise ist dem Sozialgerichtsverfahren ein innerbehördliches gebührenfreies (§ 64 SGB X) **Widerspruchsverfahren** vorgelagert (§§ 78–86a SGG; §§ 62, 63 SGB X), das in vielen Fällen nach erneuter Prüfung zur Abhilfe führt, so dass ein Gerichtsverfahren vermieden wird.

13 Bei den Gerichten der Sozialgerichtsbarkeit wirken in allen Instanzen **ehrenamtliche Richterinnen und Richter** mit (§§ 12–14 SGG). Diese stammen in Angelegenheiten der Sozialversicherung aus den Kreisen der Versicherten und Arbeitgeber, bei Streitigkeiten zwischen Vertragsärzten und Krankenkassen jeweils aus deren Kreisen und bei Angelegenheiten der Vertragsärzte, etwa in Zulassungsfragen, nur aus deren Kreisen. In Angelegenheiten der sozialen Entschädigung und des Schwerbehindertenrechts wirken ehrenamtliche Richterinnen und Richter aus dem Kreis der Versorgungsberechtigten und der behinderten Menschen mit. Hierdurch werden in unterschiedlicher Weise auch Sachverstand und Lebenserfahrung aus dem Gesundheitswesen an der Entscheidung beteiligt[15].

B. Sozialversicherung: Grundsätze, Organisation, Finanzierung

I. Allgemeine Grundsätze im SGB IV

14 Die Sozialversicherung unterliegt der im Wesentlichen vom Bund ausgeübten konkurrierenden Gesetzgebung (Art. 74 Abs. 1 Nr. 12 GG). **Sozialversicherungsträger** sind **rechtsfähige Körperschaften des öffentlichen Rechts mit Selbstverwaltung** (§ 29 Abs. 1 SGB IV). Ihre **Selbstverwaltung** wird von den Versicherten und Arbeitgebern ausgeübt (§ 29 Abs. 2 SGB IV)[16]. Es bestehen **Selbstverwaltungsorgane**. Dies sind in der Renten- und Unfallversicherung die Vertreterversammlung und der Vorstand, in den Kranken- und Pflegekassen der ehrenamtliche Verwaltungsrat und der hauptamtliche Vorstand (§§ 31, 35, 35a SGB IV; § 197 SGB V). Vertreterversammlung und Verwaltungsrat werden von den Versicherten in den **Sozialversicherungswahlen** gewählt (§§ 45–57 SGB IV). Die ehrenamtlichen Organe sollen die hauptamtliche Verwaltung kontrollieren und Beschlüsse von grundsätzlicher Bedeutung fällen sowie den Haushaltsplan beschließen (§§ 67 ff. SGB IV). Sie bilden Ausschüsse, zu denen insbesondere die **Widerspruchsausschüsse** gehören (§ 36a SGB IV). Versichertenälteste und Vertrauenspersonen beraten die Versicherten ehrenamtlich (§ 39 SGB IV).

15 Das allgemeine Sozialversicherungsrecht enthält grundsätzliche Regelungen zu **Beschäftigung** und **selbstständiger Tätigkeit** (§§ 7–13 SGB IV), die konkreten Regelungen zur Versicherungspflicht sind für die Versicherungszweige unterschiedlich gefasst. Der Beitragseinzug für Kranken- und Pflegeversicherung, Rentenversicherung und Arbeitslosenversicherung wird von den Krankenkassen als Einzugsstellen vorgenommen (§§ 28a–28r SGB IV).

II. Krankenversicherung

16 Die **Krankenkassen** unterteilen sich in Ortskrankenkassen, Betriebskrankenkassen, Innungskrankenkassen, Ersatzkassen, landwirtschaftliche Krankenkasse (§ 4 Abs. 2, 143 ff. SGB V). Sie haben Mitglieder (§§ 173, 186 ff. SGB V). Zwischen den Kassen besteht für die Versicherten **Wahlfreiheit** (§§ 173–185 SGB V). Bei Betriebs- und Innungskrankenkassen ist zwischen wählbaren geöffneten Kassen und solchen zu unterscheiden, die auf einen oder mehrere Betriebe beschränkt sind. Die landwirtschaftliche

---

15 *Eichenhofer* SGb 2005, 313.
16 Vgl. zur Krankenversicherung: *Welti* VSSR 2006, 133; *Welti* SGb 2011, 485; *Hajen* SGb 2014, 229; *Beier/Güner/Fuchs* SozSich 2014, 390.

Krankenkasse im Rahmen der Sozialversicherung für Landwirtschaft, Forsten und Gartenbau (SVLFG) ist auf die Landwirtschaft beschränkt.

Der **Zugang** zur gesetzlichen Krankenversicherung erfolgt über die **Versicherungs-** **17** **pflicht** nach gesetzlich geregelten Tatbeständen (§ 5 SGB V), vor allem Beschäftigung, Studium und Sozialleistungsbezug, sowie durch **Familienversicherung** von Kindern, Ehegatten oder Partnern (§ 10 SGB V). Es besteht **Versicherungsfreiheit** (§ 6 SGB V) für die meisten Selbstständigen, für Beamte und für Personen, deren Einkommen aus abhängiger Arbeit die Versicherungspflichtgrenze (Jahresarbeitsentgeltgrenze, § 6 Abs. 4–8) überschreitet[17]. Für fast alle Personen ist die freiwillige Versicherung (§ 9 SGB V) möglich. Durch § 5 Abs. 1 Nr. 13 SGB V im Zusammenspiel mit § 193 Abs. 3 VVG soll sichergestellt werden, dass jede Person in Deutschland Krankenversicherungsschutz genießt.

Der allgemeine **Beitragssatz** (§ 241 SGB V) wird gesetzlich festgelegt. Er bezieht sich **18** auf die beitragspflichtigen Einnahmen (§§ 14 SGB IV) und wird bei Beschäftigten von Versicherten und Arbeitgebern zu gleichen Teilen getragen (§ 249 SGB V), bei Rentnern vom Versicherten und der Rentenversicherung hälftig (§ 249a SGB V). Freiwillig Versicherte tragen den Beitrag allein (§ 250 SGB V), wobei Versicherte, die die Jahresarbeitsentgeltsgrenze überschritten haben und versichert bleiben, durch einen Beitragszuschuss des Arbeitgebers so gestellt werden, dass dieser wirtschaftlich weiter die Hälfte trägt (§ 257 SGB V). Der **kassenindividuelle Zusatzbeitrag** (§ 242 SGB V) wird von jeder Kasse in der Satzung festgelegt und muss von der versicherten Person allein getragen werden.

Die Krankenkassen führen die Krankenversicherungsbeiträge an den **Gesundheits-** **19** **fonds** ab (§ 252 Abs. 2 SGB V), der beim Bundesversicherungsamt geführt wird. (§ 271 SGB V). Aus diesem erhalten die Krankenkassen als Zuweisungen zur Deckung ihrer Ausgaben eine Grundpauschale, alters-, geschlechts- und risikoadjustierte Zu- und Abschläge zum Ausgleich der unterschiedlichen Risikostrukturen und Zuweisungen für sonstige Ausgaben (§§ 266–270a SGB V). Dieser **Risikostrukturausgleich** ist verfassungsgemäß[18]. Das kompliziert erscheinende System soll sicherstellen, dass einerseits ein Wettbewerb zwischen den Krankenkassen stattfindet, dieser andererseits nicht zur Risikoselektion zulasten kränkerer und ärmerer Versicherter führt.

Die Krankenkassen stellen den Versicherten die Leistungen als Sach- und Dienstleis- **20** tungen zur Verfügung, soweit nichts Abweichendes, zB Kostenerstattung (§ 13 SGB V), vorgesehen ist (§ 2 Abs. 2 S. 1 SGB V). Hierzu werden Verträge mit den Leistungserbringern abgeschlossen (§ 2 Abs. 2 S. 3 SGB V). Das hiermit zum Ausdruck kommende **Sach- oder Naturalleistungsprinzip** besagt, dass die Krankenkassen grundsätzlich für die Beschaffung von Waren und Dienstleistungen auf Dritte, dh auf Anbieter von Gesundheitsleistungen zurückgreifen müssen. Diese werden von den Krankenkassen aber nicht zur Dienstleistung verpflichtet; sie sind auch nicht Bedienstete der Krankenkassen. Vielmehr behalten diese Dritten ihren Status als Anbieter, bleiben also Marktteilnehmer. Das Leistungserbringungssystem des SGB V, geregelt in dessen Vierten Kapitel (§§ 69–140h SGB V), stellt das wichtigste Regelwerk für die personellen und institutionellen leistungserbringenden Akteure dar. Die Leistungserbringung in Eigeneinrichtungen der Krankenkassen (§ 140 SGB V) ist die seltene Ausnahme, neue Eigeneinrichtungen sollen im Regelfall nicht errichtet werden.

---

17 Zur Zulässigkeit der Ausdehnung der Versicherungspflicht: BVerfGE 123, 186 = NJW 2009, 2033; zu weiter gehenden Reformvorhaben: *Bieback*, Sozial- und verfassungsrechtliche Aspekte der Bürgerversicherung, 2014.
18 BVerfGE 113, 167 = NVwZ 2006, 559.

III. Pflegeversicherung

21 Die Träger der sozialen Pflegeversicherung sind die **Pflegekassen**, die bei den Krankenkassen errichtet werden und deren Organe nutzen (Organleihe) (§ 46 SGB XI). Die **Versicherungspflicht** und Versicherungsberechtigung in der sozialen Pflegeversicherung folgt im Wesentlichen derjenigen in der gesetzlichen Krankenversicherung (§§ 20–26a SGB XI), wobei der Gesetzgeber hier bereits früher als in der Krankenversicherung auf lückenlosen Versicherungsschutz geachtet hat, was verfassungsgemäß ist[19] und ihn zum Schließen verbleibender Lücken verpflichtet[20].

22 Strikt getrennt zwischen Kranken- und Pflegekassen ist die Finanzierung. Der **Beitragssatz** ist gesetzlich festgelegt (§ 55 SGB XI). Es wird ein Beitragszuschlag für Kinderlose erhoben, was auf die umstrittene[21] Meinung des BVerfG zurückgeht, eine solche Differenzierung sei wegen der unterschiedlichen Beiträge von Kinderlosen und Familien zur Reproduktion der Gesellschaft und der Voraussetzungen von Pflege geboten[22]. Die Beiträge werden in den Ausgleichsfonds beim Bundesversicherungsamt gezahlt und in einem ausgabenorientierten Finanzausgleich wieder ausgezahlt (§§ 65–68 SGB XI).

23 Die Pflegeversicherung erbringt ihre Leistungen als **Dienst-, Sach- und Geldleistungen** (§ 4 SGB XI). Für die Sach- und Dienstleistungen besteht ein eigenes Leistungserbringungsrecht (§§ 69–120 SGB XI).

IV. Rentenversicherung

24 Die gesetzliche **Rentenversicherung** ist als Leistungsträger von medizinischer und beruflicher Rehabilitation (§§ 9–32 SGB VI) für das Gesundheitsrecht bedeutsam. Träger der gesetzlichen Rentenversicherung sind die DRV Bund, DRV Knappschaft-Bahn-See und die Regionalträger der DRV (§ 125 SGB VI). Die Zuständigkeit für die Versicherten ergibt sich, anders als in der früheren Arbeiter- und Angestelltenversicherung, aus einer Zuordnung (§ 127 SGB VI). Die landwirtschaftliche Alterssicherung ist in einem eigenen Gesetz geregelt[23] und wird von der SVLFG administriert. Die DRV Bund nimmt auch Grundsatz- und Querschnittsaufgaben wahr (§§ 125 Abs. 2 S. 2, 138 SGB VI).

25 Die **Versicherungspflicht** (§§ 1–3 SGB VI) reicht weiter als in der Krankenversicherung und erfasst auch einen Teil der Selbstständigen (§ 2 SGB VI). Eine Pflichtversicherungsgrenze besteht nicht. Versicherungsfrei sind vor allem Beamte und Personen, die in berufsständischen Versorgungswerken versichert sind (§ 6 SGB VI). Freiwillige Versicherung ist möglich (§§ 4, 7 SGB VI). Die Beiträge werden gesetzlich festgelegt (§§ 157, 158 SGB VI). Zwischen den Trägern der gesetzlichen Rentenversicherung besteht ein Finanzverbund, bei dem die Aufwendungen für Rehabilitation gesondert erfasst werden (§§ 219, 220 SGB VI).

26 Die Rehabilitationsleistungen der Rentenversicherung werden auf der Basis von **Leistungserbringungsverträgen** (§ 38 SGB IX) erbracht, zu einem erheblichen Teil auch in Eigeneinrichtungen der Rentenversicherungsträger.

---

19 BVerfGE 103, 197 = NJW 2001, 1709.
20 BVerfGE 103, 225 = NJW 2001, 1716.
21 Vgl. *Ebsen* VSSR 2004, 3; *Kingreen* JZ 2004, 938.
22 BVerfGE 103, 242 = NJW 2001, 1712.
23 Gesetz über die Alterssicherung der Landwirte (ALG) v. 29.7.1994 (BGBl. 1994 I 1890).

Welti

V. Unfallversicherung

Die gesetzliche **Unfallversicherung** ist in ihrem Bereich vorrangig vor anderen Leis- **27** tungsträgern Trägerin der Prävention (§§ 14–25 SGB VII), Kuration, Rehabilitation und Pflege (§§ 26–44 SGB VII). Die Träger der gesetzlichen Unfallversicherung sind zuständig bei **Arbeitsunfällen** einschließlich **Wegeunfällen** (§ 8 SGB VII) sowie bei **Berufskrankheiten**. Zuständig sind die gewerblichen **Berufsgenossenschaften** (§ 121 SGB VII), die nach Wirtschaftsbranchen aufgeteilt sind, die SVLFG als landwirtschaftliche Berufsgenossenschaft (§ 123 SGB VII) sowie die **Unfallkassen** von Bund, Ländern und Kommunen (§§ 116, 117, 125–129a SGB VII). Ihr Spitzenverband ist die Deutsche Gesetzliche Unfallversicherung (DGUV).

Die **Versicherungspflicht** (§ 2 SGB VII) ergibt sich aus der jeweils ausgeübten Tätig- **28** keit. Zu den versicherten Tätigkeiten gehören neben der den Berufsgenossenschaften zugeordneten abhängigen und zum Teil auch selbstständigen Beschäftigung unter anderem ehrenamtliche Tätigkeit aufgrund Gesetzes oder von Satzung (§§ 2 Abs. 1 Nr. 9, 12, 3 I Nr. 4 SGB VII) und der Besuch von Kindertageseinrichtungen, Schulen und Hochschulen (§ 2 Abs. 1 Nr. 8 SGB VII).

Berufskrankheiten sind im Wesentlichen die in der Berufskrankheiten-Verordnung **29** festgelegten Krankheiten, die nach medizinischen Erkenntnissen durch berufliche Einwirkungen verursacht sind (§ 9 Abs. 1 SGB VII). In anderen Fällen ist eine Krankheit als Berufskrankheit anzuerkennen, sofern nach neuen Erkenntnissen die Voraussetzungen für ihre Anerkennung erfüllt sind (§ 9 Abs. 2 SGB VII)[24].

Die Unfallversicherungsträger erbringen Kuration und Rehabilitation auf der Grund- **30** lage von Leistungserbringungsverträgen (§ 34 SGB VII) oder in eigenen Einrichtungen. Pflege wird durch Pflegegeld oder Sach- und Dienstleistungen bedarfsdeckend erbracht (§ 44 SGB VII).

C. Staatliche und kommunale Leistungsträger

I. Soziale Entschädigung

Die Träger der sozialen Entschädigung sind die **Versorgungsämter**, zu denen landes- **31** rechtlich Landesbehörden oder Kommunen bestimmt werden. Sie sind in ihrem Bereich vorrangige Träger der Kuration, Rehabilitation und Pflege (§§ 9–27j BVG). Sie sind zuständig, wenn ein Entschädigungsfall vorliegt. Von diesen sind nur die Schäden durch Militärdienst und Kriegseinwirkung im Bundesversorgungsgesetz selbst geregelt (§§ 1–8b BVG). Mittlerweile gilt hier aber im Wesentlichen das Soldatenversorgungsgesetz. Für neue Versorgungsfälle sind daher vor allem diejenigen Gesetze relevant, die auf das Bundesversorgungsgesetz verweisen und in § 68 Nr. 7 SGB I aufgezählt sind. Die größte Relevanz hat dabei das **Opferentschädigungsgesetz** (OEG), nach dem Personen Leistungen erhalten, die eine infolge eines vorsätzlichen rechtswidrigen tätlichen Angriffs eine gesundheitliche Schädigung erlitten haben (§ 1 OEG). Zu nennen ist auch § 60 **Infektionsschutzgesetz**, wonach Personen Entschädigung erhalten, die durch eine vorgeschriebene oder empfohlene Schutzimpfung eine gesundheitliche Schädigung erlitten haben. Die Leistungen werden entweder vom Versorgungsamt oder von den Krankenkassen in dessen Auftrag durchgeführt (§ 18c BVG). Das soziale Entschädigungsrecht ist derzeit wenig systematisch geregelt und soll daher im Rahmen eines Buchs des SGB neu kodifiziert werden[25].

---

24 Vgl. *Axer* SGb 2016, 177; *Spellbrink* SGb 2013, 154; *P. Becker* BG 2011, 73–.
25 Vgl. *Schmachtenberg* und *Wüsten* in Deutscher Sozialgerichtstag, Sozialstaat und Europa – Gegensatz oder Zukunft?, 2016, 207.

II. Sozialhilfe und Eingliederungshilfe

32 Die **Träger der Sozialhilfe** werden von den Ländern bestimmt, die auch regeln, ob eine Aufgabe von einem überörtlichen oder einem örtlichen Träger der Sozialhilfe durchgeführt wird (§ 3 SGB XII). Für das Gesundheitsrecht relevante Leistungen der Sozialhilfe sind die Hilfen zur Gesundheit (§§ 47–52 SGB XII), die Eingliederungshilfe für behinderte Menschen (§§ 53–60 SGB XII) und die Hilfe zur Pflege (§§ 61–66 SGB XII).

33 Die Leistungen der Sozialhilfe sind gegenüber allen anderen Sozialleistungen **nachrangig** (§ 2 SGB XII) und setzen in unterschiedlich konkretisierter Form (§ 82–95 SGB XII) **Bedürftigkeit** voraus. Das bedeutet, dass die Leistungsberechtigten sich nicht durch Einsatz ihrer Arbeitskraft, ihres Einkommens, ihres Vermögens und unter Inanspruchnahme ihrer Unterhaltspflichtigen helfen können. Ob Leistungen der Sozialhilfe in Anspruch genommen werden müssen, hängt vor allem vom Versicherungsstatus und vom Leistungsumfang der Sozialversicherung ab.

34 Die **Hilfen zur Gesundheit** (Prävention, Kuration, Leistungen bei Schwangerschaft und Mutterschaft) entsprechen denen der gesetzlichen Krankenversicherung (§ 52 SGB XII), sodass sie im Wesentlichen für nicht versicherte Personen – insbesondere Ausländer ohne verfestigten Aufenthalt – und solche in Betracht kommen, die ihre Ansprüche gegen die Krankenversicherung nicht realisieren können. Relevant ist der Anspruch auch für Nothelfer (§ 25 SGB XII), also zB für Krankenhäuser, die nicht versicherte Personen behandelt haben[26]. Im Übrigen ist der Erstattungsweg bei nicht versicherten Personen über § 264 SGB V zu beachten. In diesen Fällen erhalten nicht versicherte Personen eine Krankenversichertenkarte[27].

35 Die **Hilfe zur Pflege** ist bedeutsamer, da sie nicht nur für nicht versicherte Personen relevant ist, sondern auch die von der sozialen Pflegeversicherung nicht gedeckten Pflegekosten für bedürftige Personen abdeckt und auch weiter gehende Pflegekonzepte (zB das Arbeitgebermodell) ermöglicht[28]. Durch die Komplementarität beider Leistungsansprüche werden sind die Träger der Sozialhilfe auch in das Leistungserbringungsrecht der Pflegeversicherung eingebunden (§§ 72 Abs. 2, 75 Abs. 1 S. 3, 85 Abs. 2 SGB XI)[29].

36 Die **Eingliederungshilfe für behinderte Menschen** verweist für die medizinische Rehabilitation auf den Leistungsumfang der gesetzlichen Krankenversicherung (§ 54 Abs. 1 S. 2 SGB XII), sodass der Anspruch für Versicherte regelmäßig nicht in Betracht kommt. Nach dem SGB V ausgeschlossene Leistungen können aber als Leistungen zur Teilhabe am Leben in der Gemeinschaft (bzw. Sozialen Teilhabe) beansprucht werden[30]. Nach dem Bundesteilhabegesetz wird die Eingliederungshilfe vom 1.1.2020 von einem eigenen Träger nach einer neuen Rechtsgrundlage im SGB IX – Teil 2 (§§ 90–142 SGB IX) geleistet werden. Für seelisch behinderte Kinder und Jugendliche ist die **Kinder- und Jugendhilfe** (Jugendamt) zuständig (§ 35a SGB VIII).

III. Asylbewerberleistungsgesetz

37 Für Asylbewerber und Flüchtlinge, die sich weniger als 15 Monate in Deutschland aufhalten, gilt das **Asylbewerberleistungsgesetz**, das kein besonderer Teil des SGB ist.

---

26 Vgl. BSGE 117, 261 = NVwZ-RR 2015, 577.
27 Vgl. BSGE 116, 71 = BeckRS 2014, 72744.
28 BSGE 113, 92 = NVwZ-RR 2013, 723.
29 Vgl. BSG SozR 4-3500 § 65 Nr. 5.
30 BSGE 103, 171 = BeckRS 2009, 69444 – Hörgerätebatterien.

Es regelt den Anspruch auf Gesundheitsleistungen eigenständig und restriktiv in §§ 4, 6 Abs. 1 AsylbLG. Danach können Leistungen zur Behandlung akuter Erkrankungen und Schmerzzustände sowie Schutzimpfungen und medizinisch gebotene Vorsorgeuntersuchungen, Leistungen für werdende Mütter und Wöchnerinnen nach § 4 AsylbLG beansprucht werden. Sonstige Leistungen können nach § 6 AsylbLG gewährt werden, wenn sie im Einzelfall zur Sicherung der Gesundheit unerlässlich sind. Damit liegt das Leistungsniveau, vom Gesetzgeber gewollt, unterhalb des nach SGB V und SGB XII gewährleisteten. Die Gesundheitsversorgung nach dem AsylbLG ist daher ein Prüfstein für das verfassungsrechtlich gebotene Mindestniveau der Gesundheitsversorgung und entsprechend strittig[31]. Die Abgrenzung »akuter« gegen »chronische« Krankheiten führt zu häufig unakzeptablen Ergebnissen, sodass weitere Leistungen als unerlässlich eingestuft werden müssen. Die Länder bestimmen die zuständigen Behörden (§ 10 AsylbLG), die Handhabung ist in den Ländern und Kommunen sehr unterschiedlich. Zum Teil wird auch hier von der Kostenerstattung nach § 264 SGB V Gebrauch gemacht[32].

D. Institutionen mit Bedeutung für die Gesundheitsversorgung

I. Aufsichtsbehörden: Bundesversicherungsamt und Länder

Soweit Sozialversicherungsträger bundesweit oder in mehr als drei Ländern tätig sind **38** sie bundesunmittelbar und unterliegen der **Aufsicht** des Bundes (Art. 87 Abs. 2 GG), konkret des Bundesversicherungsamtes (§ 90 Abs. 1 SGB IV). Sind sie in nur einem Land tätig, sind sie landesunmittelbare Versicherungsträger unter Aufsicht des jeweiligen Landes (§ 90 Abs. 2 SGB IV), das eine Aufsichtsbehörde bestimmt. Bei Trägern in zwei oder drei Ländern bestimmen diese gemeinsam ein aufsichtführendes Land (§ 90 Abs. 4 SGB IV). Die Aufsicht erstreckt sich auf die Beachtung von Gesetz und Recht (Rechtsaufsicht, § 87 Abs. 1 SGB IV), die Träger haben dadurch einen nicht unerheblichen Spielraum in ihrem Rechtsverständnis[33]. Der GKV-Spitzenverband (§ 217d I SGB V) und der G-BA (§ 92 Abs. 8 SGB V) stehen unter der Aufsicht des BMG, die BAR unter der Aufsicht des BMAS (§ 40 SGB IX).

II. GKV-Spitzenverband, Kassenverbände, Medizinische Dienste

Auf der Ebene des Bundes wird von den Krankenkassen ein **Spitzenverband Bund** **39** **der Krankenkassen** gebildet, der ebenfalls eine Körperschaft des öffentlichen Rechts ist (§ 217a SGB V). Er nimmt Aufgaben auf der Bundesebene, vor allem auch im Gemeinsamen Bundesausschuss, wahr (§ 217f SGB V). Er ist auch Vertragspartner des Bundesmantelvertrages (§ 82 Abs. 1 SGB V). Dem Spitzenverband Bund der Krankenkassen sind ab 2009 die Funktionen zugewiesen worden, die bis Ende 2008 die ebenfalls auf Bundesebene tätigen **Bundesverbände der Krankenkassen** wahrgenommen haben. Diese existieren weiter in der Form von Gesellschaften des bürgerlichen Rechts (§ 217 Abs. 1 S. 1 SGB V), haben aber außer der Rechtsnachfolge keine besonderen Aufgaben im Leistungserbringungssystem (§ 214 SGB V).

Die Orts-, Betriebs- und Innungskrankenkassen bilden jeweils **Verbände auf Landes-** **40** **ebene.** Sie sind Körperschaften des öffentlichen Rechts (§ 207 Abs. 1 SGB V). Sie haben wichtige Aufgaben zur Gestaltung des Leistungserbringungssystems auf Landesebene, so im Rahmen der Gesamtverträge (§ 83 SGB V).

---

31 Vgl. *Oppermann* ZESAR 2017, 55; *Rixen* NVwZ 2015, 1640; *Kaltenborn* NZS 2015, 161; *U. Becker/ Schlegelmilch* ZIAS 2015, 1; *Schülle* SozSich 2014, 363; *Eichenhofer* ZAR 2013, 169.
32 *Burmester* NDV 2015, 109 zu Hamburg und Bremen.
33 BSGE 94, 221 = BeckRS 2005, 42047.

41 Der **Medizinische Dienst der Krankenversicherung (MDK)**,[34] eine gemeinsam von den Krankenkassen im Land getragene Arbeitsgemeinschaft in Form der rechtsfähigen Körperschaft des öffentlichen Rechts (§ 278 Abs. 1 SGB V), hat vielfältige Aufgaben bei der Begutachtung und Beratung.[35] Auch im Rahmen der Pflegeversicherung (SGB XI) kommen ihm wichtige Aufgaben bei der Begutachtung, aber auch bei der Qualitätskontrolle zu.

42 Auf Bundesebene wird vom Spitzenverband Bund der Krankenkassen der **Medizinische Dienst des Spitzenverbandes Bund der Krankenkassen (MDS)** als rechtsfähige Körperschaft des öffentlichen Rechts gebildet (§ 282 Abs. 1 SGB V). Der MDS ist keine den Medizinischen Diensten der Krankenversicherung vorgesetzte Behörde, sondern hat diesen gegenüber nur koordinierende und fördernde Aufgaben (§ 282 Abs. 2 SGB V).

III. Kassenärztliche Vereinigungen

43 Die Kassenärztlichen und Kassenzahnärztlichen Vereinigungen (KV bzw. KZV) (zusammen als Kassenärztliche Vereinigung bezeichnet) werden durch die **Vertrags(zahn) ärzte jedes Landes** gebildet und sind Körperschaften des öffentlichen Rechts (§ 77 Abs. 1 SGB V). Sie sind das Pendant zu den Landesverbänden der Krankenkassen und deren Vertragspartner, so vor allem bei den Gesamtverträgen. Sie spielen eine wichtige Rolle im Vergütungssystem der Vertragsärzte (§ 83 SGB V). Die Kassenärztlichen Vereinigungen dürfen nicht mit den Berufskörperschaften der Ärzte, den nach Landesrecht organisierten Ärztekammern,[36] verwechselt werden.

44 Auf **Bundesebene** wirken die Kassenärztliche bzw. Kassenzahnärztliche Bundesvereinigung (KBV bzw. KBZV) (zusammen als Kassenärztliche Bundesvereinigungen bezeichnet), die durch die Kassen(zahn)ärztlichen Vereinigungen gebildet werden und ebenfalls Körperschaften des öffentlichen Rechts darstellen (§ 77 Abs. 4 SGB V). Sie stellen das Pendant zum GKV-Spitzenverband dar und sind auf Bundesebene dessen Vertragspartner, so vor allem beim Bundesmantelvertrag (§ 83 Abs. 1 SGB V). Sie dürfen nicht mit der Bundesärzte- bzw. Bundeszahnärztekammer[37] verwechselt werden.

45 Im Zusammenhang des **vertragsärztlichen Zulassungssystems** stehen die **Zulassungsausschüsse.** Zur Beschlussfassung und Entscheidung in Zulassungssachen errichten die Kassenärztlichen Vereinigungen und die Landesverbände der Krankenkassen sowie die Ersatzkassen für den Bezirk jeder Kassenärztlichen Vereinigung oder für Teile dieses Bezirks (Zulassungsbezirk) einen **Zulassungsausschuss für Ärzte** und einen Zulassungsausschuss für Zahnärzte (§ 96 SGB V) sowie entsprechende **Berufungsausschüsse** (§ 97 SGB V).

IV. Gemeinsamer Bundesausschuss, Landesausschüsse

46 Die Krankenkassen und die Kassenärztlichen Vereinigungen sowie die Deutsche Krankenhausgesellschaft arbeiten auf Landes- bzw. Bundesebene nicht nur im Vertragsweg zusammen. Sie werden gesetzlich auch institutionell zusammengeführt, so in den Landesausschüssen und im Gemeinsamen Bundesausschuss. Diese vertragliche

---

34 Die häufig zu findende Bezeichnung »Medizinischer Dienst der Kranken*kassen*« ist falsch und irreführend, denn der MDK versteht sich als selbstständige Institution im Rahmen des Krankenversicherungssystems und nicht als Beauftragter der Krankenkassen.

35 Die in § 275 SGB V zugewiesenen Aufgaben stellen nur einen Ausschnitt aus dem Aufgabenspektrum dar.

36 Diese stellen Körperschaften des öffentlichen Rechts dar.

37 Diese stellen Arbeitsgemeinschaften der Landesärztekammern dar.

und institutionelle Zusammenbindung von Leistungsträgern und Leistungserbringern und die Zuschreibung von besonderen gemeinsamen Aufgaben wird im SGB V als **gemeinsame Selbstverwaltung**[38] bezeichnet. Ein solches System der gemeinsamen Selbstverwaltung existiert in anderen Bereichen der Erbringung von Gesundheitssozialleistungen nicht. In der Sozialen Pflegeversicherung finden sich jedoch zunehmend Anklänge an ein Modell gemeinsamer Selbstverwaltung, das jedoch nur durch Vereinbarungen konfiguriert wird, nicht aber institutionell geprägt ist.

Auf **Landesebene** bilden die Kassenärztlichen Vereinigungen und die Landesverbän- 47
de der Krankenkassen sowie die Ersatzkassen einen **Landesausschuss für Ärzte und Krankenkassen** und einen **Landesausschuss für Zahnärzte und Krankenkassen** (§ 90 Abs. 1 SGB V). Diese Landesausschüsse haben keine Rechtsfähigkeit, können aber wegen ihrer Weisungsungebundenheit[39] als Rechtssubjekte mit Teilrechtsfähigkeit qualifiziert werden.[40] Die Landesausschüsse haben Aufgaben vor allem im Rahmen der Bedarfsplanung (§ 99 Abs. 2 SGB V). Maßnahmen der Landesausschüsse haben keine unmittelbare Regelungswirkung nach außen und können nur mittelbar im Rahmen von anderen Entscheidungen angegriffen werden.

Das Gemeinsame Landesgremium (§ 90a SGB V) ist zu dem Zweck vorgesehen, Emp- 48
fehlungen zu sektorenübergreifenden Versorgungsfragen abzugeben. Nach Maßgabe der landesrechtlichen Bestimmungen kann für den Bereich des Landes ein gemeinsames Gremium aus Vertretern des Landes, der Kassenärztlichen Vereinigung, der Landesverbände der Krankenkassen sowie der Ersatzkassen und der Landeskrankenhausgesellschaft sowie weiterer Beteiligten gebildet werden. Soweit das Landesrecht es vorsieht, ist dem gemeinsamen Landesgremium Gelegenheit zu geben, insbesondere zur Aufstellung und Anpassung der Bedarfspläne nach § 99 Abs. 1 SGB V Stellung zu nehmen. Das Gemeinsame Landesgremium ist nicht mit Rechtsfähigkeit ausgestattet. Seine Empfehlungen haben keine Bindungswirkung.

Die wichtigste Institution der gemeinsamen Selbstverwaltung stellt der **Gemeinsame** 49
Bundesausschuss (G-BA) dar. Er wird von den Kassenärztlichen Bundesvereinigungen, der Deutschen Krankenhausgesellschaft und dem Spitzenverband Bund der Krankenkassen gebildet und genießt Rechtsfähigkeit (§ 91 Abs. 1 SGB V). Die Beteiligung der Deutschen Krankenhausgesellschaft, eines eingetragenen Vereins, rechtfertigt sich aus der Tatsache, dass die Krankenhäuser neben den Ärzten die wichtigsten Leistungserbringer sind. Mit beratender Stimme beteiligt sind Organisationen, die die Interessen von Patientinnen und Patienten wahrnehmen, und der Selbsthilfe chronisch kranker und behinderter Menschen (§ 140f SGB V). Aus deren Mitwirkungsrechten folgen auch klagbare Ansprüche[41].

Die **Rechtsnatur** des G-BA ist umstritten.[42] Klar ist, dass er keine Körperschaft oder 50
Anstalt des öffentlichen Rechts darstellt. In Literatur und Rechtsprechung wird er als Einrichtung *sui generis* bezeichnet.[43] Damit ist freilich nicht viel gewonnen. Allerdings kann das Problem der Rechtsnatur des G-BA insofern auf sich beruhen, als der Gesetzgeber dem G-BA die Rechtsfähigkeit verliehen hat (§ 91 Abs. 1 S. 2 SGB V). Die juristische Debatte um die Rechtsnatur des G-BA ist jedoch von Interesse, wenn es um die Rechtsnatur der Entscheidungen des G-BA geht.

---

38 Dies ist kein vom Gesetz verwendeter Begriff.
39 Vgl. § 90 Abs. 3 S. 2 SGB V.
40 Wohl hM, s. etwa Becker/Kingreen/*Schmidt-De Caluwe* SGB V § 90 Rn. 12.
41 BSGE 116, 15 = BeckRS 2014, 72275.
42 *Kluth,* Der Gemeinsame Bundesauschuss (G-BA) nach § 91 SGB V aus der Perspektive des Verfassungsrechts: Aufgaben, Funktionen und Legitimation, 2015; *Wenner* GuP 2013, 41.
43 Vgl. statt aller Becker/Kingreen/*Schmidt-De Caluwe* SGB V § 91 Rn. 9f.

51 Die **Aufgaben** des G-BA im Leistungserbringungssystem des SGB V sind äußerst vielfältig. Der G-BA nimmt diese Aufgaben intern durch **Beschlüsse** seines Beschlussgremiums wahr (§ 91 Abs. 2 SGB V). Die **Außenwirkung der Beschlüsse** wird gesetzlich bestimmt: Die Beschlüsse sind für die Träger des G-BA, deren Mitglieder und Mitgliedskassen sowie für die Versicherten und die Leistungserbringer verbindlich (§ 91 Abs. 6 SGB V). Verbindlichkeit meint dabei die **unmittelbare Normverbindlichkeit im Außenverhältnis.**[44] Diese gesetzliche Regelung ist aus verfassungsrechtlichen Gründen nach wie vor umstritten.[45] Eine Entscheidung des BVerfG hierzu steht immer noch aus[46].

52 Die **Richtlinien des G-BA** stellen das wichtigste Regelungsinstrument dar (§ 92 SGB V). Sie werden kraft gesetzlicher Anordnung Bestandteil der Bundesmantelverträge (§ 92 Abs. 8 SGB V). Der Rechtscharakter der Richtlinien ist trotz einer eindeutigen Rechtsprechung des BSG zum leistungsnormkonkretisierenden Charakter der Richtlinien nach wie vor umstritten.[47] Von Bedeutung ist in diesem Zusammenhang vor allem, wie sich der Rechtsschutz gegen die Richtlinien gestaltet. Hier ist zu unterscheiden zwischen den möglichen statthaften Verfahrensarten und der richterlichen Kontrolldichte.[48] Da es im sozialgerichtlichen Verfahren an einem Normenkontrollverfahren, wie es in § 47 VwGO normiert ist, fehlt, bleibt nur die Möglichkeit einer Inzidentprüfung. Ggf. kann auch eine Feststellungsklage helfen. In Hinblick auf die Kontrolldichte erhebt sich die Frage, ob dem G-BA ein Gestaltungsspielraum zugebilligt wird. Hierzu hat sich eine differenzierte Rechtsprechung entwickelt, bei der eine Intensivierung der richterlichen Kontrollmöglichkeiten zu verzeichnen ist. Unabhängig davon ist höherrangiges Recht, also insbesondere Verfassungsrecht, zu beachten.[49]

V. Qualitätsausschuss Pflege/Landespflegeausschüsse

53 Der **Qualitätsausschuss Pflege** (§ 113b SGB XI) besteht aus Vertretern des Spitzenverbandes Bund der Pflegekassen (das ist der GKV-Spitzenverband, § 53 SGB XI), aus Vertretern der Verbände der Pflegeeinrichtungen auf Bundesebene, einem Vertreter der Bundesarbeitsgemeinschaft der überörtlichen Träger der Sozialhilfe und einem Vertreter der kommunalen Spitzenverbände sowie im Falle der Nichteinigung aus drei unparteiischen Mitgliedern. Eine Ähnlichkeit zum G-BA ist erkennbar, die Diskussion über Rechtsnatur und Legitimation hat erst begonnen[50]. Der Qualitätsausschuss soll insbesondere Maßstäbe und Grundsätze zur Sicherung und Weiterentwicklung der Pflegequalität und Expertenstandards beschließen. Die Länder bilden nach Landesrecht einen **Landespflegeausschuss** (§ 8a SGB XI).

---

44 Wegen dieser Rechtswirkung wird der G-BA auch häufig als »kleiner Gesetzgeber des Gesundheitswesens« bezeichnet.

45 Der Streitstand kann hier nicht wiedergegeben werden, s. statt aller Becker/Kingreen/*Schmidt-De Caluwe* SGB V § 91 Rn. 31 ff.

46 Zuletzt BVerfGE 140, 229 = NJW 2016, 1505. Obwohl das BVerfG die Verfassungsbeschwerde für unzulässig hielt, werden aus ihr zT weit reichende Schlüsse gezogen, zB *Kingreen* MedR 2017, 8; vorsichtiger: *Kluth* GesR 2017, 205.

47 Der Streitstand kann auch hier nicht wiedergegeben werden, s. statt aller Becker/Kingreen/*Schmidt-De Caluwe* SGB V § 92 Rn. 7–15.

48 Der Streitstand kann hier nicht wiedergegeben werden, s. statt aller Becker/Kingreen/*Schmidt-De Caluwe* SGB V § 92 Rn. 16–18, sowie *Zimmermann,* Der Gemeinsame Bundesausschuss, 2012.

49 Dies ist zuletzt im sog. Nikolausbeschluss des BVerfG deutlich geworden, BVerfGE 115, 25 = NJW 2006, 891.

50 *Axer* Sozialrecht aktuell 2016, 34.

VI. Bundesarbeitsgemeinschaft für Rehabilitation

Die **Bundesarbeitsgemeinschaft für Rehabilitation** (BAR) wurde bereits 1969 als ein- **54** getragener Verein gegründet[51]. Ihr gehören die Spitzenverbände der Rehabilitations- träger, der DGB und die BDA, die KBV und die Länder an. Durch §§ 39–41 SGB IX wird die BAR vom 1.1.2018 an erstmals als Arbeitsgemeinschaft nach § 94 SGB X kon- stituiert. Zu ihren Aufgaben gehören die Unterstützung der Erstellung gemeinsamer Empfehlungen, die Beobachtung und Unterstützung der Zusammenarbeit der Rehabi- litationsträger und die Erstellung eines Teilhabeverfahrensberichts. **Regionale Ar- beitsgemeinschaften** sollen gebildet werden (§ 25 Abs. 2 SGB IX).

VII. Nationale Präventionskonferenz

Die **Nationale Präventionskonferenz** (§ 20e SGB V) besteht aus den Spitzenverbänden **55** der Krankenkassen, Pflegekassen, gesetzlichen Rentenversicherung und gesetzlichen Unfallversicherung sowie, bei angemessener finanzieller Beteiligung, der privaten Kranken- und Pflegeversicherung. Beratend sind Bund und Länder, die kommunalen Spitzenverbände, die Bundesagentur für Arbeit und DGB und BDA beteiligt. Die Na- tionale Präventionskonferenz soll die nationale Präventionsstrategie (§ 20d SGB V) entwickeln und fortschreiben, zu der bundeseinheitliche Rahmenempfehlungen gehö- ren, zu deren Umsetzung die jeweiligen Landesverbände **Rahmenvereinbarungen auf Landesebene** schließen müssen (§ 20f SGB V).

VIII. Gemeinden und Kreise im Gesundheitswesen

Die **Gemeinden** und **Kreise** haben ein durch Art. 28 Abs. 2 GG und die Verfassungen **56** der Länder garantiertes Recht der **Selbstverwaltung**. Dieses umfasst das Recht, alle Aufgaben der örtlichen Gemeinschaft in eigener Verantwortung selbst zu definieren und wahrzunehmen, insbesondere auch der öffentlichen Daseinsvorsorge. Für die Gemeinden – hierzu gehören auch die kreisfreien Städte – ist dieses Recht umfassen- der, die Kreise erfüllen kommunale Aufgaben, die einzelne Gemeinden nicht alleine bewältigen können oder wollen. In den Ländern gibt es landesrechtlich geregelt unter- schiedliche weitere Rechtsformen von regionalen (Ämter, Samtgemeinden, Zweckver- bände) oder das ganze Land umfassenden **Kommunalverbänden** (höhere Kommu- nalverbände) wie Bezirke (in Bayern) und Landschaftsverbände (in Nordrhein-West- falen), denen einzelne kommunale Aufgaben übertragen sein können.

Zu diesen Aufgaben können Sicherstellung und Betrieb eigener Krankenhäuser[52], **57** Pflegeeinrichtungen oder Kurbetriebe in verschiedenen Rechtsformen gehören[53]. Ge- meinden und Kreise können auch Beratungsstellen oder Dienste der freien Wohl- fahrtspflege und Selbsthilfe fördern und unterstützen. Darüber hinaus können in allen Bereichen kommunalen Handelns Gesichtspunkte der öffentlichen Gesundheit eine wichtige Rolle spielen. So hat die durch die Kommunen verbindlich mit Anschluss- und Benutzungszwang betriebene Abfallentsorgung und Abwasserbeseitigung einen erheblichen Anteil an der präventiven Bekämpfung von Infektionskrankheiten und Gesundheitsgefahren.[54]

Durch Landesrecht sind den Gemeinden und Kreisen in unterschiedlicher Weise rele- **58** vante Aufgaben des Gesundheitsrechts als pflichtige Selbstverwaltungsaufgaben oder

---

51 *Labisch/Petri* BG 2009, 142; 202; *Nürnberger/Köpke* SozSich 2009, 225–229.
52 Vgl. BVerfGE 83, 363 = NJW 1992, 735.
53 Zu den Problemen der »Doppelrolle« als Leistungsträger und Leistungserbringer: *Vorholz* Landkreis 2012, 240.
54 BVerwG Buchholz 11 Art. 2 GG Nr. 27.

Aufgaben zur Erfüllung nach Weisung übertragen oder die Gemeinden oder Kreise sind bei Erfüllung Landesbehörden. Hierzu gehören die örtliche oder überörtliche Trägerschaft der Sozialhilfe, die Trägerschaft des öffentlichen Gesundheitsdienstes und weitere Aufgaben nach dem Infektionsschutzgesetz, den Krankenhausgesetzen und Pflegegesetzen der Länder.

IX. Rettungsdienst

59 Der **Rettungsdienst** hat die Aufgabe der präklinischen Notfallversorgung und des qualifizierten Krankentransports. Er ist landesrechtlich im Hinblick auf Trägerschaft und Infrastrukturverantwortung geregelt[55] und knüpft berufsrechtlich an das **Notfallsanitätergesetz**[56] an. Die Aufgaben des Rettungsdienstes werden entweder von den Kreisen und kreisfreien Städten selbst – zT im Rahmen der Berufsfeuerwehren – oder von mit ihnen vertraglich verbundenen Trägern der freien Wohlfahrtspflege (unter anderem DRK, ASB, Johanniter, Malteser) oder privaten Unternehmen wahrgenommen. Die Entgelte werden überwiegend von den Krankenkassen übernommen, die zur Vergütung Verträge schließen, soweit sie nicht durch Landesrecht oder kommunale Satzungen festgelegt ist (vgl. § 133 SGB V).[57] Das EU-Recht führt zunehmend zur Pflicht der durch Landesecht bestimmten Träger – zumeist der Kreise und kreisfreien Städte –, die Rettungsdienstleistungen auszuschreiben.[58] Sie können nicht ausschließlich dem hoheitlichen Bereich zugeordnet werden, gehören aber zu den Dienstleistungen von allgemeinem wirtschaftlichem Interesse[59] und sind als Dienstleistungskonzession einzustufen[60]. Zusätzlich zum öffentlichen Rettungsdienst können Rettungs- und Krankentransportdienstleistungen auch aufgrund von Genehmigungen erbracht werden. Bei der Zulassung dürfen Bedarfsgesichtspunkte berücksichtigt werden.[61]

X. Freie Wohlfahrtspflege

60 Organisationen der **freien Wohlfahrtspflege**[62] sind im Sozial- und Gesundheitswesen gemeinnützig tätig. Sie sind zum Teil aus der Selbsthilfe, zum Teil aus organisiertem karitativem Engagement aus religiösen oder weltanschaulichen Gründen entstanden. Die Organisationen der freien Wohlfahrtspflege verfolgen ihre Zwecke mit hauptamtlichem Personal und bürgerlichem Engagement von Mitgliedern.

61 Sie sind oft selbst Träger von Krankenhäusern, Pflegeeinrichtungen, Diensten und Einrichtungen der Rehabilitation, der Prävention oder des Rettungsdienstes. In dieser Rolle sind sie im Sozialrecht anerkannt und zum Teil im Verhältnis zu staatlichen und privat-gewerblichen Leistungserbringern privilegiert, mindestens jedoch gleichgestellt (§ 17 Abs. 3 SGB I; § 4 Abs. 2 SGB VIII, § 36 Abs. 2 S. 2 SGB IX, § 11 Abs. 2 SGB XI, § 5 SGB XII). Die Träger der freien Wohlfahrtspflege und ihre Verbände auf der Ebene der Länder und des Bundes sind somit auch vielfach Vertragspartner der Sozialleistungsträger. Damit soll im sozialen Rechtsstaat dem aus der Gesellschaft kommenden

---

55 *Esch*, Rechtsfragen der Erbringung und Vergütung rettungsdienstlicher Leistungen, 2005;
56 BGBl. I 2013, 1348; *Lubrich* MedR 2013, 221 (228).
57 Dazu BSG SozR 4–2500 § 133 Nr. 2.
58 EuGHE 2010, I-3713 = BeckRS 2010, 90518 – Vertragsverletzung.
59 EuGHE 2001, I-8089 = BeckRS 9998, 155839 – Ambulanz Glöckner.
60 EuGHE 2011, I-1335 = BeckRS 2011, 80203 – Krankentransport Stadler.
61 BVerwG BeckRS 2009, 33003.
62 *Griep/Renn*, Das Recht der freien Wohlfahrtspflege, 2011; *M. Kreutz*, Soziale Dienstleistungen durch gemeinnützige Einrichtungen der Freien Wohlfahrtspflege, 2010; *Neumann* RsDE 4 (1989), 1.

Engagement hinreichend Raum gegeben werden, die sozialen Leistungen zu konkretisieren.[63]

Die wichtigsten Spitzenverbände der freien Wohlfahrtspflege sind die Arbeiterwohl- **62**
fahrt (demokratisch-sozialistisch), das Deutsche Rote Kreuz, die Caritas (römisch-katholisch), das Diakonische Werk (evangelisch) und Der Paritätische Wohlfahrtsverband als Dachverband vieler kleinerer Verbände.

XI. Verbände kranker und behinderter Menschen

Verbände kranker und behinderter Menschen sind auf die Interessenvertretung in **63**
Staat und Gesellschaft gerichtet und verfolgen dabei insbesondere sozial- und gesundheitspolitische Ziele. Sie sind teils allgemein (zB Sozialverband VdK, SoVD), teils auf die Vertretung besonderer Gruppen (zB Deutscher Blinden- und Sehbehindertenverband, Deutsche Gesellschaft der Hörgeschädigten, Deutsche Rheumaliga) ausgerichtet. Verbände organisieren meist chronisch kranke und behinderte Menschen, während die Anliegen von akut kranken Menschen kaum organisierbar sind. Hier treten allgemeine Verbraucherschutzverbände als Interessenvertretung auf. Soweit behinderte Menschen betroffen sind, hat sich der Deutsche Behindertenrat als Koordinierung der Verbände gebildet.

In der Gesetzgebung wird zunehmend anerkannt, dass die spezifischen Belange kran- **64**
ker und behinderter Menschen bei der Ausgestaltung des Sozial- und Gesundheitswesens einer auch institutionalisierten Interessenvertretung bedürfen und dass diese zu einer Qualitätsverbesserung und Nutzerorientierung beitragen kann. Dies ist auch in Art. 4 Abs. 3 UN-BRK anerkannt und gefordert. Daher haben die Verbände Beratungs- und Mitwirkungsrechte im Krankenversicherungsrecht (§§ 140f, 139a Abs. 5, 137a Abs. 7 SGB V)[64], im Recht der Rehabilitation und Teilhabe (§§ 26 Abs. 6, 37 Abs. 3, 39 Abs. 2 Nr. 7, 85, 86 Abs. 2 Nr. 3, 131 Abs. 2, 188 Abs. 2 Nr. 3 SGB IX) und im Pflegeversicherungsrecht (§ 118 SGB XI). Sie sind weiterhin im Behindertengleichstellungsrecht von Bund und Ländern als verbandsklagefähig anerkannt (§ 15 BGG) und können dadurch gerichtlich vorgehen, wenn die Pflicht zur Barrierefreiheit nach BGG und SGB (§ 17 Abs. 1 und 2 SGB I) verletzt sein könnte.[65]

XII. Selbsthilfe

Unter Selbsthilfe ist im Gesundheitswesen nicht die individuelle Selbsthilfe zu verste- **65**
hen, sondern der Zusammenschluss von (potenziell) von einem Gesundheitsproblem betroffenen Personen in Gruppen und Organisationen. In diesen können dann Erfahrungsaustausch, Beratung, Vermittlung von Leistungen und politische Interessenvertretung stattfinden. Selbsthilfe ist insoweit Selbstorganisation von Betroffenen.

Die Bedeutung der Selbsthilfe für die Gesundheit und das Gesundheitswesen als nöti- **66**
ge Ergänzung und als nötiger Kontrapunkt zur Medikalisierung und Professionalisierung wird immer mehr erkannt.[66] Gruppen und Organisationen der Selbsthilfe können

---

63 Vgl. grds. BVerfGE 22, 180 = NJW 1967, 1795; *Giese* NDV 1968, 123; *Neumann*, Freiheitsgefährdung im kooperativen Sozialstaat, 1992.
64 Vgl. BSGE 116, 25 = BeckRS 2014, 71584; *Schlacke*, Kontrolle durch Patientenbeteiligung im Medizin- und Gesundheitssystem in Schmehl/Wallrabenstein (Hrsg.), Steuerungsinstrumente im Recht des Gesundheitswesens, Bd. 3, 2007, 41; *Ebsen* MedR 2006, 528.
65 Vgl. *Welti*, Rechtliche Instrumente zur Durchsetzung von Barrierefreiheit, 2013; *Hlava* WzS 2013, 42; *Hlava* Sozialrecht aktuell 2013, 54.
66 Vgl. *Borgetto* ZSR 2003, 474; *Borgetto/von dem Knesebeck* BuGBl. 2009, 21; *Danner/Nachtigäller/ Renner* BuGBl. 2009, 3; *Geene/Huber E./Hundertmark-Meyser/Möller-Bock/Thiel* BuGBl. 2009, 11.

sich der Formen des Vereinsrechts bedienen. Sie treten auch als Erbringer von Teilhabe-, Präventions- und Beratungsleistungen auf und werden dann zum Teil der freien Wohlfahrtspflege.

67   Gruppen und Organisationen der Selbsthilfe werden von den Krankenkassen (§ 20c SGB V) sowie von den weiteren Rehabilitationsträgern der medizinischen Rehabilitation (§ 29 SGB IX) gefördert.

§ 29 Prävention und Gesundheitsförderung

A. Einbettung der Prävention in das Gesundheitsrecht

1   Auf Gesundheitsprävention richten sich viele gesundheitspolitische Erwartungen und es wird oft ohne Einschränkungen »mehr Prävention« gefordert. Was dies in den Strukturen des Gesundheitsrechts und des Sozialrechts bedeuten kann und soll, ist aber vielschichtig[1]. Prävention kann unterschieden werden in **Verhaltensprävention,** die auf das gesundheitsbezogene und gesundheitsrelevante Verhalten der Menschen abzielt, und **Verhältnisprävention**, die an Umwelt- und Kontextfaktoren anknüpft. Quer zu dieser Unterscheidung liegt die Einteilung in die allgemeine **Gesundheitsförderung**, die grundsätzlich auf alle gesunden Personen individuell zielende **Primärprävention**, die bei Risikofaktoren einsetzende **Sekundärprävention** und die bei bereits kranken, vor allem chronisch kranken, Personen angebrachte **Tertiärprävention**.

2   Dem Sozialleistungsrecht und den Leistungen der Gesundheitsberufe können im Wesentlichen die Leistungen der **Verhaltensprävention** zugeordnet werden, die sich zum Beispiel auf die **Schulung** im Umgang mit Ergonomie, Stress, Ernährung und übertragbaren Krankheiten beziehen können. Zudem gehört auch die Prävention durch **Schutzimpfungen** zur individuellen Prävention.

3   Die **Verhältnisprävention** ist dagegen regelmäßig im jeweiligen Sachbereich zu verorten, zum Beispiel im Arbeitsschutz- und Arbeitssicherheitsrecht. Im weiteren Sinne – und mit großer Bedeutung für die Gesundheitschancen – gehören auch etwa die Versorgung mit Trinkwasser und die hygienische Entsorgung von Abwasser und Abfall oder die Verkehrssicherheit zur Verhältnisprävention. Auch Barrierefreiheit ist Verhältnisprävention[2].

4   Daraus wird deutlich, dass es eine Kompetenz des Bundes oder der Länder zu einer umfassenden Präventionsgesetzgebung und eine vollständige Finanzierung der Prävention aus Sozialversicherungsmitteln nicht geben kann[3], sondern Prävention Prinzip und Aufgabe in vielen Regelungsbereichen sein muss. Eine Herausforderung für Gesetzgebung und Verwaltung ist dies vor allem an der Schnittstelle zwischen Verhaltens- und Verhältnisprävention. Dazu kommt, dass noch stärker als im sonstigen Gesundheitsrecht zu überlegen ist, in wieweit der Gesetzgeber Prävention verbindlich vorschreiben kann, denn es gibt keine Pflicht, sich so gesund wie möglich zu verhalten[4]. Insofern konzentriert sich Prävention richtigerweise darauf, mit Verboten Verhal-

---

1 *Welti* GuP 2015, 211; *Banafsche* in Brockmann, Prävention an der Schnittstelle von Arbeits- und Sozialrecht, 2014, 7; *Bieback* ZSR 2003, 403.
2 *Welti* SGb 2015, 533.
3 *Axer* KrV 2015, 221.
4 Vgl. auch *Welti* GesR 2015, 1; *Huster* JZ 2008, 859.

ten zu verbieten, das andere gefährdet (zB Rauchen in geschlossenen Räumen[5]), während selbstgefährdendes Verhalten vor allem Gegenstand der Aufklärung ist. Einen Bereich dazwischen bilden Situationen, in denen die eigene Gefährdung andere, auch als Haftungsschuldner, beeinträchtigt, insbesondere im Straßenverkehr, woraus sich eine Legitimation für die Helmpflicht[6] und das Gurtanlagegebot ergibt. Auch kann eine nachhaltige und schwer übersehbare Selbstgefährdung Verbote[7] und Werbebeschränkungen von Suchtstoffen rechtfertigen, insbesondere für Kinder und Jugendliche.

B. Präventionsleistungen der gesetzlichen Krankenversicherung

Schon einleitend stellt § 1 SGB V klar, dass es Aufgabe der GKV ist, die **Gesundheit** **5** **der Versicherten zu erhalten** und dazu auch die **gesundheitliche Eigenkompetenz und Eigenverantwortung** der Versicherten zu stärken. Die Versicherten sind, so die Vorschrift ausdrücklich, für ihre Gesundheit mitverantwortlich, die Krankenkassen haben ihnen dabei durch Aufklärung, Beratung und Leistungen zu helfen. Die Mitverantwortung der Versicherten ist nicht vollstreckbar. Für Rechtsfolgen bedarf es einer genaueren Regelung, wie sie an einigen Stellen getroffen worden ist (§ 52 SGB V bei **Selbstverschulden**[8], § 62 Abs. 1 SGB V bei **Nichtinanspruchnahme** von Gesundheitsuntersuchungen, §§ 62, 66 SGB I bei **fehlender Mitwirkung** im Einzelfall).

Leistungen zur **Verhütung von Krankheiten und von deren Verschlimmerung** **6** **sowie zur Empfängnisverhütung, bei Sterilisation und bei Schwangerschaftsabbruch** bilden eine eigene Leistungsart (§§ 11 Abs. 1 Nr. 2, 20–24b SGB V). Die Leistungen zur Empfängnisverhütung (§ 24a SGB V), bei Sterilisation und bei Schwangerschaftsabbruch (§ 24b SGB V) sind hier eingeordnet, weil sie der Prävention von Schwangerschaftsabbrüchen und, wenn dies nicht möglich ist, von unsachgemäß vorgenommenen Abbrüchen dienen. Der rechtswidrige aber straflose Schwangerschaftsabbruch (§ 218a Abs. 1 StGB) als solcher wird nicht von der Krankenkasse finanziert[9], sondern es werden die ihn flankierenden Maßnahmen bezahlt, die Gesundheitsschäden vermeiden sollen (§§ 24b Abs. 3, 4 SGB V)[10]. Der Abbruch selbst wird nur bei Bedürftigkeit als Fürsorgeleistung nach dem **Schwangerschaftskonfliktgesetz** (BGBl. I 1992, 1398, zuletzt geändert durch G v. 20.10.2015 I 1722) bezahlt.

Im weiteren Sinne sind auch die **Leistungen bei Schwangerschaft und Mutterschaft** **7** (§§ 11 Abs. 1 Nr. 1, 24c–24i SGB V) Präventionsleistungen, denn Schwangerschaft und Mutterschaft sind keine Krankheit, sondern bringen nur ein erhöhtes Gesundheitsrisiko mit sich, das durch die Leistungen vermindert werden soll. Zu den Leistungen gehört spezifisch die **Hebammenhilfe** (§§ 24d, 134a SGB V).

Die Leistungen der Krankenkassen zur **primären Prävention und Gesundheitsförderung** (§§ 20a, b SGB V)[11] werden von diesen in ihren Satzungen geregelt. Sie sind **8** dabei an gesetzliche Ziele und vom GKV-Spitzenverband festgelegte Kriterien gebunden (§§ 20 Abs. 2, 3 SGB V). Es werden individuelle Leistungen der verhaltens-

---

5 BVerfGE 130, 131 = NVwZ-RR 2012, 257; BAGE 155, 80 = BeckRS 2016, 69248.
6 BVerfGE 59, 275 = NJW 1982, 1276.
7 BVerfGE 90, 145 = NJW 1994, 1577 – Cannabis.
8 *O. E. Krasney* KrV 2015, 57.
9 BVerfGE 88, 203 = NJW 1993, 1751; *Brocke* SGb 1994, 157–162.
10 *Horst* SGb 1994, 347; *Marschner* SozVers 1995, 259.
11 *E. Schneider* SGb 2015, 599.

bezogenen Prävention erbracht (§ 20 Abs. 5 SGB V). Auf diese besteht kein Anspruch, das Ermessen kann aber durch eine ärztliche Präventionsempfehlung gebunden sein.

9 An der Verhältnisprävention wirken die Krankassen durch Leistungen zur Gesundheitsförderung und Prävention **in Lebenswelten** (§ 20a SGB V) und **Betriebliche Gesundheitsförderung** (§ 20b SGB V), wobei sie in der Prävention arbeitsbedingter Gesundheitsgefahren (§ 20c SGB V) mit den Trägern der Unfallversicherung zusammenarbeiten[12]. Sie fördern **Selbsthilfegruppen und -organisationen** (§ 20h SGB V). Ein Anspruch besteht auf **Schutzimpfungen** (§§ 20i, 132e SGB V), wenn sie von der Ständigen Impfkommission beim Robert-Koch-Institut (§ 20 Abs. 2 IfSchG) empfohlen werden. **Zahnmedizinische Prophylaxe** in Schulen und Einrichtungen und durch Zahnärzte wird unterstützt (§§ 21–22a SGB V).

10 Der sekundären Prävention sind ambulante und stationäre medizinische **Vorsorgeleistungen** durch Vertragsärzte und Vorsorgeeinrichtungen (§§ 23, 107 Abs. 2 Nr. 1a SGB V) sowie die Medizinische Vorsorge für Mütter und Väter in Einrichtungen des **Müttergenesungswerks** (§§ 24, 111a SGB V) zuzurechnen.

11 An der Schnittstelle zwischen Prävention und Krankenbehandlung stehen die Leistungen zur Erfassung von gesundheitlichen Risiken und Früherkennung von Krankheiten (**Gesundheitsuntersuchungen**), auf die ein Anspruch besteht (§§ 25, 26 SGB V) oder die als Programme angeboten werden (§ 25a SGB V).

C. Weitere Träger und zuständige Behörden

I. Rentenversicherung

12 Die **Rentenversicherung** ist Trägerin von medizinischen Leistungen zur Sicherung der Erwerbsfähigkeit an Versicherte, die erste gesundheitliche Beeinträchtigungen aufweisen, die die ausgeübte Beschäftigung gefährden (§ 14 SGB VI). Sie ist eingebunden in die Nationale Präventionsstrategie (§ 20d Abs. 1 SGB V).

II. Unfallversicherung

13 Die **Unfallversicherung** ist verantwortlich für die Verhütung von Arbeitsunfällen, Berufskrankheiten und arbeitsbedingten Gesundheitsgefahren und für eine wirksame Erste Hilfe am Arbeitsplatz (§§ 14–25 SGB VII), unter anderem durch Aufstellung von Unfallverhütungsvorschriften (§ 15 SGB VII). Sie arbeitet dabei mit den Krankenkassen (§ 20c SGB V) und mit den staatlichen Arbeitsschutzbehörden der Länder (§ 20 SGB VII) zusammen.

III. Arbeitsschutzbehörden

14 Die Länder bestimmen die für den **Arbeitsschutz** zuständigen Behörden. Diese arbeiten unter anderem auf der Grundlage des Arbeitssicherheitsgesetzes (§§ 12, 13 ASiG) und des Arbeitsschutzgesetzes (§ 21 ArbSchG). Sie arbeiten mit den Trägern der gesetzlichen Unfallversicherung (§ 21 Abs. 2–5 ArbSchG) zusammen, auch in der Gemeinsamen deutschen Arbeitsschutzstrategie (§ 20a ArbSchG). Sie kooperieren mit den **Betriebsärzten** (§§ 2–4 ASiG) und den Fachkräften für Arbeitssicherheit (§§ 5–7 ASiG). Im Betrieb ist der Arbeitsschutzausschuss (§ 11 ASiG) wichtig, um alle verantwortlichen Akteure zusammenzubringen.

---

12 *Köpke* SozSich 2014, 352.

IV. Öffentlicher Gesundheitsdienst

Der öffentliche Gesundheitsdienst ist in den Ländern jeweils durch Gesetze geregelt, **15** die seine Aufgaben und deren Aufteilung auf Behörden des Landes sowie auf die Kreise, kreisfreien Städte und Gemeinden regeln.[13] Er wird überwiegend von kommunalen Behörden (Gesundheitsämter) und Landesbehörden (Landesämter für Gesundheit) ausgeführt. Ihm sind verschiedene gesundheitspräventive Aufgaben übertragen, darunter Beratung und Überwachung. Einige Aufgaben ergeben sich bundesrechtlich aus dem Infektionsschutzgesetz (§ 54 IfSG). Dazu gehören der **Umgang mit meldepflichtigen (übertragbaren) Krankheiten** (§§ 6–15 IfSG), deren Bekämpfung durch Schutzimpfungen und andere Maßnahmen (§§ 16–23a IfSG), bis hin zu Quarantäne und beruflichen Tätigkeitsverboten. die **Überwachung** von Gemeinschaftseinrichtungen (§§ 33–36 IfSG), Wasser (§§ 37–41 IfSG) und Lebensmitteln (§§ 42, 43 IfSG) sowie von Tätigkeiten mit Krankheitserregern (§§ 44–53a IfSG). Auf das Gesundheitsamt wird im Recht der Sozialhilfe (§ 59 SGB XII) ausdrücklich Bezug genommen, im Krankenversicherungsrecht wird meist nur »die nach Landesrecht zuständige Stelle« genannt (§§ 20d, 21 SGB V).

---

13 **Baden-Württemberg:** Gesetz über den öffentlichen Gesundheitsdienst (Gesundheitsdienstgesetz) v. 17.12.2015 (GBl. 2015, 663); **Bayern:** Gesetz über den öffentlichen Gesundheits- und Veterinärdienst, die Ernährung und den Verbraucherschutz sowie die Lebensmittelüberwachung (Gesundheitsdienst- und Verbraucherschutzgesetz) v. 24.7.2003, GVBl. 2003, 452; **Berlin**: Gesetz über den öffentlichen Gesundheitsdienst (Gesundheitsdienst-Gesetz) v. 25.5.2006, GVoBl. 2006, 450; **Brandenburg:** Gesetz über den Öffentlichen Gesundheitsdienst im Land Brandenburg (Brandenburgisches Gesundheitsdienstgesetz) v. 23.4.2008 (GVBl. 2008, 95); **Bremen:** Gesetz über den Öffentlichen Gesundheitsdienst im Lande Bremen (Gesundheitsdienstgesetz) v. 27.3.1995 (Berm.GBl. 1995, 175); **Hamburg:** Gesetz über den Öffentlichen Gesundheitsdienst in Hamburg (Hamburgisches Gesundheitsdienstgesetz) v. 18.7.2001 (HmbGVBl. 2001, 201); **Hessen:** Hessisches Gesetz über den öffentlichen Gesundheitsdienst v. 28.9.2007 (GVBl 2007 I 659); **Mecklenburg-Vorpommern:** Gesetz über den öffentlichen Gesundheitsdienst im Land Mecklenburg-Vorpommern (Gesetz über den Öffentlichen Gesundheitsdienst) v. 19.7.1994, GVOBl. M-V 1994, 747; **Niedersachsen:** Niedersächsisches Gesetz über den öffentlichen Gesundheitsdienst (NGöGD) v. 24.3.2006 (Nds. GVBl. 2006, 178); **Nordrhein-Westfalen:** Gesetz über den öffentlichen Gesundheitsdienst des Landes Nordrhein-Westfalen v. 25.11.1997 (GV. NW. 1997, 430); **Rheinland-Pfalz:** Landesgesetz über den öffentlichen Gesundheitsdienst v. 17.11.1995 (GVBl 1995, 485); **Saarland:** Gesetz über den öffentlichen Gesundheitsdienst (Gesundheitsdienstgesetz) v. 19.5.1999 (ABl. 1999, 844); **Sachsen:** Gesetz über den öffentlichen Gesundheitsdienst im Freistaat Sachsen v. 11.12.1991 (GVBl. 1991, 413); **Sachsen-Anhalt:** Gesetz über den öffentlichen Gesundheitsdienst und die Berufsausübung im Gesundheitswesen im Land Sachsen-Anhalt v. 21.11.1997 (GVBl. LSA 1997, 1023); **Schleswig-Holstein:** Gesetz über den Öffentlichen Gesundheitsdienst (Gesundheitsdienst-Gesetz) v. 14.12.2001 (GVOBl. Schl.-H. 2001, 398); **Thüringen:** Verordnung über den öffentlichen Gesundheitsdienst und die Aufgaben der Gesundheitsämter in den Landkreisen und kreisfreien Städten idF der Bek. v. 2.10.1998 (GBl. 1998 I 337).

§ 30 Krankenbehandlung

A. Die Krankenbehandlung im Zentrum des Gesundheitsrechts

I. Allgemeines

1 Im ersten Kapitel des SGB V werden in Form sog. Einweisungsvorschriften die Grundprinzipien der Gesetzlichen Krankenversicherung (GKV) schlagwortartig zusammengefasst. Die Vorschriften enthalten selbst keine unmittelbar anspruchsbegründende Wirkung, sind aber bei der Auslegung spezieller Vorschriften des SGB V heranzuziehen.

2 Deutlich wird dies in § 2 Abs. 1 SGB V, in dem klargestellt wird, dass die im Bereich der GKV leistungsverpflichteten Krankenkassen nicht jegliche der Gesundheit dienliche Leistung zur Verfügung zu stellen haben, sondern nur solche Leistungen, die im 3. Kapitel, also den § 11 ff. SGB V festgelegt sind. Hinzu kommen die Leistungen nach den §§ 24c–24i SGB V bei Schwangerschaft und Mutterschaft. Ein Anspruch auf eine Leistung der GKV besteht mithin nur, wenn die Anspruchsvoraussetzungen der speziellen leistungsbegründenden Regelungen des Leistungsrechtes der GKV erfüllt sind. Anspruchsbeschränkend wirkt sich darüber hinaus das Wirtschaftlichkeitsgebot des § 12 SGB V sowie die nach § 2 Abs. 4 SGB V sowohl den Krankenkassen als auch den Leistungserbringern und den Versicherten gemeinsam obliegende Verpflichtung aus, darauf zu achten, dass die Leistungen wirksam und wirtschaftlich erbracht und nur im notwendigen Umfang in Anspruch genommen werden.

II. Grundsätze

1. Krankenversicherung als Solidargemeinschaft

3 In § 1 S. 1 SGB V wird der Charakter der Krankenversicherung als Solidargemeinschaft postuliert.[1]

4 Dieses Postulat weist zwei sich ergänzende und überlagernde Aspekte aus. Aus der Qualifikation als Versicherung ergibt sich, dass die Leistungsgewährung grundsätzlich an das Bestehen eines Versicherungsverhältnisses zwischen der leistungsverpflichteten Krankenkasse und dem Anspruchsteller anknüpft. Ein solches Versicherungsverhältnis wird durch die Mitgliedschaft in einer Krankenkasse begründet. Folgerichtig sehen die einzelnen anspruchsbegründenden Vorschriften des Leistungsrechtes des SGB V (§§ 11 ff.) regelmäßig Leistungen an Versicherte vor, setzen also das Bestehen der Versicherteneigenschaft voraus. § 19 Abs. 1 SGB V legt darüber hinaus fest, dass Leistungsansprüche grundsätzlich mit dem Ende der Mitgliedschaft erlöschen.

5 Dem Charakter als Versicherung entsprechend, resultieren aus der Mitgliedschaft in der Krankenkasse darüber hinaus Teilhaberechte des Mitgliedes im Rahmen der Selbstverwaltung nach den §§ 43 ff. SGB IV sowie die Verpflichtung zur Beitragszahlung nach den §§ 223 Abs. 1, 249 Abs. 1, 250 SGB V.

6 Aus dem Charakter der GKV als Solidargemeinschaft ergibt sich demgegenüber, dass in Konstellationen, in denen der Gesetzgeber aus sozialen Gründen eine Leistungsgewährung für erforderlich hält, Leistungsansprüche auch ohne Bestehen einer Mitgliedschaft begründet sein können, auch wenn die sonstigen Mitgliedschaftsrechte und Beitragspflichten nicht (mehr) vorhanden sind. Hierzu zählen zum einen der gem. § 19 Abs. 2 SGB V nachwirkende Leistungsanspruch für die Dauer von einem Monat

---

1 Vgl. dazu Spickhoff/*Nebendahl* SGB V § 1 Rn. 3.

nach Ende der Mitgliedschaft eines Versicherungspflichtigen. Auch die Familienversicherung nach § 10 SGB V begründet (aus sozialen Gründen) ein Versicherungsverhältnis zwischen der Krankenkasse und den familienversicherten Familienangehörigen, ohne dass diese Familienangehörigen Mitglied der Krankenkasse sind. Sie leiten das Versicherungsverhältnis vielmehr von der Mitgliedschaft des Stammversicherten ab. Dementsprechend sieht § 19 Abs. 3 SGB V im Falle des Todes des Stammversicherten vor, dass die familienversicherten Angehörigen Leistungen längstens einen Monat nach dem Tod des Stammversicherten erhalten. Da die familienversicherten Familienangehörigen nicht Mitglied der Krankenkasse sind, stehen ihnen weder Beteiligungsrechte in der Selbstverwaltung der Krankenkasse zu, noch besteht eine eigenständige Beitragsverpflichtung.

2. Gesundheit als Bezugspunkt der GKV

Aus § 1 Abs. 1 SGB V folgt die Aufgabe der Krankenversicherung, die Gesundheit der   7
Versicherten zu erhalten, wiederherzustellen oder ihren Gesundheitszustand zu bessern. Bezugspunkt der GKV ist daher nicht der Begriff der Krankheit, sondern der der Gesundheit. Hiermit korrespondierend bestehen Leistungsansprüche nach den Vorschriften des Leistungsrechtes der §§ 11 ff. SGB V auch jenseits des Vorliegens einer Krankheit etwa bei Schwangerschaft und Mutterschaft, Empfängnisregelung oder Abbruch der Schwangerschaft.

Dem auf die Gesundheit des Versicherten ausgerichteten Zieltrias, die Gesundheit zu   8
erhalten, wiederherzustellen oder den Gesundheitszustand zu bessern, entsprechen auch die Grundtypen der in der GKV gewährten Leistungen, nämlich die dem Zweck der Erhaltung dienenden Leistungen der Prävention, also Leistungen zur Verhütung von Krankheit nach § 11 Abs. 1 Nr. 2 SGB V, die der Wiederherstellung der Gesundheit dienenden Leistungen der Verhütung der Verschlimmerung von Krankheiten iSv § 11 Abs. 1 Nr. 2 SGB V, die der Früherkennung der Krankheit dienenden Leistungen nach § 11 Abs. 1 Nr. 3 SGB V und Leistungen der Behandlung von Krankheiten nach § 11 Abs. 1 Nr. 4 SGB V. Die Verbesserung des Gesundheitszustandes ist schließlich auf Maßnahmen der medizinischen Rehabilitation ausgerichtet.

Zu der an dem Bezugspunkt Gesundheit des Versicherten ausgerichteten Aufgabe der   9
Krankenversicherung tritt die Eigenverantwortung des Versicherten für seine Gesundheit und die damit verbundene Verpflichtung zu einem den Eintritt von Krankheit und Behinderung vermeidenden, willensgesteuerten gesundheitsfördernden Verhalten (vgl. § 1 S. 3 SGB V). Damit wird dem Versicherten eine Obliegenheit auferlegt, zur Vermeidung von Rechtsnachteilen die für die Erhaltung seiner Gesundheit notwendigen Verhaltensweisen zu wählen, soweit diese für ihn beeinflussbar sind.

3. Sachleistungsprinzip

Die Leistungsgewährung der GKV erfolgt nach § 2 Abs. 2 S. 1 SGB V grundsätzlich in   10
Sach- oder Dienstleistungen. Es gilt das Sachleistungsprinzip (Synonym: Naturalleistungsprinzip).

Die Krankenkassen erfüllen ihre Leistungsverpflichtung in aller Regel nicht selbst,   11
sondern unter Einschaltung dritter Leistungserbringer auf der Grundlage von nach den §§ 69 ff. SGB mit den Leistungserbringern geschlossenen Verträgen. Die Einzelheiten sind in den das Leistungserbringungsrecht regelnden Vorschriften der §§ 69–140h SGB V normiert. Zwar wird durch das Sachleistungsprinzip für die Versicherten das Recht zur freien Wahl des Leistungserbringers eingeschränkt. Dem steht jedoch der Vorteil gegenüber, dass der Versicherte nicht in Vorleistung treten muss, um die begehrte Leistung zu erhalten, und damit bei mangelnder Fähigkeit zur Vorleistung in

die Gefahr unzureichender ärztlicher Versorgung gerät.[2] Das Sachleistungsprinzip sichert darüber hinaus die geforderte Leistungsqualität, indem die Krankenkassen bei der Auswahl der Leistungserbringer ihrer Verpflichtung zur qualitativ hochwertigen, wirtschaftlichen Leistungserbringung zur Wirksamkeit verhelfen können.

12   Abweichungen vom Sachleistungsprinzip sind nur ausnahmsweise zulässig, soweit solche Ausnahmen im SGB V oder SGB IX vorgesehen sind (vgl. § 2 Abs. 2 S. 1 SGB V, § 13 Abs. 1 SGB V). Hierzu gehört die Fallkonstellation, dass der Versicherte sich nach § 13 Abs. 2 SGB V für die Möglichkeit der Kostenerstattung entschieden hat. Der Versicherte kann seine Entscheidung zur Kostenerstattung auf den Bereich der ärztlichen Versorgung, der zahnärztlichen Versorgung, den stationären Bereich oder auch auf veranlasste Leistungen beschränken. Ohne vorherige Zustimmung der Krankenkasse dürfen auch bei gewählter Kostenerstattung nur zugelassene Leistungserbringer in Anspruch genommen werden. Die Wahl der Kostenerstattung ist für den Versicherten in aller Regel wenig attraktiv, weil die Erstattung der von ihm für die in Anspruch genommenen Leistungen zunächst selbst zu tragenden Kosten nach § 13 Abs. 2 S. 8–11 SGB V der Höhe nach auf die Vergütung beschränkt ist, die die Krankenkassen bei Erbringung als Sachleistung zu tragen hätte und zusätzlich Abschläge für Verwaltungskosten in einer in der Satzung der Krankenkasse festgesetzten Höhe, höchstens in Höhe von 5% in Abzug zu bringen sind.

13   Eine Kostenerstattung für selbst beschaffte Leistungen, also für Leistungen, die sich der Versicherte auf eigenen Kosten und auf einem anderen Weg als durch Sachleistung verschafft hat, kommt darüber hinaus nach § 13 Abs. 3 SGB V in drei Fällen in Betracht. Alle drei Fälle setzen voraus, dass die selbst beschaffte Leistung als solche im Leistungskatalog der §§ 11 ff. SGB V vorgesehen sind und dem Wirtschaftlichkeitsgebot genügen. Außerdem muss die selbst beschaffte Leistung durch einen zugelassenen Leistungserbringer erfolgen.

14   Eine Kostenerstattung für selbst beschaffte Leistungen kommt zum einen nach § 13 Abs. 2 S. 1 Hs. 1 SGB V bei unaufschiebbaren Leistungen in Betracht, über die die Krankenkasse nicht rechtzeitig innerhalb der Fristen des § 13a SGB V entscheiden und die die Krankenkasse nicht rechtzeitig erbringen konnte. Unaufschiebbar sind Leistungen, wenn sie aus medizinischer Sicht ohne nennenswerten zeitlichen Aufschub erbracht werden müssen.[3] Die hierfür anfallenden Kosten sind im Wege der Kostenerstattung von der Krankenkasse zu tragen, wenn sie die Leistungen nicht in dem Zeitraum erbracht hat, in dem die Leistung nach medizinischen Gesichtspunkten indiziert war. Voraussetzung ist allerdings, dass der Versicherte der Krankenkasse vorher die Möglichkeit verschafft hat, die Leistungen zu erbringen, sofern dies nicht ausnahmsweise unmöglich oder unzumutbar gewesen ist.

15   Unter diese Fallgruppe fallen insbesondere die Fälle des sog. Systemversagens, in denen die Versorgung durch zugelassene Leistungserbringer nicht sichergestellt ist. Für neue, in den Richtlinien des Gemeinsamen Bundesausschusses (G-BA) noch nicht erfasste Behandlungsmethoden gestattet § 2 Abs.1a SGB V im Anschluss an den sog. Nikolaus-Beschluss des BVerfG[4] und die daran anschließende Rechtsprechung des BSG[5],

---

2 Dazu BSG MedR 2002, 47 (49); BSG SozR 4-2500 § 36 Nr. 2 = BeckRS 2010, 67137.
3 Spickhoff/*Trenk-Hinterberger* SGB V § 13 Rn. 12; BSG BeckRS 2015, 72722.
4 BVerfG NJW 2006, 891; vgl. auch BVerfG NJW 2013, 1664; 2014, 2176; 2016, 1505.
5 ZB BSG SozR 4-2500 § 31 Nr. 28; BSG SozR 4-2500 § 31 Nr. 4 = NJW 2007, 1380; BSG SozR 4-2500 § 31 Nr. 5 = BeckRS 2006, 44736; BSG SozR 4-2500 § 27 Nr. 12 = NJW 2007, 1385; BSG SozR 4-2500 § 27 Nr. 16 = BeckRS 2009, 67112; BSG SozR 4-2500 § 106 Nr. 27; BSG SozR 4-2500 § 106 Nr. 30.

dass Versicherte mit einer lebensbedrohlichen oder regelmäßig tödlichen Erkrankung oder mit einer zumindest wertungsmäßig vergleichbaren Erkrankung, für die eine allgemein anerkannte, dem medizinischen Standard entsprechende Leistung nicht zur Verfügung steht, Kostenerstattung für diese Leistung verlangen können, wenn eine nicht ganz entfernt liegende Aussicht auf Heilung oder auf eine spürbare positive Einwirkung auf den Krankheitsverlauf besteht. Voraussetzung ist, dass die Krankenkasse für die Leistung vor Beginn der Behandlung eine Kostenübernahmeerklärung erteilt, die die Abrechnungsmöglichkeit feststellt.[6]

Die zweite Fallgruppe zulässigerweise selbst beschaffter Leistungen betrifft die von **16** der Krankenkasse zu Unrecht abgelehnten Leistungen iSv § 13 Abs. 3 S. 1 Hs. 2 SGB V. Voraussetzung ist, dass die Krankenkasse eine vor der Leistungserbringung beantragte Leistung rechtswidrig abgelehnt hat.[7] Erstattungsfähig sind die Kosten nur, wenn die ablehnende Entscheidung der Krankenkasse die wesentliche Ursache für die Beschaffung der Leistung durch den Versicherten selbst darstellt. Das Abwarten auf die erfolgreiche Durchführung eines Widerspruchsverfahrens ist allerdings nicht notwendig.

Die dritte Konstellation erstattungsfähiger Leistungen betrifft solche der medizini- **17** schen Rehabilitation gem. § 13 Abs. 3 S. 2 SGB V. Die Abwicklung derartiger selbst beschaffter Leistungen richtet sich nach § 15 SGB IX, der einen Anspruch auf Kostenerstattung auch dann gewährt, wenn die Krankenkasse noch nicht über einen Antrag des Versicherten entschieden hat, sofern der Versicherte vorher eine angemessene Entscheidungsfrist gesetzt und erklärt hat, die Leistung nach Ablauf der Frist selbst beschaffen zu wollen.[8]

In allen Fällen der Selbstbeschaffung erfasst der Anspruch auf Kostenerstattung den **18** gesamten für die Leistungsbeschaffung aufgewandten Betrag unabhängig von der Höhe der der Krankenkasse bei Sachleistung entstandenen Kosten. Lediglich Zuzahlungen, die nach dem Sachleistungsprinzip vom Versicherten zu leisten wären, sind gegenzurechnen.

Abweichungen vom Sachleistungsprinzip kommen nach § 13 Abs. 4–6 SGB V bei der **19** Inanspruchnahme von Leistungen im EU- und EWR-Ausland sowie in der Schweiz in Betracht (→ Rn. 30–34). Eine weitere Abweichung vom Sachleistungsprinzip findet sich im Bereich der Arzneimittelversorgung in § 129 Abs. 1 S. 6 SGB V.

4. Wirtschaftlichkeitsgebot

Das in § 2 Abs. 1 S. 1 und Abs. 4 SGB V angelegte und in § 12 SGB V präzisierte Wirt- **20** schaftlichkeitsgebot begründet als Rahmen für die von den Krankenkassen zu erbringenden Leistungen die Vorgabe, dass diese ausreichend und zweckmäßig, sowie wirtschaftlich sein müssen und das Maß des Notwendigen nicht überschreiten dürfen. Die einzelnen Leistungen der §§ 11 ff. SGB V dürfen im konkreten Einzelfall nur gewährt werden, wenn sie alle vier Voraussetzungen erfüllen.

Ausreichend ist eine Leistung, wenn sie – bezogen auf den Zweck der jeweiligen Leis- **21** tung – nach Leistungsinhalt, -umfang und -qualität hinreichende Chancen für einen Heilerfolg bieten.[9] Zweckmäßig ist die Leistung, wenn sie geeignet ist, den Zweckvorgaben der jeweiligen Leistungsnorm zu entsprechen.[10] Die geforderte Wirtschaftlich-

---

6 Spickhoff/*Nebendahl* SGB V § 2 Rn. 10.
7 BSG SuP 2010, 303; BSG SozR 2500 § 19 Nr. 1 = NZS 2004, 38.
8 Dazu BSG SuP 2013, 388.
9 BSG SozR 2200 § 257a Nr. 10 = BSGE 55, 188 = BeckRS 1983, 05857.
10 BSG SozR 2200 § 182 Nr. 72 = BSGE 52, 70 = BeckRS 1981, 05346.

keit ist gegeben, wenn bei Abwägung der Kosten und Nutzen der Leistung mit den eingesetzten Mitteln der größtmögliche Nutzen erreicht oder ein bestimmter Nutzen mit den geringstmöglichen Mitteln erzielt wird. Schließlich darf die Leistung das Maß des Notwendigen nicht überschreiten, was der Fall sein kann, wenn von mehreren in Frage kommenden wirtschaftlichen Leistungen eine andere kostengünstiger ist.[11]

22   Das Wirtschaftlichkeitsgebot wird insbesondere durch die durch den G-BA nach § 92 SGB V erlassenen Richtlinien ausgefüllt. Der G-BA konkretisiert mit den von ihm erlassenen Richtlinien auf untergesetzlicher Ebene die zulasten der GKV im Rahmen einer ausreichenden, zweckmäßigen und wirtschaftlichen Versorgung der Versicherten zu erbringenden Leistungen.[12] Die in den Richtlinien des G-BA erfolgenden Festsetzungen sind für die Verwaltungen und Gerichte grundsätzlich bindend, was zur Folge hat, dass zulasten der GKV als Ausprägung des Wirtschaftlichkeitsgebotes grundsätzlich nur diejenigen ambulanten Leistungen verordnet werden können, die in dem vom G-BA geschaffenen Leistungskatalog enthalten sind. Umgekehrt folgt hieraus, dass nicht in den Richtlinien des G-BA enthaltenen Leistungen grundsätzlich nicht zulasten der GKV erbracht werden dürfen. Für neue Behandlungsmethoden, die noch keinen Eingang in die Richtlinien des G-BA gefunden haben, ist die im Anschluss an den Nikolaus-Beschluss des BVerfG[13] ergangene Neuregelung in § 2 Abs.1a SGB V zu beachten.

23   Innerhalb der durch die anspruchsbegründenden Normen der §§ 11 ff. SGB V sowie die leistungskonkretisierenden Richtlinien des G-BA gezogenen Grenzen, obliegt dem behandelnden Arzt die Pflicht zur Leistungskonkretisierung, der er entweder durch Vornahme einer konkreten Leistung oder durch entsprechende Verordnung nachkommt. Auch der Arzt hat im Rahmen der gezogenen Grenzen die Vorgaben des Wirtschaftlichkeitsgebotes zu beachten.

5. Leistungsbezug im Ausland

24   Hinsichtlich der Verpflichtung der Krankenkassen zur Übernahme der Kosten für Leistungen, die in der GKV Versicherte im Ausland in Anspruch genommen haben, ist zwischen der Leistungsinanspruchnahme in Staaten der EU, des EWR und der Schweiz einerseits und dem übrigen Ausland andererseits zu differenzieren.

a) Leistungsinanspruchnahme außerhalb der EU, des EWR und der Schweiz

25   Nach § 16 Abs. 1 S. 1 Nr. 1 SGB V ruht entsprechend dem das GKV-System beherrschenden Territorialitätsprinzip, nach dem Sachleistungen der GKV grundsätzlich nur im Inland erbracht werden sollen, der Leistungsanspruch des Versicherten (bei fortbestehender Beitragsverpflichtung), wenn dieser sich zum Zeitpunkt der Leistungsinanspruchnahme – gleich aus welchem Grund und unabhängig von der Dauer des Auslandsaufenthaltes – im Ausland aufhält. Dies gilt auch für nach § 10 SGB V Familienversicherte, die sich im Ausland aufhalten, nicht aber für im Inland verbliebene Familienversicherte, deren Stammversicherter im Ausland weilt. Dieser Grundsatz wird allerdings durch diverse Ausnahmen durchbrochen.

26   Eine wichtige Ausnahme gilt für in der GKV versicherte Arbeitnehmer, die zum Zwecke der Arbeitsleistung von ihrem Arbeitgeber vorübergehend ins Ausland entsandt worden sind. Erkrankt dieser oder eine über ihn familienversicherte Person im Ausland, hat der Arbeitgeber nach § 17 Abs. 1 SGB V die dem Leistungskatalog der GKV

---

11   BSG SozR 4-2500 § 35 Nr. 6.
12   Spickhoff/Barth SGB V § 92 Rn. 1.
13   BVerfG NJW 2006, 891.

entsprechenden Leistungen zu übernehmen.[14] Maßgeblich ist, dass die Behandlungsbedürftigkeit während des Aufenthalts im Ausland eintritt. Die anfallenden Kosten erhält der Arbeitgeber nach § 17 Abs. 2 SGB V von der Krankenkasse des Arbeitnehmers erstattet; allerdings nur bis zur Höhe der im Inland für eine vergleichbare Leistung anfallenden Kosten.[15] Eventuell übersteigende Kosten hat der Arbeitgeber endgültig zu tragen.

Einen weiteren Ausnahmefall bildet die Kostenerstattung bei einer sog. medizinisch **27** notwendigen Auslandsbehandlung nach § 18 Abs. 1 SGB V. Voraussetzung ist, dass eine Behandlung, die dem allgemein anerkannten Stand der medizinischen Erkenntnisse entsprechen muss, nur außerhalb Deutschlands, der EU und dem EWR durchgeführt werden kann. Die im Ausland durchzuführende Behandlung muss von der überwiegenden Zahl der Fachwissenschaftler befürwortet und hinsichtlich ihrer Zweckmäßigkeit konsentiert werden. Über die Qualität und Wirksamkeit müssen zuverlässige, wissenschaftlich nachprüfbare Erkenntnisse vorliegen. Sie muss in einer für eine sichere Beurteilung ausreichenden Zahl in der Vergangenheit erfolgreich gewesen sein.[16] In Deutschland verbotene oder aus ethischen Gründen unzulässige Behandlungen sind ausgenommen.[17] Erforderlich ist weiter, dass eine vergleichbare Behandlung im EU-/EWR-Inland im konkreten Fall nicht möglich ist. Alle im konkreten Behandlungsfall in Betracht kommenden Behandlungsmöglichkeiten müssen ausgeschöpft sein. Eine (lediglich) qualitativ höherwertige Behandlungsmöglichkeit im Ausland erfüllt diese Voraussetzung ausnahmsweise dann, wenn die Auslandsbehandlung in medizinischer Hinsicht eindeutig überlegen ist.[18] Fehlende Kapazitäten bei einer an sich möglichen Behandlung im EU-/EWR-Inland rechtfertigen die Auslandsbehandlung nach § 18 Abs. 1 SGB V nur dann, wenn aufgrund der Kapazitätsengpässe die Behandlung vollständig ausgeschlossen oder mit unzumutbar langen Wartezeiten verbunden ist. Der Versicherte muss vor der Leistungsinanspruchnahme im Ausland grundsätzlich einen entsprechenden Leistungsantrag an seine Krankenkasse stellen. Die Krankenkasse trifft ihre Entscheidung nach Einschaltung des Medizinischen Dienstes der Krankenversicherung (MDK) gem. § 275 Abs. 2 Nr. 3 SGB V nach pflichtgemäßen Ermessen sowohl hinsichtlich der Behandlung selbst, der Auswahl zwischen mehreren im Ausland möglichen Behandlungen als auch der Übernahme aller oder eines Teils der anfallenden Kosten.

Eine weitere Ausnahmeregelung enthält § 18 Abs. 3 SGB V für Personen, die sich aufgrund einer Vorerkrankung oder ihres Lebensalters – von der Krankenkasse vorher positiv festgestellt – gegen Krankheitsrisiken im Ausland nicht versichern können und die während eines vorübergehenden Auslandsaufenthaltes erkranken, sodass eine Behandlung unverzüglich erforderlich ist. Die Regelung soll insbesondere chronisch Kranke, wie Bluter oder Dialysepatienten schützen, die keine Auslandskrankenversicherung abschließen können. Sie greift daher nur ein, wenn der Abschluss einer privaten Krankenversicherung ausgeschlossen ist, nicht wenn hierfür aus Sicht des Versicherten unverhältnismäßig hohe Kosten anfallen.[19] Von der Krankenkasse werden in solchen Fällen höchstens die Kosten übernommen, die für eine vergleichbare Behandlung im Inland angefallen wären. Die Kostenübernahme ist darüber hinaus auf höchstens sechs Wochen im Kalenderjahr begrenzt.

---

14 S. dazu die Fallgestaltung bei BSG SozR 4-2500 § 17 Nr. 3.
15 Dazu Spickhoff/*Trenk-Hinterberger* SGB V § 17 Rn. 10.
16 BSG SozR 4-2500 § 18 Nr. 8; BSG SozR 4-2500 § 18 Nr. 5.
17 BSG SozR 4-2500 § 18 Nr. 2 = BeckRS 2004, 41025.
18 BSG SozR 4-2500 § 18 Nr. 5; SozR 4-2500 § 18 Nr. 7.
19 BSG SozR 4-2500 § 17 Nr. 3; dazu Spickhoff/*Trenk-Hinterberger* SGB V § 18 Rn. 14.

29 Abweichende Regelungen können sich schließlich aus zwischenstaatlichen Sozialversicherungsabkommen ergeben, die die Bundesrepublik Deutschland mit einer Vielzahl von Staaten abgeschlossen hat.[20]

b) Behandlung im EU-Ausland, im EWR und in der Schweiz

30 Eine Kostenerstattung für im EU-Ausland, im EWR und in der Schweiz in Anspruch genommene Leistungen kommt unter den Voraussetzungen des § 13 Abs. 4–6 SGB V in Betracht. Die Regelung ist in Umsetzung der auf die Grundsätze der Freiheit des Waren- und Dienstleistungsverkehrs aus Art. 34 und 56 AEUV und der Freizügigkeit der Arbeitnehmer nach Art. 45 AEUV ergangenen Rechtsprechung des EuGH[21] geschaffen worden, nach der sich Versicherte Versicherungsleistungen in der EU gegen Kostenerstattung zulasten öffentlich-rechtlicher Versicherungsträger selbst beschaffen können und ein nationales Sachleistungssystem dem nicht entgegensteht.

31 Nach § 13 Abs. 4 S. 1 SGB V kann ein Versicherter sich Leistungen im EU-Ausland, in den Staaten des EWR oder der Schweiz gegen Kostenerstattung selbst beschaffen, sofern die Leistungen in dem anderen Staat nicht auf der Grundlage eines Pauschbetrages zu erstatten sind oder einem zwischenstaatlich vereinbarten Erstattungsverzicht unterliegen. Die Leistungsinanspruchnahme ist nicht auf Notfälle beschränkt und erfordert grundsätzlich keine vorherige Zustimmung der Krankenkasse, sofern nicht das Leistungsrecht der GKV eine vorherige Genehmigung auch bei Leistungen im Inland – wie bspw. bei der Zahnersatzversorgung – für notwendig erklärt. Eine weitere Ausnahme gilt für Behandlungen, die Leistungen betreffen, für die ein besonderer Planungsbedarf besteht, wie dies bei der Krankenhausbehandlung nach § 39 SGB V der Fall ist. Vor einer Krankenhausbehandlung im EU-/EWR Ausland und in der Schweiz ist daher nach § 13 Abs. 5 SGB V die Zustimmung der Krankenkasse einzuholen.[22] Dies gilt gleichermaßen für stationäre, teilstationäre, vor- und nachstationäre Krankenhausbehandlungen, nicht aber für ambulante Operationen im Krankenhaus, weil Letztere aufgrund des Umstandes, dass sie auch von niedergelassenen Ärzten durchgeführt werden können, keinen Planungsbedarf hervorrufen.[23] Eine Gegenausnahme gilt wiederum, wenn die Krankenhausbehandlung im Ausland unvorhergesehen erforderlich wird, soweit und solange die vorherige Zustimmung der Krankenkasse nicht eingeholt werden kann, etwa bei Vorliegen einer akuten Erkrankung.[24]

32 Erstattungsfähig sind nach § 13 Abs. 4 S. 2 SGB V nur die Kosten für Leistungen, die durch Leistungserbringer erbracht worden sind, bei denen die Bedingungen des Zugangs und der Ausübung des Berufs Gegenstand einer EU/EG-Richtlinie sind oder die im jeweiligen nationalen Krankenversicherungssystem zur Leistungserbringung zugelassen sind.[25] Darüber hinaus können die Krankenkassen nach § 140e SGB V Versorgungsverträge mit ausländischen Leistungserbringern abschließen, die dann gleichfalls entsprechende Leistungen erbringen können. Denkbar ist daher bspw. die

---

20 Eine Auflistung dieser Abkommen findet sich unter www.dvka.de.
21 Vgl. EuGH SozR 3-6030 Art. 30 Nr. 1 = NJW 1998, 1769 – Decker; EuGH SozR 3-6030 Art. 59 Nr. 5 = NJW 1998, 1771 – Kohll; EuGH SozR 3-6030 Art. 59 Nr. 6 = NJW 2001, 3391 – Geraets-Smits/Peerbooms; EuGH SozR 4-6030 Art. 59 Nr. 1 = NJW 2003, 2298 – Müller-Fauré/van Riet.
22 BSG SozR 4-2500 § 13 Nr. 23.
23 Letzteres ist strittig, vgl. *Just/Schneider*, Das Leistungserbringungsrecht in der gesetzlichen Krankenversicherung, 2. Aufl. 2016, Rn. 987; Becker/Kingreen/*Becker* SGB V § 13 Rn. 46 f.
24 BSG SozR 4-2500 § 13 Nr. 23.
25 Dazu BSG SozR 4-2500 § 13 Nr. 3.

Nebendahl

Inanspruchnahme von Ärzten in ausländischen Privatkliniken für stationäre oder ambulante Behandlungen.[26]

Die Kostenerstattung beschränkt sich auf Leistungen, die im Leistungsumfang der **33** GKV enthalten sind und die der Versicherte auch im Inland hätte in Anspruch nehmen können. Der Höhe nach ist die Kostenerstattung zum einen auf die von dem Versicherten tatsächlich aufgewendeten Kosten und zum zweiten auf diejenige Vergütung beschränkt, die die Krankenkasse bei Erbringung der Sachleistung im Inland zu tragen hätte.[27] Im Ausland zu leistende Zuzahlungen sind nicht erstattungsfähig. In der Satzung der Krankenkasse sind Abschläge für Verwaltungskosten, unterbleibende Wirtschaftlichkeitsprüfung sowie vorgesehene Zuzahlungen vorzusehen.

Unmittelbare Leistungsansprüche können sich daneben aus der sog. EG-Wander- **34** arbeiter-VO (EG) Nr. 883/2004[28] und der Durchführungs-VO (EG) Nr. 987/2009[29] ergeben, die neben § 13 Abs. 4–6 SGB V anwendbar sind.[30]

B. Krankenversicherung

I. Versicherte – Leistungsberechtigte

1. Überblick

Der Kreis der Leistungsberechtigten ist im 2. Kapital des SGB V (§§ 5–10 SGB V) »Ver- **35** sicherter Personenkreis« geregelt. Kern dieses Kapitels bildet – dem Charakter der gesetzlichen Krankenversicherung als solidarisch getragene Pflichtversicherung entsprechend – die Regelung des Kreises der Versicherungspflichtigen in § 5 SGB V. Die §§ 6–8 SGB V benennen Ausnahmetatbestände von der Versicherungspflicht, nämlich die von Gesetzes wegen bestehende Versicherungsfreiheit (§§ 6 und 7 SGB V) sowie die auf Antrag des Betroffenen erfolgende Befreiung von der Versicherungspflicht (§ 8 SGB V). Die Bestimmungen über die freiwillige Versicherung in § 9 SGB V ermöglicht es einem eng umgrenzten Personenkreis, freiwillig der GKV beizutreten. Dem Charakter der GKV als Solidargemeinschaft entsprechend regelt § 10 SGB V die Einbeziehung von nicht beitragspflichtigen Personen in den Solidarschutz im Rahmen der Familienversicherung.

Neben der Zugehörigkeit zu dem Kreis der versicherten Personen erfordert die Leis- **36** tungsberechtigung in der GKV grundsätzlich die Mitgliedschaft in einer gesetzlichen Krankenkasse und damit das Bestehen eines krankenversicherungsrechtlichen Versicherungsverhältnisses zu einer gesetzlichen Krankenkasse. Allerdings ist der Kreis der Mitglieder mit dem Kreis der in der GKV Versicherten nicht identisch. Neben den versicherungspflichtig und freiwillig versicherten Mitgliedern existieren Personengruppen, bei denen die Mitgliedschaft fingiert wird (so die Rentenantragsteller nach § 189 Abs. 1 SGB V), und Personen, die zum Kreis der Versicherten gehören, ohne selbst Mitglied einer Krankenkasse zu sein, wie die Familienversicherten nach § 10 SGB V. Nach Ende der Mitgliedschaft können gem. § 19 Abs. 2 und 3 SGB V nachwirkende Leistungsansprüche für Personen bestehen, die nicht mehr Mitglied einer Krankenkasse sind. Jenseits dieser Ausnahmefälle ist für die Leistungsberechtigung die Mitglied-

---

26 BSG SozR 4-2500 § 13 Nr. 23.
27 BSG SozR 4-2500 § 13 Nr. 24.
28 VO (EG) Nr. 883/2004 über die Koordinierung der Systeme der sozialen Sicherheit v. 29.4.2004, ABl. 2004 L 166.
29 VO (EG) Nr. 987/2009 zur Festlegung der Modalitäten für die Durchführung der Verordnung (EG) Nr. 883/2004 über die Koordinierung der Systeme der sozialen Sicherheit v. 16.9.2009, ABl. 2009 L 284.
30 BSG SozR 4-2500 § 13 Nr. 23.

schaft in einer gesetzlichen Krankenkasse erforderlich. Der Beginn der Mitgliedschaft Versicherungspflichtiger richtet sich nach § 186 SGB V, das Ende nach § 190 SGB V.

2. Versicherungspflicht

37 § 5 Abs. 1 SGB V beschreibt, ergänzt durch die Abs. 2–4a, den Kreis der in der GKV versicherungspflichtigen Personen und nimmt zugleich in Abs. 5 und 5a eine Abgrenzung zur Privaten Krankenversicherung (PKV) vor.

a) Sozialversicherungspflichtig Beschäftigte

38 Den wesentlichen Teil der in der GKV Pflichtversicherten bilden die in § 5 Abs. 1 Nr. 1 SGB V angesprochenen gegen Arbeitsentgelt Beschäftigten. Darunter fallen nicht nur sämtliche Arbeitnehmer, die in einem Arbeitsverhältnis tätig sind, einschließlich der Heimarbeiter (vgl. § 12 Abs. 2 SGB IV). Von § 5 Abs. 1 S. 1 SGB V wird vielmehr jedes sozialversicherungspflichtige Beschäftigungsverhältnis iSv § 7 Abs. 1 SGB IV und damit jede Form nichtselbstständiger abhängiger Arbeit erfasst. Ob ein solches Beschäftigungsverhältnis vorliegt, ist unter Berücksichtigung aller Umstände des Einzelfalls zu ermitteln, wobei insbesondere die Eingliederung in eine fremdbestimmte Arbeitsorganisation, die Weisungsgebundenheit des Versicherten und die fehlende Freiheit bei der Festlegung der Arbeitszeit und des Arbeitsortes von Bedeutung sind. Nach § 5 Abs. 1 Nr. 1 SGB V versicherungspflichtig sind daher auch Beschäftigte in einem faktischen Arbeitsverhältnis oder aufgrund eines nichtigen Arbeitsvertrages sowie sog. Scheinselbstständige. Unter den Kreis der gegen Arbeitsentgelt beschäftigten Versicherungspflichtigen ist auch der Fremdgeschäftsführer und der Minderheitsgesellschafter-Geschäftsführer einer GmbH,[31] nicht aber der Mehrheitsgesellschafter-Geschäftsführer der GmbH[32] oder ein Vorstandsmitglied einer AG zu fassen. In einer GmbH mitarbeitende Gesellschafter sind dann nicht in der GKV versicherungspflichtig, wenn sie aufgrund ihrer gesellschaftsrechtlichen Stellung – sei es auch nur aufgrund einer satzungsmäßigen Sperrminorität – ihre Tätigkeit weisungsfrei erbringen können.[33] Entsprechendes gilt für den Gesellschafter einer Personenhandelsgesellschaft, sofern dieser seine Tätigkeit aufgrund seiner gesellschaftsrechtlichen Stellung und nicht aufgrund eines (zusätzlichen) Arbeitsvertrages mit der Gesellschaft erbringt.

39 Zu den sozialversicherungspflichtig Beschäftigten iSv § 5 Abs. 1 Nr. 1 SGB V gehören auch die zu ihrer Berufsausbildung Beschäftigten. Davon erfasst werden nicht nur sämtliche Auszubildende in einem Berufsausbildungsverhältnis nach dem BBG, sondern – über § 7 Abs. 2 SGB IV – Personen in sonstigen Ausbildungsverhältnissen, die dem Erwerb von Kenntnissen, Fertigkeiten und Erfahrungen im Rahmen der betrieblichen Berufsbildung zuzurechnen sind. Hierzu gehören beispielsweise gegen Entgelt verrichtete berufliche Praktika, nicht aber Praktika, die ohne Vergütung durchgeführt werden oder Teil eines von einer Hochschule organisierten Hochschulstudiums sind.[34]

40 § 5 Abs. 4a SGB V erweitert den Kreis der von § 5 Abs. 1 Nr. 1 SGB V erfassten versicherungspflichtig beschäftigten Auszubildende auf Personen, die ihre Ausbildung nicht in einem typischen Ausbildungsverhältnis zu einem bestimmten Arbeitgeber, sondern in einer außer- oder überbetrieblichen Einrichtung absolvieren einschließlich

---

31 BSG SozR 4-2400 § 7 Nr. 1 (zur Versicherungspflicht in der Arbeitslosenversicherung); BSG SozR Nr. 22 zu § 3 AVG = NJW 1974, 207.
32 Vgl. dazu BSG SozR 4-2400 § 7 Nr. 7.
33 Dazu BSG SozR 4-2400 § 7 Nr. 26; SozR 4-2400 § 7 Nr. 8; SozR 4-2400 § 7 Nr. 7.
34 BSG SozR 3-2500 § 5 Nr. 15 = BeckRS 1994, 31007381.

der Studierenden in einem dualen Studiengang.[35] Aus sozialen Gründen sind schließlich durch § 5 Abs. 4a S. 3 SGB V den sozialversicherungspflichtig beschäftigten Auszubildenden die zu ihrer Berufsausbildung beschäftigten Personen religiöser Gemeinschaften gleichgestellt, sofern sie nicht zu deren satzungsmäßigen Mitgliedern gehören.

Die die Leistungsberechtigung in der GKV begründende Mitgliedschaft eines ver- **41** sicherungspflichtig Beschäftigten beginnt nach § 186 Abs. 1 SGB V mit dem Tag des Eintritts in das Beschäftigungsverhältnis. Maßgeblich ist danach nicht die Aufnahme der Beschäftigung, sondern die rechtliche Begründung des Beschäftigungsverhältnisses. Dies ist von Bedeutung, wenn am ersten Tag des Beschäftigungsverhältnisses noch keine Arbeitsaufnahme erfolgt, sei es, dass der erste Tag ein Sonn- oder Feiertag ist oder der Beschäftigte die Tätigkeit wegen Erkrankung nicht aufnehmen kann. Auch die Freistellung vor Beginn der Arbeitsaufnahme steht der Begründung der Mitgliedschaft nicht entgegen.[36] Etwas anderes gilt lediglich, wenn eine Beschäftigung lediglich zum Schein aufgenommen worden ist oder mit der Absicht begründet worden ist, die Tätigkeit unter Berufung auf eine bestehende Arbeitsunfähigkeit nicht anzutreten, es sich also um eine Scheinbeschäftigung handelt.

Neben dem Tod des Mitgliedes (vgl. § 190 Abs. 1 SGB V) führt bei sozialversiche- **42** rungspflichtig Beschäftigten insbesondere das Ende des Ablaufes des Tages, an dem das Beschäftigungsverhältnis gegen Arbeitsentgelt endet gem. § 190 Abs. 2 SGB V zur Beendigung der Mitgliedschaft. Maßgeblich ist das Ende desjenigen Tages, an dem die rechtliche Beendigung eines Beschäftigungsverhältnisses eintritt. Demgegenüber führt die Freistellung von der Arbeitsverpflichtung bei fortbestehendem Beschäftigungsverhältnis nicht zum Ende der Mitgliedschaft, sofern nicht der Arbeitgeber dauerhaft und unwiderruflich auf die Entgegennahme der Hauptleistungspflicht, also der Arbeitsleistung des Arbeitnehmers, verzichtet.

Die Versicherungspflicht jedes sozialversicherungspflichtig Beschäftigten setzt voraus, **43** dass die Beschäftigung gegen Arbeitsentgelt iSv § 14 SGB IV erfolgt. Auch bei fortbestehendem Beschäftigungsverhältnis kann daher ein Ende der Mitgliedschaft dann eintreten, wenn die Beschäftigung nicht mehr gegen Arbeitentgelt erfolgt. Hierfür reicht es allerdings nicht aus, dass der Arbeitgeber – rechtswidrig – die Vergütungszahlung einstellt. Vielmehr ist erforderlich, dass die Verpflichtung zur Arbeitsentgeltzahlung – wie zB bei längerem unbezahltem Urlaub – aufgehoben wird. Zum Schutz der Beschäftigten fingiert § 7 Abs. 3 SGB IV die Beschäftigung gegen Arbeitsentgelt auch nach Erlöschen des Anspruchs auf Arbeitsentgelt solange als fortbestehend, solange ein Beschäftigungsverhältnis ohne Anspruch auf Arbeitsentgelt fortdauert, jedoch nicht länger als einen Monat, sofern nicht die dort genannten Ausnahmen vorliegen. Das Fortbestehen der Mitgliedschaft wird darüber hinaus in den in § 192 und § 193 SGB V geregelten Konstellationen trotz Entfallens des Arbeitsentgeltanspruchs von Gesetzes wegen fingiert.

b) Bezieher von Arbeitslosengeld

In der GKV versicherungspflichtig sind nach § 5 Abs. 1 Nr. 2 und 2a SGB V die Bezie- **44** her von Arbeitslosengeld nach den §§ 136 ff. SGB III und Bezieher von an erwerbsfähige Hilfsbedürftige gezahlten Arbeitslosengeld II (ALG II) nach den §§ 19 ff. SGB II,

---

35 Dazu Spickhoff/*Nebendahl* SGB V § 5 Rn. 9; zur früheren Rechtslage BSG SozR 4-2500 § 7 Nr. 11.
36 BSG SozR 4-2500 § 44 Nr. 4.

soweit die Gewährung des ALG II nicht nur darlehensweise nach den § 22 Abs. 5, § 23 SGB II erfolgt.

45 Die Begründung der Versicherungspflicht knüpft an den tatsächlichen Bezug der genannten Sozialleistungen an, ist also nicht davon abhängig, ob die Gewährung der Sozialleistung zu Unrecht erfolgt ist. Der Versicherungspflicht steht demgegenüber nicht entgegen, wenn der im Bewilligungsbescheid zuerkannte Betrag aus sonstigen Gründen (Aufrechnung, Verrechnung, Pfändung etc.) nicht dem Versicherten zufließt. Auch ein Ruhen des Anspruchs auf Arbeitslosengeld nach Beendigung eines Arbeitsverhältnisses wegen einer Sperrzeit nach § 159 SGB III oder nach einer Urlaubsabgeltung gem. § 157 Abs. 2 SGB III beseitigt die Versicherungspflicht nicht.

46 Die Mitgliedschaft von Beziehern von Arbeitslosengeld oder ALG II beginnt nach § 186 Abs. 2a SGB V mit dem Tag des Leistungsbezuges. Nicht entscheidend ist der Tag der Bewilligung oder Auszahlung der Sozialleistung, sodass auch eine rückwirkende Bewilligung der Leistung die Mitgliedschaft mit Beginn des Leistungszeitraums begründet. Die Mitgliedschaft endet mit dem Ende des Leistungsbezuges.

c) Rentner und Waisenrentenbezieher

47 In der GKV pflichtversichert sind nach § 5 Abs. 1 Nr. 11, Abs. 2 SGB V Rentner, sofern diese nach differenziert ausgestatteten Berechnungsregelungen der GKV und nicht der PKV zuzuordnen sind. Einen zusätzlichen Versicherungstatbestand enthält Nr. 11b für die Bezieher von Waisenrenten und entsprechender Leistungen von berufsständischen Versorgungswerken.

48 Voraussetzung für die Versicherungspflicht der Rentner ist zum einen, dass der Person ein Anspruch auf Gewährung einer Rente aus der Gesetzlichen Rentenversicherung (GRV) zusteht.[37] Ob die Rente tatsächlich gezahlt wird, ist demgegenüber unmaßgeblich. Außerdem muss der Rentner einen Rentenantrag iSv § 115 Abs. 1 S. 1 SGB VI gestellt haben.[38]

49 Die Versicherungspflicht eines Rentners in der GKV setzt weiter voraus, dass der Rentner die gesetzlich geforderten Vorversicherungszeiten erfüllt. Der Rentner muss 9/10 der zweiten Hälfte der Zeit seit seiner erstmaligen Aufnahme einer Erwerbstätigkeit bis zur Stellung des Rentenantrages mit Versicherungszeiten oder Familienversicherungszeiten nach § 10 SGB V ausfüllen können. Zeiten der freiwilligen Versicherung sind ab dem 1.4.2002 zu berücksichtigen.[39] Zur Ermittlung dieser Voraussetzungen muss zunächst der maßgebliche Lebenserwerbszeitraum festgestellt werden. Dieser beginnt mit der erstmaligen Aufnahme einer Erwerbstätigkeit (zB Berufsausbildung, Arbeitsverhältnis, selbstständige Tätigkeit), unabhängig davon, ob diese Erwerbstätigkeit versicherungspflichtig gewesen ist. Der Zeitraum endet mit der Rentenantragstellung. In einem zweiten Schritt muss alsdann geprüft werden, ob der Rentner in der zweiten Hälfte des so ermittelten Zeitraums zu 9/10 selbst Mitglied in der GKV, familienversichert oder – ab dem 1.4.2002 – freiwillig versichert gewesen ist.

50 Die Mitgliedschaft eines Rentners in der GKV beginnt nach § 186 Abs. 9 SGB V mit dem Tag der Stellung des Rentenantrages. Erweist sich der Rentenantrag als unbegründet und wird er deshalb abgelehnt, wird in den Fällen, in denen die Vorversicherungszeiten erfüllt sind, die Voraussetzungen eines Rentenanspruchs aber nicht gege-

---

37 Der Bezug einer betrieblichen Altersrente ist nicht ausreichend, BSG SozR 3-2500 § 5 Nr. 39.
38 Gleichgestellt ist ein Überprüfungsantrag nach § 44 SGB X, vgl. BSG SozR 3-2500 § 5 Nr. 33 = BeckRS 1997, 30767386.
39 Dazu BVerfG SozR 3-2500 § 5 Nr. 42 = NJW 2000, 2730.

Nebendahl

ben sind, nach § 189 Abs. 1 SGB V die Mitgliedschaft in der GKV für die Dauer des Rentenantragsverfahrens bis zur Rücknahme des Rentenantrages oder dessen rechtskräftiger Ablehnung fingiert. Ist der Rentenantrag erfolgreich, endet die Mitgliedschaft des Rentners in der GKV nach § 190 Abs. 1 SGB V mit dem Tode. Darüber hinaus kann die Mitgliedschaft in der GKV enden, wenn der Rentenbezug endet. Hat der Rentner befristet eine laufende Rente erhalten, sieht § 190 Abs. 11 Nr. 1 SGB V als Beendigungszeitpunkt den Ablauf des Monats vor, für den zuletzt ein Anspruch auf Rente bestanden hat. Als weiterer Beendigungszeitpunkt kommt der Tag der Unanfechtbarkeit einer Entscheidung über den Wegfall oder den Entzug der Rente in Betracht. Als frühesten Zeitpunkt des Endes der Mitgliedschaft bestimmt § 190 Abs. 11 Nr. 1 SGB V den Ablauf des Monats, für den tatsächlich letztmalig Rente zu zahlen ist. Ist dem Rentner eine Rente für bereits abgelaufene Zeiträume gezahlt worden, sieht § 190 Abs. 11 Nr. 2 SGB V das Ende der Mitgliedschaft für den Ablauf des Monats fest, in dem die Entscheidung über die Gewährung der Rente unanfechtbar geworden ist. Der Zeitraum zwischen dem Ende des rückwirkend festgestellten Rentenbezuges und dem Ende des Monats, in dem die unanfechtbare Entscheidung ergangen ist, wird wie eine Formalmitgliedschaft nach § 189 SGB V zu behandeln sein.

d) Personen in Einrichtungen der Jugendhilfe

Versicherungspflichtig sind nach § 5 Abs. 1 Nr. 5 SGB V Personen, die in einer Einrichtung der Jugendhilfe nach dem SGB VIII für eine Erwerbstätigkeit befähigt werden sollen. Die Versicherungspflicht besteht unabhängig davon, auf welche Befähigung die Tätigkeit in der Einrichtung der Jugendhilfe gerichtet ist und ob für diese Tätigkeit eine Bezahlung erfolgt. **51**

Die Mitgliedschaft dieses Personenkreises in der GKV beginnt nach § 186 Abs. 4 SGB V mit dem Beginn der die Versicherungspflicht begründenden Maßnahme, wobei es auf den Beginn des Tages ankommt, an dem die Maßnahme nach dem entsprechenden Bewilligungsbescheid beginnen soll. Die Mitgliedschaft endet gem. § 190 Abs. 6 SGB V mit dem Ende des Tages, an dem die Maßnahme endet. **52**

e) Teilnehmer an Leistungen zur Teilhabe am Arbeitsleben

In der GKV versicherungspflichtig sind nach § 5 Abs. 1 Nr. 6 SGB V darüber hinaus Teilnehmer an Leistungen zur Teilhabe am Arbeitsleben. Anknüpfungspunkt für die Versicherungspflicht ist die tatsächliche Teilnahme an von Rehabilitationsträgern nach § 6 SGB IX durchgeführten oder erbrachten Maßnahmen zur Teilhabe am Arbeitsleben nach § 5 Nr. 2, §§ 33 ff. SGB IX sowie zur Abklärung der beruflichen Eignung und Arbeitserprobung nach § 33 Abs. 4 S. 2 SGB IX, nicht aber bei Leistungen zur medizinischen Rehabilitation nach § 26 SGB IX. **53**

Die Mitgliedschaft derart Versicherungspflichtiger beginnt nach § 186 Abs. 5 SGB V mit dem Tag des Beginns der Maßnahme und endet nach § 190 Abs. 7 SGB V mit dem Ende der Maßnahme. Wird über das Ende der Maßnahme hinaus an den Teilnehmer Übergangsgeld gezahlt, bleibt die Mitgliedschaft bis zum Ablauf des Tages bestehen, bis zu dem Übergangsgeld gezahlt wird. **54**

f) Behinderte Menschen in Werkstätten und Einrichtungen

Behinderte Menschen iSv § 2 SGB IX sind nach § 5 Abs. 1 Nr. 7 SGB V in der GKV versicherungspflichtig, wenn sie entweder in anerkannten Werkstätten für behinderte Menschen iSv § 136 Abs. 1 S. 1 SGB IX oder in anerkannten Blindenwerkstätten nach § 143 SGB IX tätig sind bzw. für derartige Einrichtungen in Heimarbeit arbeiten. Ein Bezug von Entgelt ist nicht Voraussetzung für die Versicherungspflicht. Allerdings **55** muss von den behinderten Menschen wenigstens ein Mindestmaß wirtschaftlich verwertbarer Arbeitsleistung erbracht werden bzw. – im Berufsbildungsbereich einer anerkannten Werkstatt – nach der Teilnahme an der Maßnahme im Berufsbildungsbereich ein Mindestmaß wirtschaftlich verwertbarer Arbeitsleistung zu erwarten sein.[40] Dementsprechend werden von der Versicherungspflicht solche Behinderte nicht erfasst, die nicht zum Zweck einer medizinisch-therapeutischen Behandlung in der Werkstatt aufgenommen werden[41] oder die, ohne werkstattfähig zu sein, in einer an eine Werkstatt für behinderte Menschen angegliederten Tagesförderstätte oder sonstigen Einrichtung betreut werden.[42]

56 § 5 Abs. 1 Nr. 8 SGB V erstreckt die Versicherungspflicht für behinderte Menschen iSv § 2 SGB IX auf sonstige Einrichtungen außerhalb von Werkstätten, die geeignet sind, behinderte Menschen zu betreuen.[43] Die Versicherungspflicht für eine Tätigkeit in sonstigen Einrichtungen setzt allerdings über die bloße Tätigkeit hinaus voraus, dass die vom Behinderten zu erbringende Leistung zum einen in gewisser Regelmäßigkeit erfolgt und zum anderen einen gewissen wirtschaftlichen Wert hat. Sie muss im Vergleich zu einem voll erwerbsfähigen Beschäftigten mit gleichartiger Beschäftigung zumindest 1/5 der von diesen erbrachten Leistungen wertmäßig entsprechen. Unerheblich ist demgegenüber, ob der behinderte Mensch für seine Tätigkeit ein Entgelt erhält.[44]

57 Die Mitgliedschaft der nach § 5 Abs. 1 Nr. 7 und 8 SGB V versicherungspflichtigen Personen beginnt nach § 186 Abs. 6 SGB V mit dem Tag der Aufnahme der Tätigkeit in der entsprechenden Einrichtung. Er endet nach § 190 Abs. 8 SGB V mit dem Ende des Tages der Aufgabe der Tätigkeit in der Werkstatt oder Einrichtung. Der bloße Wechsel einer Werkstatt oder Einrichtung stellt demgegenüber keine Aufgabe der Tätigkeit dar.

g) Studenten

58 Nach § 5 Abs. 1 Nr. 9 SGB V sind an einer staatlichen oder staatlich anerkannten Hochschule eingeschriebene Studierende in der GKV versicherungspflichtig. Maßgeblich ist die Einschreibung an einer Hochschule für ein Studium, das auf eine wissenschaftliche Ausbildung oder Bildung gerichtet ist. Ausreichend ist auch ein Zweitstudium oder Aufbaustudium. Studienvorbereitende Kurse, Studienkolleg oder Promotionsstudien reichen demgegenüber zur Begründung der Versicherungspflicht nicht aus.[45]

59 Um den Missbrauch der wirtschaftlich günstigen Studentenversicherungen zu vermeiden, ist die Versicherungspflicht für Studierende an zeitliche Grenzen geknüpft. Sie besteht für die Zeit bis zum Abschluss des 14. Fachsemesters, nicht Studiensemesters, und längstens bis zur Vollendung des 30. Lebensjahres. Bei einem Wechsel des Studienganges oder einem Zweitstudium werden die in einem vorangegangen Studiengang verbrachten Fachsemester dementsprechend nicht angerechnet. Die zeitlichen Grenzen können sich ausnahmsweise aufgrund der Art der Ausbildung oder aus sozialen Gründen verlängern. Verlängerungsgründe können aus der Art der Ausbildung folgen, wenn das jeweilige Studium auch bei planvoller und nicht verzögerter

---

40 BSG SozR 5085 § 1 Nr. 4.
41 BSG SozR 3-2500 § 5 Nr. 19.
42 BSG SozR 3-2500 § 5 Nr. 19; SozR 5085 §1 Nr. 4; SozR 5085 § 1 Nr. 2.
43 BSG SozR 5085 § 2 Nr. 1.
44 Dazu Spickhoff/*Nebendahl* SGB V § 5 Rn. 32.
45 BSG SozR 3-2500 § 5 Nr. 3 = BeckRS 1992, 30742637 (studienvorbereitendes Studienkolleg);
    BSG SozR 3-2500 § 5 Nr. 2 = BeckRS 1992, 30742645 (studienvorbereitender Sprachkurs).

Durchführung unter Beachtung der Vorgaben der maßgeblichen Studienordnung und der sonstigen rechtlichen Vorgaben für die Durchführung des Studiums nicht in 14 Fachsemestern durchgeführt werden kann. Darüber hinaus können familiäre oder persönliche Gründe für eine Verlängerung der Zeit der Versicherungspflicht in Betracht kommen, wenn es sich um bei objektiver Betrachtungsweise nachvollziehbare Gründe handelt, die die Aufnahme oder den zeitgerechten Abschluss des Studiums unmöglich oder zumindest unzumutbar gemacht haben.[46] Derartige persönliche Gründe können beispielsweise Zeiten einer eigenen Erkrankung, Behinderung oder Schwangerschaft sein.[47] Familiäre Gründe können in der Betreuung von behinderten oder aus anderen Gründen auf Hilfe angewiesener Kinder liegen. Entscheidend ist, dass die Gründe für die Überschreitung der zeitlichen Grenzen ursächlich geworden sind. Dies ist nicht der Fall, wenn der Studierende nach Wegfall der Gründe das Studium innerhalb der zeitlichen Grenzen des § 5 Abs. 1 Nr. 9 SGB V hätte vollenden können.[48]

Die Versicherungspflicht für Studierende beginnt nach § 186 Abs. 7 SGB V mit dem **60** Beginn des Semesters. Die Lage der Vorlesungszeit ist demgegenüber unmaßgeblich. Erfolgt die erstmalige Immatrikulation bzw. die zu jedem Folgesemester erforderliche Rückmeldung durch den Studierenden erst nach Beginn des Semesters, so beginnt die Mitgliedschaft mit Beginn des Tages der Immatrikulation bzw. Rückmeldung. Eine Unterbrechung der Krankenversicherung als Studierender tritt auch bei verspäteter Rückmeldung wegen der Regelung in § 190 Abs. 9 SGB V nur ein, wenn die Rückmeldung mehr als einen Monat verspätet ist. Die Mitgliedschaft eines Studierenden endet nach § 190 Abs. 9 SGB V mit dem Ablauf des dem Semesterende folgenden Monats, in dem der Studierende zuletzt eingeschrieben und rückgemeldet war. § 245 Abs. 2 SGB V erhält für einen Studierenden nach Ende der Mitgliedschaft nach § 190 Abs. 9 SGB V den niedrigen Beitragssatz des Studententarifs für die Zeit bis zu der das Studium abschließenden Prüfung, längstens aber für die Dauer von sechs Monaten, sofern sich der Studierende – bei Vorliegen der entsprechenden Voraussetzungen – freiwillig weiter versichert.

h) Praktikanten

§ 5 Abs. 1 Nr. 10 SGB V bezieht die sog. Praktikanten in die Pflichtversicherung ein. **61** Hierbei handelt es sich um Personen, die eine berufspraktische Tätigkeit verrichten, die im Rahmen einer Hochschulausbildung in der maßgeblichen Studien- oder Prüfungsordnung vorgesehen ist. Auf den Zeitpunkt des Praktikums kommt es demgegenüber nicht an. Allerdings ist die Versicherungspflicht nach § 5 Abs. 1 Nr. 10 SGB V hinter des § 5 Abs. 1 Nr. 9 SGB V nachrangig, sodass ein während des Studiums durchgeführtes Praktikum regelmäßig nicht unter § 5 Abs. 1 Nr. 10 SGB V fällt, wohl aber in der Studienordnung vorgesehene studienvorbereitende oder nach Beendigung des Studiums durchgeführte Praktika. Das Praktikum muss darüber hinaus unentgeltlich erfolgen, weil ansonsten die vorrangige Versicherungspflicht nach § 5 Abs. 1 Nr. 1 SGB V besteht.

Von dem Versicherungspflichttatbestand des § 5 Abs. 1 Nr. 10 SGB V wird darüber **62** hinaus die Gruppe der zu ihrer Berufsausbildung Beschäftigten umfasst, soweit diese Ausbildung nicht entgeltlich erfolgt. Bei einer entgeltlichen Ausbildung ist ebenfalls

---

46 BSG SozR 3-2500 § 5 Nr. 7 = BeckRS 1992, 30742687; BSG SozR 3-2500 § 5 Nr. 4 = BeckRS 9998, 166251.
47 BSG SozR 3-2500 § 5 Nr. 6 = BeckRS 1992, 31031754 zur Verzögerung der Studienaufnahme wegen eines Auswahlverfahrens.
48 BSG SozR 3-2500 § 5 Nr. 13; SozR 3-2500 § 5 Nr. 8 = BeckRS 1992, 30742679.

der vorrangige Versicherungspflichttatbestand des § 5 Abs. 1 Nr. 1 SGB V einschlägig. Schließlich erstreckt § 5 Abs. 1 Nr. 10 SGB V die Versicherungspflicht auch auf Absolventen eines Ausbildungsganges des zweiten Bildungsweges nach dem BaföG, der einen ansonsten an allgemeinbildenden Schulen zu erreichenden Bildungsabschluss vermittelt und den Zugang zu einer berufsqualifizierenden Ausbildung eröffnet. Nicht entscheidend ist, ob die betroffene Person Leistungen nach dem BaföG bezieht. Auch bei dieser Gruppe werden nur unentgeltliche Ausbildungen erfasst, weil ansonsten der Versicherungspflichttatbestand des § 5 Abs. 1 Nr. 1 SGB V vorgeht.

63   Die Mitgliedschaft eines Praktikanten in der GKV beginnt nach § 186 Abs. 6 SGB V mit dem Tag der Aufnahme des Praktikums bzw. des Eintritts in die sonstige Beschäftigung. Die Mitgliedschaft endet nach § 190 Abs. 10 SGB V mit dem Tag der Aufgabe der berufspraktischen Tätigkeit bzw. Beschäftigung.

i) Landwirte, Künstler und Publizisten

64   Lediglich deklaratorisch verweist § 5 Abs. 1 Nr. 3 SGB V auf die Versicherungspflicht der dem Kreis der krankenversicherten Landwirte nach dem KVLG 1989 unterfallenden Personen. Zu dem Kreis der nach diesem Gesetz Versicherten gehören der landwirtschaftliche Unternehmer, seine mitarbeitenden Familienangehörigen und die Altenteiler entsprechend den Begriffsbestimmungen in § 2 KVLG. Alle übrigen in der Landwirtschaft tätigen Beschäftigten sind nach § 5 Abs. 1 Nr. 1 SGB V versicherungspflichtig.

65   Ebenfalls deklaratorisch verweist § 5 Abs. 1 Nr. 4 SGB V auf die Künstler und Publizisten iSv § 2 KSVG, deren Versicherungspflicht sich nach § 1 KSVG richtet. Erfasst von diesem Tatbestand werden selbstständige Künstler und Publizisten, die nicht mehr als einen Arbeitnehmer beschäftigen. Demgegenüber sind in einem abhängigen Beschäftigungsverhältnis, insbesondere als Arbeitnehmer beschäftigte Künstler und Publizisten nach § 5 Abs. 1 Nr. 1 SGB V versicherungspflichtig. Selbstständig tätige Künstler und Publizisten, die mehr als einen Arbeitnehmer beschäftigen, sind nicht krankenversicherungspflichtig.

j) Auffangtatbestand

66   Im Sinne eines Auffangtatbestandes begründet § 5 Abs. 1 Nr. 13 SGB V die Versicherungspflicht in der gesetzlichen Krankenversicherung für Personen, die keinen anderweitigen Anspruch auf Absicherung im Krankheitsfall haben. Damit soll die Anzahl der Personen ohne ausreichenden Krankenversicherungsschutz merkbar verringert werden. Erfasst von diesem Tatbestand werden Personen, die weder gesetzlich noch privat krankenversichert sind und auch nicht durch andere Systeme der Gesundheitsfürsorge gegen das Risiko der Krankheit abgesichert sind. Dazu zählen neben den öffentlich-rechtlichen Gesundheitsfürsorgesystemen nach dem Beamtenversorgungsgesetz, dem Soldatengesetz und dem Wehrpflichtgesetz oder dem Bundesentschädigungsgesetz insbesondere Leistungen der Krankenhilfe bei Maßnahmen der Jugendhilfe nach § 40 SGB VIII[49] oder der Sozialhilfe nach § 48 SGB XII iVm § 264 SGB V[50] sowie der staatliche Gesundheitsschutz im Strafvollzug nach den §§ 66 ff. StVollZG oder nach § 4 AsylbLG. Das Bestehen einer privaten Krankenversicherung schließt die Versicherungspflicht nach § 5 Abs. 1 Nr. 13a SGB V nur aus, wenn es sich um eine Vollversicherung handelt, die in ihrem Umfang dem Leistungsumfang der GKV entspricht.

---

49   BSG SozR 4-2500 § 5 Nr. 10.
50   BSG SozR 4-2500 § 9 Nr. 1.

Zum Zweck der Abgrenzung der Zuständigkeit von GKV und PKV sieht § 5 Abs. 1   **67**
Nr. 13 lit. a SGB V die Versicherungspflicht in der GKV nur für diejenigen Personen
vor, die zuletzt gesetzlich krankenversichert waren, wobei es auf die letzte bestehende Versicherung vor der Zeit der fehlenden Absicherung im Krankheitsfall ankommt. Bestand demgegenüber als letzte Versicherung gegen das Risiko der Krankheit eine Versicherung in der PKV, führt § 193 Abs. 3 VVG zur Verpflichtung zum
Abschluss eines privaten Krankenversicherungsvertrages und damit zur Zuordnung
zur PKV.

Die Mitgliedschaft nach diesem Versicherungspflichttatbestand beginnt nach § 186   **68**
Abs. 11 SGB V mit dem Wegfall der anderweitigen Absicherung im Krankheitsfall
bzw. – in dem Fall, dass die anderweitige Absicherung bereits vor dem 1.4.2007 nicht
bestanden hat – mit dem 1.4.2007. Die Mitgliedschaft endet nach § 190 Abs. 13 SGB V
mit Ablauf des Vortages, an dem ein anderweitiger Anspruch auf Absicherung im
Krankheitsfall begründet wird oder der Versicherte seinen Wohnsitz oder gewöhnlichen Aufenthalt in einen anderen Staat verlegt. Die anderweitige Absicherung muss
allerdings den Umfang der Leistungspflicht der gesetzlichen Krankenversicherung erreichen.

k) Konkurrenzen

Liegen die Voraussetzungen mehrerer Versicherungspflichttatbestände vor, muss das   **69**
gesetzlich geregelte Konkurrenzverhältnis der einzelnen Versicherungspflichttatbestände beachtet werden.

Dabei stellt die Versicherungspflicht nach § 5 Abs. 1 Nr. 1 SGB V den allen anderen   **70**
Versicherungspflichttatbeständen vorgehenden Grundtatbestand dar. Dies folgt aus
§ 5 Abs. 6 SGB V hinsichtlich der Versicherungspflichttatbestände der Nr. 5–7 und 8,
aus § 5 Abs. 7 SGB V hinsichtlich der Versicherungspflicht nach den Nr. 9 und 10 und
aus § 5 Abs. 8 SGB V hinsichtlich der Versicherungspflicht nach den Nr. 11 bis 12. § 5
Abs. 8a SGB V regelt den Vorrang der Versicherungspflicht nach § 5 Abs. 1 Nr. 1 SGB V
gegenüber der Versicherungspflicht nach § 5 Abs. 1 Nr. 13 SGB V. Die Konkurrenz
zwischen dem Versicherungspflichttatbestand des § 5 Abs. 1 Nr. 1 SGB V zur Nr. 3 ist
durch die Spezialität und damit dem Vorrang der Versicherungspflicht der Krankenversicherung der Landwirte (§ 3 Abs. 2 KVLG 1989) bestimmt. Ein Konkurrenzverhältnis zum Versicherungspflichttatbestand des § 5 Abs. 1 Nr. 4 SGB V kann nicht entstehen, weil die Versicherungspflicht nach dem KSVG an eine selbstständige Tätigkeit
anknüpft. Ungeregelt ist lediglich das Verhältnis zwischen den Versicherungspflichttatbeständen des § 5 Abs. 1 Nr. 1 SGB V einerseits und den Tatbeständen der Nr. 2 und
2a andererseits. Soweit tatbestandlich überhaupt ein Konkurrenzverhältnis auftreten
kann, stehen die Versicherungspflichttatbestände nebeneinander.

Hinsichtlich der Versicherungspflichttatbestände des § 5 Abs. 1 Nr. 2 und 2a SGB V be-   **71**
steht nach § 5 Abs. 7–8a SGB V ein Vorrang gegenüber der Versicherungspflicht nach
den Nr. 9–13. Die Versicherungspflicht nach § 5 Abs. 1 Nr. 2 SGB V ist gegenüber der
Familienversicherung nach § 10 SGB V vorrangig. Gleiches gilt seit dem 2.1.2016 im
Verhältnis der Versicherungspflicht von ALG II-Beziehern nach Nr. 2a im Verhältnis
zur Familienversicherung.

Die Versicherungspflicht von Personen in Einrichtungen der Jugendhilfe nach § 5   **72**
Abs. 1 Nr. 5 SGB V geht den Versicherungspflichttatbeständen des § 5 Abs. 1 Nr. 9–13
SGB V vor. Dies folgt ebenfalls aus § 5 Abs. 7–8a SGB V. Ein Konkurrenzverhältnis zu
den übrigen Pflichtversicherungstatbeständen wird aus tatsächlichen Gründen nicht
auftreten.

73 Die Versicherungspflicht nach § 5 Abs. 1 Nr. 6 SGB V ist gegenüber den Versicherungspflichttatbeständen aus den Nr. 9–13 vorrangig. Im Verhältnis zu den Versicherungspflichttatbeständen nach den Nr. 7 und 8 ist gem. § 5 Abs. 5a S. 2 SGB V diejenige Versicherungspflicht vorrangig, nach der der höhere Beitrag zu zahlen ist.

74 Im Verhältnis der Versicherungspflicht von behinderten Menschen in Werkstätten und sonstigen Einrichtungen nach den Nr. 7 und 8 und den Versicherungspflichttatbeständen nach den Nr. 9–13 besteht nach § 5 Abs. 7–8a SGB V ein Vorrang. Eine Konkurrenzregelung zu den Versicherungstatbeständen der Nr. 2, 2a, 4 und 5 besteht nicht. Jedoch dürfte eine Konkurrenzsituation kaum auftreten.

75 Die Versicherungspflicht für Studenten ist nach § 5 Abs. 7 S. 1 SGB V grundsätzlich gegenüber allen anderen Versicherungspflichttatbeständen mit Ausnahme der Versicherungspflicht für Praktikanten nach der Nr. 10 nachrangig. Im Verhältnis zur Familienversicherung nach § 10 SGB V besteht ein Nachrang, sofern nicht der Ehegatte, Lebenspartner oder das Kind des Studenten nicht versichert ist.

76 Die Versicherungspflicht von Rentnern ist gegenüber allen anderen Versicherungspflichttatbeständen mit Ausnahme der Versicherungspflicht von Studenten und Praktikanten nach § 5 Abs. 1 Nr. 9 und 10 SGB V nachrangig. Erst recht ist der Auffangtatbestand in § 5 Abs. 1 Nr. 13 SGB V gegenüber sämtlichen anderen Versicherungstatbeständen nachrangig. Dies ergibt sich schon aus dem Charakter der Regelung als Auffangtatbestand, folgt aber auch aus § 5 Abs. 8a S. 1 SGB V.

l) Das Verhältnis zur hauptberuflich selbstständigen Erwerbstätigkeit

77 Zum Schutz der Wirtschaftlichkeit der GKV schließt § 5 Abs. 5 SGB V für hauptberuflich selbstständig Erwerbstätige die Versicherungspflicht nach § 5 Abs. 1 Nr. 1, 5–12 SGB V ausdrücklich aus. Damit soll erreicht werden, dass ein nicht versicherungspflichtiger Selbstständiger durch Aufnahme einer versicherungspflichtigen Tätigkeit neben der hauptberuflichen Selbstständigkeit, zB durch Immatrikulation als Student oder Aufnahme einer kostengünstigen versicherungspflichtigen Beschäftigung, den Versicherungsfall Krankheit in der GKV abzusichern versucht. Der Ausschlussgrund setzt zum einen eine selbstständige Tätigkeit voraus, also eine auf Gewinnerzielung gerichtete, selbstbestimmte, weisungsfreie Tätigkeit.[51] Zum anderen muss die Tätigkeit hauptberuflich erbracht werden. Diese Voraussetzung ist gegeben, wenn die Tätigkeit aufgrund ihrer wirtschaftlichen Bedeutung und dem mir ihr verbundenen zeitlichen Aufwand die übrigen Erwerbstätigkeiten zusammen deutlich übersteigt und den Schwerpunkt der Erwerbstätigkeit bildet.[52] In der Regel ist dies der Fall, wenn der Erwerbstätige aus dieser Tätigkeit den wesentlichen Teil seines Einkommens erzielt und seinen Lebensunterhalt bestreitet oder wenn die Tätigkeit zeitlich den übrigen Tätigkeiten deutlich überwiegt.

3. Versicherungsfreiheit

a) Allgemeines

78 Trotz Vorliegens einer der Versicherungspflichttatbestände des § 5 SGB V kann nach § 6 SGB V von Gesetzes wegen Versicherungsfreiheit in der GKV eintreten, wenn einer der gesetzlichen Tatbestände der Versicherungsfreiheit aus § 6 Abs. 1, 2 und 3a SGB V

---

51 So schon BSG 3-2200 § 1227 Nr. 8 (zum Begriff der selbstständigen Erwerbstätigkeit in der GRV).
52 BSG SozR 4-2500 § 5 Nr. 26; SozR 4-2500 § 10 Nr. 10.

Nebendahl

vorliegt.[53] Die Herausnahme aus der an sich bestehenden Krankenversicherungs-pflicht beruht in der überwiegenden Zahl der Tatbestände der Versicherungsfreiheit auf der vom Gesetzgeber angenommenen fehlenden sozialen Schutzbedürftigkeit der betroffenen Personen. Dies gilt sowohl für die Regelung in § 6 Abs. 1 Nr. 1 SGB V, bei der der Gesetzgeber angenommen hat, dass die betroffene Person über so hohe Ein-künfte verfügt, dass sie sich in der privaten Krankenversicherung selbst gegen Krank-heit versichern kann, als auch für die Tatbestände in § 6 Abs. 1 Nr. 2, 4–8, Abs. 2 SGB V, die voraussetzen, dass eine anderweitige Absicherung gegen das Risiko der Krankheit besteht. Lediglich das in § 6 Abs. 1 Nr. 3 SGB V geregelte sog. »Werkstudentenprivi-leg« sowie die in § 6 Abs. 1 Nr. 1a und in Abs. 3a SGB V geregelten Tatbestände verfol-gen andere Zwecke.

Korrespondierend hiermit folgt nach § 6 Abs. 3 SGB V aus der Versicherungsfreiheit 79 nach allen in § 6 SGB V geregelten Tatbeständen der Versicherungsfreiheit mit Aus-nahme des Werkstudentenprivilegs in § 6 Abs. 1 Nr. 3 SGB V, der Versicherungsfreiheit für versicherungspflichtige Hinterbliebene nach § 6 Abs. 2 SGB V und der Versiche-rungsfreiheit bei geringfügiger Beschäftigung in § 7 SGB V eine absolute Versiche-rungsfreiheit in der GKV gegenüber den Versicherungspflichttatbeständen aus § 5 Abs. 1 Nr. 1 und Nr. 5–13 SGB V. Die absolute Versicherungsfreiheit gilt für die Zeit, in der tatsächlich die Versicherungsfreiheit besteht. Sobald deren Voraussetzungen entfal-len, lebt eine anderweitige Versicherungspflicht wieder auf. Demgegenüber begrün-den die Tatbestände der Versicherungsfreiheit für Werkstudenten nach § 6 Abs. 1 Nr. 3 SGB V, für versicherungspflichtige Hinterbliebene nach § 6 Abs. 2 SGB V und für ge-ringfügig Beschäftigte nach § 7 SGB V die Versicherungsfreiheit lediglich in der kon-kreten Beschäftigung des Werkstudenten bzw. des geringfügig Beschäftigten oder hin-sichtlich der Versicherung als Rentner für den Hinterbliebenen nach § 5 Abs. 1 Nr. 11 SGB V.

b) Überschreitung der Jahresarbeitsentgeltgrenze

An sich nach § 5 Abs. 1 Nr. 1 SGB V in der GKV versicherungspflichtige Arbeitnehmer 80 sind nach § 6 Abs. 1 Nr. 1 SGB V versicherungsfrei, wenn ihr regelmäßiges Jahres-arbeitsentgelt die Jahresarbeitsentgeltgrenze übersteigt. Dieser Personenkreis wird vom Gesetzgeber als nicht sozial schutzbedürftig angesehen.

Zur Bestimmung der Versicherungsfreiheit ist zunächst das regelmäßige Jahresarbeits- 81 entgelt zu ermitteln. Zu berücksichtigen sind alle Entgeltbestandteile aus dem Ar-beitsverhältnis iSv § 14 Abs. 1 SGB IV als Bruttobeträge. Hierzu gehören nicht nur die regelmäßige Monatsvergütung sowie regelmäßig gezahlte Zulagen und Zuschläge (regelmäßig gezahlte Überstundenvergütungen, Erschwerniszulagen etc.). Aperio-disch oder einmalig im Kalenderjahr erfolgende Zahlungen sind zu berücksichtigen, wenn sie dem Arbeitnehmer mit einiger Sicherheit zufließen. Dies gilt zB für regelmäßig gezahlte Jahressonderzahlungen (Weihnachtsgeld, 13. Monatsgehalt, zusätzliches Ur-laubsgeld), nicht aber für Erfolgsprämien o.Ä., auf deren Zahlung kein Anspruch be-steht. Vergütungserhöhungen werden ab dem Zeitpunkt des Eintritts der Vergütungs-erhöhung berücksichtigt.[54] Bei rückwirkend vereinbarten Vergütungserhöhungen gilt der Zeitpunkt, ab dem der Anspruch bestanden hat. Nicht berücksichtigt werden Leis-tungen, die mit Rücksicht auf den Familienstand gewährt werden, wie zB Familien-zulagen. Maßgeblich ist nicht der Zufluss, sondern die Entstehung des Anspruchs, so-dass auch vom Arbeitgeber geschuldete, aber nicht erfüllte Vergütungsansprüche zu

---

53 Dazu Spickhoff/*Nebendahl* SGB V § 6 Rn. 1.
54 BSG SozR 2200 § 165 Nr. 15 = BeckRS 1976, 00443.

berücksichtigen sind.[55] Einkünfte aus mehreren sozialversicherungspflichtigen Beschäftigungsverhältnissen werden zusammengerechnet. Demgegenüber bleiben Einkünfte aus versicherungsfreien Tätigkeiten unberücksichtigt. Dies gilt gem. § 8 Abs. 2 SGB IV auch für Einkünfte aus einer geringfügigen Beschäftigung.

82 Die Versicherungsfreiheit setzt voraus, dass die maßgebliche Jahresarbeitsentgeltgrenze überschritten wird. Die Festlegung der Jahresarbeitsentgeltgrenze erfolgt gem. § 6 Abs. 6 SGB V durch Rechtsverordnung nach § 160 SGB VI. Sie betrug im Jahr 2017 57.600,00 EUR und beträgt aktuell im Jahr 2018 59.400,00 EUR. Aus Vertrauensschutzgründen regelt § 6 Abs. 7 SGB V eine weitere (niedrigere) Jahresarbeitsentgeltgrenze, die Beschäftigte erfasst, die am 31.12.2002 wegen Überschreitung der an diesem Tag geltenden Jahresarbeitsentgeltgrenze versicherungsfrei waren und tatsächlich zu diesem Zeitpunkt auch bei einem privaten Krankenversicherungsunternehmen in einer substitutiven Krankenversicherung versichert waren, also einer Krankenversicherung, die nach ihrem Leistungsumfang die GKV zu ersetzen in der Lage ist. Die niedrigere Jahresarbeitsentgeltgrenze ermöglicht den Personen, die vor der deutlichen Erhöhung der Jahresarbeitsentgeltgrenze ab dem 1.1.2003 versicherungsfrei waren, auch weiterhin versicherungsfrei zu bleiben. Die (niedrigere) Jahresarbeitsentgeltgrenze des § 6 Abs. 7 SGB V betrug im Jahr 2017 52.200,00 EUR p.a. und aktuell im Jahr 2018 53.100,00 EUR p.a.

83 Steht bereits bei Aufnahme der Beschäftigung fest, dass die Jahresarbeitsentgeltgrenze in dem Jahr der Aufnahme der Tätigkeit überschritten wird, ist bereits mit Aufnahme der Tätigkeit die Versicherungsfreiheit gegeben. Nimmt der Beschäftigte seine Tätigkeit im Laufe eines Kalenderjahres auf, kommt es auf die im Kalenderjahr bestehenden Entgeltansprüche an. Eine »theoretische Hochrechnung« auf das gesamte Kalenderjahr erfolgt nicht. Wird die Jahresarbeitsentgeltgrenze in einem laufenden Beschäftigungsverhältnis überschritten, endet die Versicherungspflicht mit Ablauf des Kalenderjahres, in dem die Jahresarbeitsentgeltgrenze überschritten wird, sofern nicht bei einer vorausschauenden, prognostischen Betrachtung bereits vor Beginn des nachfolgenden Kalenderjahres feststeht, dass in dem nachfolgenden Kalenderjahr die Jahresarbeitsentgeltgrenze nicht überschritten wird (vgl. § 6 Abs. 4 SGB V). Der Gesetzgeber hat mit dieser Regelung von der zwischenzeitlich seit dem 2.2.2007 geltenden Bestimmung mit Wirkung ab dem 1.1.2011 wieder Abstand genommen, wonach eine Versicherungsfreiheit erst eingetreten war, wenn die maßgebliche Jahresarbeitsentgeltgrenze in drei aufeinanderfolgenden Kalenderjahren überschritten wurde.

84 Unterschreitet ein ursprünglich wegen der Überschreitung der Jahresarbeitsentgeltgrenze versicherungsfreier Beschäftigter zukünftig die Jahresarbeitsentgeltgrenze, tritt die Versicherungspflicht nach § 5 Abs. 1 Nr. 1 SGB V mit Beginn des nachfolgenden Kalenderjahres ein. Es verbleibt ihm die Möglichkeit der Befreiung von der Versicherungspflicht, wenn einer der Tatbestände des § 8 Abs. 1 SGB V vorliegt, insbesondere das Unterschreiten der maßgeblichen Jahresarbeitsentgeltgrenze auf einer Erhöhung der Jahresarbeitsentgeltgrenze beruht.

c) Anderweitig abgesicherte Personenkreise

85 Versicherungsfrei sind nach § 6 Abs. 1 Nr. 2, 4–8 und Abs. 2 SGB V Personen, die anderweitig bei Krankheit abgesichert sind. Hierzu gehören nach § 6 Abs. 1 Nr. 2 SGB V Beamte, Richter und Soldaten, denen die Versicherungsfreiheit bereits durch ihren rechtlichen Status verschafft wird. Ebenfalls versicherungsfrei sind sonstige Angehörige des öffentlichen Dienstes, wenn diesen ein dem Schutz der GKV vergleichbarer An-

---

55 BSG 4-2400 § 22 Nr. 2; SozR 3-2200 § 385 Nr. 5 = BeckRS 9998, 153972.

spruch auf Beihilfe oder Heilfürsorge zusteht. Ein nur anteiliger Beihilfeanspruch, der nennenswert hinter der beamtenrechtlichen Beihilfe zurückbleibt, stellt dabei keine der GKV ähnliche Absicherung dar und begründet deshalb auch keine Versicherungsfreiheit in der GKV.

Zu dem Kreis der aufgrund des Bestehens einer anderweitigen, gleichwertigen Absi- 86
cherung gegen Krankheit versicherungsfreien Personen gehören darüber hinaus nach § 6 Abs. 1 Nr. 4 SGB V Geistliche der als öffentlich-rechtliche Körperschaften anerkannten Religionsgemeinschaften und nach § 6 Abs. 1 Nr. 5 SGB V hauptamtlich an privaten genehmigten Ersatzschulen beschäftigte Lehrer. Die Versicherungsfreiheit beider Personenkreise setzt zusätzlich voraus, dass diese bei Krankheit nach beamtenrechtlichen Vorschriften oder Grundsätzen einen Anspruch auf Fortzahlung der Bezüge und auf Beihilfe in einem Umfang haben, der der GKV entspricht. § 6 Abs. 1 Nr. 6 SGB V erstreckt die Versicherungsfreiheit auf Ruhegehaltsbezieher, die in ihrer aktiven Tätigkeit nach § 6 Abs. 1 Nr. 2, 4 und 5 SGB V versicherungsfrei waren. § 6 Abs. 2 SGB V erweitert die Versicherungsfreiheit auf an sich nach § 5 Abs. 1 Nr. 11 SGB V versicherungspflichtige Hinterbliebene von nach § 6 Abs. 1 Nr. 2, 4–6 SGB V versicherungsfreien Beschäftigten, wenn diese ihren Rentenanspruch ausschließlich von dem genannten Personenkreis ableiten. Die Versicherungsfreiheit besteht demgegenüber nicht, wenn der Hinterbliebene einen Rentenanspruch aufgrund eigener Versicherung besitzt oder neben dem Bezug der Hinterbliebenenrente sozialversicherungspflichtig beschäftigt ist. In diesen Fällen besteht eine Versicherungspflicht in der GKV nach § 5 Abs. 1 Nr. 11 SGB V bzw. nach § 5 Abs. 1 Nr. 1 SGB V.

Ebenfalls zum Kreis der aufgrund bestehender sonstiger gleichwertiger Absicherung 87
versicherungsfreien Beschäftigten gehören die in § 6 Abs. 1 Nr. 8 SGB V angesprochenen Personen, die nach dem EU-Heilfürsorgesystem bei Krankheit geschützt sind.

d) Versicherungsfreiheit nicht-deutscher Seeleute

Einen völlig anderen Zweck verfolgt demgegenüber die Regelung über die Versiche- 88
rungsfreiheit nicht-deutscher Seeleute auf deutschen Seeschiffen in § 6 Abs. 1 Nr. 1a SGB V. Die nicht deutschen Besatzungsmitglieder deutscher Seeschiffen, die ihren Wohnsitz oder gewöhnlichen Aufenthaltsort nicht in der Bundesrepublik Deutschland haben, werden aus der Versicherungspflicht der GKV mit dem Ziel herausgenommen, der Ausflaggung deutscher Seeschiffe entgegenzuwirken.

e) Eintritt der Versicherungspflicht bei über 55jährigen

Der Abgrenzung des »Verantwortungsbereiches« zwischen GKV und PKV dient die 89
Regelung in § 6 Abs. 3a SGB V über die Versicherungsfreiheit von Personen, die nach Vollendung des 55. Lebensjahres versicherungspflichtig werden. Durch die Regelung soll verhindert werden, dass der betroffene Personenkreis, der in der Vergangenheit der PKV zugeordnet war und daher keine Beiträge in die GKV eingezahlt hat, im Alter mit tendenziell niedrigeren Beiträgen und hohen Krankheitskosten das Solidarsystem der GKV belastet.[56] Nach Vollendung des 55. Lebensjahres versicherungspflichtig werdende Personen werden dann der PKV zugeordnet, wenn sie in den letzten fünf Jahren vor Eintritt der Versicherungspflicht nicht in der GKV gesetzlich krankenversichert waren, wobei es auf den Grund des Bestehens der gesetzlichen Krankenversicherung (eigene Pflichtversicherung, Familienversicherung, freiwillige Versicherung) nicht ankommt. Hinzukommen muss als weitere Voraussetzung, dass die Personen innerhalb des maßgeblichen Fünf-Jahres-Zeitraumes mindestens die Hälfte der Zeit

---

56 Dazu Spickhoff/*Nebendahl* SGB V § 6 Rn. 34.

entweder versicherungsfrei, von der Versicherungspflicht befreit oder nach § 5 Abs. 5 SGB V als hauptberuflich selbstständige Erwerbstätige nicht versicherungspflichtig gewesen sind. Liegen diese Voraussetzung nicht vor, bestand in dem maßgeblichen Fünf-Jahres-Zeitraum keine Zuordnung zur PKV und damit auch kein Grund für die Anordnung der Versicherungsfreiheit in der GKV.

90 Die Versicherungsfreiheit gilt auch für Ehegatten oder gleichgeschlechtliche Lebenspartner von unter § 6 Abs. 3a S. 1 und 2 SGB V fallenden Personen, wenn diese nach Vollendung des 55. Lebensjahres versicherungspflichtig werden und in den letzten fünf Jahren vor Eintritt der Versicherungspflicht nicht in der GKV versichert waren. Voraussetzung ist weiter, dass der Ehegatte oder Lebenspartner dieser Person nach Satz 2 der PKV zuzuordnen ist. Um sicherzustellen, dass auch Personen nach Vollendung des 55. Lebensjahres auf jeden Fall eine Absicherung gegen das Risiko der Krankheit begründen können, ist die Versicherungsfreiheit nach § 6 Abs. 3a S. 1 SGB V dann ausgeschlossen, wenn sich die nach Vollendung des 55. Lebensjahres eintretende Versicherungspflicht aus § 5 Abs. 1 Nr. 13 SGB V ergibt, also bei Personen, die keinen anderweitigen Anspruch auf Absicherung im Krankheitsfall haben und zuletzt gesetzlich krankenversichert waren. Derartige Personen bleiben auch nach Vollendung des 55. Lebensjahres zumindest nach § 5 Abs. 1 Nr. 13 SGB V versicherungspflichtig.

f) Werkstudentenprivileg

91 Anders als die absoluten Versicherungsfreiheittatbestände des § 6 Abs. 1 Nr. 1–2 und 4–6 sowie Abs. 2 und Abs. 3a SGB V enthält die das Werkstudentenprivileg begründende Regelung in § 6 Abs. 1 Nr. 3 SGB V lediglich eine Regelung über die Versicherungsfreiheit in einer neben dem Studium ausgeführten abhängigen Beschäftigung (relative Versicherungsfreiheit).

92 Die Regelung erfasst Studierende an einer Hochschule oder an einer der fachlichen Ausbildung dienenden Schule. Anders als der die Versicherungspflicht für Studierende begründende Tatbestand der §§ 5 Abs. 1 Nr. 9 SGB V muss es sich nicht um eine staatlich oder staatlich anerkannte Hochschule handeln.[57] Auch die zeitlichen Begrenzungen für den Versicherungspflichttatbestand der § 5 Abs. 1 Nr. 9 SGB V gelten nicht.[58] Erforderlich ist allein die Immatrikulation an einer der genannten Einrichtungen.

93 Die Versicherungsfreiheit des Werkstudenten erfasst allerdings nur an sich sozialversicherungspflichtige entgeltliche Beschäftigungen, wenn das Studium im Verhältnis zu dieser Beschäftigung im Vordergrund steht. Das ist der Fall, wenn das Studium Zeit und Arbeitskraft des Studierenden überwiegend in Anspruch nimmt und die betroffene Person deshalb nach dem äußeren Erscheinungsbild als Student qualifiziert werden kann. Nicht mehr unter die Versicherungsfreiheit fällt danach idR ein Studierender, der neben dem Studium während des Semesters 20 Stunden oder mehr in der Woche arbeitet, während eine Überschreitung der 20-Stunden-Grenze in den Semesterferien unerheblich ist.[59] Auch an die Besonderheiten des Studiums angepasste höhere Arbeitszeiten an Wochenenden oder zu Nachtzeiten können den Vorrang des Studiums dann nicht beseitigen, wenn die Tätigkeit die Durchführung des Studiums nicht in Frage stellt.[60] Wird das Studium demgegenüber nur noch »auf dem Papier« aufrechterhalten und widmet sich der Studierende fast ausschließlich der entgeltlichen Be-

---

57 BSG SozR 3-2500 § 6 Nr. 16 = BeckRS 1998, 30038517; BSG SozR 2200 § 172 Nr. 17.
58 BSG SozR 3-2500 § 6 Nr. 17 = BeckRS 9998, 84020.
59 BSG SozR 3-2500 § 6 Nr. 16 = BeckRS 1998, 30038517; BSG BeckRS 2004, 40307.
60 BSG SozR 2200 § 172 Nr. 14.

Nebendahl

schäftigung, tritt die Versicherungsfreiheit für diese Beschäftigung nicht ein. Auch in dem Fall, dass ein bereits bei Aufnahme des Studiums gegen Entgelt Beschäftigter seine entgeltliche Tätigkeit neben dem Studium fortsetzt, ist grundsätzlich nicht von der Versicherungsfreiheit auszugehen. Zu denken ist dabei insbesondere an Fälle, in denen ein Arbeitnehmer unter Fortzahlung der Vergütung für die Dauer des Studiums beurlaubt wird und zu einer Fortführung des Arbeitsverhältnisses nach Ende des Studiums verpflichtet wird oder unter Gewährung von Sonderurlaub während des Semesters vom Arbeitgeber eine Studienförderung erhält und in den Semesterferien vollschichtig gegen Arbeitsentgelt bei dem Arbeitgeber arbeitet.[61]

g) Geringfügig Beschäftigte

Ebenfalls eine lediglich relative Versicherungsfreiheit in einer geringfügigen Beschäftigung iSv §§ 8, 8a SGB IV begründet § 7 Abs. 1 SGB V, sofern nicht die Beschäftigung im Rahmen einer betrieblichen Berufsbildung oder bei einer Tätigkeit nach dem JFDG oder dem BFDG ausgeübt wird. **94**

Die Versicherungsfreiheit erfasst sowohl die wegen der Höhe des Arbeitsentgeltes geringfügige Beschäftigung nach § 8 Abs. 1 Nr. 1 SGB IV (sog. 450-Euro-Job) als auch die kurzzeitig geringfügige Beschäftigung nach § 8 Abs. 1 Nr. 2 SGB IV. Der erstgenannte Fall liegt vor, wenn das Arbeitsentgelt aus der Beschäftigung regelmäßig monatlich 450,00 EUR nicht übersteigt, wobei es nicht auf das tatsächlich gezahlte, sondern das arbeitsvertraglich geschuldete Arbeitsentgelt ankommt. Eine kurzzeitig geringfügige Beschäftigung ist nach den §§ 8 Abs. 1 Nr. 2, 115 SGB IV unabhängig von der Höhe des daraus erzielten Verdienstes gegeben, wenn die Beschäftigung innerhalb eines Kalenderjahres auf längstens drei Monate oder 70 Arbeitstage (bis 31.12.2014 und ab 1.1.2019: zwei Monate bzw. 50 Arbeitstage) nach ihrer Eigenart begrenzt zu sein pflegt oder vertraglich begrenzt ist. Der Einordnung als kurzfristig geringfügige Beschäftigung steht entgegen, wenn diese Beschäftigung berufsmäßig ausgeübt wird und ihr Entgelt 450,00 EUR im Monat übersteigt. **95**

Für die Bewertung mehrerer ausgeübter Tätigkeiten verweist § 7 Abs. 1 S. 2 SGB V auf die allgemeine Regelung in § 8 Abs. 2 SGB IV, die lediglich insoweit modifiziert wird, als das eine Zusammenrechnung einer geringfügigen Beschäftigung mit einer nicht geringfügigen Beschäftigung zum Zwecke der Begründung einer Versicherungspflicht in der GKV nur erfolgt, wenn die nicht geringfügige Beschäftigung eine Versicherungspflicht in der GKV begründet. Danach sind mehrere entgeltmäßig geringfügige Beschäftigungen ebenso zusammenzurechnen wie mehrere kurzfristig geringfügige Beschäftigungen, während wechselseitig eine geringfügige Beschäftigung nach § 8 Abs. 1 Nr. 1 SGB IV mit einer kurzfristigen geringfügigen Beschäftigung nach § 8 Abs. 1 Nr. 2 SGB IV nicht zusammengerechnet werden. Eine wegen des Entgeltes geringfügige Beschäftigung wird mit einer nicht geringfügigen sozialversicherungspflichtigen Beschäftigung grundsätzlich zusammengerechnet. Allerdings ist die erste wegen des Entgeltes geringfügige Beschäftigung neben einer nicht mehr geringfügigen Beschäftigung nach § 8 Abs. 2 S. 1 SGB IV anrechnungsfrei. Dies gilt wiederum nicht, wenn die geringfügige Beschäftigung beim gleichen Arbeitgeber wie die nicht geringfügige Beschäftigung ausgeübt wird, weil in diesem Fall ein einheitliches sozialversicherungspflichtiges Beschäftigungsverhältnis vorliegt. Die Zusammenrechnung unterbleibt darüber hinaus nach § 7 Abs. 1 S. 2 SGB V, wenn die anderweitige Beschäftigung versicherungsfrei ist. Erfasst werden davon zB Beschäftigungen, die wegen Überschreitung der Jahresarbeitsentgeltgrenze nach § 6 Abs. 1 Nr. 1 SGB V die Versicherungsfreiheit begründen. **96**

---

61 BSG SozR 3-2500 § 6 Nr. 11 = BeckRS 9998, 173140.

Führt die Zusammenrechnung zur Überschreitung der Geringfügigkeitsgrenze, besteht insgesamt Versicherungspflicht in der GKV.

4. Befreiung von der Versicherungspflicht

97   Eine neu eintretende Versicherungspflicht kann rückwirkend entfallen, wenn der Versicherungspflichtige nach § 8 SGB V von der Versicherungspflicht befreit wird. Die Befreiung setzt einen entsprechenden Befreiungsantrag des Versicherungspflichtigen voraus. Das Antragsrecht wird in § 8 Abs. 1 SGB V einem abschließend aufgezählten Personenkreis eingeräumt, der in der Regel bei Eintritt der Versicherungspflicht in der PKV versichert ist. Diesem Personenkreis soll die Möglichkeit eröffnet werden, auch weiter in der PKV versichert zu bleiben. Ein Nachweis des Bestehens eines mit der GKV vergleichbaren Krankenversicherungsschutzes bei einem privaten Krankenversicherungsunternehmen wird nur in dem die Bezieher von Arbeitslosengeld betreffenden Befreiungstatbestand des § 8 Abs. 1 Nr. 1a SGB V gefordert. Bei den übrigen Befreiungstatbeständen unterstellt der Gesetzgeber, dass derjenige, der die Befreiung beantragt, in eigener Verantwortung für einen ausreichenden Krankenversicherungsschutz sorgt.

a) Einzelne Befreiungstatbestände

98   Die Möglichkeit zur Befreiung von der Versicherungspflicht besteht zum einen für Personen, die bisher wegen Überschreitung der Jahresarbeitsentgeltgrenze nach § 6 Abs. 1 Nr. 1 SGB V versicherungsfrei waren, wenn sich aufgrund der in § 8 Abs. 1 Nr. 1, 2, 2a und 3 SGB V genannten Änderungen eine Versicherungspflicht ergibt.

99   Hierzu gehört zunächst die in § 8 Abs. 1 Nr. 1 SGB V geregelte Konstellation, dass ein Arbeitnehmer versicherungspflichtig wird, weil die Jahresarbeitsentgeltgrenze erhöht wird und der Arbeitnehmer zukünftig die neue Jahresarbeitsentgeltgrenze gerade wegen der Erhöhung nicht mehr überschreitet. Eine Befreiungsmöglichkeit besteht demgegenüber nicht, wenn das Unterschreiten der Jahresarbeitsentgeltgrenze auf einer Reduzierung des Entgeltes, sei es beim bisherigen Arbeitgeber, sei es bei einem neuen Arbeitgeber beruht.

100   Motiviert durch das sozialpolitische Ziel der Förderung der Elternzeit nach dem BEEG, der Pflegezeit nach dem PflegeZG oder dem FPfZG oder sozialpolitisch erwünschter Förderung der Teilzeitarbeit räumen die Befreiungstatbestände der Nr. 2, 2a und 3 SGB V ehemals versicherungsfreien Beschäftigten eine Befreiungsmöglichkeit ein. Dies gilt zum einen für Personen, die bisher in der GKV versicherungsfrei waren, wenn sie Elternzeit in Anspruch nehmen und während der Elternzeit eine nach § 1 Abs. 6 BEEG gestattete Tätigkeit in einem Umfang von bis zu 30 Stunden ausüben, die ihrerseits nach § 5 Abs. 1 Nr. 1 SGB V zur Versicherungspflicht in der GKV führt. Die Befreiung erstreckt sich nur auf die Dauer der Elternzeit, sodass mit Ende der Elternzeit die Versicherungspflicht nach § 5 Abs. 1 Nr. 1 SGB V eintritt, wenn die während der Elternzeit ausgeübt Teilzeittätigkeit über die Elternzeit hinaus fortgeführt wird. Vergleichbar ist der Befreiungstatbestand des § 8 Abs. 1 Nr. 2a SGB V, der die Befreiung von der Versicherungspflicht für einem ehemals versicherungsfreien Beschäftigten ermöglicht, wenn dieser sich zur Pflege eines nahen Angehörigen teilweise von der Verpflichtung zur Arbeitsleistung freistellen lässt und dadurch die Jahresarbeitsentgeltgrenze unterschreitet. Dieser Befreiungstatbestand gilt nur für die Dauer der Pflegezeit, die nach § 4 Abs. 1 PflegeZG für jeden pflegebedürftigen nahen Angehörigen höchstens sechs Monate und nach § 2 Abs. 1 FPfZG höchstens 24 Monate für die Pflege eines nahen Angehörigen beträgt. Mit dem letzten Tag der Pflegezeit endet die Befreiung, sodass eine Versicherungspflicht nach § 5 Abs. 1 Nr. 1 SGB V eintritt, wenn

die Tätigkeit über die Pflegezeit hinaus zu den veränderten (teilzeitigen) Konditionen ausgeführt wird, insbesondere wenn dann ein Arbeitsentgelt unterhalb der Jahresarbeitsentgeltgrenze erzielt wird.

Die Befreiung von der Versicherungspflicht kann ein nach § 5 Abs. 1 Nr. 1 SGB V versicherungsfreier Beschäftigter nach § 8 Abs. 1 Nr. 3 SGB V darüber hinaus beantragen, wenn seine Arbeitszeit auf die Hälfte oder weniger als die Hälfte der regelmäßigen Wochenarbeitszeit vergleichbarer Vollbeschäftigter des Betriebes herabgesetzt wird und der Arbeitnehmer dadurch die Voraussetzungen der Versicherungsfreiheit nach § 5 Abs. 1 Nr. 1 SGB V verliert. Entscheidend ist, dass die Unterschreitung der Jahresarbeitsentgeltgrenze gerade auf der Reduzierung der Arbeitszeit beruht. Auf diesen Befreiungstatbestand kann sich ein Beschäftigter allerdings nur berufen, wenn er in den letzten fünf Jahren unmittelbar vor der Herabsetzung der Arbeitszeit nach § 6 Abs. 1 Nr. 1 SGB V wegen Überschreitens der Jahresarbeitsentgeltgrenze versicherungsfrei war. Für das Eingreifen des Befreiungstatbestandes ist es nicht erforderlich, dass der Beschäftigte vorher vollzeitig beschäftigt war, sondern nur, dass er nach der Herabsetzung die Arbeitszeit höchstens die Hälfte der regelmäßigen Arbeitszeit eines vergleichbaren Vollzeitbeschäftigten des jeweiligen Betriebes erreicht. Die Arbeitszeitreduzierung kann auch im Zusammenhang mit einem Arbeitgeberwechsel erfolgen. In einem solchen Fall bildet die Arbeitszeit eines vergleichbaren Vollzeitbeschäftigten im Betrieb des bisherigen Arbeitgebers den Maßstab für die Berechnung der notwendigen Arbeitszeitreduzierung.[62]   **101**

Die weiteren Fallgruppen des § 8 Abs. 1 SGB V erfassen bisher versicherungsfreie Personen, die aufgrund des Bezuges von Sozialleistungen in der GKV versicherungspflichtig werden, nämlich die in § 8 Abs. 1 Nr. 1a SGB V benannten Bezieher von Arbeitslosengeld oder Unterhaltsgeld, wenn diese in den letzten fünf Jahren vor dem Leistungsbezug nicht in der GKV versichert waren. Voraussetzung dieses Befreiungstatbestandes ist es, dass die betroffene Person nachweist, dass für sie bei einem privaten Krankenversicherungsunternehmen ein dem Leistungsumfang der GKV vergleichbarer Versicherungsschutz besteht. Ebenfalls zu dieser Gruppe gehören die in § 8 Abs. 1 Nr. 4 SGB V benannten Rentenantragsteller, Rentenbezieher oder Teilnehmer an einer Leistung zur Teilhabe am Arbeitsleben, die wegen dieses Sozialleistungsbezuges nach § 5 Abs. 1 Nr. 6, 11 bis 12 SGB V versicherungspflichtig werden, sowie die in § 8 Abs. 1 Nr. 7 SGB V benannten behinderten Menschen, die in einer Werkstatt oder Einrichtung tätig sind und deshalb nach § 5 Abs. 1 Nr. 7 oder 8 SGB V versicherungspflichtig sind. Wenn dieser Personenkreis bisher – aus welchem Grunde auch immer – versicherungsfrei war, kann die Versicherungsfreiheit aufgrund einer Befreiung von der Versicherungspflicht aufrechterhalten werden.   **102**

Von der Versicherungspflicht befreien lassen können sich darüber hinaus Studenten oder berufspraktisch Tätige, die nach § 5 Abs. 1 Nr. 9 oder 10 SGB V in der GKV versicherungspflichtig sind.   **103**

b) Befreiungsverfahren

Die Befreiung erfolgt auf Antrag des zukünftig Versicherungspflichtigen nach § 8 Abs. 2 S. 1 SGB V. Der Antrag ist nach den für empfangsbedürftige Willenserklärungen geltenden Regeln zu behandeln.[63] Er kann gegenüber jeder Krankenkasse iSv § 173 Abs. 2 SGB V gestellt werden. Der Antrag muss innerhalb einer Ausschlussfrist von   **104**

---

62 So Spickhoff/*Nebendahl* SGB V § 8 Rn. 16; jurisPK-SGB V/*Hampel* § 8 Rn. 76; aA Becker/Kingreen/*Just* SGB V § 8 Rn. 9.
63 BSG SozR 5486 Art. 4 § 2 Nr. 2.

drei Monaten nach Beginn der Versicherungspflicht gestellt werden. Für die Versäumung der Frist gelten die Regelungen über die Wiedereinsetzung nach § 27 SGB X.

105 Die Entscheidung über die Befreiung trifft die zuständige Krankenkasse bzw. – wenn sich eine solche nicht feststellen lässt – diejenige Krankenkasse, bei der der Befreiungsantrag gestellt wird. Die Befreiung bewirkt das Entfallen der Versicherungspflicht vom Beginn der Versicherungspflicht an, sofern bis zum Zeitpunkt der Antragstellung noch keine Leistungen der GKV in Anspruch genommen worden sind. Hat der Versicherungspflichtige bereits Leistungen in Anspruch genommen, wirkt die Befreiung mit den auf die Antragstellung folgenden Kalendermonat. Allerdings wird die Befreiung nach § 8 Abs. 2 S. 4 SGB V nur wirksam, wenn der Antragsteller das Bestehen eines anderweitigen Anspruchs auf Absicherung im Krankheitsfall nachweist.

106 Der Antrag auf Befreiung ist nicht widerruflich. Er wirkt daher für die Dauer des Fortbestandes des die Befreiung rechtfertigenden Sachverhaltes fort. Die Befreiung wirkt nach § 6 Abs. 3 S. 1 SGB V absolut, verdrängt also nicht nur den Versicherungspflichttatbestand aus § 5 Abs. 1 Nr. 1 SGB V, sondern auch die sonstigen Versicherungspflichttatbestände einschließlich einer Familienversicherung (vgl. § 10 Abs. 1 Nr. 3 SGB V).

5. Freiwillige Versicherung

107 Einem eng begrenzten Personenkreis wird durch § 9 SGB V trotz nicht bestehender Versicherungspflicht in der GKV die Möglichkeit eröffnet, eine freiwillige Versicherung in der GKV zu begründen. Die enge Begrenzung des Personenkreises beruht auf der gesetzgeberischen Überlegung, die Versichertengemeinschaft davor zu schützen, dass Versicherte in der Zeit, in der sie »gute« Risiken darstellen, die in der Beitragshöhe meist günstigeren Privatversicherungen wählen, während sie später im fortgeschrittenen Alter oder bei Vorerkrankungen den im Vergleich wieder günstigeren Schutz der GKV wünschen, ohne dass sie vorher zur Solidargemeinschaft der Krankenversicherung beigetragen hätten.

a) Erfasster Personenkreis

108 Zu dem versicherungsberechtigten Personenkreis zählen zunächst diejenigen Beschäftigten, die erstmalig im Inland eine sozialversicherungspflichtige Beschäftigung aufnehmen, in dieser wegen Überschreitens der Jahresarbeitsentgeltgrenze aber versicherungsfrei sind. Zu Beginn ihres Arbeitslebens können daher auch diejenigen Personen, die oberhalb der Jahresarbeitsentgeltgrenze verdienen, für eine Versicherungsberechtigung in der GKV optieren.

109 Scheidet ein Versicherungspflichtiger später aus der Versicherungspflicht aus, kann er sich in der GKV nur freiwillig versichern, wenn die engeren Voraussetzungen des § 9 Abs. 1 Nr. 1 SGB V erfüllt sind. Er muss mithin entweder in den letzten fünf Jahren vor dem Ausscheiden aus der Versicherungspflicht mindestens 24 Monate (ggf. auch unterbrochen) oder unmittelbar vor dem Ausscheiden ununterbrochen mindestens zwölf Monate in der GKV versichert gewesen sein. Für die notwendige Vorversicherungszeit sind grundsätzliche alle Mitgliedschaftszeiten in der GKV berücksichtigungsfähig, also neben der Pflichtversicherung auch eine freiwillige Versicherung oder eine Familienversicherung, nicht aber Zeiten der Formalversicherung nach § 189 Abs. 1 S. 1 SGB V oder Zeiten einer GKV-Versicherung, die aufgrund des Bezuges von ALG II-Leistungen bestanden hat, welche zu Unrecht bezogen worden sind. Wegen des Anknüpfens an das Ausscheiden aus der Versicherungspflicht muss zum Zeitpunkt der Antragstellung allerdings eine Pflichtversicherung bestanden haben.

Eine Versicherungsberechtigung besteht darüber hinaus nach § 9 Abs. 1 Nr. 2 SGB V, **110** wenn eine Person aus einer bestehenden Familienversicherung ausscheidet oder eine Familienversicherung tatsächlich nicht bestanden hat. Der Grund für das Erlöschen der Familienversicherung ist unerheblich. Umfasst von dieser Fallgruppe sind auch Personen, bei denen die Voraussetzungen für eine Familienversicherung nach § 10 Abs. 3 SGB V nicht bestanden haben, weil sie der PKV zuzuordnen sind. Gemeinsame Voraussetzung für die Versicherungsberechtigung ist, dass die in § 9 Abs. 1 Nr. 1 SGB V geforderten Vorversicherungszeiten bei der betroffenen Person erfüllt sind. Die Regelung bezweckt die Vermeidung von Rechtsmissbräuchen, die dadurch entstehen können, dass nur kurzfristig familienversicherte Personen, die vorher privat versichert waren, vermittels der Familienversicherung nach deren Beendigung die Möglichkeit erlangen, in die GKV zu wechseln.

Versicherungsberechtigt sind schließlich aus einer Beschäftigung im Ausland zurück- **111** kehrende Arbeitnehmer, wenn diese vor dem Wechsel in das Ausland in der GKV versicherungspflichtig waren. Die Versicherungsberechtigung besteht bei diesem Personenkreis, wenn gerade die Beschäftigung im Ausland die Ursache für das Ende der Mitgliedschaft der GKV dargestellt hat. Außerdem muss die betroffene Person innerhalb von zwei Monaten nach Rückkehr aus dem Ausland eine Beschäftigung aufgenommen haben, die ihrerseits nicht versicherungspflichtig ist. Die Aufnahme einer versicherungspflichtigen Beschäftigung nach § 5 Abs. 1 Nr. 1 SGB V würde eine eigene Versicherungspflicht begründen.

Die Möglichkeit zur freiwilligen Versicherung in der GKV besteht darüber hinaus nach **112** § 9 Abs. 1 Nr. 4 für schwerbehinderte Menschen iSv § 2 Abs. 2 SGB IX unabhängig von der Feststellung der Schwerbehinderung nach § 69 Abs. 1 SGB IX. Voraussetzung für die freiwillige Versicherung ist, dass der schwerbehinderte Mensch selbst, ein Elternteil, der Ehegatte oder Lebenspartner in einer gleichgeschlechtlichen Lebensgemeinschaft in den letzten fünf Jahren vor dem Beitritt mindestens drei Jahre in der GKV versichert war, wobei es auf den Grund der Versicherung nicht ankommt. Diese Voraussetzung gilt dann nicht, wenn der schwerbehinderte Mensch wegen seiner Behinderung die Voraussetzungen der Vorversicherung in den letzten fünf Jahren vor dem Beitritt nicht erfüllen konnte.

Schließlich besteht eine Versicherungsberechtigung für Rentner iSv § 9 Abs. 1 Nr. 6 **113** SGB V. Die Regelung räumt Rentnern im Anschluss an die Entscheidung des BVerfG vom 15.3.2000[64], in der festgestellt worden ist, dass die Herausnahme von Zeiten der freiwilligen Versicherung bei der Ermittlung der notwendigen Vorversicherungszeit für die Versicherungspflicht von Rentnern in der GKV verfassungswidrig ist, ein Wahlrecht ein. Rentner, die nach Einbeziehung von Zeiten der freiwilligen Versicherung nach dem 31.3.2002 versicherungspflichtig geworden sind, vor dem 1.4.2002 aber wegen der Nichtberücksichtigung von Zeiten der freiwilligen Versicherung nicht waren, sollen berechtigt sein, die bisher bestehende freiwillige Versicherung aufrechtzuerhalten.

Versicherungsberechtigt sind schließlich nach § 9 Abs. 1 Nr. 7 SGB V Spätaussiedler **114** sowie deren leistungsberechtigte Ehegatten und Abkömmlinge.

b) Beitrittsverfahren

Der Beitritt zur GKV erfolgt durch fristgebundene, empfangsbedürftige Willenserklä- **115** rung des Beitrittsberechtigten, die nach § 188 Abs. 3 SGB V der Schriftform bedarf. Der Beitritt ist gegenüber der zuständigen, also nach § 173 Abs. 2 SGB V jeder wählbaren

---

64 BVerfG SozR 3-2500 § 5 Nr. 42 = NJW 2000, 2730.

Krankenkasse zu erklären. Die Beitrittserklärung muss innerhalb der in § 9 Abs. 2 SGB V geregelten Beitrittsfristen der Krankenkasse zugegangen sein. Die Frist beträgt in den Fällen des § 9 Abs. 1 Nr. 1, 2, 3, 4 und 5 SGB V drei Monate nach dem Eintritt des die Beitrittsberechtigung auslösenden Ereignisses. Auch ohne Beitrittserklärung entsteht nach § 188 Abs. 4 S. 1 SGB V nach Entfallen der Versicherungspflicht oder der Familienversicherung nach § 10 SGB V von Gesetzes wegen bei Vorliegen der in § 188 Abs. 4 S. 2 und 3 SGB V normierten Voraussetzungen eine freiwillige Versicherung, wenn der ehemals Versicherungspflichtige nicht binnen zwei Wochen nach einem entsprechenden Hinweis der Krankenkasse über die Austrittsmöglichkeit seinen Austritt erklärt. Nach Versäumung dieser Frist wandelt sich die Pflichtversicherung in eine freiwillige Versicherung. Dem dann freiwillig Versicherten bleibt danach nur die Möglichkeit der fristgebundenen Kündigung der Mitgliedschaft.

6. Familienversicherung

116 Als Ausprägung des die GKV beherrschenden Solidaritätsprinzips umfasst der Versicherungsschutz der GKV nicht nur den Versicherungspflichtigen oder den freiwillig Versicherten, sondern – unter den Voraussetzungen des § 10 SGB V – auch dessen Familienangehörige, also Ehegatten, Kinder sowie deren Lebenspartner. Den die Familienversicherung begründenden, in der GKV pflichtig oder freiwillig Versicherten bezeichnet man als Stammversicherten, der als Mitglied auch beitragspflichtig ist, während die Familienangehörigen, die von dem Stammversicherten ihre Berechtigung ableiten, zwar Versicherte im Sinne des Leistungsrechtes, ihrerseits aber nicht Mitglied des jeweiligen Krankenversicherungsunternehmens sind. Bei der Familienversicherung handelt es sich mithin um eine von dem Stammversicherten abgeleitete Versicherung.

a) Familienversicherter Personenkreis

117 Die Familienversicherung umfasst die in § 10 Abs. 1 SGB V benannten Familienangehörigen. Hierzu gehören zum einen der Ehegatte des Stammversicherten sowie dessen eingetragener Lebenspartner nach dem LPartG, nicht aber der Partner einer eheähnlichen Lebensgemeinschaft. Die persönlichen Voraussetzungen für die Familienversicherung liegen so lange vor, solange die Ehe bzw. eingetragene Lebenspartnerschaft besteht.

118 Zum Kreis der von der Familienversicherung umfassten Familienangehörigen gehören darüber hinaus die Kinder des Stammversicherten. Hierzu zählen in erster Linie die leiblichen Kinder des Stammversicherten iSv §§ 1591 ff. BGB unabhängig davon, ob diese Kinder im Haushalt des stammversicherten leiblichen Elternteils leben. Von der Familienversicherung umfasst werden darüber hinaus Enkelkinder des Stammversicherten. Dies gilt entweder, wenn es sich bei den Enkelkindern um Kinder von Kindern des Stammversicherten handelt, die ihrerseits über den Stammversicherten familienversichert sind (§ 10 Abs. 1 S. 1 SGB V), oder – wenn diese Voraussetzung nicht vorliegt – das Enkelkind von dem stammversicherten Mitglied überwiegend unterhalten wird (§ 10 Abs. 4 S. 1 SGB V). Stiefkinder, also die leiblichen Kinder des Ehegatten des Stammversicherten oder dessen Lebenspartners in einer gleichgeschlechtlichen Lebensgemeinschaft, die nicht zugleich die leiblichen Kinder des Stammversicherten sind,[65] sind gleichfalls von der Familienversicherung erfasst, wenn der Stammversicherte sie überwiegend unterhält. Diese Voraussetzung ist erfüllt, wenn der Stammversicherte mehr als die Hälfte des Unterhaltsbedarfes des Enkelkindes oder Stiefkindes deckt.[66] Pflegekinder werden nach § 10 Abs. 4 S. 1 SGB V in den Kreis der

---

65 Dazu BSG SozR 3-2500 § 10 Nr. 6 = BeckRS 9998, 83515.
66 BSG NJW 1970, 111; vgl. auch BSG SozR 3-2500 § 10 Nr. 6 = BeckRS 9998, 83515.

Familienversicherung einbezogen, wenn gem. § 10 Abs. 4 S. 1 SGB V die Voraussetzungen des § 56 Abs. 2 Nr. 2 SGB I vorliegen. Voraussetzung ist insbesondere das Bestehen einer häuslichen Gemeinschaft und eines Verhältnisses zwischen dem Stammversicherten und dem Pflegekind, in dem die wesentlichen elterlichen Rechte und Pflichten durch den Stammversicherten wahrgenommen werden.[67] Adoptivkinder sind familienversicherten Kindern nach § 10 Abs. 4 S. 2 SGB V gleichgestellt, sobald das (zukünftige) Adoptivkind mit dem Ziel der Annahme als Kind in die Obhut des Stammversicherten aufgenommen worden ist und die leiblichen Eltern die Einwilligung zur Adoption erteilt haben.

Für die Einbeziehung von Kindern in die Familienversicherung sieht § 10 Abs. 2 SGB **119** V altersmäßige Begrenzungen vor, nach deren Überschreitung die Familienversicherung entfällt. Die Altersgrenze für die Familienversicherung von Kindern liegt nach § 10 Abs. 2 Nr. 1 SGB V grundsätzlich bei der Vollendung des 18. Lebensjahres. Die Altersgrenze verlängert sich nach Nr. 2 bis zur Vollendung des 23. Lebensjahres, wenn das familienversicherte Kind nicht erwerbstätig ist, ohne dass es auf den Grund der mangelnden Erwerbstätigkeit ankommt. Nach Nr. 3 verlängert sich die Familienversicherung bis zur Vollendung des 25. Lebensjahres, wenn das Kind sich in einer Schul- oder Berufsausbildung befindet oder ein freiwilliges soziales oder ökologisches Jahr nach dem JFDG oder einen Freiwilligendienst nach dem BFDG leistet. Eine noch weitergehende Verlängerung über das 25. Lebensjahr hinaus tritt ein, wenn eine Schul- oder Berufsausbildung durch eine (nach Abschaffung der Wehrpflicht praktisch nicht mehr relevante) Dienstpflicht, einen freiwilligen Wehrdienst nach § 58b SG, freiwillige Dienste nach dem JFDG oder dem BFDG oder eine Tätigkeit als Entwicklungshelfer unterbrochen oder verzögert wird. Ein an eine beendete Schul- oder Berufsausbildung anschließender Dienst bewirkt allerdings keine Verlängerung der Familienversicherung.

Ohne Altersbegrenzung bleibt nach § 10 Abs. 2 Nr. 4 SGB V die Möglichkeit der Familien- **120** lienversicherung bei behinderten Menschen bestehen, die außerstande sind, sich selbst zu unterhalten. Die Behinderung muss gerade die Ursache für die Unfähigkeit sein, sich selbst zu unterhalten.[68] Außerdem muss die Behinderung zu einem Zeitpunkt bestanden haben, zu dem das Kind familienversichert war. Tritt daher eine Behinderung erst nach Überschreitung der Altersgrenzen nach § 10 Abs. 2 Nr. 1–3 SGB V ein, besteht eine zeitlich unbegrenzte Familienversicherung nicht.

Die Familienversicherung eines Kindes setzt weiter voraus, dass das Kind nach **121** § 10 Abs. 3 SGB V nicht der PKV zugeordnet wird. Eine Zuordnung des Kindes zur PKV besteht bei verheirateten oder (bei einer Adoption denkbaren) in einer anerkannten Lebenspartnerschaft lebenden Eltern, wenn ein Elternteil in der GKV, das andere Elternteil jedoch nicht in der GKV versichert ist und das Gesamteinkommen des Letztgenannten zum einen höher ist als das Einkommen des anderen Elternteils und zum anderen regelmäßig im Monat ein Zwölftel der Jahresarbeitsentgeltgrenze übersteigt. Erforderlich ist danach ein Einkommensvergleich zwischen dem in der GKV versicherten Elternteil mit dem nicht in der GKV versicherten Elternteil. Eine die Familienversicherung ausschließende Zuordnung zur PKV ist bei in nichtehelicher Lebensgemeinschaft demgegenüber nicht möglich.[69]

---

67 BSG SozR 3-2500 § 10 Nr. 6 = BeckRS 9998, 83515.
68 BSG SozR 3100 § 45 Nr. 8.
69 Die unterschiedliche Behandlung von in ehelichen und nichtehelichen Lebensgemeinschaften lebenden Kindern ist verfassungsgemäß, vgl. BVerfG NJW 2011, 2867; SozR 4-2500 § 10 Nr. 1 = BeckRS 2003, 21066; BSG SozR 2200 § 205 Nr. 8; SozR 3-2500 § 10 Nr. 21 = BeckRS 2001, 40709; BSG SozR 2200 § 205 Nr. 44; SozR 3-2500 § 240 Nr. 6 = BeckRS 9998, 172154. Gleiches gilt auch für die unterschiedliche Behandlung von getrennt lebenden und geschiedenen Ehegatten, vgl. BSG SozR 3-2500 § 10 Nr. 22 = BeckRS 2001, 40711.

b) Sachliche Voraussetzungen der Familienversicherung

122   Die Familienversicherung setzt weiter voraus, dass der jeweilige Familienangehörige die in § 10 Abs. 1 S. 1 Nr. 1–5 SGB V genannten Voraussetzungen erfüllt. Er muss daher einen Wohnsitz oder gewöhnlichen Aufenthalt im Inland haben. Die Familienversicherung wird darüber hinaus nach § 10 Abs. 1 Nr. 2 SGB V durch einen anderweitigen Versicherungsschutz des familienversicherten Angehörigen in der GKV verdrängt. Mit Ausnahme der Versicherungspflichttatbestände aus § 5 Abs. 1 Nr. 9, 10 und 13 SGB V schließt jeder Versicherungspflichttatbestand und auch das Bestehen einer freiwilligen Versicherung die Familienversicherung aus. Eine fortbestehende Mitgliedschaft nach den §§ 192, 193 SGB V oder eine Formalmitgliedschaft eines Rentenantragstellers nach § 189 SGB V steht einer Familienversicherung ebenfalls entgegen.

123   § 5 Abs. 7 SGB V ordnet grundsätzlich den Vorrang der Familienversicherung vor der Versicherungspflicht von Studenten und Praktikanten nach § 5 Abs. 1 Nr. 9 und 10 SGB V an. Dieser Vorrang besteht allerdings dann nicht, wenn der Ehegatte, der Lebenspartner oder das Kind des Studenten oder Praktikanten nicht versichert ist. In diesem Fall soll über die dann bestehende Familienversicherung des Studenten als Stammversicherten auch der Krankenversicherungsschutz von dessen Angehörigen gesichert werden. Die Ausnahme greift wiederum – mangels sozialer Schutzbedürftigkeit – dann nicht ein, wenn die Angehörigen des Studenten nach § 10 Abs. 1 S. 1 SGB V eine (über ein Elternteil des Studenten als Stammversicherten) abgeleitete Familienversicherung vermittelt erhalten. In diesem Fall gilt wiederum der Grundsatz des Vorrangs der Familienversicherung vor der studentischen Pflichtversicherung.

124   Ebenfalls nachrangig gegenüber der Familienversicherung ist die Versicherungspflicht aufgrund des Auffangtatbestandes in § 5 Abs. 1 Nr. 13 SGB V (vgl. § 5 Abs. 7a S. 1 SGB V).

125   Sachliche Voraussetzung der Familienversicherung ist nach § 10 Abs. 1 Nr. 3 SGB V weiter, dass der Angehörige weder versicherungsfrei ist, noch eine Versicherungsbefreiung genießt. Dies gilt allerdings nicht für versicherungsfreie geringfügig Beschäftigte nach § 7 SGB V oder für Nebenbeschäftigungen eines Studenten aufgrund des Werkstudentenprivilegs in § 6 Abs. 1 Nr. 3 SGB V. Derartige Tätigkeiten lassen das Bestehen einer Familienversicherung unberührt.

126   Der Familienversicherung entgegen steht nach § 10 Abs. 1 S. 1 Nr. 4 SGB V eine hauptberuflich selbstständige Erwerbstätigkeit des Familienangehörigen. Wer hauptberuflich selbstständig tätig ist, soll über die Familienversicherung nicht den Zugang zur GKV erlangen können. Die hauptberuflich selbstständige Tätigkeit führt damit zum Entfallen der Familienversicherung unabhängig von der Höhe der aus dieser Tätigkeit erzielten Einkünfte.

127   Die Familienversicherung ist schließlich nach § 10 Abs. 1 S. 1 Nr. 5 SGB V ausgeschlossen, wenn der Angehörige ein Einkommen erzielt, das regelmäßig im Monat ein Siebtel der monatlichen Bezugsgröße der nach § 18 SGB IV übersteigt. Diese Bezugsgröße wird alljährlich durch die Sozialversicherungs-Rechengrößenverordnung festgesetzt. Übt der Angehörige allerdings eine geringfügig entlohnte Beschäftigung iSv § 8 Abs. 1 S. 1 SGB V aus, kann er ohne Gefährdung der Familienversicherung bis zu 450,00 EUR, und damit mehr als ein Siebtel der monatlichen Bezugsgröße verdienen.

c) Zuständige Krankenversicherung

128   Die Familienversicherung besteht bei der Krankenversicherung, bei der die die Familienversicherung begründende Stammversicherung besteht. Wird einem Familienangehörigen eine Familienversicherung über mehrere Personen, insbesondere beide Elternteile

vermittelt, die bei unterschiedlichen Krankenkassen krankenversichert sind, besteht ein durch die Stammversicherten auszuübendes Wahlrecht. Treffen die Stammversicherten eine unterschiedliche Wahl, ist die zeitlich zuerst getroffene Entscheidung maßgebend.

II. Leistungen der gesetzlichen Krankenversicherung

1. Allgemeine Anspruchsvoraussetzungen

a) Bestehen eines Versicherungsverhältnisses

Nach § 11 Abs. 1, Abs. 2 S. 1 und Abs. 4 S. 1 SGB V sowie den verschiedenen an- **129** spruchsbegründenden Vorschriften der §§ 20 ff. SGB V stehen Leistungsansprüche in der GKV den Versicherten zu. Voraussetzung für einen Leistungsanspruch ist danach grundsätzlich das Bestehen eines Versicherungsverhältnisses. Zu dem Kreis der Versicherten gehören die nach § 5 SGB V Versicherungspflichtigen, soweit sie nicht nach den §§ 6 oder 7 SGB V versicherungsfrei oder nach § 8 SGB V von der Versicherungspflicht befreit sind. Ebenfalls zum Kreis der Versicherten gehören die nach § 9 SGB V freiwillig Versicherten sowie die nach § 10 SGB V in die Familienversicherung einbezogenen Familienangehörigen. Der Kreis der Versicherten umfasst darüber hinaus auch die Personen mit fortbestehender Mitgliedschaft nach den §§ 192 und 193 SGB V sowie Rentenantragsteller aufgrund der Formalmitgliedschaft nach § 189 Abs. 2 SGB V.

Der Begriff des Versicherten ist mit dem der Mitgliedschaft in der GKV nicht vollstän- **130** dig deckungsgleich. Zwar gehören die Mitglieder einer Krankenkasse zum Kreis der in der GKV Versicherten. Dies gilt zum einen für die Pflichtversicherten, deren Mitgliedschaft und Versicherteneigenschaft nach § 186 SGB V mit Vorliegen eines Versicherungspflichttatbestandes von Gesetzes wegen begründet wird, sofern nicht ein Fall der Versicherungsfreiheit oder der Befreiung von der Versicherungspflicht vorliegt. Die Mitgliedschaft und damit auch die Versicherteneigenschaft dieses Personenkreises endet neben dem Beendigungsgrund des Todes (vgl. § 190 Abs. 1 SGB V) grundsätzlich mit dem Entfallen der Voraussetzungen des jeweiligen Versicherungspflichttatbestandes. Scheidet allerdings ein sozialversicherungspflichtig beschäftigter Arbeitnehmer, der eine anderweitige Absicherung für den Krankheitsfall nachweisen kann, aus der Pflichtversicherung oder einer Familienversicherung aus, setzt sich sein Mitgliedschaftsverhältnis nach § 188 Abs. 4 SGB V als freiwillige Versicherung fort, wenn er nicht innerhalb von zwei Wochen nach Hinweis der Krankenkasse über die Austrittsmöglichkeit seinen Austritt erklärt. § 192 Abs. 1 SGB V ordnet von Gesetzes wegen die Aufrechterhaltung der Mitgliedschaft versicherungspflichtig Beschäftigter für bestimmte Sonderfälle an, in denen der Beschäftigte kein Arbeitsentgelt erzielt. Dies ist beispielsweise der Fall, wenn sich der Beschäftigte in einem rechtmäßigen Arbeitskampf befindet (vgl. § 192 Abs. 1 S. 1 SGB V) oder Krankengeld. Mutterschaftsgeld, Erziehungs- oder Elterngeld oder Pflegedienstleistungsgeld bezieht oder Elternzeit in Anspruch genommen hat (§ 192 Abs. 1 S. 2 SGB V). Auch während einer Schwangerschaft bleibt nach § 192 Abs. 2 SGB V die Mitgliedschaft selbst dann erhalten, wenn das Beschäftigungsverhältnis vom Arbeitgeber aufgelöst wird. Die in der GKV freiwillig Versicherten werden mit dem Beitritt zur GKV gem. § 9 Abs. 2, § 188 SGB V Mitglied und damit Versicherte in der GKV. Die freiwillige Mitgliedschaft endet nach § 191 SGB V zum einen durch den Tod des Mitgliedes, zum zweiten mit dem Beginn einer Pflichtmitgliedschaft und zum dritten mit dem Wirksamwerden einer Kündigung.

Über den Kreis der Mitglieder der Krankenkassen hinaus erstreckt sich der Kreis der **131** Versicherten auch auf die familienversicherten Familienangehörigen, die aufgrund der vom Stammversicherten abgeleiteten Familienversicherung zwar nicht Mitglied einer Krankenkasse sind, wohl aber eigene Leistungsansprüche als Versicherte gegen die Krankenkasse haben. Das die Versicherteneigenschaft begründende Versicherungsverhältnis knüpft an das Bestehen der Mitgliedschaft des Stammversicherten an. Es beginnt mithin mit der Begründung des Mitgliedschaftsverhältnisses des Stammversicherten, sofern die sachlichen Voraussetzungen für die Familienversicherung des betroffenen Familienangehörigen vorliegen. Das Versichertenverhältnis des familienversicherten Familienangehörigen endet entweder mit dem Wegfall der sachlichen Voraussetzungen der Familienversicherung oder mit dem Tod des Stammversicherten (vgl. § 19 Abs. 3 SGB V). Über das Ende der Mitgliedschaft hinaus können darüber hinaus nach § 19 Abs. 2 und 3 SGB V Leistungsansprüche bestehen.

b) Zusammenhang zwischen Leistungsberechtigung und Versicherungsfall

132 Als zweite Voraussetzung eines Leistungsanspruchs aus der GKV muss sich ein Versicherungsfall während eines bestehenden Versicherungsverhältnisses – bzw. im Nachwirkenszeitraum des § 19 Abs. 2, 3 SGB V – realisiert haben. Anders als im Recht der PKV kommt es nicht darauf an, ob der Versicherungsfall schon vor Beginn des Versicherungsverhältnisses eingetreten ist. Entscheidend ist vielmehr, dass der den Leistungsanspruch auslösende Sachverhalt während des Bestehens des Versicherungsfalles andauert. Der Leistungsanspruch in der GKV erstreckt sich daher auch auf Krankheiten, die schon vor Beginn des Versicherungsverhältnisses aufgetreten sind. Das Versicherungsverhältnis muss naturgemäß für den Zeitraum, für den Leistungen begehrt werden, bestanden haben. Dies stellt § 19 Abs. 1 SGB V klar, in dem angeordnet wird, dass ein Anspruch auf Leistungen mit dem Ende der Mitgliedschaft erlischt, soweit nichts Abweichendes bestimmt ist. Dementsprechend scheiden Leistungsansprüche aus, wenn und soweit ein Versicherungsfall in die Zeit nach Beendigung des Versicherungsverhältnisses fällt.

133 Für die Leistungspflicht der Krankenkasse hinsichtlich einer Behandlungsmaßnahme kommt es darauf an, ob die Mitgliedschaft zu dieser Krankenkasse im Zeitpunkt der tatsächlichen Leistungserbringung bestanden hat. Nicht ausreichend ist demgegenüber das Bestehen der Mitgliedschaft im Zeitpunkt des Eintritts des Versicherungsfalls. Dies gilt auch für den Verlust der Mitgliedschaft bei einem Wechsel der Krankenkasse, der mit der Neubegründung der Mitgliedschaft bei einer anderen Krankenkasse verbunden ist. Auch in diesem Zusammenhang ist die Nachwirkung aus § 19 Abs. 2 und 3 SGB V zu beachten.

134 Für die Beurteilung des Leistungsanspruchs gilt der sog. Grundsatz der Einheit des Versicherungsfalles. Die einzelnen aus dem GKV-Leistungsrecht folgenden Leistungsansprüche werden auf den den jeweiligen Leistungsanspruch hervorrufenden Versicherungsfall, also zB eine Krankheit zurückgeführt. Resultieren aus einer Krankheit Arbeitsunfähigkeit und/oder Behandlungsbedürftigkeit, handelt es sich nicht um zwei, sondern um einen einheitlichen Versicherungsfall. Leistungsansprüche im Zusammenhang mit diesem Versicherungsfall werden nach dem Leistungsrecht der GKV gewährt, wenn sie sich während des bestehenden Versicherungsverhältnisses bzw. im Nachwirkenszeitraum des § 19 Abs. 2 und 3 SGB V realisiert haben.

c) Erfüllung der Voraussetzungen der jeweiligen Anspruchsnorm

135 Ein Anspruch auf Leistungen nach dem Leistungsrecht der GKV setzt weiter das Vorliegen der Tatbestandsvoraussetzungen einer der speziellen Anspruchsnormen der §§ 11 ff. SGB V voraus. Dabei begründet § 11 Abs. 1, Abs. 2 S. 1 und Abs. 4 S. 1 SGB V trotz seines Wortlautes keinen eigenständigen Leistungsanspruch, sondern erteilt als sog. Einweisungsnorm lediglich den Hinweis, dass sich bindende Ansprüche der Versicherten auf Leistungen der GKV in den in § 11 Abs. 1 und 2 SGB V genannten Leistungsarten ergeben können, wenn die Voraussetzung der die jeweiligen Leistungsarten regelnden Einzelvorschriften vorliegen. Ein Anspruch auf Gewährung von Leistungen kann dementsprechend nur bestehen, wenn die Tatbestandsvoraussetzungen der jeweiligen leistungsrechtlichen Anspruchsnorm sowie der die jeweilige Leistungsnorm konkretisierenden untergesetzlichen Regelungen, insbesondere der nach § 92 SGB V erlassenen Richtlinien des G-BA erfüllt sind, mit denen auf untergesetzlicher Ebene die für eine ausreichende, zweckmäßige und wirtschaftliche Versorgung der Versicherten zulasten der GKV zu erbringenden Leistungen bezogen auf konkrete Leistungsansprüche unter Beachtung des Wirtschaftlichkeitsgebotes näher ausgestaltet werden.

Bei den im Leistungsrecht des SGB V vorgesehenen Leistungen handelt es sich regelmäßig um Pflichtleistungen, also Leistungen, die bei Vorliegen der Anspruchsvoraussetzungen gewährt werden müssen (vgl. § 38 Abs. 1 SGB I). Nur soweit dies gesetzlich in der jeweiligen Anspruchsnorm ausdrücklich angeordnet ist, steht der Krankenkasse bei der Leistungsgewährung ein Ermessensspielraum zu. Entsprechende Regelungen finden sich in den Vorschriften der §§ 23 Abs. 4, § 24 Abs. 1 S. 1, § 33 Abs. 5, § 37 Abs. 1 S. 5, § 40 Abs. 1 und 2 sowie in § 41 Abs. 1 S. 1 SGB V. Es handelt sich bei dem von der Krankenkasse auszuübenden Ermessen gem. § 39 Abs. 1 SGB I um ein gebundenes Ermessen, das entsprechend dem Zweck der jeweiligen das Ermessen einräumenden Leistungsnorm auszuüben ist und die gesetzlichen Grenzen des Ermessens einzuhalten hat. Häufig wird sich daher das von der Krankenkasse auszuübende Ermessen auf Null reduzieren. **136**

In Ausnahmefällen können neben die gesetzlich vorgesehenen Pflichtleistungen satzungsmäßige Zusatzleistungen der Krankenkassen treten, wenn in der Satzung der jeweiligen Krankenkasse die entsprechende Leistung vorgesehen ist. Eine derartige leistungsgewährende Satzungsregelung ist wiederum nur zulässig, wenn sie ausdrücklich gesetzlich zugelassen ist (vgl. insbesondere § 11 Abs. 6 SGB V und § 12 Abs. 1 S. 2, Abs. 3 SGB V). Entsprechende Klauseln enthalten beispielsweise die Leistungsnormen in § 20 Abs. 1 S. 1 SGB V, § 20i Abs. 2 SGB V, § 23 Abs. 2 S. 2 SGB V oder § 38 Abs. 2 SGB V. **137**

Differenziert werden kann des Weiteren zwischen sog. Hauptleistungen und sog. Neben- bzw. Ergänzungsleistungen. Die Neben- bzw. Ergänzungsleistungen setzen das Vorhandensein einer Hauptleistung voraus. Sie sind dieser Hauptleistung gegenüber akzessorisch und können nur gewährt werden, wenn die Anspruchsvoraussetzungen für die Hauptleistung ebenfalls vorliegen. Ein Beispiel hierfür bildet der Anspruch auf Fahrkosten nach § 60 Abs. 1 SGB V, der als Hauptleistung eine Krankenhausbehandlung oder – in Ausnahmefällen – eine ambulante Behandlung erfordert. Auch die soziotherapeutischen Leistungen nach § 37a SGB V setzen eine Hauptleistung in Form der ambulanten ärztlichen Behandlung voraus. **138**

d) Vorrang anderer Sozialleistungsträger

Ein Leistungsanspruch zulasten der GKV besteht des Weiteren nicht, wenn die zu erbringende Sozialleistung vorrangig durch einen anderen Sozialleistungsträger zu erfüllen ist. So sieht § 11 Abs. 5 SGB V den grundsätzlichen Vorrang der gesetzlichen Unfallversicherung bei Berufskrankheit nach § 9 Abs. 1 SGB VII und bei Arbeitsunfällen nach § 8 Abs. 1 SGB VII vor. Leistungen aus der GKV sind danach ausgeschlossen, wenn die behandlungsbedürftige gesundheitliche Beeinträchtigung ausschließlich durch einen Arbeitsunfall oder eine Berufskrankheit verursacht ist. Eine bloße Mitver- **139** ursachung reicht demgegenüber nicht aus,[70] sodass die Zuständigkeit der GKV für Leistungen nicht entfällt, die aufgrund nicht unfallbedingter Beeinträchtigungen neben davon unabhängigen unfallbedingten Beeinträchtigungen zu erbringen sind. Ein Leistungsausschluss hinsichtlich der GKV-Leistungen tritt auch dann nicht ein, wenn der Träger der Gesetzlichen Unfallversicherung (GUV) die entsprechenden Leistungen tatsächlich nicht erbringt. Fallen die Leistungen aus der GUV lediglich niedriger aus als die vergleichbaren Leistungen in der GKV, was zB im Vergleich zwischen dem unfallversicherungsrechtlichen Verletztengeld zum Krankengeldanspruch des Versicherten in der GKV der Fall sein kann, greift der krankenversicherungsrechtliche Leistungsausschluss aus § 11 Abs. 5 SGB V ein. Der sog. »Spitzbetrag« des Krankengeldes entfällt.[71]

e) Rechtsmissbrauch – § 52a SGB V

140 Ein Leistungsausschluss kann sich nach § 52a SGB V darüber hinaus unter dem Gesichtspunkt des Rechtsmissbrauches ergeben. Voraussetzung ist, dass sich eine Person in den Geltungsbereich des SGB V gerade deshalb begeben hat, um aufgrund einer Versicherung nach § 5 Abs. 1 Nr. 13 SGB V oder aufgrund einer an eine solche (Stamm-) Versicherung anknüpfenden Familienversicherung missbräuchlich Leistungen zu beanspruchen. Der Ausschlusstatbestand hat nur einen sehr engen Anwendungsbereich, weil er kumulativ mehrere Voraussetzungen erfordert, die tatsächlich selten nachgewiesen werden können. Zum einen muss ein Wechsel einer Person aus dem Ausland in den Geltungsbereich des SGB V zu einer Versicherungspflicht nach § 5 Abs. 1 Nr. 13 SGB V bzw. einer daran anknüpfenden Familienversicherung geführt haben. Dies setzt voraus, dass die betroffene Person einen Wohnsitz oder gewöhnlichen Aufenthalt im Bereich des SGB V genommen hat (vgl. § 3 Abs. 1 S. 2 SGB IV). Der Wechsel muss in der Absicht missbräuchlicher Leistungsinanspruchnahme erfolgt sein. Diese Voraussetzung ist nur erfüllt, wenn der Versicherte den Wohnsitzwechsel mit dem direkten Vorsatz vorgenommen hat, eine Leistungsinanspruchnahme zu erreichen.[72] Es muss nachgewiesen werden, dass bei Begründung der Versicherungspflicht nach § 5 Abs. 1 Nr. 13 SGB V bzw. einer damit korrespondierenden Familienversicherung bewusst der Zweck verfolgt worden ist, die Versicherteneigenschaft zu begründen, um Leistungen in Anspruch zu nehmen. Wohnsitzwechsel aus anderen Gründen schließen die Anwendbarkeit des § 52a SGB V aus. Schließlich muss die Absicht zusätzlich auf eine missbräuchliche Leistungsinanspruchnahme gerichtet sein. Der Absicht im Hinblick auf die begehrte Leistung muss mithin ein besonderes Unwerturteil zukommen, welches sich insbesondere aus hohen Kosten ergeben kann, die mit bestimmten Leistungen der GKV verbunden sind. Dies ist nur dann anzunehmen, wenn die Kosten im Vergleich zu einer nur kurzzeitig bestehenden Versicherteneigenschaft und der gezielten Absicht des Versicherten, die entsprechende Leistung durch einen Wohnortwechsel aus dem Ausland zu erhalten, es der Versichertengemeinschaft unzumutbar machen, die Leistungsgewährung hinzunehmen.

f) (Beschränkter) Leistungsausschluss nach § 52 SGB V

141 Zu einem beschränkten Leistungsausschluss kann es schließlich nach § 52 SGB V in zwei Fallkonstellationen kommen. Die Vorschrift konkretisiert den in § 1 Abs. 2 SGB V benannten Grundsatz der Eigenverantwortung des Versicherten und dient der Entlas-

---

70 BSG SozR 3-2200 § 539 Nr. 43.

71 Das Entfallen des Spitzbetrages ist verfassungsgemäß, vgl. BSG SozR 3-2500 § 11 Nr. 3 = BeckRS 2003, 40090.

72 Dazu Spickhoff/*Nebendahl* SGB V § 52a Rn. 4–6.

Nebendahl

tung der Versichertengemeinschaft von Kosten, die durch selbstschädigendes Verhalten eines Versicherten verursacht werden.

§ 52 Abs. 1 SGB V begründet für die Krankenkasse eine Berechtigung, nicht jedoch eine Verpflichtung zur Beteiligung des Versicherten an den Kosten von in Folge einer Krankheit gewährten Leistungen in zwei eng abgegrenzten Fällen. Zum einen geht es um eine von dem Versicherten vorsätzlich herbeigeführte Krankheit, zum anderen um Krankheiten, die in Folge von durch einen Versicherten begangenen Verbrechen oder vorsätzlichen Vergehen eingetreten sind. Beide Tatbestände setzen ein vorsätzliches Verhalten des Versicherten voraus. Im erstgenannten Fall muss der Vorsatz auf die Herbeiführung der Krankheit gerichtet sein. Er muss sich mithin sowohl auf das die Herbeiführung der Krankheit verursachende Tun oder Unterlassen des Versicherten als auch auf den Eintritt der Krankheit als Folge dieser Handlung erstrecken. Der Versicherte muss insoweit sowohl das Tun und/oder Unterlassen als auch den hierdurch kausal veranlassten Eintritt der Krankheit zumindest bedingt vorsätzlich in Kauf genommen haben.[73] Im zweitgenannten Fall knüpft die Leistungsbeschränkung an ein (vorsätzliches oder fahrlässiges) Verbrechen oder ein vorsätzliches Vergehen an. Der Vorsatz bzw. – bei Verbrechen ausreichend – die Fahrlässigkeit muss sich nur auf die Straftat beziehen. Hinzukommen muss, dass die Krankheit in Folge der Straftat eingetreten ist, wobei eine wesentliche Mitursächlichkeit ausreichend ist. Liegen die Voraussetzungen vor, ist die Krankenkasse berechtigt, zum einen den Versicherten an den Kosten der Leistungen in angemessener Höhe zu beteiligen und zum anderen das Krankengeld ganz oder teilweise für die Dauer der Krankheit zu versagen oder zurückzufordern. Die Krankenkasse hat die Entscheidung nach pflichtgemäßem Ermessen durch Verwaltungsakt zu treffen. **142**

Nach § 52 Abs. 2 SGB V haben die Krankenkassen bei dem in der Vorschrift genannten selbstschädigenden Verhalten des Versicherten den Versicherten in angemessener Höhe an den Kosten der Krankenbehandlung zu beteiligen und das Krankengeld für die Dauer der Behandlung ganz oder teilweise zu versagen oder zurückzufordern. Anknüpfungspunkt können allein medizinisch nicht indizierte ästhetische Operationen, Tätowierungen oder Piercings sein. Lässt der Versicherte die genannten Maßnahmen durchführen und kommt es dadurch zu einer behandlungsbedürftigen Krankheit, hat die Krankenkasse eine Ermessensentscheidung nicht hinsichtlich des Ob, wohl aber des Umfangs der Kostenbeteiligung bzw. der Reduzierung/Rückforderung des Krankengeldes zu treffen. Die Vorschrift ist als Ausnahmeregelung nicht analogiefähig, sodass andere als die im Gesetz genannten selbstschädigenden Handlungen des Versicherten nicht zu einer Rückforderung berechtigen.[74] **143**

g) Ruhen des Leistungsanspruchs

Einem Leistungsanspruch kann schließlich in Sonderfällen das Ruhen des Anspruchs nach § 16 SGB V entgegenstehen. Das Ruhen des Leistungsanspruchs führt nicht zu einem Erlöschen des Leistungsanspruchs, sondern lediglich zu einem Leistungsverweigerungsrecht der Krankenkasse; die Durchsetzung des Leistungsanspruchs gegen die Krankenkasse wird gehemmt. **144**

Anknüpfungspunkt für das Ruhen ist nach § 16 Abs. 1 S. 1 Nr. 1 SGB V zum einen der Aufenthalt im Ausland, dies allerdings nur, soweit nicht abweichende Regelungen vorhanden sind. Derartige abweichende Regelungen bestehen insbesondere im Verhältnis zu den Mitgliedsstaaten der EU, des EWR und der Schweiz (vgl. § 13 Abs. 4–6 SGB V). **145**

---

73 Spickhoff/*Nebendahl* SGB V § 52 Rn. 4–6.
74 Spickhoff/*Nebendahl* SGB V § 52 Rn. 17; *Prehn* NZS 2010, 260.

Sie können sich darüber hinaus auch aus dem europäischen Gemeinschaftsrecht oder aus bilateralen Sozialversicherungsabkommen ergeben. Ein Ruhen des Anspruchs tritt darüber hinaus – im Interesse einer Vermeidung von Doppelversorgungen – ein, wenn der Versicherte gegen andere Leistungsträger einen vorrangigen Anspruch hat (vgl. § 16 Abs. 1 S. 1 Nr. 2–4, Abs. 2, 3 SGB V). Schließlich sieht § 16 Abs. 3a SGB V ein Ruhen des Leistungsanspruchs bei Beitragsrückständen von in der Künstlersozialversicherung Versicherten oder von Versicherten, die ihren Beitrag selbst zahlen müssen (insbesondere freiwillig Versicherte nach § 9 SGB V) vor. Das Ruhen des Leistungsanspruchs ist auf das beitragspflichtige Mitglied beschränkt, sodass Familienversicherte hiervon nicht betroffen sind. Außerdem sind von dem Ruhen bestimmte Leistungen, nämlich die Früherkennungsuntersuchungen nach den §§ 25 und 26 SGB V sowie Leistungen, die zur Behandlung akuter Erkrankungen und Schmerzzustände sowie bei Schwangerschaft und Mutterschaft erforderlich sind, ausgenommen. Das Ruhen setzt einen trotz entsprechender Mahnung bestehenden Rückstand mit der Beitragszahlung in Höhe von Beitragsanteilen für zwei Monate voraus. Das Ruhen endet, wenn alle rückständigen und die auf die Zeit des Ruhens entfallenden Beitragsanteile gezahlt sind, wenn der Versicherte hilfsbedürftig im Sinne des SGB II oder SGB XII wird oder wenn eine Ratenzahlungsvereinbarung getroffen wird und die Raten vertragsgemäß entrichtet werden.

2. Die Leistungen im Einzelnen

146 Die im Rahmen der GKV gewährten Leistungen ergeben sich aus dem sog. Leistungsrecht des SGB V in den §§ 11–66 SGB V sowie aus den das gesetzliche Leistungsrecht ausgestaltenden untergesetzlichen Regelungen, insbesondere den Richtlinien des G-BA nach § 92 SGB V.

a) Die Leistungsarten

147 Einen Überblick über die in der GKV gewährten Leistungsarten gewährt § 11 Abs. 1 Nr. 1–5 SGB V. Zu den Leistungsarten gehören nach § 11 Abs. 1 Nr. 1 SGB V Leistungen bei Schwangerschaft und Mutterschaft nach den §§ 24c–24i SGB V sowie – § 11 Abs. 1 Nr. 2 SGB V – Leistungen zur Verhütung von Krankheiten und von deren Verschlimmerung (Präventionsleistungen) einschließlich der Leistungen zur Empfängnisverhütung, bei Sterilisation und bei Schwangerschaftsabbruch, geregelt in den §§ 20–24b SGB V. Der Leistungskatalog der GKV umfasst nach § 11 Abs. 1 Nr. 3 SGB V weiter die Leistungen zur Früherkennung von Krankheiten nach den §§ 25, 25a und 26 SGB V. Hierzu zählen insbesondere die Durchführung von Gesundheitsuntersuchungen zur präventiven Früherkennung bestimmter bevölkerungsmedizinisch bedeutsamer Krankheiten (sog. Zivilisationskrankheiten, zB Herz-, Kreislauf- und Nierenerkrankungen, Zuckerkrankheit), Krebserkrankungen sowie zur Früherkennung von Krankheiten im Kindes- und Jugendlichenalter. Den Kernbereich der Leistungen der GKV stellen die Leistungen zur Behandlung einer Krankheit iSv § 11 Abs. 1 Nr. 4 SGB V dar. Die §§ 27–52 SGB V benennen die unterschiedlichen in dieser Leistungsart in Betracht kommenden Einzelleistungen. Zu den Leistungen der GKV gehört schließlich auch die Gewährung des Persönlichen Budgets nach § 17 Abs. 2–4 SGB IX.

148 § 11 Abs. 2 SGB V weist darauf hin, dass zu den in der GKV gewährten Leistungen auch solche der medizinischen Rehabilitation gehören. Es handelt sich hierbei um Leistungen, die dazu dienen, eine Behinderung oder Pflegebedürftigkeit abzuwenden, zu beseitigen, zu mindern, auszugleichen und deren Verschlimmerung zu verhüten oder ihre Folgen zu mildern. Die Rehabilitationsleistungen sind auf Leistungen der medizinischen Rehabilitation und der in diesem Zusammenhang notwendigen ergänzenden Leistungen beschränkt, also nur auf solche Leistungen, die unmittelbar auf die

Krankheit Einfluss nehmen. Maßnahmen, die sich auf die beruflichen oder sozialen Folgen einer Krankheit beziehen, werden demgegenüber nicht erfasst. Die entsprechenden Leistungen finden sich in den §§ 40 ff. SGB V sowie ergänzend in den §§ 26 ff. SGB IX. Die Einzelheiten werden im Zusammenhang mit der Darstellung der Rehabilitation und Teilhabe behinderter Menschen im 7. Kapitel erläutert.

Die Aufzählung der Leistungsarten in § 11 Abs. 1 SGB V ist nicht abschließend. Hinzu **149** kommen beispielsweise die Zahnersatzleistungen in den §§ 55 und 56 SGB V sowie die Übernahme von Fahrkosten in § 60 SGB V.

b) Die einzelnen Leistungen

aa) Präventionsleistungen, Leistungen bei Empfängnisverhütung, Schwangerschaftsabbruch und Sterilisation

Die den Krankenkassen obliegenden Präventionsleistungen sind in den §§ 20–24 SGB V **150** geregelt. Die §§ 24a und 24b SGB V enthalten Regelungen zu den GKV-Leistungen bei Empfängnisverhütung, Schwangerschaftsabbruch und Sterilisation.

(1) Satzungsleistungen der primären Prävention und der Gesundheitsförderung. **151** § 20 Abs. 1 SGB V verpflichtet die Krankenkassen, in ihren Satzungen Leistungen zur Verhinderung und Verminderung von Krankheitsrisiken im Sinne einer primären Prävention und zur Förderung des selbstbestimmten gesundheitsorientierten Handelns der Versicherten (Gesundheitsförderung) vorzusehen.

(a) Primäre Prävention und Gesundheitsförderung. Die in der Satzung der Kranken- **152** kassen vorzusehenden Leistungen sind auf zwei Ziele gerichtet. Mit der primären Prävention ist ein Teilbereich der alle vorbeugenden Maßnahmen zur Erhaltung der Gesundheit und zur Verhütung von Krankheit, Behinderung, Erwerbsminderung und Pflegebedürftigkeit umfassenden gesundheitlichen Prävention angesprochen. In Abgrenzung zum allgemeinen Begriff der Gesundheitsförderung, der die allgemeine Stärkung der Gesundheit durch Beeinflussung der auf die Gesundheit einwirkenden Lebensbedingungen und sonstigen Umstände zum Inhalt hat, richtet sich die primäre Prävention auf die Verhütung von Krankheiten und damit die Verhinderung konkreter Krankheitsbilder.[75] Die satzungsmäßigen Präventionsleistungen müssen daher konkret krankheitsbezogene Präventionsverpflichtungen enthalten. Die primäre Prävention ist darüber hinaus entsprechend den Stadien der Entwicklung einer Erkrankung von der sekundären und tertiären Prävention abzugrenzen. Die primäre Prävention zielt auf die Verhinderung der Entwicklung von Krankheit durch Einflussnahme auf die für die Krankheitsentstehung relevanten Faktoren im Rahmen der Lebensführung und/oder der Lebensumwelt des Menschen. Die Krankheit, deren Eintritt verhütet werden soll, darf noch nicht vorliegen.[76] Demgegenüber greift die sekundäre Prävention bei konkret bevorstehenden bzw. bereits eingetretenen Krankheiten ein und dient deren möglichst frühzeitiger Feststellung und Behandlung, zB durch Maßnahmen der Früherkennung. Die tertiäre Prävention wirkt sich bei der Bewältigung eingetretener Erkrankungen aus, um aus der Erkrankung sich ergebende, die Gesundheit negativ beeinflussenden Weiterungen zu vermeiden.[77]

Die in der Satzung der Krankenkasse vorzusehenden Leistungen der primären Prä- **153** vention sollen ebenso wie die Gesundheitsförderungsleistungen entsprechend § 20 Abs. 1 S. 1 SGB V dazu dienen, den allgemeinen Gesundheitszustand zu verbessern.

---

75 Spickhoff/*Nebendahl* SGB V § 20 Rn. 4.
76 BSG SozR 2200 § 187 Nr. 9; SozR 2200 § 187 Nr. 7.
77 Spickhoff/*Nebendahl* SGB V § 20 Rn. 5.

Beispielhaft wird genannt, dass sie einen Beitrag zur Verminderung sozial bedingter sowie geschlechtsbezogener Ungleichheit von Gesundheitschancen erbringen sollen, also bezwecken sollen, die in der Lebenswirklichkeit vorgegebene ungleiche Verteilung der Gesundheitschancen abhängig von Einkommens- und Vermögensverhältnissen sowie Lebens- und Ernährungsbedingungen auszugleichen.

154 Die Krankenkassen haben ihre Satzungsregelung nach Maßgabe der vom Spitzenverband Bund der Krankenkassen (SpiBundKK) nach § 20 Abs. 1 S. 3, Abs. 2 SGB V normierten Festlegungen zu treffen. Der SpiBundKK hat die Aufgabe, unter Einbeziehung unabhängigen Sachverstandes und des Sachverstandes der Menschen mit Behinderung einheitliche Handlungsfelder und Kriterien der primären Prävention und der Gesundheitsförderung unter Berücksichtigung der in § 20 Abs. 3 SGB V – beispielhaft – aufgeführten Gesundheitsziele festzulegen. Die Handlungsfelder können sowohl krankheitsbezogen als auch verhaltensbezogen festgelegt werden, sodass sowohl Präventionsmaßnahmen im Hinblick auf bestimmte Risikoerkrankungen (zB Herz-Kreislauf-Erkrankungen, Diabetes mellitus, Brustkrebs) denkbar sind, als auch Präventionsmaßnahmen bezogen auf besonderes gesundheitsförderndes Verhalten (zB bei Übergewichtigkeit, Rauchen oder übermäßigem Alkoholkonsum oder auf unzureichender körperlicher Betätigung oder fehlerhafter Ernährung beruhenden Gesundheitsrisiken). Der SpiBundKK hat darüber hinaus die Kriterien für die festzulegenden Präventionsleistungen insbesondere hinsichtlich des Bedarfes, der Zielgruppen, Zugangswege, Inhalte, der Methodik, der Qualität, der intersektoralen Zusammenarbeit, der wissenschaftlichen Evaluation und der Messung der Zielerreichung festzulegen.[78]

155 **(b) Leistungskategorien.** Nach § 20 Abs. 4 SGB V unterteilen sich die entsprechenden Leistungen in drei Bereiche; Leistungen der verhaltensbezogenen Prävention nach § 20 Abs. 5 SGB V, Leistungen der Gesundheitsförderung und Prävention in Lebenswelten nach § 20a SGB V und Leistungen der Gesundheitsförderung in Betrieben nach § 20b SGB V.

156 **(aa) Verhaltensbezogene Prävention nach § 20 Abs. 5 SGB V.** Leistungen der verhaltensbezogenen Prävention zielen darauf ab, den Versicherten zu einer dem präventiven Gesundheitsschutz dienenden Änderung seiner Lebensgewohnheiten und Lebensverhältnisse zu veranlassen. Dies betrifft insbesondere die in § 20 Abs. 3 Nr. 3, 4, 5, 7 und 8 SGB V genannten Gesundheitsziele der Reduktion des Tabakkonsums und des Alkoholkonsums, des gesunden Aufwachsens und der Erhöhung der gesundheitlichen Kompetenz sowie des gesunden Älterwerdens. Hierzu zählen u.a. Leistungen, die im Rahmen von Gesundheitsuntersuchungen nach § 25 Abs. 1 S. 2, § 26 Abs. 1 S. 3 SGB V ärztlich empfohlen werden. Derartige Leistungen dürfen zulasten der GKV nach § 20 Abs. 2 S. 2 SGB V nur durch zertifizierte Leistungserbringer erbracht werden.

157 **(bb) Gesundheitsförderung und Prävention in Lebenswelten.** Nach § 20a SGB V erstreckt sich die Verpflichtung der Krankenkassen auf die Förderung von Leistungen der primären Prävention und der allgemeinen Gesundheitsförderung in sog. Lebenswelten, nämlich in für die Gesundheit bedeutsamen, abgegrenzten sozialen Systemen, wie bspw. des Wohnens, des Lernens, des Studierens, der medizinischen und pflegerischen Versorgung sowie der Freizeitgestaltung und des Sports. Die Förderung soll auf der Grundlage von Rahmenvereinbarungen nach § 20f Abs. 1 SGB V erfolgen, weil

---

78 Der SpiBundKK ist dieser Verpflichtung durch den Leitfaden Prävention, gemeinsame und einheitliche Handlungsfelder in Kriterien der Spitzenverbände der Krankenkassen zur Umsetzung von § 20 Abs. 1 und 2 SGB V v. 21.6.2000 idF v. 9.1.2017 nachgekommen.

eine lebensweltenbezogene Leistungserbringung nicht versichertenbezogen vorgenommen werden kann, sondern sich unabhängig von dem Versichertenstatus auf die sozialen Lebenswelten beziehen muss. Mögliche Leistungen betreffen daher den Erhalt und den Ausbau gesundheitsfördernder Strukturen in den jeweiligen Lebenswelten, an dem die Krankenkassen nach § 20a Abs. 1 S. 4 und 5 SGB V mitzuwirken haben. Aus dem gleichen Grund sind für Leistungen nach § 20a SGB V nicht die einzelnen Versicherten anspruchsberechtigt, sondern diejenigen, die für die Gestaltung der jeweiligen sozialen Lebenswelten entscheidungszuständig sind.

(cc) Gesundheitsförderung am Arbeitsplatz und im Betrieb. Ebenfalls dem Ziel der **158** primären Gesundheitsprävention dienen die Verpflichtungen der Krankenkassen zur Erbringung von Leistungen zur betrieblichen Gesundheitsförderung nach § 20b SGB V, bei denen die Krankenkassen eng mit den Trägern der gesetzlichen Unfallversicherung und den Arbeitsschutzbehörden zusammenzuarbeiten haben, sowie die Verpflichtung zur Unterstützung der Träger der gesetzlichen Unfallversicherung bei der Erfüllung der diesen obliegenden Aufgaben zur Verhütung arbeitsbedingter Gesundheitsgefahren nach § 20c SGB V. Die Regelungen knüpfen an die Tatsache an, dass das betriebliche Umfeld einen wesentlichen die Gesundheit beeinflussenden Risikofaktor darstellt und daher einen wichtigen Bereich primärer Präventionsmaßnahmen bildet. Die Regelung bewirkt, dass die Primärprävention in diesem Bereich nicht nur Aufgabe des Arbeitgebers und der gesetzlichen Unfallversicherung ist, sondern vielmehr eine eigenständige Verpflichtung der Krankenkassen zur betrieblichen Gesundheitsförderung besteht. Auch zu diesem Bereich finden sich auf der Grundlage des in § 20 Abs. 4 Nr. 2 und 3 SGB V enthaltenen Verweises auf die §§ 20b und 20c SGB V Konkretisierungen im Leitfaden Prävention des SpiBundKK.

(2) Förderung der Selbsthilfe. Ebenfalls zum Bereich der primären Prävention gehört **159** die Verpflichtung der Krankenkassen aus § 20h SGB V zur Förderung der Selbsthilfe durch Förderung von Selbsthilfegruppen und -organisationen, die sich die gesundheitliche Prävention und die Rehabilitation von Versicherten in einem in dem Leitfaden Selbsthilfeförderung vom SpiBundKK nach § 20h Abs. 2 SGB V festgelegten Verzeichnis bestimmter Krankheitsbilder zum Ziel gesetzt haben.[79] Auch die Grundsätze zu den Inhalten der Förderung der Selbsthilfe und Verteilung der Fördermittel auf die verschiedenen Förderebenen und Förderbereiche sind in dem Leitfaden enthalten. Insbesondere enthält der Leitfaden Anforderungen an die förderfähigen Selbsthilfeeinrichtungen hinsichtlich der Interessenwahrnehmung durch Betroffene, der gesundheitsbezogenen Aktivitäten als Mittelpunkt der Arbeit, der Offenheit für neue Mitglieder und der Veröffentlichung des Selbsthilfeangebotes sowie der neutralen Ausrichtung und Unabhängigkeit von wirtschaftlichen Interessen und die Herstellung von Transparenz über die Finanzsituation und die Bereitschaft zur Zusammenarbeit mit den Krankenkassen. Die Förderung kann nach § 20h Abs. 2 S. 3 SGB V durch pauschale Zuschüsse oder durch projektbezogene Förderung in Betracht kommen. Auch wenn dies im Gesetz nicht zwingend angeordnet ist, schließt der Leitfaden zur Selbsthilfeförderung eine Vollförderung grundsätzlich aus.

(3) Schutzimpfungen. Einen weiteren speziellen Bereich der primären Prävention bil- **160** det nach § 20i SGB V die Beteiligung der Krankenkassen an Schutzimpfungen iSv § 2 Nr. 9 IfSG, begründet also eine Pflichtleistung der GKV. Zugleich enthält die Regelung die Klarstellung, dass die Durchführung von allgemeinen Schutzimpfungen nicht zum Inhalt der vertragsärztlichen Versorgung gehört. Der Anspruchsinhalt ist auf die

---

79 S. den Leitfaden zur Selbsthilfeförderung gem. § 20h SGB V v. 10.3.2000 idF v. 17.6.2013 in dessen Anhang 2 sich das Verzeichnis der Krankheitsbilder findet, die Gegenstand der Tätigkeit von Selbsthilfeeinrichtungen und -organisationen sein können.

Durchführung von Schutzimpfungen iSd § 2 Nr. 9 IfSG gerichtet. Es geht daher um die Gabe von Impfstoffen mit dem Ziel, vor einer übertragbaren Krankheit zu schützen. Erfasst von diesem Anspruch sind ausschließlich Maßnahmen der aktiven Immunisierung zur Erzeugung einer körpereigenen Immunabwehr sowie die im Zusammenhang mit der Schutzimpfung gebotene ärztliche Untersuchung und Beratung insbesondere im Hinblick auf eine bestehende Indikation zur Durchführung der Schutzimpfung und die Aufklärung über die mit der Schutzimpfung verbundenen Impfrisiken.[80] Demgegenüber werden aufgrund der ausdrücklichen Regelung in § 20i Abs. 1 S. 2 SGB V Schutzimpfungen, die durch einen Auslandsaufenthalt indiziert sind, nur dann erfasst, wenn die Schutzimpfung im öffentlichen Interesse der Einschleppung einer übertragbaren Krankheit entgegenwirken soll oder wenn der Auslandsaufenthalt beruflich bedingt oder im Rahmen einer Ausbildung vorgeschrieben ist. Demgegenüber sind sog. Reiseschutzimpfungen, also Schutzimpfungen, die durch einen nicht beruflich bedingten Auslandsaufenthalt veranlasst sind, von der Leistungspflicht ausgenommen, weil diese mit einem nicht durch die Berufsausübung zumindest mitveranlassten Auslandsaufenthalt begründeten Risiken zum nicht von der Versichertengemeinschaft zu tragenden allgemeinen Lebensrisiko gehören.

161 Die konkrete Ausgestaltung des Anspruchs auf die Durchführung von Schutzimpfungen erfolgt nach § 20i Abs. 1 S. 3 SGB V durch Richtlinien des G-BA, der insoweit nach § 92 Abs. 1 S. 2 Nr. 15 SGB V die Empfehlungen der ständigen Impfkommission (STIKO) beim Robert-Koch-Institut gem. § 20 Abs. 2 IfSG zugrunde zu legen hat. Der G-BA hat in Ausübung seines Konkretisierungsauftrages die Schutzimpfungs-Richtlinie erlassen.[81]

162 § 20i Abs. 2 SGB V gestattet den Krankenkassen darüber hinaus, in ihren Satzungen über in der Schutzimpfungs-Richtlinie enthaltene Schutzimpfungen hinaus weitere Schutzimpfungen als Satzungsleistungen festzulegen, die beispielsweise aufgrund regionaler Besonderheiten gerechtfertigt sein können.

163 **(4) Verhütung von Zahnerkrankungen.** Die §§ 21, 22 und 22a SGB V begründen Präventionsleistungen im Bereich der Verhütung von Zahnerkrankungen. Dies geschieht zum einen durch im Zusammenwirken mit Zahnärzten und den für die Zahngesundheitspflege zuständigen öffentlichen Stellen durchzuführende gruppenprophylaktische Maßnahmen zur Erkennung und Verhütung von Zahnerkrankungen bei Kindern und Jugendlichen in Form einer den Krankenkassen auferlegten Förderungs- und Finanzierungsverpflichtung. Zielgruppe der Gruppenprophylaxe sind Kinder und Jugendliche bis zur Vollendung des 12. Lebensjahres bzw., wenn diese in Schulen oder Behinderteneinrichtungen unterrichtet bzw. betreut werden, in denen das Kariesrisiko der Schüler überproportional hoch ist, bis zur Vollendung des 16. Lebensjahres. Die Altersgrenze ist nicht personen-, sondern gruppenbezogen zu bestimmen, sodass das in der jeweiligen Gruppe, zB einer Schulklasse, überwiegende Alter für die Teilnahme an gruppenprophylaktischen Maßnahmen entscheidend ist, mithin auch Personen einzubeziehen sind, die zwar Mitglied der Gruppe sind, aber ein individuell höheres Alter aufweisen.[82] Die gruppenprophylaktischen Maßnahmen dienen der Verhütung von Zahnerkrankungen, also allen regelwidrigen, vom Leitbild des gesunden Menschen abweichenden und deshalb behandlungsbedürftigen Zuständen des Zahnes unabhängig davon, ob die Erkrankung den Zahn selbst, das Zahnfleisch, den Zahnhalteapparat oder deren funktionelles Zusammenwirken betrifft. Beispielhaft nennt § 21 Abs. 1 S. 4 SGB V die Untersuchung der Mundhöhle, die Erhebung des Zahnstatus, die

---

80 Dazu Spickhoff/*Nebendahl* SGB V § 20d Rn. 4.
81 RL über Schutzimpfungen nach § 20i Abs. 1 SGB V v. 18.10.2007 idF v. 20.5.2017.
82 Dazu Spickhoff/*Nebendahl* SGB V § 21 Rn. 3.

Zahnschmelzhärtung, Ernährungsberatung und Mundhygiene. Die gruppenprophylaktischen Maßnahmen betreffen daher nicht nur Maßnahmen der primären Prävention (zB Ernährungsberatung und Beratung im Zusammenhang mit der Mundhygiene), sondern auch der sekundären und tertiären Prävention (Untersuchung bei drohenden oder bereits eingetretenen Zahnerkrankungen). Die Durchführung der gruppenprophylaktischen Maßnahmen erfolgt grundsätzlich als aufsuchendes Angebot in Kindergärten, Schulen oder Behinderteneinrichtungen, um so eine flächendeckende Durchführung der gruppenprophylaktischen Maßnahmen zur Verhütung von Krankheiten zu erreichen.[83]

Ergänzt werden die gruppenprophylaktischen Maßnahmen durch Maßnahmen der Individualprophylaxe nach § 22 SGB V. Nach § 22 SGB V haben Versicherte nach Vollendung des 6. und vor Vollendung des 18. Lebensjahres Anspruch auf einmalige zahnärztliche Untersuchung pro Kalenderhalbjahr zum Zwecke der Verhütung von Zahnerkrankungen. Die Untersuchungen sollen sich auf den Befund des Zahnfleisches, die Aufklärung über Krankheitsursachen und ihre Vermeidung, das Erstellen von diagnostischen Vergleichen zur Mundhygiene, zum Zustand des Zahnfleisches und zur Anfälligkeit gegenüber Karieserkrankungen sowie auf die Motivation und Einweisung bei der Mundpflege und auf Maßnahmen zur Schmelzhärtung der Zähne erstrecken. Außerdem besteht ein Anspruch auf Fissurenversiegelung der Molaren. Die Regelung knüpft an die in § 26 Abs. 1 S. 5 und 6 SGB V vorgesehenen zahnheilkundlichen Früherkennungsuntersuchungen für Kinder bis zur Vollendung des 6. Lebensjahres an. Einen Anlass zur Durchführung der prophylaktischen Maßnahmen muss es nicht geben. Die nähere Ausgestaltung erfolgt durch die Richtlinie des G-BA zur zahnärztlichen Individualprophylaxe.[84] **164**

Einen Anspruch auf individualprophylaktische Zahnbehandlungsmaßnahmen begründet § 22a SGB V für pflegebedürftige Menschen und Menschen mit Behinderungen. Hierzu gehören Menschen, die einem Pflegegrad nach § 15 SGB XI zugeordnet sind, und Empfänger von Eingliederungshilfe nach § 53 SGB XII. Zum Leistungsumfang gehören nach § 22a Abs. 1 S. 2 SGB V insbesondere die Erhebung eines Mundgesundheitsstatus, die – unter Einbeziehung der jeweiligen Pflegepersonen erfolgende – Aufklärung über die Bedeutung der Mundhygiene und über Maßnahmen zu deren Erhaltung, die Erstellung eines individuellen Mund- und Prothesenpflegeplanes sowie die Entfernung harter Zahnbeläge. Die Einzelheiten des Leistungsanspruchs sollen sich aus der auf der Grundlage des § 22a Abs. 2 SGB V zu erlassenden Richtlinie des G-BA ergeben. **165**

(5) Ambulante und stationäre medizinische Vorsorgeleistungen. § 23 SGB V begründet in Abgrenzung zu den speziellen Präventionsregelungen in den §§ 20, 20i und 22 SGB V Ansprüche auf nicht in den spezielleren Vorschriften genannte individuelle medizinische Vorsorgeleistungen. Die medizinischen Vorsorgeleistungen sind auf die Änderung eines bestehenden Gesundheitszustandes gerichtet.[85] Sie unterscheiden sich dadurch von den Früherkennungsmaßnahmen nach den §§ 25 und 26 SGB V, die der Diagnostik zum Zwecke der vorsorglichen Feststellung von Krankheiten dienen. In **166**

---

83 Grundlage der Durchführung ist die nach § 21 Abs. 2 SGB V getroffenen bundeseinheitlichen Rahmenempfehlungen der Spitzenverbände der Krankenkassen über eine flächendeckende Sicherstellung und regelmäßige Durchführung der Gruppenprophylaxe nach einheitlichen Grundsätzen v. 17.6.1993, das Durchführungskonzept Gruppenprophylaxe v. 25.7.1995 sowie das Weiterentwicklungskonzept Gruppenprophylaxe der Spitzenverbände der Krankenkassen v. 20.11.2000.
84 RL des G-BA über Maßnahmen zur Verhütung von Zahnerkrankungen (Individualprophylaxe) v. 4.6.2003.
85 BSG SozR 2200 § 187 Nr. 9.

Abgrenzung zu den Maßnahmen der Krankenbehandlung nach den §§ 27 ff. SGB V bildet bei medizinischen Vorsorgeleistungen nach § 23 SGB V das Bestehen einer Krankheit keine Leistungsvoraussetzung.

167 Der Anspruch auf Gewährung medizinischer Vorsorgeleistung nach § 23 Abs. 1 SGB V umfasst die ärztliche Behandlung und Versorgung mit Arznei-, Verband-, Heil- und Hilfsmitteln, wenn die Versorgung notwendig ist, um einen der in § 23 Abs. 1 Nr. 1–4 SGB V genannten Leistungszwecke zu erreichen. Dies ist zum einen die Beseitigung einer Schwächung der Gesundheit nach Abs. 1 Nr. 1. Eine Krankheit darf noch nicht eingetreten sein. Der Gesundheitszustand des Versicherten muss jedoch in einer Weise angegriffen sein, dass bei einem unveränderten Verlauf mit dem Eintritt einer Krankheit zu rechnen ist. Erlaubt eine Vorsorgeprognose die positive Einschätzung, dass mit der getroffenen Maßnahme der ansonsten zu erwartende Eintritt der Krankheit abgewendet oder verzögert werden kann, ist die Vorsorgeleistung notwendig. Als weiteren Vorsorgezweck nennt § 23 Abs. 1 Nr. 2 SGB V das Entgegenwirken gegenüber einer Gefährdung der gesundheitlichen Entwicklung eines Kindes. Entscheidend ist, dass eine entsprechende Gefährdung der kindlichen Gesundheit erkennbar ist. Es muss festgestellt werden können, dass im Hinblick auf die gesundheitliche Entwicklung bei unverändertem Verlauf eine von einer altersentsprechenden regelrechten Entwicklung negativ abweichende Fehlentwicklung zu erwarten ist, die nicht allein auf sozialen oder familiären Ursachen beruht, sondern zumindest auch gesundheitliche Ursachen hat. § 23 Abs. 1 Nr. 3 SGB V bestimmt als weiteren Leistungszweck die Verhütung von Krankheiten und die Vermeidung von deren Verschlimmerung. Es soll durch Maßnahmen der sekundären Prävention der Eintritt einer Krankheit im individuellen Einzelfall verhindert werden. Voraussetzung ist, dass die Krankheit tatsächlich noch nicht eingetreten ist, bei unverändertem Verlauf aber mit überwiegender Wahrscheinlichkeit eintreten wird. Der in § 23 Abs. 1 Nr. 4 SGB V geregelte Leistungszweck der Vermeidung von Pflegebedürftigkeit betrifft medizinische Vorsorgeleistungen, die notwendig sind, um den Eintritt der Pflegebedürftigkeit nach § 14 Abs. 1 SGB XI zu vermeiden.

168 Der Anspruchsinhalt ist in einem Stufenverhältnis aufgebaut. Liegen die Voraussetzungen für die Gewährung medizinischer Vorsorgeleistungen vor, sind diese nach § 23 Abs. 1 SGB V vorrangig ambulant zu gewähren. Reichen derartige Leistungen nicht aus, können nach § 23 Abs. 2 SGB V ambulante Vorsorgeleistungen in anerkannten Kurorten erbracht werden. Es handelt sich hierbei um eine Ermessensleistung der Krankenkassen. Von den ambulanten Leistungen nach § 23 Abs. 1 SGB V unterscheiden sich die Leistungen dadurch, dass sie als Komplexleistungen auf der Grundlage eines der Kur zugrundeliegenden Behandlungsplanes plangemäß und unter ärztlicher Verantwortung zu erbringen sind und unterschiedliche medizinische Leistungen inhaltlich aufeinander abgestimmt kombiniert werden.[86] Die Leistungen müssen in anerkannten Kurorten oder Heilbädern erbracht werden. Da sich der Anspruch aus § 23 Abs. 2 S. 1 SGB V lediglich auf ambulante Vorsorgeleistungen erstreckt, müssen die für die Durchführung einer derartigen Kur erforderlichen sonstigen Leistungen, insbesondere Unterkunft und Verpflegung, vom Versicherten auf eigene Kosten beschafft werden. Den Krankenkassen ist allerdings gestattet, durch Satzungsregelungen Zuschüsse von bis zu 16,00 EUR täglich, bei chronisch kranken Kindern bis zu 25,00 EUR täglich vorzusehen. Eine zeitliche Begrenzung für die Leistungsgewährung wird allein durch das Wirtschaftlichkeitsgebot des § 12 SGB V sowie die in § 23 Abs. 5 S. 4 SGB V geregelte Wartefrist von drei Jahren nach Durchführung vergleichbarer Leistungen bewirkt.

---

86 Vgl. Spickhoff/*Nebendahl* SGB V § 23 Rn. 8–10.

Reichen auch die ambulanten Vorsorgeleistungen in Kurorten nicht aus, können medi- **169**
zinische Vorsorgeleistungen durch stationäre Behandlung in Vorsorgeeinrichtungen
nach § 23 Abs. 4 SGB V erbracht werden. Auch hierbei handelt es sich um eine Ermessensleistung der Krankenkasse, die an den medizinischen Erfordernissen im Einzelfall
auszurichten ist. Inhaltlich handelt es sich bei der Leistung um eine stationäre Leistung, die neben ärztlicher Behandlung, Unterkunft und Verpflegung in einer anerkannten Vorsorgeeinrichtung iSv § 107 Abs. 2 S. 1a SGB V umfasst. Die Leistung kann
daher nur in anerkannten Vorsorgeeinrichtungen erbracht werden, für die ein Versorgungsvertrag nach § 111 SGB V besteht. Es handelt sich um Komplexleistungen, die
auf der Basis eines Behandlungsplans erbracht werden müssen, wobei die einzelnen
Teilleistungen inhaltlich aufeinander abgestimmt sein müssen. Die stationären Vorsorgeleistungen sind nach § 23 Abs. 5 S. 2 SGB V grundsätzlich auf längstens drei Wochen
beschränkt. Eine Verlängerung kommt nur ausnahmsweise aus dringenden medizinischen Gründen in Betracht. Derartige Gründe sind nur gegeben, wenn der Leistungszweck der stationären Vorsorgeleistung in der Höchstdauer von drei Wochen nicht
erreicht werden kann und ohne die Verlängerung schwerwiegende Erkrankungen,
längere Arbeitsunfähigkeitszeiten, Krankenhausbehandlung oder Pflegebedürftigkeit
eintreten würden. Der SpiBundKK kann in Leitlinien Indikationen festlegen und diesen abweichende Regelzeiträume zuordnen. Eine Abweichung von derartig festgelegten Regelzeiträumen ist nur aus dringenden medizinischen Gründen im Einzelfall
möglich. Für sog. Kinderkuren bei Kindern, die das 14. Lebensjahr noch nicht vollendet haben, enthält § 23 Abs. 7 SGB V eine verlängerte Regeldauer von vier bis sechs
Wochen, die im Einzelfall auch überschritten werden kann. Für stationäre Vorsorgeleistungen besteht nach § 23 Abs. 5 S. 4 SGB V eine regelmäßige Wartezeit von vier
Jahren nach Durchführung vergleichbarer Leistungen.

(6) Mutter/Vater – Kind Kuren. Zum Zwecke der präventiven Verhinderung des Ein- **170**
tritts von Krankheit oder Pflegebedürftigkeit gerade aufgrund der besonderen Belastung als Mutter oder Vater regelt § 24 SGB V eine spezielle Form medizinischer Vorsorgeleistungen in sog. Mutter- oder Vater-Kind-Maßnahmen. Anspruchsberechtigt
sind zum einen Mütter, wobei nicht nur Mütter im biologischen Sinne erfasst werden,
sondern auch Mütter im funktionellen Sinne, also Frauen, die anstelle der Mutter deren Aufgaben in der Kinderbetreuung und Erziehung dauerhaft übernommen haben
(insbesondere Adoptiv- oder Stiefmütter).[87] § 24 Abs. 1 S. 2 SGB V stellt klar, dass nicht
nur Mütter, sondern auch Väter Vorsorgeleistungen nach § 24 Abs. 1 SGB V beanspruchen können, wenn der Vater dauerhaft die Aufgabe der Betreuung und Erziehung eines Kindes übernommen hat. Der Kreis der anspruchsberechtigten Personen ist damit
nicht auf leibliche Väter beschränkt, sondern erstreckt sich auch auf Adoptivväter,
Stiefväter, Lebenspartner oder sonstige vergleichbare männliche Personen, zu denen
eine »Vater-Kind-Beziehung« besteht und die dauerhaft Betreuungs- und Erziehungs-
leistungen erbringen. Ausweislich des Verweises in § 24 Abs. 1 S. 1 SGB V müssen
darüber hinaus die sonstigen Voraussetzungen des § 23 Abs. 1 SGB V vorliegen, also
die Leistung insbesondere zur Erreichung einer der Leistungszwecke des § 23 Abs. 1
SGB V erforderlich sein. Die Erforderlichkeit muss ihre Ursache gerade in den durch
die Kinderbetreuung und -erziehung begründeten besonderen Belastungen finden,
denen die jeweilige Mutter oder der jeweilige Vater unterliegen. Die Leistungen sind
auf die Gewährung von Vorsorgeleistungen als aufgrund eines ärztlichen Behandlungsplanes zu erbringende Komplexleistungen gerichtet, die gerade auf die Besonderheiten der Belastung durch die Kinderbetreuung und -erziehung ausgerichtet
sind.

---

87 Spickhoff/*Nebendahl* SGB V § 24 Rn. 2; Becker/Kingreen/*Welti* SGB V § 24 Rn. 5a; anders aber
   BSG v. 18.7.2006 – B 1 KR 62/06 B, nur Mütter und Väter.

171 Leistungen zugunsten von Müttern können nur in Einrichtungen des Müttergene-sungswerkes oder gleichartigen Einrichtungen erbracht werden. Bei Vätern muss die leistungserbringende Einrichtung geeignet sein. Es muss sich damit um Einrichtungen handeln, die sowohl nach ihrer konzeptionellen Ausrichtung als auch nach ihrer bau-lich organisatorischen Struktur die Gewähr dafür bieten, Vater-Kind-Maßnahmen durchführen zu können. Erforderlich ist in beiden Fällen ein Versorgungsvertrag nach § 111a SGB V.[88] Mutter-/Vater-Kind-Kuren sollen längstens für drei Wochen bewilligt werden, soweit nicht ausnahmsweise aus medizinischen Gründen eine längere Dauer zwingend erforderlich ist. Auch die Wartefristen des § 23 Abs. 5 S. 4 SGB V von drei Jahren bei ambulanten bzw. vier Jahren bei stationären Vorsorgeleistungen sind zu be-achten.

172 **(7) Leistungen im Zusammenhang mit der Empfängnisverhütung.** § 24a SGB V be-gründet für in der GKV Versicherte einen Beratungsanspruch über Fragen der Emp-fängnisregelung und – bis zu einem Höchstalter von 20 Jahren – einen Anspruch auf Versorgung mit empfängnisverhütenden Mitteln. Politisches Ziel dieser Regelung ist die Realisierung einer willensgesteuerten Familienplanung und die Vermeidung un-erwünschter Schwangerschaften und daraus resultierenden Schwangerschaftsabbrü-che. Es handelt sich damit letztlich um krankenversicherungsfremde Leistungen, weil mit einer Schwangerschaft keine Krankheit betroffen ist und damit die Minimierung des Schwangerschaftsrisikos – von den Ausnahmefällen einer vorhersehbar mit ge-sundheitlichen Beeinträchtigungen verbundenen Schwangerschaft abgesehen – auch keine Krankheitsprävention betrifft.

173 Die Beratungsleistung des § 24a SGB V muss in Abgrenzung zu den Leistungen nach § 24b SGB V vor Eintritt einer Schwangerschaft erfolgen. In Abgrenzung zu den Leis-tungen nach den §§ 27 ff. SGB V umfassen die Leistungen nach § 24a SGB V nicht mit einem krankheitswerten Zustand verbundene Schwangerschaften. Inhaltlich ist der Leistungsanspruch aus § 24a Abs. 1 SGB V auf die ärztliche Beratung über Fragen der Empfängnisregelung gerichtet. Anspruchsberechtigt sind sowohl weibliche als auch männliche in der GKV versicherte Personen. Die Beratung umfasst Fragen der Emp-fängnisregelung und damit sowohl den Bereich der Empfängnisverhütung als auch der Förderung der Empfängnis und Schwangerschaft. Der Umfang der Beratung rich-tet sich nach den Umständen des Einzelfalles, insbesondere den Grad der »Vorinfor-miertheit« des Beratungsempfängers. Eine allgemeine Sexualaufklärung wird nach § 24a Abs. 1 SGB V jedoch nicht geschuldet. Zusätzlich zu der Beratung werden von dem Anspruch nach § 24a Abs. 1 SGB V auch die zur Beratung erforderlichen Unter-suchungen umfasst. Im Zusammenhang mit der Empfängnisverhütung fallen hierun-ter insbesondere Untersuchungen im Hinblick auf die Verträglichkeit der in Betracht kommenden empfängnisverhütenden Mittel und Methoden. Bei auf die Realisierung der Schwangerschaft gerichteten Beratungen gehören Untersuchungen zum Leistungs-umfang, die die mit einer Schwangerschaft bestehenden gesundheitlichen Risiken ab-klären und ausschließen sollen.

174 Ebenfalls vom Leistungsumfang umfasst ist die Verordnung von empfängnisregelnden Mitteln, nicht jedoch die Versorgung mit diesen Mitteln. Für Letztere sieht § 24a Abs. 2 SGB V eine Leistungspflicht der GKV nur für Versicherte bis zum vollendeten 20. Le-bensjahr vor. Entscheidend ist, dass die Verordnung vor Ablauf des 20. Lebensjahres vorgenommen worden ist, auch wenn die Verwendung des verordneten Mittels in das

---

88 Näheres bestimmt das »Anforderungsprofil für stationäre Vorsorgeeinrichtungen nach §111a SGB V, die Leistungen nach § 24 SGB V erbringen«, vereinbart von den Spitzenverbänden der Krankenkassen unter Beteiligung des Deutschen Müttergenesungswerkes e.V. und des Bun-desverbands Deutscher Privatkrankenanstalten e.V. (BDPK).

21. Lebensjahr hinein erfolgt. Der entsprechende Versorgungsanspruch erstreckt sich darüber hinaus ausschließlich auf Mittel, für die eine ärztliche Verordnung erforderlich ist, die also verschreibungspflichtig sind. Nicht umfasst werden dementsprechend lediglich apothekenpflichtige Mittel oder solche, die allgemein zugänglich sind, wie zB Kondome etc. Außerdem ist die Verordnung zulasten der GKV auf empfängnisverhindernde Mittel beschränkt, also auf solche, die die Befruchtung oder nach erfolgter Befruchtung die Nidation in die Gebärmutter verhindern sollen.

(8) Leistungen bei Schwangerschaftsabbruch und Sterilisation. Ebenfalls nicht aus **175** Gründen medizinischer Prävention, sondern aus rechtspolitischen Überlegungen hat die die Zuständigkeit der GKV für Schwangerschaftsabbruch und Sterilisation betreffende Regelung des § 24b SGB V Eingang in das Leistungsrecht der GKV gefunden. Die Vorschrift regelt zum einen den Anspruch auf Leistungen bei krankheitsbedingter Sterilisation und zum anderen bei einem Schwangerschaftsabbruch durch einen Arzt im Falle des nicht rechtswidrigen Abbruches und dem aus anderen Gründen nicht strafbaren Schwangerschaftsabbruch. Die Vorschrift steht damit im engen Zusammenhang zu den Strafvorschriften der §§ 218 ff. StGB und trägt der Rechtsprechung des BVerfG zu den von Verfassungs wegen gezogenen Grenzen staatlicher Regelungen im Zusammenhang mit Schwangerschaftsabbrüchen Rechnung.[89]

§ 24b Abs. 1 S. 1 SGB V begründet zunächst einen Leistungsanspruch zulasten der **176** GKV bei einer durch Krankheit erforderlichen Sterilisation und bei einem nicht rechtswidrigen Abbruch der Schwangerschaft durch einen Arzt. Die Versicherteneigenschaft als Voraussetzungen für den Anspruch muss zum Zeitpunkt der Maßnahme, also der Sterilisation oder des Schwangerschaftsabbruchs vorliegen.

Die Leistungspflicht knüpft zum einen an eine durch Krankheit erforderliche Sterilisa- **177** tion an. Es muss sich also um einen medizinischen Eingriff handeln, bei dem durch operative Maßnahmen bei der Frau die Eileiter oder beim Mann die Samenstränge unterbrochen werden, um dadurch Unfruchtbarkeit herbeizuführen. Die Maßnahme muss gerade aufgrund von Krankheit erforderlich sein. Die Krankheit muss daher wesentliche Ursache für die Sterilisation sein. Außerdem muss die Sterilisation zur Erreichung des Leistungszweckes, nämlich der Verhinderung der Krankheit oder Linderung der Krankheitsfolgen notwendig sein. Nicht im Zusammenhang mit einer Krankheit stehende Sterilisationen, zB zum Zwecke der Familienplanung erfolgende Sterilisationen sind damit aus dem Leistungsumfang der GKV ausgenommen. Ebenfalls nicht von § 24b Abs. 1 SGB V umfasst werden die Sterilisationen, die gerade zum Zwecke der Krankenbehandlung nach § 27 Abs. 1 SGB V durchgeführt werden, weil § 27 Abs. 1 SGB V insoweit vorrangig ist.

Den zweiten Leistungsfall bildet der nicht rechtswidrige Abbruch einer Schwanger- **178** schaft durch einen Arzt, also ein Eingriff, der darauf gerichtet ist, durch vorzeitige Beendigung der Schwangerschaft die Geburt eines Kindes – unabhängig von der gewählten Methode – zu verhindern. Erfasst werden ausschließlich nach § 218a StGB nicht rechtswidrige Schwangerschaftsabbrüche, also solche, die auf der Grundlage einer medizinisch-sozialen Indikation iSv § 218a Abs. 2 StGB oder einer kriminologischen Indikation nach § 218a Abs. 3 StGB durchgeführt werden, während rechtswidrige aber straffreie Schwangerschaftsabbrüche iSv § 218a Abs. 1 StGB nach § 24b Abs. 3 und 4 SGB V zu beurteilen sind. Die Leistungen müssen – ebenso wie im Falle der krankheitsbedingten Sterilisation – durch einen Arzt und außerdem in einer nach § 13 Abs. 1 SchKG anerkannten Einrichtung durchgeführt werden.

---

89 BVerfG NJW 1993, 1751.

179 Der Umfang der bei durch Krankheit erforderlicher Sterilisation oder einem nicht rechtswidrigen Abbruch der Schwangerschaft zulasten der GKV zu erbringenden Leistungen ergibt sich aus § 24b Abs. 2 SGB V. Sie beinhalten neben der ärztlichen Beratung und Untersuchung auch die ärztlichen Leistungen im Zusammenhang mit der Durchführung der Maßnahme sowie die Versorgung mit Arznei-, Verbands- und Heilmitteln sowie Krankenhauspflege. Der konkrete Leistungsinhalt bestimmt sich nach den besonderen Vorschriften der §§ 28 Abs. 1, 31, 32, 39 SGB V. Außerdem kann unter den einschränkenden Voraussetzungen des § 24b Abs. 2 S. 2 SGB V ein Anspruch auf Krankengeld bestehen.

180 Demgegenüber sind die Leistungen der GKV bei zwar rechtswidrigem, aber anderweitig nicht strafbarem Schwangerschaftsabbruch nach § 24b Abs. 3 und 4 SGB V beschränkt. Insbesondere werden die für die Durchführung des (komplikationslosen) Schwangerschaftsabbruches erforderlichen ärztlichen Behandlungsleistungen, die in § 24b Abs. 4 SGB V im Einzelnen aufgeführt sind, aus dem Leistungsumfang ausgenommen. Von der Leistungspflicht der GKV umfasst ist allerdings die ärztliche Behandlung im Vorfeld des Abbruches sowie die Nachbehandlung bei komplikationsbehafteten Verlauf der Schwangerschaft einschließlich der Versorgung mit Arznei-, Verband- und Hilfsmittel sowie der Krankenhausbehandlung, soweit die Maßnahmen dazu dienen, die Gesundheit des Ungeborenen zu schützen, falls es nicht zum Abbruch kommt, sowie die Gesundheit der Kinder aus weiteren Schwangerschaften oder die Gesundheit der Mutter zu schützen (vgl. § 24b Abs. 3 SGB V).

181 Für bedürftige Personen, insbesondere Leistungsempfänger nach dem AsylbLG, nach dem SGB II und dem SGB XII, nach dem BAföG (bei Personen mit geringen persönlich verfügbaren Einkünften) sieht darüber hinaus das Gesetz zur Hilfe für Frauen bei Schwangerschaftsabbrüchen in besonderen Fällen einen Anspruch auf die in § 24b Abs. 4 SGB V genannten Leistungen auch für einen rechtswidrigen, aber nicht strafbaren Schwangerschaftsabbruch vor. Es handelt sich bei diesen Leistungen um öffentliche Sozialleistungen, die das Ziel verfolgen, im Falle der Bedürftigkeit trotz Fehlens des gesetzlichen Krankenversicherungsschutzes bei nicht rechtswidrigem Schwangerschaftsabbruch oder bei Fehlen von Eigenmitteln bei rechtswidrigen aber straffreien Schwangerschaftsabbruch den Schwangerschaftsabbruch unter ärztlicher Verantwortung und daher fachgerecht durchführen zu lassen. Die hierfür notwendigen Kosten werden den Krankenkassen durch die Bundesländer erstattet.

bb) Leistungen zur Früherkennung von Krankheiten

182 Die in den §§ 25, 25a und 26 SGB V geregelten Leistungsansprüche betreffen diagnostische Leistungen der sekundären Prävention. Sie knüpfen nicht an das Vorhandensein einer Krankheit oder eines konkreten Krankheitsverdachtes an, sondern sollen durch regelhafte Untersuchungen in festgelegten zeitlichen Abständen sich entwickelnde, häufig vorkommende Krankheiten (sog. Zivilisationskrankheiten und Krebserkrankungen) unabhängig vom Vorliegen von Krankheitsanzeichen frühzeitig festzustellen helfen. Führen die Früherkennungsuntersuchungen zur Feststellung eines Krankheitsverdachtes, knüpfen an die – rein diagnostischen – Früherkennungsleistungen ggf. Leistungen der Krankenversorgung nach den §§ 27 ff. SGB V an.

183 **(1) Früherkennungsuntersuchungen bei Erwachsenen.** § 25 SGB V betrifft die – Gesundheitsuntersuchungen genannten – Früherkennungsuntersuchungen bei Erwachsenen. Er wird durch § 25a SGB V ergänzt, der konkrete Vorgaben für Untersuchungen zur Krebsfrüherkennung iSv § 25 Abs. 2 SGB V normiert. Die Voraussetzungen für einen entsprechenden Leistungsanspruch sind in § 25 Abs. 1–3, § 25a SGB V niedergelegt. Sie werden durch vom G-BA zu erlassenen Richtlinien nach § 92 SGB V ergänzt werden, nämlich durch eine entsprechend § 25 Abs. 4 S. 2 SGB V bis zum 31.7.2018 zu erlassene Gesundheitsuntersuchungs-Richtlinie[90] und eine nach § 25a Abs. 2 S. 1 SGB V zu schaffende Krebsfrüherkennungs-Richtlinie[91].

Die Früherkennungsuntersuchungen sind auf die Durchführung diagnostischer ärztlicher Maßnahmen gerichtet, die typische Anzeichen von Krankheiten, deren Früherkennung die Untersuchung dient, entdecken sollen. Es muss sich deshalb um Untersuchungen handeln, die nach einem abstrakt vorgegebenen Untersuchungsprogramm unter Anwendung von aussagekräftigen, zügig durchführbaren und auf die typischen Anzeichen der jeweiligen Krankheitsbilder gerichteten Indikatoren durchgeführt werden (sog. Screening-Untersuchungen).   **184**

Die Gesundheitsuntersuchungen nach § 25 Abs. 1 SGB V sind auf die Früherkennung   **185**
von bevölkerungsmedizinisch bedeutsamen Krankheiten (sog. Zivilisationskrankheiten) gerichtet. Sie können von Versicherten ab Vollendung des 18. Lebensjahres beansprucht werden. Der G-BA hat in den Richtlinien genauere Vorgaben zu den für die Gesundheitsuntersuchungen maßgeblichen Krankheiten, das erforderliche Lebensalter (ab dem 36. Lebensjahr) und den zeitlichen Untersuchungsabstand (jedes zweite Jahr) festgelegt. Er hatte dabei das Alter, das Geschlecht und die Zielgruppenzugehörigkeit der Versicherten zu berücksichtigen. Die durchzuführenden Gesundheitsuntersuchungen müssen sich auf bestimmte Krankheiten beziehen, die der G-BA in seinen Richtlinien festzulegen hat. Es muss sich um Krankheiten handeln, die in bestimmten Altersgruppen merkbar gehäuft vorkommen. Darüber hinaus müssen bei diesen Krankheiten Früherkennungsuntersuchungen sinnvoll sein, was nur der Fall ist, wenn die Voraussetzungen des § 25 Abs. 3 SGB V vorliegen. Entsprechend kommen für die Gesundheitsuntersuchungen nur Krankheiten in Betracht, die nach dem Stand der medizinischen Erkenntnisse wirksam, also mit Aussicht auf Heilung, Linderung oder Verhütung der Verschlimmerung der Erkrankung behandelt werden können, wenn die Krankheiten im Vor- oder Frühstadium erkannt werden und sich durch das frühzeitige Erkennen ein »Behandlungsvorteil« ergibt. Es muss sich darüber hinaus entsprechend den Voraussetzungen in § 25 Abs. 3 Nr. 1 und 2 SGB V um Krankheiten handeln, die im Vor- oder Frühstadium erfassbar sind und deren Krankheitsanzeichen im Rahmen einer Früherkennungsuntersuchung medizinisch-technisch genügend eindeutig erfasst werden können. Die Gesundheitsuntersuchungs-Richtlinie verweist insbesondere auf Herz-Kreislauf-Erkrankungen, Nierenerkrankungen und Diabettes mellitus.

Ergänzt werden die Gesundheitsuntersuchungen durch eine Verpflichtung zu einer   **186**
präventionsorientierten Beratung und einer Überprüfung des Impfstatus des Versicherten. Soweit dies aus medizinischen Gründen angezeigt ist, sollen die behandelnden Ärzte schriftliche Empfehlungen für Leistungen zur verhaltensbezogenen Prävention nach § 20 Abs. 5 SGB V erteilen.

Den zweiten Bereich der Gesundheitsuntersuchung bilden die auf die Früherkennung   **187**
von Krebserkrankungen gerichteten Untersuchungen nach § 25 Abs. 2, § 25a SGB V. Der Anspruch auf Durchführung derartiger Früherkennungsuntersuchungen besteht nach § 25 Abs. 2 SGB V ab Vollendung des 18. Lebensjahres. Der G-BA hat in der ak-

---

90 Seit dem 1.1.2017 gelten die RL des Gemeinsamen Bundesausschusses über die Gesundheitsuntersuchungen zur Früherkennung von Krankheiten (Gesundheitsuntersuchungs-Richtlinie) idF v. 24.8.1989, zuletzt geändert am 21.7.2016; iK seit 1.1.2017.
91 Seit dem 1.1.2017 gelten die RL des gemeinsamen Bundesausschusses über die Früherkennung von Krebserkrankungen (Krebsfrüherkennungs-Richtlinie) idF 18.6.2009, zuletzt geändert am 21.4.2016; iK seit 1.1.2017.

tuellen Fassung der Krebsfrüherkennungsrichtlinie bei unterschiedlichen Krebserkrankungen unterschiedliche Altersgrenzen festgelegt. So sehen die Krebsfrüherkennungsrichtlinie bei Frauen Maßnahmen zur Früherkennung von Krebserkrankungen des Genitals ab dem Alter von 20 Jahren, der Brust ab dem Alter von 30 Jahren und durch das Mammographiescreening im Alter zwischen 50 und 70 Jahren, der Haut ab dem Alter von 35 Jahren, des Rektums und des übrigen Dickdarms ab dem Alter von 50 Jahren vor. Für Männer sind Früherkennungsuntersuchungen im Hinblick auf Krebserkrankungen des Dickdarms ab dem Alter von 50 Jahren, der Prostata, des äußeren Genitals ab dem Alter von 45 Jahren und der Haut ab dem Alter von 35 Jahren geregelt.

188 § 25a SGB V begründet eine ergänzende Verpflichtung zur Aufnahme von weiteren Krebsfrüherkennungsuntersuchungen in den Leistungsumfang der GKV, sobald von der Europäischen Kommission veröffentlichte Leitlinien zur Qualitätssicherung von Krebsfrüherkennungsprogrammen für bestimmte Krebserkrankungen vorliegen. Zugleich wird der G-BA zur näheren Ausgestaltung solcher Krebsfrüherkennungsprogramme in seinen Richtlinien verpflichtet.

189 **(2) Früherkennungsuntersuchungen für Kinder und Jugendliche.** § 26 SGB V begründet einen Anspruch auf die Durchführung von Gesundheitsuntersuchungen bei Kindern und Jugendlichen bis zur Vollendung des 18. Lebensjahres und von zahnärztlichen Früherkennungsuntersuchungen nach § 26 Abs. 1 S. 5 und 6 SGB V bis zur Vollendung des 6. Lebensjahres. Diese Früherkennungsuntersuchungen sind auf das frühzeitige Erkennen von Krankheiten gerichtet, die die körperliche, geistige oder psycho-soziale Entwicklung des Kindes oder des Jugendlichen in nicht geringfügigem Maße gefährden. Die nähere Ausgestaltung erfolgt durch vom G-BA zu erlassene Richtlinien[92].

190 Die nach § 2d der Kinder-Richtlinie bei Kindern bis zur Vollendung des 6. Lebensjahres durchzuführenden Früherkennungsuntersuchungen dienen der Feststellung von Krankheiten in der Zeit bis zum Schulbeginn, die deren körperliche und geistige Entwicklung in nicht geringem Maße gefährden. Sie sind insbesondere auf die Früherkennung von Hör- und Sehstörungen, Sprach- oder Haltungsschäden gerichtet, die in dieser Lebensphase von besonderer Bedeutung sind. Außerdem sind ein erweitertes Neugeborenen-Screening, ein Screening auf Mukoviszidose, Untersuchungen zur Erkennung von frühkindlichen Hüftschädigungen und eine Früherkennungsuntersuchung auf Hörstörungen bei Neugeborenen vorgesehen. Ziel der Jugendgesundheitsuntersuchungen ist es, Erkrankungen, die die körperliche, geistige und soziale Entwicklung des Jugendlichen in nicht geringem Maß gefährden, einschließlich psychischer und psychosozialer Risikofaktoren und individuell auftretende gesundheitsgefährdende Verhaltensweisen frühzeitig zu erkennen. Die Untersuchungen richten sich auf auffällige seelische Entwicklungen oder Verhaltensstörungen, auffällige schulische Entwicklungen (Schulleistungsprobleme), gesundheitsgefährdendes Verhalten (zB Rauchen, Alkohol- oder Drogenkonsum) oder das Vorliegen chronischer Erkrankungen. Die nach der Jugendgesundheits-Richtlinie altersabhängig zwischen dem 13. und dem 14. Lebensjahr (mit einem Toleranzzeitraum von jeweils einem Jahr vor und nach diesem Zeitraum) durchzuführende klinische körperliche Untersuchung umfasst deshalb die Erhebung der Körpermaße und die Feststellung der Pubertäts-

---

92 Der G-BA hat zum einen die am 25.7.2017 in Kraft getretene RL des Gemeinsamen Bundesausschusse über die Früherkennung von Krankheiten bei Kindern (Kinder-Richtlinie) idF v. 18.6.2015, zuletzt geändert am 18.5.2017, und zum anderen die RL zur Jugendgesundheitsuntersuchung (Jugendgesundheits-Richtlinie) v. 26.6.1998, zuletzt geändert am 21.7.2016, erlassen, die seit dem 1.1.2017 gilt.

entwicklung, eventuelle Störungen des Wachstums und der körperlichen Entwicklung, einer eventuellen arteriellen Hypertonie, von Erkrankungen des Hals-, Brust- oder Bauchorgane, die Feststellung von Auffälligkeiten des Skelettsystems. Im Zusammenhang mit den Früherkennungsuntersuchungen bei Kindern und Jugendlichen sind die bestehenden gesundheitlichen Risiken zu erfassen und zu bewerten, der Impfstatus zu überprüfen und eine präventionsorientierte Beratung durchzuführen. Soweit medizinisch indiziert sind schriftliche Präventionsempfehlungen für Leistungen der verhaltensbezogenen Prävention nach § 20 Abs. 5 SGB V an das Kind oder die Sorgeberechtigten zu erteilen.

Ergänzt wird der Anspruch auf Früherkennungsuntersuchung durch die zahnärzt- **191** lichen Früherkennungsuntersuchungen nach § 26 Abs. 1 S. 5 SGB V, auf die allerdings nur Kinder bis zur Vollendung des 6. Lebensjahres einen Anspruch haben. Die Einzelheiten sind in der Zahnfrüherkennungs-Richtlinie des G-BA[93] geregelt. Die Zahn-Früherkennungsuntersuchungen stehen im inhaltlichen Zusammenhang mit den Maßnahmen der Gruppenprophylaxe nach § 21 SGB V und der Individualprophylaxe nach § 22 SGB V. Typischerweise decken die zahnärztlichen Früherkennungsuntersuchungen den Zeitraum bis zum Erreichen des Grundschulalters ab, während danach die Maßnahmen der Gruppenprophylaxe und Individualprophylaxe einsetzen sollen.

cc) Leistungen im Zusammenhang mit Schwangerschaft und Mutterschaft

Leistungsansprüche für in der GKV Versicherte bei Schwangerschaft und Mutterschaft **192** sind in den §§ 24c–24i SGB V geregelt. Die einzelnen Leistungen der sog. Mutterschaftshilfe sind in § 24c SGB V aufgeführt und in den nachfolgenden Vorschriften näher ausgestaltet.

§ 24d S. 1 SGB V begründet für Versicherte während der Schwangerschaft sowie bei **193** und nach der Entbindung einen Anspruch auf ärztliche Betreuung. Anders als bei der ärztlichen Behandlung nach § 27 Abs. 1 SGB V dient die nach § 24d S. 1 SGB V zu leistende ärztliche Betreuung regelmäßig nicht kurativen Zwecken, sondern bezweckt, durch präventive Maßnahmen Gefahren für Leben und Gesundheit von Mutter und Kind abzuwenden und Gesundheitsstörungen rechtzeitig zu erkennen, um eine Behandlung einzuleiten. Der Anspruch umfasst auch die Untersuchung zur Feststellung der Schwangerschaft und zur Schwangerenvorsorge nach Maßgabe der Mutterschafts-Richtlinien des G-BA[94]. Daneben besteht ein Anspruch auf die notwendige Hebammenhilfe, der auf den Zeitraum von zwölf Wochen nach der Geburt begrenzt ist, soweit nicht aufgrund einer ärztlichen Anordnung eine längere Leistungserbringung geboten ist.

Ein Anspruch auf die während der Schwangerschaft sowie bei und nach der Entbin- **194** dung erforderliche Versorgung mit Arznei-, Verband- und Heilmitteln ergibt sich aus § 24e SGB V. Sein Umfang richtet sich nach den allgemeinen Vorschriften der §§ 31, 32 und 33 SGB V.

---

93 RL des Bundesausschusses für Zahnärzte und Krankenkassen über die Früherkennungsuntersuchungen auf Zahn-, Mund- und Kieferkrankheiten (zahnärztliche Früherkennung gemäß § 26 Abs. 1 Satz 2 SGB V) idF v. 4.6.2003 zuletzt geändert am 8.12.2004. Nach § 26 Abs. 2 S. 5 SGB V hat der G-BA bis zum 31.7.2016 das Nähere zu zahnärztlichen Früherkennungsuntersuchungen bei Karies zu regeln.

94 RL des Gemeinsamen Bundesausschusses über die ärztliche Betreuung während der Schwangerschaft und nach der Entbindung (Mutterschafts-RL) idF v. 10.12.1985, zuletzt geändert am 21.4.2016.

195 Erfolgt die Entbindung in einem Krankenhaus oder einer anderen vergleichbaren Einrichtung (Hebammenhaus etc.)[95] begründet § 24f SGB V sowohl für die Versicherte als auch für das Neugeborene einen Anspruch auf Unterkunft, Pflege und Verpflegung. Dieser Anspruch geht dem Anspruch auf Krankenhausbehandlung nach § 39 Abs. 2 SGB V vor.

196 Ergänzt wird die Absicherung der Mutterschaft durch den in § 24g SGB V begründeten Anspruch auf häusliche Pflege, soweit diese wegen der Schwangerschaft oder der Entbindung erforderlich ist. Außerdem besteht nach § 24h SGB V ein Anspruch auf Zurverfügungstellung einer Haushaltshilfe, wenn der Versicherten aufgrund der Schwangerschaft oder der Entbindung die Weiterführung des Haushalts nicht möglich ist und eine andere im Haushalt lebende Person den Haushalt nicht weiterführen kann. Anders als bei der häuslichen Pflege entfällt bei der Haushaltshilfe die ansonsten bestehende Verpflichtung zur Zuzahlung.

197 Schließlich besteht unter Beachtung der Vorschriften des § 24i SGB V ein Anspruch auf Mutterschaftsgeld. Der Anspruch ist allerdings auf weibliche Mitglieder einer Krankenkasse beschränkt, steht also Versicherten, die lediglich im Rahmen einer abgeleiteten Familienversicherung Versicherungsleistungen erhalten, nicht zu. Voraussetzung für den Anspruch auf Mutterschaftsgeld ist darüber hinaus, dass das Mitglied bei Arbeitsunfähigkeit Anspruch auf Krankengeld hätte oder dass das Mitglied wegen der Schutzfristen während der Schwangerschaft vor der Geburt nach § 3 Abs. 2 MuSchG und nach der Entbindung nach § 6 Abs. 1 MuSchG kein Arbeitsentgelt erhält. Gleichgestellt sind die Konstellationen, in denen bei bestehender Mitgliedschaft das Arbeitsverhältnis unmittelbar vor Beginn der Schutzfrist geendet hat oder das Mitglied zu Beginn der Schutzfrist wegen Ruhens des Anspruchs auf Arbeitslosengeld keinen Anspruch auf Krankengeld hat. Die Höhe des Mutterschaftsgeldes bestimmt sich für Anspruchsberechtigte, die zu Beginn der Schutzfrist nach § 3 Abs. 2 MuSchG in einem Arbeitsverhältnis stehen, sowie für Arbeitnehmerinnen, deren Arbeitsverhältnis nach Beginn der Schwangerschaft nach § 9 Abs. 3 MuSchG rechtswirksam aufgelöst worden ist, nach den Berechnungsregeln in § 24i Abs. 2 S. 1–5 SGB V. Übersteigt der errechnete Betrag 13,00 EUR kalendertäglich, ist der übersteigende Betrag entweder nach § 14 MuSchG vom Arbeitgeber oder zulasten des Bundes als Zuschuss zum Mutterschaftsgeld zu zahlen. Für die übrigen Berechtigten entspricht nach § 24i Abs. 2 S. 7 SGB V die Höhe des Mutterschaftsgeldes dem Krankengeld.

198 Der krankenversicherungsrechtliche Anspruch auf Gewährung von Mutterschaftsgeld nach § 24i Abs. 1 SGB V wird in § 13 Abs. 1 MuSchG deklaratorisch bestätigt und in § 13 Abs. 2 MuSchG auf in einem Arbeitsverhältnis stehende oder in Heimarbeit beschäftigte Frauen, die nicht Mitglied einer gesetzlichen Krankenkasse sind, zulasten des Bundes erweitert. Auch dieser Personenkreis erhält daher das Mutterschaftsgeld allerdings nicht zulasten der GKV sondern zulasten des Bundes. § 14 Abs. 1 MuSchG begründet darüber hinaus einen arbeitsrechtlichen Anspruch auf Gewährung eines Zuschusses zum Mutterschaftsgeld sowohl für Frauen, die einen krankenversicherungsrechtlichen Anspruch auf Mutterschaftsgeld nach § 24i SGB V haben, als auch für aus § 13 Abs. 2 und 3 MuSchG Begünstigte in Höhe des Unterschiedsbetrages zwischen dem gewährten Mutterschaftsgeld von höchstens 13,00 EUR täglich und dem um die gesetzlichen Abzüge verminderten durchschnittlichen kalendertäglichen Arbeitsentgelt. § 15 MuSchG enthält letztlich eine deklaratorische Bestätigung des krankenversicherungsrechtlichen Anspruchs in der GKV versicherter Frauen auf Leistungen der ärztlichen Betreuung und Hebammenhilfe, der Versorgung mit Arznei,

---

95 Zu den Anforderungen an vergleichbare Einrichtungen vgl. Spickhoff/*Nebendahl* SGB V § 24f Rn. 4.

Verband- und Heilmitteln, der stationären Entbindung, der häuslichen Pflege und der Haushaltshilfe nach Maßgabe der §§ 24c–24h SGB V.

dd) Leistungen bei Krankheit

Der umfangreichste Teil des Leistungsrechtes der GKV betrifft die Leistungen bei **199** Krankheit in den §§ 27–51 SGB V. Zu unterscheiden ist dabei die Gewährung von Krankenbehandlung in der in den §§ 27–43c SGB V differenzierten Ausgestaltung und die Gewährung von Krankengeld nach den §§ 44–51 SGB V. Während die Krankenbehandlung vor allem auf die Behebung der krankheitsbedingten immateriellen Nachteile im Sinne einer Restitution abzielt, dient das Krankengeld dem Ausgleich der materiellen Schäden, die als Folge einer krankheitsbedingten Arbeitsunfähigkeit eintreten (Kompensation).

(1) Der Versicherungsfall der Krankheit. Der Anspruch auf Leistungen bei Krankheit **200** setzt nach § 27 Abs. 1 SGB V das Vorliegen einer Krankheit als Versicherungsfall voraus. Der Gesetzgeber hat bewusst auf eine Definition des Krankheitsbegriffes im krankenversicherungsrechtlichen Sinn verzichtet. Auch der G-BA ist nicht legitimiert, den Rechtsbegriff der Krankheit zu definieren oder durch Richtlinien auszugestalten.[96] Aufgrund dessen ist der Krankheitsbegriff durch die sozialgerichtliche Rechtsprechung präzisiert worden. Er wird heute einhellig als regelwidriger Körper- oder Geisteszustand verstanden, der entweder die Notwendigkeit der Behandlungsbedürftigkeit oder Arbeitsunfähigkeit oder beides zur Folge hat.[97]

Die Definition setzt das Vorliegen eines regelwidrigen Gesundheitszustandes voraus. **201** Die Regelwidrigkeit ist durch einen Vergleich des Körper- oder Geisteszustand des Versicherten mit dem am Leitbild eines gesunden, zur Ausübung normaler physischer oder psychischer Funktionen fähigen Menschen festzustellenden Zustand zu ermitteln.[98] Ein regelwidriger Gesundheitszustand liegt danach nur vor, wenn der Zustand des Versicherten vom Normalzustand (nicht vom Idealzustand) eines gesunden Menschen in einer Weise abweicht, dass ein erhebliches funktionelles Defizit vorhanden ist.[99] An einem solchen Funktionsdefizit fehlt es beispielsweise, wenn die körperlichen oder geistigen Funktionen trotz der festzustellenden Abweichung noch in befriedigender Weise ausgeübt werden können oder wenn trotz Fehlens eines Organs, die Funktion des Organs durch ein anderes übernommen wird.[100] Eine unterdurchschnittliche Körpergröße stellt keine Funktionsminderung dar.[101] Gleiches gilt auch für die Haarlosigkeit bei einem Mann oder sonstige Beeinträchtigungen des optischen Erscheinungsbildes.[102] Derartige Beeinträchtigungen können zwar im Einzelfall psychische Störungen mit Krankheitswert und Behandlungsbedürftigkeit nach sich ziehen. In diesen Fällen richtet sich die Behandlungsbedürftigkeit auf die Behandlung der psychischen Störungen, nicht auf die Veränderung des Größenwachstums, des fehlenden Haarwuchses oder der beeinträchtigten Schönheit.

---

96 BSG SozR 4-2500 § 37 Nr. 6; SozR 3-2500 § 27 Nr. 11 = BeckRS 1999, 41671.
97 So zB BSG SozR 4-2500 § 33 Nr. 45; SozR 4-2400 § 48 Nr. 4; SozR 4-2500 § 27 Nr. 14 = BeckRS 2008, 52239; BSG SozR 4-2500 § 27 Nr. 3 = BeckRS 2005, 41108; BSG SozR 4-2500 § 137c Nr. 1 = BeckRS 2003, 41235; BSG SozR 3-2500 § 27 Nr. 6 = BeckRS 9998, 83673.
98 BSG SozR 4-2500 § 27 Nr. 3 = BeckRS 2005, 41108; BSG SozR 2200 § 182 Nr. 101; SozR 2200 § 182 Nr. 9; SozR Nr. 52 zu § 182 RVO.
99 BSG SozR 4-2500 § 27 Nr. 2; SozR 3-2500 § 39 Nr. 5 = BeckRS 1998, 30015666; BSG SozR Nr. 52 zu § 182 RVO.
100 BSG SozR 3-2500 § 39 Nr. 5 = BeckRS 1998, 30015666 (zum Fehlen eines Hodens).
101 BSG SozR 3-2200 § 182 Nr. 14 = BeckRS 9998, 126931.
102 BSG SozR 4-2500 § 33 Nr. 45.

202 Eine zur Annahme einer Krankheit führende Funktionsstörung fehlt auch, wenn bei dem Versicherten lediglich eine Schwäche bei der Entwicklung natürlicher Fähigkeiten vorliegt.[103] Dies gilt beispielsweise für Lese-, Rechtschreib- oder Rechenschwächen (Legasthenie, Dyskalkulie) oder für sonstige Minderentwicklungen im Bereich von Begabung, bei Charakterfehlern, Fehlhaltungen, Neigungen zur Kriminalität etc.

203 Nur ausnahmsweise kann in zwei Fallkonstellationen auch ohne Feststellung eines Funktionsdefizites ein regelwidriger Gesundheitszustand als Voraussetzung für eine Krankheit angenommen werden. Dies ist zum einen der Fall, wenn die festgestellte Abweichung zwar keine Funktionsbeeinträchtigung mit sich bringt, aber entstellende Wirkung entfaltet.[104] Hierzu muss die Beeinträchtigung ein extremes und unzumutbares Ausmaß erreicht haben. Erforderlich ist, dass eine schon bei flüchtiger Begegnung in alltäglicher Situation zu bemerkende körperliche Unregelmäßigkeit gegeben ist, die es dem Versicherten erschwert oder unmöglich macht, sich frei und unbefangen unter den Mitmenschen zu bewegen. Anerkannt worden ist dies zB bei vollständiger Haarlosigkeit einer Frau,[105] nicht aber bei der Haarlosigkeit des Mannes[106] oder bei einer Asymmetrie der weiblichen Brüste.[107]

204 Die zweite Fallgruppe, in der trotz Fehlens eines funktionellen Defizits ein regelwidriger Gesundheitszustand vorliegen kann, ist in Fällen anerkannt, in denen ein besonderer Leidensdruck für den Versicherten besteht. Dies ist insbesondere in schweren Fällen von Transsexualität anerkannt.[108] Nicht zur Begründung eines regelwidrigen Gesundheitszustandes und damit einer Krankheit geeignet sind der altersgemäßen Entwicklung entsprechende Funktionsminderungen.[109] So führt der altersbedingte Kräfteabbau grundsätzlich nicht zu einem regelwidrigen Gesundheitszustand, wenn die Entwicklung dem typischen Verlauf entspricht, anders aber bei für die Altersentwicklung atypischem negativem Verlauf. Bestehen darüber hinaus zweckmäßige und wirtschaftliche Behandlungsmöglichkeiten, die einer altersbedingten gesundheitlichen Beeinträchtigung entgegenwirken können, folgt aus der sich hieraus ergebenden Behandlungsfähigkeit unter Einbeziehung des altersbedingten Schwächezustands die Ausfüllung des Krankheitsbegriffes. Dies ist insbesondere bei der altersbedingten Minderung des Seh- und Hörvermögens oder bei degenerativen Wirbelsäulen- oder Gelenkveränderungen von Bedeutung.

205 Die Definition des Versicherungsfalles Krankheit verlangt des Weiteren, dass der regelwidrige Gesundheitszustand zur Behandlungsbedürftigkeit und/oder Arbeitsunfähigkeit führt. Die Behandlungsbedürftigkeit setzt zum einen voraus, dass die Behandlung erforderlich ist, um eines der Behandlungsziele des § 27 Abs. 1 S. 1 SGB V zu erreichen, also eine Krankheit zu erkennen, zu heilen, ihre Verschlimmerung zu verhüten oder Krankheitsbeschwerden zu lindern. Es muss festgestellt werden können, dass das entsprechende Behandlungsziel ohne die Behandlung voraussichtlich nicht erreicht wird, bei Durchführung der Behandlung aber zumindest die nicht entfernte

---

103 Dazu Spickhoff/*Nebendahl* SGB V § 27 Rn. 20.
104 BSG SozR 4-2500 § 33 Nr. 45; SozR 4-2500 § 27 Nr. 14 = BeckRS 2008, 52239; BSG SozR 4-2500 § 13 Nr. 4; BSG SozR 3-2500 § 33 Nr. 45 = BeckRS 9999, 01515.
105 BSG SozR 3-2500 § 33 Nr. 45 = BeckRS 9999, 01515.
106 BSG SozR 4-2500 § 33 Nr. 45.
107 BSG SozR 4-2500 § 27 Nr. 14 = BeckRS 2008, 52239; BSG SozR 4-2500 § 27 Nr. 3 = BeckRS 2005, 41108.
108 BSG Urt. v. 11.9.2012 – B 1 KR 9/12 R; BSG Beschl. v. 20.6.2005 – B 1 KR 28/04 B; BSG SozR 4-2500 § 27 Nr. 3 = BeckRS 2005, 41108; BSG SozR 2200 § 182 Nr. 106.
109 BSG SozR 4-2500 § 34 Nr. 2 = BeckRS 2005, 42377; BSG Urt. v. 18.7.2006 – B 1 KR 100/05 R; BSG SozR 4-2500 § 27 Nr. 4; SozR 3-2500 § 27 Nr. 11 = BeckRS 1999, 41671.

Nebendahl

Möglichkeit bzw. Wahrscheinlichkeit besteht, das Behandlungsziel zu erreichen.[110] Als zweite Voraussetzung der Behandlungsbedürftigkeit muss die Behandlungsfähigkeit gegeben sein. Die Behandlung muss tatsächlich geeignet sein, einen vorhandenen regelwidrigen Gesundheitszustand durch die durchzuführende Behandlung im Sinne eines der Behandlungsziele des § 27 Abs. 1 S. 1 SGB V positiv zu beeinflussen.[111] Selbstverständlich reicht hierfür auch eine mögliche Linderung von Krankheitsbeschwerden einer dauerhaften Erkrankung aus.

Als zur Behandlungsbedürftigkeit hinzutretende alternative Voraussetzung des Krankheitsbegriffes muss die Arbeitsunfähigkeit gegeben sein. Dieses Kriterium liegt vor, wenn der Versicherte aufgrund des regelwidrigen Gesundheitszustandes der von ihm bisher ausgeübten Erwerbstätigkeit nicht oder nur unter der Gefahr der Verschlimmerung des Gesundheitszustandes nachgehen kann.[112] Liegt eine Arbeitsunfähigkeit vor, fehlt es aber an der Behandlungsbedürftigkeit, steht dies der Annahme des Versicherungsfalles Krankheit nicht entgegen. Im Regelfall sind die Ansprüche des Versicherten dann allerdings auf Leistungen des Krankengeldes nach den §§ 44 ff. SGB V beschränkt.

(2) Die Behandlungsziele der Krankenbehandlung. Ein Anspruch auf Krankenbehandlung nach Maßgabe der §§ 27 ff. SGB V besteht nur, wenn die vorgesehene Behandlung notwendig ist, um eines der Behandlungsziele des § 27 Abs. 1 S. 1 SGB V zu erreichen. Damit wird ein Rahmen für die einzelnen gesetzlichen Leistungsansprüche der §§ 27a ff. SGB V gezogen. Die Behandlung muss darauf gerichtet sein, eine Krankheit zu erkennen, zu heilen, ihre Verschlimmerung zu verhüten oder die Krankheitsbeschwerden zu lindern. Eine bestimmte Rangfolge zwischen den einzelnen Behandlungszielen besteht nicht. Vielmehr können die Behandlungsziele auch nebeneinander verfolgt werden.

Das Erkennen der Krankheit ist auf die Feststellung des Vorliegens einer Erkrankung, ihrer Ursachen und Erscheinungsformen gerichtet. In Abgrenzung zu Maßnahmen der Früherkennung nach den §§ 25, 25a und 26 SGB V und der Prävention nach den §§ 20 ff. SGB V liegt ein Fall der Krankenbehandlung nur vor, wenn ein konkreter Krankheitsverdacht gegeben ist. Das Leistungsziel der Heilung der Krankheit stellt das primäre Ziel der Krankenbehandlung dar und ist auf die Wiederherstellung der Gesundheit oder eine Besserung des Gesundheitszustandes gerichtet. Das Behandlungsziel der Verhütung von Verschlimmerungen soll erreichen, dass eine Krankenbehandlung auch dann zulasten der GKV möglich ist, wenn eine Heilung oder Besserung nicht erreichbar ist, ohne die Behandlung aber eine Verschlechterung des Gesundheitszustandes oder der Eintritt von Folge- oder Begleiterkrankungen drohen. Daher sind auch Behandlungsmaßnahmen, die eine Lebensverlängerung bei einer im Übrigen infausten Prognose anstreben, zulasten der GKV durchzuführen. Demgegenüber führt eine dauerhafte Pflegebedürftigkeit, bei der die ärztliche Behandlung nur noch begleitenden Charakter hat, nicht zu einer iSv § 27 Abs. 1 S. 1 SGB V notwendigen Krankenbehandlung. Die Linderung von Krankheitsbeschwerden als Behandlungsziel ist darauf gerichtet, mit der Krankheit verbundene Schmerzen und sonstige Belastungen sowie ihre Wirkung auf den Versicherten abzumildern. Dieses Leistungsziel stellt sicher, dass auch bei unheilbaren Krankheiten die zur Verminderung der mit der Krankheit verbundenen Begleiterscheinungen gebotenen Behandlungsmaßnahmen in die Krankenbehandlung einbezogen werden können.

206

207

208

---

110 BSG SozR Nr. 56 zu § 182 RVO; SozR Nr. 52 zu § 182 RVO; SozR Nr. 37 zu § 182 RVO.
111 BSG SozR 4-2500 § 27 Nr. 14 = BeckRS 2008, 52239; BSG SozR 4-2500 § 27 Nr. 3 = BeckRS 2005, 41108; BSG SozR 3-2500 § 39 Nr. 5 = BeckRS 1998, 30015666.
112 BSG SozR 2200 § 182 Nr. 96; SozR Nr. 25 zu § 182 RVO.

209 Neben die Behandlungsziele des Abs. 1 S. 1 tritt nach § 11 Abs. 2 S. 2 SGB V für die besonderen Leistungen der medizinischen Rehabilitation das Leistungsziel der Abwendung, der Beseitigung, der Minderung, des Ausgleiches, der Verhütung der Verschlimmerung oder der Milderung der Folgen einer Behinderung oder Pflegebedürftigkeit. Auch diese Ziele stellen berechtigte Ziele einer zulasten der GKV erfolgenden Krankenbehandlung dar.

210 Zulasten der GKV können nach § 27 Abs. 1 SGB V nur Maßnahmen durchgeführt werden, die der Diagnostik oder der Therapie dienen und darauf gerichtet sind, die Leistungsziele des Abs. 1 S. 1 gezielt zu verwirklichen. Dies ist nur bei Maßnahmen der Fall, die einen eindeutigen oder unmittelbaren Krankheitsbezug aufweisen.[113] Dadurch werden lediglich anlässlich einer gesundheitlichen Beeinträchtigung vorzunehmende Begleitmaßnahmen oder lediglich mittelbare Behandlungen aus dem Begriff der Krankenbehandlung ausgeschlossen. Derartige, von der Leistungspflicht der GKV nicht umfasste lediglich mittelbare Behandlungsmaßnahmen liegen vor, wenn der Eingriff nicht der Bekämpfung der Grundkrankheit dient, sondern lediglich Begleitfolgen abmildern soll, wie dies beispielsweise bei der Versorgung mit Methadon zur Drogensubstitution zum Zwecke der Besserung der Lebensumstände eines drogensüchtigen Versicherten[114] oder bei der Vornahme empfängnisverhütender Maßnahmen, die nicht aus gesundheitlichen Gründen geboten sind, der Fall ist. Auch die dem Bereich der allgemeinen Lebensführung zur Gesundheitserhaltung zuzuordnenden Maßnahmen (Besuch von Sportstudios etc.) werden hierdurch aus dem im Zusammenhang mit der Krankenbehandlung stehenden Leistungskatalog der GKV ausgeschlossen.[115]

211 **(3) Die einzelnen Leistungsansprüche. (a) § 27 SGB V als Rahmenregelung – Nikolaus-Beschluss des BVerfG.** § 27 Abs. 1 SGB begründet lediglich einen Rahmenanspruch auf Behandlungsmaßnahmen. Er verschafft dem Versicherten dem Grunde nach einen Anspruch auf Krankenbehandlung bei Vorliegen einer Krankheit. Ein Anspruch auf konkrete Leistungen aus der GKV folgt hieraus jedoch nicht. Vielmehr setzt § 27 Abs. 1 SGB V den äußeren Rahmen für die die einzelnen Leistungsansprüche begründenden Regelungen in den §§ 27a ff. SGB V sowie die zur Konkretisierung dieser Leistungsansprüche nach § 92 SGB V erlassenen Richtlinien des G-BA.[116] Mit Ausnahme der in § 2 Abs. 1a SGB V angesprochenen, ausnahmsweise zu gewährenden Leistungen ist eine Leistungsausdehnung über den gesetzlich festgelegten Katalog hinaus ausgeschlossen. Dies wird durch den in § 27 Abs. 1 S. 2–4 SGB V niedergelegten Katalog der Leistungen der Krankenbehandlung bestätigt. Ein konkreter Leistungsanspruch muss daher immer auf eine der Anspruchsnormen der §§ 27a ff. SGB V zurückgeführt werden können.

212 Nur ausnahmsweise können neue vom G-BA noch nicht in die Richtlinien aufgenommene Behandlungsmethoden nach den in § 2 Abs. 1a SGB V im Anschluss an den Nikolaus-Beschluss des BVerfG[117] normierten Grundsätzen zulasten der GKV beansprucht werden. Das BVerfG hat entschieden, dass bei neuen Untersuchungs- und

---

113 BSG SozR 3-2500 § 27 Nr. 12 = BeckRS 2000, 40659.
114 BSG SozR 3-2500 § 27 Nr. 6 = BeckRS 9998, 83673; dazu auch BSG SozR 3-2500 § 92 Nr. 8 = BeckRS 1998 30010014, wo darauf hingewiesen wird, dass eine Methadontherapie, die darauf abzielt, die Drogensucht zu beenden, den Zielen des § 27 Abs. 1 SGB V entspricht.
115 Derartige Leistungen können allerdings als Leistungen der Verhaltensprävention nach § 20 Abs. 5 SGB V – unter engen Voraussetzungen – in Betracht kommen.
116 Dazu Spickhoff/*Nebendahl* SGB V § 27 Rn. 36–38.
117 BVerfG SozR 4-2500 § 27 Nr. 5 = NJW 2006, 891; vgl. auch BVerfG NJW 2013, 1664; 2014, 2176; 2016, 1505.

Nebendahl

Behandlungsmethoden eine Leistungsgewährung zulasten der GKV auch ohne vorherige Anerkennung durch den G-BA in Betracht kommt, wenn die Leistungsgewährung zu der durch Art. 2 Abs. 2 S. 1 GG gebotenen Mindestversorgung gehört, die das System der GKV im Hinblick auf die Verantwortung des Staates für Leben und körperliche Unversehrtheit der Versicherten zu leisten hat und die die Versorgung in Fällen einer lebensbedrohlichen oder regelmäßig tödlichen Erkrankung umfasst. Die vom BVerfG formulierten und vom BSG[118] weiterentwickelten, sehr engen Kriterien hat der Gesetzgeber in § 2 Abs. 1a SGB V übernommen, sodass unter den dort genannten Voraussetzungen ein Leistungsanspruch auf Krankenbehandlung zulasten der GKV ohne vorherige Anerkennung der Untersuchungs- oder Behandlungsmethode durch den G-BA besteht.[119]

Es muss als erstes eine lebensbedrohliche oder regelmäßig tödlich verlaufende oder wertungsmäßig vergleichbare Erkrankung vorliegen.[120] Eine tödlich verlaufende Erkrankung erfordert, dass bei ungehindertem Verlauf der Krankheit der Todeseintritt regelhaft zu erwarten ist; nicht erforderlich ist, dass der Todeseintritt unmittelbar bevorsteht. Eine mit einer lebensbedrohlichen oder regelmäßig tödlichen Erkrankung vergleichbare Erkrankung ist anzunehmen, wenn die Erkrankung zu einer notstandsähnlichen Situation führt, dabei herausgehobene Körperfunktionen und Sinnesorgane erfasst werden und die Folgen der Erkrankung die Lebensqualität nachhaltig beeinträchtigen.[121] Der Verlust der Körperfunktion oder des Sinnesorganes muss in kürzerer Zeit mit großer Wahrscheinlichkeit zu erwarten sein.[122] Weiter erforderlich ist, dass eine allgemein anerkannte, dem medizinischen Standard entsprechende Leistung nicht zur Verfügung steht. Diese Voraussetzung ist erfüllt, wenn bezogen auf das konkrete Behandlungsziel entweder eine entsprechende Behandlungsmöglichkeit generell nicht existiert oder im konkreten Behandlungsfall erwiesenermaßen nicht zur Verfügung steht.[123] Als dritte Voraussetzung muss auf der Grundlage objektivierbarer Erkenntnisse festgestellt werden können, dass die Behandlung im konkreten Fall mit Wahrscheinlichkeit positive Auswirkungen auf die Erkrankung selbst oder ihre Ursachen haben wird.[124] Dies ist auf der Grundlage wissenschaftlicher Maßstäbe zu beurteilen; je schwerwiegender eine Erkrankung und je hoffnungsloser die Situation ist, desto niedriger sind die Anforderungen. **213**

Der auf § 2 Abs. 1a SGB V gestützte Leistungsanspruch setzt eine vorherige Kostenübernahmeerklärung der Krankenkasse voraus, die im Falle der Weigerung durch die Krankenkasse mit Hilfe sozialgerichtlichen Eilrechtsschutzes beschafft werden muss. **214**

---

118 Vgl. zB BSG SozR 4-2500 § 31 Nr. 28; BSG SozR 4-2500 § 27 Nr. 16 = BeckRS 2009, 67112; BSG SozR 4-2500 § 27 Nr. 10 = BeckRS 2009, 62578; BSG Beschl. v. 19.6.2006 – B 1 KR 18/06 B; SozR 4-2500 § 27 Nr. 8 = BeckRS 2006, 42252; BSG SozR 4-2500 § 27 Nr. 7 = BeckRS 2006, 42899.

119 Vgl. dazu auch § 2 Abs. 2 RL des Gemeinsamen Bundesausschusses zu Untersuchungs- und Behandlungmethoden vertragsärztlicher Versorgung (Richtlinie Methoden vertragsärztlicher Versorgung) idF v. 17.1.2006, zuletzt geändert am 16.3.2017, iK seit 7.6.2017, in der der G-BA geregelt hat, dass unter den vom BVerfG und vom BSG entwickelten Voraussetzungen eine Verordnung und Erbringung von Leistungen auch dann erfolgen kann, wenn die Methode vom G-BA ausgeschlossen worden ist.

120 Eine Gleichstellung mit vergleichbaren Erkrankungen ist verfassungsrechtlich nicht geboten (BVerfG NJW 2017, 2096; 2016, 1505; 2014, 2176; BSG SozR 4-2500 § 31 Nr. 28).

121 BSG SozR § 31 Nr. 28; BSG SozR 4-2500 § 27 Nr. 16 = BeckRS 2009, 67112.

122 BSG SozR 4-2500 § 31 Nr. 28; BSG SozR 4-2500 § 31 Nr. 9 = BeckRS 2008, 52406.

123 BSG SozR 4-2500 § 27 Nr. 12 = NJW 2007, 1385.

124 BSG SozR 4-2500 § 27 Nr. 12 = NJW 2007, 1385.

215 **(b) Ärztliche Behandlung.** Eine der wesentlichen Leistungen der GKV stellt die Zurverfügungstellung ärztlicher Behandlungen dar.

216 Aus § 28 Abs. 1 S. 1 SGB V ist zu entnehmen, dass ärztliche Leistungen sowohl im Zusammenhang mit Maßnahmen der gesundheitlichen Prävention nach den §§ 20 ff. SGB V (Verhütung von Krankheiten) als auch mit der Erbringung von Leistungen der Früherkennung nach den §§ 25, 25a und 26 SGB V (Früherkennung von Krankheiten) und der Krankenbehandlung iSv § 27 Abs. 1 SGB V erbracht werden können. Ein Anspruch auf ärztliche Leistungen setzt mithin das Vorliegen der anspruchsbegründenden Voraussetzungen der entsprechenden Regelungen voraus. Hinzukommen muss, dass es sich bei der Behandlung um eine ärztliche Tätigkeit handelt, die gerade zur Erreichung des entsprechenden Leistungszieles, im Falle der Krankenbehandlung also die Erreichung eines in § 27 Abs. 1 S. 1 SGB V genannten Behandlungsziele notwendig ist. Zu den im Rahmen der ärztlichen Behandlung zu erbringenden Tätigkeiten gehören primär die von einem Arzt in Anwendung des in § 15 Abs. 1 SGB V geregelten Arztvorbehaltes persönlich erbrachten Tätigkeiten. Derartige Leistungen können durch nach § 95 SGB V zur vertragsärztlichen Versorgung zugelassene Ärzte und medizinische Versorgungszentren, ermächtigte Krankenhausärzte und ermächtigte sonstige Einrichtungen, darüber hinaus Krankenhäuser, die nach Maßgabe der §§ 115a f. SGB V ambulante Leistungen erbringen, durchgeführt werden. § 28 Abs. 3 SGB V stellt darüber hinaus klar, dass auch Psychotherapeuten und Kinder- und Jugendpsychotherapeuten mit entsprechender Zulassung Leistungen der Krankenbehandlung erbringen können.[125] Demgegenüber sind andere Personen, auch Angehörige nichtärztlicher Heilberufe, wie zB Heilpraktiker, von der eigenständigen Erbringung ärztlicher Leistungen im System der GKV nach § 28 Abs. 1 SGB V ausgeschlossen.

217 Als Teil der ärztlichen Behandlung zählen darüber hinaus auch durch ärztliches Hilfspersonal erbrachte Leistungen, wenn diese gem. § 28 Abs. 1 S. 2 SGB V von einem Arzt angeordnet und von ihm verantwortet werden. Auf der Grundlage der Ermächtigungsnorm in § 28 Abs. 1 S. 3 SGB V sind die näheren Einzelheiten der Übertragung von Teilen einer ärztlichen Behandlung auf Hilfspersonen in der Vereinbarung zwischen der KBV und dem SpiBundKK vom 1.10.2013 als Anlage 24 zum BMV-Ä festgelegt worden.[126]

218 Die ärztliche Behandlung setzt nicht nur die Tätigkeit durch einen Arzt, sondern eine ärztliche Tätigkeit voraus. Damit sind nichtärztliche handwerklich-technische Hilfstätigkeiten ausgeschlossen, zB die durch einen Arzt erfolgte Anfertigung von orthopädischen Fußstützen,[127] die Anpassung von Brillengestellen[128] oder die technische Herstellung von Zahnprothesen.[129] Die Tätigkeit des Arztes muss schließlich den Regeln der ärztlichen Kunst entsprechen. Ungeachtet der ärztlichen Therapiefreiheit ist der ärztliche Leistungserbringer dadurch – entsprechend der in § 2 Abs. 1 S. 3 SGB V enthaltenen grundsätzlichen Verpflichtung – zu einer auf den allgemein anerkannten Stand der medizinisch-wissenschaftlichen Erkenntnisse beruhenden Behandlung verpflichtet. Da der allgemein anerkannte Erkenntnisstand einer ständigen Weiterentwicklung unterliegt, handelt es sich nicht um einen statisch festliegenden, sondern um einen sich dynamisch weiterentwickelnden Zustand. Die zulässigen Behandlungsme-

---

125 Dazu BSG SozR 2200 § 182 Nr. 80; SozR 23200 § 182 Nr. 57.
126 Vereinbarung über die Delegation ärztlicher Leistungen an nichtärztliches Personal in der ambulanten vertragsärztlichen Versorgung gemäß § 18 Abs. 1 S. 3 SGB V v. 1.10.2013, Stand: 1.1.2015.
127 BSG SozR Nr. 3 zu § 193 RVO.
128 BSG SozR Nr. 6 zu § 193 RVO.
129 BSG SozR Nr. 55 zu § 182 RVO.

thoden werden durch die nach § 92 SGB V erlassenen Richtlinien des G-BA näher ausgestaltet.

(c) Zahnärztliche und kieferorthopädische Behandlung. Die zahnärztliche Behand- **219**
lung wird ebenfalls – allerdings mit erheblichen Einschränkungen – von den Leistungsansprüchen der GKV im Rahmen von Verhütung, Früherkennung und Behandlung von Zahn-, Mund- und Kieferkrankheiten umfasst. § 28 Abs. 2 SGB V legt als
Kreis der insoweit in Betracht kommenden Leistungserbringer die zur vertragszahn-
ärztlichen Versorgung zugelassenen Zahnärzte und sog. »vollermächtigten« Kiefer-
orthopäden fest. Zugleich werden damit approbierte Ärzte aus der zahnärztlichen
Versorgung ausgeschlossen. Auch der Zahnarzt ist berechtigt, Hilfspersonen auf seine Anordnung und unter seiner Verantwortung mit zahnärztlichen Leistungen zu
betrauen.

Zu der zahnärztlichen Behandlung zählen alle von einem Zahnarzt durchgeführten **220**
diagnostischen Maßnahmen, konservierenden und chirurgischen Behandlungen, systematischen Behandlungen von Paradontopathien und sonstigen Behandlungsmaßnahmen, außerdem die Verordnung von Arzneimitteln, nicht aber durch Ärzte auszu-
führende Leistungen im Bereich der Behandlung von Mund- und Kieferkrankheiten,
die durch Fachärzte für Mund-, Kiefer- und Gesichtschirurgie erbracht werden, sowie
die auf Veranlassung von Zahnärzten durch andere Ärzte ausgeführten Leistungen.
Zu den zahnärztlichen Leistungen zählt grundsätzlich auch die Versorgung mit Zahnersatz einschließlich Zahnkronen und Suprakonstruktionen. Allerdings sehen die
§§ 55 f. SGB V insoweit Sonderregelungen vor. Durch § 28 Abs. 2 S. 1 SGB V wird
demgegenüber klargestellt, dass zu der zahnärztlichen Behandlung auch konservie-
rend-chirurgische Leistung und Röntgenleistungen gehören, die im Zusammenhang
mit der Zahnersatzversorgung erbracht werden. Die Begleitleistungen zur Zahnersatzversorgung ist daher Teil der zahnärztlichen Versorgung nach § 28 Abs. 2 SGB V,
der insoweit Vorrang vor den Bestimmungen der §§ 55 ff. SGB V hat. Die technische
Herstellung des Zahnersatzes selbst fällt demgegenüber anders als die Planung, die
vorbereitende Behandlung einschließlich der Erstellung der notwendigen Kieferab-
drucke sowie der Eingliederung und Überprüfung der Funktionsfähigkeit des Zahnersatzes nicht unter die zahnärztliche Behandlung.

Im Rahmen der zahnärztlichen Behandlung sind diejenigen Tätigkeiten zu erbringen, **221**
die nach den Regeln der zahnärztlichen Kunst ausreichend und zweckmäßig sind. Die
zahnärztliche Therapiefreiheit wird insoweit durch die vom G-BA nach § 92 Abs. 1 S. 2
Nr. 2 SGB V erlassenen Richtlinien[130] konkretisiert.

Der Leistungsanspruch eines in der GKV Versicherten wird im Hinblick auf die zahn- **222**
ärztliche Behandlung durch § 28 Abs. 2 SGB V in mehrfacher Hinsicht beschränkt.
Dies gilt zunächst für die Versorgung mit Zahnfüllungen. Diese ist auf plastische
Füllungsmaterialien beschränkt. Will der Versicherte demgegenüber nicht plastische
Füllungsmaterialien (zB Edelmetall, Keramik oder Komposit) erhalten, unterliegt
dies nicht der Leistungspflicht der GKV. § 28 Abs. 2 S. 2–5 SGB V beschränkt den
Leistungsanspruch der GKV in diesem Fall auf die von den Krankenkassen für eine
vergleichbare preisgünstigste plastische Füllung zu tragenden Kosten, die der Zahn-
arzt als Sachleistung gegenüber der KZV abzurechnen hat, während er die Mehrkos-

---

130 RL des Gemeinsamen Bundesausschusses für eine ausreichende, zweckmäßige und wirtschaftliche vertragszahnärztliche Versorgung (Behandlungsrichtlinie) v. 4.6./24.9.2003, zuletzt geändert am 1.3.2006; RL des gemeinsamen Bundesausschusses für eine ausreichende,
zweckmäßige und wirtschaftliche vertragszahnärztliche Versorgung mit Zahnersatz und
Zahnkronen (Zahnersatz-Richtlinie) idF v. 8.12.2004, zuletzt geändert am 18.2.2016.

ten auf privatzahnärztlicher Basis ausführen und ggf. mit dem Patienten abrechnen muss.

223 § 28 Abs. 2 S. 6 SGB V schließt in Abgrenzung zu dem kieferorthopädischen Leistungsanspruch aus § 29 SGB V die Erwachsenenkieferorthopädie für Versicherte, die zum Beginn der kieferorthopädischen Behandlung das 18. Lebensjahr vollendet haben, vollständig aus der Leistungspflicht der GKV aus. Der Ausschluss erfasst Behandlungen, die zum maßgeblichen Stichtag noch nicht begonnen worden sind. Maßgeblich ist insoweit grundsätzlich der Tag der Aufstellung des kieferorthopädischen Behandlungsplanes. Eine Gegenausnahme enthält wiederum § 28 Abs. 2 S. 7 SGB V für die kieferorthopädische Behandlung Erwachsener, bei denen eine schwer Kieferanomalie vorliegt, die kombinierte kieferchirurgische und kieferorthopädische Behandlungsmaßnahmen erforderlich macht. Hierunter fallen insbesondere angeborene Missbildungen des Gesichts und der Kiefer, skelettale Dysgnathien und verletzungsbedingte Kieferfehlstellungen. Nähere Einzelheiten finden sich den -Richtlinien für kieferorthopädische Behandlung des G-BA.[131] Die Ausnahmeregelung ist einschränkend auszulegen und nicht analogiefähig.

224 Demgegenüber unterfällt die kieferorthopädische Behandlung von noch nicht volljährigen Versicherten nach § 29 Abs. 1 SGB V der Leistungspflicht der GKV. Zulasten der GKV können daher gegenüber nicht volljährigen Versicherten alle im Zusammenhang mit der kieferorthopädischen Versorgung anfallenden Behandlungsleistungen einschließlich der Befunderhebung, Diagnostik und Planung sowie sonstige Untersuchungen, Beratungen und diagnostischen Leistungen zur Überprüfung der kieferorthopädischen Behandlung durchgeführt werden. Die Behandlung erfolgt auf der Basis eines vor Durchführung der Behandlung zu erstellenden Behandlungsplanes. Die kieferorthopädische Behandlung setzt eine medizinisch begründete Indikation voraus. Die insoweit in Frage kommenden Indikationsgruppen sind in den Richtlinien für kieferorthopädische Behandlung durch den G-BA festgelegt. Zur Sicherstellung der vollständigen Durchführung der vorgesehenen kieferorthopädischen Behandlung sieht § 29 Abs. 2 SGB V die Verpflichtung des Versicherten zur Zahlung eines Anteils von 20% der Behandlungskosten vor, der sich bei mehreren zeitgleich oder zeitlich überschneidend in kieferorthopädischer Behandlung befindlichen Kindern eines/einer Versicherten auf 10% für das zweite und jedes weitere Kind reduziert. Der Anteil wird von der Krankenkasse an den Versicherten zurückgezahlt, wenn die kieferorthopädische Behandlung entsprechend dem vorgesehenen Behandlungsplan abgeschlossen ist.

225 Durch § 28 Abs. 2 S. 8 SGB V werden als Ausprägung des Wirtschaftlichkeitsgebotes des § 12 Abs. 1 SGB V funktionsanalytische und funktionstherapeutische Maßnahmen aus dem Leistungsbereich der zahnärztlichen Behandlung ausgeschlossen. Hierunter fallen alle Maßnahmen, die zur Feststellung und Beeinflussung der Gebissfunktionen durchgeführt werden. Für derartige Leistungen dürfen die Krankenkassen nicht einmal eine Zuschussgewährung in ihrer Satzung vorsehen. Dieses Verbot schließt auch eine analoge Anwendung der Regelung über die Mehrkostenerstattung in § 28 Abs. 2 S. 2 SGB V aus.

226 Einen eingeschränkten Leistungsausschluss enthält schließlich § 28 Abs. 2 S. 9 SGB V für implantologische Leistungen. Hierbei handelt es sich um die operative Implantation von nicht lebenden Materialien zum Aufbau verloren gegangener Knochensubstanz, zum Ersatz einzelner Zähne, zur Versorgung mit festsitzenden Brücken oder zur

---

131 RL des Bundesausschusses der Zahnärzte und Krankenkassen für die kieferorthopädische Behandlung v. 4.6./24.9.2003.

Stabilisierung von Totalprothesen. Der Leistungsausschluss umfasst demgegenüber nicht die Versorgung mit Suprakonstruktionen, also die nach der implantologischen Versorgung aufzusetzenden Zahnersatzleistungen. Diese sind nach Maßgabe der §§ 55 ff. SGB V auf der Basis von Festbetragszuschüssen zulasten der GKV auch dann zu erbringen, wenn die vorangegangene implantologische Versorgung nicht vom Leistungsumfang der GKV umfasst war. Etwas anderes gilt nur, wenn eine medizinische Indikation für die Implantatversorgung nicht bestanden hat. Schließlich kann eine implantologische Versorgung in seltenen Ausnahmeindikationen bei Vorliegen besonders schwerer Fälle nach Maßgabe der vom G-BA erlassenen Behandlungs-Richtlinie (Zahnärzte) zulasten der GKV erfolgen. Hierunter fallen beispielsweise größere Kiefer- oder Gelenkdefekte, die ihre Ursachen in Tumoroperationen, Entzündungen des Kiefers etc. haben.

(d) Krankenhausbehandlung. Die Krankenhausbehandlung wird als Sachleistung bei 227 Vorliegen der Voraussetzungen des § 39 Abs. 1 SGB V von der Leistungspflicht der GKV umfasst. Gegenstand des Leistungsanspruchs sind Leistungen, die in einem Krankenhaus, also in einer Einrichtung erbracht werden, die die Voraussetzungen des § 107 Abs. 1 SGB V erfüllt. Es muss sich um Einrichtungen handeln, die der Krankenhausbehandlung oder Geburtshilfe dienen, fachlich-medizinisch unter ständiger ärztlicher Leitung stehen, über ausreichende, ihrem Versorgungsauftrag entsprechende diagnostische und therapeutische Möglichkeiten verfügen und nach wissenschaftlich anerkannten Methoden arbeiten. Die Einrichtungen müssen mit Hilfe von jederzeit verfügbaren ärztlichen, pflegerischen, funktions- und medizinisch-technischen Personal darauf eingerichtet sein, vorwiegend durch ärztliche und pflegerische Hilfeleistungen Krankheiten der Patienten zu erkennen, zu heilen, ihre Verschlimmerung zu verhüten, Krankheitsbeschwerden zu lindern oder Geburtshilfe zu leisten. Außerdem müssen in der Einrichtung die Patienten untergebracht und verpflegt werden können. Leistungsberechtigt sind nur Krankenhäuser, die nach § 108 SGB zur stationären Krankenhausbehandlung zugelassen sind.

Entsprechend der Definition des Krankenhauses in § 107 Abs. 1 SGB V handelt es sich 228 bei den im Krankenhaus zu erbringenden Leistungen um eine Kombination der Tätigkeiten von Ärzten, Pflege- und sonstigem Personal, des Einsatzes von technischen Apparaten, Arzneimitteln, Heilmitteln und Hilfsmitteln etc. sowie der Zurverfügungstellung von Unterkunft, Verpflegung und reiner Grundpflege.[132] Die Krankenhausbehandlung umfasst nach § 39 Abs. 1 S. 3 SGB V alle Leistungen, die im Einzelfall nach Art und Schwere der Krankheit für die medizinische Versorgung des Patienten notwendig sind. Hierzu zählen auch die im Einzelfall erforderlichen, zum frühestmöglichen Zeitpunkt einsetzenden Leistungen zur Frührehabilitation und das vom Krankenhaus nach § 39 Abs. 1 S. 4 SGB V durchzuführenden Entlassungsmanagement. In gebotenen Einzelfällen kann zum Umfang der Krankenhausbehandlung auch die Mitaufnahme einer Begleitperson des Versicherten nach § 11 Abs. 3 SGB V gehören.

Anders als bei der ambulanten Versorgung muss die im Krankenhaus durchgeführte 229 Behandlung nicht einer Festlegung in einer Richtlinie des G-BA entsprechen. Vielmehr sieht § 137c Abs. 1 S. 1 SGB V vor, dass der G-BA auf Antrag alle im Krankenhaus durchgeführten Untersuchungs- und Behandlungsmethoden daraufhin überprüft, ob sie für eine ausreichende, zweckmäßige und wirtschaftliche Versorgung der Versorgung der Versicherten unter Berücksichtigung des allgemein anerkannten Standes der medizinischen Erkenntnisse erforderlich sind. Nur wenn der G-BA eine negative Entscheidung trifft, also die angewandte Methode durch Festsetzung einer Richtlinie aus-

---

132 Dazu BSG SozR 4-2500 § 39 Nr. 12 = BeckRS 2008, 56183; BSG SozR 4-2500 § 39 Nr. 7.

schließt, darf mit Inkrafttreten der Richtlinie die Behandlungsmethode im Krankenhaus nicht mehr durchgeführt werden. Es handelt sich insoweit rechtstechnisch um eine Erlaubnis mit Verbotsvorbehalt, die den medizinischen Fortschritt in den Krankenhäusern fördern soll.

230 Die Leistungen der Krankenhausbehandlung können nach § 39 Abs. 1 S. 1 SGB V vollstationär, teilstationär, vor- und nachstationär sowie ambulant erbracht werden. Voraussetzung für die jeweilige Art der Leistungserbringung ist die Feststellung der medizinischen Notwendigkeit der Krankenhausbehandlung auf der jeweiligen Stufe. Die entsprechende wertende Entscheidung obliegt dem Krankenhaus und setzt – von Notfällen abgesehen – grundsätzlich die Verordnung der Krankenhausbehandlung durch einen Vertragsarzt voraus. Die vertragsärztliche Verordnung begründet einen Anscheinsbeweis für die Notwendigkeit der Krankenhausbehandlung, schließt aber eine nachträgliche Überprüfung der Notwendigkeit der Krankenhausbehandlung durch den MDK auf Veranlassung der Krankenkasse nach § 275 Abs. 1 Nr. 1, Abs. 1c SGB V nicht aus.

231 Eine vollstationäre Krankenhausbehandlung erfordert die physische und organisatorische Eingliederung des Patienten in das spezifische Versorgungssystem des Krankenhauses, welche sich nach dem Behandlungsplan des Krankenhauses zeitlich über mindestens einen Tag und eine Nacht erstrecken muss.[133] Demgegenüber liegt ein ambulanter Eingriff vor, wenn der Patient weder die Nacht vor noch die Nacht nach dem Eingriff im Krankenhaus verbringt und dies nach dem Behandlungsplan auch nicht beabsichtigt war. Erforderlich ist die vollstationäre Behandlung, wenn das mit der Behandlung verfolgte Behandlungsziel nicht mit vorrangigen Behandlungsmaßnahmen, also insbesondere ambulanter Behandlung erreichbar ist.[134] Maßgeblich ist danach, ob die Eingliederung in das Versorgungssystem des Krankenhauses im konkreten Behandlungsfall gerade aufgrund medizinischer Erfordernisse geboten ist. Dies ist nicht der Fall, wenn eine ambulante Therapie ausreicht, wenn die Krankenhausbehandlung lediglich aus anderen, nicht medizinischen Gründen aufrechterhalten bleibt, zB, weil ein geeigneter Pflegeheimplatz nicht rechtzeitig gefunden werden kann, oder wenn die Krankenhausbehandlung lediglich mit der Gefahr möglicher Komplikationen begründet wird, denen auch durch die Inanspruchnahme des notfallärztlichen Dienste der Kassenärztlichen Vereinigungen oder des öffentlich-rechtlichen Notarztsystems Rechnung getragen werden kann.

232 Teilstationäre Behandlungen erfordern ebenso wie die vollstationäre Krankenhausbehandlung die Inanspruchnahme der medizinisch-organisatorischen Infrastruktur des Krankenhauses. Sie unterscheiden sich von der vollstationären Behandlung dadurch, dass eine durchgehende Behandlung des Patienten im Krankenhaus aufgrund der Eigenart des Krankheitsbildes nicht erforderlich ist.[135] Dies ist beispielsweise bei bestimmten psychiatrischen Erkrankungen, somatischen Erkrankungen, krankhaften Schlafstörungen oder im Bereich der Geriatrie der Fall, die zwar regelmäßig eine über einen längeren Zeitraum andauernde Integration in die medizinisch-organisatorische Infrastruktur eines Krankenhauses erfordern, dies aber nur zu bestimmten Tages- oder Nachtzeiten (sog. Tages- oder Nachtkliniken). Die Erforderlichkeit der teilstationären Behandlung setzt voraus, dass das Behandlungsziel nicht durch vor- und nachstationäre oder ambulante Behandlung einschließlich der häuslichen Krankenpflege erreichbar ist.

---

133 BSG SozR 4-2500 § 39 Nr. 20; SozR 4-2500 § 39 Nr. 8 = BeckRS 9998, 84184; BSG SozR 4-2500 § 39 Nr. 1 = BeckRS 2004, 41081; der Aufenthalt muss nicht unbedingt 24 Stunden dauern.
134 Dazu BSG SozR 4-2500 § 109 Nr. 29.
135 BSG SozR 4-2500 § 39 Nr. 1 = BeckRS 2004, 41081.

Nebendahl

Die vor- bzw. nachstationäre Behandlung in einem Krankenhaus ist in den sehr engen 233
zeitlichen Grenzen des § 115a Abs. 2 SGB V zulässig. Die vorstationäre Behandlung ist
dabei auf längstens drei Behandlungstage innerhalb von fünf Tagen vor Beginn der
stationären Behandlung limitiert, während die nachstationäre Behandlung sieben Behandlungstage innerhalb von 14 Tagen, bei Organübertragungen innerhalb von drei
Monaten nach Beendigung der stationären Krankenhausbehandlung nicht überschreiten darf; der Zeitraum ist in medizinisch begründeten Einzelfällen verlängerbar. Erforderlich ist eine vor- oder nachstationäre Behandlung, wenn sie ihrerseits nicht
durch niedergelassene Vertragsärzte ambulant durchgeführt werden kann. Die »ambulante Erbringbarkeit« steht dann nicht entgegen, wenn aufgrund der Art oder Schwere
der Erkrankung für die medizinische Versorgung des Versicherten die Behandlung im
Krankenhaus erforderlich ist, durch einen Krankenhausarzt erbracht werden muss
sowie eine ansonsten notwendige stationäre Leistung ersetzen oder sie überflüssig
machen soll.[136] Dies ist bei der vorstationären Behandlung gegeben, wenn sie entweder der Klärung der Erforderlichkeit einer vollstationären Krankenhausbehandlung
oder der Vorbereitung einer beabsichtigten vollstationären Krankenhausbehandlung
dient. Die nachstationäre Behandlung muss im Anschluss an eine vollstationäre Krankenhausbehandlung bezwecken, den Behandlungserfolg zu sichern oder zu festigen.
In den Zeiten, in denen sich der Patient während der vor- bzw. nachstationären Krankenhausbehandlung nicht im Krankenhaus befindet, obliegt die ärztliche Versorgung
den niedergelassenen Vertragsärzten. Nach § 115a Abs. 2 S. 6 SGB V ist das Krankenhaus in diesem Zusammenhang zu einer umfassenden Information des einweisenden
Arztes und der an der weiteren Krankenbehandlung jeweils beteiligten Ärzte verpflichtet.

Gegenstand der Krankenhausbehandlung nach § 39 SGB V kann schließlich die ambu- 234
lante Behandlung im Krankenhaus sein. In diesem Fall werden die ambulanten Leistungen durch das Krankenhaus erbracht. Denkbar ist dies nicht nur in den in § 39
Abs. 1 S. 1 SGB V angesprochenen Fall der ambulanten Operationen nach § 115b SGB V
im Hinblick auf die in dem AOP-Vertrag[137] geregelten Fälle, sondern auch bei ambulanten Behandlungen im Rahmen der ambulanten spezialfachärztlichen Versorgung
nach § 116b SGB V oder bei der ambulanten Tätigkeit von Krankenhäusern im Rahmen der besonderen Versorgung nach § 140a SGB V. Soweit die Krankenhäuser demgegenüber an der vertragsärztlichen Versorgung teilnehmen, was bei einer Unterversorgung im vertragsärztlichen Bereich nach § 116a SGB V (selten) oder nach § 117 SGB V
durch Universitätsklinika in deren Hochschulambulanzen zum Zwecke der Forschung
und Lehre oder bei solchen Patienten, die wegen Art, Schwere oder Komplexität ihrer
Erkrankung einer Untersuchung oder Behandlung durch die Hochschulambulanz bedürfen, darüber hinaus in psychiatrischen Institutsambulanzen nach § 118 SGB V und
sozialpädiatrischen Zentren nach § 119 SGB V der Fall sein kann, steht die ambulante
Krankenhausbehandlung iSd § 39 SGB V der ambulanten vertragsärztlichen Behandlung nach § 28 Abs. 1 SGB V gleich. Dies gilt erst recht, wenn die ambulanten Leistungen nicht durch das Krankenhaus selbst, sondern durch nach § 116 SGB V ermächtigte
Krankenhausärzte oder in der Trägerschaft des Krankenhausträgers stehende medizinische Versorgungszentren iSv § 95 Abs. 1 SGB V erbracht werden.

(e) Anspruch auf Einholung einer Zweitmeinung. Der Anspruch auf ärztliche Be- 235
handlung nach § 28 Abs. 1 SGB V oder auf Krankenhausbehandlung nach § 39 Abs. 1

---

136 BSG SozR 4-2500 § 115a Nr. 2; SozR 3-2500 § 116 Nr. 13; SozR 3-2500 § 116 Nr. 9 = BeckRS
1994, 30749922.
137 Vertrag nach § 115b Abs. 1 SGB V – Ambulantes Operieren und sonstige stationsersetzenden
Eingriffe im Krankenhaus (AOP-Vertrag) v. 9./16.5.2012.

SGB V wird nach § 27b SGB V bei bestimmten planbaren Eingriffen durch einen Anspruch auf Einholung einer unabhängigen ärztlichen Zweitmeinung zulasten der GKV ergänzt. Der Zweitmeinungsanspruch ist auf die vom G-BA in einer Richtlinie nach § 92 Abs. 1 S. 2 Nr. 13 SGB V festzulegenden planbaren Eingriffe beschränkt und soll insbesondere solche Eingriffe erfassen, bei denen eine Indikationsausweitung nicht auszuschließen ist, Die Zweitmeinung kann bei den in § 27b Abs. 3 Nr. 1–5 SGB V aufgezählten Leistungserbringern eingeholt werden. Voraussetzung ist allerdings, dass der Arzt oder die Einrichtung den Eingriff nicht selbst vornehmen wollen und die vom G-BA zur Sicherung der besonderen Expertise des die Zweitmeinung äußernden Leistungserbringers festzulegenden qualitativen Anforderungen sowie ggf. vom G-BA festgelegte weitere Kriterien erfüllen.

236 Der Zweitmeinungsanspruch des Patienten wird durch die in § 27b Abs. 5 SGB V begründete Verpflichtung des die Indikation für den Eingriff stellenden, behandelnden Arztes ergänzt, den Patienten über sein Recht, vor Durchführung des vorgeschlagenen Eingriffs eine Zweitmeinung einzuholen, und die für das Zweitmeinungsverfahren zur Verfügung stehenden Leistungserbringer zu informieren.

237 **(f) Künstliche Befruchtung.** Ohne dass ein regelwidriger Körper- oder Geisteszustand und damit eine Krankheit vorliegen muss, begründet § 27a Abs. 1 SGB V – unter sehr engen Voraussetzungen – einen Leistungsanspruch zulasten der GKV auf Durchführung von Maßnahmen der künstlichen Befruchtung zur Erreichung einer Schwangerschaft.[138]

238 Der Leistungsanspruch besteht nur, wenn die beabsichtigte Maßnahme zur Überwindung der Unfruchtbarkeit unentbehrlich und unvermeidbar ist. Dies setzt voraus, dass nach § 27 SGB V mögliche Behandlungsmaßnahmen keine Aussicht auf Erfolg versprechen, nicht möglich oder nicht zumutbar sind. Ungeschriebene Tatbestandsvoraussetzung des § 27a Abs. 1 SGB V ist des Weiteren, dass mit der beabsichtigten medizinischen Maßnahme auf eine ungewollte Kinderlosigkeit reagiert werden soll.[139] Dementsprechend scheiden Maßnahmen aus, die der Wiederherstellung der Fruchtbarkeit nach einer von einem der beteiligten Elternteile jenseits der Voraussetzungen des § 27 Abs. 1 S. 4 SGB V herbeigeführten Beseitigung der Zeugungs- oder Empfängnisfähigkeit bezwecken, etwa weil eine Sterilisation aus familienplanerischen Gründen durchgeführt worden ist.

239 Die beabsichtigte Maßnahme muss darüber hinaus nach ärztlicher Feststellung eine hinreichende Aussicht begründen, dass eine Schwangerschaft herbeigeführt werden kann. Ohne dass eine bestimmte vorher festgelegte Erfolgswahrscheinlichkeit feststehen muss, muss unter Berücksichtigung aller Umstände des Einzelfalles die Herbeiführung einer Schwangerschaft als möglich erscheinen. Eine Konkretisierung erfährt diese Voraussetzung durch die strikte zahlenmäßige Beschränkung in § 27a Abs. 1 Nr. 2 SGB V, die allerdings für Inseminationsverfahren ohne vorheriges Stimulationsverfahren gem. § 27a Abs. 2 SGB V nicht gilt, nach der ein Anspruch ausgeschlossen ist, wenn die Maßnahme dreimal ohne Erfolg durchgeführt worden ist. Näher ausgestaltet wird das Tatbestandsmerkmal der hinreichenden Erfolgsaussicht in Ziffer 8

---

138 Zur Verfassungsgemäßheit dieser Regelung unter unterschiedlichsten Aspekten BVerfG NJW 2009, 1733; BVerfG SozR 4-2500 § 27a Nr. 11; BSG SozR 4-2500 § 27a Nr. 12; SozR 4-2500 § 27a Nr. 8; SozR 4-2500 § 27a Nr. 7 = BeckRS 2009, 61854; BSG SozR 4-2500 § 27a Nr. 5 = BeckRS 2007, 48149; BSG Beschl. v. 5.7.2005 – B 1 KR 100/04 B; BSG SozR 3-2500 § 27a Nr. 3 = BeckRS 2001, 41124; BSG SozR 3-2500 § 27a Nr. 2 = BeckRS 2001, 41126; BayVGH Urt. v. 29.3.2010 – 14 B 08.3188.

139 BSG SozR 4-2500 § 27a Nr. 2 = BeckRS 2005, 42557; BSG SozR 4-2500 § 27a Nr. 1 = BeckRS 2005, 41838; BSG SozR 3-2500 § 27a Nr. 2 = BeckRS 2001, 41126.

Richtlinien über künstliche Befruchtung[140] des G-BA differenziert nach den jeweiligen unterschiedlichen Behandlungsmaßnahmen.

Der Anspruch wird darüber hinaus durch die Festlegung von Altersgrenzen in § 27a Abs. 3 SGB V beschränkt. Unabhängig vom Geschlecht entsteht der Anspruch erst nach Vollendung des 25. Lebensjahres. Er endet für weibliche Versicherte mit Vollendung des 40. und für männliche Versicherte mit Vollendung des 50. Lebensjahres. Der Anspruch besteht nur, wenn beide Ehepartner die für sie geltenden Altersgrenzen einhalten.

Der Anspruch auf Maßnahmen der künstlichen Befruchtung nach § 27a SGB V ist des **240** Weiteren auf Ehepaare beschränkt. Es kommt allein auf das Bestehen der Ehe an. In nichtehelichen Lebensgemeinschaften besteht der Anspruch nicht.[141] Schließlich sind die zulasten der GKV durchführbaren Maßnahmen zur Herbeiführung einer Schwangerschaft auf homologe Befruchtungen beschränkt, also Maßnahmen, in denen ausschließlich Ei- und Samenzellen der Ehegatten verwendet werden. Maßnahmen der heterologen Befruchtung sind damit aus dem Kreis der GKV-Leistungen ausgeschlossen.[142]

Der Anspruch setzt weiter voraus, dass die Ehegatten sich vor Durchführung der **241** Maßnahmen durch einen Arzt über die medizinischen und psychosozialen Gesichtspunkte der künstlichen Befruchtung informiert haben, der die künstliche Befruchtung nicht selbst durchführt. Der Arzt muss die Ehegatten alsdann an einen berechtigten Leistungserbringer nach § 121a SGB V überwiesen haben. Vor Durchführung der Behandlung muss ein Behandlungsplan erstellt worden sein, der von der zuständigen Krankenkasse zu genehmigen ist.

Die Leistungsverpflichtung erstreckt sich auf sämtliche homologen Befruchtungsmaß- **242** nahmen, also solche, die an Stelle des natürlichen, durch Geschlechtsverkehr herbeigeführten Befruchtungsaktes durch künstliche Maßnahmen die Befruchtung herbeiführen. Es muss sich um Maßnahmen handeln, die unmittelbar der Befruchtung dienen (vgl. Ziffer 10 Richtlinien über künstliche Befruchtung).[143] Für diese Maßnahme übernimmt die Krankenkasse gem. § 27a Abs. 3 S. 3 SGB V 50% der mit dem Behandlungsplan genehmigten Kosten der Behandlung, die bei dem Versicherten der Krankenkasse anfallen.[144] Sind die Ehegatten bei unterschiedlichen Krankenkassen versichert, muss zu diesem Zweck eine Zuordnung der einzelnen Maßnahmen zu dem jeweiligen Ehegatten erfolgen, weil diejenigen Leistungen, die am Körper des bei ihr nicht versicherten Ehegatten anfallen, nicht von der jeweiligen Krankenkasse zu vergüten sind.

(g) Arzneimittel. Die Krankenbehandlung umfasst auch die Versorgung mit Arznei- **243** mitteln nach Maßgabe des § 31 SGB V sowie der diese Vorschrift ergänzenden Regelungen in den §§ 34–35c SGB V.

(aa) Verordnungsfähige Arzneimittel. Der Anspruch ist auf die Versorgung mit apo- **244** thekenpflichtigen Arzneimitteln gerichtet, soweit diese nicht nach § 34 SGB V oder

---

140 RL des Bundesausschusses der Ärzte und Krankenkassen über ärztliche Maßnahmen zur künstlichen Befruchtung idF v 14.8.1990, zuletzt geändert am 16.3.2017; iK seit 2.6.2017.
141 Die Differenzierung ist verfassungsgemäß, vgl. BVerfG SozR 4-2500 § 27a Nr. 11; BSG SozR 3-2500 § 27a Nr. 4 = BeckRS 2001, 30210266.
142 BSG SozR 3-2500 § 27a Nr. 4 = BeckRS 2001, 30210266.
143 Dazu BSG SozR 3-2500 § 27a Nr. 1 = BeckRS 2000, 41117.
144 Die Kostenbeteiligung ist verfassungsgemäß, vgl. BSG SozR 4-2500 § 27a Nr. 5 = BeckRS 2007, 48149; dazu BVerfG NJW 2009, 1733.

durch vom G-BA nach § 92 Abs. 1 S. 2 Nr. 6 SGB V erlassene Richtlinie (AM-RL)[145] ausgeschlossen sind.

245 Von der Leistungspflicht der GKV nicht umfasst werden danach zunächst gem. § 34 Abs. 1 S. 1 SGB V sämtliche zwar apothekenpflichtigen, aber nicht verschreibungspflichtigen Arzneimittel (sog. OTC-Arzneimittel).[146] Eine Gegenausnahme enthält Abs. 1 S. 5 für Versicherte, die das 12. Lebensjahr bzw. – bei Vorliegen von Entwicklungsstörungen – das 18. Lebensjahr noch nicht vollendet haben. Bei schwerwiegenden Erkrankungen können derartige OTC-Arzneimittel ausnahmsweise verordnet werden, sofern dies in einer vom G-BA festgelegten Richtlinie nach § 92 Abs. 1 S. 2 Nr. 6 SGB V vorgesehen ist. Dies ist durch Anlage I der AM-RL geschehen, in der eine Liste mit schwerwiegenden Erkrankungen und in diesen Fällen verordnungsfähigen OTC-Standardtherapeutika aufgeführt ist.

246 § 34 Abs. 1 S. 6 SGB V schließt darüber hinaus verschreibungspflichtige Arzneimittel für Versicherte nach Vollendung des 18. Lebensjahres bei Bagatellerkrankungen, zB Erkältungskrankheiten, grippalen Infekten, Mund- und Rachentherapeutika, Abführmittel oder Medikamente für Reisekrankheiten, von der Leistungspflicht der GKV aus. Grund für den Ausschluss ist die Zuordnung derartiger Erkrankungen zum Bereich der nicht erstattungsfähigen Selbstmedikation und damit der Eigenverantwortung des Versicherten. Ebenfalls von der Leistungspflicht der GKV ausgeschlossen sind sog. Lifestyle-Arzneimittel iSv § 34 Abs. 1 S. 7–9 SGB V, deren Anwendung in erster Linie einer Erhöhung der Lebensqualität dient.[147] Hierzu gehören insbesondere Arzneimittel, die überwiegend zur Behandlung der erektilen oder sexuellen Dysfunktion, der Anreizung sowie Steigerung der sexuellen Potenz, zur Raucherentwöhnung, zur Abmagerung oder zur Zügelung des Appetits, zur Regulierung des Körpergewichts oder zur Verbesserung des Haarwuchses dienen.

247 Schließlich sind durch § 34 Abs. 3 SGB V unwirtschaftliche Arzneimittel von der Leistungspflicht der GKV ausgenommen. Rechtstechnisch erfolgt dies in der Weise, dass die in der Anlage 2 zur Verordnung über unwirtschaftliche Arzneimittel in der gesetzlichen Krankenversicherung enthaltenen Ausschlüsse durch gesetzliche Anordnung zum Inhalt der Richtlinie des G-BA nach § 92 Abs. 2 S. 2 Nr. 6 SGB V und des dort enthaltenen Verordnungsausschlusses gemacht werden.[148] Die unterschiedlichen Kriterien für unwirtschaftliche Arzneimittel finden sich in den §§ 15, 16 AM-RL. Die hiernach von der Leistungspflicht ausgeschlossenen unwirtschaftlichen Arzneimittel sind in der Anlage III der AM-RL aufgeführt. Ausnahmsweise kann ein Vertragsarzt derartig ausgeschlossene Arzneimittel nach § 31 Abs. 1 S. 4 SGB V verordnen, wenn ein medizinisch begründeter Einzelfall vorliegt. Er muss in diesem Fall eine besondere Begründung angeben und dokumentieren.

248 Zulasten der GKV dürfen grundsätzlich nur zugelassene Arzneimittel verordnet werden. Die Verordnung von Arzneimitteln ohne Zulassung (sog. »no-lable-use«) zulasten der GKV scheidet grundsätzlich aus, auch wenn derartige Arzneimittel nach § 73 Abs. 3 AMG durchaus rechtmäßig importiert werden können.[149] Etwas anderes gilt

---

145 RL des Gemeinsamen Bundesausschusses über die Verordnung von Arzneimitteln in der vertragsärztlichen Versorgung (Arzneimittel-RL/AM-RL) idF v. 18.12.2008/22.1.2009, zuletzt geändert am 15.6.2017; iK seit 1.8.2017.
146 Der gesetzliche Ausschluss derartiger Arzneimittel aus dem Leistungsumfang der GKV ist verfassungsgemäß, vgl. BSG SozR 4-2500 § 34 Nr. 4 = BeckRS 2008, 58231.
147 Vgl. BSG SozR 4-2500 § 106 Nr. 38.
148 Dazu Spickhoff/*Barth* SGB V § 34 Rn. 9.
149 BSG SozR 4-2500 § 31 Nr. 8.

Nebendahl

nur für den Sonderfall des in § 21 Abs. 2 S. 6 AMG geregelten »*compassionate-use*«, in dem vor Erteilung einer Genehmigung aus humanitären Erwägungen ein Arzneimittel einer Gruppe von Patienten zur Verfügung gestellt werden kann, die an einer zur Invalidität führenden chronischen oder schweren Krankheit leiden oder deren Krankheit lebensbedrohlich ist, und die mit einem zugelassenen Arzneimittel nicht zufriedenstellend behandelt werden können.[150] Voraussetzung ist, dass ein Antrag auf Genehmigung gestellt oder der Wirkstoff Gegenstand einer noch nicht abgeschlossene klinischen Prüfung ist.

Ein zulassungsüberschreitender Einsatz eines zugelassenen Arzneimittels, also dessen **249** Einsatz für eine Indikation außerhalb seines Zulassungsbereiches (sog. »*off-label-use*«) ist ausschließlich im Zusammenhang mit klinischen Studien unter den Voraussetzungen des § 35c Abs. 2 SGB V zulasten der GKV möglich. Voraussetzung ist, dass mit dem beabsichtigten Einsatz eine therapierelevante Verbesserung der Behandlung einer schwerwiegenden Erkrankung im Vergleich zu bestehenden Behandlungsmöglichkeiten zu erwarten ist, damit verbundene Mehrkosten in einem angemessenen Verhältnis zum erwarteten medizinischen Zusatznutzen stehen, die Behandlung durch einen zugelassenen Leistungserbringer erfolgt und der G-BA der Anwendung nicht bereits widersprochen hat. Diese Voraussetzungen liegen idR vor, wenn für den zulassungsüberschreitenden Medikamenteneinsatz zuverlässige, wissenschaftlich nachprüfbare Erkenntnisse vorliegen und in den maßgeblichen Fachkreisen ein weitgehender Konsens über den voraussichtlichen Nutzen besteht.[151] Darüber hinaus kommt ein zulasten der GKV erfolgender zulassungsüberschreitender Einsatz nur in den sehr engen Grenzen des im Anschluss an den Nikolaus-Beschluss des BVerfG[152] geschaffenen § 2 Abs. 1a SGB V in Betracht. Für den zulassungsüberschreitenden Arzneimitteleinsatz zulasten der GKV ist eine vorherige Kostenübernahmeerklärung der Krankenkasse erforderlich, die im Verfahren nach § 13 Abs. 3a SGB V eingeholt und ggf. im sozialgerichtlichen Eilverfahren ersetzt werden kann.

(bb) Höhe der erstattungsfähigen Kosten. Die Kosten eines zugelassenen und nicht **250** von der Leistungspflicht der GKV ausgeschlossenen Arzneimittels sind nach § 31 Abs. 2 S. 1 SGB V Sachleistungen der Krankenkasse; jedoch nur im beschränkten Umfang erstattungsfähig. Eine erste Grenze ergibt sich für Arzneimittel, für die nach den §§ 35 und 35a SGB V Festbeträge durch Richtlinien des G-BA festgesetzt worden sind.[153] Die Festlegung von Festbeträgen erfolgt in einem zweistufigen Verfahren. Zunächst legt der G-BA drei Gruppen von Arzneimitteln für einzelne Festbeträge fest, wobei in den jeweiligen Gruppen Arzneimittel mit denselben Wirkstoffen, mit pharmakologisch-therapeutisch vergleichbaren Wirkstoffen sowie Arzneimittel mit therapeutisch vergleichbarer Wirkung zusammengefasst werden sollen. Auf der zweiten Stufe bestimmt alsdann der SpiBundKK die genaue Höhe der Festbeträge. Bei derartigen »Festbetrags-Arzneimitteln« erstattet die Krankenkasse nur den Festbetrag, während der überschießende Betrag von den Versicherten (zusätzlich zu der erforderlichen Zuzahlung nach § 31 Abs. 3 SGB V) zu tragen sind. In der Praxis hat dies dazu geführt, dass die pharmazeutischen Unternehmen zur Sicherung ihres Umsatzes die Preise für Festbetrags-Arzneimittel regelmäßig in Höhe des Festbetrages festgelegt haben, um dem Patienten eine Zuzahlung zu ersparen.

---

150 Dazu Spickhoff/*Barth* SGB V § 35c Rn. 5.
151 BSG SozR 4-2500 § 31 Nr. 5 = BeckRS 2006, 44736.
152 BVerfG SozR 4-2500 § 27 Nr. 5 = NJW 2006, 891.
153 Zur Verfassungsgemäßheit der Begrenzung der Leistung auf Festbeträge, vgl. BVerfG SozR 3-2500 § 35 Nr. 2 = NJW 2003, 1232.

251 Hat die Krankenkasse mit einem pharmazeutischen Unternehmen für Festbetrags-Arzneimittel einen Rabattvertrag nach § 130a Abs. 8 SGB V[154] abgeschlossen, erstattet die Krankenkasse den Apothekenverkaufspreis für dieses Arzneimittel, abzüglich der Zuzahlung und der Abschläge nach § 130 SGB V und § 130a Abs. 1, Abs. 3a und 3b SGB V auch dann, wenn der vereinbarte Rabattpreis höher als der Festbetrag liegt. Voraussetzung für derartige Rabattverträge ist, dass die Gegenfinanzierung von Mehrkosten über Rabatte für dasselbe Arzneimittel erzielt wird.

252 **(cc) Bewertung des Nutzens von Arzneimitteln.** Die Arzneimittelverordnung durch den Arzt hat darüber hinaus dem Wirtschaftlichkeitsgebot des § 12 SGB V zu entsprechen. Zu diesem Zweck erfolgt eine Nutzenbewertung von Arzneimitteln durch den G-BA nach § 35a Abs. 1–5a SGB V für noch nicht zugelassene Arzneimittel im Hinblick auf einen eventuellen Zusatznutzen. Wird ein Zusatznutzen eines neuen pharmakologisch-therapeutisch mit Festbetragsarzneimitteln vergleichbaren Arzneimittels nicht festgestellt, wird dieses neue Arzneimittel durch den G-BA einer Festbetragsgruppe zugeordnet. Lässt sich ein neues Arzneimittel keiner Festbetragsgruppe zuordnen, wird die Wirtschaftlichkeit der Arzneimittelverordnung durch Rabattvereinbarungen zwischen dem SpiBundKK und dem pharmazeutischen Unternehmen über Erstattungsbeträge für Arzneimittel nach § 130b und § 130c SGB V hergestellt. Darüber hinaus ist der in § 130a SGB V normierte Abgaberabatt des pharmazeutischen Unternehmers zu berücksichtigen.

253 **(dd) Medikationsplan.** Für Versicherte, die mehr als drei Medikamente gleichzeitig erhalten, ist nach § 31a Abs. 1 SGB V ein schriftlicher Medikationsplan zu erstellen und ihnen auszuhändigen, in dem alle verordneten oder von dem Versicherten ohne Verordnung angewandten Arzneimittel unter Angabe der Wirkstoffe, der Dosierung, des Einnahmegrundes und sonstiger Hinweise zur Einnahme aufzunehmen sind. Der Medikationsplan hat darüber hinaus Hinweise auf Medizinprodukte zu enthalten, soweit diese für die Medikation relevant sind. Der Medikationsplan ist bundeseinheitlich entsprechend den Vorgaben der nach § 31a Abs. 1 S. 2 SGB V als Teil des BMV-Ä geltenden Vereinbarung eines bundeseinheitlichen Medikationsplans[155] in Papierform zu erstellen. Ab 2018 soll der Medikationsplan auf der elektronischen Gesundheitskarte elektronisch gespeichert werden. Der Plan ist regelmäßig zu aktualisieren. Er dient dazu, dem Versicherten jederzeit einen Überblick über die von ihm einzunehmenden Medikamente zu verschaffen. Gleichzeitig soll er die behandelnden Ärzte in die Lage versetzen, Art und Umfang der dem Versicherten verordneten oder von ihm eingenommenen Medikation in Erfahrung zu bringen, ohne auf die – oft nicht verlässlichen – Angaben des Patienten angewiesen zu sein.

254 Der Anspruch des Patienten richtet sich gegen jeden den Patienten behandelnden, an der vertragsärztlichen Versorgung teilnehmenden Arzt, unabhängig davon, ob dieser selbst eine Medikamentenverordnung vorgenommen hat. Eine Aktualisierung eines bereits erstellten Medikationsplanes muss neben den behandelnden Vertragsärzten auf Verlangen des Versicherten auch ein Apotheker vornehmen, wenn er ein Arzneimittel an den Versicherten abgibt, unabhängig davon, ob es sich um ein verschreibungspflichtiges Medikament handelt oder nicht. Typischerweise wird der Medikationsplan

---

154 Zur Verpflichtung, vor Abschluss derartiger Rabattverträge ein ordnungsgemäßes Vergabeverfahren durchzuführen, s. Spickhoff/*Nebendahl* SGB V § 69 Rn. 30–38.

155 Die Einzelheiten sind in der Vereinbarung gemäß § 31a Abs. 4 S. 1 SGB V über Inhalt, Struktur und Vorgaben zur Erstellung und Aktualisierung eines Medikationsplans sowie über ein Verfahren zur Fortschreibung dieser Vereinbarung (Vereinbarung eines bundeseinheitlichen Medikationsplans – BMP) zwischen der KBV, der BÄK und dem Deutschen Apothekerverband, Stand: 30.4.2016, geregelt.

allerdings von dem behandelnden Hausarzt zu erstellen und zu aktualisieren sein. Aktualisierungen sind allerdings auch von behandelnden Fachärzten vorzunehmen, wenn diese Medikamente erstmalig verordnen oder bereits bestehende Verordnungen ändern. Um den Anspruch erfüllen zu können, muss der Vertragsarzt nicht nur die von ihm selbst verordneten Medikamente aufführen und gegebenenfalls aktualisieren, sondern auch die Arzneimittel, die dem Versicherten anderweitig verordnet worden sind oder die er ohne Verordnung einnimmt. Insoweit obliegt dem Vertragsarzt eine Ermittlungspflicht, in deren Umsetzung er den Versicherten sorgfältig befragen, aber auch alle sonstigen, ihm zur Verfügung stehenden Erkenntnismittel, zB fremde Arztbriefe mit Angaben zur Medikation, einbeziehen muss.

(h) Heilmittel. Zum Umfang der Leistungspflicht der GKV gehört nach § 32 Abs. 1 SGB V die Versorgung mit Heilmitteln. **255**

(aa) Begriff des Heilmittels. Wie § 124 Abs. 1 SGB V zu entnehmen ist, handelt es sich bei Heilmitteln in Abgrenzung zu den Hilfsmitteln des § 33 SGB V um Dienstleistungen und nicht um sächliche Mittel.[156] Der Begriff der Heilmittel umfasst alle ärztlich verordneten Dienstleistungen, die einem Heilzweck dienen oder einen Heilerfolg sichern und nur von entsprechend ausgebildeten Personen erbracht werden dürfen. Hierzu gehören nach § 124 Abs. 1 SGB V insbesondere Leistungen der physikalischen Therapie, der Sprachtherapie oder der Ergotherapie, darüber hinaus nach der vom G-BA nach § 92 Abs. 1 S. 6 SGB V erlassenen Heilmittel-Richtlinie[157] auch Maßnahmen der podologischen Therapie sowie der Stimm-, Sprech- und Sprachtherapie. **256**

Ein Anspruch auf die Versorgung mit Heilmitteln setzt neben einer vertragsärztlichen Verordnung (vgl. § 15 Abs. 1 S. 2, § 92 Abs. 6 SGB V) voraus, dass die Heilmittelversorgung iSv § 27 Abs. 1 S. 2 Nr. 3 SGB V zur Erreichung eines der Ziele der Krankenbehandlung nach § 27 Abs. 1 SGB V erforderlich ist. Besteht ein langfristiger Behandlungsbedarf, kann der Versicherte sich nach § 32 Abs. 1a SGB V von seiner Krankenkasse die erforderlichen Heilmittel für einen geeigneten Zeitraum genehmigen lassen. **257**

(bb) Verordnungsfähige Heilmittel. Die Verordnungsfähigkeit eines Heilmittels setzt nach dem Wortlaut des § 32 Abs. 1 SGB V voraus, dass dieses nicht nach § 34 SGB V ausgeschlossen ist. Ein derartiger Ausschluss ist jedoch rechtstechnisch nicht (mehr) möglich, weil § 34 SGB V Ausschlussregelungen nur für Arznei- und Hilfsmittel enthält, nachdem § 34 Abs. 4 SGB V auf Hilfsmittel beschränkt worden ist. Von der Verordnungsfähigkeit ausgeschlossen sein können Heilmittel daher ausschließlich durch die auf der Grundlage des § 92 Abs. 1 Nr. 6 SGB V ergangene Heilmittel-Richtlinie des G-BA. Diese enthält in der Anlage 2 den sog. Heilmittel-Katalog der verordnungsfähigen Heilmittel. Durch ihn wird beschrieben, in welcher Menge bei welchen Diagnosen im Regelfall Heilmittelverordnungen erfolgen können. Darüber hinaus sind in der Anlage 1 zur Heilmittel-Richtlinie die nicht verordnungsfähigen Heilmittel aufgelistet. Dazu gehören beispielsweise die Hippotherapie, isokenetische Muskelrehabilitation, Höhlentherapie, Musik- und Tanztherapie, Fußreflexzonenmassage etc. Neue Heilmittel sind erst dann zulasten der GKV verordnungsfähig, wenn ihr therapeutischer Nutzen zuvor vom G-BA nach § 138 SGB V anerkannt worden ist und in den Richtlinien eine Empfehlung für die Sicherung der Qualität **258**

---

156 BSG SozR 4-2500 § 27 Nr. 2; SozR 3-2500 § 33 Nr. 41 = BeckRS 2001 30189766; BSG SozR 3-2500 § 138 Nr. 1 = BeckRS 2000, 41348.
157 RL des gemeinsamen Bundesausschusses über die Verordnung von Heilmitteln in der vertragsärztlichen Versorgung (Heilmittel-Richtlinie/HeilM-RL) idF v. 19.5.2011, zuletzt geändert am 16.3.2017; iK seit 30.5.2017.

bei der Leistungserbringung vom G-BA abgegeben worden ist (sog. Verbot mit Erlaubnisvorbehalt).

259 **(i) Hilfsmittel.** Einen Anspruch auf die Versorgung mit Hilfsmitteln zulasten der GKV begründet § 33 SGB V als Teil der Krankenbehandlung des § 27 Abs. 1 S. 2 Nr. 3 SGB V – differenziert nach den verschiedenartigen Hilfsmitteln – unter unterschiedlichen Voraussetzungen.

260 Hilfsmittel sind sächliche Mittel, die durch ersetzende, unterstützende oder entlastende Wirkung den Erfolg der Krankenbehandlung sichern, eine Behinderung ausgleichen oder ihr vorbeugen sollen. Unter den Begriff der Hilfsmittel fallen weder Dienstleistungen (ggf. Heilmittel) noch unbewegliche Sachen.[158] Hilfsmittel müssen vom Versicherten getragen oder mitgeführt und auch bei einem Wohnungswechsel mitgenommen werden können. Deshalb werden feste Einbauten in die Wohnung oder behindertengerecht eingebaute Auffahrrampen nicht vom Hilfsmittelbegriff erfasst.[159] Jenseits dieser Beschränkung ist der Begriff des Hilfsmittels jedoch sehr weit. Die in § 33 Abs. 1 S. 1 SGB V genannten Hörhilfen, Körperersatzstücke und orthopädischen Hilfsmittel stellen lediglich Beispiele dar. Unter den Begriff der Hilfsmittel können bspw. auch Rollstühle, Prothesen und Orthesen, Sehhilfen, Gehschienen oder Inkontinenzartikel fallen. Das nach § 139 Abs. 1 SGB V vom SpiBundKK aufgestellte Hilfsmittelverzeichnis enthält insoweit lediglich eine unverbindliche Auslegungs- und Orientierungshilfe. Das Hilfsmittelverzeichnis ist nicht geeignet, den Anspruch auf Versorgung mit Hilfsmitteln zu begrenzen, wenn das geforderte Hilfsmittel in dem Hilfsmittelverzeichnis nicht enthalten ist. Umgekehrt ergibt sich aus der Aufnahme eines Hilfsmittels in das Hilfsmittelverzeichnis allerdings dessen generelle Verordnungsfähigkeit.

261 Ein Anspruch auf die Versorgung mit einem Hilfsmittel besteht nur, wenn das Hilfsmittel im Einzelfall erforderlich ist, um eines der in § 33 Abs. 1 SGB V genannten Ziele zu erreichen.[160] Das Hilfsmittel muss im konkreten Einzelfall zur Erreichung des verfolgten Ziels unentbehrlich oder unvermeidbar sein, was der Fall ist, wenn das Hilfsmittel geeignet, notwendig und bei Vorliegen mehrerer Hilfsmittelvarianten auch wirtschaftlich ist, um entweder die Krankenbehandlung zu sichern, einer drohenden Behinderung vorzubeugen oder eine solche auszugleichen. Für die Sicherung des Erfolges der Krankenbehandlung ist ein Hilfsmittel dann erforderlich, wenn es spezifisch im Rahmen einer ärztlich verantworteten Krankenbehandlung eingesetzt werden soll, nicht aber, wenn dadurch erst die Behandlung ermöglicht werden soll. Der Vorbeugung einer drohenden Behinderung iSv § 2 Abs. 2 S. 1 SGB V oder dem Ausgleich einer bestehenden Behinderung dient ein Hilfsmittel, wenn es unmittelbar oder mittelbar ausgefallene Körperfunktionen oder ein nicht voll funktionsfähiges Körperorgan ersetzen soll.[161] Unmittelbar ist der Behinderungsausgleich dann, wenn das Funktionsdefizit durch das Hilfsmittel möglichst weitgehend ausgeglichen wird. Ein mittelbarer Behinderungsausgleich wird durch ein Hilfsmittel bewirkt, dass nicht die Behinderung selbst, sondern nur die Folgen der Behinderung auf beruflicher, privater oder gesellschaftlicher Ebene ausgleicht oder vermindert, zB die Versorgung mit einem Rollstuhl bei bestehender Gehbehinderung. Erforderlich ist ein Hilfsmittel zum Ausgleich einer drohenden oder bestehenden Behinderung dann, wenn es dazu dient, die Grundbedürfnisse des Versicherten, insbesondere dessen Teilnahme am Leben in der Gemeinschaft zu sichern.

158 BSG SozR 3-2500 § 33 Nr. 30 = BeckRS 1998, 30021324.
159 BSG SozR 2200 § 182b Nr. 23.
160 BSG SozR 4-2500 § 33 Nr. 38; SozR 4-2500 § 33 Nr. 34.
161 Dazu BSG SozR 4-2500 § 33 Nr. 33.

Die Versorgung mit Hilfsmitteln muss neben der Erforderlichkeit auch dem Gebot der 262
Wirtschaftlichkeit nach § 12 Abs. 1 SGB V entsprechen.[162] Dies zwingt bei mehreren alternativ zur Verfügung stehenden Hilfsmitteln zur Wahl des wirtschaftlichsten Hilfsmittels. Auch eine lediglich der Bequemlichkeit und dem Komfort des Versicherten dienende besondere (kostenträchtige) Ausgestaltung von Hilfsmitteln kann danach unwirtschaftlich sein und deshalb nicht zulasten der GKV beansprucht werden. Aus dem Wirtschaftlichkeitsgebot folgt die Berechtigung der Krankenkassen zur leihweisen Überlassung von Hilfsmitteln nach § 33 Abs. 5 SGB V, und dazu, die Abgabe des Hilfsmittels davon abhängig zu machen, dass der Versicherte sich das Hilfsmittel anpassen oder sich in seinem Gebrauch ausbilden lässt.

Nicht als Hilfsmittel zulasten der GKV zu beanspruchen sind allgemeine Gebrauchs- 263
gegenstände des täglichen Lebens, deren Anschaffung der Selbstverantwortung des Versicherten unterfällt und die der täglichen Lebensführung zuzuordnen ist.[163] Die Abgrenzung ist nach der Zweckbestimmung des maßgeblichen Gegenstandes aus Sicht des Herstellers und des Benutzers vorzunehmen. Geräte, die spezifisch für Bedürfnisse kranker oder behinderter Menschen entwickelt, hergestellt oder ausschließlich oder überwiegend von diesen benutzt werden, stellen danach keine Gebrauchsgegenstände des täglichen Lebens dar. Anders ist dies bei Gegenständen, die üblicherweise in jedem Haushalt vorhanden sind, und solche, die in erster Linie für Gesunde hergestellt und von diesen gekauft und benutzt werden.[164] Bei Hilfsmitteln mit Doppelfunktion besteht die Leistungspflicht der gesetzlichen Krankenversicherung, wenn der auf das Hilfsmittel entfallende Teil die Herstellungskosten überwiegt oder es sich um besonders aufwendige Geräte handelt.

Eine besondere Regelung enthält § 33 Abs. 2–4 SGB V für Sehhilfen, bei denen es sich 264
gleichfalls um Hilfsmittel handelt. Für Versicherte bis zur Vollendung des 18. Lebensjahres gelten die allgemeinen Anspruchsvoraussetzungen für die Versorgung mit Hilfsmitteln, bei wiederholter Versorgung nach dem 14. Lebensjahr (bis zur Vollendung des 18. Lebensjahres) muss eine Änderung der Sehfähigkeit um mindestens 0,5 Dioptrien hinzukommen. Demgegenüber haben Versicherte nach Vollendung des 18. Lebensjahres einen Anspruch auf die Versorgung mit Sehhilfen nur, wenn ihre Sehschwäche oder Blindheit bei bestmöglicher Brillenkorrektur mindestens die Stufe 1 der von der WHO empfohlenen Klassifikation des Grades der Sehbehinderung[165] erreicht oder einen verordneten Fern-Korrekturausgleich in erheblichem, in § 33 Abs. 2 Nr. 2 SGB V festgelegten Umfang aufweist bzw. – bei therapeutischen Sehhilfen –, wenn diese der Behandlung von Augenverletzungen oder Augenerkrankungen dienen. Eine Versorgung mit Kontaktlinsen können Versicherte, die einen Anspruch auf die Versorgung mit Sehhilfen haben, nach § 33 Abs. 3 SGB V nur in medizinisch begründeten Ausnahmefällen verlangen, die vom G-BA in der Hilfsmittel-RL[166] nach § 92 SGB V festgelegt werden. Liegt ein solcher Ausnahmefall nicht vor, besteht der Versicherte aber auf einer Versorgung mit Kontaktlinsen, leistet die Krankenkasse einen Zuschuss zu den Versorgungskosten in Höhe der Kosten einer erforderlichen Brille. Die restlichen Kosten, die der Leistungserbringer unmittelbar mit dem Versicherten abrechnen muss, muss der Versicherte selbst tragen.

---

162 BSG SozR 4-2500 § 33 Nr. 7 = BeckRS 2004, 42776.
163 BSG SozR 4-2500 § 33 Nr. 26.
164 BSG SozR 3-2500 § 33 Nr. 42 = BeckRS 9999, 00403; BSG SozR 3-2500 § 34 Nr. 2.
165 Stufe 1 der WHO-Klassifikation – Sehbehinderung ist erreicht, wenn das Sehvermögen kleiner oder gleich 30% (Visus von 0,3) ist.
166 Vgl. § 15 Abs. 3 Hilfsmittel-RL.

265   Hilfsmittel können schließlich dann nicht zulasten der GKV beansprucht werden, wenn sie nach § 34 Abs. 4 SGB V ausgeschlossen sind. Von dem Ausschluss erfasst werden Hilfsmittel, die einen umstrittenen oder geringen therapeutischen Nutzen aufweisen oder einen geringen Abgabepreis haben. Diese Hilfsmittel sind in der Verordnung über Hilfsmittel von geringem therapeutischen Nutzen oder geringem Abgabepreis in der gesetzlichen Krankenversicherung[167] enumerativ aufgelistet. Darüber hinaus ist der Anspruch auf Verschaffung von Hilfsmitteln durch die nach § 92 Abs. 1 S. 2 Nr. 6 SGB V erlassene Hilfsmittel-RL des G-BA im Einzelnen mit verbindlicher Wirkung ausgestaltet.

266   Die Hilfsmittelversorgung bedarf nach § 33 Abs. 5a SGB V zum Zwecke der Vereinfachung der Versorgungsprozesse grundsätzlich keiner ärztlichen Verordnung, sofern nicht für die erstmalige oder eine wiederholende Versorgung eine ärztliche Diagnose oder Therapieentscheidung medizinisch geboten ist. Die Abgabe von Hilfsmitteln ist allerdings an die Genehmigung der Krankenkasse geknüpft. Die Leistungserbringung erfolgt nach § 126 Abs. 1 S. 1 SGB V durch Zurverfügungstellung des Hilfsmittels ausschließlich durch Leistungserbringer, mit denen die Krankenkasse einen Vertrag über die Hilfsmittelversorgung nach § 127 Abs. 1, 2 und 3 SGB V geschlossen haben. Die Vergütung erfolgt auf der Basis der in derartigen Verträgen ausgehandelten Preise. Will der Versicherte ein höherwertiges Hilfsmittel (zB einen qualitativ höherwertigen Rollstuhl) oder zusätzliche, nicht von der Versorgung umfasste Leistungen von dem Leistungserbringer in Anspruch nehmen, muss er neben der nach § 61 S. 1 SGB V erforderlichen Zuzahlung die Mehrkosten als Aufzahlung selbst tragen.

267   **(j) Häusliche Krankenpflege und Kurzzeitpflege.** Einen Anspruch auf Verschaffung häuslicher Krankenpflege zulasten der GKV sieht § 37 SGB V für in der GKV Versicherte in den beiden unterschiedlichen Fallkonstellationen der sog. Krankenhausvermeidungspflege nach § 37 Abs. 1 SGB V und der sog. Sicherungspflege (Sicherung des Ziels der ärztlichen Behandlung) nach § 37 Abs. 2 SGB V vor. Ergänzend kommen Maßnahmen der Grundpflege und hauswirtschaftlichen Versorgung wegen schwerer Krankheit oder wegen akuter Verschlimmerung einer Krankheit für Personen, die nicht mit den Pflegegraden 2–5 pflegebedürftig sind, nach § 37 Abs. 1a SGB V und Maßnahmen der Kurzzeitpflege nach § 39c SGB V in Betracht.

268   Beide Arten der häuslichen Krankenpflege haben aufgrund ihrer Zuordnung zur Krankenbehandlung nach § 27 Abs. 1 S. 4 SGB V zur Voraussetzung, dass eine eine Behandlung erfordernde Krankheit vorliegt und der Versicherte sich aufgrund dieser Krankheit in ambulanter vertragsärztlicher Behandlung befindet. Außerdem muss die häusliche Krankenpflege vertragsärztlich verordnet sein. Die Gewährung häuslicher Krankenpflege setzt eine Antragstellung bei der Krankenkasse und die Genehmigung durch die Krankenkasse voraus. Die Krankenhausbehandlungspflege ist auf die Dauer von vier Wochen je Krankheitsfall begrenzt. Sie darf ausnahmsweise für einen längeren Zeitraum bewilligt werden, wenn der MDK nach § 275 Abs. 2 S. 4 SGB V die Erforderlichkeit vorher festgestellt hat. Demgegenüber ist die Sicherungspflege zeitlich nicht begrenzt. Die zeitliche Begrenzung gilt auch für die Leistungen der Grundpflege und der hauswirtschaftlichen Versorgung nach § 37 Abs. 1a SGB V.

269   Die häusliche Krankenpflege wird sowohl in der Form der Krankenhausvermeidungspflege als auch der Sicherungspflege und der Grundpflege nach § 37 Abs. 1a SGB V nur an bestimmten Orten erbracht, nämlich im Haushalt des Versicherten, in dessen Familie oder sonst an einem geeigneten Ort, insbesondere im betreuten Wohnen, Schulen und Kindergärten, bei besonders hohem Pflegebedarf auch in Werkstätten

---

167 v. 14.12.1989 (BGBl. 1989 I 2237).

für behinderte Menschen. Bei dem Haushalt des Versicherten muss es sich um dessen eigenen Haushalt handeln. Die Gewährung der häuslichen Krankheitspflege in der Familie setzt voraus, dass der Versicherte – zumindest vorübergehend für die Dauer der Krankenbehandlung – in einem Familienverbund aufgenommen ist, zu dem er, sei es durch Ehe, Verwandtschaft oder eingetragener Lebenspartnerschaft gehört. Demgegenüber besteht ein Anspruch auf häusliche Krankenpflege nicht, wenn der Versicherte in einem Haushalt betreut werden soll, der keinem Familienangehörigen zuzuordnen ist.

Sonstige Orte sind für die Erbringung der häuslichen Krankenpflege geeignet, wenn **270** sich der Versicherte an diesen Orten regelmäßig aufhält, geeignete räumliche Verhältnisse für die Erbringung der einzelnen Maßnahmen vorliegen und die Maßnahme zuverlässig durchgeführt werden kann. Voraussetzung ist weiter, dass die Leistung aus medizinisch-pflegerischen Gründen während des Aufenthaltes an diesem Ort notwendig ist. Als Beispiele für derartige Orte benennt § 37 Abs. 1 S. 1 und Abs. 2 S. 1 SGB V Schulen, Kindergärten und betreute Wohnformen. Hierzu gehören auch für Versicherte, die nicht nach § 14 SGB XI pflegebedürftig sind, Einrichtungen der Tages- und Nachtpflege nach § 41 SGB XI sowie der Kurzzeitpflege nach § 42 SGB XI. Auch in Werkstätten für behinderte Menschen kann häusliche Krankenpflege verordnet werden, wenn aufgrund der Besonderheiten des Einzelfalles nur durch den Einsatz einer Pflegefachkraft im Rahmen der Tätigkeit in der Werkstatt Krankenhausbehandlungsbedürftigkeit vermieden oder das Ziel der ärztlichen Behandlung gesichert werden kann, nicht aber wenn die pflegerische Maßnahme zum Leistungsumfang der Werkstatt nach § 10 WVO gehört. Schließlich kann in vollstationären Einrichtungen der Behindertenhilfe, bei denen die gesellschaftliche Integration der Bewohner im Vordergrund steht, häusliche Krankenpflege verordnet werden, wenn der Bewohner im konkreten Einzelfall keinen Anspruch gegen den Träger der Einrichtung auf Behandlungspflege hat.[168] Häusliche Krankenpflege ist dann nicht verordnungsfähig, wenn sich der Versicherte in einer Einrichtung befindet, in der ihm ein Anspruch auf Erbringung von Behandlungspflege durch die Einrichtung zusteht, also zB im Krankenhaus, in stationären Rehabilitationseinrichtungen oder in Pflegeheimen.[169]

Die Krankenhausvermeidungspflege nach § 37 Abs. 1 SGB V setzt weiter voraus, dass **271** der Versicherte unter einer Krankheit leidet, die eine Krankenhausbehandlung erforderlich macht, diese aber – unabhängig von den Gründen – nicht durchführbar ist, oder durch die häusliche Krankenpflege eine ansonsten erforderliche Krankenhausbehandlung vermieden oder verkürzt wird. Die Krankenhausvermeidungspflege umfasst sowohl die die Grundverrichtungen des täglichen Lebens betreffende Grundpflege als auch die erforderlichen Maßnahmen der Behandlungspflege. Demgegenüber umfassen die Leistungen nach § 37 Abs. 1a SGB V nur die Grundpflege. Im Rahmen der Behandlungspflege können alle erkrankungsbedingten Pflegemaßnahmen erbracht werden, die speziell auf den Krankheitszustand des zu Pflegenden ausgerichtet sind und dazu beitragen, die Krankheit zu heilen, ihre Verschlimmerung zu verhüten oder Krankheitsbeschwerden zu lindern, und die gewöhnlich nicht von Ärzten, sondern von medizinischen Hilfsberufen, insbesondere Pflegekräften oder von Laien erbracht werden.[170] Derartige Maßnahmen bezwecken in erster Linie die Behandlung bzw. das Heilen einer konkreten Erkrankung durch nichtärztliche Personen mit Vorgehensweisen, die keine ärztlichen Kenntnisse und Fertigkeiten erfordern. Ohne einen konkreten Krankheitsbezug durchgeführte Pflegemaßnahmen fallen demgegenüber nicht unter die zulasten der GKV zu erbringende häusliche Krankenpflege.

---

168 Letzteres ist strittig, vgl. Spickhoff/*Trenk-Hinterberger* SGB V § 37 Rn. 6.
169 Dazu BSG SozR 4-2500 § 37 Nr. 5 = BeckRS 2005, 43359.
170 BSG SozR 4-2500 § 126 Nr. 3.

272 Zur Behandlungspflege gehören danach bspw. die Verabreichung von Injektionen und Infusionen, der Verbandswechsel, die Katheterisierung, die Verabreichung von Einläufen oder Spülungen, Maßnahmen der Dekubitusprophylaxe, die technische Durchführung von Beatmungsmaßnahmen oder die Blutdruck- oder Blutzuckermessung. Zu den Leistungen der Krankenhausvermeidungspflege zählt auch die Sicherstellung notwendiger Arztbesuche und der Medikamenteneinnahme oder einer Sondenernährung. Auch die hauswirtschaftliche Versorgung, also Maßnahmen, die zur Aufrechterhaltung der grundlegenden Anforderungen einer eigenständigen Haushaltsführung allgemein notwendig sind, können von der Behandlungspflege im Rahmen der häuslichen Krankenpflege umfasst sein. Die insoweit verordnungsfähigen Maßnahmen sind in der vom G-BA nach § 37 Abs. 6 SGB V erlassenen Häusliche Krankenpflege-Richtlinie[171] im Einzelnen beschrieben. In der Häusliche Krankenpflege-Richtlinie nicht aufgeführte Maßnahmen sind grundsätzlich nicht als häusliche Krankenpflege verordnungs- und genehmigungsfähig. Etwas anderes gilt ausnahmsweise nur dann, wenn die Maßnahmen Bestandteil des ärztlichen Behandlungsplans sind, im Einzelfall erforderlich und wirtschaftlich sind und von geeigneten Pflegekräften erbracht werden sollen.

273 Der Anspruch auf Sicherungspflege nach § 37 Abs. 2 SGB V besteht, wenn – neben den allgemeinen Voraussetzungen – die häusliche Krankenpflege erforderlich ist, um das Ziel einer ärztlichen Behandlung zu erreichen. Die parallel stattfindende ambulante vertragsärztliche Versorgung darf daher nur dann erfolgversprechend durchgeführt werden können, wenn zur Unterstützung die häusliche Krankenpflege stattfindet. Die Sicherungspflege ist auf Maßnahmen der Behandlungspflege beschränkt. Maßnahmen der Grundpflege und der hauswirtschaftlichen Versorgung können nur ausnahmsweise verordnet werden, wenn dies zum einen in der Satzung der Krankenkasse vorgesehen ist und zum anderen die grundpflegerischen und hauswirtschaftlichen Versorgungen im Zusammenhang mit einer erforderlichen Behandlungspflege stehen. Außerdem darf der Versicherte nach Eintritt der Pflegebedürftigkeit keinen Pflegegrad von mindestens 2 erhalten. Ein Anspruch der Behandlungspflege besteht im Rahmen der Sicherungspflege nach § 37 Abs. 2 S. 3 SGB V darüber hinaus für Versicherte in zugelassenen Pflegeeinrichtungen iSd § 43 SGB XI, wenn bei ihnen für mindestens sechs Monate ein besonders hoher Bedarf an medizinischer Behandlungspflege besteht. Diese Voraussetzung liegt vor, wenn die ständige Anwesenheit einer geeigneten Pflegefachkraft zur individuellen Kontrolle und Einsatzbereitschaft oder ein vergleichbar intensiver Einsatz einer Pflegefachkraft erforderlich ist. Schließlich begründet § 37 Abs. 2 S. 7 SGB V einen Anspruch auf häusliche Krankenpflege im Sinne der Sicherungspflege auch für Personen ohne eigenen Haushalt, die nicht dauerhaft, sondern nur vorübergehend zum Zweck der Behandlungspflege in eine Einrichtung oder einer anderen geeigneten Unterkunft (zB Wohnheim für Obdachlose) aufgenommen worden. Behandlungspflege in der Form der Sicherungspflege kann nach § 37 Abs. 2 S. 8 SGB V ausnahmsweise auch in Einrichtungen nach § 43a SGB XI erbracht werden, also in stationären Einrichtungen für behinderte Menschen, in denen die Teilhabe am Arbeitsleben und am Leben in der Gemeinschaft, die schulische Ausbildung oder die Erziehung behinderter Menschen im Vordergrund stehen. Voraussetzung ist allerdings, dass der Bedarf an Behandlungspflege eine ständige Überwachung und Versorgung durch eine qualifizierte Pflegefachkraft erfordert. Dies ist nur dann gegeben, wenn das Ziel der Einrichtung im konkreten Fall im Hinblick auf die Beeinträchtigung des behinderten

---

171 RL des Gemeinsamen Bundesauschusses über die Verordnung häuslicher Krankenpflege (Häusliche Krankenpflege-Richtlinie) in der Neufassung v. 17.9.2009, zuletzt geändert am 16.3.2017; iK seit 2.6.2017.

Menschen nur erreicht werden kann, wenn diesem eine dauerhafte fachpflegerische Überwachung und Betreuung zu Teil wird.

Der Anspruch auf häusliche Krankenpflege sowohl in der Form der Krankenhausver- **274** meidungspflege als auch der Sicherungspflege und der Grundpflege nach § 37 Abs. 1a SGB V ist nach § 37 Abs. 3 SGB V – ganz oder teilweise – ausgeschlossen, soweit eine im Haushalt lebende Person den Kranken im erforderlichen Umfang pflegen und versorgen kann und es sich um eine Person handelt, die dauerhaft dem Haushalt zuzurechnen ist, in dem der Versicherte betreut wird, ohne dass diese Person mit dem Versicherten verwandt sein muss.[172] Die dem Haushalt angehörige Person muss objektiv in der Lage sein, die häusliche Krankenpflege zu erbringen. Entscheidend ist, dass die erforderlichen pflegerischen Maßnahmen tatsächlich erbracht werden; die bloße Möglichkeit der Übernahme der pflegerischen Tätigkeit reicht nicht aus. Die Tätigkeit der dem Haushalts angehörenden Pflegeperson setzt deshalb das Einverständnis sowohl des zu pflegenden Versicherten als auch der Pflegeperson voraus. Der Pflegeperson muss die Übernahme der konkreten pflegerischen Versorgung nach Abwägung der wechselseitigen Interessen subjektiv zumutbar sein.[173] Dabei kommt es sowohl auf die Art der zu erbringenden Verrichtungen als auch auf das persönliche Verhältnis zwischen dem zu Pflegenden und der Pflegeperson an. Im Einzelfall kann sich der Ausschluss daher auch nur auf einen Teil der erforderlichen pflegerischen Maßnahmen beziehen.

Soweit die häusliche Krankenpflege nach § 37 Abs. 1a SGB V zur Abdeckung der pfle- **275** gerischen Bedürfnisse eines Versicherten im Hinblick auf die Schwere oder eine akute Verschlechterung einer Krankheit nicht ausreicht, begründet § 39c SGB V für einen begrenzten Zeitraum von acht Wochen im Kalenderjahr einen Anspruch auf kurzzeitpflegerische Leistungen in einer stationären Pflegeeinrichtung in dem in § 42 Abs. 2 SGB XI geregelten Umfang. Voraussetzung ist, dass bei dem Versicherten keine die vorrangige Zuständigkeit der Pflegekasse nach § 42 SGB XI begründende Pflegebedürftigkeit mit einem Pflegegrad von mindestens 2 besteht.

(k) Soziotherapie. Der in § 37a SGB V geregelte Anspruch auf soziotherapeutische **276** Leistungen stellt insoweit einen Sonderfall dar, als es bei diesen Leistungen nicht um Krankenbehandlung geht, sondern um ergänzende Leistungen ohne eigenen medizinischen Inhalt, die die Krankenbehandlung psychisch Kranker gerade im Hinblick auf die durch die psychische Erkrankung geminderte Fähigkeit des Erkrankten, ärztliche Leistungen in Anspruch zu nehmen, effektuieren sollen. Soziotherapeutische Leistungen setzen eine vertragsärztliche Verordnung sowie eine Genehmigung durch die Krankenkasse voraus.

Ein Anspruch auf soziotherapeutische Versorgung besteht für Versicherte mit schwe- **277** ren psychischen Erkrankungen. Die psychische Erkrankung muss nicht nur von erheblicher Intensität sein, sondern der Art nach dazu führen, dass der Versicherte nicht in der Lage ist, ärztliche oder ärztlich verordnete Leistungen selbstständig in Anspruch zu nehmen. Die durch die psychische Erkrankung und deren Gewicht vermittelten Beeinträchtigungen müssen die Fähigkeit des Versicherten zur Leistungsinanspruchnahme wesentlich einschränken oder ausschließen. Der Versicherte muss mithin aufgrund seiner psychischen Erkrankung für ärztliche oder ärztlich verordnete Behandlungsmaßnahmen »nicht erreichbar sein«. Mögliche Arten derartiger psychischer Erkrankungen und der damit verbundenen Fähigkeitsstörungen sind in der vom

---

172   BSG SozR 3-2200 § 185b Nr. 1 = BeckRS 9998, 80880 (zum getrennt lebenden Ehegatten).
173   BSG SozR 3-2500 § 37 Nr. 2 = BeckRS 2000, 40786.

G-BA nach § 37a Abs. 3, § 92 Abs. 1 S. 2 Nr. 6 SGB V erlassenen Soziotherapie-Richtlinie (ST-RL)[174] niedergelegt.

278 Der Anspruch auf soziotherapeutische Leistungen setzt voraus, dass durch die ambulante Soziotherapie Krankenhausbehandlung vermieden oder verkürzt wird oder eine gebotene Krankenhausbehandlung aus anderen Gründen nicht durchführbar ist. Die Soziotherapie dient damit der Ermöglichung einer die Krankenhausbehandlung ersetzenden ambulanten Behandlung. Inhaltlich kann die Soziotherapie beispielsweise Motivationstraining, Training zur handlungsrelevanten Willensbildung, Anleitungen zur Verbesserung der Krankheitswahrnehmung, Hilfe in Krisensituationen etc. umfassen. Der Anspruch ist für Versicherte zeitlich – in einem Umfang von höchstens 120 Stunden innerhalb von drei Jahren je Krankheitsfall (vgl. § 37a Abs. 1 S. 3 SGB V) – begrenzt.[175]

279 **(l) Palliativ- und Hospizversorgung.** Die Palliativ- und Hospizversorgung betrifft die Versorgung unheilbar kranker Menschen mit nur noch geringer Lebenserwartung sowie die Ermöglichung eines menschenwürdigen Lebens bis zum Tode. Sie ist mehrstufig aufgebaut.

280 **(aa) Spezialisierte ambulante Palliativversorgung (SAPV).** Die allgemeine Palliativversorgung im Sinne einer palliativmedizinischen Basisversorgung gehört zum Gegenstand der vertragsärztlichen Versorgung als Teil der Krankenbehandlung iSv § 27 Abs. 1 S. 3 SGB V. Ambulante Palliativversorgung kann zunächst nach § 37 Abs. 2a SGB V als Teil der im Rahmen der häuslichen Krankenpflege sowohl in der Form der Krankenhausvermeidungspflege als auch der Sicherungspflege erbracht werden. Eine als Krankenhausvermeidungspflege erbrachte ambulante Palliativversorgung ist nicht an die zeitliche Begrenzung von vier Wochen pro Krankheitsfall gebunden, weil nach § 37 Abs. 2a S. 2 SGB V regelmäßig das Vorliegen eines Ausnahmefalles nach § 37 Abs. 1 S. 5 SGB V unterstellt wird.

281 Ergänzt wird diese Versorgung durch die nach § 39b Abs. 1 SGB V durch die Krankenkassen durchzuführende individuelle versichertenbezogene Beratung und Hilfestellung zu den Leistungen der Hospiz- und Palliativversorgung, in die auch Angehörige oder sonstige Vertrauenspersonen des Versicherten einbezogen werden können.

282 Über diese palliativmedizinische Basisversorgung hinaus besteht nach § 37b SGB V ein Anspruch auf spezialisierte ambulante Palliativversorgung für Versicherte, die an einer nicht heilbaren, fortschreitenden und weit fortgeschrittenen Erkrankung bei einer zugleich begrenzten Lebenserwartung leiden und eine besonders aufwendige Versorgung benötigen. Auf die Verordnung des behandelnden Vertragsarztes oder eines Krankenhauses wird die auf die Basisversorgung aufsetzende SAPV durch speziell nach § 132d SGB V zugelassene Leistungserbringer durchgeführt, die eine interdisziplinäre Versorgungsstruktur von in der Palliativmedizin qualifizierten Ärzten und Pflegefachkräften unter Beteiligung ambulanter und stationärer Hospizdienste gewährleisten. Die SAPV umfasst die im Einzelfall erforderliche Koordination der einzelnen diagnostischen, therapeutischen und pflegerischen Teilleistungen sowie die Beratung, Anleitung und Begleitung des verordnenden oder behandelnden Arztes und der sonstigen an der allgemeinen Versorgung beteiligten Leistungserbringer sowie des Patienten und dessen Angehörigen durch den Träger der SAPV.

---

174 RL des Gemeinsamen Bundesausschusses über die Durchführung von Soziotherapie in der vertragsärztlichen Versorgung (Soziotherapie-RL – ST-RL) in der Neufassung v. 22.1.2015, zuletzt geändert am 16.3.2017; iK seit 8.6.2017.
175 Dazu BSG SozR 4-2500 § 37a Nr. 1.

Ziel der SAPV ist es, die Betreuung der anspruchsberechtigten Versicherten in deren **283** letzten Lebensphase in vertrauter Umgebung zu ermöglichen. Diese kann einerseits im Haushalt oder der Familie des Versicherten, in speziellen Wohneinrichtungen aber auch in stationären Hospizeinrichtungen nach § 39a SGB V stattfinden, wobei im letztgenannten Fall die SAPV auf die Teilleistung der erforderlichen ärztlichen Versorgung beschränkt ist. In stationären Pflegeeinrichtungen kann nach § 37b Abs. 2 SGB V ein Anspruch auf SAPV bestehen. Die Einzelheiten hinsichtlich der Voraussetzungen für die Gewährung spezialisierter ambulanter Palliativversorgung als auch hinsichtlich der Leistungsinhalte sind in der vom G-BA nach § 92 Abs. 1 S. 2 Nr. 14, § 37b Abs. 3 SGB V erlassenen Spezialisierte Ambulante Palliativversorgungs-Richtlinie (SAPV-RL)[176] geregelt.

(bb) Stationäre Hospizversorgung. Ist eine ambulante Versorgung im Haushalt oder **284** der Familie des Versicherten in dessen letzter Lebensphase nicht mehr möglich, kommt eine stationäre oder teilstationäre Hospizbetreuung nach § 39a Abs. 1 SGB V in Betracht. Hospize sind Einrichtungen mit dem eigenständigen Versorgungsauftrag, für Versicherte mit unheilbaren Krankheiten in der letzten Lebensphase palliativmedizinische Behandlung zu erbringen. Hierzu gehört die palliativ-medizinische, palliativ-pflegerische, soziale sowie geistig-seelische Versorgung und Begleitung des sterbenden Menschen. Stationäre Hospize müssen die besonderen räumlichen und personellen Voraussetzungen für die umfassende Gewährleistung dieser Versorgung vorhalten. Teilstationäre Hospize versorgen die Patienten während bestimmter Tageszeiträume, um ihnen möglichst lange einen Verbleib in ihrer vertrauten Umgebung zu ermöglichen.

Anspruch auf die Gewährung stationärer Palliativversorgung haben Versicherte mit **285** einer progredient verlaufenden, in einem weit fortgeschrittenen Stadium befindlichen Erkrankung, bei der eine Heilung nach dem Stand der wissenschaftlichen Erkenntnisse nicht zu erwarten ist und eine palliativ-medizinische Behandlung notwendig ist. Die Erkrankung begründet eine nur noch begrenzte Lebenserwartung von Wochen oder wenigen Monaten und macht eine Krankenhausbehandlung nicht (mehr) erforderlich. Weitere Voraussetzung ist, dass eine ambulante Versorgung im Haushalt oder der Familie des Versicherten nicht erbracht werden kann.

Die Leistungspflicht der Krankenkasse nach § 39a SGB V besteht in einem Zuschuss zu **286** den zuschussfähigen Kosten der stationären oder teilstationären Hospizversorgung, der sowohl bei Erwachsenenhospizen als auch bei Kinderhospizen 95% des zwischen den Krankenkassen und dem Träger des Hospizes zu vereinbarenden Tagesbedarfssatzes beträgt, wobei Leistungen anderer Sozialleistungsträger anzurechnen sind. Die verbleibenden, nicht von den Krankenkassen gedeckten anteiligen Kosten müssen die Träger der Hospize als Eigenanteil selbst aufbringen. Nähere Einzelheiten hierzu finden sich in der zwischen dem SpiBundKK und den für die Wahrnehmung der Interessen der für die stationären Hospize maßgeblichen Spitzenorganisation nach § 39a Abs. 1 S. 4–9 SGB V geschlossenen Rahmenvereinbarung nach § 39a Abs. 1 S. 4 SGB zur stationären Hospizversorgung.[177]

(cc) Förderung der ambulanten Hospizversorgung. Schließlich besteht nach § 39a **287** Abs. 2 SGB V eine Verpflichtung der Krankenkassen zur finanziellen Förderung ambulanter Hospizdienste. Es handelt sich hierbei um Organisationen, die qualifizierte eh-

---

176 RL des gemeinsamen Bundesausschusses zur Verordnung von spezialisierter ambulanter Palliativversorgung (Spezialisierte Ambulante Palliativversorgungs-Richtlinie/SAPV-RL) v. 20.12.2007, zuletzt geändert am 15.4.2010.
177 Rahmenvereinbarung nach § 39a Abs. 1 S. 4 SGB V über Art und Umfang sowie Sicherung der Qualität der stationären Hospizversorgung v. 13.3.1998 idF v. 14.4.2010.

renamtliche und nicht medizinische Sterbebegleitung zu Hause oder in vertrauter Umgebung einer stationären Einrichtung erbringen. Dem einzelnen ambulanten Hospizdienst steht ein Anspruch auf Förderung zu. Der SpiBundKK hat mit den für die Interessen ambulanter Hospizdienste zuständigen Spitzenorganisationen die näheren Einzelheiten in einer Rahmenvereinbarung nach § 39a Abs. 2 S. 8 SGB V festgelegt.[178] Bei der Förderung handelt es sich um eine öffentlich-rechtliche Subvention, nicht aber um eine Sozialleistung iSd § 11 SGB I. Der Versicherte selbst hat keinen Anspruch auf einen Zuschuss zu den Kosten der Leistung eines ambulanten Hospizdienstes.

288 **(m) Versorgung mit Haushaltshilfe.** Versicherten steht nach § 38 Abs. 1 SGB V als begleitenden Anspruch zur stationären Krankenhausbehandlung oder zu medizinischen Vorsorgeleistungen, Leistungen nach § 23 Abs. 2, 4, § 24 SGB V, zu Leistungen der medizinischen Rehabilitation nach den §§ 40, 41 SGB V oder begleitend zur häuslichen Krankenpflege nach § 37 SGB V ein Anspruch auf Zurverfügungstellung einer Haushaltshilfe bzw. – unter den Voraussetzungen des Abs. 4 – zur Kostenerstattung für eine selbstbeschaffte Haushaltshilfe in angemessener Höhe zu. Der Anspruch auf Haushaltshilfe knüpft an die zeitgleich erfolgende Gewährung einer der genannten Leistungen an.

289 Der Anspruch setzt voraus, dass dem Versicherten die Weiterführung des Haushaltes gerade wegen der Inanspruchnahme der genannten Leistungen nicht möglich ist.[179] Erforderlich ist danach, dass der Versicherte vor Inanspruchnahme der entsprechenden Leistungen den Haushalt – ganz oder teilweise – geführt hat, dass über die Inanspruchnahme der Leistungen hinaus die Fortführung des Haushaltes notwendig ist und der Versicherte die Leistungen nicht (mehr) erbringen kann. Folgerichtig entfällt der Anspruch nach § 38 Abs. 3 SGB V, wenn eine im Haushalt lebende Person den Haushalt weiterführen kann, hierzu also objektiv in der Lage ist und dieser Person die Fortführung des Haushaltes subjektiv zumutbar ist.[180] Das letztgenannte Kriterium ist insbesondere bei im Haushalt lebenden Kindern abhängig vom Alter, Entwicklungsstand und den durch Berufs- oder Schulausbildung obliegenden Verpflichtungen im Einzelfall zu beurteilen.

290 Der Anspruch auf Haushaltshilfe erfordert nach § 38 Abs. 1 S. 2 SGB V weiter, dass im Haushalt des Versicherten ein Kind lebt, das entweder bei Beginn der Haushaltshilfe das 12. Lebensjahr noch nicht vollendet hat oder das – unabhängig von einer Altersgrenze – behindert und auf Hilfe bei der Lebensführung, also zB Körperpflege, Ernährung, Mobilität, Beaufsichtigung, angewesen ist. Auch ohne Vorliegen dieser Voraussetzungen kommt die Haushaltshilfe in Betracht, wenn dem nicht mit den Pflegegraden 2–5 pflegebedürftigen Versicherten wegen der Schwere der Krankheit oder wegen einer akuten Verschlimmerung einer Krankheit die eigenständige Haushaltsführung nicht möglich ist. Der in Satz 3 Hs. 2 angesprochene Verweis auf einen zuvor stattgefundenen Krankenhausaufenthalt, eine ambulante Operation eine ambulante Krankenhausbehandlung als Auslöser des Hilfebedarfs entfaltet keine anspruchsbeschränkende Wirkung, sondern dient lediglich – beispielhaft – der Illustration. In diesem Fall ist die Gewährung der Haushaltshilfe auf vier Wochen begrenzt; bei Vorhandensein eines Kindes iSd Satzes 2 verlängert sich der Zeitraum auf bis zu 26 Wochen jeweils bezogen auf den Anlassfall.

---

178 Rahmenvereinbarung nach § 39a Abs. 2 S. 8 SGB V zu den Voraussetzungen der Förderung sowie zu Inhalt, Qualität und Umfang der ambulanten Hospizarbeit v. 3.9.2002 idF v. 14.3.2016.
179 BSG SozR 3-2500 § 38 Nr. 3 = BeckRS 2001, 40742.
180 BSG SozR 3-2500 § 38 Nr. 3 = BeckRS 2001, 40742.

Nebendahl

Der Anspruch besteht für den Versicherten gegenüber der Krankenkasse, bei der er **291** Mitglied ist. Dementsprechend kann ein Versicherter keine Haushaltshilfe beanspruchen, wenn der nicht der Krankenkasse angehörende Ehegatte zB wegen eines Krankenhausaufenthaltes den Haushalt nicht fortführen kann. Der Anspruch ist – auf entsprechenden Antrag des Versicherten – nach § 38 Abs. 4 S. 1 SGB V als Sachleistung durch Stellung einer geeigneten Ersatzkraft zu erfüllen, die in aller Regel bei einem entsprechenden Leistungserbringer angestellt ist. In Ausnahmefällen kann an die Stelle der Zurverfügungstellung einer Ersatzkraft ein Kostenerstattungsanspruch des Versicherten für eine selbst beschaffte Haushaltshilfe treten. Auch dies setzt einen Antrag des Versicherten voraus, der vor Beginn der die Haushaltshilfe auslösenden Leistung gestellt werden muss. Erstattungsfähig sind nur die angemessenen Kosten, also höchstens die Kosten, die die Krankenkasse bei Stellung der Ersatzkraft selbst aufzuwenden hätte. § 38 Abs. 4 S. 2 SGB V stellt darüber hinaus klar, dass für als Haushaltshilfe tätige Verwandte und Verschwägerte bis zum 2. Grades keine Kostenerstattung erfolgt. Für diesen Personenkreis können jedoch aufgrund einer Ermessensentscheidung der Krankenkasse die erforderlichen Fahrkosten und der Verdienstausfall in angemessenem Umfang erstattet werden.[181]

(n) Leistungen der medizinischen Rehabilitation. Zum Leistungsumfang der GKV **292** gehören unter den Voraussetzungen der §§ 40 und 41 SGB V auch Leistungen der medizinischen Rehabilitation. Wegen der Einzelheiten wird auf die Darstellung unter → § 32 verwiesen.

(o) Der Anspruch auf Krankengeld. Eine weitere bedeutsame Leistungsart stellt der **293** Anspruch auf Krankengeld nach den §§ 44 ff. SGB V dar. Das Krankengeld ist eine von den Krankenkassen zu gewährende Geldleistung, der Entgeltersatzfunktion zukommt, auch wenn das tatsächliche Entfallen einer Entgeltleistung keine Tatbestandsvoraussetzung für den Krankengeldanspruch bildet.[182] Der Anspruch auf Krankengeld setzt neben dem Bestehen des Versichertenstatus das Vorliegen eines Versicherungsfalles iSv § 44 Abs. 1 SGB V, § 44a SGB V, § 45 SGB V, § 24b Abs. 2 S. 2 SGB V voraus. Zu beachten sind darüber hinaus die besonderen Regelungen über die Beschränkung, das Ruhen oder den Ausschluss des Krankengeldanspruchs in den §§ 44 Abs. 2, 49, 50 und 51 SGB V.

(aa) Anspruchsinhaberschaft. Der Anspruch auf Krankengeld verlangt das Vorliegen **294** des Versichertenstatus iSv § 44 Abs. 1 SGB V. Danach können folgenden Personengruppen Krankengeld beanspruchen.

– Die Hauptgruppe möglicher Krankengeldbezieher bildet die Gruppe der gegen Arbeitsentgelt abhängig Beschäftigten nach § 5 Abs. 1 Nr. 1 SGB V. Angehörige dieses Personenkreises sind nach § 44 Abs. 2 Nr. 3 SGB V allerdings dann von der Anspruchsinhaberschaft ausgeschlossen, wenn ihnen bei Arbeitsunfähigkeit nicht mindestens für die Dauer von sechs Wochen – unabhängig von der Anspruchsgrundlage – ein arbeitsrechtlicher Entgeltfortzahlungsanspruch zusteht. Will sich dieser (ausgeschlossene) Personenkreis den Anspruch auf Krankengeld sichern, besteht die Möglichkeit, entweder einen Wahltarif der Krankenkasse iSv § 53 Abs. 6 SGB V zu vereinbaren oder eine Wahlerklärung gegenüber der Krankenkasse des Inhalts abzugeben, dass sich der Versicherte für die Begründung eines Krankengeldanspruchs ab der 7. Woche der Arbeitsunfähigkeit gegen Zahlung des allgemeinen Beitragssatzes entscheidet. Für den Kreis der anspruchsberechtigten abhängig Beschäftigten sorgt entsprechend der Entgeltersatzfunktion des Krankengeldes

---

181 Dazu BSG SozR 3-2500 § 38 Nr. 2 = BeckRS 2000, 40114.
182 BSG SozR 3-2500 § 19 Nr. 5 = BeckRS 2002, 30257991.

die Ruhensregelung in § 49 Abs. 1 Nr. 1 SGB V dafür, dass für die Dauer des Bestehens eines arbeitsrechtlichen Entgeltfortzahlungsanspruchs kein Krankengeld gezahlt wird.

– Krankengeld beanspruchen können grundsätzlich auch Versicherte iSv § 5 Abs. 1 Nr. 2 SGB V, die Arbeitslosengeld gem. den §§ 117 ff. SGB III beziehen. Bei in Folge von Krankheit eintretender Arbeitsunfähigkeit oder stationärer Behandlung wird das Arbeitslosengeld nach § 146 Abs. 1 S. 1 SGB III für die Dauer von sechs Wochen fortgezahlt. Die Ruhensregelung in § 49 Abs. 1 Nr. 1 SGB V iVm § 146 Abs. 3 SGB III bewirkt für diesen arbeitsförderungsrechtlichen Leistungsfortzahlungszeitraum ein Ruhen des Anspruchs auf Krankengeld.

– Anspruchsberechtigt sind des Weiteren nach dem KVLG 1989 versicherte Personen iSv § 5 Abs. 1 Nr. 3 SGB V und nach § 5 Abs. 1 Nr. 4 SGB V nach dem KSVG versicherungspflichtige Künstler und Publizisten. Den Letztgenannten steht nach der Sonderregelung in § 46 S. 3 SGB V ein Anspruch auf Krankengeld erst ab der 7. Woche der Arbeitsunfähigkeit zu, sofern diese nicht einen abweichenden Wahltarif nach § 53 SGB V gewählt haben.

– Krankengeldanspruchsberechtigt sind weiter nach § 5 Abs. 1 Nr. 6 SGB V versicherungspflichtige Personen, also Teilnehmer an Maßnahmen zur Teilhabe am Arbeitsleben nach § 5 Abs. 1 Nr. 2 SGB IX sowie an Maßnahmen zur Abklärung der beruflichen Eignung und Arbeitserprobung nach § 33 Abs. 4 S. 2 SGB IX. Der Anspruch besteht nach § 44 Abs. 2 Nr. 1 SGB V allerdings nur, wenn dem Betreffenden ein Anspruch auf Übergangsgeld iSv § 45 Abs. 2 SGB IX zusteht, weil nur insoweit die Entgeltersatzfunktion des Krankengeldes wirksam werden kann.

– Zum Kreis der Anspruchsberechtigten können auch nach § 5 Abs. 1 Nr. 7 und 8 SGB V versicherungspflichtige behinderte Menschen in Werkstätten für behinderte Menschen und vergleichbaren Einrichtungen gehören. Bei diesem Personenkreis wird häufig der Krankengeldanspruch nach § 47 SGB V entfallen, wenn dem behinderten Menschen aufgrund seiner Tätigkeit in der Einrichtung kein Anspruch auf beitragspflichtiges Arbeitsentgelt zusteht, der durch die Arbeitsunfähigkeit entfallen kann.[183]

– Grundsätzlich anspruchsberechtigt im Hinblick auf das Krankengeld sind auch die nach § 5 Abs. 1 Nr. 11 und 12 SGB V versicherungspflichtigen Rentner sowie die nach § 5 Abs. 1 Nr. 11a SGB V rentenberechtigten Künstler und Publizisten oder Waisenrentner und Bezieher entsprechender Leistungen aus berufsständischen Versorgungswerken nach § 5 Nr. 11b SGB V. Zu beachten ist bei diesem Personenkreis, dass der Bezug einer Vollrente wegen Alters aus der GRV oder anderer vergleichbarer Leistungen nach § 50 Abs. 1 SGB V zum Ausschluss des Bezuges des Krankengeldes bzw. – bei den in § 50 Abs. 2 SGB V genannten Leistungen – zur Minderung des Krankengeldanspruchs führen. Soweit darüber hinaus dieser Personenkreis kein beitragspflichtiges Arbeitsentgelt oder Arbeitseinkommen bezieht, führt auch dies nach § 47 Abs. 1 SGB V zum Entfallen des Krankengeldanspruchs.

– Einen Anspruch auf Krankengeld haben darüber hinaus die nach dem Auffangtatbestand in § 5 Abs. 1 Nr. 13 SGB V in der GKV Versicherten. Dies gilt allerdings nach § 44 Abs. 2 Nr. 1 SGB V nur für abhängig und nicht nach den §§ 8, 8a SGB IV geringfügig Beschäftigte.

– Einen Anspruch auf Krankengeld können auch freiwillig nach § 9 SGB V Versicherte haben, soweit sie nicht unter die Ausnahmetatbestände des § 44 Abs. 2 SGB V fallen.

– Die Mitgliedschaftsfiktion nach § 189 Abs. 1 SGB V stellt gleichfalls einen ausreichenden Anknüpfungspunkt für den Krankengeldanspruch dar. In aller Regel dürfte bei diesem Personenkreis in Folge der Arbeitsunfähigkeit aber kein beitragspflichti-

---

183 BSG SozR 3-2500 § 44 Nr. 8 = BeckRS 2001, 41408.

Nebendahl

ges Arbeitsentgelt oder Arbeitseinkommen iSv § 47 Abs. 1 S. 1 SGB V vorhanden sein, sodass Krankengeld im Ergebnis nicht zu gewähren ist.

– Während der durch § 190 Abs. 2 SGB V iVm § 7 Abs. 3 SGB IV fortbestehenden Beschäftigung gegen Arbeitsentgelt für den Zeitraum eines Monats, in dem kein Arbeitsentgelt bezogen wird, kann gleichfalls ein Krankengeldanspruch entstehen. Anderes gilt in den Fällen des Fortbestehens der Mitgliedschaft Versicherungspflichtiger nach § 192 Abs. 1 SGB V, weil nach § 192 Abs. 1 SGB V lediglich das Fortbestehen der Mitgliedschaft angeordnet wird, ohne dass das Vorliegen eines Versicherungspflicht-Tatbestandes fingiert wird.[184]

– Der nachgehende Versicherungsschutz nach § 19 Abs. 2 SGB V umfasst ebenfalls einen Krankengeldanspruch. Wechselt allerdings der Berechtigte in die Familienversicherung entfällt wegen des Vorrangs der Familienversicherung nach § 19 Abs. 2 S. 2 SGB V der Krankengeldanspruch.

– Keinen Anspruch auf Krankengeld haben danach nach § 5 Abs. 1 Nr. 2a SGB V versicherte Bezieher von ALG II-Leistungen, nach § 5 Abs. 1 Nr. 5 SGB V Versicherte, die in Einrichtungen der Jugendhilfe für eine Erwerbstätigkeit befähigt werden sollen, Teilnehmer an Leistungen zur Teilhabe am Arbeitsleben iSv § 5 Abs. 1 Nr. 6 SGB V, die kein Übergangsgeld beziehen, nach § 5 Abs. 1 Nr. 9 und 10 SGB V versicherungspflichtige Studenten und Praktikanten, unter den Auffangtatbestand des § 5 Abs. 1 Nr. 13 SGB V fallende Versicherte, die entweder geringfügig oder nicht abhängig beschäftigt sind, und nach § 10 SGB V Familienversicherte.

(bb) Versicherungsfall. Der Anspruch auf Krankengeld setzt voraus, dass während **295** des Bestehens des Versicherungsstatus ein krankengeldbegründender Versicherungsfall iSv § 44 Abs. 1 SGB V eintritt. Der maßgebliche Versichertenstatus muss daher bei dem Versicherungsfall der stationären Behandlung zum Zeitpunkt des Beginns der stationären Behandlung gegeben sein (vgl. § 46 Nr. 1 SGB V). Bei dem Versicherungsfall der durch Krankheit begründeten Arbeitsunfähigkeit muss die Eigenschaft als berechtigter Versicherter spätestens zum Zeitpunkt der Feststellung der Arbeitsunfähigkeit vorliegen. Nach § 46 Nr. 2 SGB V kommt es insoweit grundsätzlich auf die ärztliche Feststellung der Arbeitsunfähigkeit an, auch wenn die Krankheit schon vorher zu einem Zeitpunkt vorgelegen hat, zu dem die Versicherteneigenschaft noch nicht gegeben war.[185] Kommt es zu Verzögerungen bei der ärztlichen Feststellung der Arbeitsunfähigkeit, sodass diese erst zu einem Zeitpunkt festgestellt wird, zu dem der Versichertenstatus nicht mehr besteht, steht dies dem Krankengeldanspruch nicht entgegen, wenn die Verzögerungen entweder aus dem Einflussbereich der Krankenkasse herrühren oder der Versicherte das Notwendige getan hat, um seine Ansprüche zu wahren, dann aber durch eine von der Krankenkasse zu vertretende Fehlentscheidung – zB einer fehlerhaften Ablehnung des Fortbestehens der Arbeitsunfähigkeit durch einen Vertragsarzt oder den MDK – an der Geltendmachung des Anspruchs gehindert war, wenn bei unverzögerter Entscheidung die Arbeitsunfähigkeit während der bestehenden Versicherteneigenschaft festgestellt worden wäre.[186]

Der erste einen Krankengeldanspruch begründende Versicherungsfall setzt eine auf **296** Krankheit beruhende Arbeitsunfähigkeit voraus. Der Krankheitsbegriff erfordert das Vorliegen eines regelwidrigen körperlichen oder geistigen Zustandes (zum Krankheitsbegriff → Rn. 200 ff.). Aufgrund des aus § 11 Abs. 5 SGB V folgenden Vorranges

---

184 BSG SozR 3-2200 § 200 Nr. 4 = BeckRS 1995, 30756026, zum Mutterschaftsgeld.
185 BSG SozR 4-2500 § 46 Nr. 2 = BeckRS 2007, 45835; BSG SozR 4-2500 § 46 Nr. 1 = BeckRS 2009, 62579; BSG SozR 4-2500 § 44 Nr. 2; SozR 3-2500 § 44 Nr. 10 = BeckRS 2003, 40346.
186 BSG SozR 4-2500 § 46 Nr. 2 = BeckRS 2007, 45835; BSG SozR 4-2500 § 46 Nr. 1 = BeckRS 2009, 62579; BSG SozR 3-2500 § 44 Nr. 10 = BeckRS 2003, 40346; BSG SozR 3-2500 § 49 Nr. 4 = BeckRS 2000, 40966.

der GUV ist weiter erforderlich, dass der regelwidrige Zustand nicht auf einem in den Zuständigkeitsbereich der GUV fallenden Arbeitsunfall oder einer Berufskrankheit beruht (→ Rn. 139). In einem solchen Fall besteht kein Anspruch auf Krankengeld, sondern – ggf. – auf das unfallversicherungsrechtliche Verletztengeld.

297 Des Weiteren muss für den Versicherungsfall Arbeitsunfähigkeit bestehen. Diese ist gegeben, wenn der Versicherte seine zuletzt vor Eintritt des Versicherungsfalls ausgeübte Erwerbstätigkeit oder eine ähnlich geartete Tätigkeit nicht mehr oder nur auf die Gefahr hin verrichten kann, seinen Zustand zu verschlimmern.[187] Die Feststellung erfolgt durch die Krankenkasse auf der Basis der ärztlichen Arbeitsunfähigkeitsbescheinigung nach § 73 Abs. 2 Nr. 9, § 46 Abs. 1 Nr. 2 SGB V unter Zugrundelegung der Arbeitsunfähigkeitsrichtlinien des G-BA.[188] In Zweifelsfällen hat die Krankenkasse ein Gutachten des MDK gem. § 275 Abs. 1 Nr. 3 SGB V einzuholen.

298 Beurteilungsmaßstab der Arbeitsunfähigkeit ist während eines bestehenden Beschäftigungsverhältnisses die zuletzt im Beschäftigungsverhältnis konkret ausgeübte Erwerbstätigkeit.[189] Kann der Versicherte diese Tätigkeit aufgrund der Krankheit nicht mehr ausüben, liegt Arbeitsunfähigkeit vor. Der Versicherte kann grundsätzlich nicht auf andere ihm gesundheitlich mögliche Tätigkeiten verwiesen werden. Etwas anderes gilt nur dann, wenn der Arbeitgeber dem Versicherten in arbeitsrechtlich rechtmäßiger Weise eine andere arbeitsvertragsgemäße Tätigkeit tatsächlich zuweist, zu deren Erbringung der Versicherte gesundheitlich uneingeschränkt in der Lage ist. Dies ist nur der Fall, wenn sich die vom Arbeitgeber zugewiesene Tätigkeit entweder im Rahmen des arbeitgeberseitigen Direktionsrechtes hält und daher durch einseitige Arbeitgeberweisung umgesetzt werden kann. Die Zuweisung einer Tätigkeit unter Überschreitung des arbeitgeberseitigen Direktionsrechtes kann nur dann zur Beseitigung der Arbeitsunfähigkeit führen, wenn der versicherte Arbeitnehmer entweder mit der Zuweisung der Tätigkeit einverstanden ist oder die Zuweisung der Tätigkeit durch wirksame arbeitgeberseitige Änderungskündigung nach § 2 KSchG erfolgt. Weist der Arbeitgeber dem erkrankten Arbeitnehmer demgegenüber keine andere Tätigkeit zu, verbleibt es bei der vor Eintritt der Krankheit konkret ausgeübten Tätigkeit als Beurteilungsgrundlage.[190]

299 Wird das Beschäftigungsverhältnis im Verlauf der Arbeitsunfähigkeit beendet und tritt Arbeitslosigkeit ein, berührt dies den Bezug des Krankengeldes grundsätzlich nicht (vgl. § 156 Abs. 1 S. 1 Nr. 2 SGB III). Die Mitgliedschaft bleibt nach § 192 Abs. 1 S. 2 SGB V aufrechterhalten. Der bereits dokumentierte Anspruch auf Krankengeld bleibt bestehen.[191] In dieser Situation ist die Feststellung der Arbeitsunfähigkeit nicht mehr anhand der zuletzt im Arbeitsverhältnis ausgeübten Tätigkeit zu bestimmen. Vielmehr muss abstrakt auf die Art der zuletzt ausübten Beschäftigung abgestellt werden. Die Feststellung der Arbeitsunfähigkeit hat danach unter Einbeziehung ähnlicher oder gleichgearteter Tätigkeiten stattzufinden. Beurteilungsgegenstand sind damit solche Tätigkeiten, die nach ihren wesentlichen Prägungen mit der bisherigen Tätigkeit vergleichbar sind, die der Versicherte nach kurzer Einarbeitungszeit ausüben kann, die den körperlichen und geistigen Anforderungen, der Art der Verrichtung und den notwendigen Kenntnissen und Fertigkeiten der bisherigen Tätigkeit vergleichbar sind und die

---

187 BSG SozR 3-2500 § 44 Nr. 19; SozR 2200 § 182 Nr. 104.
188 Die ärztliche Arbeitsunfähigkeitsbescheinigung hat den Rang einer ärztlich-gutachterlichen Stellungahme, vgl. BSG SozR 4-2500 § 44 Nr. 7.
189 BSG SozR 4-2500 § 44 Nr. 7; dazu Spickhoff/*Nebendahl* SGB V § 44 Rn. 26–28.
190 BSG SozR 3-2200 § 189 Nr. 9.
191 BSG SozR 4-2500 § 44 Nr. 9 = BeckRS 2006, 41945.

nur mit geringfügigen Einkommenseinbußen (unter 10%) verbunden sind. Ob tatsächlich entsprechende offene Stellen vorhanden sind, ist nicht entscheidend.[192]

Tritt demgegenüber die Arbeitsunfähigkeit erst ab einem Zeitpunkt ein, in dem bereits **300** Arbeitslosigkeit besteht, gilt wiederum ein anderer Maßstab. Arbeitsunfähig ist ein Bezieher von Arbeitslosengeld nämlich, wenn er aus gesundheitlichen Gründen der Arbeitsvermittlung nicht mehr zur Verfügung steht. Bezugspunkt der Beurteilung sind in diesem Fall diejenigen Tätigkeiten, die dem Versicherten zur Vermeidung der Arbeitslosigkeit nach § 140 Abs. 3 SGB III zugewiesen werden können. Die Arbeitsunfähigkeit ist in dieser Konstellation dementsprechend nur gegeben, wenn der Versicherte aus gesundheitlichen Gründen weder die von ihm in der Vergangenheit konkret wahrgenommene Beschäftigung noch eine Beschäftigung ausüben kann, auf die er nach arbeitsförderungsrechtlichen Grundsätzen in zumutbarer Weise verwiesen werden kann.[193]

Die Krankheit muss für die Arbeitsunfähigkeit ursächlich sein. Entsprechend der The- **301** orie der wesentlichen Bedingung reicht es aus, wenn die Krankheit neben anderen Bedingungen an der Entstehung der Arbeitsunfähigkeit wesentlich mitgewirkt hat. Die Ursächlichkeit fehlt dementsprechend, wenn der Verlust des Entgeltanspruchs zB auf einem unbezahlten Urlaub oder einem – nicht gleichzeitig mit einer Krankheit verbundenen – Beschäftigungsverbot nach dem MuSchG beruht.

Den zweiten Versicherungsfall bildet nach § 44 Abs. 1 SGB V die stationäre Behand- **302** lung in einem Krankenhaus nach § 39 SGB V oder in einer Vorsorge- oder Rehabilitationseinrichtung in Fällen der §§ 23 Abs. 4, 24, 40 Abs. 2 und 41 SGB V. Ausreichend aber auch erforderlich ist die Durchführung der stationären Behandlung in einer der genannten Einrichtungen. Das Kriterium der Arbeitsunfähigkeit muss nicht zusätzlich hinzutreten. Die teilstationäre sowie die vor- und nachstationäre Behandlung wird von dem Begriff der den Krankengeldanspruch begründenden stationären Behandlung dann mit umfasst, wenn die Behandlung es dem Versicherten unmöglich macht, seinen Lebensunterhalt durch die zuletzt ausgeübte Erwerbstätigkeit zu bestreiten.[194] Das kann bspw. bei einer teilstationären Behandlung fehlen, bei der die stationäre Behandlung nur in der Nacht – zB in einer sog. Schlafklinik – stattfindet. Weitere Voraussetzung des Krankengeldanspruchs ist, dass die stationäre Behandlung in einer der genannten Einrichtungen auf Kosten der Krankenkasse durchgeführt wird. Die Krankenkasse muss daher zumindest einen Teil der stationären Behandlungskosten übernehmen, was bspw. nicht der Fall ist, wenn der Versicherte an einer von dem Träger der GRV durchgeführten stationären Rehabilitationsmaßnahme teilnimmt. Schließlich muss dem Versicherten grundsätzlich selbst ein Anspruch auf stationäre Krankenhausbehandlung zustehen.

Über die in § 44 Abs. 1 SGB V geregelten Fälle hinaus sieht § 24b Abs. 2 S. 2 SGB V ei- **303** nen Anspruch auf Krankengeld vor, wenn Versicherte wegen einer durch Krankheit erforderlichen Sterilisation oder wegen eines nicht rechtswidrigen Abbruchs der Schwangerschaft durch einen Arzt arbeitsunfähig werden. Demgegenüber reicht ein nicht rechtmäßiger, aber nach § 218a Abs. 1 StGB straffreier Schwangerschaftsabbruch für den Krankengeldanspruch nicht aus. Der in § 24b Abs. 2 S. 2 SGB V geregelte Son-

192 BSG SozR 3-2500 § 44 Nr. 9 = BeckRS 2001, 41125; BSG SozR 3-2500 § 49 Nr. 4 = BeckRS 2000, 40966.
193 BSG SozR 4-2500 § 44 Nr. 9 = BeckRS 2006, 41945; BSG SozR 4-2500 § 44 Nr. 6 = BeckRS 2005, 42335; BSG SozR 3-2500 § 44 Nr. 10 = BeckRS 2003, 40346.
194 Spickhoff/*Nebendahl* SGB V § 44 Rn. 37; KassKomm/*Brandts* SGB V § 44 Rn. 56; aA Krauskopf/*Knittel* SGB V § 44 Rn. 23 in Bezug auf vor- und nachstationäre Behandlungen; für teilstationäre Behandlungen offengelassen BSG SozR 4-2500 § 46 Nr. 2 = BeckRS 2007, 45835.

derfall greift nur ein, wenn die Arbeitsunfähigkeit gerade Folge der Sterilisation bzw. des rechtmäßigen Schwangerschaftsabbruches ist. Hat die Arbeitsunfähigkeit bereits vorher bestanden oder stellt sie sich lediglich als mittelbare Folge des Eingriffes ein, kann ein Krankengeldanspruch nur aus dem Grundtatbestand des § 44 Abs. 1 SGB V begründet werden. Gleiches gilt, wenn der Eingriff zur stationären Behandlungsbedürftigkeit geführt hat.

304 **(cc) Dauer des Krankengeldanspruchs.** Der Krankengeldanspruch wird nach der gesetzlichen Konzeption des § 48 Abs. 1 S. 1 SGB V grundsätzlich für die gesamte Dauer der durch Krankheit begründeten Arbeitsunfähigkeit bzw. der stationären Behandlung unbegrenzt gewährt. Er entfällt erst dann, wenn die krankheitsbedingte Arbeitsunfähigkeit endet bzw. die stationäre Behandlung beendet wird. Demgegenüber führt der Wegfall einer der Voraussetzungen des den Krankengeldanspruch ursprünglich begründenden Versicherungsstatus des Versicherten aufgrund der den Fortbestand der Mitgliedschaft anordnenden Bestimmung in § 192 Abs. 1 Nr. 2 SGB V nicht zur Beendigung des Krankengeldanspruchs. Die nachwirkende Mitgliedschaft nach § 192 Abs. 1 Nr. 2 SGB V entfällt erst, wenn entweder die krankheitsbedingte Arbeitsunfähigkeit endet oder die stationäre Behandlungsbedürftigkeit beendet wird.

305 Eine Einschränkung hinsichtlich der zeitlichen Dauer des Krankengeldanspruchs besteht allerdings nach § 48 Abs. 1 S. 1 Hs. 2 SGB V in Fällen »der Arbeitsunfähigkeit wegen derselben Krankheit«, in denen der Krankengeldanspruch auf 78 Wochen innerhalb eines Zeitraumes von drei Jahren beschränkt ist. Die Begrenzungsregelung erfasst sowohl den Versicherungsfall der auf Krankheit beruhenden Arbeitsunfähigkeit nach § 46 Abs. 1 Nr. 2 SGB V als auch den Fall der stationären Behandlung nach § 46 Abs. 1 Nr. 1 SGB V, Letzteres auch dann, wenn die stationäre Behandlung nicht zugleich mit einer Arbeitsunfähigkeit verbunden ist.

306 Die begrenzende Regelung setzt das Vorliegen derselben Krankheit voraus. Dieselbe Krankheit liegt vor, wenn die maßgeblichen Krankheitserscheinungen auf einem einheitlichen Krankheitsgeschehen beruhen.[195] Dies ist nicht nur der Fall, wenn eine Krankheit durchgehend zur Arbeitsunfähigkeit führt, sondern auch dann, wenn und solange eine nicht ausgeheilte Grunderkrankung immer wieder zu stationär behandlungsbedürftigen und/oder Arbeitsunfähigkeit begründenden Krankheitserscheinungen bzw. -beschwerden führt.[196] Dementsprechend stehen Zeiten der Arbeitsfähigkeit, die zwischen den einzelnen Krankheitserscheinungen liegen, der Annahme derselben Krankheit nicht entgegen, so lange die Krankheitsursache identisch ist. Das Wiederauftreten einer bereits ausgeheilten Krankheit erfüllt allerdings nicht den Begriff »derselben Krankheit«. § 48 Abs. 1 S. 2 SGB V stellt darüber hinaus klar, dass das Hinzutreten einer weiteren Krankheit während der durch die erste Krankheit verursachten Arbeitsunfähigkeit die auf höchstens 78 Wochen innerhalb von drei Jahren begrenzte Leistungsdauer nicht verlängert.

307 Die Bezugsdauer ist auf 78 Wochen während eines Drei-Jahres-Zeitraumes beschränkt. Bei dem Drei-Jahres-Zeitraum handelt es sich um eine »starre Rahmenfrist«, die mit dem Beginn der Arbeitsunfähigkeit, also dem Tag der Arbeitsunfähigkeit anfängt und drei Jahre später endet.[197] Ist die Krankheit zum Ende des Drei-Jahres-Zeitraumes nicht ausgeheilt, beginnt mit dem auf den Drei-Jahres-Zeitraum folgenden Tag ein weiterer Drei-Jahres-Zeitraum. Andere, neue Krankheiten führen demgegenüber zu anderen, neuen Drei-Jahres-Zeiträumen.

---

195 BSG SozR 3-2500 § 48 Nr. 8 = BeckRS 1998, 30025661.
196 BSG SozR 4-2500 § 48 Nr. 3; SozR 3-2500 § 48 Nr. 8 = BeckRS 1998, 30025661.
197 BSG SozR 2200 § 183 Nr. 51.

Nebendahl

Während des laufenden Drei-Jahres-Zeitraumes ist die Bezugsdauer für das Kranken- **308** geld wegen derselben Krankheit auf längstens 78 Wochen bzw. 546 Kalendertage begrenzt. Zu berücksichtigen sind sämtliche Tage des Krankengeldbezuges innerhalb des Drei-Jahres-Zeitraumes, auch wenn zwischenzeitlich Unterbrechungen eingetreten sind. Zu berücksichtigen sind darüber hinaus nach § 48 Abs. 3 SGB V auch Zeiten, in denen ein Krankengeldanspruch zwar dem Grunde nach bestanden hat, der Anspruch jedoch nach § 49 Abs. 1 SGB V oder § 16 SGB V geruht hat oder der Anspruch auf Krankengeld wegen Selbstverschuldens nach § 52 SGB V oder wegen mangelnder Mitwirkung der Versicherten nach den §§ 60 ff. SGB I versagt worden ist. Unberücksichtigt bleiben demgegenüber Zeiträume, in denen ein Anspruch auf Krankengeld nicht bestanden hat. Hierzu zählen auch Zeiträume des Bezuges von Verletztengeld aus der GUV wegen des in § 11 Abs. 5 SGB V geregelten Vorranges zugunsten der GUV.[198]

Tritt während bestehender Arbeitsunfähigkeit wegen einer Krankheit eine weitere, **309** neue Krankheit hinzu, verlängert dies den 78-wöchigen Bezugszeitraum innerhalb des laufenden Drei-Jahres-Zeitraumes nicht. Dies gilt selbst dann, wenn die Überschneidung der beiden Krankheiten lediglich einen Tag ausmacht. Tritt demgegenüber eine neue Krankheit auf, nachdem die die vorangegangene Arbeitsunfähigkeit begründende Krankheit endgültig ausgeheilt ist, wird aufgrund der neuen Krankheit ein neuer Drei-Jahres-Zeitraum mit neuem Krankengeldanspruch für die Dauer von 78 Wochen innerhalb des neuen Drei-Jahres-Zeitraumes nach § 48 Abs. 1 SGB V begründet.[199]

Von der erstmaligen Entstehung eines Krankengeldanspruchs wegen einer bestimm- **310** ten Krankheit ist das Wiederaufleben des Krankengeldanspruchs wegen derselben Krankheit in einem neuen Drei-Jahres-Zeitraum zu unterscheiden. Zu einem derartigen Wiederaufleben kann es zum einen nach § 48 Abs. 1 SGB V kommen, wenn der Versicherte in dem vorangegangenen Drei-Jahres-Zeitraum wegen derselben Krankheit Krankengeld nicht im Umfang der Höchstbezugsdauer von 78 Wochen bezogen hat. Diese Konstellation ist nicht nur gegeben, wenn innerhalb des Drei-Jahres-Zeitraumes Krankengeld in einem Umfang von weniger als 78 Wochen bezogen worden ist, sondern auch dann, wenn die 78-wöchige Bezugsdauer nur unter Berücksichtigung einer hinzutretenden Krankheit nach § 48 Abs. 1 S. 2 SGB V ausgeschöpft worden ist, wenn also sowohl die erste als auch die zweite Krankheit für sich genommen in dem Drei-Jahres-Zeitraum nicht zu einem Krankengeldbezug von 78 Wochen geführt haben. Liegen diese Voraussetzungen vor, lebt der Krankengeldanspruch in einem weiteren Drei-Jahres-Zeitraum unter den Voraussetzungen des § 48 Abs. 1 SGB V wieder auf. Es besteht sodann ein erneuter Anspruch auf Gewährung von Krankengeld in diesem Drei-Jahres-Zeitraum wiederum für die Höchstdauer von 78 Wochen.

Hat der Versicherte demgegenüber den Bezugszeitraum wegen derselben Krankheit **311** im letzten (nicht unbedingt zeitlich unmittelbar vorausgehenden) Drei-Jahres-Zeitraum vollständig ausgeschöpft, richtet sich das Wiederaufleben des Krankengeldanspruchs nach § 48 Abs. 2 SGB V. Der Krankengeldanspruch lebt dann nur unter den eingeschränkten Voraussetzungen auf, dass der Versicherte zum Zeitpunkt des Wiederauflebens eine Mitgliedschaft mit Krankengeldberechtigung iSv § 44 Abs. 1 SGB V besitzt. Hinzu kommen muss außerdem, dass der Versicherte nach dem Ende der Arbeitsunfähigkeit, die zum Ausschöpfen der Bezugsdauer von 78 Wochen in einem vorangegangenen Drei-Jahres-Zeitraum geführt hat, mindestens sechs Monate nicht

---

198 Anders zur früheren Fassung des § 49 Abs. 1 Nr. 3a SGB V, BSG SozR 4-2500 § 48 Nr. 2.
199 BSG SozR 4-2500 § 48 Nr. 3; SozR 3-2500 § 48 Nr. 8 = BeckRS 1998, 30025661.

wegen derselben Krankheit arbeitsunfähig war, wobei der Sechs-Monats-Zeitraum nicht ununterbrochen verlaufen muss. Hinzukommen muss weiter, dass der Versicherte in der Zwischenzeit mindestens sechs Monate erwerbstätig war oder – alternativ – der Arbeitsvermittlung zur Verfügung gestanden hat.[200] Ist eine dieser Voraussetzungen nicht gegeben, lebt der Krankengeldanspruch nach § 48 Abs. 2 SGB V nicht wieder auf. Damit wird verhindert, dass aus dem Zweck des Krankengeldes als kurzzeitiger Entgeltersatzleistung eine rentenähnliche Dauerleistung wird.

312 **(dd) Höhe des Krankengeldanspruchs.** Die Höhe des Krankengeldes bestimmt sich grundsätzlich nach den Bestimmungen des § 47 SGB V. Für Bezieher von Arbeitslosengeld und Kurzarbeitergeld enthält § 47b SGB V Sonderregelungen.

313 Nach § 47 Abs. 1 S. 1 SGB V beträgt das Krankengeld 70% des als Regelentgelt bezeichneten regelmäßigen Arbeitsentgeltes bzw. Arbeitseinkommens, soweit es der Beitragsberechnung unterliegt.[201] Die Regelung erfasst mit dem Begriff des Arbeitsentgeltes sowohl die Vergütung abhängig beschäftigter Versicherter als auch das Arbeitseinkommen Selbstständiger. Das Regelentgelt wird für abhängig Beschäftigte nach den Abs. 2, 3 und 6 berechnet. Für Selbstständige und sonstige besondere Versichertengruppen enthält § 47 Abs. 4 SGB V Sonderregelungen zur Berechnung des Regelentgeltes. Für Bezieher von Arbeitslosengeld, Unterhaltsgeld und Kurzarbeitergeld wird das Regelarbeitsentgelt nach den Sonderregelungen in § 47b bestimmt.

314 Zusätzlich enthält § 47 Abs. 1 S. 2, 3 und 8 SGB V – ausschließlich für abhängig Beschäftigte, die Arbeitsentgelt erzielen – eine Begrenzung des Krankengeldes auf 90% des Nettoarbeitsentgeltes. Das Nettoarbeitsentgelt errechnet sich aus den um die gesetzlichen Abzüge verminderten Bruttoarbeitsentgelt nach Maßgabe der Berechnungsbestimmungen in § 47 Abs. 2 SGB V, wobei das Arbeitsentgelt zugrunde zu legen ist, das der Versicherte im letzten vor Beginn der Arbeitsunfähigkeit vollständig abgerechneten Entgeltabrechnungszeitraum von mindestens vier Wochen tatsächlich erzielt hat. Außerdem müssen Einmalzahlungen nach § 47 Abs. 2 S. 1 Hs. 2 SGB V herausgerechnet werden. Beitragsermäßigungen aufgrund der sozialversicherungsrechtlichen Sonderregelungen für Arbeitseinkommen in der sog. Gleitzone nach § 20 Abs. 2 SGB VI bleiben unberücksichtigt. Der so ermittelte Bruttobetrag ist um die gesetzlichen Abzüge – Lohnsteuer, Kirchensteuer, Solidaritätszuschlag, Arbeitgeberbeiträge zur gesetzlichen Sozialversicherung und Pflichtbeiträge zur berufständischen Versorgungseinrichtungen, nicht aber Beiträge zu freiwilligen Kranken-, Pflege- oder Rentenversicherungen – die dem betroffenen Versicherten im konkreten Einzelfall im maßgeblichen Bezugszeitraum entstanden sind, zu reduzieren. Der sich so ergebende Nettoarbeitsentgeltbetrag ist um einen Hinzurechnungsbetrag für einmalig gezahltes Arbeitsentgelt nach § 47 Abs. 1 S. 3 SGB V zu erhöhen.

315 Schließlich ist das Krankengeld nach § 47 Abs. 1 S. 4 SGB V auf den Betrag des tatsächlichen kalendertäglichen Nettoarbeitsentgeltes begrenzt. Das kalendertägliche Nettoarbeitsentgelt wird auf die gleiche Weise wie das Nettoarbeitsentgelt zur Berechnung der 90%-Begrenzung, jedoch ohne den anteiligen Hinzurechnungsbetrag für Einmalzahlungen ermittelt. Hierdurch soll sichergestellt werden, dass das Krankengeld das tatsächlich vor der Arbeitsunfähigkeit bezogene Arbeitseinkommen nicht übersteigt. Eine weitere – absolute – Begrenzung der Höhe des Krankengeldes enthält § 47 Abs. 6 SGB V, nach dem das Regelentgelt auf die Höhe des Betrages der kalendertäglichen Beitragsbemessungsgrenze beschränkt ist.

---

200 Zum Begriff der Erwerbstätigkeit, BSG SozR 3-2500 § 48 Nr. 5.
201 Die Begrenzung auf 70% des Regelentgeltes ist verfassungsgemäß, BVerfG SozR 3-2500 § 47 Nr. 8 = NJW 1997, 2444.

Nebendahl

Da das Krankengeld kalendertäglich berechnet wird, ist das für die Berechnung ermit- **316**
telte maßgebliche Arbeitsentgelt auf Kalendertage umzurechnen, um das kalendertägliche Krankengeld zu ermitteln. Bei monatsweiser Vergütungszahlung erfolgt die Feststellung des kalendertäglichen Regelentgeltes durch die Division des sich aus der für
den letzten abgerechneten Kalendermonat ergebenden Abrechnung ermittelten Arbeitsentgeltes durch 30. Bei einer auf Stunden bezogenen Abrechnung müssen die Ar-
beitsstunden im für die Abrechnung maßgeblichen Bemessungszeitraum ermittelt
werden. Das berücksichtigungsfähige Arbeitsentgelt ist durch die Zahl der ermittelten
Stunden zu teilen, um das stundenweise Entgelt festzustellen. Dies ist alsdann mit der
vertraglich vereinbarten wöchentlichen Arbeitszeit zu multiplizieren und durch die
Anzahl der Tage pro Woche, also durch 7, zu dividieren. Einmalzahlungen sind nach
§ 47 Abs. 2 S. 6 SGB VII hinzuzurechnen.

Wegen der Sonderregelungen für andere Versichertengruppen – Seeleute und Versi- **317**
cherte, die nicht Arbeitnehmer sind – ist auf § 47 Abs. 4 SGB V zu verweisen. Die Berechnung der Höhe des Krankengeldes für die Bezieher von Arbeitslosengeld und
Kurzarbeitergeld richtet sich nach § 47b SGB V.[202] Während die Höhe des Krankengeldes bei Versicherten, die erst nach Eintritt der den Krankengeldanspruch begründenden Arbeitsunfähigkeit arbeitslos werden, nach § 47 Abs. 1 SGB V ermittelt wird, legt
§ 47b Abs. 1 SGB V die Höhe des Krankengeldes für Versicherte, die während der bestehenden Arbeitslosigkeit arbeitsunfähig werden auf die Höhe des zuletzt bezogenen
Arbeitslosengeldes fest. Dadurch wird verhindert, dass Bezieher von Arbeitslosengeld
aufgrund der unterschiedlichen Berechnungsvorgaben für die Höhe des Krankengeldes und des Arbeitslosengeldes finanzielle Vorteile erlangen, wenn während des Bezuges von Arbeitslosengeld ein Anspruch auf Krankengeld entsteht.

Für Bezieher von Kurzarbeitergeld trifft § 47b Abs. 3 und 4 SGB V Sonderregelungen. **318**
Tritt die Arbeitsunfähigkeit während des Bezuges von Kurzarbeitergeld ein, bestimmt
§ 47b Abs. 3 SGB V, dass das Krankengeld nach dem regelmäßigen Arbeitsentgelt ermittelt wird, das zuletzt vor Eintritt des die Kurzarbeitergeldzahlung begründenden
Arbeitsausfalls erzielt worden ist. Ist der Arbeitnehmer vor Beginn der Kurzarbeit arbeitsunfähig erkrankt und tritt während der (regelmäßig sechswöchigen) Entgeltfortzahlung im Krankheitsfall ein Arbeitsausfall wegen Kurzarbeit ein, der zu einer Reduzierung des fortzuzahlenden Arbeitsentgeltes nach § 4 Abs. 3 EFZG führt, stellt § 47b
Abs. 4 SGB V den arbeitsunfähigen Versicherten bei dem Bezug des Krankengeldes
mit einem arbeitsfähigen vergleichbaren Arbeitnehmer gleich und begründet einen
Anspruch auf ein Teilkrankengeld in Höhe des dem Versicherten bei bestehender Arbeitsfähigkeit zustehenden Kurzarbeitergeldes.

(ee) Sonstige Begrenzungen des Krankengeldes. Einem Anspruch auf Auszahlung **319**
des Krankengeldes kann ein Ruhen des Krankengeldes nach § 49 SGB V, ein Ausschluss oder eine Kürzung des Krankengeldes nach § 50 SGB V oder ein Wegfall des
Krankengeldes nach § 51 SGB V entgegenstehen.

Ein Anspruch auf Krankengeld ruht zum einen entsprechend dem Zweck des Kran- **320**
kengeldes als Entgeltersatzleistung, wenn dem Versicherten trotz Vorliegens der Anspruchsvoraussetzungen kein Entgeltausfall entsteht. Dies ist nach § 49 Abs. 1 Nr. 1
SGB V der Fall, soweit und solange der Versicherte beitragspflichtiges Arbeitsentgelt
oder Arbeitseinkommen erzielt, wie typischerweise in Fällen der Entgeltfortzahlung
im Krankheitsfall. Das Ruhen tritt ein, soweit und solange die Zahlung des Arbeitsentgeltes oder Arbeitseinkommens erfolgt. Der Ruhenstatbestand hat damit eine zeit-

---

202 In seinem Anwendungsbereich verdrängt § 47b SGB V als speziellere Regelung § 47 SGB V,
vgl. BSG SozR 4-2500 § 47 Nr. 6 = BeckRS 2007, 40507.

liche (solange) und eine höhenmäßige (soweit) Dimension. Zum Ruhen des Krankengeldes kommt es nur bezüglich derjenigen Zeiträume, für die Arbeitsentgelt oder Arbeitseinkommen gezahlt wird und in Höhe der Beträge, die für diese Zeiträume gezahlt werden. Unterschreiten diese den Krankengeldanspruch, bleibt der Krankengeldanspruch in Höhe der Differenz zwischen dem zugeflossenen Arbeitsentgelt und dem Krankengeld, dem sog. Spitzbetrag, erhalten.

321 Auf der gleichen Motivation beruhen auch die Ruhenstatbestände der Nr. 3, 3a und 4 des § 49 Abs. 1 SGB V, also der Bezug von Versorgungskrankengeld nach § 16 BVG, von Übergangsgeld nach den § 20 SGB VI, §§ 49 ff. SGB VII und § 119 SGB III sowie Kurzarbeitergeld nach §§ 95 ff. SGB III. Hierzu gehören nach Nr. 3a auch der Bezug von Mutterschaftsgeld nach § 24i SGB V bzw. der Bezug von Arbeitslosengeld oder das Bestehen einer Sperrzeit bei ansonsten bestehender Arbeitslosengeldberechtigung oder – gem. § 49 Abs. 1 Nr. 4 SGB V – der Bezug vergleichbarer Entgeltersatzleistungen. Bei den in § 49 Abs. 1 Nr. 3 und 4 SGB V genannten Leistungen tritt das Ruhen »soweit und solange« ein, hat also sowohl eine zeitliche als auch eine höhenmäßige Dimension. Demgegenüber führt der Bezug von Mutterschaftsgeld oder Arbeitslosengeld bzw. das Vorliegen einer Sperrzeit entsprechend § 49 Abs. 1 Nr. 3a SGB V unabhängig von der Höhe der bezogenen Leistungen zum umfassenden Ruhen des Krankengeldanspruchs.

322 Die Ruhenstatbestände des § 49 Abs. 1 Nr. 2 und 6 SGB V beschreiben Fallgestaltungen, in denen typischerweise kein Arbeitsentgelt erzielt wird und in denen deshalb die Entgeltersatzfunktion des Krankengeldes nicht eingreifen kann. Dies betrifft einerseits die in § 49 Abs. 1 Nr. 2 SGB V beschriebenen Fallgestaltungen der Arbeitsunfähigkeit während der Elternzeit, in der keine Beschäftigung ausgeübt wird, und andererseits gem. Nr. 6 Konstellationen im Rahmen flexibler Arbeitszeitmodelle iSv § 7 Abs. 1a SGB IV bei der die Arbeitsunfähigkeit in der Freistellungsphase eintritt, in der eine Arbeitsverpflichtung nicht besteht, die Vergütung aber fortgezahlt wird. § 49 Abs. 1 Nr. 5 SGB V begründet ein Ruhen des Krankengeldanspruchs schließlich als Sanktion für die Verletzung der Obliegenheit zur Meldung der Arbeitsunfähigkeit an die Krankenkasse. Das Ruhen tritt in diesem Fall bis zur Nachholung der erforderlichen Meldung ein. Dieser Ruhenstatbestand greift allerdings dann nicht ein, wenn die verspätete Meldung in den Risikobereich der Krankenkasse fällt.[203]

323 Vollständig ausgeschlossen ist der Krankengeldanspruch nach § 50 Abs. 1 SGB V in Fallkonstellationen, in denen der Versicherte anderweitige, vorrangige Sozialleistungen erhält, weil in diesen Fällen die Entgeltersatzfunktion des Krankengeldes nicht eingreifen kann. Zu den vorrangigen Ersatzleistungen gehören die Renten aus der gesetzlichen Rentenversicherung wegen voller Erwerbsminderung oder die Vollrente wegen Alters, der Bezug von Ruhegehalt nach beamtenrechtlichen Vorschriften oder Grundsätzen sowie vergleichbare Leistungen ausländischer Stellen. Mit dem Bezug der entsprechenden Leistung entfällt der Anspruch auf das Krankengeld.[204] Bezieht der Versicherte demgegenüber eine der in § 50 Abs. 2 SGB V aufgeführten Leistungen insbesondere Teil-Altersrenten oder Renten wegen teilweiser Erwerbsminderung bzw. vergleichbare Leistungen, bleibt der Krankengeldanspruch dem Grunde nach bestehen. Er wird jedoch der Höhe nach um den Zahlbetrag der jeweiligen Rente gekürzt.

---

203 BSG SozR 4- 2500 § 44 Nr. 7; SozR 4-2500 § 46 Nr. 1 = BeckRS 2009, 62579.
204 Im Gegensatz zum Ruhen des Krankengeldanspruchs nach § 49 SGB V erlischt in den Fällen des § 50 Abs. 1 SGB V der Krankengeldanspruch einschließlich des Stammrechtes.

Ein Wegfall des Krankengeldanspruchs kann schließlich nach § 51 SGB V eintreten, **324** wenn der Versicherte trotz entsprechender Aufforderung der Krankenkasse unter Setzung einer Frist von zehn Wochen und Vorliegen entsprechender Anhaltspunkte keinen Antrag auf Leistung zur medizinischen Rehabilitation oder zur Teilhabe am Arbeitsleben (§ 51 Abs. 1 SGB V) bzw. keinen Antrag auf Regelaltersrente (§ 51 Abs. 2 SGB V) stellt. Die Regelung dient dem Schutz der GKV im Zusammenhang mit dem Bezug von Krankengeld durch Versicherte, denen Rentenleistungen zustehen, die mithin nicht dem System der GKV, sondern dem Risikobereich der GRV zuzuordnen sind. Der Wegfall des Krankengeldes tritt nur ein, wenn der entsprechende Antrag durch den Versicherten innerhalb der gesetzten Frist nicht gestellt wird. [205] Mit Fristablauf endet nicht nur der Krankengeldanspruch, sondern auch eine auf § 192 Abs. 1 Nr. 2 SGB V beruhende Mitgliedschaft in der Krankenkasse. Nimmt der Versicherte die geforderte Antragstellung vor, kommt es nicht zum Wegfall des Krankengeldanspruchs nach Abs. 3. Der Versicherte kann den Antrag auf Leistung zur medizinischen Rehabilitation und zur Teilhabe am Arbeitsleben ohne Zustimmung der Krankenkasse jedoch nicht mehr zurücknehmen. Es kann sich sodann nach § 116 Abs. 2 S. 2 SGB VI die Fiktion einer Rentenantragstellung ergeben. Folgt die Rentengewährung, führt dies sodann zum Ausschluss oder zur Kürzung des Krankengeldes nach § 50 SGB V.

(ff) Krankengeld bei Erkrankung eines Kindes. Einen Sonderfall des Krankengeldes **325** regelt § 45 SGB V bei Erkrankung eines Kindes, das sog. Kinderpflege-Krankengeld. Der Anspruch besteht dem Grunde nach, wenn ein Versicherter zum Zwecke der Betreuung eines erkrankten Kindes der Arbeit fernbleiben muss.

Anspruchsberechtigt sind nur in der GKV Versicherte, die die Voraussetzungen für ei- **326** nen eigenen Krankengeldanspruch erfüllen. Hinzukommen muss, dass der Versicherte ein ebenfalls in der GKV (regelmäßig familien-) versichertes Kind betreut.[206] Durch den klarstellenden Hinweis in § 45 Abs. 1 S. 2 SGB V auf § 10 Abs. 4 SGB V wird die Regelung nicht nur auf leibliche Kinder, sondern auch auf Stiefkinder, Enkelkinder, Pflegekinder oder Adoptivkinder, die die weiteren Anforderungen des § 10 Abs. 4 SGB V erfüllen, erstreckt. Das Kind darf darüber hinaus das 12. Lebensjahr noch nicht vollendet haben oder muss – altersunabhängig – aufgrund von Behinderung auf Hilfe angewiesen sein. Der Kinderpflege-Krankengeldanspruch setzt weiter voraus, dass das Kind erkrankt ist und das Fernbleiben des Versicherten von der Arbeit gerade zum Zwecke der Beaufsichtigung, der Betreuung oder Pflege des erkrankten Kindes notwendig ist, was durch ärztliches Zeugnis bestätigt sein muss. Schließlich darf nicht die Möglichkeit bestehen, dass das erkrankte Kind durch eine andere im Haushalt lebende Person beaufsichtigt, betreut oder gepflegt werden kann.

Der Anspruch auf Kinderpflege-Krankengeld ist pro Kind auf 10 Arbeitstage pro Ka- **327** lenderjahr, bei alleinerziehenden Versicherten[207] auf 20 Arbeitstage pro Kalenderjahr und Kind, höchstens aber auf 25 Arbeitstage bzw. 50 Arbeitstage pro Kalenderjahr bei alleinerziehenden Versicherten begrenzt. Bei schwerstkranken Kindern, die unter einer Krankheit leiden, die progredient verläuft, die bereits ein weit fortgeschrittenes Stadium erreicht hat, bei der eine Heilung ausgeschlossen und eine palliativ-medizinische Behandlung notwendig oder von einem Elternteil erwünscht ist und bei denen das

---

205 Dazu BSG SozR 4-2500 § 51 Nr. 3.

206 Der Ausschluss von nicht in der GKV versicherten Kindern aus dem Anwendungsbereich des § 45 SGB V ist verfassungsgemäß, vgl. BSG SozR 3-2500 § 45 Nr. 2 = BeckRS 1998, 30011109.

207 Alleinerziehend sind Versicherte, wenn sie als betroffener Elternteil faktisch alleinstehend sind, mit dem zu betreuenden Kind in einem Haushalt leben, für das ihnen die nicht notwendig alleinige Personensorge zusteht, vgl. BSG SozR 4-2500 § 45 Nr. 2 = BeckRS 2007, 46370.

Kind eine lediglich begrenzte Lebenserwartung von Wochen oder wenigen Monaten erwarten lässt, entfällt nach § 45 Abs. 4 SGB V die zeitliche Begrenzung.

328 Die Höhe des Kinderpflege-Krankengeldes bemisst sich nach den allgemeinen für das Krankengeld geltenden Bestimmungen. Jedoch wird das Kinderpflege-Krankengeld ausschließlich für Arbeitstage und nicht für Kalendertage gezahlt.

329 **(gg) Krankengeld bei Organ-, Gewebe- und Blutspenden.** Ein besonderer Krankengeldanspruch besteht nach § 44a SGB V für Spender von Organen und Gewebe oder Blut zur Separation von Blutstammzellen oder anderen Blutbestandteilen zugunsten von zum Zeitpunkt der Spende in der GKV Versicherten. Nicht erforderlich ist, dass der Spender selbst in der GKV versichert ist, sodass der Anspruch auch PKV-Versicherten zustehen kann. Der Anspruch richtet sich gegen die GKV-Krankenkasse des Spendenempfängers. Die PKV-Unternehmen haben sich in einer von dem PKV-Verband für seine Mitglieder abgegebenen Selbstverpflichtungserklärung[208] zu einer entsprechenden Vorgehensweise bei in der PKV versicherten Spendenempfängern verpflichtet.

330 Voraussetzung des Anspruchs ist, dass die Spende zur Arbeitsunfähigkeit des Spenders geführt hat und hierdurch ein Verdienstausfall des Spenders verursacht worden ist. Umfasst wird der Zeitraum, während dessen der Spender bei einer komplikationslos verlaufenden Spende arbeitsunfähig ist. Treten Komplikationen auf, die zu einer Verlängerung der Arbeitsunfähigkeit führen, oder beruht die Verlängerung der Arbeitsunfähigkeit auf anderen Gründen, tritt der Krankengeldanspruch für in der GKV versicherte Spender hinter dem – insoweit vorrangigen – allgemeinen Krankengeldanspruch zurück. Für privat krankenversicherte Spender entfällt dann ein Krankengeldanspruch; Versicherungsleistungen können sich aus dem Versicherungsverhältnis zu PKV ergeben. Besteht allerdings während des Zeitraumes der Arbeitsunfähigkeit bei einer komplikationslosen Spende zusätzlich ein Krankengeldanspruch aus § 44 SGB V, verdrängt nach § 44a S. 4 SGB V der (regelmäßig höhere) Anspruch aus § 44a SGB V für diesen Zeitraum den allgemeinen Krankengeldanspruch.

331 Das Krankengeld für Spender wird in Höhe des regelmäßig erzielten Nettoarbeitsentgelts oder Arbeitseinkommens des Spenders gezahlt. Es soll dadurch grundsätzlich zu einer vollständigen Erstattung des aufgrund der Spende ausgefallenen Verdienstes kommen. Allerdings begrenzt § 44a S. 2 SGB V den Krankengeldbetrag – auch für nicht in der GKV versicherte Spender – auf die Höhe der kalendertäglichen Beitragsbemessungsgrenze, um eine Überforderung der GKV zu vermeiden. Bezieht der Spender während der spendenbedingten Arbeitsunfähigkeit Arbeitsentgelt, insbesondere also Entgeltfortzahlung im Krankheitsfall nach § 3a EFZG schließt der in § 44a S. 4 SGB V enthaltene Verweis auf § 49 Abs. 1 Nr. 1 SGB V den Krankengeldanspruch aus.

332 **(p) Fahrkosten.** Zu den von den Krankenkassen zu übernehmenden Leistungen gehört nach § 60 SGB V auch die Übernahme von Fahrkosten. Fahrkosten umfassen zum einen Kosten für von dem Versicherten selbst durchgeführte Fahrten unabhängig von dem gewählten Verkehrsmittel und zum anderen für Transporte, bei denen der Versicherte die Fahrt nicht ohne fremde Hilfe durchführen kann. Die Bewilligung zur Übernahme von Fahrkosten stellt eine krankenversicherungsrechtliche Nebenleistung dar, die voraussetzt, dass die Fahrkosten im Zusammenhang mit einer krankenversicherungsrechtlichen Hauptleistung aus medizinischen Gründen zwingend erforderlich waren.[209] Auch wenn die Fahrkosten vielfach in Form der Kostenerstattung an den

---

208 Abgedruckt zB in BT-Drs. 17/9773, 38.
209 BSG SozR 3-2500 § 60 Nr. 3 = BeckRS 1999, 30048033.

Versicherten ausgezahlt werden, stellt die Übernahme von Fahrkosten nach § 60 SGB V eine Ausprägung des Sachleistungsprinzips dar.[210]

Als akzessorische Nebenleistung der Krankenkasse setzt der Anspruch auf Über- **333** nahme der Fahrkosten voraus, dass die die Kosten verursachende Fahrt im Zusammenhang mit einer von der zu befördernden Person in Anspruch genommenen krankenversicherungsrechtlichen Hauptleistung aus medizinischen Gründen zwingend erforderlich ist. Es muss danach zum einen ein nach Maßgabe der jeweiligen krankenversicherungsrechtlichen Anspruchsnorm begründeter Anspruch auf Erbringung einer krankenversicherungsrechtlichen Hauptleistung bestehen. Hinzukommen muss, dass die Fahrt zu dem Zweck erfolgt, den Versicherten an den Ort der vorgesehenen Leistungserbringung zu transportieren bzw. von dort zu seiner Wohnung zu verbringen. Diese Voraussetzung ist beispielsweise dann nicht erfüllt, wenn die Fahrt zur Inanspruchnahme der Hauptleistung anlässlich einer beruflich bedingten Fahrt ausgeführt wird, ohne Weiteres aber auch zu anderen Zeitpunkten hätte durchgeführt werden können.[211]

Zu der reinen Ursächlichkeit muss hinzutreten, dass die Fahrt aus zwingenden medi- **334** zinischen Gründen notwendig gewesen ist. Medizinische Gründe müssen gerade die Erforderlichkeit der Fahrt rechtfertigen. Demgegenüber reicht es nicht aus, wenn nur die Hauptleistung ihrerseits medizinisch begründet ist. Die die Fahrt medizinisch rechtfertigenden Gründe müssen schließlich zwingend sein, also nach ihrem Gewicht erheblich gesteigert sein, was nur der Fall ist, wenn die Gründe derart gewichtig sind, dass sie die Durchführung der die Fahrkosten verursachenden Fahrt unvermeidbar machen. Das Vorliegen dieser Kriterien ist differenziert danach zu beurteilen, ob ein Fall eines privilegierten Transportes nach § 60 Abs. 2 SGB V oder ein Transport zu sonstigen ambulanten Behandlungen nach § 60 Abs. 1 S. 3 SGB V vorliegt.

§ 60 Abs. 2 SGB V benennt abschließend[212] vier Fallkonstellationen, in denen die Kran- **335** kenkassen die notwendigen Fahrkosten zu übernehmen haben, ohne dass eine vorherige Genehmigung der Krankenkasse erforderlich ist.

– Dies gilt zunächst für Fahrkosten bei stationären Behandlungen, also – als Hauptfall – die stationäre Krankenhausbehandlung nach § 39 SGB V aber auch andere stationäre Leistungen wie zB im Zusammenhang mit medizinischen Vorsorgeleistungen nach § 23 Abs. 4 SGB V, stationären Hospizleistungen nach § 39a SGB V oder der stationären Entbindung nach § 24f SGB V. Zu beachten ist, dass für stationäre Leistungen der medizinischen Rehabilitation § 60 Abs. 5 SGB V durch den Verweis auf § 53 Abs. 1–3 SGB IX eine (weitergehende) Sonderregelung gilt.
  Unter diese Fallkonstellation fällt auch die Verlegung von einem Krankenhaus in ein anderes Krankenhaus. Dies gilt allerdings nur dann, wenn die Verlegung aus zwingenden medizinischen Gründen erforderlich war, weil zB die notwendige Behandlung in dem Krankenhaus, aus dem die Verlegung erfolgt ist, nicht möglich gewesen ist, oder die Krankenkasse vorher zugestimmt hat. Eine allein auf Wunsch des Versicherten oder aus im organisatorischen Interesse der beteiligten Krankenhäuser liegende Verlegung reicht insoweit nicht aus.[213]
– Die zweite privilegierte Konstellation betrifft die Rettungsfahrten zu einem Krankenhaus, ohne dass in diesem Zusammenhang das Kriterium der Erforderlichkeit der stationären Behandlung erfüllt sein muss. Übernommen werden die Kosten von

---

210 BSG SozR 3-2500 § 133 Nr. 1 = BeckRS 1995, 30758311.
211 BSG SozR 2200 § 194 Nr. 11 = BeckRS 1983, 05790; BSG SozR § 194 Nr. 9.
212 BSG SozR 3-2500 § 60 Nr. 3 = BeckRS 1999, 30048033.
213 BSG SozR 4-2500 § 60 Nr. 3 (zu einem religiös motivierten Verlegungswunsch); BSG SozR 3-2500 § 60 Nr. 6 = BeckRS 9998, 84112.

Rettungsfahrten, also Krankentransportleistungen, die erforderlich werden, weil sich der Versicherte in Folge von Verletzungen oder Krankheit in unmittelbarer Lebensgefahr befindet oder sein Gesundheitszustand in kurzer Zeit eine lebensbedrohende Verschlechterung erwarten lässt. Der Zustand muss derartig sein, dass der Einsatz eines qualifizierten Rettungsmittels, also eines Rettungswagens, eines Notarztwagens oder eines Rettungshubschraubers nach Maßgabe der Krankentransport-Richtlinie[214] des G-BA geboten ist.

– Sonstige Krankentransporte sind nach § 60 Abs. 2 Nr. 3 SGB V privilegiert, wenn der Versicherte während der Fahrt einer fachlichen Betreuung oder der besonderen Einrichtung eines Krankenkraftwagens bedarf oder dies zumindest aufgrund des Zustandes des Patienten zu erwarten ist. Erfasst werden Konstellationen, in denen zwar kein eine Rettungsfahrt auslösender Notfall vorliegt, der Einsatz des qualifizierten Rettungsmittels aber aus sonstigen in dem Gesundheitszustand des Versicherten begründeten Umständen erforderlich ist. Nähere Einzelheiten hierzu regelt § 6 der Krankentransport-Richtlinien des G-BA.

– Privilegiert ist schließlich auch die Fahrt zu einer eine stationäre Krankenhausbehandlung ersetzenden ambulanten Behandlung sowie zu Behandlungen nach § 115a SGB V und § 115b SGB V, also die vor- und nachstationären Behandlungen bzw. ambulanten Operationen im Krankenhaus. Privilegiert sind nur die Transporte zu ambulanten Behandlungen, die dazu dienen, eine ansonsten notwendige stationäre Krankenhausbehandlung zu vermeiden oder zu verkürzen. Fehlt es an dem inhaltlichen Zusammenhang mit der stationären Krankenhausbehandlung greift der Privilegierungstatbestand nicht ein.[215]

336 Die Inanspruchnahme von qualifizierten Rettungsmitteln oder Krankentransportwagen bedarf einer vertragsärztlichen Verordnung, aus der sich der zwingende medizinische Grund der Transportleistung ergibt und in der das erforderliche Transportmittel angegeben ist. Die Verordnung soll grundsätzlich vor Durchführung der Beförderung ausgestellt werden. In Notfällen kann die Verordnung nachträglich erfolgen. Bei Nutzung des eigenen PKWs oder öffentlicher Verkehrsmittel ist eine Verordnung nicht erforderlich. Einer vorherigen Genehmigung der Krankenkasse bedarf es nicht.

337 Jenseits der privilegierten Tatbestände des § 60 Abs. 2 SGB V erfolgt eine Übernahme von Fahrtkosten zu ambulanten Behandlungen nach § 60 Abs. 1 S. 3 SGB V in den in § 8 Krankentransport-Richtlinie festgelegten Fallkonstellationen. Hierunter fallen einerseits Patienten, die nach einem durch die Grunderkrankung vorgegebenen Therapieschema ambulant behandelt werden, welches eine hohe Behandlungsfrequenz über einen längeren Zeitraum aufweist. Hinzukommen muss, dass die kontinuierliche Behandlung zur Vermeidung von Schäden an Leib oder Leben des Versicherten unerlässlich ist. Hierunter fallen Transporte zur Dialysebehandlungen, onkologischer Strahlentherapie oder Chemotherapie.[216] Die zweite Fallgruppe betrifft Versicherte, die wegen anerkannter Schwerbehinderung mit dem Merkzeichen »aG«, »Bl« oder »H« auf den Transport angewiesen sind oder in die Pflegegrade 3, 4 oder 5 eingestuft sind; bei Einstufung in den Pflegegrad 3 muss ein Bedarf nach einer Beförderung wegen dauerhafter Beeinträchtigung der Mobilität hinzukommen. Bei niedrigeren Pflegegraden kann die Krankenkasse im Einzelfall auf ärztliche Verordnung Fahrten zu ambulanten Be-

---

214 RL über die Verordnung von Krankenfahrten, Krankentransportleistungen und Rettungsfahrten nach § 92 Absatz 1 Satz 2 Nummer 12 SGB V (Krankentransport-Richtlinie) v. 22.1.2004 idF v. 26.5.2017.

215 Zu den Fahrkosten zu Dialysebehandlungen, BSG SozR 3-2500 § 60 Nr. 1 = BeckRS 9998, 83778.

216 Die Aufzählung in der Anlage 2 zu § 8 Krankentransport-Richtlinie ist nicht abschließend, BSG SozR 4-2500 § 60 Nr. 1 = BeckRS 2006, 44493.

handlungen genehmigen, wenn vergleichbare Mobilitätsbeschränkungen gegeben sind und die ambulante Behandlung dauerhaft erfolgt. Die Übernahme der Fahrkosten in den nicht privilegierten Konstellationen bedarf der vorherigen Genehmigung der Krankenkasse, die die Einzelheiten des Transportes in der Genehmigung festlegen muss.

Der Anspruch auf Übernahme der Fahrkosten ist bei Vorliegen der Voraussetzungen 338 auf die notwendigen Fahrkosten beschränkt. Erfasst werden daher ausschließlich die reinen Beförderungskosten für das jeweils gebotene Transportmittel, nicht aber mit dem Transport verbundene Kosten für Zeitaufwand, entgangenen Verdienst, Übernachtungs- oder Verpflegungskosten. Übernommen werden grundsätzlich auch nur die Kosten des Versicherten, der die Hauptleistung in Anspruch nimmt. Die Übernahme von Fahrkosten für Begleitpersonen kommt nur ausnahmsweise dann in Betracht, wenn für die Fahrt der Begleitperson eine medizinische Notwendigkeit besteht, was insbesondere bei der Begleitung kleinerer Kinder oder älterer Menschen der Fall sein kann.[217]

Die Begrenzung der Kostenübernahme auf die notwendigen Fahrkosten führt darüber 339 hinaus zu einer Beschränkung des Leistungsumfanges in sachlicher Hinsicht. Notwendig zur Erbringung einer medizinisch indizierten Hauptleistung sind nämlich nur diejenigen Kosten, die erforderlich sind, um die nächst erreichbare Behandlungsmöglichkeit aufzusuchen, regelmäßig also nur die Kosten vom Wohnort bzw. eines vom Wohnort abweichenden Aufenthaltsortes zum nächst erreichbaren geeigneten Krankenhaus und die entsprechenden Rückfahrkosten vom Ort der Leistungserbringung zum Wohnort. Nicht notwendig sind demgegenüber übersteigende Fahrkosten, die sich ergeben, weil der Versicherte auf eigenen Wunsch ein anderes, weiter entfernt liegendes Krankenhaus aufsuchen will oder aus nicht medizinisch indizierten Gründen den Wechsel seines Krankenhauses veranlasst.[218] Zu beachten ist, dass § 60 Abs. 4 S. 1 SGB V in Fällen, in denen der Versicherte bei einem vorübergehenden Auslandsaufenthalt erkrankt und entweder zum Zwecke der Weiterbehandlung oder zum Abschluss der Behandlung ins Inland zurückkehrt, die Übernahme von Fahrkosten für einen krankheitsbedingten Rücktransport aus dem Ausland in das Inland generell ausschließt. Gegen die Wirksamkeit der Regelung werden unter dem Gesichtspunkt der Warenverkehrs- und Dienstleistungsfreiheit zu Recht europarechtliche Bedenken erhoben.[219]

Die Notwendigkeit eines Fahrkosten auslösenden Transportes beurteilt sich nach einem objektiven Maßstab. Dies führt zu Problemen, wenn der angeforderte Transport 340 tatsächlich nicht durchgeführt wird, weil sich der Gesundheitszustand des Versicherten nach Anforderung des Transportes in einer Weise verändert hat, dass der Transport überflüssig wird. Denkbar ist dies zB, wenn der Versicherte vor Ankunft des Rettungswagens, der ihn in ein Krankenhaus bringen soll, verstirbt, aber auch dann, wenn der Versicherte den Transport durch den Rettungswagen in ein Krankenhaus ablehnt. Das BSG[220] sieht in den letztgenannten Fällen die Notwendigkeit des Transportes als nicht gegeben an und schließt deswegen eine Kostenübernahme aus. Richtigerweise ist die Notwendigkeit des Transportes zum Zeitpunkt der Anforderung des

---

217 Vgl. BSG SozR 2200 § 194 Nr. 12.
218 BSG SozR 4-2500 § 60 Nr. 3; SozR 2200 § 194 Nr. 10.
219 KassKomm/*Nolte* SGB V § 60 Rn. 24; Becker/Kingreen/*Kingreen* SGB V § 60 Rn. 28; das BSG SozR 3-2500 § 60 Nr. 3 = BeckRS 1999, 30048033 sieht Bedenken nicht.
220 BSG BeckRS 2009, 50197; BSG SozR 4-2500 § 60 Nr. 2, jeweils zu den Kosten von den Versicherten abgelehnten Transporten in ein Krankenhaus durch einen herbeigerufenen Rettungswagen.

Transportes zu beurteilen. Ist zu diesem Zeitpunkt die Fahrt objektiv notwendig, weil der Patient noch lebt, ist der Anspruch auf Übernahme der Fahrtkosten auch dann gerechtfertigt, wenn die Notwendigkeit des Transportes später aufgrund Versterbens des Patienten entfallen ist. Anders verhält es sich bei dem vom Versicherten abgelehnten Transport, weil dort die fehlende Transportnotwendigkeit objektiv auch schon zum Zeitpunkt der Anforderung des Rettungswagens bestanden hat.[221]

C. Krankenbehandlung bei anderen Trägern, Zugang und Leistungen

341 Außerhalb der GKV können sich auf Krankenbehandlung gerichtete Leistungsansprüche auch gegen andere Sozialleistungsträger ergeben. Die jeweiligen Zugangsvoraussetzungen und der jeweilige Leistungskatalog werden nachfolgend überblicksartig dargestellt.

I. Gesetzliche Unfallversicherung (GUV)

342 In der GUV nach den §§ 2, 3 und 6 SGB VII Versicherte haben nach Eintritt eines Versicherungsfalles iSv § 7 Abs. 1 SGB VII, also eines Arbeitsunfalles oder einer Berufskrankheit, gem. § 26 Abs. 2 Nr. 1 SGB VII, und den §§ 27 ff. SGB VII einen Anspruch auf unfallversicherungsrechtliche Heilbehandlung. Ein Arbeitsunfall ist nach § 8 Abs. 1 SGB VII gegeben, wenn ein Unfall infolge einer vom Versicherungsschutz der GUV umfassten Tätigkeit eintritt, wobei zu der Tätigkeit auch der unmittelbare Weg zu dem und von dem Ort der Tätigkeit (sog. Wegeunfall) gehört.[222] Eine Berufskrankheit liegt nach § 9 Abs. 1 SGB VII vor, wenn die Krankheit in der Berufskrankheiten-Rechtsverordnung enthalten ist und diese Krankheit infolge einer vom Versicherungsschutz der GUV umfassten Tätigkeit eingetreten ist.[223]

343 Liegt ein unfallversicherungsrechtlicher Versicherungsfall vor, der Leistungen der Krankenbehandlung (in der Diktion des SGB VII: Heilbehandlung) erforderlich werden lässt, verdrängen die nach den §§ 27 ff., 45 ff. SGB VII infolge des Versicherungsfalles erforderlichen Leistungen der GUV nach § 11 V SGB V die vergleichbaren GKV Leistungsansprüche. Die Verdrängungswirkung ist umfassend, sodass ein Anspruch auf Verletztengeld nach § 45 SGB VII den Krankengeldanspruch in der GKV auch dann verdrängt, wenn der Krankengeldanspruch höher ist als das Verletztengeld.[224] Voraussetzung des Eintritts der Verdrängungswirkung ist allerdings, dass die den Behandlungsbedarf auslösende gesundheitliche Beeinträchtigung ausschließlich durch einen Arbeitsunfall oder eine Berufskrankheit verursacht ist; eine bloße Mitursächlichkeit reicht nicht aus.[225] Die Leistungszuständigkeit der GUV besteht daher nicht für Leistungen, die aufgrund nicht unfallbedingter Beeinträchtigungen neben davon unabhängigen unfallbedingten Beeinträchtigungen erforderlich sind.

344 Der zuständige Unfallversicherungsträger hat nach § 26 Abs. 2 Nr. 1 SGB VII bei Eintritt eines Versicherungsfalls mit allen geeigneten Mitteln möglichst frühzeitig den durch den Versicherungsfall verursachten Gesundheitsschaden zu beseitigen oder zu bessern, seine Verschlimmerung zu verhüten und seine Folgen zu mildern. Die zum Zwecke der Heilbehandlung zu gewährenden Leistungen sind beispielhaft (insbesondere) in § 27 Abs. 1 Nr. 1–7 SGB VII aufgezählt. Danach gehört zu den Leistungen der

---

221 Dazu Spickhoff/*Nebendahl* SGB V § 60 Rn. 15.
222 Dazu KassKomm/*Ricke* SGB VII § 8 Rn. 3, 178 ff.
223 KassKomm/*Ricke* SGB VII § 9 Rn. 8 ff.
224 Das Entfallen des sog. Spitzbetrages des Krankengeldes ist verfassungsgemäß, vgl. BSG SozR 3-2500 § 11 Nr. 3 = BeckRS 2003, 40090.
225 BSG SozR 3-2200 § 539 Nr. 43.

GUV neben der ärztlichen Erstversorgung die ärztliche und zahnärztliche Behandlung nach § 28 SGB VII, die Versorgung mit Arznei- und Verbandsmitteln nach § 29 SGB VII, die Heil- und Hilfsmittelversorgung nach den §§ 30 und 31 SGB VII, die häusliche Krankenpflege nach § 32 SGB VII und die voll- und teilstationäre Behandlung in Krankenhäusern und Rehabilitationseinrichtungen gem. § 33 SGB VII nach Maßgabe der dort jeweils geregelten Voraussetzungen sowie die Leistung von Verletztengeld nach den §§ 45 ff. SGB VII und von Übergangsgeld nach den §§ 49 ff. SGB VII. Ihrem Inhalt nach entsprechen die Leistungen der GUV im Wesentlichen den vergleichbaren Leistungen in der GKV. Insbesondere gelten bei der Arzneimittelversorgung nach § 29 Abs. 1 S. 2 SGB VII ebenso wie im Leistungsrecht der GKV Festbeträge. Gleiches gilt für die Hilfsmittelversorgung nach § 31 Abs. 1 S. 2 und 3 SGB VII. Anders als in der GKV besteht bei der Versorgung mit Arzneimitteln, Heil- und Hilfsmitteln keine Zuzahlungsverpflichtung. Eine Kostenerstattung kommt nur in entsprechender Anwendung des § 13 Abs. 3 SGB V in Betracht, wenn die Leistung unaufschiebbar war oder zu Unrecht abgelehnt worden ist, bzw. – bei Rehabilitationsleistungen – unter den sehr engen Voraussetzungen des § 15 Abs. 1 S. 3 und 4 SGB IX.

In der GUV gilt – ebenso wie in der GKV – das Sachleistungsprinzip. In § 34 Abs. 1, 3 SGB VII ist deshalb vorgesehen, dass die Träger der GUV die frühzeitige und sachgemäße Leistungserbringung durch den Abschluss von Verträgen mit den Kassenärztlichen und Kassenzahnärztlichen Vereinigungen, Krankenhäusern und anderen Leistungserbringern sicherstellen. Anders als im Bereich der GKV unterhalten die Träger der GUV eine Vielzahl von Einrichtungen in eigener Trägerschaft, insbesondere spezialisierte Unfallkliniken und Schwerbrandverletztenzentren sowie stationäre Rehabilitationseinrichtungen, durch die eine spezialisierte unfallmedizinische Behandlung sichergestellt werden soll. **345**

Die Träger der GUV können besondere Voraussetzungen an die fachliche Befähigung und die sächliche und personelle Ausstattung und die zu übernehmenden Pflichten für Ärzte und Krankenhäuser im Hinblick auf die besonderen Anforderungen der Versorgung Unfallverletzter festlegen und besondere, an Art und Schwere des Gesundheitsschadens orientierte Verfahren für die Heilbehandlung vorsehen, die von den Leistungserbringern zu beachten sind. **346**

Zur Sicherstellung einer frühzeitigen und sachgemäßen unfallversicherungsrechtlichen Heilbehandlung haben die Träger der GUV sog. Durchgangsärzte eingesetzt. Es handelt sich idR um niedergelassene Vertragsärzte oder an einem Krankenhaus tätige Ärzte der Fachrichtungen Orthopädie und Unfallchirurgie oder Chirurgie mit der Schwerpunktbezeichnung Unfallchirurgie.[226] Diese sind nach § 34 Abs. 1 S. 3 SGB VII und den Bestimmungen des § 26 des zwischen den Verbänden der Unfallversicherungsträger und der KBV geschlossenen Vertrages Ärzte/Unfallversicherungsträger[227] nach einem in die Zuständigkeit der GUV fallenden Arbeitsunfall zur weiteren Organisation der Heilbehandlung zunächst einzuschalten. Ein infolge eines Arbeitsunfalls Verletzter ist daher grundsätzlich zunächst einem Durchgangsarzt vorzustellen. Der Durchgangsarzt hat nach § 27 Abs. 1 Vertrag Ärzte/Unfallversicherungsträger die Ent- **347**

---

226 Vgl. dazu die Anforderungen der gesetzlichen Unfallversicherungsträger nach § 34 SGB VII zur Beteiligung am Durchgangsarztverfahren (idF v. 1.1.2011), Ziffer 2.

227 Vertrag gemäß § 34 Abs. 3 SGB VII zwischen der Deutschen Gesetzlichen Unfallversicherung e.V. (DGUV), dem Spitzenverband der landwirtschaftlichen Sozialversicherung (SVLFG) einerseits und der Kassenärztlichen Bundesvereinigung andererseits über die Durchführung der Heilbehandlung, die Vergütung der Ärzte sowie die Art und Weise der Abrechnung der ärztlichen Leistungen (Vertrag Ärzte/Unfallversicherungsträger) v. 1.1.2011 zuletzt geändert durch Änderungsvereinbarung zum 29.11.2016 (Stand: 1.1.2017).

scheidung zu treffen, ob der Patient einer besonderen berufsgenossenschaftlichen Heilbehandlung bedarf oder der allgemeinen Heilbehandlung zugeführt werden soll. Dem Durchgangsarzt obliegt darüber hinaus in regelmäßigen Zeitabständen die Überprüfung, ob der eingeschlagene Behandlungsweg beibehalten oder geändert werden soll.

II. Soziale Entschädigung

348 Im Anwendungsbereich des sozialen Entschädigungsrechts können ebenfalls Leistungen der Heilbehandlung gewährt werden. Voraussetzung ist, dass ein Entschädigungstatbestand erfüllt ist, für dessen Folgen nach einer entsprechenden gesetzlichen Festlegung die staatliche Gemeinschaft einzutreten hat. Dies kann nach § 5 Abs. 1 SGB I sowohl darauf beruhen, dass der Geschädigte eine Gesundheitsschädigung als besonderes Opfer bei Tätigkeiten erlitten hat, die er im Interesse der Allgemeinheit übernommen hat, als auch darauf, dass eine aus anderen Gründen bestehende besondere öffentliche Verantwortung die Einstandspflicht des Staates rechtfertigt. Im sozialen Entschädigungsrecht anspruchsberechtigt ist jede Person, die aufgrund einer gesetzlich näher umschriebenen Ursache einen Gesundheitsschaden erlitten hat. Eine »Versichertenstellung« ist anders als im Recht der GKV und der GUV nicht gefordert. Ein Anspruch auf soziale Entschädigungsleistungen geht den entsprechenden Leistungen in der GKV und der GUV vor.

349 Die einzelnen Entschädigungssachverhalte sind in unterschiedlichen Gesetzen geregelt. Im Geltungsbereich des SGB fallen hierunter das als Besonderer Teil des SGB in § 68 Nr. 7 SGB I genannte BVG nebst den unter lit. a–h aufgezählten, auf das BVG verweisenden gesetzlichen Regelungen in den §§ 80–83a SVG, in § 47 ZDG, in § 60 IfSG, in §§ 4, 5 HHG, in § 1 OEG, in den §§ 21, 22 StrRehaG und in den §§ 3, 4 VwRehaG. Das soziale Entschädigungsrecht umfasst daher zum einen Schadensfälle, die im Zusammenhang mit der Ableistung von Militärdienst (bis zum Ende des 2. Weltkrieges, BVG) oder in der Bundeswehr (SVG) oder von Zivildienst (ZDG) entstanden sind. Zum Zweiten fallen hierunter sog. Impfschäden iSv § 2 Nr. 11 IfSG, die infolge von Schutzimpfungen, oder Schäden, die aufgrund einer anderen Maßnahme der spezifischen Prophylaxe nach § 60 Abs. 1 IfSG eingetreten sind. Die dritte Fallgruppe betrifft Schäden von Verbrechensopfern iSv § 1 OEG, die infolge eines vorsätzlichen, rechtswidrigen tätlichen Angriffs gegen eine Person oder durch dessen rechtmäßige Abwehr verursacht wurden. Als Viertes fallen hierunter Schäden, die als Folge einer unrechtmäßigen Ingewahrsamnahme außerhalb des Gebietes der Bundesrepublik Deutschland iSv § 1 Abs. 1 HHG, einer rechtsstaatswidrigen strafrechtlichen Entscheidung in der ehemaligen DDR im Sinne des StrRehaG oder von entsprechenden Verwaltungsmaßnahmen im Sinne des VwRehaG eingetreten sind. Erforderlich ist jeweils, dass zwischen der im Allgemeininteresse wahrgenommenen, bzw. aus besonderen Gründen der staatlichen Verantwortung zugeordneten Aktivität und dem eingetretenen Schaden ein kausaler Zusammenhang besteht. Für den Nachweis der Ursächlichkeit reicht die Feststellung der Wahrscheinlichkeit des ursächlichen Zusammenhanges aus; nicht jedoch die bloße Möglichkeit eines Zusammenhanges (vgl. § 1 Abs. 3 S. 1 BVG).

350 Ausgleichsfähige Schäden können sowohl die in § 1 BVG und § 81 S. 1 BVG genannten unmittelbaren gesundheitlichen Schädigungen sein, als auch sog. Gesundheitsstörungen iSv § 1 Abs. 3 BVG als kausale Folge einer unmittelbaren Gesundheitsschädigung. Mittelbare Schädigungsfolgen, die durch ein äußeres Ereignis hervorgerufen und durch die Folgen der Schädigung verursacht worden sind, sind gleichfalls entschädigungsfähig.

Nebendahl

Liegt ein das soziale Entschädigungsrecht auslösender Sachverhalt vor, bestehen Ansprüche auf die unterschiedlichen in § 9 BVG aufgezählten Entschädigungsleistungen einschließlich der in § 9 Abs. 1 Nr. 1 BVG genannten Leistungen der Heilbehandlung, der Versehrtenleibesübungen und der Krankenbehandlung. Heilbehandlung wird Geschädigten nach § 10 Abs. 1 S. 1 BVG gewährt, um Gesundheitsstörungen oder die durch sie bewirkten Beeinträchtigungen so umfassend wie möglich zu beseitigen oder zu mildern. Dabei wird insbesondere das Ziel verfolgt, den Berechtigten in Arbeit, Beruf und Gesellschaft einzugliedern. Die Heilbehandlung umfasst ausweislich des Kataloges in § 11 Abs. 1 S. 1 BVG nach Satz 2 grundsätzlich dieselben Leistungen wie die der Krankenbehandlung in der GKV nach § 27 Abs. 1 SGB V oder die der Heilbehandlung in der GUV nach § 27 Abs. 1 SGB VII. Die Voraussetzungen der einzelnen Leistungen werden in den §§ 11a–17 BVG näher ausgestaltet. **351**

Der Leistungserbringung liegt nach § 18 Abs. 1 S. 1 BVG ebenfalls das Sachleistungsprinzip zugrunde, sodass nach § 18 Abs. 1, 2 BVG grundsätzlich die öffentliche Versorgungsverwaltung für die Organisation der Erbringung der Heilbehandlungsleistungen verantwortlich ist. Durch § 18c BVG wird die Erbringungsverantwortung allerdings zwischen diesen Behörden und den Krankenkassen aufgeteilt. Die von den Verwaltungsbehörden zu organisierenden Leistungen sind in § 18c Abs. 1 S. 2 BVG enumerativ aufgezählt, während § 18c Abs. 1 S. 3 BVG vorsieht, dass die übrigen – wesentlichen – Leistungen von den Krankenkassen für die Verwaltungsbehörden gegen Kostenerstattung gem. § 19 BVG erbracht werden. Eine Kostenerstattung für selbstbeschaffte Leistungen ist in den Fällen des § 18 Abs. 3–8 BVG möglich. **352**

Als weitere Leistung kommt für sog. Schwerbeschädigte die Erbringung von Krankenbehandlung iSv § 10 Abs. 4 und 5 BVG in Betracht. Es handelt sich um Leistungen, für Ehegatten, Lebenspartner, Kinder und sonstige Angehörige des Schwerbeschädigten, die in häuslicher Gemeinschaft mit diesem leben und von ihm überwiegend unterhalten werden. Die Leistungen entsprechen ihrem Umfang nach denen der Heilbehandlung. Die Leistungen der Krankenbehandlung bezwecken die Entlastung des Berechtigten von Unterhaltspflichten. **353**

Außerdem begründet § 16 BVG einen Anspruch auf die Zahlung von Versorgungskrankengeld, wenn Geschädigte aufgrund eines entschädigungsrechtlich relevanten Ereignisses schädigungsbedingt im krankenversicherungsrechtlichen Sinne arbeitsunfähig sind. Die Berechnung der Höhe der Versorgungskrankengeldes erfolgt nach den in den §§ 16a ff. BVG normierten Regeln vergleichbar mit der Berechnung des Krankengeldes in der GKV. **354**

III. Sozialhilfe

Krankenbehandlung zulasten der staatlich finanzierten Sozialhilfe wird nach § 8 Nr. 3 SGB XII als Hilfe zur Gesundheit gem. den §§ 47–52 SGB XII gewährt. **355**

§ 1 Abs. 1 SGB XII normiert das Ziel der Sozialhilfe, den Leistungsberechtigten die Führung eines Lebens zu ermöglichen, das der Würde des Menschen entspricht. Die gewährten Leistungen sollen den Berechtigten soweit wie möglich befähigen, unabhängig von der Sozialhilfe zu leben; darauf haben auch die Leistungsberechtigten hinzuarbeiten. Die Sozialhilfe verfolgt danach eine doppelte Zielsetzung, nämlich zum einen die Wahrung der Menschenwürde und zum anderen die Gewährung von Hilfe zur Selbsthilfe. **356**

Zur Erreichung dieser Ziele setzt ein Anspruch auf die Gewährung von Leistungen der Sozialhilfe keine Versicherteneigenschaft voraus. Sozialhilfeleistungen sind vielmehr nach § 9 Abs. 1 SGB XII unter Berücksichtigung der Umstände des Einzelfalls, **357** insbesondere des Bedarfes, der örtlichen Verhältnisse, der eigenen Kräfte und Mittel der Person und seines Haushalts, aber auch – § 9 Abs. 2 S. 1 SGB XII – der angemessenen Wünsche des Berechtigten zu gewähren. Nach § 16 SGB XII sind die besonderen Verhältnisse in der Familie des Leistungsberechtigten zu berücksichtigen. Gemeinsame Voraussetzung aller sozialhilferechtlichen Ansprüche ist, dass es grundsätzlich auf die Ursache der Hilfebedürftigkeit des Leistungsberechtigten nicht ankommt; sog. Finalprinzip. Dies gilt – allerdings mit den in den §§ 26, 39a und 103 SGB XII normierten Einschränkungen – auch für den Fall, dass der Leistungsberechtigte die Hilfebedürftigkeit selbst verursacht hat. Die Leistungen der Sozialhilfe müssen so bemessen sein, dass durch sie der individuelle, konkrete sozialhilferechtliche Bedarf vollständig befriedigt wird. Das sog. Bedarfsdeckungsprinzip schließt es dementsprechend grundsätzlich aus, dass Sozialhilfeleistungen für die Vergangenheit erbracht werden, weil sich eine in der Vergangenheit liegende Notlage nicht durch eine Leistungsgewährung in der Gegenwart ausgleichen lässt. Aus der Zwecksetzung der Sozialhilfe, einer anders nicht abwendbaren Notlage durch die Gewährung staatlicher Leistungen Rechnung zu tragen, folgt der in § 2 Abs. 1 SGB XII normierte Grundsatz des Nachranges der Sozialhilfe nicht nur gegenüber eigener Leistung, eigenen Einkommens und eigenen Vermögens, sondern auch im Verhältnis zu den gleichen Bedarf deckenden Leistungen anderer Sozialleistungsträger.

358 § 17 Abs. 1 SGB XII bestätigt den in den §§ 38, 39 SGB I normierten Grundsatz, dass ein Anspruch auf Sozialhilfeleistungen immer dann besteht, wenn die im SGB XII normierten Anspruchsvoraussetzungen für die jeweiligen Leistungen erfüllt sind, wobei zwischen zwingenden Ansprüchen und Ermessensansprüchen zu unterscheiden ist. Die Unterscheidung bezieht sich auf das »Ob« der Leistungsgewährung, während dem Sozialhilfeträger hinsichtlich der Leistungsausgestaltung, dem »Wie«, nach § 17 Abs. 2 SGB XII regelmäßig ein Entscheidungsspielraum eingeräumt ist, der von diesem nach pflichtgemäßen (Auswahl-)ermessen auszufüllen ist.

359 Ansprüche auf gesundheitsbezogene Sozialhilfeleistungen sind in den §§ 47–52 SGB XII als Hilfen zur Gesundheit normiert. Es handelt sich um Leistungen der vorbeugenden Gesundheitshilfe nach § 47 SGB XII, Hilfe bei Krankheit nach § 48 SGB XII, Hilfe zur Familienplanung nach § 49 SGB XII, Hilfe bei Schwangerschaft und Mutterschaft nach § 50 SGB XII und Hilfe bei der Sterilisation gem. § 51 SGB XII. Inhaltlich entsprechen die jeweils zu gewährenden Leistungen nach § 52 Abs. 1 SGB XII den vergleichbaren Leistungen in der GKV. Soweit Krankenkassen nach dem SGB V in ihrer Satzung Umfang und Inhalt der Leistungen bestimmen können, obliegt die Entscheidung über den Umfang und Inhalt der zu gewährenden Hilfe dem Träger der Sozialhilfe, der die Entscheidung nach pflichtgemäßem Ermessen zu treffen hat.

360 Aufgrund des in § 2 Abs. 1 SGB XII normierten Nachrangprinzips, nach dem Leistungen der Sozialhilfe nur gewährt werden, wenn nicht andere Sozialleistungsträger leistungszuständig sind, bewirkt § 264 Abs. 2 SGB V eine erhebliche Beschränkung der zu gewährenden Sozialhilfe. § 264 Abs. 2 SGB V legt fest, dass die Krankenbehandlung von nicht krankenversicherten Beziehern von Leistungen nach dem SGB XII mit Ausnahme von Personen, die ausschließlich Leistungen nach § 11 Abs. 5 S. 3 und § 33 SGB XII beziehen, sowie der in § 24 SGB XII genannten, im Ausland lebenden Deutschen, von der Krankenkasse übernommen werden. Dies gilt – aus Gründen der Verwaltungsvereinfachung – ausnahmsweise nicht für Personen, die voraussichtlich nicht länger als einen Monat ununterbrochen Hilfe zum Lebensunterhalt beziehen. Die in § 264 Abs. 2 S. 1 SGB V benannten Leistungsberechtigten haben nach § 264 Abs. 3 S. 1 SGB V unverzüglich eine Krankenkasse zu benennen, die ihre Krankenbehandlung übernimmt. Für Familienangehörige wird das Wahlrecht durch den sog. Haushaltsvorstand einheitlich ausgeübt. Dieser Personenkreis erhält von der Krankenkasse nach

§ 264 Abs. 4 S. 1 SGB V iVm § 11 Abs. 1, §§ 61 und 62 SGB V die in der GKV vorgesehenen Leistungen. Endet die sozialhilferechtliche Hilfebedürftigkeit, hat der Sozialhilfeträger den ehemals Leistungsberechtigten bei der Krankenkasse abzumelden und die gem. § 264 Abs. 4 S. 2 SGB V an den früheren Leistungsberechtigten ausgehändigte Krankenversicherungskarte nach § 291 SGB V einzuziehen und an die Krankenkasse auszuhändigen. Die für den begünstigten Personenkreis von der Krankenkasse erbrachten Leistungen werden dieser von dem Träger der Sozialhilfe nach § 264 Abs. 7 S. 1 SGB V vierteljährlich zuzüglich eines Verwaltungskostenaufschlages von bis zu 5% der abgerechneten Leistungsaufwendungen erstattet.

Für Leistungsberechtigte, die die Leistungen der Krankenbehandlung nicht nach § 264 **361** Abs. 2 SGB V von einer Krankenkasse erhalten, sieht § 52 Abs. 3 SGB XII vor, dass die Leistungserbringung entsprechend dem Leistungserbringungsrecht des SGB V auf Kosten des Sozialhilfeträgers erfolgt. Leistungsberechtigte sind nach § 52 Abs. 2 S. 1 SGB XII zur freien Wahl zwischen Ärzten, Zahnärzten und Krankenhäusern entsprechend den in der GKV geltenden Grundsätzen berechtigt, können also zwischen den zur vertrags- (zahn-) ärztlichen Versorgung zugelassenen Ärzten und Zahnärzten und nach § 108 SGB V zugelassenen Krankenhäusern unter den in der GKV geltenden Voraussetzungen frei wählen. Die Vergütung, die der Sozialhilfeträger für ärztliche, zahnärztliche und psychotherapeutische Leistungen übernehmen muss, entspricht der Höhe der Vergütung für AOK-Krankenversicherte am Sitz des jeweiligen Leistungserbringers. Nicht in der GKV versicherte Leistungsberechtigte haben darüber hinaus nach § 52 Abs. 4 SGB XII zulasten des Sozialhilfeträgers Anspruch auf stationäre und teilstationäre Hospizleistungen nach § 39a S. 1 SGB V und gem. den §§ 52 Abs. 5, 54 Abs. 1 S. 1 SGB XII auf Leistungen der medizinischen Rehabilitation in dem in der GKV vorgesehenen Umfang.

IV. Asylbewerberleistungsgesetz

Die im Vergleich zu den Sozialhilfeleistungen niedrigeren Leistungen nach dem **362** AsylblG erhalten die in § 1 Abs. 1 AsylblG aufgeführten Personengruppen. Es handelt sich um sich tatsächlich in Deutschland aufhaltende Ausländer,

– die eine Aufenthaltsgestattung nach dem AsylG besitzen,
– die über einen Flughafen einreisen wollen und denen die Einreise nicht oder noch nicht gestattet ist,
– die eine Aufenthaltserlaubnis wegen Krieges in ihrem Heimatland nach § 23 Abs. 1 oder § 24 AufenthG, nach § 25 Abs. 4 S. 1 AufenthG bzw. nach § 25 Abs. 5 AufenthG besitzen, sofern die Entscheidung über die Aussetzung der Abschiebung noch nicht 18 Monate zurückliegt,
– die eine Duldung nach § 60a AufenthG besitzen,
– die vollziehbar ausreisepflichtig sind, auch wenn eine Abschiebungsandrohung noch nicht oder nicht mehr vollziehbar ist,
– Ehegatten, Lebenspartner oder minderjährige Kinder von vorgenannten Personen,
– Personen, die einen Folgeantrag nach § 71 AsylG oder einen Zweitantrag nach § 71a AsylG stellen.

Unter den Voraussetzungen des § 1 Abs. 2 AsylblLG bestehen keine Leistungsansprü- **363** che nach dem AsylblLG. Das ist bei den genannten Personengruppen der Fall, wenn sie im Besitz eines anderen Aufenthaltstitels als einer Aufenthaltserlaubnis iSv § 1 Abs. 1 Nr. 3 AsylblLG mit einer Gültigkeitsdauer von mindestens sechs Monaten sind. Leistungseinschränkungen treten bei Vorliegen der Voraussetzungen des § 1a AsylblLG ein. Aus dem Anwendungsbereich des AsylblLG in den des SGB XII wechselt ein Asylbewerber nach § 1 Abs. 3 AsylblLG mit der behördlichen oder – ggf. auch noch nicht rechtskräftigen – gerichtlichen Anerkennung als Asylberechtigter. Nach § 2 AsylbLG treten an die Stelle der Leistungen nach dem AsylbLG die des SGB XII bei Anspruchsberechtigten, die sich 15 Monate ohne wesentliche Unterbrechungen im Bundesgebiet aufhalten und die die Dauer des Aufenthaltes nicht rechtsmissbräuchlich selbst beeinflusst haben.

364 Leistungen bei Krankheit, Schwangerschaft und Geburt werden nach § 4 AsylbLG – unter Anrechnung verfügbaren Einkommens und Vermögens, § 7 AsylbLG – in einem sehr eingeschränkten Umfang gewährt. Die Leistungsverpflichtung ist bei Vorliegen einer Erkrankung gem. § 4 Abs. 1 AsylbLG auf die zur Behandlung akuter Erkrankungen und Schmerzzustände erforderliche ärztliche und zahnärztliche Behandlung einschließlich der Versorgung mit Arznei- und Verbandsmitteln sowie sonstiger zur Genesung, zur Besserung oder zur Linderung von Krankheiten oder Krankheitsfolgen erforderlichen Leistungen begrenzt. Zum Versorgungsumfang gehören darüber hinaus Schutzimpfungen nach den §§ 47, 52 Abs. 1 S. 1 SGB XII. Eine Zahnersatzversorgung erfolgt nur, wenn dies aus medizinischen Gründen unaufschiebbar ist. Werdende Mütter und Wöchnerinnen erhalten nach § 4 Abs. 2 AsylbLG ärztliche und pflegerische Hilfe und Betreuung, Hebammenhilfe, Arznei-, Verband- und Hilfsmittel. Außerdem soll den Berechtigten nach § 4 Abs. 3 S. 2 AsylbLG frühzeitig eine Vervollständigung ihres Impfschutzes angeboten werden.

365 Die Gewährung sonstiger, darüber hinausgehender Leistungen steht nach § 6 Abs. 1 AsylbLG im Ermessen der für den Vollzug des AsylbLG nach § 10 AsylbLG durch die Bundesländer zu bestimmenden zuständigen Behörden. In Bezug auf Gesundheitsleistungen ist dabei insbesondere § 6 Abs. 2 AsylbLG von Bedeutung, nach dem Personen mit eine Aufenthaltserlaubnis nach § 24 Abs. 1 AufenthG, die besondere Bedürfnisse haben, wie bspw. unbegleitete Minderjährige oder Personen, die Folter, Vergewaltigung oder sonstige Formen schwerer psychischer, physischer oder sexueller Gewalt erlitten haben, die erforderliche medizinische oder sonstige Hilfe gewährt wird. Die zuständige Behörde hat diese Verpflichtung bei ihrer Ermessensentscheidung über die Gewährung sonstiger Gesundheitsleistungen als Vorgabe zu berücksichtigen.

366 Die Leistungserbringung erfolgt durch die nach § 10 AsylbLG festgelegten, für den Vollzug des AsylbLG zuständigen Behörden auf der Ebene der Bundesländer. Die örtliche Zuständigkeit für die Erbringung der Krankenbehandlung richtet sich nach § 10a Abs. 2 AsylbLG nach dem gewöhnlichen Aufenthaltsort des Leistungsberechtigten.

V. Beihilfe

367 Die Beihilfe stellt eine beamtenrechtliche Leistung dar, die aus der Fürsorgepflicht des Dienstherrn resultiert und den Dienstherrn verpflichtet, einem Beamten und seiner Familie ergänzende Leistungen in Krankheits-, Pflege-, Geburts- und Todesfällen unter den in den jeweiligen bundes- oder landesrechtlichen Beihilferegelungen normierten Voraussetzungen zu gewähren. Die Beihilferegelungen für Bundesbeamte finden sich in der auf der Grundlage der Ermächtigungsregelung in § 80 BBG erlassenen Bundesbeihilfeverordnung (BBhV) v. 5.2.2009.[228] Die Bundesländer haben für Landes- und

---

228 Das BVerwG hat mit Urt. v. 17.6.2004 – 2 C 50/02 (= NVwZ 2005, 713) – festgestellt, dass aus verfassungsrechtlichen Gründen (Wesentlichkeitsgrundsatz) die Beihilfevorschriften nicht – wie bisher – durch einfache Verwaltungsvorschriften geregelt werden dürfen, sondern eine Rechtsverordnung notwendig ist. Das BVerwG hat mit Urt. v. 28.5.2008 – 2 C 24/07 (= NVwZ 2008, 1378) – und Urt. v. 28.5.2008 – 2 C 108.07 (= BeckRS 2008, 38426) – sowie Urt. v. 26.6.2008 – 2 C 2/07 (= MedR 2009, 420) – dem Bund eine Übergangsfrist zur Neuregelung der Beihilfe in der Form einer Rechtsverordnung bis zum Ablauf der 16. Legislaturperiode gesetzt.

Nebendahl

Kommunalbeamte eigene Beihilfevorschriften erlassen, die zum Teil die bundesrecht-lichen Regelungen übernehmen, zum Teil hiervon aber auch abweichen.[229]

1. Beihilfeberechtigte Personen

Ein Anspruch auf Beihilfeleistung setzt zunächst eine persönliche Beihilfeberechtigung 368 voraus. Diese besteht bei Beamten und Richtern, sofern ihr Dienstverhältnis nicht auf weniger als ein Jahr befristet ist und sie mindestens ein Jahr ununterbrochen im öffent-lichen Dienst beschäftigt sind, für Ruhestandsbeamte und Richter im Ruhestand sowie frühere Beamte und Richter, die wegen Dienstunfähigkeit oder Erreichens der Alters-grenze entlassen worden oder wegen Ablauf der Dienstzeit ausgeschieden sind, sowie für die Witwen/Witwer sowie Kinder eines verstorbenen Beamten auf Lebenszeit, ei-nes verstorbenen Ruhestandsbeamten oder eines verstorbenen Beamten auf Probe, der an den Folgen einer Dienstbeschädigung gestorben ist.

Die Beihilfeberechnung setzt weiter voraus, dass den genannten Personen Dienstbe- 369 züge, Amtsbezüge, Anwärterbezüge, Ruhegeld, Übergangsgebührnisse aufgrund ge-setzlichen Anspruchs, Witwen-/Witwergeld, Waisengeld oder Unterhaltsbeiträge zu-stehen oder wegen anzuwendender Ruhens- oder Anrechnungsvorschriften Bezüge nicht bezahlt werden.

Beihilfeleistungen werden an die beihilfeberechtigten Personen nicht nur für Aufwen- 370 dungen, die die beihilfeberechtigte Person selbst betreffen, gewährt, sondern auch für berücksichtigungsfähige Angehörige. Hierzu gehört der Ehegatte des Beihilfeberech-tigten oder der/die Lebenspartner/in einer eingetragenen Lebenspartnerschaft, sofern diese Person nicht selbst beihilfeberechtigt ist. Ausgeschlossen ist die Beihilfe für Auf-wendungen des Ehegatten/Lebenspartners, wenn dessen Einkünfte im Vorvorkalender-jahr vor Einreichung eines Beihilfeantrages den Betrag von 17.000,00 EUR überstiegen haben. Beihilfefähig sind auch die Aufwendungen für Kinder des Beihilfeberechtigten, wenn sie im Familienzuschlag nach den §§ 39 ff. BBesG berücksichtigt werden.

2. Bemessungssatz der Beihilfe

Anders als im Recht der GKV gewährt die Beihilfe keine Sachleistungen, sondern nach 371 § 46 Abs. 1 BBhV Zuschüsse in Form eines prozentualen Anteiles (Bemessungssatzes) zu den beihilfefähigen Aufwendungen. Der Bemessungssatz wiederum ist nach § 64 Abs. 2 BBhV personenbezogen gestaffelt. Er beträgt bei Aufwendungen der bei-hilfeberechtigten Personen selbst 50%. Hat der Beihilfeberechtigte zwei oder mehr Kinder, erhöht sich der Beihilfesatz auf 70%. 70% beträgt der Beihilfesatz auch bei beihilfeberechtigten Versorgungsempfängern und Aufwendungen von berücksichti-gungsfähigen Ehegatten und Lebenspartnern. Der Beihilfesatz steigt bei den Aufwen-dungen berücksichtigungsfähiger Kinder sowie Waisen, die als solche beihilfeberech-tigt sind, auf 80%. Sind beide Ehegatten oder Lebenspartner beihilfeberechtigt und haben sie zwei oder mehr Kinder, tritt die Steigerung nur bei einem Teil der Partner-schaft ein, der von den Ehegatten bzw. Lebenspartnern einvernehmlich festzulegen ist.

3. Beihilfefähige Aufwendungen

Die Beihilfe wird nach § 6 Abs. 1 BBhV grundsätzlich nur für notwendige oder wirt- 372 schaftlich angemessene Aufwendungen gewährt, sofern nicht ausnahmsweise in der BBhV andere Aufwendungen als beihilfefähig anerkannt werden oder die Ablehnung der Beihilfe aus Fürsorgegründen eine besondere Härte iSv § 78 BBG bewirken würde.

---

229 Die folgenden Erläuterungen basieren auf den Regelungen der Bundesbeihilfeverordnung.

Die Angemessenheit der Aufwendungen beurteilt sich nach deren Höhe. § 6 Abs. 3 BBhV greift hierzu auf die Gebührenordnungen für Ärzte, Zahnärzte und Psychotherapeuten zurück und erklärt generell diejenigen Aufwendungen für angemessen, die sich in dem jeweiligen Gebührenrahmen halten. Demgegenüber sind durch Abweichung von den Regeln der GOÄ oder GOZ verursachte (höhere) Aufwendungen nicht angemessen und daher nicht beihilfebefähigt. In allgemeinen Verwaltungsvorschriften können darüber hinaus beihilfefähige Höchstbeträge für bestimmte Leistungen festgesetzt werden.

373 Inhaltlichen Anforderungen, die an die Beihilfefähigkeit von Leistungen in Krankheitsfällen gestellt werden, sind im Kapitel 2 der Beihilfeverordnung differenziert nach ambulanten Leistungen (Abschnitt 1, §§ 12–21 BBhV), sonstigen Aufwendungen (Abschnitt 2, §§ 22–33 BBhV) und Rehabilitationsleistungen (§§ 34–36 BBhV) normiert. Die Beihilfe verfolgt dabei das Ziel einer wirkungsgleichen Umsetzung von Änderungen im Bereich der GKV in das Beihilferecht. § 7 BBhV sieht in diesem Sinne vor, dass immer dann, wenn sich Inhalt und Ausgestaltung von Leistungen, zu denen Beihilfe gewährt wird, an Vorschriften des SGB V anlehnen, die Beihilfefähigkeit nur gegeben ist, wenn für die Leistungen einschließlich der Arzneimittel nach dem allgemein anerkannten Stand der medizinischen Erkenntnisse der diagnostische oder therapeutische Nutzen, die medizinische Notwendigkeit und die Wirtschaftlichkeit nachgewiesen sind, die Leistung zweckmäßig ist und keine andere wirtschaftlichere Behandlungsmöglichkeit mit vergleichbaren diagnostischen und therapeutischen Nutzen verfügbar ist. Im Anwendungsbereich des Beihilferechtes sind bestehende Richtlinien des G-BA nach § 92 SGB V sowie Entscheidungen oder Vereinbarungen des SpiBundKK oder Satzungsbestimmungen der gesetzlichen Krankenkassen unter Beachtung des Fürsorgegrundsatzes des § 78 BBG zu berücksichtigen. Das Beihilferecht greift folglich zur Festlegung der Beihilfefähigkeit von Aufwendungen auf die Vorgaben der GKV zurück. Dies gilt insbesondere für diejenigen Leistungen, bei denen ein Verweis auf die Bestimmungen der GKV ausdrücklich angeordnet ist, also für Arznei- und Verbandsmittel nach § 22 BBhV, häusliche Krankenpflege außerhalb des eigenen Haushalts nach § 27 Abs. 2 S. 2 BBhV, Soziotherapie nach § 30 BBhV, ambulante Palliativversorgung nach § 40 BBhV, Früherkennungsmaßnahmen und Vorsorgemaßnahmen im ärztlichen Bereich nach § 41 BBhV und Maßnahmen der künstlichen Befruchtung nach § 43 Abs. 1 BBhV.

374 Beihilfefähig sind danach die folgenden ambulanten Leistungen:

– Ambulante ärztliche Untersuchungen und Behandlungen im Krankheitsfall sind nach § 12 BBhV grundsätzlich beihilfefähig.
– Nach § 13 BBhV sind auch Leistungen von Heilpraktikern beihilfefähig, allerdings nur bis zu der in § 6 Abs. 3 S. 4 BBhV genannten Vergütungshöchstgrenze.
– Ambulante zahnärztliche und kieferorthopädische Behandlungen sind gleichfalls grundsätzlich beihilfefähig. Allerdings existieren besondere Abrechnungsvorgaben im Bereich der Implantologie, der funktionsanalytischen und funktionstherapeutischen Leistungen sowie für Auslagen, Material- und Laborkosten bei bestimmten zahnärztlichen Leistungen in den §§ 15–16 BBhV. Aufwendungen für kieferorthopädische Leistungen sind nur dann beihilfefähig, wenn bei Behandlungsbeginn das 18. Lebensjahr noch nicht vollendet ist oder wenn aufgrund schwerer Kieferanomalien eine kombinierte kieferchirurgische und kieferorthopädische Behandlung erfolgt. Die Beihilfestelle muss in diesem Fall nach Vorlage eines Heil- und Kostenplanes der Behandlung zugestimmt haben.
– Die Beihilfefähigkeit psychotherapeutischer Leistungen beschränkt sich auf die psychosomatische Grundversorgung, tiefenpsychologisch fundierte und analytische Psychotherapien sowie Verhaltenstherapien. Die jeweiligen Therapien müssen die

konkretisierten Anforderungen in den §§ 18–21 BBhV erfüllen. Die Beihilfefähigkeit der Aufwendung für psychotherapeutische Leistungen setzt weiter voraus, dass die Leistungen durch besonders qualifizierte Ärzte und/oder nichtärztliche Psychotherapeuten ausgeführt werden. Vor einer Behandlung durch psychologische Psychotherapeuten und Kinder- und Jugendpsychotherapeuten muss eine somatische Abklärung durchgeführt worden sein, die spätestens nach den probatorischen Sitzungen oder vor der Einleitung des Gutachtensverfahrens erfolgt, das der Durchführung einer Psychotherapie vorgeschaltet ist.

Zu den sonstigen beihilfefähigen Aufwendungen gehören die folgenden Leistungen: **375**

- Arznei- und Verbandsmittel, die von Ärzten, Zahnärzten oder Heilpraktikern verordnet sind, sind in den Grenzen des § 22 BBhV grundsätzlich beihilfefähig. Durch die Abs. 2–7 ergeben sich jedoch erhebliche Einschränkungen. Diese werden in den Abs. 2 und 3 durch Verweis auf die entsprechenden Regelungen in § 34 Abs. 1 S. 6–8 SGB V und – zur Möglichkeit der Festbeträge – in § 22 Abs. 3 BBhV auf die §§ 35 ff. SGB V vorgenommen.
- Aufwendungen für Heilmittel sind nach § 23 BBhV nur dann beihilfefähig, wenn diese in der Anlage 9 zur BBhV aufgeführt und von Leistungserbringern aus Gesundheits- oder Medizinalfachberufen erbracht werden, die wiederum – abschließend – in der Anlage 10 zur BBhV aufgelistet sind.
- Aufwendungen für Heilmittel, Geräte zur Selbstbehandlung und Selbstkontrolle sowie Körperersatzstücke können nach § 25 BBhV beihilfefähig sein, wenn sie erforderlich sind, um den Erfolg der Krankenbehandlung zu sichern, einer drohenden Behinderung vorzubeugen oder eine Behinderung auszugleichen. Voraussetzung ist, dass die entsprechenden Hilfsmittel, Geräte etc. in der Anlage 11 zur BBhV aufgeführt sind und nicht in der Anlage 12 ausgeschlossen sind. Aufwendungen für nicht in den beiden Anlagen aufgeführte Hilfsmittel und Geräte können ausnahmsweise dann beihilfefähig sein, wenn dies die Fürsorgepflicht nach § 78 BBG gebietet. Nicht beihilfefähig sind Hilfsmittel und Geräte zur Selbstbehandlung und Selbstkontrolle, die einen geringen oder umstrittenen therapeutischen Nutzen haben, einen niedrigen Abgabepreis haben oder der allgemeinen Lebenshaltung zuzurechnen sind.
- Voll- und teilstationäre sowie vor- und nachstationäre Behandlungen in Krankenhäusern sind nach § 26 BBhV grundsätzlich beihilfefähig. Bei Leistungen von staatlich geförderten Krankenhäusern ist eine Beteiligung des Beihilfeberechtigten in Höhe von 10,00 EUR pro Tag, bei Wahlleistung Unterkunft von 14,50 EUR pro Tag zu berücksichtigen. Grundsätzlich beihilfefähig sind nach § 26a BBhV auch die Krankenhausleistungen von Privatkliniken. Die Beihilfefähigkeit der Aufwendungen ist jedoch auf die Höhe der Aufwendungen begrenzt, die bei vergleichbaren Leistungen in entsprechenden Krankenhäusern der Maximalversorgung anfallen würden.
Nach § 27 BBhV sind Aufwendungen für häusliche Krankenpflege beihilfefähig, soweit sie angemessen und nach ärztlicher Verordnung medizinisch erforderlich sind. Die Leistungserbringung kann auch außerhalb des eigenen Haushalts an einem anderen geeigneten Ort erfolgen. Die häusliche Krankenpflege umfasst neben Behandlungspflege, Grundpflege und hauswirtschaftlicher Versorgung auch verrichtungsbezogene krankheitsspezifische Pflegemaßnahmen und ambulante psychiatrische Krankenpflege. Beihilfefähig sind die angemessenen Aufwendungen. Erfolgt die Pflege durch einen Ehegatten, Lebenspartner oder die Eltern sind nur die Fahrtkosten erstattungsfähig.
- Ebenfalls beihilfefähig können Aufwendungen für eine Familien- und Haushaltshilfe iSv § 28 BBhV sein. Voraussetzung ist, dass der den Haushalt führende Beihilfeberechtigte oder berücksichtigungsfähige Angehörige den Haushalt wegen außer-

häuslicher Unterbringung nicht weiterführen können oder verstorben sind, im Haushalt mindestens eine beihilfeberechtigte Person oder ein berücksichtigungsfähiger Angehöriger verbleibt, der pflegebedürftig ist oder das 12. Lebensjahr noch nicht vollendet hat und keine andere im Haushalt lebende Person den Haushalt weiterführen kann. Familien- und Haushaltshilfe kann auch in den ersten 28 Tagen nach dem Ende einer außerhäuslichen Unterbringung beihilfefähig sein, wenn deren Notwendigkeit ärztlich bescheinigt wird. Die Aufwendungen sind in angemessener Höhe beihilfefähig.

– Die Aufwendungen für soziotherapeutische Leistungen sind nach § 30 BBhV beihilfefähig, wenn die Erkrankten wegen einer schweren psychischen Erkrankung nicht in der Lage sind, ärztliche oder ärztlich verordnete Leistungen selbst in Anspruch zu nehmen und durch die Soziotherapie eine Krankenhausbehandlung vermieden oder verkürzt wird. Der Beihilfeanspruch besteht auch, wenn die Krankenhausbehandlung geboten aber nicht durchführbar ist. Durch den Verweis auf § 37a SGB V wird klargestellt, dass insoweit ein Gleichlauf mit dem Recht der GKV besteht.

– Zu den beihilfefähigen Aufwendungen gehören auch Fahrtkosten entsprechend § 31 BBhV unter den dort genannten Voraussetzungen. Die Erstattung der Fahrtkosten erfolgt nach den Bestimmungen des Bundesreisekostengesetzes.

– Aufwendungen für Unterkunftskosten für eine notwendige Unterbringung bei auswärtigen ambulanten Behandlungen werden nach Maßgabe des § 32 BBhV als beihilfefähig anerkannt, wobei eine höhenmäßige Begrenzung auf 150% der maßgeblichen Sätze des Bundesreisekostengesetzes besteht. Die Unterkunftskosten können bei medizinischer Erforderlichkeit auch für eine Begleitperson als beihilfefähig anerkannt werden.

– § 33 BBhV schreibt schließlich fest, dass auch Aufwendungen für medizinische Leistungen anlässlich einer lebensbedrohlichen oder regelmäßig tödlich verlaufenden Krankheit und wertungsmäßig vergleichbaren Erkrankungen beihilfefähig sind, wenn für diese Erkrankung eine allgemein anerkannte, dem medizinischen Standard entsprechende Behandlung nicht zur Verfügung steht und eine nicht ganz entfernt liegende Aussicht auf Heilung oder auf eine spürbare positive Einwirkung auf den Krankheitsverlauf besteht. Die Regelung entspricht den Vorgaben des Nikolaus-Beschlusses des BVerwG.[230]

– Beihilfefähig sind schließlich auch Aufwendungen für Rehabilitationsleistungen nach Maßgabe der §§ 34–36 BBhV. Umfasst sind Aufwendungen für Anschlussheilbehandlungen nach § 34 Abs. 1 BBhV, Suchtbehandlungen nach § 34 Abs. 2 BBhV oder stationäre oder ambulante Rehabilitationsmaßnahmen nach § 35 BBhV.

– Aufwendungen für Früherkennungsuntersuchungen und Vorsorgemaßnahmen können nach § 41 BBhV, Leistungen bei Schwangerschaft und Geburt nach § 42 BBhV, Aufwendungen für künstliche Befruchtung, Sterilisation, Empfängnisregelung und Schwangerschaftsabbruch nach § 43 BBhV und im Zusammenhang mit der Durchführung von Erster Hilfe, behördlich angeordneter Entseuchung und Organspenden nach § 45 BBhV beihilfefähig sein.

4. Eigenbeteiligung

376 Bei Bemessung der Höhe der Beihilfe ist nach § 49 BBhV eine angemessene Eigenbeteiligung zu berücksichtigen. Sie beträgt 10% der Kosten, mindestens aber 5,00 EUR bzw. – falls diese niedriger sind – die tatsächlich entstandenen Aufwendungen, und höchstens 10,00 EUR. Die Eigenbeteiligung wird in der Weise berücksichtigt, dass sie von dem beihilfefähigen Betrag in Abzug gebracht wird. Die Eigenbeteiligung ist bei bei Aufwendungen für Arzneimittel (§ 22 BBhV), Hilfsmitteln (§ 25 BBhV), Fahrtkosten,

---

230 BVerwG NJW 2006, 891.

sofern sie nicht anlässlich von Rehabilitationsmaßnahmen anfallen (§ 31 BBhV), für Familien- und Haushaltshilfe für jeden Kalendertag (§ 28 BBhV) und Soziotherapien für jeden Kalendertag (§ 30 BBV) anzusetzen. Bei der häuslichen Krankenpflege werden die beihilfefähigen Aufwendungen um 10% der Kosten zzgl. eines Betrags von 10,00 EUR pro Verordnung, maximal für 28 Tage gemindert (§ 27 BBhV). Bei vollstationärer Krankenhausbehandlung, Anschlussheilbehandlungen, Suchtbehandlungen erfolgt eine Minderung der beihilfefähigen Aufwendungen um 10,00 EUR pro Kalendertag, höchstens aber für 28 Tage im Kalenderjahr. Gleiches gilt für stationäre Rehabilitationsmaßnahmen, sowie Mutter-Kind- oder Vater-Kind-Rehabilitationsmaßnahmen, jedoch zeitlich unbegrenzt.

5. Antragserfordernis

Die Beihilfe setzt eine Antragstellung durch den Beihilfeberechtigten voraus, deren Anforderungen in § 51 BBhV geregelt sind und der nach § 54 BBhV grundsätzlich innerhalb eines Jahres nach Rechnungsdatum gestellt werden muss. 377

§ 31 Langzeitpflege

Zur Einführung: *Igl*, § 18 Pflegeversicherung, in Axer/Becker/Ruland (Hrsg.), Sozialrechtshandbuch (SRH), 6. Aufl. 2018; *Naegele*, Die Pflegeversicherung ein »sozialpolitisches Erfolgsmodell«? Sozialrecht aktuell – Sonderheft 2016, 7; *S. Schmidt*, Das Dritte Pflegestärkungsgesetz, NZS 2017, 207; *Richter*, Die neue soziale Pflegeversicherung – Ein leistungsrechtlicher Überblick, NJW 2016, 598; *Schölkopf*, Die Reform der Pflegeversicherung – Die Pflegestärkungsgesetze, Sozialrecht aktuell – Sonderheft 2016, 14; *Schölkopf/Hofvergafer*, Das Erste Pflegestärkungsgesetz (PSG I), NZS 2015, 521; *Schütze*, 20 Jahre soziale und private Pflegeversicherung, Sozialrecht aktuell – Sonderheft 2016, 1; *Udsching*, Soziale Sicherung bei Pflegebedürftigkeit – Perspektiven nach 20 Jahren Pflegeversicherung, SGb 2014, 354.

Kommentare und Handbücher: *Berchthold/Huster/Rehborn* (Hrsg.) Gesundheitsrecht: SGB V/SGB XI, 2017. *Klie/Krahmer/Plantholz* (Hrsg.), Sozialgesetzbuch XI. Soziale Pflegeversicherung. Lehr- und Praxiskommentar, 2014. *Udsching/Schütze*, SGB XI. Soziale Pflegeversicherung. Kommentar. 2017.

A. Langzeitpflege im Gesundheitsrecht

Der Begriff der Langzeitpflege wird im Sozialleistungsrecht des Sozialgesetzbuchs 1 (SGB) nicht verwendet. Er hat aber schon Eingang gefunden in das Bürgerliche Gesetzbuch (§ 312 Abs. 3 BGB), in einige Nachfolgegesetze der Länder zum Heimgesetz und in verschiedene Aus-, Weiter- und Fortbildungsvorschriften, sowie kürzlich auch in das Pflegeberufegesetz (§§ 7 Abs. 4 S. 2, 59 Abs. 3 S. 1 PflBG; → § 16 Rn. 14). Der Begriff stellt eine Übersetzung der mittlerweile international gebräuchlichen Terminologie der »long-term care« (abgekürzt: LTC) dar. In Deutschland hat sich hingegen der Begriff der Pflegebedürftigkeit eingebürgert. Dieser wird auch im SGB verwendet. Während der Begriff »Pflegebedürftigkeit« auf die Situation einer Person abstellt, wird mit dem Begriff »Langzeitpflege« die Hilfe beschrieben, die eine pflegebedürftige Person erhält.[1]

Im deutschen Sozialleistungsrecht ist im Jahr 1994 ein besonderer Sozialleistungs- 2 zweig für die Sicherung im Pflegefall eingerichtet worden, die Soziale Pflegeversiche-

---

1 Hierzu *Igl* RsDE 2008, Heft 66, 1 ff.

rung im SGB XI.[2] Der leistungsauslösende Tatbestand ist die Pflegebedürftigkeit, wie sie in § 14 SGB XI definiert ist. Anders als der Begriff der Krankheit im Recht der Gesetzlichen Krankenversicherung (SGB V) ist der Begriff der Pflegebedürftigkeit äußerst detailliert gesetzlich geregelt. Die Fassung dieses Begriffes hat jüngst eine erhebliche Änderung erfahren, die seit dem 1.1.2017 in Kraft sind.[3] Der ursprüngliche Begriff der Pflegebedürftigkeit war sehr an körperlichen Defiziten und am Hilfebedarf bei den gewöhnlichen und regelmäßig wiederkehrenden Verrichtungen im Ablauf des täglichen Lebens orientiert.

B. Pflegeversicherung

I. Allgemeine Vorschriften

3   Die Soziale Pflegeversicherung unterscheidet sich in einem wichtigen Punkt von den sonstigen Sozialversicherungszweigen, was auch in ihrem Namen zum Ausdruck kommt: »Soziale« Pflegeversicherung statt »gesetzliche« Pflegeversicherung. Diese abweichende Benennung ist dem Einbezug der privaten Pflegeversicherung in das SGB XI geschuldet. Dieser Einbezug führt insbesondere dazu, dass die Leistungen der privaten Pflegeversicherung dem Leistungskatalog der gesetzlichen Pflegeversicherung entsprechen müssen (§§ 1 Abs. 2 S. 2, 110, 111, 23 SGB XI) (→ § 38 Rn. 4 ff.).

1. Allgemeine Vorschriften mit leistungsrechtlichem Bezug

4   Die Leistungen der Sozialen Pflegeversicherung sollen den Pflegebedürftigen helfen, trotz ihres Hilfebedarfs ein möglichst selbständiges und selbstbestimmtes Leben zu führen, das der Würde des Menschen entspricht (§ 2 Abs. 1 S. 1 SGB XI). Neben dieser Zielsetzung wird das SGB XI von zwei Grundsätzen geprägt, so dem **Vorrang der häuslichen Pflege** (§ 3 SGB XI) und dem **Vorrang von Prävention und medizinischer Rehabilitation** (§ 5 SGB XI).

5   Die Soziale Pflegeversicherung deckt nicht alle Leistungen ab, die im Pflegefall benötigt werden. So sollen die Leistungen der Pflegeversicherung bei häuslicher und teilstationärer Pflege die familiäre, nachbarschaftliche oder sonstige ehrenamtliche Pflege und Betreuung nur ergänzen (§ 4 Abs. 2 S. 1 SGB XI). Bei der stationären Pflege müssen die Pflegebedürftigen – anders als bei der Krankenhausversorgung nach dem SGB V (vgl. § 39 Abs. 1 S. 2 SGB V) – die Kosten für Unterkunft und Verpflegung selbst tragen (§ 4 Abs. 2 S. 2 SGB XI). Deshalb wird die Soziale Pflegeversicherung oft als »Teilkaskoversicherung« bezeichnet.

6   In der Sozialen Pflegeversicherung nehmen die Aufklärung und Auskunft (§ 7 SGB XI) und insbesondere die Pflegeberatung (§§ 7a, 7b SGB XI) durch Pflegestützpunkte (§ 7c SGB XI) eine besondere Rolle ein. Damit soll für die pflegebedürftige Person ein Fallmanagement im Rahmen eines individuellen Versorgungsplans gewährleistet werden (§ 7a Abs. 1 SGB XI).

2. Allgemeine Vorschriften für die an der pflegerischen Versorgung Beteiligten

7   Die pflegerische Versorgung der Bevölkerung ist eine gesamtgesellschaftliche Aufgabe (§ 8 Abs. 1 SGB XI). Als Adressaten dieser Aufgabe werden die Länder, die Kommunen, die Pflegeeinrichtungen und die Pflegekassen genannt, die unter Beteiligung des

---

2 Art. 1 Gesetz zur sozialen Absicherung des Risikos der Pflegebedürftigkeit (Pflege-Versicherungsgesetz – PflegeVG) v. 26.5.1994 (BGBl. 1994 I 1014 [2797]).
3 Art. 2 Zweites Gesetz zur Stärkung der pflegerischen Versorgung und zur Änderung weiterer Vorschriften (Zweites Pflegestärkungsgesetz – PSG II) v. 21.12.2015 (BGBl. 2015 I 2424).

Igl

Medizinischen Dienstes eng zusammenwirken, um eine leistungsfähige, regional gegliederte, ortsnahe und aufeinander abgestimmte ambulante und stationäre pflegerische Versorgung der Bevölkerung zu gewährleisten (§ 8 Abs. 1 SGB XI). Diese Aufgabenzuweisung sagt aber noch nichts darüber aus, wie die Verpflichtungen der so angesprochenen Beteiligten ausgestaltet sind. Diese Verpflichtungen bedeuten für die Länder die Vorhaltung einer leistungsfähigen, zahlenmäßig ausreichenden und wirtschaftlichen pflegerischen Versorgungsstruktur (§ 9 SGB XI). Insofern besteht eine Entsprechung zur Infrastrukturverantwortung der Länder auf dem Gebiet der Krankenhausversorgung (§ 1 Abs. 2 KHG → § 20 Rn. 4 ff.). Die Pflegekassen haben den **Sicherstellungsauftrag**, den sie vor allem durch Abschluss von Versorgungsverträgen und Vergütungsvereinbarungen mit den Leistungserbringern wahrnehmen (§§ 12 Abs. 1, 69 SGB XI).

Um die Aufgabenverteilung zwischen Ländern und Pflegekassen steuern zu können, **8** ist ein **Landespflegeausschuss** vorgesehen (§ 8a SGB XI). Der Landespflegeausschuss erstellt Empfehlungen zur Sicherstellung der pflegerischen Infrastruktur (Pflegestrukturplanungsempfehlung, § 8a Abs. 6 S. 1 SGB XI). Hierbei handelt es sich, wie schon der Name sagt, nicht um verbindliche Entscheidungen. Vielmehr sollen die Empfehlungen beim Abschluss der Versorgungs- und Rahmenverträge und beim Abschluss der Vergütungsvereinbarungen einbezogen werden (§ 8a Abs. 5 SGB XI). Bisher liegen noch keine Erfahrungen mit den Pflegestrukturplanungsempfehlung und ihrer Umsetzung vor.

3. Trägerstatus und Vorrangklausel

Um die Eigenständigkeit der Träger der Pflegeeinrichtungen zu sichern, ist gesetzlich **9** bestimmt, dass deren Vielfalt zu wahren sowie deren Selbständigkeit, Selbstverständnis und Unabhängigkeit zu achten ist (§ 11 Abs. 2 S. 1 SGB XI). Die Träger werden aber nicht gleichbehandelt: Freigemeinnützige und private, dh auch privatgewerbliche Träger haben Vorrang gegenüber öffentlichen Trägern (§ 11 Abs. 2 S. 3 SGB XI).

II. Versicherte

Mit der Sozialen Pflegeversicherung soll ein möglichst großer Teil der Bürger erfasst **10** werden. Dabei geht es insbesondere darum, die Sozialhilfe von den Kosten der Pflege zu entlasten. Wegen dieses weit ausgreifenden personellen Schutzbereiches kann die Pflegeversicherung auch als **Volksversicherung** bezeichnet werden.[4]

Die **Versicherungspflicht** in der Pflegeversicherung folgt der Versicherungspflicht in **11** der gesetzlichen Krankenversicherung.[5] Für Familienmitglieder besteht die **Familienversicherung** (§ 25 SGB XI). Das Anliegen des Gesetzgebers, einen möglichst weiten Kreis der Bevölkerung in die soziale Pflegeversicherung einzubeziehen, kommt darin zum Ausdruck, dass die freiwilligen Mitglieder der gesetzlichen Krankenversicherung versicherungspflichtig in der Pflegeversicherung sind (§ 20 Abs. 3 SGB XI), sowie weiter in der Erstreckung der Versicherungspflicht auf bestimmte Gruppen von Sozialleistungsbeziehern (§ 21 SGB XI). Darüber hinaus muss, wer gegen Krankheit bei einem privaten Krankenversicherungsunternehmen versichert ist, eine **private Pflegeversicherung** abschließen (§§ 1 Abs. 2 S. 2, 23 SGB XI).[6]

---

4 So BVerfGE 103, 242 = NJW 2001, 1712.
5 So jetzt auch bei der durch das GKV-WSG eingeführten Versicherungspflicht nach § 5 Abs. 1 Nr. 13 SGB V (§ 20 Abs. 1 S. 2 Nr. 12 SGB XI).
6 BVerfGE 103, 197 = NJW 2001, 1709.

12 Die Möglichkeit der **freiwilligen Versicherung** war ursprünglich begrenzt und existierte nur in der Form der **Weiterversicherung** beim Ausscheiden aus der Versicherungspflicht und bei Verlegung des Wohnsitzes ins Ausland (§ 26 SGB XI). Nach einer Entscheidung des BVerfG[7] wurde diese Möglichkeit erweitert, sodass jetzt insbesondere auch Personen Versicherungsschutz erlangen können, für die bisher kein Tatbestand des Versicherungsschutzes gegeben war (§ 26a SGB XI).

13 **Abgeordnete** der Länder, des Bundestags und des Europaparlaments sind ebenfalls verpflichtet, sich gegen das Risiko der Pflegebedürftigkeit zu versichern (§ 24 SGB XI). Personen, die nach beamtenrechtlichen Vorschriften oder Grundsätzen Anspruch auf **Beihilfe** haben, müssen eine beihilfekonforme Versicherung abschließen (§ 23 Abs. 3 SGB XI).

14 In Hinblick auf die Versicherungspflicht für **Versicherte der privaten Krankenversicherungsunternehmen** war eine Reihe von Vorkehrungen notwendig: Sicherung der Konkordanz von Pflegeleistungen der Privatversicherungen mit denen der sozialen Pflegeversicherung (§ 23 Abs. 1 S. 2, Abs. 6 SGB XI), Einführung eines Kontrahierungszwangs (§ 110 Abs. 1 Nr. 1, Abs. 3 Nr. 1 SGB XI) sowie einer Kündigungsmöglichkeit für bestehende Verträge (§ 27 SGB XI) (→ § 38 Rn. 4 ff.).

III. Leistungen

15 Das Leistungsrecht des SGB XI umfasst mehrere Dimensionen: Es muss Pflegebedürftigkeit (§ 14 SGB XI) und ein bestimmter Grad der Pflegebedürftigkeit (§ 15 SGB XI) vorliegen, wobei die Pflegebedürftigkeit einem besonderen Verfahren festgestellt wird (§ 18 SGB XI). Auf dieser Grundlage erhält die pflegebedürftige Person dann die entsprechenden Pflegeleistungen (§§ 28, 28a SGB XI). Im Rahmen der Pflegeberatung wird der Hilfebedarf insgesamt analysiert und ein individueller Versorgungsplan erstellt (§ 7a SGB XI).

16 Die **Entscheidung über die im Einzelfall zustehenden Pflegeleistungen** trifft die Pflegekasse. Diese Entscheidung stellt einen Verwaltungsakt dar (§ 31 SGB X). Der Anspruch auf Pflegeleistungen besteht unabhängig davon, ob Pflegeberatung (§ 7a SGB XI) in Anspruch genommen worden ist. Es muss jedoch ein Verfahren zur Feststellung der Pflegebedürftigkeit durchgeführt worden sein (§ 18 Abs. 1 S. 1 SGB XI).

1. Pflegebedürftigkeit

a) Der neue Begriff der Pflegebedürftigkeit

17 Seit dem 1.1.2017 gilt der sog. **neue Begriff der Pflegebedürftigkeit.** Dieser setzt an der nicht mehr vorhandenen Fähigkeit der selbständigen Kompensation oder Bewältigung von körperlichen kognitiven oder psychischen Beeinträchtigungen oder gesundheitlich bedingten Belastungen oder Anforderungen an (§ 14 Abs. 1 S. 2 SGB XI).[8] Damit ist auch der Personenkreis erfasst, der an Demenz leidet. Mit der Erweiterung des Begriffs der Pflegebedürftigkeit ist auch eine Erweiterung des Leistungsspektrums festgelegt worden, da an Demenz leidende Personen andere Hilfen, zB Beaufsichtigung, benötigen als körperlich beeinträchtigte Personen.

18 Die **Beeinträchtigung der Selbstständigkeit und der Fähigkeiten** bezieht sich auf in sechs Bereichen aufgeführte pflegefachlich begründete Kriterien. Die sechs Bereiche

---

7 BVerfGE 103, 225 = NJW 2001, 1716.
8 *Rothgang,* Die Einführung des neuen Pflegebedürftigkeitsbegriffs – die erste große Pflegeversicherungsreform, Sozialrecht aktuell – Sonderheft 2016, 18. Zum Hintergrund und zu den Schwächen des neuen Pflegebedürftigkeitsbegriffs *Aufterbeck* SGb 2017, 20.

werden auch Module genannt (§ 15 Abs. 2 S. 1 SGB XI). Die sechs Bereiche/Module sind (§ 14 Abs. 2 SGB XI):

1. Mobilität;
2. kognitive und kommunikative Fähigkeiten;
3. Verhaltensweisen und psychische Problemlagen;
4. Selbstversorgung;
5. Bewältigung von und selbständiger Umgang mit krankheits- oder therapiebedingten Anforderungen und Belastungen;
6. Gestaltung des Alltagslebens und sozialer Kontakte.

Diese Module sind wieder in einzelne pflegefachliche Kriterien unterteilt; zB lauten sie **19** beim Modul 1: Positionswechsel im Bett, Halten einer stabilen Sitzposition, Umsetzen, Fortbewegen innerhalb des Wohnbereichs, Treppensteigen.

Die **Feststellung der Beeinträchtigungen der Selbständigkeit oder Fähigkeiten** ist **20** der erste Schritt. Man könnte ihn nennen: Feststellung der Pflegebedürftigkeit »dem Grunde nach«. Dazu gehört auch noch, dass die Pflegebedürftigkeit auf Dauer, voraussichtlich für mindestens sechs Monate und in der entsprechenden Schwere bestehen muss (§ 14 Abs. 1 S. 3 SGB XI).

Im zweiten Schritt geht es um die **Schwere der Pflegebedürftigkeit**, also um die Feststellung der Pflegebedürftigkeit »der Höhe nach« (§ 15 SGB XI). Dieser zweite Schritt **21** liegt in der Zuordnung zu einem Grad der Pflegebedürftigkeit je nach der Schwere der Beeinträchtigungen der Selbständigkeit oder der Fähigkeiten. Hierzu ist ein Begutachtungsinstrument vorgesehen, in dem Kategorien für die Beurteilung der Schwere anhand der pflegefachlichen Kriterien in den einzelnen Modulen enthalten sind (Anlage 1 zu § 15 SGB XI). Das Vorgehen in dieser Situation wird ausführlich erläutert in den Begutachtungs-Richtlinien (BRi) vom 15.4.2016.[9] Die verschiedenen Module erhalten eine gesetzlich festgelegte Gewichtung. Die Schweregrade in den jeweiligen Modulen werden gewichtet und addiert. Die Addition dieser gewichteten Punkte (= Gesamtpunkte) ergibt einen der fünf Pflegegrade, wobei Pflegegrad 1 bei 12,5 Gesamtpunkten beginnt (§ 15 Abs. 3 S. 4 SGB XI).

b) Feststellung der Pflegebedürftigkeit

Anders als beim Krankheitsfall, dessen Vorliegen in der Regel vom Arzt bestimmt **22** wird, ist im SGB XI ein besonderes Begutachtungsverfahren vorgesehen, in dem die Pflegekassen durch den Medizinischen Dienst der Krankenversicherung (MDK) oder andere unabhängige Gutachter die Voraussetzungen der Pflegebedürftigkeit und die Zuordnung zu einem bestimmten Pflegegrad prüfen lassen (§ 18 Abs. 1 S. 1 SGB XI), wobei auch medizinischen Rehabilitationsmöglichkeiten festzustellen sind (§ 18 Abs. 1 S. 3 SGB XI).[10] Da es bei der Feststellung der Pflegebedürftigkeit nicht nur um medizinische, sondern auch um pflegerische Angelegenheiten geht, ist der MDK entsprechend personell auszustatten, sodass auch Pflegefachkräfte und andere geeignete Fachkräfte heranzuziehen sind (§ 18 Abs. 7 S. 1 SGB XI). Um die Rechte und Interessen

---

9 Medizinischer Dienst des Spitzenverbandes Bund der Krankenkassen e.V. MDS); GKV-Spitzenverband (Hrsg.): Richtlinien zum Verfahren der Feststellung der Pflegebedürftigkeit sowie zur pflegefachlichen Konkretisierung der Inhalte des Begutachtungsinstruments nach dem Elften Buch des Sozialgesetzbuches (Begutachtungs-Richtlinien – BRi) v. 15.4.2016, August 2016.
10 Dazu *Pick*, Neuer Pflegebedürftigkeitsbegriff und neues Begutachtungsinstrument, Sozialrecht aktuell – Sonderheft 2016, 23.

der zu begutachtenden Pesonen bei der Begutachtung zu wahren, ist eine Stärkung der Dienstleistungsorientierung vorgesehen (§ 18b SGB XI).[11]

2. Leistungserschließung

a) Pflegeberatung

23 Während **Aufklärung und Auskunft** (§ 7 SGB XI) hauptsächlich im Vorfeld der Feststellung der Pflegebedürftigkeit und in Hinblick auf die Inanspruchnahme von Einrichtungen und Diensten stattfinden, ist die **Pflegeberatung** (§ 7a SGB XI) auf die Umsetzung der für die pflegebedürftige Person in Frage kommenden Leistungen im Sinne eines Fallmanagements gerichtet. Insofern ist die Bezeichnung als »Pflegeberatung« etwas irreführend. Die Pflegeberatung erstreckt sich auch auf die Auswahl und Inanspruchnahme von bundes- oder landesrechtlich vorgesehenen Sozialleistungen sowie sonstigen Hilfsangeboten, die auf die Unterstützung von Menschen mit Pflege-, Versorgungs- oder Betreuungsbedarf ausgerichtet sind. Die Pflegeberatung ist damit der erste Schritt hin zur konkreten Leistungsgestaltung durch individuelle Beratung und Hilfestellung. Berechtigt sind die potenziellen Leistungsbezieher nach SGB XI; auf Wunsch sind Angehörige einzubeziehen (§ 7a Abs. 2 SGB XI). Zuständig sind Pflegeberater, die in **Pflegestützpunkten** tätig werden (§ 7a Abs. 4 S. 1 SGB XI). Die Pflegeberatung wird von den Pflegekassen finanziert (§ 7a Abs. 4 S. 5 SGB XI). Zur Sicherung der Beratung hat die Pflegekasse konkrete Beratungstermine anzubieten oder Beratungsgutscheine auszustellen (§ 7b SGB XI).

b) Pflegestützpunkte

24 Zu den Aufgaben der Pflegestützpunkte gehören (§ 7c Abs. 2 S. 1 SGB XI):

– umfassende sowie unabhängige Auskunft und Beratung zu den Rechten und Pflichten nach dem SGB und zur Auswahl und Inanspruchnahme der bundes- oder landesrechtlich vorgesehenen Sozialleistungen und sonstigen Hilfsangebote,
– Koordinierung aller für die wohnortnahe Versorgung und Betreuung in Betracht kommenden gesundheitsfördernden, präventiven, kurativen, rehabilitativen und sonstigen medizinischen sowie pflegerischen und sozialen Hilfs- und Unterstützungsangebote einschließlich der Hilfestellung bei der Inanspruchnahme der Leistungen,
– Vernetzung aufeinander abgestimmter pflegerischer und sozialer Versorgungs- und Betreuungsangebote.

3. Leistungsrecht

a) Allgemeines

25 Zu den **Leistungsvoraussetzungen** gehört neben dem Vorliegen von Pflegebedürftigkeit (§ 14 Abs. 1 SGB XI) und eines Pflegegrades (§ 15 Abs. 1 SGB XI) die konstitutiv wirkende Antragstellung und die Erfüllung von Vorversicherungszeiten (§ 33 SGB XI).

26 Im Zusammenhang mit der im SGB V und im SGB XI neu eingeführten Versicherungspflicht für bisher nicht versicherte Personen (vgl. § 20 Abs. 1 S. 2 Nr. 12 SGB XI) soll ein Leistungsmissbrauch durch Personen vermieden werden, die sich in die Bundesrepublik begeben, um Leistungen aus der Pflegeversicherung zu beziehen. Für diese Personen besteht **Leistungsausschluss** (§ 33a SGB XI).

---

11 RL des GKV-Spitzenverbandes zur Dienstleistungsorientierung im Begutachtungsverfahren (Dienstleistungs-Richtlinien – Die-RiLi) nach § 18b SGB XI v. 10.7.2013.

Igl

Das **Ruhen der Leistungsansprüche** ist in drei Fällen vorgesehen: beim Auslandsauf- **27** enthalt (wobei zwischenstaatliche Verträge und die unionsrechtlichen Regelungen vorgehen), bei Bezug von Entschädigungsleistungen aus anderen öffentlich-rechtlichen Gesetzen, und speziell hinsichtlich der Leistungen häuslicher Pflege bei Bezug von bestimmten Leistungen des SGB V, die pflegerische Anteile enthalten (§ 34 SGB XI).

Da Pflegeleistungen auch in anderen Leistungsbereichen des SGB vorgesehen sind, ist **28** das Verhältnis der Leistungen der Pflegeversicherung zu anderen Sozialleistungen gesetzlich zu klären (§ 13 SGB XI). Diese **Leistungskonkurrenzen** betreffen Entschädigungsleistungen, Leistungen der häuslichen Krankenpflege, Fürsorgeleistungen, Leistungen der Eingliederungshilfe sowie bestimmte Anrechnungen auf Einkommen und Unterhaltsansprüche oder -verpflichtungen.

b) Überblick über die Leistungen

Bei den Leistungen bei Pflegebedürftigkeit wird unterschieden, ob (nur) Pflegegrad 1 **29** oder ein höherer Pflegegrad vorliegt (§§ 28, 28a SGB XI).

Bei **höherem Pflegegrad als Pflegegrad 1** sind 17 Leistungen sowie Pflegeberatung vorgesehen (§ 28 Abs. 1, Abs. 1a SGB XI):

- Pflegesachleistung (§ 36 SGB XI),
- Pflegegeld für selbst beschaffte Pflegehilfen (§ 37 SGB XI),
- Kombination von Geldleistung und Sachleistung (§ 38 SGB XI),
- häusliche Pflege bei Verhinderung der Pflegeperson (§ 39 SGB XI),
- Pflegehilfsmittel und wohnumfeldverbessernde Maßnahmen (§ 40 SGB XI),
- Tagespflege und Nachtpflege (§ 41 SGB XI),
- Kurzzeitpflege (§ 42 SGB XI),
- vollstationäre Pflege (§ 43 SGB XI),
- Pflege in vollstationären Einrichtungen der Hilfe für behinderte Menschen (§ 43a SGB XI),
- zusätzliche Betreuung und Aktivierung in stationären Pflegeeinrichtungen (§ 43b SGB XI),
- Leistungen zur sozialen Sicherung der Pflegepersonen (§ 44 SGB XI),
- zusätzliche Leistungen bei Pflegezeit und kurzzeitiger Arbeitsverhinderung (§ 44a SGB XI),
- Pflegekurse für Angehörige und ehrenamtliche Pflegepersonen (§ 45 SGB XI),
- Umwandlung des ambulanten Sachleistungsbetrags (§ 45a SGB XI),
- Entlastungsbetrag (§ 45b SGB XI),
- Leistungen des Persönlichen Budgets nach § 17 Abs. 2–4 SGB IX,
- zusätzliche Leistungen für Pflegebedürftige in ambulant betreuten Wohngruppen (§ 38a SGB XI).

Die **Leistungen bei Pflegegrad 1** sind (§ 28a Abs. 1–3 SGB XI): **30**

- Pflegeberatung (§§ 7a, 7b SGB XI),
- Beratung in der eigenen Häuslichkeit (§ 37 Abs. 3 SGB XI),
- zusätzliche Leistungen für Pflegebedürftige in ambulant betreuten Wohngruppen (§ 38a SGB XI, ohne die Voraussetzungen des § 38a Abs. 1 S. 1 Nr. 2 SGB XI),
- Versorgung mit Pflegehilfsmitteln (§ 40 Abs. 1–3, Abs. 5 SGB XI)
- finanzielle Zuschüsse für Maßnahmen zur Verbesserung des individuellen oder gemeinsamen Wohnumfelds (§ 40 Abs. 4 SGB XI),
- zusätzliche Betreuung und Aktivierung in stationären Pflegeeinrichtungen (§ 43b SGB XI),
- zusätzliche Leistungen bei Pflegezeit und kurzzeitiger Arbeitsverhinderung (§ 44a SGB XI),

– Pflegekurse für Angehörige und ehrenamtliche Pflegepersonen (§ 45 SGB XI).
– Entlastungsbetrag in Höhe von 125 Euro monatlich (§ 45b Abs. 1 S. 1 SGB XI),
– bei Wahl der vollstationären Pflege: Zuschuss in Höhe von 125 Euro monatlich (§ 43 Abs. 3 SGB XI).

c) Leistungen bei häuslicher Pflege

31 Bei häuslicher Pflege sind für Pflegebedürftige **ab dem Pflegegrad 2** vorgesehen: die Pflegesachleistung, ersatzweise als Pflegegeld oder als Kombination von Sach- und Geldleistung (Kombinationsleistung) zu beziehen; die häusliche Pflege bei Verhinderung einer Pflegeperson (Verhinderungspflege); die Pflegehilfsmittel und die wohnumfeldverbessernden Maßnahmen.

32 Voraussetzung für die **Pflegesachleistung** (§ 36 SGB XI) ist, dass der Pflegebedürftige nicht in einer stationären Pflegeeinrichtung oder in einer Behinderteneinrichtung gepflegt wird. Die Pflege kann aber auch in einem anderen als dem eigenen Haushalt stattfinden (§ 36 Abs. 4 S. 1 SGB XI). Der Anspruch umfasst pflegerische Maßnahmen in den in § 14 Abs. 2 SGB XI genannten Bereichen Mobilität, kognitive und kommunikative Fähigkeiten, Verhaltensweisen und psychische Problemlagen, Selbstversorgung, Bewältigung von und selbständiger Umgang mit krankheits- oder therapiebedingten Anforderungen und Belastungen sowie Gestaltung des Alltagslebens und sozialer Kontakte (§ 36 Abs. 1 S. 2 SGB XI). Bestandteil der häuslichen Pflegehilfe ist auch die pflegefachliche Anleitung von Pflegebedürftigen und Pflegepersonen. Pflegerische Betreuungsmaßnahmen umfassen Unterstützungsleistungen zur Bewältigung und Gestaltung des alltäglichen Lebens im häuslichen Umfeld, insbesondere 1. bei der Bewältigung psychosozialer Problemlagen oder von Gefährdungen, 2. bei der Orientierung, bei der Tagesstrukturierung, bei der Kommunikation, bei der Aufrechterhaltung sozialer Kontakte und bei bedürfnisgerechten Beschäftigungen im Alltag sowie 3. durch Maßnahmen zur kognitiven Aktivierung (§ 36 Abs. 2 S. 2 SGB XI). Der **Gesamtwert der Pflegesachleistung** wird gemäß den **Pflegegraden** (§ 15 SGB XI) festgelegt, wobei erst ab dem Pflegegrad 2 Leistungen vorgesehen sind. Der Gesamtwert beträgt im Kalendermonat bei Pflegegrad 2 689 Euro, bei Pflegegrad 3 1 289 Euro, bei Pflegegrad 4 1 612 Euro und bei Pflegegrad 5 1 995 Euro Der Zeitumfang der Pflegeeinsätze ist nicht im Gesetz bestimmt, sondern wird im Rahmen der Vergütungsregelungen für ambulante Pflegeleistungen festgelegt (§ 89 Abs. 3 SGB XI).

33 Die Alternative zur häuslichen Pflege als Sachleistung stellt die **Geldleistung (Pflegegeld)** dar (§ 37 SGB XI).[12] Voraussetzungen des Bezuges von Pflegegeld sind ein spezieller auf die Pflegegeldleistung abzielender Antrag und die Sicherstellung der Pflege in geeigneter Weise durch die pflegebedürftige Person selbst (§ 37 Abs. 1 S. 1, 2 SGB XI). Die Höhe des Pflegegeldes beträgt je Kalendermonat in den vier Pflegegraden 2–5 316, 545, 728 und 901 Euro (§ 37 Abs. 1 S. 3 SGB XI). Pflegegeldbezieher sind verpflichtet, bei Pflegegrad 2 und 3 mindestens einmal halbjährlich, bei Pflegegrad 4 und 5 einmal vierteljährlich eine **Beratung durch eine zugelassene Pflegeeinrichtung** abzurufen (§ 37 Abs. 3 SGB XI). Zur Herstellung der Akzeptanz dieser Beratung dient auch die Kostenübernahme durch die Pflegekassen (§ 37 Abs. 3 S. 4 und 5 SGB XI). Wird die Beratung nicht abgerufen, ist das Pflegegeld zu kürzen und im Wiederholungsfall zu entziehen (§ 37 Abs. 6 SGB XI).

34 Schließlich kann eine **Kombination von Geldleistung und Sachleistung (Kombinationsleistung)** stattfinden, wobei das Pflegegeld um den Vomhundertsatz vermindert

---

12 Die im Vergleich zur Pflegesachleistung geringere Bemessung des Pflegegeldes ist verfassungsgemäß, BVerfG Beschl. v. 26.3.2014 – 1 BvR 1133/12 = FamRZ 2014, 911.

wird, in dem der Pflegebedürftige Sachleistungen in Anspruch genommen hat (§ 38 SGB XI).

Ist eine Pflegeperson wegen Erholungsurlaubs, Krankheit oder aus anderen Gründen **35** an der Pflege gehindert, übernimmt die Pflegekasse die Kosten einer notwendigen Ersatzpflege für längstens sechs Wochen je Kalenderjahr (**Verhinderungspflege**). Voraussetzung ist, dass die Pflegeperson den Pflegebedürftigen vor der erstmaligen Verhinderung mindestens sechs Monate in seiner häuslichen Umgebung gepflegt hat. Die Aufwendungen der Pflegekasse dürfen im Einzelfall 1 612 Euro im Kalenderjahr nicht überschreiten (§ 39 SGB XI). Die Form der Ersatzpflege ist grundsätzlich frei.

Pflegebedürftige Personen haben neben ihrem Anspruch auf **Hilfsmittel** gegenüber **36** ihrer Krankenkasse (vgl. § 33 SGB V) auch einen Anspruch auf **Pflegehilfsmittel** und **wohnumfeldverbessernde Maßnahmen** gegenüber der Pflegekasse (§ 40 SGB XI). Allerdings ist dieser Anspruch bei für **zum Verbrauch bestimmten Hilfsmitteln** auf monatlich 40 Euro begrenzt (§ 40 Abs. 2 S. 1 SGB XI). **Technische Pflegehilfsmittel** sollen vorrangig leihweise überlassen werden (§ 40 Abs. 3 SGB XI). Die Pflegekassen können auch subsidiär finanzielle **Zuschüsse für Maßnahmen zur Verbesserung des individuellen Wohnumfeldes** des Pflegebedürftigen gewähren, beispielsweise für technische Hilfen im Haushalt, wenn dadurch im Einzelfall die häusliche Pflege ermöglicht oder erheblich erleichtert oder eine möglichst selbstständige Lebensführung des Pflegebedürftigen wiederhergestellt wird. Die Zuschüsse dürfen einen Betrag in Höhe von 4 000 Euro je Maßnahme nicht übersteigen (§ 40 Abs. 4 SGB XI). Pflegehilfsmittel werden nur im Rahmen der häuslichen Pflege geleistet. Im Einzelfall können Abgrenzungsprobleme im Verhältnis zur vorrangigen Leistungsverpflichtung der Krankenkasse bestehen. Für die Klärung der Zuständigkeit ist der angegangene Leistungsträger, also die Krankenkasse oder Pflegekasse, verantwortlich (§ 40 Abs. 5 S. 1 SGB XI).

d) Tages- und Nachtpflege

Pflegebedürftige haben Anspruch auf teilstationäre Pflege in Einrichtungen der Tages- **37** oder Nachtpflege, wenn häusliche Pflege nicht in ausreichendem Umfang sichergestellt werden kann oder wenn diese ergänzt oder gestärkt werden muss (§ 41 Abs. 1 SGB XI). Die Pflegekasse übernimmt die Aufwendungen gemäß den Pflegegraden 2–5 im Wert bis zu 689, 1 298, 1 612 bzw. 1 995 Euro. Werden diese Höchstwerte nicht ausgeschöpft, erhält der Pflegebedürftige zusätzlich anteiliges Pflegegeld oder Pflegesachleistungen (§ 41 Abs. 2 SGB XI). Die teilstationäre Pflege kann zusätzlich zu ambulanten Pflegesachleistungen, Pflegegeld oder der Kombinationsleistung in Anspruch genommen werden, ohne dass eine Anrechnung auf diese Ansprüche erfolgt. Der Anspruch umfasst die soziale Betreuung sowie die in der Einrichtungen notwendigen Leistungen der medizinischen Behandlungspflege (§ 41 Abs. 3 SGB XI).

e) Kurzzeitpflege

Kurzzeitpflege in einer stationären Einrichtung ist möglich, wenn die häusliche Pfle- **38** ge zeitweise nicht, noch nicht oder nicht im erforderlichen Umfang erbracht wird und auch teilstationäre Pflege nicht ausreicht. Dies gilt im Anschluss an eine stationäre Behandlung oder in sonstigen Krisensituationen, in denen vorübergehend häusliche oder teilstationäre Pflege nicht möglich oder nicht ausreichend ist (§ 42 Abs. 1 SGB XI). Der Anspruch auf Kurzzeitpflege ist auf acht Wochen pro Kalenderjahr beschränkt. Die Aufwendungen der Pflegekasse für die Kurzzeitpflege sind auf 1 612 Euro im Kalenderjahr begrenzt. Der Leistungsbetrag kann aus nicht in Anspruch genommenen Mitteln der Verhinderungspflege auf bis zu 3 224 Euro erhöht werden (§ 42 Abs. 2 SGB XI).

39 **Kurzzeitpflege in anderen Einrichtungen** als stationären Pflegeeinrichtungen ist vorgesehen in geeigneten Einrichtungen der Hilfe für behinderte Menschen und anderen geeigneten Einrichtungen, wenn die Pflege in einer von den Pflegekassen zur Kurzzeitpflege zugelassenen Pflegeeinrichtung nicht möglich ist oder nicht zumutbar erscheint (§ 42 Abs. 3 SGB XI). Ein Anspruch auf Kurzzeitpflege besteht auch in **Einrichtungen, die stationäre Leistungen zur medizinischen Vorsorge oder Rehabilitation erbringen,** wenn während einer Maßnahme der medizinischen Vorsorge oder Rehabilitation für eine Pflegeperson eine gleichzeitige Unterbringung und Pflege des Pflegebedürftigen erforderlich ist (§ 42 Abs. 4 SGB XI).

f) Vollstationäre Pflege

40 Pflegebedürftige der Pflegegrade 2–5 haben Anspruch auf **Pflege in vollstationären Einrichtungen** (§ 42 Abs. 1 SGB XI). Für Pflegebedürftige in vollstationären Einrichtungen übernimmt die Pflegekasse pauschale Leistungsbeträge, die die pflegebedingten Aufwendungen einschließlich der Aufwendungen für Betreuung und die Aufwendungen für Leistungen der medizinischen Behandlungspflege enthalten. Der Anspruch beträgt je Kalendermonat in den Pflegegraden 2–5 770, 1 262, 1 775 bzw. 2 005 Euro (§ 42 Abs. 2 SGB XI). Wählen Pflegebedürftige des Pflegegrades 1 vollstationäre Pflege, erhalten sie einen Zuschuss in Höhe von 125 Euro monatlich.

41 Eine besondere Regelung besteht für **behinderte pflegebedürftige Menschen** der Pflegegrade 2–5 **in einer vollstationären Einrichtung der Hilfe für behinderte Menschen,** in der die Teilhabe am Arbeitsleben und am Leben in der Gemeinschaft, die schulische Ausbildung oder die Erziehung behinderter Menschen im Vordergrund des Einrichtungszwecks stehen (vgl. § 71 Abs. 4 SGB XI). Hier übernimmt die Pflegekasse zur Abgeltung der in § 43 Abs. 2 SGB XI genannten Aufwendungen zehn vom Hundert des nach § 75 Abs. 3 SGB XII vereinbarten Heimentgelts. Die Aufwendungen der Pflegekasse dürfen im Einzelfall je Kalendermonat 266 Euro nicht überschreiten. Wird für die Tage, an denen die pflegebedürftigen Behinderten zu Hause gepflegt und betreut werden, anteiliges Pflegegeld beansprucht, gelten die Tage der An- und Abreise als volle Tage der häuslichen Pflege (§ 43a SGB XI).

g) Zusätzliche Betreuung und Aktivierung in stationären Pflegeeinrichtungen

42 Pflegebedürftige in stationären Pflegeeinrichtungen haben Anspruch auf zusätzliche Betreuung und Aktivierung, die über die nach Art und Schwere der Pflegebedürftigkeit notwendige Versorgung hinausgeht (§ 43b SGB XI). Dazu muss die Einrichtung zusätzliches Betreuungspersonal zur Verfügung stellen, wofür sie einen Vergütungszuschlag erhält (vgl. §§ 84 Abs. 8, 85 Abs. 8 SGB XI).

h) Leistungen zur sozialen Sicherung der Pflegepersonen

43 Die Soziale Pflegeversicherung ist als Sozialleistungssystem konzipiert, das sich nicht nur auf die gesetzlich verbürgten Leistungen für pflegebedürftige Menschen stützt, sondern das zu einem ganz wesentlichen Teil darauf beruht, dass die häusliche Pflege Vorrang genießt und dass Angehörige, Nachbarn und ehrenamtlich tätige Personen freiwillig Pflege- und Betreuungsleistungen erbringen (§ 3 SGB XI).[13] Dieses vom Gesetzgeber gewollte Konzept spiegelt sich auch in der Wirklichkeit der Pflege. So wur-

---

[13] Das Pflegegeld ist als Anspruch der pflegebedürftigen Person ausgestaltet, nicht als Anspruch der pflegenden Person (vgl. § 37 Abs. 1 SGB XI). In der Praxis wird das Pflegegeld den Personen zugedacht, die die Pflege ausführen. Für Angehörige gilt das Pflegegeld als steuerfreie Einnahme (§ 3 Nr. 36 EStG).

den im Jahr 2015 von 2,9 Mio. Pflegebedürftigen 2,08 Mio. zu Hause versorgt, davon wieder 1,38 Mio. durch Angehörige und 692 000 zusammen mit ambulanten Pflegediensten.[14] Um die Pflegebereitschaft von Angehörigen und anderen freiwillig pflegerisch Tätigen aufrecht zu erhalten, bedarf es deshalb unterstützender Maßnahmen. Dazu gehört insbesondere die soziale Sicherung von Pflegepersonen. Dies ist insofern von Bedeutung, als dass die deutsche Sozialversicherung nach wie vor grundsätzlich an der Erwerbstätigkeit in einem Beschäftigungsverhältnis anknüpft (vgl. § 7 Abs. 1 SGB IV). Freiwillig tätige Pflegepersonen stehen jedoch grundsätzlich nicht in einem Beschäftigungsverhältnis.

Nach der **gesetzlichen Definition des Begriffs der Pflegeperson** sind dies Personen, **44** die nicht erwerbsmäßig einen Pflegebedürftigen iSd § 14 SGB XI in seiner häuslichen Umgebung pflegen (§ 19 S. 1 SGB XI). Die Vorschrift enthält aber eine Einschränkung in Hinblick auf die Leistungen zur sozialen Sicherung nach § 44 SGB XI: Diese soll eine Pflegeperson nur dann erhalten, wenn sie eine oder mehrere pflegebedürftige Personen wenigstens zehn Stunden wöchentlich, verteilt auf regelmäßig mindestens zwei Tage in der Woche, pflegt (§ 19 S. 2 SGB XI).

Die soziale Sicherung der Pflegepersonen betrifft die Renten- und Unfallversicherung **45** und die Arbeitsförderung, nicht jedoch die Kranken- und Pflegeversicherung, da der Gesetzgeber davon ausgeht, dass Krankenversicherungsschutz anderweitig besteht (vgl. § 5 Abs. 1 Nr. 13 SGB V). Die **soziale Sicherung in der Rentenversicherung oder einem berufsständischem Versorgungswerk** ist im SGB XI nur hinsichtlich der Beitragsentrichtungspflicht der Pflegekassen und der privaten Versicherungsunternehmen geregelt (§ 44 Abs. 1, Abs. 2 SGB XI). Im Rentenversicherungsrecht finden sich dann die Vorschriften zu den beitragspflichtigen Einnahmen von nicht erwerbsmäßig tätigen Pflegepersonen (§ 166 Abs. 2 SGB XI). Diese sind gestaffelt nach dem Pflegegrad 2–5 und dem Bezug von Leistungen zur häuslichen Pflege. Nach der Rentenformel spielen die beitragspflichtigen Einnahmen und ihre Höhe eine zentrale Rolle bei der Rentenberechnung (vgl. §§ 64, 66, 70 SGB VI).

In der **Unfallversicherung** sind Pflegepersonen iSd § 19 S. 1 und 2 SGB XI bei der **46** Pflege eines Pflegebedürftigen mit mindestens Pflegegrad 2 iSd §§ 14, 15 Abs. 3 SGB XI versichert. Die versicherte Tätigkeit umfasst pflegerische Maßnahmen in den in § 14 Abs. 2 SGB XI genannten Bereichen sowie Hilfen bei der Haushaltsführung nach § 18 Abs. 5a S. 3 Nr. 2 SGB XI (§ 2 Abs. 1 Nr. 17 SGB VII; § 44 Abs. 2a SGB XI).[15]

In der **Arbeitsförderung** besteht ebenfalls Versicherungsschutz (§ 26 Abs. 2b SGB III; **47** § 44 Abs. 2b SGB XI).

i) Zusätzliche Leistungen bei Pflegezeit und kurzzeitiger Arbeitsverhinderung

Das Pflegezeitgesetz ermöglicht es Beschäftigten, pflegebedürftige nahe Angehörige in **48** häuslicher Umgebung zu pflegen und damit die Vereinbarkeit von Beruf und familiärer Pflege zu verbessern (§ 1 PflegeZG). Dazu sind kurzzeitiges – bis zu zehn Arbeitstagen

---

14 *Statistisches Bundesamt* (Hrsg.), Pflegestatistik 2015, Pflege im Rahmen der Pflegeversicherung, Deutschlandergebnisse, 2017, 4.

15 Mit der Neufassung der Vorschrift durch das Pflegestärkungsgesetz II hat sich damit auch die Diskussion erledigt, die mit einer Entscheidung des BSG (NJW 2005, 1148) entstanden ist. Das BSG hat den Begriff der Pflegeperson ohne die in § 19 S. 2 SGB XI in der damaligen Fassung enthaltenen Stundenbegrenzungen verstanden. Um zu verhindern, dass mit der Neuregelung Personen, die bisher Unfallversicherungsschutz genossen haben, schlechter gestellt worden, ist in § 141 Abs. 7 SGB XI eine Besitzstandsregelung eingeführt worden; s. auch Gesetzesbegründung, BT-Drs. 18/5926, 148, sowie Udsching/Schütze/*Udsching* SGB XI § 19 Rn. 15 ff.

– Fernbleiben von der Arbeit (§ 2 PflegeZG) und teilweise oder vollständige Freistellung – bis zu sechs Monaten – von der Arbeitsleistung vorgesehen (§§ 3, 4 PflegeZG). In dieser Zeit ist der **Krankenversicherungsschutz** aufrecht zu erhalten. Hierfür sind **Zuschüsse** vorgesehen (§ 44a Abs. 1, Abs. 4 SGB XI). Bei **kurzzeitiger Arbeitsverhinderung** wird als Ausgleich für entgangenes Arbeitsentgelt ein **Pflegeunterstützungsgeld** gezahlt (§ 44a Abs. 3 SGB XI). Die Höhe des Pflegeunterstützungsgeldes bestimmt sich nach der Höhe des Krankengeldes bei Erkrankung eines Kindes (§ 45 Abs. 2 S. 3–5 SGB V).

j) Pflegekurse für Angehörige und ehrenamtliche Pflegepersonen

49 Der Sicherung der Qualität der häuslichen Pflege durch Angehörige und andere freiwillig tätige Personen dienen Pflegekurse, die die Pflegekassen für Angehörige und sonstige an einer ehrenamtlichen Pflegetätigkeit interessierte Personen unentgeltlich durchzuführen haben. Die Kurse sollen Fertigkeiten für eine eigenständige Durchführung der Pflege vermitteln. Auf Wunsch der Pflegeperson und der pflegebedürftigen Person findet die Schulung auch in der häuslichen Umgebung des Pflegebedürftigen statt (§ 45 SGB XI).

k) Umwandlung des ambulanten Sachleistungsbetrags

50 § 45a Abs. 4 SGB XI ist bemerkenswert, als hier eine Verknüpfung **landesrechtlich vorgesehener Angebote** zur Unterstützung im Alltag mit einem Sozialleistungsanspruch **(Umwandlungsanspruch)** gegeben ist. Solche Angebote sind (§ 45a Abs. 1 S. 2 SGB XI):

1. Angebote, in denen insbesondere ehrenamtliche Helferinnen und Helfer unter pflegefachlicher Anleitung die Betreuung von Pflegebedürftigen mit allgemeinem oder mit besonderem Betreuungsbedarf in Gruppen oder im häuslichen Bereich übernehmen (Betreuungsangebote),

2. Angebote, die der gezielten Entlastung und beratenden Unterstützung von pflegenden Angehörigen und vergleichbar nahestehenden Pflegepersonen in ihrer Eigenschaft als Pflegende dienen (Angebote zur Entlastung von Pflegenden),

3. Angebote, die dazu dienen, die Pflegebedürftigen bei der Bewältigung von allgemeinen oder pflegebedingten Anforderungen des Alltags oder im Haushalt, insbesondere bei der Haushaltsführung, oder bei der eigenverantwortlichen Organisation individuell benötigter Hilfeleistungen zu unterstützen (Angebote zur Entlastung im Alltag).

51 Der Anspruch auf Umwandlung des ambulanten Sachleistungsbetrages **(Umwandlungsanspruch)** ist wie folgt formuliert (§ 45a Abs. 4 SGB XI):

»Pflegebedürftige in häuslicher Pflege mit mindestens Pflegegrad 2 können eine Kostenerstattung zum Ersatz von Aufwendungen für Leistungen der nach Landesrecht anerkannten Angebote zur Unterstützung im Alltag unter Anrechnung auf ihren Anspruch auf ambulante Pflegesachleistungen nach § 36 erhalten, soweit für den entsprechenden Leistungsbetrag nach § 36 in dem jeweiligen Kalendermonat keine ambulanten Pflegesachleistungen bezogen wurden. Der hierfür verwendete Betrag darf je Kalendermonat 40 Prozent des nach § 36 für den jeweiligen Pflegegrad vorgesehenen Höchstleistungsbetrags nicht überschreiten.«

52 Die Vorschrift ist insofern etwas schwer lesbar, als der Begriff des ambulanten Sachleistungsbetrages in der entsprechenden Leistungsvorschrift des § 36 SGB XI nicht verwendet wird.

l) Entlastungsbetrag

53 Das Verständnis des Entlastungsbetrages in Höhe von bis zu 125 Euro monatlich für Pflegebedürftige in häuslicher Pflege (§ 45b SGB XI) ist von der gesetzlichen Zwecksetzung her klar: Der Betrag ist zweckgebunden einzusetzen für qualitätsgesicherte Leistungen zur Entlastung pflegender Angehöriger und vergleichbar Nahestehender

in ihrer Eigenschaft als Pflegende sowie zur Förderung der Selbständigkeit und Selbstbestimmtheit der Pflegebedürftigen bei der Gestaltung ihres Alltags (§ 45b Abs. 1 S. 2 SGB XI). Diese sehr allgemeine Fassung des Gesetzeszweckes spiegelt sich aber nicht im Gesetzestext, der sehr viel enger gefasst ist.[16] Der Entlastungsbetrag dient der Erstattung von Aufwendungen, die den Versicherten entstehen im Zusammenhang mit der Inanspruchnahme von 1. Leistungen der Tages- oder Nachtpflege, 2. Leistungen der Kurzzeitpflege, 3. Leistungen der ambulanten Pflegedienste iSd § 36 SGB XI, in den Pflegegraden 2–5 jedoch nicht von Leistungen im Bereich der Selbstversorgung, und 4. Leistungen der nach Landesrecht anerkannten Angebote zur Unterstützung im Alltag iSd § 45a SGB XI (§ 45b Abs. 1 S. 3 SGB XI). Eine vorherige Antragstellung ist entgegen § 33 Abs. 1 S. 1 SGB XI nicht erforderlich. Der Anspruch auf den Entlastungsbetrag entsteht, sobald die in § 45b Abs. 1 S. 1 SGB XI genannten Anspruchsvoraussetzungen vorliegen (§ 45b Abs. 2 S. 1 SGB XI).

m) Leistungen des Persönlichen Budgets

Leistungen des Persönlichen Budgets nach § 17 Abs. 2–4 SGB IX sind ebenfalls Bestandteil des Leistungskataloges (→ § 32 Rn. 7).[17]　　54

n) Zusätzliche Leistungen für Pflegebedürftige in ambulant betreuten Wohngruppen

Zusätzliche Leistungen sind für Pflegebedürftige in ambulant betreuten Wohngruppen 55 vorgesehen (§ 38a SGB XI). Sie erhalten einen pauschalen Zuschlag in Höhe von 214 Euro monatlich, wenn sie mit mindestens zwei und höchstens elf weiteren Personen in einer ambulant betreuten Wohngruppe in einer gemeinsamen Wohnung zum Zweck der gemeinschaftlich organisierten pflegerischen Versorgung leben und davon mindestens zwei weitere Personen pflegebedürftig iSd §§ 14, 15 SGB XI sind (zu den weiteren Voraussetzungen s. § 38a Abs. 1 SGB XI).

o) Leistungen bei Pflegegrad 1

Die Leistungen bei Pflegegrad 1 (→ § 31 Rn. 21) sehen nicht das volle Spektrum der 56 Leistungen vor, wie es bei Pflegebedürftigen mit den Pflegegraden 2–5 gegeben ist. Ausweislich der Gesetzesbegründung[18] handelt es sich um Personen, die Teilhilfen bei der Selbstversorgung, beim Verlassen der Wohnung und bei der Haushaltsführung benötigen. Daneben sind beratende und edukative Unterstützungsangebote von Bedeutung. Insgesamt stehen Leistungen im Vordergrund, die den Verbleib in der häuslichen Umgebung sicherstellen, ohne dass bereits voller Zugang zu den Leistungen der Pflegeversicherung angezeigt ist. Dies gilt insbesondere für Pflegebedürftige des Pflegegrades 1, die alleine leben, aber auch für diejenigen, deren soziales Umfeld die erforderlichen Unterstützungsleistungen nicht erbringen kann oder will.

C. Pflegeleistungen bei anderen Trägern

I. Gesetzliche Unfallversicherung

1. Allgemeines

Die Gesetzliche Unfallversicherung (SGB VII) schützt Personen bei Arbeitsunfällen 57 und Berufskrankheiten (§ 1 SGB VII). Mit der Gesetzlichen Unfallversicherung wird

---

16 S. hierzu die sich über zwei Seiten erstreckende Erläuterung zu Sinn und Zweck der Vorschrift in der Gesetzesbegründung (BT-Drs. 18/5926, 130 ff.)
17 Ab dem 1.1.2018 ist § 29 SGB IX einschlägig.
18 BT-Drs. 18/5926, 115 f.

die privatrechtlich bestehende Haftpflicht des Unternehmers gegenüber seinen Arbeitnehmern durch einen öffentlich-rechtlich organisierten Schutz, die Gesetzliche Unfallversicherung, abgelöst (§ 104 Abs. 1 S. 1 SGB VII). Hierfür entrichten die Unternehmer Beiträge an die Unfallversicherungsträger (§ 150 Abs. 1 S. 1 SGB VII).

2. Versicherte

58 Obwohl die Gesetzliche Unfallversicherung (GUV) zunächst nur als Ablösung der Unternehmerhaftung konzipiert war und damit nur Arbeitnehmer geschützt hat (§ 2 Abs. 1 Nr. 1 SGB VII), hat sie sich mittlerweile zu einem personell sehr weitreichenden Schutzinstrument entwickelt. So sind in der GUV **kraft Gesetzes** nicht nur Arbeitnehmer (Beschäftigte) **versichert**, sondern zB auch Kinder in Tageseinrichtungen Schüler und Studierende (§ 2 Abs. 1 Nr. 8 SGB VII), ehrenamtlich tätige Personen (§ 2 Abs. 1 Nr. 9, 10, 12 SGB VII), Lebensretter und Blut- und Organspender (§ 2 Abs. 1 Nr. 13 SGB VII), Pflegepersonen (§ 2 Abs. 1 Nr. 17 SGB VII). Die GUV nimmt mit dieser Ausweitung des Personenkreises die Funktion eines öffentlich-rechtlich organisierten sozialen Entschädigungssystems wahr. Dadurch manifestiert sich eine besondere staatliche Verantwortlichkeit für Personen, die bei einer im öffentlichen Interesse liegenden Tätigkeit von einem Arbeitsunfall oder einer Berufskrankheit betroffen werden.

59 Neben der Versicherung kraft Gesetzes besteht die **Versicherung kraft Satzung** (§ 3 SGB VII), die vor allem für Unternehmer und ehrenamtlich Tätige von Interesse ist, sowie die Möglichkeit der **freiwilligen Versicherung** (§ 6 SGB VII)

3. Leistungsrecht

a) Allgemeines

60 Da die Leistungen der GUV am privatrechtlichen Haftungsumfang orientiert sind, enthält das Leistungsrecht des SGB VII einen **umfassenden Katalog an Geld- und Sachleistungen** (Drittes Kapitel des SGB VII, §§ 26–103 SGB VII). Die Leistungen bei Pflegebedürftigkeit (§ 44 SGB VII) stellen dabei nur einen kleinen Bereich des gesamten Leistungsspektrums dar. Insgesamt sind die Pflegeleistungen nach dem SGB VII breiter gestaltet als die Leistungen nach dem SGB XI.

61 Die Leistungen der Unfallversicherung haben **Vorrang** vor den Leistungen der Pflegeversicherung und der Hilfe zur Pflege nach dem Sozialhilferecht (§ 13 Abs. 1 Nr. 2 SGB XI; § 63b SGB XII).

b) Versicherungsfälle

62 Die Versicherungsfälle der GUV sind Arbeitsunfälle und Berufskrankheiten (§§ 7 Abs. 1, 8 und 9 SGB VII). Zum Versicherungsfall des Arbeitsunfalls rechnet auch der Wegeunfall (§ 8 Abs. 2 SGB VI).

c) Leistungen bei Pflegebedürftigkeit

63 Im SGB VII enthält nur eine einzige Vorschrift zu den Leistungen bei Pflegebedürftigkeit (§ 44 SGB VII). In ihr sind der Begriff der Pflegebedürftigkeit, die Leistungen und die Anpassung des Pflegegeldes geregelt.

64 Der **Begriff der Pflegebedürftigkeit** ist nicht dem neuen Begriff der Pflegebedürftigkeit nach § 14 SGB XI angepasst worden. Pflegebedürftig sind Versicherte, solange sie infolge des Versicherungsfalls so hilflos sind, dass sie für die gewöhnlichen und regelmäßig wiederkehrenden Verrichtungen im Ablauf des täglichen Lebens in erheblichem Umfang der Hilfe bedürfen (§ 44 I SGB VII). Vor Einführung des neuen Pflege-

bedürftigkeitsbegriffes im SGB XI war der Pflegebedürftigkeitsbegriff der GUV weiter als der der Pflegeversicherung. Das ist jetzt nicht mehr der Fall.

Pflegeleistungen sind das Pflegegeld, die Gestellung einer Pflegekraft und die Heim- 65
pflege. Bis auf die Vorschriften zum Pflegegeld enthält § 44 SGB VII keine weiteren Ausführungen zu den anderen Leistungen. Das **Pflegegeld** ist unter Berücksichtigung der Art oder Schwere des Gesundheitsschadens sowie des Umfangs der erforderlichen Hilfe auf einen Monatsbetrag zwischen 300 Euro und 1.199 Euro (Beträge am 1. Juli 2008) festzusetzen. Diese Beträge werden jeweils zum gleichen Zeitpunkt, zu dem die Renten der gesetzlichen Rentenversicherung angepasst werden, entsprechend dem Faktor angepasst, der für die Anpassung der vom Jahresarbeitsverdienst abhängigen Geldleistungen maßgebend ist. Übersteigen die Aufwendungen für eine Pflegekraft das Pflegegeld, kann es angemessen erhöht werden (§ 44 Abs. 2, 4 und 6 SGB VII). Während einer stationären Behandlung oder der Unterbringung der Versicherten in einer Einrichtung der Teilhabe am Arbeitsleben oder einer Werkstatt für behinderte Menschen wird das Pflegegeld bis zum Ende des ersten auf die Aufnahme folgenden Kalendermonats weitergezahlt und mit dem ersten Tag des Entlassungsmonats wieder aufgenommen. Das Pflegegeld kann in den Fällen ganz oder teilweise weitergezahlt werden, wenn das Ruhen eine weitere Versorgung der Versicherten gefährden würde (§ 44 Abs. 3 SGB VII).

Auf Antrag der Versicherten kann statt des Pflegegeldes eine Pflegekraft gestellt 66
(Hauspflege) oder die erforderliche Hilfe mit Unterkunft und Verpflegung in einer geeigneten Einrichtung **(Heimpflege)** erbracht werden. Das Pflegegeld kann ganz oder teilweise weitergezahlt werden, wenn das Ruhen eine weitere Versorgung der Versicherten gefährden würde (§ 44 Abs. 5 SGB VII). Bei der Heimpflege werden also nicht nur die pflegebedingten Aufwendungen geleistet, sondern auch die Unterkunft und Verpflegung.

II. Soziale Entschädigung

1. Allgemeines

Im SGB I wird als **soziales Recht** auch die soziale Entschädigung bei Gesundheits- 67
schäden aufgeführt (§ 5 SGB I):

»Wer einen Gesundheitsschaden erleidet, für dessen Folgen die staatliche Gemeinschaft in Abgeltung eines besonderen Opfers oder aus anderen Gründen nach versorgungsrechtlichen Grundsätzen einsteht, hat ein Recht auf

1. die notwendigen Maßnahmen zur Erhaltung, zur Besserung und zur Wiederherstellung der Gesundheit und der Leistungsfähigkeit und

2. angemessene wirtschaftliche Versorgung.

Ein Recht auf angemessene wirtschaftliche Versorgung haben auch die Hinterbliebenen eines Beschädigten.«

Das **Gesetz über die Versorgung der Opfer des Krieges (Bundesversorgungsgesetz –** 68
BVG) stellt das wichtigste Gesetz auf dem Gebiet der sozialen Entschädigung dar. Der personelle Anwendungsbereich dieses Gesetzes ist zwar auf die Kriegsopfer beschränkt ist (§ 1 Abs. 1 BVG); jedoch dient dieses Gesetz insbesondere im Leistungsrecht als Referenz für andere Gesetze auf dem Gebiet der sozialen Entschädigung, so etwa für das Opferentschädigungsgesetz (§ 1 Abs. 1 S. 1 OEG) oder das Infektionsschutzgesetz (§ 60 IfSG).

2. Leistungsrecht

Das BVG enthält eine Reihe von Leistungen bei Pflegebedürftigkeit, die im Folgenden 69
nur im Überblick erwähnt werden können. Dabei ist zu unterscheiden zwischen der

Hilfe zur Pflege, die im Rahmen der Kriegsopferfürsorge als Ergänzung zu den übrigen Leistungen nach dem BVG als besondere Hilfen im Einzelfall gewährt wird (§ 26c BVG) und der **Pflegezulage** (§ 35 BVG). Die Pflegezulage stellt im Übrigen die erste Sozialleistung bei Pflegebedürftigkeit dar, die im deutschen Recht vorgesehen war.

70 Die **Hilfe zur Pflege** im Rahmen der Kriegsopferfürsorge (§ 26c BVG) wird in entsprechender Anwendung des § 13 SGB XII und des Siebten Kapitels des SGB XII (Hilfe zur Pflege) geleistet. Hierfür gelten besondere Einkommensgrenzen (§ 26c Abs. 5 BVG).

71 Die Vorschrift zur **Pflegezulage** (§ 35 BVG) ist die zentrale leistungsrechtliche Bestimmung im Zusammenhang des Schutzes bei Pflegebedürftigkeit nach dem BVG. Sie enthält auch Aussagen zum Begriff der Pflegebedürftigkeit und zu den verschiedenen Pflegeleistungen.

72 Der **Begriff der Pflegebedürftigkeit** war im BVG schon vor Einführung des neuen Begriffs der Pflegebedürftigkeit im SGB XI sehr weit gefasst: Es muss Hilflosigkeit infolge der Schädigung gegeben sein. Hilflos sind Beschädigte, wenn sie für eine Reihe von häufig und regelmäßig wiederkehrenden Verrichtungen zur Sicherung ihrer persönlichen Existenz im Ablauf eines jeden Tages fremder Hilfe dauernd bedürfen. Diese Voraussetzungen sind auch erfüllt, wenn die Hilfe in Form einer Überwachung oder Anleitung zu den genannten Verrichtungen erforderlich ist oder wenn die Hilfe zwar nicht dauernd geleistet werden muss, jedoch eine ständige Bereitschaft zur Hilfeleistung erforderlich ist (§ 35 Abs. 1 S. 1–3 BVG).

73 Die **Pflegezulage** wird in sechs Stufen geleistet (§ 35 Abs. 4 BVG). Je nachdem, wie die fremde Hilfe geleistet wird, etwa durch Dritte oder durch Angehörige, wird die Pflegezulage entsprechend angepasst (§ 35 Abs. 2 BVG). Die Kosten der **Heimpflege** werden für Unterkunft, Verpflegung und Betreuung einschließlich notwendiger Pflege unter Anrechnung auf die Versorgungsbezüge übernommen (§ 35 Abs. 6 BVG).

III. Sozialhilfe

1. Allgemeines

a) Nachrang der Sozialhilfe

74 Die Leistungen der Sozialhilfe (SGB XII) sind gegenüber den Pflegeleistungen der Pflegeversicherung nachrangig (§ 13 Abs. 3 S. 1 Nr. 1 SGB XI; § 2 Abs. 1 SGB XII). Der **Nachrang**, auch Subsidiarität genannt, bedeutet nicht nur, dass andere öffentliche Leistungen vorrangig sind, sondern auch, dass der Sozialhilfeberechtigte eigenes Einkommen und Vermögen einzusetzen hat. Auch die **Verpflichtungen von unterhalts- pflichtigen Personen** sind gegenüber Sozialhilfeleistungen grundsätzlich vorrangig (§ 2 Abs. 2 S. 1 SGB XI). Hier besteht ein **gesetzlicher Forderungsübergang** (§ 94 SGB XII). Allerdings ist der Kreis der heranzuziehenden Personen bei Pflegeleistungen der Sozialhilfe auf nicht getrennt lebende Ehegatten oder Lebenspartner beschränkt. Dies gilt nicht gegenüber Personen, die minderjährig und unverheiratet sind (§ 61 SGB XII). Diese Beschränkung der heranzuziehenden Personen gilt aber nur bei Leistungen der Hilfe zur Pflege, nicht bei den sonstigen Leistungen, also insbesondere bei der Hilfe zum Lebensunterhalt, die auch die Unterkunft, Verpflegung und die hauswirtschaftlichen Belange erfasst (§§ 27 ff. SGB XI; Sonderregelung für den notwendigen Lebensunterhalt in Einrichtungen in § 27b SGB XII), oder bei der Hilfe zur Weiterführung des Haushalts (§ 70 SGB XI).

75 In Hinblick auf den **Nachrang der Sozialhilfe** sind vor allem folgende Situationen von Bedeutung:

- Das Leistungsrecht des SGB XI sieht generell für bestimmte Bedarfe pflegebedürfti-ger Menschen keine Leistungen vor. Das gilt vor allem für die Unterkunft und Ver-pflegung in vollstationären Einrichtungen.
- Die Leistungen des SGB XI reichen im Einzelfall quantitativ oder qualitativ nicht aus, um den Bedarf des pflegebedürftigen Menschen zu decken. Hier sind Sozialhil-feleistungen ggf. ergänzend einzusetzen.
- Pflegeleistungen nach dem SGB XII können im Einzelfall auch relevant werden, wenn die pflegebedürftige Person keinen gesetzlichen oder privaten Versicherungs-schutz genießt und sie auch nicht über hinreichendes eigenes Einkommen und/oder Vermögen verfügt oder Unterhaltsansprüche hat.

Die Nachrangregeln des SGB XII sind in Hinblick auf die Inanspruchnahme von Pfle- **76**
geleistungen besonders modifiziert worden, so beim Einsatz von eigenem Einkommen
(§ 82 Abs. 3a SGB XII) und Vermögen (§ 66a SGB XII) und bei der Heranziehung Unterhaltsverpflichteter (§ 94 Abs. 2 S. 1 SGB XII).

Die **Inanspruchnahme von Leistungen der Sozialhilfe bei Pflege und Betreuung in** **77**
einer stationären Einrichtung stellt den wichtigsten Fall dar. Das **Gesamtheimentgelt,**
das der Pflegebedürftige in einer **vollstationären Einrichtung** zu entrichten hat, besteht aus dem Pflegesatz, dem Entgelt für Unterkunft und Verpflegung und den gesondert berechenbaren Investitionskosten (§ 87a Abs. 1 S. 1 SGB XI). Eine mögliche Inanspruchnahme von Sozialhilfeleistungen kann sich demnach in Hinblick auf alle drei
dieser Elemente des Heimentgelts ergeben. Wegen des Nachrangs der Sozialhilfe ist
der Einsatz von eigenem Einkommen und Vermögen bzw. die entsprechende Heranziehung Unterhaltsverpflichteter hier besonders problematisch. Die Pflegekassen
übernehmen im Rahmen pauschaler Leistungsbeträge (→ § 31 Rn. 40) nur die pflegebedingten Aufwendungen einschließlich der Aufwendungen für Betreuung und die
Aufwendungen der Leistungen für medizinische Behandlungspflege (§ 43 Abs. 2 S. 1
SGB XI), nicht jedoch die Entgelte für Unterkunft und Verpflegung und die Investitionskosten (§ 4 Abs. 2 S. 2 SGB XI). Ist der Pflegesatz für die pflegebedingten Aufwendungen in einer Einrichtung höher als der in § 43 Abs. 2 S. 2 SGB XI aufgeführte Pau-
schalbetrag, so kann ein Eigenanteil vom Pflegebedürftigen verlangt werden. Um zu
vermeiden, dass mit einem höheren Pflegegrad auch ein höherer Eigenanteil gefordert
wird, ist im Vergütungsrecht des SGB XI vorgesehen, dass die vollstationäre Einrichtung **einrichtungseinheitliche Eigenanteile** ermittelt (§ 84 Abs. 2 S. 3 SGB XI).[19] Dies
stellt zwar keine sozialhilferechtliche Regelung dar: Jedoch soll durch diese vergütungsrechtliche Maßgabe zumindest indirekt verhindert werden, dass eine in einer
vollstationären Einrichtung betreute Person bei steigendem Pflegegrad eher sozialhil-
febedürftig wird.

b) Leistungskonkurrenzen

§ 63b SGB XII enthält die Vorschriften zur Regelung der Leistungskonkurrenzen (s. auch **78**
§ 13 SGB XI, → § 31 Rn. 28).

c) Vorrang im Rahmen der häuslichen Pflege

In der Sozialhilfe ist der Vorrang der häuslichen Pflege nicht ausdrücklich geregelt. **79**
Wünscht ein Sozialhilfeberechtigter häusliche Pflege, so wird dies gemäß dem allgemeinen Wunsch- und Wahlrecht bestimmt. In diesem Zusammenhang kommen auch
die Mehrkostenklauseln zur Geltung (§§ 9 Abs. 2 S. 3, 13 Abs. 1 S. 3 SGB XII). Im Rahmen der häuslichen Pflege besteht eine Hinwirkungspflicht des Trägers der Sozialhilfe,

---

19 S. hierzu Udsching/Schütze/*Schütze* SGB XI § 84 Rn. 17 ff.

die auf den vorrangigen Einsatz der Pflege durch Personen, die dem Pflegebedürftigen nahestehen, oder als Nachbarschaftshilfe gerichtet ist (§ 64 SGB XI).

2. Hilfe zur Pflege

80 Die **Leistungen der Sozialhilfe bei Pflegebedürftigkeit** sind im **Siebten Kapitel Hilfe zur Pflege** geregelt (§§ 61–66a SGB XII).

a) Begriff der Pflegebedürftigkeit

81 Obwohl in § 61a SGB XII nicht auf den Begriff der Pflegebedürftigkeit im SGB XI Bezug genommen wird, entspricht er diesem weitestgehend. Der hier verwendete Begriff ist insofern weiter, als er die in § 14 Abs. 1 S. 3 SGB XI enthalten zeitlichen Maßgaben – auf Dauer voraussichtlich für sechs Monate – nicht enthält. Auch ist die Berücksichtigung der Beeinträchtigung bei der Haushaltsführung nicht aufgenommen (vgl. § 14 Abs. 3 SGB XI). Der Unterstützungsbedarf bei der Haushaltsführung gehört dann wie schon bisher zur Leistung der Hilfe zum Lebensunterhalt (vgl. § 27a SGB XII).[20]

b) Begutachtung

82 Die Träger der Sozialhilfe haben den notwendigen pflegerischen Bedarf zu ermitteln und festzustellen (§ 63a SGB XII). Die Träger der Sozialhilfe verfügen nicht über einen eigenen Medizinischen Dienst, wie es im Bereich der Kranken- und Pflegeversicherung der Fall ist (vgl. § 278 SGB V; → § 28 Rn. 41). Deshalb sind die Sozialhilfeträger auf das Tätigwerden dieser Institution angewiesen, wenn sie sich nicht sachverständiger Dritter bedienen. Auf Anforderung unterstützt der **Medizinische Dienst der Krankenversicherung** den Träger der Sozialhilfe bei seiner Entscheidung und erhält hierfür Kostenersatz, der zu vereinbaren ist (§ 62a Abs. 3 SGB XI).

83 Um eine gewisse Homogenität mit den Regelungen des SGB XI zur Begutachtung herzustellen, wird in § 62 SGB XII auf das Begutachtungsinstrument des § 15 SGB XI verwiesen. Die Entscheidungen der Pflegekasse über den Pflegegrad haben **Bindungswirkung** für den Träger der Sozialhilfe (§ 62a SGB XII).

c) Leistungen

84 Die Leistungen der Hilfe zur Pflege entsprechen weitgehend den Pflegeleistungen des SGB XI, s. die Leistungsübersicht in § 63 SGB XII (vgl. §§ 28, 28a SGB XI; → § 31 Rn. 30) und die Leistungen in §§ 64a–66 SGB XI.

IV. Beihilfevorschriften für öffentlich Bedienstete

85 ### 1. Allgemeine Grundsätze

86 Zu den allgemeinen Grundsätzen und Vorschriften des Beihilferechts → § 30 Rn. 367 ff. Im Folgenden werden nur die Beihilfevorschriften für die öffentlich Bediensteten des Bundes gem. § 2 Bundesbeihilfeverordnung (BBhV) dargestellt. Die Bundesbeihilfeverordnung (BBhV) enthält in Kapitel 3 die Vorschriften zu den **Aufwendungen in Pflegefällen** (§§ 37–40 BBhV).

2. Pflegeberatung

87 Der Bund beteiligt sich an den personenbezogenen Kosten der Träger für eine Pflegeberatung nach § 7a SGB XI, wenn 1. beihilfeberechtigte und berücksichtigungsfähige

---

20 Vgl. Grube/Wahrendorf/*Grube* SGB XII § 27 Rn. 22 und § 61 Rn. 7.

Personen Leistungen der Pflegeversicherung a) beziehen oder b) beantragt haben und erkennbar Hilfe- und Beratungsbedarf besteht und 2. eine entsprechende Vereinbarung des Bundes und den Trägern der Pflegeberatung nach § 7a SGB XI besteht (§ 37 BBhV).

3. Beihilfefähige Aufwendungen

Es gilt der **Begriff der Pflegebedürftigkeit** nach dem SGB XI (§ 37 Abs. 2 BBhV). Die   88
beihilfefähigen Aufwendungen in Pflegefällen entsprechen grundsätzlich den Leistungen nach dem SGB XI. **Anspruchsberechtigte bei Pflegeleistungen** sind Personen der Pflegegrade 2–5 nach Maßgabe der §§ 38a–39a BBhV und Personen des Pflegegrades 1 nach § 39b BBhV.

4. Häusliche Pflege

Die **Aufwendungen für häusliche Pflege** entsprechend § 36 Abs. 1, 2 SGB XI in Form   89
von körperbezogenen Pflegemaßnahmen, pflegerischen Betreuungsmaßnahmen und Hilfen bei der Haushaltsführung sind beihilfefähig. Voraussetzung ist, dass die häusliche Pflege durch geeignete Pflegekräfte erbracht wird, die in einem Vertragsverhältnis zur Pflegekasse oder zu einer ambulanten Pflegeeinrichtung stehen, mit der die jeweilige Pflegekasse einen Versorgungsvertrag abgeschlossen hat. (§ 38a Abs. 1 BBhV).

Aufwendungen für **Leistungen zur Entlastung pflegender Angehöriger** und ver-   90
gleichbar Nahestehender in ihrer Eigenschaft als Pflegende oder zur Förderung der Selbständigkeit und Selbstbestimmtheit der Pflegebedürftigen bei der Gestaltung ihres Alltags sind entsprechend den §§ 45a und 45b SGB XI beihilfefähig (§ 38a Abs. 2 SGB XI).

Eine **Pauschalbeihilfe** wird gewährt, sofern die häusliche Pflege durch andere Pflege-   91
kräfte erfolgt. Ein aus der privaten oder der sozialen Pflegeversicherung zustehendes Pflegegeld und entsprechende Erstattungen oder Sachleistungen auf Grund sonstiger Rechtsvorschriften sind auf Pauschalbeihilfen anzurechnen. Beihilfeberechtigte oder berücksichtigungsfähige Personen, die nicht gegen das Risiko der Pflegebedürftigkeit versichert sind, erhalten die Pauschalbeihilfe zur Hälfte (§ 38a Abs. 2–5 BBhV).

Beihilfefähig sind auch **Aufwendungen für Beratungsbesuche** iSd § 37 Abs. 3 SGB XI,   92
sofern für den jeweiligen Beratungsbesuch Anspruch auf Zahlung eines Zuschusses durch die private oder soziale Pflegeversicherung besteht (§ 38a Abs. 6 BBhV).

5. Kombinationsleistungen

Erfolgt die häusliche Pflegehilfe nur teilweise durch eine geeignete Pflegekraft, wird   93
neben der Beihilfe anteilige Pauschalbeihilfe gewährt (§ 38a Abs. 3 BBhV). Die Pauschalbeihilfe wird um den Prozentsatz vermindert, zu dem Beihilfe nach § 38a Abs. 1 BBhV gewährt wird (§ 38b Abs. 1 BBhV). Die anteilige Pauschalbeihilfe wird fortgewährt während einer Verhinderungspflege für bis zu sechs Wochen je Kalenderjahr und während einer Kurzzeitpflege für bis zu acht Wochen je Kalenderjahr. Die Höhe der fortgewährten Pauschalbeihilfe beträgt die Hälfte der vor Beginn der Verhinderungs- oder Kurzzeitpflege geleisteten Pauschalbeihilfe (§ 38b Abs. 2 BBhV). Pflegebedürftige Personen in vollstationären Einrichtungen der Hilfe für behinderte Menschen erhalten ungeminderte Pauschalbeihilfe anteilig für die Tage, an denen sie sich in häuslicher Pflege befinden (§ 38b Abs. 3 BBhV).

6. Häusliche Pflege bei Verhinderung der Pflegeperson

Ist eine Pflegeperson wegen Erholungsurlaubs, Krankheit oder aus anderen Gründen   94
an der häuslichen Pflege gehindert, so sind Aufwendungen für eine notwendige Ersatzpflege entsprechend § 39 SGB XI beihilfefähig. Voraussetzung ist, dass die Pflege-

person die pflegebedürftige beihilfeberechtigte oder berücksichtigungsfähige Person vor der erstmaligen Verhinderung mindestens sechs Monate in ihrer häuslichen Umgebung gepflegt hat (§ 38c BBhV).

7. Teilstationäre Pflege

95 Aufwendungen für teilstationäre Pflege in Einrichtungen der Tages- oder Nachtpflege sind entsprechend § 41 Abs. 2 SGB XI, wenn häusliche Pflege nicht in ausreichendem Umfang sichergestellt werden kann oder die teilstationäre Pflege zur Ergänzung oder Stärkung der häuslichen Pflege erforderlich ist. Die teilstationäre Pflege umfasst auch die notwendige Beförderung der pflegebedürftigen Person von der Wohnung zur Einrichtung der Tages- oder Nachtpflege und zurück (§ 38d Abs. 2, 3 BBhV).

8. Kurzzeitpflege

96 Kann die häusliche Pflege zeitweise nicht, noch nicht oder nicht im erforderlichen Umfang erbracht werden und reicht auch teilstationäre Pflege nicht aus, sind Aufwendungen für Kurzzeitpflege entsprechend § 42 SGB XI beihilfefähig (§ 38e SGB XI).

9. Ambulant betreute Wohngruppen

97 Entstehen Aufwendungen nach § 38a Abs. 1 S. 1, 2 oder 3 oder nach § 38b BBhV in ambulant betreuten Wohngruppen und sind auch die Voraussetzungen nach § 38a Abs. 1 SGB XI erfüllt, wird eine weitere Beihilfe entsprechend § 38a Abs. 1 SGB XI gewährt. Daneben sind Aufwendungen im Rahmen der Anschubfinanzierung zur Gründung ambulant betreuter Wohngruppen entsprechend § 45e SGB XI beihilfefähig (§ 38f SGB XI).

10. Pflegehilfsmittel und Maßnahmen zur Verbesserung des Wohnumfeldes

98 Beihilfefähig sind Aufwendungen für Pflegehilfsmittel nach § 40 Abs. 1–3, 5 SGB XI und Maßnahmen zur Verbesserung des Wohnumfeldes der pflegebedürftigen Person nach § 40 Abs. 4 SGB XI (§ 38g BBhV).

11. Leistungen zur sozialen Sicherung der Pflegeperson

99 Auf Antrag der Pflegeperson sind beihilfefähig Zuschüsse zur Kranken- und Pflegeversicherung nach § 44a Abs. 1, 4 SGB XI und das Pflegeunterstützungsgeld nach § 44a Abs. 3 SGB XI (§ 38h Abs. 1 BBhV).

12. Vollstationäre Pflege

100 Die Aufwendungen für vollstationäre Pflege in einer zugelassenen Pflegeeinrichtung iSd § 72 Abs. 1 S. 1 SGB XI oder in einer vergleichbaren Pflegeeinrichtung sind beihilfefähig, wenn häusliche oder teilstationäre Pflege nicht möglich ist oder wegen der Besonderheit des Einzelfalls nicht in Betracht kommt. Beihilfefähig sind pflegebedingte Aufwendungen einschließlich der Aufwendungen für Betreuung und Aufwendungen für medizinische Behandlungspflege, sofern hierzu nicht nach § 27 BBhV Beihilfe gewährt wird (§ 39 Abs. 1 BBhV). Darüber hinaus sind auch Aufwendungen für Verpflegung und Unterkunft einschließlich der Investitionskosten beihilfefähig, dies allerdings unter Anrechnung eines Eigenbehalts (§ 39 Abs. 2 BBhV).

13. Pflege in Einrichtungen der Behindertenhilfe

101 Beihilfefähig sind entsprechend § 43a SGB XI Aufwendungen für Pflege und Betreuung in einer vollstationären Einrichtung der Hilfe für behinderte Menschen, in der die

Teilhabe am Arbeitsleben und am Leben in der Gemeinschaft, die schulische Ausbildung oder die Erziehung behinderter Menschen im Vordergrund des Einrichtungszwecks stehen (§ 39a BBhV).

14. Aufwendungen bei Pflegegrad 1

Für pflegebedürftige beihilfeberechtigte oder berücksichtigungsfähige Personen des 102 Pflegegrades 1 sind u.a. die folgenden Aufwendungen beihilfefähig (§ 39b BBhV): Beratung in der eigenen Häuslichkeit; zusätzliche Leistungen in ambulant betreuten Wohngruppen; Pflegehilfsmittel sowie Maßnahmen zur Verbesserung des Wohnumfeldes; zusätzliche Betreuung und Aktivierung in stationären Pflegeeinrichtungen; vollstationäre Pflege in Höhe von 125 Euro monatlich; Entlastungsbetrag nach § 38a Abs. 2 BBhV iVm §45b SGB XI.

§ 32 Medizinische Rehabilitation

A. Behinderung und Rehabilitation

Nach § 2 Abs. 1 S. 1 SGB IX sind **Menschen mit Behinderungen** Menschen, die kör- 1 perliche, seelische, geistige oder Sinnesbeeinträchtigungen haben, die sie in Wechselwirkung mit einstellungs- und umweltbedingten Barrieren an der gleichberechtigten Teilhabe an der Gesellschaft mit hoher Wahrscheinlichkeit länger als sechs Monate hindern können. **Behinderung**[1] ist ein Rechtsbegriff, der durch das Benachteiligungsverbot (Art. 3 Abs. 3 S. 2 GG)[2], das Europäische Diskriminierungsverbot (Art. 19 AEUV) und die UN-Behindertenrechtskonvention (UN-BRK)[3] auch verfassungsrechtliche, europarechtliche und völkerrechtliche Bedeutung hat.

Im Gesundheitsrecht ist Behinderung von Krankheit abzugrenzen. Behinderung ist 2 nach traditioneller Sicht eine Auswirkung von Krankheit und Funktionsbeeinträchtigung auf die Teilhabe. In der neueren Diskussion werden auch persönliche und soziale Kontextfaktoren, einstellungs- und umweltbedingte Barrieren betont. Die Internationale Klassifikation der Funktionsfähigkeit, Behinderung und Gesundheit (**ICF**)[4] der Weltgesundheitsorganisation (WHO) und Art. 1 UN-BRK zeugen ein solches Verständnis auf. Damit kann Behinderung sowohl für individuelle Eigenschaften und Leistungsbedarfe stehen wie für soziale Verhältnisse. Auf Behinderung bezogene Sozialleistungen reichen entsprechend weit über Gesundheitsleistungen hinaus, die an der individuellen Funktionsstörung ansetzen, sondern beziehen sich auch auf Aktivitäten und Teilhabemöglichkeiten. Die Kontextfaktoren werden beeinflusst durch die Gebote zur **Barrierefreiheit**[5], insbesondere nach den Behindertengleichstellungsgesetzen von Bund und Ländern[6].

Die auf Behinderung bezogenen Leistungen werden als **Leistungen zur Teilhabe** und 3 als **Rehabilitation** bezeichnet. Nach dem Schwerpunkt ihrer Zielrichtung werden un-

---

1 Vgl. *Luthe* Behindertenrecht 2017, 53; *Heinz* S + P 2016, 381; *Frehe*, www.reha-recht.de, D 27-2016; *Welti* S + P 2015, 148.
2 *Welti* SHAnz 2014, 163.
3 *Heinz* ZfSH/SGB 2016, 7; *Welti*, FS Kohte, 2016, 635; *Welti*, Sozialer Fortschritt 2015, 267; *Luthe* Behindertenrecht 2014, 89; *Degener* Behindertenrecht 2009, 34.
4 BSG SozR 4-3250 § 69 Nr. 16; *Wenzel/Morfeld* BuGBl. 2017, 386; *Welti* SDSRV 65 (2015), 51; *Schuntermann*, www.reha-recht.de, C 6-2013.
5 *Welti* DÖV 2013, 795.
6 *Hlava/Ramm/Welti* SozSich 2016, 120.

terschieden (vgl. §§ 4, 5 SGB IX) Leistungen zur medizinischen Rehabilitation, zur Teilhabe am Arbeitsleben (berufliche Rehabilitation), zur Teilhabe an Bildung (pädagogische Rehabilitation) und zur sozialen Teilhabe (soziale Rehabilitation). Dazu kommen unterhaltssichernde und andere ergänzende Leistungen, die insbesondere die anderen Leistungen ermöglichen sollen.

B. Allgemeines Rehabilitations- und Teilhaberecht (SGB IX – Teil 1)

4 Als übergreifendes Gesetz für die Leistungen zur Teilhabe mit Begriffs- und Zielbestimmungen, Verfahrens- und Koordinationsbestimmungen und einem leistungsrechtlichen Rahmen gilt das Sozialgesetzbuch – Neuntes Buch – Rehabilitation und Teilhabe behinderter Menschen mit seinem Teil 1. **Rehabilitationsträger** (§ 6 SGB IX) sind die Träger der gesetzlichen Krankenversicherung, Rentenversicherung, Unfallversicherung, sozialen Entschädigung, Kinder- und Jugendhilfe und der Sozialhilfe (ab 1.1.2020: Eingliederungshilfe) sowie die Bundesagentur für Arbeit. Bis auf die Bundesagentur können alle diese Träger auch für die medizinische Rehabilitation verantwortlich sein. Die Verfahrensregelungen in Teil 1 – SGB IX – sind für alle Träger verbindlich. Im Übrigen geht deren besonderes Leistungsrecht vor, soweit es vom SGB IX abweicht (§ 7 SGB IX)[7].

5 In Teil 2 des Gesetzes wird (ab 2020) das **Leistungsrecht der Eingliederungshilfe** geregelt, in Teil 3 – bis 2018 in Teil 2 – wird das **Recht schwerbehinderter Menschen** geregelt, vor allem Arbeitsrecht und Recht der Integrationsämter.

6 Das SGB IX enthält als wichtige allgemeine Grundsätze ein starkes **Wunsch- und Wahlrecht**[8] (§ 8 SGB IX), eine **vorrangige Prüfung** von Leistungen zur Teilhabe vor anderen Leistungen (»Reha vor Rente[9], Reha vor Pflege[10]«, § 9 SGB IX). Es verpflichtet die Rehabilitationsträger zur Koordination und Kooperation durch gemeinsame Maßnahmen zur **frühzeitigen Bedarfserkennung** (§ 12 SGB IX) und Instrumente zur Ermittlung des Rehabilitationsbedarfs (§ 13 SGB IX) sowie durch verbindliche **Zuständigkeitsklärung** und Bedarfsfeststellung in festgelegten Fristen (§§ 14–17 SGB IX)[11]. Bei Fristüberschreitung kann eine beantragte Leistung genehmigt sein (**Genehmigungsfiktion**), wenn nicht der Antragsteller wusste oder grob fahrlässig nicht wusste, dass kein Anspruch besteht (§ 18 SGB IX). Sind mehrere Rehabilitationsträger beteiligt, können Leistungen mehrerer Leistungsgruppen beansprucht werden oder wünscht es die leistungsberechtigte Person, wird ein **Teilhabeplan**[12] erstellt (§§ 19–23 SGB IX). Diese Regelungen gelten auch für die Krankenbehandlung (§ 43 SGB IX), sodass auch ein Zusammentreffen von Krankenbehandlung und Rehabilitation die Koordination und Kooperation nach dem SGB IX erfordert.

7 Anstelle der Sach- und Dienstleistung kann auch ein bedarfsgerechter Geldbetrag als **Persönliches Budget**[13] zur Verfügung gestellt werden (§ 29 SGB IX). Hierauf besteht

---

7 Zum BTHG: *Siefert* jurisPR-SozR 6/2017, Anm. 1; 7/2017, Anm. 1; 8/2017, Anm. 1; *Luik* jM 2017, 195–202.
8 Restriktiv: BSGE 113, 231 = BeckRS 2013, 72776; vgl. *Walling*, Das Prinzip der Individualisierung von Leistungen zur Teilhabe in der gesetzlichen Rentenversicherung, 2016; *Heine/ Fuhrmann* SGb 2009, 516; *Schütte* NDV 2003, 416; *Welti* SGb 2003, 379.
9 BSGE 110, 1 = BeckRS 2012, 68166; *Schütte* ZSR 2004, 473.
10 Krit. *H. Fuchs* SozSich 2007, 169.
11 BSGE 98, 267 = BeckRS 2007, 46154; BSGE 98, 277 = BeckRS 2007, 48897; BSGE 101, 207; 104, 294 = BeckRS 2010, 65786; BSGE 105, 271 = BeckRS 2010, 69319; BSGE 110, 301 = BeckRS 2012, 71596; vgl. *Welti* SHAnz 2012, 442; *Ulrich* SGb 2008, 452.
12 *Luik* RP-Reha 1/2015, 12.
13 BSGE 108, 158 = BeckRS 2011, 76920; BSGE 110, 83; *Dillmann* SDSRV 66 (2015), 141; *Peters-Lange* SGb 2015, 649.

ein Anspruch. In die Bemessung des Bedarfs können beim Budget auch regelmäßig wiederkehrende Leistungen der Krankenbehandlung und der Pflege einbezogen werden. Im Übrigen werden **Verträge mit Leistungserbringern** nach gemeinsamen Regelungen geschlossen (§ 38 SGB IX)[14], die gemeinsamen Qualitätskriterien unterliegen (§ 37 SGB IX; vgl. aber § 137d SGB V)[15].

Der **Leistungsanspruch** wird allein durch die Leistungsgesetze vermittelt. Nur sie regeln Voraussetzungen wie zB den Versicherungsstatus. Der leistungsrechtliche Rahmen der medizinischen Rehabilitation (§§ 42–48 SGB IX) gilt, soweit sich aus den Leistungsgesetzen nichts Abweichendes ergibt. Er umfasst die erforderlichen Leistungen, um Behinderungen, einschließlich chronischer Krankheiten oder Einschränkungen der Erwerbsfähigkeit und Pflegebedürftigkeit abzuwenden, zu beseitigen, zu mindern, auszugleichen, eine Verschlimmerung zu verhüten sowie den vorzeitigen Bezug von laufenden Sozialleistungen zu verhüten oder laufende Sozialleistungen zu mindern (§ 42 Abs. 1 SGB IX). Zu den Leistungen gehören insbesondere ärztliche, ärztlich beaufsichtigte oder ärztlich veranlasste Leistungen (§ 42 Abs. 2 SGB IX) einschließlich medizinischer, psychologischer und pädagogischer Hilfen (§ 42 Abs. 3 SGB IX). Zu den Leistungen gehören die **Früherkennung und Frühförderung** für behinderte und von Behinderung bedrohte Kinder (§ 46 SGB IX)[16], bei denen die Zusammenarbeit der Krankenkassen mit den Trägern der Eingliederungshilfe landesrechtlich geregelt wird. Ebenso gehören zur medizinischen Rehabilitation **Hilfsmittel** zum Behinderungsausgleich (§ 47 SGB IX)[17] und die **stufenweise Wiedereingliederung** (§ 44 SGB IX)[18]. Dabei verrichten arbeitsunfähige Leistungsberechtigte ihre Tätigkeit teilweise. Die Möglichkeit dazu soll bei der Bescheinigung der Arbeitsunfähigkeit vertragsärztlich geprüft werden (§ 74 SGB V). 8

Während der stufenweisen Wiedereingliederung und während anderer Leistungen der medizinischen Rehabilitation, die **Leistungen zum Lebensunterhalt** erforderlich machen, leisten die jeweiligen Rehabilitationsträger nach ihrem Leistungsrecht **Krankengeld** (Krankenkassen, § 65 Abs. 1 Nr. 1 SGB IX; §§ 44–46 SGB V), **Übergangsgeld** (Rentenversicherung, § 65 Abs. 1 Nr. 3 SGB IX, §§ 20, 21 SGB VI), **Verletztengeld** (Unfallversicherung, § 65 Abs. 1 Nr. 2 SGB IX, §§ 45 –48, 52, 55 SGB VII) oder **Versorgungskrankengeld** (Versorgungsamt, § 65 Abs. 1 Nr. 4 SGB IX; §§ 16–16h, 18a BVG). 9

Die Bundesregierung berichtet den gesetzgebenden Körperschaften einmal in der Legislaturperiode über die Lebenslagen der Menschen mit Behinderungen (**Teilhabebericht**, § 88 SGB IX)[19]. Die Berichte sind eine wichtige Informations- und Erkenntnisquelle. 10

C. Trägerspezifisches Recht, Zugang und Leistungen

I. Rentenversicherung

Wichtigster Träger der medizinischen Rehabilitation für Erwerbstätige ist die gesetzliche **Rentenversicherung**. Der Anspruch hat **persönliche Voraussetzungen** (§ 10 SGB VI), wonach die Erwerbsfähigkeit mit Bezug auf den allgemeinen Arbeitsmarkt[20] 11

14 *Brosius-Gersdorf* NZS 2016, 367; *Welti* SGb 2009, 330.
15 *Fuhrmann/Heine* SGb 2014, 297.
16 *Schaumberg* ASR 2014, 261.
17 *Henning* SGb 2015, 83; *Welti* Sozialrecht aktuell Sonderheft 2013, 1; *Schütze* SGb 2013, 147.
18 *Nebe* SGb 2015, 125.
19 BT-Drs. 18/10940; 17/14476; vgl. *Wansing* in Kreher/Welti (Hrsg.), Soziale Rechte und gesellschaftliche Wirklichkeiten, 2017, 132.
20 BSGE 85, 298 = BeckRS 9999, 02122.

gefährdet oder gemindert sein muss und **versicherungsrechtliche Voraussetzungen** (§ 11 SGB VI), die erfüllt sind, wenn innerhalb der letzten zwei Jahre sechs Monate eine versicherungspflichtige Beschäftigung bestand, innerhalb von zwei Jahren nach Beendigung der Ausbildung eine versicherungspflichtige Tätigkeit aufgenommen und ausgeübt wurde oder vermindert erwerbsfähig sind und die allgemeine Wartezeit (§§ 50–52 SGB VI; regelmäßig fünf Jahre mit Beitragszeiten) erfüllt ist.

12 Zu den Leistungen der medizinischen Rehabilitation der Rentenversicherung (§ 15 SGB VI) gehören auch Leistungen zur **Kinderrehabilitation** für Kinder von Versicherten und Rentenbeziehern sowie Kinder, die eine Waisenrente beziehen (§ 15a SGB VI) sowie Leistungen zur **Nachsorge**[21] (§ 17 SGB VI) und zur onkologischen Nachsorge (§ 31 Abs. 1 Nr. 3 SGB VI), letztere auch für Bezieher einer Rente. Die medizinische Rehabilitation der Rentenversicherung ist Antragsleistung (§ 19 S. 1 SGB IV).

II. Krankenversicherung

13 Die **Krankenkasse** ist als Trägerin der medizinischen Rehabilitation (§ 11 Abs. 2 SGB V) bei Leistungen in und durch Einrichtungen nachrangig zur gesetzlichen Rentenversicherung und Unfallversicherung (§ 40 Abs. 4 SGB V). Sie ist damit vor allem für Rentnerinnen und Rentner wegen Alters zuständig. Bei Kindern ist ihre Zuständigkeit gleichrangig zur RV. Sie erbringt **ambulante Rehabilitation** in und durch Einrichtungen (§§ 40 Abs. 1, 111c SGB V), **stationäre Rehabilitation** (§§ 40 Abs. 2, 107 Abs. 2, 111 SGB V), Rehabilitation für Mütter und Väter (§§ 41, 111a SGB V), **Belastungserprobung und Arbeitstherapie**[22] (§ 42 SGB V), ergänzende Leistungen zur Rehabilitation, **Patientenschulungen** und **Nachsorge** (§§ 43, 132c SGB V) sowie **Hilfsmittel zum Behinderungsausgleich** (§§ 33 Abs. 1, 126–128 SGB V). Im Grenzbereich zwischen Rehabilitation und Krankenbehandlung liegen die Ansprüche auf **nichtärztliche sozialpädiatrische Leistungen** (§ 43a SGB V), nichtärztliche Leistungen für Erwachsene mit geistiger Behinderung oder schweren Mehrfachbehinderungen (§§ 43b, 119c SGB V)[23] und **Soziotherapie** (§ 37a SGB V)[24].

14 Leistungen der medizinischen Rehabilitation können auch von Vertragsärzten erbracht werden, wenn dies in den Gesamtverträgen vereinbart wird (§ 73 Abs. 3 SGB V). Jedenfalls sind die Einleitung oder Durchführung rehabilitativer Maßnahmen sowie die Integration nichtärztlicher Hilfen und flankierender Dienste in die Krankenbehandlung Teil der hausärztlichen Versorgung (§ 73 Abs. 1 Nr. 4 SGB V) und die Verordnung von Behandlung in Rehabilitationseinrichtungen (§ 73 Abs. 2 Nr. 7 SGB V) vertragsärztliche Aufgabe. Die Leistungen zur Rehabilitation der Krankenkassen sind Antragsleistungen (§ 19 S. 1 SGB IV), ärztliche Verordnungen sind insoweit nur Anregungen und Teil des Antragsverfahrens (§§ 2 Abs. 5, 12 Reha-RL).

III. Unfallversicherung

15 Die **Unfallversicherung** ist Rehabilitationsträger, wenn Anlass der Rehabilitation ein Arbeitsunfall (§ 8 SGB VII) oder eine Berufskrankheit (§ 9 SGB VII) ist. Der Unfallversicherungsträger soll dann mit allen geeigneten Mitteln Leistungen zur medizinischen Rehabilitation erbringen (§ 26 SGB VII)[25]. Die Leistungen der Unfallversicherung sind vorrangig. Sie sind von Amts wegen zu leisten (§ 19 S. 2 SGB IV).

---

21 *Köpke* SozSich 2016, 245.
22 BSGE 109, 122 = BeckRS 2011, 79219; *Kalina* ZfSH/SGB 2012, 317.
23 *Schülle/Hornberg* BuGBl. 2016, 1117.
24 Zu Schwierigkeiten der Realisierung: *Ließem* RP-Reha 4/2015, 45; *Ratzke* RdLH 2010, 94.
25 *Welti* BG 2009, 401.

IV. Soziale Entschädigung

Die **Versorgungsämter** sind Träger der medizinischen Rehabilitation wenn ein Ent- 16
schädigungsfall nach dem Bundesversorgungsgesetz oder einem darauf verweisenden
Gesetz (insbesondere OEG und IfSG) vorliegt. Der Leistungsumfang ist in §§ 11, 11a,
13, 14 BVG geregelt und geht teilweise, etwa bei der orthopädischen Versorgung (§ 13
BVG) über denjenigen der gesetzlichen Krankenkassen hinaus. Die Leistungen werden
zum Teil von den Krankenkassen für die Versorgungsämter gegen Erstattung geleistet
(§§ 18c, 19 BVG).

V. Sozialhilfe/Eingliederungshilfe

Die Träger der **Sozialhilfe** leisten die **Eingliederungshilfe** für wesentlich behinderte 17
Menschen (§§ 53, 54 SGB XII). Von 2020 an werden die Träger der Eingliederungshilfe
als eigenständige Behörden von den Ländern bestimmt werden (§ 90 SGB IX)[26]. Der
Träger der Sozialhilfe/ Eingliederungshilfe ist für alle Leistungsgruppen der Leistungen zur Teilhabe zuständig. Da er nachrangig zuständig ist (§ 2 SGB XII/§ 91 SGB IX)
sind seine Leistungen vor allem zur sozialen Teilhabe und zur Teilhabe an Bildung relevant, weil es hier keine allgemeinen vorrangigen Leistungsträger gibt. Für Leistungen zur medizinischen Rehabilitation im Umfang der Leistungspflicht der Krankenkassen ist die Eingliederungshilfe zwar zuständig (§ 54 Abs. 1 SGB XII/§ 109 SGB IX),
dies kann aber nur bei nicht gesetzlich krankenversicherten Personen zum Tragen
kommen. Zudem ist es möglich, dass die Eingliederungshilfe Leistungen als solche der
sozialen Teilhabe übernimmt, die bei den Krankenkassen ausgeschlossen sind[27].

VI. Kinder- und Jugendhilfe

Die Träger der **Kinder- und Jugendhilfe** (Jugendämter) leisten Eingliederungshilfe für 18
seelisch behinderte Kinder und Jugendliche (§ 35a SGB VIII). Auch diese Leistungen
sind nachrangig zu denen anderer Träger außer der Sozialhilfe (§ 10 SGB VIII), sodass
medizinische Rehabilitation nur bei nicht gesetzlich krankenversicherten Kindern und
Jugendlichen in Betracht kommt[28].

VII. Schwerbehindertenrecht

Durch das **Recht schwerbehinderter Menschen**, das vor allem SGB IX – Teil 3 – gere- 19
gelt ist, wird ein Teil der Menschen mit Behinderungen mit einem Status ausgestattet,
der spezifische Rechte im Arbeitsverhältnis sowie auf Leistungen verschiedener staatlicher und kommunaler Stellen nach sich zieht. Das Schwerbehindertenrecht hat sich
historisch aus dem seit 1919 geregelten Schwerbeschädigtenrecht entwickelt, das zunächst nur für Kriegsbeschädigte galt, denen schon nach kurzer Zeit Arbeitsunfallop-
fer gleichgestellt wurden. 1974 wurde mit dem Schwerbehindertengesetz (SchwbG)
ein für alle Behinderten offenes Gesetz geschaffen, das den Wandel vom an der Behin-
derungsursache anknüpfenden Kausalprinzip zum am Ziel (damals Eingliederung,
heute Teilhabe genannt) orientierten Finalprinzip vollzog. Das SchwbG war in seinen
sozialrechtlichen Teilen bereits in das SGB einbezogen. 2001 wurde es im SGB IX
– Teil 2 – neu geregelt und mit dem BTHG zum 1.1.2018 im SGB IX – Teil 3.

---

26 Vgl. *Vorholz* ZG 2016, 307–324; krit. *H. Fuchs* SozSich 2016, 265–267.
27 BSGE 110, 301 = BeckRS 2012, 71596 – Montessori-Therapie; BSGE 103, 171 = BeckRS 2009,
    69444 –Hörgerätebatterie; *Dillmann* ZfSH/SGB 2012, 639–647.
28 Vgl. BSG SozR 4-3250 § 14 Nr. 20.

20 Die Anerkennung als schwerbehindert erfolgt nach §§ 2 Abs. 2, 152 SGB IX für Menschen, bei denen ein **Grad der Behinderung** (GdB) von mehr als 50 vorliegt. Der GdB wird in Zehnerschritten von 20 bis 100 durch die Versorgungsämter festgestellt. Er ist veränderbar. Mit dem GdB werden weitere gesundheitliche Merkmale festgestellt (**Merkzeichen**, § 3 SchwbAwV): außergewöhnlich gehbehindert (aG), hilflos (H), blind (Bl), gehörlos (gl), rundfunk- und fernsehgebührenbefreit (RF), gehbehindert (G), taubblind (TBl). GdB und Merkzeichen werden im **Schwerbehindertenausweis** (§ 152 Abs. 5 SGB IX) dokumentiert. An sie knüpfen sich je verschiedene Rechtsfolgen. Die Anerkennung erfolgt auf der Grundlage der Versorgungsmedizin-Verordnung (VersMedV) und der Versorgungsmedizinischen Grundsätze (§ 30 Abs. 16 BVG), deren Vereinbarkeit mit dem Behinderungsbegriff in § 2 SGB IX das BSG überprüft[29]. Zum Jahresende 2015 waren in Deutschland 7,6 Mio. Menschen als schwerbehindert anerkannt. Davon waren 3,2 Mio. im erwerbsfähigen Alter zwischen 15 und 66 Jahren, nur etwas über eine Million von ihnen – Arbeitslose bereits mitgezählt – gehörten zu den Erwerbstätigen. Die meisten Behinderungen werden im Lebenslauf erworben.

21 Schwerbehinderten Menschen werden Personen gleichgestellt, die einen GdB von 30 oder 40 haben, wenn sie infolge der Behinderung einen Arbeitsplatz nicht erlangen oder behalten können (§ 2 Abs. 2 SGB IX). Die Entscheidung über die **Gleichstellung** trifft die Bundesagentur für Arbeit (§ 151 Abs. 2 SGB IX). Ihr steht nicht entgegen, dass der Antragsteller bereits Arbeit hat[30].

22 Betriebe und Verwaltungen sind verpflichtet, 5% ihrer Arbeitsplätze (im öffentlichen Dienst 6%, § 241 Abs. 1 SGB IX und Landesrecht) mit schwerbehinderten Menschen zu besetzen (§§ 154–159 SGB IX). Erreichen sie diese **Beschäftigungsquote** nicht, zahlen sie **Ausgleichsabgabe** (§ 160 SGB IX)[31], aus der der Ausgleichsfonds (§ 161 SGB IX) und die Tätigkeit der **Integrationsämter** (§ 185 SGB IX) finanziert wird. Die Integrationsämter leisten insbesondere **begleitende Hilfen** im Arbeitsleben an schwerbehinderte Beschäftigte und ihre Arbeitgeber. Sie tragen die Verantwortung für die Einrichtung von **Integrationsfachdiensten** (§§ 192–198 SGB IX), die Arbeitgeber und Rehabilitationsträger unterstützen. Ihre Zielgruppe sind vor allem geistig, seelisch und mehrfach behinderte Menschen. Die Betriebe und Verwaltungen sind an einen besonderen **Benachteiligungsschutz** (§§ 163–167 SGB IX) und **Kündigungsschutz** (§§ 168–175 SGB IX) gebunden und müssen Schwerbehindertenvertretungen (§§ 176–180 SGB IX) einrichten.

23 Zu den Regelungen zum **Nachteilsausgleich** für schwerbehinderte Menschen gehören die unentgeltliche Beförderung im öffentlichen Personenverkehr (ab GdB 80, Merkzeichen G) (§§ 228–237 SGB IX), Steuerfreibeträge (§ 33b EStG), die Berechtigung, Behindertenparkplätze zu nutzen (§ 45 Abs. 1b Nr. 2 StVO, Merkzeichen aG) und ein vorzeitiger Renteneintritt (§ 37 SGB VI). Die Chroniker-Richtlinie des G-BA zur Ermäßigung der Zuzahlungen nach § 62 SGB V nennt einen GdB von 60 als Indiz für eine schwerwiegende chronische Erkrankung.

§ 33 Palliation

1 **Palliation** ist die lindernde Behandlung Schwerstkranker, zumeist wenn das Ziel einer Heilung nicht (mehr) erreichbar ist. Palliation ist grundsätzlich Teil der Krankenbehandlung, die nach § 27 Abs. 1 S. 1 SGB V umfasst, Krankheitsbeschwerden zu lin-

---

29 BSG SozR 4-3250 § 69 Nr. 21; Nr. 18; Nr. 12, Nr. 10.
30 BSG SozR 4-3250 § 2 Nr. 5.
31 Zur Verfassungsmäßigkeit: BVerfGK 4, 78; BVerfGE 57, 139 = NJW 1981, 2107.

dern[1]. Nach § 1 Abs. 2 MBO Ärzte gehört Leiden zu lindern und Sterbenden Beistand zu leisten zu den Aufgaben der Ärztinnen und Ärzte. Gleichwohl zeigt sich, dass die spezifische Ausrichtung und späte Institutionalisierung der Palliativmedizin und der pflegerischen und sozialen Unterstützung Schwerstkranker und Sterbender die Palliation als eigenen Sektor des Gesundheitswesens ausweist. Tätig sind hier neben Ärztinnen und Ärzten insbesondere Palliativdienste und Hospize.

Versicherte mit einer nicht heilbaren, fortschreitenden und weit fortgeschrittenen Erkrankung bei einer zugleich begrenzten Lebenserwartung, die eine besonders aufwändige Versorgung benötigen, haben Anspruch auf **spezialisierte ambulante Palliativversorgung** (§§ 37b, 132d SGB V)[2]. Die Leistungsvoraussetzungen und Inhalte werden in einer Richtlinie des G-BA konkretisiert (§ 37b Abs. 3 SGB V). Der Anspruch gilt auch in stationären Pflegeeinrichtungen (§ 37b Abs. 2 SGB V), die auch Vertragspartner der Krankenkassen nach § 132d SGB V sein können. 2

Für Versicherte, für die eine ambulante Versorgung im Haushalt oder der Familie nicht erbracht werden kann und die keiner Krankenhausbehandlung bedürfen, besteht ein Anspruch auf **stationäre Hospizleistungen** (§ 39a Abs. 1 SGB V) in Hospizen, in denen palliativ-medizinische Behandlung erbracht wird. Der Anspruch geht nicht auf eine Sach- oder Dienstleistung, sondern auf einen Zuschuss zu den Kosten. Ein Hospiz kann zugleich Pflegeeinrichtung sein oder mit ihr kooperieren, der Anteil der Pflegeversicherung wird auf den Zuschuss angerechnet. 3

Ambulante Hospizdienste (§ 39a II SGB V), die qualifizierte ehrenamtliche Sterbebegleitung in Haushalt, Familie und Wohneinrichtungen sowie in Krankenhäusern im Auftrag des Krankenhausträgers erbringen und die mit Pflegediensten und Ärzten palliativ-medizinisch zusammenarbeiten sowie unter fachlich qualifizierter Leitung stehen, werden von den Krankenkassen institutionell durch einen Zuschuss zu den Personal- und Sachkosten gefördert[3]. 4

Die Krankenkassen unterstützen schwerstkranke Menschen und ihre Angehörigen auch durch **Hospiz- und Palliativberatung** (§ 39b SGB V) und durch **gesundheitliche Versorgungsplanung** in der letzten Lebensphase (§ 132g SGB V), die in Pflege- und Behinderteneinrichtungen unter Beteiligung von Vertragsärzten angeboten wird[4]. 5

---

1 *Engelmann* GesR 2010, 577; *Welti* SGb 2007, 210.
2 *Engelmann* WzS 2015, 67.
3 BSGE 105, 257 = BeckRS 2010, 70801.
4 *Rixen/Marckmann/Schmitten* NJW 2016, 125; *Luthe* SGb 2016, 329.

8. Kapitel. Private Krankenversicherung

Zur Einführung: *Boetius,* Die Systemveränderung der privaten Krankenversicherung (PKV) durch die Gesundheitsreform, 2008; *Bruns,* Privatversicherungsrecht, 2015, §§ 29f.; *Fortmann,* Private Personenversicherung I – Recht der Krankenversicherung, 2014; *Wandt,* Versicherungsrecht, 6. Aufl. 2016, Kap. N.

Zur Vertiefung: *Brand,* Demographiefestigkeit und Reformfähigkeit der privaten Krankenversicherung, SDSRV 63 (2013), 127; *Brockmöller,* Die Rechtsprechung des Bundesgerichtshofs zum Versicherungsrecht – private Krankenversicherung, r+s 2016, 377; *Heyers,* Effiziente Prüfung und Bestimmung des Leistungsumfangs der Krankenversicherung vor Beginn medizinischer Diagnostik und Therapie, VersR 2016, 421; *Jahn,* Der Versicherungsschutz der PKV für Leistungen von Privatkliniken, 2015; *Klauner,* Private Krankenversicherung im Spannungsfeld der Versicherungspflicht, in Drees ua (Hrsg.), Aktuelle Probleme des Versicherungsvertrags-, Versicherungsaufsichts- und Vermittlerrechts, 2016, 1; *Mandler,* Die Aufrechnung im System der privaten Krankenversicherung, 2016; *PKV,* Rechenschaftsbericht der Privaten Krankenversicherung 2015, 2016; *Schäfer,* Rechtlicher Zugang behinderter Menschen zur PKV, in Bieback ua (Hrsg.), Der Beitrag des Sozialrechts zur Realisierung des Rechts auf Gesundheit und des Rechts auf Arbeit für behinderte Menschen, 2016, 77; *Schwarzbach,* Aktuelle Herausforderungen der privaten Krankenversicherung in Deutschland, 2015; *Sternberg,* »Systemwettbewerb« zwischen Gesetzlicher und Privater Krankenversicherung: Rechtliche Voraussetzungen und Grenzen, 2015; *Uzunovic,* Der Streit um die medizinische Notwendigkeit: prozessuale Möglichkeiten zur Klärung der medizinischen Notwendigkeit einer Heilbehandlung in der PKV, 2012; *Wallrabenstein,* Soziale Gesundheitsversorgung durch die private Krankenversicherung, in Ebsen (Hrsg.), Handbuch Gesundheitsrecht, 2015, 215.

Kommentare und Handbücher: *Bach/Moser* (Hrsg.), Private Krankenversicherung: Kommentar zu den §§ 192–208, 213 VVG, zu den MB/KK und MB/KT sowie zu weiteren Gesetzes- und Regelwerken in der privaten Krankenversicherung, 5. Aufl. 2015; *Beckmann/Matusche-Beckmann* (Hrsg.), Versicherungsrechts-Handbuch, 3. Aufl. 2015, § 44f.; *Bergmann ua* (Hrsg.), Gesamtes Medizinrecht, 2. Aufl. 2014, Kommentierung zu §§ 192 ff. VVG; *Boetius,* Private Krankenversicherung: Kommentar zum Recht der PKV, 2010; *Fortmann,* Krankheitskostenversicherung und Krankenhaustagegeldversicherung: Aktuelle Fragen der Leistungs- und Rechtspraxis, 6. Aufl. 2015; *Langheid/Rixecker* (Hrsg.), Versicherungsvertragsgesetz mit Einführungsgesetz und VVG-Informationspflichtenverordnung, 5. Aufl. 2016, Kommentierung zu §§ 192 ff. VVG; *Langheid/Wandt* (Hrsg.), Münchener Kommentar zum Versicherungsvertragsgesetz, Bd. 2, 2. Aufl. 2017, Kommentierung zu §§ 192 ff. VVG; *Prölss/Martin* (Hrsg.), Versicherungsvertragsgesetz mit Nebengesetzen, Vermittlerrecht und Allgemeinen Versicherungsbedingungen, 29. Aufl. 2015, Kommentierung zu §§ 192 ff. VVG, MB/KK, MB/KT und AVB/BT; *Rüffer ua* (Hrsg.), Versicherungsvertragsgesetz: Handkommentar, 3. Aufl. 2015: Kommentierung zu §§ 192 ff. VVG, MB/KK und MB/KT; *Schwintowski/Brömmelmeyer* (Hrsg.), Praxiskommentar zum Versicherungsvertragsrecht, 3. Aufl. 2017, Kommentierung zu §§ 192 ff. VVG; *Sodan* (Hrsg.), Handbuch des Krankenversicherungsrechts, 2. Aufl. 2014, Teil 3; *Spickhoff* (Hrsg.), Medizinrecht, 2. Aufl. 2014, Kommentierung zu §§ 192 ff. VVG; *Staudinger ua* (Hrsg.), Fachanwaltskommentar Versicherungsrecht, 2013, Kommentierung zu §§ 192 ff. VVG und MB/KK.

§ 34 Einführung

A. Zweck und Typologie der privaten Krankenversicherung

Die private Krankenversicherung (PKV) ist neben der gesetzlichen Krankenversicherung die zweite Säule des deutschen Gesundheitssystems. Zugleich ist sie eine der größten Sparten der Privatversicherungswirtschaft. Das Recht der PKV ist im Vergleich zu anderen Sparten des Privatversicherungsrechts wegen seiner sozialen Relevanz ein sehr dynamisches Rechtsgebiet. **1**

2 Der wichtigste Typ der PKV ist die Krankheitskostenversicherung, welche den Versicherer je nach vertraglicher Ausgestaltung zur Erstattung der Kosten für medizinisch notwendige Heilbehandlungen wegen Krankheiten und Unfällen, für Schwangerschaft, Entbindung, ambulante Vorsorgeuntersuchungen zur Früherkennung von Krankheiten nach gesetzlich eingeführten Programmen sowie zu weiteren Leistungen verpflichtet (§ 192 Abs. 1 VVG). Sie unterteilt sich wiederum in die Krankheitskostenvollversicherung und die Krankheitskostenteilversicherung. Die **Krankheitskostenvollversicherung** bildet den wirtschaftlichen Kern des PKV-Geschäfts. Sie erstreckt sich in voller Breite und Tiefe auf die stationären, ambulanten und zahnärztlichen Leistungsbereiche. Zur Krankheitskostenvollversicherung zählt auch die Versicherung der beihilfeberechtigten Beamten und ihrer Angehörigen, bei denen die Kostenerstattung auf einen zur Beihilfe komplementären Prozentsatz beschränkt ist. Mit der Krankheitskostenvollversicherung begrifflich verwandt sind die substitutive Krankenversicherung und die Pflichtversicherung. Nach der Legaldefinition in § 146 Abs. 1 VAG, § 195 Abs. 1 S. 1 VVG erfasst die **substitutive Krankenversicherung** die Krankheitskostenvoll- und die Krankentagegeldversicherung, soweit diese Versicherungen den Sozialversicherungsschutz der GKV ersetzen. Für den Charakter als substitutive Versicherung genügt es nach dem Normwortlaut (»teilweise«), wenn eine Versicherung einen einzigen Leistungsbereich (zB Zahnbehandlung und Zahnersatz) abdeckt.[1] Ein Unterfall der substitutiven Krankenversicherung im Bereich Krankheitskostenvollversicherung ist die **Pflichtversicherung**, welche den Umfang der Versicherungspflicht in der Krankenversicherung festlegt (→ § 34 Rn. 26). Die **Krankheitskostenteilversicherung** deckt in einzelnen Leistungsbereichen nur die Kosten bestimmter Aspekte (zB für Zahnersatz, Wahlleistungen im Krankenhaus) ab. Sie wird als Ergänzungsversicherung zur GKV (vgl. § 194 Abs. 1a SGB V) oder zur Beihilfe abgeschlossen.

3 Weitere ergänzende Versicherungen sind die **Krankenhaustagegeldversicherung** (§ 192 Abs. 4 VVG), die bei stationären Heilbehandlungen ein Tagegeld gewährt, die **Krankentagegeldversicherung** (§ 192 Abs. 5 VVG), die bei Verdienstausfall aufgrund krankheits- oder unfallbedingter Arbeitsunfähigkeit ebenfalls ein Tagegeld bietet, sowie die Anwartschaftsversicherung (vgl. § 204 Abs. 4 VVG). Die **Anwartschaftsversicherung** ist ihrerseits zu unterteilen in die kleine Anwartschaft, welche nur den Zeitpunkt einer Gesundheitsprüfung vorverlegt, sowie in die große Anwartschaft, die darüber hinaus das Eintrittsalter nebst Alterungsrückstellungen vordatiert.

> **Beispiel für den Anwendungsbereich der Anwartschaftsversicherung:** Versicherung eines Polizeibeamten, dessen Behandlungskosten die freie Heilfürsorge übernimmt, der aber mit seiner Pensionierung in das Beihilfesystem fällt.

4 Ferner erwähnt das Gesetz in § 195 Abs. 2 VVG die Ausbildungs-, Auslands-, Reise- und Restschuldkrankenversicherung.[2] Die **Ausbildungskrankenversicherung** ist eine auf die Ausbildungszeit befristete Krankheitskostenvollversicherung, die **Auslandskrankenversicherung** bzw. die **Reisekrankenversicherung** deckt als »Outgoing-Produkt« die Behandlungskosten für langandauernde bzw. vorübergehende Aufenthalte im Ausland (zB Urlaub, Geschäftsreisen, Auslandsstudium, Expatriats) und als »Incoming-Produkt« die Behandlungskosten für vorübergehende Aufenthalte in Deutschland ab. Die **Restschuldkrankenversicherung** sichert einen Kredit im Krankheitsfall ab.

---

1 Zur Definition im Detail *Werber* VersR 2011, 1346.
2 Dazu *Kaulbach/Schneider* VersR 2013, 1469.

Die **Pflegekrankenversicherung** (oft auch private Pflegeversicherung genannt) fällt 5
nach der gesetzlichen Zuordnung ebenfalls unter die Krankenversicherung (§ 192
Abs. 6 VVG). Sie wird getrennt vorgestellt (→ § 38).

Nach der Typologie der Privatversicherung ist die PKV eine **Personenversicherung.** 6
Sie knüpft an eine in der Person liegende Gefahr, konkret an die Gefahr einer Heilbehandlung bzw. einer Arbeitsunfähigkeit aufgrund einer Krankheit oder aufgrund
eines Unfalls, an. Das versicherte Interesse ist allerdings nicht die Gesundheit einer
Person, sondern das Vermögen, das durch Behandlungskosten bzw. durch Verdienstausfall gemindert werden könnte. In weiteren Merkmalen unterscheiden sich die
verschiedenen Krankenversicherungen. Die Krankheitskostenversicherung ist eine
Schadensversicherung, dh die Versichererleistung bemisst sich an den konkreten Behandlungskosten, während die Krankentagegeldversicherung und die Krankenhaustagegeldversicherung unabhängig von den Behandlungskosten vertraglich fixierte
Tagegelder bieten und damit regelmäßig **Summenversicherungen** sind.

B. Rechtsgrundlagen

I. Versicherungsvertragsgesetz

Wichtigste gesetzliche Quelle der PKV ist das Versicherungsvertragsgesetz. Das VVG 7
von 1908[3] enthielt zunächst keine spezifischen Regeln zur PKV, da die rigide Versicherungsaufsicht und die AVB die PKV hinreichend steuerten bzw. konkretisierten. Mit
der **Deregulierung und Harmonisierung** des europäischen Versicherungsmarktes[4] fiel
die Steuerungsfunktion der Versicherungsaufsicht weg. Der bundesdeutsche Gesetzgeber glich diesen Kontrollverlust 1994 mit einem eigenen Abschnitt im VVG für die
PKV aus (§§ 178a–178o, seit 1.1.2008 §§ 192–208 VVG).[5] Die §§ 192 ff. VVG bilden für
den einzelnen Krankenversicherungsvertrag allerdings nur einen rechtlichen Rahmen
in Form von Mindestanforderungen. Anders als das besondere Schuldrecht des BGB
typisieren die §§ 192 ff. VVG das Leistungsprogramm nicht. Diese Aufgabe übernehmen grundsätzlich die AVB (zu Ausnahmen → § 34 Rn. 11), welche die **Anspruchsgrundlage** für den Versicherungsschutz stellen. Die §§ 192 ff. VVG kodifizieren daneben zahlreiche weitere Ansprüche (zB den Auskunftsanspruch nach § 192 Abs. 8 VVG).
In einigen Fällen duplizieren die AVB diese gesetzlichen Ansprüche, teilweise nach
Vorgabe des Aufsichtsrechts.

Begriffe, Dogmatik und Regelungen des VVG weichen allgemein erheblich vom 8
Schuldrecht des BGB ab. Das VVG entstand, anders als das BGB, nicht aus der Pan-
dektenwissenschaft, sondern aus der Praxis der Versicherungsverträge. Bei der PKV
kommt hinzu, dass das VVG diese Versicherungssparte wegen der enormen Bedeutung für den Gesundheitsschutz der Versicherten nochmals stark abweichend vom
allgemeinen Versicherungsrecht regelt. Die §§ 192 ff. VVG stärken die Rechtsposition
des Versicherten, weil der Krankenversicherung eine lebens- und gesundheitserhal-
tende Funktion zukommt.

---

3 Gesetz über den Versicherungsvertrag (Versicherungsvertragsgesetz) v. 30.5.1908 (RGBl. 263),
  iK seit 1.1.1910.
4 Durch Art. 54 RL 92/49/EWG des Rates zur Koordinierung der Rechts- und Verwaltungsvorschriften für die Direktversicherung (mit Ausnahme der Lebensversicherung) sowie zur Änderung der Richtlinien 73/239/EWG und 88/357/EWG (Dritte Richtlinie Schadensversicherung)
  v. 18.6.1992, ABl. 1992 L 228, 1.
5 Drittes Gesetz zur Durchführung versicherungsrechtlicher Richtlinien des Rates der Europäischen Gemeinschaften v. 21.7.1994 (BGBl. 1994 I 1630).

> **Beispiel:** § 193 Abs. 6–10 VVG mildert beim Schuldnerverzug sowohl die allgemeinen Rechtsfolgen der §§ 280 ff. BGB als auch die im Vergleich zum BGB noch strengeren versicherungsrechtlichen Rechtsfolgen der §§ 37f. VVG ganz erheblich ab.

9 Nach einhundert Jahren modernisierte der Gesetzgeber das VVG zum **1.1.2008** grundlegend.[6] Speziell im Bereich der PKV sind folgende Änderungen hervorzuheben:

(1) Die Ausschlussfrist für Sanktionen wegen Verletzung einer vorvertraglichen Anzeigeobliegenheit beträgt grundsätzlich nur noch drei Jahre (§ 194 Abs. 1 S. 4 VVG);
(2) Übermaßverbot, dh keine Erstattungspflicht des Versicherers für unverhältnismäßige Aufwendungen (§ 192 Abs. 2 VVG);
(3) Erweiterung des Kostenerstattungsprinzips durch Dienstleistungselemente (§ 192 Abs. 3 VVG).

II. Weitere Gesetze und Verordnungen

10 Das VVG wird durch die VVG-Informationspflichtenverordnung (VVG-InfoV), das VAG sowie die Krankenversicherungsaufsichtsverordnung (KVAV) ergänzt. Die VVG-InfoV konkretisiert die Informations- und Beratungspflichten für Versicherer und Vermittler. Das VAG normiert die Versicherungsaufsicht und die Organisation der Versicherungsunternehmen. Die KVAV regelt im Detail die Berechnung der Prämie sowie die Verwendung von Überschüssen. Auch das BGB, das AGG und das SGB V enthalten für die PKV relevante Regelungen. Hervorzuheben sind die §§ 305–310 BGB, welche die AVB als besondere Form von AGB erfassen, die §§ 19f. AGG zu Diskriminierungsverboten und § 257 SGB V zum Prämienzuschuss durch den Arbeitgeber sowie zum Standardtarif.

III. Allgemeine Versicherungsbedingungen (AVB)

11 Abseits der Gesetze und Verordnungen sind die AVB hervorzuheben. Der **Tarif** ist Bestandteil der AVB. Er legt den genauen Umfang der Leistungspflicht des Versicherers fest. Als Anwendungsfall der AGB konkretisieren die AVB den vom VVG nicht näher festgelegten Leistungsinhalt einer PKV. Die Produktvielfalt ist deshalb groß (näher → § 37 Rn. 1). Lediglich der Inhalt des Standard-, Basis- und Notlagentarifs wird vom VAG und SGB V in unterschiedlicher Intensität gesetzlich vorgegeben, wobei für Ansprüche auch hier der Versicherungsvertrag die Anspruchsgrundlage bleibt. Die Musterbedingungen des PKV-Verbandes für die Krankheitskosten-, Krankenhaustagegeld- und Krankentagegeldversicherung im Normaltarif sind unverbindlich und werden von den Versicherern in der Vertragspraxis modifiziert bzw. um konkrete Leistungsinhalte ergänzt.[7] Dagegen existieren für die private studentische Krankenversicherung sowie für Standard-, Basis- und Notlagentarif brancheneinheitliche AVB, die der PKV-Verband teilweise als Beliehener erlassen hat.[8]

---

6 Gesetz über den Versicherungsvertrag (Versicherungsvertragsgesetz) v. 23.11.2007 (BGBl. 2007 I 2631); iK seit 1.1.2008. Zur Reform die 1. Aufl. des Lehrbuchs.

7 MB/KK 2009 (Krankheitskosten und Krankenhaustagegeld, Stand: Januar 2017), abrufbar unter https://www.pkv.de/service/broschueren/musterbedingungen/mb-kk-2009.pdb.pdf; MB/KT 2009 (Krankentagegeld, Stand: Januar 2017), abrufbar unter https://www.pkv.de/service/broschueren/musterbedingungen/mb-kt-2009.pdb.pdf.

8 MB/PSKV 2009 (Studierende, Stand: Januar 2017), MB/ST 2009 (Standardtarif, Stand: Januar 2017), AVB/BT 2009 (Basistarif, Stand: Juli 2017) und AVB/NLT 2013 (Notlagentarif, Stand: Januar 2017).

Nach der **Deregulierung** der Versicherungsaufsicht sind die AVB der PKV nicht mehr 12
durch die Aufsichtsbehörde präventiv genehmigungspflichtig. Vielmehr unterliegen
die AVB der substitutiven Krankenversicherung bzw. Pflichtversicherung einer bloßen
Vorlage- bzw. Anzeigepflicht bei der Aufsichtsbehörde (§§ 9 Abs. 4 Nr. 4, 5b, 47 Nr. 13,
158 Abs. 1 Nr. 1 VAG). Der Schwerpunkt der Kontrolle hat sich damit zu den Gerichten verschoben, welche die AVB der PKV daraufhin überprüfen, ob sie gegen zwingende bzw. halbzwingende Normen des VVG (vgl. § 208 VVG), gegen das AGG, die
Generalklauseln §§ 134 und 138 BGB oder gegen die AGB-Normen §§ 307–309 BGB
verstoßen.[9]

Auch die konkreten Tarifbestimmungen sind inhaltlich grundsätzlich voll **überprüf-** 13
bar.[10] Lediglich die einleitende vertragliche Generalklausel zur Leistungspflicht des
Versicherers ist einer inhaltlichen Überprüfung entzogen, da sie den Typus der Krankenversicherung festlegt. Auslegungsmaßstab ist der objektive Empfängerhorizont eines durchschnittlichen Versicherungsnehmers.[11]

Wenn eine Tarifklausel nach §§ 307 ff. BGB unwirksam ist, kann sie regelmäßig nicht 14
nach § 306 Abs. 2 BGB durch gesetzliche Bestimmungen ersetzt werden, weil das VVG
den Leistungsinhalt der PKV nicht näher festlegt. In diesem Fall helfen die §§ 203
Abs. 4, 164 Abs. 1 S. 1 VVG, die dem Versicherer die gesetzliche Befugnis einräumen,
einseitig unwirksame AVB-Klauseln zu ersetzen, wenn »dies zur Fortführung des Vertrags notwendig ist oder wenn das Festhalten an dem Vertrag ohne neue Regelung für
eine Vertragspartei auch unter Berücksichtigung der Interessen der anderen Vertragspartei eine unzumutbare Härte darstellen würde«.

Beispiel für AVB-Kontrolle:[12] Die in Streit stehende Tarifklausel gewährt bei ambulanter
Heilbehandlung die Erstattung von Aufwendungen für die psychotherapeutische Behandlung
durch Ärzte und Diplom-Psychologen sowie für die logopädische Behandlung durch Ärzte
und Logopäden. Darüber hinausgehende Behandlungskosten werden nur nach vorheriger
schriftlicher Zusage des Versicherers erstattet. Der Kläger begehrte ohne eine solche Zusage
Kostenerstattung für die Behandlung einer Lese-Rechtschreib-Schwäche (LRS) seines Sohnes
durch einen Pädagogen.
Der BGH urteilte, die Tarifklausel schränke die allgemeine Erstattungspflicht für ambulante
Heilbehandlungen ein. Sie erfasse aus Sicht eines durchschnittlichen Versicherungsnehmers
keine LRS-Behandlung durch einen Pädagogen. Diese die Leistungspflicht des Versicherers
einschränkende Klausel sei als AVB wirksam. Erstens sei sie für einen durchschnittlichen Versicherungsnehmer nicht überraschend iSv § 305c Abs. 1 BGB. Zweitens erfordere das Transpa-
renzgebot (§ 307 Abs. 1 S. 2 BGB) keine negative Aufzählung, welche Leistungen ausgeschlossen seien. Es genüge wie im vorliegenden Fall eine abschließende positive Aufzählung der
erstattungsfähigen Behandlungskosten. Drittens sei eine sozialrechtliche Leistungsgewährung
für die PKV kein gesetzliches Leitbild (§ 307 Abs. 2 Nr. 1 BGB). Der Versicherer hafte nach den
AVB nur »im vereinbarten Umfang«. Und viertens sei der Leistungsausschluss keine Vertrags-
zweckgefährdung (§ 307 Abs. 2 Nr. 2 BGB). Die Klausel schließe zudem die Erstattungsfähigkeit einer LRS-Therapie nicht vollständig aus. Soweit es sich um eine medizinisch notwendige,
durch einen Arzt durchzuführende Heilbehandlung handle, bleibe die Leistungspflicht des
Versicherers bestehen.

---

9 Zur Prüfung *Lehmann* r+s 2009, 89; MüKoVVG/*Bruns* BGB § 307 Rn. 1 ff.
10 BGH NJW 1999, 3411= VersR 1999, 745 (747); ausf. MüKoVVG/*Bruns* BGB § 307 Rn. 10 ff.
11 BGHZ 123, 83 (85) = NJW 1993, 2369; ferner BGH NJW 2015, 703 = VersR 2015, 182; NJW-RR
   2015, 984 = VersR 2015, 706.
12 BGH NJW-RR 2009, 746 = VersR 2009, 533.

IV. Gesundheitsreform 2007

15 Das Gesetz zur Stärkung des Wettbewerbs in der gesetzlichen Krankenversicherung (GKV-WSG) v. 26.3.2007 hat die genannten Gesetze im Zuge einer großen Gesundheitsreform erheblich verändert.[13] Das GKV-WSG ist ein politischer Kompromiss zwischen einer Bürgerversicherung, welche die PKV zugunsten einer erweiterten GKV abschafft, und einer Kopfpauschale, die eine einheitliche Versicherungsprämie anstrebt. Es **ergänzt** zum 1.1.2009 die große VVG-Reform von 2008. Teile der grundlegenden PKV-Umgestaltung gehen also auf das GKV-WSG, andere auf die VVG-Reform von 2008 zurück.

16 Die wichtigsten der bis spätestens 1.1.2009 in Kraft getretenen **Reformpunkte** sind aus Sicht der PKV:

(1) Versicherungspflicht für alle in Deutschland lebenden Personen in der GKV und subsidiär in der PKV (§ 193 Abs. 3 VVG);
(2) Erschwerung der Wechselmöglichkeit von der GKV in die PKV (§ 6 Abs. 1 Nr. 1 SGB V idF bis 30.12.2010);
(3) Einführung eines neuen Sozialtarifs (Basistarif) in der PKV an der Stelle des bisherigen Standardtarifs (§ 12 Abs. 1a VAG idF bis 31.12.2015, § 152 VAG idF ab 1.1.2016);
(4) Einschränkung der Kündigungsrechte des Versicherers und des Versicherungsnehmers (§§ 205f. VVG);
(5) partieller Schutz der Alterungsrückstellungen beim Wechsel des Versicherungsunternehmens (§ 204 Abs. 1 S. 1 Nr. 2 VVG);
(6) Milderung der Verzugsfolgen für nicht oder zu spät bezahlte Prämien (§ 193 Abs. 6 VVG idF bis 31.7.2013).

17 Die PKV-Unternehmen und große Teile der Wissenschaft kritisierten das GKV-WSG.[14] Die Einführung des Basistarifs sowie der Portabilität von Alterungsrückstellungen beim Versichererwechsel, die Milderung der Verzugsfolgen sowie die Verlängerung der Wartezeit auf drei Jahre vor Übertritt in die PKV seien verfassungswidrige Eingriffe in die Grundrechte der PKV-Unternehmen und die ihrer Versicherten. Auch sei die Ungleichbehandlung von Kindern und Ehepartnern zwischen GKV-System und Basistarif willkürlich. Während bei der GKV nach dem Familienprinzip die ganze Familie mitversichert sei, müsse beim Basistarif nach dem Kopfprinzip der PKV jedes Familienmitglied einzeln versichert werden.

18 Das **BVerfG** zeigte sich in seinem Grundsatzurteil vom 10.6.2009 von all diesen Bedenken unbeeindruckt.[15] Die PKV müsse sich wie die GKV am Sozialstaatsprinzip und am staatlichen Auftrag zum Gesundheitsschutz messen lassen. Zugleich aber wies das Gericht dem Gesetzgeber klare Schranken auf. Wenn der Gesetzgeber der PKV-Wirtschaft auferlege, »im Rahmen eines privatwirtschaftlich organisierten Marktes für

---

13 Inkrafttreten der VVG-Änderungen zum 1.1.2009 durch Art. 11, Art. 12 Abs. 2 Gesetz zur Reform des Versicherungsvertragsrechts v. 23.11.2007 (BGBl. 2007 I 2631), in Änderung von Art. 43 GKV-WSG.
14 Auswahl: *Boetius,* Die Systemveränderung der privaten Krankenversicherung (PKV) durch die Gesundheitsreform, 2008; *P.M. Huber,* Die Wahltarife im SGB V: Verfassungs- und unionsrechtliche Zulässigkeit, 2008; *Marko,* Private Krankenversicherung nach GKV-WSG und VVG-Reform, 2. Aufl. 2010, Rn. B/324 ff., C/56 ff.; *Sodan,* PKV und Gesundheitsreform, 2. Aufl. 2007; *Thüsing/v. Medem,* Vertragsfreiheit und Wettbewerb in der privaten Krankenversicherung, 2008; für uneingeschränkte Verfassungsmäßigkeit der Reform nur wenige Autoren wie *Musil* NZS 2008, 113. Überblick bei *Wallrabenstein,* Versicherung im Sozialstaat, 2009; *Wallrabenstein,* Stand und Perspektiven der Gesundheitsversorgung, 2014, 37.
15 BVerfGE 123, 186 = NJW 2009, 2033.

den bei ihr versicherten Personenkreis einen Basisschutz bereitzustellen«, müsse »er auch im Interesse der Versicherten darauf achten, dass dies keine unzumutbaren Folgen für Versicherungsunternehmen und die bei ihnen Versicherten hat.« Den Gesetzgeber treffe in Bezug auf die Vorschriften über den Basistarif, die Portabilität der Alterungsrückstellungen sowie über die erweiterte Versicherungspflicht in der GKV »eine Beobachtungspflicht«. Wenn eine Auszehrung der PKV drohe, müsse der Gesetzgeber die gesetzlichen Regelungen erneut überprüfen.[16]

Eine weitere Veränderung des PKV-Systems, die zulasten der Versicherer bzw. Versicherungsnehmer substantiell über das GKV-WSG hinausginge, wäre bei einem Eingriff in **bestehende** Versicherungsverträge verfassungswidrig.[17] Das betrifft zum einen den Reformvorschlag, die hohen Alterungsrückstellungen der PKV-Unternehmen zur Subventionierung der GKV einzusetzen. Zum anderen versperrt das Gericht den weiterreichenden Vorschlag, die bestehenden Tarife gezielt zu »vergreisen« oder gar die GKV zulasten der bestehenden Verträge in der PKV zu einer sozialen Bürgerversicherung für alle in Deutschland lebenden Personen zu verbreitern. Das GKV-WSG bedeutet daher für bestehende Verträge keinen Einstieg in die Abschaffung der PKV, sondern markiert die Grenze einer verfassungsrechtlich möglichen Reform. **19**

Dagegen kann der Gesetzgeber das PKV-System für **neue Verträge** in Zukunft beschränken.[18] Er darf die Krankheitskostenvollversicherung für GKV und PKV in einer **Bürgerversicherung** zusammenführen. Es muss den PKV-Unternehmen allerdings ein substantieller Markt verbleiben. Vorzugswürdig wäre aus gesundheitsökonomischer Sicht eine Organisation der Bürgerversicherung auf privatversicherungsrechtlicher Grundlage. Alternativ könnte der Gesetzgeber das Leistungsniveau einer sozialen Bürgerversicherung im Vergleich zur GKV auf ein Niveau absenken, das den PKV-Unternehmen einen vergrößerten Markt für Ergänzungsversicherungen verschafft.[19] Ungelöst ist in diesem Zusammenhang aber die Frage, wie nach der Übertragung der Gesetzgebungskompetenz für das Beamtenrecht auf die Länder die sehr wichtige Gruppe der Beihilfeberechtigten gegen den Widerstand einzelner Länder in eine Bürgerversicherung einbezogen werden sollte. **20**

In keinem Fall wird eine Bürgerversicherung das Problem der »**Zwei-Klassen-Medizin**« entschärfen.[20] Weder dürfen Leistungserbringer gehindert werden, Gesundheitsleistungen über dem Niveau einer Bürgerversicherung anzubieten, noch können Patienten bzw. Versicherte davon abgehalten werden, zur Behandlung ins Ausland zu reisen.[21] **21**

---

16 BVerfGE 123, 186 (266) = NJW 2009, 2033.
17 Wie hier MüKoVVG/*Boetius* VVG Vor § 192 Rn. 1031 ff.; *Depenheuer* NZS 2014, 201; *Genett* RPG 2014, 43; *Hufen* NZS 2009, 649; aA *Bieback*, Sozial- und verfassungsrechtliche Aspekte der Bürgerversicherung, 2. Aufl. 2014; *Giesen* NZS 2006, 449; *Huster*, Soziale Gesundheitsgerechtigkeit, 2012. Dazu auch *Brandt*, Bürgerversicherung: Europa- und verfassungsrechtliche Rahmenbedingungen, 2014; *Kalis* in Sodan KrankenVersR-HdB § 42 Rn. 14 ff.; zur Mitnahme von Alterungsrückstellungen *Papier/M. Schröder* VersR 2013, 1201.
18 Krit. selbst zu diesem Weg *Kalis* in Sodan KrankenVersR-HdB § 42 Rn. 14c.
19 Zu den Optionen *Drabinski*, GKV/PKV-Reformagenda: Reformierte Dualität, 2013; *Eekhoff ua*, Bürgerprivatversicherung: ein neuer Weg im Gesundheitswesen, 2008; *Schüffner/Franck* in Sodan KrankenVersR-HdB § 43 Rn. 173 ff.; *Steiner*, Verfassungsfragen der dualen Krankenversicherung, 2015; *Wey* RPG 2014, 60 f.
20 Wie hier *Gaßner/Strömer* NZS 2013, 561.
21 Vgl. *Reisewitz* MedR 2014, 557.

V. Weitere Reformen

22 Unter den **weiteren Reformgesetzen** sind hervorzuheben:

(1) GKV-Finanzierungsgesetz (2010): Das Gesetz modifiziert das GKV-WSG zum Jahr 2011 aus Sicht der PKV ua in folgenden Punkten: Verkürzung der Wechselfrist von der GKV zur PKV: Ein Wechsel ist wieder mit Ablauf des Jahres gestattet, in dem die Jahresarbeitsentgeltgrenze überschritten wird (§ 6 Abs. 1 Nr. 1 SGB V); Neuberechnung des Höchstbeitrags im Basistarif (§ 12 Abs. 1c VAG idF bis 31.12.2015, § 152 Abs. 3 idF ab 1.1.2016). Allerdings dürfen die Krankenkassen weiterhin Wahltarife anbieten.

(2) Arzneimittelmarktneuordnungsgesetz (2010): Übertragung des Rabattmechanismus zwischen GKV und Pharmaunternehmen auf das PKV-System (§§ 130a f. SGB V iVm Gesetz über Rabatte für Arzneimittel). Damit stärkt der Gesetzgeber die Kostendämpfung bei Arzneimitteln und sichert den langfristigen Bestand des PKV-Systems. Bereits mit dem GKV-WSG hatte er die Möglichkeit zu Preisvereinbarungen zwischen PKV-Unternehmen, PKV-Verband und Pharmaunternehmen eingeführt (§ 78 Abs. 3 AMG).[22] Diese Rabatte unterliegen keinerlei verfassungsrechtlichen Bedenken.[23] Allerdings ist das derzeitige Rabattsystem noch inkonsistent, da Rabatte teilweise direkt an die Versicherten, teilweise nur an die Versicherer über die »Zentrale Stelle zur Abrechnung von Arzneimittelrabatten« (ZESAR) gewährt werden.

(3) GKV-Versorgungsstrukturgesetz (2011): Lösung der Abrechnungsproblematik bei Ausgründung von Privatkliniken aus öffentlichen Kliniken zugunsten der Versicherungsunternehmen.

(4) Gesetz zur Novellierung des Finanzanlagenvermittler- und Vermögensanlagenrechts (2011): Einschränkung der Provisionen für Versicherungsvermittler.

(5) Pflege-Neuausrichtungsgesetz (2012): Einführung einer staatlich geförderten privaten Pflegeergänzungsversicherung (»Pflege-Bahr«).

(6) SEPA-Begleitgesetz (2013): Ablösung der Bisextarife durch Unisextarife.

(7) VVG-Änderungsgesetz (2013): Verschärfung der Auskunftspflicht des Versicherers gegenüber dem Versicherungsnehmer (§§ 192 Abs. 8, 202 VVG).

(8) Gesetz zur Beseitigung sozialer Überforderung bei Beitragsschulden in der Krankenversicherung (2013): Reform der Nichtzahlerproblematik durch Notlagentarif.

(9) Gesetz zur Modernisierung der Finanzaufsicht über Versicherungen (2015): Umsetzung der Solvabilität II-Richtlinie:[24] Neufassung des VAG und neue KVAV als Zusammenfassung der KalV und der Überschussverordnung.

(10) Zweites Pflegestärkungsgesetz (2015): inhaltliche Ausweitung der Pflegepflichtversicherung.

(11) Gesetz zur Umsetzung der RL über alternative Streitbeilegung in Verbraucherangelegenheiten und zur Durchführung der VO über Online-Streitbeilegung in Verbraucherangelegenheiten (2016): Institutionelle Verankerung des Ombudsmannes Private Kranken- und Pflegeversicherung.

Weitere Reformschritte sind zur Sicherung der Zukunftsfähigkeit der PKV erforderlich.[25] Es fehlt beispielsweise die Möglichkeit einer Entgeltvereinbarung nach GOÄ bzw. GOZ zwischen Versicherern einerseits und Ärzten als Leistungserbringern andererseits.

---

22 Ausf. zur Preisbildung bei Arzneimitteln → § 25 Rn. 33 f.

23 BGH NJW 2016, 66; aA *Binder ua* MedR 2016, 236; *Papier/Krönke* PharmR 2015, 269; zu steuerrechtlichen Problemen BFHE 254, 264 = DStR 2016, 1919.

24 RL 2009/138/EG des Europäischen Parlaments und des Rates betreffend die Aufnahme und Ausübung der Versicherungs- und der Rückversicherungstätigkeit (Solvabilität II) v. 25.11.2009, ABl. 2009 L 335, 1.

25 Näher *Brand* SDSRV 63 (2013), 127; *Fetzer/Ott* ZfV 2013, 408; *Heyers* VersR 2016, 421 ff.; *Jacobs/Schulze*, Die Krankenversicherung der Zukunft: Anforderungen an ein leistungsfähiges System, 2013.

C. Vergleich mit der GKV

I. Grundlegende Unterschiede zwischen PKV und GKV

Die für die PKV typischen Elemente zeigen sich am deutlichsten in einem Vergleich **23** mit der GKV. Trotz der Änderungen durch das GKV-WSG unterscheidet sich die PKV im Normaltarif immer noch grundlegend von der GKV.[26]

Aspekt	PKV-Normaltarif	GKV
Zweck	Schutz des Privatvermögens	Gemeinwohl
Rechtsgebiet	Privatrecht	Öffentliches Recht
Rechtsgrundlage	VVG iVm AVB	SGB
Ausgestaltung	Vertrag	öffentlich-rechtliches Verhältnis
Rechtsweg	ordentliche Gerichtsbarkeit (kostenpflichtig)	Sozialgerichtsbarkeit (kostenfrei)
Produktgestalter	Privatwirtschaft	Politik
versicherte Person	Einzelversicherung (Kopfprinzip)	Familienversicherung
Risikodifferenzierung	nach Gesundheitszustand und Eintrittsalter	Gleichheit aller Versicherten
Versicherungszugang	kein Kontrahierungszwang, dh Vertragsfreiheit	Annahmezwang
Gesundheitskarte	freiwillig	verpflichtend
Prämienhöhe	nach Risiko → Äquivalenzprinzip	nach Einkommen → Solidaritätsprinzip
Finanzierung	Kapitaldeckung	kollektive Umlage
Zukunftsvorsorge	durch Alterungsrückstellung	nein
Prämienrückerstattung	ja	nur Wahltarif
Selbstbehalt	je nach Tarif	nur Wahltarif
Beitragspflicht bei Krankheit ab 7. Woche	ja	nein
Beitragspflicht während Mutterschutz, Elternzeit, Betreuungszeit	ja	nein
Auslandsschutz	europaweit unbegrenzt, weltweit mindestens ein Monat	nur EU und Länder mit Sozialabkommen
Versichererwechsel	erschwert trotz Portabilität der Alterungsrückstellung	nach Frist möglich
Abrechnung	Kostenerstattungsprinzip	Sachleistungsprinzip
Arztkosten	nach Gebührenordnungen	nach Pauschalen

---

26 S. auch *Kalis* in Sodan KrankenVersR-HdB § 42 Rn. 7 ff.; *Schüffner/Franck* in Sodan Kranken-VersR-HdB § 43 Rn. 159 ff.; *Zweifel* ZVersWiss 2013, 311.

II. Gemeinsamkeiten zwischen PKV und GKV

24 Bei den gesetzlichen Gemeinsamkeiten sind folgende Regelungen hervorzuheben: die Versicherungspflicht, das Verzugsprivileg für Nichtzahler (§ 193 Abs. 6–10 VVG, § 16 Abs. 3a S. 2 SGB V), das Kündigungsverbot zulasten des Versicherers (§ 206 VVG, § 191 SGB V) sowie der Arbeitgeberzuschuss nach § 257 SGB V. Der Basistarif in der PKV bildet das Leistungsniveau des GKV-Systems ab, umgekehrt greifen die GKV-Wahltarife Elemente der PKV auf.

III. Leistungsvergleich PKV im Normaltarif mit GKV

25 Ein Leistungsvergleich der beiden Systeme demonstriert, dass die Absicherung der Behandlungskosten über die PKV im Normaltarif nicht durchgehend besser ist als im GKV-System. In sozial sensiblen Feldern wie Schwangerschaft oder längerfristiger Krankheit reichen die Leistungen der GKV erheblich weiter als die der PKV, obwohl mit der Einführung der Unisextarife eine Aufwertung des Versicherungsschutzes zu beobachten ist. Auf der Seite der PKV wurde ein Normaltarif mit einem durchschnittlichen Leistungsspektrum gewählt.

Aspekt	PKV-Normaltarif	GKV
Leistungsumfang	freie Tarifwahl	gesetzlich festgelegt
Änderung des Leistungsumfangs	uU einseitig durch Versicherer	Gesetzgeber
Wartezeit	ja	nein
freie Arztwahl	ja	nur Vertragsarzt mit Kassenzulassung
freie Krankenhauswahl	ja	nur Vertragskrankenhäuser
Hospiz	ja	ja
Unterbringung bei stationärer Behandlung	Einzel- oder Zweibettzimmer	Mehrbettzimmer mit Zuzahlung
Behandlung stationär	Chefarzt	diensthabender Arzt
Zahnbehandlung	100%, auch hochwertige Materialien	Einschränkung zB bei Füllung (Amalgam)
Zahnersatz	bis 100%, auch hochwertige Materialien	ca. 50%, viele Teile ausgeschlossen
Kieferorthopädie	bis 100%	grds. nur unter 18 Jahre
Impfung	ja	ja
Abtreibung	nur bei medizinischer Notwendigkeit	bei rechtmäßigem Abbruch alle Kosten, bei straffreiem Abbruch teilweise
Künstliche Befruchtung	ja, volle Erstattung	50% bei drei Versuchen
Arzneimittel	ja, volle Erstattung	ja, teilweise mit Zuzahlung
Heilmittel	nach Katalog	nach Katalog mit Zuzahlung
Hilfsmittel	nach Katalog	nach Katalog mit Zuzahlung
Brille	Gestell und Gläser	grds. nur Gläser unter 18 Jahre

Schäfer

Aspekt	PKV-Normaltarif	GKV
Kontaktlinse	ja	nur in Ausnahmefällen
Kur	nur mit Kurkostentarif	ja, mit Zuzahlung
Heilpraktiker	ja	grds. nein
Psychotherapeut	ja	ja
Häusliche Krankenpflege	nein	ja, mit Zuzahlung
Haushaltshilfe	nein	ja, mit Zuzahlung
Mutterschaftsgeld	nur über MuSchG	ja
Krankengeld	nur bei Krankentagegeld-versicherung	ab 7. Woche

D. Zuordnung zu PKV oder GKV

I. Zugang zur PKV

Nach § 193 Abs. 3 S. 1 VVG muss grundsätzlich jede Person mit deutschem Wohnsitz   26
eine Krankheitskostenvollversicherung bei einem Versicherer abschließen, die zumindest ambulante und stationäre Heilbehandlungen abdeckt (Pflichtversicherung).[27]
Der Selbstbehalt darf 5.000 EUR pro Jahr nicht überschreiten. Nach zutreffender Ansicht bezieht sich der Selbstbehalt in enger Auslegung nicht auf Leistungsausschlüsse
eines Tarifs oder individuelle Leistungsausschlüsse, sondern auf den vertraglichen
Selbstbehalt.[28]

Sehr viele Personen sind von der PKV-Versicherungspflicht ausgeschlossen (§ 193   27
Abs. 3 S. 2 VVG):

(1) zunächst einmal die in der GKV versicherten bzw. dort versicherungspflichtigen
    Personen; die Versicherungspflicht in der PKV ist somit zur Versicherungspflicht
    in der GKV nachrangig;
(2) ferner Personen, soweit sie einen Anspruch auf freie Heilfürsorge, Beihilfe oder
    einen vergleichbaren Anspruch haben;
(3) Personen mit Anspruch nach AsylbLG sowie Empfänger von bestimmten Sozialleistungen nach SGB XII.[29]

Im Ergebnis werden der PKV grundsätzlich nur Selbstständige, Beamte sowie Arbeitnehmer mit einem Einkommen über der Pflichtversicherungsgrenze zugeordnet.
Kommt eine Person der Versicherungspflicht nicht nach, ordnen die § 193 Abs. 4 VVG,
§ 8 Abs. 3 MB/KK 2009 als Sanktion Zusatzprämien nach Vertragsabschluss an. Eine
weiterreichende Sanktion besteht nicht.

Ein Kontrahierungszwang (als Anspruch auf Annahme eines Antrags zum Vertrags-   28
abschluss bzw. zur Vertragsänderung) wird nur in Ausnahmefällen angeordnet:

(1) gesetzlich für den Basistarif (§ 193 Abs. 5 S. 1 VVG), um die Versicherungspflicht
    durchzusetzen; ebenfalls gesetzlich für die Kindernachversicherung (§ 198 VVG),
    bei Beihilfetarifen (§ 199 Abs. 2 VVG), beim Tarifwechsel (§ 204 Abs. 1 S. 1 Nr. 1
    VVG) sowie bei Scheitern eines GKV-Übertritts (§ 5 Abs. 9 SGB V);

---

27 Ausf. *Both* VersR 2011, 302.
28 BGH NJW-RR 2012, 994 = VersR 2012, 752 f.; aA Langheid/Rixecker/*Muschner* VVG § 193
    Rn. 30.
29 Details bei BGH NJW 2014, 3516.

(2) durch Selbstbindung der Versicherungswirtschaft für freiwillig in der GKV versicherte Beamte und für Neubeamte (Öffnungsaktion).[30] Die Öffnungsaktion unterliegt allerdings gewichtigen Einschränkungen. Die Versicherer können einen Risikozuschlag bis maximal 30% erheben. Zudem gilt die Öffnungsaktion nur auf dem Leistungsniveau der jeweiligen Beihilfeverordnung, sodass sie Tarife ausschließt, welche das Leistungsniveau der Beihilfe anheben.

II. Einzelne Zuordnungsfragen

29 Bei der Frage nach der Zuordnung zum PKV- oder zum GKV-System sind zwei Problemfälle hervorzuheben.

1. Beihilfe

30 Die Beihilfe ist eine Sonderform der öffentlich-rechtlichen Krankenversicherung, bei welcher der Dienstherr die Behandlungskosten für Beamte und ihre Familien zu einem bestimmten Prozentsatz (Beihilfebemessungssatz, regelmäßig 50% oder höher) übernimmt. Im Gefolge der Schuldenbremse haben Bundes- und Landesgesetzgeber die Kostenerstattung teilweise auf das Niveau der GKV oder sogar unter dieses Niveau abgesenkt.

> **Beispiel:** Wegfall der Wahlleistungen (Chefarztbehandlung, Ein- bzw. Zweibettzimmer im Krankenhaus).

Die PKV schließt die Versicherungslücke in zweierlei Hinsicht: Erstens ergänzt sie als **Krankheitskostenvollversicherung** die Kostenerstattung komplementär zum Beihilfebemessungssatz (zB 50% PKV, 50% Beihilfe) und zweitens kompensiert sie als **Krankheitskostenteilversicherung** die Absenkung des Beihilfeniveaus auf GKV-Niveau. Bei Änderung des Beihilfebemessungssatzes hat der Versicherungsnehmer einen Anspruch auf Vertragsanpassung (Kontrahierungszwang) ohne erneute Gesundheitsprüfung (§ 199 Abs. 2 VVG).

2. Gemischte Familienverhältnisse: Künstliche Befruchtung

31 Die künstliche Befruchtung wirft für die Zuordnung zur PKV oder GKV besondere Probleme auf, weil zwei Personen gleichzeitig in die Behandlung einbezogen werden. Weder § 10 SGB V noch die Richtlinien des Gemeinsamen Bundesausschusses[31] regeln diesen Fall in einer praktikablen Weise. Der Arzt nimmt die Maßnahmen zwar unmittelbar am Körper der Frau vor, doch kann der Mann durch seine Fruchtbarkeitsstörung aus medizinischer Sicht der Verursacher der Behandlung sein. Die Frage ist dann, ob die Versicherung der Frau oder die des Mannes die teilweise sehr hohen Behandlungskosten übernimmt. Für die GKV gilt dabei das Behandlungs- respektive Körperprinzip (behandelte Person muss die versicherte Person sein),[32] für die PKV aber das Verursacherprinzip (medizinischer Verursacher muss die versicherte Person sein).[33] In einer Ehe sind zahlreiche Kombinationen denkbar. Wichtige Fallgruppen sind:[34]

---

30 *PKV*, Erleichterte Aufnahme in die Private Krankenversicherung für Beamtenanfänger, gesetzlich versicherte Beamte und deren Angehörige, 2014; dazu *Jacobsen* VuR 2011, 249.
31 Richtlinien des Bundesausschusses der Ärzte und der Krankenkassen über ärztliche Maßnahmen zur künstliche Befruchtung (Richtlinien über künstliche Befruchtung) idF v. 14.8.1990, zuletzt geändert am 16.3.2017; iK seit 2.6.2017.
32 BSG NJW 2005, 2476.
33 BGHZ 158, 166 = NJW 2004, 1658.
34 *Beckhove* NJOZ 2009, 1465; *Krumscheid* r+s 2006, 265 (268 ff.); *Schmeilzl/Krüger* NZS 2006, 630; zur Paarsterilität LG Landshut BeckRS 2013, 15198.

(1) Ehefrau ist fortpflanzungsunfähig und in der GKV, der Ehemann gesund und in der PKV: Die GKV der Ehefrau trägt nach dem Behandlungsprinzip die Kosten.

(2) Ehefrau ist gesund und in der GKV, der Ehemann ist fortpflanzungsunfähig und in der PKV: GKV und PKV tragen nach dem Behandlungs- und dem Verursacherprinzip gegenüber den Eheleuten parallel die Kosten, wenn auch in unterschiedlicher Höhe. Die Versicherungen müssen dann untereinander die endgültige Kostentragung klären.

(3) Ehefrau ist fortpflanzungsunfähig und in der PKV, der Ehemann gesund und in der GKV: PKV der Ehefrau trägt die Kosten.

(4) Ehefrau ist gesund und in der PKV, der Ehemann fortpflanzungsunfähig und in der GKV: Folgt man dem Verursacherprinzip, umfasst die PKV der Ehefrau nicht eine durch den Ehemann indizierte medizinische Behandlung der Ehefrau. Umgekehrt übernimmt die GKV des Ehemanns nicht die Kosten, weil der Arzt die künstliche Befruchtung nicht an seinem Körper vornimmt. Es besteht mithin eine Lücke im Versicherungsschutz, die nur durch die Kulanz der Versicherungen gemildert werden kann.

E. Rahmenbedingungen

I. PKV-Markt

In Deutschland hatten im Jahr 2015 rund 8,8 Mio. Menschen eine private Krankheitskostenvollversicherung, rund die Hälfte davon als beihilfeberechtigte Personen. Hinzu kommen rund 56 Mio. Zusatzversicherungen und Auslandsreisekrankenversicherungen. **32**

Die Versicherungsprämien stiegen seit dem Zweiten Weltkrieg mit der Entwicklung der Behandlungskosten rasant an: Von umgerechnet 227 Mio. EUR im Jahr 1950 über 9 Mrd. im Jahr 1990 bis hin zu 34 Mrd. im Jahr 2015. Fast ein Drittel der Prämien fließt in die Alterungsrückstellungen, die 2015 die Höhe von 189 Mrd. EUR erreicht haben (alle Zahlen ohne Pflegeversicherung).[35] **33**

Zum Ende des Jahres 2016 waren 41 PKV-Unternehmen ordentliches Mitglied des Verbandes der privaten Krankenversicherung e.V. (PKV-Verband). Zwei Unternehmen nehmen bei den Bruttoprämien prozentual zweistellige Marktanteile ein. Das Grundproblem des PKV-Marktes besteht aus Sicht der Öffentlichkeit in Prämiensteigerungen über die allgemeine Inflationsrate hinaus (Gesundheitsinflation). Dieses Problem tritt allerdings nur bei einem Teil der Versicherungsverträge auf. Es ist teils auf Locktarife, teils auf zu kleine bzw. überalterte Tarife zurückzuführen, die ein sog. PKV-Hopping auslösen können. Zur wirtschaftlichen Sicherung des Marktes sollte der Gesetzgeber die Rahmenbedingungen bei der Versicherungsvermittlung und beim Versichererwechsel verbessern. Weitere Maßnahmen wie die Verbesserung des Managed-Care-Modells liegen in der Verantwortung der Versicherungsunternehmen. **34**

II. PKV-Aufsicht

Die staatliche Aufsicht über in **Deutschland** ansässige PKV-Unternehmen wird von der Bundesanstalt für Finanzdienstleistungsaufsicht (BaFin) ausgeübt.[36] Diese Unternehmen bedürfen zum Geschäftsbetrieb einer Erlaubnis (§ 8 Abs. 1 VAG). PKV-Unternehmen mit Sitz im **EU- oder EWR-Ausland**, welche in Deutschland wohnende Personen versichern, unterliegen der Finanzaufsicht in ihrem Heimatland nach den dort **35**

---

35 Daten nach *PKV*, Rechenschaftsbericht der Privaten Krankenversicherung 2015, 2016.
36 Ausf. *Schüffner/Franck* in Sodan KrankenVersR-HdB § 47.

geltenden Normen (**Sitzlandprinzip** des § 62 Abs. 1 S. 1 VAG). Die BaFin behält die Rechtsaufsicht; auch müssen die AVB bei der BaFin eingereicht werden (§ 61 Abs. 4 VAG).

36 Unternehmen dürfen keine Produkte anderer Versicherungssparten offerieren, wenn sie substitutive Krankenversicherungen anbieten (**Spartentrennungsgebot** nach § 8 Abs. 4 S. 2 VAG). Sie können nur zwischen den Rechtsformen des Versicherungsvereins auf Gegenseitigkeit, der AG einschließlich der SE und der öffentlich-rechtlichen Form wählen (**Rechtsformzwang** nach § 8 Abs. 2 VAG). Der VVaG ist ein wirtschaftlicher Verein (§ 22 BGB), bei dem die Mitglieder zugleich Versicherungsnehmer sind. Die überwiegende Mehrheit der Unternehmen hat sich für die Rechtsform einer AG entschieden. Die öffentlich-rechtliche Organisationsform hat im Gesundheitswesen weithin nur noch historische Bedeutung.

37 Vor 1994 hatte die Aufsichtsbehörde sehr weitreichende präventive Kompetenzen im Bereich der Gestaltung von AVB und Prämien. Mit der europäischen **Deregulierung und Harmonisierung** der Versicherungswirtschaft sind AVB nur noch vorlage- bzw. anzeigepflichtig. Ebenso besteht für die Festlegung der Prämien keine Genehmigungspflicht mehr, sondern nur noch eine Vorlage- bzw. Anzeigepflicht für die Kalkulationsgrundlagen (§§ 9 Abs. 4 Nr. 5a, 158 Abs. 1 Nr. 2 VAG). Die Versicherungsaufsicht beschränkt sich auf eine **Rechts- und Finanzaufsicht.** Im Übrigen überwachen sich die PKV-Unternehmen selbst. Sie müssen zur Kontrolle der Berechnung von Prämien und Rückstellungen einen Verantwortlichen Aktuar (§ 156 VAG) und zur Prämienänderung einen Treuhänder bestellen, der die Änderung genehmigt (§ 157 VAG).[37]

38 **Rechtsgrundlage** für die Aufsicht sind die §§ 294 ff. VAG, insbesondere § 298 Abs. 1 S. 1 VAG. Das Gesetz hebt die wichtigsten Fälle eines regulierenden Eingriffs hervor. In bestimmten Fällen, in denen die Leistungsfähigkeit bedroht ist, muss das Versicherungsunternehmen einen Plan vorlegen. Die schärfste Waffe aber ist der Widerruf der Erlaubnis (§ 304 VAG). Hingegen erübrigt sich regelmäßig ein Antrag der Aufsicht auf Eröffnung des Insolvenzverfahrens (§ 312 VAG). Bei drohender Insolvenz überträgt die Aufsicht vielmehr den Versicherungsbestand an die als **Sicherungsfonds** nach §§ 221 ff. VAG eingerichtete Medicator AG.

39 Die Aufsicht hat sicherzustellen, dass die PKV-Unternehmen sich innerhalb des im VAG festgelegten **wirtschaftlichen Ordnungsrahmens** bewegen. Die §§ 146 ff. VAG legen für die PKV-Unternehmen strenge Maßstäbe an, da es sich bei der Krankheitskostenvollversicherung in der Regel um ein unbefristetes Vertragsverhältnis mit einer besonderen Schutzbedürftigkeit des Versicherten handelt. Die §§ 146 ff. VAG regulieren deshalb grundsätzlich nur die **substitutive** Krankenversicherung. Für die nicht substitutive Versicherung gelten die §§ 146 Abs. 1 Nr. 1–4, Abs. 2, 156 VAG entsprechend, wenn sie **nach Art einer Lebensversicherung,** dh auf der Grundlage biometrischer Daten[38] betrieben wird (§ 147 VAG). Die §§ 146 ff. VAG nebst KVAV betreffen grundsätzlich nur das Verhältnis Aufsicht – Versicherer. Sie haben deshalb ohne einen ausdrücklichen Verweis im VVG keine privatrechtsgestaltende Wirkung auf den Versicherungsvertrag zwischen Versicherer und Versicherungsnehmer. Vielmehr verpflichten die Normen den Versicherer, den Versicherungsvertrag konform zum VAG zu gestalten.

---

37 Dazu *Boetius* VersR 2007, 1589.
38 Definition nach MüKoVVG/*Boetius* Vor § 192 Rn. 663.

§ 35 Grundsätze des Krankenversicherungsvertrags

A. Begriffe und Typologie

Der Krankenversicherungsvertrag legt die Leistungen des Versicherers im Krankheits- **1**
fall sowie in weiteren Fällen, die vom Versicherungsnehmer zu zahlende Prämie sowie
weitere Rechte, Pflichten und Obliegenheiten fest. Die AVB sind dabei Vertragsbe-
standteil. Der Krankenversicherungsvertrag ist in all seinen Ausdifferenzierungen wie
alle privatrechtlichen Versicherungsverträge nach zutreffender Ansicht als ein gegen-
seitiger schuldrechtlicher Vertrag eigener Art einzuordnen. Kommt ein Krankenversicherungsvertrag mit einem VVaG zustande, wird der Versicherungsnehmer regelmäßig Mitglied des VVaG (§ 176 VAG). Umstritten ist dabei, wie viele Verträge der
Versicherungsnehmer dann mit dem VVaG abschließt.[1] Vorzugswürdig ist die Sicht-
weise, dass es sich um zwei Verträge handelt **(Trennungstheorie)**, also um einen Versicherungsvertrag und einen Mitgliedschaftsaufnahmevertrag in den VVaG.

B. Beteiligte Personen

Der Krankenversicherungsvertrag wird zwischen dem PKV-Unternehmen **(Versiche-** **2**
rer) und seinem Vertragspartner **(Versicherungsnehmer)** abgeschlossen. Der Versicherungsnehmer ist zur Zahlung der Prämie verpflichtet. Die **versicherte Person (Ver-**
sicherter) ist diejenige Person, die im Versicherungsfall einen Anspruch gegen den
Versicherer hat. Dieser Anspruch deckt das Kostenrisiko einer medizinischen Behandlung bzw. das Risiko eines Verdienstausfalls ab. Stirbt die versicherte Person, endet
das Versicherungsverhältnis insoweit (§ 15 Abs. 2 MB/KK 2009).

In vielen Fällen sind Versicherungsnehmer und versicherte Person ein und dieselbe **3**
Person. Der Versicherungsnehmer kann aber, wie § 193 Abs. 1 VVG andeutet, auch eine andere Person versichern. Es handelt sich dann um eine **Versicherung für fremde**
Rechnung (§§ 43 ff. VVG) als versicherungsrechtliche Abwandlung eines echten Vertrags zugunsten Dritter. Wenn der Versicherungsnehmer gegenüber dem Versicherer
die versicherte Person in Textform als Empfangsberechtigten benannt hat, steht nur
der letzteren Person ein Anspruch auf Kostenerstattung zu (§ 194 Abs. 3 S. 1 VVG, § 6
Abs. 3 MB/KK 2009). Stirbt der Versicherungsnehmer, kann die versicherte Person einen neuen Versicherungsnehmer benennen und das Versicherungsverhältnis fortset-
zen (§ 207 Abs. 1 VVG, § 15 Abs. 1 MB/KK 2009).

Wenn der Versicherungsnehmer sowohl sich als auch eine weitere Person versichert, **4**
bestehen im Sinne einer **Mitversicherung** zwei Versicherungsverhältnisse: die Eigen-
versicherung des Versicherungsnehmers und eine Versicherung für fremde Rechnung.

Die in der Praxis sehr häufige Familienversicherung wirft in diesem Kontext zwei **Zu-** **5**
ordnungsprobleme auf. Bei der Mitversicherung der Ehefrau durch den Ehemann ist
die Ehefrau nicht nur die Person, welche die Kosten verursacht (Gefahrperson), sondern versicherte Person im Sinne einer Versicherung für fremde Rechnung. Dies würde
sogar dann gelten, wenn die mitversicherte Ehefrau keiner Erwerbstätigkeit nachgeht.[2]
Bei der Versicherung eines minderjährigen Kindes sind die Eltern Versicherungsnehmer bzw. versicherte Personen. Das Kind ist zumindest bei Minderjährigkeit lediglich

---

1 Details bei Prölss/*Weigel*, Versicherungsaufsichtsgesetz, 12. Aufl. 2005, § 20 Rn. 6 ff.
2 BGH NJW 2006, 1434 = VersR 2006, 686; aus der Lit. statt aller Beckmann/Matusche-Beckmann/
Armbrüster, Versicherungsrechts-Handbuch, 3. Aufl. 2015, § 6 Rn. 142. Dasselbe gilt selbstverständlich für einen von der Ehefrau mitversicherten Ehemann.

Gefahrperson.[3] Das entspricht der familienrechtlichen Lastenverteilung. Das minderjährige Kind kann für seinen eigenen Unterhalt regelmäßig nicht selbst aufkommen. Zum Ausgleich sind die Eltern zum Unterhalt und somit auch zur Begleichung der Behandlungskosten des Kindes verpflichtet. Die Versicherung der Behandlungskosten betrifft primär ihr eigenes wirtschaftliches Interesse und nur mittelbar das Interesse des Kindes.

6 Wenn eine dritte Person zB wegen einer fahrlässigen Körperverletzung für die Behandlungskosten haftet (§§ 823 Abs. 1, 823 Abs. 2 BGB iVm § 229 StGB), geht dieser Ersatzanspruch des Versicherungsnehmers durch **Legalzession** auf den Versicherer über, sobald dieser die Behandlungskosten erstattet (§§ 194 Abs. 1 S. 1, 86 Abs. 1 S. 1 VVG).[4] Der Versicherer erhält somit einen **Ausgleich** für seine Versichererleistung. Der Schädiger soll nicht dadurch entlastet werden, dass der Geschädigte Versicherungsschutz genießt. Der Versicherer trägt nicht das volle Schadensrisiko, sondern nur noch das Risiko, den übergegangenen Haftungsanspruch gegen den Schädiger durchsetzen zu können. Die §§ 194 Abs. 2, 86 Abs. 1 S. 1 VVG erweitern die Legalzession auf die Leistungskondiktion gegen einen Leistungserbringer (zB wegen Unwirksamkeit des Behandlungsvertrags). Allerdings greift die Legalzession nur bei der Krankheitskostenversicherung als Schadensversicherung ein. § 86 VVG erfasst nicht die Krankentagegeld- und die Krankenhaustagegeldversicherung als Summenversicherungen.

C. Vorvertragliche Beratung und Information

7 Der Versicherungsnehmer kann auf dem Versicherungsmarkt zwischen zahlreichen Versicherern auswählen, die wiederum eine Vielzahl verschiedener Krankenversicherungen anbieten. Der Versicherungsnehmer kann sich im Regelfall keinen ausreichenden Überblick darüber verschaffen, welcher Tarif für seine Wünsche im Koordinatensystem von Preis und Leistung optimal passt. Zwischen ihm und den Versicherern besteht eine Informationsasymmetrie, die der Gesetzgeber zur Wahrung der Privatautonomie korrigieren muss.

8 Daher treffen den Versicherer und zum Teil auch Versicherungsvermittler (Versicherungsvertreter, Versicherungsmakler) qualifizierte vorvertragliche Pflichten. Die allgemeinen Pflichten sind: erstens die **Befragungspflicht** (§ 6 Abs. 1 S. 1 VVG), zweitens die **Beratungs-** nebst **Begründungspflicht** (§ 6 Abs. 1 S. 1 VVG), drittens die **Dokumentations-** nebst **Übermittlungspflicht** (§ 6 Abs. 2 S. 1 VVG) und viertens die **Informationspflicht** (§ 7 VVG iVm VVG-InfoV).[5] Bei der substitutiven Krankenversicherung muss die am Vertragsabschluss interessierte Person über den allgemeinen Katalog hinaus über folgende Punkte informiert werden (§ 3 VVG-InfoV):

(1) Höhe der in die Prämie einkalkulierten Kosten;
(2) mögliche sonstige Kosten (zB Vertragsabschlusskosten);
(3) Auswirkungen steigender Behandlungskosten auf die zukünftige Prämienentwicklung;
(4) Möglichkeiten zur Prämienbegrenzung im Alter, insbesondere durch Tarifwechsel;
(5) möglicher Ausschluss eines Wechsels in die GKV in fortgeschrittenem Alter;
(6) mögliche Verschlechterungen bei Wechsel innerhalb der PKV in fortgeschrittenem Alter;
(7) Prämienentwicklung im Zeitraum der dem Angebot vorangehenden zehn Jahre.

---

3 OLG Koblenz BeckRS 2004, 02824 = VersR 2004, 993; Praxiskommentar/*Brömmelmeyer* VVG § 193 Rn. 6; Beckmann/Matusche-Beckmann/*Armbrüster*, Versicherungsrechts-Handbuch, 3. Aufl. 2015, § 6 Rn. 142; krit. HK-VVG/*Rogler* § 193 Rn. 18.
4 Dazu *Göbel/Köther* VersR 2013, 1084; *Göbel/Köther* VersR 2016, 505.
5 Ausf. *Wandt* VersR Rn. 262 ff.

Ferner hat der Versicherer der am Vertragsabschluss interessierten Person ein Informationsblatt auszuhändigen, das sehr verkürzt über die grundlegenden Systemunterschiede zwischen PKV und GKV informiert.[6]

Ein lange Zeit ungelöstes Problem waren überhöhte **Provisionen** an die Versicherungsvermittler (bis zu 18 Monatsprämien). Hohe Provisionen gehen als Vertragsabschlusskosten über die Prämien zulasten der Versicherungsnehmer und können zu unsachgemäßer Beratung durch Versicherungsvermittler führen. Der Gesetzgeber hat deshalb die Abschlussprovision und sonstige Vergütung auf maximal 9,9 Monatsprämien beschränkt (§§ 49f. VAG).[7] **9**

Nach Vertragsabschluss beschränken sich die Pflichten des Versicherers auf fortlaufende Befragung und Beratung (§ 6 Abs. 4 S. 1 VVG). Bei einer substitutiven Krankenversicherung ist der Versicherer zusätzlich bei jeder Prämienerhöhung zur Information über die Möglichkeit eines Tarifwechsels verpflichtet (§ 6 Abs. 2 VVG-InfoV). Die schuldhafte Verletzung dieser vorvertraglichen und vertraglichen Pflichten macht den Versicherer **schadensersatzpflichtig** (§ 6 Abs. 5 VVG). **10**

D. Vertragsabschluss

Der Vertragsabschluss richtet sich grundsätzlich nach den allgemeinen rechtsgeschäftlichen Regeln der §§ 145 ff. BGB. Der Versicherer kann nach § 7 Abs. 1 S. 1 VVG die AVB nicht mehr mit dem Versicherungsschein (Police, s. § 3 VVG) nach Vertragsabschluss mitteilen. Er muss sie dem Versicherungsnehmer zusammen mit den Informationen nach VVG-InfoV bereits vor der Abgabe seiner Willenserklärung vorlegen. Wie bei allen Versicherungsverträgen kann der Versicherungsnehmer seine Vertragserklärung innerhalb von 14 Tagen **widerrufen** (§ 8 Abs. 1 S. 1 VVG). Der Krankenversicherungsvertrag unterliegt keinem Formzwang. Auch wenn der Versicherungsnehmer seinen Antrag in der Praxis unterschreiben muss, genügt dies nicht der Vertragsschriftform des § 126 Abs. 2 BGB. Für den Versicherungsschein schreibt das Gesetz deshalb die bloße Textform vor (§ 3 Abs. 1 VVG). Die AVB sehen hingegen für die Vertragsdurchführung regelmäßig die Schriftform vor. **11**

In der Praxis dominiert heute das **Antragsmodell:** Der Versicherer überreicht dem Versicherungsnehmer zunächst das Antragsformular nebst den AVB und allen weiteren gesetzlich erforderlichen Informationen und Belehrungen (bloße *invitatio ad offerendum*). Der Versicherungsnehmer füllt das Formular aus und übergibt es als Antrag an den Versicherer. Dann überreicht der Versicherer den Versicherungsschein, mit dem er den Antrag annimmt und der zugleich die wesentlichen Rechte und Pflichten aus dem Krankenversicherungsvertrag dokumentiert. Weicht der Versicherungsschein vom Antrag ab, kommt (soweit die Voraussetzungen des § 5 Abs. 1, 2 VVG vorliegen) mit dem Versicherungsnehmer ein Vertrag mit dem Inhalt des Versicherungsscheins zustande. **12**

E. Obliegenheiten des Versicherungsnehmers

I. Einführung

Den Versicherungsnehmer treffen vor Vertragsabschluss und während der Vertragslaufzeit zahlreiche Obliegenheiten gegenüber dem Versicherer. Obliegenheiten sind im Privatversicherungsvertragsrecht Verhaltensregeln, die den Versicherungsnehmer treffen und sich in den Rechtsfolgen sowohl von Leistungs- (§ 241 Abs. 1 BGB) als auch **13**

---

6 Rundschreiben 01/2016 (VA), Neufassung des Informationsblattes Krankenversicherung der BaFin gem. § 146 Abs. 1 Nr. 6 VAG, 8.1.2016.
7 Ausf. *Kalis* in Sodan KrankenVersR-HdB § 42 Rn. 16 ff.

von Rücksichtnahmepflichten (§ 241 Abs. 2 BGB) unterscheiden. Sie setzen zwar grundsätzlich Kausalität und Verschulden voraus, doch sind sie weder einklagbar noch führen sie zu einer Schadensersatzpflicht.[8] Das VVG kennt allerdings keine einheitliche Terminologie. So spricht etwa § 19 Abs. 1 S. 1 VVG von einer Anzeigepflicht des Versicherungsnehmers, obwohl es sich den Rechtsfolgen nach um eine bloße Obliegenheit handelt.

II. Vorvertragliche Anzeigeobliegenheit

1. Äquivalenzprinzip

14   Für die PKV ist die vorvertragliche Anzeigeobliegenheit der wichtigste Fall. Nach dem **Äquivalenzprinzip** des Privatversicherungsrechts müssen im individuellen Versicherungsverhältnis die auf die gesamte Vertragslaufzeit bezogenen Prämien die Ausgaben des Versicherers (insbesondere Vertragsabschlusskosten, Versichererleistung und Verwaltungskosten) abdecken (vgl. §§ 146 Abs. 2 S. 1, 138 Abs. 2 VAG, § 10 Abs. 1 S. 3 KVAV). Die Prämienhöhe kann aber nur dann nach dem Äquivalenzprinzip zutreffend berechnet werden, wenn der Versicherer das Krankheitsrisiko der versicherten Person prognostizieren kann. Der potentielle Versicherungsnehmer muss deshalb nach § 19 Abs. 1 VVG zur Risikoprüfung die Vorerkrankungen und weitere Umstände anzeigen, nach denen der Versicherer in Textform vor Vertragsabschluss fragt und die zugleich für den Vertragsabschluss erheblich sind **(Gesundheitsprüfung)**.[9] Abseits des Basistarifs hat der Versicherer folgende Möglichkeiten, wenn die Gesundheitsprüfung ein erhöhtes Risiko indiziert: Er kann den Abschluss des Krankenversicherungsvertrags ganz **ablehnen,** nur gegen einen Ausschluss bestimmter Leistungen **(Leistungsausschluss)** oder gegen einen **Risikozuschlag** kontrahieren (§ 203 Abs. 1 S. 2 VVG).

2. Fragenkatalog

15   Die Fragen sind nicht standardisiert und je nach Versicherer **unterschiedlich,** sodass die korrespondierende Anzeigeobliegenheit keinen festumrissenen Umfang hat. Die Fragen sind deshalb unterschiedlich, weil den Tarifen der Versicherer unterschiedliche Risikomodelle zugrunde liegen. Die Gesundheitsfragen umfassen in der Regel zumindest folgende Elemente: Körpergröße, Gewicht, daneben für den Zeitraum der vergangenen drei bis fünf Jahre Krankheiten, ambulante und stationäre Behandlungen, Medikamenteneinnahme, ferner psychotherapeutische Behandlungen während der letzten zehn Jahre und aktuelle, angeratene und geplante zahnärztliche Behandlungen. Chronische Erkrankungen (zB Multiple Sklerose) werden teilweise separat abgefragt. Ferner fragen die Versicherer bei bestehenden Krankheiten nach dem behandelnden Arzt, in einigen Fällen sogar nach dem Hausarzt, der am besten den Gesundheitszustand des Antragstellers einschätzen kann. Ergänzende Fragen beziehen sich beispielsweise auf vergangene, aktuelle oder geplante Maßnahmen zur künstlichen Befruchtung oder auf Hilfsmittel wie Brillen und Schuheinlagen. Vorsorglich sollte sich ein Versicherer wegen der Nichtzahlerproblematik auch nach den finanziellen Verhältnissen des Versicherungsnehmers sowie nach einem Zahlungsverzug bzw. einem bereits eingetretenen Ruhen der Leistungen erkundigen.

16   Das Gesetz über genetische Untersuchungen beim Menschen (GenDG) regelt in diesem Zusammenhang, inwiefern der Versicherer nach den Ergebnissen aus einem bereits durchgeführten **Gentest** fragen, sie entgegennehmen und verwenden darf oder

---

8 Dazu *Wandt* VersR Rn. 541 ff.
9 Dazu Bach/Moser/*Sauer* Anh. MB/KK § 2; *Köther* VersR 2016, 831; *Romahn* VersR 2015, 1481; *Tschersich* r+s 2012, 53.

ob er sogar die Durchführung eines solchen Tests verlangen kann. Das Gesetz schränkt die Relevanz von Gentests erheblich ein. Der Versicherungsnehmer muss lediglich vergangene oder bestehende Krankheiten offenbaren, die durch einen **diagnostischen** Gentest festgestellt worden sind (§ 18 Abs. 2 GenDG iVm § 3 Nr. 7a GenDG).[10] Abseits dessen ist nach dem Gesetzeswortlaut der Rückgriff auf einen diagnostischen bzw. prädiktiven Gentest untersagt (§ 18 Abs. 1 GenDG iVm § 3 Nr. 7 b–d, Nr. 8 GenDG).

Dieses weitreichende Verbot ist rechtspolitisch bedenklich. Es führt nicht nur zu einer **17** Informationsasymmetrie zwischen Versicherer und Versicherungsnehmer, sondern schränkt darüber hinaus systemwidrig das Äquivalenzprinzip ein.[11] Einerseits umfasst der Versicherungsschutz der Krankheitskostenvollversicherung sehr teure gentherapeutische Behandlungen, andererseits ist dem Versicherer die Berechnung einer risikogerechten Prämie erschwert. Das GenDG könnte deswegen bei steigendem Kostendruck in den Tarifen zu einem Leistungsausschluss für gentherapeutische Maßnahmen führen.

Zudem sperrt das GenDG nach seinem Wortlaut die Kostenerstattung für diagnosti- **18** sche Gentests im Zusammenhang mit einer Heilbehandlung. Insofern muss das Verbot teleologisch reduziert werden. Prädiktive Gentests sind dagegen nicht erstattungsfähig, da mit ihnen keine bestehende Krankheit behandelt wird.[12] Das Gesetz übergeht ferner die Frage, inwiefern der Versicherer nach Erkrankungen in der Verwandtschaft fragen darf, um das Risiko von Erbkrankheiten abschätzen zu können. Wenn bereits ein nach wissenschaftlichem Maßstab aussagekräftiger Gentest am Versicherten weitgehend untersagt wird, muss für die Zulässigkeit der Wahrscheinlichkeitsrechnung nach der Vererbungslehre trotz der rechtspolitischen Bedenken erst recht ein strenger Maßstab gelten. Eine Frage nach Erkrankungen in der Verwandtschaft muss daher analog § 18 Abs. 1 GenDG nur beantwortet werden, soweit der Versicherte tatsächlich in seiner eigenen Person an einer Erbkrankheit leidet.[13]

3. Besondere Rechtsfolgen

Wenn der Antragsteller seiner Obliegenheit aus § 19 Abs. 1 VVG nicht nachkommt, **19** differenzieren die §§ 194 Abs. 1 S. 3, 19 Abs. 2–4 VVG für die **Rechtsfolgen** nach dem **Verschuldensgrad** des Versicherungsnehmers: Bei Vorsatz kann der Versicherer in jedem Fall zurücktreten. Bei grober Fahrlässigkeit hat er nur dann ein Rücktrittsrecht (§ 19 Abs. 4 VVG), wenn er den Vertrag bei Kenntnis der anzuzeigenden Tatsachen nicht abgeschlossen hätte. Hätte er den Vertrag zu anderen Konditionen abgeschlossen, hat er nur ein Recht auf rückwirkende Anpassung des Krankenversicherungsvertrags. Bei einfacher Fahrlässigkeit tritt die mildere, weil nicht rückwirkende Kündigung an die Stelle des Rücktritts. Alle diese Rechte müssen grundsätzlich innerhalb einer Frist von drei Jahren nach Vertragsabschluss geltend gemacht werden (§§ 194 Abs. 1 S. 4, 21 Abs. 3 VVG). Bei mangelndem Verschulden sind Sanktionen ausgeschlossen (§ 194 Abs. 1 S. 3 VVG).

Beispiel: Der Versicherungsnehmer kreuzt grob fahrlässig vor Vertragsabschluss auf dem Formular des Versicherers nicht an, dass er an einer Pollenallergie leidet. Hätte der Versicherer diesen Umstand vor Vertragsabschluss gekannt, hätte er den Vertrag nur mit einem Risikozuschlag von 10% auf den Tarif für ambulante Behandlungen abgeschlossen. Der Versicherer hat kein Rücktrittsrecht, aber ein Recht auf rückwirkende Vertragsanpassung.

---

10 Dazu OLG Saarbrücken BeckRS 2011, 29134 = VersR 2012, 557; *Neuhaus* ZfS 2013, 64.
11 Wie hier *Wandt* VersR Rn. 225.
12 LG Stuttgart NJW 2013, 1543.
13 Spickhoff/*Fenger* GenDG § 18 Rn. 6; iE ähnlich *Präve* VersR 2009, 857 (861 f.), unter Berufung auf § 4 Abs. 1 GenDG (Diskriminierungsverbot wegen Verwandtschaft mit einer in bestimmter Weise genetisch disponierten Person).

4. Anfechtung wegen arglistiger Täuschung

20 Auch wenn der Versicherer nicht nach einer bestimmten Krankheit oder anderen Umständen gefragt hat, löst ihr Verschweigen bei Täuschungsvorsatz iSv Arglist eine Sanktion aus. Der Versicherer kann in diesem Fall den Versicherungsvertrag **anfechten** (§ 22 VVG, § 123 Abs. 1 Alt. 1 BGB).[14] Wie grundsätzlich auch beim Rücktritt (§ 21 Abs. 2 VVG) wird der Versicherer rückwirkend von seiner Leistungspflicht befreit (§ 142 Abs. 2 BGB). Trotzdem steht dem Versicherer beim Rücktritt und bei der Anfechtung bis zum Zeitpunkt der Ausübung des Gestaltungsrechts die Prämie zu (§ 39 Abs. 1 S. 2 VVG, § 8 Abs. 8 S. 2 MB/KK 2009).[15] In diesen Fällen ist der Versicherungsnehmer also zur Prämienzahlung verpflichtet, obwohl er keinen Gegenanspruch hat. Diese für den Versicherungsnehmer äußerst ungünstige Regelung soll sicherstellen, dass sich ein Versicherungsnehmer nicht über seine Obliegenheit zu wahrheitsgemäßen Angaben hinwegsetzt.

5. Datenüberprüfung

21 Damit der Versicherer eine falsche oder unterlassene Angabe überhaupt als solche identifizieren kann, muss er die Angaben wirksam überprüfen können. Dazu dienen die Angaben über behandelnde Ärzte und Vorversicherungen. Der Versicherer darf bei diesen nach § 213 VVG Daten über die versicherte Person abfragen, »soweit die Kenntnis der Daten für die Beurteilung des zu versichernden Risikos oder der Leistungspflicht erforderlich« ist und wenn eine **Einwilligung** der betroffenen Person vorliegt.[16] Anders als nach dem BDSG unterliegt die Einwilligung nach § 213 VVG keiner Form,[17] doch wird sie in der Praxis oft bereits vor Vertragsabschluss als widerrufliche Generaleinwilligung in Schriftform erteilt.

22 Ein weiteres Mittel ist die **Versichertenumfrage.** Wenn ein Mitgliedsunternehmen des PKV-Verbandes einen konkreten Verdacht auf Obliegenheitsverletzungen, Doppelversicherungen oder betrügerische Handlungen hat, teilt es diesen Verdacht dem PKV-Verband mittels einer Karte mit. Wenn dem Verband eine bestimmte Kartenanzahl vorliegt, verschickt er die Kopien der Karten an jedes teilnehmende Mitgliedsunternehmen. Die originalen Karten werden anschließend vernichtet. Der Verband nimmt im Rahmen der Versichertenumfrage also lediglich die Position einer **Verteilerstelle** ein. Weder soll die Speicherung personenbezogener Daten noch die Weitergabe an andere Versicherungsunternehmen (zB Lebensversicherung) erfolgen.

III. Sonstige Obliegenheiten

23 Den Versicherungsnehmer treffen gem. §§ 9 ff. MB/KK 2009 nach Vertragsabschluss zahlreiche vertragliche Obliegenheiten.

> **Wichtige Beispiele:** Untersuchung durch einen vom Versicherer beauftragten Arzt im Krankheitsfall, Anzeige einer Krankenhausbehandlung binnen 10 Tagen nach ihrem Beginn, Schadensminderung und Auskunft nach Beginn der Krankheit, Anzeige des Abschlusses eines zweiten Krankenversicherungsvertrags bzw. Inanspruchnahme der GKV sowie Abtretung von Ersatz- bzw. Rückzahlungsansprüchen gegen Dritte.

---

14 Fall bei BGHZ 200, 286 = NJW 2014, 1452.
15 Ganz hM, s. BGH NJW 2010, 289 = VersR 2010, 97.
16 Zu den verfassungsrechtlichen Grenzen der Generaleinwilligung im Detail BVerfG BeckRS 2008, 36962 = VersR 2006, 1669.
17 So auch MüKoVVG/*Eberhardt* § 213 Rn. 79; HK-VVG/*Muschner* § 213 Rn. 27.

F. Rücktritt und Kündigung

I. Rücktritt und Kündigung durch den Versicherer

Ein substitutiver Krankenversicherungsvertrag und ein nicht substitutiver Kranken- 24
versicherungsvertrag nach Art einer Lebensversicherung können wegen ihrer Bedeutung für den Gesundheitsschutz der Versicherten grundsätzlich nur unbefristet abgeschlossen werden (§ 195 Abs. 1 VVG).

Das Gesetz schränkt die Kündigungsmöglichkeit durch den Versicherer erheblich ein, 25
um eine Umgehung des Befristungsverbots zu verhindern. Nach dem Wortlaut des
§ 206 Abs. 1 S. 1 VVG ist bei Pflichtversicherungen jede Kündigung ausgeschlossen.
Unbestritten ist, dass dem Versicherer die **ordentliche** Kündigung verwehrt ist (vgl.
§ 14 Abs. 1 MB/KK 2009). Der Normwortlaut erfasst allerdings auch die **außerordentliche** Kündigung. An dieser Stelle reicht der Wortlaut zu weit. Die Kündigungssperre
ist im Bereich der außerordentlichen Kündigung durch teleologische Reduktion auf
den Zahlungsverzug mit einer Folgeprämie nach § 38 Abs. 1 VVG zu beschränken. Die
Norm ist zwar verfassungskonform,[18] doch gebietet die Intention des Gesetzgebers eine Rechtsfortbildung.[19] Die Kündigung wegen einfach fahrlässiger Verletzung der Anzeigeobliegenheit (§ 19 Abs. 3 S. 2 VVG) oder die Kündigung aus wichtigem Grund
(§ 314 BGB)[20] bleiben somit möglich. Ferner ist darauf hinzuweisen, dass § 206 VVG
nur die Kündigung betrifft, also das Rücktrittsrecht nach § 19 Abs. 2 VVG und das Anfechtungsrecht nach § 22 VVG nicht berührt.

§ 206 Abs. 1 S. 2, 3 VVG erweitert den Ausschluss der ordentlichen Kündigung auf die 26
substitutive Krankheitskosten- und Krankentagegeldversicherung sowie auf die Krankenhaustagegeldversicherung, die neben einer Krankheitskostenvollversicherung besteht.

II. Kündigung durch den Versicherungsnehmer

Demgegenüber steht dem Versicherungsnehmer ein ordentliches Kündigungsrecht zu 27
(Einzelheiten in § 205 Abs. 1 VVG, § 13 Abs. 1 MB/KK 2009). Daneben hat der Versicherungsnehmer außerordentliche Kündigungsrechte. Die wichtigsten Fälle sind:

(1) für die Krankheitskosten- und Krankentagegeldversicherung, wenn der Versicherungsnehmer in das GKV-System wechseln muss bzw. einen Anspruch aus freier
    Heilfürsorge erhält (§ 205 Abs. 2 VVG, § 13 Abs. 3 MB/KK 2009);[21]
(2) bei tariflicher Prämienerhöhung aufgrund des Alters (§ 205 Abs. 3 VVG, § 13
    Abs. 4 MB/KK 2009); Beispiel: Übergang von einer Kinder- zu einer Erwachsenenversicherung;
(3) bei Prämienerhöhung bzw. Leistungsabsenkung aufgrund eines vertraglichen
    bzw. gesetzlichen Anpassungsrechts (§ 205 Abs. 4 VVG direkt bzw. analog, § 13
    Abs. 5 MB/KK 2009).

---

18 S. BVerfGE 123, 186 (249f.) = NJW 2009, 2033.
19 BGHZ 192, 67 = NJW 2012, 1365. Angedeutet vom Bundestagsausschuss für Gesundheit, BT-
   Drs. 16/4247, 68; grdl. *Marko*, Private Krankenversicherung nach GKV-WSG und VVG-Reform, 1. Aufl. 2009, Rn. B/94 ff.; so bereits die 1. Aufl. des Lehrbuchs; speziell zu § 19 VVG
   Bach/Moser/*Sauer* Anh. MB/KK § 2 Rn. 103 ff. Krit. *Effer-Uhe* VersR 2012, 684; Spickhoff/
   Eichelberger VVG § 206 Rn. 5 ff.; offen gelassen von § 14 Abs. 3 MB/KK 2009.
20 Beispielfall OLG Koblenz BeckRS 2009, 12807 = VersR 2010, 58: Fristlose Kündigung wegen
   Leistungserschleichung durch falsche Brillenabrechnung.
21 § 204 Abs. 4 VVG erleichtert die spätere Rückkehr in die PKV durch eine Anwartschaftsversicherung.

28 § 205 Abs. 6 VVG, § 13 Abs. 7 MB/KK 2009 schränken diese Kündigungsrechte jedoch bei der **Pflichtversicherung** ein. Der Versicherungsnehmer muss nachweisen, dass sich der Versicherungsschutz aus dem neuen Versicherungsvertrag unmittelbar an den Versicherungsschutz aus dem alten Vertrag anschließt (§ 205 Abs. 6 S. 1 VVG). Die Kündigung wird nur wirksam, wenn der Versicherungsnehmer innerhalb von zwei Monaten nach Kündigungserklärung dem Altversicherer gegenüber einen Nachweis über die neue Versicherung vorlegt. Der Vertrag erlischt dann zu dem gesetzlich genannten Kündigungstermin.[22] Liegen zwischen Kündigungserklärung und Kündigungstermin mehr als zwei Monate, muss der Nachweis bis zum Kündigungstermin erbracht werden (§ 205 Abs. 6 S. 2 VVG). Der spätere Wegfall der Anschlussversicherung führt nicht zum Wiederaufleben des ursprünglichen Versicherungsvertrags.[23]

29 Der Gesetzgeber hat das Zusammenspiel von § 205 Abs. 6 VVG mit dem Widerrufsrecht nach § 8 VVG nicht näher geregelt. Ein Widerruf könnte dazu führen, dass eine Person entgegen der Versicherungspflicht keinen Versicherungsschutz genießt. Nach zutreffender Ansicht ist § 205 Abs. 6 VVG deshalb analog auf den Widerruf anzuwenden.[24] Der Widerruf ist somit bis zum Nachweis eines neuen Versicherungsvertrags schwebend unwirksam.

§ 36 Versicherungsprämie

A. Einleitung

1 Die Prämie, im PKV-Recht auch Beitrag genannt, ist nach dem Äquivalenzprinzip das Entgelt, das der Versicherungsnehmer als Gegenleistung für die Leistung im Versicherungsfall zu entrichten hat. Nachdem 1994 die aufsichtsrechtliche Genehmigung der Prämien weggefallen war, führte der Gesetzgeber über das VAG und die KVAV einen gesetzlichen Rahmen zur Prämienkalkulation ein. Diese Normen wirken über § 203 Abs. 1 S. 1 VVG sowie über § 8a Abs. 1 MB/KK 2009 unmittelbar im Versicherungsverhältnis bei der Prämienberechnung. Anders als bei der GKV werden die Prämien nicht nach einem solidarischen Umlageverfahren, sondern nach dem Risiko des Leistungsfalls berechnet. Grundlage der Prämienberechnung ist demnach zu Vertragsbeginn das individuelle Krankheitsrisiko der versicherten Person bzw. der Gefahrperson. Während der Vertragslaufzeit hängt die Prämienhöhe vom kollektiven Risiko der in einem bestimmten Tarif bzw. der innerhalb des Tarifs in einer bestimmten Beobachtungseinheit versicherten Personen ab.

B. Prämienkalkulation und Alterungsrückstellung

2 Nach § 146 Abs. 1 Nr. 1 VAG müssen Prämien versicherungsmathematisch nach Wahrscheinlichkeitstafeln und anderen einschlägigen statistischen Daten berechnet werden. Die KVAV konkretisiert diese Vorgaben vereinfacht dargestellt wie folgt: Nach § 2 Abs. 1 KVAV sind folgende Rechnungsgrundlagen für die **Nettoprämie** namentlich zu berücksichtigen: Rechnungszins (§ 4 KVAV), Ausscheideordnung (§ 5 KVAV: Annahmen zur Sterbewahrscheinlichkeit und sonstigen Abgangswahrscheinlichkeiten, zB

---

22 Zur str. Rechtslage vor dem VVG-Änderungsgesetz BGH NJW 2013, 594 = VersR 2012, 1375; NJW 2015, 1105 = VersR 2015, 230; *Rößler* VersR 2013, 1478.

23 OLG Bamberg BeckRS 2013, 12113 = VersR 2014, 51; LG Berlin NJW-RR 2013, 674 = VersR 2013, 1036.

24 LG Berlin NJW-RR 2014, 297 = VersR 2014, 236; *Marko*, Private Krankenversicherung nach GKV-WSG und VVG-Reform, 2. Aufl. 2010, Rn. B/105 ff.; aA *Mandler* VersR 2015, 1489 ff.

durch Kündigung), Kopfschäden (§ 6 KVAV: durchschnittliche Versichererleistung), Übertrittswahrscheinlichkeit (Versichererwechsel), Krankheitsdauer und Leistungstage, Anzahl der Krankenhaustage, Krankenhaushäufigkeit und Behandlungskosten bezogen auf den Leistungstag. Alle Rechnungsgrundlagen sind mit ausreichenden Sicherheiten zu versehen (§ 2 Abs. 3 KVAV). Hinzu kommt die allgemeine Alterungsrückstellung (§ 14 Abs. 1 S. 1 Nr. 2 KVAV; → § 36 Rn. 4). Die Nettoprämie bildet zusammen mit sonstigen Zuschlägen (§ 8 KVAV, zB Abschlussprovision für Versicherungsvermittler, Verwaltungskosten, Umverteilung als Ausnahme vom Äquivalenzprinzip) die **Bruttoprämie**. Die **endgültige Prämie** setzt sich aus der Bruttoprämie und zwei Zuschlägen zusammen: (1) dem besonderen Sicherheitszuschlag iHv mindestens 5% (§ 7 KVAV); (2) dem Zuschlag für die Alterungsrückstellung iHv 10% (§ 149 VAG) mit Beginn des Kalenderjahres, in dem das 22. Lebensjahr vollendet wird, bis zum Kalenderjahr, in dem das 60. Lebensjahr vollendet wird (→ § 36 Rn. 4).

Wie bereits § 146 Abs. 1 Nr. 1 VAG andeutet, dürfen für die substitutive Krankenversicherung bei den Erwachsenentarifen keine prämienerhöhenden Altersstufen vereinbart werden. Stattdessen soll die Prämie im Idealfall die gesamte Vertragslaufzeit über konstant bleiben. Das Alter wird lediglich bei der Berechnung der Einstiegsprämie zu Vertragsbeginn berücksichtigt. Eine Ausnahme gilt nur für Kinder-, Jugend- und Ausbildungstarife (§ 10 Abs. 4 KVAV). **3**

Durch das individuelle Älterwerden nimmt das Krankheitsrisiko aber exponentiell zu. So steigt die Inanspruchnahme von Krankenhausleistungen von der Gruppe der männlichen Versicherten zwischen 41 und 45 Jahren zur Gruppe zwischen 76 und 80 Jahren um den Faktor 8,5.[1] Weitere kostentreibende Faktoren kommen hinzu: Inflation, medizinischer Fortschritt, Älterwerden der Gesellschaft oder die Vergreisung eines bestimmten Tarifs.[2] Um den Kostenanstieg zu dämpfen, zahlt der Versicherungsnehmer bis zu einem bestimmten Alter eine Prämie, die über den tatsächlichen Kosten liegt und bildet dadurch **Alterungsrückstellungen.** Dabei steht der gesetzliche Zuschlag für die Alterungsrückstellung (§ 149 VAG) neben der bereits in die Nettoprämie einkalkulierten Alterungsrückstellung (§ 14 Abs. 1 S. 1 Nr. 2 KVAV). Diese Alterungsrückstellungen sind zusammengenommen das »Sparbuch« des Versicherungskollektivs.[3] Sie sind ab Vollendung des 65. Lebensjahres zur Dämpfung von Prämiensteigerungen und ab Vollendung des 80. Lebensjahres sogar zur Prämiensenkung einzusetzen (§ 150 Abs. 3 VAG). **4**

Weitere Normen verbieten bestimmte Differenzierungen bei der Prämie zwischen Personen oder Personengruppen. Das wichtigste Diskriminierungsverbot betrifft das **Geschlecht** der versicherten Person. § 19 Abs. 1 Nr. 2 AGG ordnet hier ein **absolutes Diskriminierungsverbot** an. § 20 Abs. 2 S. 1 AGG stellt deklaratorisch fest, dass Kosten im Zusammenhang mit Schwangerschaft und Mutterschaft auf keinen Fall zu unterschiedlichen Prämien führen dürfen. Das Verbot der Geschlechterdifferenzierung beruht auf der EuGH-Entscheidung in »Test-Achats«, der zufolge ab 21.12.2012 nach europäischem Recht kein sachlicher Grund zur Geschlechterdifferenzierung mehr besteht.[4] Ab diesem Zeitpunkt dürfen für Neuverträge nur noch Unisextarife angeboten werden. Bestehende Verträge, die zwischen den Geschlechtern mit Ausnahme der **5**

---

1 *PKV,* Die Beitragskalkulation in der Privaten Krankenversicherung, 2016, 5; ferner *Boetius* VersR 2016, 428.
2 Ausf. zu den Problemen Alter und Demographie MüKoVVG/*Boetius* Vor § 192 Rn. 61 ff., 805 ff.
3 Details: *van den Bergh,* Der eigentumsdogmatische Diskurs um die Alterungsrückstellungen in der privaten Krankenkasse, 2015; MüKoVVG/*Boetius* Vor § 192 Rn. 846 ff.
4 EuGH VersR 2011, 377. Krit. die Lit., zB *Mönnich* VersR 2011, 1092; zur Umsetzung im deutschen Recht *Beyer/Britz* VersR 2013, 1219; *Hoffmann* VersR 2012, 1073; *Kalis* in Sodan Kranken-VersR-HdB § 44 Rn. 109 ff.

Kosten für Schwangerschaft und Mutterschaft differenzieren, genießen Bestandsschutz (vgl. § 27 Abs. 3 KVAV). Eine Geschlechtsumwandlung führt bei den Altverträgen nicht zu einer neuen, prämienrelevanten Eingruppierung des Geschlechts.[5] Rechtsethisch bedenklich, wenn auch gesetzlich **zulässig** sind dagegen im Fall einer **Behinderung** Risikozuschläge, Leistungsausschlüsse und sogar die Ablehnung eines Vertragsabschlusses, soweit mit der Behinderung ein Krankheitsrisiko verbunden ist (§§ 3 Abs. 2, 20 Abs. 2 S. 2 AGG). Diese Differenzierung verstößt weder gegen Art. 3 Abs. 3 S. 2 GG noch gegen Art. 25 UN-BRK, da ein sachlicher Grund zur Differenzierung vorliegt und behinderte Menschen sich ohne Benachteiligung zumindest im Basistarif versichern können.[6]

6 Auch das **Versicherungsaufsichtsrecht** enthält einige Diskriminierungsverbote. §§ 146 Abs. 2 S. 1, 138 Abs. 2, 146 Abs. 2 S. 2 VAG untersagen bei gleichem Krankheits- bzw. Kostenrisiko willkürliche Prämiendifferenzierungen sowie Werbeprämien, die Altkunden eines Tarifs schlechter stellen. Diese Verbote wirken über § 203 Abs. 1 S. 1 VVG unmittelbar im Versicherungsverhältnis. Bei einem VVaG ist das Gleichbehandlungsgebot (§ 177 VAG) zu beachten.

C. Prämienanpassung

7 Die substitutive Krankenversicherung (und in ihrem Gefolge die Pflichtversicherung) genießt wegen ihrer Bedeutung für den Gesundheitsschutz einen besonderen Bestandsschutz. Sie darf grundsätzlich nicht befristet werden. Die Kündigung ist erschwert und die allgemeinen Normen zur Gefahrerhöhung sind unanwendbar (§ 194 Abs. 1 S. 2 VVG). Auch untersagt § 10 Abs. 4 KVAV bei Erwachsenentarifen während der Laufzeit eine Prämienstaffelung nach Alter. Das Recht des Versicherers zur Erhöhung der Prämie ist ein **Ausgleichsmechanismus,** um trotz dieser gesetzlichen Regulierung des Versicherungsverhältnisses das Äquivalenzprinzip zu wahren. Der Versicherer hat daher bei einer Krankenversicherung, bei welcher das ordentliche Kündigungsrecht des Versicherers ausgeschlossen ist, ein gesetzliches bzw. vertragliches Recht zur **Prämienanpassung** bei einer länger dauernden Änderung einer Kalkulationsgrundlage (§ 203 Abs. 2 VVG, § 8b MB/KK 2009).[7] Als *ultima ratio* hat der Versicherer bei länger dauernder Änderung der Parameter des Gesundheitswesens (zB Gesetzesänderung, nicht: bloße Rechtsprechungsänderung) ein Recht zur **Anpassung der AVB nebst Tarifen** (§ 203 Abs. 3 VVG, § 18 Abs. 1 MB/KK 2009), das über Leistungskürzungen mittelbar kostendämpfend wirkt.[8]

8 Umgekehrt kann der Versicherungsnehmer bei Gefahrminderung die **Herabsetzung** seiner Prämie, dh den Wegfall eines Risikozuschlags verlangen (§ 41 VVG).[9] Diese Gefahrminderung muss dauerhaft sein. Ein Anspruch auf Aufhebung eines Leistungsausschlusses besteht indessen nicht.

> **Beispiel:** Der Versicherungsnehmer muss mit Vertragsabschluss wegen einer Pollenallergie einen Risikozuschlag von 10% auf den Tarif für ambulante Heilbehandlungen zahlen. In den nächsten fünf Jahren bleibt er beschwerdefrei; eine erneute Allergie ist nicht zu erwarten. Der Versicherungsnehmer kann dann vom Versicherer die Aufhebung des Risikozuschlags fordern.

---

5 BGH NJW 2012, 2733 = VersR 2012, 980.
6 Details bei *Schäfer* in Bieback ua (Hrsg.), Der Beitrag des Sozialrechts zur Realisierung des Rechts auf Gesundheit und des Rechts auf Arbeit für behinderte Menschen, 2016, 77.
7 Vgl. BGH NJW-RR 2016, 606 = VersR 2016, 177 zum Geheimhaltungsinteresse des Versicherers.
8 Zur Anpassung *Klimke* VersR 2016, 22; *Rudolph* VersR 2014, 545; *Werber* VersR 2015, 393.
9 Krit. MüKoVVG/*Boetius* § 203 Rn. 706.

D. Zahlungsverzug

Der Verzug des Versicherungsnehmers mit der Prämienzahlung und die daran an- **9** schließenden Verzugsfolgen unterscheiden sich bei der Pflichtversicherung in § 193 Abs. 6–10 VVG, § 8 Abs. 6 MB/KK 2009, AVB/NLT 2013 erheblich vom allgemeinen Schuldrecht (§§ 280 ff., 320 ff. BGB) und vom allgemeinen Versicherungsrecht (§§ 37f. VVG). Ein Versicherungsnehmer im Verzug (Nichtzahler) wird im Vergleich zu den allgemeinen Normen erheblich besser gestellt. Der Gesetzgeber versuchte, mit dem GKV-WSG eine Sonderregelung zu schaffen, die Versicherte bei Zahlungsverzug vor einer Gesundheitsgefährdung schützt.[10] Dazu musste der Gesetzgeber zulasten der Versicherer vom Äquivalenzprinzip abweichen. Nachdem 145.000 Nichtzahler mit einem Beitragsausfall von ca. 750 Mio. EUR aufgelaufen waren, wurde die Regelung erheblich modifiziert.[11]

Der Verzug berechtigt den Versicherer weder zum Rücktritt noch zur Kündigung, da **10** § 193 Abs. 6–10 VVG gegenüber den allgemeinen Normen (§§ 37f. VVG) *lex specialis* ist.[12] Der Versicherer darf aber anstelle eines Verzugszinses und eines Verzugsschadens ab dem ersten Monat des Prämienrückstands (gilt auch für das spätere Ruhen der Leistungen) pro Monat einen **Säumniszuschlag** iHv 1% des Rückstands (§ 193 Abs. 6 S. 2 VVG) und ferner seine **Beitreibungskosten** (vgl. § 193 Abs. 9 S. 1 VVG) verlangen.

Ferner löst der Verzug mit der Prämienzahlung unter folgenden kumulativen Voraus- **11** setzungen das **Ruhen der Leistungen** und somit den gesetzlichen Übergang in den Notlagentarif aus (§ 193 Abs. 6 VVG):

(1) Prämienrückstand iHv Prämienanteilen für zwei Monate;
(2) im Anschluss Mahnung;
(3) fortdauernder Prämienrückstand mit der Prämie einschließlich Säumniszuschlag iHv mehr als dem Prämienanteil für einen Monat für zwei weitere Monate nach Zugang der Mahnung;
(4) im Anschluss zweite Mahnung mit Hinweis auf das drohende Ruhen der Leistung;
(5) fortdauernder Rückstand mit der Prämie einschließlich Säumniszuschlag iHv mehr als dem Prämienanteil für einen Monat für einen weiteren Monat nach Zugang der zweiten Mahnung;
(6) ungeschrieben: Verschulden des Versicherungsnehmers;[13]
(7) keine Hilfebedürftigkeit nach SGB II oder XII.

Während des Ruhens tritt der brancheneinheitliche, vom PKV-Verband als Beliehener **12** erlassene **Notlagentarif** nach § 193 Abs. 7 S. 1 VVG, § 153 VAG, AVB/NLT 2013 innerhalb des fortgeltenden Vertragsmantels an die Stelle des vertraglich vereinbarten Tarifs. Im Jahr 2015 betraf dies 115.800 Personen. Prämie und Versichererleistung richten sich fortan kraft gesetzlicher Anordnung (»gilt … versichert«) nach dem Notlagentarif. Der Versicherer kann für diese Zeit verlangen, dass Zusatzversicherungen ruhen (§ 193 Abs. 7 S. 3 VVG). An die Stelle der vertraglichen Prämie tritt die unternehmensindividuelle Einheitsprämie für alle im Notlagentarif versicherten Personen (§ 153 Abs. 2 S. 1 VAG), die derzeit rund 100 EUR beträgt. Risikozuschläge entfallen während

---

10 Dazu *Schäfer* r+s 2011, 96.
11 Details bei OLG Karlsruhe NJW-RR 2016, 1048; *Mandler* VersR 2014, 167; *Schäfer* MedR 2015, 793.
12 LSG Baden-Württemberg BeckRS 2015, 71836; *Wandt* VersR Rn. 1329; aA Langheid/Rixecker/ *Muschner* VVG § 193 Rn. 81.
13 Vgl. §§ 37f. VVG, § 286 Abs. 4 BGB. Wie hier *Marlow/Spuhl* VersR 2009, 593 (603); dagegen Langheid/Rixecker/*Muschner* VVG § 193 Rn. 81a.

des Ruhens (klarstellend § 193 Abs. 7 S. 2 VVG, § 8a Abs. 2 AVB/NLT 2013). Alterungsrückstellungen werden während des Ruhens nicht gebildet und sind somit nicht Prämienbestandteil (§ 149 S. 3 VAG). Im Gegenteil ist eine bestehende Alterungsrückstellung iHv bis zu 25% der monatlichen Prämie im Notlagentarif zur Senkung der Prämie zu verwenden (§ 153 Abs. 2 S. 6 VAG). Zusätzlich gelten reduzierte Gebührensätze bei der medizinischen Behandlung (§ 75 Abs. 3a, 3b SGB V, § 18 Abs. 3 AVB/NLT 2013).

13 Umgekehrt ist das **Leistungsniveau** des Versicherers grundsätzlich beschränkt. Bei Erwachsenen sind nur die Kosten zur Behandlung von akuten Erkrankungen und akuten bzw. chronischen Schmerzzuständen zu erstatten, ferner die Kosten von Schwangerschaft und Mutterschaft (§ 153 Abs. 1 S. 2 VAG, § 1 Abs. 2 S. 1 und § 5a AVB/NLT 2013). Gleichgestellt sind chronische Erkrankungen, die bei Nichtbehandlung in einem absehbaren Zeitraum zu akuten Erkrankungen führen (§ 1 Abs. 2 S. 5e AVB/NLT 2013). Bei Kindern und Jugendlichen umfasst der Notlagentarif generell chronische Erkrankungen (§ 1 Abs. 2 S. 1 AVB/NLT 2013) und präventive Maßnahmen (§ 153 Abs. 1 S. 3 VAG, § 1 Abs. 2 S. 5b AVB/NLT 2013). Behandlungen sind im Notlagentarif ausreichend, zweckmäßig und wirtschaftlich durchzuführen (§ 1 Abs. 1 S. 2 AVB/NLT 2013). Das Leistungsniveau wird damit der GKV angepasst. Bedenklich ist die Leistungsausweitung auf Schwangerschaftsabbruch, Hospiz und spezialisierte ambulante Palliativversorgung (§ 1 Abs. 2 S. 5a, c und d AVB/NLT 2013), da der Notlagentarif hier über den Leistungsumfang im Normaltarif hinausreichen kann. Ebenso sachwidrig ist die Regelung, dass Leistungsausschlüsse und Selbstbehalte für den Nichtzahler entfallen (§ 193 Abs. 7 S. 2 VVG, § 8a Abs. 2 AVB/NLT 2013).

14 Das Ruhen der Leistungen und somit der Notlagentarif wird nur in zwei Fällen **beendet** (§ 193 Abs. 9, Abs. 6 S. 5 VVG, § 7 Abs. 2 AVB/NLT 2013):

(1) durch Nachzahlung aller rückständigen Prämienanteile einschließlich des Säumniszuschlags und der Beitreibungskosten;

(2) durch Hilfebedürftigkeit nach SGB II und SGB XII für zahlungsunfähige Versicherungsnehmer.

Der Versicherungsvertrag wird dann in dem Tarif fortgesetzt, in dem der Versicherungsnehmer vor Eintritt des Ruhens versichert war.

15 Bei **Nichteintritt des Ruhens** wegen **Hilfebedürftigkeit** bleibt die Versicherung in der PKV nach dem Gesetzeswortlaut im vollen Leistungsumfang bestehen. Ein Wechsel vom Normal- in den Basistarif wird nicht gesetzlich angeordnet. Erwägenswert ist für den Normaltarif eine verfassungskonforme teleologische Reduktion der Leistungspflicht des Versicherers auf das Niveau des Basistarifs, um eine Gesundheitsversorgung über Solidarniveau zu verhindern. Beim Basis-, nicht aber beim Normaltarif halbiert sich die Prämie (§ 152 Abs. 4 VAG). Der Zuschuss des Sozialversicherungsträgers beträgt unabhängig vom Tarif die Hälfte der Prämie im Basistarif (§ 26 Abs. 1 SGB II, grundsätzlich auch § 32 Abs. 5 S. 1 SGB XII). Der Zuschuss ist nach § 26 Abs. 5 SGB II, § 32 Abs. 5 S. 5 SGB XII vom Sozialversicherungsträger direkt an den Versicherer zu zahlen.

16 Der neu eingeführte Notlagentarif wird die Probleme beim Zahlungsverzug mit der Prämie nicht lösen können.[14] Die mit der Neuregelung versuchte Prämiensenkung bei Nichtzahlern geht auf Kosten der Alterungsrückstellungen. Nach Rückkehr aus dem Notlagentarif muss der Versicherungsnehmer im Alter mit höheren Prämien rechnen.

---

14 Krit. wie hier Langheid/Rixecker/*Muschner* VVG § 193 Rn. 80: »denn tatsächlich wird alles beim Alten bleiben«.

Zudem reicht das Leistungsniveau des Notlagentarifs über die gesetzlichen Vorgaben hinaus. Dafür gibt es angesichts der Tatsache, dass das Ruhen der Leistungen nur solche Nichtzahler betrifft, die zahlungsunwillig, aber nicht zahlungsunfähig sind, keinen überzeugenden rechtspolitischen Grund. Wenig gelungen erscheint auch die gesetzliche Ausgestaltung, die eine vom allgemeinen Verzugsrecht abweichende Terminologie benutzt (»Rückstand« statt Verzug) und zahlreiche Anwendungsprobleme im Detail aufwirft. Die gesetzliche Regelung des § 193 Abs. 6–10 VVG sollte daher mit Ausnahme des Schutzes sozial Hilfebedürftiger zugunsten der allgemeinen Verzugsfolgen aufgegeben werden.

§ 37 Tarife und Versichererleistung

A. Tarifüberblick

Die PKV bietet eine große Palette unterschiedlicher Tarife, die nur teilweise vereinheit- **1** licht sind. Im Bereich der Krankheitskostenvollversicherung ist der **Normaltarif** der wichtigste Tarif. Er umfasst den »normalen« Versicherungsschutz in der Krankheitskostenvollversicherung für Erwachsene nach der Ausbildung bei ausreichender Vermögenslage. Der Normaltarif beinhaltet oft auch eine Krankenhaustagegeld- bzw. Krankentagegeldversicherung. Prägend für den Normaltarif ist mangels Vereinheitlichung die enorme inhaltliche Produktvielfalt, die von preiswerten Einsteigertarifen bis hin zu im oberen Preissegment angesiedelten Komforttarifen reicht. Hinzu kommt eine Pluralität in zeitlicher Hinsicht, dh nicht wenige Versicherer wechseln ihre Tarife häufig aus.

Der **Unisextarif** ist kein Tarif im engeren Sinne mit einem eigenständigen Leistungs- **2** spektrum. Er beschreibt lediglich den Rechtszustand ab 21.12.2012 mit dem Verbot der Geschlechterdifferenzierung bei der Prämienkalkulation. Daneben existieren im Bereich der Krankheitskostenvollversicherung folgende Tarife:

(1) Kinder-, Jugend- und Ausbildungstarife; besonders wichtig ist der Studierendentarif nach MB/PSKV (näher → § 36 Rn. 3)
(2) Notlagentarif (näher ab → § 36 Rn. 9)
(3) Standard- und Basistarif als Sozialtarife (näher ab → § 37 Rn. 4).

B. Grundsätze der Versichererleistung

Die Versicherer erstatten dem Versicherten bei der Krankheitskostenversicherung nach **3** § 192 Abs. 1 VVG nur die Kosten, welche dieser dem Leistungserbringer (zB dem Arzt) schuldet. Der Anspruch des Leistungserbringers muss wirksam sein; er muss also – soweit vorhanden – den gesetzlichen Vorgaben zur Behandlungsabrechnung entsprechen (besonders GOÄ, GOZ und Krankenhausgesetze; näher → § 15 Rn. 23, § 20 Rn. 45). Die PKV weist im stationären Bereich mit privaten Krankenhäusern (Privatkliniken) eine Besonderheit auf. Privatkliniken sind anders als öffentliche Krankenhäuser (vornehmlich Plankrankenhäuser) nur ansatzweise in einen gesetzlichen Vergütungsrahmen eingebunden.[1] Allerdings untersagt es der Gesetzgeber den Privatkliniken seit 2012, frei abzurechnen, wenn es sich bei der Privatklinik um eine Ausgründung einer öffentlichen Klinik handelt (§ 17 Abs. 1 S. 5 KHG).[2] In diesem Fall gilt der Kostenrahmen für öffentliche Krankenhäuser.

---

1 Zur Privatklinik *Patt/Wilde* in Huster/Kaltenborn KrankenhausR § 8 Rn. 30 ff.
2 Anders noch BGH NVwZ-RR 2011, 566; NZS 2011, 699. Zur Neuregelung BVerfG NZS 2013, 858.

4 Nach dem **Kostenerstattungsprinzip** besteht grundsätzlich nur zwischen Versicherer und Versicherungsnehmer eine Rechtsbeziehung, nicht aber zwischen Versicherer und Leistungserbringer. Ausnahmen: Basistarif und Krankenhausausweis.[3] Die Ausnahmen entlasten den Versicherten von Vorfinanzierungskosten. Bei Liquiditätsproblemen kann der Versicherer nach Treu und Glauben bereits vor der Behandlung vorleistungspflichtig sein.

5 Ferner kann der Versicherungsnehmer vor Beginn einer Heilbehandlung, deren Kosten voraussichtlich 2.000 EUR übersteigen, vom Versicherer **Auskunft** über den Umfang des Versicherungsschutzes verlangen. Der Versicherer muss die Auskunft innerhalb einer nach Dringlichkeit abgestuften Frist erteilen. Wird die Auskunft nicht fristgemäß erteilt, wird bis zum Beweis des Gegenteils vermutet, dass die beabsichtigte Heilbehandlung medizinisch notwendig ist (§ 192 Abs. 8 VVG, § 4 Abs. 7 MB/KK 2009).[4] Nicht geregelt ist die Bindungswirkung einer positiven Auskunft des Versicherers. Eine Analogie zur Vermutung der medizinischen Notwendigkeit (§ 192 Abs. 8 S. 4 VVG) muss angesichts des klaren gesetzgeberischen Willens, der Zusage keinerlei Bindungswirkung beizumessen, ausscheiden.[5] Ebenso ist in der Auskunft regelmäßig kein Schuldanerkenntnis zu sehen. Eine Bindungswirkung ist daher nur in Ausnahmefällen über § 242 BGB anzuerkennen, wenn der Versicherer trotz positiver Auskunft später die Kostenerstattung mit widersprechender Begründung ablehnt.

6 Weigert sich der Versicherer, die Behandlungskosten zu erstatten, kann sich der Versicherte außergerichtlich an den **Ombudsmann Private Kranken- und Pflegeversicherung** wenden (→ § 45 Rn. 9). Kommt der Versicherer der unverbindlichen Empfehlung des Ombudsmanns nicht nach, muss der Versicherte Leistungs- bzw. Feststellungsklage vor dem zuständigen Zivilgericht erheben.[6]

C. Managed Care

7 Der Gesetzgeber möchte das bislang in der PKV vernachlässigte Prinzip des Managed-Care-Modells (Gesundheitsmanagement) stärken. Dabei handelt es sich um Nebenleistungen zur Kostenerstattung. Der Gesetzgeber erhofft sich Kostenreduktion und Qualitätssteigerung und hat dazu in § 192 Abs. 3 VVG einige Fälle beispielhaft hervorgehoben:

(1) Beratung über medizinische Leistungen sowie über die Anbieter solcher Leistungen (zB Beratung bei der Arztwahl);
(2) Beratung über die Berechtigung von Entgeltansprüchen der Leistungserbringer (zB Überprüfung des Arzthonorars);
(3) Abwehr unberechtigter Entgeltansprüche der Leistungserbringer (zB überhöhtes Arzthonorar);
(4) Unterstützung der versicherten Personen bei der Durchsetzung von Ansprüchen wegen fehlerhafter medizinischer Behandlung (Arzthaftung);
(5) unmittelbare Abrechnung zwischen Versicherer und Leistungserbringer (zB bei Krankenhausaufenthalt).

---

3 Der Krankenhausausweis basiert auf dem Klinik-Card-Vertrag zwischen PKV-Verband namens der teilnehmenden Versicherer und den teilnehmenden Krankenhäusern. Die Rechtsnatur des Vertrages ist str., s. *Adam* NJW 2011, 7: Schuldbeitritt, Garantie des Versicherers oder konkludente Abtretung des Erstattungsanspruchs durch Versicherten mittels Kartenvorlage.
4 Im Detail *Mandler* VersR 2013, 1104; ferner *Heyers* VersR 2016, 421.
5 BT-Drs. 17/11469, 14; *Mandler* VersR 2013, 1104 (1106); aA HK-VVG/*Rogler* § 192 Rn. 50.
6 Dazu *Fricke* VersR 2013, 538.

Die gesetzlichen Beispiele begründen aber keinen Anspruch des Versicherten, sondern 8
setzen eine vertragliche Regelung voraus. Beispiele für das vertragliche Managed-
Care-Modell:

(1) Das private Krankenversicherungsrecht übernimmt zunehmend die Grundzüge
des **Hausarzt- bzw. Primärarztmodells** des GKV-Wahltarifs, von dessen Lotsen-
funktion man sich eine Qualitätssteigerung, die Vermeidung von Doppelunter-
suchungen sowie die bessere Koordination spezialisierter Ärzte erhofft. Geht der
Versicherte sofort zum Spezialisten, muss er einen prozentualen Abschlag bei der
Kostenerstattung in Kauf nehmen.
(2) Ferner bieten die Versicherer unter Stichworten wie »**Gesundheitsmanager**« an,
bei der Auswahl der Leistungserbringer zu beraten und zwischen Versicherungsnehmer und Leistungserbringer zu vermitteln.
(3) Speziell im Bereich der Hilfsmittel offerieren sie ein »**Hilfsmittelmanagement**«,
das nicht nur die Vermittlung von Hilfsmitteln, sondern auch den direkten Bezug
von Hilfsmitteln vom Versicherer umfassen kann.
(4) Das Modell »**Kooperationsarzt**« schließlich ist eine Verhaltenssteuerung der Leistungserbringer, konkret der behandelnden Ärzte. Diese treten dem Versicherten
gegenüber zwar weiterhin als selbstständige Leistungserbringer und nicht als Erfüllungsgehilfen des Versicherers auf, doch kann der Versicherer über einen Ko-
operationsvertrag zugunsten des Versicherungsnehmers Qualität und Kosten der
Behandlung beeinflussen.

D. Leistungen der Krankheitskostenvollversicherung im Normaltarif

I. Versicherungsfall

1. Allgemeines

Das VVG legt für die Krankheitskostenvollversicherung als wichtigste Krankenversi- 9
cherung in § 192 Abs. 1 VVG (ihm folgend für den Normaltarif § 1 Abs. 1, 2 MB/KK
2009) nur den typisierenden Rahmen fest, wann und in welchem Umfang der Versicherer Behandlungskosten zu erstatten hat. Danach hat er »im vereinbarten Umfang
die Aufwendungen für medizinisch notwendige Heilbehandlungen wegen Krankheit
oder Unfallfolgen und für sonstige vereinbarte Leistungen einschließlich solcher bei
Schwangerschaft und Entbindung sowie für ambulante Vorsorgeuntersuchungen zur
Früherkennung von Krankheiten nach gesetzlich eingeführten Programmen« zu tragen. Wie das Wort »vereinbart« andeutet, hängt der konkrete Umfang der Leistungspflicht vom einzelnen Versicherungsvertrag und den dort verwendeten AVB und insbesondere von den Tarifklauseln ab.[7] Anspruchsgrundlage ist damit der Vertrag.

2. Krankheit

Der Krankheitsbegriff des PKV-Rechts orientiert sich nicht am Sozialrecht oder an den 10
Empfehlungen der WHO, da die AVB nach dem Horizont eines durchschnittlichen
Empfängers auszulegen sind. Anders als im Sozialrecht unterscheidet das PKV-Recht
genau zwischen Krankheit und medizinischer Notwendigkeit einer Behandlung.
Krankheit ist danach ein objektiv nach ärztlichem Urteil bestehender anomaler, regelwidriger Körper- oder Geisteszustand.[8] Insbesondere zeichnet sich die Krankheit
durch eine nicht ganz unerhebliche Störung körperlicher oder geistiger Funktionen

---

7 Überblick über den Leistungsumfang bei *Egger* r+s 2006, 309; *Schäfer* VersR 2010, 1525.
8 BGHZ 164, 122 = NJW 2005, 3783; BGHZ 158, 166 = NJW 2004, 1658.

aus.[9] Die **Schwangerschaft** einer Frau ist bei der Erstattung von Behandlungskosten einer Krankheit gleichgestellt (§ 192 Abs. 1 VVG, § 1 Abs. 2 S. 4a MB/KK 2009). Ferner erweitern § 192 Abs. 1 VVG, § 1 Abs. 2 S. 4b MB/KK 2009 den Schutz im Vorfeld von Krankheiten auf bestimmte **Vorsorgeuntersuchungen.**

11   Die Krankheitsdefinition wirft zahlreiche Abgrenzungsprobleme auf, bei denen zwischen einem echten Krankheitsbild und einer unbeachtlichen Abweichung von gesellschaftlichen Standards unterschieden werden muss. Wichtige Grenzfälle:[10]

(1) **Adipositas:** Starkes Übergewicht kann den Grad einer Krankheit erreichen,[11] doch ist dann ein Leistungsausschluss wegen vorsätzlicher Herbeiführung des Versicherungsfalls zu prüfen;

(2) **HIV/AIDS:** Bereits die Ansteckung mit dem Virus genügt;[12]

(3) **Schönheitsideal:** Die Kosten für eine Korrektur des äußeren Erscheinungsbildes sind nur im Zusammenhang mit plastischer Wiederherstellung nach Krankheit oder Unfall erstattungsfähig. Abseits dessen handelt es sich um eine bloße Schönheitsoperation auf eigene Rechnung,[13] zusätzlich ist bei Folgeschäden an einen Leistungsausschluss wegen vorsätzlicher Herbeiführung des Versicherungsfalls zu denken;[14]

(4) **Schwangerschaft:** Wie bereits § 192 Abs. 1 VVG klarstellt, handelt es sich bei der Fähigkeit zur Schwangerschaft um keine Krankheit, sodass die Antibabypille oder eine Sterilisation in der Regel nicht erstattungsfähig sind. Auch die Schwangerschaft selbst ist keine Krankheit. Erstattungsfähig sind hier durch die Gleichstellung mit einer Krankheit grundsätzlich nur die mit dem Verlauf der Schwangerschaft zusammenhängenden Behandlungskosten (zB für frauenärztliche Untersuchungen und Geburt). Eine Abtreibung zur Beseitigung einer Schwangerschaft ist dagegen grundsätzlich nicht erstattungsfähig. Lediglich bei einer medizinischen Indikation hat die Schwangerschaft einen Krankheitscharakter.[15] Der PKV-Schutz für Abtreibungen ist somit wesentlich enger als im GKV-System;

(5) **Unfruchtbarkeit:** Die körperliche Unfähigkeit von Mann oder Frau, auf natürlichem Wege ein Kind zu zeugen, ist eine Krankheit,[16] nicht dagegen die Kinderlosigkeit als Resultat. Das ist für die künstliche Befruchtung als Heilbehandlung von Bedeutung.[17] Der Versicherer kann sich nicht darauf berufen, die Kinderlosigkeit sei mit der Geburt des ersten Kindes beseitigt. Er muss bei Ehegatten zumindest die Behandlungskosten für die Geburt von drei Kindern erstatten.[18] Soweit der Versicherer diese je nach Anzahl der Versuche extrem hohen Kosten nicht tragen möchte, muss er die Erstattung explizit entweder ganz ausschließen oder sie detailliert beschränken. Nicht erstattungsfähig ist mangels medizinischer Notwendigkeit aber die heterologe In-vitro-Fertilisation mit dem Samen einer dritten Person (Samenbank).

---

9   BGH NJW 2017, 88 = VersR 2016, 720 (721).
10 Detaillierte Übersicht bei Bach/Moser/*Kalis* MB/KK § 1 Rn. 46 ff.
11 BGH VersR 1979, 221.
12 BGH NJW 1991, 2350 = VersR 1991, 815.
13 OLG Karlsruhe BeckRS 1991, 31370409 = VersR 1991, 912: Hypoplasie und Ptosis weiblicher Brüste keine Krankheit.
14 BGH NJW 2017, 88 = VersR 2016, 720.
15 OLG Hamburg NVersZ 2000, 76.
16 BGHZ 164, 122 = NJW 2005, 3783; BGHZ 99, 228 = NJW 1987, 703; aA BVerfG NJW 2009, 1733.
17 Zu diesem komplexen Fragenkreis *Damm* VersR 2006, 730; *Krumscheid* r+s 2006, 265; *Marlow/Spuhl* VersR 2006, 1193.
18 BGH NJW 2006, 3560 = VersR 2006, 1673. Str. ist die Kostenerstattung bei unverheirateten Paaren, s. Prölss/Martin/*Voit* VVG § 192 Rn. 36 mwN.

3. Medizinische Notwendigkeit einer Heilbehandlung

Auch das Merkmal der medizinischen Notwendigkeit der Heilbehandlung ist ange-   **12**
sichts der medizinischen Komplexität differenzierungsbedürftig. Eine Behandlung ist
im ersten Schritt notwendig, wenn eine von der Schulmedizin überwiegend anerkannte Behandlungsmethode zur Verfügung steht, die **geeignet** ist, eine Krankheit zu heilen (Kuration als Heilbehandlung ieS), zu lindern (Palliation) oder ihrer Verschlimmerung entgegen zu wirken. Entscheidend ist nicht die Perspektive des behandelnden
Arztes oder des Patienten, sondern die objektive Sicht *ex ante*. Medizinisch notwendig
kann eine Behandlung auch dann sein, wenn ihr Erfolg nicht sicher vorhersehbar ist.[19]
§ 4 Abs. 6 S. 2 Alt. 2 MB/KK 2009 stellt dies für **unheilbare** oder **unerforschte** Krankheiten klar. Je lebensbedrohlicher die Krankheit ist, desto geringer sind die Anforderungen an eine Erfolgswahrscheinlichkeit. Bei nicht lebensbedrohlichen Krankheiten
wie Unfruchtbarkeit gelten höhere Anforderungen. Dort darf die Erfolgschance nicht
unter 15% fallen.[20]

Im zweiten Schritt ist die **Erforderlichkeit** zu prüfen. § 4 Abs. 6 S. 2 MB/KK 2009 stellt   **13**
die **Alternativmedizin** der Schulmedizin gleich, wenn sich die konkrete Alternativmedizin in der Praxis als ebenso Erfolg versprechend bewährt hat (Alt. 1) oder die
Schulmedizin bei unheilbaren oder unerforschten Krankheiten nicht zum Erfolg führen kann (Alt. 2).[21] Beispiele für Alternativmedizin: Akupunktur, Autovakzinati-
onstherapie, Homöopathie. Der Off-Label-Use von Arzneimitteln kann sowohl unter
die Schul- als auch unter die Alternativmedizin fallen. Zusätzlich beschränkt sich im
Fall der Alt. 1 die Kostenerstattung auf die Kosten der vergleichbaren Schulmedizin.

Kommen unter dem Aspekt der Erforderlichkeit mehrere Behandlungsmethoden in   **14**
Betracht, so ist nach dem Prinzip der Nachrangigkeit nur die Behandlungsalternative
medizinisch notwendig, die unter Berücksichtigung der Risiken und Nebenwirkungen
eine höhere **Erfolgschance** hat.[22] Sind zwei Behandlungsmethoden trotz des Nachran-
gigkeitsprinzips ausnahmsweise **gleich** erfolgversprechend, genießt die versicherte
Person Wahlfreiheit. Die versicherte Person muss mangels eines allgemeinen Wirt-
schaftlichkeitsgebots (→ § 37 Rn. 21) nicht die kostengünstigere Behandlungsmethode wählen. Ist eine Behandlung nur **teilweise** medizinisch notwendig (zB zu
langer Krankenhausaufenthalt), beschränkt sich die Kostenerstattung auf den notwendigen Teil der Heilbehandlung (**Überbehandlungsverbot** nach § 5 Abs. 2 S. 1
MB/KK 2009).

Umstritten ist im Kontext der medizinischen Notwendigkeit besonders die **LASIK-**   **15**
(Laser-in-situ-Keratomileusis)-Augenoperation bei Fehlsichtigkeit. Es handelt sich
nach zutreffender Ansicht grundsätzlich um eine medizinisch notwendige Heilbehandlung.[23] Brillen und Kontaktlinsen sind gegenüber dieser Behandlung schon deshalb nicht vorrangig, weil sie lediglich Hilfsmittel sind, die einen körperlichen Defekt
nicht beseitigen, sondern nur ausgleichen.

---

19 BGHZ 133, 208 = NJW 1996, 3074, zu HIV; BGH NJW-RR 2014, 295 = VersR 2013, 1558 zu Tu-
    mor; Übersicht bei *Egger* r+s 2015, 269.
20 BGHZ 164, 122 (129) = NJW 2005, 3783.
21 Zur Alternativmedizin *Deutsch* VersR 2006, 1472; *Guttmann* PharmR 2010, 270.
22 Begriff nach LG München I BeckRS 9998, 05343 = VersR 2005, 394; ebenso *Boetius* VersR 2008,
    1431 (1433); MüKoVVG/*Kalis* § 192 Rn. 24; Praxiskommentar/*Brömmelmeyer* VVG § 192 Rn. 30;
    aA Prölss/Martin/*Voit* VVG § 192 Rn. 60.
23 BGH NJW 2017, 2408; *Kessal-Wulf* r+s 2010, 353 (359); *Sonnenberg* VuR 2011, 317.

4. Zeitlicher Umfang

16 Der **Versicherungsbeginn,** dh der Zeitpunkt, ab dem Behandlungskosten erstattet werden, wird von § 2 Abs. 1 MB/KK 2009 konkretisiert: »Der Versicherungsschutz beginnt mit dem im Versicherungsschein bezeichneten Zeitpunkt (Versicherungsbeginn), jedoch nicht vor Abschluss des Versicherungsvertrages (insbesondere Zugang des Versicherungsscheines oder einer schriftlichen Annahmeerklärung) und nicht vor Ablauf von Wartezeiten (näher § 197 VVG, § 3 MB/KK 2009). Für Versicherungsfälle, die vor Beginn des Versicherungsschutzes eingetreten sind, wird nicht geleistet.«[24] § 1 Abs. 2 S. 2 MB/KK 2009 legt wiederum den **Versicherungsfall** näher fest: »Der Versicherungsfall beginnt mit der Heilbehandlung; er endet, wenn nach medizinischem Befund Behandlungsbedürftigkeit nicht mehr besteht.« Die Heilbehandlung beginnt bereits mit der ersten diagnostischen Maßnahme.[25] Liegt die Erstdiagnose vor Versicherungsbeginn, ist der Versicherer also nicht leistungspflichtig. Das ist neben der vorvertraglichen Anzeigeobliegenheit und den Wartezeiten ein weiterer Baustein zur Risikobegrenzung für vorvertragliche Krankheiten. Der Leistungsausschluss betrifft in erster Linie den **gedehnten Versicherungsfall,** wo zwischen Diagnose und Heilbehandlung ein längerer Zeitraum liegt bzw. wo sich eine Heilbehandlung über einen längeren Zeitraum erstreckt.

> **Beispiel:** Der behandelnde Zahnarzt weist seinen Patienten darauf hin, dass es Zeit sei, das Gebiss zu sanieren. Daraufhin schließt der Patient eine private Zahnersatzzusatzversicherung ab. Der Versicherer ist dann nicht zur Kostenerstattung für die Zahnsanierung verpflichtet, da der Zahnarzt die Diagnose bereits vor Versicherungsbeginn gestellt hat.

17 Chronische Erkrankungen stellen hier (soweit kein Leistungsausschluss vereinbart wurde) aufgrund ihrer Dauer ein besonderes Problem dar. Bei einer weiten Auslegung des Begriffs »Heilbehandlung« würde bei chronischen Krankheiten der Beginn des Versicherungsfalls vor dem Versicherungsbeginn liegen. Die Vereinbarung eines Risikozuschlages wäre nicht ausreichend. Der Versicherer müsste explizit den Versicherungsschutz vorverlegen. Die hM spricht sich deshalb zu Recht gegen eine solche Einheitslösung aus.[26] Stattdessen bevorzugt sie eine **Trennungslösung.** Wenn akute Beschwerden vom zugrunde liegenden Dauerleiden getrennt werden können, soll die jeweilige Behandlung der Beschwerden einen neuen, eigenständigen Versicherungsfall begründen. Damit verschiebt sich der Versicherungsfall auf einen Zeitpunkt nach Versicherungsbeginn.

> **Beispiel für Trennbarkeit im Sinne der Trennungslösung:** Plötzliche Schmerzen bei bestehendem Bandscheibenvorfall;[27]
> **Gegenbeispiel:** Dialysebehandlung wegen Niereninsuffizienz.[28]

5. Räumlicher Umfang

18 § 1 Abs. 4 MB/KK 2009 erstreckt den Versicherungsschutz bei Personen, die ihren Wohnsitz in Deutschland haben, ohne zeitliche Grenzen auf ganz Europa. Für vorübergehende Aufenthalte in außereuropäischen Ländern erweitern manche AVB den Schutz über die in den MB/KK vorgeschlagenen maximal drei Monate (ein Monat plus zwei Monate Notfall) hinaus. Bei einem Wegzug aus Deutschland muss der Versicherungsschutz nur bei Wohnsitzwechsel in Länder der EU oder des EWR weiter gewährt

---

24 Dazu OLG Köln BeckRS 2014, 00809 = VersR 2014, 866; OLG München BeckRS 2012, 02572 = VersR 2012, 559.
25 StRspr seit BGH VersR 1956, 186.
26 Dazu Bach/Moser/*Kalis* MB/KK § 1 Rn. 148 ff.
27 OLG Hamm NJW-RR 2001, 527 = VersR 2001, 1229.
28 OLG Köln VersR 1990, 963.

werden (§ 207 Abs. 3 VVG, § 1 Abs. 5 MB/KK 2009). Bei Wohnsitzwechsel in andere Länder endet das Versicherungsverhältnis, es sei denn, die AVB gewähren auch an dieser Stelle einen darüber hinausgehenden Schutz (§ 15 Abs. 3 MB/KK 2009).

II. Allgemeine Einschränkungen der Versichererleistung

1. Höchstsätze

Medizinisch notwendige Behandlungen verpflichten den Versicherer nicht in jeder **19** Höhe zur Kostenerstattung. Viele Tarife beschränken die Leistung bei ambulanter bzw. zahnärztlicher Behandlung auf die standardisierten **Höchstsätze** der Gebührenordnungen, manche Tarife schließen zusätzlich sog. Analogbehandlungen jenseits der Gebührenkataloge (§ 6 Abs. 2 GOÄ, § 6 Abs. 1 GOZ) aus. Ebenso beschneidet die Vertragspraxis zunehmend die Kostenerstattung bei stationärer Behandlung in Privatkliniken, da diese nur teilweise an den gesetzlichen Abrechnungsrahmen gebunden sind und deswegen höhere Leistungsentgelte verlangen können.

> **Beispiel:**[29] Krankenhausentgelte für die Privatklinik werden nur erstattet, sofern sie die Vergleichsentgelte im öffentlichen Krankenhaus um nicht mehr als 50% überschreiten. Der Klinikbetreiber muss über eventuelle Kostenrisiken aufklären.

2. Übermaßverbot

Darüber hinaus haftet der Versicherer nicht für eine **Übermaßvergütung** (§ 192 Abs. 2 **20** VVG, § 5 Abs. 2 S. 2 MB/KK 2009), dh für eine Vergütung, die in einem auffälligen Missverhältnis zum Marktpreis der erbrachten Behandlung steht. Der Marktpreis besteht bei der Behandlung in einer Privatklinik (1) nicht im Entgelt für ein öffentliches Krankenhaus, (2) nicht in den bloßen Kosten oder im »gerechten« Preis, sondern (3) im Entgelt in einer vergleichbaren Privatklinik. Von einem solchen Missverhältnis ist auszugehen, wenn die Vergütung mindestens 100% über dem Marktpreis liegt. Ein subjektives Element ist nicht erforderlich. Der Anwendungsbereich des Übermaßverbots ist jedoch nur sehr begrenzt. Regelmäßig wird der Behandlungsvertrag mit dem Leistungserbringer bereits wegen Sittenwidrigkeit nichtig sein (§ 138 Abs. 2 BGB), sodass der Kostenerstattungsanspruch mangels eines wirksamen Anspruchs des Leistungserbringers ganz wegfällt.[30] Das Übermaßverbot regelt den Restbereich, in dem der Behandlungsvertrag ausnahmsweise wirksam ist. In Abweichung von § 139 BGB fällt der Kostenerstattungsanspruch hier nicht vollständig weg, sondern beschränkt sich *ipso iure* auf die übliche Vergütung.

3. Wirtschaftlichkeitsgebot

Der Gesetzgeber hat bewusst darauf verzichtet, ein **allgemeines Wirtschaftlichkeits-** **21** **gebot** zur Kostendämpfung zu kodifizieren,[31] das die Erstattungspflicht wie in der GKV noch weiter einschränkt. Es lässt sich weder dem Überbehandlungs- noch dem Übermaßverbot entnehmen.[32] Ein allgemeines Wirtschaftlichkeitsgebot kann vertraglich vereinbart werden (ein Verstoß gegen § 307 BGB oder § 208 VVG ist nicht ersicht-

---

29 BGH NJW-RR 2009, 1625 = VersR 2009, 1210; OLG Stuttgart NJW-RR 2013, 1183 = VersR 2013, 583.
30 Klarstellend MüKoVGG/*Kalis* § 192 Rn. 85; Prölss/Martin/*Voit* VVG § 192 Rn. 157.
31 Anders noch § 186 Abs. 3 S. 1 KE.
32 Grdl. BGHZ 154, 154 = NJW 2003, 1596 (Alpha-Klinik) in Abweichung von der früher hM; bestätigt von BGH VersR 2015, 706 (708); ebenso *Rogler* VersR 2009, 573 ff.; Prölss/Martin/*Voit* VVG § 192 Rn. 64; aA MüKoVVG/*Boetius* Vor § 192 Rn. 1 ff.; *Rehmann/Vergho* VersR 2015, 159 ff.

lich),[33] doch ist es in der Vertragspraxis unüblich. Stattdessen sind absolute bzw. prozentuale **Selbstbehalte** und **Beitragsrückerstattungen** die gängigen Instrumentarien, um eine kostengünstige Verhaltenssteuerung der versicherten Person zu erreichen. Hinzu kommen in neuerer Zeit kostendämpfende Leistungsbeschränkungen besonders im Bereich der Privatkliniken, des Zahnersatzes sowie der künstlichen Befruchtung.

4. Bereicherungsverbot

22 Eine weitere Schranke ist das **Bereicherungsverbot** (§ 200 VVG, § 5 Abs. 4 MB/KK 2009). Der Erstattungsbetrag durch mehrere Erstattungsverpflichtete darf maximal 100% der Behandlungskosten abdecken. Die versicherte Person soll aus einer Krankheit keinen Gewinn ziehen. Anders als die Entwürfe zur Reform des Versicherungsvertragsrechts[34] legt § 200 VVG keine spezifische Rechtsfolge fest. Jedenfalls sind privatrechtliche Vereinbarungen, die zu einem höheren Erstattungsbetrag führen, nach § 134 BGB iVm § 200 VVG nichtig. Diese Rechtsfolge wird allerdings nur sehr selten eingreifen. Die §§ 194 Abs. 1 S. 1, 77 ff. VVG regeln bereits die Mehrfachversicherung durch mehrere Versicherer. Andere Erstattungsverpflichtete können somit nur öffentlich-rechtliche Dienstherren bzw. Sozialversicherungsträger sein. Im Fall der Beihilfe sind Beihilfetarif und Beihilfebemessungssatz in der Regel so aufeinander abgestimmt, dass der Gesamtbetrag die 100% nicht überschreitet und das Bereicherungsverbot folglich nicht verletzt wird.

5. Subsidiarität

23 Darüber hinaus kürzt § 5 Abs. 3 MB/KK 2009 den Leistungsanspruch in der Höhe der Ansprüche, welche der versicherten Person gegen die gesetzliche Heilfürsorge oder Unfallfürsorge zustehen.

6. Ausschlussgründe

24 § 5 Abs. 1 MB/KK 2009 schließt den Kostenerstattungsanspruch für folgende Fälle aus:

(1) Krankheiten und Unfälle als Folge von Kriegsereignissen oder Wehrdienstbeschädigung;
(2) Krankheiten und Unfälle durch vorsätzliche Herbeiführung (s. auch § 201 VVG);
(3) Entziehungsmaßnahmen einschließlich Entziehungskuren;
(4) Behandlung durch Ärzte, Zahnärzte, Heilpraktiker und in Krankenanstalten auf der »schwarzen Liste« der Versicherer;
(5) Kur- und Sanatoriumsbehandlung sowie Rehabilitationsmaßnahmen gesetzlicher Träger;
(6) damit zusammenhängend grundsätzlich ambulante Heilbehandlungen in einem Heilbad oder Kurort;
(7) mit Ausnahme der Sachkosten die Behandlungen durch Ehegatten, Lebenspartner, Eltern oder Kinder;
(8) durch Pflegebedürftigkeit oder Verwahrung bedingte Unterbringung.

Gleichwohl verbleiben fast keine Schutzlücken, da in vielen Fällen andere Versicherungen einspringen. Kriegsereignisse im Ausland lassen sich über eine Auslandsreisekrankenversicherung abdecken, Kuren durch einen Kurtarif (vgl. § 12 Abs. 1 S. 2 Nr. 6 KVAV). Die Rehabilitationsmaßnahmen werden durch die gesetzliche Renten- und

---

33 Begr. RegE, BT-Drs. 16/3945, 110; *Rogler* VersR 2009, 573 (577 ff.).
34 § 191 KE, § 200 RE: Subsidiarität der PKV, dh Kürzung des Kostenerstattungsanspruchs.

Unfallversicherung sowie durch die private Unfallversicherung abgedeckt, die Pflege (Grundpflege) fällt zu großen Teilen in den Bereich der Pflegeversicherung, der Rest der Pflege (Behandlungspflege) in den der Krankheitskostenversicherung.

Besonders erklärungsbedürftig ist der Leistungsausschluss bei vorsätzlicher Herbei- **25** führung des Versicherungsfalls (§ 5 Abs. 1b Alt. 1 MB/KK 2009). Erstens muss die Klausel für den Fall teleologisch reduziert werden, dass die vorsätzliche Selbstschädigung ihrerseits auf einer Krankheit basiert.[35]

> **Beispiel aus dem Bereich selbstverletzenden Verhaltens:** Aufritzen der Haut aufgrund einer Borderline-Persönlichkeitsstörung.

Zweitens scheint § 5 Abs. 1b Alt. 1 MB/KK 2009 auf einen ersten flüchtigen Blick § 201 **26** VVG zu verschärfen. Die Musterklausel erfasst anders als der Wortlaut des § 201 VVG auch die Schädigung der versicherten Person durch eine dritte Person, konkret durch den mit der versicherten Person nicht identischen Versicherungsnehmer. Nach zutreffender Ansicht ist § 201 VVG in diesem Fall jedoch zumindest analog anzuwenden.[36] Dasselbe muss auch gelten, wenn die bloße Gefahrperson geschädigt wird.

> **Beispiel:** Kindesmisshandlung durch Eltern. Eine soziale Härte wird durch einen Anspruch aus dem Opferentschädigungsgesetz vermieden.

§ 5 Abs. 1b Alt. 1 MB/KK 2009 verstößt somit nicht gegen § 208 VVG, da die Musterklausel die halbzwingende Norm § 201 VVG nicht über ihren Analogiebereich hinaus zulasten des Geschädigten verschlechtert. Auch ist kein Verstoß gegen § 307 Abs. 2 BGB erkennbar.

Drittens ist umstritten, ob § 5 Abs. 1b Alt. 1 MB/KK 2009 auf die Behandlung im An- **27** schluss an einen gescheiterten **Suizidversuch** anwendbar ist. Nach zutreffender Ansicht umfasst der Vollendungsvorsatz (Selbsttötung) einen Verletzungsvorsatz als Durchgangsstadium, sodass der Leistungsausschluss grundsätzlich eingreift.[37] Das gilt nur dann nicht, wenn der Suizidversuch seinerseits durch eine Krankheit ausgelöst wurde. Da aus medizinischer Sicht ein Selbstmord regelmäßig auf eine psychische Erkrankung zurückzuführen ist, fällt die Leistungspflicht des Versicherers grundsätzlich nur beim sog. Bilanzselbstmord weg.[38]

Viertens ist die genaue Anwendung auf **Suchtkrankheiten** (zB Missbrauch von Alko- **28** hol, Nikotin, Cannabis, Kokain) zweifelhaft. Die Literatur hat hierfür bislang noch keine schlüssige Formel gefunden.[39] Gegen einen generellen Leistungsausschluss spricht, dass die Versicherungswirtschaft die alte Suchtklausel der MB/KK 1966 aufgegeben hat. Danach fiel die Behandlung wegen einer Sucht nicht unter den Versicherungsschutz, selbst wenn sie einen pathologischen Grad erreicht hatte. Nach der aktuellen Rechtslage ist eine Differenzierung zwischen sog. »weichen« und »harten« Drogen vorzugswürdig.[40] Bei »weichen« Drogen (Alkohol, Nikotin, Cannabis) wird bei Konsumbeginn regelmäßig der bedingte Vorsatz zur Selbstschädigung fehlen; man vertraut vielmehr darauf, es werde schon gut gehen. Wenn später die Sucht ein patho-

---

35 Strenger OLG Hamm VersR 2015, 746 (747); HK-VVG/*Rogler* VVG § 201 Rn. 3: nur bei Zurechnungsunfähigkeit nach § 827 BGB.

36 MüKoVVG/*Hütt* § 201 Rn. 17; *Wriede* VersR 1994, 251 (254). AA Langheid/Rixecker/*Muschner* VVG § 201 Rn. 3; HK-VVG/*Rogler* MB/KK § 5 Rn. 6.

37 BGHSt 16, 122 (123) = NJW 1961, 1779; OLG Hamm VersR 2015, 746 (747); HK-VVG/*Rogler* VVG § 201 Rn. 6; Langheid/Rixecker/*Muschner* VVG § 201 Rn. 6; aA Bach/Moser/*Kalis* MB/KK § 5 Rn. 23; MüKoVVG/*Hütt* § 201 Rn. 25.

38 Ähnlich Spickhoff/*Eichelberger* VVG § 201 Rn. 13; strenger OLG Hamm VersR 2015, 746 (747).

39 S. Prölss/Martin/*Voit* VVG § 201 Rn. 9f. mwN.

40 Wie hier MüKoVGG/*Hütt* § 201 Rn. 27 ff.

logisches Stadium erreicht hat und sich der Süchtige der Gefahr bewusst wird, ist die Krankheit bereits eingetreten, sodass von diesem Zeitpunkt keine relevante Selbstschädigung mehr vorliegt (→ § 37 Rn. 25). Der Leistungsausschluss erfasst bei »weichen« Drogen daher regelmäßig nur die Entziehungsmaßnahmen (Ausschluss nach § 5 Abs. 1b Alt. 2 MB/KK 2009), nicht aber die vorhergehende Entgiftung.[41] Ein weitergehender Ausschluss kommt nur in Betracht, wenn der Konsument im noch nicht pathogenen Stadium eine ärztliche Warnung nicht befolgt und weiterhin Drogen konsumiert. Bei »harten« Drogen (zB Kokain, Heroin) handelt der Konsument wegen der allgemein bekannten hohen Suchtgefahr bereits bei Ersteinnahme bedingt vorsätzlich. Zu beachten ist, dass die Vertragspraxis teilweise in Abweichung von diesen Grundsätzen ungeachtet der Drogenqualität für erstmalige Entziehungsmaßnahmen Versicherungsschutz gewährt.

III. Ausgewählte Leistungselemente

1. Überblick: Bereiche der Gesundheitsförderung

29 Die Leistungen der PKV sind im Vergleich zur GKV vereinfacht gesprochen qualitativ höherwertig, doch deckt die PKV quantitativ weniger Bereiche der Gesundheitsförderung ab:

(1) Kuration: Wird vollumfänglich abgedeckt.
(2) Prävention (zB Impfung, Zahnreinigung): Wird nur bei ausdrücklicher vertraglicher Regelung gewährt.
(3) Palliation: Ambulante Palliation wird vom extensiven Begriff der medizinischen Notwendigkeit erfasst, unterfällt also dem Versicherungsschutz. Die stationäre Palliation (Hospiz) liegt jenseits des Krankenhausbegriffs und ist daher ohne explizite Vertragsklausel nicht erstattungsfähig, doch gewähren die Versicherer gleichwohl Versicherungsschutz.[42]
(4) Rehabilitation: Fällt nach § 5 Abs. 1d MB/KK 2009 aus der PKV heraus, soweit der Vertrag keine Rehaklausel (Rehageld) enthält oder aus Kulanz eine Anschlussheilbehandlung gewährt wird.
(5) Pflege: Für die Pflege ist die Krankheitskostenversicherung nur im Fall einer Behandlungspflege zuständig. Die Grundpflege fällt in den Bereich der Pflegeversicherung. Diese Differenzierung ist problematisch, da die Pflegepflichtversicherung an die Soziale Pflegeversicherung anknüpft. Die Soziale Pflegeversicherung ist zum Leistungsbereich der GKV komplementär, nicht aber notwendigerweise zur privaten Krankheitskostenvollversicherung. Folglich können in der PKV trotz der Ausweitung der Pflegepflichtversicherung durch das Zweite Pflegestärkungsgesetz zwischen Krankheitskostenversicherung und Pflegepflichtversicherung Leistungslücken auftreten.

30 Viele Versicherer haben die Einführung der Unisextarife zum Anlass genommen, den Leistungsbereich der PKV über den aufgezeigten Umfang hinaus zu erweitern. Dazu wird der Leistungsumfang in der Prävention und Palliation verbessert (zB Hospiz) und es werden Lücken zwischen Krankheitskostenvollversicherung und Sozialrecht geschlossen. Ein gewisser Widerspruch zu gegenläufigen Leistungsbeschränkungen jüngeren Datums (→ § 37 Rn. 21) ist nicht von der Hand zu weisen.

---

41 OLG Köln BeckRS 2014, 00529 = VersR 2014, 945; LG Köln BeckRS 2014, 12523 = VersR 2014, 739.
42 Näher *Föllmer* GuP 2015, 17.

Schäfer

2. Ambulante Heilbehandlung

Nach § 4 Abs. 2 MB/KK 2009 hat die versicherte Person Wahlfreiheit zwischen den 31 niedergelassenen approbierten Ärzten. Spartarife beschränken die Wahlfreiheit mit dem Hausarzt- bzw. Primärarztmodell.[43] Ohne ärztliche Verordnung können auch Heilpraktiker und (wegen der vergleichsweise hohen Kosten bzw. unklaren Gebührensituation mit Einschränkungen) psychologische Psychotherapeuten in Anspruch genommen werden, nach manchen Tarifen zusätzlich Hebammen, Entbindungspfleger und Angehörige weiterer Heilberufe.

3. Zahnbehandlung und Zahnersatz

Der Versicherte kann ebenso nach § 4 Abs. 2 MB/KK 2009 zwischen den niedergelasse- 32 nen approbierten Zahnärzten wählen. Die Leistungen der Tarife sind sehr unterschiedlich, da Zahnbehandlungen sehr kostenintensiv sein können. Allgemeine Zahnbehandlungen (zB Zahnfüllung) werden in der Regel unbeschränkt erstattet, nicht aber Kieferorthopädie (bes. Zahnspange) und Zahnersatz (Krone, Brücke, Inlay uÄ). Häufig machen die AVB in diesen Fällen die Leistungspflicht von der vorherigen Einreichung eines Heil- und Kostenplans abhängig bzw. sie differenzieren die Erstattung nach einer sog. Zahnstaffel, die nach Versicherungsjahren gestaffelt nur bestimmte Höchstbeträge erstattet. Umstritten ist, welcher Preis für zahntechnische Leistungen »angemessen« iSv § 9 GOZ ist. Teils wird für eine Anwendung der für die Versicherer günstigen BEL II (Bundeseinheitliches Verzeichnis der abrechnungsfähigen zahntechnischen Leistungen) der GKV, teils für eine Anwendung der für die Versicherten günstigen privatärztlichen BEB (Bundeseinheitliche Benennungsliste) plädiert.[44] Zu denken wäre ferner an eine Angemessenheit im Einzelfall am Maßstab des regionalen Marktumfeldes. Die GOZ-Reform von 2012 hat dieses Problem nicht gelöst. Da sich die Rechtsprechung zu den AVB gegen einen Vergleich mit der GKV ausspricht, ist jedenfalls die Anwendung der BEL II zu verwerfen.

4. Stationäre Heilbehandlung

Ebenso genießt der Versicherte Wahlfreiheit zwischen öffentlichen und privaten Kran- 33 kenhäusern, den sog. Privatkliniken (§ 4 Abs. 4 MB/KK 2009). Bei einer Geburt im Krankenhaus wird die Entbindung der Versicherung der Mutter zugerechnet. Bei der weiteren Versorgung des Neugeborenen im Krankenhaus wird danach unterschieden, ob das Kind krank ist oder nicht.[45]

5. Arzneimittel

Erstattungsfähige Arzneimittel sind im Kern alle Stoffe oder Stoffzusammensetzun- 34 gen, die im oder am menschlichen Körper verwendet oder einem Menschen verabreicht werden können, um entweder die menschlichen physiologischen Funktionen durch eine pharmakologische, immunologische oder metabolische Wirkung wiederherzustellen, zu korrigieren oder zu beeinflussen oder eine medizinische Diagnose zu erstellen (parallel zur GKV → § 25 Rn. 2 ff.).[46] Zudem müssen Arzneimittel ärztlich

---

43 Dazu *Niebling* VuR 2014, 347.
44 Für Ersteres Bach/Moser/*Göbel* Anh. § 1 MB/KK Rn. 134 ff.; für Letzteres Spickhoff/*Spickhoff* GOZ § 9 Rn. 6 ff.
45 Details in der Vereinbarung zum Fallpauschalensystem für Krankenhäuser für das Jahr 2017 (Fallpauschalenvereinbarung – FPV) § 1 Abs. 5.
46 BGHZ 167, 91 = NJW 2006, 2630. S. auch die recht enge Definition in § 2 AMG.

verordnet und aus der Apotheke bezogen werden. Manche Einsteigertarife decken nur Generika (falls vorhanden) zu 100% ab.

35 Davon abzugrenzen sind nicht erstattungsfähige **Lebens- und Nährmittel:** Sie zählen nach fast allen Tarifen nicht zu den Arzneimitteln. Lebens- und Nährmittel sind Stoffe oder Erzeugnisse, die zum Verzehr durch den Menschen bestimmt sind, sofern sie nicht zu anderen Zwecken als zur Ernährung oder zum Genuss verzehrt werden.[47] Bei Produkten, die sowohl Ernährungs- als auch Therapiezwecken dienen, ist die überwiegende Zweckbestimmung maßgebend. Auch Nahrungsergänzungsmittel, die Mangelerscheinungen ausgleichen sollen, gelten als Lebens- und Nährmittel.[48]

36 **Potenzfördernde Mittel** (bes. Viagra) sind nach umstrittener, aber zutreffender Ansicht auch bei einer erektilen Dysfunktion nicht erstattungsfähig.[49] Im Ausgangspunkt ist eine solche Dysfunktion abseits einer altersbedingten Störung in der Tat nicht nur eine Störung des allgemeinen Wohlbefindens, sondern eine Krankheit.[50] Auch handelt es sich bei einem potenzfördernden Mittel um ein Arzneimittel. Es unterstützt aber nicht die Heilbehandlung dieser Krankheit; es lindert auch keine Schmerzen. Lediglich bei Männern mit Kinderwunsch ist ein solches Mittel ausnahmsweise erstattungsfähig, da das potenzfördernde Mittel hier mit einer künstlichen Befruchtung vergleichbar ist.

6. Heilmittel

37 Heilmittel sind keine Sachen, sondern Dienstleistungen. Es handelt sich um Anwendungen oder Behandlungen durch staatlich geprüfte Angehörige von Heilberufen (zB Masseure, Krankengymnasten) zur Beseitigung oder Linderung von Krankheiten oder Unfallfolgen sowie um die Behandlung durch Logopäden (parallel zur GKV → § 17 Rn. 1). Anders als bei den unter der ambulanten Heilbehandlung aufgeführten Heilberufen ist wiederum eine ärztliche Verordnung Voraussetzung für die Kostenerstattung. Der Leistungsumfang ist je nach Tarif sehr unterschiedlich.

7. Hilfsmittel

38 Hilfsmittel sind technische Mittel, die körperliche Behinderungen unmittelbar mildern oder ausgleichen sollen (parallel zur GKV → § 26 Rn. 3).[51] Beispiele: Brillengläser, Krankenfahrstühle. Wie bei Arzneimitteln und Heilmitteln ist eine ärztliche Verordnung Voraussetzung für die Kostenerstattung. Hilfsmittel werden normalerweise nur nach einem enumerativen Katalog erstattet, der wiederum Höchstgrenzen für einzelne Hilfsmittel enthält. Viele dieser Kataloge umfassen nicht einmal lebensnotwendige Mittel zur Heimanwendung wie Beatmungsgeräte oder Dialysegeräte.

8. Medizinprodukte

39 Medizinprodukte (im Detail → § 27) bilden keinen eigenen Leistungsbereich in der PKV. Sie fallen teilweise unter die ambulante Heilbehandlung (zB Spritzen, Verbandsmaterial, vgl. § 10 GOÄ), die stationäre Heilbehandlung (zB Herzschrittmacher, der bei Operation in den menschlichen Körper eingefügt wird) oder Arzneimittel (zB Blutzuckerteststreifen).

---

47 S. Bach/Moser/*Kalis* MB/KK § 4 Rn. 90 ff.
48 Bach/Moser/*Kalis* MB/KK § 4 Rn. 91.
49 Wie hier LG Köln VersR 2003, 1434; aA OLG Karlsruhe NJW 2003, 3279 = VersR 2003, 1432, bei koronaren und arteriellen Grunderkrankungen; OLG München NJW 2000, 3432 = VersR 2001, 577, bei Diabetes.
50 OLG München NJW 2000, 3432 = VersR 2001, 577.
51 Dazu *Egger* r+s 2011, 104.

E. Besonderheiten des Standardtarifs[52]

Der brancheneinheitliche Standardtarif nach § 257 Abs. 2a Nr. 3 SGB V iVm § 257 **40**
Abs. 2a SGB V aF, MB/ST 2009 ist der alte, für Neukunden geschlossene Sozialtarif unter den PKV-Tarifen. 2015 waren 45.800 Personen in diesem Tarif versichert. Die Prämien des Standardtarifs sind durch den geringen, an das GKV-System angenäherten Leistungsumfang und die abgesenkten Gebührensätze der Leistungserbringer (§ 75 Abs. 3a SGB V) niedriger als im Normaltarif. Der vergleichsweise günstige Standardtarif dient vornehmlich zum Schutz älterer Versicherungsnehmer, die finanziell mit den Prämien im Normaltarif überfordert sind, aber nicht in die GKV wechseln können. Die Leistungen des Standardtarifs entsprechen nach Art, Umfang und Höhe (ohne Krankentagegeld) der GKV (§ 257 Abs. 2a S. 1 Nr. 2 SGB V aF). Es darf keine ergänzende Krankheitskostenteilversicherung abgeschlossen werden (§ 19 Abs. 1 S. 3 MB/KK 2009).

Die **Prämienberechnung** nähert sich teilweise der GKV an. Die maximale Prämienhö- **41**
he beschränkt sich pro versicherte Person auf den GKV-Höchstbeitrag, allerdings betraf diese Kappung im Jahr 2015 nur 336 Personen. Die Prämie berechnet sich nach Eintrittsalter und im Gegensatz zu den neueren Unisextarifen noch nach Geschlecht. Eine neue Gesundheitsprüfung und ein Leistungsausschluss sind unzulässig. Allerdings setzt sich ein für den Normaltarif vereinbarter Leistungsausschluss als Risikozuschlag fort; ebenso wird ein Risikozuschlag in den neuen Tarif übernommen (Nr. 1 Abs. 7 TB/ST 2009). Das Äquivalenzprinzip bleibt also teilweise gewahrt. Ebenso gilt weiterhin das Kopfprinzip.

> **Beispiel:** Bei einer Einverdienerehe sind zwei Prämien zu entrichten. Sind beide Ehegatten oder Lebenspartner im Standardtarif versichert, beschränkt sich jedoch die rechnerisch gemeinsame Prämie auf 150% des GKV-Höchstbeitrags, wenn beide zusammengerechnet unter der GKV-Beitragsbemessungsgrenze liegen. Zum Ausgleich für die Schwächung des Äquivalenzprinzips sind die beteiligten PKV-Unternehmen zu einem **Risikoausgleichssystem** verpflichtet (§ 314 Abs. 2 SGB V).

F. Besonderheiten des Basistarifs[53]

Der brancheneinheitliche Basistarif nach § 152 VAG und den vom PKV-Verband als Be- **42**
liehenem erlassenen AVB/BT 2009 ist eine Neuerung der Gesundheitsreform 2007. Er löst weitgehend den Standardtarif als Sozialtarif ab. Daneben dient der Basistarif aber auch als Auffangtarif für Neuversicherte mit einem schlechten Gesundheitsrisiko. Inhaltlich nähert er sich in einigen entscheidenden Punkten dem GKV-System mehr an als der Standardtarif. 2015 waren 29.400 Personen im Basistarif versichert.

Ab 1.1.2009 muss der Basistarif von allen inländischen PKV-Unternehmen, die eine **43**
substitutive PKV betreiben, folgenden Personen im Sinne eines **Kontrahierungszwangs** angeboten werden (§ 152 Abs. 2 VAG, § 193 Abs. 5 VVG):

(1) freiwillig in der GKV versicherten Personen innerhalb von 6 Monaten nach Beginn der Wechselmöglichkeit;
(2) Beihilfeberechtigten und vergleichbar Berechtigten, die zusätzlich einen Versicherungsschutz benötigen;
(3) unversicherten Personen mit deutschem Wohnsitz, die nicht in der GKV versicherungspflichtig sind und auch nicht unter AsylbLG oder SGB XII fallen;

---

52 Details bei *Sodan* in Sodan KrankenVersR-HdB § 45.
53 Details bei *Göbel/Köther* VersR 2014, 537 (537 ff.).

(4) Privatversicherten mit deutschem Wohnsitz, die einen Versicherungsvertrag ab 1.1.2009 abgeschlossen haben (sog. Neukunden);

(5) Privatversicherte, die ihren Vertrag vor dem 1.1.2009 abgeschlossen haben (Altkunden) konnten nur bis 30.6.2009 wechseln.

Es findet also eine Systemtrennung zwischen vor und nach dem Stichtag 1.1.2009 abgeschlossenen Verträgen statt, da die Versicherer vor diesem Stichtag auf einer anderen Kalkulationsgrundlage gearbeitet haben. Das erste Halbjahr 2009 fungierte als kurzzeitige Schnittstelle zwischen den beiden Systemen.

44 Der Kontrahierungszwang ist nur in wenigen Fällen ausgeschlossen:

(1) Der Versicherungsnehmer stellt einen Antrag bei seinem Vorversicherer, der den Versicherungsvertrag bereits wegen Drohung bzw. arglistiger Täuschung angefochten hat oder vom Versicherungsvertrag wegen vorsätzlicher Verletzung der vorvertraglichen Anzeigeobliegenheit zurückgetreten ist (§ 193 Abs. 5 S. 4 VVG, § 152 Abs. 2 S. 4 VAG). Ein Rücktritt wegen grob fahrlässiger Verletzung oder eine Kündigung genügen nicht.[54]

(2) Kündigung durch den Versicherer nach § 314 BGB, da in diesem Fall ein ähnlich schwerer Pflichtverstoß vorliegt und deshalb § 193 Abs. 5 S. 4 VVG analog anzuwenden ist.[55]

(3) Verweigerung der Gesundheitsprüfung nach § 203 Abs. 1 S. 3 VVG.[56]

(4) In verfassungskonformer Auslegung ist der Kontrahierungszwang ferner bei kleineren VVaG iSd § 210 VAG auf Antragsteller aus dem Kreis der nach der Satzung vorgesehenen Mitglieder zu beschränken.[57]

45 Die Leistungen des Basistarifs entsprechen der GKV (§ 152 Abs. 1 S. 1 VAG, § 1 AVB/BT 2009). Anders als beim Standardtarif umfasst der Basistarif ein Krankentagegeld. Zusatzversicherungen sind im Gegensatz zum Standardtarif zur Aufwertung des Versicherungsschutzes möglich (§ 152 Abs. 1 S. 6 VAG). Der Versicherer kann lediglich bei der Prämienhalbierung wegen Hilfebedürftigkeit das Ruhen der Zusatzversicherungen fordern (§ 193 Abs. 11 VVG).

46 Die **Prämie** des Basistarifs ähnelt an einigen Stellen der des Standardtarifs. Der Höchstbetrag orientiert sich wiederum an der GKV; das Eintrittsalter bestimmt die Prämienhöhe (§ 8a Abs. 2 AVB/BT 2009). Die Gebührensätze der Leistungserbringer wurden durch eine vertragliche Vereinbarung nach der Öffnungsklausel § 75 Abs. 3b SGB V gegenüber dem Standardtarif nochmals abgesenkt. Das Gesundheitsrisiko wird vollkommen ausgeblendet. Leistungsausschlüsse und Risikozuschläge sind daher unzulässig (§ 203 Abs. 1 S. 2 VVG). Deshalb ist die Prämie unternehmensübergreifend bis auf die Betriebskosten einheitlich zu berechnen (§ 152 Abs. 5 VAG). Bei Hilfebedürftigkeit halbiert sich die tatsächliche Prämie auf die Hälfte (§ 152 Abs. 4 VAG, § 8a Abs. 6 AVB/BT 2009).[58] Im Jahr 2015 betraf das 16.500 Personen. Als Ausgleich für die Schwächung des Äquivalenzprinzips wurde unter den PKV-Unternehmen wiederum ein **Risikoausgleichssystem** eingeführt (§ 154 VAG).

47 Obwohl der Gesundheitszustand bei Versicherungsbeginn die Prämienhöhe nicht beeinflusst, kann der Versicherer eine **Gesundheitsprüfung** zum Risikoausgleich nach

---

54 OLG Frankfurt a. M. VersR 2015, 1279.

55 BGHZ 192, 67 = NJW 2012, 1365.

56 OLG Köln NJW 2013, 1824 = VersR 2013, 490; Langheid/Rixecker/*Muschner* VVG § 193 Rn. 77; aA LG Dortmund r+s 2012, 556.

57 BVerfGE 124, 25 = BeckRS 2009, 23506.

58 Klarstellend *Klerks* info also 2009, 153 (154); ebenso jetzt MüKoVVG/*Boetius* Vor § 192 Rn. 1051.

§ 154 VAG und für spätere Tarifwechsel nach § 204 VVG durchführen (§ 203 Abs. 1 S. 3 VVG). Deswegen kann der Versicherungsnehmer auch im Basistarif seine Anzeigeobliegenheit verletzen.[59]

Ähnlich wie bei der GKV können Leistungserbringer ihre Ansprüche **direkt** gegen den 48 Versicherer geltend machen, soweit dieser nach dem Versicherungsvertrag leistungspflichtig ist (§ 192 Abs. 7 VVG).[60] Der Versicherer haftet zusammen mit dem Versicherungsnehmer gesamtschuldnerisch. Das ist eine Abweichung vom Kostenerstattungsprinzip. Da die Kostenerstattung im Verhältnis Versicherer – Versicherungsnehmer gegenüber dem Leistungserbringer keine Erfüllungswirkung hat, gibt § 6 Abs. 3 AVB/BT 2009 dem Versicherer das Recht, unmittelbar an den Leistungserbringer zu leisten. Im Verhältnis Versicherer – Versicherungsnehmer tritt Erfüllungswirkung ein. Dadurch vermeidet der Versicherer, sowohl vom Leistungserbringer als auch vom Versicherungsnehmer doppelt in Anspruch genommen zu werden.

G. Tarifwechsel innerhalb eines PKV-Unternehmens

I. Allgemeines

Unabhängig vom konkreten Tarif ist die komplizierte Norm § 204 Abs. 1 S. 1 Nr. 1 49 VVG Ausgangspunkt für den Wechsel des Tarifs innerhalb eines PKV-Unternehmens. Die Norm gewährt dem Versicherungsnehmer ein Recht zum Tarifwechsel vom Herkunfts- in den Zieltarif im Sinne eines Anspruchs auf Vertragsänderung (Kontrahierungszwang).[61] Je nach Herkunfts- und Zieltarif unterliegt das Wechselrecht bestimmten Einschränkungen. Zu beachten sind ferner die Leitlinien der Privaten Krankenversicherung für einen transparenten und kundenorientierten Tarifwechsel des PKV-Verbandes v. 14.10.2014, welche zum 1.1.2016 die Rechtsposition der Versicherungsnehmer über das Schutzniveau der §§ 6, 204 VVG hinaus verbessern. Die teilnehmenden PKV-Unternehmen verpflichten sich, diese Leitlinien umzusetzen.

II. Wechsel vom Normaltarif in andere Tarife

1. Standard- und Basistarif

Im Grundsatz haben PKV-Altkunden (Vertragsabschluss vor 2009) im Normaltarif nur 50 ein direktes Wechselrecht vom Normaltarif in den Standardtarif, Neukunden (Vertragsabschluss ab 2009) im Normaltarif nur ein Recht auf einen Wechsel in den Basistarif. Das bedeutet im Einzelnen:

Von den Altkunden dürfen weiterhin ältere Langzeitversicherte, Rentner, Pensionäre 51 und Beamte mit einem schlechten Krankheitsrisiko in den **Standardtarif** wechseln (angedeutet in § 257 Abs. 2a S. 1 Nr. 3 SGB V; explizit festgelegt in § 19 MB/KK 2009).[62]

Neukunden können nur noch in den **Basistarif** wechseln (§ 19 Abs. 2 MB/KK 2009). Altkunden dürfen nur ausnahmsweise ab dem 55. Lebensjahr, als Rentner, Pensionäre oder bei Hilfebedürftigkeit nach SGB II bzw. SGB XII unmittelbar in den Basistarif wechseln. Daneben haben Altkunden die Möglichkeit, über den Standardtarif in den Basistarif zu wechseln.

Hat der Versicherungsnehmer ein Recht auf Wechsel in den Basistarif, hat er zugleich 52 ein Recht auf Abschluss einer Krankheitskostenteilversicherung, welche den Versiche-

---

59 Wie hier Prölss/Martin/*Voit* VVG § 203 Rn. 13; aA LG Dortmund NJOZ 2011, 1765.
60 Vgl. OLG Köln BeckRS 2014, 00529 = VersR 2014, 945.
61 BGH NJW 2017, 169 = VersR 2016, 1108 (1110); BVerwGE 108, 325 = BeckRS 1999, 30050022.
62 AllgM, s. *Boetius* VersR 2008, 1016 (1017f.).

rungsschutz im Basistarif ergänzt (**Zusatztarif** nach § 204 Abs. 1 S. 2 VVG). Dadurch kann er den Teil der Alterungsrückstellungen bewahren, den er nicht in den Basistarif mitnehmen kann. Soweit der angestrebte kombinierte Versicherungsschutz aus Basis- und Zusatztarif das Leistungsniveau des alten Tarifs nicht übersteigt, ist nach dem allgemeinen Wechselrecht (§ 204 Abs. 1 S. 1 VVG) eine Gesundheitsprüfung nebst Leistungsausschluss oder Risikozuschlag ausgeschlossen. Allerdings verpflichtet das VAG die Versicherungsunternehmen nicht, einen maßgeschneiderten Zusatztarif anzubieten, sodass das Recht auf zusätzlichen Versicherungsschutz ins Leere laufen kann.

2. Innerhalb der Normaltarife

53 Alle Versicherungsnehmer im Normaltarif haben ein Wechselrecht zu einem anderen **Normaltarif** (§ 204 Abs. 1 S. 1 Nr. 1 Hs. 1 VVG; § 1 Abs. 6 MB/KK 2009).[63] Dieses Wechselrecht soll verhindern, dass neue billige Werbetarife für »gesunde« Risiken aufgelegt werden und andere, ältere Tarife im Gegenzug durch »schlechte« Risiken vergreisen. § 204 Abs. 1 S. 1 Nr. 1 VVG soll eine ausgewogene Altersmischung in allen Tarifen gewährleisten. Das Wechselrecht bezieht sich nicht auf bereits geschlossene Tarife, die für Neukunden nicht mehr zugänglich sind.[64]

54 Ein Wechselrecht setzt die »**Gleichartigkeit**« der Tarife voraus. Diese Voraussetzung ist nach § 12 KVAV weit zu verstehen. Tarife haben danach gleichen Versicherungsschutz, wenn sie dieselben Leistungsbereiche umfassen und der Versicherungsnehmer im neuen Tarif versicherungsfähig ist (zB Beihilfeberechtigter im Beihilfetarif). Leistungsbereiche sind:

(1) Kostenerstattung für ambulante Heilbehandlung;
(2) Kostenerstattung für stationäre Heilbehandlung sowie Krankenhaustagegeldversicherungen mit Kostenersatzfunktion;
(3) Kostenerstattung für Zahnbehandlung und Zahnersatz;
(4) Krankenhaustagegeld, soweit es nicht zu Nr. 2 zählt;
(5) Krankentagegeld;
(6) Kurtagegeld und Kostenerstattung für Kuren.

Die Prämienhöhe sowie der konkrete Leistungsumfang in jedem Bereich (Mehrleistung/Minderleistung) sind in dieser Prüfungsstufe nicht relevant.[65]

55 Ist ein Wechselrecht gegeben, muss die Versicherung im Zieltarif bei **gleicher Leistung** grundsätzlich ohne zusätzlichen Leistungsausschluss oder Risikozuschlag erfolgen. Der Gesundheitszustand vor Eintritt in den Herkunftstarif ist ein erworbenes Recht und damit geschützt iSv § 204 Abs. 1 S. 1 Nr. 1 Hs. 1 VVG, sodass eine erneute Gesundheitsprüfung bei gleichbleibender Leistung ausgeschlossen ist. Bei **Mehrleistung** im Zieltarif kann der Versicherer hingegen nach einer erneuten Gesundheitsprüfung bei nunmehr erhöhtem Gesundheitsrisiko für die Mehrleistung (aber nicht für die gleichwertige Leistung)[66] nach seiner Wahl einen Leistungsausschluss, einen angemessenen **Risikozuschlag** und/oder eine Wartezeit verlangen. Risikozuschlag und Wartezeit können durch einen Leistungsausschluss vermieden werden (§ 204 Abs. 1 S. 1 Nr. 1 Hs. 3 VVG). Im Fall eines bloßen **Leistungsausschlusses** muss dagegen kein erhöhtes Risiko vorliegen.[67] Der Versicherer darf den Leistungsumfang also unabhängig

---

63 Praxisfälle bei BGH NJW 2017, 169 = VersR 2016, 1108; NJW 2016, 3599 = VersR 2016, 718; VersR 2015, 1012; s. auch *Egger* VersR 2016, 885.
64 Langheid/Rixecker/*Muschner* VVG § 204 Rn. 31; MüKoVVG/*Boetius* § 204 Rn. 148f.
65 AllgM, s. nur BVerwG NJW 2007, 2871 = VersR 2007, 1253 (1254).
66 Klarstellend BGH NJW 2017, 169 = VersR 2016, 1108 (1110).
67 BGH NJW 2016, 3599 = VersR 2016, 718 (719); dazu *Egger* VersR 2016, 885.

Schäfer

vom Gesundheitszustand um die Mehrleistung kürzen. Ob eine Mehrleistung vorliegt, ist nach den einzelnen Leistungsbereichen getrennt zu ermitteln. Eine Saldierung mit Minderleistungen findet nicht statt.

▪ **Beispiel für Mehrleistung:** Selbstbehalt im Zieltarif niedriger als im Herkunftstarif.

Ein Sonderproblem ist der sog. **Tarifstrukturzuschlag.** Dieser betrifft den Wechsel von 56 einem Pauschaltarif (Basisprämie auch für Versicherungsnehmer mit bestimmten erhöhten Risiken) zu einem Tarif mit Grundprämie (deckt nur »beste« Risiken ab) nebst Risikozuschlag. Hier ist bei einem Wechsel ein von einem konkreten Gesundheitsrisiko unabhängiger und somit **abstrakter** Risikozuschlag unzulässig.[68] Der Versicherer darf einen Risikozuschlag bei unterschiedlicher Tarifstruktur aber anhand der vor Eintritt in den alten Tarif durchgeführten Gesundheitsprüfung **konkret** bestimmen, da die im Gesetz erwähnte »Mehrleistung« die Zulässigkeit eines Risikozuschlags nicht abschließend regelt.[69] Ein Zuschlag setzt in diesem Fall eine bereits vor Eintritt in den Herkunftstarif bestehende Vorerkrankung voraus. Die Höhe des Zuschlags bemisst sich danach, inwiefern der Zieltarif gegenüber dem Herkunftstarif strukturell Risiken vom Pauschaltarif zu Merkmalen im Sinne eines Risikozuschlags aufwertet.

III. Wechsel vom Standardtarif zum Basistarif

Wer im normalen Standardtarif versichert ist, kann unbefristet in den Basistarif wech- 57 seln (§ 314 Abs. 1 SGB V). Dagegen wurde der modifizierte Standardtarif, der 2007 und 2008 den Basistarif vorbereitete, zum 1.1.2009 *ipso iure* ihre in den Basistarif überführt (§ 315 Abs. 4 SGB V).

IV. Wechsel vom Basistarif in den Normaltarif

Das Wechselrecht vom Basis- in den Normaltarif muss restriktiv angewendet werden, 58 weil ein Versicherer in den Grenzen der Diskriminierungsverbote eigenständig darüber entscheiden darf, wen er zu welchen Konditionen im Normaltarif versichert.

Das Gesetz erlaubt dem Versicherer dabei eine **doppelte** Gesundheitsprüfung: nach 59 §§ 203 Abs. 1 S. 2, 204 Abs. 1 S. 1 Nr. 1 Hs. 4 VVG eine erste vor Abschluss des Basistarifs, die dem Risikoausgleich nach § 154 VAG bzw. als Antizipation eines späteren Tarifwechsels dient, und eine zweite nach den allgemeinen Regeln (§ 204 Abs. 1 S. 1 Nr. 1 Hs. 2 VVG) vor dem Tarifwechsel. Für den Leistungsumfang auf dem Niveau des Basistarifs kann auch ohne Mehrleistung bei erhöhtem Risiko ein Risikozuschlag aufgrund der ersten Gesundheitsprüfung,[70] für die Mehrleistung ein Risikozuschlag aufgrund der ersten bzw. zweiten Gesundheitsprüfung erhoben werden.[71]

Darüber hinaus kann der Versicherer den Wechsel durch einen **Leistungsausschluss** 60 erschweren oder ihn sogar **ablehnen.** Für diese Lösung spricht, dass der Versicherer nicht schlechter gestellt werden darf, wenn jemand nicht innerhalb des Normaltarifs wechselt, sondern in diesen Tarif. Andernfalls setzte sich der Kontrahierungszwang bei Eintritt in den Basistarif im Normaltarif fort. Dem Versicherer stehen zwei Wege offen:[72] Zum einen kann er bei erhöhten Risiken nach § 203 Abs. 1 S. 2 VVG als *lex*

---

68 BGH VersR 2015, 1012 (1014); BVerwGE 137, 179 = NVwZ-RR 2010, 882.
69 BGH VersR 2015, 1012 (1013).
70 Klarstellend MüKoVVG/*Boetius* § 204 Rn. 71.
71 Prölss/Martin/*Voit* VVG § 204 Rn. 32.
72 Vgl. ähnliche Lösungen bei *Marko,* Private Krankenversicherung nach GKV-WSG und VVG-Reform, 2. Aufl. 2010, Rn. B/173 ff.; *Boetius* VersR 2008, 1016 (1021); Spickhoff/*Eichelberger* VVG § 204 Rn. 14.

specialis gegenüber § 204 VVG aufgrund einer zweiten Gesundheitsprüfung auch einen Leistungsausschluss vornehmen oder den Antrag auf Tarifwechsel ganz ablehnen. Zum anderen kann sich der Versicherer anlässlich einer vor Eintritt in den Basistarif abgeschlossenen Anwartschaft einen Leistungsausschluss oder eine Ablehnung vorbehalten. § 204 Abs. 1 S. 1 Nr. 1 Hs. 4 VVG erlaubt zwar nach seinem klaren Wortlaut nach der ersten Gesundheitsprüfung allein die Antizipation eines Risikozuschlags. Doch bezieht sich diese Norm nicht auf eine Anwartschaft, welche eine spätere zweite Gesundheitsprüfung ausschließt.

V. Wechsel von und in den Notlagentarif

61 Ein Wechsel aus dem Notlagentarif in andere Tarife ist ebenso wie ein Wechsel in den Notlagentarif ausgeschlossen. Das folgt bereits aus dem Umstand, dass der Gesetzgeber die Geltung des Notlagentarifs nur mittels gesetzlicher Fiktion anordnet (klarstellend § 193 Abs. 7 S. 4 VVG, § 1 Abs. 6 S. 6 MB/KK 2009, § 1 Abs. 7 AVB/NLT 2013).

VI. Wechsel von und in einen Unisextarif

62 Ein Versicherungsnehmer kann nicht von einem Unisextarif in einen alten geschlechtsabhängigen Tarif wechseln (§ 204 Abs. 1 S. 1 Nr. 1 aE VVG, § 1 Abs. 6 S. 5 MB/KK 2009). Das gilt unabhängig von der Frage, ob er einen Anspruch auf Vertragsänderung hat. Im Umkehrschluss kann ein Versicherungsnehmer im Altbestand auch ab dem 21.12.2012 von einem geschlechtsabhängigen Tarif in einen anderen geschlechtsabhängigen Tarif wechseln (vgl. die Übergangsbestimmung in § 27 Abs. 3, 4 KVAV).

VII. Anwartschaft

63 Der Versicherungsnehmer hat ferner das Recht, nach einer durch ihn erfolgten Kündigung des Versicherungsvertrags ohne erneute Gesundheitsprüfung die Versicherung als Anwartschaft fortzuführen (§ 204 Abs. 4 VVG, § 13 Abs. 11 MB/KK 2009). Obwohl der Normwortlaut des § 204 Abs. 4 VVG von einer Kündigung spricht, handelt es sich um keinen Kontrahierungszwang auf Abschluss eines neuen Vertrags, sondern um einen auf Vertragsänderung.[73] Das ähnelt wirtschaftlich betrachtet der Beitragsfreistellung in der Lebensversicherung. § 13 Abs. 11 MB/KK 2009 hat den Vorschlag nicht übernommen, den Kontrahierungszwang nur auf die kleine Anwartschaft zu beschränken.[74]

> **Beispiele:** Vorübergehender Wohnsitzwechsel in das Ausland (§ 15 Abs. 3 S. 3 MB/KK 2009), vorübergehende Versicherungspflicht in der GKV.

H. Wechsel des PKV-Unternehmens

64 § 204 Abs. 1 S. 1 Nr. 2 VVG legt **kein Recht** auf einen Wechsel des PKV-Unternehmens fest. Die Norm regelt lediglich die Übernahme von Alterungsrückstellungen. Für den Wechsel gelten die allgemeinen Regeln zum Abschluss eines Vertrages. Daher besteht nur beim Wechsel in den Basistarif eines anderen PKV-Unternehmens in den Grenzen des § 193 Abs. 5 VVG ein Kontrahierungszwang. Daneben hat der Versicherungsnehmer gegenüber seinem alten Versicherer wiederum ein Recht auf Abschluss eines Zusatztarifs (§ 204 Abs. 1 S. 2 VVG). In dieser Situation ist das Recht auf Zusatzversicherung bereits deshalb nicht praxisgerecht, weil der Versicherungsnehmer dann zwei verschiedene Versicherer hätte.

---

73 Ebenso *Boetius* VersR 2008, 1016 (1024).
74 So *Marko,* Private Krankenversicherung nach GKV-WSG und VVG-Reform, 2. Aufl. 2010, Rn. B/269 ff.

J. Portabilität der Alterungsrückstellung

Die Mitnahmemöglichkeit von Alterungsrückstellungen erleichtert wesentlich den **65** Wechsel eines Tarifs bzw. eines Versicherers. Sie beugt der Vergreisung von Tarifen vor und stärkt den Wettbewerb unter den Unternehmen. Ohne die Portabilität von Rückstellungen wäre ein Wechsel nur für junge Versicherungsnehmer ökonomisch sinnvoll. Versicherungsnehmer können beim Wechsel in unterschiedlichem Umfang ihre Alterungsrückstellung mitnehmen (§ 204 VVG, Details in §§ 13f. KVAV).

Beim Tarifwechsel **innerhalb** desselben PKV-Unternehmens übernimmt der Versicher- **66** te die Alterungsrückstellung in voller Höhe in den neuen Tarif (§ 204 Abs. 1 S. 1 Nr. 1 Hs. 1 VVG, § 13 Abs. 1 KVAV).

Beim Wechsel zu einem **anderen** Versicherer schränkt das Gesetz die Mitnahme der **67** Alterungsrückstellung in vielerlei Hinsicht ein. In vielen Fällen verfallen die Alterungsrückstellungen zugunsten der weiterhin im Tarif versicherten Personen. Die Gründe für die Einschränkungen liegen in der versicherungsmathematischen Möglichkeit und der Komplexität, eine Alterungsrückstellung individuell zu berechnen. Die gesetzliche Regelung ist teilweise widersprüchlich und muss insgesamt als missglückt bezeichnet werden. Die Restriktionen bei der Portabilität sind im Einzelnen:

Erstens kann die innerhalb der Nettoprämie kalkulierte Alterungsrückstellung nur bis **68** zur Höhe einer Alterungsrückstellung im **Basistarif** übertragen werden. Der ebenfalls übertragbare Zuschlag nach § 149 VAG wird dagegen nicht gekappt (§ 14 Abs. 1 S. 1 Nr. 1 und 2 KVAV). Der insofern missverständliche § 204 Abs. 1 S. 1 Nr. 2 VVG wird durch die KVAV präzisiert.[75]

Zweitens existiert keine Übertragungsmöglichkeit der Alterungsrückstellung beim **69** Wechsel von einem PKV-Unternehmen in das **GKV-System**.

Drittens benachteiligt § 204 VVG erheblich die **PKV-Altkunden**. Sie können die Alte- **70** rungsrückstellung nur unter sehr engen Voraussetzungen mitnehmen. Zunächst mussten die Altkunden bis zum 30.6.2009 in den Basistarif eines anderen Versicherers wechseln (§ 204 Abs. 1 S. 1 Nr. 2b VVG). Dann müssen sie nach dem Vorbild der Mindestverweildauer in der GKV (§ 175 Abs. 4 SGB V) erst zumindest **18 Monate** im Basistarif verweilen, um dann nach § 204 Abs. 1 S. 1 Nr. 1 VVG unter Wahrung der Alterungsrückstellung aus dem Vertrag mit dem alten Versicherer in den Normaltarif des neuen Versicherers wechseln zu können. Die Frist soll einer Risikoentmischung vorbeugen. Der Versicherungsnehmer sollte deshalb wie erwähnt zur Absicherung eine Anwartschaftsversicherung abschließen. Bei einem Wechsel innerhalb der ersten 18 Monate beschränkt sich die Portabilität auf den Zeitraum seit dem Wechsel vom ersten Versicherer in den Basistarif des neuen Versicherers (§ 14 Abs. 2–5 KVAV).

Viertens kann der PKV-Altkunde nach dem ersten Wechsel des Versicherers und dem **71** anschließenden Wechsel in den dortigen **Normaltarif** nicht erneut unter maximaler Mitnahme der Alterungsrückstellungen zu einem weiteren, **dritten Versicherer** wechseln.[76] Die Regelung zur beschränkten Portabilität für Altkunden mag noch verfassungsgemäß sein,[77] doch ist sie aus Verbrauchersicht jedenfalls zu komplex und wartet mit nicht nachvollziehbaren Differenzierungen auf.

---

75 AA MüKoVVG/*Boetius* § 204 Rn. 468: Kappung der Alterungsrückstellungen insgesamt.
76 Ausf. MüKoVVG/*Boetius* § 204 Rn. 471 ff. sowie die 1. Aufl. des Lehrbuchs.
77 So BVerfG r+s 2013, 442; BGH r+s 2013, 239.

§ 38 Pflegeversicherung

A. Allgemeines

1 Die Pflegeversicherung ist nach der gesetzlichen Typologie und Terminologie »Pflege-krankenversicherung« ein Unterfall der Krankenversicherung (§ 192 Abs. 6 VVG).[1] Die §§ 192 ff. VVG gelten daher auch für die Pflegeversicherung, soweit sie sich allgemein auf die Krankenversicherung als Versicherungssparte beziehen (zB Bereicherungsver-bot des § 200 VVG). Daneben gibt es spezielle Normen für die Pflegeversicherung (primär § 192 Abs. 6 VVG, daneben zB § 197 Abs. 1 S. 2 VVG für Wartezeiten) sowie Verweise auf andere Typen der Krankenversicherung (s. §§ 192 Abs. 6 S. 2, 192 Abs. 2 VVG für das Übermaßverbot). Zur Anpassung an die Vorgaben des Zweiten Pflege-stärkungsgesetzes gewährt § 143 SGB XI den Versicherern bei einer Pflegeversiche-rung, bei der die Prämie nach Art der Lebensversicherung berechnet wird und bei der das ordentliche Kündigungsrecht des Versicherers gesetzlich oder vertraglich ausge-schlossen ist, ein Sonderanpassungsrecht für die AVB und die technischen Berech-nungsgrundlagen.

2 Zu unterscheiden sind die **Pflegepflichtversicherung** (§§ 23, 110f. SGB XI) als substitu-tive Pflichtversicherung analog der Sozialen Pflegeversicherung, die **private Pflege-krankenversicherung** bei Nichtbestehen einer Versicherungspflicht, die **ergänzende Pflegekrankenversicherung** als Leistungserweiterung zur Sozialen Pflegeversiche-rung bzw. zur Pflegepflichtversicherung sowie seit 2013 die staatlich geförderte ergän-zende Pflege(kranken)versicherung (sog. Pflege-Bahr gem. §§ 126 ff. SGB XI). Beim Leistungsinhalt sind die **Pflegekostenversicherung** als Schadensversicherung für die Kostenerstattung und die **Pflegetagegeldversicherung** als Summenversicherung für ein Tagegeld zu unterscheiden. Die Pflegepflichtversicherung enthält beide Elemente, bei der privaten und ergänzenden Pflegekrankenversicherung hängt der Leistungsin-halt von der Tarifgestaltung ab. Die AVB sind nur für die Pflegepflichtversicherung vollkommen brancheneinheitlich, beim Pflege-Bahr immerhin teileinheitlich kraft Be-leihung des PKV-Verbandes gem. § 127 Abs. 2 S. 2 SGB XI.[2] Ebenso sind die §§ 146 ff. VAG weitgehend auf die Pflegepflichtversicherung und den Pflege-Bahr anzuwenden (§ 148 VAG).

3 Im Jahr 2015 bestanden mehr als 9,4 Mio. Pflegeversicherungen und 3,3 Mio. Zusatz-versicherungen. Das Prämienvolumen betrug 2,2 Mrd. EUR, die Alterungsrückstel-lungen 30 Mrd. EUR.

B. Private Pflegepflichtversicherung

4 Die zum 1.1.1995 eingeführte private Pflegepflichtversicherung ist bereits ihrem Na-men nach eine **Pflichtversicherung**.[3] Die Versicherungspflicht in der privaten Pflege-pflichtversicherung folgt der Krankenversicherungspflicht, wobei dem Versicherungs-nehmer beim Versicherer ein Wahlrecht zusteht (§ 23 SGB XI). Entsteht umgekehrt eine Versicherungspflicht in der sozialen Pflegeversicherung, dürfen Versicherungsnehmer ihren privaten Pflegeversicherungsvertrag außerordentlich kündigen (§ 27 SGB XI). Zur Absicherung der Versicherungspflicht besteht ein **Kontrahierungszwang** (§ 110

---

1 Dazu *Reuther* KrV 2015, 104 ff.
2 MB/PV 2009 (Pflegekrankenversicherung, Stand: Januar 2017), MB/EPV 2017 (ergänzende Pfle-gekrankenversicherung), MB/GEPV 2017 (staatlich geförderte ergänzende Pflegeversicherung), AVB/PPV 2017 (private Pflegepflichtversicherung).
3 Gesetz zur sozialen Absicherung des Risikos der Pflegebedürftigkeit (Pflege-Versicherungs-gesetz) v. 26.5.1994 (BGBl. 1994 I 1014, 2797), Art. 68, iK seit 1.1.1995.

Abs. 1 Nr. 1 SGB XI); das Kündigungsrecht des Versicherers ist ausgeschlossen (§ 110 Abs. 4 SGB XI), der Versicherungsnehmer muss bei Kündigung einen neuen Versicherungsschutz nachweisen (§ 23 Abs. 2 S. 4 SGB XI). Ergänzend gelten die Regeln des VVG (§ 192 Abs. 6 S. 3 VVG).

In den Details gibt es zwischen Basistarif und Pflegepflichtversicherung Gemeinsam- **5** keiten, aber auch Unterschiede. Die Pflegepflichtversicherung hat mit dem Basistarif einen gesetzlich vorgegebenen brancheneinheitlichen Tarif (AVB/PPV 2017), einen Kontrahierungszwang, die Unzulässigkeit von Leistungsausschlüssen bei Vorerkrankungen, mit Einschränkungen die Prämienbegrenzung auf den Höchstsatz der entsprechenden Sozialversicherung, das Kopfprinzip bei Ehegatten und den Ausgleich unter den PKV-Unternehmen gemeinsam. Dagegen ist bei der Pflegepflichtversicherung im Gegensatz zum Basistarif ein Risikozuschlag erlaubt, eine Prämiendifferenzierung nach Geschlecht war bereits vor dem 21.12.2012 untersagt. Für Kinder gilt das Familienprinzip. Für Altkunden (PKV-Versicherte vor dem 1.1.1995) und versicherte Personen im Basistarif gelten nach § 110 Abs. 1, 2 SGB XI noch strengere Regeln. Dann ist zB sogar ein Risikozuschlag für Vorerkrankungen ausgeschlossen. Als Ausgleich für die teilweise Außerkraftsetzung des Äquivalenzprinzips müssen sich die PKV-Unternehmen, welche eine Pflegepflichtversicherung anbieten, an einem gemeinsamen Risikoausgleich beteiligen (§ 111 SGB XI).

Weitere bedeutende Unterschiede sind aufseiten der Pflegepflichtversicherung der **6** Rechtsweg zur Sozialgerichtsbarkeit (§ 51 Abs. 2 SGG) und die Möglichkeit eines Bußgeldes gegen den Versicherungsnehmer bei einem Zahlungsverzug von sechs oder mehr Monatsprämien iHv bis zu 2.500 EUR (§ 121 Abs. 1 Nr. 6 SGB XI, § 8 Abs. 8 S. 1 AVB/PPV 2017). Mit diesen Regelungen hat der Gesetzgeber die Pflegepflichtversicherung der Sozialversicherung weitaus stärker angepasst als den wesentlich jüngeren Basistarif. Zwei grundlegende Unterschiede zur Sozialen Pflegeversicherung verbleiben indessen: Die private Pflegepflichtversicherung basiert weder auf dem Umlageverfahren noch auf dem Sachleistungsprinzip. Wie alle anderen PKV baut sie auf einer Kapitaldeckung und auf dem Kostenerstattungsprinzip auf.

9. Kapitel. Schutz von Verbrauchern, Nutzern und Patienten im Gesundheitsrecht

Zur Vertiefung: *Igl* (Hrsg.), Verbraucherschutz im Sozialrecht, 2011.

§ 39 Überblick

Es gibt noch kein Teilrechtsgebiet, das man als Verbraucher- oder Nutzerschutz[1] im **1** Gesundheitsrecht bezeichnen könnte. Seit einiger Zeit kann man jedoch Entwicklungen verfolgen, die auf ein zunehmendes Bewusstwerden der Problematik des Verbraucherschutzes auch im Gesundheitsrecht hinweisen. Diese Entwicklungen verlaufen in den verschiedenen gesundheitsbezogenen Rechtsgebieten sehr ungleich.[2]

Der Verbraucherschutz auf dem Gebiet des Gesundheitsrechts lässt sich systematisch **2** unterteilen in den durch Institutionen versehenen Verbraucherschutz und in die Rechte, die einzelnen Verbrauchern zustehen. Bei den Institutionen des Verbraucherschutzes sind wiederum verschiedene staatliche, zum Teil auch zivilgesellschaftliche Ebenen angesprochen. Zu erwähnen sind hier beispielsweise die verschiedenen Beauftragten (Patienten- und Behindertenbeauftragte), aber auch nutzerorganisierte Institutionen.

Das Sozialrecht spielt in fast allen gesundheitsrelevanten Handlungsfeldern bei der **3** Ausstattung mit Verbraucherrechten eine besondere Rolle. Darüber hinaus finden sich im Sozialrecht allgemeine Vorkehrungen mit verbraucherschützendem Charakter (→ § 40 Rn. 1 ff.).

Das Recht der Stellung und des Schutzes von Verbrauchern und Patienten im Gesund- **4** heitsrecht wird für die rechtsanwendende Praxis in Zukunft noch mehr als bisher an Bedeutung gewinnen. Bisher war es vor allem das zivile Haftungsrecht, das Patienten einen nachträglichen Schutz bei Schädigungen bietet. Es steht zu erwarten, dass auch die der Inanspruchnahme von Gesundheitsleistungen vorgeschaltete Information und Beratung in Zukunft größeren Raum einnehmen wird.

Im Folgenden kann nur ein Überblick über die wichtigsten Vorschriften und Institu- **5** tionen des Verbraucherschutzes im Gesundheitsrecht gegeben werden, wobei zwischen gesundheitsbezogenen Dienstleistungen und gesundheitsbezogenen Waren unterschieden wird. Nicht eingegangen werden kann auf den Verbraucherschutz im Versicherungsvertragsgesetz (VVG), nach dem der Versicherte Beratungs- und Informationsrechte und ein Widerrufsrecht (vgl. §§ 6–8 VVG).[3]

---

1 Im Folgenden wird der Einfachheit halber stets von Verbraucher und Verbraucherschutz gesprochen, s. zu den Begrifflichkeiten *Welti* in Igl (Hrsg.), Verbraucherschutz im Sozialrecht, 2011, 23 ff. Die Verwendung des Begriffes Patientenschutz außerhalb des SGB V verbietet sich insofern, als pflegebedürftige und behinderte Menschen in der Regel nicht als Patienten bezeichnet werden.

2 S. die Beiträge in *Igl* (Hrsg.), Verbraucherschutz im Sozialrecht, 2011.

3 Dazu auch die Verordnung über Informationspflichten bei Versicherungsverträgen (VVG-Informationspflichtenverordnung) v. 18.12.2007 (BGBl. 2007 I 3004).

§ 40 Allgemeine verbraucherbezogene Vorkehrungen im Sozialrecht

A. Aufklärung, Beratung und Auskunft

1 Das **Sozialrecht** begegnet der Informationsasymmetrie zwischen Bürger und Sozialleistungsträger auf vielfache Weise. Zentral stehen hier die §§ 13–15 SGB I, in denen Aufklärungs-, Beratungs- und Auskunftsrechte und -pflichten geregelt sind.[1]

2 Die in § 13 SGB I geregelte **Aufklärung** normiert Informationspflichten gegenüber der Bevölkerung vor dem Hintergrund, dass jemand seine sozialen Rechte kennen muss, um sie geltend machen zu können. Diese Aufklärungspflicht ist objektives Recht, konstituiert aber keine subjektiven Rechte.

3 Als subjektive Rechte sind die **Beratungs- und Auskunftspflichten** in §§ 14 und 15 SGB I ausgestaltet. Während die **Auskunftspflicht** (§ 15 SGB I) vor allem der Orientierung im Sozialleistungsrecht dient, begründet die **Beratungspflicht** (§ 14 SGB I) einen Anspruch auf individuelle **Beratung** über Rechte und Pflichten nach dem SGB durch die zuständigen Leistungsträger.

4 Eine **Verletzung von Beratungs- und Auskunftspflichten** kann Haftungsansprüche im Rahmen des **sozialrechtlichen Herstellungsanspruchs**[2] bewirken. Die Geltendmachung dieses Anspruchs wird dadurch erleichtert, dass ein Verschulden seitens der beratungs- oder auskunftspflichtigen Behörde nicht erforderlich ist.

B. Wunsch- und Wahlrechte bei der Leistungsgestaltung

5 Die Vorstellung, einen Sozialleistungsberechtigten nicht nur als Objekt, dh als Adressaten einer Leistung zu verstehen, sondern ihn als Subjekt in die Leistungsgestaltung einzubeziehen, ist noch vor Inkrafttreten des Sozialgesetzbuchs im Bundessozialhilfegesetz (BSHG) als Wunsch- und Wahlrecht des Hilfebedürftigen verankert worden (s. jetzt § 9 Abs. 2 und 3 SGB XII). Im Sozialgesetzbuch (SGB) ist diese Vorstellung dann im Allgemeinen Teil, geltend für alle Leistungsbereiche, als **Wunsch- und Wahlrecht** Leistungsberechtigter bei der Ausgestaltung von Rechten und Pflichten übernommen worden (§ 33 SGB I).

6 Dieses **Wunsch- und Wahlrecht** steht im Zusammenhang der Konkretisierung von Leistungsansprüchen. Es betrifft vor allem die Gestaltung von Sach- und Dienstleistungen, während bei Geldleistungen Gestaltungsmöglichkeiten in der Regel nicht gegeben sind. Sind die Leistungen nach Art und Umfang nicht im Einzelnen bestimmt, so sind bei ihrer Ausgestaltung die persönlichen Verhältnisse, der Bedarf und die Leistungsfähigkeit zu berücksichtigen und es ist angemessenen Wünschen der Berechtigten zu entsprechen (§ 33 SGB I). Zu dieser allgemeinen Normierung, die für das gesamte vom SGB erfasste Leistungsrecht gilt, treten in den einzelnen Leistungsbereichen besondere Ausprägungen, so bei Leistungen zur Teilhabe[3] und in der Kinder- und Jugendhilfe (§ 5 SGB VIII), während die individuelle Konkretisierung in Krankenbehandlung und Pflege nach freier Wahl unter den zugelassenen Leistungserbringern (§ 76 Abs. 1 SGB V) zwischen diesen und den Patienten und Pflegebedürftigen stattfindet.

---

1 Zum Folgenden grundlegend *Welti* in Igl (Hrsg.), Verbraucherschutz im Sozialrecht, 2011, 23 ff.
2 S. hierzu etwa *Waltermann*, Sozialrecht, 2016, 12 f.
3 § 8 Abs. 1 SGB IX (bis 31.12.2017: § 9 Abs. 1 SGB IX); dazu BSGE 93, 183 = BeckRS 2005, 40161; *Fuhrmann/Heine* SGb 2009, 416; *Welti* SGb 2003, 379; *Schütte* NDV 2003, 416.

§ 41 Gesundheitsbezogene Dienstleistungen

A. Bei Krankheit

Von den zahlreichen Vorkehrungen des Nutzer- und Patientenschutzes auf dem Gebiet 1
der Versorgung bei Krankheit sollen hier auf dem Gebiet des SGB V nur der Patientenbeauftragte, das Patientenrechtegesetz, die Beteiligung von Interessenvertretungen
der Patientinnen und Patienten, die Unabhängige Patientenberatung und die Beratung
bei Behandlungsfehlern dargestellt werden.[1]

I. Patientenbeauftragter

Seit dem 1.1.2004 existiert ein **Beauftragter der Bundesregierung für die Belange der** 2
Patientinnen und Patienten (§ 140h Abs. 1 SGB V). Dessen Aufgabe ist es, darauf hinzuwirken, dass die Belange von Patientinnen und Patienten besonders hinsichtlich ihrer Rechte auf umfassende und unabhängige Beratung und objektive Information
durch Leistungserbringer, Kostenträger und Behörden im Gesundheitswesen und auf
die Beteiligung bei Fragen der Sicherstellung der medizinischen Versorgung berücksichtigt werden. Er setzt sich bei der Wahrnehmung dieser Aufgabe dafür ein, dass
unterschiedliche Lebensbedingungen und Bedürfnisse von Frauen und Männern beachtet und in der medizinischen Versorgung sowie in der Forschung geschlechtsspezifische Aspekte berücksichtigt werden (§ 140h Abs. 2 SGB V). Der Patientenbeauftragte
wird auch bei Gesetzes-, Verordnungs- und sonstigen wichtigen Vorhaben beteiligt,
wenn sie patientenrelevant sind (§ 140h Abs. 3 S. 1 SGB V).

Das Amt ist dem Behindertenbeauftragten nachgebildet (→ § 10 Rn. 29). Ebenso wie 3
dieser hat er keine direkte verbraucherschützende Funktion in einem konkreten
Verbraucherschutzverhältnis, sondern wird auf politischer Ebene iSd Wahrung von
Patienteninteressen tätig.

II. Patientenrechtegesetz

Mit dem **Gesetz zur Verbesserung der Rechte von Patientinnen und Patienten,** inof- 4
fiziell als Patientenrechtegesetz bezeichnet, soll auf der einen Seite mehr Übersichtlichkeit über die Rechte von Patienten geschaffen werden; auf der anderen Seite soll
das Gesetz auch wichtige inhaltliche Änderungen bewirken.[2] Bei dem gesetzlichen
Vorhaben kann unterschieden werden zwischen den **sozialrechtlich zu gestaltenden**
Patientenrechten und den **Rechtsbeziehungen zwischen Arzt und Patient.**

Bei den **sozialrechtlich** zu gestaltenden Patientenrechten sind insbesondere zu erwäh- 5
nen

- die Beschleunigung bei der Behandlung von Anträgen an die Krankenkassen (§ 13
  Abs. 3a SGB V);
- der Schutz bei Meldungen und Daten aus einrichtungsinternen und einrichtungsübergreifenden Risikomanagement und Fehlermeldesystemen durch ein Verbot der
  Verwendung im Rechtsverkehr zum Nachteil des Meldenden (§ 135a Abs. 3 SGB V);

---

1 Ausführlich zum Verbraucherschutz in der Gesetzlichen Krankenversicherung *Felix* in Igl
(Hrsg.), Verbraucherschutz im Sozialrecht, 2011, 41 ff. S. auch *Schulz*, Recht auf Beratung in der
Gesetzlichen Krankenversicherung und in der Sozialen Pflegeversicherung, 2017.
2 S. hierzu *Loos/Möllenkamp/Albrecht/Igl* (Hrsg.), Studie zu den Wirkungen des Patientenrechtegesetzes, IGES Institut in Zusammenarbeit mit Gerhard Igl, Studienbericht für das Bundesministerium für Gesundheit vertreten durch den Patientenbeauftragten der Bundesregierung, Berlin,
November 2016, https://www.patientenbeauftragter.de/patientenrechtegesetz.

- die Verpflichtung des Gemeinsamen Bundesausschusses, in seinen Richtlinien über die grundsätzlichen Anforderungen an ein einrichtungsinternes Qualitätsmanagement wesentliche Maßnahmen zur Verbesserung der Patientensicherheit zu bestimmen und insbesondere Mindeststandards für Risikomanagement- und Fehlermeldesysteme festzulegen (§ 136a Abs. 3 S. 1 SGB V);
- die Wahrnehmung der Aufgaben einer Nationalen Kontaktstelle beim Spitzenverband Bund der Krankenkassen, die insbesondere informiert über nationale Gesundheitsdienstleister, geltende Qualitäts- und Sicherheitsbestimmungen sowie Patientenrechte einschließlich der Möglichkeiten ihrer Durchsetzung, über die Rechte und Ansprüche des Versicherten bei Inanspruchnahme grenzüberschreitender Leistungen in anderen Mitgliedstaaten und über Kontaktstellen in anderen Mitgliedstaaten (§ 219d SGB V).[3]

6 **Berufsrechtlich** werden **Patientenrechte** durch die Möglichkeit **geschützt,** das Ruhen der ärztlichen Approbation anzuordnen, wenn es sich ergibt, dass der Arzt nicht ausreichend gegen die sich aus seiner Berufsausübung ergebenden Haftpflichtgefahren versichert ist, sofern kraft Landesrechts oder kraft Standesrechts eine Pflicht zur Versicherung besteht (§ 6 Abs. 1 Nr. 5 BÄO).

7 Bei den **Rechtsbeziehungen zwischen Behandelndem und Patient** geht es um die Aufnahme des Behandlungsvertrages in das BGB (§§ 630a–630h BGB).[4]

III. Beteiligung von Interessenvertretungen von Patienten

8 Die für die Wahrnehmung der Interessen der Patientinnen und Patienten und der Selbsthilfe chronisch kranker und behinderter Menschen maßgeblichen Organisationen sind in Fragen, die die Versorgung betreffen, zu beteiligen (§ 140f Abs. 1 SGB V). Diese Beteiligung findet insbesondere beim Gemeinsamen Bundesausschuss (§ 140f Abs. 2 SGB V) und in verschiedenen Gremien, zB Landesausschüssen, gemeinsamen Landesgremien, Zulassungsausschüssen (§ 140f Abs. 3 SGB V) ebenso wie bei der Änderung, Neufassung und Aufhebung bestimmter Empfehlungen und Richtlinien (§ 140f Abs. 4 SGB V) statt. In der **Patientenbeteiligungsverordnung** werden die Erfordernisse an die Organisation, Finanzierung und das Verfahren geregelt (§ 140g SGB V).

IV. Unabhängige Patientenberatung

9 Der Spitzenverband Bund der Krankenkassen fördert Einrichtungen, die Verbraucherinnen und Verbraucher sowie Patientinnen und Patienten in gesundheitlichen und gesundheitsrechtlichen Fragen qualitätsgesichert und kostenfrei informieren und beraten, mit dem Ziel, die Patientenorientierung im Gesundheitswesen zu stärken und Problemlagen im Gesundheitssystem aufzuzeigen. Der Spitzenverband Bund der Krankenkassen darf auf den Inhalt oder den Umfang der Beratungstätigkeit keinen Einfluss nehmen. Die Förderung einer Einrichtung zur Verbraucher- oder Patientenberatung setzt deren Nachweis über ihre Neutralität und Unabhängigkeit voraus (§ 65b Abs. 1 SGB V). Diese Förderung hat konkret Gestalt angenommen in der **Unabhängigen Patientenberatung.**[5]

---

3 Die Einrichtung einer Nationalen Kontaktstelle wird in der RL 2011/24/EU (Patientenrechte-RL) gefordert; → § 8 Rn. 3 ff.
4 Hierzu *Katzenmeier* NJW 2013, 817, → § 44 Rn. 2 ff.
5 Hierzu *Schmidt-Kaehler* WzS 2013, 273.

V. Unterstützung durch Krankenkassen und Kammern in Haftungsfällen

Die **Krankenkassen** können die Versicherten bei der Verfolgung von Schadensersatz- **10** ansprüchen, die bei der Inanspruchnahme von Versicherungsleistungen aus Behandlungsfehlern entstanden sind, unterstützen (§ 66 SGB V). Diese Leistung ist als Ermessensleistung ausgestaltet. Verschiedene Krankenkassen haben hierzu ein Behandlungsfehlermanagement vorgesehen. Dabei kann auch der MDK eingeschaltet werden (§ 275 Abs. 3 Nr. 4 SGB V).[6]

Bei den **Landesärztekammern** sind seit 1975 **Gutachterkommissionen** und **Schlich-** **11** **tungsstellen** eingerichtet, die als weisungsunabhängige Gremien bei Meinungsverschiedenheiten zwischen Arzt und Patient objektiv klären, ob die gesundheitliche Komplikation auf einer haftungsbegründenden ärztlichen Behandlung beruht. Ziel dieser Einrichtungen ist die außergerichtliche Einigung zwischen Arzt und Patient. Das Verfahren vor den Gutachterkommissionen und Schlichtungsstellen ist durch Verfahrensordnungen bzw. Statuten oder Vereinbarungen geregelt. Während die **Schlichtungsstellen** in ihrer Stellungnahme Schadensersatzansprüche dem Grunde nach beurteilen, wird bei den **Gutachterkommissionen** das ärztliche Handeln als solches begutachtet. Die Entscheidungen der Gutachterkommissionen und Schlichtungsstellen sind Feststellungen oder Empfehlungen. Wenn der Patient oder Arzt mit der Entscheidung der Gutachterkommission oder Schlichtungsstelle nicht einverstanden ist, kann er den ordentlichen Rechtsweg beschreiten. Eine Klage vor Gericht wird durch die Tätigkeit der Gutachterkommissionen und Schlichtungsstellen also nicht ausgeschlossen. Das Verfahren vor den Gutachterkommissionen und Schlichtungsstellen ist für die Beteiligten gebührenfrei. Durch die Besetzung dieser Gremien mit Ärzten und Volljuristen ist Sachverstand und Objektivität gewährleistet. Die Verfahrensdauer vor den Gutachterkommissionen und Schlichtungsstellen ist unterschiedlich; dies beruht auf den jeweiligen Verfahrensordnungen bzw. Statuten. In der Regel ist jedoch mit einer durchschnittlichen Bearbeitungsdauer von etwa 10–12 Monaten zu rechnen. Dies ergibt sich zum Teil aus den Schwierigkeiten des zu beurteilenden Sachverhaltes oder längeren Wartezeiten auf ärztliche Stellungnahmen, Berichte oder Sachverständigengutachten.[7]

B. Bei Pflegebedürftigkeit

Pflegebedürftige und von Pflegebedürftigkeit bedrohte Menschen, aber auch ihre An- **12** gehörigen haben wegen der meistens sehr einschneidenden Veränderung in der persönlichen und familiären Lebenssituation einen besonderen Beratungsbedarf. Weiter besteht wegen der personellen Abhängigkeit von Pflegeleistungen insbesondere in stationären Pflegeeinrichtungen ein erhöhter Schutzbedarf. Letzterer ist schon früh erkannt worden. Mit dem Heimgesetz (HeimG) von 1974[8] sind zum ersten Mal verbraucherschützende Regelungen auf diesem Gebiet ergangen. Dieses Gesetz enthielt schon einige Grundlagen für das, was mittlerweile im Wohn- und Betreuungsvertragsgesetz

---

6 Zum Beratungsumfang s. Spickhoff/*Nebendahl* SGB V § 66 Rn. 5. Umfassend hierzu *Katzenmeier/Jansen*, Möglichkeiten der Krankenkassen, ihre Versicherten beim Verdacht eines Behandlungsfehlers zu unterstützen. Rechtsgutachten zu § 66 SGB V für den Beauftragten der Bundesregierung für die Belange der Patientinnen und Patienten sowie Bevollmächtigten für Pflege, Köln, November 2016; https://www.patientenbeauftragter.de/10-pressemitteilungen/patientenrechte/165-gutachten-zeigt-unterstuetzungsmoeglichkeiten-der-krankenkassen-bei-verdacht-auf-behandlungsfehler.
7 Der vorstehende Text ist weitgehend der Homepage der Bundesärztekammer entnommen, http://www.bundesaerztekammer.de/patienten/gutachterkommissionen-schlichtungsstellen/ (Zugriff am 9.5.2017). S. auch → § 50 Rn. 29.
8 v. 7.8.1974 (BGBl.1974 I 1873); → § 21 Rn. 4.

(WBVG)[9] verbraucherschutzrechtlich gefasst ist, und was heute zum Teil auch in den Nachfolgegesetzen der Länder zum HeimG Gegenstand ist: Die Verpflichtung, das Heimverhältnis vertraglich zu regeln, die Sicherung der wirtschaftlichen Interessen der Heimbewohner, die Mitwirkung in Heimangelegenheiten und schließlich die Sicherung der Strukturqualität durch Vorschriften zu den Baulichkeiten und der Personalausstattung.

13 Im Folgenden kann nur auf zwei der wichtigsten verbraucherschützenden Vorkehrungen in der **Sozialen Pflegeversicherung (SGB XI)** eingegangen werden, die Pflegestützpunkte und die Pflegeberatung.[10]

I. Pflegestützpunkte

14 Die **Aufgaben der Pflegestützpunkte** sind (§ 7c Abs. 2 S. 1 Nr. 1–3 SGB XI):

– umfassende sowie unabhängige Auskunft und Beratung zu den Rechten und Pflichten nach dem Sozialgesetzbuch und zur Auswahl und Inanspruchnahme der bundes- oder landesrechtlich vorgesehenen Sozialleistungen und sonstigen Hilfsangebote einschließlich der Pflegeberatung nach § 7a SGB XI;
– Koordinierung aller für die wohnortnahe Versorgung und Betreuung in Betracht kommenden gesundheitsfördernden, präventiven, kurativen, rehabilitativen und sonstigen medizinischen sowie pflegerischen und sozialen Hilfs- und Unterstützungsangebote einschließlich der Hilfestellung bei der Inanspruchnahme der Leistungen;
– Vernetzung aufeinander abgestimmter pflegerischer und sozialer Versorgungs- und Betreuungsangebote.

II. Pflegeberatung

15 Das wichtigste verbraucherschutzrechtliche Instrument im Zusammenhang der **Leistungserschließung** stellt die **Pflegeberatung** dar (§ 7a SGB XI). Pflegeberatung wird im Rahmen der Pflegestützpunkte geleistet (§ 7a Abs. 4 S. 1 SGB XI). Dabei ist die Pflegeberatung hauptsächlich auf das Fallmanagement ausgerichtet (§ 7a Abs. 1 S. 2–4 SGB XI), erstreckt sich aber auch auf die Auswahl und Inanspruchnahme von bundes- oder landesrechtlich vorgesehenen Sozialleistungen sowie sonstigen Hilfsangeboten, die auf die Unterstützung von Menschen mit Pflege-, Versorgungs- oder Betreuungsbedarf ausgerichtet sind. Die Pflegeberatung ist der erste Schritt hin zur konkreten Leistungsgestaltung durch individuelle Beratung und Hilfestellung. Berechtigt sind die potenziellen Leistungsbezieher nach dem SGB XI. Auf Wunsch sind Angehörige einzubeziehen (§ 7a Abs. 2 SGB XI). Zuständig sind Pflegeberater, die in Pflegestützpunkten tätig werden (§ 7a Abs. 4 S. 1 SGB XI). Die Pflegeberatung wird von den Pflegekassen finanziert (§ 7a Abs. 4 S. 5 SGB XI).

III. Beratungsgutscheine

16 Die Pflegekasse hat dem Antragsteller unmittelbar nach Eingang eines erstmaligen Antrags auf Leistungen entweder unter Angabe einer Kontaktperson einen **konkreten Beratungstermin** anzubieten, der spätestens innerhalb von zwei Wochen nach Antragseingang durchzuführen ist, oder einen **Beratungsgutschein** auszustellen, in dem Beratungsstellen benannt sind, bei denen er zu Lasten der Pflegekasse innerhalb von zwei Wochen nach Antragseingang eingelöst werden kann (§ 7b Abs. 1 SGB XI).

---

9 v. 29.7.2009 (BGBl. 2009 I 2319); → § 21 Rn. 4.
10 S. im Einzelnen zum Verbraucherschutz in der Pflegeversicherung *Igl* in Igl (Hrsg.), Verbraucherschutz im Sozialrecht, 2011, 93 ff.

IV. Beteiligung von Interessenvertretungen

Im Bereich der Begutachtung und Qualitätssicherung der Sozialen Pflegeversicherung 17
ist eine Beteiligung der auf Bundesebene maßgeblichen Organisationen für die Wahrnehmung der Interessen und der Selbsthilfe der pflegebedürftigen und behinderten Menschen sowie der pflegenden Angehörigen vorgesehen (Pflegebedürftigenbeteiligungsverordnung – PfleBeteiligungsVO) (vgl. § 118 SGB XI).

C. Bei Behinderung

I. Behindertenbeauftragte

Behindertenbeauftragte finden sich auf **Bundes- und Landesebene.** Sie sind rechtlich 18
im Behindertengleichstellungsgesetz (BBG) und in den Landesbehindertengleichstellungsgesetzen verankert.

Die **(Bundes-)Beauftragte für die Belange behinderter Menschen** wird von der Bun- 19
desregierung bestellt (§ 17 BGG). Ihre Aufgabe ist es, darauf hinzuwirken, dass die Verantwortung des Bundes, für gleichwertige Lebensbedingungen für Menschen mit und ohne Behinderungen zu sorgen, in allen Bereichen des gesellschaftlichen Lebens erfüllt wird. Sie setzt sich bei der Wahrnehmung dieser Aufgabe dafür ein, dass unterschiedliche Lebensbedingungen von behinderten Frauen und Männern berücksichtigt und geschlechtsspezifische Benachteiligungen beseitigt werden. Zur Wahrnehmung ihrer Aufgaben beteiligen sie die Bundesministerien bei allen Gesetzes-, Verordnungs- und sonstigen wichtigen Vorhaben, soweit sie Fragen der Integration von behinderten Menschen behandeln oder berühren (§ 18 Abs. 1 und 2 BGG). Bei der Beauftragten ist eine Schlichtungsstelle für Konfliktfälle errichtet (§ 16 BGG).

II. Beratung und Unterstützung bei Rehabilitation und Teilhabe

Angesichts der besonders hohen Komplexität des Teilhaberechtes und der Leistungen 20
zur Teilhabe und der Zuständigkeiten hierfür besteht auf diesem Gebiet ein besonderer Bedarf an Beratung und Unterstützung. Die bisher hierfür vorgesehenen **Gemeinsamen örtlichen Servicestellen der Rehabilitationsträger** hat der Gesetzgeber mit dem BTHG[11] abgeschafft. Stattdessen sind nun alle Rehabilitationsträger verpflichtet, **Ansprechstellen** für Leistungsberechtigte, Arbeitgeber und andere Rehabilitationsträger zu einzurichten (§ 12 Abs. 1 SGB IX). Zudem fördert der Bund **ergänzende unabhängige Teilhabeberatung**, die vor allem »von Betroffenen für Betroffene« erfolgen soll (§ 32 SGB IX).

§ 42 Gesundheitsbezogene Waren

Im Folgenden werden verbraucherschutzrelevante Vorschriften nur im Zusammen- 1
hang mit **Arzneimitteln** und **Medizinprodukten** aufgeführt.

A. Produktinformation

I. Arzneimittel

Verbraucherbezogene Informationen über Fertigarzneimittel sind die **Gebrauchsinfor-** 2
mation (§ 11 AMG) und die **Fachinformation** (§ 11a AMG). Die Gebrauchsinformation

---

11 Bundesteilhabegesetz – BTHG v. 23.12.2016, BGBl. I 3234.

findet sich auf der Packungsbeilage. Die Fachinformation, die Ärzten auf Anforderung zur Verfügung zu stellen ist, ist eine Gebrauchsinformation für Fachkreise, die den Zweck hat, dem Arzt eine speziell auf den Patienten abgestimmte Information zu geben.

II. Medizinprodukte

3   Die Verbraucherinformation über Medizinprodukte bezieht sich auf die Gewährleistung bestimmter Standards, die durch die **CE-Kennzeichnung** signalisiert werden (§ 9 MPG), auf die **Information durch Medizinprodukteberater,** die die fachliche Information und die Einweisung in die sachgerechte Handhabung der Medizinprodukte gegenüber den Fachkreisen vornehmen (§ 31 Abs. 1 MPG) und die **Sammlung und Bereitstellung von Informationen über Medizinprodukte** in einer Datenbank (§ 33 MPG).

B. Produkthaftung

I. Arzneimittel

4   Das Arzneimittelrecht enthält ein **besonderes Haftungsrecht,** das Teil der Produzentenhaftung ist (§§ 84–94a AMG). Die Haftung ist strenger als nach dem allgemeinen Haftungsrecht im BGB und im ProdHaftG.[1]

5   Durch eine **Deckungsvorsorge,** die durch Abschluss einer Haftpflichtversicherung erbracht werden kann, hat der pharmazeutische Unternehmer dafür Vorsorge zu treffen, dass er seinen gesetzlichen Verpflichtungen zum Ersatz von Schäden nachkommen kann, die durch die Anwendung eines von ihm in den Verkehr gebrachten, zum Gebrauch bei Menschen bestimmten Arzneimittels entstehen (§ 94 AMG).

II. Medizinprodukte

6   Anders als das Arzneimittelrecht kennt das Medizinprodukterecht noch keine eigenen Haftungsvorschriften. Einschlägig für die Haftung ist das **Produkthaftungsgesetz,** das eine beschränkte Gefährdungshaftung enthält.

§ 43 Private Krankenversicherung

1   Das Privatversicherungsrecht erwähnt den Verbraucher zwar nur rudimentär in § 214 VVG (Schlichtungsstellen) und in der VVG-InfoV. Viele Regelungen des privaten Krankenversicherungsrechts haben jedoch der Sache nach verbraucherschützenden Charakter. So sind zB zu nennen Beratung und Information (§§ 6, 7 VVG), Widerrufsrecht des Versicherungsnehmers (§ 8 VVG), Auskunftsanspruch (§ 192 Abs. 8 VVG), Tarifwechsel und Portabilität der Alterungsrückstellung (§ 204 VVG), Verbot der Kündigung durch den Versicherer (§ 206 VVG), Verbot abweichender Vereinbarungen (§ 208 VVG). Die grundsätzliche Trennung des VVG zwischen Massenrisiken und Großrisiken unterstützt diese Deutung. Großrisiken betreffen Versicherungsverhältnisse, bei denen der Versicherte bzw. der Versicherungsnehmer ähnlich einem Unternehmer als nicht schutzwürdig gilt. Die private Krankenversicherung (vgl. die Definition der Großrisiken in § 210 VVG) wird aber stets als Massenrisiko behandelt. Damit nimmt aus funktionaler Sicht zumindest die versicherte Person (nicht aber notwendigerweise der Versicherungsnehmer, wie zB bei der Gruppenversicherung durch Arbeitnehmer) die Position eines Verbrauchers und der Versicherer die Position eines Unternehmers ein.

---

1 Spickhoff/*Spickhoff* AMG § 84 Rn. 1, zur Rechtsnatur der Haftung Rn. 2. S. auch *Bollweg* MedR 2012, 782; *Wagner* MedR 2014, 353.

10. Kapitel. Außergerichtliche Konfliktlösung

Zur Vertiefung: *Hattemer,* Mediation bei Störungen des Arzt-Patient-Verhältnisses, 2012; *Meurer,* Außergerichtliche Streitbeilegung in Arzthaftungssachen unter besonderer Berücksichtigung der Arbeit der Gutachterkommissionen und Schlichtungsstellen bei den Ärztekammern, 2008.

Kommentare und Handbücher: *Schnapp/Düring* (Hrsg.), Handbuch des sozialrechtlichen Schiedsverfahrens, 2. Aufl., 2016; *Deutsch/Spickhoff,* Medizinrecht, 7. Aufl. 2014, Abschnitt XII: Schlichtungsstellen und Gutachterkommissionen der Ärztekammern, 313 ff.

§ 44 Gründe und Formen für außergerichtliche Konfliktlösungen im Gesundheitsrecht

Es gibt mehrere Gründe, warum außergerichtliche Konfliktlösungen der Einschaltung **1** von Gerichten vorzuziehen sind. Dazu zählen etwa die schnellere Verfahrenserledigung, die Kostengünstigkeit und die größere Sachnähe in hochspezialisierten Angelegenheiten. Im Gesundheitsrecht kommen weitere Gründe hinzu, die sich nach den verschiedenen Konstellationen, in denen sich die Beteiligten befinden, unterscheiden.

Im **Verhältnis zwischen dem Arzt** (Krankenhaus, Pflegeeinrichtung) **und dem Patien-** **2** **ten** geht es vor allem um Haftungsfragen zivilrechtlicher Art. Der Patient befindet sich hier in einer asymmetrischen Informationssituation, in der etwa Fragen der Begutachtung im Zusammenhang seines erlittenen Schadens (Vorliegen eines Behandlungsfehlers, Feststellung der Kausalität) eine wichtige Rolle spielen können. Dabei kann sich die Tätigkeit einer entsprechenden Stelle nur auf die Frage des Vorliegens eines Behandlungsfehlers oder, schon weiter gefasst, auf den gesamten Haftungsgrund beziehen. Hier können zB **Gutachter- und Schlichterkommissionen**[1] helfen. Auch der Einsatz der **Mediation**[2] kann hier streitklärend wirken.

Eine andere Dimension wird angesprochen, wenn es um **Streitigkeiten im sozial-** **3** **rechtlichen Leistungserbringungsverhältnis** zwischen Sozialleistungsträgern (meist Krankenkassen und deren Verbände) und Leistungserbringern (vor allem Ärzte, Krankenhäuser, Pflegeeinrichtungen) geht. Auf diesem Gebiet hat sich seit langer Zeit ein mittlerweile sehr differenziertes **Schiedswesen** entwickelt, das für die jeweiligen Sozialleistungsbereiche spezifisch gesetzlich reguliert und in Aufbau und Ablauf rechtsförmig gestaltet ist und dessen Entscheidungen – mit wenigen Ausnahmen – richterlicher Kontrolle unterliegen. Man kann insofern von **rechtlich institutionalisierter außergerichtlicher Konfliktlösung** sprechen. Dabei ist die Anrufung der außergerichtlichen Konfliktlösungsinstanzen (Schiedsstellen; Schiedsämter) in der Regel rechtlich zwingend vor der Anrufung der Gerichte ausgestaltet.

---

1 S. hierzu insgesamt *Meurer,* Außergerichtliche Streitbeilegung in Arzthaftungssachen unter besonderer Berücksichtigung der Arbeit der Gutachterkommissionen und Schlichtungsstellen bei den Ärztekammern, 2008; → § 50 Rn. 29.
2 *Hattemer,* Mediation bei Störungen des Arzt-Patient-Verhältnisses, 2012; für ein Pilotprojekt s. *Colberg/Steiner* ZKM 2013, 40.

§ 45 Schiedswesen

A. Funktion, Geschichte und Bereiche

1 Die **Funktion** von Schiedsverfahren im Sozialrecht muss vor dem Hintergrund der Organisation der Erbringung von Dienstleistungen gesehen werden. Bei den Gesundheitsdienstleistungen herrscht das Natural- oder Sachleistungsprinzip vor, wonach der Sozialleistungsträger dem Leistungsberechtigten zwar die Dienstleistung schuldet, sie aber nicht selbst erbringt, sondern die Leistungserbringung durch Dritte (zB Ärzte, Krankenhäuser, Pflegeeinrichtungen) im Vertragswege organisiert (sozialrechtliches Dreiecksverhältnis). Die Verträge zwischen Sozialleistungsträgern und Leistungserbringern erfassen dabei in der Regel die Leistungsinhalte und die Leistungsvergütungen. Der Sozialleistungsträger ist wegen seiner dem Leistungsberechtigten gegenüber bestehenden Leistungsverpflichtung darauf angewiesen, dass die Leistung durch den Leistungserbringer erbracht wird. Deshalb darf es keinen vertragslosen oder streitigen Zustand im Leistungserbringungsverhältnis geben. Als Lösung für diesen Konflikt bietet sich ein Schiedsverfahren an.

2 Die Lösung von Vertragskonflikten im Wege eines Schiedsverfahrens setzt eine Stelle voraus, die dieses Schiedsverfahren betreibt. Dies sind die **Schiedsämter** und **Schiedsstellen**. Ihre Besetzung muss garantieren, dass die Interessen der Vertragsbeteiligten repräsentiert werden. Dies geschieht durch paritätische **Besetzung der Schiedsbank** mit Repräsentanten der Vertragsparteien. Weiter ist sicherzustellen, dass im Falle der Stimmengleichheit kein Patt entsteht. Hierzu dient die Besetzung der Schiedsbank mit einem oder mehreren unparteiischen Mitgliedern in ungerader Zahl. Den Vorsitz hat ein unparteiisches Mitglied. Die Schiedsverfahren werden durch **Verfahrensordnungen** (durch Rechtsverordnung oder durch eigene Geschäftsordnung) geregelt.

3 Die sozialrechtlichen Schiedsverfahren haben sich grundsätzlich gut bewährt. Sie gewährleisten eine im Vergleich zu Gerichtsverfahren verhältnismäßig zügige Behandlung der an sie herangetragenen Angelegenheiten und sichern aufgrund ihrer Besetzung in der Regel Entscheidungen, die von hoher Sachkenntnis getragen sind. Sie können auch der Befriedung der Vertragsparteien dienen, die bei Vertragsverhandlungen manchmal nur noch die Interessen ihrer Institution, nicht aber so sehr das gemeinschaftlich zu erreichende Ziel im Auge haben.

4 Schiedsverfahren haben auf dem Gebiet der **Gesetzlichen Krankenversicherung** eine lange Tradition. Sie reichen zurück zum Beginn des Kassenarztwesens.[1] Die Funktion von Schiedsverfahren war die Entscheidung im Streitfall über den Abschluss und den Inhalt von Verträgen zwischen Ärzten und Krankenkassen. Sie sind auf diesem Gebiet bis heute von nicht zu unterschätzender Bedeutung. Zuständig sind die **Schiedsämter** (§ 89 SGB V).

5 Das Modell des Schiedsverfahrens wurde später auf dem Gebiet der **Krankenhausfinanzierung** übernommen und sollte auch dort das Vertragswesen im Verhältnis zwischen Krankenkassen und Krankenhäusern stärken. Wie auf dem Gebiet der Gesetzlichen Krankenversicherung sind die gesetzlich zugewiesenen Aufgaben angestiegen. Zuständig sind die **Schiedsstellen** (§ 18a KHG).

6 Mittlerweile werden im Rahmen der Gesetzlichen Krankenversicherung auch **Schiedspersonen** eingesetzt, so etwa bei den Hospizleistungen (§ 39a Abs. 1 S. 11 SGB V), bei der hausarztzentrierten Versorgung (§ 73b Abs. 4a SGB V), bei der Heilmittelversorgung (§ 125 Abs. 2 S. 4 SGB V) oder bei der Hilfsmittelversorgung (§ 125 Abs. 1a S. 2 SGB V).

---

1 Zur Geschichte s. *Schnapp* in Schnapp/Düring HdB Schiedsverfahren Rn. 1 ff.

In der **Sozialen Pflegeversicherung** waren von Anfang an ein Schiedsverfahren und   7
Schiedsstellen vorgesehen (§ 76 SGB XI). Mittlerweile ist der traditionelle Aufgabenbereich der Schiedsstellen, vor allem in Vergütungsangelegenheiten zu entscheiden,
erheblich erweitert worden in Richtung auf Entscheidungen auch in Angelegenheiten
der Qualitätssicherung als **Qualitätsausschuss** (§ 113b SGB XI).

Im **Sozialhilferecht** wurde die Schiedsstelle (früher: § 94 BSHG) der Schiedsstelle in   8
der Sozialen Pflegeversicherung nachgebildet, dann aber in ihrem Zuständigkeitsbereich erheblich eingeschränkt (§ 80 SGB XII).

In der privaten Kranken- und Pflegeversicherung existiert ein **Ombudsmann Private**   9
Kranken- und Pflegeversicherung. Weigert sich der Versicherer, die Behandlungskosten zu erstatten, kann sich der Versicherte außergerichtlich an den **Ombudsmann Pri-**
vate Kranken- und Pflegeversicherung wenden. Der Ombudsmann kann nur Empfehlungen aussprechen (→ § 37 Rn. 6).

B. Gesetzliche Krankenversicherung (SGB V)

I. Bereiche

Die Schiedsämter werden als **Landes- und Bundesschiedsämter** je für die **vertrags-**   10
ärztliche und die vertragszahnärztliche Versorgung (§ 89 Abs. 2 und 4 SGB V) sowie
für die **Vergütung zahntechnischer Leistungen** (§ 89 Abs. 7 und 8 SGB V) gebildet.

Schiedsstellen auf Bundesebene existieren auf dem Gebiet der Arzneimittelversor-   11
gung (§ 129 Abs. 8 SGB V) und der Versorgung mit Hebammenhilfe (§ 134a Abs. 4
SGB V). Da auch für die ärztliche Versorgung von Versicherten in einem Basistarif der
privaten Krankenversicherung Verträge abzuschließen sind, ist hierfür ebenfalls eine
Schiedsstelle eingerichtet worden (§ 75 Abs. 3c SGB V). Mit dem Arzneimittelmarktneuordnungsgesetz (AMNOG)[2] wurde eine neue Schiedsstelle auf Bundesebene[3] eingeführt, die über Vereinbarungen zwischen dem Spitzenverband Bund der Krankenkassen und pharmazeutischen Unternehmern über Erstattungsbeträge für Arzneimittel
entscheidet (§ 130b Abs. 5 SGB V). Seit dem 1.1.2017 existiert auch eine Schiedsstelle
auf dem Gebiet der Versorgung mit häuslicher Krankenpflege (§ 132a Abs. 3 SGB V).
Eine ad-hoc-Schiedsstelle besteht nach § 92 Abs. 1a S. 4–6 SGB V.

Schiedsstellen auf Landesebene werden von den Landesverbänden der Krankenkas-   12
sen und den Ersatzkassen gemeinsam und den Landeskrankenhausgesellschaften oder
den Vereinigungen der Krankenhausträger im Land gemeinsam gebildet. Diese entscheiden in den ihr nach dem SGB V zugewiesenen Aufgaben auf dem Gebiet der
Krankenhausversorgung (§ 114 SGB V). Eine Landesschiedsstelle kann auch als **erwei-**
terte Schiedsstelle tätig werden (§ 115 Abs. 3 SGB V). Eine Landesschiedsstelle wird
für Vergütungsvereinbarungen zwischen Krankenkassen und Trägern von Vorsorge-
und Rehabilitationseinrichtungen tätig (§ 111b SGB V).

Im Folgenden wird nur auf die Schiedsämter nach § 89 SGB V eingegangen.   13

II. Rechtsgrundlagen

Neben § 89 SGB V ist als Rechtsgrundlage die Schiedsamtsverordnung (SchiedsAmtsO)   14
zu nennen. Ergänzend zu den Verfahrensregelungen der SchiedsAmtsO sind die ver-
waltungsverfahrensrechtlichen Vorschriften des SGB X heranzuziehen. Die Schiedsämter können sich Geschäftsordnungen geben.

---

2 v. 22.12.2010 (BGBl. 2010 I 2262).
3 Krit. hierzu *Ebsen* GuP 2011, 41 (43).

III. Zuständigkeit

15 Das **Schiedsamt** setzt den Inhalt eines Vertrages über die vertragsärztliche Versorgung fest (§ 89 Abs. 1 S. 1 und 3 SGB V). **Schiedsfähig** sind alle **Verträge,** für die die jeweiligen Vertragsparteien zuständig sind,[4] dh für die Bundesmantelverträge (§ 82 Abs. 1 und 2 SGB V), die Gesamtverträge (§ 83 SGB V), die arznei- und heilmittelrechtlichen Budget- und Richtgrößenvereinbarungen (§ 84 SGB V), Vereinbarungen im Zusammenhang mit der Festsetzung der Gesamtvergütung (§§ 85, 87a SGB V), Vereinbarungen über den Inhalt und die Durchführung von Wirtschaftlichkeitsprüfungen (§ 106b Abs. 2 SGB V), Vereinbarungen für die Krankenversicherungskarte (§ 291 Abs. 3 SGB V), die elektronische Gesundheitskarte (§ 291a Abs. 7b S. 4, Abs. 7d S. 2 SGB V) und über die Übermittlung von Leistungsdaten (§ 295 Abs. 3 SGB V), Festsetzung von Verträgen über ambulantes Operieren im Krankenhaus, hier erweitert um Vertreter der Deutschen Krankenhausgesellschaft (§ 115b Abs. 3 iVm § 89 Abs. 4 SGB V).

16 Die **Zuständigkeit des Schiedsamtes** bestimmt sich weiter nach der **Verbandskompetenz des Schiedsamtes.** Für Verträge auf Landesebene sind die Landesschiedsämter, für Verträge auf Bundesebene sind die Bundesschiedsämter zuständig. Es besteht kein hierarchisches Verhältnis zwischen den Landesschiedsämtern und den Bundesschiedsämtern. Die Bundesschiedsämter sind also nicht Berufungs- oder Revisionsinstanz für Entscheidungen der Landesschiedsämter.

17 Die **örtliche Zuständigkeit der Landesschiedsämter** bestimmt sich nach dem Bezirk der Kassenärztlichen Vereinigung.[5]

IV. Organisation – Zusammensetzung – Aufsicht

18 **Schiedsämter** setzen sich paritätisch aus Vertretern der Ärzte und Krankenkassen und drei unparteiischen Mitgliedern zusammen, von denen einer den Vorsitz innehat (§ 89 Abs. 2 und 4 SGB V). Die verschiedenen Schiedsstellen sind ebenfalls paritätisch besetzt und haben drei unparteiische Mitglieder. Schiedsämter unterliegen der **Rechtsaufsicht** (§ 89 Abs. 5 SGB V). Ob Schiedsämter als **Behörden** und, wenn ja, welcher Art zu qualifizieren sind, ist strittig.[6]

V. Verfahren

19 Das Verfahren kann auf dreierlei Weise eingeleitet werden: Wenn ein Vertrag nicht zustande gekommen ist, auf schriftlichen Antrag einer der beiden Vertragsparteien; von Amts wegen, wenn eine Vertragspartei einen bestehenden Vertrag gekündigt hat (§ 89 Abs. 1 SGB V); eingeleitet durch die Aufsichtsbehörde, wenn entgegen der gesetzlichen Verpflichtung keine Vertragspartei einen Antrag gestellt hat (§ 89 Abs. 1a SGB V).

20 Das Schiedsamt entscheidet aufgrund mündlicher Verhandlung innerhalb von drei Monaten nach Beginn des Schiedsamtsverfahrens (§ 89 Abs. 1 und 1a SGB V). Bis zur Entscheidung gilt der bisherige Vertrag weiter (§ 89 Abs. 1 S. 4 SGB V).

VI. Entscheidung

21 Die Entscheidung des Schiedsamtes ergeht als **Schiedsspruch,** der den Vertragsinhalt verbindlich festsetzt. Der Schiedsspruch wirkt in Richtung auf die Verfahrensbeteiligten

---

4 Becker/Kingreen/*Kingreen* SGB V § 89 Rn. 4 ff.
5 Dies ist § 89 Abs. 2 SGB V und § 1 Abs. 4 SchiedsAmtsV zu entnehmen.
6 S. hierzu *Düring/Schnapp* in Schnapp/Düring HdB Schiedsverfahren Rn. 82 ff.

Igl

als **vertragsgestaltender Verwaltungsakt** und in Richtung auf die Mitglieder der Verfahrensbeteiligten als **Normsetzungsvertrag** (sog. Doppelnatur des Schiedsspruchs).[7]

Bestimmte Entscheidungen des Schiedsamtes sind der Aufsichtsbehörde vorzulegen. Zu den **Aufsichtsvorschriften** über die Entscheidungen des Schiedsamtes s. § 89 Abs. 5 S. 4 und 5 SGB V.[8]

VII. Rechtsschutz

Die Vertragsparteien können eine Entscheidung des Schiedsamtes, die einen Verwal- **22** tungsakt darstellt, **anfechten** (§ 54 SGG). Die Klage hat **keine aufschiebende Wirkung** (§ 89 Abs. 1 S. 6 SGB V). Die Kontrolldichte der Sozialgerichte ist insofern eingeschränkt, als dem Schiedsamt in der Vertragsgestaltung ein gewisser Gestaltungsspielraum gelassen werden muss. Das BSG[9] führt hierzu wörtlich aus:

»Dementsprechend sind sie [sc. die Schiedssprüche] nur daraufhin zu überprüfen, ob sie die grundlegenden verfahrensrechtlichen Anforderungen und in inhaltlicher Hinsicht die zwingenden rechtlichen Vorgaben eingehalten haben. In formeller Hinsicht wird geprüft, ob das Schiedsamt den von ihm zugrunde gelegten Sachverhalt in einem fairen Verfahren unter Wahrung des rechtlichen Gehörs ermittelt hat und sein Schiedsspruch die Gründe für das Entscheidungsergebnis ausreichend erkennen lässt. Die inhaltliche Kontrolle ist darauf beschränkt, ob der vom Schiedsspruch zugrunde gelegte Sachverhalt zutrifft und ob das Schiedsamt den ihm zustehenden Gestaltungsspielraum eingehalten hat, dh insbesondere die maßgeblichen Rechtsmaßstäbe beachtet hat.«

C. Krankenhausfinanzierung (KHG – KHEntgG)

I. Bereiche

Die **(Landes-)Schiedsstelle** nach § 18a Abs. 1–5 KHG ist im Rahmen des Pflegesatzver- **23** fahrens nach § 18 KHG (Vereinbarung der der Pflegesätze) zuständig. Sie ist auch nach dem KHEntgG für Vereinbarungen zum Landesbasisfallwert (§ 10 KHEntgG) und für krankenhausindividuelle Vereinbarungen (§ 11 KHEntgG) zuständig (§ 13 KHEntgG).[10]

Auf **Bundesebene** ist die Schiedsstelle nach § 18a Abs. 6 KHG zuständig. Sie ist auch **24** nach dem KHEntgG für Vereinbarungen auf Bundesebene zuständig (§ 9 Abs. 2 KHEntgG).

II. Rechtsgrundlagen

Neben § 18a KHG und § 13 KHEntgG sind als Rechtsgrundlagen für die (Landes-) **25** Schiedsstellen noch die Rechtsverordnungen der Länder (§ 18a Abs. 4 KHG) und für die (Bundes-)Schiedsstelle die Vereinbarung nach § 18a Abs. 6 S. 8 KHG einschlägig.[11]

III. Zuständigkeit

Die **(Landes-)Schiedsstelle** nach § 18a Abs. 1 KHG ist für die Pflegesätze von Kran- **26** kenhäusern zuständig, die nicht dem Fallpauschalenvergütungssystem unterstehen.[12]

---

7 Im Einzelnen s. *Düring/Schnapp* in Schnapp/Düring HdB Schiedsverfahren Rn. 153 ff.
8 S. hierzu Becker/Kingreen/*Kingreen* SGB V § 89 Rn. 31.
9 BSGE 91, 153 (156) = BeckRS 2004, 40029.
10 Zum obligatorischen Schlichtungsverfahren nach § 17c Abs. 3 KHG, wonach in einem Schlichtungsausschuss auf Bundesebene Kodier- und Abrechnungsfragen von grundsätzlicher Bedeutung zu klären hat, s. *Buchner* SGb 2014, 119; *Felix* NZS 2014, 601.
11 Zu den grundlegenden Fragen des Schiedsverfahrens nach dem KHG *Clemens* MedR 2012, 769.
12 S. zur Abgrenzung § 1 Abs. 1 und 2 KHEntgG; → § 20 Rn. 55.

Schiedsfähig sind Pflegesatzvereinbarungen, die ganz oder teilweise nicht zustande kommen. Die Bestimmung der nicht schiedsfähigen Gegenstände findet sich in § 18 Abs. 3 BPflV.

27 Für Krankenhäuser, für die das Fallpauschalenvergütungssystem anwendbar ist, bestimmen sich die schiedsfähigen Vereinbarungen nach § 13 iVm §§ 10 und 11 KHEntgG. Die (Landes-)Schiedsämter sind landesweit zuständig (§ 18a Abs. 1 S. 1 KHG).[13]

28 Die **(Bundes-)Schiedsstelle** nach § 18a Abs. 6 KHG entscheidet in Angelegenheiten mit Wirkung auf Bundesebene. Die schiedsfähigen Gegenstände werden im KHG und in der BPflV im Einzelnen benannt (§ 18a Abs. 6 S. 1 KHG).[14] Es finden sich aber auch im SGB V[15] und im KHEntgG[16] Verweise auf diese Schiedsstelle.

IV. Organisation – Zusammensetzung

29 Die **(Landes-)Schiedsstelle** besteht aus einem neutralen Vorsitzenden sowie aus Vertretern der Krankenhäuser und Krankenkassen in gleicher Zahl (§ 18a Abs. 2 S. 1 KHG). Die Zahl der Mitglieder kann durch Landesrechtsverordnung bestimmt werden (§ 18a Abs. 4 Nr. 1 KHG). Die Frage nach der **Behördeneigenschaft** der Schiedsstelle wird in Literatur und Rechtsprechung unterschiedlich beantwortet. Anders als die Entscheidungen des Schiedsamtes nach § 89 SGB V haben die Entscheidungen der Schiedsstelle nach § 18a Abs. 1 KHG keine Verwaltungsaktqualität, da sie von der zuständigen Landesbehörde genehmigt werden müssen (§ 20 Abs. 1 BPflV). Allerdings kann die Handlungsform einer Stelle nicht den Ausschlag für ihre Qualifikation als Behörde iSd § 1 Abs. 4 VwVfG bzw. der jeweiligen Landesverwaltungsverfahrensgesetze geben. Deshalb spricht nichts dagegen, die Schiedsstelle als Behörde im funktionellen Sinn zu verstehen.[17]

30 Die **(Bundes-)Schiedsstelle** besteht aus einem unparteiischen Vorsitzenden, zwei weiteren unparteiischen Mitgliedern sowie aus Vertretern des Spitzenverbandes Bund der Krankenkassen und der Deutschen Krankenhausgesellschaft in gleicher Zahl (§ 18a Abs. 6 S. 2 KHG). Die **Behördeneigenschaft** dieser Schiedsstelle ist hier schon wegen der Verwaltungsaktqualität ihrer Entscheidungen gegeben (vgl. § 18a Abs. 6 S. 11 KHG).

V. Verfahren

31 Die **(Landes-)Schiedsstelle** hat innerhalb von sechs Wochen auf Antrag über die Gegenstände zu entscheiden, über die keine Einigung erzielt worden ist (§ 18 Abs. 3 BPflV; § 13 Abs. 3 KHEntgG). Ansonsten richtet sich das Verfahren nach den entsprechenden Landesverordnungen.

32 Das Verfahren vor der **(Bundes-)Schiedsstelle** ist in einer Vereinbarung nach § 18a Abs. 6 S. 8 KHG festgelegt.

VI. Entscheidung

33 Bei der Entscheidung muss die **(Landes-)Schiedsstelle** das für die Vertragsparteien geltende Recht beachten (§ 19 Abs. 1 S. 2 BPflV, § 13 Abs. 1 S. 2 KHEntgG). Da die Ent-

---

13 Zur Möglichkeit, in einem Land mehrere Schiedsstellen zu errichten, s. § 18a Abs. 1 S. 2 KHG.
14 §§ 17a Abs. 2 S. 3, 17b Abs. 5 S. 1 Nr. 4, 17c Abs. 4 S. 11 KHG; § 15 Abs. 3 BPflV.
15 So im Zusammenhang mit der elektronischen Gesundheitskarte, § 291a Abs. 7d SGB V.
16 §§ 9 Abs. 2, 10 Abs. 9, 21 Abs. 6 KHEntgG.
17 So *Quaas* in Schnapp/Düring HdB Schiedsverfahren Rn. 651 f.; ausführlich zum Meinungsstand *Quaas* in Quaas/Zuck MedR § 26 Rn. 344 f.

Igl

scheidung der Schiedsstelle genehmigungspflichtig ist und sie damit nur als interner Mitwirkungsakt zu betrachten ist, wird ihr kein Verwaltungsaktcharakter beigemessen.[18]

Die Entscheidung der (Bundes-)Schiedsstelle stellt hingegen einen Verwaltungsakt dar. Dies ergibt sich einerseits aus der hier nicht gegebenen Genehmigung, zum anderen aus der gesetzlichen Regelung, die den Rechtsschutz vor den Verwaltungsgerichten eröffnet (§ 18a Abs. 6 S. 11 KHG).   **34**

VII. Genehmigung

Auf Antrag einer der Vertragsparteien muss für die Entscheidung der (Landes-) Schiedsstelle bei der zuständigen Landesbehörde die **Genehmigung** eingeholt werden (§ 18 Abs. 5 S. 1 KHG, § 20 Abs. 1 BPflV, § 14 Abs. 1 KHEntgG). Es kann auch ein Antrag auf Versagung der Genehmigung gestellt werden. Die Genehmigungsbehörde hat die Entscheidung der Schiedsstelle nur einer Rechtskontrolle zu unterwerfen; sie kann keine Zweckmäßigkeitserwägungen anstellen.[19] Die Genehmigungsbehörde kann mit ihrer Genehmigung auch keine Gestaltung der Entscheidung der Schiedsstelle vornehmen. Sie kann die Entscheidung nur genehmigen oder aber die Genehmigung versagen. Bei der Versagung der Genehmigung eines Schiedsspruchs ist die Schiedsstelle auf Antrag verpflichtet, unter Beachtung der Rechtsauffassung der Behörde neu zu entscheiden (§ 20 Abs. 3 BPflV, § 14 Abs. 3 KHEntgG). Damit wird vermieden, dass eine Vertragspartei gegen die Versagungsentscheidung klagen muss, was im Verhältnis zu einer Schiedsstellenentscheidung zeit- und kostenaufwendiger wäre. Bei **Entscheidungen nach dem KHEntgG** kann die Genehmigung mit Nebenbestimmungen versehen werden (§ 14 Abs. 3 S. 3 KHEntgG).   **35**

Für die Entscheidungen der (Bundes-)Schiedsstelle ist keine Genehmigung erforderlich.   **36**

VIII. Rechtsschutz

Rechtsschutz[20] kann nur gegen die Genehmigung bzw. die Versagung der Genehmigung einer Entscheidung der (Landes-)Schiedsstelle vor den Verwaltungsgerichten eingeholt werden. Ein Vorverfahren findet nicht statt (§ 18 Abs. 5 S. 2 KHG, § 14 Abs. 4 S. 2 KHEntgG).   **37**

Gegen eine **erteilte Genehmigung** ist nur die **Anfechtungsklage** die statthafte Klageart. Wird die Genehmigung vom Verwaltungsgericht aufgehoben, so hat die Schiedsstelle die Rechtsauffassung des Gerichts bei der erneuten Entscheidung zu beachten (analoge Anwendung des § 20 Abs. 3 BPflV).[21] Eine Vertragspartei kann nicht über eine Verpflichtungsklage die Korrektur einer Entscheidung der Schiedsstelle erreichen, weil der Genehmigungsbehörde keine gestaltende Genehmigungsbefugnis zusteht.[22] Gegen die **Versagung einer Genehmigung** kann eine **Verpflichtungsklage** erhoben werden.[23]   **38**

Gegen die Entscheidung der (Bundes-)Schiedsstelle ist der Verwaltungsrechtsweg gegeben (§ 18a Abs. 6 S. 11 KHG). Ein Vorverfahren findet nicht statt; die Klage hat keine aufschiebende Wirkung (§ 18a Abs. 6 S. 12 KHG).

---

18 BVerwGE 94, 301 = NJW 1994, 2435.
19 BVerwGE 91, 363 = NJW 1993, 2391.
20 Hierzu *Quaas* in Schnapp/Düring HdB Schiedsverfahren Rn. 653 ff.
21 BVerwG NZS 2003, 426.
22 BVerwG NZS 2003, 426.
23 BVerwGE 91, 363 = NJW 1993, 2391.

D. Soziale Pflegeversicherung (SGB XI)

I. Bereiche

39 In der Sozialen Pflegeversicherung existiert eine **Schiedsstelle,** die der Landesschiedsstelle nach § 114 SGB V nachgebildet ist (§ 76 SGB XI),[24] und eine bisher im gesamten Sozialrecht so nicht vorhandene Schiedsstelle Qualitätssicherung, die ab dem 1.1.2016 als **Qualitätsausschuss** tätig ist (§ 113b SGB XI). Weiter sind **besondere Schiedsverfahren** – Entscheidung nur durch die unparteiischen Mitglieder der Schiedsstelle nach § 76 SGB XI – für die Verfahrensregelungen nach § 81 SGB XI (§ 81 Abs. 2 S. 2, Abs. 3 SGB XI) und die Kürzung von Pflegevergütungen wegen Pflichtverletzungen (§ 115 Abs. 3 S. 3 SGB XI) vorgesehen.

II. Rechtsgrundlagen

40 Die Rechtsgrundlage für die **(Landes-)Schiedsstellen** nach dem SGB XI findet sich in § 76 SGB XI und in den Schiedsstellenverordnungen der Länder (§ 76 Abs. 5 SGB XI). Die Rechtsgrundlage für den **Qualitätsausschuss** ist § 113b SGB XI.[25] Letztere Schiedsstelle ist auf Bundesebene tätig. Die Geschäftsordnung wird von den Vertragsparteien nach § 113 SGB XI vereinbart (§ 113b Abs. 7 SGB XI). Die Rechtsgrundlagen für die **besonderen Schiedsverfahren** finden sich in § 81 SGB X und § 115 Abs. 3 S. 3 und 4 sowie § 116 Abs. 2 SGB XI. Auf diese besonderen Schiedsverfahren wird im Folgenden nicht mehr eingegangen.

III. Zuständigkeit

41 Die **Schiedsstelle nach § 76 SGB XI** ist zuständig für die ihr gesetzlich zugewiesenen Aufgaben. Das sind die Rahmenverträge nach § 75 Abs. 1 SGB XI (§ 75 Abs. 4 SGB XI), Meinungsverschiedenheiten über die Höhe und Bemessung der Umlage zur Ausbildungsvergütung gem. § 82a Abs. 3 SGB XI (§ 82a Abs. 4 S. 3 SGB XI), die Pflegesatzvereinbarungen (§§ 85 Abs. 5, 86 Abs. 1 S. 2 SGB XI) und die Vergütung der ambulanten Pflegeleistungen und der hauswirtschaftlichen Versorgung (§ 89 Abs. 3 S. 4 SGB XI).

42 Der **Qualitätsausschuss** ist für die gesetzlich zugewiesenen Fälle zuständig (§ 113b Abs. 1 S. 2 SGB XI). Das sind:

- Beschlüsse zur Qualitätssicherung der Beratungsbesuche nach § 37 Abs. 5 SGB XI;
- Vereinbarung zu den Maßstäben und Grundsätzen zur Sicherung und Weiterentwicklung der Pflegequalität (§ 113 Abs. 3 SGB XI),
- Vereinbarung über die Darstellung der Qualität von Pflegeeinrichtungen nach § 115 Abs. 1a SGB XI,
- Beschlüsse über die Expertenstandard zur Sicherung und Weiterentwicklung der Pflege nach § 113a SGB XI,
- Anpassung der Pflege-Transparenzvereinbarungen (§ 115 Abs. 1a S. 1 und 2 SGB XI).

IV. Organisation – Zusammensetzung – Aufsicht

43 Bei der **Besetzung** der **Schiedsstelle nach § 76 SGB XI** ist der Tatsache Rechnung zu tragen, dass in der Sozialen Pflegeversicherung bei den die Vergütungen bestimmenden **Pflegesatzkommissionen** auch die Sozialhilfeträger und der Verband der privaten Krankenversicherung e.V. beteiligt sind (§ 86 Abs. 1 SGB XI). Diese Beteiligung spiegelt

---

24 Hierzu ausführlich *Udsching* in Schnapp/Düring HdB Schiedsverfahren Rn. 832 ff.
25 Hierzu ausführlich *Udsching* in Schnapp/Düring HdB Schiedsverfahren Rn. 987 ff.

sich auch in der Besetzung der Schiedsstelle, in der neben dem unparteiischen Vorsitzenden und zwei weiteren unparteiischen Mitgliedern, den Vertretern der Pflegekassen und Pflegeeinrichtungen auch ein Vertreter des Verbandes der privaten Krankenversicherung e.V. und ein Vertreter des Sozialhilfeträgers vertreten sind, die auf die Zahl der Vertreter der Pflegekassen angerechnet werden (§ 76 Abs. 2 S. 1 SGB XI). Bei dem **beschleunigten Verfahren** nach § 76 Abs. 6 SGB XI kann eine unabhängige **Schiedsperson** bestellt werden.[26]

Der **Qualitätsausschuss** besteht aus Vertretern des Spitzenverbandes Bund der Pflege- **44** kassen und der Vereinigungen der Träger der Pflegeeinrichtungen auf Bundesebene in gleicher Zahl sowie einem unparteiischen Vorsitzenden und zwei weiteren unparteiischen Mitgliedern. Ihm gehören auch ein Vertreter der Arbeitsgemeinschaft der überörtlichen Träger der Sozialhilfe und ein Vertreter der kommunalen Spitzenverbände an; sie werden auf die Zahl der Vertreter des Spitzenverbandes Bund der Pflegekassen angerechnet. Dem Qualitätsausschuss kann auch ein Vertreter des Verbandes der privaten Krankenversicherung e.V. angehören; dieser wird auch auf die Zahl der Vertreter des Spitzenverbandes Bund der Pflegekassen angerechnet. Ein Vertreter der Verbände der Pflegeberufe kann dem Qualitätsausschuss unter Anrechnung auf die Zahl der Vertreter der Vereinigungen der Träger der Pflegeeinrichtungen angehören (§ 113b Abs. 2 SGB XI).

Die **Schiedsstelle nach § 76 SGB XI** hat **Behördeneigenschaft** iSd § 1 Abs. 2 SGB X.[27] **45** Für den **Qualitätsausschuss** wird Gleiches gelten.

Die **Rechtsaufsicht über die Schiedsstelle** nach § 76 SGB XI übt die zuständige Lan- **46** desbehörde aus (§ 76 Abs. 4 SGB XI), während die **Rechtsaufsicht über den Qualitätsausschuss** vom Bundesministerium für Gesundheit ausgeübt wird (§ 113b Abs. 9 SGB XI).

V. Verfahren

Das Verfahren für die Schiedsstelle nach § 76 SGB XI ist in den Landesschiedsstellen- **47** verordnungen und für den Qualitätsausschuss in der Geschäftsordnung nach § 113b Abs. 7 S. 1 SGB XI[28] geregelt.

VI. Entscheidung

Der **Schiedsspruch** der **Schiedsstelle nach § 76 SGB XI** stellt einen Verwaltungsakt **48** dar.[29] Bei der Festsetzung von Pflegesätzen kommt ihm Verbindlichkeit wie einer Pflegesatzvereinbarung zu (§§ 85 Abs. 5, 89 Abs. 3 S. 2 SGB XI). Bei einem Schiedsspruch hinsichtlich der durch die Pflegesatzkommissionen zu vereinbarenden Pflegesätze (§ 86 Abs. 1 SGB XI) hat dieser normersetzende Wirkung. Gleiches gilt für den Schiedsspruch hinsichtlich der Rahmenverträge (§ 75 Abs. 4 SGB XI).[30]

Der **Qualitätsausschuss** ersetzt mit seinen Beschlüssen zu den Expertenstandards **49** nicht Vereinbarungen, sondern füllt die Lücke eines fehlenden Beschlusses (§ 113a Abs. 1 S. 6 SGB XI). Die Bindungswirkung des Beschlusses ist in Hinblick auf den Auftrag zur Entwicklung oder Aktualisierung von Expertenstandards nur in Richtung auf

---

26 Hierzu Udsching/Schütze/*Udsching* SGB XI § 76 Rn. 16.
27 So Udsching/Schütze/*Udsching* in Schnapp/Düring HdB Schiedsverfahren Rn. 859.
28 Nicht zu verwechseln mit der Verfahrensordnung für die Anforderungen an die Entwicklung von Expertenstandards, vgl. § 113a Abs. 2 SGB XI.
29 *Udsching* in Schnapp/Düring HdB Schiedsverfahren Rn. 919.
30 *Udsching* in Schnapp/Düring HdB Schiedsverfahren Rn. 922.

die Vertragsparteien nach § 113 SGB XI gegeben. Nur der ersetzende Beschluss über die Einführung eines Expertenstandards (§ 113a Abs. 1 S. 7 SGB XI) wird auch insofern gegenüber Dritten verbindlich, als die dann so eingeführten Expertenstandards für alle Pflegekassen und ihre Verbände sowie die zugelassenen Pflegeeinrichtungen unmittelbar verbindlich sind (§ 113a Abs. 3 S. 2 SGB XI).[31]

VII. Rechtsschutz

50   Der Rechtsschutz vor den Sozialgerichten gegen **Entscheidungen der Schiedsstelle nach § 76 SGB XI** ist in den Fällen des § 85 Abs. 5 S. 3 und 4 SGB XI bei der Festsetzung von Pflegesätzen ausdrücklich geregelt. Im Falle des § 75 Abs. 3 SGB XI fehlt eine solche Regelung, was jedoch den Rechtsschutz nicht ausschließt.[32]

51   Der Rechtsschutz gegenüber den **Beschlüssen des Qualitätsausschusses** ist gesetzlich nicht ausdrücklich vorgesehen. Hier wird man die Rechtsschutzmöglichkeiten gemäß den jeweiligen Handlungen des Qualitätsausschusses bestimmen müssen.[33]

E. Sozialhilfe (SGB XII)

I. Rechtsgrundlagen

52   Die Rechtsgrundlage für die SGB XII-Schiedsstellen findet sich in § 80 SGB XII. § 81 Abs. 2 SGB XII gibt der Landesregierung eine Verordnungsermächtigung über die Bestimmung der Besetzung, des Verfahrens, die Rechtsaufsicht etc.

II. Zuständigkeit

53   Die Schiedsstellen werden für jedes Land oder Teile eines Landes gebildet (§ 80 Abs. 1 SGB XII). Schiedsstellenfähig sind nur **Vergütungsvereinbarungen** (§§ 77 Abs. 1 S. 3, 76 Abs. 2 SGB XII). Dies erscheint insofern als problematisch, da Leistung und Vergütung in einem untrennbaren Zusammenhang stehen. Deswegen ist eine bestehende Leistungsvereinbarung Voraussetzung für die Entscheidung über eine Vergütungsvereinbarung.[34]

III. Organisation

54   Die Schiedsstelle setzt sich aus Vertretern der Träger der Einrichtungen und Vertretern der örtlichen und überörtlichen Träger der Sozialhilfe in gleicher Zahl sowie einem unparteiischen Vorsitzenden zusammen (§ 80 Abs. 2 S. 1 SGB XII). Sie hat **Behördencharakter** iSv § 1 Abs. 2 SGB X.[35]

IV. Verfahren

55   Das Verfahren ist antragsabhängig (§ 77 Abs. 1 S. 3 SGB XII). Es gilt der Untersuchungsgrundsatz (§ 20 SGB X).

---

31 S. zu den weiteren Handlungen des Qualitätsausschusses *Udsching* in Schnapp/Düring HdB Schiedsverfahren Rn. 996.
32 Spickhoff/*Udsching* SGB XI § 76 Rn. 5.
33 So iErg *Udsching* in Schnapp/Düring HdB Schiedsverfahren Rn. 996.
34 S. hierzu im Einzelnen Grube/Wahrendorf/*Flint* SGB XII § 80 Rn. 15; *Gottlieb* in Schnapp/Düring HdB Schiedsverfahren Rn. 1010.
35 LSG Hessen BeckRS 2011, 69777.

V. Entscheidung

Die Entscheidung der Schiedsstelle stellt einen **vertragsgestaltenden Verwaltungsakt** 56
dar.[36]

VI. Rechtsschutz

Gegen die Entscheidung der Schiedsstelle ist der Rechtsweg zu den Sozialgerichten 57
gegeben (§ 77 Abs. 1 S. 4 SGB XII). Statthafte Klageart ist die Anfechtungsklage.[37] Ein
Vorverfahren findet nicht statt (§ 77 Abs. 1 S. 6 SGB XII). Die Klage ist gegen eine Vertragspartei zu richten (§ 77 Abs. 1 S. 5 SGB XII). Das Gericht kann die Entscheidung
der Schiedsstelle nur eingeschränkt überprüfen.[38]

---

36 LSG Hessen BeckRS 2011, 69777.
37 S. im Einzelnen Grube/Wahrendorf/*Flint* SGB XII § 80 Rn. 23 f.
38 Grube/Wahrendorf/*Flint* SGB XII § 80 Rn. 31; *Gottlieb* in Schnapp/Düring HdB Schiedsverfahren Rn. 1090; LSG Hessen BeckRS 2011, 69777.

11. Kapitel. Arzthaftungsrecht

Zur Vertiefung: *Frahm/Nixdorf/Walter,* Arzthaftungsrecht, 5. Aufl. 2013; *Geiß/Greiner,* Arzthaftpflichtrecht, 7. Aufl. 2014; *Pauge,* Arzthaftungsrecht, 13. Aufl. 2015.

Kommentare und Handbücher: *Laufs/Kern,* Handbuch des Arztrechts, Kapitel 17–20, 4. Aufl. 2010; *Martis/Winkhart,* Arzthaftungsrecht – Fallgruppenkommentar, 4. Aufl. 2014; *Spickhoff,* Medizinrecht – Kommentar, 2. Aufl. 2014, §§ 823 ff. BGB, 2011; *Wenzel,* Der Arzthaftungsprozess, 2012.

§ 46 Einleitung

Das Arzthaftungsrecht ist basierend auf möglichen Haftungsbeziehungen zwischen **1** Arzt und Patient auf vertraglicher Grundlage aus den §§ 280 ff. BGB und auf deliktischer Grundlage nach den Regelungen der §§ 823 ff. BGB klassischer Gegenstand des Zivilrechts. Bestätigt wird dies durch die mit dem sog. Patientenrechtegesetz[1] zum 1.2.2013 als §§ 630a–h in das BGB eingefügten Regelungen über den Behandlungsvertrag als Unterfall des Dienstvertrages iSv § 611 BGB. Mit der Neukodifikation verfolgt der Gesetzgeber das Ziel, die Transparenz und Rechtssicherheit im Hinblick auf die bestehenden Rechte der Patienten zu erhöhen und auf diesem Wege die Rechtsdurchsetzung für die Patienten zu erleichtern. Zugleich soll mit der Neuregelung eine Fehlervermeidungskultur entwickelt bzw. gefördert werden. Erklärtermaßen war es Wille des Gesetzgebers, das richterrechtlich entwickelte Arzthaftungsrecht weitgehend unverändert in das BGB zu integrieren.[2] Dementsprechend finden sich in den §§ 630a ff. BGB Bestimmungen über die vertraglichen Verpflichtungen der Parteien eines Behandlungsvertrages (§ 630a BGB), über Informations- und Aufklärungspflichten des Behandlers (§ 630c und e BGB), über die Einwilligung des Patienten (§ 630d BGB), über die Verpflichtung des Behandlers zur Dokumentation (§ 630f BGB), über das Recht des Patienten zur Einsichtnahme in die Patientenakte (§ 630g BGB) und zu Fragen der Beweislastverteilung im Arzthaftungsprozess (§ 630h BGB), die weitgehend eine gesetzliche Zusammenfassung der in der Rechtsprechung entwickelten arzthaftungsrechtlichen Grundsätze darstellen. Zum Teil finden sich aber auch Neuerungen, deren Reichweite noch nicht vollständig absehbar ist, wie zB die in § 630e Abs. 2 S. 2 BGB enthaltene Verpflichtung des Behandlers, dem Patienten Abschriften von Unterlagen auszuhändigen, die der Patient im Zusammenhang mit der Aufklärung oder Einwilligung unterzeichnet hat, oder die aus § 630c Abs. 2 S. 2 BGB folgende Verpflichtung zur Information über eigene oder fremde Behandlungsfehler. Ob und inwieweit sich durch die Neukodifikation Abweichungen von der bisherigen richterrechtlich entwickelten arzthaftungsrechtlichen Dogmatik ergeben, wird erst die zukünftige Entwicklung zeigen.[3] Keine Änderungen ergeben sich auf jeden Fall hinsichtlich der maßgeblichen haftungsrechtlichen Anspruchsgrundlagen. Unverändert findet sich die Anspruchsnorm für eine vertragliche Haftung aufgrund von Behandlungs- oder Aufklärungsfehlern in § 280 BGB. Ebenfalls unverändert tritt neben die vertragliche Haftung des Behandlers die weitestgehend gleichlaufende deliktische Haftung aus den §§ 823 ff. BGB.

Das Arzthaftungsrecht begegnet dem juristischen Praktiker – und damit auch den **2** Studierenden der Rechtswissenschaft – ungeachtet dessen grundsätzlich zivilrecht-

---

1 Gesetz zur Verbesserung der Rechte von Patientinnen und Patienten v. 20.2.2017 (BGBl. 2013 I 277).
2 BT-Drs. 17/10488, 11.
3 Dazu *Wagner* VersR 2012, 789.

licher Verortung in unterschiedlichster Ausgestaltung. Neben dem klassischen zivilrechtlichen Haftungsansprüchen eines Patienten gegen den Arzt, kann das Arzthaftungsrecht in öffentlich-rechtlichen Rechtsbeziehungen eine Rolle spielen, wenn ein Behandlungsfehler eines öffentlichen Amtsträgers in Rede steht, so etwa bei der Behandlung eines Bundeswehrangehörigen durch einen Truppenarzt der Bundeswehr oder eines Strafgefangenen durch einen Anstaltsarzt. Von praktischer Bedeutung ist darüber hinaus die – zumindest partiell öffentlich-rechtlich zu verortende – ärztliche Behandlung im Rahmen der gesetzlichen Unfallversicherung nach einem Arbeitsunfall oder im Rahmen einer Berufskrankheit. Arbeitsrechtlich eingekleidet kann das Arzthaftungsrecht in Erscheinung treten, wenn als Folge eines Behandlungsfehlers eines angestellten Arztes Regressansprüche des Arbeitgebers gegen den angestellten Arzt bzw. umgekehrt Haftungsfreistellungsansprüche des Arbeitnehmers gegen seinen Arbeitgeber zu beurteilen sind oder der Behandlungsfehler des angestellten Arztes durch Abmahnung oder arbeitsrechtliche Kündigung sanktioniert werden soll. Versicherungsrechtliche Relevanz kann das Arzthaftungsrecht entfalten, wenn Fragen der Eintrittspflicht eines oder mehrerer Haftpflichtversicherer verschiedener Behandler nach einem Arzthaftungsfall zu beurteilen sind oder der Haftpflichtversicherer nach einem Haftungsfall den Haftpflichtversicherungsvertrag kündigen oder Prämienerhöhungen durchsetzen will.[4] Fragen des ärztlichen Berufsrechtes sind regelmäßig bei Arzthaftungsfällen angesprochen, weil eine ärztliche Fehlbehandlung zugleich auch eine Verletzung der ärztlichen Berufspflicht zur sorgfältigen Behandlung des dem Arzt anvertrauten Patienten nach § 11 Abs. 1 MBO darstellt und damit für den Arzt die Gefahr berufsgerichtlicher Ahndung nach sich zieht. Bei einer Fehlbehandlung durch einen zur vertragsärztlichen Versorgung in der gesetzlichen Krankenversicherung zugelassenen Arzt können zumindest bei groben oder wiederholten Behandlungsfehlern Auswirkungen auf die vertragsärztliche Zulassung des behandelnden Arztes und damit Fragen des ärztlichen Zulassungsrechtes zu erörtern sein. Schließlich kann das Arzthaftungsrecht unter dem Blickwinkel von Körperverletzungs- und Tötungsdelikten auch Gegenstand strafrechtlicher Beurteilung sein.

3 Ungeachtet der jeweiligen Einkleidung sind die nachfolgend dargestellten Strukturen der Arzthaftung bei der juristischen Fallbearbeitung im Grundsatz in gleicher Weise zugrunde zu legen.

§ 47 Die Haftungsbeziehungen bei der ärztlichen Behandlung

A. Die Haftungsgrundlagen

I. Die unterschiedlichen Haftungsregime

1 Schadensersatzansprüche geschädigter Patienten können sich grundsätzlich sowohl auf vertraglicher Grundlage aus den §§ 280 ff. BGB als auch auf deliktischer Grundlage aus den §§ 823 ff. BGB ergeben.

1. Das vertragliche Haftungsregime

2 Die vertragliche Haftungsverantwortung knüpft an die mit Abschluss des Behandlungsvertrages begründete vertragliche Pflichtenstellung im Verhältnis der Vertragsparteien untereinander an.

---

4 Hierzu bspw. *Ernst* ZVersWiss 2004, 693.

a) Der Behandlungsvertrag als zivilrechtlicher Vertrag

Bei dem Behandlungsvertrag handelt es sich unabhängig davon, ob eine stationäre 3
oder eine ambulante Behandlung infrage steht, grundsätzlich um einen zivilrechtlichen Vertrag. Dies gilt auch dann, wenn auf der Behandlerseite ein öffentlich-rechtlich organisierter Träger, zB ein in der Rechtsform einer Anstalt des öffentlichen Rechts
organisiertes Universitätsklinikum, Landes- oder kommunales Krankenhaus tätig
wird.

Nur ausnahmsweise kann die Behandlung dann öffentlich-rechtlicher Natur sein, 4
wenn die Heilbehandlung Ausfluss hoheitlicher Pflichten ist. In diesem Fall tritt an
die Stelle des zivilrechtlichen Haftungsregimes das Staatshaftungsregime aus § 839
BGB iVm Art. 34 GG.[1] Dies ist bspw. bei der ärztlichen Tätigkeit eines von einem Gesundheitsamt oder Versorgungsamt eingesetzten Arztes[2] oder bei der truppenärzt-
lichen Behandlung eines Bundeswehrangehörigen durch einen bundeswehrangehörigen Truppenarzt der Fall.[3] Das gleiche gilt, wenn zum Zwecke der Behandlung des
Bundeswehrangehörigen im Rahmen staatlicher Heilfürsorge niedergelassene Ärzte
oder sonstige Leistungserbringer eingeschaltet werden.[4] Nicht öffentlich-rechtlich,
sondern zivilrechtlich einzuordnen ist allerdings die Behandlung eines Zivildienstleistenden, weil trotz des diesem Personenkreis zustehenden Anspruches auf freie
Heilfürsorge die medizinische Behandlung durch niedergelassene Ärzte und Krankenhäuser und nicht durch oder auf Veranlassung eines Truppenarztes erfolgt.[5]
Öffentlich rechtlich zu qualifizieren ist auch die zwangsweise Behandlung von Strafgefangenen,[6] zB bei künstlicher Ernährung, oder sonstigen zwangsweise untergebrachten Personen, selbst dann, wenn die Unterbringung mit dem Einverständnis
des Untergebrachten oder seines Betreuers erfolgt ist.[7] Auch die aufgrund staatlicher
Verpflichtung angeordnete Schutzimpfung unterfällt dem öffentlichen Recht,[8] anders aber wenn die Schutzimpfung auf freiwilliger Basis lediglich aufgrund von
Empfehlungen öffentlicher Hoheitsträger erfolgt. Schließlich dürfte auch die aufgrund staatlicher Anordnung durchgeführte DNA-Testung mit der Folge hoheitlich
zu qualifizieren sein, dass bei ärztlichem Fehlverhalten Amtshaftungsansprüche aus
§ 839 BGB iVm Art. 34 GG begründet sein können. Ob die Behandlung durch einen
im Rettungsdienst tätig werdenden Notarzt öffentlich-rechtlich oder privatrechtlich
zu beurteilen ist, bestimmt sich nach der Ausgestaltung des Rettungsdienstes in den
jeweiligen Rettungsdienstgesetzen der Länder.[9] Danach richtet sich die Beurteilung
der Tätigkeit eines Notarztes bspw. in Bayern, Hessen, Nordrhein-Westfalen, Schleswig-

---

1 Dazu allgemein *Frahm/Nixdorf/Walter* ArztHaftR Rn. 4; *Geiß/Greiner* ArzthaftpflichtR Rn. A 85;
  Martis/Winkhart ArztHaftR A 479 ff.; *Pauge* ArztHaftR Rn. 7; Spickhoff/*Greiner* BGB §§ 823 ff.
  Rn. 354 ff.; Wenzel/*Plagemann* Rn. 870 ff.
2 BGH NVwZ-RR 2000, 746 = VersR 2001, 1108; NJW 1994, 3012 = VersR 1994, 1228; NJW 1973,
  554 = VersR 1973, 58.
3 BGH NJW 2002, 3096 = VersR 2003, 250; NJW 1990, 760 = VersR 1989, 1050.
4 BGH NJW 1996, 2431 = VersR 1996, 976; OLG Brandenburg VersR 2001, 1428; *Frahm/Nixdorf/
  Walter* ArztHaftR Rn. 4.
5 BGH VersR 2011, 264; dazu *Kern* MedR 2011, 808, *Thiel* JR 2012, 24.
6 BGH NJW 2002, 3769 = VersR 2002, 1521; NJW 1956, 1399.
7 BGH NJW 2008, 1444 = VersR 2008, 778; NJW 1985, 677 = VersR 1984, 460.
8 BGH NJW 1994, 3012 = VersR 1994, 1228.
9 BGH VersR 2011, 90; MedR 2008, 211; NJW 2005, 429 = VersR 2005, 688; NJW 2003, 1184 = VersR
  2003, 732 (jeweils öffentlich-rechtlich, BGH MedR 2008, 211, jedoch nur bezogen auf die Tätigkeit der Rettungsleitstellen in BW); aber BGH NJW 1992, 2882 = VersR 1992, 1397 (privatrechtlich);
  dazu zB *Frahm/Nixdorf/Walter* ArztHaftR Rn. 4; *Gehrlein* Arzthaftungspflicht Rn. 58a; *Martis/
  Winkhart* ArztHaftR A 479–A 485; *Pauge* ArztHaftR Rn. 9; Spickhoff/*Greiner* BGB §§ 823 ff.
  Rn. 358.

Holstein, Mecklenburg-Vorpommern und Rheinland-Pfalz nach amtshaftungsrecht-lichen Grundsätzen.[10] Demgegenüber sind Fehler, die Ärzten im vertragsärztlichen Not- oder Bereitschaftsdienst unterlaufen, nach zivilrechtlichen Regeln zu beurtei-len, weil der vertragsärztliche Not- und Bereitschaftsdienst nicht zum öffentlichen Rettungsdienst gehört.

5 Von besonderer praktischer Relevanz ist die Beurteilung ärztlicher Tätigkeiten bei Arbeitsunfällen oder Berufskrankheiten im Rahmen der gesetzlichen Unfallversiche-rung durch von den Trägern der gesetzlichen Unfallversicherung eingesetzte sog. Durchgangsärzte. Diese sind nach § 34 Abs. 1 S. 3 SGB VII und den Regeln des zwi-schen den Verbänden der Unfallversicherungsträger und der Kassenärztlichen Bun-desvereinigung geschlossenen Vertrages Ärzte/Unfallversicherungsträger[11] nach einem in die Zuständigkeit der gesetzlichen Unfallversicherung fallenden Arbeits-unfall zur weiteren Organisation der Heilbehandlung zunächst einzuschalten. Öffent-lich-rechtlich zu beurteilen ist in diesem Zusammenhang lediglich die Entscheidung des Durchgangsarztes, ob der Patient einer besonderen berufsgenossenschaftlichen Heilbehandlung bedarf oder der allgemeinen Heilbehandlung zugeführt werden soll.[12] Entsprechendes gilt für die von dem Durchgangsarzt nach erfolgter Wieder-vorstellung im Rahmen der Nachschau zu treffende Entscheidung, ob das ursprünglich eingeschlagene Behandlungsregime beibehalten oder zu der besonderen berufsge-nossenschaftlichen Heilbehandlung gewechselt werden soll. Nur wenn der Durch-gangsarzt bei dieser Weichenstellung einen Fehler begeht, ist dieser öffentlich-recht-lich zu beurteilen, sodass nicht der Durchgangsarzt, sondern der Anstellungsträger, also die jeweilige Berufsgenossenschaft, nach amtshaftungsrechtlichen Grundsätzen haftet. Nach der neueren Rechtsprechung des BGH[13] wird der Durchgangsarzt auch bei der Eingangsuntersuchung zur Diagnosestellung und der Diagnosestellung selbst sowie bei der Erstversorgung öffentlich-rechtlich tätig. Übernimmt der Durch-gangsarzt demgegenüber nach erfolgter Weichenstellung selbst die allgemeine Heil-behandlung und treten in diesem Zusammenhang Behandlungsfehler auf, richtet sich die Haftung nach den allgemeinen zivilrechtlichen Grundsätzen. Gleiches gilt für Fehler bei allgemeinen Heilbehandlungsmaßnahmen, die der Durchgangsarzt bereits vor der Entscheidung über das »Ob« der speziellen berufsgenossenschaft-lichen Behandlung durchführt.[14] Für den Heilbehandlungsarzt gelten diese Grund-sätze nicht.[15]

---

10 BGH NJW 2005, 429 = VersR 2005, 688; NJW 2003, 1184 = VersR 2003, 732 (für Bayern); BGH VersR 2011, 90 (für Hessen); für Schleswig-Holstein (OLG Schleswig OLGR 2007, 17); dazu *Frahm/Nixdorf/Walter* ArztHaftR Rn. 4; *Martis/Winkhart* ArztHaftR A 480; Wenzel/*Plagemann* Rn. 873; *Petry* GesR 2003, 205.
11 www.dguv.de/inhalt/rehabilitation/verguetung/documents/aerzte.pdf.
12 BGH NJW 2017, 1745 = VersR 2017, 495; NJW 2017, 1742 = VersR 2017, 490; NVwZ-RR 2010, 485 = VersR 2010, 768; NJW 1994, 2417 = VersR 1994, 1195; *Frahm/Nixdorf/Walter* ArztHaftR Rn. 5; *Geiß/Greiner* ArzthaftpflichtR Rn. A 88; *Pauge* ArztHaftR Rn. 11; Spickhoff/*Greiner* BGB §§ 823 ff. Rn. 357; zum Aufgabenbereich eines Durchgangsarztes und eines Heilbehandlungs-arztes: BGH NJW 2009, 993 = VersR 2009, 401.
13 BGH NJW 2017, 1745 = VersR 2017, 495; NJW 2017, 1742 = VersR 2017, 490.
14 BGH NJW 2009, 993 = VersR 2009, 401; NJW 1994, 2417 = VersR 1994, 1195; NJW 1989, 767 = VersR 1988, 1273; OLG Schleswig NJW-RR 2008, 41; vgl. statt vieler *Frahm/Nixdorf/Walter* ArztHaftR Rn. 5; *Martis/Winkhart* ArztHaftR 75; *Pauge* ArztHaftR Rn. 11; Wenzel/*Plagemann* Rn. 891; näher dazu → Rn. 64.
15 BGH NJW 2009, 993 = VersR 2009, 401; *Frahm/Nixdorf/Walter* ArztHaftR Rn. 5; nach § 30 des Vertrages Ärzte/Unfallversicherungsträger gültig ab 1.1.2011 werden ab dem 1.1.2011 keine H-Ärzte mehr beteiligt. Bereits vor diesem Zeitpunkt beteiligte H-Ärzte können bis zum 31.12.2015 unter bestimmten Voraussetzungen als D-Ärzte weiterhin im berufsgenossen-schaftlichen D-Arztverfahren beteiligt werden.

Nebendahl

b) Der Behandlungsvertrag als Dienstvertrag

Der Behandlungsvertrag ist grundsätzlich als Unterfall des Dienstvertrages nach den **6** §§ 611 ff. BGB einzuordnen,[16] aufgrund dessen der vertragschließende Behandler der anderen Vertragspartei gegenüber die Verpflichtung zur Durchführung einer dem jeweiligen zum Zeitpunkt der Behandlung anerkannten ärztlichen Standard entsprechenden Heilbehandlung und einer dem jeweiligen Behandlungsfall entsprechenden ordnungsgemäßen Aufklärung übernimmt. Die entsprechende Pflichtenbeziehung ist in § 630a Abs. 1 BGB ausdrücklich gesetzlich normiert. Auch der in § 630b BGB enthaltene Verweis auf die entsprechend anwendbaren Vorschriften über das – nicht arbeitsvertragliche – Dienstverhältnis bestätigt diese Einordnung. Die vertragliche Verpflichtung ist somit auf die mangelfreie Erbringung einer ärztlichen Dienstleistung beschränkt, während ein irgendwie gearteter Behandlungserfolg nicht geschuldet ist.

Ausfluss der Charakterisierung als Dienstvertrag ist zudem, dass der Vertragspartner **7** auf Behandlerseite nach § 630b iVm § 613 BGB verpflichtet ist, die vertraglich geschuldete Dienstleistung grundsätzlich persönlich zu erbringen.[17] Dieser Grundsatz persönlicher Leistungserbringung, der standesrechtlich durch § 19 Abs. 2 MBO, sozialversicherungsrechtlich durch § 15 Abs. 2 SGB V und vergütungsrechtlich durch § 4 Abs. 2 S. 1 GOÄ und Nr. 2.2 EBM[18] abgesichert ist, begründet die Verpflichtung des vertragsschließenden Arztes, die wesentlichen Teile der vertraglich geschuldeten Leistungen selbst zu erbringen, ohne jedoch das in einer arbeitsteiligen Medizin zwingend erforderliche Recht zur Delegation geschuldeter Leistungen auf nachgeordnete Ärzte und nichtärztliche Leistungserbringer auszuschließen.

Aus der Einordnung als Dienstvertrag folgt aber auch, dass der Arzt zivilrechtlich **8** nicht zur Übernahme einer ihm angetragenen Behandlung verpflichtet ist. Eine solche Verpflichtung kann jedoch gegenüber GKV-Patienten aus der vertragsarztrechtlichen Pflichtenstellung eines zugelassenen Vertragsarztes folgen. Die Ablehnung einer gewünschten Behandlung kann deshalb zwar eine Verletzung vertragsärztlicher Pflichten darstellen, führt jedoch mangels Zustandekommens eines Behandlungsvertrages nicht zur vertraglichen Arzthaftung. Ausnahmsweise kann in Notfällen, in denen eine andere für den Patienten zumutbar erreichbare Behandlungsmöglichkeit nicht zur Verfügung steht, ein deliktischer Schadensersatzanspruch in Frage kommen. In diesem Fall kommt dem Arzt eine Garantenstellung zu, deren Verletzung einen Haftungsanspruch begründen kann.[19]

---

16 BGH NJW 1986, 2364 = VersR 1986, 866; *Deutsch/Spickhoff* MedizinR Rn. 138; *Frahm/Nixdorf/ Walter* ArztHaftR Rn. 2; *Geiß/Greiner* ArzthaftpflichtR Rn. A 4; *Lipp* in Laufs/Katzenmeier/Lipp ArztR III Rn. 26; *Martis/Winkhart* ArztHaftR A 401; Spickhoff/*Greiner* BGB §§ 823 ff. Rn. 297; *Pauge* ArztHaftR Rn. 14; Spickhoff/*Spickhoff* BGB § 630a Rn. 5; Wenzel/*Mennemeyer/Hugemann* Rn. 337.
17 BGH NJW 2008, 987 = VersR 2008, 493 (zur Stellvertreterabrede in einem Chefarztvertrag); Palandt/*Weidenkaff* BGB § 613 Rn. 1.
18 Unter Hinweis auf §§ 14a, 15 und § 25 BMV-Ä; vgl. dazu die gemeinsame Bekanntmachung der Bundesärztekammer und der Kassenärztlichen Bundesvereinigung v. 29.8.2008, Persönliche Leistungserbringung – Möglichkeiten und Grenzen der Delegation ärztlicher Leistungen, DÄBl. 2008, A 2173–A 2177; vgl. dazu auch die Hinweise der DKG v. 6.3.2013, Persönliche Leistungserbringung im Krankenhaus, Das Krankenhaus 2013, 507; Vereinbarung über die Delegation ärztlicher Leistungen an nichtärztliches Personal in der ambulanten vertragsärztlichen Versorgung gem. § 28 Abs. 1 S. 3 SGB V v. 1.10.2013 zwischen KBV und SpiBundKK, Anlage 24 BMV-Ä; *Peikert* MedR 2000, 352; Wenzel/*Steinhilper,* Handbuch des Fachanwalts Medizinrecht, 2007, 1062.
19 OLG Köln BeckRS 2015, 06852.

9 Folge der Einordnung des Behandlungsvertrages als Dienstvertrag ist weiter, dass dem Patienten als Vertragspartner nach § 630b BGB iVm § 627 Abs. 1 BGB ein jederzeitiges grundloses Kündigungsrecht zukommt,[20] das entsprechend § 630b BGB iVm § 628 Abs. 1 BGB den bis zum Zeitpunkt der Kündigung entstandenen Vergütungsanspruch des Arztes allerdings unberührt lässt.

10 Unabhängig von der dienstvertraglichen Einordnung können werkvertragliche Elemente Gegenstand der vertraglichen Verpflichtungen aus dem Behandlungsvertrag werden, soweit es um die Erbringung technischer Leistungen geht.[21] Denkbar ist dies bspw. bei der technischen Anfertigung von Zahnersatz durch einen Zahnarzt, nicht aber bei der Planung oder Insertion des Zahnersatzes.[22] Entsprechendes gilt für die Anfertigung von orthopädischen Prothesen oder Körperersatzteilen, bei der ebenfalls die technische Herstellung selbst werkvertraglichen Grundsätzen unterfällt, während sich die Planung und die operative Integration nach dienstvertraglichen Grundsätzen richtet. Für die technische Herstellung einer Brille gilt ebenfalls das Werkvertragsrecht, während die dafür notwendigen augenärztlichen Untersuchungen und die Anpassung der Brille sich nach dienstvertraglichen Regeln richten. Auch die reine Durchführung von Laboruntersuchungen durch einen Laborarzt oder die Refraktionsbestimmung durch einen Augenarzt unterfällt werkvertraglichen Regelungen. Schließlich ist auch die technische Erstellung von Röntgenbildern oder sonstigen bildgebenden Untersuchungen im Gegensatz zu deren Planung und Auswertung nach werkvertraglichen Grundsätzen zu beurteilen. Soweit Vertragspflichten mit werkvertraglichem Charakter betroffen sind, sind auch die Rechtsfolgen unzureichender Pflichterfüllung dem Werkvertragsrecht zu entnehmen. So steht dem Arzt bei derartigen Pflichten grundsätzlich ein Nachbesserungsrecht bei mangelhafter Herstellung des Zahnersatzes, der Prothese oder des Röntgenbildes in entsprechender Anwendung von § 635 Abs. 1 BGB zu.[23] Die übrigen wechselseitigen Pflichten aus dem Behandlungsvertrag und dessen grundsätzliche Klassifikation als Dienstvertrag werden hierdurch allerdings nicht geändert.

11 Grundsätzlich anderes kann ausnahmsweise dann gelten, wenn der behandelnde Arzt ausdrücklich die vertragliche Verpflichtung zur Herbeiführung eines Behandlungserfolges übernimmt. Liegt ein solcher Fall vor, schuldet der versprechende Arzt aufgrund eines selbstständigen vertraglichen Garantieversprechens den von ihm zugesagten Erfolg. Dies kann ganz ausnahmsweise zB bei medizinisch nicht indizierten sog. Schönheitsoperationen der Fall sein. Allerdings wird man eine entsprechende Erfolgsgarantie des Arztes nur bei einer ausdrücklichen Garantieübernahme oder einem unzweideutigen, eine Garantie erkennen lassenden konkludenten Verhalten des Arztes annehmen können. In der Praxis kann daher auch bei derartigen Behandlungen regelmäßig nicht angenommen werden, dass der behandelnde Arzt den Eintritt des erstrebten Erfolges tatsächlich garantieren will.[24]

---

20 BGH NJW 2011, 1674 = VersR 2011, 883; *Deutsch/Spickhoff* MedizinR Rn. 160; Palandt/ *Weidenkaff* BGB § 627 Rn. 2; Wenzel/*Mennemeyer/Hugemann* Rn. 379.

21 BGH NJW 2011, 1674 = VersR 2011, 883; NJW 1975, 305 = VersR 1975, 347; *Deutsch/Spickhoff* MedizinR Rn. 140; *Geiß/Greiner* ArzthaftpflichtR Rn. A 4; *Frahm/Nixdorf/Walter* ArztHaftR Rn. 3; *Lipp* in Laufs/Katzenmeier/Lipp ArztR III Rn. 28; *Martis/Winkhart* ArztHaftR A 406; Spickhoff/*Greiner* BGB §§ 823 ff. Rn. 297; Spickhoff/*Spickhoff* BGB § 630a Rn. 8; Wenzel/*Mennemeyer/Hugemann* Rn. 338; *Salzmann-Hennersdorf* VersR 2012, 1101; *Schellenberg* VersR 2007, 1343; zur Einordnung allgemeiner Pflegeleistungen als dienstvertragliche Leistungen: BGH NJW 2011, 2955 = VersR 2011, 1271.

22 BGH NJW 2011,1674 = VersR 2011, 883; *Frahm/Nixdorf/Walther* ArztHaftR Rn. 3; *Lipp* in Laufs/Katzenmeier/Lipp ArztR III Rn. 28.

23 *Frahm/Nixdorf/Walter* ArztHaftR Rn. 3; *Martis/Winkhart* ArztHaftR A 403; *Schellenberg* VersR 2007, 1343.

24 Dazu *Martis/Winkhart* ArztHaftR A 404, A 429.

Nebendahl

2. Das deliktische Haftungsregime

Die deliktische Haftung für fehlerhaftes ärztliches Handeln findet ihre Grundlage in dem ärztlichen Handeln selbst bzw. der Übernahme der organisatorischen Verantwortung für einen komplexen Behandlungsprozess. Grundsätzlich haftet der die Behandlung selbst Übernehmende wegen der aus der Behandlungsübernahme folgenden Garantenstellung für seine eigenen Fehler nach § 823 Abs. 1 BGB deliktisch, wobei jedoch bei arbeitsteiliger ärztlicher Leistungserbringung die Anforderungen an die Pflichtenstellung der in die Behandlung eingeschalteten Personen variieren können. Eine eigene deliktische Haftung eines Krankenhausträgers kann sich bei Organisationsmängeln ebenfalls aus § 823 Abs. 1 BGB ergeben. Daneben tritt die Haftung des Geschäftsherrn für die in die Behandlung eingeschalteten Verrichtungsgehilfen nach Maßgabe der Regelung des § 831 BGB. Verrichtungsgehilfen sind in diesem Zusammenhang alle bei der Behandlung eingesetzte, von den Weisungen des Geschäftsherrn abhängige Mitarbeiter unabhängig von deren fachlichen Spezialisierung und dem Rechtsverhältnis, aus dem sich die Weisungsabhängigkeit ergibt, nicht aber rechtlich selbständige Ärzte, die aufgrund eigener Vertragsbeziehungen arbeitsteilig in die Behandlung des Patienten einbezogen sind. Die dem Geschäftsherrn in diesem Zusammenhang durch § 831 Abs. 1 BGB eingeräumte Möglichkeit, sich durch den Nachweis ordnungsgemäßer Auswahl und Überwachung des Verrichtungsgehilfen von der eigenen deliktischen Haftung zu exkulpieren, erweist sich in der Praxis aufgrund der hohen Anforderungen, die an die Führung des Entlastungsbeweises von der Rechtsprechung gestellt werden, aufgrund arbeitsrechtlicher Freistellungsansprüche von Verrichtungsgehilfen, die in einem Arbeitsverhältnis zum Geschäftsherrn stehen, und aufgrund des annähernden Gleichlaufs von vertraglicher und deliktischer Haftung als weitgehend bedeutungslos.[25] Hieran hat sich auch durch die Kodifizierung des Behandlungsvertrages und der vertraglichen Arzthaftung in den §§ 630a ff. BGB nichts geändert.[26]

Neben die deliktische Haftungszurechnung über § 831 BGB tritt darüber hinaus die Haftungszurechnung für das Handeln von verfassungsgemäßen Organen nach den §§ 31, 89 BGB, ohne das hierbei eine Entlastungsmöglichkeit besteht. So ist ein Krankenhausträger verpflichtet, für seine verfassungsgemäßen Vertreter einzutreten, wenn diese bei Begehung eines Behandlungsfehlers gerade in ihrer amtlichen Eigenschaft tätig geworden sind. Eine Haftungszurechnung des Verhaltens eines privatliquidationsberechtigten Chefarztes nach den §§ 31, 89 BGB aufgrund von Fehlern im Rahmen von dessen Privatambulanz zulasten des Krankenhausträgers scheidet daher aus. Zu den verfassungsgemäßen Vertretern gehören aufgrund der bestehenden Weisungsfreiheit in medizinischen Fragen neben dem ärztlichen Leiter/Direktor eines Krankenhauses auch die Chefärzte bzw. die den Chefarzt vertretenden Oberärzte in Wahrnehmung der Vertretungsfunktion selbst dann, wenn die Leitungsfunktion sich auf eine unselbstständige Fachabteilung bezieht, solange die Weisungsfreiheit im medizinischen Fragen besteht.[27] Die deliktische Haftungszurechnung nach den §§ 31, 89 BGB erfolgt darüber hinaus auch im Verhältnis der Gesellschafter einer in der Rechtsform

12

13

---

25 BGH NJW 1989, 767 = VersR 1988, 1273; dazu *Gehrlein* Arzthaftungspflicht Rn. A 44; *Pauge* ArztHaftR Rn. 109, 117.

26 Krit. dazu *Wagner* VersR 2012, 789, 801.

27 BGH NJW 1987, 2925 = VersR 1987, 1040 (Oberarzt als Chefarztvertreter); BGH NJW 1985, 2189 = VersR 1985, 1043 (leitender Abteilungsarzt); BGH NJW 1980, 1901 = VersR 1980, 768 (leitender Chefarzt eines Krankenhauses); *Frahm/Nixdorf/Walter* ArztHaftR Rn. 53; *Gehrlein* Arzthaftungspflicht Rn. A 42; *Geiß/Greiner* ArzthaftpflichtR Rn. A 60; *Pauge* ArztHaftR Rn. 118; Spickhoff/*Greiner* BGB §§ 823 ff. Rn. 335.

einer BGB-Gesellschaft organisierten Gemeinschaftspraxis für des jeweilige behandlungsfehlerhafte Verhalten eines Gemeinschaftspraxispartners.[28]

II. Die Unterschiede und Gemeinsamkeiten der Haftungsregime

14 Die Unterscheidung der Haftungsregime hat Auswirkungen auf die Person des Haftungsschuldners, weil vertragliche Ansprüche – selbstverständlich – nur gegen den auf der Behandlerseite stehenden Vertragspartner des Behandlungsvertrages geltend gemacht werden können, nicht aber gegen von dem Vertragspartner in die Behandlung eingeschaltete dritte Personen unabhängig davon, ob diese – zB als Arbeitnehmer – in einem rechtlichen Abhängigkeitsverhältnis zu dem vertragsschließenden Behandler stehen oder nicht. Für jene ist vielmehr der vertragsbeteiligte Behandler nach Maßgabe der vertraglichen Zurechnungsnorm aus § 278 BGB verantwortlich. Deliktische Ansprüche können demgegenüber unabhängig von vertraglichen Pflichtenbeziehungen gegen die jeweiligen Behandler sowie die für die Organisation der Behandlung Verantwortlichen nach Maßgabe der Zurechnungsnormen aus den §§ 31, 89 BGB und § 831 BGB geltend gemacht werden. Zur Festlegung des Haftungsschuldners – und des im Haftungsprozess in Anspruch zu nehmenden Beklagten – ist es deshalb notwendig, die Vertragsbeziehungen in einem ärztlichen Behandlungsfall richtig zu erfassen und die deliktische Haftungsverantwortung zutreffend zuzuordnen.

15 Inhaltliche Unterschiede ergeben sich demgegenüber aus den unterschiedlichen Haftungsregimen fast ausnahmslos nicht mehr, nachdem mit der Änderung des § 253 Abs. 2 BGB und der gleichzeitigen Aufhebung des § 847 BGB durch das zweite Schadensersatzänderungsgesetz mit Wirkung ab dem 1.8.2002 ein Schmerzensgeldanspruch nicht nur im Rahmen deliktischer Haftung, sondern auch bei vertraglicher Haftung begründet sein kann, und die Verjährungsregelungen für deliktische und vertragliche Haftungsansprüche mit Wirkung ab dem 1.1.2002 durch das Schuldrechtsmodernisierungsgesetz angeglichen worden sind. Unterschiede bestehen danach nur noch in sog. Altfällen aus der Zeit vor der jeweiligen Gesetzesänderung sowie bei den die Haftungszurechnung für das Verhalten Dritter regelnden Vorschriften nach § 278 BGB für Erfüllungsgehilfen bei der vertraglichen Haftung, bzw. für Verrichtungsgehilfen (§ 831 BGB) bzw. Organe (§§ 31, 89 BGB) bei der deliktischen Haftung. An dem faktischen Gleichlauf der vertraglichen und der deliktischen Haftung hat sich auch durch die Kodifizierung des vertraglichen Arzthaftungsrechtes in den §§ 630a ff. BGB nichts geändert.

16 Aus beiden Haftungssystemen folgende Anspruchsgrundlagen stehen grundsätzlich in Anspruchskonkurrenz, können also nebeneinander geltend gemacht werden.

B. Der Anspruchsinhaber eines Arzthaftungsanspruches

17 Ein auf eine vertragliche Anspruchsgrundlage gestützter Arzthaftungsanspruch steht grundsätzlich der Person zu, die Partner des Behandlungsvertrages ist. Der Behandlungsvertrag wird in aller Regel auf der Patientenseite durch den volljährigen, geschäftsfähigen Patienten selbst im eigenen Namen geschlossen. Auch bei GKV-Patienten ist Vertragspartner des Behandlungsvertrages nicht die jeweilige Krankenkasse, wie durch § 630a Abs. 1 BGB ausdrücklich klargestellt ist.[29] Der Vertragsschluss kann ausdrücklich oder durch konkludentes Handeln, zB durch Aufsuchen der Arztpraxis zum Zwecke der Behandlung erfolgen. Dies gilt sowohl für gesetzlich versicherte Patienten wie für Privatpatienten. Zwar begründet nur der Behandlungsvertrag mit

---

28 BGH NJW 2003, 1445 = VersR 2003, 650 (zu einer Grundstücksverwaltungs GbR).
29 Dazu *Frahm/Nixdorf/Walter* ArztHaftR Rn. 5.

einem Privatpatienten einen unmittelbaren Vergütungsanspruch des Behandlers gegen den Patienten, während bei einem Behandlungsvertrag mit einem gesetzlich versicherten Patienten der Vergütungsanspruch gegen den Patienten nach § 630a Abs. 1 BGB ausgeschlossen ist. An dessen Stelle tritt der krankenversicherungsrechtliche Vergütungsanspruch nach Maßgabe der krankenversicherungsrechtlichen Regelungen, der sich bei ambulanter vertragsärztlicher Behandlung gegen die zuständige kassenärztliche Vereinigung und bei stationärer Krankenhausbehandlung gegen die jeweilige Krankenkasse richtet. Die krankenversicherungsrechtlich begründete vergütungsrechtliche Besonderheit lässt den Behandlungsvertrag im Übrigen jedoch unberührt, sodass auch der gesetzlich krankenversicherte Patient aufgrund des geschlossenen Behandlungsvertrages in gleicher Weise gegen seinen Vertragspartner einen uneingeschränkten Behandlungsanspruch erwirbt.

Bei Minderjährigen oder in ihrer Geschäftsfähigkeit beschränkten Personen schließt **18** regelmäßig der gesetzliche Vertreter im eigenen Namen einen Vertrag zugunsten Dritter, während der minderjährige bzw. in seiner Geschäftsfähigkeit eingeschränkte Patient nicht selbst Vertragspartei wird, wohl aber Inhaber eines eigenen Behandlungsanspruches gegen den Arzt ist.[30] Etwas anderes gilt nur dann, wenn bei Vertragsschluss ausdrücklich und unmissverständlich von dem den Behandlungsvertrag abschließenden gesetzlichen Vertreter erklärt wird, dass er als Vertreter des Minderjährigen in dessen Namen den Behandlungsvertrag abschließen will, oder sonstige Umstände erkennen lassen, dass der Minderjährige selbst Vertragspartei sein soll. Dafür reicht allerdings das alleinige Aufsuchen der Arztpraxis durch den minderjährigen Patienten auch bei Routinebehandlungen nicht aus.[31] Ist Gegenstand des Behandlungsvertrages eine Sterilisation, so ist Vertragspartner der zu sterilisierende Patient; der Vertrag begründet darüber hinaus im Sinne eines Vertrages mit Schutzwirkung zugunsten Dritter auch Ansprüche des auf die Wirksamkeit der Sterilisation vertrauenden anderen Ehegatten. Entsprechendes gilt bei Entbindungen oder Behandlungen von Schwangeren.[32]

Sonderprobleme treten bei der Behandlung bewusstloser Patienten auf, die nicht in **19** der Lage sind, den Behandlungsvertrag selbst abzuschließen. Ist in derartigen Fällen ein Vertragsschluss unter Einschaltung eines Vertreters nicht möglich, bestimmen sich die rechtlichen Verhältnisse nach den Grundsätzen der berechtigten Geschäftsführung ohne Auftrag (GoA).[33] Anspruchsinhaber eines deliktischen Haftungsanspruches ist wiederum der Patient, dem gegenüber der Heileingriff vorgenommen wird. Die die Haftung auf vorsätzliches und grob fahrlässiges Verhalten beschränkende Bestimmung des § 680 BGB ist allerdings auf die ärztliche Behandlung grundsätzlich nicht anwendbar; auch nicht auf den im Einsatz befindlichen Notarzt als professionellen Nothelfer. Eine Ausnahme gilt nur in den Fällen des zufällig an einem Unfallort anwesenden Arztes, der ärztliche Leistungen im Rahmen der Nothilfe erbringt, ohne selbst Notfallmediziner zu sein.[34]

---

30 BGH NJW 2005, 2069 = VersR 2005, 947; NJW 1989, 1538 = VersR 1989, 253; NJW 1984, 1400 = VersR 1984, 356; *Frahm/Nixdorf/Walter* ArztHaftR Rn. 6; *Gehrlein* Arzthaftungspflicht Rn. A 5; *Martis/Winkhart* ArztHaftR A 448; *Pauge* ArztHaftR Rn. 16; Wenzel/*Mennemeyer/Hugemann* Rn. 349.

31 *Frahm/Nixdorf/Walter* ArztHaftR Rn. 6, diff. *Martis/Winkhart* ArztHaftR A 455–A 455b; für GKV-Patienten; Spickhoff/*Spickhoff* BGB §§ 630a Rn. 33.

32 Zu der Problematik BGH NJW 1983, 1371 = VersR 1983, 396; *Geiß/Greiner* ArzthaftpflichtR Rn. A 93 f., B 166; *Martis/Winkhart* ArztHaftR A 448; *Pauge* ArztHaftR Rn. 16, 19, 307 ff.; Wenzel/*Mennemeyer/Hugemann* Rn. 350.

33 Spickhoff/*Greiner* BGB §§ 823 ff. Rn. 299.

34 OLG München NJW 2006, 1883; *Frahm/Nixdorf/Walter* ArztHaftR Rn. 37; *Martis/Winkhart* ArztHaftR A 452; *Deutsch/Spickhoff* MedizinR Rn. 130; Spickhoff/*Spickhoff* BGB §§ 677–680 Rn. 8; *Roth* NJW 2006, 2814; unentschieden *Pauge* ArztHaftR Rn. 81.

C. Der Anspruchsgegner auf Behandlerseite

20 Ist der Aktivlegitimierte eines Arzthaftungsprozesses auf der Patientenseite regelmäßig ohne größere Schwierigkeiten bestimmbar, erweist sich die Situation auf der Behandlerseite häufig als schwierig.[35] Dabei muss sowohl hinsichtlich der vertraglichen als auch der deliktischen Haftung zwischen originärer Eigenhaftung und abgeleiteter Haftungszurechnung unterschieden werden. Außerdem ist es erforderlich, die Behandlungssituationen im Rahmen ambulanter und stationärer Behandlungen differenziert zu betrachten, wobei die Differenzierung aufgrund der verschiedensten Möglichkeiten ambulanter ärztlicher Leistungserbringung und die vielfältigen Fallgestaltungen ambulanter Tätigkeiten an und von Krankenhäusern erheblich verkompliziert wird.

I. Eigenhaftung und abgeleitete Haftung

21 Zur Bestimmung des Vertragspartners und damit des vertraglichen Haftungsschuldners im Rahmen der Arzthaftung muss deshalb in gleicher Weise bei Privatpatienten wie bei gesetzlich krankenversicherten Patienten jeweils geklärt werden, wer auf Behandlerseite Partei des Behandlungsvertrages ist. Nur diesem gegenüber können nämlich originäre vertragliche Schadensersatzansprüche aus § 280 Abs. 1 BGB bestehen, während gegenüber allen anderen in die Behandlung eingeschalteten ärztlichen oder nichtärztlichen Leistungserbringern, die nicht in einem Vertragsverhältnis zum Patienten stehen, vertragliche Haftungsansprüche grundsätzlich ausscheiden. Bei diesen stellt sich allein die Frage, ob deren Fehlverhalten nach § 278 Abs. 1 BGB dem jeweiligen Vertragspartner zugerechnet werden kann. Voraussetzung hierfür ist, dass die in die Behandlung eingeschaltete Person Erfüllungsgehilfe des auf Behandlerseite stehenden Vertragspartners des Behandlungsvertrages ist, also von diesem weisungsabhängig in die Erfüllung der vertraglichen Verpflichtungen aus dem Behandlungsvertrag eingeschaltet wird.

22 Bei der deliktischen Haftung haftet jeder an einer Behandlung Beteiligte grundsätzlich nach § 823 Abs. 1 BGB für eigenes deliktisches Fehlverhalten persönlich. Darüber hinaus kommt eine Haftungszurechnung nach § 831 Abs. 1 BGB zulasten des jeweiligen Geschäftsherrn des handelnden Arztes in Betracht, wenn der handelnde Arzt als deliktsrechtlicher Verrichtungsgehilfe iSv § 831 Abs. 1 BGB eingeordnet werden kann. Die Haftung des Geschäftsherrn entfällt, wenn dieser sich gem. § 831 Abs. 1 S. 2 BGB durch Nachweis der ordnungsgemäßen Auswahl und Überwachung der handelnden Person exkulpieren kann. An den von dem Geschäftsherrn zu führenden Nachweis werden in der Praxis sehr hohe Anforderungen gestellt.

23 In in der Trägerschaft einer juristischen Person (des öffentlichen oder privaten Rechts) stehenden Krankenhäusern erfolgt die Haftungszurechnung für Fehlverhalten von deren Organen, insbesondere den Chefärzten oder leitenden Ärzten, nach den Haftungszurechnungsnormen der §§ 31, 89 BGB ohne die Möglichkeit einer Entlastung durch den Nachweis ordnungsgemäßer Auswahl oder Überwachung. Für beamtete Ärzte kommt eine Haftungszurechnung nach § 839 Abs. 1 BGB in Betracht, wobei sich der Beamte bei lediglich fahrlässigem deliktischem Fehlverhalten auf das Haftungsprivileg des § 839 Abs. 1 S. 2 BGB berufen kann, wenn dem Patienten auch ein anderer Haftungsschuldner zur Verfügung steht.

24 Es bedarf daher in jedem Einzelfall der konkreten Analyse nicht nur der der Behandlung zugrunde liegenden Vertragsverhältnisse, sondern auch des Verhältnisses der in die Behandlung eingeschalteten ärztlichen und nichtärztlichen Personen im Hinblick

---

35 Vgl. die Übersicht bei *Jorzig*, FS ARGE Medizinrecht, 2008, 191.

Nebendahl

auf deren Stellung zu dem jeweiligen Partner des Behandlungsvertrages auf Behandlerseite und im Hinblick auf eine möglicherweise vorhandene Qualifizierung als vertraglicher Erfüllungs- und deliktischer Verrichtungsgehilfe.

II. Die ambulante Behandlung

1. Die ambulante Behandlung durch niedergelassene Ärzte

a) Die Behandlung durch einen einzelnen Arzt

Die Klärung der Passivlegitimation ist in dem Grundfall, in dem die ambulante Be-   **25** handlung durch den niedergelassenen Arzt in dessen Einzelpraxis erfolgt, in der Regel unproblematisch dahingehend zu beantworten, dass der niedergelassene Arzt alleiniger Vertragspartner des Patienten aus dem Behandlungsvertrag wird. Dies ist auch dann der Fall, wenn für den niedergelassenen Arzt in dessen Praxis ein Urlaubsvertreter tätig wird, der nicht selbst Vertragspartner des Patienten, sondern lediglich Erfüllungsgehilfe des Praxisinhabers ist.[36] Anderes gilt allerdings, wenn der Patient im Urlaub des ihn behandelnden Arztes einen anderen Arzt in dessen Praxis zur Weiterbehandlung aufsucht. In diesem Fall wird regelmäßig ein eigenständiger Behandlungsvertrag geschlossen.[37] Demgegenüber ist der von dem niedergelassenen Arzt in dessen Praxis beschäftigte angestellte Arzt lediglich Erfüllungsgehilfe und wird nicht Vertragspartner des Behandlungsvertrages.[38] Etwas anderes kann im Einzelfall allerdings in Betracht kommen, wenn für den Patienten nicht erkennbar ist, dass der angestellte Arzt als Angestellter tätig wird. Denkbar ist dies zB, wenn auf dem Praxisschild oder dem Briefkopf der Praxis der Arzt nicht als angestellter Arzt kenntlich gemacht wird. In diesem Fall kommt eine vertragliche Haftung des angestellten Arztes unter Rechtsscheingesichtspunkten in Betracht.[39]

Schwierigkeiten bei der Bestimmung der Vertragspartei auf der Behandlerseite können   **26** demgegenüber bei der Einschaltung von Konsiliarärzten oder sonstigen Überweisungen auftreten.[40] Unter Berücksichtigung der Umstände des Einzelfalles kann der Vertragspartner des Konsiliararztes entweder der Patient oder der den Konsiliararzt einschaltende, behandlungsführende Arzt sein. In aller Regel wird sowohl bei der Überweisung an einen Arzt des gleichen als auch eines anderen Fachgebietes selbst dann, wenn nur eine Überweisung zur Mitbehandlung erfolgt, ein eigenständiges Vertragsverhältnis zwischen dem Patienten und dem überweisungsempfangenden Arzt festzustellen sein.[41] Entgegenstehendes wird man nur ausnahmsweise annehmen, wenn der behandlungsführende Arzt den Konsiliararzt erkennbar im eigenen Namen einschaltet oder sonstige Umstände erkennen lassen, das kein Vertragsverhältnis zwischen dem Konsiliararzt und dem Patienten begründet werden soll. Auch bei der Einschaltung eines Laborarztes kommt regelmäßig ein Behandlungsvertrag zwischen dem Patienten und dem Laborarzt zustande, wobei der behandelnde Arzt als Vertreter

---

36 BGH NJW 2007, 1682 = VersR 2007, 847; NJW 2000, 2737 = VersR 2000, 1146; *Frahm/Nixdorf/Walter* ArztHaftR Rn. 12; *Gehrlein* Arzthaftungspflicht Rn. A 16; *Geiß/Greiner* ArzthaftpflichtR Rn. A 16; *Martis/Winkhart* ArztHaftR G 36a; *Pauge* ArztHaftR Rn. 92; *Spickhoff/Greiner* BGB §§ 823 ff. Rn. 301; MAH MedizinR/*Terbille* § 1 Rn. 91.
37 *Martis/Winkhart* ArztHaftR G 38; *Pauge* ArztHaftR Rn. 92.
38 OLG Frankfurt a.M. VersR 1998, 1282; *Pauge* ArztHaftR Rn. 88; zur Einordnung eines Arztes als Verrichtungsgehilfe, wenn er als Vertreter eines Vertragsarztes im GKV-Notdienst tätig wird, vgl. BGH NJW 2009, 1740 = VersR 2009, 784.
39 So für den Fall der Praxisgemeinschaft *Martis/Winkhart* ArztHaftR G 41.
40 Dazu *Frahm/Nixdorf/Walter* ArztHaftR Rn. 17, 58; *Gehrlein* Arzthaftungspflicht Rn. A 14; *Pauge* ArztHaftR Rn. 89; MAH MedizinR/*Terbille* § 1 Rn. 526.
41 BGH NJW 1999, 2731 = VersR 1999, 1241.

des Patienten tätig wird. Dies gilt allerdings nicht bei überraschenden oder übermäßig teuren Laborleistungen, mit denen der Patient nicht gerechnet hat und nicht rechnen musste und die bei einer medizinisch notwendigen Behandlung nicht erforderlich sind, weil es insoweit an der Vollmachtserteilung durch den Patienten fehlt.[42] Überweist der behandelnde Arzt den Patienten zur Weiterbehandlung an einen anderen Arzt, kommt ein neues Vertragsverhältnis zwischen dem Patienten und dem überweisungsempfangenden Arzt zustande.

27 Die deliktische Haftung richtet sich bei der Behandlung durch einen allein niedergelassenen Arzt grundsätzlich gegen den handelnden Arzt selbst, im Regelfall also gegen den selbst behandelnden Praxisinhaber, bei der Behandlung durch einen angestellten Arzt oder Urlaubsvertreter nach § 823 Abs. 1 BGB auch gegen diese. Für deliktisches Fehlverhalten von Angestellten oder Urlaubsvertretern haftet der Praxisinhaber nach § 831 Abs. 1 BGB mit der Möglichkeit der Exkulpation, weil sowohl der Urlaubsvertreter als auch der angestellte Arzt Verrichtungsgehilfe des Praxisinhabers ist.[43] Verrichtungsgehilfe des behandelnden Arztes kann auch der im ärztlichen Notfalldienst tätige Arzt sein, der im Notfall bei Abwesenheit des behandelnden Arztes tätig wird.[44]

b) Die Behandlung in einer Praxisgemeinschaft

28 Schließen sich Ärzte zu einer sog. Praxisgemeinschaft oder Apparategemeinschaft zusammen, handelt es sich im Regelfall um eine BGB-Gesellschaft zur gemeinsamen Nutzung von Personal, Praxisräumen oder einzelnen Großgeräten. Bei einem derartigen Zusammenschluss übt jeder Arzt seine ärztliche Tätigkeit getrennt voneinander aus. Der Behandlungsvertrag kommt dementsprechend auch nur zwischen dem Patienten und dem jeweils behandelnden Arzt zustande.[45] Dies gilt auch dann, wenn der behandelnde Arzt ausnahmsweise von einem anderen Mitglied der Praxisgemeinschaft bei der Behandlung vertreten wird, weil der Vertreter in diesem Fall lediglich Erfüllungsgehilfe des vertretenen Arztes ist.[46] Anders ist die Situation allerdings zu beurteilen, wenn ein anderes Mitglied der Praxisgemeinschaft aufgrund eines gesondert abgeschlossenen Behandlungsvertrages neben dem behandelnden Arzt aufgrund eigener vertraglicher Verpflichtung einen Teil der Behandlung des Patienten eigenständig übernimmt. Die Abgrenzung ist jeweils im Einzelfall vorzunehmen, wobei aus Rechtscheingesichtspunkten aus dem Außenauftritt der Praxisgemeinschaft, zB bei Verwendung eines identischen Briefkopfes, gemeinsamer Rezeptblöcke, Verwendung eines entsprechenden Praxisschildes oder einer gemeinsamen Abrechnung auf eine gemeinsame vertragliche Verpflichtung aller Ärzte und eine damit korrespondierende Haftung wie in einer Gemeinschaftspraxis geschlossen werden kann.[47]

29 Bei Tätigkeiten einer Praxisgemeinschaft richtet sich der deliktische Haftungsanspruch wiederum nur gegen den handelnden Arzt.[48] Ein Fehlverhalten des nachgeordneten

---

42 BGH NJW 2010, 1200 = VersR 2010, 816; NJW 2010, 1203 = VersR 2010, 814; dazu *Spickhoff* JZ 2010, 470.

43 *Martis/Winkhart* ArztHaftR G 35; Spickhoff/*Greiner* BGB §§ 823 ff. Rn. 301.

44 BGH NJW 2009, 1740 = VersR 2009, 784.

45 *Frahm/Nixdorf/Walter* ArztHaftR Rn. 13; *Gehrlein* Arzthaftungspflicht Rn. A 14; *Geiß/Greiner* ArzthaftpflichtR Rn. A 15; *Lipp* in Laufs/Katzenmeier/Lipp ArztR III Rn. 4; *Martis/Winkhart* ArztHaftR G 6, 12; *Pauge* ArztHaftR Rn. 54; MAH MedizinR/*Terbille* § 1 Rn. 87; Wenzel/*Möller/ Makowski* Rn. 295; *Bäune*, FS ARGE Medizinrecht, 2008, 139 (142).

46 *Martis/Winkhart* ArztHaftR G 12.

47 Dazu *Martis/Winkhart* ArztHaftR G 6, 41; *Geiß/Greiner* ArzthaftpflichtR Rn. A 15; *Pauge* ArztHaftR Rn. 59; Spickhoff/*Greiner* BGB §§ 823 ff. Rn. 300; *Bäune*, FS ARGE Medizinrecht, 2008, 139 (143).

48 *Schlund* in Laufs/Kern ArztR-HdB § 115 Rn. 12; *Martis/Winkhart* ArztHaftR G 40.

Personals wird dem handelnden Arzt nach § 831 Abs. 1 BGB unter dem Gesichtspunkt der Haftung für Verrichtungsgehilfen zugerechnet, wobei beachtet werden muss, dass der Partner der Praxisgemeinschaft grundsätzlich nicht Verrichtungsgehilfe des die Behandlung führenden Arztes ist.[49]

Die gleichen Grundsätze gelten auch für die an sog. Praxisnetzen beteiligten Ärzte.[50] **30** Hierbei handelt es sich ebenfalls um reine BGB-Innengesellschaften, zur Erreichung spezieller Zwecke, zB einer besonderen Qualitätssicherung oder eines wirtschaftlichen Einkaufs, die die jeweils gesonderten Vertragsverhältnisse der beteiligten Ärzte zu ihren Patienten unberührt lassen.

c) Die Behandlung durch eine Gemeinschaftspraxis

Demgegenüber handelt es sich bei der früher als Gemeinschaftspraxis bekannten, zu- **31** lassungs- und standesrechtlich heute als Berufsausübungsgemeinschaft bezeichneten Organisationsform ärztlicher Zusammenarbeit um einen gesellschaftsrechtlichen Zusammenschluss mehrerer Ärzte zur gemeinsamen Erbringung ärztlicher Tätigkeit. Im Regelfall ist eine solche Berufsausübungsgemeinschaft in der Rechtsform einer BGB-Gesellschaft organisiert. Standesrechtlich zulässig und denkbar ist auch die Organisation in der Form einer Partnerschaftsgesellschaft und – soweit nicht die Berufsordnungen der jeweiligen Ärztekammern oder die Heilberufegesetze der Länder dem entgegenstehen – auch die Organisationsform der juristischen Person des privaten Rechts, insbesondere der GmbH.[51]

Vertragspartner des Patienten bei einer in der Rechtsform einer juristischen Person des **32** privaten Rechts organisierten Berufsausübungsgemeinschaft ist ausschließlich die juristische Person des privaten Rechts.[52] Nur dieser gegenüber können vertragliche Haftungsansprüche bestehen. Die deliktische Haftung aus § 823 Abs. 1 BGB ist wiederum gegen den handelnden Arzt selbst begründet. Der Träger der Praxis, die juristische Person des privaten Rechtes, haftet deliktisch nach § 831 Abs. 1 BGB für nachgeordnetes Personal bzw. unter Berücksichtigung der Zurechnungsnormen nach §§ 31, 89 BGB für deliktisches Fehlverhalten ihrer Organe.

Bei der Partnerschaftsgesellschaft richtet sich die Haftung nach den §§ 7, 8 PartGG. Im **33** Hinblick auf den Abschluss des Behandlungsvertrages ist aufgrund des Verweises in § 7 Abs. 2 PartGG auf § 124 HGB Vertragspartner die Partnerschaftsgesellschaft.[53] Die vertragliche und deliktische Haftung der Partnerschaftsgesellschaft ist auf das Vermögen der Partnerschaftsgesellschaft nach § 8 Abs. 1 PartGG beschränkt. Lediglich der die Behandlung führende Partner haftet bei die berufliche Tätigkeit betreffenden Feh-

---

49 *Martis/Winkhart* ArztHaftR G 40.
50 *Frahm/Nixdorf/Walter* ArztHaftR Rn. 13; *Pauge* ArztHaftR Rn. 55; Wenzel/*Möller/Makowski* Rn. 330; *Steffen* MedR 2006, 75.
51 Dazu *Quaas* in Quaas/Zuck MedR § 14 Rn. 35–37; *Frahm/Nixdorf/Walter* ArztHaftR Rn. 16; *Schlund* in Laufs/Kern ArztR-HdB § 18 Rn. 17; *Ratzel/Lippert*, Kommentar zur Musterberufsordnung der deutschen Ärzte (MBO), 4. Aufl. 2006, § 18/18a Rn. 37–38; auch vertragsarztrechtlich ist die Organisationsform der GmbH problematisch, weil die Ärzte-Zulassungsverordnung die Ärzte-GmbH nicht erwähnt. Probleme ergeben sich darüber hinaus auch bei der privatärztlichen Abrechnung einer Ärzte-GmbH aus § 4 Abs. 2 MB/KK, vgl. LG Stuttgart MedR 2008, 748; zur Heilkunde-GmbH auch Wenzel/*Möller/Makowski* Rn. 275.
52 Dazu *Bäune*, FS ARGE Medizinrecht, 2008, 139 (145).
53 *Frahm/Nixdorf/Walter* ArztHaftR Rn. 15; *Schlund* in Laufs/Kern ArztR-HdB § 18 Rn. 15; *Martis/Winkhart* ArztHaftR G 10; Wenzel/*Möller/Makowski* Rn. 250; *Bäune*, FS ARGE Medizinrecht, 2008, 139 (143); *Steffen* MedR 2006, 75; *Walter* MedR 2002, 169.

lern gem. § 8 Abs. 2 PartGG neben der Partnerschaft mit seinem gesamten Vermögen.[54] Die persönliche Haftung des handelnden Partners wird allerdings durch jede eigene, auch untergeordnete Behandlungstätigkeit des Partners ausgelöst. So reicht für die Begründung der persönlichen Haftung schon die Delegation einer ärztlichen Tätigkeit auf einen ärztlichen Mitarbeiter aus.[55] Persönlich haftet auch der Partner, der die Behandlung nach Begehung eines Behandlungsfehlers durch einen anderen Partner übernimmt, selbst wenn er den Eintritt der Fehlerfolgen nicht mehr verhindern kann.[56]

34 Die Partnerschaftsgesellschaft mit beschränkter Berufshaftung (PartG mbB) iSd § 8 Abs. 4 PartGG, bei der die Haftung für Schäden wegen fehlerhafter Berufsausübung auf das Gesellschaftsvermögen beschränkt ist,[57] kommt für Ärzte nur in den Bundesländern in Betracht, in denen in dem jeweiligen Heilberufegesetz eine gesetzliche Verpflichtung zur Vorhaltung einer Berufshaftpflichtversicherung normiert ist, weil die Haftungsbeschränkung voraussetzt, dass eine gesetzlich begründete Verpflichtung zur Vorhaltung einer Berufshaftpflichtversicherung besteht. Nicht ausreichend ist, wenn sich die Pflicht zum Abschluss einer Berufshaftpflichtversicherung lediglich aus der Berufsordnung der jeweiligen Ärztekammer ergibt.

35 Ist die Berufsausübungsgemeinschaft in der Form einer Gesellschaft bürgerlichen Rechts organisiert, wird nach der Rechtsprechung des BGH zur partiellen Rechtsfähigkeit der BGB-Gesellschaft Vertragspartner des Patienten die BGB-Gesellschaft selbst.[58] Die einzelnen Gesellschafter haften dem Patienten für Schlechtleistung aus dem Behandlungsvertrag in entsprechender Anwendung der §§ 128 HGB gesamtschuldnerisch mit ihrem Privatvermögen.[59] Dies gilt auch bei berufsrechtlich zulässigen[60] überörtlichen Berufsausübungsgemeinschaften mit Praxen an mehreren Standorten und – ohne dass insoweit eine höchstrichterliche Klärung für den Bereich der Arzthaftung bereits vorliegt – auch für fächerübergreifende Gemeinschaftspraxen, in denen Ärzte verschiedener Fachrichtungen zusammenarbeiten.[61] Die gesamtschuldnerische Haftung erfasst auch neu in die Gemeinschaftspraxis eintretende Gesellschafter, die in analoger Anwendung des § 130 HGB für Altverbindlichkeiten haften.[62] Eine

54 *Frahm/Nixdorf/Walter* ArztHaftR Rn. 15; *Lipp* in Laufs/Katzenmeier/Lipp ArztR III Rn. 5; *Schlund* in Laufs/Kern ArztR-HdB § 18 Rn. 15; *Martis/Winkhart* ArztHaftR G 10a; *Pauge* ArztHaftR Rn. 60; MAH MedizinR/*Terbille* § 1 Rn. 89; zur Rechtsanwalts-Partnerschaftsgesellschaft vgl. *Langenkamp/Jaeger* NJW 2005, 3238.
55 *Martis/Winkhart* ArztHaftR G 10b; *Pauge* ArztHaftR Rn. 60.
56 BGH NJW 2010, 1360 (zur Rechtsanwaltshaftung), *Frahm/Nixdorf/Walter* ArztHaftR Rn. 15; Wenzel/*Möller/Makowski* Rn. 255.
57 *Korch* GmbHR 2016, 150; *Lieder/Hoffmann* NJW 2015, 897.
58 BGH NJW 2006, 437 = VersR 2006, 361; NJW 2003, 1803 = VersR 2003, 771; so auch *Pauge* ArztHaftR Rn. 56; Wenzel/*Möller/Makowski* Rn. 194; *Rehborn* ZMGR 2008, 296.
59 BGH NJW 2006, 437 = VersR 2006, 361; *Frahm/Nixdorf/Walter* ArztHaftR Rn. 14; *Gehrlein* Arzthaftungspflicht Rn. A 15; *Geiß/Greiner* ArzthaftpflichtR Rn. A 15; *Martis/Winkhart* ArztHaftR G 22 ff.; Spickhoff/*Greiner* BGB §§ 823 ff. Rn. 300; MAH MedizinR/*Terbille* § 1 Rn. 84; Wenzel/*Möller/Makowski* Rn. 197; *Bäune*, FS ARGE Medizinrecht, 2008, 139 (140); *Walter* MedR 2002, 169; *Schinnenburg* MedR 2000, 311.
60 Dazu BSG MedR 1984, 30; MedR 1993, 279; dazu *Quaas* in Quaas/Zuck MedR § 15 Rn. 5; *Walter* MedR 2002, 169.
61 *Martis/Winkhart* ArztHaftR G 9; vgl. auch BGH NJW 2012, 2435 = VersR 2013, 102 betreffend die Haftung eines Steuerberaters für einen Fehler des mit ihm in Sozietät verbundenen Rechtsanwalts; BGH NJW 2008, 2122 zur Haftung in einer überörtlichen Rechtsanwaltssozietät.
62 BGH NJW 2003, 1803 = VersR 2003, 771; NJW 2006, 756 = VersR 2006, 550; NZG 2011, 1023; dazu BVerfG NJW 2013, 523; *Frahm/Nixdorf/Walter* ArztHaftR Rn. 14; *Martis/Winkhart* ArztHaftR G 22–24; MAH MedizinR/*Terbille* § 1 Rn. 84; *Köper* VersR 3003, 1182; *Möller* MedR 2004, 69; *Segna* NJW 2006, 1566.

Haftungsbeschränkung auf den handelnden Gesellschafter in analoger Anwendung des § 8 Abs. 2 Part GG kommt nicht in Betracht.[63]

Entgegen der früheren Rechtsprechung des BGH,[64] nach der in einer ärztlichen Ge- **36** meinschaftspraxis für deliktisches Fehlverhalten nur der jeweils handelnde Arzt für eigenes Fehlverhalten oder das deliktische Fehlverhalten des nachgeordneten nicht-ärztlichen oder ärztlichen Personals nach § 831 Abs. 1 BGB haften sollte, während eine Haftungszurechnung für ein deliktisches Fehlverhalten eines anderen Partners der Gemeinschaftspraxis aufgrund des Umstandes, dass dieser nicht als Verrichtungs-gehilfe angesehen wurde, ausgeschlossen wurde, erfolgt nach der neueren Recht-sprechung[65] eine Haftungszurechnung deliktischen Fehlverhaltens eines Gemein-schaftspraxispartners auf die anderen Gemeinschaftspraxispartner in entsprechender Anwendung des § 31 BGB, sodass auch deliktisch alle Gemeinschaftspraxispartner für das deliktische Fehlverhalten eines Gemeinschaftspraxispartners eintreten müssen.

d) Die Behandlung in einem Medizinischen Versorgungszentrum

Die ambulante Behandlung kann darüber hinaus durch ein Medizinisches Versor- **37** gungszentrum (MVZ) iSv § 95 Abs. 1 S. 2 SGB V erfolgen. Hierbei handelt es sich um eine ärztlich geleitete Einrichtung, in der Ärzte, die in das Arztregister eingetragen sind, als Angestellte oder Vertragsärzte tätig sind.[66] Fächerübergreifend muss die Ein-richtung nicht mehr sein, sodass auch Ärzte der gleichen Fachrichtung ein MVZ bilden können. Gründer eines MVZ können nach § 95 Abs.1a SGB V zugelassene Ver-tragsärzte oder nach § 108 SGB V zugelassene Krankenhäuser, Erbringer nichtärzt-licher Dialyseleistungen nach § 126 Abs. 3 SGB V, zur vertragsärztlichen Versorgung zugelassene gemeinnützige Träger oder Kommunen sein. Als Träger eines solchen MVZ sind Personengesellschaften, also die GbR oder die PartG einschließlich der PartG mbB, eingetragene Genossenschaften und GmbHs sowie Träger in öffentlich-rechtlicher Rechtsform denkbar. Üblicherweise sind die Träger eines MVZ in der Rechtsform einer GmbH organisiert. Bei einer solchen Organisationsform wird der Be-handlungsvertrag aufseiten der ärztlichen Leistungserbringer durch die Trägergesell-schaft des MVZ geschlossen. Die Trägergesellschaft ist auch der zutreffende Haftungs-schuldner bei vertraglichen Pflichtverletzungen aus dem Behandlungsvertrag.[67] Demgegenüber ist der im MVZ tätige angestellte Arzt lediglich Erfüllungsgehilfe iSv § 278 BGB, sodass eine eigene vertragliche Haftung ausscheidet.[68] Etwas anderes gilt allerdings dann, wenn die im MVZ zusammengeschlossenen Ärzte nicht als angestell-te Ärzte des MVZ tätig werden, sondern unter Aufrechterhaltung ihrer vertragsärztli-chen Zulassung als Vertragsarzt im MVZ. Im Regelfall wird dann eine BGB-Gesell-schaft als Träger des MVZ bestehend aus den am MVZ als Vertragsärzte tätigen

---

63 BGH NJW 2012 = VersR 2013, 102; *Frahm/Nixdorf/Walter* ArztHaftR Rn. 14; *Martis/Winkhart* ArztHaftR G 29b.

64 BGH NJW 2000, 2737 = VersR 2000, 1146; NJW 1986, 2364 = VersR 1986, 866.

65 BGH NJW 2003, 1445 = VersR 2003, 650 (für eine BGB-Grundstücksgesellschaft); OLG Kob-lenz MedR 2005, 294 = VersR 2005, 655 (für eine Gemeinschaftspraxis); OLG Dresden MedR 2009, 410 = GesR 2008, 635 (für eine Gemeinschaftspraxis); zustimmend *Gehrlein* Arzthaf-tungspflicht Rn. A 15 (analog § 128 HGB); *Geiß/Greiner* ArzthaftpflichtR Rn. A 15; *Lipp* in Laufs/Katzenmeier/Lipp ArztR III Rn. 4; *Katzenmeier* in Laufs/Katzenmeier/Lipp ArztR XI Rn. 24; *Pauge* ArztHaftR Rn. 132; Spickhoff/*Greiner* BGB §§ 823 ff. Rn. 300; *Bäune*, FS ARGE Medizinrecht, 2008, 139 (140); *Steffen* MedR 2006, 75; *Walter* MedR 2002, 169.

66 Näher *Quaas* in Quaas/Zuck MedR § 17 Rn. 4–19.

67 *Frahm/Nixdorf/Walter* ArztHaftR Rn. 16; *Wenzel/Mennemeyer/Hugemann* Rn. 344; *Quaas* in Quaas/Zuck MedR § 17 Rn. 54; MAH MedizinR/*Terbille* § 1 Rn. 90; *Rehborn* ZMGR 2008, 296; *Bäune*, FS ARGE Medizinrecht, 2008, 139 (145); *Ulsperger/Lutz* DÄBl. 2011, A 1698.

68 *Quaas* in Quaas/Zuck MedR § 17 Rn. 54.

Ärzten vorliegen mit der Folge, dass die BGB-Gesellschaft aufgrund ihrer partiellen Rechtsfähigkeit selbst und die Vertragsärzte als Gesellschafter der BGB-Gesellschaft gesamtschuldnerisch wie in einer Gemeinschaftspraxis haften.[69] Hinsichtlich des nach § 95 Abs. 1 S. 2, 5 SGB V erforderlichen ärztlichen Leiters eines MVZ kommt eine Haftungszurechnung zulasten des Trägers des MVZ nach § 31 BGB in Betracht.[70]

38 Deliktischer Haftungsschuldner bei einer Behandlung durch ein MVZ ist grundsätzlich der Träger des MVZ. Er hat sich das deliktische Fehlverhalten des nachgeordneten ärztlichen und nichtärztlichen Personals nach den Bestimmungen des § 831 Abs. 1 BGB zurechnen zu lassen.[71] Daneben haftet der jeweils behandelnde Arzt, dem ein deliktisches Fehlverhalten vorzuwerfen ist, deliktisch aus § 823 Abs. 1 BGB. Sind Träger des MVZ Vertragsärzte in Form einer BGB-Gesellschaft, erfolgt entsprechend den für die Gemeinschaftspraxis geltenden Grundsätzen eine Haftungszurechnung gem. § 31 BGB (→ Rn. 36).

2. Die ambulante Behandlung im Krankenhaus

39 Besondere Probleme treten auf, wenn die ambulante Behandlung durch ein oder an einem Krankenhaus stattfindet.

40 Denkbar sind zum einen Fallkonstellationen, in denen die ambulanten Behandlungen durch einen am Krankenhaus tätigen Arzt durchgeführt werden. Zu dieser Fallgruppe gehört zunächst die ambulante privatärztliche Chefarztbehandlung, die ein am Krankenhaus tätiger Chefarzt mit Liquidationsberechtigung aufgrund einer ihm erteilten Nebentätigkeitsgenehmigung gegenüber Privatpatienten und sog. Selbstzahlern ausführt. Der Behandlungsvertrag kommt in dieser Konstellation zwischen dem Patienten und dem Chefarzt unmittelbar zustande, und zwar auch dann, wenn an der Stelle des Chefarztes dessen Vertreter die Behandlung übernimmt, sodass vertragliche Haftungsansprüche sich auch nur gegen den Chefarzt, nicht aber den Krankenhausträger richten können.[72] Allein aus dem Umstand, dass der Privatpatient zur ambulanten Behandlung an das Krankenhaus überwiesen worden ist, folgt nicht, dass der Behandlungsvertrag statt mit dem privatliquidationsberechtigten Chefarzt, mit dem Krankenhausträger zustande kommt.[73] Wird der Patient allerdings zur stationären Behandlung in das Krankenhaus eingewiesen, findet dort aber eine stationäre Behandlung mangels medizinischer Notwendigkeit nicht statt, entstehen Vertragsbeziehungen nur zum Krankenhausträger, selbst wenn der Chefarzt in den Räumen seiner Ambulanz die fehlende Behandlungsnotwendigkeit feststellt.[74] Das vom Chefarzt in die ambulante Behandlung eingeschaltete ärztliche und nichtärztliche Krankenhauspersonal wird in diesem Kontext als Erfüllungsgehilfe des Chefarztes tätig, sodass sich der Chefarzt deren vertragliches Fehlverhalten nach § 278 Abs. 1 BGB zurechnen lassen muss.

---

69 So auch *Bäune*, FS ARGE Medizinrecht, 2008, 139 (142).
70 *Rehborn* ZMGR 2008, 296.
71 *Rehborn* ZMGR 2008, 296.
72 BGH NJW 2006, 767 = VersR 2006, 409; NJW 1993, 784 = VersR 1993, 357; NJW 1989, 769 = VersR 1988, 1270; *Frahm/Nixdorf/Walter* ArztHaftR Rn. 20; *Gehrlein* Arzthaftungspflicht Rn. A 11; *Geiß/Greiner* ArzthaftpflichtR Rn. A 19; *Martis/Winkhart* ArztHaftR A 86; *Pauge* ArztHaftR Rn. 53; *Spickhoff/Greiner* BGB §§ 823 ff. Rn. 305; zu den Auswirkungen der erforderlichen Abgrenzung zwischen ambulanter und stationärer wahlärztlicher Chefarztbehandlung auf die Haftung des Krankenhausträgers vgl. BGH NJW-RR 2006, 811 = VersR 2006, 791.
73 BGH NJW-RR 2006, 811 = VersR 2006, 791; NJW 1994, 788 = VersR 1994, 425; NJW 1989, 769 = VersR 1988, 1270; NJW 1987, 2289 =VersR 1987, 990.
74 OLG Düsseldorf VersR 1992, 493; *Pauge* ArztHaftR Rn. 74.

Entsprechendes gilt auch, wenn ein Krankenhausarzt gegenüber gesetzlich kranken- **41** versicherten Patienten im Rahmen einer sog. persönlichen Ermächtigung nach § 116 SGB V tätig wird. Wenn die persönliche Ermächtigung dem Krankenhausarzt selbst und nicht dem Krankenhausträger (als sog. Institutsermächtigung) erteilt wird, ist Vertragspartner des Behandlungsvertrages bei einer in Ausübung der erteilten persönlichen Ermächtigung durchgeführten ambulanten Behandlung ausschließlich der Krankenhausarzt,[75] der dementsprechend auch für eigenes vertragliches Fehlverhalten sowie für vertragliche Pflichtverletzung des von ihm in die Behandlung eingeschalteten Personals nach § 278 Abs. 1 BGB haftet. Dies gilt selbst dann, wenn der Patient von seinem Hausarzt an das Krankenhaus überwiesen worden ist[76] oder die Einschaltung des nachgeordneten Personals krankenversicherungsrechtlich und/oder vergütungsrechtlich wegen Verstoßes gegen den Grundsatz der persönlichen Leistungserbringung unzulässig war, der Chefarzt bzw. der persönlich ermächtigte Arzt mithin dritte Personen unter Verstoß gegen vertragsärztliche oder vergütungsrechtliche Pflichten in die Behandlung eingeschaltet hat.[77]

Die deliktische Haftung in diesen Fällen folgt wiederum allgemeinen Grundsätzen. **42** Der persönlich handelnde Chefarzt und der persönlich ermächtigte Arzt haften für eigenes deliktisches Fehlverhalten nach § 823 Abs. 1 BGB und für unerlaubte Handlungen des von ihnen eingesetzten Personals nach § 831 Abs. 1 BGB. Die insoweit tätigen nachgeordneten Ärzte haften ihrerseits unmittelbar nach § 823 Abs. 1 BGB.

In Betracht kommen darüber hinaus Fallkonstellationen, in denen die ambulante Be- **43** handlung nicht durch einen am Krankenhaus tätigen Arzt erbracht wird, sondern durch den Krankenhausträger selbst.[78] Denkbar ist dies bei vor- und nachstationären Behandlungen im Krankenhaus gem. § 115a SGB V, bei ambulanten Operationen im Krankenhaus nach § 115b SGB V, bei der Fortsetzung von Arzneimitteltherapien nach stationärer Krankenhausbehandlung gem. § 115c SGB V, bei ambulanten Behandlungen aufgrund von sog. Institutsermächtigungen nach § 116a SGB V oder bei einer ambulanten spezialfachärztlichen Versorgung nach § 116b SGB V.[79] An Universitätskliniken kommt darüber hinaus eine ambulante Behandlung zu Zwecken von Forschung und Lehre oder – auf Überweisung eines Facharztes – von Patienten, die wegen Art, Schwere und Komplexität ihrer Erkrankung einer Behandlung durch die Hochschulambulanz bedürfen, in sog. Hochschulambulanzen nach § 117 SGB V in Betracht. Schließlich kann die ambulante Behandlung in psychiatrischen Institutsambulanten nach § 118 SGB V oder in sozialpädiatrischen Zentren nach § 119 SGB V stattfinden. In all diesen Fallkonstellationen ist Vertragspartner des Behandlungsvertrages der Krankenhausträger selbst. Vertragliche Schadensersatzansprüche aus § 280 Abs. 1 BGB

---

75 BGH NJW-RR 2006, 811 = VersR 2006, 791; NJW 2006, 767 = VersR 2006, 409; NJW 1994, 788 = VersR 1994, 425; 1987, 2289 = VersR 1987, 990; *Frahm/Nixdorf/Walter* ArztHaftR Rn. 20; *Gehrlein* Arzthaftungspflicht Rn. A 11; *Geiß/Greiner* ArzthaftpflichtR Rn. A 18; *Martis/Winkhart* ArztHaftR A 80; Spickhoff/*Greiner* BGB §§ 823 ff. Rn. 305; *Pauge* ArztHaftR Rn. 53, 73; Spickhoff/*Spickhoff* BGB § 630a Rn. 26.

76 BGH NJW-RR 2006, 811 = VersR 2006, 791; *Frahm/Nixdorf/Walter* ArztHaftR Rn. 20; *Gehrlein* Arzthaftungspflicht Rn. A 11; *Geiß/Greiner* ArzthaftpflichtR Rn. A 18; *Pauge* ArztHaftR Rn. 73.

77 *Martis/Winkhart* ArztHaftR A 83.

78 Dazu *Frahm/Nixdorf/Walter* ArztHaftR Rn. 21; *Gehrlein* Arzthaftungspflicht Rn. A 11; *Geiß/Greiner* ArzthaftpflichtR Rn. A 20; *Martis/Winkhart* ArztHaftR A 91; *Pauge* ArztHaftR Rn. 75–78; Spickhoff/*Greiner* BGB §§ 823 ff. Rn. 306; zu den krankenversicherungsrechtlichen Voraussetzungen *Quaas* in Quaas/Zuck MedR § 16 Rn. 79–99.

79 Bei der ambulanten spezialfachärztlichen Versorgung handelt es sich allerdings um eine neue sektorenübergreifende Versorgungsform in der GKV, die zwischen der ambulanten und der stationären Versorgung angesiedelt ist, vgl. BSG MedR 2012, 816; dazu auch *Stollmann* ZMGR 2014, 85.

können sich dementsprechend nur gegen den Krankenhausträger, nicht aber gegen das in die Behandlung eingeschaltete Personal richten, weil dieses Personal nicht als Vertragspartner an dem Behandlungsvertrag mit dem Patienten beteiligt ist. Deliktische Haftungsansprüche richten sich ebenfalls gegen den Krankenhausträger nach § 831 Abs. 1 BGB, darüber hinaus gegen den einen deliktischen Haftungstatbestand unmittelbar verwirklichenden Arzt nach § 823 Abs. 1 BGB.

44 Die Zuordnung der Haftungsverantwortung für durch oder an einem Krankenhaus durchgeführte ambulante Behandlungen wird dadurch erheblich erschwert, dass für den Patienten häufig nicht erkennbar ist, nach welcher der verschiedenen Behandlungsformen er ambulant im Krankenhaus behandelt wird. Zwar mag ein privat krankenversicherter oder selbst zahlender Patient noch erkennen, dass die ambulante Behandlung durch den Chefarzt aufgrund eines gesonderten Vertragsvertragsverhältnisses mit dem Chefarzt durchgeführt wird. Demgegenüber ist aber für den durchschnittlichen gesetzlich krankenversicherten Patienten nicht mehr unterscheidbar, ob seine Behandlung durch einen persönlich ermächtigten Arzt nach § 116 SGB V oder durch eine der verschiedenen Formen ambulanter Behandlung im Krankenhaus, zB in einer Hochschulambulanz, durch den Krankenhausträger erfolgt. Zusätzliche Erschwernisse treten ein, wenn die ambulanten Leistungen unter Überschreitung der Grenzen der vertragsarztrechtlichen Zulassung bzw. Ermächtigung oder unter Verstoß gegen den Grundsatz der persönlichen Leistungserbringung erbracht werden. Liegt keine eindeutige Vereinbarung vor, die die Parteien des Behandlungsvertrages erkennen lässt, ist im Zweifel davon auszugehen, dass der Behandlungsvertrag mit demjenigen Leistungserbringer zustande kommt, der sozialversicherungsrechtlich zur Erbringung der Leistung und Abrechnung der hierfür anfallenden Vergütung berechtigt ist.[80] Im Falle der Leistungserbringung aufgrund persönlicher Ermächtigung kommt daher ein Behandlungsvertrag mit dem persönlich ermächtigten Arzt zustande. Im Falle einer Behandlung in einer Hochschulambulanz (§ 117 SGB V) oder aufgrund eines spezialfachärztlichen Behandlungsprogramms nach § 116b SGB V ist Vertragspartner der Krankenhausträger. Gleiches gilt für eine Behandlung im Rahmen vor- oder nachstationärer Behandlung oder einer ambulanten Operation im Krankenhaus. Dies gilt grundsätzlich selbst dann, wenn einzelne krankenversicherungsrechtliche Voraussetzungen der jeweiligen Behandlungsform nicht vorliegen,[81] zB der persönlich ermächtigte Arzt eine Leistung im Rahmen der ihm erteilten persönlichen Ermächtigung erbringen will, die von der persönlichen Ermächtigung gar nicht umfasst ist, oder der Krankenhausträger vor- oder nachstationäre Leistungen außerhalb der hierfür nach § 115a Abs. 2 SGB V vorgesehenen Zeiträume erbringt bzw. eine ambulante Operation am Krankenhaus durchgeführt wird, ohne dass der Krankenhausträger die nach § 115b Abs. 2 S. 2 SGB V erforderliche Anzeige an die Landesverbände der Krankenkassen und die Verbände der Ersatzkassen sowie die Kassenärztliche Vereinigung und den Zulassungsausschuss abgegeben hat.[82] Entsprechend der Zielsetzung des Tätigwerdens ist die ambulante Behandlung als eine des persönlich ermächtigten Krankenhausarztes oder des Krankenhausträgers zu bewerten. Vertragliche Haftungsansprüche richten sich dementsprechend in erster Linie gegen den jeweils Leistungszuständigen.

45 Lässt sich eine sozialversicherungsrechtliche Zuordnung einer im Krankenhaus erbrachten ambulanten Leistung an einen Leistungszuständigen nicht vornehmen, kommt im Zweifel ein Behandlungsvertrag mit dem Krankenhausträger mit der Folge

---

80 *Frahm/Nixdorf/Walter* ArztHaftR Rn. 19, 21; *Pauge* ArztHaftR Rn. 73.
81 *Gehrlein* Arzthaftungspflicht Rn. A 11; *Geiß/Greiner* ArzthaftpflichtR Rn. A 20; *Pauge* ArztHaftR Rn. 78.
82 BGH NJW 2006, 767 = VersR 2006, 409; *Pauge* ArztHaftR Rn. 78.

Nebendahl

der vertraglichen Haftung des Krankenhausträgers zustande.[83] Kommt es aufgrund bestehender Unklarheiten überhaupt nicht zum Abschluss eines Behandlungsvertrages, haftet der Krankenhausträger auf jeden Fall wegen eines aufgrund der herbeigeführten Unklarheiten anzunehmenden Organisationsmangels.[84]

III. Die stationäre Behandlung

Im Rahmen der stationären Behandlung werden grundsätzlich drei Vertragskonstellationen unterschieden.   **46**

1. Der totale Krankenhausaufnahmevertrag

Den Regelfall der stationären Behandlung bildet der totale Krankenhausaufnahmevertrag.[85] Vertragspartner des Patienten ist bei diesem Vertragstyp für sämtliche Krankenhausleistungen – Unterbringung, Verpflegung, pflegerische und ärztliche Versorgung – ausschließlich der Krankenhausträger, der sämtliche Leistungen durch von ihm – nicht zwingend in einem Arbeits- oder Beamtenverhältnis – beschäftigtes Personal erbringt. Auch die Einschaltung anderweitig freiberuflich tätiger Ärzte in die Erbringung von Krankenhausleistungen iSv § 2 Abs. 2 S. 3 Nr. 2 KHEntgG durch den Krankenhausträger auf der Grundlage sog. Honorararztverträge ist im Rahmen eines totalen Krankenhausaufnahmevertrages möglich.[86] In einer solchen Konstellation ist Vertragspartner des Patienten ausschließlich der Krankenhausträger, sofern der freiberuflich tätige Arzt nicht ausnahmsweise einen eigenen Behandlungsvertrag mit dem Patienten abschließt und seine Leistungen unmittelbar gegenüber dem Patienten bzw. der Kassenärztlichen Vereinigung liquidiert. Bei einem totalen Krankenhausaufnahmevertrag liegt es grds. in der – an den Vorgaben der notwendigen ärztlichen Sorgfalt auszurichtenden – Entscheidungsbefugnis des Krankenhausträgers festzulegen, durch welchen seiner Beschäftigten die jeweilige Krankenhausleistung erbracht werden soll. Will ein Patient bei einem derartigen Vertrag durch einen bestimmten Arzt behandelt werden, muss er im Rahmen seiner Einwilligung in den Eingriff seinen entsprechenden Willen deutlich erkennbar zum Ausdruck bringen.[87] Der Patient kann auf diese Weise zwar nicht in die Organisationsfreiheit des Krankenhausträgers eingreifen. Er beschränkt aber seine den ärztlichen Heileingriff rechtfertigende Einwilligung auf die Person des von ihm benannten Arztes, sodass ein anderer Krankenhausarzt die Behandlung nicht durchführen darf; im Zweifel muss die Behandlung mangels Einwilligung des Patienten unterbleiben. Die Klärung der Frage, wer der zuständige Krankenhausträger ist, ist insbesondere bei in öffentlicher Trägerschaft stehenden Krankenhäusern nicht immer unproblematisch. So ist Träger eines Universitätsklini-   **47**

83 *Geiß/Greiner* ArzthaftpflichtR Rn. A 20.
84 BGH NJW 2006, 767 = VersR 2006, 409; *Gehrlein* Arzthaftungspflicht Rn. A 11; *Geiß/Greiner* ArzthaftpflichtR Rn. A 20; *Martis/Winkhart* ArztHaftR A 90, A 95; Spickhoff/*Greiner* BGB §§ 823 ff. Rn. 307; Spickhoff/*Spickhoff* BGB § 630a Rn. 27.
85 BGH NJW 2000, 2741 = VersR 2000, 1107; dazu *Frahm/Nixdorf/Walter* ArztHaftR Rn. 24; *Gehrlein* Arzthaftungspflicht Rn. A 21–A 22; *Geiß/Greiner* ArzthaftpflichtR Rn. A 26–A 30; *Martis/Winkhart* ArztHaftR K 132; *Pauge* ArztHaftR Rn. 30; *Gehrlein* VersR 2004, 1488.
86 BSG MedR 2011, 510 = VersR 2011, 502; BGH VersR 2014, 374; NJW 2010 = VersR 2010, 1038; *Geiß/Greiner* ArzthaftpflichtR Rn. A 28; *Pauge* ArztHaftR Rn. 30; zur Nichtanwendbarkeit der GOÄ auf das Verhältnis zwischen Krankenhausträger und Honorararzt, BGH MedR 2010, 555 = VersR 2010, 630; *Juretzek* MedR 2010, 558; zur Haftung des Krankenhausträgers für Fehler des Konsiliararztes als Erfüllungsgehilfe, BGH VersR 2014, 374.
87 BGH NJW 2010, 2580 = VersR 2010, 1038; dazu *Martis/Winkhart* ArztHaftR K 132d; *Bender* VersR 2010, 450; *Diel* ZfS 2010, 491; *Spickhoff* NJW 2011, 1651; OLG München NJW-RR 2011, 749.

kums nicht das jeweilige Bundesland, sondern die Universität,[88] sofern das Klinikum nicht als eigenständige juristische Person von der Universität rechtlich verselbstständigt ist, ansonsten der rechtlich selbstständige Träger des Universitätsklinikums.

48 Pflichtverletzungen bei der Erbringung sämtlicher Leistungsbestandteile des Behandlungsvertrages führen zu einer vertraglichen Haftung des Krankenhausträgers, dem das Fehlverhalten des nachgeordneten ärztlichen und nichtärztlichen Personals einschließlich eventuell in die Leistungserbringung des Krankenhauses eingeschalteter selbstständiger Honorarärzte nach § 278 BGB zugerechnet wird. Auch die deliktische Haftung trifft den Krankenhausträger nach § 831 Abs. 1 BGB bei deliktischem Fehlverhalten des nachgeordneten ärztlichen und nichtärztlichen Personals. Für deliktisches Fehlverhalten von Chefärzten und den als ständiger Vertreter eines Chefarztes tätigen Oberärzten haftet der Krankenhausträger in entsprechender Anwendung der §§ 31, 89 BGB ohne Entlastungsmöglichkeit.[89] Eine Besonderheit besteht in diesem Zusammenhang bei der deliktischen, nicht aber der vertraglichen Haftung beamteter Ärzte.[90] Deren deliktische Haftung im Zusammenhang mit einer stationären oder vom Krankenhausträger durchgeführten ambulanten Behandlung[91] richtet sich ausschließlich nach § 839 Abs. 1 S. 1 BGB mit der Folge, dass ein beamteter Arzt bei Fahrlässigkeit nur in Anspruch genommen werden kann, wenn der Patient nicht auf andere Weise Ersatz zu erlangen vermag. Da in derartigen Fallkonstellationen regelmäßig ein Haftungsanspruch bei deliktischem Fehlverhalten des nachgeordneten Personals auch gegen den Krankenhausträger eröffnet wird, führt das Haftungsprivileg des § 839 Abs. 1 S. 2 BGB zum Entfallen der deliktischen Haftung des beamteten Arztes.

49 Eine entsprechende Haftung trifft auch den Träger eines von einer Hebamme geführten Geburtshauses, die bei der Aufnahme in das Geburtshaus eine umfassende Versorgung vor und nach der Geburt anbietet.[92]

50 Die Haftungszurechnung für vertragliches Fehlverhalten des nachgeordneten Personals erfolgt nach § 278 BGB. Die vertragliche Haftungszurechnung entfällt nicht, wenn sich der Krankenhausträger oder der Träger des Hebammenhauses zur Erfüllung seiner vertraglichen Pflichten außenstehender, frei praktizierender Ärzte im Rahmen eines sog. Konsiliararztverhältnisses bedient. Jedoch scheidet eine Zurechnung der vertraglichen Haftung aus, wenn der frei praktizierende Arzt im Ausnahmefall aufgrund eigener Vertragsbeziehungen zum Patienten außerhalb des Behandlungsauftrages des Kranken-

---

88 BGH NJW 1999, 1779 = VersR 1999, 579; NJW 1986, 1542 = VersR 1986, 465; dazu auch *Gehrlein* Arzthaftungspflicht Rn. A 23; *Pauge* ArztHaftR Rn. 116.
89 BGH NJW 1987, 2925 = VersR 1987, 1040; NJW 1980, 1901 = VersR 1980, 768; *Frahm/Nixdorf/Walter* ArztHaftR Rn. 53; *Martis/Winkhart* ArztHaftR K 137; *Pauge* ArztHaftR Rn. 118; Spickhoff/*Greiner* BGB §§ 823 ff. Rn. 334.
90 BGH NJW 2005, 288 = VersR 2004, 785; NJW 1983, 1314 = VersR 1983, 244; *Frahm/Nixdorf/Walter* ArztHaftR Rn. 45; *Gehrlein* Arzthaftungspflicht Rn. A 52; *Geiß/Greiner* ArzthaftpflichtR Rn. A 74, A 75; *Laufs/Kern* in Laufs/Kern ArztR-HdB § 105 Rn. 5–7; *Martis/Winkhart* ArztHaftR K 147; *Pauge* ArztHaftR Rn. 133–137; Spickhoff/*Greiner* BGB §§ 823 ff. Rn. 348.
91 Bei ambulanter Behandlung durch einen beamteten Arzt greift § 839 Abs. 1 S. 1 BGB nur ein, wenn der beamtete Arzt im Rahmen einer vom Krankenhausträger durchgeführten ambulanten Behandlung tätig wird, nicht aber bei einer ambulanten Behandlung aufgrund einer Privatliquidationsbefugnis oder einer persönlichen Ermächtigung, vgl. BGH NJW 2003, 2309 = VersR 2003, 1126; NJW 1993, 784 = VersR 1993, 357; *Frahm/Nixdorf/Walter* ArztHaftR Rn. 48; *Geiß/Greiner* ArzthaftpflichtR Rn. A 83–A 84; *Martis/Winkhart* ArztHaftR K 150; *Pauge* ArztHaftR Rn. 136–137; Spickhoff/*Greiner* BGB §§ 823 ff. Rn. 352 f.
92 BGH NJW 2005, 888 = VersR 2005, 408; OLG Hamm VersR 2006, 512; dazu *Nebendahl*, FS ARGE Medizinrecht, 2008, 237–248; *Pauge* ArztHaftR Rn. 52, 107.

Nebendahl

hauses tätig wird.[93] Die Haftungszurechnung entfällt mithin dann, wenn der zugezogene niedergelassene Arzt nicht in die Behandlungsverpflichtung des Krankenhausträgers bzw. Trägers des Hebammenhauses einbezogen wird, sondern aufgrund einer eigenen Vertragsbeziehung eigene und von den Verbindlichkeiten des Krankenhausträgers gesonderte ärztliche Verpflichtung gegenüber dem Patienten erfüllt.[94] In diesem Fall kommt ein eigener Behandlungsvertrag zwischen dem Arzt und dem Patienten mit der Folge zustande, dass bei Verletzungen der Pflichten aus dem Behandlungsvertrag der Arzt selbst, nicht aber der Krankenhausträger aufgrund eigener Vertragsverletzung haftet.

Eine Zurechnung der Haftung zulasten des Krankenhausträgers erfolgt auch im Hinblick auf die deliktische Haftung zumindest dann, wenn der in seiner Berufsausübung nicht weisungsgebundene Konsiliararzt ähnlich wie ein angestellter Arzt dauerhaft für den Krankenhausträger tätig wird.[95] Die Eigenschaft als Verrichtungsgehilfe und damit die deliktische Haftung des Krankenhausträgers für Behandlungsfehler des vom Krankenhausträger eingeschalteten Honorararztes entfällt jedoch, wenn der Honorararzt im Verhältnis zum Krankenhausträger nicht weisungsgebunden ist.[96]   **51**

2. Der gespaltene Krankenhausaufnahmevertrag

Den zweiten Vertragstyp für die stationäre Krankenhausbehandlung bildet der sog.   **52** gespaltene Krankenhausaufnahmevertrag.[97] Bei diesem Vertragstyp kommt zum einen eine Vertragsbeziehung zwischen dem Patienten und dem Krankenhausträger und zum anderen eine hiervon getrennte Vertragsbeziehung zwischen dem Patienten und einem die ärztliche Versorgung schuldenden Arzt zustande. Der gespaltene Krankenhausaufnahmevertrag bildet den Regelfall für die belegärztliche Versorgung, kommt aber in Ausnahmefällen auch bei der Behandlung von Wahlleistungspatienten durch privat liquidationsberechtigte Chefärzte in Betracht.[98] Den Arztvertrag schließt in der Regel der Belegarzt selbst, während für den privat liquidationsberechtigten Chefarzt der Krankenhausträger als dessen Vertreter tätig wird.[99]

---

93 BGH VersR 2014, 374; NJW 2010, 1200 = VersR 2010, 816; NJW 2010, 1203 = VersR 2010, 814; NJW 2002, 948 = VersR 2002, 1030; NJW 1999, 868 = VersR 1999, 367; *Frahm/Nixdorf/Walter* ArztHaftR Rn. 60; *Gehrlein* Arzthaftungspflicht Rn. A 22; *Geiß/Greiner* ArzthaftpflichtR Rn. A 27–A 28; *Martis/Winkhart* ArztHaftR K 140a; Spickhoff/*Greiner* BGB §§ 823 ff. Rn. 310, Letzteres ist nur ausnahmsweise anzunehmen. und wird vorliegen, wenn der hinzugezogene Arzt seine Leistungen gegenüber dem Patienten oder der Kassenärztlichen Vereinigung selbst abrechnet, wie dies bspw. bei externen Laborärzten oder Pathologen der Fall sein kann.

94 OLG Stuttgart MedR 2001, 311; 1991, 143 = VersR 1992, 55; *Frahm/Nixdorf/Walter* ArztHaftR Rn. 60; *Geiß/Greiner* ArzthaftpflichtR Rn. A 27; *Martis/Winkhart* ArztHaftR K 140a; Spickhoff/*Greiner* BGB §§ 823 ff. Rn. 310.

95 OLG Brandenburg NJW-RR 2003, 1383 = VersR 2004, 1050; *Frahm/Nixdorf/Walter* ArztHaftR Rn. 60; *Gehrlein* Arzthaftungspflicht Rn. A 22; *Gehrlein* VersR 2004, 1488; lediglich berichtend *Martis/Winkhart* ArztHaftR K 142.

96 OLG Stuttgart VersR 1992, 55; OLG Jena VersR 2008, 401; *Geiß/Greiner* ArzthaftpflichtR Rn. A 67; *Martis/Winkhart* ArztHaftR K 141; *Pauge* ArztHaftR Rn. 114; Spickhoff/*Greiner* BGB §§ 823 ff. Rn. 340.

97 *Frahm/Nixdorf/Walter* ArztHaftR Rn. 25–26, 61, 67; *Gehrlein* Arzthaftungspflicht Rn. A 24–A 30a, A 55–A 56; *Geiß/Greiner* ArzthaftpflichtR Rn. A 31–A 48, A 68–A 70; *Genzel/Degener-Hencke* in Laufs/Kern ArztR-HdB § 89 Rn. 12; *Martis/Winkhart* ArztHaftR K 177; *Pauge* ArztHaftR Rn. 31, 99; *Schlosser* MedR 2009, 313.

98 Im Zweifel ist allerdings von einem totalen Krankenhausaufnahmevertrag mit Artzusatzvertrag auszugehen, vgl. BGH NJW-RR 2007, 1122 = VersR 2007, 1228; NJW 1998, 1778 = VersR 1998, 726; *Frahm/Nixdorf/Walter* ArztHaftR Rn. 30, 65; *Martis/Winkhart* ArztHaftR K 132e, K 189; *Pauge* ArztHaftR Rn. 36.

99 BGH NJW-RR 1988, 630 = VersR 1987, 1191; *Frahm/Nixdorf/Walter* ArztHaftR Rn. 67; *Martis/Winkhart* ArztHaftR K 189.

53 Je nach Ausgestaltung des Vertragsverhältnisses zum Patienten schuldet der Arzt die von ihm vertraglich übernommenen ärztlichen Leistungen allein. Dies gilt auf jeden Fall für den privatliquidationsberechtigten Chefarzt aufgrund der geschlossenen Wahlleistungsvereinbarung, für den Belegarzt zumindest dann, wenn dieser in einer Einzelpraxis tätig ist, während in einer belegärztlichen Gemeinschaftspraxis auch die anderen Belegärzte aufgrund des Behandlungsvertrages tätig werden können. Soll an Stelle des leistungsverpflichteten Arztes ein Vertreter den Eingriff durchführen, muss der Patient hierüber rechtzeitig vorher aufgeklärt werden und seine Zustimmung erteilen. Anderenfalls haftet im Schadensfall der vertraglich verpflichtete Arzt wegen einer Verletzung der vertraglichen Pflicht zur persönlichen Durchführung des Eingriffs und der den Eingriff durchführende Arzt deliktisch aufgrund eines mangels Einwilligung rechtswidrigen Heileingriffs.[100]

54 Der Arzt ist außerdem für den ärztlichen Bereitschaftsdienst für seine Beleg- bzw. Wahlleistungspatienten verantwortlich. Zur Erbringung der stationären ärztlichen Leistungen mit den Mitteln des Krankenhauses ist der Arzt wiederum aufgrund eines gesonderten, mit dem Krankenhausträger abgeschlossenen Belegarztvertrages bzw. der ihm in seinem Chefarztvertrag eingeräumten Privatliquidationsbefugnis berechtigt. Der Krankenhausträger seinerseits schuldet aufgrund des vertraglichen Verhältnisses mit dem Patienten neben der Unterbringung und Verpflegung die pflegerische Versorgung und die Zurverfügungstellung der für die medizinische Versorgung erforderlichen apparativen Ausstattung des Krankenhauses. Außerdem ist der Krankenhausträger für die nicht in das Fachgebiet des Belegarztes fallenden ärztlichen Leistungen und für einen geordneten Krankenhausbetrieb verantwortlich.[101] Für die notwendige Abgrenzung bei der Erbringung ärztlicher Behandlungsleistungen gegenüber Belegpatienten durch Krankenhausärzte kommt es nicht auf die Fachgebietsbezeichnung an, die der handelnde Krankenhausarzt aufweist, sondern darauf, ob die konkrete Behandlungstätigkeit in des Fachgebiet des Belegarztes fällt.[102]

55 Die vertragliche und deliktische Haftung richtet sich danach, in welchem Bereich eine Pflichtverletzung aufgetreten ist. Liegt die Pflichtverletzung im Zuständigkeitsbereich des (Beleg-) Arztes, haftet allein dieser auf vertraglicher oder deliktischer Grundlage für die Folgen des Fehlverhaltens auch dann, wenn das Fehlverhalten durch vom Belegarzt eingeschaltete ärztliche Mitarbeiter des Krankenhausträgers bei Behandlungsmaßnahmen auf dem Fachgebiet des Belegarztes verursacht ist, weil die ärztlichen Mitarbeiter des Krankenhausträgers im Rahmen des gespaltenen Krankenhausaufnahmevertrages bei der Erbringung der ärztlichen Leistungen zumindest dann Erfüllungsgehilfen bzw. Verrichtungsgehilfen des Arztes und nicht des Krankenhausträgers sind, wenn ihre Tätigkeit dem gleichen Fachgebiet wie dem des Belegarztes zugehört.[103] Nichtärztliche, insbesondere operationsassistierende Mitarbeiter des Krankenhausträgers und Pflegekräfte, die aufgrund konkreter Weisungen des Belegarztes tätig werden, können gleichfalls Erfüllungs- und Verrichtungsgehilfen des Belegarztes

---

100 BGH MedR 2017, 132 = VersR 2016, 1191; zu den Anforderungen an eine – auch AGB-rechtlich – wirksame Vertretervereinbarung, vgl. BGH NJW 2008, 987 = VersR 2008, 493; in jüngerer Zeit auch AG Hamburg MedR 2015, 201; vgl. auch *Spickhoff* JZ 2008, 687.

101 Zu der grundsätzlichen Zuständigkeitsabgrenzung vgl. bspw. *Frahm/Nixdorf/Walter* ArztHaftR Rn. 26; *Geiß/Greiner* ArzthaftpflichtR Rn. A 34–A 35, A 39; *Martis/Winkhart* ArztHaftR K 182.

102 *Geiß/Greiner* ArzthaftpflichtR Rn. A 39, A 41; *Spickhoff/Greiner* BGB §§ 823 ff. Rn. 315.

103 OLG Stuttgart VersR 2000, 238; OLG München VersR 1997, 97; *Frahm/Nixdorf/Walter* ArztHaftR Rn. 26, 62; *Gehrlein* Arzthaftungspflicht Rn. A 26; *Geiß/Greiner* ArzthaftpflichtR Rn. A 39; *Martis/Winkhart* ArztHaftR K 178, K 180; *Pauge* ArztHaftR Rn. 102, 128; *Spickhoff/Greiner* BGB §§ 823 ff. Rn. 315, 342.

sein.[104] Für Fehler seiner eigenen Mitarbeiter und seines Urlaubsvertreters haftet der Belegarzt allein.[105] Der Belegarzt ist darüber hinaus auch für Fehlleistungen verantwortlich, die durch von ihm zugezogene, außen stehende, nicht im Krankenhaus beschäftigte Ärzte verursacht werden, sofern diese nicht ihrerseits eine eigenständige Vertragsbeziehung zum Patienten begründen (zur Parallelproblematik beim niedergelassenen Arzt, → Rn. 26).[106]

Demgegenüber liegt die vertragliche und deliktische Haftungsverantwortung für **56** Fehlleistungen, die nicht in den vertraglichen Zuständigkeitsbereich des Arztes fallen, ausschließlich beim Krankenhausträger. Hierzu gehören zum einen Mängel in den Bereichen Unterkunft, Verpflegung und pflegerische Versorgung,[107] aber auch Fehlleistungen bei der Zurverfügungstellung der apparativen Ausstattung des Krankenhauses oder Fehlleistungen hinsichtlich der Organisation des Krankenhausbetriebes. Werden in die Behandlung des Patienten ärztliche Mitarbeiter des Krankenhauses eingeschaltet, die nicht in dem Fachgebiet des Belegarztes tätig werden, gehört dies ebenfalls zum Verantwortungsbereich des Krankenhausträgers.[108] Der Krankenhausträger haftet im Rahmen der ihm obliegenden Organisations- und Überwachungspflicht auch für ihm bekannte erhebliche Fehlleistungen des Belegarztes, wenn er hiergegen nicht einschreitet, obwohl dies möglich gewesen wäre.[109] Denkbar ist dies bspw. in Fällen wiederholter und dem Krankenhausträger bekannter Standardunterschreitungen durch den Belegarzt, bei unzulässiger Übertragung von ärztlichen Aufgaben auf das Pflegepersonal durch den Belegarzt oder bei bekannten, anhaltenden Organisationsmängeln im Herrschaftsbereich des Belegarztes.

Die Haftungsabgrenzung zwischen Belegarzt bzw. privat liquidationsberechtigten **57** Chefarzt auf der einen Seite und dem Krankenhausträger auf der anderen Seite muss im Einzelfall anhand der konkret zwischen Krankenhausträger und Arzt vereinbarten Pflichtenzuordnung ermittelt werden. Für Unklarheiten bei der Aufgabenabgrenzung und damit einhergehende Unsicherheiten über die Zuständigkeit des Arztes bzw. des Krankenhausträgers haben beide in gleicher Weise einzustehen, weil die Pflicht zur ordnungsgemäßen Organisation des jeweiligen Bereiches die eindeutige Zuständigkeitsabgrenzung umfasst und sowohl den Krankenhausträger als auch den behandelnden Arzt als eigene Verpflichtung trifft.[110] In dieser Konstellation kann es zur ge-

---

104 So zB *Frahm/Nixdorf/Walter* ArztHaftR Rn. 64; *Geiß/Greiner* ArzthaftpflichtR Rn. A 47; *Martis/Winkhart* ArztHaftR K 191, K 195; *Pauge* ArztHaftR Rn. 128. In diesen Fällen kommt es regelmäßig zu einer gesamtschuldnerischen Haftung von Belegarzt und Krankenhausträger. *Gehrlein* Arzthaftungspflicht Rn. A 26 sieht die nichtärztlichen Mitarbeiter nicht als Erfüllungsgehilfen des Belegarztes an.

105 BGH NJW 2000, 2737 = VersR 2000, 1146; *Frahm/Nixdorf/Walter* ArztHaftR Rn. 62; *Geiß/Greiner* ArzthaftpflichtR Rn. A 38; *Martis/Winkhart* ArztHaftR K 201; Spickhoff/*Greiner* BGB §§ 823 ff. Rn. 315, 342.

106 BGH NJW 1992, 2962 = VersR 1992, 1263; *Frahm/Nixdorf/Walter* ArztHaftR Rn. 61, 62; *Geiß/Greiner* ArzthaftpflichtR Rn. A 40, A 69; *Martis/Winkhart* ArztHaftR K 202; Spickhoff/*Greiner* BGB §§ 823 ff. Rn. 316.

107 BGH NJW 2000, 2737 = VersR 2000, 1146, hinsichtlich Fehlleistungen des Pflegepersonals kann es daher zu einer gesamtschuldnerischen Haftung von Arzt und Krankenhausträger kommen; dazu auch *Geiß/Greiner* ArzthaftpflichtR Rn. A 47.

108 *Frahm/Nixdorf/Walter* ArztHaftR Rn. 26, 63; *Gehrlein* Arzthaftungspflicht Rn. A 27; *Geiß/Greiner* ArzthaftpflichtR Rn. A 41; *Martis/Winkhart* ArztHaftR K 194; *Pauge* ArztHaftR Rn. 102; Spickhoff/*Greiner* BGB §§ 823 ff. Rn. 317, 341.

109 BGH NJW 2000, 2737 = VersR 2000, 1146; NJW 1996, 2429 = VersR 1996, 976, *Frahm/Nixdorf/Walter* ArztHaftR Rn. 64; *Geiß/Greiner* ArzthaftpflichtR Rn. A 42; *Martis/Winkhart* ArztHaftR K 193; *Pauge* ArztHaftR Rn. 100.

110 *Frahm/Nixdorf/Walter* ArztHaftR Rn. 64; *Geiß/Greiner* ArzthaftpflichtR Rn. A 45.

samtschuldnerischen vertraglichen und deliktischen Haftung sowohl des Belegarztes oder Chefarztes als auch des Krankenhausträgers kommen. Gleiches gilt, wenn ein Belegkrankenhaus damit wirbt, die ärztlichen oder Hebammenleistungen selbst zu erbringen.[111]

58 Sind an einem Krankenhaus mehrere Belegärzte unterschiedlicher Fachrichtungen tätig, die in die Behandlung eines Patienten eingeschaltet werden, kommen zwischen dem jeweiligen Belegarzt und dem Patienten jeweils gesonderte Behandlungsverträge zustande, wobei jeder Belegarzt für Fehlleistungen in seinem Bereich vertraglich und deliktisch gesondert haftet. Ist der Belegarzt Mitglied einer als BGB-Gesellschaft geführten Berufsausübungsgemeinschaft, die vor der stationären Behandlung bereits die ambulante Betreuung eines Patienten übernommen hat, setzt sich die im ambulanten Behandlungsverhältnis begründete vertragliche Beziehung des Patienten zu der BGB-Gesellschaft auch in der stationären belegärztlichen Behandlung fort mit der Folge, dass für Fehler bei der belegärztlichen stationären Behandlung nicht nur die BGB-Gesellschaft selbst, sondern auch alle Gesellschafter als Gesamtschuldner haften, selbst dann, wenn sie an der stationären belegärztlichen Behandlung nicht mehr beteiligt werden.[112] Dies gilt auch für eine fächerübergreifende Gemeinschaftspraxis und für die Ärzte als Gesellschafter der GbR, die selbst nicht Belegarzt sind und daher gar nicht belegärztlich tätig werden.

59 Die Haftungsregelungen des gespaltenen Krankenhausaufnahmevertrages gelten in gleicher Weise auch bei der Einschaltung von selbstständig tätigen Hebammen in die stationäre geburtshilfliche Versorgung. Im Gegensatz zu der Behandlung durch eine durch das Krankenhaus angestellte Hebamme, bei der der Behandlungsvertrag ausschließlich mit dem Krankenhausträger zustande kommt, tritt die als Beleghebamme selbstständig tätige Hebamme im Hinblick auf die vertraglichen Leistungen als Hebamme in ein eigenständiges Vertragsverhältnis zum Patienten. Für Fehler der Hebamme in der Phase vor der Einschaltung eines gynäkologischen Facharztes haftet allein die selbstständige Hebamme aufgrund eigener vertraglicher Pflichtenstellung und deliktischem Handeln.[113] Eine Haftung des Belegkrankenhauses bzw. des im Belegkrankenhaus angestellten Gynäkologen oder des selbstständig tätigen gynäkologischen Belegarztes wird für Fehler der Hebamme erst begründet, wenn sie eingetreten sind, nachdem der Gynäkologe die Geburtsleitung übernommen hat,[114] was regelmäßig mit der ärztlichen Eingangsuntersuchung der Fall ist. Erst mit diesem Zeitpunkt wird die selbstständige Hebamme zum Gehilfen des Gynäkologen. Es kommt dann zur gesamtschuldnerischen Haftung von Krankenhausträger bzw. Belegarzt und der Beleghebamme.

3. Der Krankenhausaufnahmevertrag mit Arztzusatzvertrag

60 Die dritte typische Vertragsgestaltung für die stationäre Krankenhausbehandlung bildet der sog. einheitliche oder totale Krankenhausaufnahmevertrag mit Arztzusatzver-

---

111 BGH NJW 2005, 888 = VersR 2005, 408; dazu *Nebendahl,* FS ARGE Medizinrecht, 2008, 237 (241).
112 Vgl. dazu BGH NJW 2006, 437 = 2006, 361; *Gehrlein* Arzthaftungspflicht Rn. A 26; *Geiß/Greiner* ArzthaftpflichtR Rn. A 15; *Martis/Winkhart* ArztHaftR K 184.
113 *Gehrlein* Arzthaftungspflicht Rn. A 29; *Geiß/Greiner* ArzthaftpflichtR Rn. A 43, A 68; *Martis/Winkhart* ArztHaftR K K 217, A 380, A 385; *Pauge* ArztHaftR Rn. 104; Spickhoff/*Greiner* BGB §§ 823 ff. Rn. 319, 343. Unberührt bleibt selbstverständlich die Haftung des Krankenhausträgers für in dieser Phase auftretende Fehlleistungen des eingesetzten eigenen Personals oder bei Wahrnehmung der Überwachungs- und Organisationspflichten, → § 48 Rn. 18.
114 BGH NJW 2000, 2737 = VersR 2000, 1146; NJW 1995, 1611 = VersR 1995, 706; *Frahm/Nixdorf/Walter* ArztHaftR Rn. 64; *Gehrlein* Arzthaftungspflicht Rn. A 29; *Geiß/Greiner* ArzthaftpflichtR Rn. A 44; *Martis/Winkhart* ArztHaftR K 217; *Pauge* ArztHaftR Rn. 106.

trag. Bei dieser Vertragsgestaltung, die typisch für die wahlärztliche Behandlung durch einen privatliquidationsberechtigten Chefarzt gegenüber privat krankenversicherten oder selbstzahlenden Patienten ist, kommt einerseits ein Vertragsverhältnis zwischen dem Krankenhausträger und dem Patienten zustande, das den gesamten Bereich der Krankenhausleistungen einschließlich der ärztlichen Leistungen umfasst. Zusätzlich schließt der privatliquidationsberechtigte Arzt mit dem Patienten einen eigenständigen Vertrag, der sich auf die Erbringung der ärztlichen Leistungen durch den Chefarzt erstreckt.[115] In diesem Fall folgt anders als beim totalen Krankenhausaufnahmevertrag ein Anspruch des Patienten auf Behandlung durch einen bestimmten Arzt, nämlich dem Arzt, mit dem der Patient den Arztzusatzvertrag abgeschlossen hat, aus dieser Vereinbarung sowie dessen vertraglichen Verpflichtung zur persönlichen Leistungserbringung aus § 613 S. 1 BGB iVm § 630b BGB. Wird ein Patient anlässlich einer stationären Krankenhausbehandlung durch mehrere privatliquidationsberechtigte Chefärzte behandelt, werden jeweils gesonderte Vertragsverhältnisse zu den einzelnen Chefärzten begründet, selbst wenn der Patient aufgrund der Besonderheiten der ärztlichen Leistung, zB bei einem Laborarzt, überhaupt nicht in unmittelbaren Kontakt zu dem Chefarzt tritt (sog. Wahlarztkette).[116]

Bei dieser Vertragsgestaltung haftet der Krankenhausträger als Vertragspartner des Patienten für jegliche vertragliche Fehlleistung des nachgeordneten Personals sowie deliktisch für das Fehlverhalten seiner Verrichtungsgehilfen gem. § 831 Abs. 1 BGB unabhängig davon, ob der Fehler sich im Bereich der Unterkunft, Verpflegung, pflegerischer Leistung, organisatorischer Mängel oder aber der ärztlichen Versorgung niederschlägt. Für Fehler des liquidationsberechtigten Chefarztes erfolgt eine vertragliche Haftungszurechnung und eine Zurechnung des deliktischen Fehlverhaltens nach §§ 31, 89 BGB.[117] Der privatliquidationsberechtigte Arzt haftet seinerseits für Fehler bei der ärztlichen Leistungserbringung sowohl vertraglich als auch deliktisch. Bei derartigen Fehlern kommt es zu einer gesamtschuldnerischen Haftung von Krankenhausträger und privatliquidationsberechtigtem Chefarzt. Das nachgeordnete ärztliche Personal ist bei der Erbringung der ärztlichen Leistungen Erfüllungs- und Verrichtungsgehilfe sowohl des Krankenhausträgers im Rahmen der dem Krankenhausträger obliegenden vertraglichen Verpflichtungen als auch des privatliquidationsberechtigten Chefarztes, soweit es in Erfüllung von dessen vertraglichen Verpflichtungen eingesetzt wird.[118] Dies ist bei dem nachgeordneten ärztlichen Personal regelmäßig, bei Pflegepersonal nur ausnahmsweise der Fall, wenn die Pflegekräfte aufgrund spezifischer ärztlicher Weisungen handeln.[119]

61

---

115 BGH NJW-RR 2006, 811 = VersR 2006, 791; *Frahm/Nixdorf/Walter* ArztHaftR Rn. 30, 66; *Gehrlein* Arzthaftungspflicht Rn. A 20, A 31; *Geiß/Greiner* ArzthaftpflichtR Rn. A 49; *Genzel/Degener-Hencke* in Laufs/Kern ArztR-HdB § 89 Rn. 14; *Martis/Winkhart* ArztHaftR K 155; zu diesem Vertragstyp auch BGH NJW 2010, 2580 = VersR 2010, 1038.

116 BGH NJW-RR 2007, 1122 = VersR 2007, 1228; dazu näher *Quaas* in Quaas/Zuck MedR § 14 Rn. 11; vgl. auch *Geiß/Greiner* ArzthaftpflichtR Rn. A 49.

117 BGH NJW 1998, 1778 = VersR 1998, 726; NJW 1985, 2189 = VersR 1985, 1043; *Gehrlein* Arzthaftungspflicht Rn. A 33; *Geiß/Greiner* ArzthaftpflichtR Rn. A 52; *Martis/Winkhart* ArztHaftR K 160; *Pauge* ArztHaftR Rn. 36.

118 BGH NJW 1984, 1400 = VersR 1984, 356; NJW 1983, 1374 = VersR 1983, 244; *Gehrlein* Arzthaftungspflicht Rn. A 35; *Geiß/Greiner* ArzthaftpflichtR Rn. A 53; *Martis/Winkhart* ArztHaftR K 160, K 163; *Pauge* ArztHaftR Rn. 40; Spickhoff/*Greiner* BGB §§ 823 ff. Rn. 324, 345.

119 BGH NJW 1984, 1400 = VersR 1984, 356; *Frahm/Nixdorf/Walter* ArztHaftR Rn. 66; *Geiß/Greiner* ArzthaftpflichtR Rn. A 54; *Genzel/Degener-Hencke* in Laufs/Kern ArztR-HdB § 94 Rn. 13; *Martis/Winkhart* ArztHaftR K 163; *Pauge* ArztHaftR Rn. 40; Spickhoff/*Greiner* BGB §§ 823 ff. Rn. 325.

D. Die Notfallbehandlung

62 In Ausnahmefällen sind Behandlungskonstellationen denkbar, in denen es nicht zum Abschluss eines Behandlungsvertrages kommt, nämlich bei der Notfallbehandlung von zum Zeitpunkt der Behandlung bewusstlosen Personen oder von minderjährigen Patienten, bei denen die notwendige vertragliche Zustimmung des gesetzlichen Vertreters nicht erreichbar ist. Besteht aufgrund der Dringlichkeit der ärztlichen Behandlung nicht die Möglichkeit, die Willenserklärung zum Abschluss eines Behandlungsvertrages durch Einschaltung eines gesetzlichen Vertreters zu erlangen, kann die Behandlung nach den Regeln über die Geschäftsführung ohne Auftrag durchgeführt werden, wenn die Behandlung dem wirklichen oder mutmaßlichen Willen des Patienten iSv § 683 BGB entspricht.[120] Dies wird regelmäßig bei bewusstlosen Patienten und dringend indizierten Behandlungen anzunehmen sein, wobei die ärztliche Behandlung im Regelfall auf die Behandlungsmaßnahmen zu beschränken ist, die in der konkreten Situation unvermeidbar sind, ohne dass der im Notfall tätige Arzt allerdings von der Verpflichtung entbunden ist, das Krankheitsbild vollständig zu ermitteln.[121] In Zweifelsfällen muss er den Notfallpatienten in ein Krankenhaus zur weiteren Abklärung überweisen. Sofern es nicht möglich ist, nach Abschluss der Behandlung nachträglich einen Behandlungsvertrag abzuschließen oder die Zustimmung des Vertreters herbeizuführen, ergibt sich die Haftung für Behandlungsfehler aus dem gesetzlichen Schuldverhältnis der GoA nach § 683 BGB, ohne dass sich der Arzt auf die Haftungsbeschränkung auf Vorsatz und grobe Fahrlässigkeit nach § 680 BGB berufen könnte. Im Rahmen der Festlegung des in der Notfalllage zugrunde zu legenden ärztlichen Standards ist allerdings der Umstand, dass eine Notfallsituation vorliegt, zu berücksichtigen. In einer Notfalllage wird nur der für derartige Notfalllagen geforderte ärztliche Standard geschuldet, der abhängig von der konkreten Notfallsituation ist.[122] Danach wird eine Abmilderung des gebotenen Standards für Ärzte, die die ärztliche Behandlung in Notfällen bewusst übernommen haben, insbesondere also im Rettungsdienst tätige Notärzte, generell nicht in Betracht kommen. Demgegenüber kann eine solche Abmilderung bei im vertragsärztlichen Notdienst eingesetzten Ärzten, die den vertragsärztlichen Notdienst als Ausfluss ihrer vertragsärztlichen Pflichten übernommen haben, durchaus denkbar sein. Diese schulden Dasjenige, was in der konkreten Notfallsituation vorhersehbar und möglich war.[123] Dabei ist auch die Fachrichtung des jeweiligen im Notdienst tätigen Arztes zu berücksichtigen. Anders ist dies wiederum bei im GKV-Notdienst tätigen Vertragsärzten, die den Notdienst – zB wegen der dafür gezahlten Vergütung – freiwillig übernommen haben, wie dies zwischenzeitlich in vielen KV-Bezirken üblich ist. Bei bewusster, freiwilliger Übernahme des vertragsärztlichen Notdienstes ist eine Milderung des Sorgfaltsmaßstabes nicht angezeigt.

63 Kommt ein Arzt in seiner Freizeit – quasi zufällig – an einen Unfallort und übernimmt die Behandlung einer verunfallten Person, kommt es regelmäßig nicht zum Abschluss eines Behandlungsvertrages. Ein Vertragsschluss kann auch nicht daraus hergeleitet werden, dass der zufällig am Unfallort anwesende Arzt seine berufliche Qualifikation mitteilt und die Notfallbehandlung übernimmt.[124] Es gelten die Regeln der GoA, wo-

---

120 Dazu *Frahm/Nixdorf/Walter* ArztHaftR Rn. 36; *Gehrlein* Arzthaftungspflicht Rn. A 17; *Pauge* ArztHaftR Rn. 79.
121 BGH NJW-RR 2008, 263 = VersR 2008, 221; KG Berlin VersR 1987, 992; *Gehrlein* Arzthaftungspflicht Rn. A 17; *Pauge* ArztHaftR Rn. 80.
122 *Frahm/Nixdorf/Walter* ArztHaftR Rn. 37; *Gehrlein* Arzthaftungspflicht Rn. A 17; *Pauge* ArztHaftR Rn. 81.
123 Dazu *Pauge* ArztHaftR Rn. 85.
124 OLG München NJW 2006, 1883, *Roth* NJW 2006, 2814.

bei der Arzt sich in derartigen Situationen auf die Haftungsbeschränkung aus § 680 BGB berufen kann.[125]

E. Die öffentlich-rechtliche Behandlung

Ebenfalls eine Sondersituation besteht im Rahmen hoheitlicher Behandlungsverhält- **64** nisse. In diesen Fallkonstellationen erfolgt die Behandlung nicht aufgrund eines privatrechtlichen Behandlungsvertrages, sondern aufgrund eines öffentlich-rechtlichen Sonderverhältnisses. Ein solches Sonderverhältnis liegt zB bei staatlich angeordneten Schutzimpfungen im Verhältnis zu dem die Impfung durchführenden Arzt, nicht aber schon bei lediglich öffentlich empfohlenen Impfungen vor.[126] Ein öffentlich-rechtliches Behandlungsverhältnis entsteht darüber hinaus bei der ambulanten Behandlung durch von Gesundheits- oder Versorgungsämtern beauftragte Ärzte,[127] bei Tätigwerden des MDK,[128] bei Heilbehandlungen durch den Vertrauensarzt der gesetzlichen Rentenversicherung oder bei der ärztlichen Tätigkeit eines Durchgangsarztes eines gesetzlichen Unfallversicherungsträgers,[129] wenn dieser im Aufgabenbereich des Unfallversicherungsträgers tätig wird, also entscheidet, ob eine spezielle berufsgenossenschaftliche Behandlung erforderlich ist, einschließlich der Erstuntersuchung, der Diganosestellung und der Erstversorgung, nicht aber nach Weiterführung der Behandlung, nachdem der Patient in die allgemeine krankenversicherungsrechtliche Heilbehandlung übernommen worden ist.[130] Maßgeblich für die Abgrenzung ist, ob die eigentliche Zielsetzung, in deren Sinne der Arzt tätig geworden ist, hoheitlicher Tätigkeit zuzurechnen ist und ob zwischen dieser Zielsetzung und der schädigenden Handlung ein so enger äußerer und innerer Zusammenhang besteht, dass die Handlung ebenfalls als noch dem Bereich hoheitlicher Betätigung angehörend angesehen werden muss. Nicht entscheidend ist die Person sondern die Funktion des Handelnden, dh die Aufgabe, deren Wahrnehmung die im konkreten Fall ausgeübte Tätigkeit dient.[131] Ein öffentlich-rechtlich ausgestaltetes Behandlungsverhältnis entsteht schließlich auch bei der notärztlichen Versorgung, wenn die notärztliche Versorgung nach jeweiligem Landesrecht hoheitlich ausgestaltet ist.[132]

---

125 OLG München NJW 2006, 1883 = GesR 2006, 206; OLG Düsseldorf NJW 2004, 3640; *Frahm/Nixdorf/Walter* ArztHaftR Rn. 37; *Deutsch/Spickhoff* MedizinR Rn. 130; *Geiß/Greiner* ArzthaftpflichtR Rn. B 27; *Roth* NJW 2006, 2814; offengelassen bei *Pauge* ArztHaftR Rn. 81.
126 BGH NJW 1994, 3012 = VersR 1994, 1228.
127 BGH MedR 2001, 254 = VersR 2001, 1108; NJW 1973, 554 = VersR 1973, 58.
128 BGH MedR 2006, 652 = VersR 2006, 1684; OLG Koblenz GesR 2012, 173; dazu *Frahm/Nixdorf/Walter* ArztHaftR Rn. 4; *Martis/Winkhart* ArztHaftR A 496; *Sikorski* MedR 2001, 188.
129 Zur Abgrenzung von Durchgangsarzt und Heilbehandlungsarzt vgl. BGH NVwZ-RR 2010, 485 = VersR 2010, 768; OLG Karlsruhe GesR 2008, 45; *Geiß/Greiner* ArzthaftpflichtR Rn. A 88; *Pauge* ArztHaftR Rn. 12.
130 BGH NJW 2017, 1745 = VersR 2017, 495; NJW 2017, 1742 = VersR 2017, 490; NVwZ-RR 2010, 485 = VersR 2010, 768; NJW 2009, 993 = VersR 2009, 401; NJW 1994, 2417 = VersR 1994, 1195; NJW 1975, 589 = VersR 1975, 283; dazu MAH MedizinR/*Terbille* § 1 Rn. 71–76; zur Abgrenzung von »Ob« und »Wie« auch BGH; OLG Oldenburg VersR 2010, 1654; OLG Schleswig NJW-RR 2007, 41 = GesR 2007, 469; *Geiß/Greiner* ArzthaftpflichtR Rn. A 88; *Martis/Winkhart* ArztHaftR A 486 f.; *Pauge* ArztHaftR Rn. 12; Spickhoff/*Greiner* BGB §§ 823 ff. Rn. 357; *Jorzig* GesR 2009, 400.
131 BGH NVwZ-RR 2010, 485 = VersR 2010, 768; zur vergleichbaren Abgrenzung bei einer Tätigkeit für den MDK: BGH MedR 2006, 652 = VersR 2006, 1684; dazu auch OLG Oldenburg VersR 2010, 1654, in einem Fall, in dem der D-Arzt die Heilbehandlung nach fehlerhafter Auswertung einer Röntgenaufnahme übernommen hat, die vor der Entscheidung zur Übernahme der Heilbehandlung gefertigt worden ist.
132 BGH NVwZ-RR 2010, 502 = GesR 2010, 271; NJW 2005, 429 = VersR 2005, 688; NJW 2003, 1184 = VersR 2003, 732; dazu *Deutsch/Spickhoff* MedizinR Rn. 164; *Kern* in Laufs/Kern ArztR-HdB § 17a Rn. 75; *Martis/Winkhart* ArztHaftR A 479; *Ehmann* NJW 2004, 2944; *Lippert* VersR 2004, 839; zur Tätigkeit einer Rettungsleitstelle BGH NVwZ-RR 2008, 79 = MedR 2008, 211.

Dies gilt allerdings nicht für den Vertragsarzt, der im Rahmen des von der zuständigen Kassenärztlichen Vereinigung organisierten Notdienstes bzw. Bereitschaftsdienstes eine Notdienstbehandlung übernimmt. Dieser Arzt wird privatrechtlich tätig. Im stationären Bereich ist eine hoheitliche Heilbehandlung insbesondere anzunehmen bei Zwangsbehandlungen zu Gunsten durch staatliche Anordnung untergebrachter Personen, zB in der geschlossenen Abteilung einer Psychiatrie,[133] oder bei Strafgefangenen durch einen sog. Anstaltsarzt oder durch einen von dem Träger der Haftanstalt beauftragten Vertragsarzt[134] oder gegenüber Untersuchungshäftlingen,[135] nicht aber wenn die Behandlung durch einen von einem Untersuchungshäftling auf eigene Kosten beauftragten niedergelassenen Arzt erfolgt. Auch die truppenärztliche Versorgung von Bundeswehrsoldaten stellt eine hoheitliche Behandlung dar und zwar auch dann, wenn sie durch nicht der Bundeswehr angehörende Ärzte im Auftrag der Bundeswehr durchgeführt wird.[136] Demgegenüber ist die Behandlung von Zivildienstleistenden oder sonstigen im Staatsdienst beschäftigten Personen[137] oder von nicht der Bundeswehr angehörenden Personen in einem Bundeswehrkrankenhaus[138] oder in einem berufsgenossenschaftlichen Krankenhaus privatrechtlich zu qualifizieren.

65 Die Haftung bei derartiger hoheitlicher Behandlung erfolgt ausschließlich nach staatshaftungsrechtlichen Grundsätzen. Für Behandlungsfehler haftet danach allein der öffentlich-rechtliche Anstellungsträger gem. Art. 34 GG iVm § 839 BGB. Der Anstellungsträger kann sich bei fahrlässigem Handeln auf das Haftungsprivileg des § 839 Abs. 1 S. 2 BGB berufen. Demgegenüber ist eine persönliche Haftung des hoheitlich handelnden Arztes sowohl aus Delikt als auch aus Vertrag ausgeschlossen.[139]

§ 48 Die Behandlungsfehlerhaftung

A. Vorbemerkung

1 Sowohl der auf eine vertragliche als auch der auf eine deliktische Anspruchsgrundlage gestützte Arzthaftungsanspruch setzt – von den Fällen des Fehlens einer ordnungsgemäßen Einwilligung in den Eingriff abgesehen (dazu unter § 49 – Die Aufklärungsfehlerhaftung – voraus, dass der behandelnde Arzt unter Verletzung des von ihm anzuwendenden Sorgfaltsmaßstabes einen Behandlungsfehler begangen hat und der Patient hierdurch einen Gesundheitsschaden (sog. Primärschaden) erlitten hat. Der haftungsbegründende Tatbestand des Arzthaftungsanspruches ist dementsprechend nur dann erfüllt, wenn ein Behandlungsfehler vorliegt (dazu B. I., → Rn. 3 ff.), der von dem behandelnden Arzt unter Verletzung der anzulegenden Sorgfalt (dazu B. II., → Rn. 89 ff.) herbeigeführt worden ist und hierdurch der beim Patienten entstandene Gesundheitsschaden verursacht oder mitverursacht worden ist (dazu B. III., → Rn. 101 ff.). Nicht ausreichend ist es demgegenüber, wenn eine durchgeführte

---

133 BVerfG NJW 2013, 2337 = MedR 2013, 596; NJW 2011, 3571; BGH NVwZ 2013, 454 = VersR 2013, 718; NJW 2008, 1444 = VersR 2008, 778.

134 BGH NJW 2002, 3769 = VersR 2002, 1521.

135 BGH NJW 1996, 2431 = VersR 1996, 976.

136 BGH MedR 2011, 805 = VersR 2011, 264; NJW 2002, 3096 = VersR 2003, 250; NJW 1996, 2431 = VersR 1996, 976; NJW 1990, 760 = VersR 1989, 1050.

137 BGH VersR 2014, 374; MedR 2011, 805 = VersR 2011, 264; *Geiß/Greiner* ArzthaftpflichtR Rn. A 89; *Kern* MedR 2011, 808.

138 OLG Koblenz MedR 2011, 366 = VersR 2011, 79.

139 Dazu insgesamt *Frahm/Nixdorf/Walter* ArztHaftR Rn. 4–5; *Geiß/Greiner* ArzthaftpflichtR Rn. A 85–A 89; *Martis/Winkhart* ArztHaftR A 479 ff.; *Pauge* ArztHaftR Rn. 7–13; Spickhoff/ *Greiner* BGB §§ 823ff. Rn. 354.

ärztliche Behandlung nicht den gewünschten Erfolg zeigt, weil der Arzt aufgrund des Charakters des Behandlungsvertrages als Unterfall des Dienstvertrages ausweislich der Regelung in § 630a Abs. 1 S. 1 BGB nicht den ärztlichen Heilerfolg, sondern lediglich die pflichtgemäße Dienstleistung schuldet. In einem solchen Fall beruht der (unerwünschte) gesundheitliche Zustand des Patienten gerade nicht auf einer ärztlichen Fehlleistung, sondern auf der Grunderkrankung des Patienten selbst. Das darin liegende Schadensrisiko ist dem behandelnden Arzt nicht zuzurechnen.

Liegt ein ärztlicher Behandlungsfehler vor, stellt sich die anschließende Frage, welche **2** weiteren, über den eigentlichen gesundheitlichen Primärschaden hinausgehenden Schäden von der Schadensersatzpflicht umfasst sind. Es kann sich hierbei sowohl um Schäden finanzieller Art als auch um gesundheitliche Folgebeeinträchtigungen (sog. Sekundärschäden) handeln. Die Abgrenzung des Umfanges der vom Schadensersatzanspruch umfassten Folgeschäden ist Gegenstand des haftungsausfüllenden Tatbestandes (dazu unter C., → Rn. 166 ff.).

B. Der haftungsbegründende Tatbestand

I. Die Behandlungsfehlertypen

Ohne Anspruch auf Vollständigkeit lassen sich die Behandlungsfehlertypen wie folgt **3** klassifizieren:

- generalisierte Qualitätsmängel
  - Übernahmefehler
  - Organisations- und Koordinationsfehler
- konkrete Qualitätsmängel
  - Therapiewahlfehler
  - Therapiefehler
  - Diagnosefehler
  - Nichterhebung von Diagnose- und Kontrollbefunden
- Fehler bei der therapeutischen Sicherungsaufklärung.

1. Die generalisierten Qualitätsmängel

Unter diese Fallgruppe von Behandlungsfehlern lassen sich Konstellationen fassen, die **4** im Vorfeld der eigentlichen Behandlung die Pflichtenstellung eines Arztes oder Krankenhausträgers berühren.[1] Es handelt sich um Fehler, die sich zwar in der konkreten Behandlung niederschlagen, ihre Ursache aber in der Verletzung der dem Arzt oder Krankenhausträger obliegenden generellen Pflichtenstellung finden.

a) Der Übernahmefehler

Ein Übernahmefehler liegt vor, wenn ein Arzt oder Krankenhausträger eine Behand- **5** lung übernimmt, von der er weiß oder wissen muss, dass er ihr nicht gewachsen ist. In diesem Fall verletzt der Arzt die ihm obliegende grundsätzliche Verpflichtung, nur solche Behandlungen durchzuführen, zu denen er aufgrund hinreichender praktischer und theoretischer Fachkenntnisse sowie der Umstände des Einzelfalles in der Lage ist.[2]

---

1 Vgl. dazu *Geiß/Greiner* ArzthaftpflichtR Rn. B 11–B 33; *Spickhoff/Greiner* BGB §§ 823 ff. Rn. 23.
2 BGH NJW 2010, 2595 = MedR 2011, 718 (zur strafrechtlichen Verantwortlichkeit); BGH NJW 2005, 888 = VersR 2005, 408; OLG Hamm VersR 2006, 512; OLG Stuttgart VersR 2001, 1560; *Deutsch/Spickhoff* MedizinR Rn. 353; *Broglie* in Ehlers/Broglie ArztHaftR Rn. 754; *Gehrlein* Arzthaftungspflicht Rn. B31; *Geiß/Greiner* ArzthaftpflichtR Rn. B 11; *Laufs/Kern* in Laufs/Kern ArztR-HdB § 97 Rn. 21; *Martis/Winkhart* ArztHaftR B 28, B 106 ff.

6 Der Übernahmefehler kann zum einen auf unzureichenden Fachkenntnissen beruhen. Diese können dadurch entstehen, dass der Arzt der ihm nicht nur standesrechtlich, sondern auch arzthaftungsrechtlich obliegenden Verpflichtung zur ständigen Weiterbildung in seinem Fachgebiet nicht oder nicht ausreichend nachgekommen ist und deshalb die von ihm gewählte Behandlung nicht dem geforderten medizinischen Standard entspricht.[3] Hiermit korrespondiert die Verpflichtung des Arztes, sich in seinem Fachgebiet unter Verwertung der einschlägigen medizinischen Literatur jederzeit fortzubilden. Dabei wird man von dem niedergelassenen Allgemeinarzt oder Facharzt die regelmäßige Lektüre der für das jeweilige Fachgebiet maßgeblichen inländischen Fachliteratur verlangen können.[4] Es besteht jedoch keine Verpflichtung zur ständigen Lektüre ausländischer Fachzeitschriften, sofern nicht gerade bestimmte vom Arzt verwandte Behandlungsmethoden betroffen sind oder der Arzt eine neue, noch nicht allgemein anerkannte Methode anwenden will.[5] Nicht verlangt werden kann vom niedergelassenen Arzt die regelmäßige Lektüre wissenschaftlicher Spezialveröffentlichungen oder Kongressberichte.[6] Entsprechendes gilt auch für Ärzte in regionalen Krankenhäusern. Demgegenüber dürften an Ärzte in Universitätskliniken, insbesondere deren leitenden Ärzte höhere Anforderungen zu stellen sein. Von diesen wird man die regelmäßige Verfolgung der in- und ausländischen Fachveröffentlichungen in ihrem Spezialgebiet erwarten können. Der Umfang der Weiterbildungsverpflichtung eines Arztes auf der jeweiligen Versorgungsstufe ist im konkreten Einzelfall unter Einschaltung eines medizinischen Sachverständigen zu ermitteln, weil es insoweit um die Reichweite der in dem jeweiligen medizinischen Fachgebiet bestehenden ärztlichen Pflichten geht.[7]

7 In die gleiche Kategorie gehört die Übernahme einer Behandlung, für die der Arzt ausbildungsbedingt den Facharztstandard noch nicht erfüllt (sog. Anfängerbehandlung). Hiervon geht auch die (die Beweislast betreffende) Regelung des durch das Patientenrechtegesetz eingefügten § 630h Abs. 4 BGB aus, dessen Anwendungsbereich ausweislich der Gesetzesbegründung auf die mangelnde fachliche Eignung aufgrund noch nicht abgeschlossener Ausbildung und damit einhergehendem Fehlen der notwendigen Befähigung beschränkt ist, und Einschränkungen der körperlichen Belastbarkeit zB wegen Übermüdung des Arztes nicht erfasst.[8] Entscheidend ist insoweit, ob der Arzt aufgrund seiner Ausbildung die für den konkreten Eingriff erforderlichen Fähigkeiten und Kenntnisse aufweist. Auf die Facharztanerkennung selbst kommt es demgegenüber grundsätzlich nicht an. So kann bspw. ein im letzten Jahr der Ausbildung zum Facharzt für Gynäkologie stehender Assistenzarzt eigenverantwortlich eine Geburt leiten.[9] Kann der Arzt erkennen, dass er die jeweiligen Anforderungen des

---

3 *Gehrlein* Arzthaftungspflicht Rn. B 32; *Geiß/Greiner* ArzthaftpflichtR Rn. B 11; *Laufs/Kern* in Laufs/Kern ArztR-HdB § 97 Rn. 16; *Pauge* ArztHaftR Rn. 203.
4 BGH NJW 1991, 1535 = VersR 1991, 469; NJW 1982, 697 = VersR 1982, 147; OLG München VersR 2000, 890; OLG Frankfurt a.M. VersR 1998, 1378; *Gehrlein* Arzthaftungspflicht Rn. B 12; *Geiß/Greiner* ArzthaftpflichtR Rn. B 12; *Pauge* ArztHaftR Rn. 206–208; Spickhoff/*Greiner* BGB §§ 823 ff. Rn. 23; MAH MedizinR/*Terbille* § 1 Rn. 532.
5 *Geiß/Greiner* ArzthaftpflichtR Rn. B 12; *Martis/Winkhart* ArztHaftR B 113; Spickhoff/*Greiner* BGB §§ 823 ff. Rn. 23.
6 OLG München MedR 1999, 466 = VersR 2000, 890; *Geiß/Greiner* ArzthaftpflichtR Rn. 12.
7 BGH VersR 2015, 1293.
8 Vgl. die Begründung zum Regierungsentwurf in BT-Drs. 17/10488, 30; dazu *Frahm/Nixdorf/ Walter* ArztHaftR Rn. 163; *Martis/Winkhart* ArztHaftR A 103b; Spickhoff/*Spickhoff* BGB § 630h Rn. 13; *Spickhoff* VersR 2013, 267, 280; *Walter* GesR 2013, 129, 134.
9 OLG Oldenburg VersR 2002, 1028 mit NA-Beschluss BGH BeckRS 2001, 14813; *Martis/Winkhart* ArztHaftR A 122a; Spickhoff/*Greiner* BGB §§ 823 ff. Rn. 11; *Pauge* ArztHaftR Rn. 293; Spickhoff/*Spickhoff* BGB § 630h Rn. 13.

Facharztstandards entweder allein oder innerhalb der Krankenhausorganisation, in die er eingegliedert ist, nicht gewährleisten kann, stellt die dennoch erfolgende Behandlungsübernahme einen Übernahmefehler dar.[10] So darf eine Operation einem in der Ausbildung befindlichen Arzt nur übertragen werden, wenn dessen Zuverlässigkeit bei ähnlichen Eingriffen bereits festgestellt worden ist. Der »Anfängerarzt« muss schrittweise an den Schwierigkeitsgrad der jeweiligen Operation herangeführt werden. Darüber hinaus muss sichergestellt sein, dass der in der Ausbildung befindliche Arzt bei seinen Tätigkeiten ordnungsgemäß überwacht wird.[11] Der in Ausbildung befindliche Arzt, der erkennen kann, dass er bei einem ihm übertragenen Eingriff den maßgeblichen Facharztstandard nicht gewährleisten kann, weil ihm die erforderlichen Kenntnisse fehlen und dieser Mangel auch nicht durch anderweitige organisatorische Vorkehrungen des Krankenhausträgers, zB durch den Einsatz eines assistierenden erfahrenen Arztes, ausgeglichen wird, ist gehalten, den verantwortlichen Arzt hierauf hinzuweisen und im Zweifelsfall die Übernahme des Eingriffs abzulehnen. Tut er dies nicht, kann in der Übernahme der Behandlung durch den Anfänger gleichfalls ein Übernahmefehler liegen.[12] Allerdings darf der Anfängerarzt grundsätzlich darauf vertrauen, dass die vom Krankenhausträger bzw. dem entscheidungsverantwortlichen Arzt bereitgestellte Organisation auch in Fällen von Komplikationen dem maßgeblichen Facharztstandard entspricht.

Der Facharztstandard muss nicht in der Person des jeweils operierenden oder die Narkose führenden Arztes sichergestellt sein. Ausreichend aber auch geboten ist vielmehr, dass der Facharztstandard bei arbeitsteiligem ärztlichen Vorgehen insgesamt sichergestellt ist. Für den geburtshilflich-gynäkologischen Bereich reicht hierfür grundsätzlich die Betreuung durch einen Assistenzarzt im Kreißsaal aus, wenn ein funktionsfähiger oberärztlicher Rufbereitschaftsdienst gewährleistet ist, sofern nicht eine Risikogeburt zu erwarten ist.[13] Für den Bereich der Anästhesie muss sich der überwachende Facharzt nicht in unmittelbarer Nähe befinden, es reicht vielmehr Sicht- oder Rufkontakt aus.[14] Eine Intubationsnarkose darf allerdings nur durch bzw. in Anwesenheit eines Facharztes oder entsprechend qualifizierten Arztes durchgeführt werden.[15] Wird im Zuge einer Operation eine Umlagerung erforderlich, muss im Anschluss an die Umlagerung ein Facharzt für Anästhesiologie die Ordnungsgemäßheit der Narkose überprüfen.[16] Für chirurgische Eingriffe, bei denen die Assistenz eines weiteren Arztes notwendig ist, wird gefordert, dass die Operation unter Aufsicht und

8

---

10 BGH NJW 1994, 3008 = VersR 1994, 1303; NJW 1993, 2989 = VersR 1993, 1231; NJW 1988, 2298 = VersR 1998, 723; NJW 1984, 655 = VersR 1984, 60; *Deutsch/Spickhoff* MedizinR Rn. 355; *Frahm/Nixdorf/Walter* ArztHaftR Rn. 95; *Gehrlein* Arzthaftungspflicht Rn. B 34; *Laufs/Kern* in Laufs/Kern ArztR-HdB § 100 Rn. 29; *Martis/Winkhart* ArztHaftR A 100; *Pauge* ArztHaftR Rn. 300–301.

11 BGH NJW 1993, 2989 = VersR 1993, 1231; NJW 1992, 1560 = VersR 1992, 745; *Deutsch/Spickhoff* MedizinR Rn. 354; *Frahm/Nixdorf/Walter* ArztHaftR Rn. 92; *Laufs/Kern* in Laufs/Kern ArztR-HdB § 100 Rn. 23; *Martis/Winkhart* ArztHaftR A 105; *Pauge* ArztHaftR Rn. 291–296; MAH MedizinR/*Terbille* § 1 Rn. 556.

12 BGH NJW 1994, 3008 = VersR 1994, 1303; NJW 1993, 2989 = VersR 1993, 1231; *Frahm/Nixdorf/Walter* ArztHaftR Rn. 95; *Martis/Winkhart* ArztHaftR A 100; *Pauge* ArztHaftR Rn. 300–301.

13 BGH NJW 1998, 2737 = VersR 1998, 634; NJW 1994, 3008 = VersR 1994, 1303; *Frahm/Nixdorf/Walter* ArztHaftR Rn. 92; *Martis/Winkhart* ArztHaftR A 122.

14 BGH NJW 1993, 2989 = VersR 1993, 1231; *Frahm/Nixdorf/Walter* ArztHaftR Rn. 93; *Laufs/Kern* in Laufs/Kern ArztR-HdB § 100 Rn. 26; *Martis/Winkhart* ArztHaftR A 120; Spickhoff/*Greiner* BGB §§ 823 ff. Rn. 10.

15 OLG Zweibrücken VersR 1988, 165; *Laufs/Kern* in Laufs/Kern ArztR-HdB § 100 Rn. 26.

16 BGH NJW 1993, 2989 = VersR 1993, 1231; *Martis/Winkhart* ArztHaftR A 121.

Anleitung eines jederzeit eingriffsbereiten Facharztes erfolgt.[17] Der Facharzt muss die Operation durchgehend beobachten und bereit sein, jederzeit korrigierend eingreifen zu können. Demgegenüber können einfachere Eingriffe, die auch ohne einen zweiten assistierenden Arzt durchgeführt werden können, auch auf einen noch in der Facharztausbildung befindlichen Arzt übertragen werden, sofern dieser nach seinem Ausbildungsstand für den Eingriff sicher befähigt ist.[18]

9 Sonderprobleme können sich schließlich im Rahmen eines in einem Krankenhaus vorgesehenen fächerübergreifenden Bereitschaftsdienstes ergeben, weil bei einer solchen Organisation die im Bereitschaftsdienst eingesetzten Ärzte zwangsläufig fachfremde Leistungen erbringen müssen. Auch diese Organisationsform muss den für den jeweiligen Bereich gebotenen Facharztstandard wahren, sodass der fachfremde Einsatz im fächerübergreifenden Bereitschaftsdienst selbst dann nach den für Anfängerbehandlungen geltenden Grundsätzen zu beurteilen ist, wenn der Bereitschaftsarzt bereits (in einem anderen Fachgebiet) die Facharztanerkennung erlangt hat.[19]

10 Fehler in diesem Bereich stellen für den die Behandlung übernehmenden Arzt einen Übernahmefehler dar, wenn dieser erkennen konnte, dass er aufgrund seines Ausbildungsstandes den Facharztstandard nicht erfüllt, oder wenn er feststellen konnte, dass der Facharztstandard durch die gewählte Organisation nicht eingehalten wird, nicht aber, wenn er auf die sachgemäße Organisation des Krankenhausträgers vertraut hat und das Vertrauen schutzwürdig ist.[20]

11 Ein Übernahmefehler kann des Weiteren im Zusammenhang mit dem Einsatz der für eine konkrete Behandlung erforderlichen apparativen Ausstattung entstehen. Übernimmt der Arzt eine Behandlung, die eine bestimmte apparative Ausstattung erfordert, muss sichergestellt sein, dass die apparative Ausstattung vorhanden ist.[21] Ein Krankenhausträger ist allerdings nicht verpflichtet, immer die modernste apparative Ausstattung vorzuhalten. Vielmehr wird der gebotene Standard erst dann unterschritten, wenn eine apparative Ausstattung fehlt, deren Nutzen allgemein anerkannt ist und die in der Praxis verbreitet ist und nicht nur in wenigen Zentren Anwendung findet.[22] Außerdem wird dem Krankenhausträger eine angemessene Zeit zur Beschaffung einer solchen apparativen Ausstattung einzuräumen sein.[23] Sind die notwendigen apparativen Voraussetzungen für eine Behandlung in einem Krankenhaus vorhanden,

---

17 BGH NJW 1992, 1560 = VersR 1992, 745; NJW 1984, 655 = VersR 1984, 60; *Frahm/Nixdorf/Walter* ArztHaftR Rn. 94; *Laufs/Kern* in Laufs/Kern ArztR-HdB § 100 Rn. 25; *Martis/Winkhart* ArztHaftR A 116; Spickhoff/*Greiner* BGB §§ 823 ff. Rn. 8 f.; dazu für den Bereich der Telemedizin *Pflüger* VersR 1999, 1070.
18 OLG Oldenburg NJW-RR 1999, 1327 = VersR 2000, 191; Spickhoff/*Greiner* BGB §§ 823ff Rn. 9.
19 *Frahm/Nixdorf/Walter* ArztHaftR Rn. 95a; *Martis/Winkhart* ArztHaftR A 114a; *Boemke* NJW 2010, 1562; *Debong* ArztR 2012, 201.
20 BGH NJW 1994, 3008 = VersR 1994, 1303; NJW 1993, 2989 = VersR 1993, 1231; *Frahm/Nixdorf/ Walter* ArztHaftR Rn. 95; *Laufs/Kern* in Laufs/Kern ArztR-HdB § 100 Rn. 29; *Martis/Winkhart* ArztHaftR A 100; *Pauge* ArztHaftR Rn. 300, 301.
21 BGH NJW 1995, 779 = VersR 1995, 195; NJW 1989, 2321 = VersR 1989, 851; NJW 1978, 2337 = VersR 1978, 1022; *Deutsch/Spickhoff* MedizinR Rn. 637; *Frahm/Nixdorf/Walter* ArztHaftR Rn. 100; *Gehrlein* Arzthaftungspflicht Rn. B 35; *Geiß/Greiner* Arzthaftpflichtrecht Rn. B 17; *Martis/Winkhart* ArztHaftR B 108, B 109a, B 140; *Pauge* ArztHaftR Rn. 203; Spickhoff/*Greiner* BGB §§ 823 ff. Rn. 25; zu den in diesem Zusammenhang bestehenden Pflichten eines Belegarztes OLG München MedR 2007, 349 = VersR 2007, 797 mit NA-Beschluss BGH v. 10.7.2007 – VI ZR 205/06.
22 BGH NJW 1992, 754 = VersR 1992, 240; NJW 1989, 2321 = VersR 1989, 851; *Frahm/Nixdorf/ Walter* ArztHaftR Rn. 83; *Martis/Winkhart* ArztHaftR B 109a; Spickhoff/*Greiner* BGB §§ 823 ff. Rn. 14.
23 *Frahm/Nixdorf/Walter* ArztHaftR Rn. 100.

Nebendahl

stehen sie aber wegen anderer Behandlungsfälle im konkreten Einzelfall nicht zur Verfügung, ergibt sich hieraus kein Übernahmefehler, wenn die Behandlung ansonsten dem gebotenen Standard entspricht. Darüber hinaus muss der Arzt in der Lage sein, die für die Behandlung notwendigen Apparaturen zu bedienen und bei Störungen angemessen zu reagieren.[24] Den Krankenhausträger trifft die Verpflichtung, die von ihm eingesetzten Ärzte entsprechend zu instruieren. Sind diese Voraussetzungen nicht erfüllt, darf der Arzt die Behandlung nicht übernehmen. Er muss den Patienten an eine andere geeignete Einrichtung verweisen.

Ein Übernahmefehler kommt auch dann in Betracht, wenn der Krankenhausträger eine von ihm eingerichtete Behandlungseinheit personell oder sachlich nur unzureichend ausstattet, sodass die dort aufgenommenen Patienten nicht rechtzeitig richtig versorgt werden können. Denkbar ist dies beispielsweise bei Einrichtung einer sog. »stroke unit« in einem Krankenhaus zur Behandlung akuter Schlaganfälle, wenn in dem Krankenhaus keine eigene neurologische Abteilung vorhanden ist und eine fachärztlich neurologische und radiologische Behandlung der Schlaganfallpatienten nicht in anderer Weise jederzeit sichergestellt ist.[25]   **12**

Entsprechendes gilt auch im Hinblick auf die Ausstattung mit Medikamenten und sonstigen Hilfsmitteln. Der eine Behandlung übernehmende Arzt muss vor Beginn der Behandlung sicherstellen, dass die für die Behandlung voraussichtlich notwendigen Medikamente bei Bedarf zur Verfügung stehen.[26] Kann er hierzu nicht auf eine Krankenhausapotheke zurückgreifen, muss er in anderer geeigneter Weise die Zugriffsmöglichkeit auf die möglicherweise einzusetzenden Medikamente sicherstellen. Gleiches gilt für die Verfügbarkeit von Blutkonserven, die im Rahmen von Operationen voraussichtlich erforderlich werden. Es dürfen nur Blutkonserven eingesetzt werden, die von zuverlässigen Herstellern stammen oder vom Krankenhausträger auf das Vorliegen etwaiger Verunreinigungen untersucht worden sind.[27] Hiermit im Zusammenhang besteht auch die Verpflichtung, den Patienten auf die Möglichkeit einer Eigenblutspende vor Durchführung einer Operation hinzuweisen, in der voraussichtlich Blutkonserven erforderlich werden.[28]   **13**

Ein Übernahmefehler steht weiter im Raum, wenn der Behandler außerhalb seines eigentlichen Fachgebietes tätig wird. Dies ist ihm zwar nicht grundsätzlich verwehrt. Überschreitet der Behandler jedoch die Grenzen seines Fachgebietes und wird er fachfremd in einem anderen Fachgebiet tätig, so muss er seine Behandlung an den in dem anderen Fachgebiet geforderten Sorgfaltspflichten ausrichten.[29] Dies gilt auch für den Einsatz in einem fächerübergreifenden Bereitschaftsdienst (→ Rn. 9).[30] Nichtärztliche   **14**

---

24 BGH NJW 1978, 584 = VersR 1978, 82; NJW 1975, 2245 = VersR 1975, 952; *Deutsch/Spickhoff* MedizinR Rn. 630; *Frahm/Nixdorf/Walter* ArztHaftR Rn. 101; *Geiß/Greiner* ArzthaftpflichtR Rn. B 12; *Laufs/Kern* in Laufs/Kern ArztR-HdB § 98 Rn. 25; *Martis/Winkhart* ArztHaftR B 142; Spickhoff/*Greiner* BGB §§ 823 ff. Rn. 23.
25 BGH NJW-RR 2014, 1051 = VersR 2014, 374.
26 BGH NJW 1991, 1543 = VersR 1991, 315; *Frahm/Nixdorf/Walter* ArztHaftR Rn. 102; *Gehrlein* Arzthaftungspflicht Rn. B 38; *Geiß/Greiner* ArzthaftpflichtR Rn. B 21; *Laufs/Kern* in Laufs/Kern ArztR-HdB § 98 Rn. 29; *Martis/Winkhart* ArztHaftR B 143; Spickhoff/*Greiner* BGB §§ 823 ff. Rn. 26.
27 BGH NJW 1992, 743 = VersR 1992, 314; *Frahm/Nixdorf/Walter* ArztHaftR Rn. 102; *Gehrlein* Arzthaftungspflicht Rn. B 38; *Martis/Winkhart* ArztHaftR B 144.
28 Dazu BGH NJW 1992, 743 = VersR 1992, 314; *Pauge* ArztHaftR Rn. 382.
29 BGH NJW 1987, 1482 = VersR 1987, 1089; NJW 1982, 697 = VersR 1982, 147; *Gehrlein* Arzthaftungspflicht Rn. B 33; *Geiß/Greiner* ArzthaftpflichtR Rn. B 13; *Martis/Winkhart* ArztHaftR B 106; Spickhoff/*Greiner* BGB §§ 823 ff. Rn. 24.
30 S. auch *Frahm/Nixdorf/Walter* ArztHaftR Rn. 95a; *Boehmke* NJW 2010, 1562.

Behandler, wie zB Heilpraktiker, die ärztliche Leistungen, zB invasive Eingriffe oder Krebstherapien, übernehmen, sind ebenfalls an diese Grundsätze gebunden. Der Heilpraktiker, der ärztliche Maßnahmen durchführt, muss sich deshalb an dem Standard eines Allgemeinmediziners messen lassen.[31] Übernahmefehler können in diesem Zusammenhang zB auftreten, wenn der behandelnde Arzt es unterlässt, in fachfremden Fragestellungen einen Facharzt des jeweiligen Fachgebietes als Konsiliararzt hinzuzuziehen oder einen Patienten zur Weiterbehandlung an einen Facharzt des maßgeblichen Fachgebietes oder ein Spezialkrankenhaus zu überweisen.[32]

b) Der Organisations- und Koordinationsfehler

15 Organisations- und Koordinationsfehler stehen im Raum, wenn der für die Durchführung der Behandlung zuständige Arzt oder Krankenhausträger die ihm obliegende Pflicht zur sachgerechten Organisation des Umgangs mit dem Patienten und zur ordnungsgemäßen Koordination und Kontrolle der klinischen Abläufe verletzt.

16 Angesprochen sind damit die Verpflichtungen des für den Behandlungsablauf Verantwortlichen zur Bereitstellung einer generellen Organisation, die das Auftreten vermeidbarer Fehler ausschließt, und zur Koordination des Zusammenwirkens der in die Heilbehandlung eingeschalteten Personen.[33] Zum Teil stellt der Organisations- und Koordinationsfehler des für die Behandlungsabläufe Verantwortlichen damit das Gegenstück zum Übernahmefehler des in eine arbeitsteilige Organisation eingeschalteten Arztes dar.

17 Es lassen sich Fehler in Bezug auf Verpflichtungen hinsichtlich des eingeschalteten Personals, Fehler hinsichtlich der Verpflichtung zur eindeutigen Regelung von Zuständigkeiten und Vertretungen, Fehler in Zusammenhang mit Verpflichtungen hinsichtlich der apparativen Ausstattung und Medikamentenvorhaltung, Fehler hinsichtlich der allgemeinen Verkehrssicherungspflicht und Fehler im Zusammenhang mit der Organisationspflicht hinsichtlich der Patientenaufklärung unterscheiden.

18 Fehler im Zusammenhang mit der Vorhaltung ausreichenden Personals können auftreten, wenn Behandlungen an unzureichend ausgebildete Ärzte (Stichwort Anfängeroperation) übertragen werden (→ Rn. 7) oder wenn der Personaleinsatz in einer Weise erfolgt, dass der notwendige Facharztstandard nicht gewährleistet ist. Das kann bspw. der Fall sein, wenn im Nachtdienst unzureichend ausgebildetes Pflegepersonal eingesetzt wird[34] oder wenn ein aufgrund vorangegangenen Nachtdienstes übermüdeter Arzt eingesetzt wird.[35] Die arbeitszeitrechtlich unzulässige Überschreitung von Ar-

---

31 BGH NJW 1991, 1535 = VersR 1991, 469; OLG Hamm BeckRS 2012, 14530; *Gehrlein* Arzthaftungspflicht Rn. B 33; *Geiß/Greiner* ArzthaftpflichtR Rn. B 13; *Martis/Winkhart* ArztHaftR B 106a; *Pauge* ArztHaftR Rn. 169; Spickhoff/*Greiner* BGB §§ 823 ff. Rn. 24.

32 BGH NJW 2005, 888 = VersR 2005, 408; NJW 1989, 2321 = VersR 1989, 851; NJW 1988, 763 = VersR 1988, 179; *Gehrlein* Arzthaftungspflicht Rn. B 34; *Geiß/Greiner* ArzthaftpflichtR Rn. B 15; *Martis/Winkhart* ArztHaftR B 106a–B 108; Spickhoff/*Greiner* BGB §§ 823 ff. Rn. 25; dazu auch *Nebendahl*, FS ARGE Medizinrecht, 2008, 237.

33 BGH NJW 2003, 2309 = VersR 2003, 1126; dazu *Deutsch/Spickhoff* MedizinR Rn. 599; *Frahm/Nixdorf/Walter* ArztHaftR Rn. 96; *Geiß/Greiner* ArzthaftpflichtR Rn. B 18; *Martis/Winkhart* ArztHaftR B 130.; Spickhoff/*Greiner* BGB §§ 823 ff. Rn. 26; *Bergmann* VersR 1996, 810; *Deutsch* NJW 2000, 1745.

34 BGH NJW 1996, 2429 = VersR 1996, 976; dazu *Geiß/Greiner* ArzthaftpflichtR Rn. B 23; *Martis/Winkhart* ArztHaftR B 131.

35 BGH NJW 1986, 776 = VersR 1986, 295; dazu *Deutsch/Spickhoff* MedizinR Rn. 599; *Frahm/Nixdorf/Walter* ArztHaftR Rn. 99; *Gehrlein* Arzthaftungspflicht Rn. B 40; *Martis/Winkhart* ArztHaftR B 131a; *Pauge* ArztHaftR Rn. 245; *Büchner/Stöhr* NJW 2012, 487; dazu auch *Ernst* ZVersWiss 2004, 693.

beitzeitgrenzen durch den behandelnden Arzt begründet jedoch weder für sich genommen einen Behandlungsfehler noch einen Ansatzpunkt für eine Beweislastumkehr hinsichtlich der Sorgfaltswidrigkeit der ärztlichen Behandlung. Ein auf den Personaleinsatz bezogener Organisationsmangel kann weiter vorliegen, wenn bei Parallelnarkosen in mehreren Operationssälen eine Unterversorgung mit Anästhesisten besteht[36] oder die Bereitschaftsdienst- und Rufbereitschaftsorganisation mangelhaft ist.[37] Fehler treten weiter auf, wenn ärztliche Aufgaben zu Unrecht auf nichtärztliche Leistungserbringer (Arzthelferinnen, Pflegedienst, Hebammen etc.) übertragen werden.[38]

Mängel hinsichtlich der eindeutigen Abgrenzung von Zuständigkeiten und Vertretun- **19** gen ergeben sich, wenn Unklarheiten bei der Zuständigkeitszuordnung unterschiedlicher ärztlicher Leistungserbringer auftreten, so zB wenn der Pflichtenkreis eines Belegarztes in einem Belegkrankenhaus im Verhältnis zum Pflichtenkreis des Krankenhausträgers nicht oder nicht ordnungsgemäß abgegrenzt ist oder der Krankenhausträger bei offenbar fehlerhaften Verhalten des Belegarztes nicht eingreift.[39] Gleiches gilt, wenn die Abstimmung zwischen Hebammen und ärztlichem Geburtshelfer nicht oder nicht ordnungsgemäß vorgenommen wird.[40] Entsprechendes ist auch für die Abstimmung bei abteilungsübergreifender Behandlung eines Patienten zB im Zusammenhang mit einer Verlegung des Patienten von einer auf die andere Abteilung eines Krankenhauses oder in ein anderes Krankenhaus anzunehmen.[41]

Organisations- und Koordinationsfehler im Zusammenhang mit der Sicherstellung ei- **20** ner ausreichenden apparativen Ausstattung und Medikamentenbevorratung können auftreten, wenn der Krankenhausträger die für die übernommene Behandlung erforderlichen technischen Geräte nicht oder nicht funktionsbereit vorhält,[42] das eingesetzte Personal das vorhandene Gerät vor dem Einsatz nicht ordnungsgemäß auf seine Funktionsfähigkeit überprüft[43] oder die notwendigen organisatorischen Maßnahmen zur Sicherung einer ausreichenden Medikamentenvorhaltung entweder durch Einschaltung einer Krankenhausapotheke oder durch entsprechende vertragliche Bindungen mit niedergelassenen Apothekern nicht sichergestellt sind.[44] Organisationspflichten

---

36 BGH NJW 1993, 2989 = VersR 193, 1231; dazu *Gehrlein* Arzthaftungspflicht Rn. B 40; Spickhoff/*Greiner* BGB §§ 823 ff. Rn. 31.
37 OLG Düsseldorf VersR 1986, 659; dazu *Frahm/Nixdorf/Walter* ArztHaftR Rn. 98; *Geiß/Greiner* ArzthaftpflichtR Rn. B 25; *Pauge* ArztHaftR Rn. 244.
38 BGH NJW 1996, 2429 = VersR 1996, 976; NJW 1996, 1597 = VersR 1996, 647; *Gehrlein* Arzthaftungspflicht Rn. B 34, B 40; *Pauge* ArztHaftR Rn. 233; MAH MedizinR/*Terbille* § 1 Rn. 542, 519 ff.
39 BGH NJW 2005, 888 = VersR 2005, 408; NJW 2004, 1452 = VersR 2004, 645; NJW 1996, 2429 = VersR 1996, 976; dazu *Gehrlein* Arzthaftungspflicht Rn. B 40; *Martis/Winkhart* ArztHaftR B 131, B 135; *Pauge* ArztHaftR Rn. 233.
40 BGH NJW 1996, 2429 = VersR 1996, 976; dazu *Gehrlein* Arzthaftungspflicht Rn. B 34; *Martis/Winkhart* ArztHaftR A 110–A 111; *Pauge* ArztHaftR Rn. 232.
41 BGH NJW 2005, 888 = VersR 2005, 408; NJW 1988, 763 = VersR 1988, 179; *Gehrlein* Arzthaftungspflicht Rn. B 34; *Martis/Winkhart* ArztHaftR B 136 (zum Belegkrankenhaus).
42 BGH NJW 1992, 754 = VersR 1992, 238; NJW 1988, 763 = VersR 1988, 179; *Deutsch/Spickhoff* MedizinR Rn. 630; *Frahm/Nixdorf/Walter* ArztHaftR Rn. 100, 83; *Gehrlein* Arzthaftungspflicht Rn. B 39; *Martis/Winkhart* ArztHaftR B 140.
43 BGH NJW 1994, 1594 = VersR 1994, 562; NJW 1978, 584 = VersR 1978, 82; NJW 1975, 2245 = VersR 1975, 952; dazu *Broglie* in Ehlers/Broglie ArztHaftR Rn. 758; *Frahm/Nixdorf/Walter* ArztHaftR Rn. 102; *Gehrlein* Arzthaftungspflicht Rn. B 39; *Laufs/Kern* in Laufs/Kern ArztR-HdB § 101 Rn. 16; *Martis/Winkhart* ArztHaftR B 143.
44 BGH NJW 1991, 1543 = VersR 1991, 315; *Frahm/Nixdorf/Walter* ArztHaftR Rn. 102; *Gehrlein* Arzthaftungspflicht Rn. B 38; *Laufs/Kern* in Laufs/Kern ArztR-HdB § 101 Rn. 17; *Martis/Winkhart* ArztHaftR B 143.

bestehen auch im Zusammenhang mit der Verwendung von Blutkonserven.[45] In diesen Zusammenhang gehört auch die Verpflichtung des Krankenhausträgers zur ordnungsgemäßen Organisation im Hinblick auf eine ausreichende Hygiene im Krankenhaus[46] nach Maßgabe der Bestimmungen des IfSG durch Aufstellung von Hygieneplänen, Bestellung von für die Krankenhaushygiene zuständigen Personal und Festlegung und Kontrolle von Hygienepräventionsmaßnahmen. Diese sollten an den Empfehlungen der Kommission für Krankenhaushygiene und Infektionsprävention beim Robert-Koch-Institut (KRINKO) und den jeweiligen Landesgesetzen ausgerichtet sein, weil nach § 23 Abs. 3 S. 2 IfSG die Einhaltung des Standes der Wissenschaft zugunsten des Krankenhausträgers vermutet wird, wenn die entsprechenden Empfehlungen der KRINKO eingehalten werden.[47] Auch bei einer Abweichung von diesen Empfehlungen liegt allerdings noch kein Behandlungsfehler vor, wenn stattdessen andere angemessene Hygienepräventionsmaßnahmen ergriffen worden sind.

21 Organisations- und Koordinationsfehler können schließlich auftreten, wenn der für die Organisation eines Krankenhauses Verantwortliche den Patienten nicht in ausreichender Weise vor vermeidbaren Schädigungen schützt. Dies betrifft nicht nur die allgemeine Verkehrssicherungspflicht zB im Zusammenhang mit im Krankenhaus bestehenden Sturz- und Unfallgefahren,[48] sondern auch die in einem Krankenhausbetrieb zu beachtende besondere Verkehrssicherungspflicht im Zusammenhang mit der Nutzung von technischen Hilfsmitteln zB bei der Umbettung im Krankenhausbett,[49] bei der Nutzung von Dusch- oder Krankenstühlen[50] oder bei der Bettung auf Untersuchungsliegen bei der ambulanten Untersuchung.[51] Ebenfalls in diesen Bereich gehört die Pflicht des Krankenhausträgers, den Patienten vor erkennbaren Selbstschädigungen zu bewahren, insbesondere Suizidhandlungen erkennbar suizidgefährdeter Patienten zu vermeiden. Diese Verpflichtung setzt voraus, dass bei dem Patienten eine akute oder latent vorhandene Suizidgefahr erkennbar ist. Ist dies der Fall, ist der behandelnde Arzt gehalten, seine Behandlungsmaßnahmen unter Berücksichtigung des Therapiekonzeptes an die gesteigerte Selbstgefährdungsgefahr anzupassen.[52] Der Krankenhausträger muss seine Einrichtungen so ausstatten, dass eine Selbstschädigung des Patienten so weit als möglich verhindert wird. Diese Verpflichtung findet ihre Grenzen in dem für den Patienten und das Krankenhauspersonal Erforderlichen und Zumutbaren. Ihre Reichweite ist nach der Versorgungsstufe – psychatrisches Fachkrankenhaus oder Krankenhaus der Allgemeinversorgung, geschlossene oder

---

45 BGH NJW 1992, 743 = VersR 1992, 314; NJW 1991, 1948 = VersR 1991, 816; *Frahm/Nixdorf/ Walter* ArztHaftR Rn. 102; *Gehrlein* Arzthaftungspflicht Rn. B 38; *Martis/Winkhart* ArztHaftR B 144.

46 BGH NJW 2007, 1682 = VersR 2007, 847; NJW 1978, 1683 = VersR 1978, 764; dazu *Gehrlein* Arzthaftungspflicht Rn. B 36.

47 Dazu *Frahm/Nixdorf/Walter* ArztHaftR Rn. 102, 159; *Schultze-Zeu/Riehn* VersR 2012, 1208; *Lorz* NJW 2011, 339.

48 BGH NJW 2005, 2613 = VersR 2005, 1443; NJW 2005, 1937 = VersR 2005, 984 (jeweils zum Sturz im Pflegeheim); KG Berlin MedR 2006, 182 = VersR 2006, 1366 (Sturz aus dem Rollstuhl im Krankenhaus); dazu *Frahm/Nixdorf/Walter* ArztHaftR Rn. 103; *Gehrlein* Arzthaftungspflicht Rn. B 44; *Martis/Winkhart* ArztHaftR B 145; *Pauge* ArztHaftR Rn. 249.

49 OLG Schleswig NJW-RR 2004, 237 (Verwendung eines Bettgitters); dazu *Gehrlein* Arzthaftungspflicht Rn. B 44; *Martis/Winkhart* ArztHaftR S 502–S 508.

50 BGH NJW 1991, 2960 = VersR 1991, 1058; NJW 1991, 1540 = VersR 1991, 310; *Gehrlein* Arzthaftungspflicht Rn. B 44; *Geiß/Greiner* ArzthaftpflichtR Rn. A 56; *Martis/Winkhart* ArztHaftR B 146, 760.

51 OLG Hamm MedR 2002, 196; OLG Köln VersR 1990, 1240; dazu *Gehrlein* Arzthaftungspflicht Rn. B. 44; *Martis/Winkhart* ArztHaftR B 146.

52 BGH NJW 2000, 3425 = VersR 2000, 1240; *Frahm/Nixdorf/Walter* ArztHaftR Rn. 104; *Martis/ Winkhart* ArztHaftR B 147–B 149; *Schiller* GesR 2011, 8.

offene Abteilung – unterschiedlich und bedarf jeweils einer Abwägung im Einzelfall unter Berücksichtigung des Therapiekonzeptes sowie des Selbstbestimmungsrechtes und der Würde des Patienten.[53] Schließlich muss der Krankenhausträger sicherstellen, dass ein nach einer Behandlung sedierter Patient sich nach der Behandlung nicht unbemerkt entfernt.[54]

Die Organisationspflicht hinsichtlich der Patientenaufklärung umfasst die Verpflich- **22** tung sicherzustellen, dass die Aufklärung überhaupt und zur rechten Zeit erfolgt, dass sie von einer zur Aufklärung geeigneten Person durchgeführt wird und das über die richtigen und vollständigen Inhalte aufgeklärt wird.[55]

Der für die arbeitsteilige Organisation zuständige Krankenhausträger kommt seiner **23** Organisations- und Koordinationsverantwortung regelmäßig durch Schaffung abstrakter Organisationsanweisungen und klarer Zuständigkeitsregeln nach, die er entweder selbst verfassen muss oder auf leitende Ärzte bzw. Chefärzte delegieren kann.[56] Fehlt es an derartigen abstrakten Regeln, muss im jeweiligen Einzelfall die Organisations- und Zuständigkeitsverteilung durch klar bestimmte Anweisungen geregelt werden. Die Organisations- und Koordinationsverantwortung des Krankenhausträgers umfasst darüber hinaus auch die Verpflichtung, die Einhaltung der abstrakt gesetzten Regeln regelmäßig und angemessen zu kontrollieren. Die Kontrollpflicht gegenüber dem Chefarzt obliegt dem Krankenhausträger und umfasst die dem Chefarzt übertragenen Organisationsaufgaben.[57] Der Chefarzt wiederum muss das ihm nachgeordnete, ärztliche und nichtärztliche Personal durch generelle Anweisungen und Richtlinien, in Sonderfällen auch durch konkrete Weisungen anleiten und gezielt überwachen, die bloße Teilnahme an Visiten reicht nicht aus.[58] Er kann sich hierzu der Unterstützung geeigneter Oberärzte bedienen.

2. Konkrete Qualitätsmängel

a) Der Therapiewahlfehler

Unter den Begriff des Therapiewahlfehlers werden Fallkonstellationen gefasst, bei de- **24** nen die vom Arzt angewandte Diagnostik- oder Therapiemethode schon in ihrer Auswahl fehlerhaft gewesen ist.[59] Ein solcher Fehler kann zum einen vorkommen, wenn das Krankheitsbild des Patienten die gewählte Diagnostik- oder Therapiemethode überhaupt nicht veranlasst hat, mithin keine Indikation zur Wahl der Diagnostik- oder Therapiemethode bestanden hat. Denkbar ist das Vorliegen eines Therapiewahlfehlers auch dann, wenn der Arzt eine nach dem maßgeblichen Facharztstandard gebotene

---

53 BGH NJW 2014, 539 = VersR 2014, 1210 (zur Verpflichtung zur Anbringung von Fenstergittern).
54 BGH NJW 2003, 2309 = VersR 2003, 1126; *Frahm/Nixdorf/Walter* ArztHaftR Rn. 104; *Pauge* ArztHaftR Rn. 259.
55 BGH NJW-RR 2007, 310 = VersR 2007, 209.
56 Dazu *Frahm/Nixdorf/Walter* ArztHaftR Rn. 98; *Geiß/Greiner* ArzthaftpflichtR Rn. B 24; *Martis/Winkhart* ArztHaftR B 132; *Bergmann* VersR 1996, 810; *Deutsch* NJW 2000, 1745.
57 BGH NJW 1989, 769 = VersR 1988, 1270; 1979, 844; *Gehrlein* Arzthaftungspflicht Rn. B 40; *Geiß/Greiner* ArzthaftpflichtR Rn. B 30; *Laufs/Kern* in Laufs/Kern ArztR-HdB § 101 Rn. 30; *Martis/Winkhart* ArztHaftR B 132; *Pauge* ArztHaftR Rn. 236; *Spickhoff/Greiner* BGB §§ 823 ff. Rn. 33.
58 BGH NJW 1989, 767 = VersR 1988, 1270; NJW 1980, 1901 = VersR 1980, 768; *Frahm/Nixdorf/Walter* ArztHaftR Rn. 97; *Geiß/Greiner* ArzthaftpflichtR Rn. B 30; *Laufs/Kern* in Laufs/Kern ArztR-HdB § 101 Rn. 33f.; *Martis/Winkhart* ArztHaftR B 133; *Pauge* ArztHaftR Rn. 237; *Spickhoff/Greiner* BGB §§ 823 ff. Rn. 33.
59 So *Geiß/Greiner* ArzthaftpflichtR Rn. B 34; *Martis/Winkhart* ArztHaftR T 1; *Spickhoff/Greiner* BGB §§ 823 ff. Rn. 37.

Behandlung unterläßt; nicht erforderlich ist, dass die Behandlung zwingend geboten sein muss.[60] Schließlich liegt ein Therapiewahlfehler bei einer Fehlentscheidung des Arztes zwischen verschiedenen möglichen Methoden vor.

25 Insbesondere in der letztgenannten Konstellation ist allerdings der allgemein anerkannte Grundsatz der ärztlichen Therapiefreiheit zu beachten, der dem Arzt ein weites Ermessen bei der Auswahl zwischen verschiedenen in Betracht kommenden Diagnostik- oder Therapiemethoden einräumt.[61] Ausweislich der Begründung des Regierungsentwurfes hat der Gesetzgeber des Patientenrechtegesetzes die Geltung dieses Grundsatzes ausdrücklich bestätigt.[62] Nach dem Grundsatz der ärztlichen Therapiefreiheit darf der Arzt zwischen verschiedenen im Wesentlichen als gleichwertig zu erachtenden, eingeführten und bewährten Methoden frei wählen und dasjenige Therapiekonzept wählen, das er für geboten hält.[63] Er muss seine Entscheidung nach sorgfältiger Abwägung an sachlichen Gründen orientieren, wobei auch die eigene praktische Erfahrung mit der gewählten Methode als ausreichender Grund anzuerkennen ist. Insbesondere bei invasiven diagnostischen Eingriffen muss er sorgfältig den zu erwartenden Nutzen der mit der Diagnostik erzielbaren Erkenntnisse mit den mit dem Eingriff verbundenen Risiken abwägen.

26 Im Wesentlichen gleichwertig ist eine Therapiemethode, wenn sie im Vergleich zu einer anderen Therapie zwar zu einer höheren Belastung bzw. zu gesteigerten Risiken für den Patienten führt, wenn mit dieser Methode im konkreten Einzelfall aber bessere Heilungs- oder Erfolgschancen für den Patienten verbunden sind oder wenn im Einzelfall besondere Gründe für die Wahl dieser Methode sprechen. In diesem Fall korrespondiert die ärztliche Therapiefreiheit mit seiner Verpflichtung, den Patienten über die verschiedenen Behandlungsmethoden und die damit verbundenen unterschiedlichen Risiken und Chancen aufzuklären.[64]

27 Die Grenze der ärztlichen Therapiefreiheit ist erst dann erreicht, wenn der Arzt eine Diagnostik- oder Therapiemethode wählt, die im konkreten Fall unvertretbar ist. Denkbar ist dies zB, wenn die gewählte Methode sowohl hinsichtlich der Risiken als auch hinsichtlich der Heilungs- und Erfolgsaussichten einer anderen zur Verfügung stehenden Therapiemethode unterlegen ist. Zwischen Methoden mit gleichen Heilungschancen hat der Arzt in der Regel diejenigen zu wählen, die mit dem geringeren Risiko für den Patienten verbunden ist. Umgekehrtes gilt auch für Methoden mit annähernd gleichen Risiken, bei denen der Arzt sich für diejenige Methode mit den besseren Heilungschancen entscheiden muss.[65] Allerdings ist der Arzt nicht verpflichtet, immer den für den Patienten sichersten Weg zu wählen. Er darf sich auch für eine Methode entscheiden, die mit einem höheren Risiko verbunden ist, wenn diese in den besonderen Sachzwängen des konkreten Falles oder höheren Heilungschancen ihre

---

60 BGH NJW 2016, 713 = VersR 2016, 463.
61 BGH NJW 1989, 1538 = VersR 1989, 253; OLG Naumburg VersR 2006, 979; *Broglie* in Ehlers/Broglie ArztHaftR Rn. 746; *Gehrlein* Arzthaftungspflicht Rn. B 24; *Geiß/Greiner* ArzthaftpflichtR Rn. B 34; *Laufs/Kern* in Laufs/Kern ArztR-HdB § 97 Rn. 36; *Martis/Winkhart* ArztHaftR B 100, T 2; *Pauge* ArztHaftR Rn. 195; Spickhoff/*Greiner* BGB §§ 823 ff. Rn. 37.
62 Vgl. BT-Drs. 17/10488, 20, dazu *Frahm/Nixdorf/Walter* ArztHaftR Rn. 106; krit. *Katzenmeier* MedR 2012, 576.
63 BGH NJW 2007, 2767 = VersR 2007, 995; NJW 1988, 763 = VersR 1989, 179; dazu *Gehrlein* Arzthaftungspflicht Rn. B 27; *Geiß/Greiner* ArzthaftpflichtR Rn. B 35.
64 *Geiß/Greiner* ArzthaftpflichtR Rn. B 35; *Laufs* in Laufs/Kern ArztR-HdB § 60 Rn. 4; *Martis/Winkhart* ArztHaftR A 1247.
65 BGH NJW 1988, 763 = VersR 1989, 179; NJW 1987, 2927 = VersR 1988, 82; *Gehrlein* Arzthaftungspflicht Rn. B 28, B 11; *Geiß/Greiner* ArzthaftpflichtR Rn. B 35; *Martis/Winkhart* ArztHaftR B 101, T 5 f.

Rechtfertigung findet.[66] Fehlerhaft ist es allerdings, wenn der Arzt eine Methode wählen will, die nicht mehr dem gebotenen Standard entspricht. Dies ist dann der Fall, wenn eine früher anerkannte Methode durch risikoärmere Methoden in einer Weise verdrängt worden ist, dass die Anwendung der alten Methode von einem sorgfältig handelnden Arzt des jeweiligen Fachgebietes nicht mehr in Betracht gezogen werden würde.[67]

Demgegenüber darf der Arzt sich bei gegebener sachlich-medizinischer Begründung — nach entsprechender Aufklärung des Patienten — auch für eine noch nicht etablierte Methode (sog. Neuland- oder Außenseitermethode)[68] oder die Verordnung eines noch nicht zugelassenen Medikamentes[69] entscheiden. Selbst die Durchführung von Heilversuchen, also die Anwendung von Methoden, die sich erst in der Erprobung befinden, können in solchen Fällen — wiederum nach entsprechender Aufklärung des Patienten — zulässig sein. Auch nach Inkrafttreten des Patientenrechtegesetzes hat sich hieran nichts geändert. Der Gesetzgeber hat ausdrücklich bestätigt, dass die medizinische Behandlung grundsätzlich für neue Behandlungsmethoden offen sein muss.[70] Vor seiner Entscheidung für eine nicht allgemein anerkannte Therapieform muss der Arzt deren Vor- und Nachteile sorgfältig, gewissenhaft und unter Berücksichtigung aller Umstände des Einzelfalls und des Patientenwohls abwägen. Je intensiver sich der Eingriff auf den Patienten auswirkt, desto höher sind die Anforderungen an die medizinische Vertretbarkeit.[71] Besonders problematisch ist in diesem Zusammenhang die vom Arzt zwingend vorzunehmende Risikoabwägung. Risiken, die nach dem Stand der Erkenntnis zu der neuen Behandlungsmethode oder dem Heilversuch noch nicht bekannt sind bzw. nicht ernsthaft diskutiert werden, können und müssen bei der Entscheidung für die Behandlungsmethode nicht berücksichtigt werden. Der Arzt muss jedoch berücksichtigen — und den Patienten im Rahmen der Aufklärung darauf hinweisen —, dass aufgrund des Charakters der Methode als Neulandmethode bzw. Heilversuch in der Langzeitwirkung Risiken auftreten können, die noch nicht bekannt sind. Hiermit korrespondierend muss der Arzt den Patienten und den Therapieverlauf in besonderer Weise überwachen und alle bekannten und medizinisch vertretbaren Sicherheitsmaßnahmen ergreifen, die zur Vermeidung möglicherweise entstehender Risiken in Betracht kommen. Es gilt dabei der gesteigerte Sorgfaltsmaßstab eines vorsichtigen Arztes.[72] Dies setzt sich bei der therapeutischen Sicherungsaufklärung in der Weise fort, dass der Arzt den Patienten nach Abschluss der Behandlung auf die Notwendigkeit hinweisen muss, sich beim Auftreten von Besonderheiten unverzüglich wieder vorzustellen.

28

---

66 BGH NJW 2774 = VersR 2007, 1273; NJW 2006, 2477 = VersR 2006, 1073; NJW 1987, 2927 = VersR 1988, 82; *Gehrlein* Arzthaftungspflicht Rn. B 28; *Geiß/Greiner* ArzthaftpflichtR Rn. B 35; *Martis/Winkhart* ArztHaftR B 100, T 6; *Pauge* ArztHaftR Rn. 196, 199–201; aA *Broglie* in Ehlers/ Broglie ArztHaftR Rn. 747.

67 BGH NJW 1988, 763 = VersR 1989, 179; *Gehrlein* Arzthaftungspflicht Rn. B 26; *Martis/Winkhart* ArztHaftR B 101, T 2.

68 BGH NJW 2017, 2685 = VersR 2017, 1142; NJW 2007, 2774 = VersR 2007, 1273 (Racz-Katheter); BGH NJW 2006, 2477 = VersR 2006, 1073 (Robodoc); dazu *Deutsch/Spickhoff* MedizinR Rn. 339; *Frahm/Nixdorf/Walter* ArztHaftR Rn. 106; *Gehrlein* Arzthaftungspflicht Rn. B 30; *Geiß/Greiner* ArzthaftpflichtR Rn. B 37; *Laufs/Kern* in Laufs/Kern ArztR-HdB § 97 Rn. 41; *Martis/Winkhart* ArztHaftR A 1205, A 1207; *Pauge* ArztHaftR Rn. 210; Spickhoff/*Greiner* BGB §§ 823 ff. Rn. 39; *Katzenmeier* NJW 2006, 2738.

69 BGH NJW 2007, 2767 = VersR 2007, 995; *Geiß/Greiner* ArzthaftpflichtR Rn. B 35; dazu auch *Koenig/Müller* MedR 2008, 190; *Walter* NZS 2011, 366.

70 BT-Drs. 17/10488, 20.

71 BGH NJW 2017, 2685 = VersR 2017, 1142.

72 BGH NJW 2007, 2767 = VersR 2007, 1273; *Frahm/Nixdorf/Walter* ArztHaftR Rn. 106; *Geiß/ Greiner* ArzthaftpflichtR Rn. B 37.

b) Der Therapiefehler

29 Unter den Oberbegriff des Therapiefehlers fallen Fehler des Arztes, bei denen zwar die gewählte Therapie nicht zu beanstanden ist, die getroffene Behandlungsmaßnahme oder deren Unterlassen aber gegen gesicherte medizinische Standards verstößt.[73]

30 Ein solcher Fall liegt regelmäßig dann vor, wenn der Arzt bei Anwendung einer zutreffend gewählten Behandlungsmethode im konkreten Fall anerkannte Behandlungsmaßnahmen unterlässt, die zur Vermeidung von Schäden hätten ergriffen werden müssen. Dabei ist der Arzt verpflichtet, alle möglichen und zumutbaren Maßnahmen zu ergreifen, um einen erkennbaren Schaden von seinem Patienten abzuwenden. Denkbar ist dies zB, wenn der Arzt die Pflicht zur persönlichen Untersuchung oder Behandlung seines Patienten verletzt, insbesondere gebotene Hausbesuche unterlässt.[74] Fehlerhaft ist es auch, wenn der Arzt es unterlässt, ihm zur Verfügung stehende Unterlagen über frühere Behandlungen des Patienten beizuziehen.

31 In die Kategorie der Therapiefehler gehört auch die direkte und unmittelbare Schädigung des Patienten durch falsches ärztliches Vorgehen. Diese Fallkonstellation ist immer dann gegeben, wenn dem Arzt nach korrekter Methodenwahl bei den konkreten einzelnen Behandlungsschritten Fehler unterlaufen. Hierunter fällt zB die vermeidbare Verletzung umgebender Strukturen bei ansonsten ordnungsgemäßem intraoperativem Vorgehen, wie dies zB bei der Verletzung von im Operationsgebiet verlaufenden Nerven,[75] bei der Schädigung von Nerven im Rahmen der OP-Lagerung[76] oder bei der Verletzung weiterer umgebender Strukturen, wie zB die Herbeiführung eines Kieferbruches nach Extraktion eines Weisheitszahnes ohne vorherige Lockerung[77] der Fall sein kann. Zu beachten ist allerdings, dass nicht jede unerwünschte Nebenfolge eines ärztlichen Eingriffs einen Behandlungsfehler darstellt. Ein solcher liegt vielmehr erst dann vor, wenn die unerwünschte Nebenfolge ihre Ursache in unsorgfältigem Vorgehen des Arztes findet.

32 Ein Therapiefehler tritt in gleicher Weise auf, wenn der Arzt bei chirurgischen, stofflichen oder radiologischen Eingriffen das einzuhaltende Maß verfehlt, zB gebotene Medikamente überdosiert[78] oder bei radiologischer Bestrahlung falsche Bestrahlungsdosen[79] wählt. Ein Therapiefehler in diesem Sinne liegt auch vor, wenn der Arzt bei einer dem Standard entsprechenden Behandlung einen begleitenden, vermeidbaren Fehler begeht, zB Operationsbesteck oder Mullkompressen in der Wunde verbleiben,[80] oder

---

73 *Geiß/Greiner* ArzthaftpflichtR Rn. B 75; Spickhoff/*Greiner* BGB §§ 823 ff. Rn. 45.

74 BGH NJW 1986, 2367 = VersR 1986, 601; NJW 1979, 1248 = VersR 1979, 376, *Gehrlein* Arzthaftungspflicht Rn. B 13; *Laufs/Kern* in Laufs/Kern ArztR-HdB § 98 Rn. 19; zu zulässigen Modellversuchen nach § 63 Abs. 3c SGB V s. aber *Roters* ZMGR 2009, 171; zu den Voraussetzungen einer zulässigen Übertragung auf Praxisassistenten vgl. § 15 Abs. 1 BMV-Ä, § 14 Abs. 1 EKV iVm Anlage 8 BMV-Ä, abgedruckt DÄBl. 2009, A-838.

75 Vgl. zB OLG Bremen VersR 1990, 385; OLG Düsseldorf VersR 1988, 38 (Lähmung des nervus ischiadicus nach intramuskulärer Injektion immer behandlungsfehlerhaft).

76 Vgl. zB BGH NJW 1984, 1403 = VersR 1984, 386; OLG Hamm VersR 1998, 1243 (Armplexusparese nach Operation bei Lagerung in sog. Häschenstellung); dazu *Pauge* ArztHaftR Rn. 203, S. 90.

77 Vgl. zB OLG Oldenburg VersR 1998, 1381; dazu *Geiß/Greiner* ArzthaftpflichtR Rn. B 87; *Martis/Winkhart* ArztHaftR T 226.

78 Vgl. zB OLG München VersR 1978, 285 (Überdosierung bei Penicillin-Injektion); dazu *Laufs/Kern* in Laufs/Kern ArztR-HdB § 98 Rn. 23.

79 Vgl. zB OLG Köln VersR 1999, 847 (im konkreten Fall nicht fehlerhaft); s. auch BGH NJW 1990, 1528 = VersR 1990, 522.

80 BGH VersR 1981, 462; OLG Köln NJW-RR 2001, 91 = VersR 2000, 1150; OLG Koblenz VersR 1999, 1420; dazu *Gehrlein* Arzthaftungspflicht Rn. B 14; *Martis/Winkhart* ArztHaftR G 384, G 729, T 48, V 340.

Mängel bei der postoperativen Überwachung auftreten.[81] Schließlich können Therapiefehler auch beim Umgang mit technischem Gerät auftreten. So muss der Arzt sich mit der Funktionsweise der eingesetzten Geräte vertraut machen, die eingesetzten Geräte und deren Funktion beim Einsatz überwachen, in der Lage sein, auf vorhersehbare Fehlfunktionen zu reagieren und die vorhandenen apparativen Möglichkeiten bei gegebener Indikation auch nutzen.[82]

Bei der Rezeption und Medikation können Therapiefehler auftreten, wenn der Arzt ein   **33** Rezept fehlerhaft, missverständlich oder unvollständig ausstellt und der Patient deshalb ein falsches oder falsch dosiertes Medikament erhält. Der Arzt ist bei der Rezeption und Medikation verpflichtet, mögliche Kontraindikationen und Höchstdosierungen sowie Wechselwirkungen mit anderen vom Patienten genutzten Medikamenten zu beachten. Auch ein eventuelles Suchtpotential bei längerfristiger Medikamentenverordnung hat der Arzt in seine Entscheidung einzubeziehen.[83] Er darf sich dabei grundsätzlich auf die Herstellerangaben verlassen, soweit die Unrichtigkeit oder Unvollständigkeit der Herstellerangaben in der vom Arzt heranzuziehenden Fachliteratur nicht bereits erörtert werden.[84] Ist Letzteres der Fall, muss der Arzt die entsprechenden ergänzenden Informationen in seine Entscheidung einbeziehen. Der Einsatz eines Medikamentes über dessen arzneimittelrechtlichen Zulassungsumfang hinaus (sog. off-lable-use) ist für sich genommen allerdings nicht fehlerhaft, vielmehr kann der zulassungsüberschreitende Medikamenteneinsatz durchaus fachärztlichem Standard entsprechen. Voraussetzung ist allerdings, dass anerkannt ist, dass das zulassungsüberschreitend eingesetzte Medikament zur Behandlung des vorliegenden Krankheitsbildes eingesetzt werden kann.[85] Außerdem muss der Einsatz des Medikamentes unter Berücksichtigung der mit dem Einsatz verbundenen Risiken und Chancen im Vergleich zu für die entsprechende Indikation zugelassenen Medikamenten gerechtfertigt werden. Demgegenüber kommt es nicht darauf an, ob die zulassungsüberschreitende Medikation in den sehr engen Grenzen der § 35 c und § 2 Abs. 1a SGB V zulasten der GKV verordnet werden kann.[86]

Ein Therapiefehler kann auch dann vorliegen, wenn der Arzt Maßnahmen ergreift, die   **34** mit einem Risiko für den Patienten verbunden sind, wenn die Maßnahmen im konkreten Einzelfall nicht geboten gewesen sind.[87] Je höher oder schwerwiegender das mit einer Maßnahme verbundene Risiko für einen Patienten ist, desto genauer muss der Arzt prüfen, ob die Durchführung der Maßnahme tatsächlich erforderlich ist.

c) Der Diagnosefehler

Die dritte Fallgestaltung des konkreten Qualitätsmangels bildet der sog. Diagnosefehler.   **35**

---

81 BGH NJW 2003, 2309 = VersR 2003, 1126; dazu *Pauge* ArztHaftR Rn. 259; OLG München NJW-RR 2006, 33 = GesR 2005, 550, dazu *Martis/Winkhart* ArztHaftR G 551.

82 BGH NJW 1989, 2321 = VersR 1989, 851; NJW 1978, 584 = VersR 1978, 82; dazu *Gehrlein* Arzthaftungspflicht Rn. B 35; *Laufs/Kern* in Laufs/Kern ArztR-HdB § 98 Rn. 25–27; *Pauge* ArztHaftR Rn. 203.

83 OLG Koblenz MedR 2008, 86 = VersR 208, 404; *Martis/Winkhart* ArztHaftR T 149.

84 BGH NJW 2007, 2767 = VersR 2007, 995 (zum Heilversuch mit nicht zugelassenem Medikament); BGH NJW 2005, 1716 = VersR 2005, 834 (lediglich zur Aufklärungspflicht); BGH NJW 1982, 697 = VersR 1982, 147; OLG Naumburg NJW-RR 2004, 964; *Gehrlein* Arzthaftungspflicht Rn. B 49; *Geiß/Greiner* ArzthaftpflichtR Rn. B 35; *Laufs/Kern* in Laufs/Kern ArztR-HdB § 98 Rn. 29.

85 BGH NJW 2007, 2767 = VersR 2007, 995; *Geiß/Greiner* ArzthaftpflichtR Rn. B 35; *Martis/Winkhart* ArztHaftR B 34; Spickhoff/*Greiner* BGB §§ 823 ff. Rn. 37; dazu auch *Hart*, FS ARGE Medizinrecht, 2008, 173; *Koenig/Müller* MedR 2008, 190; *Wrana* NJW 2010, 3068.

86 So auch Spickhoff/*Greiner* BGB §§ 823 ff. Rn. 37; anders aber wohl *Martis/Winkhart* ArztHaftR B 35.

87 *Geiß/Greiner* ArzthaftpflichtR Rn. B 75.

36 Allerdings stellt nicht jede ärztliche Fehldiagnose einen Behandlungsfehler dar. Vielmehr ist die objektive Unrichtigkeit einer Diagnose dann dem Arzt nicht als behandlungsfehlerhaft vorzuwerfen, wenn es sich bei der Diagnose um eine in der gegebenen
Situation vertretbare Deutung der vorliegenden Befunde handelt, die vorliegenden Befunde also in nachvollziehbarer Weise fehlinterpretiert werden.[88] Grund hierfür ist, dass
aufgrund der Unterschiedlichkeit des menschlichen Organismus und der Mehrdeutig-
keit von Symptomen einer Erkrankung, die auf verschiedenste Ursachen hinweisen
können, die Diagnosestellung häufig problematisch ist. Bloße Fehlinterpretationen von
Befunden dürfen deshalb nur mit Zurückhaltung als Behandlungsfehler gewertet
werden.[89] Hat sich der Arzt trotz einer rückblickend objektiv fehlerhaften Diagnose
wegen der Privilegierung des einfachen Diagnoseirrtums nicht behandlungsfehlerhaft
verhalten, kann ihm auch nicht vorgeworfen werden, das bei zutreffender Diagnose
weitere Befunderhebungen geboten gewesen wären. Der Diagnoseirrtum entfaltet insoweit eine Sperrwirkung gegenüber der Annahme eines Befunderhebungsfehlers.[90]

37 Etwas anderes gilt allerdings in drei Fallkonstellationen. Zum einen ist eine Fehldiagnose dann als Behandlungsfehler zu werten, wenn sich die Diagnose des Arztes objektiv als unvertretbare diagnostische Fehlbeurteilung darstellt und subjektiv nicht mehr
verständlich ist. Zum zweiten liegt ein Diagnosefehler auch dann vor, wenn die Diagnose auf der Unterlassung elementarer Befunderhebung beruht. Schließlich ist der Diagnosefehler dem Arzt als Behandlungsfehler vorwerfbar, wenn der Arzt eine erste
Arbeitsdiagnose im weiteren Behandlungsverlauf fehlerhaft nicht überprüft.[91]

38 Eine unvertretbare diagnostische Fehlbeurteilung liegt vor, wenn der Arzt eindeutige Befunde verkennt oder das diagnostische Vorgehen in einer Weise fehlerhaft ist, dass für
einen gewissenhaften Arzt bei einer ex ante Betrachtung die Diagnose ärztlich nicht
mehr vertretbar ist.[92] In diesem Fall ist die Diagnose nicht nur – ex post betrachtet – objektiv unrichtig, sondern dem Arzt auch vorwerfbar. Ein objektives Verkennen von eindeutigen Befunden kann immer nur im jeweiligen Einzelfall festgestellt werden. Maßgeblich ist die Sicht des Arztes zum Zeitpunkt der Diagnosestellung, die sog. ex-ante-
Sicht. Ein haftungsbegründender Vorwurf kann dem Arzt nur gemacht werden, wenn

---

88 *Frahm/Nixdorf/Walter* ArztHaftR Rn. 111; *Geiß/Greiner* ArzthaftpflichtR Rn. B 55; Wenzel/*Müller*
Rn. 1553.

89 BGH NJW-RR 2007, 744 = VersR 2007, 541; NJW 2003, 2827 = VersR 2003, 1256; *Deutsch/
Spickhoff* MedizinR Rn. 304; *Broglie* in Ehlers/Broglie ArztHaftR Rn. 756; *Frahm/Nixdorf/Walter*
ArztHaftR Rn. 111; *Gehrlein* Arzthaftungspflicht Rn. B 16; *Geiß/Greiner* ArzthaftpflichtR Rn. B
55; *Laufs/Kern* in Laufs/Kern ArztR-HdB § 98 Rn. 7; *Martis/Winkhart* ArztHaftR D 1; *Pauge*
ArztHaftR Rn. 190; Spickhoff/*Greiner* BGB §§ 823 ff. Rn. 41; MAH MedizinR/*Terbille* § 1
Rn. 491; *Rehborn* MDR 2002, 1281.

90 So auch Wenzel/*Müller* Rn. 1566; zur Abgrenzung des Diagnosefehlers vom Befunderhe-
bungsfehler vgl. BGH VersR 2014, 374; NJW 2011, 1672 = VersR 2011, 400; NJW 2008, 1381
= VersR 2008, 644; OLG Hamm MedR 2012, 599 = VersR 2012, 493;OLG Koblenz GesR 2012,
19; *Hausch* MedR 2012, 231; *Geiß/Greiner* ArzthaftpflichtR Rn. B 64, B 65a; *Martis/Winkhart*
ArztHaftR D 20; *Martis/Winkhart* MDR 2013, 634; MAH MedizinR/*Terbille* § 1 Rn. 500; *Ramm*
GesR 2011, 513; *Karmasin* VersR 2009, 1200.

91 BGH NJW 2003, 2827 = VersR 2003, 1256; OLG Köln VersR 1988, 631; *Frahm/Nixdorf/Walter*
ArztHaftR Rn. 111; *Gehrlein* Arzthaftungspflicht Rn. B 16; *Geiß/Greiner* ArzthaftpflichtR Rn. B
55; *Laufs/Kern* in Laufs/Kern ArztR-HdB § 98 Rn. 6; *Martis/Winkhart* ArztHaftR D 4–D 6; *Pauge*
ArztHaftR Rn. 191.

92 So OLG Naumburg VersR 2010, 1041; OLG München NJW 2006, 1883 = MedR 2006, 478; OLG
Hamm VersR 2002, 315; *Pauge* ArztHaftR Rn. 192, die darauf hinweisen, dass eine aus ex-
ante-Sicht festzustellende völlig unvertretbare diagnostische Fehlleistung nicht erforderlich
ist; ähnlich auch *Geiß/Greiner* ArzthaftpflichtR Rn. B 55; vgl. auch *Martis/Winkhart* ArztHaftR
D 4, D 11; eine unvertretbare Fehlleistung hält demgegenüber für erforderlich OLG Schleswig
GesR 2004, 178.

tatsächlich nach gesicherter Rekonstruktion der Befundlage zum Zeitpunkt der Diagnosestellung eindeutige, auf eine bestimmte, von der getroffenen Diagnose abweichende Diagnose hindeutende Erkenntnisse vorliegen. Dabei muss der Arzt auch die Ergebnisse solcher Untersuchungen berücksichtigen, deren Durchführung medizinisch nicht geboten war, wenn er die entsprechenden Befunde dennoch – zB aus besonderer Vorsicht – erhoben hat. Zufallsbefunde darf er nicht unbeachtet lassen.[93] Ein schlechterdings unverständliches diagnostisches Vorgehen ist gegeben, wenn der Arzt seine Diagnose in einer standardunterschreitenden Art und Weise gewinnt. Dies ist zB bei sog. Ferndiagnosen der Fall, die der Arzt aufgrund mündlicher Berichte des Patienten oder Dritter (sog. Telefondiagnose) ohne notwendige eigene Untersuchung des Patienten trifft.[94]

Der Diagnoseirrtum wird weiterhin dann zum Behandlungsfehler, wenn die Fehldiagnose auf dem Unterlassen elementarer Befunderhebungen beruht.[95] Zur ordnungsgemäßen Diagnostik gehört es, dass der Arzt konkrete Beschwerden des Patienten durch Untersuchung und Anhörung des Patienten unter Ausnutzung aller zur Verfügung stehenden Erkenntnisquellen abklärt, bei Unklarheiten zusätzliche Untersuchungen anordnet und – ggf. – Spezialisten einschaltet.[96] Die Notwendigkeit richtet sich nach objektiven medizinischen Gesichtspunkten und nicht nach den Wünschen des Patienten. Unverzichtbar ist auf jeden Fall die sorgfältige Anamneseerhebung durch Befragung des Patienten und – ggf. – der Angehörigen, soweit dies möglich ist. Eine Verpflichtung zur Beiziehung eines Dolmetschers bei ausländischen Patienten im Rahmen der Anamneseerhebung besteht nicht.[97] Je gefährlicher mögliche in Betracht kommende Erkrankungen sind, desto eher muss der Arzt diese mit differenzialdiagnostischen Erkenntnismitteln abklären. Er muss dabei diejenigen Diagnosemaßnahmen empfehlen, die ein sicheres Ergebnis versprechen. Im jeweiligen Einzelfall ist dabei die Notwendigkeit insbesondere invasiver Diagnostikmaßnahmen im Hinblick auf die damit verbundenen Risiken mit dem Erkenntniswert der zu erwartenden Ergebnisse und der Gefährlichkeit der möglicherweise bestehenden Erkrankung abzuwägen.[98]

Schließlich ist der Arzt verpflichtet, eine erste Arbeitsdiagnose anhand der in der Folgezeit gewonnenen Erkenntnisse, insbesondere weiterer erhobener Befunde oder von der Erstdiagnose abweichender Krankheitszeichen zu überprüfen und ggf. anzupassen. Er muss in dem Fall, dass möglicherweise eine bedrohliche Erkrankung vorliegt, unverzüglich für eine differenzialdiagnostische Abklärung der Arbeitsdiagnose Sorge tragen. Entfernt liegende Krankheitsursachen müssen gleichfalls berücksichtigt und abgeklärt werden. Je gefährlicher eine mögliche Erkrankung ist, desto intensiver und schneller muss die Abklärung erfolgen.[99] Selbstverständlich besteht darüber hinaus eine Verpflichtung des Arztes, die einmal vertretbar getroffene Erstdiagnose zu überprüfen und ggf. anzupassen, wenn die auf die Erstdiagnose bezogene Behandlung keine Wirkung zeigt.[100]

39

40

---

93 BGH NJW 2011, 1672 = VersR 2011, 400; *Pauge* ArztHaftR Rn. 183; *Katzenmeier* JZ 2011, 797; *Schmidt-Reda* MedR 2011, 645; *Voigt* MedR 2011, 648.
94 BGH NJW 1979, 1248 = VersR 1979, 376; *Kern* in Laufs/Kern ArztR-HdB § 48 Rn. 5, § 98 Rn. 14.
95 BGH NJW 2003, 2827 = VersR 2003, 1256; NJW 1994, 801 = VersR 1994, 52; *Frahm/Nixdorf/ Walter* ArztHaftR Rn. 112; *Geiß/Greiner* ArzthaftpflichtR Rn. B 55; *Laufs/Kern* in Laufs/Kern ArztR-HdB § 100 Rn. 8; *Martis/Winkhart* ArztHaftR D 6; *Pauge* ArztHaftR Rn. 191.
96 BGH NJW 1998, 814 = VersR 1998, 242; *Laufs/Kern* in Laufs/Kern ArztR-HdB § 98 Rn. 18.
97 KG Berlin MedR 1999, 226.
98 BGH NJW 1995, 2410 = VersR 1995, 1055; *Frahm/Nixdorf/Walter* ArztHaftR Rn. 114; *Geiß/ Greiner* ArzthaftpflichtR Rn. B 65; *Kern* in Laufs/Kern ArztR-HdB § 48 Rn. 8, § 98 Rn. 18; *Pauge* ArztHaftR Rn. 193.
99 BGH NJW-RR 2008, 263 = VersR 2008, 221; *Gehrlein* Arzthaftungspflicht Rn. B 20; *Geiß/ Greiner* ArzthaftpflichtR Rn. B 65; *Laufs/Kern* in Laufs/Kern ArztR-HdB § 98 Rn. 10; *Martis/ Winkhart* ArztHaftR D 6.
100 *Frahm/Nixdorf/Walter* ArztHaftR Rn. 112; *Laufs/Kern* in Laufs/Kern ArztR-HdB § 48 Rn. 15.

41 Sonderprobleme treten im Zusammenhang mit einem Diagnosefehler auf, wenn der Diagnosefehler aufgrund unzureichender Information durch den Patienten entstanden ist. Grundsätzlich besteht die Verpflichtung des Arztes, alle für die Diagnostik maßgeblichen Sachverhalte bei dem Patienten abzufragen. Der Arzt darf weder darauf vertrauen, dass der Patient von sich aus die für die Diagnostik wesentlichen Sachverhalte mitteilt, noch dass eine vom Patienten getroffene medizinische Bewertung zutreffend ist. Wohl darf sich der Arzt aber auf die Richtigkeit der vom Patienten mitgeteilten Tatsachen verlassen. Bei Zweifeln muss der Arzt die Angaben des Patienten allerdings hinterfragen.[101] Ergibt sich ein Diagnosefehler, weil der Patient – für den Arzt nicht erkennbar – unrichtige Tatsachen mitgeteilt hat, ist dies dem Arzt nicht als Behandlungsfehler vorwerfbar.

42 Auch in der verspäteten Diagnosestellung kann ein Diagnosefehler liegen, wenn dem Arzt die Verzögerung bei der Diagnosestellung als nicht mehr vertretbar vorgeworfen werden kann.[102] Gleiches gilt für die Verpflichtung des Arztes zur zeitnahen Übermittlung der Ergebnisse einer zeitgerecht durchgeführten Befunderhebung an weiterbehandelnde Ärzte oder den Patienten. Grundsätzlich ist der Arzt verpflichtet, die Diagnostik so schnell wie möglich durchzuführen und vermeidbare Verzögerungen zu vermeiden, um so schnell wie möglich mit der der zutreffenden Diagnose entsprechenden Behandlung beginnen zu können. Arbeitet der Arzt mit unterschiedlichen Differentialdiagnosen, muss er die zeitliche Reihenfolge der Abklärung zum einen nach dem Grad der Wahrscheinlichkeit der einzelnen Diagnosen und zum anderen nach der Gefährlichkeit einer sich realisierenden Diagnose für den Patienten festlegen. Bei vermeidbaren Diagnoseverzögerungen stellt sich regelmäßig das Problem der Ursächlichkeit der Verzögerung der Diagnosestellung für den weiteren (unerwünschten) Heilungsverlauf, mithin die Frage der haftungsbegründenden Kausalität.

43 Ein Behandlungsfehler im Zusammenhang mit der getroffenen Diagnostik kann schließlich auftreten, wenn dem Patienten eine falsche Diagnose mitgeteilt wird und der Patient hierdurch in unnötige Besorgnis versetzt wird.[103] Auch wenn es grundsätzlich im pflichtgemäßen Ermessen des Arztes liegt, wie er den Patienten über eine schwere Erkrankung informiert, kann der Arzt die ihm obliegende Verpflichtung zur schonenden Behandlung des Patienten verletzen. Um die Grenze zum behandlungsfehlerfreien Diagnoseirrtum nicht zu verwischen, ist allerdings nicht nur Voraussetzung, dass die Diagnose objektiv falsch ist. Sie muss darüber hinaus jeder hinreichenden tatsächlichen Grundlage entbehren. Außerdem muss hinzukommen, dass bei dem Patienten als medizinischen Laien die Befürchtung einer schweren, unter Umständen lebensbedrohlichen Erkrankung hervorgerufen wird. Schließlich müssen die Modalitäten der Information durch den Arzt geeignet sein, den Patienten in psychischer Hinsicht schwer zu belasten, insbesondere bei ihm Überreaktionen auszulösen.

d) Die Nichterhebung erforderlicher Diagnose- und Kontrollbefunde

44 Unabhängig von der nach einem Unterlassen elementarer Befunderhebungen gerechtfertigten Annahme eines Diagnosefehlers, kann allein in der Nichterhebung oder dem

---

101 Zu der Problematik OLG Koblenz VersR 2012, 1041; OLG München MedR 2007, 361; *Geiß/Greiner* ArzthaftpflichtR Rn. B 65.
102 OLG Zweibrücken NJW-RR 2008, 537; OLG Hamm VersR 1999, 845; *Geiß/Greiner* ArzthaftpflichtR Rn. B 66; *Laufs/Kern* in Laufs/Kern ArztR-HdB § 98 Rn. 10.
103 OLG Bamberg VersR 2004, 198; OLG Braunschweig VersR 1990, 57 (zur Haftung eines Heilpraktikers); OLG Köln NJW 1988, 2306 = VersR 1988, 385; *Deutsch/Spickhoff* MedizinR Rn. 345; *Frahm/Nixdorf/Walter* ArztHaftR Rn. 114; *Gehrlein* Arzthaftungspflicht Rn. B 23a; *Martis/Winkhart* ArztHaftR D 26.

Unterlassen der Sicherung der erforderlichen Diagnose- und Kontrollbefunde ein Behandlungsfehler liegen.[104] Bestätigung gefunden hat dies durch die Beweislastregelung in § 630h Abs. 5 S. 2 BGB. Ein solcher Befunderhebungsfehler ist anzunehmen, wenn der Arzt tatsächlich aufgrund des Krankheitsbildes gebotene Befunderhebungen unterlässt bzw. die erhobenen Befunde nicht ausreichend sichert. Welche Befunderhebungen geboten sind, richtet sich nach den Umständen des konkreten Einzelfalles. Hat der Arzt allerdings eine objektiv falsche, dennoch nicht vorwerfbare Fehldiagnose getroffen, liegt also ein behandlungsfehlerfreier Diagnoseirrtum vor, kann ihm nicht zum Vorwurf gemacht werden, dass er Befunde nicht erhoben hat, die er bei zutreffender Diagnose hätte erheben müssen, die aber auf der Basis der irrtümlich, aber behandlungsfehlerfrei getroffenen Diagnose nicht geboten waren (→ Rn. 36).[105] Als Befunderhebungsfehler ist das Fehlverhalten allerdings dann einzuordnen, wenn die fehlerhafte Diagnose gerade darauf beruht, dass der Arzt die medizinisch gebotene Erhebung von Befunden unterlassen hat und deshalb zu der fehlerhaften Diagnose gelangt ist. In diesem Fall liegt der Schwerpunkt des Vorwurfes auf der Nichterhebung von Befunden und nicht auf deren fehlerhaften Interpretation.[106] In Abgrenzung zu einem Behandlungsfehler bei der therapeutischen Sicherungsaufklärung liegt kein Befunderhebungsfehler vor, wenn der Arzt einen Patienten zwar über die Notwendigkeit einer Kontrolluntersuchung informiert, ihn aber nicht auf die vorhandene Dringlichkeit hinweist und der Patient dem Hinweis nicht oder nicht zeitgerecht folgt. In diesem Fall liegt der Schwerpunkt des möglichen Fehlverhaltens in der unterlassenen Information des Patienten über die Dringlichkeit und nicht in der unterlassenen zeitnahen Durchführung der Kontrolluntersuchung und dem damit einhergehenden Verlust der Befundergebnisse.[107]

Ob im konkreten Einzelfall eine bestimmte Diagnosemaßnahme durchzuführen ist, ist **45** immer in Abwägung zwischen den mit der diagnostischen Untersuchungsmethode verbundenen Risiken und dem zu erwartenden Erkenntniswert zu entscheiden. Dabei ist eine Überdiagnostik zulasten des Patienten zu vermeiden.[108] Bei der Auswahl zwischen mehreren zur Verfügung stehenden diagnostischen Untersuchungsmethoden ist jeweils im konkreten Einzelfall diejenige auszuwählen, die für den untersuchten Patienten unter Abwägung des zu erzielenden Erkenntniswertes die geringsten Risiken mit sich bringt.[109]

3. Die therapeutische Sicherungsaufklärung

Ein Behandlungsfehler kann auch im Zusammenhang mit einem Fehlverhalten des **46** Arztes bei der therapeutischen Sicherungsaufklärung auftreten.

Der Arzt ist nicht nur verpflichtet, seine Patienten diagnostisch und therapeutisch **47** ordnungsgemäß zu behandeln (und über die Behandlung und deren Risiken korrekt

---

104 BGH NJW-RR 2007, 744 = VersR 2007, 541; NJW 2004, 293 = VersR 2004, 259; dazu *Frahm/Nixdorf/Walter* ArztHaftR Rn. 112; *Gehrlein* Arzthaftungspflicht Rn. B 20; *Martis/Winkhart* ArztHaftR B98; Spickhoff/*Greiner* BGB §§ 823 ff. Rn. 43.
105 BGH NJW 2011, 1672 = VersR 2011, 400; NJW 2008, 1381 = VersR 2008, 644; OLG Hamm MedR 2012, 599 = VersR 2012, 493; OLG Koblenz GesR 2012, 19; OLG Köln NJW 2006, 69 = VersR 2005, 1740; KG Berlin GesR 2004, 136; OLG Brandenburg MedR 2002, 149 = VersR 2002, 313; *Geiß/Greiner* ArzthaftpflichtR Rn. B 64, B 65a; *Martis/Winkhart* ArztHaftR D 20–D 21h; Spickhoff/*Greiner* BGB §§ 823 ff. Rn. 42.
106 BGH NJW 2016, 1447 = VersR 2016, 663.
107 BGH VersR 2017, 888; NJW 2016, 563 = VersR 2016, 260.
108 BGH NJW 1995, 2410 = VersR 1995, 1055; OLG Koblenz GesR 2012, 346; *Frahm/Nixdorf/Walter* ArztHaftR Rn. 114; *Geiß/Greiner* ArzthaftpflichtR Rn. B 65; *Kern* in Laufs/Kern ArztR-HdB § 48 Rn. 9; *Pauge* ArztHaftR Rn. 193; Spickhoff/*Greiner* BGB §§ 823 ff. Rn. 43.
109 OLG Schleswig GesR 2004, 178; *Geiß/Greiner* ArzthaftpflichtR Rn. B 65.

aufzuklären), sondern sie auch über alle Umstände zu informieren, die zur Sicherung des Heilerfolges und zu einem therapiegerechten Verhalten erforderlich sind. Der Arzt muss daher dem Patienten diejenigen zur Sicherung des Behandlungserfolges notwendigen Schutz-, Warn- und Verhaltenshinweise geben, die notwendig sind, um den Patienten in die Lage zu versetzen, an der Heilung in notwendiger Weise mitzuwirken und mögliche Gefährdungen des Heilungserfolges durch patientenseitiges Verhalten zu vermeiden.[110] Niederschlag gefunden hat die vertragliche Verpflichtung des Arztes zur therapeutischen Sicherheitsaufklärung in § 630c Abs. 2 S. 1 BGB, wonach der Behandler verpflichtet ist, den Patienten in verständlicher Weise nicht nur zu Beginn der Behandlung, sondern auch in deren Verlauf sämtliche für die Behandlung wesentlichen Umstände zu erläutern. Es handelt sich um eine vertragliche Hauptleistungspflicht des Behandlers. Die Informationsverpflichtung erstreckt sich insbesondere auf die Diagnose, die voraussichtliche gesundheitliche Entwicklung, die Therapie und die vor und nach der Therapie zu ergreifenden Maßnahmen. Hierdurch kommt es zu einer Doppelung von Informations- und Aufklärungspflichten, weil die Information über die Diagnose und Therapie auch Gegenstand der (Selbstbestimmungs-) Aufklärung ist.[111] Die doppelte Zielrichtung der Informationsverpflichtung ist keineswegs neu, weil auch bisher eine für den Patienten nachvollziehbare therapeutische Sicherungsaufklärung nicht sinnvoll durchgeführt werden konnte, ohne den Patienten über die Diagnose und die beabsichtigte Therapie in Kenntnis zu setzen.[112] Zudem können die entsprechenden Informationen an den Patienten im Rahmen der therapeutischen Sicherungsaufklärung und der Selbstbestimmungsaufklärung – wie bisher schon – selbstverständlich in einem Akt erfolgen. Allerdings ist der Neuregelung der Wille des Gesetzgebers zu entnehmen, den Arzt durch Begründung der Informationsverpflichtung in § 630c Abs. 2 BGB zu einer möglichst umfassenden Information des Patienten zu verpflichten; eine Ausweitung der Haftung des Behandlers im Rahmen der therapeutischen Sicherungsaufklärung folgt hieraus nicht.[113] Die Information muss grundsätzlich gegenüber dem Patienten selbst erfolgen. Eine Information naher Angehöriger reicht demgegenüber nicht aus.[114] Etwas anderes gilt nur, wenn der Patient nicht ansprechbar oder aufnahmefähig ist und deswegen die im Rahmen der therapeutischen Sicherungsaufklärung erteilten Informationen und Hinweise nicht umsetzen kann. In diesem Fall muss die therapeutische Sicherungsaufklärung gegenüber derjenigen Person erfolgen, die für die Organisation von Betreuung und Verhalten des Patienten tatsächlich zuständig ist.

48 Die therapeutische Sicherungsaufklärung bezieht sich zum einen auf den Zeitraum vor der eigentlichen Behandlung. Hierzu gehört die Pflicht des Arztes, den Patienten in zutreffender Weise über die Dringlichkeit einer Behandlung aufzuklären. Dies gilt

---

110 BGH NJW 2009, 2820 = VersR 2009, 1267; NJW 2008, 2846 = VersR 2008, 1265; NJW 2005, 2614 = VersR 2005, 1238; NJW 2005, 1716 = VersR 2005, 834; *Deutsch/Spickhoff* MedizinR Rn. 550; *Broglie* in Ehlers/Broglie ArztHaftR Rn. 789; *Frahm/Nixdorf/Walter* ArztHaftR Rn. 117; *Gehrlein* Arzthaftungspflicht Rn. B 45–B 53; *Geiß/Greiner* ArzthaftpflichtR Rn. B 95–B 110; *Laufs* in Laufs/Kern ArztR-HdB § 58 Rn. 1; *Martis/Winkhart* ArztHaftR A 580 ff., B 102–B 105; *Pauge* ArztHaftR Rn. 376–378, 381; Spickhoff/*Greiner* BGB §§ 823 ff. Rn. 49.

111 *Frahm/Nixdorf/Walter* ArztHaftR Rn. 117; *Martis/Winkhart* ArztHaftR P 16; MAH MedizinR/ *Terbille* § 1 Rn. 563; *Hart* MedR 2013, 159; *Katzenmeier* NJW 2013, 817; *Katzenmeier* MedR 2012, 576; *Spickhoff* VersR 2013, 267; *Spickhoff* ZRP 2012, 65; *Thurn* MedR 2013, 153.

112 *Frahm/Nixdorf/Walter* ArztHaftR Rn. 117; *Geiß/Greiner* ArzthaftpflichtR Rn. B 97; *Reuter/Hahn* VuR 2012, 247.

113 So auch *Martis/Winkhart* ArztHaftR P 19; *Frahm/Nixdorf/Walter* ArztHaftR Rn. 117.

114 BGH NJW 1989, 2318 = VersR 1989, 702; dazu *Broglie* in Ehlers/Broglie ArztHaftR Rn. 789; *Frahm/Nixdorf/Walter* ArztHaftR Rn. 118; *Gehrlein* Arzthaftungspflicht Rn. B 47; *Martis/Winkhart* ArztHaftR A 694.

insbesondere, wenn der Patient sich einer gebotenen ärztlichen Behandlung nicht unterziehen will. Hierbei muss der Arzt den Patienten nicht nur über die bestehende Erkrankung, also die Diagnose, sowie die indizierte Therapie informieren, sondern auch auf die Gefahren hinweisen, die bei Verzögerung oder Unterlassung der weitergehenden Behandlung entstehen können.[115]

In besonderer Weise gefordert ist der Arzt im Rahmen der therapeutischen Sicherungsaufklärung in Fällen, in denen der Patient eine eingeleitete Behandlung einseitig abbricht, insbesondere das Krankenhaus gegen ärztlichen Rat verlässt. In diesem Fall muss der Arzt den Patienten über die mit dem Verlassen des Krankenhauses verbundenen Risiken aufklären. Es muss insbesondere über die mögliche Fristgebundenheit der Fortsetzung einer Behandlung bzw. der Einleitung alternativer Behandlungsmethoden aufgeklärt werden.[116] Ist erkennbar, dass der Patient das Krankenhaus gerade aufgrund der Modalitäten der Krankenhausunterbringung verlässt, muss auch über eine ggf. bestehende ambulante Behandlungsmöglichkeit aufgeklärt werden.[117] Verlässt der Patient das Krankenhaus, ohne dass der Arzt dies bemerkt, oder erhält der Arzt nachträglich von erheblichen Befunderergebnissen Kenntnis, ist der Arzt ggf. gehalten, den Patienten zur Durchführung der therapeutischen Sicherungsaufklärung – je nach Dringlichkeit telefonisch oder schriftlich – erneut einzubestellen.[118] Eine zunächst unterbliebene Sicherungsaufklärung kann nachgeholt werden, solange dies noch sinnvoll möglich ist.[119] **49**

Eine Verpflichtung zur therapeutischen Sicherungsaufklärung besteht schließlich auch nach erfolgreichem Behandlungsverlauf. Die Pflicht des Arztes erstreckt sich darauf, dem Patienten diejenigen Informationen zu vermitteln, die zur endgültigen Erreichung bzw. Sicherung des Behandlungserfolges notwendig sind. Hierzu gehören zB Hinweise auf notwendige Kontrolluntersuchungen aufgrund der Gefahr, dass sich eine Behandlung nicht nachhaltig als erfolgreich erweisen könnte oder ein Befund weitere Verdachtsmomente ergeben hat.[120] Geboten sind auch Hinweise zur Lebensführung einschließlich Ernährung, sportlicher Betätigung, aber auch Hinweise über eine in einem gewissen Zeitraum oder dauerhaft eingeschränkte Belastbarkeit.[121] Weiterhin muss der Arzt den Patienten darüber informieren, dass die Notwendigkeit zur Wiedervorstellung bei Verschlechterung des Krankheitsbildes besteht.[122] Wiedervorstellungen hat der Arzt dem Patienten unmissverständlich und unter Darstellung der Bedeutung der Wiedervorstellung für den weiteren Heilungsverlauf zu empfehlen. Allerdings besteht in der Regel keine Verpflichtung des Arztes, einen Patienten an von diesem versäumte, früher vereinbarte Vorsorgetermine zu erinnern.[123] **50**

---

115 BGH NJW 1991, 748 = VersR 1991, 308; NJW 1987, 705 = VersR 1986, 1121; *Frahm/Nixdorf/ Walter* ArztHaftR Rn. 122; *Gehrlein* Arzthaftungspflicht Rn. B 47; *Laufs* in Laufs/Kern ArztR-HdB § 58 Rn. 4; *Martis/Winkhart* ArztHaftR A 624 ff., B 102; *Pauge* ArztHaftR Rn. 378.

116 BGH NJW 1987, 705 = VersR 1986, 1121; *Frahm/Nixdorf/Walter* ArztHaftR Rn. 122; *Gehrlein* Arzthaftungspflicht Rn. B 47; *Laufs* in Laufs/Kern ArztR-HdB § 58 Rn. 4, Fn. 9; *Martis/ Winkhart* ArztHaftR A 638; *Pauge* ArztHaftR Rn. 378.

117 BGH NJW 1998, 1782 = VersR 1998, 585; *Gehrlein* Arzthaftungspflicht Rn. B 47.

118 BGH NJW 1991, 748 = VersR 1991, 308; NJW 1987, 705 = VersR 1986, 1121; *Gehrlein* Arzthaftungspflicht Rn. B 48; *Martis/Winkhart* ArztHaftR A 632, A 664.

119 BGH NJW 2005, 2614 = VersR 2005, 1238; *Geiß/Greiner* ArzthaftpflichtR Rn. B 95; *Martis/ Winkhart* ArztHaftR A 664.

120 BGH VersR 2017, 888; NJW 2008, 2846 = VersR 2008, 1265 (Hinweis auf Versagensmöglichkeit bei Sterilisation); BGH NJW 1992, 2961 = VersR 1992, 1229.

121 OLG Bremen VersR 1999, 1151; OLG Köln VersR 1992, 1231; dazu *Gehrlein* Arzthaftungspflicht Rn. B 50; *Geiß/Greiner* ArzthaftpflichtR Rn. B 96; *Martis/Winkhart* ArztHaftR A 681.

122 BGH NJW 2005, 427 = VersR 2005, 228.

123 OLG Koblenz GesR 2010, 546; *Martis/Winkhart* ArztHaftR A 633, A 658.

51 Wird der Patient aus der Behandlung entlassen, ohne dass die Behandlung endgültig abgeschlossen ist, ist der Patient vom Arzt auf die Notwendigkeit weiterer gebotener Behandlungen hinzuweisen.[124] Dabei hat der Arzt auch eine eventuell bestehende zeitliche Dringlichkeit deutlich zu machen. Ergibt sich eine weitere Behandlungsnotwendigkeit erst aus Befunden, die nach dem Abschluss der Behandlung bei dem Arzt eingehen, hat der Arzt den Patient über die nachträglich eingegangenen Befunde und die sich hieraus ergebenden Konsequenzen zu informieren. Ggf. muss der Patient hierzu erneut einbestellt werden, um dem Patienten die Notwendigkeit der weiteren Behandlung vor Augen zu führen.[125]

52 Besondere Sorgfalt ist im Zusammenhang mit der vom Arzt verordneten Medikamentierung aufzuwenden. Der Arzt hat den Patienten über die korrekte Medikamenteneinnahme zu informieren, insbesondere also über die Dosis, die Höchstanwendungsdauer, mögliche Unverträglichkeiten und Nebenwirkungen. Darüber hinaus hat er die Risiken der Medikamenteneinnahme sowie daraus möglicherweise resultierende Schäden zu erläutern.[126] Dies gilt auch in Fällen einer Medikamentenumstellung und zwar selbst dann, wenn die aggressiven Wirkungen des Medikamentes im Vergleich zu dem abgelösten Medikament geringer sind.[127] Insoweit ist auch die Selbstbestimmungsaufklärung betroffen.[128] Grundsätzlich darf sich der Arzt dabei auf den Inhalt des Beipackzettels verlassen. Er kann aber nicht darauf vertrauen, dass der Patient seinerseits den Beipackzettel tatsächlich liest oder richtig versteht.[129] Die Hinweise des Arztes müssen sich auch auf mögliche Wechselwirkungen bei der kombinierten Gabe mehrerer Medikamente beziehen. Der Arzt muss zu diesem Zweck durch Einsicht in den Medikationsplan nach § 31a SGB V (→ § 30 Rn. 253 f.) oder Befragung des Patienten ermitteln, ob und welche Medikamente der Patient bei Beginn der Behandlung bereits – anderweitig verordnet – einnimmt. Den Angaben des Patienten darf der Arzt grundsätzlich vertrauen, sofern er nicht deren Unrichtigkeit erkennen kann. Weiter ist der Patient auf ggf. aus der Medikamenteneinnahme folgende Einschränkungen hinzuweisen, insbesondere eine möglicherweise bestehende eingeschränkte Fahrtüchtigkeit. Der Arzt muss dabei ausschließen, dass ein Patient, von dem er weiß, dass er sich ohne Begleitung mit seinem PKW zu einer ambulanten Behandlung in das Krankenhaus begeben hat, nach entsprechender Behandlung bei noch bestehender Fahruntüchtigkeit das Fahrzeug zur Rückfahrt nutzt.[130] Schließlich muss der Arzt einem Patienten nach Strahlenbehandlungen die notwendigen Empfehlungen zur Vermeidung von Kombinationsschäden an der bestrahlten Haut mitteilen, indem er die Verwendung von Sonnenschutzmitteln empfiehlt und dazu rät, für eine gewisse Zeit Solariumbesuche zu unterlassen.

---

124 BGH NJW 1991, 748 = VersR 1991, 308; OLG Köln NJW-RR 2001, 91 = VersR 2000, 1150; dazu *Martis/Winkhart* ArztHaftR A 651 ff., A 660 ff.

125 BGH NJW 1991, 748 = VersR 1991, 308; NJW 1985, 2749 = VersR 1985, 1068; *Gehrlein* Arzthaftungspflicht Rn. B 48; *Martis/Winkhart* ArztHaftR A 664.

126 BGH NJW 2005, 1716 = VersR 2005, 834; *Frahm/Nixdorf/Walter* ArztHaftR Rn. 121; *Gehrlein* Arzthaftungspflicht Rn. B 49; *Geiß/Greiner* ArzthaftpflichtR Rn. B 96; *Laufs* in Laufs/Kern ArztR-HdB § 58 Rn. 8; *Martis/Winkhart* ArztHaftR A 583, A 586.

127 BGH NJW 2007, 2771 = VersR 2007, 999; *Martis/Winkhart* ArztHaftR A 586, A 589a.

128 Auf die Möglichkeit der Überschneidung von therapeutischer Sicherungsaufklärung und Selbstbestimmungserklärung weisen insbes. hin: *Geiß/Greiner* ArzthaftpflichtR Rn. B 97; *Martis/Winkhart* ArztHaftR A 584; *Stöhr* GesR 2006, 145; zur Abgrenzung auch OLG Stuttgart VersR 2008, 927; *Hausch* VersR 2007, 167.

129 BGH NJW 1982, 697 = VersR 1982, 147; OLG Naumburg NJW-RR 2004, 964; *Gehrlein* Arzthaftungspflicht Rn. B 49.

130 BGH NJW 2003, 2309 = VersR 2003, 1126; *Frahm/Nixdorf/Walter* ArztHaftR Rn. 121; *Gehrlein* Arzthaftungspflicht Rn. B 49; *Martis/Winkhart* ArztHaftR A 747; *Pauge* ArztHaftR Rn. 378; dazu *Riemenschneider* MedR 1998, 17; *Riemenschneider/Paetzold* NJW 1997, 2420.

Bei Bluttransfusionen ist auf die Möglichkeit einer HIV-Infektion und die Möglichkeit 53
der Eigenblutspende zur Risikominimierung hinzuweisen.[131]

Besondere Aufklärungspflichten können sich schließlich im Zusammenhang mit Steri- 54
lisationen ergeben. Der Arzt ist nach einer Sterilisation verpflichtet, dem Patienten
über die Misserfolgsquote und die Notwendigkeit eines Spermiogramms zu informieren.[132]

Je nach den Umständen des Einzelfalles kann die Intensität der therapeutischen Siche- 55
rungsaufklärung unterschiedlich sein. Entscheidend ist, dass es dem Arzt gelingt, dem
Patienten das für die weitere Lebensführung bzw. den weiteren Behandlungsfort-
schritt notwendige Wissen nachvollziehbar zu vermitteln. Der Arzt darf dabei gegenüber beratungsresistenten Patienten auch nicht vor deutlichen Worten zurückschre-
cken.[133] In der Regel erfolgt die Sicherungsaufklärung mündlich; in Einzelfällen kann
aber auch eine schriftliche Sicherungsaufklärung geboten sein.[134]

Die Pflicht zur therapeutischen Sicherungsaufklärung kann sich ausnahmsweise auch 56
auf die Aufklärung dritter Personen, insbesondere naher Angehöriger erstrecken.[135]
Dritte Personen können darüber hinaus insbesondere im Hinblick auf bestehende
Ansteckungsgefahren in den Schutzbereich der Verpflichtung zur therapeutischen
Sicherungsaufklärung einbezogen sein und im Falle einer Infektion selbst Schadens-
ersatzansprüche erwerben.[136]

4. Sonderprobleme der ärztlichen Arbeitsteilung

In einer modernen, auf fachgebietsbezogene Spezialisierung und versorgungsstufen- 57
bezogene Differenzierung aufbauenden Medizin, ist die ärztliche Arbeitsteilung unverzichtbar. Zugleich ergeben sich aus der Arbeitsteilung aber zusätzliche Risiken für
den Patienten im Hinblick auf die notwendige Kommunikation und Koordination der
in die arbeitsteilige Behandlung eingeschalteten ärztlichen und nichtärztlichen Leistungserbringer. Hierdurch wird die Frage aufgeworfen, inwieweit sich ein in die Behandlung eingeschalteter Behandler auf Ergebnisse oder Vorgaben anderer an der Behandlung beteiligter Leistungserbringer verlassen kann. Dies gilt sowohl für den
Bereich der sog. horizontalen Arbeitsteilung als auch für die sog. vertikale Arbeitsteilung. Der Bereich der horizontalen Arbeitsteilung ist bei der weisungsfreien Zusammenarbeit zwischen Ärzten verschiedener Fachrichtungen, zwischen Ärzten und
rechtlich selbstständigen nichtärztlichen Leistungserbringern oder zwischen niedergelassenen Ärzten und Krankenhausärzten betroffen. Die vertikale Arbeitsteilung umfasst den Bereich der weisungsgebundenen Zusammenarbeit zwischen verschiedenen
in eine Behandlungsorganisation eingebundenen, untereinander weisungsberechtigten
bzw. -abhängigen Leistungserbringern.

---

131 BGH NJW 2005, 2614 = VersR 2005 1238; dazu *Gehrlein* Arzthaftungspflicht Rn. B 49; *Geiß/*
Greiner ArzthaftpflichtR Rn. B 97; *Zimmermann/Bender* VersR 2008, 1184.
132 BGH NJW 1995, 2407 = VersR 1995, 1099; NJW 1992, 2961 = VersR 1992, 1229; *Gehrlein* Arzthaftungspflicht Rn. B 48; *Geiß/Greiner* ArzthaftpflichtR Rn. B 96; *Martis/Winkhart* ArztHaftR
A 613; *Pauge* ArztHaftR Rn. 381.
133 *Geiß/Greiner* ArzthaftpflichtR Rn. B 98; Spickhoff/*Greiner* BGB §§ 823 ff. Rn. 50.
134 OLG Köln VersR 1996, 856; *Geiß/Greiner* ArzthaftpflichtR Rn. B 98.
135 Dazu *Geiß/Greiner* ArzthaftpflichtR Rn. B 109; *Martis/Winkhart* ArztHaftR A 665.
136 BGH NJW 2005, 2614 = VersR 2005, 1238 (HIV-Infektion des Ehepartners); BGH NJW 2000,
1784 = VersR 2000, 725; NJW 1994, 3012 = VersR 1994, 1228 (Polio-Schutzimpfung); *Gehrlein*
Arzthaftungspflicht Rn. B 49; *Geiß/Greiner* ArzthaftpflichtR Rn. B 109; *Martis/Winkhart* Arzt-
HaftR A 665, A 687; Spickhoff/*Greiner* BGB §§ 823 ff. Rn. 51; *Deutsch* VersR 2003, 725.

a) Der Grundsatz

58 Für sämtliche Formen der Arbeitsteilung bei der Erbringung medizinischer Leistungen gilt zunächst die Verpflichtung aller Beteiligten, die sich aus den Besonderheiten der Arbeitsteilung ergebenden Risiken soweit als möglich zu beherrschen.[137] Dies erfordert zum einen eine klare Abgrenzung der Zuständigkeiten. Die Zuständigkeitsabgrenzung ist bei der Zusammenarbeit von Ärzten unterschiedlicher Fachgebiete durch die Grenzen der Fachgebiete vorgegeben. Die Abgrenzung ergibt sich darüber hinaus aus den eingeführten generellen Übungen der medizinischen Wissenschaft, die häufig in Vereinbarungen der Berufsverbände der typischerweise bei der Arbeitsteilung beteiligten Ärzte unterschiedlicher Fachgebiete niedergelegt sind.[138] Fehlt es hieran, muss die Abgrenzung der Zuständigkeiten durch allgemeine Absprachen, ggf. auch Absprachen im Einzelfall, festgelegt werden. Das Unterlassen der erforderlichen Zuständigkeitsabgrenzung führt zur gemeinsamen Verantwortlichkeit aller an der gemeinsamen Behandlung beteiligter Ärzte und damit zu deren gesamtschuldnerischen Haftung in auf derartigen Abstimmungsmängeln beruhenden Schadensfällen.

59 Des Weiteren verlangt eine Beherrschung der mit der Arbeitsteilung verbundenen Gefahren die Sicherstellung eines ausreichenden Kommunikationsflusses. Sämtliche an der Arbeitsteilung beteiligten Leistungserbringer sind daher gehalten, die jeweils anderen Beteiligten sowohl rechtzeitig als auch zutreffend und umfassend nicht nur über das festgestellte Krankheitsbild sowie die erhobenen Befunde und die gefundenen Diagnosen, sondern auch über die hieraus aus der jeweiligen Sicht zu ziehenden therapeutischen Konsequenzen in Kenntnis zu setzen.[139]

60 Grundsätzlich darf jeder in die ärztliche Arbeitsteilung eingeschaltete Behandler darauf vertrauen, dass auch der weitere in die Behandlung eingeschaltete Arzt eines anderen Fachgebietes seine Aufgaben mit der gebotenen Sorgfalt erfüllt, ohne dass insoweit eine gegenseitige Überwachungspflicht besteht. Es gilt der sog. Vertrauensgrundsatz, der das Vertrauen des Arztes in eine dem Standard des Fachgebietes des Arztes des anderen Fachgebietes entsprechende, also standardgerechte Behandlung durch den weiteren in die Behandlung eingeschalteten Arzt schützt.[140]

61 Der Vertrauensgrundsatz bedeutet allerdings nicht, dass insoweit der Arzt von jeglicher Verantwortung für das Vorgehen des vor- bzw. nachbehandelnden Arztes entbunden wird. Vielmehr muss jeder Arzt die ihm von einem anderen in die Behandlung eingeschalteten Arzt mitgeteilten Informationen, Vorgaben oder Empfehlungen zumindest einer Plausibilitätskontrolle unterziehen. Erkennt er die Fehlerhaftigkeit oder

---

137 BGH NJW 1999, 1779 = VersR 1999, 579; *Frahm/Nixdorf/Walter* ArztHaftR Rn. 106; *Gehrlein* Arzthaftungspflicht Rn. B 54; *Geiß/Greiner* ArzthaftpflichtR Rn. B 115; Spickhoff/*Greiner* BGB §§ 823 ff. Rn. 53.

138 BGH NJW 1984, 1400 = VersR 1984, 356; *Frahm/Nixdorf/Walter* ArztHaftR Rn. 106; *Gehrlein* Arzthaftungspflicht Rn. B 55; *Geiß/Greiner* ArzthaftpflichtR Rn. B 116; *Pauge* ArztHaftR Rn. 278; Spickhoff/*Greiner* BGB §§ 823 ff. Rn. 54; vgl. die Vereinbarung zwischen dem Berufsverband Deutscher Anästhesisten und dem Berufsverband der Deutschen Chirurgen über die Zusammenarbeit bei der operativen Patientenversorgung, MedR 1983, 21.

139 BGH NJW 1999, 1779 = VersR 1999, 579; NJW 1994, 797 = VersR 1994, 102; *Frahm/Nixdorf/Walter* ArztHaftR Rn. 106; *Geiß/Greiner* ArzthaftpflichtR Rn. B 115; *Laufs/Kern* in Laufs/Kern ArztR-HdB § 100 Rn. 12; Spickhoff/*Greiner* BGB §§ 823 ff. Rn. 55.

140 BGH NJW 2010, 1200 = VersR 2010, 816; NJW 2002, 2944 = VersR 2002, 1026; NJW 1999, 1779 = VersR 1999, 579; *Deutsch/Spickhoff* MedizinR Rn. 601; *Broglie* in Ehlers/Broglie ArztHaftR Rn. 779; *Frahm/Nixdorf/Walter* ArztHaftR Rn. 106; *Gehrlein* Arzthaftungspflicht Rn. B 55; *Geiß/Greiner* ArzthaftpflichtR Rn. B 116; *Laufs/Kern* in Laufs/Kern ArztR-HdB § 100 Rn. 1, 4; *Martis/Winkhart* ArztHaftR A 253; *Pauge* ArztHaftR Rn. 279, 280; MAH MedizinR/*Terbille* § 1 Rn. 510; *Deutsch* VersR 2007, 40.

Unzulänglichkeit mitgeteilter Informationen oder drängt sich eine derartige Fehlerhaftigkeit oder Unzulänglichkeit auf, muss der Arzt dem in geeigneter Weise nachgehen.[141] Unterlässt er dies, begeht er einen Behandlungsfehler.

b) Die horizontale Arbeitsteilung

Im Bereich der horizontalen Arbeitsteilung wirkt sich dies auf unterschiedliche Konstellationen aus.   **62**

aa) Die fachübergreifende Zusammenarbeit im Krankenhaus

Ungeachtet der übergreifenden Gesamtverantwortung des Krankenhausträgers führen   **63** die oben dargestellten Grundsätze bei der fachübergreifenden medizinischen Zusammenarbeit in einem Krankenhaus zu einer Aufteilung der Verantwortungs- und Haftungszuordnung der in die Behandlung eingeschalteten Krankenhausärzte unterschiedlicher Fachrichtungen. Grundsätzlich ist jeder Arzt für den in seinen fachlichen Zuständigkeitsbereich fallenden Teil der Behandlung verantwortlich. Dies gilt allerdings nicht bei einem kooperativen, interdisziplinären Zusammenwirken von Krankenhausärzten verschiedener Fachrichtungen, die ohne eine Aufteilung in fächerbezogen unterschiedliche Aufgaben- oder Verantwortungsbereiche einen Patienten gemeinsam behandeln, wie zB in sog. Tumor-boards, weil bei dieser Art der Zusammenarbeit die medizinischen Entscheidungen nicht jeweils fachgebietsbezogen getrennt, sondern gerade ohne eine solche Differenzierung nach fächerübergreifendem Austausch gemeinsam getroffen werden.[142]

Bedeutsam wird der Vertrauensgrundsatz insbesondere bei der Abgrenzung des Ver-   **64** antwortungsbereiches des Operateurs von dem des Anästhesisten. Der Operateur ist für den operativen Eingriff und die sich daraus ergebenden Risiken zuständig, während dem Anästhesisten die Verantwortung für die Vorbereitung und Durchführung der Narkose obliegt. Dies führt dazu, dass der Operateur für die Indikationsstellung zur Operation, die Operationsaufklärung, die Feststellung der Operationsfähigkeit des Patienten, die Infektionsprophylaxe, die Überprüfung der Lagerung vor der Operation sowie die Durchführung der Operation selbst und die postoperative Nachsorge und therapeutische Nachbehandlung verantwortlich ist.[143] Den Anästhesisten trifft die Verantwortung für die Feststellung der Narkosefähigkeit des Patienten, die Anästhesieaufklärung, die Prämedikation einschließlich der zu diesem Zweck erforderlichen Medikamentengabe, die Entscheidung über das Anlegen einer für die Durchführung der Anästhesie erforderlichen Kanüle, die Durchführung der Anästhesie selbst und deren Kontrolle während der Operation. Außerdem ist der Anästhesist für die Aufrechterhaltung der Vitalfunktionen des Patienten und deren intraoperative Überwachung, zuständig. Er muss die spezifischen Anästhesiekomplikationen beobachten und bei ihrem Auftreten hierauf reagieren.[144] Schließlich obliegt dem Anästhesisten die intra-

---

141 BGH NJW 2010, 1200 = VersR 2010, 816; NJW 2002, 2944 = VersR 2002, 1026; NJW 1994, 797 = VersR 1994, 102; *Deutsch/Spickhoff* MedizinR Rn. 601; *Gehrlein* Arzthaftungspflicht Rn. B 55; *Geiß/Greiner* ArzthaftpflichtR Rn. B 116; *Laufs/Kern* in Laufs/Kern ArztR-HdB § 100 Rn. 5; *Martis/Winkhart* ArztHaftR A 253; *Pauge* ArztHaftR Rn. 280, 282.

142 So auch *Frahm/Nixdorf/Walter* ArztHaftR Rn. 106.

143 BGH NJW 1984, 1400 = VersR 1984, 365 (postoperative Kontrolle einer vom Anästhesisten gelegten Kanüle); BGH NJW 1984, 1403 = VersR 1983, 386 (Kontrolle der Lagerung vor der Operation); *Gehrlein* Arzthaftungspflicht Rn. B 57; *Laufs/Kern* in Laufs/Kern ArztR-HdB § 100 Rn. 8–9; *Martis/Winkhart* ArztHaftR A 348.

144 BGH NJW 1991, 1539 = VersR 1991, 694; NJW 1987, 2293 = VersR 1987, 1092; *Broglie* in Ehlers/Broglie ArztHaftR Rn. 781; *Gehrlein* Arzthaftungspflicht Rn. B 57; *Martis/Winkhart* ArztHaftR A 340.

operative Überwachung der Lagerung des Patienten.[145] Die Verpflichtung des Anästhesisten endet regelmäßig mit Ausleitung der Narkose und Übergabe des Patienten auf die Normalstation. Nach dieser Phase ist der Anästhesist allerdings noch für die postoperative Kontrolle der Kreislauf- und Atemstabilität und die damit zusammenhängende Medikation des Patienten verantwortlich.[146] Dies gilt bis zum endgültigen Abklingen der Narkosewirkungen und auch, soweit Komplikationen in der postoperativen Phase auftreten, die ihre Ursache gerade in der Narkose finden.[147] Da sich postoperativ bis zum Abklingen der Narkosewirkungen Komplikationen sowohl als Folge der Anästhesie als auch der Operation selbst ergeben können, besteht in dieser Phase regelmässig eine doppelte Überwachungsverpflichtung sowohl des Anästhesisten als auch des Operateurs.[148]

65 Die beteiligten Ärzte dürfen sich wechselseitig auf die ordnungsgemäße Leistungserbringung im jeweiligen Verantwortungsbereich des anderen Arztes verlassen.[149] In Zweifelsfällen müssen sich der Operateur und der Anästhesist konkret absprechen.

66 Ebenfalls unter die horizontale Arbeitsteilung fällt die Fallkonstellation, in der der die Behandlung führende Krankenhausarzt einen Krankenhausarzt eines anderen Fachgebietes zur konsiliarischen Mitbeurteilung eines Behandlungsfalles heranzieht. Auch hier ist ungeachtet der Gesamtverantwortung des Krankenhausträgers die Verantwortungs- und Haftungsabgrenzung zwischen den beteiligten Ärzten nach dem Vertrauensgrundsatz vorzunehmen. Da – zumindest bei der stationären Behandlung gesetzlich krankenversicherter Patienten – Vertragsbeziehungen in diesem Fall nur zum Krankenhausträger, nicht aber zu den behandelnden Ärzten zustande kommen, kommen gegen die beteiligten Ärzte allein deliktische Haftungsansprüche in Betracht. Der Konsiliararzt haftet in diesen Fällen regelmäßig nur für Mängel, die in seinen durch den konsiliarärztlichen Untersuchungsauftrag begrenzten Zuständigkeitsbereich fallen. Im Rahmen dieses Zuständigkeitsbereiches hat er allerdings sämtliche nötigen Befunderhebungen entweder selbst durchzuführen oder zu veranlassen.[150] Als Ausfluss des Vertrauensgrundsatzes darf der Konsiliararzt darauf vertrauen, von dem die Behandlung führenden Arzt vollständig unterrichtet zu sein. Allerdings muss er – ggf. durch einen Arztbrief oder bei erkennbarer Dringlichkeit auch vermittels mündlicher bzw.telefonischer Rückfrage – auf erkennbare Unklarheiten oder Fehler des Untersuchungs- oder Behandlungsauftrages hinweisen und sich hieraus ergebende weitergehende diagnostische Maßnahmen empfehlen. Die Pflichtenstellung des Konsiliararztes kann auch die grundsätzlich bei dem die Behandlung führenden Arzt liegende Verpflichtung umfassen, den Patienten auf die Notwendigkeit und Dringlichkeit weiterer diagnostischer Abklärung hinzuweisen.[151] Bei der konsiliarärztlichen Tätigkeit im Krankenhaus wird man in derartigen Fällen darüber hinaus die Verpflichtung annehmen müssen, den die Behandlung führenden Arzt unmittelbar über die bestehenden

145 BGH NJW 1984, 1403 = VersR 1984, 386; *Martis/Winkhart* ArztHaftR A 340.
146 BGH NJW 1991, 1539 = VersR 1991, 694; NJW 1990, 759 = VersR 1989, 1296.
147 BGH NJW 1990, 759 = VersR 1989, 1296; *Martis/Winkhart* ArztHaftR A 341, A 342.
148 Zu einem solchen Fall im Rahmen einer ambulanten Operation OLG Düsseldorf VersR 2002, 1151; *Martis/Winkhart* ArztHaftR A 345.
149 BGH NJW 2002, 2944 = VersR 2002, 1026; NJW 1999, 1779 = VersR 1999, 579; *Gehrlein* Arzthaftungspflicht Rn. B 55; *Geiß/Greiner* ArzthaftpflichtR Rn. B 116; *Laufs/Kern* in Laufs/Kern ArztR-HdB § 100 Rn. 4; *Martis/Winkhart* ArztHaftR A 253; *Pauge* ArztHaftR Rn. 280–282; Spickhoff/*Greiner* BGB §§ 823 ff. Rn. 55.
150 OLG Jena BeckRS 2007, 13356 = VersR 2008, 401; OLG Köln NJW-RR 2003, 1031; *Gehrlein* Arzthaftungspflicht Rn. B 66; *Geiß/Greiner* ArzthaftpflichtR Rn. B 124; *Martis/Winkhart* ArztHaftR A 288; *Pauge* ArztHaftR Rn. 283; Spickhoff/*Greiner* BGB §§ 823 ff. Rn. 65.
151 BGH NJW 1994, 797 = VersR 1994, 102; *Gehrlein* Arzthaftungspflicht Rn. B 66; *Geiß/Greiner* ArzthaftpflichtR Rn. B 125, B 126.

Nebendahl

Zweifel oder die weiteren diagnostischen Erfordernisse in Kenntnis zu setzen, also eine unmittelbare Abstimmung herbeizuführen.

bb) Das Verhältnis unter niedergelassenen Ärzten oder zu Krankenhausärzten

Im Verhältnis niedergelassener Ärzte zueinander oder zwischen niedergelassenen Ärz- **67** ten und Krankenhausärzten verschiedener Fachrichtungen geht es ebenfalls um Fragen der horizontalen Arbeitsteilung. Auch hier gilt der Vertrauensgrundsatz mit der korrespondierenden Verpflichtung zur Plausibilitätskontrolle. Sind Ärzte der gleichen Fachrichtung beteiligt, gelten die Grundsätze allerdings nur eingeschränkt. In einem solchen Fall sind die beteiligten Ärzte verpflichtet, die Diagnose eigenständig zu treffen bzw. die Diagnose des vorbehandelnden Arztes der eigenen Fachrichtung auf ihre Richtigkeit zu überprüfen, über die Therapie eigenverantwortlich zu entscheiden und die zu ihrem Fachgebiet gehörenden Befunderhebungen zumindest bei nicht belastenden oder zweifelhaften diagnostischen Maßnahmen eigenständig durchzuführen.[152] Eine Verpflichtung zur Wiederholung von von einem vorbehandelnden Arzt der gleichen Fachrichtung bereits durchgeführten diagnostischen Maßnahmen besteht allerdings nicht, wenn die vorliegenden Befunde aktuell und hinreichend aussagekräftig sind. Dies gilt umso mehr, je belastender die zum Zwecke der Befunderhebung erforderlichen Maßnahmen für den Patienten sind.[153] Auf jeden Fall muss auch der Arzt gleicher Fachrichtung Zweifeln an der Richtigkeit der Diagnose des vorbehandelnden Arztes oder an den ihm mitgeteilten Befunden nachgehen.

(1) Überweisung zur Weiterbehandlung. Eine Zusammenarbeit von Ärzten verschie- **68** dener Fachrichtungen erfolgt zum einen in der Konstellation, dass der die Behandlung führende Arzt den Patienten unter gleichzeitiger Beendigung seiner Behandlung zur Weiterbehandlung an einen anderen Arzt einer anderen Fachrichtung (oder an ein Krankenhaus) überweist, weil das sich ergebende Krankheitsbild in die fachliche Zuständigkeit des Facharztes fällt (sog. Weiterüberweisung). In dieser Fallgestaltung geht die Behandlungsverantwortung mit erfolgter Weiterüberweisung und Übernahme der Behandlung durch den Überweisungsempfänger grundsätzlich auf den die Überweisung empfangenden Facharzt über.[154] Der überweisende Arzt ist verpflichtet, den überweisungsempfangenen Arzt vollständig und zeitnah über die von ihm erhobenen Befunde einschließlich der sich hieraus für die Nachbehandlung ergebenden besonderen therapeutischen Konsequenzen zu unterrichten. Er hat darüber hinaus den Patienten über die Notwendigkeit der Weiterbehandlung im Rahmen der sog. therapeutischen Sicherungsaufklärung zu informieren.[155] Der überweisungsempfangende Arzt darf sich im Verhältnis zu einem fachfremden Überweiser grundsätzlich auf die Richtigkeit und Vollständigkeit der von dem Überweiser mitgeteilten Informationen verlassen. Auch in diesem Zusammenhang besteht die Verpflichtung, erkennbaren Fehlern oder Unzulänglichkeiten im Sinne einer Plausibilitätskontrolle zB durch Rück-

---

152 OLG Jena BeckRS 2007, 13356 = VersR 2008, 401; OLG Naumburg BeckRS 9998, 74367 = VersR 1998, 983; *Deutsch/Spickhoff* MedizinR Rn. 601; *Pauge* ArztHaftR Rn. 288; weiter (Vertrauensgrundsatz gilt auch zwischen Ärzten der gleichen Fachrichtung) OLG Düsseldorf MedR 2012, 179; Spickhoff/*Greiner* BGB §§ 823 ff. Rn. 68; dazu *Martis/Winkhart* ArztHaftR A 255–A 255b.

153 *Martis/Winkhart* ArztHaftR A 255b; *Frahm/Nixdorf/Walter* ArztHaftR Rn. 106; *Pauge* ArztHaftR Rn. 288.

154 OLG Köln NJW-RR 1994, 861; *Gehrlein* Arzthaftungspflicht Rn. B 65; *Geiß/Greiner* ArzthaftpflichtR Rn. B 120, B 133; *Martis/Winkhart* ArztHaftR A 308.

155 BGH NJW 1987, 2927 = VersR 1988, 82; NJW 1981, 2513 = VersR 1981, 954; *Frahm/Nixdorf/Walter* ArztHaftR Rn. 110; *Geiß/Greiner* ArzthaftpflichtR Rn. B 120; *Martis/Winkhart* ArztHaftR A 308; Spickhoff/*Greiner* BGB §§ 823 ff. Rn. 57.

fragen bei dem überweisenden Arzt oder mittels selbst zu treffender diagnostischer Maßnahmen nachzugehen. Der überweisungsempfangende Arzt ist verpflichtet, die seiner Behandlung zugrunde liegende Diagnose selbst zu stellen und die Therapie festzulegen.[156]

69 Entsprechendes gilt auch im Verhältnis zwischen einem Krankenhausarzt und dem nach einer Entlassung aus einer stationären Behandlung weiterbehandelnden Haus- oder Facharzt. Einerseits muss der (rück-) überweisende Krankenhausarzt den die Behandlung wieder übernehmenden Hausarzt über den Entlassungsbefund und die sich hieraus für die Nachbehandlung ergebenden Auswirkungen auf die Therapie einschließlich spezifischer Komplikationen hinweisen.[157] Andererseits darf der Hausarzt den Ergebnissen und Empfehlungen des rücküberweisenden Krankenhausarztes vertrauen, sofern nicht ernsthafte Zweifel an der Richtigkeit des diagnostischen oder therapeutischen Vorgehens im Krankenhaus auftreten.[158] Dabei bestehen gesteigerte Informationspflichten gegenüber dem die Nachbehandlung durchführenden Hausarzt in Fällen, in denen der Patient das Krankenhaus vorzeitig und gegen ärztlichen Rat verlässt.[159] Es ist nach erfolgter Rücküberweisung aus dem Krankenhaus an den Hausarzt alsdann Sache des Hausarztes die weitere Behandlung hinsichtlich der erforderlichen weitergehenden Diagnostik und der Therapie zu planen und zu veranlassen. Ohne konkreten Anlass ist der Hausarzt nicht verpflichtet, den Krankenhausarzt zur Übersendung eines Arztbriefes zu veranlassen, wenn er nach Abschluss eines Krankenhausaufenthaltes keinen Arztbrief des Krankenhauses erhält. Er muss sich jedoch um ergänzende Informationen bemühen, wenn er im Rahmen der Weiterbehandlung erkennen kann, dass ihm erforderliche Informationen des Krankenhauses nicht vorliegen.

70 **(2) Überweisung zur Mitbehandlung.** Von der Konstellation der Weiterbehandlung ist die Fallgestaltung der sog. Mitbehandlung zu unterscheiden. In dieser Fallgestaltung beteiligt der die Behandlung führende Arzt den Arzt eines anderen Fachgebietes bei der von ihm nach wie vor verantworteten Behandlung. Dies kann – eher selten – in der Weise geschehen, dass der die Behandlung führende Arzt den fachfremden Arzt als Konsiliararzt im eigenen Namen einschaltet, also ohne Begründung eines Vertragsverhältnisses zwischen dem Konsiliararzt und dem Patienten. Im Regelfall erfolgt die Behandlung durch den eingeschalteten Facharzt aufgrund eines eigenständigen Vertragsverhältnisses zwischen dem eingeschalteten Facharzt und dem Patienten. Maßgebliches Abgrenzungskriterium bildet insoweit die berufsrechtliche Zulässigkeit der ärztlichen Tätigkeit sowie die Abrechnungsbefugnis des Arztes. Rechnet der mitbehandelnde Arzt mit dem Patienten direkt bzw. mit der zuständigen Kassenärztlichen Vereinigung ab, liegt regelmäßig ein eigenständiges Vertragsverhältnis zwischen einem mitbehandelnden Arzt und dem Patienten vor. Erfolgt die Abrechnung zwischen dem die Behandlung führenden Arzt und dem Konsiliararzt, scheidet ein solches Vertragsverhältnis zwischen Konsiliararzt und Patienten aus.[160]

156 *Geiß/Greiner* ArzthaftpflichtR Rn. B 133; Spickhoff/*Greiner* BGB §§ 823 ff. Rn. 74.
157 BGH NJW 1987, 2927 = VersR 1988, 82; NJW 1981, 2513 = VersR 1981, 954; *Frahm/Nixdorf/ Walter* ArztHaftR Rn. 110; *Gehrlein* Arzthaftungspflicht Rn. B 64; *Martis/Winkhart* ArztHaftR A 309.
158 BGH NJW 2002, 2944 = VersR 2002, 1026; NJW 1989, 1536 = VersR 1989, 186; OLG Köln NJW-RR 1993, 1440 = VersR 1993, 1157; *Gehrlein* Arzthaftungspflicht Rn. B 65; *Geiß/Greiner* ArzthaftpflichtR Rn. B 134; *Martis/Winkhart* ArztHaftR A 310; *Pauge* ArztHaftR Rn. 281.
159 BGH NJW 1981, 2513 = VersR 1981, 954; *Gehrlein* Arzthaftungspflicht Rn. B 64.
160 BGH NJW 1999, 2731 = VersR 1991, 1241; *Frahm/Nixdorf/Walter* ArztHaftR Rn. 107; *Gehrlein* Arzthaftungspflicht Rn. B 66; *Geiß/Greiner* ArzthaftpflichtR Rn. B 122; Spickhoff/*Greiner* BGB §§ 823 ff. Rn. 61.

Unabhängig von der Beurteilung der Frage, wer Vertragspartner des Patienten ist, er- **71** streckt sich der Verantwortungsbereich des überweisungsempfangenden Arztes auf den vom überweisenden Arzt festgelegten Untersuchungs- bzw. Behandlungsauftrag. Demgegenüber ist der überweisungsempfangende Arzt nicht zur umfassenden Beratung und Behandlung berechtigt oder verpflichtet. In dem durch den Überweisungs- bzw. Behandlungsauftrag gezogenen Rahmen ist der überweisungsempfangende Arzt für die Erbringung der ärztlichen Leistung verantwortlich. Er muss diese nicht nur nach den dem fachärztlichen Standard entsprechenden Regeln erbringen. Er muss vielmehr auch prüfen, ob die abgeforderten Leistungen im Hinblick auf die mitgeteilte Diagnose und die mitgeteilten Befunde indiziert und ausreichend sind.[161]

Auf die mitgeteilte Diagnose selbst darf sich der überweisungsempfangende Arzt im **72** Sinne des Vertrauensgrundsatzes grundsätzlich verlassen. Er darf auch davon ausgehen, dass die der Diagnose zugrundeliegenden Befunde von dem vorbehandelnden Arzt ordnungsgemäß erhoben worden sind. Bestehen jedoch für den hinzugezogenen Arzt Anhaltspunkte, die Zweifel an der Richtigkeit der übermittelten Diagnose wecken, muss er die Zweifel klären und darf sie nicht auf sich beruhen lassen.[162] Kommt er zu der Erkenntnis, dass über den Überweisungsauftrag hinausgehende weitere Maßnahmen geboten sind, weil entweder die Diagnose unrichtig getroffen bzw. ihre Richtigkeit zweifelsbehaftet ist oder die erbetenen Maßnahmen nicht oder nicht vollständig der Diagnose entsprechen, darf er – von Notfällen abgesehen – die weiteren gebotenen Maßnahmen nicht selbst ergreifen, weil er damit in die Behandlungsverantwortung des überweisenden Arztes eingreifen würde. Gleiches gilt, wenn sich aus den von ihm erhobenen Befunden die Notwendigkeit weitergehender Diagnostik ergibt. Der überweisungsempfangende Arzt ist in diesen Fällen verpflichtet, den überweisenden Arzt auf seine Zweifel an der Richtigkeit der Diagnose oder die aus seiner Sicht bestehende Notwendigkeit weiterer Befunderhebungen zu informieren und mit diesem das weitere Vorgehen abzustimmen.[163] Das Unterlassen gebotener Hinweise an den überweisenden Arzt begründet einen dem überweisungsempfangenden Arzt zuzurechnenden Behandlungsfehler, der zu einer gesamtschuldnerischen Haftung neben der des überweisenden Arztes führen kann, wenn auch dieser eine gebotene weitere Diagnostik unterlässt.[164] Wenn der überweisende Arzt im Rahmen der Abstimmung die Durchführung weiterer Schritte durch den überweisungsempfangenden Arzt konsentiert, ist dieser berechtigt, über den Überweisungs- bzw. Behandlungsauftrag hinauszugehen.

Den überweisungsempfangenden Arzt trifft darüber hinaus die Verpflichtung, den **73** überweisenden Arzt nach Abschluss der Behandlung zeitgerecht, ordnungsgemäß und vollständig über das gefundene Ergebnis zu informieren. Er muss dabei auch auf eventuell sich aus seinem Fachgebiet ergebende zusätzliche Verdachtsdiagnosen oder

---

161 BGH NJW 1994, 797 = VersR 1994, 102; *Frahm/Nixdorf/Walter* ArztHaftR Rn. 109; *Gehrlein* Arzthaftungspflicht Rn. B 59; *Geiß/Greiner* ArzthaftpflichtR Rn. B 127; *Martis/Winkhart* ArztHaftR A 266f.; *Pauge* ArztHaftR Rn. 287; Spickhoff/*Greiner* BGB §§ 823 ff. Rn. 67; MAH MedizinR/*Terbille* § 1 Rn. 526.

162 BGH NJW 2002, 2944 = VersR 2002, 1026; NJW 1994, 797 = VersR 1994, 102; NJW 1992, 2962 = VersR 1992, 1263; *Frahm/Nixdorf/Walter* ArztHaftR Rn. 109; *Gehrlein* Arzthaftungspflicht Rn. B 60; *Geiß/Greiner* ArzthaftpflichtR Rn. B 129; *Laufs/Kern* in Laufs/Kern ArztR-HdB § 100 Rn. 10; *Martis/Winkhart* ArztHaftR A 266; Spickhoff/*Greiner* BGB §§ 823 ff. Rn. 69; MAH MedizinR/*Terbille* § 1 Rn. 511.

163 OLG Jena GesR 2004, 180; *Frahm/Nixdorf/Walter* ArztHaftR Rn. 109; *Gehrlein* Arzthaftungspflicht Rn. B 61; *Geiß/Greiner* ArzthaftpflichtR Rn. B 130; *Pauge* ArztHaftR Rn. 287; Spickhoff/*Greiner* BGB §§ 823 ff. Rn. 70; MAH MedizinR/*Terbille* § 1 Rn. 513.

164 Dazu *Martis/Winkhart* ArztHaftR A 305.

Therapieempfehlungen hinweisen.[165] Dies gilt erst recht, wenn der Patient die Behandlung gegen ärztlichen Rat erschwert, insbesondere zu einer vorgesehenen Untersuchung nicht erscheint oder die Behandlung insgesamt abgebrochen hat.[166] Andererseits darf er darauf vertrauen, dass der ursprünglich überweisende Arzt nach erfolgter Rücküberweisung den von ihm im Arztbrief ausgesprochenen Therapieempfehlungen folgt; eine Rücksprache oder sonstige Kontrolle ist grundsätzlich nicht erforderlich.

74 Der überweisende Arzt seinerseits behält die Behandlungspflicht gegenüber dem Patienten. Er ist im Zusammenhang mit der erfolgenden Überweisung zur ordnungsgemäßen, zeitgerechten und vollständigen Information des überweisungsempfangenden Arztes verpflichtet.[167] Er muss darüber hinaus den überweisungsempfangenden Arzt zeitgerecht und ordnungsgemäß auswählen. Dies gilt insbesondere für die Bestimmung des Fachgebietes des die Überweisung empfangenden Arztes.

75 Nach erfolgter Rücküberweisung darf der überweisende Arzt grundsätzlich im Sinne des Vertrauensgrundsatzes den von dem überweisungsempfangenden Arzt mitgeteilten Befunden vertrauen. Er muss sie in die weitere Therapieentscheidung einbeziehen. Etwas anderes gilt nur dann, wenn der überweisende Arzt im Rahmen der auch hier geforderten Plausibilitätskontrolle erkannt hat oder hätte erkennen können, dass die mitgeteilten Befunde unzureichend oder fehlerhaft sind. In diesem Fall muss der überweisende Arzt die bestehenden Zweifel aufklären und seine weitere Therapieplanung entsprechend anpassen. Gleiches gilt auch bei einer Rücküberweisung eines Patienten aus der stationären Krankenhausbehandlung in den Verantwortungsbereich des Hausarztes.[168] Der Hausarzt darf grundsätzlich abwarten, bis der zu erwartende Arztbrief des Krankenhauses oder niedergelassenen Facharztes bei ihm eingeht; zur Erforschung der dort erhobenen Befunde ist er ohne besonderen Anlass nicht verpflichtet.[169]

76 Grundsätzlich haften die in die medizinische Arbeitsteilung eingeschalteten Ärzte nach den dargestellten Regeln nur für eigenes Fehlverhalten. Anders ist dies nur dann, wenn ein Konsiliararzt nicht aufgrund eines eigenen Vertragsverhältnisses zum Patienten, sondern aufgrund einer vertraglichen Beziehung zum überweisenden Arzt oder Krankenhausträger tätig wird. In diesem Fall ist der Konsiliararzt vertragsrechtlich als Erfüllungsgehilfe des überweisenden Arztes iSv § 278 BGB einzuordnen, mit der Folge, dass dem überweisenden Arzt das fremde Fehlverhalten haftungsrechtlich zugerechnet wird.

cc) Zusammenarbeit zwischen Belegkrankenhaus und Belegarzt

77 Die dargestellten Grundsätze sind in gleicher Weise auf die Zusammenarbeit zwischen einem Belegarzt und einem Belegkrankenhaus anwendbar. Auch in diesem Verhältnis ist grundsätzlich jeder Leistungserbringer für seinen Zuständigkeitsbereich verantwortlich und für Fehler in diesem Zuständigkeitsbereich haftungszuständig. Der Be-

---

165 BGH NJW 1987, 2927 = VersR 1988, 82; NJW 1981, 2513 = VersR 1981, 954; OLG Schleswig GesR 2006, 376; *Frahm/Nixdorf/Walter* ArztHaftR Rn. 110; *Gehrlein* Arzthaftungspflicht Rn. B 64; *Martis/Winkhart* ArztHaftR A 269; Spickhoff/*Greiner* BGB §§ 823 ff. Rn. 63; MAH MedizinR/*Terbille* § 1 Rn. 514.

166 BGH NJW 1994, 797 = VersR 1994, 102; NJW 1981, 2513 = VersR 1981, 954; *Gehrlein* Arzthaftungspflicht Rn. B 64; MAH MedizinR/*Terbille* § 1 Rn. 514.

167 *Geiß/Greiner* ArzthaftpflichtR Rn. B 121; *Martis/Winkhart* ArztHaftR A 308.

168 BGH NJW 1989, 1536 = VersR 1989, 186; OLG Köln NJW-RR 1993, 1440 = VersR 1993, 1157; *Gehrlein* Arzthaftungspflicht Rn. B 65; *Geiß/Greiner* ArzthaftpflichtR Rn. B 134; *Martis/Winkhart* ArztHaftR A 310; *Pauge* ArztHaftR Rn. 282.

169 *Martis/Winkhart* ArztHaftR A 310.

Nebendahl

legarzt haftet dementsprechend für Fehler bei der belegärztlichen Leistungserbringung, während das Belegkrankenhaus für Fehler einstehen muss, die jenseits der belegärztlichen Leistungserbringung bei Erbringung der allgemeinen Krankenhausleistungen auftreten. Besondere Probleme treten auf, wenn der Belegarzt zur Erbringung der ärztlichen Leistung auf Krankenhausärzte zurückgreift, wie dies zB im allgemeinen Stationsdienst, im Bereitschaftsdienst oder bei Notfällen der Fall sein kann. Gerade in diesem Bereich ist eine klare und eindeutige Zuständigkeitsabgrenzung zwischen Krankenhausträger und Belegarzt erforderlich, um aus Zuständigkeitszweifeln folgende Gefährdungen für den Patienten zu vermeiden. Fehlt es an derartigen klaren Zuständigkeitsregelungen, kommt es bei Auftreten von Fehlern in Bereichen, in denen die Zuständigkeit unklar geregelt ist, zu einer kumulativen Haftung von Belegarzt und Krankenhausträger.[170]

Entsprechendes gilt auch für das Verhältnis zwischen einem Träger eines gynäkologischen Belegkrankenhauses und an diesem Krankenhaus tätigen rechtlich selbstständigen Beleghebammen.[171]   **78**

c) Die vertikale Arbeitsteilung

Bei der vertikalen Arbeitsteilung geht es um die Haftungszuordnung im Verhältnis   **79** von in einem Über- bzw. Unterordnungsverhältnis stehenden Leistungserbringern bei vorhandener Weisungsberechtigung bzw. –gebundenheit. Dies betrifft nicht nur das Verhältnis zwischen vorgesetzten und nachgeordneten ärztlichem Personal, sondern auch das Verhältnis zwischen ärztlichen und nichtärztlichen, insbesondere pflegerischen Leistungserbringern.

aa) Das Zusammenwirken vorgesetzter und nachgeordneter Ärzte

Bei der Zusammenarbeit vorgesetzter und nachgeordneter Ärzte stellen sich arbeitstei-   **80** lungsbezogene Fragestellungen aus zwei Perspektiven.

Zum einen geht es um die Frage, welche ärztlichen Leistungen ein vorgesetzter Arzt   **81** (Chefarzt, leitender Oberarzt) auf einen nachgeordneten, weisungsabhängigen Arzt übertragen darf. Der vorgesetzte Arzt muss bei der Aufgabenübertragung zum einen sicherstellen, dass der gebotene Facharztstandard gewährleistet ist. Er ist darüber hinaus verantwortlich, dass der angewiesene Arzt die ihm übertragene Aufgabe aufgrund seines Ausbildungsstandes und seiner Fähigkeiten tatsächlich durchführen kann. Darüber hinaus muss eine ordnungsgemäße Kontrolle durch den die Aufgabe übertragenden Arzt sichergestellt sein. Es gelten hier die zur Anfängerbehandlung dargestellten Grundsätze (→ Rn. 7). Verstößt der vorgesetzte Arzt gegen diese Grundsätze und überträgt er eine ärztliche Aufgabe einem hierfür ungeeigneten Arzt oder ist aus anderen Gründen der geforderte Facharztstandard nicht gewährleistet, begeht der vorgesetzte Arzt einen eigenen Behandlungsfehler.

Spiegelbildlich hierzu besteht die Problematik, inwieweit ein nachgeordneter Arzt sich   **82** auf Vorgaben oder Anweisungen des vorgesetzten Arztes verlassen darf, ohne sich selbst dem Vorwurf eines Behandlungsfehlers auszusetzen. Der nachgeordnete Assistenzarzt darf grundsätzlich auf die Diagnose und die Indikationsstellung des Chefarz-

---

170 BGH NJW 2000, 2741 = VersR 2000, 1107; *Frahm/Nixdorf/Walter* ArztHaftR Rn. 64; *Pauge* ArztHaftR Rn. 285; s. auch BGH NJW 2005, 888 = VersR 2005, 408; OLG Karlsruhe NJW-RR 2005, 107 = VersR 2005, 1587; *Martis/Winkhart* ArztHaftR B 136.
171 *Frahm/Nixdorf/Walter* ArztHaftR Rn. 64; *Martis/Winkhart* ArztHaftR A 380 ff.

tes oder Oberarztes vertrauen und muss sie nicht eigenverantwortlich überprüfen.[172] Gleiches gilt für die Funktionsfähigkeit der vom Krankenhausträger getroffenen Vorsorgemaßnahmen bei Eintritt von Komplikationen.[173] Im Sinne einer Plausibilitätskontrolle hat er allerdings bei konkreten Zweifeln hinsichtlich der Diagnose oder Operationsindikation den Vorgesetzten hierauf hinzuweisen. In gleicher Weise darf der Assistenzarzt eine ihm vom Chefarzt übertragene Operation übernehmen, ohne eigenständig überprüfen zu müssen, ob der geforderte Facharztstandard im Hinblick auf seinen eigenen Ausbildungsstand eingehalten ist, sofern der Assistenzarzt nicht seinerseits erkennen kann, dass der Facharztstandard tatsächlich nicht eingehalten ist.[174] Ein lediglich bei der Operation assistierender Stationsarzt haftet nicht für Fehler des operationsleitenden Chefarztes.[175] Der Assistenzarzt darf darüber hinaus auch auf eine ordnungsgemäße Organisation des Krankenhauses zB hinsichtlich des Notdienstes, der Rufbereitschaft oder von Vorsorgemaßnahmen vertrauen, sofern ihm nicht der Gewährleistung des Facharztstandes entgegenstehende Organisationsmängel bekannt sind. Kann der Assistenzarzt allerdings erkennen, dass der Facharztstandard nicht eingehalten wird oder er die zur Durchführung des ihm übertragenen Eingriffs erforderlichen Kenntnisse nicht aufweist, ist der Assistenzarzt wiederum zur Remonstration gegenüber seinem Vorgesetzten verpflichtet, will er sich nicht selbst dem Vorwurf eines Behandlungsfehlers aussetzen.[176] Der Assistenzarzt haftet schließlich selbst, wenn er einen Eingriff ohne vorherige Entscheidung des verantwortlichen Arztes eigenmächtig übernimmt oder von den ihm erteilten Weisungen abweicht.[177]

bb) Die Übertragung ärztlicher Aufgaben auf nichtärztliche Leistungserbringer

83 Ebenfalls in den Bereich der vertikalen Arbeitsteilung gehört die Problematik der Übertragung ärztlicher Aufgaben auf nichtärztliches, regelmäßig pflegerisches Personal.[178]

84 Auftreten kann diese Fragestellung nur bei Aufgaben, die genuin ärztlicher Zuständigkeit unterliegen. Dies betrifft nicht die Aufgaben der Grund- und Funktionspflege sowie der pflegerischen Ergänzung des ärztlichen Behandlungskonzeptes durch Maßnahmen der Behandlungspflege. Diese Aufgaben fallen originär in die Zuständigkeit

---

172 OLG Brandenburg VersR 2010, 1601; OLG Düsseldorf VersR 2005, 230 (zur gewählten Therapie); OLG München VersR 1993, 1400 (zur vom Oberarzt gebilligten Diagnose); *Laufs/Kern* in Laufs/Kern ArztR-HdB § 100 Rn. 13; *Martis/Winkhart* ArztHaftR A 374, A 135; *Pauge* ArztHaftR Rn. 267.
173 BGH NJW 1994, 3008 = VersR 1994, 1303; *Martis/Winkhart* ArztHaftR A 375.
174 BGH NJW 1994, 3008 = VersR 1994, 1303; NJW 1993, 2989 = VersR 1993, 1231; *Laufs/Kern* in Laufs/Kern ArztR-HdB § 100 Rn. 14; *Martis/Winkhart* ArztHaftR A 375a, A 136.
175 OLG Zweibrücken NJW-RR 1999, 611 = VersR 2000, 728; dazu *Martis/Winkhart* ArztHaftR A 377; *Pauge* ArztHaftR Rn. 267.
176 BGH NJW 1994, 3008 = VersR 1994, 1303; OLG Brandenburg VersR 2010, 1601; *Martis/ Winkhart* ArztHaftR A 375a, A 137.
177 *Martis/Winkhart* ArztHaftR A 375a.
178 Vgl. hierzu die gemeinsame Veröffentlichung der Bundesärztekammer und der Kassenärztlichen Bundesvereinigung v. 29.8.2008, Persönliche Leistungserbringung – Möglichkeiten und Grenzen der Delegation ärztlicher Leistungen, DÄBl. 2008, A 2173–A 2177, sowie die Vereinbarung über die Delegation ärztlicher Leistungen an nichtärztliches Personal in der ambulanten vertragsärztlichen Versorgung gem. § 28 Abs. 1 S. 3 SGB V (Anl. 24 BMV-Ä) v. 1.10.2013 zwischen der KBV und dem SpiBundKK; *Heberlein* ZMGR 2012, 75; *Frahm* VersR 2009, 1576; *Sträßner*, FS ARGE Medizinrecht, 2008, 91; *Spickhoff/Seibl* MedR 2008, 463; *Bergmann* MedR 2009, 1; *Ratzel* ZMGR 2008, 186; *Katzenmeier* in Laufs/Katzenmeier/Lipp ArztR X Rn. 57 (zur Delegation), Rn. 60 f. (zur Substitution); MAH MedizinR/*Terbille* § 1 Rn. 520–525.

des Pflegepersonals, nicht aber des ärztlichen Personals.[179] Insoweit kommt eine Übertragung genuin ärztlicher Aufgaben nicht infrage. Für Fehler in diesem Bereich haften das Pflegepersonal und der Krankenhausträger, nicht aber der die Behandlung führende Arzt.

Eine Haftung des Arztes ergibt sich allerdings, wenn dieser aus ärztlicher Sicht gebo-   **85**
tene besondere Pflegemaßnahmen nicht anweist, oder in Fällen, in denen der Arzt seinerseits Weisungen zur pflegerischen Betreuung erteilt, die sich ihrerseits schadensverursachend auswirken, der Arzt also mit seinen Entscheidungen in die pflegerische Kompetenz eingreift.[180] In gleicher Weise kommt eine Haftung in Betracht, wenn die pflegerische Betreuung im Einzelfall ärztliche Anweisungen erfordert, weil sich diese auf das Diagnose- und Therapiekonzept auswirken können.[181] Denkbar ist dies zB bei Weisungen hinsichtlich einer bestimmten, behandlungsinduzierten Lagerung.

Im Bereich der Diagnose und Therapie darf der Arzt das Pflegepersonal nur sehr ein-   **86**
geschränkt und unter Berücksichtigung der fachlichen Kenntnisse und Fertigkeiten der jeweiligen Mitarbeiter einsetzen. Übertragen werden dürfen nur delegationsfähige Leistungen. Im Bereich der ambulanten Versorgung bildet die Anlage 24 zum Bundesmantelvertrag-Ärzte vom 1.10.2013, die in Ausfüllung des § 28 Abs. 1 S. 3 SGB V zwischen der KBV und dem SpiBundKK vereinbart worden ist,[182] hierfür den Rahmen. Darüber hinaus sind insbesondere die ärztlichen Kernleistungen, für deren Wahrnehmung spezifisch ärztliches Fachwissen vorhanden sein muss, nicht auf nichtärztliches Personal übertragbar. So ist insbesondere die Festlegung der Medikation Sache des Arztes, während die Verabreichung durch das Pflegepersonal erfolgt.[183] Auch die Einstellung eines Wehentropfes muss durch einen Arzt vorgenommen werden.[184] Die Entscheidung über die Verlegung und den Transport eines Patienten ist ebenso vom Arzt zu treffen,[185] wie die Entscheidung über die Entlassung des Patienten aus der stationären Behandlung. Intravenöse Injektionen von Röntgenkontrastmitteln,[186] die Anlage von Bluttransfusionen und das Wechseln von Blutkonserven[187] sind ebenfalls grundsätzlich durch einen Arzt durchzuführen. Gleiches gilt für Einspritzungen in Katheter, Shunts und Ports bei zentraler Lage in herznahe Venen, in das Ventrikelsystem, in das arterielle System, in den Periduralraum oder in das Peritoneum.[188] Im konkreten Einzelfall – bei Fehlen besonderer Schwierigkeiten – kann die Durchführung intramuskulärer Injektionen und Infusionen auch auf examiniertes Pflegepersonal, nicht auf Krankenpflegehelfer, delegiert werden.[189] Intravenöse Injektionen sind ebenfalls auf erfahrene und fachgerecht ausgebildete examinierte Pflegekräfte oder

---

179 BGH NJW 1984, 1400 = VersR 1984, 356; *Gehrlein* Arzthaftungspflicht Rn. B 71; *Pauge* Arzt-HaftR Rn. 268.
180 BGH NJW 1999, 863 = VersR 1999, 190; NJW 1988, 762 = VersR 1987, 1238 (Dekubitusprophylaxe); dazu *Gehrlein* Arzthaftungspflicht Rn. B 72; *Pauge* ArztHaftR Rn. 269.
181 *Pauge* ArztHaftR Rn. 269.
182 Vgl. Fn. 177.
183 *Pauge* ArztHaftR Rn. 270, 276, 277.
184 OLG Stuttgart VersR 1993, 1358.
185 OLG München VersR 1997, 977; *Gehrlein* Arzthaftungspflicht Rn. B 73; *Pauge* ArztHaftR Rn. 271.
186 *Gehrlein* Arzthaftungspflicht Rn. B 73; *Martis/Winkhart* ArztHaftR A 397; MAH MedizinR/*Terbille* § 1 Rn. 529; weiter wohl *Deutsch/Spickhoff* MedizinR Rn. 621.
187 *Gehrlein* Arzthaftungspflicht Rn. B 73; *Martis/Winkhart* ArztHaftR A 397; *Pauge* ArztHaftR Rn. 273.
188 *Pauge* ArztHaftR Rn. 273.
189 BGH NJW 1979, 1935 = VersR 1979, 718; *Deutsch/Spickhoff* MedizinR Rn. 621; *Gehrlein* Arzthaftungspflicht Rn. B 73; *Martis/Winkhart* ArztHaftR A 398; *Pauge* ArztHaftR Rn. 272.

medizinisch-technische Assistenten delegierbar.[190] Subkutane Injektionen können auch von geeigneten Krankenpflegehelfern ausgeführt werden.[191] In jedem Fall bedarf es aber einer vorangehenden ärztlichen Anordnung, in der insbesondere die Dosierung konkret festgelegt worden ist. In gleicher Weise gehört es zu den Aufgaben des Arztes, Anweisungen zur Dekubitusprophylaxe zu geben, während die Durchführung der Dekubitusprophylaxe wiederum pflegerische Aufgabe ist.[192] Bei operativen Eingriffen können einfache Aufgaben auf speziell ausgebildetes nichtärztliches Fachpersonal, OTA's oder CTA's, delegiert werden.[193]

87 Der Arzt darf auch delegationsfähige ärztliche Leistungen nur auf fachlich geeignetes nichtärztliches Personal übertragen. Aus diesem Grund muss er sich über die Kenntnisse und Fähigkeiten der entsprechenden Mitarbeiter informieren, formale Befähigungen, wie zB das Vorhandensein eines sog. »Spritzenscheines« überprüfen und die konkrete Anwendung in angemessenen Abständen regelmässig kontrollieren. Ggf. muss er die Durchführung der delegierten Aufgaben durch generelle Anweisungen und Richtlinien strukturieren.[194] Er muss darüber hinaus die Einhaltung seiner Anweisungen durch das Pflegepersonal überwachen, muss aber nicht die pflegerische Betreuung selbst kontrollieren.

88 Eine ähnliche Problematik stellt sich auch im Verhältnis zu sonstigen Leistungserbringern. So darf eine Hebamme eine Geburt ohne Beiziehung eines Arztes zumindest dann nicht durchführen, wenn eine Risikogeburt zu erwarten ist oder es unter der Geburt zu kritischen Situationen (zB Herztonabfall) kommt. In diesen Fällen muss auf jeden Fall ein Facharzt beigezogen werden.[195]

II. Der Sorgfaltsmaßstab

1. Die inhaltlichen Anforderungen

89 Eine Haftung des Arztes wegen eines Behandlungsfehlers setzt eine schuldhaft fehlerhafte Behandlung durch den Arzt voraus. Dieser schuldet – für die vertragliche Leistungspflicht durch das Patientenrechtegesetz in § 630a Abs. 2 BGB klargestellt, in gleicher Weise aber auch nach Inkrafttreten des Patienenrechtegesetzes unverändert im Hinblick auf seine deliktsrechtliche Verantwortlichkeit[196] – eine Behandlung nach den zum Zeitpunkt der Behandlung[197] bestehenden, allgemein anerkannten fachlichen Standards, soweit nicht (ausnahmsweise) etwas anderes vereinbart ist. Der Sorgfaltsmaßstab, den der Arzt zugrunde zu legen hat, also der sog. ärztliche Soll-Standard, umfasst die Maßnahmen, die von einem gewissenhaften und aufmerksamen Arzt seines Fachgebietes vorausgesetzt und erwartet werden können.[198] Damit ist der rechtlich

---

190 OLG Dresden MedR 2009, 410; *Martis/Winkhart* ArztHaftR A 398; MAH MedizinR/*Terbille* Rn. 529.

191 *Pauge* ArztHaftR Rn. 272.

192 Dazu BGH NJW 1988, 762 = VersR 1987, 1238; NJW 1986, 2365 = VersR 1986, 788; *Martis/ Winkhart* ArztHaftR 397; *Pauge* ArztHaftR Rn. 269.

193 Dazu *Kirschner/Nebendahl* Der Anästhesist 2013, 396.

194 Dazu *Frahm/Nixdorf/Walter* ArztHaftR Rn. 97.

195 OLG Naumburg GesR 2010, 373; OLG Oldenburg VersR 1992, 453; OLG München VersR 1991, 586; OLG Hamm VersR 1991, 228; dazu *Geiß/Greiner* ArzthaftpflichtR Rn. B 140; *Laufs/ Kern* in Laufs/Kern ArztR-HdB § 100 Rn. 20; *Martis/Winkhart* ArztHaftR A 380 ff.

196 So auch *Frahm/Nixdorf/Walter* ArztHaftR Rn. 75; *Martis/Winkhart* ArztHaftR B 24; krit. *Katzenmeier* NJW 2013, 817; *Wagner* VersR 2012, 795.

197 BGH VersR 2015, 1293; NJW 2011, 375 = NJW 2011, 223; BGH NJW 2003, 2311 = VersR 2003, 1128; OLG Koblenz MedR 2016, 60.

198 BGH VersR 2014, 879; NJW 2000, 2737 = VersR 2000, 1146; NJW 1999, 1779 = VersR 1999, 579; *Broglie* in Ehlers/Broglie ArztHaftR Rn. 749; *Gehrlein* Arzthaftungspflicht Rn. B 9; *Geiß/*

gebotene Standard durch die Maßstäbe der Medizin vorgeprägt. Der Arzt, der die Behandlung nach dem zum Zeitpunkt der Behandlung maßgeblichen Stand der medizinischen Wissenschaft durchführt, handelt auch haftungsrechtlich nicht vorwerfbar pflichtwidrig. Bei der Festlegung des vom Arzt geschuldeten Standards ist in mehrfacher Hinsicht zu differenzieren.

Die Festlegung des bei der jeweiligen Behandlung zugrunde zu legenden Sorgfalts-   90
maßstabes erfolgt zunächst auf objektiv-typisierender Grundlage.[199] Es kommt grundsätzlich nicht auf subjektiv-individuelle Fähigkeiten oder Beeinträchtigungen des behandelnden Arztes an. Für die Beurteilung der Sorgfaltswidrigkeit ist daher unerheblich, ob die ärztliche Fehlleistung individuell entschuldbar ist. In Ausnahmefällen können sich allerdings gesteigerte Anforderungen aufgrund herausgehobener Funktionen, zB bei Chefärzten, aufgrund von Spezialkenntnissen oder aufgrund besonderer vertraglicher Vereinbarung ergeben.[200]

Der Sorgfaltsmaßstab ist fachgebietsbezogen zu bestimmen, wobei sich die Fachgebie-   91
te regelmäßig anhand der ärztlichen Weiterbildungsordnungen abgrenzen lassen.[201]
Damit übereinstimmend stellt § 630a Abs. 2 BGB klar, dass nicht einer, sondern mehrere unterschiedliche fachgebietsbezogene Standards existieren. Der Arzt schuldet diejenige Sorgfalt, die von Ärzten seines Fachgebietes verlangt wird. Dies bedeutet, dass an einen Allgemeinarzt andere Sorgfaltsanforderungen gestellt werden müssen, als an einen niedergelassenen Facharzt oder einen Krankenhausarzt. Sowohl bei der ambulanten als auch bei der stationären Behandlung ist grundsätzlich der objektive Facharztstandard zugrunde zu legen, der in dem jeweiligen Fachgebiet gefordert wird. Dies setzt nicht voraus, dass der behandelnde Arzt selbst Facharzt ist, sondern allein, dass der behandelnde Arzt diejenigen Fähigkeiten vorweist, die bei der konkreten Behandlung dem Facharztstandard entsprechen. Danach ist der alleinige Einsatz eines Assistenzarztes zulässig, wenn die Kenntnisse und Fähigkeiten des Arztes hinsichtlich der konkreten Behandlung auf Facharztniveau angesiedelt sind.[202] Der Facharztstandard kann darüber hinaus bei der Krankenhausbehandlung auch dadurch sichergestellt werden, dass die personelle Besetzung bei der Behandlung insgesamt dem Facharztstandard entspricht. Dies ist insbesondere bei sog. Anfängerbehandlungen zu berücksichtigen. So kann ein noch in der Ausbildung befindlicher Arzt im Rahmen einer Anfängeroperation als Operateur eingesetzt werden, wenn er zum einen das theoretische Wissen zur Durchführung der Operation aufweist und zum anderen bei der Operation

Greiner ArzthaftpflichtR Rn. B 2; Pauge ArztHaftR Rn. 164; zum Sorgfaltsmaßstab bei der Behandlung durch einen Heilpraktiker, vgl. BGH NJW 1991, 1535 = VersR 1991, 496; Pauge ArztHaftR Rn. 169.

199 BGH NJW 2015, 1601 = VersR 2015, 712; NJW 2011, 1672 = VersR 2011, 400; NJW 2003, 2311 = VersR 2003, 1128; NJW 1999, 1778 = VersR 1999, 716; Deutsch/Spickhoff MedizinR Rn. 356; Frahm/Nixdorf/Walter ArztHaftR Rn. 77; Gehrlein Arzthaftungspflicht Rn. B 9; Geiß/Greiner ArzthaftpflichtR Rn. B 2; Laufs/Kern in Laufs/Kern ArztR-HdB § 97 Rn. 13, 17; Martis/Winkhart ArztHaftR B 24; Pauge ArztHaftR Rn. 164; Spickhoff/Greiner BGB §§ 823 ff. Rn. 7; MAH MedizinR/Terbille § 1 Rn. 461; Wenzel/Müller Rn. 1426.

200 BGH NJW 1997, 3090 = VersR 1997, 1357; NJW 1987, 1479 = VersR 1987, 686; Frahm/Nixdorf/Walter ArztHaftR Rn. 86; Gehrlein Arzthaftungspflicht Rn. B 9; Geiß/Greiner ArzthaftpflichtR Rn. B 4; Spickhoff/Greiner BGB §§ 823 ff. Rn. 12; Pauge ArztHaftR Rn. 182; Spickhoff/Spickhoff BGB § 630 a Rn. 43.

201 BGH NJW 2000, 2737 = VersR 2000, 1146; NJW 1999, 1778 = VersR 1999, 716; Deutsch/Spickhoff MedizinR Rn. 356; Frahm/Nixdorf/Walter ArztHaftR Rn. 85; Gehrlein Arzthaftungspflicht Rn. B 9; Geiß/Greiner ArzthaftpflichtR Rn. B 2; Martis/Winkhart ArztHaftR B 25; Pauge ArztHaftR Rn. 168; Wenzel/Müller Rn. 1447; zum Standard bei der Anwendung invasiver Methoden BGH NJW 1991, 1535 = VersR 1991, 469.

202 Geiß/Greiner ArzthaftpflichtR Rn. B 4; Pauge ArztHaftR Rn. 168, 293; Wenzel/Müller Rn. 1449.

ein Facharzt beteiligt ist.[203] Der Facharzt muss mit dem in der Ausbildung befindlichen Arzt vor der Operation das Operationsprozedere besprechen und den Arzt während der Operation überwachen. Er muss hierzu ständig eingriffsbereit und eingriffsfähig sein. Für den Bereich der Anästhesie ist der Facharztstandard grundsätzlich dann gewährleistet, wenn die Anästhesie durch einen Assistenzarzt geleitet wird und ein Facharzt in Sicht- oder Rufnähe eingriffsbereit zur Verfügung steht.[204] Allerdings muss eine Intubationsnarkose durch einen Facharzt oder einen entsprechend qualifizierten Arzt durchgeführt werden. In gleicher Weise erfordert auch eine intraoperativ notwendig werdende Umlagerung des Patienten die Anwesenheit eines Facharztes, der nach erfolgter Umlagerung die Ordnungsgemäßheit der Narkose überprüfen muss.[205] Bei der von einem in Ausbildung befindlichen Arzt durchgeführten Geburtsleitung ist es ausreichend aber auch erforderlich, dass eine ausreichende Rufbereitschaft durch Fachärzte sichergestellt ist. Dies erfordert allerdings bei zu erwartenden Risikogeburten die Anwesenheit eines Facharztes in unmittelbarer Eingriffsnähe.[206]

92 Der Facharztstandard ist nicht nur während der »Regeldienstzeiten« zu gewährleisten, sondern auch an Wochenenden, zu Nachtzeiten oder im ärztlichen Notdienst. Selbst bei Notfällen reduzieren sich die Anforderungen an den notfallmäßig durchzuführenden Eingriff nicht. Vielmehr besteht bei vorhersehbaren Notfallsituationen oder für gerade für derartige Notfallsituationen eingerichtete Krankenhäuser, also insbesondere bei Krankenhäusern mit Notfallambulanzen oder Notaufnahmen, die Verpflichtung, sich auf solche Notfälle vorzubereiten und die notwendigen Vorkehrungen, zB durch Notfallpläne oder die Festlegung von Behandlungsroutinen zu treffen. Im Einzelfall kann es allerdings im Vergleich zu nicht dringlich durchzuführenden Eingriffen bei der Vorbereitung des Eingriffes geminderte Anforderungen geben.[207] Denkbar ist darüber hinaus eine Haftungserleichterung gem. § 680 BGB in Fallkonstellationen, in denen der Arzt nicht dienstlich, sondern quasi zufällig auf einen Notfall trifft, zB in der Freizeit ärztlich tätig wird.[208]

93 Der anzulegende Sorgfaltsmaßstab erhöht sich auf den Sorgfaltsmaßstab eines vorsichtigen Arztes bei der Anwendung neuer Behandlungsmethoden oder Heilversuche[209] oder bei dem Einsatz von noch nicht zugelassenen Medikamenten.[210] Der Arzt hat in diesen Bereichen mit dem Auftreten unbekannter Risiken zu rechnen. Dieses gesteiger-

---

203 BGH NJW 1992, 1560 = VersR 1992, 745; *Frahm/Nixdorf/Walter* ArztHaftR Rn. 94; *Gehrlein* Arzthaftungspflicht Rn. B 42; *Geiß/Greiner* ArzthaftpflichtR Rn. B 3; *Martis/Winkhart* ArztHaftR A 116, B 137; *Pauge* ArztHaftR Rn. 296; Spickhoff/*Greiner* BGB §§ 823 ff. Rn. 8, 9; MAH MedizinR/*Terbille* § 1 Rn. 474; Wenzel/*Müller* Rn. 1449f.

204 BGH NJW 1998, 2736 = VersR 1998, 634; NJW 1993, 2989 = VersR 1993, 1231; *Frahm/Nixdorf/ Walter* ArztHaftR Rn. 93; *Gehrlein* Arzthaftungspflicht Rn. B 42; *Geiß/Greiner* ArzthaftpflichtR Rn. B 4; *Martis/Winkhart* ArztHaftR A 120; MAH MedizinR/*Terbille* § 1 Rn. 475.

205 BGH NJW 1993, 2989 = VersR 1993, 1231; *Martis/Winkhart* ArztHaftR A 121.

206 BGH NJW 1998, 2736 = VersR 1998, 634; NJW 1994, 3008 = VersR 1998, 1303; *Frahm/Nixdorf/ Walter* ArztHaftR Rn. 92; *Gehrlein* Arzthaftungspflicht Rn. B 42; *Martis/Winkhart* ArztHaftR A 122, B 137; MAH MedizinR/*Terbille* § 1 Rn. 475.

207 BGH NJW 1998, 814 = VersR 1998, 242; *Gehrlein* Arzthaftungspflicht Rn. B 40; *Geiß/Greiner* ArzthaftpflichtR Rn. B 4, B 27; *Laufs/Kern* in Laufs/Kern ArztR-HdB § 97 Rn. 26; *Martis/ Winkhart* ArztHaftR A 138; Spickhoff/*Greiner* BGB §§ 823 ff. Rn. 28, Wenzel/*Müller* Rn. 1460; wohl für einen herabgesetzten Sorgfaltsmaßstab *Deutsch/Spickhoff* MedizinR Rn. 958.

208 OLG München NJW 2006, 1883 = GesR 2006, 206; OLG Düsseldorf NJW 2004, 3640; *Deutsch/ Spickhoff* MedizinR Rn. 960; *Geiß/Greiner* ArzthaftpflichtR Rn. B 27; Spickhoff/*Greiner* BGB §§ 823 ff. Rn. 29.

209 BGH NJW 2007, 2774 = VersR 2007, 1273; NJW 2006, 2477 = VersR 2006, 1073.

210 BGH NJW 2007, 2667 = VersR 2007, 995.

Nebendahl

te Risiko muss durch die Erhöhung des Standards auf das Niveau eines vorsichtigen Arztes kompensiert werden.[211]

Der zugrunde zu legende Standard betrifft nicht nur den Bereich der ärztlichen Tätig- **94** keiten, sondern auch die für eine Behandlung zu fordernde sächliche und personelle Ausstattung, den sog. apparativen und personellen Sollstandard. Der apparative Sollstandard verlangt nicht, dass die jeweiligen Einrichtungen immer dem neuesten Stand entsprechende apparative Ausstattungen vorhalten. Gefordert ist allerdings die der jeweiligen Versorgungsstufe entsprechende apparative Grundausstattung, die naturgemäß bei Krankenhäusern der Grundversorgung niedriger anzusiedeln ist als bei Krankenhäusern der Maximalversorgung (Universitätskliniken) oder spezialisierten Krankenhäusern.[212] Der maßgebliche apparative Sollstandard ist immer dann unterschritten, wenn eine apparative Technik für den Patienten risikoärmer oder weniger belastend ist und/oder bessere Heilungschancen verspricht, sofern diese Technik in der Medizin und Wissenschaft im Wesentlichen unumstritten ist und in der Praxis verbreitet angewendet wird.[213] Kapazitätsengpässe bei dem Einsatz im Krankenhaus vorhandener technischer Geräte führen zumindest dann nicht zur Unterschreitung des apparativen Sollstandards, wenn die vorhandene Ausstattung grundsätzlich ausreichend ist, aber im konkreten Fall durch andere Behandlungen ausgelastet ist.[214] Umgekehrt sind Gerätschaften, deren Vorhandensein über den apparativen Sollstandard hinausgehen, dann einzusetzen, wenn sie für die konkrete Behandlung zur Verfügung stehen.[215]

Zum Sollstandard einer Krankenhausversorgung gehört auch die ausreichende Bevor- **95** ratung mit Medikamenten und Blutkonserven. Auch in diesem Zusammenhang ist der für Krankenhäuser der jeweiligen Versorgungsstufe übliche Ausstattungsstandard maßgebend. Darüber hinaus ist es geboten, für eine angesetzte Operation voraussichtlich erforderliche Medikamente und Blutkonserven einsatzbereit zur Verfügung zu halten, selbst wenn sie nicht zur Standardausstattung gehören.[216] Dies gilt auch für teure und selten benötigte, im Einzelfall aber voraussichtlich erforderliche Medikamente. Voraussichtlich Verwendung findende Blutkonserven und sonstige Blutprodukte dürfen nur von vertrauenswürdigen Herstellern bezogen werden, die die zur Vermeidung von Infektionen erforderlichen Untersuchungen durchführen. Ansonsten

---

211 *Frahm/Nixdorf/Walter* ArztHaftR Rn. 116; *Gehrlein* Arzthaftungspflicht Rn. B 30; *Geiß/Greiner* ArzthaftpflichtR Rn. B 2, B 37; *Laufs/Kern* in Laufs/Kern ArztR-HdB § 97 Rn. 42; *Martis/ Winkhart* ArztHaftR B 92; *Pauge* ArztHaftR Rn. 210; *Katzenmeier* NJW 2006, 2738.

212 BGH NJW 1992, 754 = VersR 1992, 238; NJW 1989, 2321 = VersR 1989, 851; *Frahm/Nixdorf/ Walter* ArztHaftR Rn. 83, 100; *Gehrlein* Arzthaftungspflicht Rn. B 11; *Geiß/Greiner* ArzthaftpflichtR Rn. B 6; *Katzenmeier* in Laufs/Katzenmeier/Lipp ArztR X Rn. 18; *Martis/Winkhart* ArztHaftR B 140; *Pauge* ArztHaftR Rn. 171; MAH MedizinR/*Terbille* § 1 Rn. 476; zur Problematik auch *Deutsch/Spickhoff* MedizinR Rn. 637.

213 BGH NJW 1992, 754 = VersR 1992, 238; NJW 1989, 2321 = VersR 1989, 851; *Gehrlein* Arzthaftungspflicht Rn. B 11; *Geiß/Greiner* ArzthaftpflichtR Rn. B 6; *Pauge* ArztHaftR Rn. 181; Spickhoff/*Greiner* BGB §§ 823 ff. Rn. 14.

214 OLG Köln VersR 1999, 847; *Geiß/Greiner* ArzthaftpflichtR Rn. B 7; *Martis/Winkhart* ArztHaftR B 144.

215 BGH NJW 1989, 2321 = VersR 1989, 851; NJW 1988, 2949; *Deutsch/Spickhoff* MedizinR Rn. 376; *Frahm/Nixdorf/Walter* ArztHaftR Rn. 101; *Gehrlein* Arzthaftungspflicht Rn. B 11; *Geiß/Greiner* ArzthaftpflichtR Rn. B 8; *Pauge* ArztHaftR Rn. 182.

216 BGH NJW 1991, 1543 = VersR 1991, 315; *Frahm/Nixdorf/Walter* ArztHaftR Rn. 102; *Gehrlein* Arzthaftungspflicht Rn. B 38; *Geiß/Greiner* ArzthaftpflichtR Rn. B 8; *Martis/Winkhart* ArztHaftR B 143.

müssen einzusetzende Blutprodukte/-konserven vor ihrem Einsatz auf Verunreinigungen insbesondere mit AIDS- und Hepatitiserregern geprüft werden.[217]

96 Der Bestimmung des jeweiligen Sollstandards erfolgt zum Zeitpunkt der konkreten Behandlung. Dies wird nunmehr auch durch § 630a Abs. 2 BGB klargestellt. Maßgeblich ist danach jeweils der zum Zeitpunkt der Behandlung festzustellende Facharztstandard.[218] Nachträgliche Erkenntnisse, insbesondere also eine Veränderung des Facharztstandes können sich nicht zum Nachteil des behandelnden Arztes auswirken. Denkbar ist allerdings, dass derartige nachträgliche Erkenntnisse zum Vorteil des Arztes gereichen können, wenn sich aus ihnen ergibt, dass sich die vom Arzt gewählte Vorgehensweise nachträglich als richtig erweist.[219] Das kann der Fall sein, wenn sich ein zum Zeitpunkt einer Operation noch nicht zum Standard gehörendes operatives Vorgehen zwischenzeitlich zum Facharztstandard entwickelt hat oder wenn eine zum Zeitpunkt einer Medikamentenverordnung noch nicht bestehende Indikation nachträglich bestätigt wird.

2. Die Feststellung des maßgeblichen Standards

97 Entsprechend der Verpflichtung des Arztes, den Patienten nach dem anerkannten und gesicherten Stand der medizinischen Wissenschaft zu behandeln, ist der Standard zu ermitteln. Die Festlegung des ärztlichen Standards stellt keine juristische, sondern eine medizinische Fragestellung dar, die durch das jeweilige medizinische Fachgebiet erfolgen und im Arzthaftungsprozess durch das Gericht durch Einholung von Sachverständigengutachten nachvollzogen werden muss.[220] Das Sachverständigengutachten darf vom Gericht jedoch nicht unkritisch übernommen werden. Es ist vielmehr Aufgabe des Gerichtes, den Inhalt von Sachverständigengutachten sowohl im Interesse des Patienten wie auch des Arztes zu hinterfragen, Unklarheiten nachzugehen und Widersprüche – insbesondere bei Vorliegen mehrerer Gutachen, auch Parteigutachten – aufzuklären.[221] Sofern dies eine Partei beantragt, ist der Sachverständige durch das Gericht zur Erläuterung seines Gutachtens selbst dann persönlich anzuhören, wenn das Gericht selbst keinen Erläuterungsbedarf erkennt und die Partei einen solchen auch nicht nachvollziehbar darlegt.[222]

98 Maßgeblich ist dabei der anerkannte und gesicherte Stand der medizinischen Wissenschaft. In einzelnen Forschungszentren vorhandene neue wissenschaftliche Erkenntnisse sind demgegenüber erst dann standardprägend, wenn sie sich zum allgemein

---

217 *Martis/Winkhart* ArztHaftR B 144.
218 BGH NJW 2004, 1452 = VersR 2004, 645; NJW 1983, 2080 = VersR 1983, 729; *Deutsch/Spickhoff* MedizinR Rn. 360; *Frahm/Nixdorf/Walter* ArztHaftR Rn. 79; *Gehrlein* Arzthaftungspflicht Rn. B 12; *Geiß/Greiner* ArzthaftpflichtR Rn. B 9; *Laufs/Kern* in Laufs/Kern ArztR-HdB § 97 Rn. 13; *Martis/Winkhart* ArztHaftR B 31; *Pauge* ArztHaftR Rn. 204; Spickhoff/*Greiner* BGB §§ 823 ff. Rn. 15.
219 OLG Köln MedR 2012, 405; *Frahm/Nixdorf/Walter* ArztHaftR Rn. 80; *Gehrlein* Arzthaftungspflicht Rn. B 12; *Geiß/Greiner* ArzthaftpflichtR Rn. B 9; *Laufs/Kern* in Laufs/Kern ArztR-HdB § 97 Rn. 13; *Martis/Winkhart* ArztHaftR B 33.
220 BGH GesR 2016, 351 (SV-Gutachten zur Feststellung des Schadens); BGH NJW 2015, 1601 = VersR 2015, 712; NJW-RR 2014, 1053 = VersR 2014, 879; NJW 2009, 1209 = VersR 2009, 257; NJW 2004, 1452 = VersR 2004, 645; NJW 2002, 2944 = VersR 2002, 1026; *Frahm/Nixdorf/Walter* ArztHaftR Rn. 81; *Laufs/Kern* in Laufs/Kern ArztR-HdB § 97 Rn. 9; *Martis/Winkhart* ArztHaftR B 30; Spickhoff/*Greiner* BGB §§ 823 ff. Rn. 17; Wenzel/*Müller* Rn. 1474.
221 BGH VersR 2015, 1381 (divergierendes MDK-Gutachten); BGH VersR 2015, 1293; NJW 2015, 411 = VersR 2015, 327; NJW-RR 2014, 760 = VersR 2014, 895; NJW 2014, 71 = VersR 2013, 1045; 2009, 499.
222 BGH v. 30.5.2017 – VI ZR 439/16; NJW-RR 2015, 510 = VersR 2015, 257; BGH Beschl. v. 28.10.2014 – VI ZR 273/13 = BeckRS 2014, 22645 Rn. 6.

anerkannten Stand der Medizin und Wissenschaft entwickelt haben. Der Stand der medizinischen Wissenschaft ist grundsätzlich auf der Basis einschlägiger Fachveröffentlichungen in den medizinischen Fachzeitschriften des jeweiligen Fachgebietes zu ermitteln. Anhaltspunkte zur Ermittlung des jeweiligen Facharztstandards finden sich in vielen Fällen in den Leitlinien ärztlicher Fachgesellschaften, die von der Arbeitsgemeinschaft der wissenschaftlichen Fachgesellschaften – AWMF[223] – gesammelt werden. Bei den Leitlinien handelt sich um systematisch und auf wissenschaftlicher Grundlage entwickelte, die Grundsätze evidenzbasierter Medizin berücksichtigende und Nutzen und Schaden alternativer Behandlungsmöglichkeiten bewertende Entscheidungshilfen für das Vorgehen bei speziellen Krankheitsbildern. Derartige Leitlinien existieren für eine Vielzahl von Krankheitsbildern in unterschiedlichsten Entwicklungsstufen, dürfen aber nicht unbesehen mit dem medizinischen Standard gleichgesetzt werden.[224] Leitlinien können im Einzelfall den medizinischen Standard für den Zeitpunkt ihres Erlasses zutreffend beschreiben; sie können aber auch Standards ärztlicher Behandlung fortentwickeln oder ihrerseits veralten.[225] Entsprechend des Grundsatzes der Maßgeblichkeit des Standards zum Zeitpunkt der Behandlung ist bei der Bewertung der standardbildenden Wirkung von Leitlinien der Veröffentlichungsstand der Leitlinie zu berücksichtigen. Auch die jeweilige Entwicklungsstufe darf nicht unbeachtet bleiben, weil die »Höhe« der Entwicklung für den Grad der Verbindlichkeit der Leitlinie maßgeblich ist. Ärztliche Leitlinien unterscheiden sich in drei – von unten nach oben aufsteigenden – Entwicklungsstufen – S 1, S 2 und S 3 – nach dem Grad ihrer wissenschaftlichen Belastbarkeit. S 1-Leitlinien werden in einem informellen, nicht systematisierten Diskurs von Experten erstellt. Sie enthalten Handlungsempfehlungen von Experten. S 2-Leitlinien sind das Ergebnis einer systematischen Evidenzbasierung (S 2e-Leitlinie) oder eines strukturierten Konsensprozesses eines Expertengremiums (S 2k-Leitlinie). S 3-Leitlinien führen die beiden letztgenannten Perspektiven zusammen. Zu berücksichtigen ist schließlich, dass Leitlinien im Allgemeinen Empfehlungen für den Regelfall einer Behandlung geben, dem Arzt mithin ein Abweichen von der Empfehlung in medizinisch-sachlich begründeten Ausnahmefällen durchaus gestatten. Liegen daher medizinisch-sachliche Gründe für eine Abweichung von einer Leitlinienvorgabe vor, kann aus dem von der Leitlinie abweichenden Vorgehen des Arztes nicht auf eine Standardunterschreitung geschlossen werden.[226] Leitlinien können deshalb auch nicht die Einholung eines Sachverständigengutachtens im Prozeß entbehrlich machen.[227] Es kommt auch nicht zu einer Beweislastumkehr hinsichtlich des Vorliegens eines Behandlungsfehlers und der haftungsbegründenden Kausalität.

Grundsätzlich nicht standardprägend sind demgegenüber die Richtlinien des Gemeinsamen Bundesausschusses der Ärzte bzw. Zahnärzte und Krankenkassen über die **99**

---

223 Im Internet abrufbar unter www.AWMF.org.
224 Vgl. dazu zB *Kopp/Thole/Selbmann/Ohlenschläger*, Deutsches Instrument zur methodischen Leitlinienbewertung (DELBI) – Fassung 2005/2006, www.leitlinien.net; IQWiG – Institut für Wirtschaftlichkeit und Qualität im Gesundheitswesen, Allgemeine Methoden, Version 4.2. v. 22.4.2015, S. 113; dazu auch *Martis/Winkhart* ArztHaftR B 42–B 72; BGH NJW-RR 2014, 1053 = VersR 2014, 879; VersR 2011, 1202.
225 BGH NJW-RR 2014, 1053 = VersR 2014, 879.
226 BGH GesR 2008, 361; OLG Naumburg MedR 2002, 471; dazu *Deutsch/Spickhoff* MedizinR Rn. 366 ff.; *Frahm/Nixdorf/Walter* ArztHaftR Rn. 89; *Geiß/Greiner* ArzthaftpflichtR Rn. 9a; *Katzenmeier* in Laufs/Katzenmeier/Lipp ArztR X Rn. 11; *Laufs/Kern* in Laufs/Kern ArztR-HdB § 97 Rn. 18–20; *Martis/Winkhart* ArztHaftR B 72; *Pauge* ArztHaftR Rn. 185; Spickhoff/*Spickhoff* BGB § 630 a Rn. 38–40; MAH MedizinR/*Terbille* § 1 Rn. 481–483; *Wenzel/Müller* Rn. 1485; *Ziegler* VersR 2003, 545; anders bei S3-Leitlinien, *Hart* MedR 2015, 1.
227 BGH NJW-RR 2014, 1053 = VersR 2014, 879.

ärztliche/zahnärztliche Versorgung nach den §§ 91 ff. SGB V. Gleiches gilt für Richtlinien sonstiger Gremien, insbesondere der Bundesärztekammer. Sie haben allenfalls eine den Standard beschreibende Wirkung. Allerdings können die Richtlinien des Gemeinsamen Bundesausschusses eine Untergrenze für den Standard indizieren, da dasjenige, was in der vertragsärztlichen Versorgung als abrechenbar anerkannt ist, regelmäßig auch dem medizinischen Mindeststandard entspricht. Dies schließt es naturgemäß nicht aus, dass der Facharztstandard höhere Anforderungen stellt. In gleicher Weise wird sich mit indizieller Bedeutung aus der Nichtanerkennung bzw. Ablehnung bestimmter Behandlungsmethoden durch den Gemeinsamen Bundesausschuss und die Krankenkassen folgern lassen, dass dasjenige, was nicht zur vertragsärztlichen Versorgung gehört bzw. in Krankenhäusern nicht zulasten der gesetzlichen Krankenversicherung durchgeführt werden darf, auch nicht unter den fachärztlichen Standard fällt.[228]

100 In Einzelfällen haben sich sonstige Richtlinien zum Standard entwickelt. Dies gilt beispielsweise für die Impfempfehlungen der ständigen Impfkommission (STIKO) beim Robert-Koch-Institut (RKI) im Zusammenhang mit der Durchführung von Polio-Schutzimpfungen[229] oder die in den jeweiligen Mutterschaftsrichtlinien[230] enthaltenen Vorgaben. Auch die Leitlinien der Bundesärztekammer für Wiederbelebung und Notfallversorgung sind als standardbildend anerkannt worden.[231] Demgegenüber enthalten beispielsweise die Empfehlungen der Bundesärztekammer zur Sterbehilfe keinen standardprägenden Maßstab. Im Einzelfall ist die Standardfestlegung häufig schwierig, zumal in vielen Fällen keine echten Standards existieren. Allerdings bestehen auch in Bereichen, in denen medizinische Erkenntnisse nicht Eingang in Leitlinien, Richtlinien oder sonstige schriftliche Handlungsanweisungen gefunden haben, elementare medizinische Grundregeln, die in dem jeweiligen Fachgebiet vorausgesetzt werden oder zum medizinischen »Allgemeingut« gehören. Auch diese sind bei der Einhaltung des Facharztstandards zu berücksichtigen.[232] Lassen sich unter Berücksichtigung derartiger Grundregeln Standards auch nicht mit Hilfe von Sachverständigen feststellen, weil tatsächlich entsprechende Standards nicht existieren, kommt ein standardunterschreitendes Fehlverhalten des behandelnden Arztes nicht in Betracht.

III. Die haftungsbegründende Kausalität

101 Die Schadensersatzhaftung des Arztes setzt unabhängig davon, ob sie auf vertragliche oder deliktische Anspruchsgrundlagen gestützt wird, neben dem Vorliegen eines schuldhaften Behandlungsfehlers und einer Gesundheitsschädigung des Patienten (sog. Primärschaden) voraus, dass zwischen dem Behandlungsfehler und dem Primärschaden ein Zurechnungszusammenhang, die sog. haftungsbegründende Kausalität, besteht. Demgegenüber betrifft der Zusammenhang zwischen dem Behandlungsfehler bzw. dem Primärschaden einerseits und den weiteren materiellen oder immateriellen Folgeschäden (Sekundärschäden) andererseits den haftungsausfüllenden Tatbestand. Die Abgrenzung, die aufgrund des unterschiedlichen Beweismaßes und der grds. nur bei dem Tatbestandsmerkmal der haftungsbegründenden Kausalität anwendbaren Grundsätze über die Beweislastumkehr bei groben Behandlungsfehlern oder Befund-

---

228 Dazu bspw. *Deutsch/Spickhoff* MedizinR Rn. 376; *Frahm/Nixdorf/Walter* ArztHaftR Rn. 89; *Geiß/Greiner* ArzthaftpflichtR Rn. B 9a; *Martis/Winkhart* ArztHaftR B 73–B 83; *Pauge* ArztHaftR Rn. 186; Spickhoff/*Greiner* BGB §§ 823 ff. Rn. 21; dazu auch Wenzel/*Müller* Rn. 1487 ff.
229 BGH NJW 2000, 1784 = VersR 2000, 725.
230 BGH NJW 2004, 1452 = VersR 2004, 645; MAH MedizinR/*Terbille* § 1 Rn. 484.
231 OLG Köln NJW-RR 2003, 458 = VersR 2004, 1453; OLG Hamm NJW-RR 2000, 401 = VersR 2000, 1373.
232 BGH NJW 2011, 3442 = VersR 2011, 1569; BeckRS 2009, 18041 = VersR 2009, 1405.

erhebungsfehlern von erheblicher Bedeutung ist, kann im Einzelfall schwierig sein. Der primäre Gesundheitsschaden umfasst nämlich nicht nur die von ihren Symptomen abstrahierte (erste) Schädigung eines Körperteils oder Organs, sondern die aufgrund eines Behandlungsfehlers eingetretene Beeinträchtigung des gesundheitlichen Befindens in ihrer konkreten Ausprägung.[233] So stellen bspw. nicht der durch einen Behandlungsfehler herbeigeführte Hirnschaden, sondern die darauf beruhenden Verhaltensstörungen den Primärschaden dar. Auch eine bei dem Patienten bereits vorhandene Grunderkrankung kann nicht den Primärschaden bilden, sodass eine verspätet erkannte Gesundheitsbeeinträchtigung niemals der durch einen Behandlungsfehler verursachte Primärschaden sein kann, weil sie zum Zeitpunkt der (verspäteten) Fetsstellung bereits vorhanden ist. Primärschaden ist vielmehr die aufgrund der verzögert eingesetzten Behandlung eingetretene gesundheitliche Beeinträchtigung.[234]

1. Die grundsätzlichen Anforderungen an den Zurechnungszusammenhang

Das Vorliegen des haftungsbegründenden Tatbestandes ist in Arzthaftungsfällen häufig besonders problematisch, weil der Patient zu Beginn der ärztlichen Behandlung regelmäßig bereits erkrankt, also gesundheitlich beeinträchtigt ist, die Haftung des Arztes aber nur gerechtfertigt ist, wenn die gesundheitliche Schädigung nicht Folge der Grunderkrankung, sondern gerade des schuldhaft verursachten Behandlungsfehlers ist. Um dem Ziel der Arzthaftung gerecht zu werden, dem Patienten nicht das allgemeine Krankheitsrisiko zu nehmen und infolge der Übernahme der Behandlung auf den Arzt zu übertragen, sondern die gesundheitliche Integrität des Patienten vor schuldhafter Fehlbehandlung durch den Arzt zu schützen, ist bei der Feststellung der haftungsbegründenden Kausalität besondere Sorgfalt anzulegen. **102**

Liegt ein Behandlungsfehler durch positives Tun vor, erfordert der notwendige haftungsbegründende Zurechnungszusammenhang, dass die nach dem Facharztstandard gebotene, richtige Behandlung den Eintritt des Primärschadens verhindert hätte. Liegt der Behandlungsfehler in einem Unterlassen, ist die haftungsbegründende Kausalität nur gegeben, wenn der Eintritt des Primärschadens bei korrekter Erhebung aller gebotenen Befunde, richtiger Diagnosestellung und korrekter Therapie mit an Sicherheit grenzender Wahrscheinlichkeit vermieden worden wäre. Die bloße Wahrscheinlichkeit oder überwiegende Wahrscheinlichkeit des Nichteintrittes des Primärschadens reicht insoweit nicht aus.[235] **103**

2. Die Unterbrechung des Kausalzusammenhangs

Der Annahme des notwendigen Zurechnungszusammenhanges steht nicht entgegen, dass der schuldhafte Behandlungsfehler nicht ausschließliche oder alleinige Ursache des Primärschadens ist. Kann eine Mitursächlichkeit festgestellt werden, erfolgt grundsätzlich die Zurechnung des gesamten Primärschadens. Eine Ausnahme besteht nur dann, wenn positiv feststeht, dass der Behandlungsfehler nur einen abgrenzbaren Teil des Primärschadens verursacht hat.[236] **104**

---

233 BGH NJW-RR 2014, 1147 = VersR 2014, 632; NJW 2014, 688 = VersR 2014, 247; NJW 2013, 3094 = VersR 2013, 1174; NJW 1998, 3417 = VersR 1998, 1153.

234 BGH NJW 2013, 3094 =VersR 2013, 1174.

235 BGH NJW 2012, 850 = VersR 2012, 491; *Gehrlein* Arzthaftungspflicht Rn. B 100; *Geiß/Greiner* ArzthaftpflichtR Rn. B 190; *Martis/Winkhart* ArztHaftR K 11; *Spickhoff/Greiner* BGB §§ 823 ff. Rn. 117, 143; zur Abgrenzung von haftungsbegründender und haftungsausfüllender Kausalität vgl. BGH NJW 2008, 1381 = VersR 2008, 644.

236 BGH NJW-RR 2015, 591 = VersR 2015, 579; NJW-RR 2014, 1118 = VersR 2014, 1130; BGH NJW 2005, 2072 = VersR 2005, 942; NJW 2000, 3423 = VersR 2000, 1282; *Frahm/Nixdorf/Walter*

105 Eine Vorschädigung des Patienten an Körper oder Gesundheit führt nicht zu einem Entfallen des Zurechnungszusammenhanges und entlastet den Arzt nicht. Dementsprechend kann sich der Arzt nicht darauf berufen, dass der von ihm schuldhaft verursachte Behandlungsfehler bei einem gesunden Patienten nicht zu einem Gesundheitsschaden geführt hätte.[237] Auch der Hinweis auf eine vorhandene Reserveursache, also die Behauptung, dass der Schaden auch ohne den Behandlungsfehler eingetreten wäre, zB, weil eine weitere Schädigungshandlung hinzugetreten ist, die dieselbe gesundheitliche Beeinträchtigung herbeigeführt hätte, oder eine vorhandene Schadensanlage sich verwirklicht hätte, ist grundsätzlich nicht entlastend. Etwas anderes gilt nur dann, wenn der Arzt nachweisen kann, dass die Primärschädigung auch ohne den Behandlungsfehler bei ordnungsgemäßer Behandlung oder auch bei einer anderen, standardgemäßen Behandlung mit an Sicherheit grenzender Wahrscheinlichkeit eingetreten wär (sog. hypothetische Kausalität bei rechtmäßigem Alternativverhalten).[238] Ein solcher Beweis wird selten zu führen sein.

106 Auch der Eintritt eines weiteren Arztes in den Kausalverlauf führt grundsätzlich nicht zum Wegfall der haftungsbegründenden Kausalität. Vielmehr hat der erstbehandelnde Arzt grundsätzlich für alle Schadensfolgen einzustehen, die durch einen von ihm verschuldeten Behandlungsfehler adäquat kausal herbeigeführt worden sind. Dies gilt auch dann, wenn aufgrund des Behandlungsfehlers eine Nachbehandlung erforderlich geworden ist, in deren Zuge der nachbehandelnde Arzt gleichfalls einen Behandlungsfehler begangen hat. Die gesundheitlichen Folgen dieses zweiten Behandlungsfehlers sind dem erstbehandelnden Arzt ebenfalls zuzurechnen. Dies gilt selbst dann, wenn dem zweitbehandelnden Arzt ein grober Behandlungsfehler unterlaufen ist. Der Zurechnungszusammenhang entfällt nur dann, wenn sich der Behandlungsfehler des Zweitbehandlers bei wertender Betrachtung nicht als Folgeschaden aus dem Behandlungsfehler des zunächst standardunterschreitend behandelnden Arztes darstellt, sich also das Risiko des Ersteingriffes im weiteren Verlauf nicht mehr ausgewirkt hat.[239] Denkbar ist dies in Fällen, in denen der nachbehandelnde Arzt eine mit der vom Erstbehandler behandlungsfehlerhaft herbeigeführten Gesundheitsschädigung nicht im Zusammenhang stehende Krankheit behandelt, die Zweitbehandlung also durch den Behandlungsfehler des erstbehandelnden Arztes überhaupt nicht ausgelöst worden ist. Gleiches gilt, wenn zum Zeitpunkt der Zweitbehandlung das Schadensrisiko der Erstbehandlung bereits vollständig entfallen war, sodass sich der Behandlungsfehler des erstbehandelnden Arztes auf den weiteren Krankheitsverlauf nicht mehr ausgewirkt haben kann. Der Zurechnungszusammenhang wird weiter dann unterbrochen, wenn der Zweitschädiger in einer besonders intensiven Weise behandlungsfehlerhaft gehandelt hat. Dafür reicht das Vorliegen eines groben Behandlungsfehlers des Zweitschädigers nicht aus. Vielmehr muss der Zweitschädiger in außergewöhnlich

ArztHaftR Rn. 72; *Gehrlein* Arzthaftungspflicht Rn. B 103; *Geiß/Greiner* ArzthaftpflichtR Rn. B 190; *Martis/Winkhart* ArztHaftR K 18, K 33; *Pauge* ArztHaftR Rn. 362.

237 BGH NJW 1996, 2425 = VersR 1996, 990 (zur haftungsausfüllenden Kausalität); *Frahm/ Nixdorf/Walter* ArztHaftR Rn. 72; *Geiß/Greiner* ArzthaftpflichtR Rn. B 190; *Martis/Winkhart* ArztHaftR K 38; Spickhoff/*Greiner* BGB §§ 823 ff. Rn. 116.

238 BGH NJW NJW 2012, 2024 = VersR 2012, 905; NJW 2012, 850 = VersR 2012, 491; 2005, 2072 = VersR 2005, 942; NJW 2005, 1718 = VersR 2005, 836; NJW 1981, 628 = VersR 1981, 131; OLG Schleswig NJW 2005, 439; *Frahm/Nixdorf/Walter* ArztHaftR Rn. 72; *Gehrlein* Arzthaftungspflicht Rn. B 105; *Geiß/Greiner* ArzthaftpflichtR Rn. B 195, B 230; *Martis/Winkhart* ArztHaftR K 39, K 40; *Pauge* ArztHaftR Rn. 361.

239 BGH NJW 2012, 2024 = VersR 2012, 905; NJW 2003, 2311 = VersR 2003, 1128; NJW 1989, 767 = VersR 1988, 1273; *Frahm/Nixdorf/Walter* ArztHaftR Rn. 73; *Gehrlein* Arzthaftungspflicht Rn. B 108; *Geiß/Greiner* ArzthaftpflichtR Rn. B 191; *Martis/Winkhart* ArztHaftR K 48; *Pauge* ArztHaftR Rn. 289; Spickhoff/*Greiner* BGB §§ 823 ff. Rn. 119; *Wertenbruch* NJW 2008, 2962.

hohem Maße gegen ärztliche Regeln und Erfahrungen verstoßen haben. Es muss sich um ein völlig ungewöhnliches oder im außerordentlichen Maße pflichtwidriges Verhalten handeln, sodass bei wertender Betrachtung nur noch ein äußerlicher, gleichsam zufälliger Zusammenhang besteht. Dies kann nur bei Behandlungsfehlern im oberen Bereich des groben Behandlungsfehlers angenommen werden.

Die haftungsbegründende Kausalität kann schließlich auch dann vorliegen, wenn dem **107** Arzt ein schuldhafter Behandlungsfehler gegenüber einer Person unterläuft, der Primärschaden sich aber bei einer anderen Person niederschlägt, zB in Fallkonstellationen, in denen ein Behandlungsfehler zum Verlust eines lebenswichtigen Organes des Patienten führt und ein naher Angehöriger sich deshalb zur Lebendspende eines entsprechenden Organes entschließt.[240] In diesen sog. Herausforderungsfällen ergibt sich die haftungsbegründende Kausalität aus der durch den Behandlungsfehler verursachten Veranlassung zur Spenderentscheidung. Es handelt sich um eine psychisch vermittelte Kausalität. Der Kausalzusammenhang ist nicht unterbrochen, wenn das ärztliche Fehlverhalten tatsächlich den Anlass zu der freiwilligen Entscheidung eines Dritten gegeben hat, die Entscheidung eine nicht ungewöhnliche Reaktion des Dritten darstellt und darüber hinaus die Entscheidung bei wertender Betrachtung unter Berücksichtigung der zugrunde zu legenden Motivation nach den anerkannten gesellschaftlichen Verhaltensregeln zu billigen ist.[241] Hierzu ist es erforderlich, dass die Entscheidung des Angehörigen in einem angemessenen Verhältnis zum möglichen Erfolg steht. Dies ist bei der Spende lebenswichtiger Organe durch nahe Angehörige regelmäßig anzunehmen.

3. Die Sonderregelung des § 830 Abs. 1 BGB

In Ausnahmefällen kann ein deliktischer Arzthaftungsanspruch auch dann bestehen, **108** wenn die haftungsbegründende Kausalität nicht positiv festgestellt werden kann. Die Sonderregelung des § 830 Abs. 1 BGB begründet die deliktische Haftung eines Schädigers nämlich in der – seltenen – Ausnahmesituation, dass mehrere Schädiger für die Verursachung des Schadens in Betracht kommen, jedoch nicht feststellbar ist, welcher von ihnen den Schaden ganz oder teilweise verursacht hat. Denkbar ist dies auch in Fällen, in denen mehrere Ärzte einen Patienten zeitlich gestaffelt nacheinander behandeln, solange sich die Tätigkeit der beteiligten Ärzte bei wertender Betrachtung wegen eines bestehenden sachlichen, räumlichen und zeitlichen Zusammenhangs als ein einheitlicher Vorgang darstellen.[242] Anwendbar ist diese Vorschrift nur, wenn bei jedem der Schädiger mit Ausnahme der haftungsbegründenden Kausalität sämtliche haftungsbegründenden Tatbestandsmerkmale festgestellt sind.[243] Es muss daher nicht nur jedem der Schädiger ein schuldhafter Behandlungsfehler unterlaufen sein. Hinzukommen muss, dass der jeweilige Behandlungsfehler für sich genommen geeignet sein muss, den eingetretenen Primärschaden verursacht zu haben. Ein beteiligter Arzt kann die Kausalitätsvermutung widerlegen, wenn er nachweist, dass er den Schaden nicht oder nur zu einem abgrenzbaren Teil verursacht hat. Weitere Voraussetzung der Anwendbarkeit des § 830 Abs. 1 BGB ist, dass nicht bei einem der möglichen Schädiger

---

240 BGH NJW 1987, 2925 = VersR 1987, 1040; *Gehrlein* Arzthaftungspflicht Rn. B 101; *Laufs/Kern* in Laufs/Kern ArztR-HdB § 103 Rn. 23; *Martis/Winkhart* ArztHaftR K 57; *Pauge* ArztHaftR Rn. 140, 364.
241 BGH NJW 1987, 2925 = VersR 1987, 1040; *Gehrlein* Arzthaftungspflicht Rn. B 102; *Laufs/Kern* in Laufs/Kern ArztR-HdB § 103 Rn. 23; *Martis/Winkhart* ArztHaftR K 57.
242 Vgl. OLG Koblenz NJW-RR 2005, 1111 = VersR 2006, 123.
243 BGH NJW 1979, 544 = VersR 1979, 226 (zu einem Verkehrsunfall); OLG Koblenz NJW-RR 2005, 1111 = VersR 2006, 123; *Frahm/Nixdorf/Walter* ArztHaftR Rn. 74; *Gehrlein* Arzthaftungspflicht Rn. B 111; *Martis/Winkhart* ArztHaftR K 35f.

der notwendige Zurechnungszusammenhang positiv feststeht. Kann daher die Haftung eines Arztes wegen eines ihm unterlaufenen schuldhaften Behandlungsfehlers auch hinsichtlich der haftungsbegründenden Kausalität zum Primärschaden positiv festgestellt werden, scheidet eine Haftung der weiteren behandelnden Ärzte nach § 830 Abs. 1 BGB aus, wenn der Zurechnungszusammenhang zwischen den von ihnen verursachten schuldhaften Behandlungsfehlern und der gesundheitlichen Primärschädigung nicht sicher fest steht.[244] Sinn der Regelung ist es, die Haftung im Falle der Nebentäterschaft nicht deshalb entfallen zu lassen, weil trotz des Umstandes, dass einer der möglichen Schädiger für die Gesundheitsbeeinträchtigung verantwortlich sein muss, sich alle Schädiger angesichts der nicht positiv feststellbaren Kausalität wechselseitig dadurch zu entlasten versuchen, dass sie auf die Verursachung durch den jeweils anderen verweisen. Ist § 830 Abs. 1 BGB anwendbar, führt dies zur gesamtschuldnerischen Haftung der beteiligten Schädiger.

IV. Die Beweislast hinsichtlich des haftungsbegründenden Tatbestandes

1. Der Grundsatz – volle Beweislast beim Patienten

109 Grundsätzlich obliegt dem Patienten als Anspruchsteller eines Arzthaftungsanspruches für sämtliche Tatbestandsmerkmale des haftungsbegründenden Tatbestandes – Vorliegen eines schuldhaften Behandlungsfehlers, Eintritt einer gesundheitlichen Primärschädigung sowie Vorliegen der haftungsbegründenden Kausalität zwischen dem Behandlungsfehler und dem Primärschaden – die volle Beweislast.[245] Dies gilt in gleicher Weise für die vertragliche wie für die deliktische Haftung. Hieran hat sich auch durch das Patientenrechtegesetz nichts geändert. Vielmehr folgt im Rückschluss aus den eine Beweislastumkehr regelnden Bestimmungen des § 630h Abs. 1–4 BGB, dass die Grundregel, wonach die Beweislast für den haftungsbegründenden Tatbestand grds. beim Patienten liegt, unverändert gilt.[246] Liegt der Behandlungsfehler in einem positiven Tun, muss der Patient danach beweisen, dass die Behandlung nicht dem geschuldeten medizinischen Soll-Standard entsprochen hat, dass bei dem Patienten eine Gesundheitsbeeinträchtigung eingetreten ist und dass diese Gesundheitsbeeinträchtigung gerade auf dem Behandlungsfehler beruht, also der Primärschaden bei Einhaltung des medizinischen Soll-Standards vermieden worden wäre. Liegt der Behandlungsfehler in einem Unterlassen eines nach dem zugrunde zu legenden medizinischen Soll-Standard gebotenen Tuns, muss der Patient nicht nur beweisen, dass der Arzt eine bestimmte – diagnostische oder therapeutische – Maßnahme unterlassen hat und die Vornahme dieser Maßnahme nach dem zugrunde zu legenden medizinischen Standard geboten gewesen wäre.[247] Er muss außerdem beweisen, dass bei dem Patienten eine Gesundheitsbeeinträchtigung, der Primärschaden, eingetreten ist. Des Weiteren erstreckt sich die Beweislast des Patienten auch auf den notwendigen haftungsbegründenden Kausalzusammenhang.[248] Der Patient muss daher beweisen, dass die ein-

---

244 BGH NJW 1976, 1934 = VersR 1976, 992 (Verkehrsunfall); *Gehrlein* Arzthaftungspflicht Rn. B 111.
245 BGH NJW-RR 2014, 1147 = VersR 2014, 632; NJW 2014, 688 = VersR 2014, 247; NJW 2011, 1672 = VersR 2011, 400; NJW 2008, 1381 = VersR 2008, 644; NJW 1999, 1778 = VersR 1999, 716; NJW 1999, 860 = VersR 1999, 60; *Frahm/Nixdorf/Walter* ArztHaftR Rn. 128; *Gehrlein* Arzthaftungspflicht Rn. B 116; *Geiß/Greiner* ArzthaftpflichtR Rn. B 200; *Laufs/Kern* in Laufs/Kern ArztR-HdB § 107 Rn. 24; *Martis/Winkhart* ArztHaftR B 471; Spickhoff/*Greiner* BGB §§ 823 ff. Rn. 122; *Steffen/Pauge* ArztHaftR Rn. 591.
246 Vgl. BT-Drs. 17/10488, 27f.; dazu *Frahm/Nixdorf/Walter* ArztHaftR Rn. 127; *Katzenmeier* NJW 2013, 817; *Spickhoff* VersR 2013, 267.
247 BGH NJW 2012, 850 = VersR 2012, 491.
248 BGH NJW-RR 2014, 1147 = VersR 2014, 632; NJW 2014, 688 = VersR 2014, 247; zu der Diskussion nach Inkrafttreten des Schuldrechtsmodernisierungsgesetzes vgl. *Deutsch/Spickhoff* Me-

getretene Gesundheitsschädigung bei Vornahme der gebotenen Handlung verhindert
worden wäre.

Der Patient hat grundsätzlich den Vollbeweis nach § 286 Abs. 1 ZPO zu führen. Hier- **110**
für reicht es aus, wenn der Patient den Sachverhalt in groben Zügen darstellt und ein
geeignetes Beweismittel – regelmäßig die Einholung eines medizinischen Sachverständigengutachtens – anbietet. Nicht erforderlich ist, dass der Patient oder sein Pro-
zeßbevollmächtigter die medizinischen Vorgänge im Einzelnen darstellen oder medizinisches Fachwissen erwerben, um die medizinischen Details der Behandlumng
vortragen zu können.[249] Zur Führung des Vollbeweises muss nach der Beweisaufnah-
me das Vorliegen des jeweiligen Tatbestandsmerkmales zur Gewissheit des Gerichtes
feststehen. Hierfür ist allerdings keine einhundertprozentige Sicherheit oder unum-
stößliche, quasi naturwissenschaftliche Gewissheit erforderlich. Der notwendige Beweis ist vielmehr geführt, wenn dem Gericht ein für das praktische Leben brauchbarer
Grad von Gewissheit vermittelt werden konnte, der Zweifeln Schweigen gebietet, ohne sie völlig auszuschließen.[250] Rein theoretische Zweifel am Vorliegen eines haftungsbegründenden Tatbestandsmerkmales bleiben daher bei der Beweiswürdigung außer
acht.

2. Beweiserleichterungen – Beweislastumkehr

Die Verteilung der Beweislast hat im Arzthaftungsprozess nicht selten streitentschei- **111**
dende Bedeutung, wenn einzelne Tatbestandsmerkmale des haftungsbegründenden
Tatbestandes nicht beweisbar sind. Da die Nichterweislichkeit unter strikter Anwendung der Regeln des Vollbeweises immer zulasten des Patienten gehen würde, haben
sich in der Rechtsprechung Fallgruppen entwickelt, in denen gestützt auf die Besonderheiten des Behandlungsgeschehens und das Gebot prozessualer Waffengleichheit
zwischen Patient und Behandler Beweiserleichterungen zugunsten des Patienten eintreten. Diese Fallgruppen sind – mit Ausnahme der Fallgruppe des Anscheinsbeweises – durch das Patientenrechtegesetz für die vertragliche Haftung in § 630h Abs. 1–4
BGB ohne inhaltliche Veränderungen zusammengefasst worden.[251] Regelmäßig führen
diese Beweiserleichterungen zu einer Beweislastumkehr mit der Folge, dass der Behandler das Nichtvorliegen des jeweiligen haftungsbegründenden Tatbestandsmerkmales beweisen muss und die Nichterweislichkeit zu seinen Lasten geht.[252] Bei der
Anwendung von Beweiserleichterungen muss jeweils genau geprüft werden, auf
welches Tatbestandsmerkmal des haftungsbegründenden Tatbestandes sich die Beweiserleichterung erstreckt. Denkbar ist die Vornahme der Beweislastumkehr sowohl hinsichtlich eines Behandlungsfehlers als auch der haftungsbegründenden
Kausalität, als auch eine Kombination von beiden. Darüber hinaus muss beachtet
werden, dass die Regeln über die Beweiserleichterung ausschließlich für den haf-

---

dizinR Rn. 313 ff.; *Frahm/Nixdorf/Walter* ArztHaftR Rn. 129; *Geiß/Greiner* ArzthaftpflichtR
Rn. B 216; *Martis/Winkhart* ArztHaftR B 477; *Deutsch* JZ 2002, 588; *Katzenmeier* VersR 2002,
1066.

249 BGH NJW 2016, 1328 = VersR 2016, 795.

250 NJW-RR 2014, 1147 = VersR 2014, 632; NJW 2014, 688 = VersR 2014, 247; NJW 2014, 71
= VersR 2013, 1045; BGH NJW 2011, 375 = VersR 2011, 223; NJW 2008, 2846 = VersR 2008,
1265; NJW 2008, 1381 = VersR 2008, 644; *Frahm/Nixdorf/Walter* ArztHaftR Rn. 174; *Geiß/
Greiner* ArzthaftpflichtR Rn. B 200, Rn. E 5; *Martis/Winkhart* ArztHaftR B 478; *Pauge* Arzt-
HaftR Rn. 556.

251 Vgl. BT-Drs. 17/10488, 27; dazu Spickhoff/*Spickhoff* BGB § 630h Rn. 3; *Spickhoff* VersR 2013,
267.

252 BGH NJW 2004, 2011 = VersR 2004, 909; vgl. auch *Hausch* VersR 2005, 600.

tungsbegründenden, nicht aber für den haftungsausfüllenden Tatbestand Geltung beanspruchen.

a) Der Anscheinsbeweis

112 Die erste Fallgruppe der Beweiserleichterungen bildet die Fallgruppe des Anscheinsbeweises.

113 Voraussetzung der Anwendung der Regeln des Anscheinsbeweises ist, dass ein Geschehensablauf feststeht, bei dem nach allgemeiner Lebenserfahrung entweder auf die Verursachung einer bestimmten Folge durch ein feststehendes Verhalten geschlossen werden kann. Alternativ kommt der Anscheinsbeweis auch in Betracht, wenn aus einem feststehenden Ergebnis aufgrund allgemeiner Lebenserfahrung auf die Pflichtwidrigkeit eines Verhaltens rückgeschlossen werden kann.[253] Erforderlich ist in beiden Fällen, dass der die Beweislastumkehr rechtfertigende Erfahrungssatz in der medizinischen Wissenschaft bestätigt ist.[254] Der Anscheinsbeweis hinsichtlich eines Merkmales des haftungsbegründenden Tatbestandes eines Arzthaftungsanspruches kann daher geführt werden, wenn ein Behandlungsfehler sowie das Vorliegen eines Primärschadens festgestellt sind und der Zusammenhang zwischen Behandlungsfehler und Primärschaden infrage steht. Andererseits kann der Anscheinsbeweis auch gestatten, von einem festgestellten Primärschaden auf die den Behandlungsfehler begründende Pflichtwidrigkeit rückzuschließen.[255]

114 Die Anwendung der Regeln des Anscheinsbeweises setzt voraus, dass der beweisbelastete Patient die Umstände oder den Lebenssachverhalt darlegt und beweist, der nach allgemeiner Lebenserfahrung auf das schadensursächliche Verhalten des Arztes hindeutet. Es muss vom Patienten danach ein Sachverhalt dargestellt und bewiesen werden, der typischerweise nach der Lebenserfahrung auf der Grundlage von Erfahrungssätzen der medizinischen Wissenschaft entweder den Rückschluss auf die haftungsbegründende Kausalität oder das schuldhafte Fehlverhalten des Arztes gestattet.

115 Gelingt dem Patienten dies, ist es Sache des Arztes, den Anscheinsbeweis zu erschüttern. Hierzu muss der Arzt entweder die Geltung des behaupteten Erfahrungssatzes bestreiten oder konkrete Tatsachen vortragen und nach dem Maßstab des § 286 Abs. 1 ZPO beweisen, aus denen auf die ernsthafte Möglichkeit eines atypischen Geschehensablaufes bzw. einer anderen Schadensursache geschlossen werden kann.[256] Nicht ausreichend ist der bloße Hinweis des Arztes auf Geschehensabläufe, nach denen eine andere Schadensursache theoretisch in Betracht kommt, oder die Darlegung der theoretischen Möglichkeit eines anderen Verlaufes. Es müssen zumindest konkrete Anhaltspunkte vorliegen, aus denen sich ergibt, dass eine andere Schadensursache oder der andere Verlauf tatsächlich in Betracht kommt. Für die Erschütterung des Anscheinsbeweises ist allerdings nicht erforderlich, dass der Arzt den Vollbeweis einer

---

253 *Deutsch/Spickhoff* MedizinR Rn. 762; *Frahm/Nixdorf/Walter* ArztHaftR Rn. 167; *Gehrlein* Arzthaftungspflicht Rn. B 118; *Geiß/Greiner* ArzthaftpflichtR Rn. B 231; *Laufs/Kern* in Laufs/Kern ArztR-HdB § 108 Rn. 2, 4; *Martis/Winkhart* ArztHaftR A 160, B 487; *Pauge* ArztHaftR Rn. 558; MAH MedizinR/*Terbille* § 1 Rn. 588.
254 BGH NJW-RR 2010, 1331 = VersR 2010, 627.
255 *Deutsch/Spickhoff* MedizinR Rn. 763; *Frahm/Nixdorf/Walter* ArztHaftR Rn. 167; *Gehrlein* Arzthaftungspflicht Rn. B 118; *Katzenmeier* in *Laufs/Katzenmeier/Lipp* ArztR XI Rn. 66 f.; *Martis/Winkhart* ArztHaftR A 164; Spickhoff/*Greiner* BGB §§ 823 ff. Rn. 155.
256 BGH NJW-RR 2010, 1331 = VersR 2010, 627; NJW 2005, 2614 = VersR 2005, 1238; *Frahm/Nixdorf/Walter* ArztHaftR Rn. 167; *Geiß/Greiner* ArzthaftpflichtR Rn. B 231; *Laufs/Kern* in Laufs/Kern ArztR-HdB § 108 Rn. 2; *Martis/Winkhart* ArztHaftR A 166; Spickhoff/*Greiner* BGB §§ 823 ff. Rn. 157; MAH MedizinR/*Terbille* § 1 Rn. 589.

anderen Ursache oder eines anderen Verlaufes führt. Vielmehr fällt die volle Beweislast wieder auf den Patienten zurück, wenn der Arzt den Anscheinsbeweis erschüttert hat.[257]

Die Regeln des Anscheinsbeweises sind im Arzthaftungsrecht nur selten anwendbar. **116** Dies beruht auf der Tatsache, dass sich typische Geschehensabläufe angesichts unterschiedlicher Krankheitsbilder, der jeweiligen Eigenarten des menschlichen Organismus und der individuell unterschiedlichen Reaktion des Menschen auf bestimmte Behandlungsmaßnahmen nur sehr selten finden lassen. Die Grundvoraussetzung eines Anscheinsbeweises, nämlich das Vorliegen eines typischen Geschehensablaufes, wird daher nur in den allerseltensten Fällen gegeben sein.

Anerkannt worden sind die Voraussetzungen für einen Anscheinsbeweis zB bei der **117** Verursachung einer HIV-Infektion bei einem keiner Risikogruppe angehörenden Patienten nach einer Bluttransfusion eines an AIDS erkrankten Spenders,[258] ebenso wenn der Ehepartner des Blutempfängers kurzzeitig später an AIDS erkrankt,[259] nicht aber, wenn der Patient einer Risikogruppe angehört,[260] wenn nicht feststeht, dass die Bluttransfusion von einem infizierten Spender stammt[261] oder die Infektion erst Monate später festgestellt wird.[262] Der Anscheinsbeweis für das Vorliegen des Kausalzusammenhanges folgt demgegenüber noch nicht aus einem engen zeitlichen Zusammenhang, wenn es zeitnah nach einer Punktion des Kniegelenkes zu dem Ausbruch einer Entzündung in diesem Bereich kommt.[263] Denkbar ist ein Anscheinsbeweis im Hinblick auf die haftungsbegründende Kausalität bei einer fehlerhaften Medikamentengabe, wenn konkrete Anhaltspunkte vorliegen, dass die Medikamentengabe die Ursache für einen eingetretenen Gesundheitsschaden darstellt.[264] Im Hinblick auf das Vorliegen eines schuldhaften Behandlungsfehlers wurden die Voraussetzungen des Anscheinsbeweises bei der Verursachung von Verbrennungen bei einer Behandlung mit einem Hochfrequenzchirurgiegerät angenommen.[265] Schließlich kann eine auf einen Anscheinsbeweis gestützte Beweislastumkehr gerechtfertigt sein, wenn bei einem Patienten eine Infektion auftritt und feststeht, dass bei der Behandlung gravierende Hygienemängel aufgetreten sind.[266]

b) Das voll beherrschbare Risiko

Die zweite Fallgruppe der Beweiserleichterungen bildet die Fallgruppe des sog. voll **118** beherrschbaren Risikos. Diese Fallgruppe ist nunmehr für die vertragliche Haftung in § 630h Abs. 1 BGB dahingehend geregelt, dass bei der Verwirklichung allgemeiner Be-

---

257 *Deutsch/Spickhoff* MedizinR Rn. 764; *Laufs/Kern* in Laufs/Kern ArztR-HdB § 108 Rn. 2; MAH MedizinR/*Terbille* § 1 Rn. 589.
258 BGH NJW 2012, 684 = VersR 2012, 363; NJW-RR 2010, 1331 = VersR 2010, 627; NJW 2005, 2614 = VersR 2005, 1238, NJW 1991, 1948 = VersR 1991, 816; dazu *Deutsch/Spickhoff* MedizinR Rn. 765; *Laufs/Kern* in Laufs/Kern ArztR-HdB § 108 Rn. 15; *Martis/Winkhart* ArztHaftR A 169; Spickhoff/*Greiner* BGB §§ 823 ff. Rn. 160; *Katzenmeier* NJW 2005, 3391.
259 BGH NJW 2005, 2614 = VersR 2005, 1238; *Martis/Winkhart* ArztHaftR A 169.
260 BGH NJW 2005, 2614 = VersR 2005, 1238; *Martis/Winkhart* ArztHaftR A 171.
261 OLG Düsseldorf VersR 1998, 310; NJW 1996, 1599 = VersR 1996, 1240; *Pauge* ArztHaftR Rn. 560.
262 KG Berlin VersR 1992, 316.
263 BGH NJW 2012, 684 = VersR 2012, 363; NJW 1991, 1541 = VersR 1991, 994; krit. dazu *Jaeger* VersR 1989, 994.
264 BGH NJW 2007, 2787 = VersR 2007, 995.
265 OLG Saarbrücken VersR 1991, 1289; s. aber auch OLG Zweibrücken VersR 1997, 1281; *Laufs/Kern* in Laufs/Kern ArztR-HdB § 108 Rn. 9; *Martis/Winkhart* ArztHaftR A 177.
266 OLG Koblenz NJW-RR 2006, 1401 = MedR 2006, 657; dazu *Martis/Winkhart* ArztHaftR A 178.

handlungsrisiken, die für den Arzt voll beherrschbar sind, der Arzt im Wege der Beweislastumkehr nachweisen muss, dass die Schadensverwirklichung nicht auf einem pflichtwidrigen Verhalten seinerseits beruht. Die Anknüpfung an allgemeine Behandlungsrisiken bewirkt keinen Ausschluss der Beweislastumkehr bei voll beherrschbaren Risiken für spezielle Behandlungsrisiken, sondern umfasst sämtliche Risiken, die vom Arzt sicher beherrscht werden können.[267] Dies gilt gleichermaßen auch für die deliktische Haftung. Bei dieser Fallgruppe geht es um Primärschäden, die auf der Verwirklichung von Risiken beruhen, deren sichere Vermeidung von der Behandlerseite verlangt werden kann. Betroffen sind damit regelmäßig nicht die im eigentlichen ärztlichen Handeln liegenden Risiken, sondern solche Risiken, die aus dem Betrieb eines Krankenhauses oder einer Arztpraxis herrühren und auf deren sichere Vermeidung durch den Arzt oder Krankenhausträger der Patient vertrauen darf. Infrage stehen damit Risiken, die bei ordnungsgemäßer Organisation des Behandlungsbetriebes, Koordination des Behandlungsablaufes und deren sachgerechten Kontrolle sicher zu vermeiden sind.[268]

119   Entsteht in diesem Bereich dem Patienten ein Schaden, entspricht es dem Gebot der prozessualen Waffengleichheit, den Patienten von der Beweislast für die Pflichtwidrigkeit des Vorgehens, also die Schuldhaftigkeit des Behandlungsfehlers, zu entlasten und diese auf den Arzt oder Krankenhausträger zu übertragen. Einerseits muss der Patient nämlich darauf vertrauen können, vor von der Behandlerseite voll beherrschbaren Risiken geschützt zu werden. Andererseits kann die Behandlerseite durch sachgerechte Organisation und Koordination sicher beherrschbare Risiken tatsächlich beherrschen. Hinzu kommt, dass der Patient regelmäßig nicht in der Lage sein wird, eine für ihn nicht durchschaubare Krankenhaus- oder Praxisorganisation bzw. deren Fehlerhaftigkeit darzulegen.[269]

120   Die Beweislastumkehr in Fällen des voll beherrschbaren Risikos beschränkt sich ausschließlich auf die Ebene des Behandlungsfehlers, also das tatsächliche Fehlverhalten und dessen Verschulden bzw. Pflichtwidrigkeit. Dies ergibt sich nunmehr ausdrücklich auch aus der Formulierung von § 630h Abs. 1 BGB. Tritt daher ein Primärschaden im Gefahrenbereich eines voll beherrschbaren Risikos ein, kommt es zur Beweislastumkehr hinsichtlich des objektiven ärztlichen Fehlverhaltens und der subjektiven Vorwerfbarkeit.[270] Demgegenüber ist eine Beweislastumkehr im Hinblick auf das Tatbestandsmerkmal der haftungsbegründenden Kausalität unter dem Gesichtspunkt des voll beherrschbaren Risikos – mit Ausnahme der Fallgruppe der Anfängerbehandlung – ausgeschlossen.[271] Ausgeschlossen ist die Beweislastumkehr, wenn der Primärschaden zwar im Bereich des voll beherrschbaren Risikos eingetreten ist, zusätzlich aber eine unerkannte und nicht zu erwartende Disposition des Patienten gegeben ist, die ihn für

---

267 So auch *Frahm/Nixdorf/Walter* ArztHaftR Rn. 156; Spickhoff/*Spickhoff* BGB § 630h Rn. 5.
268 BGH NJW 1999, 1779 = VersR 1999, 579; NJW 1995, 1618 = VersR 1995, 539; *Deutsch/Spickhoff* MedizinR Rn. 796; *Frahm/Nixdorf/Walter* ArztHaftR Rn. 156; *Gehrlein* Arzthaftungspflicht Rn. B 129; *Geiß/Greiner* ArzthaftpflichtR Rn. B 238; *Laufs/Kern* in Laufs/Kern ArztR-HdB § 109 Rn. 1; *Martis/Winkhart* ArztHaftR B 488, V 301; *Pauge* ArztHaftR Rn. 566; Spickhoff/*Greiner* BGB §§ 823 ff. Rn. 161; MAH MedizinR/*Terbille* § 1 Rn. 591; *Wenzel/Müller* Rn. 1497; dazu auch *Jungbecker* VersR 2007, 848.
269 *Gehrlein* Arzthaftungspflicht Rn. B 129; *Wenzel/Müller* Rn. 1498.
270 BGH NJW 1994, 1594 = VersR 1994, 562; *Frahm/Nixdorf/Walter* ArztHaftR Rn. 156; *Geiß/Greiner* ArzthaftpflichtR Rn. B 239, B 240; *Martis/Winkhart* ArztHaftR B 488, V 309; *Pauge* ArztHaftR Rn. 571; Spickhoff/*Greiner* BGB §§ 823 ff. Rn. 162.
271 BGH NJW 1994, 1594 = VersR 1994, 562; *Frahm/Nixdorf/Walter* ArztHaftR Rn. 156; *Geiß/Greiner* ArzthaftpflichtR Rn. B 240; *Laufs/Kern* in Laufs/Kern ArztR-HdB § 109 Rn. 4; *Martis/Winkhart* ArztHaftR V 314; Spickhoff/*Greiner* BGB §§ 823 ff. Rn. 163; Spickhoff/*Spickhoff* BGB § 630h Rn. 6; *Wenzel/Müller* Rn. 1504.

das verwirklichte Risiko anfällig macht, weil dann aufgrund der besonderen Disposition des Patienten der Gefahrenbereich für die Behandlerseite nicht mehr vollständig beherrschbar ist.[272] Ein Behandlungsfehler kann hier allerdings vorliegen, wenn die besondere Disposition des Patienten fehlerhaft nicht erkannt worden ist.[273] Zur Begründung der Beweislastumkehr muss der Patient nachweisen, dass der festgestellte Primärschaden aus einem Risikobereich stammt, der für den Arzt voll beherrschbar ist. Ihm obliegt daher der Nachweis des Primärschadens, der vollen Beherrschbarkeit des maßgeblichen Risikobereichs und der Kausalität zwischen dem ärztlichen Tun oder Unterlassen in dem Risikobereich und dem Eintritt des Primärschadens. Gelingt dem Patienten der geforderte Nachweis, ist es Sache des Arztes, die patientenseitige Behauptung der Fehlerhaftigkeit seines Handelns und des Verschuldens zu widerlegen.

Voll beherrschbare Risiken können typischerweise im Zusammenhang mit der Organisation und Koordination des Behandlungsbetriebes und -geschehens auftreten. Als ein Unterfall gilt der fehlerhafte Einsatz von Ärzten in der Weiterbildung (sog. Anfängereingriff). Dies ist nunmehr für die vertragliche Haftung in § 630h Abs. 4 BGB geregelt; gilt aber gleichermaßen auch für die Deliktshaftung. Kommt es im Zusammenhang mit einem Anfängereingriff zu einer Schädigung des Patienten, liegt die Beweislast, dass die Schädigung nicht auf der fehlenden Übung und Erfahrung des eingesetzten Anfängers beruht, bei dem Krankenhausträger.[274] Anders als sonst bei der Verwirklichung eines voll beherrschbaren Risikos, erfasst die Beweislastumkehr bei Anfängereingriffen nach § 630h Abs. 4 BGB das Merkmal der Ursächlichkeit, also der haftungsbegründenden Kausalität. Entsteht daher ein Gesundheitsschaden bei einem Anfängereingriff, obliegt es dem Krankenhausträger sowie den für den Einsatz und die Überwachung des Anfängers zuständigen Ärzten nachzuweisen, dass der Gesundheitsschaden nicht auf mangelnden Kenntnissen und Erfahrungen des Anfängers beruht. Im Ergebnis muss daher die Behandlerseite nachweisen, dass die Behandlung durch den Anfänger dem gebotenen Standard entsprechend war oder dass ein möglicher Behandlungsfehler für den eingetretenen Primärschaden nicht ursächlich gewesen ist.[275] Die Regelung des § 630h Abs. 4 BGB erfasst trotz des unklaren Begriffes der mangelnden Befähigung ausschließlich den sog. Anfängereingriff, bei dem dem handelnden Arzt die notwendige fachliche Qualifikation fehlt. Demgegenüber tritt die Beweislastumkehr hinsichtlich des Merkmals der Ursächlichkeit nicht bei fehlender subjektiver Eignung des Arztes bspw. bei Übermüdung oder sonst eingeschränkter körperlicher oder geistiger Leistungsfähigkeit ein.[276]

Ebenfalls in die Fallgruppe der mangelhaften Organisation und Koordination des Behandlungsbetriebes und -geschehens gehören Schäden, die beim Einsatz des Pflegepersonals in ihrem pflegerischen Aufgabenbereich, also bei typischen Pflege- und Betreuungsmaßnahmen entstehen. So ist es Sache des Krankenhausträgers, Fehlleistungen des Pflegepersonals zB bei der von dem Pflegepersonal durchgeführten Um-

272 BGH NJW 1995, 1618 = VersR 1995, 539; OLG Köln GesR 2015, 725 = MedR 2016, 37; OLG Jena GesR 2007, 404; OLG Schleswig NJW-RR 2004, 237; *Deutsch/Spickhoff* MedizinR Rn. 797; *Frahm/Nixdorf/Walter* ArztHaftR Rn. 162; *Geiß/Greiner* ArzthaftpflichtR Rn. B 241; *Martis/Winkhart* ArztHaftR V 312; Spickhoff/*Greiner* BGB §§ 823 ff. Rn. 163.
273 *Geiß/Greiner* ArzthaftpflichtR Rn. B 241; OLG Jena GesR 2007, 404.
274 BGH NJW 1993, 2989 = VersR 1993, 1231; NJW 1992, 1560 = VersR 1992, 745; *Deutsch/Spickhoff* MedizinR Rn. 354; *Frahm/Nixdorf/Walter* ArztHaftR Rn. 163; *Gehrlein* Arzthaftungspflicht Rn. B 134; *Geiß/Greiner* ArzthaftpflichtR Rn. B 241; *Katzenmeier* in Laufs/Katzenmeier/Lipp ArztR XI Rn. 132; Wenzel/*Müller* Rn. 1512.
275 *Frahm/Nixdorf/Walter* ArztHaftR Rn. 163.
276 Vgl. BT-Drs. 17/10488, 30; anders noch der RefE, S. 38, der zur Begründung der Kausalitätsvermutung auch an die mangelnde Eignung angeknüpft hatte.

lagerung oder dem Transport von Patienten sowie sonstigen von Pflegepersonal begleiteten oder betreuten Bewegungs- oder Transportmaßnahmen sicher zu vermeiden.[277] In jedem Fall muss ein Sturz des Patienten in diesem Zusammenhang ausgeschlossen werden. Der Bereich des voll beherrschbaren Risikos ist daher bspw. betroffen, wenn der Patient bei einer konkreten Betreuungsmaßnahme in Begleitung einer Pflegekraft stürzt,[278] wenn der Patient beim begleiteten Transport aus dem Rollstuhl[279] oder im Zusammenhang mit einer Untersuchungsmaßnahme von der Untersuchungsliege fällt.[280] Dabei kommt es nicht darauf an, ob der Sturz auf mangelnder Aufmerksamkeit des Pflegepersonals oder der mangelnden Eignung des eingesetzten Geräts beruht. Kommt es in diesen Fällen zum Sturz des Patienten, muss der Krankenhausträger darlegen und beweisen, dass der Vorfall nicht auf einem Fehlverhalten des Pflegepersonals beruht. Anderes gilt allerdings, wenn der Patient ohne Einwirkung des Pflegepersonals nicht im Rahmen einer begleiteten Transport- oder sonstigen Bewegungsmaßnahme, sondern ohne Beteiligung des Pflegepersonals stürzt, während des Schlafes ohne Anlass aus dem Bett fällt oder beim unbegleiteten Gang im Patientenzimmer oder auf dem Klinikflur stürzt, weil dann der Bereich der vom Krankenhausträger voll beherrschbaren Risiken nicht mehr betroffen ist.[281]

123 Zu den voll beherrschbaren Risiken im Bereich der Organisation und Koordination des Krankenhausbetriebes können auch die sog. Lagerungsschäden zählen. Es obliegt dem Krankenhausträger und dem für die Operation verantwortlichen Arzt, die sorgfältige und richtige Lagerung des Patienten auf dem Operationstisch zu Beginn und während der Operation sicherzustellen. Kommt es daher intraoperativ zu Lagerungsschäden, obliegt es dem Krankenhausträger darzulegen und zu beweisen, dass der Lagerungsschaden nicht durch eine falsche Lagerung während der Operation oder ein Versagen technischer Geräte verursacht worden ist.[282] Er muss darlegen, dass die vorgenommene Lagerung den geltenden Lagerungsstandards entsprach.[283] Gelingt dies nicht, obliegt dem Krankenhausträger die Beweislast für die fehlende Ursächlichkeit der Lagerung für die eingetretene Schädigung. Etwas anderes gilt allerdings dann, wenn der Patient aufgrund körperlicher Anomalien oder anatomischer Besonderheiten – unerkannt – auch bei fehlerfreier Lagerung in besonderer Weise für vergleichbare Lage-

---

277 BGH NJW 1991, 2960 = VersR 1991, 1058 (Sturz vom Duschstuhl); BGH NJW 1991, 1540 = VersR 1991, 310 (Umlagerung in ein Krankenbett); *Frahm/Nixdorf/Walter* ArztHaftR Rn. 159; *Gehrlein* Arzthaftungspflicht Rn. B 133; *Laufs/Kern* in Laufs/Kern ArztR-HdB § 109 Rn. 18; *Martis/Winkhart* ArztHaftR V 360; Wenzel/*Müller* Rn. 1509; zum Sturz im Pflegeheim BGH NJW 2005, 1937 = VersR 2005, 894 (vernünftiger und vertretbarer Aufwand geschuldet, keine Beweislastumkehr).

278 OLG Schleswig NJW-RR 2013, 31; OLG Düsseldorf NJW-RR 2012, 716 (jeweils begleiteter Gang zur Toilette); OLG Hamm MDR 2012, 153 (Sturz aus dem Sessel beim Bettenmachen durch das Pflegepersonal).

279 KG Berlin MedR 2006, 182 = VersR 2006, 1366.

280 OLG Hamm MedR 2002, 196 (defekte Behandlungsliege); OLG München VersR 1997, 1491.

281 OLG Schleswig NJW-RR 2004, 237; *Gehrlein* Arzthaftungspflicht Rn. B 133; *Martis/Winkhart* ArztHaftR V 372.

282 BGH NJW-RR 2011, 1558 = VersR 2011, 1462; NJW 1995, 1618 = VersR 1995, 539; NJW 1984, 1403 = VersR 1984, 386; *Deutsch/Spickhoff* MedizinR Rn. 797; *Frahm/Nixdorf/Walter* ArztHaftR Rn. 161; *Gehrlein* Arzthaftungspflicht Rn. B 131; *Geiß/Greiner* ArzthaftpflichtR Rn. B 244; *Laufs/Kern* in Laufs/Kern ArztR-HdB § 109 Rn. 12; *Katzenmeier* in Laufs/Katzenmeier/Lipp ArztR XI Rn. 130; *Martis/Winkhart* ArztHaftR V 350; *Pauge* ArztHaftR Rn. 566; MAH MedizinR/*Terbille* § 1 Rn. 596; Wenzel/*Müller* Rn. 1509.

283 OLG Hamm MedR 2011, 240; *Martis/Winkhart* ArztHaftR V 357a f.

rungsschäden schadensanfällig ist.[284] Auch die Verhinderung eines Dekubitus stellt grundsätzlich kein voll beherrschbares Risiko dar.[285]

Zu den voll beherrschbaren Risiken gehört auch die vollständige Entfernung von Operationsbesteck oder sonstigen Hilfsmitteln – zB eines Tupfers – aus dem operierten Bereich vor Abschluss der Operation.[286] **124**

Der Bereich des voll beherrschbaren Risikos ist schließlich bei dem Komplex der technisch apparativen Ausstattung angesprochen. Der Arzt bzw. der Krankenhausträger muss Risiken, die aus der mangelnden Funktionsfähigkeit bzw. Fehlerhaftigkeit eines eingesetzten technischen Gerätes herrühren, durch ordnungsgemäße Organisation bei der Anschaffung, Wartung, Kontrolle und ggf. Aussonderung technischer Geräte beherrschen.[287] Deswegen obliegt der Behandlerseite die Beweislast für die Tatsache, dass der Einsatz eines nicht ordnungsgemäß funktionsfähigen Gerätes durch das eingeschaltete Personal nicht pflichtwidrig und daher behandlungsfehlerhaft gewesen ist. Erforderlich ist dafür der Nachweis, dass sich das Gerät in einem ordnungsgemäßen Zustand befunden hat bzw., der Fehler nicht erkennbar war und das Gerät ordnungsgemäß gewartet und bedient worden ist.[288] Diese Grundsätze gelten gleichermaßen für den Einsatz unsteriler Injektions- und Infusionshilfsmittel oder von verunreinigten Desinfektionsmitteln.[289] **125**

Besondere Probleme treten im Zusammenhang mit der Einhaltung von Hygienevorschriften auf. Grundsätzlich liegt ein voll beherrschbares Risiko auf jeden Fall dann vor, wenn Bereiche betroffen sind, in denen eine Keimübertragung sicher ausschließbar ist, es sich also um einen hygienisch beherrschbaren Bereich handelt.[290] Angesprochen ist der durch sachgerechte Organisation und Koordination des Behandlungsgeschehens sicher beherrschbare Praxis- oder Klinikbetrieb, während Risiken, die vorrangig aus den Eigenheiten des menschlichen Organismus erwachsen oder zum Kernbereich des ärztlichen Handelns gehören, für den Arzt gerade nicht voll beherrschbar sind.[291] Eine volle Beherrschbarkeit ist bei der Reinheit des benutzten Desinfektionsmittels, der Sterilität der verabreichten Desinfektionsflüssigkeit oder bei einer Keimübertragung durch eine assistierende kontaminierte Arzthelferin im Zusammenhang mit einer Verabreichung einer Spritze gegeben, weil die Infektions- **126**

284 BGH NJW 1995, 1618 = VersR 1995, 539; OLG Schleswig SchlHA 2004, 123; OLG Düsseldorf VersR 1992, 1230; *Deutsch/Spickhoff* MedizinR Rn. 797; *Frahm/Nixdorf/Walter* ArztHaftR Rn. 162; *Gehrlein* Arzthaftungspflicht Rn. B 131; *Laufs/Kern* in Laufs/Kern ArztR-HdB § 109 Rn. 13; *Martis/Winkhart* ArztHaftR V 353–V 353c; *Pauge* ArztHaftR Rn. 566.
285 OLG Braunschweig NJW-RR 2009, 1109 = MedR 2009, 733; *Geiß/Greiner* ArzthaftpflichtR Rn. B 244; *Martis/Winkhart* ArztHaftR V 335.
286 BGH NJW 2007, 1682 = VersR 2007, 847; OLG München GesR 2013, 620; OLG Zweibrücken NJW-RR 2009, 1110 = GesR 2009, 88 (15 cm langer Kirschnerdraht); *Frahm/Nixdorf/Walter* ArztHaftR Rn. 161; *Laufs/Kern* in Laufs/Kern ArztR-HdB § 109 Rn. 15, 16.
287 BGH VersR 2007, 1416; NJW 1994, 1594 = VersR 1994, 562; *Frahm/Nixdorf/Walter* ArztHaftR Rn. 157; *Gehrlein* Arzthaftungspflicht Rn. B 132; *Geiß/Greiner* ArzthaftpflichtR Rn. B 243; *Laufs/Kern* in Laufs/Kern ArztR-HdB § 109 Rn. 7; *Martis/Winkhart* ArztHaftR V 320f.; MAH MedizinR/*Terbille* § 1 Rn. 592.
288 BGH VersR 2007, 1416; dazu *Martis/Winkhart* ArztHaftR V 323.
289 BGH NJW 1982, 699 = BGH VersR 1982, 161 (unsterile Infusion); NJW 1978, 1683 = VersR 1978, 764; *Frahm/Nixdorf/Walter* ArztHaftR Rn. 157; *Laufs/Kern* in Laufs/Kern ArztR-HdB § 109 Rn. 10, 11; *Martis/Winkhart* ArztHaftR V 398.
290 BGH Beschl. v. 16.8.2016 – VI ZR 634/15 = NJW-RR 2016, 1360 Rn. 6; NJW 2007, 1682 = VersR 2007, 847; NJW 1991, 1541 = VersR 1991, 467; *Frahm/Nixdorf/Walter* ArztHaftR Rn. 158; *Gehrlein* Arzthaftungspflicht Rn. B 130; *Geiß/Greiner* ArzthaftpflichtR Rn. B 245; *Martis/Winkhart* ArztHaftR 905 V 399; *Stöhr* GesR 2015, 257; *Anschlag* MedR 2009, 513.
291 BGH NJW 2007, 1682 = VersR 2007, 847.

quelle feststeht und eine Infektion aus dieser Quelle sicher ausgeschlossen werden kann,[292] nicht aber bei einer Keimübertragung durch ein (nicht festgestelltes) Mitglied eines Operationsteams anlässlich einer hygienisch nicht voll beherrschbaren Operation.[293] Steht die Infektionsquelle nicht fest und kann die mögliche Infektionsquelle auch nicht auf den hygienisch voll beherrschbaren Bereich begrenzt werden, scheidet die Annahme einer Beweislastumkehr aufgrund Vorliegens eines voll beherrschbaren Risikos aus.[294] Entsprechen die Hygiene-Vorsorgemaßnahmen in dem Krankenhaus den Empfehlungen der Kommission für Krankenhaushygiene und Infektionsprävention beim Robert-Koch-Institut (KRINKO) und der Kommission Antiinfektiva, Resistenz und Therapie am Robert-Koch-Institut (Kommission ART) kann sich der Krankenhausträger auf die Vermutungsregel des § 23 Abs. 3 S. 2 IfSG berufen, wonach die Einhaltung des Standes der medizinischen Wissenschaft vermutet wird.[295] In diesem Fall ist es Sache des Patienten, einen auf angeblich mangelnder Hygiene beruhenden Behandlungsfehler und dessen Ursächlichkeit für den eingetretenen Gesundheitsschaden konkret zu beweisen. Selbst wenn der Krankenhausträger vollständig oder zum Teil von den Empfehlungen abgewichen ist, folgt hieraus nicht eine Vermutung für eine Standardunterschreitung.[296] Allerdings hat der Krankenhausträger aufgrund der ihm obliegenden sekundären Darlegungslast in diesen Fallkonstellationen seine Hygieneorganisation, insbesondere die veranlassten internen Qualitätssicherungsmaßnahmen, den angewandten Hygieneplan und die sich hierauf beziehenden Arbeitsanweisungen im Einzelnen darzulegen.[297]

127   Liegen die Voraussetzungen für eine Beweislastumkehr vor, muss der Arzt den Vollbeweis führen, dass ein schuldhafter Behandlungsfehler nicht vorliegt. Dies ist in den Konstellationen eines voll beherrschbaren Risikos nach Verwirklichung eines Primärschadens nur in den seltensten Fällen denkbar.

c) Der grobe Behandlungsfehler

128   Den wohl wichtigsten Komplex der Beweiserleichterung bzw. Beweislastumkehr bildet der Bereich der groben Behandlungsfehler.

aa) Die Voraussetzungen eines groben Behandlungsfehlers

129   Das Vorliegen eines groben Behandlungsfehlers führt regelmäßig zur Umkehr der Beweislast hinsichtlich der haftungsbegründenden Kausalität, also des Ursachenzusammenhanges zwischen einem festgestellten groben Behandlungsfehler und dem eingetretenen Primärschaden.[298] Dies gilt sowohl für die vertragliche Haftung – nunmehr in

292   BGH v. 16.8.2016 – VI ZR 634/15 = NJW-RR 2016, 1360 Rn. 6; NJW 2007, 1682 = VersR 2007, 847; dazu *Deutsch/Spickhoff* MedizinR Rn. 797; *Laufs/Kern* in Laufs/Kern ArztR-HdB § 109 Rn. 17; *Jungbecker* VersR 2007, 848.
293   BGH NJW 1991, 1541 = VersR 1991, 467.
294   BGH Beschl. v. 16.8.2016 – VI ZR 634/15 = NJW-RR 2016, 1360 Rn. 6; NJW 1999, 3408 = VersR 1999, 1282; *Gehrlein* Arzthaftungspflicht Rn. B 130; *Geiß/Greiner* ArzthaftpflichtR Rn. B 245; *Martis/Winkhart* ArztHaftR V 381; Spickhoff/*Greiner* BGB §§ 823 ff. Rn. 164.
295   *Lorz* NJW 2011, 3397; *Stollmann* GesR 2011, 705.
296   *Frahm/Nixdorf/Walter* ArztHaftR Rn. 158 mit Fn. 426; anders *Schultze-Zeu/Riehn* VersR 2012, 1208.
297   BGH Beschl. v. 16.8.2016 – VI ZR 634/15 = NJW-RR 2016, 1360 Rn. 14.
298   BGH NJW 2012, 2653 = VersR 2012, 1176; NJW 2012, 227 = VersR 2012, 362; NJW 2011, 3442 = VersR 2011, 1569; NJW 2008, 1381 = VersR 2008, 644; *Deutsch/Spickhoff* MedizinR Rn. 776; *Frahm/Nixdorf/Walter* ArztHaftR Rn. 138; *Gehrlein* Arzthaftungspflicht Rn. B 140; *Geiß/Greiner* ArzthaftpflichtR Rn. B 251, B 257; *Martis/Winkhart* ArztHaftR G 103, G 119; Spickhoff/*Greiner* BGB §§ 823 ff. Rn. 168; *Pauge* ArztHaftR Rn. 575; Spickhoff/*Spickhoff* BGB § 630h Rn. 15; Wenzel/*Müller* Rn. 1518, 1525; *Dopheide* VersR 2007, 1050.

§ 630h Abs. 5 S. 1 BGB bestätigt – als auch für deliktsrechtliche Haftungsansprüche. Eine Beweislastumkehr aufgrund eines groben Behandlungsfehlers kann nicht nur im Arzt-Patienten-Verhältnis, sondern auch beim Gesamtschuldnerausgleich zwischen Erst- und Zweitschädiger eintreten.[299]

Die Rechtfertigung für die Beweislastumkehr beruht nicht auf einer Sanktion für ein **130** besonders hohes Maß ärztlichen Fehlverhaltens und folgt auch nicht aus dem Gebot der prozessrechtlichen Waffengleichheit, sondern stellt einen Ausgleich zugunsten des Patienten dafür dar, dass die Aufklärung des Behandlungsgeschehens wegen des Gewichts des Behandlungsfehlers und seiner Bedeutung für die Behandlung in besonderer Weise erschwert worden ist, sodass der Arzt dem Patienten nach Treu und Glauben den vollen Kausalitätsbeweis nicht zumuten kann.[300] Maßgeblich ist danach die durch das Gewicht des Behandlungsfehlers verursachte erhöhte Unsicherheit über den Ursachenzusammenhang und damit die Verschlechterung der Beweissituation des Patienten. Dies rechtfertigt es auch, bei einer unverhältnismäßigen Häufung einfacher Fehler bei einer Gesamtbetrachtung des Behandlungsgeschehens vom Vorliegen eines groben Behandlungsfehlers auszugehen.[301] Die Bewertung des ärztlichen Verhaltens als grob fehlerhaft stellt eine juristische Entscheidung dar, die allerdings nur auf der Grundlage medizinisch sachverständiger Beurteilung erfolgen kann und deshalb grds. nicht ohne Einholung eines medizinischen Sachverständigengutachtens und gestützt auf die medizinische Bewertung des Behandlungsgeschehens in diesem Gutachten erfolgen darf.[302]

Ein Behandlungsfehler ist dann als grob einzuordnen, wenn ein eindeutiger Verstoß **131** gegen bewährte ärztliche Behandlungsregeln oder gesicherte medizinische Erkenntnisse vorliegt, der nach den Umständen des konkreten Falles aus objektiver Sicht nicht mehr verständlich erscheint, weil er einem Arzt schlechterdings nicht unterlaufen darf.[303] Erforderlich sind danach zwei Komponenten. Zum einen muss ein eindeutiger Verstoß gegen bewährte ärztliche Behandlungsregeln oder gesicherte medizinische Erkenntnisse vorliegen. Es muss daher ein Behandlungsfehler von objektiv erheblichem Gewicht gegeben sein, wobei auch die Häufung mehrerer einfacher Behandlungsfehler in der Gesamtbetrachtung des Behandlungsgeschehens zu einem groben

299 BGH NJW-RR 2010, 883 = VersR 2009, 1668.
300 BGH NJW 2016, 2502 = VersR 2016, 1002 (zur Tierarzthaftung); BGH NJW 2012, 2653 = VersR 2011, 1176; NJW 2012, 227 = VersR 2012, 362; NJW 2011, 3442 = VersR 2011, 1569; NJW-RR 2010, 883 = VersR 2009, 1668; *Deutsch/Spickhoff* MedizinR Rn. 778; *Frahm/Nixdorf/Walter* ArztHaftR Rn. 131; *Gehrlein* Arzthaftungspflicht Rn. B 137; *Geiß/Greiner* ArzthaftpflichtR Rn. B 251; *Martis/Winkhart* ArztHaftR G 139; *Laufs/Kern* in Laufs/Kern ArztR-HdB § 110 Rn. 6; *Pauge* ArztHaftR Rn. 575; Wenzel/*Müller* Rn. 1521; *v. Pentz* MedR 2011, 222.
301 BGH NJW 2011, 3442 = VersR 2011, 1569; NJW 2001, 2792 = VersR 2001, 1030; NJW 2000, 2741 = VersR 2000, 1146; *Frahm/Nixdorf/Walter* ArztHaftR Rn. 132; *Gehrlein* Arzthaftungspflicht Rn. B 138; *Geiß/Greiner* ArzthaftpflichtR Rn. B 253; *Martis/Winkhart* ArztHaftR G 191; *Pauge* ArztHaftR Rn. 588; Spickhoff/*Greiner* BGB §§ 823 ff. Rn. 169; *Gehrlein* VersR 2004, 1488; *Müller* MedR 2001, 487.
302 So zuletzt BGH NJW 2016, 563 = VersR 2016, 260; NJW 2015, 1601 = VersR 2015, 712; NJW 2011, 2508 = VersR 2011, 1148.
303 BGH NJW 2016, 563 = VersR 2016, 260; NJW 2012, 227 = VersR 2012, 362; NJW 2011, 3442 = VersR 2011, 1569; NJW-RR 2010, 711 = VersR 2010, 72; NJW 2009, 2820 = VersR 2009, 1267; NJW 2004, 2011 = VersR 2004, 909; NJW 2001, 2795 = VersR 2001, 1116; *Deutsch/Spickhoff* MedizinR Rn. 779; *Frahm/Nixdorf/Walter* ArztHaftR Rn. 132; *Gehrlein* Arzthaftungspflicht Rn. B 137; *Geiß/Greiner* ArzthaftpflichtR Rn. B 252; *Laufs/Kern* in Laufs/Kern ArztR-HdB § 110 Rn. 11; *Martis/Winkhart* ArztHaftR G 161; *Pauge* ArztHaftR Rn. 586; Wenzel/*Müller* Rn. 1530 ff.; *Gehrlein* VersR 2004, 1488; *Hausch* VersR 2002, 671.

Behandlungsfehler führen kann.[304] Als zweites muss das Maß der Vorwerfbarkeit in einer Weise erheblich gesteigert sind, dass das Fehlverhalten aus objektiver Sicht nicht mehr verständlich erscheint, weil es einem Arzt des entsprechenden Faches schlechterdings nicht unterlaufen darf. Nach dem im Arzthaftungsrecht geltenden objektiven Fahrlässigkeitsbegriff kommt es nicht auf die subjektiven Fähigkeiten des konkreten Arztes an.[305] Nicht erforderlich ist demgegenüber, dass die Aufklärung des Behandlungsverlaufes durch den Fehler tatsächlich erschwert worden ist.[306] Entsprechend den Voraussetzungen eines groben Behandlungsfehlers kann der Arzt das Vorliegen eines groben Behandlungsfehlers nicht mit auf ihn bezogenen subjektiven Gründen, die für sich genommen nur ein leichtes persönliches Verschulden begründen würden, in Abrede stellen. Umgekehrt führt das Vorliegen eines gesteigerten Sonderwissens hinsichtlich neuartiger Medikamente oder Behandlungsmethoden nicht zu einer Aufwertung eines einfachen Behandlungsfehlers zum groben Behandlungsfehler.[307] Ein grober Behandlungsfehler scheidet danach aus, wenn das Vorgehen des Arztes zwar als behandlungsfehlerhaft festgestellt wird, aber aus medizinischer Sicht nachvollziehbar und medizinisch verständlich ist.

bb) Anwendungsbereiche und Rechtsfolgen eines groben Behandlungsfehlers

132 Grobe Behandlungsfehler können grundsätzlich in allen Bereichen ärztlicher Tätigkeit auftreten. Dies gilt naturgemäß in erster Linie für grobe Fehler im Zusammenhang mit der Therapiewahl oder der Therapiedurchführung, aber auch für die therapeutische Sicherungsaufklärung.[308] Grobe Fehler können auch im Bereich der Organisations- und Koordinationsfehler auftreten.[309] Die Nichterhebung von Diagnostik- und Kontrollbefunden ist dann grob fehlerhaft, wenn es in erheblichem Ausmaß an der Erhebung einfacher, grundlegender Diagnose- und Kontrollbefunde fehlt.[310] Im Bereich der Diagnosefehler kommt ein grober Behandlungsfehler nur bei fundamentalen Diagnoseirrtümern in Betracht, wobei die Schwelle, von der ab ein Diagnoseirrtum zur Umkehr der Beweislast hinsichtlich der haftungsbegründenden Kausalität führen kann, hoch anzusetzen ist.[311] Die Schwelle zum groben Behandlungsfehler ist überschritten,

---

304 BGH NJW 2011, 342 = VersR 2011, 1569; BeckRS 2009, 19514 = VersR 2009, 1406; NJW 2001, 2792 = VersR 2001, 1030; Spickhoff/*Greiner* BGB §§ 823 ff. Rn. 173.

305 BGH NJW 2003, 2311 = VersR 2003, 1128; NJW 1992, 754 = VersR 1992, 238; *Deutsch/Spickhoff* MedizinR Rn. 779; *Frahm/Nixdorf/Walter* ArztHaftR Rn. 132; *Gehrlein* Arzthaftungspflicht Rn. B 138; *Geiß/Greiner* ArzthaftpflichtR Rn. B 252; *Laufs/Kern* in Laufs/Kern ArztR-HdB § 110 Rn. 11; *Pauge* ArztHaftR Rn. 586.

306 BGH NJW 2012, 2653 = VersR 2012, 1176; *Geiß/Greiner* ArzthaftpflichtR Rn. B 252; *Frahm/Nixdorf/Walter* ArztHaftR Rn. 133.

307 *Gehrlein* Arzthaftungspflicht Rn. B 138.

308 BGH NJW 2009, 2820 = VersR 2009, 1267; *Laufs/Kern* in Laufs/Kern ArztR-HdB § 110 Rn. 27–28; Spickhoff/*Greiner* BGB §§ 823 ff. Rn. 190; Wenzel/*Müller* Rn. 1523.

309 Dazu zB *Laufs/Kern* in Laufs/Kern ArztR-HdB § 110 Rn. 26, 29; *Martis/Winkhart* ArztHaftR G 305.

310 BGH NJW 2013, 3094 = VersR 2013, 1174; NJW 2012, 227 = VersR 2012, 362; NJW 2011, 2508 = VersR 2011, 1148; NJW-RR 2010, 833 = VersR 2010, 115; NJW 2004, 1871 = VersR 2004, 790 (zur unterlassenen Herzschrittmacherkontrolle); BGH NJW 1995, 778 = VersR 1995, 46 (zur unterlassenen vaginalen Untersuchung); *Frahm/Nixdorf/Walter* ArztHaftR Rn. 132; *Gehrlein* Arzthaftungspflicht Rn. B 151; *Geiß/Greiner* ArzthaftpflichtR Rn. B 266–B 272c; *Laufs/Kern* in Laufs/Kern ArztR-HdB § 110 Rn. 17; *Martis/Winkhart* ArztHaftR G 299; *Pauge* ArztHaftR Rn. 593; Spickhoff/*Greiner* BGB §§ 823 ff. Rn. 188.

311 BGH NJW 2011, 1672 = VersR 2011, 400; NJW-RR 2007, 744 = VersR 2007, 541; *Gehrlein* Arzthaftungspflicht Rn. B 138; *Geiß/Greiner* ArzthaftpflichtR Rn. B 265; *Laufs/Kern* in Laufs/Kern ArztR-HdB § 110 Rn. 14; *Martis/Winkhart* ArztHaftR G 298; *Pauge* ArztHaftR Rn. 590; Wenzel/*Müller* Rn. 1524.

wenn die Kenntnis der richtigen Diagnose grundlegend ist und schon von einem Examenskandidaten erwartet werden kann, weil sie zum medizinischen Basiswissen eines Arztes derselben Fachrichtung gehört, wenn die von dem Arzt angenommene Ursache so unwahrscheinlich ist, dass ein massiver Verstoß gegen medizinische Erkenntnisse und Erfahrungen zu bejahen ist oder wenn ein von einem zugezogenen Arzt ausdrücklich mitgeteilter Befund ignoriert wird.[312] Ein grober Diagnosefehler kommt nur in seltenen Ausnahmefällen in Betracht.

Der grobe Behandlungsfehler führt grundsätzlich zur Beweislastumkehr hinsichtlich **133** der haftungsbegründenden Kausalität.[313] Demgegenüber wirkt sich der grobe Behandlungsfehler auf die haftungsausfüllende Kausalität generell nicht aus. Nur ausnahmsweise kann dies anders sein, wenn die eingetretenen Sekundärschäden typische Folge des Primärschadens sind und die als grob zu bewertende Missachtung der ärztlichen Verhaltensregeln gerade auch einer solchen Schädigung vorbeugen sollten.[314] Hinsichtlich der Ursächlichkeit des Behandlungsfehlers für andere Sekundärschäden scheidet eine Beweislastumkehr bei groben Behandlungsfehlern aus. Gleiches gilt generell auch für Vermögensschäden des Patienten. In diesen Bereichen ist die haftungsausfüllende Kausalität grundsätzlich vom Patienten zu beweisen, wobei allerdings der gemilderte Beweismaßstab des § 287 Abs. 1 ZPO – sog. Freibeweis – gilt.

cc) Ausnahmen von der Beweislastumkehr

Trotz Vorliegens eines groben Behandlungsfehlers entfällt in Ausnahmefällen eine Be- **134** weislastumkehr hinsichtlich der haftungsbegründenden Kausalität. Die in der Rechtsprechung entwickelten Ausnahmekonstellationen bleiben trotz des Umstandes, dass sie in § 630h Abs. 5 S. 1 BGB nicht erwähnt sind, auch nach Inkrafttreten des Patientenrechtegesetzes anwendbar.

Dies gilt zunächst für die Fälle, in denen sich gerade nicht dasjenige Risiko verwirk- **135** licht hat, dessen Nichtbeachtung den Behandlungsfehler als grob erscheinen lässt. Erfasst sind hiervon Fallkonstellationen, in denen zwar ein grober Behandlungsfehler vorgekommen ist, das eingetretene Risiko aber von einem anderen, abgrenzbaren Umstand herrührt, sodass der grobe Behandlungsfehler das Risikospektrum für den Patienten nicht verändert hat.[315]

Die Beweislastumkehr wegen eines groben Behandlungsfehlers setzt weiter voraus, **136** dass der grobe Behandlungsfehler im konkreten Einzelfall generell geeignet war, den tatsächlich eingetretenen Primärschaden zu verursachen. Nur dann kann nämlich angenommen werden, dass durch den groben Behandlungsfehler die Aufklärbarkeit der Ursächlichkeit in einer Weise zulasten des Patienten verschoben wurde, dass eine Um-

---

312 So *Geiß/Greiner* ArzthaftpflichtR Rn. B 265 mwN; Spickhoff/*Greiner* BGB §§ 823 ff. Rn. 187.
313 BGH NJW 2012, 2653 = VersR 2012, 1176; NJW 2012, 227 = VersR 2012, 362; NJW 2011, 3442 = VersR 2011, 1569; NJW 2008, 1381 = VersR 2008, 644; NJW 2005, 427 = VersR 2005, 228; *Geiß/Greiner* ArzthaftpflichtR Rn. B 262; Spickhoff/*Greiner* BGB §§ 823 ff. Rn. 179; *Wenzel/ Müller* Rn. 1518, 1525.
314 BGH NJW 2014, 688 = VersR 2014, 247; NJW 2013, 3094 = VersR 2013, 1174; NJW 2008, 1381 = VersR 2008, 644; NJW 2005, 427 = VersR 2005, 228; NJW 1988, 2948 = VersR 1989, 145; NJW 1978, 1683 = VersR 1978, 764; *Deutsch/Spickhoff* MedizinR Rn. 791; *Frahm/Nixdorf/Walter* ArzthaftR Rn. 138; *Gehrlein* Arzthaftungspflicht Rn. B 146; *Geiß/Greiner* ArzthaftpflichtR Rn. B 263; *Laufs/Kern* in Laufs/Kern ArztR-HdB § 110 Rn. 31; *Martis/Winkhart* ArztHaftR G 138.
315 BGH NJW 2012, 2653 = VersR 2012, 1176; NJW 2005, 427 = VersR 2005, 228; NJW 1981, 2513 = VersR 1981, 954; *Frahm/Nixdorf/Walter* ArztHaftR Rn. 136; *Gehrlein* Arzthaftungspflicht Rn. B 142; *Geiß/Greiner* ArzthaftpflichtR Rn. B 257; *Martis/Winkhart* ArztHaftR G 284; Spickhoff/ *Greiner* BGB §§ 823 ff. Rn. 185.

kehr der Beweislast gerechtfertigt ist. Die Beweislastumkehr erfordert nicht, dass die Schadensverursachung nahe liegt oder wahrscheinlich ist, sondern entfällt erst dann, wenn der haftungsbegründende Ursachenzusammenhang zwischen dem Behandlungsfehler und dem Primärschaden äußerst[316] unwahrscheinlich[317] ist.

137 In gleicher Weise entfällt die Beweislastumkehr nach einem groben Behandlungsfehler auch nicht aufgrund des Umstandes, dass der Behandlungsfehler nur eine von mehreren Mitursachen für den eingetretenen Primärschaden bildet, also neben den Behandlungsfehler weitere Schadensursachen treten, da die Mitursächlichkeit für die Schadenszurechnung ausreichend ist. Gleiches gilt, wenn insoweit eine Ursachenabgrenzung nicht möglich ist, solange nur der grobe Behandlungsfehler an der Schadensverursachung mitgewirkt haben kann und die Mitursächlichkeit nicht äußerst unwahrscheinlich ist.[318] In Fällen der sog. Teilkausalität, in denen der grobe Behandlungsfehler einerseits und ein anderer, dem Arzt nicht als grob fehlerhaft vorzuwerfender Umstand zu abgrenzbaren Schadensanteilen geführt hat, bezüglich des abgrenzbaren Schadensanteils die Ursächlichkeit des groben Behandlungsfehlers mithin äußerst unwahrscheinlich ist, kommt eine Beweislastumkehr wegen des groben Behandlungsfehlers nur im Hinblick auf den dem groben Fehler zuzuordnenden abgrenzbaren Schadensanteil in Betracht.[319]

138 Der Anwendung einer Beweislastumkehr nach einem groben Behandlungsfehler kann schließlich ein eigenes Fehlverhalten des Patienten selbst entgegenstehen. Dies ist denkbar, wenn der Patient gegen ihm erteilte Anweisungen des Arztes verstößt, das Krankenhaus gegen ausdrücklichen ärztlichen Rat nach entsprechender hiervon abratender Belehrung verlässt oder eine empfohlene Therapie oder sonstige Behandlung nicht durchführen lässt[320] und dadurch die Durchführung der gebotenen Behandlung

---

316 Synonym werden in der Rechtsprechung die Formulierungen »völlig unwahrscheinlich« – OLG Düsseldorf VersR 2005, 117 –, »gänzlich unwahrscheinlich« – OLG Düsseldorf VersR 2005, 117 –, »äußerst unwahrscheinlich« – BGH NJW 2011, 2508 = VersR 2011, 1148; NJW 2004, 2011 = VersR 2004, 909 –; oder »im hohen Maß unwahrscheinlich« – BGH NJW 1995, 778 = VersR 1995, 46; OLG Düsseldorf NJW-RR 2003, 1333 = VersR 2003, 1310 – verwandt, wobei eine Eintrittswahrscheinlichkeit von 10% diese Anforderungen noch nicht erfüllt, vgl. OLG Hamm VersR 2004, 1321; OLG Brandenburg NJW-RR 2003, 1383 = VersR 2004, 1050; OLG Karlsruhe OLGR 2006, 617; *Pauge* ArztHaftR Rn. 582.

317 BGH NJW 2011, 3441 = VersR 2011, 1400; NJW 2011, 2508 = VersR 2011, 1148; NJW-RR 2010, 833 = VersR 2010, 115; NJW 2008, 1304 = VersR 2008, 490; NJW 2005, 427 = VersR 2005, 228; *Deutsch/Spickhoff* MedizinR Rn. 777; *Frahm/Nixdorf/Walter* ArztHaftR Rn. 136; *Gehrlein* Arzthaftungspflicht Rn. B 141; *Geiß/Greiner* ArztHaftpflichtR Rn. B 258; *Laufs/Kern* in Laufs/Kern ArztR-HdB Rn. 32; *Martis/Winkhart* ArztHaftR G 255; *Pauge* ArztHaftR Rn. 582; Wenzel/*Müller* Rn. 135.

318 BGH NJW-RR 2010, 1331 = VersR 2010, 627; NJW 2005, 2072 = VersR 2005, 942; NJW 2000, 3423 = VersR 2000, 1282; NJW 1997, 796 = VersR 1997, 362; *Deutsch/Spickhoff* MedizinR Rn. 777; *Frahm/Nixdorf/Walter* ArztHaftR Rn. 136; *Gehrlein* Arzthaftungspflicht Rn. B 141; *Geiß/Greiner* ArztHaftpflichtR Rn. B 260; *Martis/Winkhart* ArztHaftR G 223; *Pauge* ArztHaftR Rn. 583; Spickhoff/*Greiner* BGB §§ 823 ff. Rn. 181.

319 BGH NJW 2005, 2072 = VersR 2005, 942; NJW 2000, 2737 = VersR 2000, 1146; NJW 1997, 796 = VersR 1997, 362; *Frahm/Nixdorf/Walter* ArztHaftR Rn. 136; *Gehrlein* Arzthaftungspflicht Rn. B 142; *Geiß/Greiner* ArztHaftpflichtR Rn. B 260; *Martis/Winkhart* ArztHaftR G 228; *Pauge* ArztHaftR Rn. 584; Wenzel/*Müller* Rn. 1539; *Müller* MedR 2001, 487.

320 OLG Saarbrücken GesR 2015, 364 (zur Versäumung von Kontrollterminen); KG Berlin VersR 1991, 928 (Missachtung einer Anweisung zum Ruhigstellen: »grober Behandlungsfehler des Patienten gegen sich selbst«); BGH NJW 1981, 2513 = VersR 1981, 954 (Verlassen des Krankenhauses gegen ärztlichen Rat); OLG Braunschweig VersR 1998, 459 (Missachtung der Empfehlung zum Aufsuchen eines Krankenhauses); BGH NJW 1997, 798 = VersR 1997, 315 (Verzögerung einer dringenden Kaiserschnittentbindung durch die Schwangere); Wenzel/*Müller* Rn. 1538.

Nebendahl

verhindert. Voraussetzung ist allerdings, dass der Arzt den Patienten im Rahmen der gebotenen therapeutischen Sicherungsaufklärung über die Notwendigkeit der Fortsetzung der Behandlung informiert hat. Ein die Beweislastumkehr nach einem groben Behandlungsfehler hinderndes Verhalten kann auch darin liegen, dass ein medizinisch kundiger Patient den Arzt über relevante Tatsachen täuscht oder diese ungefragt verschweigt.[321] Letzteres gilt allerdings nur in Ausnahmefällen, wenn dem Patienten erkennbar war, dass die Mitteilung dieser Tatsachen für die Behandlung von Bedeutung ist. Ansonsten ist es Pflicht des Arztes, die für die Behandlung wesentlichen Tatsachen im Rahmen der Anamnese zu erheben. Auch auf medizinische Wertungen des Patienten darf sich der Arzt nicht ungeprüft verlassen. Entscheidend für die Versagung der Beweislastumkehr ist, dass der Patient durch sein Verhalten eine selbstständige Komponente gesetzt haben muss, die den Heilungserfolg vereitelt hat. In diesem Fall führt das Verhalten des Patienten in gleicher Weise wie der grobe Behandlungsfehler zu Unsicherheiten über die Aufklärbarkeit des Kausalverlaufes. Die zusätzlich entstandenen Unsicherheiten über die haftungsbegründende Kausalität sind dann nicht mehr allein dem durch den Arzt verursachten groben Behandlungsfehler zuzurechnen, sodass eine Umkehr der Beweislast nicht geboten ist.[322] Vielmehr bleibt es bei der Beweislast des Patienten. Für die durch das Verhalten des Patienten hervorgerufene Vereitelung einer selbstständigen Komponente für den Heilungserfolg ist der Arzt beweispflichtig.

Schließlich entfällt nach einem groben Behandlungsfehler die haftungsbegründende **139** Kausalität, wenn der Arzt den Vollbeweis der mangelnden Kausalität führt, er also nachweisen kann, dass die eingetretene Primärschädigung nicht auf dem groben Behandlungsfehler beruht.

d) Beweislastumkehr bei einfachen Befunderhebungsfehlern

Zu einer Beweislastumkehr kann es auch bei groben Befunderhebungsfehlern kom- **140** men. Ein grober Befunderhebungsfehler liegt erst dann vor, wenn der Arzt es im erheblichen Maß an der Erhebung einfacher, grundlegender und medizinisch gebotener Diagnose- und Kontrollbefunde hat fehlen lassen.[323] Ausnahmsweise kommt eine Beweislastumkehr hinsichtlich der haftungsbegründenden Kausalität allerdings auch bei einfachen Befunderhebungsfehlern in Betracht, wenn diese für sich genommen nicht das Maß des groben Behandlungsfehlers erreichen. Dies stellt für den Bereich der vertraglichen Haftung § 630h Abs. 5 S. 2 BGB klar. Die Grundsätze gelten genauso für die deliktische Haftung.

Unterlässt der Arzt fehlerhaft die Erhebung gebotener Befunde oder erhebt er sie ver- **141** zögert, verstößt er gegen die ihm obliegende Verpflichtung zur Befunderhebung oder Befundsicherung und nimmt dem Patienten gleichzeitig die Möglichkeit, den Kausalverlauf zwischen Behandlungsfehler und Primärschaden unter Verwertung der (nicht

---

321 *Laufs/Kern* in Laufs/Kern ArztR-HdB § 110 Rn. 30.
322 BGH NJW 2012, 2653 = VersR 2012, 1176; NJW-RR 2010, 883 = VersR 2009, 1668; NJW 2005, 427 = VersR 2005, 228; NJW 2004, 2011 = VersR 2004, 909; *Frahm/Nixdorf/Walter* ArztHaftR Rn. 135; *Gehrlein* Arzthaftungspflicht Rn. B 145; *Geiß/Greiner* ArzthaftpflichtR Rn. 261; *Martis/Winkhart* ArztHaftR G 275; *Pauge* ArztHaftR Rn. 576; Spickhoff/*Greiner* BGB §§ 823 ff. Rn. 182.
323 BGH NJW 2013, 3094 = VersR 2013, 1174; NJW 2012, 227 = VersR 2012, 362; NJW-RR 2010, 833 = VersR 2010, 115; NJW 2004, 1871 = VersR 2004, 790 (zur unterlassenen Herzschrittmacherkontrolle); BGH NJW 1995, 778 = VersR 1995, 46 (zur unterlassenen vaginalen Untersuchung); *Frahm/Nixdorf/Walter* ArztHaftR Rn. 132, 140; *Gehrlein* Arzthaftungspflicht Rn. B 151; *Geiß/Greiner* ArzthaftpflichtR Rn. B 266–B 272c; *Laufs/Kern* in Laufs/Kern ArztR-HdB § 110 Rn. 17; *Martis/Winkhart* ArztHaftR U 1; *Pauge* ArztHaftR Rn. 605, 608–610; Spickhoff/*Greiner* BGB §§ 823 ff. Rn. 188, 192; *Wenzel/Müller* Rn. 1550.

erhobenen) Befunde nachzuvollziehen. Auch der einfache Befunderhebungsfehler führt daher zu einer Verschlechterung der Beweisbarkeit des Kausalzusammenhanges zwischen Behandlungsfehler und Primärschaden zulasten des Patienten, die es unter bestimmten Voraussetzungen rechtfertigt, dem Patienten Beweiserleichterungen hinsichtlich der haftungsbegründenden Kausalität einzuräumen.[324] Eine derartige Beweiserleichterung ist verfassungsgemäß.[325]

142 Voraussetzung für das Eingreifen der Beweiserleichterung ist zunächst, dass der Arzt die Erhebung oder die Sicherung medizinisch gebotener Befunde pflichtwidrig unterlassen hat, insoweit mithin ein einfacher Behandlungsfehler vorliegt. Dies kommt auch dann in Betracht, wenn der Arzt vor einer Schönheitsoperation einer erkennbaren psychischen Störung der Patientin nicht nachgeht, bei deren Feststellung die Operation unterblieben wäre.[326] Eine pflichtwidrig unterlassene Befunderhebung liegt dann nicht vor, wenn der Arzt auf der Grundlage der vorhandenen Befundergebnisse irrtümlich aber nicht behandlungsfehlerhaft von einer objektiv fehlerhaften Diagnose ausgegangen ist, die die Erhebung von weiteren Befunden nicht erfordert hat, die bei zutreffender Diagnose zu erheben gewesen wären.[327] Die Einordnung des einfachen Diagnoseirrtums als nicht behandlungsfehlerhaft würde anderenfalls über den »Umweg« des Befunderhebungsfehlers zum Behandlungsfehler mutieren. Die Abgrenzung ist danach vorzunehmen, ob der Schwerpunkt auf dem nicht fehlerhaften Diagnoseirrtum oder dem behandlungsfehlerhaften Befunderhebungsfehler liegt.[328] Verkennt der Arzt die zutreffende Krankheitsursache, weil er medizinisch gebotene Befunde nicht erhebt, liegt der Schwerpunkt nicht bei der unzutreffenden Befundinterpretation, sondern bei der unterlassenen Befunderhebung, sodass in diesem Fall ein Befunderhebungsfehler anzunehmen ist.[329] Geht der Arzt demgegenüber von einer vertretbaren aber tatsächlich unrichtigen Diagnose aus, und erhebt er deshalb – auf der Grundlage dieser Diagnose – in nicht zu beanstandener Weise keine weiteren Befunde, liegt der Schwerpunkt der Vorwerfbarleit auf der fehlerhaften diagnostischen Einordnung.

143 Ein Befunderhebungsfehler liegt in Abgrenzung zu einem Fehler bei der therapeutischen Sicherungsaufklärung dann nicht vor, wenn der Arzt es unterläßt, den Patienten über die Dringlichkeit einer gebotenen Kontrollmaßnahme zu informieren und es deshalb nicht oder verspätet zu der gebotenen Befunderhebung kommt. Vorzuwerfen ist dem Arzt in diesem Fall die unterlassene Information und nicht der Umstand, dass die

---

324 BGH NJW 2011, 3441 = VersR 2011, 1400; NJW 2011, 2508 = VersR 2011, 1148; NJW-RR 2010, 833 = VersR 2010, 115; NJW 2005, 427 = VersR 2005, 228; NJW 2004, 2011 = VersR 2004, 909; NJW 1996, 1589 = VersR 1996, 633; *Frahm/Nixdorf/Walter* ArztHaftR Rn. 140; *Gehrlein* Arzthaftungspflicht Rn. B 156–B 157; *Geiß/Greiner* ArzthaftpflichtR Rn. B 296; *Martis/Winkhart* ArztHaftR U 7; *Pauge* ArztHaftR Rn. 607; Spickhoff/*Greiner* BGB §§ 823 ff. Rn. 193; Wenzel/ *Müller* Rn. 1546; *Schultze-Zeu* VersR 2008, 898; *Karmasin* VersR 2009, 1201.
325 BVerfG NJW 2004, 2079.
326 BGH NJW 2016, 639 =VersR 2016, 403.
327 BGH NJW 2016, 1447 = VersR 2016, 663; NJW-RR 2014, 752 = VersR 2014, 374; NJW 2011, 1672 = VersR 2011, 400; OLG Hamm MedR 2012; 599 = VersR 2012, 493; OLG Köln NJW 2006, 69 = VersR 2005, 1740; KG Berlin GesR 2004, 136; OLG Brandenburg MedR 2002, 149; *Frahm/Nixdorf/Walter* ArztHaftR Rn. 141; *Laufs/Kern* in Laufs/Kern ArztR-HdB § 110 Rn. 17; *Martis/Winkhart* ArztHaftR U 14, U 16; zur notwendigen Abgrenzung vgl. auch (einen Befunderhebungsfehler annehmend) BGH NJW-RR 2014, 1051 = VersR 2014, 374.
328 BGH NJW 2016, 1447 = VersR 2016, 663; NJW 2011, 1672 = VersR 2011, 400; 2008, 1381 = VersR 2008, 644; OLG Koblenz VersR 2015, 988 = MedR 2015, 38; OLG Köln VersR 2015, 454; OLG Hamm MedR 2012; 599 = VersR 2012, 493; OLG Köln NJW 2006, 69 = VersR 2005, 1740; KG Berlin GesR 2004, 136; OLG Brandenburg MedR 2002, 149; *Martis/Winkhart* ArztHaftR U 17, U 44 ff., U 49.
329 BGH NJW 2016, 1447 = VersR 2016, 663.

Kontrollmaßnahme unterblieben und die bei Durchführung der Maßnahme sich ergebenden Befunde nicht erhoben worden sind. Auch bei dieser (notwendigen) Abgrenzung kommt es im jeweiligen Einzelfall darauf an, ob der Schwerpunkt des zu erhebenden Vorwurfes in der unterbliebenen Information oder der unterlassenen Befunderhebung liegt.[330]

Als weitere Voraussetzung für die Beweislastumkehr muss festgestellt werden können, dass der – tatsächlich nicht erhobene – Befund mit hinreichender Wahrscheinlichkeit zu einem reaktionspflichtigen positiven Befundergebnis geführt hätte. Diese Voraussetzung ist nur dann gegeben, wenn – bei ex post-Betrachtung – medizinisch sachverständig bestätigt die Wahrscheinlichkeit eines positiven reaktionspflichtigen Befundes überwiegt, also mehr als fünfzig Prozent beträgt.[331] Besteht eine solche überwiegende Wahrscheinlichkeit, ist für die weitere Prüfung von dem Vorliegen eines entsprechenden Befundes auszugehen, sofern der Arzt nicht beweisen kann, dass tatsächlich ein entsprechendes Befundergebnis nicht gewonnen worden wäre. Die durch die pflichtwidrig unterlassene Befunderhebung hervorgerufene Unsicherheit darf nämlich nicht zulasten des Patienten gehen.   144

Für eine Beweislastumkehr hinsichtlich der haftungsbegründenden Kausalität ist schließlich erforderlich, dass das Unterlassen der Reaktion auf den – tatsächlich nicht erhobenen – Befund bei Unterstellung des positiven Befundergebnisses seinerseits als grober Behandlungsfehler zu bewerten ist.[332] Dieser kann sowohl im Bereich eines fundamentalen Diagnosefehlers als auch eines groben Therapiefehlers angesiedelt sein und liegt immer dann vor, wenn unter Berücksichtigung des – nicht erhobenen – Befundes und dessen wahrscheinlichen Ergebnisses sich dessen Verkennung als fundamental fehlerhaft oder die Nichtreaktion darauf als grob fehlerhaft darstellen würde. Nicht erforderlich ist, dass sich sowohl die Verkennung des Befundes als auch das Unterlassen der gebotenen Therapie kumulativ als fundamental fehlerhaft oder völlig unverständlich darstellen.[333]   145

Entsprechendes gilt auch für die Pflicht des Arztes zur Sicherung tatsächlich erhobener Befunde. Der Arzt ist zur Aufbewahrung der ärztlichen Unterlagen und damit auch der Ergebnisse technischer Befunderhebungen verpflichtet. Gehen solche Unterlagen, wie zB Röntgenaufnahmen oder EKG-Aufzeichnungen, verloren, kann die Schlussfolgerung gerechtfertigt sein, dass die entsprechenden Unterlagen ein reaktionspflichtiges Befundergebnis aufgewiesen hätten, wenn ein solches hinreichend   146

---

330 BGH VersR 2017, 888; NJW 2016, 563 = VersR 2016, 260.
331 BGH NJW 2013, 3094 = VersR 2013, 1174; NJW 2011, 3441 = VersR 2011, 1400; NJW 2011, 2508 = VersR 2011, 1148; NJW 2004, 1871 = VersR 2004, 790; NJW 1996, 1589 = VersR 1996, 633 (der BGH benennt allerdings keine Prozentsätze); OLG Dresden BeckRS 2002, 30264037 = VersR 2004, 648; OLG Köln BeckRS 2008, 18584 = VersR 2009, 1543; BeckRS 2003, 30319654 = VersR 2004, 247; OLG Hamm MedR 2006, 111; *Frahm/Nixdorf/Walter* ArztHaftR Rn. 141; *Gehrlein* Arzthaftungspflicht Rn. B 158; *Geiß/Greiner* ArzthaftpflichtR Rn. B 296; *Laufs/Kern* in Laufs/Kern ArztR-HdB § 110 Rn. 19; *Martis/Winkhart* ArztHaftR U 9; Spickhoff/*Greiner* BGB §§ 823 ff. Rn. 197, 194; *Pauge* ArztHaftR Rn. 609; Wenzel/*Müller* Rn. 1547; *Nußstein* VersR 2015, 1094; *Schultze-Zeu* VersR 2008, 868.
332 BGH NJW 2013, 3094 = VersR 2013, 1174; NJW 2011, 3441 = VersR 2011, 1400; NJW 2011, 2508 = VersR 2011, 1148; NJW 2004, 1871 = VersR 2004, 790; NJW 1999, 3408 = VersR 1999, 1282; NJW 1996, 1589 = VersR 1996, 633; *Frahm/Nixdorf/Walter* ArztHaftR Rn. 141; *Gehrlein* Arzthaftungspflicht Rn. B 157; *Geiß/Greiner* ArzthaftpflichtR Rn. B 296; *Laufs/Kern* in Laufs/Kern ArztR-HdB § 110 Rn. 19; *Pauge* ArztHaftR Rn. 608; Spickhoff/*Greiner* BGB §§ 823 ff. Rn. 195; Wenzel/*Müller* Rn. 1548.
333 BGH NJW NJW 2011, 2508 = VersR 2011, 1148; Spickhoff/*Greiner* BGB §§ 823 ff. Rn. 194.

wahrscheinlich war.[334] Auch dann kommt es zur Beweislastumkehr hinsichtlich der haftungsbegründenden Kausalität, wenn das Verkennen des Befundes einen fundamentalen Diagnoseirrtum dargestellt hätte oder die Nichtreaktion auf den Befund als grob fehlerhaft einzuordnen gewesen wäre.

147 Auch in den Fällen der unterlassenen Befunderhebung kann selbst bei Vorliegen der Voraussetzungen für eine Beweislastumkehr der Arzt den Vollbeweis der mangelnden Ursächlichkeit zwischen dem Behandlungsfehler und dem Eintritt des Primärschadens führen. Der Umkehr der Beweislast nach einem einfachen Befunderhebungsfehler steht – ebenso wie beim groben Behandlungsfehler – entgegen, wenn der Kausalzusammenhang zwischen der gebotenen Reaktion auf das Ergebnis des (nicht erhobenen) Befundes und dem Primärschaden äußerst unwahrscheinlich ist.[335] Trotz Vorliegens sämtlicher Voraussetzungen kann die Beweislastumkehr ausscheiden, wenn der Patient sich seinerseits vorwerfbar pflichtwidrig verhalten hat und dadurch in gleicher Weise einen Umstand dafür gesetzt hat, dass der Verlauf des Behandlungsgeschehens nicht mehr sicher festgestellt werden kann.[336] Das gilt allerdings nicht, wenn der Arzt den Patienten nicht vorher in ausreichender Weise über die Notwendigkeit der patientenseitigen Mitwirkung aufgeklärt hat.[337]

e) Der Dokumentationsmangel

148 Von erheblicher praktischer Bedeutung ist die Beweislastumkehr wegen möglicher Dokumentationsmängel.

aa) Zweck und Umfang der Dokumentationspflicht

149 Dem behandelnden Arzt obliegt sowohl auf vertraglicher Grundlage als auch als Ausfluss des allgemeinen Persönlichkeitsrechtes des Patienten die Verpflichtung, das Behandlungsgeschehen ordnungsgemäß zu dokumentieren. Durch das Patientenrechtegesetz ist die vertragliche Verpflichtung zur Dokumentation ausdrücklich in § 630f BGB festgeschrieben worden. In § 630f Abs. 1 BGB sind Vorgaben hinsichtlich des Zeitpunktes und der Form der Dokumentation, einschließlich eventueller Änderungen an den ursprünglichen Eintragungen normiert. § 630f Abs. 2 BGB legt fest, welche Inhalte in die Behandlungsdokumentation aufzunehmen sind, während sich in § 630f Abs. 3 BGB Vorgaben für die Aufbewahrung der Behandlungsdokumentation finden. Ergänzt wird die Dokumentationsverpflichtung des Behandlers durch das in § 630g BGB geregelte Einsichtsrecht des Patienten und dritter Personen in die Dokumentation.

150 Die ärztliche Dokumentation dient in erster Line therapeutischen Zwecken. Sie soll eine sichere Grundlage für eine sachgerechte medizinische Behandlung nicht nur durch den behandelnden Arzt und das betreuende Pflegepersonal selbst, sondern auch durch eventuelle Vertreter oder nachbehandelnde Ärzte oder Krankenhäuser sicher-

---

334 BGH NJW 1996, 1589 = VersR 1996, 633 (EKG-Befund); BGH NJW 1996, 779 = VersR 1996, 330 (verschwundenes Röntgenbild); *Frahm/Nixdorf/Walter* ArztHaftR Rn. 143; *Gehrlein* Arzthaftungspflicht Rn. B 159; *Geiß/Greiner* ArzthaftpflichtR Rn. B 297; *Martis/Winkhart* ArztHaftR U 310; *Pauge* ArztHaftR Rn. 606.
335 BGH NJW 2013, 3094 = VersR 2013, 1174; NJW 2011, 3441 = VersR 2011, 1400; NJW 2011, 2058 = VersR 2011, 1148; BGH NJW 2004, 1452 = VersR 2004, 1452; *Frahm/Nixdorf/Walter* ArztHaftR Rn. 142; *Geiß/Greiner* ArzthaftpflichtR Rn. 297.
336 OLG Saarbrücken GesR 2015, 364.
337 BGH NJW 2014, 74 = VersR 2014, 261.

stellen.[338] Die Dokumentation muss geeignet sein, Ärzte und Pflegepersonal über den Verlauf einer Krankheit und die bisherige Behandlung zu informieren. Damit soll der Gefahr Rechnung getragen werden, dass Informationsverluste aufgrund fehlender oder unzureichender Dokumentation bei einer sich länger hinziehenden Behandlung durch den gleichen Arzt oder bei einem Behandlerwechsel eintreten, die den Heilungsverlauf gefährden könnten. Der Zweck der Dokumentation ist danach ausschließlich medizinisch begründet. Demgegenüber dient die Dokumentation nicht dazu, Beweismittel für einen möglichen späteren Arzthaftpflichtprozess zu sichern.[339] Hieran hat auch die ausdrückliche Normierung der Dokumentationsverpflichtung in § 630f Abs. 1 BGB nichts geändert. Soweit in der Gesetzesbegründung[340] als einer der Zwecke der Dokumentation die faktische Beweissicherung im Fall eines etwaigen Behandlungsfehlers benannt wird, dient dies nur der Verknüpfung mit der »Beweislastnorm« in § 630h Abs. 3 BGB, führt aber nicht dazu, den Umfang dokumentationspflichtiger Umstände gegenüber der bisherigen Rechtslage auszuweiten. Lediglich bei einer richterlich angeordneten Zwangsbehandlung gegen den Willen eines Patienten erweitert sich der Zweck der Dokumentation auch auf den Bereich der Beweissicherung.[341] Dies ist nach § 323 Abs. 2 FamFG in dem Beschluss zur richterlichen Anordnung der Maßnahme ausdrücklich aufzunehmen.

Aus dem Sinn und Zweck der Dokumentationspflicht ergibt sich zugleich auch der **151** notwendige Umfang der Dokumentation, der im Streitfall unter Einschaltung medizinischer Sachverständiger zu ermitteln ist. Dokumentationspflichtig ist dasjenige, was für eine sachgerechte medizinische Behandlung und deren Fortführung erforderlich ist.[342] Der gebotene Umfang der Dokumentation kann in Abhängigkeit von der konkreten Behandlungssituation variieren. Je komplizierter ein Eingriff ist, desto detaillierter muss er dokumentiert werden. Durch Anfänger durchgeführte Eingriffe bedürfen ebenfalls einer detaillierteren Dokumentation.[343] Erfolgt eine Behandlung entsprechend einer tatsächlich bestehenden ärztlichen Übung, reicht eine knappere Dokumentation aus.[344] Eine Verpflichtung zur Dokumentation von Selbstverständlichkeiten oder sämtlichen Details einer ärztlichen Behandlung besteht nicht. Auf jeden Fall muss dasjenige, dessen schriftliche Fixierung aus medizinischer Sicht nicht geboten ist, auch nicht dokumentiert werden. Eine Bestätigung findet dies in § 630f Abs. 2 BGB, der an-

338 BGH NJW 1999, 3408 = VersR 1999, 1282; NJW 1995, 1611 = VersR 1995, 706; NJW 1993, 2375 = VersR 1993, 836; NJW 1988, 762 = VersR 1987, 1238; NJW 1986, 2365 = VersR 1986, 788; OLG Oldenburg NJW–RR 2009, 32 = VersR 2008, 691; OLG Naumburg NJW-RR 2008, 408; *Frahm/Nixdorf/Walter* ArztHaftR Rn. 145; *Gehrlein* Arzthaftungspflicht Rn. B 120, B 121; *Katzenmeier* in Laufs/Katzenmeier/Lipp ArztR IX Rn. 47; *Schlund* in Laufs/Kern ArztR-HdB § 55 Rn. 5; *Martis/Winkhart* ArztHaftR D 201; *Pauge* ArztHaftR Rn. 500; Spickhoff/*Greiner* BGB §§ 823 ff. Rn. 124; Wenzel/*Müller* Rn. 1624; *Hausch* VersR 2006, 612; *Muschner* VersR 2006, 621.

339 BGH NJW 1994, 799 = VersR 1994, 682; NJW 1993, 2375 = VersR 1993, 836; *Frahm/Nixdorf/Walter* ArztHaftR Rn. 145; *Geiß/Greiner* ArzthaftpflichtR Rn. B 202; *Laufs/Kern* in Laufs/Kern ArztR-HdB § 111 Rn. 6; *Katzenmeier* in Laufs/Katzenmeier/Lipp ArztR IX Rn. 49; *Martis/Winkhart* ArztHaftR D 201; *Pauge* ArztHaftR Rn. 500; anders aber *Schlund* in Laufs/Kern ArztR-HdB § 55 Rn. 8.

340 BT-Drs. 17/10488, 26; dazu *Frahm/Nixdorf/Walter* ArztHaftR Rn. 145.

341 BVerfG NJW 2013, 2337 = MedR 2013, 596; BVerfG NJW 2011, 3571 = GesR 2012, 21; BVerfG NJW 2011, 2113; dazu *Geiß/Greiner* ArzthaftpflichtR Rn. 202.

342 BGH NJW 1999, 3408 = VersR 1999, 1282; NJW 1993, 2375 = VersR 1993, 836; *Frahm/Nixdorf/Walter* ArztHaftR Rn. 145; *Gehrlein* Arzthaftungspflicht Rn. B 122; *Geiß/Greiner* ArzthaftpflichtR Rn. B 203; *Martis/Winkhart* ArztHaftR 427; *Pauge* ArztHaftR Rn. 501; Wenzel/*Müller* Rn. 1625.

343 BGH NJW 1985, 2193 = VersR 1985, 782.

344 *Frahm/Nixdorf/Walter* ArztHaftR Rn. 145.

ordnet, dass in der Dokumentation sämtliche aus fachlicher Sicht für die gegenwärtige und künftige Behandlung wesentlichen Maßnahmen und deren Ergebnisse aufzunehmen sind. Dokumentationspflichtig sind danach zunächst alle wesentlichen medizinischen Fakten und therapeutischen Umstände.[345] Hierzu gehören – durch die beispielhafte Aufzählung in § 630f Abs. 2 S. 1 BGB bestätigt – auf jeden Fall die Ergebnisse der Anamneseerhebung, die erhobenen Befunde und die durchgeführten Untersuchungen einschließlich der hierbei gewonnenen Untersuchungsergebnisse. Ebenfalls muss die vom Arzt getroffene Diagnose einschließlich eventueller Verdachtsdiagnosen und die eingeleitete Therapie sowie deren Wirkung in der Dokumentation niedergelegt werden. Eingriffe und deren Wirkungen sind ebenfalls zu dokumentieren. Bei Abweichungen von Standardbehandlungen sind die Abweichungen zu beschreiben. Dokumentationspflichtig ist darüber hinaus die Art und Dosierung der Medikation sowie die Gabe von Blutkonserven einschließlich der entsprechenden Chargennummern, um deren nachträgliche Identifizierung zu ermöglichen. § 630f Abs. 2 S. 2 BGB verpflichtet zur Aufnahme fremder und eigener Arztbriefe in die Behandlungsakte. Soweit § 630f Abs. 2 S. 1 BGB vorschreibt, dass auch Einwilligungen und Aufklärungen zu dokumentieren sind, steht dies hinsichtlich der Selbstbestimmungsaufklärung, nicht hinsichtlich der therapeutischen Sicherungsaufklärung im Gegensatz zur bisherigen Rechtslage. Angesichts des Umstandes, dass für die Ordnungsgemäßheit der Selbstbestimmungsaufklärung und die Erteilung der Einwilligung die Behandlerseite beweisbelastet ist und darüber hinaus diese nicht zu den medizinisch gebotenen wesentlichen Maßnahmen nach § 630h Abs. 3 BGB gehört, kann ein Verstoß gegen die auf die Einwilligung und die Selbstbestimmungsaufklärung bezogene Dokumentationspflicht nicht zu einer Umkehr der Beweislast nach § 630h Abs. 2 BGB führen.[346] Der Arzt erfüllt darüber hinaus die ihm insoweit auferlegte Verpflichtung schon dann, wenn er dokumentiert, dass ein Aufklärungsgespräch geführt worden ist und der Patient daraufhin die Einwilligung erteilt hat; der Inhalt des Aufklärungsgespräches ist nicht dokumentationspflichtig.[347] Anders ist dies allerdings bei einer Verletzung der Dokumentationspflicht hinsichtlich von Maßnahmen der therapeutischen Sicherungsaufklärung.

152 Im Bereich der Pflege sind all diejenigen Maßnahmen zu dokumentieren, die über die Standard-Grundpflege hinausgehen oder von ihr abweichen.[348] Dies betrifft insbesondere ärztliche Anweisungen zur Pflege, aber auch aus dem Krankheitsbild des Patienten folgende, spezielle pflegerische Notwendigkeiten, zB die Anordnung besonderer Pflegemaßnahmen zur Dekubitusprophylaxe bei Risikopatienten. Dabei sind sowohl die die pflegerischen Notwendigkeiten begründenden besonderen Umstände als auch die speziellen Anordnungen und deren Durchführung in der Dokumentation niederzulegen. Bestehen im konkreten Einzelfall besondere Anforderungen an die Lagerung,

---

345 BGH NJW 1994, 799 = VersR 1994, 682; NJW 1989, 2330 = VersR 1989, 512; OLG Naumburg BeckRS 2008, 10492 = VersR 2008, 1073; OLG Bamberg VersR 2005, 1244; OLG Hamm BeckRS 2005, 04911 = VersR 2005, 412; *Frahm/Nixdorf/Walter* ArztHaftR Rn. 145; *Gehrlein* Arzthaftungspflicht Rn. B 123; *Geiß/Greiner* ArzthaftpflichtR Rn. B 205; *Schlund* in Laufs/Kern ArztR-HdB § 55 Rn. 9; *Martis/Winkhart* ArztHaftR D 209, D 215; *Pauge* ArztHaftR Rn. 501; Spickhoff/*Greiner* BGB §§ 823 ff. Rn. 127; *Muschner* VersR 2006, 621.

346 So auch *Frahm/Nixdorf/Walter* ArztHaftR Rn. 228; *Martis/Winkhart* ArztHaftR D 209b, c, D 393; *Hassner* VersR 2013, 23; *Walter* GesR 2013, 129.

347 So auch *Geiß/Greiner* ArzthaftpflichtR Rn. B 205; Spickhoff/*Greiner* BGB §§ 823 ff. Rn. 127.

348 BGH NJW 1999, 863 = VersR 1999, 190; NJW 1986, 2365 = VersR 1986, 788; *Frahm/Nixdorf/Walter* ArztHaftR Rn. 148; *Gehrlein* Arzthaftungspflicht Rn. B 123; *Geiß/Greiner* ArzthaftpflichtR Rn. B 205; *Schlund* in Laufs/Kern ArztR-HdB § 55 Rn. 9; *Martis/Winkhart* ArztHaftR D 235; *Pauge* ArztHaftR Rn. 501.

Nebendahl

sind auch diese Anforderungen und deren Durchführung in die Dokumentation aufzunehmen.[349]

Als Weiteres gehören in die Dokumentation alle wesentlichen Verlaufsdaten.[350] Hiervon umfasst sind die Durchführung der Aufklärung, das OP-Protokoll sowie die wichtigsten Tatsachen zum Behandlungsverlauf. Ergeben sich Besonderheiten oder Abweichungen vom standardgemäßen Vorgehen, ist dies ebenfalls zu dokumentieren. Dies gilt zB für Abweichungen vom standardgemäßen operativen Vorgehen,[351] für einen Wechsel des Operationspersonals,[352] für speziell eingesetzte technische Geräte oder für eingetretene Komplikationen. So sind bei einer unter der Geburt eingetretenen Schulterdystokie sowohl der Eintritt der Komplikation als auch die Maßnahmen zu dokumentieren, die zur Behebung der Komplikation ergriffen worden sind.[353] Bei einer von einem Anfänger durchgeführten Operation muss der Gang der Operation genau beschrieben werden, selbst wenn es sich um einen Routineeingriff handelt.[354] Es muss darüber hinaus der Dokumentation zu entnehmen sein, wie der Anfänger intraoperativ überwacht und kontrolliert worden ist. Je schwieriger eine Behandlung ist, desto gründlicher muss die Dokumentation sein.

153

Dokumentationsbedürftig sind schließlich alle weiteren für die Sicherung des Behandlungserfolges maßgeblichen Fakten. Hierzu gehören die im Rahmen der therapeutischen Sicherungsaufklärung dem Patienten mitgeteilten Verhaltensanweisungen sowie Besonderheiten im Verhalten des Patienten selbst.[355] Dies gilt zB für die Weigerung des Patienten, ihm vom Arzt empfohlene Behandlungsmaßnahmen durchführen zu lassen, einen Facharzt oder ein Krankenhaus aufzusuchen oder für einen vom Patienten veranlassten Abbruch der Behandlung, insbesondere das Verlassen des Krankenhauses auf Wunsch des Patienten gegen ärztlichen Rat.[356] In diesem Zusammenhang müssen auch die dem Patienten gegebenen Hinweise im Hinblick auf die Gefahren, die mit dem Abbruch der Behandlung verbunden sind, dokumentiert werden.

154

---

349 BGH NJW 1999, 863 = VersR 1999, 190 (Lagerung des Beines); BGH NJW 1988, 762 = VersR 1987, 1238; NJW 1986, 2365 = VersR 1986, 788 (jeweils zur Dekubitusprophylaxe); BGH NJW 1984, 1403 = VersR 1984, 386 (intraoperative Lagerung).

350 *Frahm/Nixdorf/Walter* ArztHaftR Rn. 145; *Gehrlein* Arzthaftungspflicht Rn. B 123; *Martis/Winkhart* ArztHaftR D 212; *Pauge* ArztHaftR Rn. 501.

351 BGH NJW 1989, 2330 = VersR 1989, 512; *Gehrlein* Arzthaftungspflicht Rn. B 123; *Geiß/Greiner* ArzthaftpflichtR Rn. B 205; *Schlund* in Laufs/Kern ArztR-HdB § 55 Rn. 9; *Martis/Winkhart* ArztHaftR D 224; *Pauge* ArztHaftR Rn. 501.

352 OLG Düsseldorf VersR 1991, 1138 (bei Wechsel auf Anfängerarzt); *Gehrlein* Arzthaftungspflicht Rn. B 123; *Geiß/Greiner* ArzthaftpflichtR Rn. B 205; *Martis/Winkhart* ArztHaftR D 252; *Pauge* ArztHaftR Rn. 501.

353 OLG München BeckRS 2010, 17459 = VersR 2012, 111; *Martis/Winkhart* ArztHaftR D 216, D 253.

354 BGH NJW 1985, 2193 = VersR 1985, 782; *Frahm/Nixdorf/Walter* ArztHaftR Rn. 147; *Geiß/Greiner* ArzthaftpflichtR Rn. B 208; *Schlund* in Laufs/Kern ArztR-HdB § 55 Rn. 9; *Martis/Winkhart* ArztHaftR D 361; MAH MedizinR/*Terbille* § 1 Rn. 601, 606.

355 BGH NJW 1987, 1482 = VersR 1987, 1089 (verweigerte Röntgenkontrolle); OLG Bamberg NJW-RR 2005, 1266 = VersR 2005, 1292 (Verweigerung der Herzinfarktabklärung); OLG Düsseldorf VersR 2003, 1310 (verweigerte Mammographie/Biopsie); OLG Schleswig NJW 2002, 227 = VersR 2001, 1516; *Frahm/Nixdorf/Walter* ArztHaftR Rn. 148; *Schlund* in Laufs/Kern ArztR-HdB § 55 Rn. 9; *Martis/Winkhart* ArztHaftR D 239; dazu auch *Schellenberg* VersR 2005, 1620.

356 BGH NJW 1987, 2300 = VersR 1987, 1091; OLG Bamberg NJW-RR 2005, 1266 = VersR 2005, 1292; *Frahm/Nixdorf/Walter* ArztHaftR Rn. 148, 149; *Gehrlein* Arzthaftungspflicht Rn. B 123; *Martis/Winkhart* ArztHaftR D 239; *Pauge* ArztHaftR Rn. 501.

155 Nicht dokumentationsbedürftig sind demgegenüber Routinemaßnahmen sowohl im Bereich der Therapie als auch im Bereich der Pflege.[357] Ob bei einer Befunderhebung gefundene Normalwerte bzw. negative Befunde dokumentationspflichtig sind, richtet sich nach den Umständen des Einzelfalles. Ist es nicht üblich, Normal- oder negative Befunde, wie zB die Fieberfreiheit, zu dokumentieren, kann aus dem Fehlen entsprechender Eintragungen in der Dokumentation nicht darauf geschlossen werden, dass die Befunderhebung nicht erfolgt ist.[358] Anderes gilt allerdings, wenn die Dokumentation aus besonderen Gründen im Einzelfall geboten gewesen ist, zB weil es sich um einen besonders wichtigen Befund handelt oder durch den negativen Befund ein bestimmter Krankheitsverdacht ausgeräumt wird.[359]

156 Die Dokumentation ist in Papierform oder elektronisch durchzuführen; beide Dokumentationsformen stehen nach § 630f Abs. 1 S. 1 BGB gleichwertig nebeneinander. In der Vergangenheit üblich war die Dokumentation in papierenen Krankenakten, auf Krankenkarteikarten oder sonstigen Vordrucken. Zwischenzeitlich ist es sowohl im ambulanten Bereich, als auch bei der Dokumentation im Krankenhaus üblich, die Dokumentation in elektronischer Form durchzuführen. Eine solche Dokumentation ist ebenfalls ohne Weiteres zulässig. Vor dem Inkrafttreten des Patientenrechtegesetzes musste sichergestellt sein, dass nachträgliche Änderungen in der EDV-Dokumentation nicht vorgenommen worden sind.[360] Zumindest musste der Arzt plausibel darlegen können, dass seine Eintragungen richtig sind.[361] Durch § 630f Abs. 1 S. 3 BGB sind diese Anforderungen verschärft worden. Nunmehr ist es erforderlich, dass die elektronische Dokumentation revisionssicher ist, also technisch ausgeschlossen ist, dass die elektronisch gespeicherte Dokumentation nachträglich unerkannt, also ohne einen entsprechenden Änderungsnachweis verändert werden kann. Damit sind nachträgliche Änderungen nicht ausgeschlossen. Erforderlich ist aber, dass erkennbar ist, dass eine nachträgliche Änderung vorgenommen wurde. Außerdem muss der geänderte Inhalt auch nach der durchgeführten Änderung erkennbar bleiben.[362] Zulässig ist es auch, eine in Schriftform gefertigte Dokumentation nach Abschluss der Behandlung elektronisch zu archivieren.[363] Bei der Archivierung muss allerdings darauf geachtet werden, dass die in der Dokumentation enthaltenen Informationen vollständig und lesbar archiviert werden. Selbstverständlich muss bei der Verwendung schriftlicher Dokumentationen sichergestellt sein, dass die Lesbarkeit der Dokumentation dauerhaft erhalten bleibt und nicht ein Dokument – wie bspw. bei Thermodruckern – mit

---

357 BGH NJW 1995, 1618 = VersR 1995, 539; NJW 1993, 2375 = VersR 1993, 836; *Frahm/Nixdorf/Walter* ArztHaftR Rn. 146; *Gehrlein* Arzthaftungspflicht Rn. B 123; *Geiß/Greiner* ArzthaftpflichtR Rn. B 205; *Martis/Winkhart* ArztHaftR D 318; *Pauge* ArztHaftR Rn. 503; *Rehborn* MDR 2004, 371.

358 BGH NJW 2012, 684 = VersR 2012, 363; NJW 1993, 2375 = VersR 1993, 836; *Martis/Winkhart* ArztHaftR D 338; MAH MedizinR/*Terbille* § 1 Rn. 604.

359 BGH NJW 1995, 1611 = VersR 1995, 706; OLG Stuttgart VersR 1998, 1550; *Geiß/Greiner* ArzthaftpflichtR Rn. B 207; *Martis/Winkhart* ArztHaftR D 389; Spickhoff/*Greiner* BGB §§ 823 ff. Rn. 129.

360 BGH NJW 1998, 2736 = VersR 1998, 634; OLG Hamm GesR 2005, 349 = VersR 2006, 842; *Deutsch/Spickhoff* MedizinR Rn. 771; *Frahm/Nixdorf/Walter* ArztHaftR Rn. 150; *Geiß/Greiner* ArzthaftpflichtR Rn. B 204; *Martis/Winkhart* ArztHaftR D 438; dazu auch *Muschner* VersR 2006, 621; *Hausch* VersR 2006, 612; *Ortner/Geis* MedR 1997, 337.

361 OLG Hamm BeckRS 2006, 842 = VersR 2006, 842; *Laufs/Kern* in Laufs/Kern ArztR-HdB § 111 Rn. 4; *Wenzel/Müller* Rn. 1633; *Jorzig* GesR 2005, 349.

362 Vgl. BT-Drs. 17/10488, 26; dazu *Frahm/Nixdorf/Walter* ArztHaftR Rn. 150; *Geiß/Greiner* ArzthaftpflichtR Rn. B 204; *Martis/Winkhart* ArztHaftR D 442; Spickhoff/*Greiner* BGB §§ 823 ff. Rn. 126; Spickhoff/*Spickhoff* BGB § 630f Rn. 4.

363 Dazu *Roßnagel/Wilke* NJW 2006, 2145.

---

der Zeit bis zur Unleserlichkeit verblasst. In diesem Fall droht eine Verletzung der Pflicht zur ausreichenden Befundsicherung.[364]

Die Dokumentation muss inhaltlich für den Fachmann verständlich und vollständig **157** sein. Dabei ist es zulässig, übliche Kürzel und Symbole zu verwenden.[365] Die Dokumentation muss für einen Dritten entzifferbar sein, wobei Schwierigkeiten bei der Lesbarkeit einer Verwertung der Dokumentation nicht entgegenstehen,[366] wohl aber die tatsächliche Unlesbarkeit.[367]

Die Dokumentation muss zeitnah zum Behandlungsgeschehen gefertigt werden. **158** § 630f Abs. 1 S. 1 BGB ordnet an, dass die Dokumentation in unmittelbaren zeitlichen Zusammenhang mit der Behandlung geführt werden muss, ohne jedoch eine zeitliche Obergrenze zu bestimmen. Die Erstellung eines OP-Berichtes nach Ablauf eines Monats nach einer Operation ist noch als zeitnah angesehen worden.[368] Sehr viel längere Zeiträume dürften im Hinblick auf das Erinnerungsvermögen des Dokumentationspflichtigen kaum zulässig sein. Ein zeitlicher Abstand von einem Jahr ist auf jeden Fall zu lang.[369]

Die Dokumentation muss darüber hinaus zumindest für die Dauer der Aufbewahrungspflicht, die nach dem Abschluss der Behandlung nach § 630f Abs. 3 BGB generell zehn Jahre beträgt, zur Verfügung stehen, soweit nicht aus besonderen gesetzlichen oder behördlichen Vorgaben längere Aufbewahrungsfristen folgen, wie dies zB im Bereich der Röntgentherapie der Fall ist.[370] Die Frist beginnt erst mit dem Ende der Behandlung, nicht mit der Durchführung einzelner Behandlungsmaßnahmen. Bei langwierigen oder Dauerbehandlungen, zB bei chronischen Erkrankungen, kann dies zu Aufbewahrungsfristen führen, die deutlich länger als zehn Jahre nach einer Behandlungsmaßnahme währen. Eine Verlängerung der Aufbewahrungsfristen kann sich darüber hinaus im Einzelfall auch aus dem Gesundheitszustand des Patienten oder sonstigen Einzelfallumständen ergeben, wobei sich allerdings aus der dreißigjährigen absoluten Verjährungsfrist eine Obergrenze entnehmen lässt.[371] Gibt der Arzt oder Krankenhausträger eine Dokumentation oder Teile davon an den Patienten oder Dritte weiter, muss dokumentiert werden, zu welchem Zweck und an wen die Dokumentation weitergegeben worden ist. Auch die Rückgabe der entsprechenden Dokumentationen oder Dokumentationsteile ist seinerseits zu dokumentieren.[372] Erfolgt eine Rück-

---

364 *Geiß/Greiner* ArzthaftpflichtR Rn. B 205, B 212.
365 BGH NJW 1992, 1560 = VersR 1992, 745 (Kurzbezeichnung); BGH NJW 1984, 1403 = VersR 1984, 386; (Symbol); *Frahm/Nixdorf/Walter* ArztHaftR Rn. 145; *Geiß/Greiner* ArzthaftpflichtR Rn. B 203, B 204; *Schlund* in Laufs/Kern ArztR-HdB § 55 Rn. 11; *Martis/Winkhart* ArztHaftR D 210–D 210b; *Pauge* ArztHaftR Rn. 502; Spickhoff/*Greiner* BGB §§ 823 ff. Rn. 125.
366 *Gehrlein* Arzthaftungspflicht Rn. B 123; *Martis/Winkhart* ArztHaftR D 211 (Erforderlichkeit einer Leseabschrift); *Pauge* ArztHaftR Rn. 515.
367 *Geiß/Greiner* ArzthaftpflichtR Rn. B 212.
368 OLG Naumburg MedR 2012, 310.
369 OLG Zweibrücken NJW-RR 2000, 27 = VersR 1999, 1546; dazu *Martis/Winkhart* ArztHaftR D 432; vgl. auch KG Berlin MedR 2013, 786 = GesR 2013, 608.
370 BGH NJW 1996, 779 = VersR 1996, 330; OLG Hamm BeckRS 2005, 04911 = VersR 2005, 412; *Deutsch/Spickhoff* MedizinR Rn. 771; *Frahm/Nixdorf/Walter* ArztHaftR Rn. 151; *Gehrlein* Arzthaftungspflicht Rn. B 122; *Geiß/Greiner* ArzthaftpflichtR Rn. B 212; *Katzenmeier* in Laufs/Katzenmeier/Lipp ArztR IX Rn. 54; *Schlund* in Laufs/Kern ArztR-HdB § 55 Rn. 13; *Martis/Winkhart* ArztHaftR D 414; MAH MedizinR/*Terbille* § 1 Rn. 607; *Muschner* VersR 2006, 621; zu den verschiedenen gesetzlichen Aufbewahrungsfristen s. *Geiß/Greiner* ArzthaftpflichtR Rn. B 212; MAH MedizinR/*Terbille* Rn. 685.
371 So die Gesetzesbegründung, BT-Drs. 17/10488, 26; vgl. auch *Frahm/Nixdorf/Walter* ArztHaftR Rn. 151.
372 Spickhoff/*Greiner* BGB §§ 823 ff. Rn. 132; MAH MedizinR/*Terbille* § 1 Rn. 608, 681.

gabe der weitergegebenen Dokumentationsteile nicht, muss der Arzt oder Krankenhausträger – ebenfalls dokumentationspflichtig – für die Rücksendung Sorge tragen. Gehen Dokumentationen oder Teile von ihnen verloren, ohne dass sich der Behandler für den Verlust entlasten kann, ist dies ebenso wie das Unterlassen der Dokumentation zu bewerten.[373] Gleiches gilt bei gezielten nachträglichen Manipulationen an der Dokumentation.[374] Der Arzt ist daher sowohl bei schriftlicher Dokumentation als auch bei elektronisch geführter Dokumentation dringend angehalten, nachträgliche Manipulationen an einer Dokumentation zu unterlassen, will er nicht die Glaubwürdigkeit der Dokumentation insgesamt infrage stellen. Nachträgliche Berichtigungen oder Änderungen der Dokumentation sind nach § 630f Abs. 1 S. 2 BGB allerdings zulässig, wenn die Berichtigung erkennbar und der berichtigte Text entzifferbar bleibt. Dies ist bei Radierungen oder Löschungen ebenso wenig der Fall, wie bei einem Austausch von Seiten aus der – papierenen – Dokumentation. Daher ist die nachträgliche Ergänzung erkannter Dokumentationslücken beweisrechtlich zulässig, wenn der Arzt Umstände darlegt, aus denen sich die Vertrauenswürdigkeit der nachträglich ergänzten Aufzeichnung ergibt[375] und der geänderte Text weiterhin lesbar ist, sodass eine inhaltliche Auseinandersetzung mit der vorgenommenen Änderung möglich bleibt.

bb) Die Auswirkungen eines Dokumentationsmangels

160 Ein Dokumentationsmangel stellt für sich genommen keinen Behandlungsfehler dar. Allein das Vorliegen eines Dokumentationsmangels führt daher nicht zur Arzthaftung. Allerdings kann aus dem Umstand, dass eine aus medizinischen Gründen dokumentationsbedürftige Maßnahme nicht dokumentiert worden ist, darauf geschlossen werden, dass die Maßnahme tatsächlich nicht durchgeführt worden ist. Das Unterlassen der Dokumentation einer dokumentationsbedürftigen Maßnahme oder die unterbliebene Aufbewahrung der Dokumentation indiziert nach § 630h Abs. 3 BGB das Unterbleiben der Maßnahme.[376] Es obliegt alsdann dem Behandler, mit anderen Mitteln den Beweis zu führen, dass die nicht dokumentierte, aber dokumentationsbedürftige Maßnahme tatsächlich durchgeführt worden ist. Gelingt dem Behandler die entsprechende Beweisführung, bleibt der Dokumentationsmangel ohne Auswirkung. Gelingt die Beweisführung nicht, stellt sich im Einzelfall die Frage, ob aufgrund der mangelhaften Dokumentation das vermutete Unterlassen der Maßnahme einen Behandlungsfehler darstellt. Die Vermutungswirkung beschränkt sich grundsätzlich auf das Unterlassen der Maßnahme selbst. Demgegenüber rechtfertigt der Dokumentationsmangel nicht die Vermutung, dass die nicht dokumentierte Maßnahme zu einem

373 BGH NJW 1996, 779 = VersR 1996, 330; *Frahm/Nixdorf/Walter* ArztHaftR Rn. 152; *Gehrlein* Arzthaftungspflicht Rn. B 114; *Geiß/Greiner* ArzthaftpflichtR Rn. B 212; *Martis/Winkhart* ArztHaftR D 412; *Pauge* ArztHaftR Rn. 616.

374 OLG Oldenburg MedR 2011, 163; OLG Frankfurt a.M. VersR 1992, 578 (Radierungen); *Frahm/Nixdorf/Walter* ArztHaftR Rn. 152; *Geiß/Greiner* ArzthaftpflichtR Rn. B 202; *Laufs/Kern* in Laufs/Kern ArztR-HdB § 111 Rn. 14; *Martis/Winkhart* ArztHaftR 439; *Pauge* ArztHaftR Rn. 616.

375 BGH NJW 1978, 1681 = VersR 1978, 542; OLG Zweibrücken NJW-RR 2004, 1607; *Frahm/Nixdorf/Walter* ArztHaftR Rn. 152; *Martis/Winkhart* ArztHaftR D 409; *Muschner* VersR 2006, 621.

376 BGH NJW 2015, 411 = VersR 2015, 327; BeckRS 2009, 19514 = VersR 2009, 1406; NJW 1999, 863 = VersR 1999, 190; NJW 1995, 1611 = VersR 1995, 706; *Deutsch/Spickhoff* MedizinR Rn. 768; *Frahm/Nixdorf/Walter* ArztHaftR Rn. 152; *Gehrlein* Arzthaftungspflicht Rn. B 125; *Geiß/Greiner* ArzthaftpflichtR Rn. B 206; *Laufs/Kern* in Laufs/Kern ArztR-HdB § 111 Rn. 10; *Martis/Winkhart* ArztHaftR D 395; Spickhoff/*Greiner* BGB §§ 823 ff. Rn. 123, 167; *Pauge* ArztHaftR Rn. 508, 613; Spickhoff/*Spickhoff* BGB § 630h Rn. 10f.; *Wenzel/Müller* Rn. 1626; *Hausch* VersR 2006, 612; *Muschner* VersR 2006, 621; *Schellenberg* VersR 2005, 1620; *Müller* MedR 2001, 487.

bestimmten, ggf. reaktionspflichtigen Ergebnis geführt hat.[377] Grundsätzlich ist die Beweiserleichterung im Zusammenhang mit Dokumentationsmängeln daher auf das Vorliegen eines Behandlungsfehlers aufgrund – unterstellten – Unterlassens einer gebotenen Maßnahme beschränkt.

Nur ausnahmsweise kann sich die Beweislastumkehr auch auf die haftungsbegründende Kausalität erstrecken. Dies kommt zum einen in Betracht, wenn es sich bei der nicht dokumentierten, aber dokumentationsbedürftigen Maßnahme um eine gebotene Befunderhebung handelt. In einem solchen Fall kann es nach den Grundsätzen der Beweislastumkehr beim Unterlassen gebotener Befunderhebungen (→ Rn. 140 ff.) zu einer Beweislastumkehr auch hinsichtlich der haftungsbegründenden Kausalität kommen. Zum zweiten kann sich die Beweislastumkehr hinsichtlich der haftungsbegründenden Kausalität auch dann ergeben, wenn die – vom Arzt nicht widerlegte – Vermutung des Unterlassens einer dokumentationsbedürftigen Maßnahme einen Behandlungsfehler indiziert, der seinem Gewicht nach das Maß eines groben Behandlungsfehlers erreicht.[378] Wenn der durch den Dokumentationsmangel indizierte Behandlungsfehler daher als grober Behandlungsfehler zu bewerten ist, begründet sich nach den Regeln über die Beweislastumkehr bei Vorliegen eines groben Behandlungsfehlers (→ Rn. 128 ff.) eine Beweislastumkehr auch hinsichtlich des Ursachenzusammenhanges zwischen Behandlungsfehler und Primärschaden. Ausnahmsweise kann eine Beweislastumkehr hinsichtlich des Ursachenzusammenhanges auch dann in Betracht kommen, wenn die Behandlungsdokumentation insgesamt so unzureichend ist, dass sich hieraus für den Patienten die Aufklärung des Sachverhaltes im Arzthaftungsprozess unzumutbar erschwert.[379] In diesem Fall führt die in besonderem Maße unzureichende Dokumentation zu einer allein vom Arzt veranlassten Erschwerung der Nachverfolgung des eigentlichen Behandlungsgeschehens, die es rechtfertigt, der Behandlerseite die Beweislast für das Fehlen des Ursachenzusammenhanges zwischen dem Behandlungsfehler und der eingetretenen Primärschädigung zu überlasten.

cc) Das Einsichtsrecht des Patienten

Unbestritten steht dem Patienten sowohl außerprozessual als auch während eines laufenden Arzthaftungsrechtsstreits ein Recht auf Einsicht in die Behandlungsdokumentation zu. Dieses Einsichtsrecht ergibt sich zum einen als in § 630g Abs. 1 BGB normierte Nebenpflicht aus dem Behandlungsvertrag, darüber hinaus aber auch aus dem Selbstbestimmungsrecht des Patienten selbst.[380] Das Einsichtsrecht besteht daher sowohl bei auf vertraglichen Grundlagen beruhenden Behandlungsverhältnissen als

161

162

---

377 BGH NJW 1999, 3408 = VersR 1999, 1282; NJW 1995, 1611 = VersR 1995, 706; NJW 1993, 2375 = VersR 1993, 836; *Deutsch/Spickhoff* MedizinR Rn. 769; *Frahm/Nixdorf/Walter* ArztHaftR Rn. 144, 152; *Gehrlein* Arzthaftungspflicht Rn. B 125; *Geiß/Greiner* ArzthaftpflichtR Rn. B 206; *Laufs/Kern* in Laufs/Kern ArztR-HdB § 111 Rn. 11; *Martis/Winkhart* ArztHaftR D 395.

378 BGH NJW 1999, 3408 = VersR 1999, 1282; NJW 1993, 2375 = VersR 1993, 836; *Deutsch/Spickhoff* MedizinR Rn. 770; *Frahm/Nixdorf/Walter* ArztHaftR Rn. 152; *Gehrlein* Arzthaftungspflicht Rn. B 127; *Geiß/Greiner* ArzthaftpflichtR Rn. B 206, B 250; *Laufs/Kern* in Laufs/Kern ArztR-HdB § 111 Rn. 10; *Martis/Winkhart* ArztHaftR D 417; *Pauge* ArztHaftR Rn. 509; Spickhoff/*Greiner* BGB §§ 823 ff. Rn. 167; *Müller* MedR 2001, 487.

379 BGH NJW 1984, 1403 = VersR 1984, 386; OLG München BeckRS 2010, 17459 = VersR 2012, 111; OLG Koblenz BeckRS 2004, 00759 = VersR 2004, 1323; dazu *Geiß/Greiner* ArzthaftpflichtR Rn. B 250; *Martis/Winkhart* ArztHaftR D 419.

380 BVerfG NJW 2006, 1116; 1999, 1777; BGH NJW 1983, 328 = VersR 1983, 264; *Deutsch/Spickhoff* MedizinR Rn. 917; *Frahm/Nixdorf/Walter* ArztHaftR Rn. 153; *Gehrlein* Arzthaftungspflicht Rn. B 128; *Schlund* in Laufs/Kern ArztR-HdB § 56 Rn. 1, 4; *Martis/Winkhart* ArztHaftR E 1, E 2; *Pauge* ArztHaftR Rn. 498, 499; *Wenzel/Müller* Rn. 1635; *Hinne* NJW 2005, 2270; *Bemmann* VersR 2005, 760; *Gehrlein* NJW 2001, 2773.

auch bei solchen Behandlungen, bei denen es nicht zu einem Vertragsschluss kommt, also allein deliktische Haftungsansprüche in Rede stehen. Das Einsichtsrecht des Patienten ist nicht an die Darlegung eines besonderen Interesses geknüpft.[381] Anders verhält es sich allerdings mit dem Einsichtsrecht der Erben, die nach § 630g Abs. 3 S. 3 BGB zumindest dann, wenn der Arzt vom Patienten nicht von der ärztlichen Schweigepflicht entbunden worden ist, ein besonderes rechtliches Interesse an der Einsicht in die ärztliche Dokumentation darlegen müssen.[382] Dieses besondere rechtliche Interesse wird sich regelmäßig nur vermögensrechtlich begründen lassen und kann insbesondere in der Absicht liegen, Arzthaftungsansprüche aus übergegangenem (ererbtem) Recht geltend zu machen. Nach § 630g Abs. 3 S. 2 BGB können sich (nur) die nächsten Angehörigen eines verstorbenen Patienten zur Begründung ihres Interesses an der Einsicht in die Dokumentation auch auf imaterielle Interessen stützen, die jedoch konkret darzulegen sind. Dieses Recht besteht unabhängig von einer eventuellen Erbenstellung.[383]

163 Das Einsichtsrecht erstreckt sich nach § 630g Abs. 1 S. 1 BGB nicht – wie nach der früheren Rechtslage – nur auf objektive physische Befunde und Berichte über die Behandlungsmaßnahmen sowie sonstige objektivierbare medizinische Tatsachen, schließt insbesondere nicht mehr subjektive Wertungen des Arztes über den Patienten, dessen Erkrankung oder dritte Personen aus.[384] Vielmehr nimmt § 630g Abs. 1 S. 1 BGB nur solche Dokumentationsbestandteile aus dem Einsichtsrecht aus, bei denen erhebliche therapeutische Gründe oder sonstige erhebliche Rechte Dritter der Einsichtnahme entgegenstehen.[385] Damit wird das Einsichtsrecht in die Behandlungsdokumentation gegenüber der bisherigen Rechtslage fast ausnahmslos zu gewähren sein. Zu dem Personenkreis der Dritten gehört der Arzt selbst nicht. Die entgegenstehenden Gründe Dritter können sich aus deren Persönlichkeitsrechten ergeben und müssen gegenüber dem Einsichtsrecht des Patienten vorrangig sein. Der Arzt muss derartige Gründe sorgfältig abwägen, dem Einsichtsberechtigten gegenüber nach § 630g Abs. 1 S. 2 BGB begründen und im Bestreitensfall darlegen und beweisen. Dem Einsichtsrecht entgegenstehende erhebliche therapeutische Gründe können insbesondere bei psychiatrischen Patienten gegeben sein, wenn die Einsicht in die Dokumentation geeignet ist, den Heilungserfolg des psychisch erkrankten Patienten zu gefährden.[386] Die gesetzliche Beschränkung des Einsichtsrechts begründet sich nämlich gerade mit dem Schutz des Patienten vor einer erheblichen gesundheitlichen (Selbst-)Schädigung bei Kennt-

---

381 BGH NJW 1989, 764 = VersR 1989, 252; NJW 1983, 330 = VersR 1983, 267; *Deutsch/Spickhoff* MedizinR Rn. 917; *Frahm/Nixdorf/Walter* ArztHaftR Rn. 153; *Gehrlein* Arzthaftungspflicht Rn. B 128; *Martis/Winkhart* ArztHaftR E 4; *Pauge* ArztHaftR Rn. 518; einschränkend für das außerprozessuale Einsichtsrecht *Schlund* in Laufs/Kern ArztR-HdB § 55 Rn. 4, die ein sachliches Interesse des Patienten fordern.

382 BGH NJW 1983, 2627 = VersR 1983, 834; *Deutsch/Spickhoff* MedizinR Rn. 925; *Frahm/Nixdorf/Walter* ArztHaftR Rn. 155; *Gehrlein* Arzthaftungspflicht Rn. B 128; *Schlund* in Laufs/Kern ArztR-HdB § 56 Rn. 12; *Martis/Winkhart* ArztHaftR E 4; *Pauge* ArztHaftR Rn. 524, 525; Wenzel/*Müller* Rn. 1637.

383 *Frahm/Nixdorf/Walter* ArztHaftR Rn. 155.

384 Zur früheren Rechtslage BGH NJW 1989, 764 = VersR 1989, 252; NJW 1983, 330 = VersR 1983, 267; *Deutsch/Spickhoff* MedizinR Rn. 922; *Frahm/Nixdorf/Walter* ArztHaftR Rn. 153; *Gehrlein* Arzthaftungspflicht Rn. B 128; *Schlund* in Laufs/Kern ArztR-HdB § 56 Rn. 5; *Martis/Winkhart* ArztHaftR E 5; Wenzel/*Müller* Rn. 1636; insoweit zumindest zweifelnd BVerfG NJW 2006, 1116, dazu *Pauge* ArztHaftR Rn. 519–521; *Hinne* NJW 2005, 2270.

385 Dazu *Frahm/Nixdorf/Walter* ArztHaftR Rn. 154; *Martis/Winkhart* ArztHaftR E 5–E 15.

386 BGH NJW 1989, 764 = VersR 1989, 252; NJW 1985, 674 = VersR 1985, 1171; *Deutsch/Spickhoff* MedizinR Rn. 921; *Frahm/Nixdorf/Walter* ArztHaftR Rn. 154; *Gehrlein* Arzthaftungspflicht Rn. B 128; *Schlund* in Laufs/Kern ArztR-HdB § 56 Rn. 7; *Martis/Winkhart* ArztHaftR 448; *Pauge* ArztHaftR Rn. 520, 521; Wenzel/*Müller* Rn. 1636; krit. dazu *Hinne* NJW 2005, 2270 offengelassen in BVerfG NJW 2006, 1116.

nisnahme der entsprechenden Gründe.[387] Im Zweifel gebührt aufgrund der verfassungsrechtlichen Grundlegung des Einsichtsrechtes dem Einsichtsrecht des Patienten der Vorrang vor dem Geheimhaltungsinteresse Dritter oder des Arztes.

Das vertragliche Einsichtsrecht des Patienten kann nach § 116 SGB X iVm § 401 Abs. 1 **164** BGB analog, § 412 BGB auf die zuständige Krankenkasse übergehen, wenn die Einsicht zur Abklärung von auf den Träger der GKV übergegangen arzthaftungsrechtlichen Schadensersatzansprüchen erfolgen soll. Erforderlich ist, dass der Patient die behandelnden Ärzte bzw. den Krankenhausträger von der ärztlichen Schweigepflicht entbindet. Ist dies nicht möglich, weil der Patient verstorben oder aus anderen Gründen zur Erteilung der Schweigepflichtsentbindungserklärung nicht in der Lage ist, ist regelmäßig von seinem vermuteten Einverständnis auszugehen. Anderes gilt nur, wenn der Patient der Einsichtnahme vorher ausdrücklich ausssprochen hat und sich aus den Umständen des Einzelfalls ergibt, dass der ursprünglich erklärte Widerspruch weiterhin fortbesteht.[388]

Neben der in der Praxis des Arztes oder in den Räumen des Krankenhauses erfolgen- **165** den Einsicht in die Behandlungsdokumentation, zu der auch die Ergebnisse bildgebender Untersuchungen gehören, kann der Patient verlangen, dass ihm auf seine Kosten gefertigte Kopien der Behandlungsdokumentation ausgehändigt werden. Dies folgt aus § 630g Abs. 1 S. 3 iVm § 811 Abs. 2 S. 2 BGB. Dem Patienten steht nach § 811 Abs. 1 S. 2 BGB darüber hinausgehend ein Anspruch auf Vorlage von Original-Röntgenaufnahme bei seinem Rechtsanwalt zu.[389] Nach § 630g Abs. 2 BGB kann der Einsichtsberechtigte auch die Übersendung elektronischer Abschriften der Dokumentation verlangen. Dies ist sowohl bei papierenen als auch bei in elektronischer Form geführten Dokumentationen denkbar. Filme oder Bilder sind gegebenenfalls auf einem geeigneten Datenträger (CD oder DVD) gespeichert zu überlassen. Demgegenüber besteht kein Anspruch des Patienten oder dessen Erben auf die Aushändigung von Originalen. Dies gilt sowohl für die schriftliche oder elektronisch geführte Behandlungsdokumentation. Bei elektronischer Archivierung einer ehemals schriftlich geführten Behandlungsdokumentation kann der Patient die Einsicht in die Originalbehandlungsdokumentation so lange verlangen, solange diese noch nicht vernichtet oder – nach elektronischer Archivierung – unauffindbar ist. Ist die Vernichtung erfolgt, erstreckt sich das Einsichtsrecht auf die elektronisch archivierte Dokumentation.

C. Der haftungsausfüllende Tatbestand

Zum haftungsausfüllenden Tatbestand eines Arzthaftungsanspruches gehört zum ei- **166** nen die Feststellung etwaiger Sekundärschäden und zum zweiten das Vorliegen eines Kausalzusammenhanges zwischen dem Behandlungsfehler und den Sekundärschäden (sog. haftungsausfüllende Kausalität).

I. Mögliche Sekundärschäden

Mögliche Sekundärschäden können sich zum einen als gegenüber der primären Ge- **167** sundheitsbeeinträchtigung (sog. Primärschaden) nachfolgende, sekundäre Gesundheitsbeeinträchtigungen ergeben. Denkbar sind insoweit Folgeerkrankungen, die nicht – wie der Primärschaden – in der unmittelbar durch den Behandlungsfehler verur-

---

387 Vgl. BT-Drs. 17/10488, 26.
388 So für die Einsicht in die Pflegedokumentation eines Pflegeheimes, BGH VersR 2013, 648; 2010, 969.
389 OLG München NJW 2001, 2806; LG Kiel NJW-RR 2007, 1623 = MedR 2007, 733; *Frahm/Nixdorf/Walter* ArztHaftR Rn. 153; *Martis/Winkhart* ArztHaftR E 20.

sachten Gesundheitsbeschädigung liegen, sondern erst durch den als Folge des Behandlungsfehlers eingetretenen primären Gesundheitsschaden verursacht worden sind. Als Primär- und nicht als Sekundärschaden einzuordnen ist danach (nur) der erste durch die Behandlung herbeigeführte Verletzungserfolg im Sinne einer gesundheitlichen Belastung des Patienten in ihrer konkreten Ausprägung. Ob eine gesundheitliche Beeinträchtigung als Primärschaden oder Sekundärschaden eingeordnet werden muss, ist jeweils im Einzelfall zu entscheiden.[390]

168 Von besonderer Bedeutung sind darüber hinaus die materiellen Folgeschäden. Hierunter fallen in erster Linie die notwendigen Kosten für die aufgrund des Behandlungsfehlers medizinisch gebotenen Behandlungsmaßnahmen. Dabei ist allerdings die in § 116 SGB X formulierte Legalzession zu beachten, wonach Ansprüche auf die Erstattung von Heilbehandlungskosten, für die ein gesetzlicher Sozialversicherungsträger, zB der Träger der gesetzlichen Krankenversicherung oder der gesetzlichen Unfallversicherung, einzutreten hat, bereits mit Anspruchsentstehung auf den Sozialversicherungsträger übergehen. Für privat versicherte Patienten ergibt sich die Legalzession aus § 86 Abs. 1 VVG. Derartige Ansprüche können daher nach dem von Gesetzes wegen erfolgenden Anspruchsübergang vom geschädigten Patienten nicht im Wege des Arzthaftpflichtanspruches geltend gemacht werden, wobei die cessio legis beim gesetzlich versicherten Patienten gem. § 116 SGB X bereits mit dem Schadensereignis, beim privat versicherten Patienten nach § 86 Abs. 1 VVG erst mit der tatsächlichen Ersatzleistung durch den privaten Krankenversicherer eintritt. Zum Schaden des Patienten selbst können demgegenüber die nicht vom gesetzlichen Sozialversicherungsträger zu erstattenden Heilbehandlungskosten gehören, wie zB etwaige Zuzahlungen zu den Leistungen der gesetzlichen Krankenversicherung.[391] Dies gilt bspw. für die für längstens 28 Kalendertage geschuldete Zuzahlung bei der stationären Krankenhausbehandlung nach § 39 Abs. 4 SGB V, die grundsätzlich erstattungsfähig ist, sofern deren Zahlung durch den Behandlungsfehler verursacht worden ist. Es findet allerdings eine Verrechnung mit den Vorteilen ersparter Verpflegungskosten statt.[392]

169 Zu den Heilbehandlungskosten gehören auch die von der privaten Krankenversicherung bei privat krankenversicherten Patienten erstatteten Behandlungskosten. In der gesetzlichen Krankenversicherung Versicherte können privatärztliche Leistungen demgegenüber nur ausnahmsweise ersetzt verlangen, wenn diese medizinisch geboten sind oder dem Geschädigten im Einzelfall die Beschränkung auf Leistungen der gesetzlichen Krankenversicherung nicht zumutbar ist.[393] Dies kann zB bei Akupunkturbehandlungen,[394] bei der Leistung von Zahnersatz[395] oder bei besonders schweren Verletzungen[396] oder dann der Fall sein, wenn der Leistungskatalog der gesetzlichen Krankenversicherung nur unzureichende Möglichkeiten zur Schadensbeseitigung bietet[397] bzw. der Patient für die in Anspruch genommenen Leistungen eine private Zusatzversicherung vorhält.[398] Darüber hinaus sind im Rahmen der stationären Behand-

---

390 Dazu beispielhaft BGH NJW-RR 2014, 1147 = VersR 2014, 632; NJW 2014, 688 = VersR 2014, 247; NJW 2013, 3094 = VersR 2013, 1174; NJW 2012, 2024 = VersR 2012, 905; NJW 2011, 375 = VersR 2011, 223; NJW 2008, 1381 = VersR 2008, 644; NJW 1998, 3417 = VersR 1998, 1153, vgl. auch *Martis/Winkhart* ArztHaftR G 102 ff.

391 *Küppersbusch/Höher* Ersatzansprüche Rn. 254–261.

392 *Küppersbusch/Höher* Ersatzansprüche Rn. 256 mit Fn. 100.

393 BGH NJW 2006, 1271 = VersR 2005, 1559; NJW 2004, 3324 = VersR 2004, 1180; *Küppersbusch/Höher* Ersatzansprüche Rn. 230; MüKoBGB/*Oetker* § 249 Rn. 336.

394 KG Berlin NZV 2004, 42.

395 BGH NJW 2004, 3324 = VersR 2004, 1180.

396 BGH NJW 2006, 1271 = VersR 2005, 1559; OLG München BeckRS 2008, 19172 = DAR 2004, 651.

397 BGH NJW 2004, 3324 = VersR 2004, 1180.

398 OLG Hamm NJW-RR 2006, 1537 = VersR 2007, 1129.

Nebendahl

lung grundsätzlich nur die Leistungen der allgemeinen Pflegeklasse erstattungsfähig, sofern die höhere Pflegeklasse nicht ausnahmsweise medizinisch geboten ist.[399] Einen Einzelzimmerzuschlag kann der Patient nur erstattet verlangen, wenn er nachweist, dass er die Kosten auch ohne die Regressmöglichkeit gegen den Behandler aufgewandt hätte.[400]

Von den erstattungsfähigen Heilbehandlungskosten umfasst werden sämtliche für die **170** gesundheitliche Wiederherstellung erforderlichen Kosten, also die Kosten der ärztlichen Behandlung und für notwendige Medikamente sowie Heil- und Hilfsmittel. Hierzu gehören auch die Kosten für die Behandlung zur Beseitigung äußerer Spuren der Fehlbehandlung, zB kosmetische Operationen zur Narbenbeseitigung. Eine Grenze ist erst dann erreicht, wenn es sich um geringfügige Narben handelt, deren Beseitigung einen unverhältnismäßig hohen Aufwand erfordert.[401] Besteht nur die Möglichkeit zur teilweisen Wiederherstellung der gesundheitlichen Integrität, erstreckt sich die Ersatzpflicht auch auf die Kosten der hierfür erforderlichen Behandlungen. Heilbehandlungskosten sind ebenfalls für medizinisch gebotene aber im Ergebnis erfolglose Heilbehandlungen zu erstatten. Heilpraktikerkosten oder die Kosten für alternative Heilmethoden sind erstattungsfähig, wenn sie mit hinreichender Wahrscheinlichkeit zumindest der Linderung der Beschwerden dienen und die Schulmedizin im konkreten Fall keine geeignete Behandlungsmethode bietet.[402] Heilbehandlungskosten im Ausland können im Einzelfall bei Vorliegen besonderer Umstände erstattungsfähig sein.[403]

Die erstattungsfähigen Kosten erfassen darüber hinaus die Kosten für Maßnahmen, **171** die der Linderung verbleibender gesundheitlicher Schädigungen oder körperlicher Beeinträchtigungen dienen. Hierzu gehören zB die Kosten für Körperersatzstücke (künstliche Gliedmaße, Perücken etc.) oder die Kosten für Rollstühle, Gehhilfen oder Spezialbetten.[404] Ggf. können auch die Kosten für den behindertengerechten Umbau einer Wohnung oder eines Hauses[405] und die Kosten für die Anschaffung eines behindertengerechten Kfz[406] geschuldet sein, wobei allerdings die sich aus dem Umbau oder der Anschaffung ergebenden Wertsteigerungen gegenzurechnen sind.

Eine weitere mögliche Schadensposition ergibt sich aus den sog. Besuchskosten. Die **172** Kosten, die nahe Angehörige zum Besuch des geschädigten Patienten während eines Krankenhausaufenthaltes aufwenden müssen, sind ersatzfähig, wenn sie der Minderung des Leidens des Patienten dienen.[407] Es handelt sich um einen eigenen Anspruch des Geschädigten,[408] weil der Verzicht des Besuchers auf Kostenersatz dem Schädiger nicht zugute kommen darf. Der Anspruch auf Erstattung der Besuchskosten ist auf

---

399 OLG Oldenburg BeckRS 2009, 17702 = VersR 1984, 765; OLG Nürnberg ZfS 1983, 103; *Küppersbusch/Höher* Ersatzansprüche Rn. 231; MüKoBGB/*Oetker* § 249 Rn. 336.
400 BGH NJW 2006, 1271 = VersR 2005, 1559; Palandt/*Grüneberg* BGB § 249 Rn. 8.
401 BGH NJW 1975, 640 = VersR 1975, 342; KG Berlin BeckRS 2009, 16547 = VersR 1981, 64; 1980, 873; MüKoBGB/*Oetker* § 249 Rn. 338.
402 *Küppersbusch/Höher* Ersatzansprüche Rn. 228.
403 BGH NJW 1969, 2281 = VersR 1969, 1040; OLG Hamburg BeckRS 2008, 16200 = VersR 1988, 858; *Küppersbusch/Höher* Ersatzansprüche Rn. 233.
404 Dazu MüKoBGB/*Oetker* § 249 Rn. 341 mwN.
405 BGH NJW 2006, 1271 = VersR 2005, 1559; *Küppersbusch/Höher* Ersatzansprüche Rn. 268; MüKoBGB/*Oetker* § 249 Rn. 342.
406 BGH NJW-RR 2004, 671 = VersR 2004, 482; *Küppersbusch/Höher* Ersatzansprüche Rn. 264; MüKoBGB/*Oetker* § 249 Rn. 341.
407 BGH NJW 1991, 2340 = VersR 1991, 559; dazu *Küppersbusch/Höher* Ersatzansprüche Rn. 236; MüKoBGB/*Oetker* § 249 Rn. 411–415.
408 BGH NJW 1991, 2340 = VersR 1991, 559; NJW 1985, 2757 = VersR 1985, 784; NJW 1979, 598 = VersR 1979, 350; OLG Naumburg NJW-RR 2011, 245.

nächste Angehörige,[409] also Eltern, Ehepartner oder Lebensgefährten,[410] nicht aber Geschwister[411] begrenzt. Darüber hinaus sind nur die notwendigen Kosten zu erstatten, also die Fahrtkosten entsprechend der wirtschaftlichsten Beförderungsart, notwendige Übernachtungskosten und Verpflegungsmehraufwand sowie unvermeidbarer Verdienstausfall, bei Selbständigen der entgangene Gewinn, nicht aber eine Entschädigung für aufgewandte Freizeit.[412] Die Besuchskosten sind auf das im jeweiligen Einzelfall festzustellende medizinisch Gebotene hinsichtlich der Anzahl der Besuche beschränkt. Bei mehreren für einen Besuch infrage kommenden Angehörigen beschränken sich die Besuchskosten grundsätzlich auf eine Person.[413]

173 Zu den erstattungsfähigen Kosten gehören darüber hinaus die Kosten der Sicherung des Heilerfolges. Hierunter fallen sowohl Kosten für Kur- und Rehabilitationsmaßnahmen,[414] soweit diese nicht auf gesetzliche Sozialversicherungsträger übergegangen sind (vgl. § 116 SGB X). Tatsächlich angefallene Pflegekosten bei Durchführung der schädigungsbedingten Pflegemaßnahmen durch einen Pflegedienst oder in einem Pflegeheim sind gleichfalls vom haftungsausfüllenden Tatbestand umfasst.[415] Bei – kostenloser – Pflege durch nahe Angehörige sind die Kosten zu erstatten, die bei Durchführung der Pflege durch Dritte angefallen wären.[416] Der Verdienstausfall, der pflegenden Angehörigen entsteht, ist gleichfalls erstattungsfähig, aber auf die fiktiv berechneten Pflegekosten anzurechnen.[417]

174 Ersatzfähig sind des Weiteren Anschaffungen, die der Geschädigte aus Anlass der Gesundheitsschädigung vorgenommen hat, wenn die Anschaffungen gerade wegen des Behandlungsfehlers erfolgt sind.[418] Demgegenüber entfällt die Erstattungsfähigkeit bei Anschaffungen, die der Geschädigte sowieso getätigt hätte. Zu erstatten ist deshalb zB eine Lesestoffpauschale in Höhe von etwa 10 EUR bis 15 EUR pro Woche für bei einem Krankenhausaufenthalt notwendige zusätzliche Zeitungslektüre,[419] sowie die Kosten für die Unterhaltung während des Krankenhausaufenthaltes. Besondere Anschaffungen, die in diesem Zusammenhang getätigt werden, sind vollständig erstattungsfähig, wenn die Nutzung nach Ende des Krankenhausaufenthaltes entfällt, wie beispielsweise bei der zeitweisen Miete eines Fernsehers. Besteht über den Krankenhausaufenthalt hinaus eine weitergehende Nutzungsmöglichkeit zB beim Kauf eines Fernsehers, ist der Schadensanteil zu schätzen.[420]

175 Weitere Folgeschäden sind erstattungsfähig, wenn sie mit dem schädigenden Ereignis in einem Kausalzusammenhang stehen. Der notwendige Kausalzusammenhang fehlt, wenn der Schaden auch ohne das schadensstiftende Ereignis infolge der Grunderkran-

---

409 BGH NJW 1991, 2340 = VersR 1991, 559; weiter MüKoBGB/*Oetker* § 249 Rn. 414.

410 KG Berlin Urt. v. 12.3.2009 – 22 U 39/06; LG Münster NJW 1998, 1801; Palandt/*Grüneberg* BGB § 249 Rn. 9; *Küppersbusch/Höher* Ersatzansprüche Rn. 236 mit Fn. 48.

411 OLG Karlsruhe BeckRS 9998, 39863 = VersR 1998, 1256; Palandt/*Grüneberg* BGB § 249 Rn. 9.

412 BGH NJW 1991, 2340 = VersR 1991, 559; *Küppersbusch/Höher* Ersatzansprüche Rn. 44, 138 ff.; MüKoBGB/*Oetker* § 249 Rn. 412; Palandt/*Grünberg* BGB § 249 Rn. 68.

413 MüKoBGB/*Oetker* § 249 Rn. 413 (Beschränkung auf den »billigsten« Angehörigen).

414 BGH NJW-RR 1991, 854 = VersR 1991, 596 (zur beruflichen Rehabilitation); OLG Celle VersR 1975, 1103; LG Bonn BeckRS 1995, 06489 = VersR 1996, 381.

415 Dazu *Küppersbusch/Höher* Ersatzansprüche Rn. 265; MüKoBGB/*Oetker* § 249 Rn. 417.

416 BGH NJW 1999, 421 = VersR 1999, 252; *Küppersbusch/Höher* Ersatzansprüche Rn. 265 (Stundensätze zwischen 7,50 EUR und 10,00 EUR); MüKoBGB/*Oetker* § 249 Rn. 417.

417 MüKoBGB/*Oetker* § 249 Rn. 417; vgl. auch OLG Bamberg BeckRS 2005, 30358739 = VersR 2005, 1593.

418 *Küppersbusch/Höher* Ersatzansprüche Rn. 264.

419 MüKoBGB/*Oetker* § 249 Rn. 420; anders OLG Köln BeckRS 2008, 17331 = VersR 1989, 1309; *Küppersbusch/Höher* Ersatzansprüche Rn. 239, 264; Palandt/*Grünberg* BGB § 249 Rn. 8.

420 MüKoBGB/*Oetker* § 249 Rn. 421; einschränkend OLG Köln NJW 1988, 2957.

kung oder einer besonderen Disposition oder Schadensanlage des Patienten eingetreten wäre, insoweit also eine Reserveursache die Kausalität ausschließt. In diesem Fall haftet der Arzt nur für diejenigen Nachteile, die sich durch den früheren Schadenseintritt ergeben. Für das Vorliegen einer Reserveursache ist der Arzt beweispflichtig.[421]

Erstattungsfähige Folgekosten bilden zB die Rechtsanwaltskosten für die außergericht- **176** liche und gerichtliche Vertretung einschließlich der Kosten eines selbstständigen Beweisverfahrens. Kosten für Sachverständigengutachten sind erstattungsfähig, soweit sie zu einer zweckentsprechenden Rechtsverfolgung notwendig sind,[422] was regelmäßig für medizinische Gutachten, aber nur ausnahmsweise für Rechtsgutachten anzunehmen ist. Es kommt grundsätzlich nicht darauf an, ob das Gutachten, das der Geschädigte in Auftrag gegeben hat, inhaltlich brauchbar ist. Die Ersatzpflicht entfällt allerdings, wenn der Geschädigte schuldhaft einen ungeeigneten Sachverständigen beauftragt oder das Gutachten auf vom Geschädigten bewusst fehlerhaft mitgeteilten Tatsachen beruht.[423] Zu den erstattungsfähigen Folgeschäden gehören auch schädigungsbedingt höhere Versicherungsprämien und Risikozuschläge auf Versicherungsprämien.[424] Der eigene Zeitaufwand des Geschädigten ist nicht ersatzfähig.[425]

Besondere Probleme ergeben sich im Zusammenhang mit dem sog. Verdienstausfall- **177** schaden. Die Arbeitskraft des Geschädigten selbst ist grundsätzlich nicht erstattungsfähig, soweit sich die Beschränkung der Arbeitskraft nicht in einem konkreten Verdienstausfall niederschlägt. Bei einem abhängig beschäftigten Arbeitnehmer erstreckt sich der zu ersetzende Verdienstausfall auf sämtliche aufgrund des Behandlungsfehlers entgangenen Vergütungsansprüche einschließlich der in der Zeit des Verdienstausfalles angefallenen Zulagen, zB für Überstunden oder besondere Erschwernisse, sowie periodisch gezahlte sonstige Arbeitgeberleistungen und Sonderzuwendungen. Zu beachten ist allerdings die in § 6 EFZG vorgesehene Legalzession, nach der der Ersatzanspruch für Zeiten, in denen der Arbeitgeber Entgeltfortzahlungen im Krankheitsfall leistet, auf den Arbeitgeber übergeht. Der Ersatzanspruch kann entweder nach der sog. Bruttolohnmethode (Bruttoentgelt einschließlich der einbehaltenen Lohn- und Kirchensteuer, Solidaritätszuschlag sowie Arbeitnehmeranteile zur Sozialversicherung) oder nach der modifizierten Nettolohnmethode (fiktiver Nettolohn aufgestockt um die auf den Schadensersatz zu zahlende Steuer) berechnet werden.[426] Bei der Anwendung der Bruttolohnmethode muss ggf. korrigierend berücksichtigt werden, dass es infolge steuerlicher Progressionen zu Verschiebungen kommt.

Der Verdienstausfall von Selbständigen ist dann, wenn eine Ersatzkraft eingestellt **178** wird, nach den (Brutto-) Kosten dieser Ersatzkraft zu berechnen.[427] Kommt es nicht zur Einstellung einer Ersatzkraft, ist die Berechnung auf der Basis der nach dem Betriebsergebnis tatsächlich eingetretenen Gewinnminderung vorzunehmen. Hierzu gehört neben dem entgangenen Nettogewinn zB der Verlust von Aufträgen in der Zukunft. Ersparte Betriebsausgaben sind schadensmindernd zu berücksichtigen.[428]

---

421 BGH ZMGR 2016, 240; NJW 1985, 676 = VersR 1985, 60.
422 MüKoBGB/*Oetker* § 249 Rn. 182, 185, 396.
423 MüKoBGB/*Oetker* § 249 Rn. 397.
424 BGH NJW 1984, 2627 = VersR 1984, 690.
425 BGH NJW 1989, 766 = VersR 1989, 188; *Küppersbusch/Höher* Ersatzansprüche Rn. 216; Palandt/*Grünberg* BGB § 249 Rn. 68; MüKoBGB/*Oetker* § 249 Rn. 83.
426 BGH NJW 1999, 3711 = VersR 2000, 65; NJW 1995, 389 = VersR 1995, 104; dazu *Küppersbusch/Höher* Ersatzansprüche Rn. 95–99; MüKoBGB/*Oetker* § 252 Rn. 18–19.
427 BGH NJW 1997, 941 = VersR 1997, 453; *Küppersbusch/Höher* Ersatzansprüche Rn. 142; MüKoBGB/*Oetker* § 252 Rn. 27.
428 BGH NJW 1994, 654 = VersR 1994, 316; dazu *Küppersbusch/Höher* Ersatzansprüche Rn. 136–153.

179 Erfolgt die Schädigung vor Eintritt in das Berufsleben, ist der berufliche Werdegang unter Berücksichtigung der persönlichen Fähigkeiten und Eigenschaften und den Verhältnissen des Arbeitsmarktes zu schätzen. Es ist grundsätzlich von einem durchschnittlichen beruflichen Erfolg auszugehen.[429] Bei der erforderlichen Prognose sind der Beruf sowie die Vor- und Weiterbildung der Eltern, ihre Qualifikation in der Berufstätigkeit sowie die schulische und berufliche Entwicklung der Geschwister, aber auch bereits erkennbare Begabungen und Fähigkeiten des Geschädigten einzubeziehen,[430] wobei dem Geschädigten zum Ausgleich der durch die Schädigung geminderten Lebenschancen ein gewisser Schätzspielraum eingeräumt werden muss.[431] Auch bei Langzeitarbeitslosen kann nicht unterstellt werden, dass sie auf Dauer ohne Erwerbseinkünfte bleiben.

180 Abweichend von der Grundregel, dass die Beeinträchtigung der Arbeitskraft selbst nicht erstattungsfähig ist, ist der sog. Haushaltsführungsschaden ersatzfähig. Es handelt sich hierbei um den Schaden, der dadurch entsteht, dass der Geschädigte seinen Unterhaltspflichten nicht nachkommen kann. Wird eine Ersatzkraft zur Führung des Haushalts eingestellt, sind die dafür erforderlichen Kosten erstattungsfähig. Geschieht dies nicht, entsteht ein Ersatzanspruch in Höhe der Aufwendungen (Nettovergütung), die für eine Haushaltshilfskraft erforderlich wären.[432]

181 Vorteile, die dem Geschädigten im Zusammenhang mit dem schädigenden Ereignis zufließen, können den Schadensersatzanspruch mindernd beeinflussen. Es muss sich allerdings um Vorteile handeln, die gerade durch das schädigende Ereignis adäquat kausal hervorgerufen worden sind und deren Anrechnung dem Zweck des Schadensersatzes entspricht.[433] Hierzu gehören zB ersparte Verpflegungsaufwendungen oder ersparte Aufwendungen für Unterbringung (Heizung, Strom etc.) bei einem Krankenhausaufenthalt, ersparte Fahrtkosten zur Arbeitsstelle oder sonstige ersparte berufsbedingte Aufwendungen, nicht aber ein aufgrund der Schädigung erfolgter Verzicht, zB der Verzicht auf eine bereits geplante Urlaubsreise.[434] Leistungen Dritter an den Geschädigten sind schadensmindernd nur dann zu berücksichtigen, wenn die Anrechnung dem Sinn und Zweck des Schadensersatzes nicht entgegensteht. Danach sind Leistungen, die dem Geschädigten aufgrund bestehender Leistungspflichten von Dritten zufließen, nicht zu berücksichtigen. Dies gilt zB für Ansprüche aus gesetzlichen oder vertraglichen Versicherungen (Unfallversicherung, Krankenversicherung etc.) sowie gesetzliche Unterhaltsansprüche. Auch freigiebige Leistungen Dritter, zB Schenkungen oder Sammlungen, wirken sich nicht schadensmindernd aus.[435] Anders ist die Situation, wenn diese Leistungen gerade mit dem Zweck gewährt worden sind, den Schadensersatzanspruch zu mindern, also im Interesse des Schädigers erfolgen. Eigene Leistungen des Geschädigten sind grundsätzlich ebenfalls nicht schadensmindernd zu berücksichtigen, soweit sie nicht ausnahmsweise im Rahmen der Schadensminderungspflicht des Geschädigten nach § 254 Abs. 2 BGB erbracht werden.[436]

---

429 BGH NJW-RR 1999, 1033 = VersR 2000, 233; *Küppersbusch/Höher* Ersatzansprüche Rn. 173.
430 BGH VersR 2010, 1607 = GesR 2010, 685.
431 *Küppersbusch/Höher* Ersatzansprüche Rn. 173.
432 BGH NJW-RR 1992, 792 = VersR 1992, 618; NJW-RR 1990, 34 = VersR 1989, 1273; dazu *Küppersbusch/Höher* Ersatzansprüche Rn. 188; Palandt/*Sprau* BGB § 843 Rn. 8.
433 BGH NJW 2008, 2773 = VersR 2009, 796; dazu *Küppersbusch/Höher* Ersatzansprüche Rn. 35; MüKoBGB/*Oetker* § 249 Rn. 228–232.
434 BGH NJW 1983, 1107 = VersR 1983, 392; *Küppersbusch/Höher* Ersatzansprüche Rn. 217; MüKoBGB/*Oetker* § 249 Rn. 243.
435 *Küppersbusch/Höher* Ersatzansprüche Rn. 37, 424.
436 BGH NJW 1974, 602; MüKoBGB/*Oetker* § 249 Rn. 273.

Ein Sonderproblem stellt die Behandlung des Vergütungsanspruches des Arztes für 182
die Behandlung dar, bei der der Behandlungsfehler aufgetreten ist. Soweit die Behandlungskosten bei gesetzlich krankenversicherten Patienten nicht vom Patienten getragen werden, sondern – bei stationären Behandlungen – von der Krankenkasse oder – bei ambulanten Behandlungen – aus dem Gesamthonorarvolumen der Kassenärztlichen Vereinigung, steht dem Patienten kein Rückzahlungsanspruch zu. Bei vorhandener Kausalität kann ein solcher Rückzahlungsanspruch im Einzelfall zugunsten der jeweiligen Krankenkasse bzw. der Kassenärztlichen Vereinigung bestehen. Anders verhält es sich bei vom Patienten selbst zu tragenden Behandlungshonoraren im Falle der privaten Krankenversicherung bzw. privater Zusatzversicherungen oder bei Selbstzahlern. In diesen Fällen erstreckt sich der Rückzahlungsanspruch auf diejenigen Behandlungskosten, die aufgrund des Behandlungsfehlers für den Patienten nutzlos geworden sind.[437] Das kann nicht nur dann angenommen werden, wenn eine besonders grobe Pflichtverletzung des Arztes vorliegt oder die ärztliche Dienstleistung unbrauchbar war. Entscheidend ist nicht das Maß der Pflichtwidrigkeit des Arztes, sondern die trotz eines Behandlungsfehlers verbleibende Brauchbarkeit der ärztlichen Behandlung für den Patienten. Der Patient kann allerdings nicht gleichzeitig die Rückzahlung des Honorars von dem behandelnden Arzt und die Übernahme der Kosten eines Nachbehandlers verlangen, wohl aber dort entstehende Mehrkosten.[438] Hat der Patient die Arztrechnung noch nicht ausgeglichen, steht ihm insoweit ein Leistungsverweigerungsrecht bzw. ein Anspruch auf Befreiung von einer Verbindlichkeit zu.[439]

II. Zur haftungsausfüllenden Kausalität

Die Berücksichtigung eines Folgeschadens im Rahmen des haftungsausfüllenden Tatbe- 183
standes setzt einen ursächlichen Zusammenhang zwischen dem schadensbegründenden Verhalten, also dem Behandlungsfehler, und dem eingetretenen Sekundärschaden voraus. Dabei handelt es sich nicht um einen Zusammenhang im Sinne einer naturwissenschaftlichen Ursächlichkeit, sondern um einen normativ begründeten, adäquat kausalen Zurechnungszusammenhang. Der Zurechnungszusammenhang ist gegeben, wenn für den Erfolgseintritt eine überwiegende Wahrscheinlichkeit vorhanden ist.[440]

Danach haftet der pflichtwidrig handelnde Arzt auch für Behandlungsfehler nachfol- 184
gend behandelnder Ärzte. Dies gilt nur dann nicht, wenn der nachbehandelnde Arzt einen neuen Kausalverlauf in Gang setzt, was bei gröbst pflichtwidrigen Verhalten gegeben ist oder in Fällen, in denen keinerlei Behandlungszusammenhang zu der Behandlung des pflichtwidrig vorbehandelnden Arztes besteht.[441] Auch für die Schäden, die der

---

437 BGH NJW 2011, 1674 = VersR 2011, 883; OLG Zweibrücken GesR 2012, 503; OLG Koblenz MedR 2012, 264 = VersR 2012, 446; OLG Hamburg MDR 2006, 873; *Frahm/Nixdorf/Walter* ArztHaftR Rn. 262; *Gehrlein* Arzthaftungspflicht Rn. A 38a; *Geiß/Greiner* ArzthaftpflichtR Rn. A 96; *Martis/Winkhart* ArztHaftR R 9; enger OLG Köln GesR 2003, 85 (nur bei besonders groben Pflichtverletzungen oder im Fall einer wertlosen zahnärztlichen Versorgung); so auch *Teumer/Stamm* VersR 2008, 174; *Schütz/Dopheide* VersR 2006, 1440.
438 *Martis/Winkhart* ArztHaftR R 10a, R 10b.
439 *Kern* in Laufs/Kern ArztR-HdB § 75 Rn. 18.
440 NJW-RR 2014, 1147 = VersR 2014, 632; NJW 2014, 688 = VersR 2014, 247; BGH NJW 2011, 375 = VersR 2011, 223; NJW 2008, 1381 = VersR 2008, 644; NJW 1987, 705 = VersR 1986, 1121; *Gehrlein* Arzthaftungspflicht Rn. B 112; *Geiß/Greiner* ArzthaftpflichtR Rn. B 192; *Martis/Winkhart* ArztHaftR K 25; *Pauge* ArztHaftR Rn. 359.
441 BGH NJW 2012, 2024 = VersR 2012, 905; NJW 2003, 2311 = VersR 2003, 1128; NJW 1989, 767 = VersR 1988, 1273; *Deutsch/Spickhoff* MedizinR Rn. 655; *Frahm/Nixdorf/Walter* ArztHaftR Rn. 73; *Gehrlein* Arzthaftungspflicht Rn. B 77, B 108; *Geiß/Greiner* ArzthaftpflichtR Rn. B 191; *Martis/Winkhart* ArztHaftR K 47; *Pauge* ArztHaftR Rn. 289, 290, 363.

Patient anlässlich einer Krankenhausbehandlung erleidet, die wegen eines Behandlungsfehlers notwendig wurde, ist der notwendige Kausalzusammenhang gegeben.

185 Besondere Probleme treten bei psychisch bedingten Folgeschäden auf. Auch solche psychisch bedingten Folgeschäden sind grundsätzlich erstattungsfähig. Dies gilt selbst dann, wenn sie auf einer besonderen Veranlagung, insbesondere psychischen Labilität des geschädigten Patienten beruhen.[442] Der Zurechnungszusammenhang entfällt bei sog. Rentenneurosen.[443] Eine solche nur mit großer Zurückhaltung anzunehmende Rentenneurose ist in Fällen gegeben, in denen eine völlig unangemessene Verarbeitung einer körperlichen Beeinträchtigung aufgrund unbewusster Begehrensvorstellung des Patienten zum Ausscheiden aus dem Erwerbsleben geführt hat. Dies setzt voraus, dass der geschädigte Patient die körperliche Schädigung lediglich zum Anlass nimmt, den Schwierigkeiten und Belastungen des Erwerbslebens auszuweichen und quasi in die Verrentung flüchtet. Darüber hinaus scheidet eine Zurechnung von psychischen Folgeschäden aus, wenn das schädigende Ereignis lediglich ganz geringfügig war (sog. Bagatelleingriff) und nicht auf eine bereits vorhandene Neigung des Patienten zu psychischer Fehlverarbeitung getroffen ist.[444] Es muss ein derartig grobes Missverhältnis zwischen dem schädigungsbedingten Anlass und der psychischen Folge vorliegen, das die Verursachung der psychischen Folge durch den (Bagatell-) Eingriff schlechterdings nicht mehr verständlich erscheinen lässt.

III. Beweisfragen

186 Die Beweislast für sämtliche Voraussetzungen des haftungsausfüllenden Tatbestandes obliegt grundsätzlich dem Patienten. Im Gegensatz zum haftungsbegründenden Tatbestand gilt allerdings für den haftungsausfüllenden Tatbestand das – mildere – Beweismaß des § 287 Abs. 1 BGB – sog. Freibeweis. Danach reicht es aus, wenn der Richter den Eintritt des Sekundärschadens und das Vorliegen der haftungsausfüllenden Kausalität mit überwiegender Wahrscheinlichkeit in freier Beweiswürdigung feststellen kann.[445]

187 Die für den haftungsbegründenden Tatbestand geltenden Beweiserleichterungen gelten für den haftungsausfüllenden Tatbestand grundsätzlich nicht. Nur in seltenen Ausnahmefällen kann sich bei Vorliegen eines groben Behandlungsfehlers die für die haftungsbegründende Kausalität geltende Beweislastumkehr auch auf die haftungsausfüllende Kausalität erstrecken, wenn der eingetretene gesundheitliche Sekundärschaden eine typische Folge der Primärverletzung darstellt.[446] Bei allen anderen Se-

---

442 BGH NJW 2004, 1945 = VersR 2004, 874; NJW 2000, 862 = VersR 2000, 372 (jeweils zu Verkehrsunfällen); *Gehrlein* Arzthaftungspflicht Rn. B 113; *Geiß/Greiner* ArzthaftpflichtR Rn. B 193; *Laufs/Kern* in Laufs/Kern ArztR-HdB § 106 Rn. 9; *Pauge* ArztHaftR Rn. 366.
443 BGH NJW 2012, 2964 = VersR 2012, 1133; NJW 1983, 340 = VersR 1982, 1141; NJW 1979, 1935 = VersR 1979, 718; *Gehrlein* Arzthaftungspflicht Rn. B 114; *Geiß/Greiner* ArzthaftpflichtR Rn. B 193; *Laufs/Kern* in Laufs/Kern ArztR-HdB § 106 Rn. 9; *Pauge* ArztHaftR Rn. 365; Spickhoff/ *Greiner* BGB §§ 823 ff. Rn. 120.
444 BGH NJW 2004, 1945 = VersR 2004, 874; NJW 1996, 2425 = VersR 1996, 990; *Gehrlein* Arzthaftungspflicht Rn. B 114; *Geiß/Greiner* ArzthaftpflichtR Rn. B 193; *Pauge* ArztHaftR Rn. 365.
445 BGH NJW 2011, 375 = VersR 2011, 223; NJW 2008, 1381 = VersR 2008, 644; NJW 1987, 705 = VersR 1986, 1121; *Frahm/Nixdorf/Walter* ArztHaftR Rn. 174, 273; *Gehrlein* Arzthaftungspflicht Rn. B 115; *Geiß/Greiner* ArzthaftpflichtR Rn. B 229; *Martis/Winkhart* ArztHaftR K 25, K 27; *Pauge* ArztHaftR Rn. 359.
446 BGH NJW 2005, 427 = VersR 2005, 228; NJW 1978, 1683 = VersR 1978, 764; *Frahm/Nixdorf/ Walter* ArztHaftR Rn. 138; *Gehrlein* Arzthaftungspflicht Rn. B 146; *Geiß/Greiner* ArzthaftpflichtR Rn. B 263; *Laufs/Kern* in Laufs/Kern ArztR-HdB § 110 Rn. 31; *Martis/Winkhart* ArztHaftR K 31; ähnlich *Pauge* ArztHaftR Rn. 599, 601.

Nebendahl

kundärschäden, insbesondere sämtlichen materiellen Sekundärschäden, scheidet die Anwendung der Grundsätze der Beweislastumkehr nach einem groben Behandlungsfehler zwingend aus.

IV. Sonderfälle

1. Sonderproblem: »Kind als Schaden«

In Ausnahmefällen kann der Unterhaltsaufwand für ein ungewolltes Kind zum Umfang des zu erstattenden Schadens gehören. Denkbar ist dies in auf einem Behandlungsfehler beruhenden Fällen einer ungewünschten Geburt nach fehlgeschlagener Sterilisation bzw. bei Fehlen eines Hinweises auf ein verbleibendes »Restrisiko«,[447] bei fehlerhafter genetischer Beratung, in deren Folge ein behindertes Kind geboren wird,[448] bei Versagen eines ärztlich verordneten Verhütungsmittels ohne Hinweis auf die Misserfolgsmöglichkeit,[449] bei unterlassenem Hinweis auf die Gefahr einer Mehrlingsschwangerschaft nach einer Hormonbehandlung,[450] bei pflichtwidrig nicht, verspätet oder fehlerhaft durchgeführter pränataler Diagnostik im Hinblick auf eine mögliche Schädigung des Kindes, sodass ein rechtmäßiger Schwangerschaftsabbruch unterblieben ist,[451] oder bei fehlerhaftem oder unterbliebenem Schwangerschaftsabbruch. Das vom Arzt verursachte Unterlassen eines Schwangerschaftsabbruchs ist allerdings nur dann im Hinblick auf das geborene Kind schadensersatzgeeignet, wenn der Schwangerschaftsabbruch nach § 218a Abs. 2 oder 3 StGB mit medizinischer bzw. kriminologischen Indikation rechtmäßig gewesen wäre, nicht aber bei rechtswidriger und nach § 218a Abs. 4 StGB lediglich straffreiem Schwangerschaftsabbruch.[452] Denkbar ist ein entsprechender Schaden auch nach einer ohne die Zustimmung des Samenspenders durchgeführten künstlichen Befruchtung.[453] Sofern der Schutzzweck des Behandlungsvertrages gerade auch auf die Ver-

188

---

447 BVerfG NJW 1998, 519 = VersR 1998, 190; BGH NJW 2008, 2846 = VersR 2008, 1265; NJW 1995, 2407 = VersR 1995, 109; *Deutsch/Spickhoff* MedizinR Rn. 672; *Frahm/Nixdorf/Walter* ArztHaftR Rn. 176; *Gehrlein* Arzthaftungspflicht Rn. B 79, B 80; *Geiß/Greiner* ArzthaftplichtR Rn. B 180, B 181; *Laufs/Kern* in Laufs/Kern ArztR-HdB § 99 Rn. 16; *Martis/Winkhart* ArztHaftR S 301, S 205; *Pauge* ArztHaftR Rn. 312; Spickhoff/*Greiner* BGB §§ 823 ff. Rn. 100.

448 BVerfG NJW 1988, 519 = VersR 1998, 190; BGH NJW 1997, 1638 = VersR 1997, 698; NJW 1994, 788 = VersR 1994, 425; vgl. aber auch BGH NJW 2005, 891 = VersR 2005, 411; *Deutsch/ Spickhoff* MedizinR Rn. 673; *Frahm/Nixdorf/Walter* ArztHaftR Rn. 176; *Gehrlein* Arzthaftungspflicht Rn. B 93; *Geiß/Greiner* ArzthaftpflichtR Rn. B 177; *Laufs/Kern* in Laufs/Kern ArztR-HdB § 99 Rn. 14; *Martis/Winkhart* ArztHaftR G 63f., S 248; *Pauge* ArztHaftR Rn. 346; Spickhoff/*Greiner* BGB §§ 823 ff. Rn. 98; *Wenzel/Müller* Rn. 1596.

449 BGH NJW 2007, 989 = VersR 2007, 109; NJW 1998, 155 = VersR 1997, 1422; *Deutsch/Spickhoff* MedizinR Rn. 671; *Geiß/Greiner* ArzthaftpflichtR Rn. B 186; *Laufs/Kern* in Laufs/Kern ArztR-HdB § 99 Rn. 16; *Wenzel/Müller* Rn. 1598.

450 OLG Hamm NJW 1993, 795 = VersR 1993, 1273.

451 BGH NJW 2006,1660 = VersR 2006, 702; NJW 2003, 3411 = VersR 2003, 1541; NJW 2002, 2636 = VersR 2002, 1148; NJW 2002, 886 = VersR 2002, 233; *Frahm/Nixdorf/Walter* ArztHaftR Rn. 176; *Geiß/Greiner* ArzthaftpflichtR Rn. B 170; *Martis/Winkhart* ArztHaftR G 64; *Wenzel/ Müller* Rn. 1601 ff.

452 BGH NJW 2006, 1660 = VersR 2006, 702; NJW 2003, 3411 = VersR 2003, 1541; NJW 2002, 2636 = VersR 2002, 1148; NJW 2002, 1489 = VersR 2002, 776; OLG Köln MedR 2010, 41; zu den in der Rechtsprechung gestellten Anforderungen: *Deutsch/Spickhoff* MedizinR Rn. 667; *Frahm/ Nixdorf/Walter* ArztHaftR Rn. 178; *Gehrlein* Arzthaftungspflicht Rn. B 88–B 91b; *Geiß/Greiner* ArzthaftpflichtR Rn. B 150–B 168; *Laufs/Kern* in Laufs/Kern ArztR-HdB § 99 Rn. 7; *Martis/Winkhart* ArztHaftR S 204, S 226 ff.; *Pauge* ArztHaftR Rn. 331; Spickhoff/*Greiner* BGB §§ 823 ff. Rn. 80, 81.

453 Dazu OLG Hamm Urt. v. 4.2.2013 – 22 U 108/12; *Frahm/Nixdorf/Walter* ArztHaftR Rn. 176; *Geiß/Greiner* ArzthaftpflichtR Rn. B 179b.

meidung des »Habens eines Kindes« gerichtet ist, werden auch die für das Kind anfallenden Unterhaltskosten von der Schadensersatzpflicht umfasst. Der Schaden liegt daher nicht in dem Kind als solchem, sondern in den mit dem Unterhalt des Kindes verbundenen Unterhaltskosten.

189 Der Höhe nach umfasst der Schaden die für einen einem durchschnittlichen Lebenszuschnitt entsprechenden Unterhalt erforderlichen Kosten, wobei in der Vergangenheit zur Bestimmung des Barexistenzminimums auf die Regelsätze für minderjährige Kinder nach der seit dem 1.1.2008 außer Kraft getretenen Regelbetragsverordnung vom 6.4.1998 – das Existenzminimum liegt bei 135%[454] – und heute auf den Mindestunterhaltsbetrag aus § 1612a BGB zurückgegriffen werden kann.[455] Erhöhend zu berücksichtigen ist darüber hinaus der Betreuungsunterhalt, also der Wert der von den Eltern dem Kind erbrachten pflegerischen Dienstleistungen.[456] Bei einer durch den Arzt schuldhaft verursachten Geburt eines behinderten Kindes ist der Betrag wegen des behinderungsbedingten Sonderbedarfes zu erhöhen.[457] Das Kindergeld ist voll anzurechnen.[458] Der Ersatz des Unterhaltsaufwandes ist (zunächst) auf den Unterhalt bis zur Vollendung des 18. Lebensjahres begrenzt.[459] Eine Ersatzpflicht wegen des Verdienstausfalles der Eltern, die wegen der Kinderbetreuung die Arbeit aufgeben, besteht grundsätzlich nicht.[460]

2. Sonderproblem: Schädigung dritter Personen

190 Ein weiteres Sonderproblem besteht in Fällen, in denen sich der Schaden nicht bei dem Geschädigten, sondern bei dritten Personen niederschlägt.

191 Eine Haftungserstreckung kommt nach den Grundsätzen eines Vertrages zugunsten Dritter gem. § 328 BGB in Betracht, wenn die Eltern für ihr Kind einen Behandlungsvertrag im eigenen Namen abschließen. Dies gilt aufgrund eines Vertrages mit Schutzwirkung zugunsten Dritter gem. § 328, § 242 BGB auch bei der Einbeziehung eines ungeborenen Kindes in den Schutzbereich des von der Mutter bzw. den Eltern geschlossenen Behandlungsvertrages über die Durchführung der Geburt.[461] Die Ein-

---

454 BGH NJW 2007, 989 = VersR 2007, 109; *Frahm/Nixdorf/Walter* ArztHaftR Rn. 181; *Geiß/Greiner* ArzthaftpflichtR Rn. B 185; *Laufs/Kern* in Laufs/Kern ArztR-HdB § 99 Rn. 17.

455 Zu den Berechnungsgrundlagen vgl. *Frahm/Nixdorf/Walter* ArztHaftR Rn. 181; *Gehrlein* Arzthaftungspflicht Rn. B 82, B 91a; *Geiß/Greiner* ArzthaftpflichtR Rn. B 185; *Martis/Winkhart* ArztHaftR S 256, 741; Wenzel/*Müller* Rn. 1620.

456 BGH NJW 2007, 989 = VersR 2007, 109 (im Streitfall 135% des Regelunterhaltsbetrages als angemessen anerkannt); Wenzel/*Müller* Rn. 1620.

457 *Deutsch/Spickhoff* MedizinR Rn. 673 ff.; *Frahm/Nixdorf/Walter* ArztHaftR Rn. 181 (Mehraufwand nach den Pflegeversicherungsrichtlinien); *Gehrlein* Arzthaftungspflicht Rn. B 84; *Geiß/Greiner* ArzthaftpflichtR Rn. B 185; *Pauge* ArztHaftR Rn. 321; *Huber* MedR 2008, 712; zur Berechnung beispielhaft OLG Schleswig OLGR 2007, 859.

458 BGH NJW 1980, 1452 = VersR 1980, 558; *Frahm/Nixdorf/Walter* ArztHaftR Rn. 181; *Geiß/Greiner* ArzthaftpflichtR Rn. B 185; *Martis/Winkhart* ArztHaftR S 255; *Pauge* ArztHaftR Rn. 321.

459 BGH NJW 1980, 1452 = VersR 1980, 558 (mit dem Hinweis auf die Möglichkeit eines den nachfolgenden Zeitraum erfassenden Feststellungsantrages); *Frahm/Nixdorf/Walter* ArztHaftR Rn. 181; *Gehrlein* Arzthaftungspflicht Rn. B 84; *Geiß/Greiner* ArzthaftpflichtR Rn. B 185; *Martis/Winkhart* ArztHaftR S 257; Spickhoff/*Greiner* BGB §§ 823 ff. Rn. 84.

460 BGH NJW 1997, 1638 = VersR 1997, 698; *Gehrlein* Arzthaftungspflicht Rn. B 84; *Geiß/Greiner* ArzthaftpflichtR Rn. B 175, B 186; *Laufs/Kern* in Laufs/Kern ArztR-HdB § 99 Rn. 17; *Martis/Winkhart* ArztHaftR S 258.

461 BGH NJW 1992, 2962 = VersR 1992, 1263; NJW 1989, 1538 = VersR 1989, 253; *Deutsch/Spickhoff* MedizinR Rn. 659; *Gehrlein* Arzthaftungspflicht Rn. A 59; *Geiß/Greiner* ArzthaftpflichtR Rn. A 93; *Kern* in Laufs/Kern ArztR-HdB § 39 Rn. 29; *Pauge* ArztHaftR Rn. 150; Spickhoff/*Greiner* BGB §§ 823 ff. Rn. 363.

beziehung des Kindes in den Schutzbereich des Vertrages setzt sich auch über die Geburt hinaus hinsichtlich der der Geburt folgenden Behandlung fort. Denkbar ist darüber hinaus die Einbeziehung der Eltern in den Schutzbereich eines für ein Kind geschlossenen Behandlungsvertrages, in dessen Folge es zu einer Schädigung des Kindes kommt. Der den Eltern entstehende, erhöhte Unterhalts- und Betreuungsaufwand für die Pflege und Versorgung des geschädigten Kindes ist erstattungsfähig.[462] In den Schutzbereich des von der Mutter des Kindes anlässlich der Geburt geschlossenen Behandlungsvertrages sind regelmäßig der eheliche und auch der nichteheliche Vater einbezogen.[463]

In deliktischer Hinsicht steht dem vor oder in der Geburt geschädigten Kind nach seiner Geburt ein deliktischer Ersatzanspruch gegen den behandlungsfehlerhaft handelnden Arzt zu. **192**

In gleicher Weise kann die Ehefrau – nicht aber das Kind – für die Beeinträchtigung durch eine Schwangerschaft nach fehlgeschlagener Sterilisation des Ehemannes Ersatz verlangen.[464] Entsprechendes gilt im Verhältnis der gegenwärtigen Partner einer nichtehelichen Lebensgemeinschaft.[465] Deliktische Schadensersatzansprüche können auch dem Ehepartner oder Lebensgefährten eines Patienten bei eigener Schädigung nach schuldhafter Fehlbehandlung des Patienten wegen einer Infektion oder einer unterlassenen Sicherungsaufklärung über Infektionserkrankungen (HIV, Hepatitis C) zustehen.[466] Die psychisch vermittelten Beeinträchtigungen eines Dritten nach behandlungsfehlerhafter Schädigung eines Patienten kommen als ersatzfähige Schäden bei nahen Angehörigen eingeschränkt nur dann in Betracht, wenn die psychische Beeinträchtigung eine Gesundheitsstörung mit eigenem Krankheitswert darstellt.[467] Hierzu müssen die Beeinträchtigungen das Maß desjenigen deutlich übersteigen, was beim Tod oder einer Erkrankung eines nahen Angehörigen an Folgen typischerweise eintritt. Ein Schadensersatzanspruch eines Dritten kann schließlich auch bei durch den Arzt durch die Mitteilung belastender Informationen über den Gesundheitszustand naher Angehöriger verursachten psychischen Störungen in Betracht kommen, wenn die psychischen Störungen ihrerseits Krankheitswert haben. Nicht vom Schutzzweck des § 823 Abs. 1 BGB umfasst und daher dem Arzt nicht als Folge eines Behandlungsfehlers zurechenbar ist allerdings eine psychische Beeinträchtigung der Mutter, die durch die Information des Arztes über eine auf die gemeinsamen Kinder **193**

462 BGH NJW 1989, 1538 = VersR 1989, 253; NJW 1984, 1400 = VersR 1984, 356; *Gehrlein* Arzthaftungspflicht Rn. A 59; *Geiß/Greiner* ArzthaftpflichtR Rn. A 93; *Pauge* ArztHaftR Rn. 151.
463 BGH NJW 2007, 989 = VersR 2007, 109; NJW 2002, 1489 = VersR 2002, 767 (Einbeziehung in den Schutzbereich im konkreten Fall verneint); *Frahm/Nixdorf/Walter* ArztHaftR Rn. 181; *Kern* in Laufs/Kern ArztR-HdB § 39 Rn. 37; *Martis/Winkhart* ArztHaftR S 250, S 251; offen gelassen bei *Gehrlein* Arzthaftungspflicht Rn. B 91a; *Geiß/Greiner* ArzthaftpflichtR Rn. B 150; *Pauge* ArztHaftR Rn. 152, 351; dazu auch *Mörsdorf-Schulte* NJW 2007, 964.
464 BGH NJW 1995, 2407 = VersR 1995, 1099; *Frahm/Nixdorf/Walter* ArztHaftR Rn. 182; *Gehrlein* Arzthaftungspflicht Rn. B 82, B 84; *Geiß/Greiner* ArzthaftpflichtR Rn. A 94; *Martis/Winkhart* ArztHaftR S 336; *Pauge* ArztHaftR Rn. 312.
465 BGH NJW 2007, 989 = VersR 2007, 109; *Frahm/Nixdorf/Walter* ArztHaftR Rn. 181; *Martis/Winkhart* ArztHaftR S 337 (gilt nicht für zukünftige Partner).
466 BGH NJW 2005, 2614 = VersR 2005, 1238; *Gehrlein* Arzthaftungspflicht Rn. B 101; *Geiß/Greiner* ArzthaftpflichtR Rn. A 94; *Kern* in Laufs/Kern ArztR-HdB § 39 Rn. 37; *Martis/Winkhart* ArztHaftR S 336; *Spickhoff/Greiner* BGB §§ 823 ff. Rn. 364.
467 BGH NJW 2015, 2246 = VersR 2015, 590; NJW 2015, 1451 = VersR 2015, 501; NJW 1989, 2317 = VersR 1989, 853; OLG Koblenz MedR 2005, 416 = VersR 2005, 1400; *Deutsch/Spickhoff* MedizinR Rn. 659; *Geiß/Greiner* ArzthaftpflichtR Rn. A 94; *Laufs/Kern* in Laufs/Kern ArztR-HdB § 103 Rn. 22.

potentiell vererbbare genetische Erkrankung des getrennt lebenden Vaters ausgelöst worden ist.[468]

194 Das durch einen Behandlungsfehler veranlasste freiwillige Verhalten eines Dritten kann dann zu einem eigenen Ersatzanspruch des Dritten führen, wenn das freiwillige Verhalten des Dritten bei wertender Betrachtung dem Schädiger zuzurechnen ist, also eine psychisch vermittelte Beeinträchtigung gegeben ist.[469] Dies ist bei der Veranlassung einer Lebendspende eines nahen Angehörigen nach vorangegangenem durch einen Behandlungsfehler verursachten Organverlust eines Patienten regelmäßig anzunehmen.[470]

D. Mitverschulden

195 Das Mitverschulden des Patienten kann nach § 254 BGB nur in seltenen Ausnahmekonstellationen zu einer Minderung oder einem Entfallen des Arzthaftungsanspruches führen.

196 Ausnahmsweise kommt die schadensmindernde Berücksichtigung des Mitverschuldens allerdings in Betracht, wenn der geschädigte Patient durch eigenes schuldhaftes Verhalten eine alleinige oder wesentliche Ursache für das schädigende Ereignis gesetzt hat. Dies kann zB der Fall sein, wenn der Patient trotz ausdrücklichen Befragens durch den Arzt anamnestisch bedeutsame Umstände verschweigt oder ihm ausdrücklich erteilte Therapiehinweise missachtet und damit den Eintritt des Schadens mitverursacht.[471] Voraussetzung ist jeweils, dass der Arzt den Patienten im Rahmen der Anamneseerhebung ausdrücklich befragt und ihn im Zusammenhang mit der therapeutischen Sicherungsaufklärung ausdrücklich auf die Mitwirkungspflicht hingewiesen hat. Von sich aus muss der Patient demgegenüber in aller Regel weder die Bedeutsamkeit besonderer Umstände im Rahmen der Anamneseerhebung noch einer bestimmten den Behandlungserfolg fördernden oder sichernden Verhaltensweise erkennen, sofern sich dies nicht ausnahmsweise jedem medizinischen Laien aufdrängen muss oder der Patient aufgrund entsprechender Kenntnisse von den Notwendigkeiten wusste.[472] Eine solche Konstellation ist allerdings nur mit erheblicher Zurückhaltung anzunehmen.

---

468 BGH NJW 2014, 2190 = VersR 2014, 891 (Chorea Huntington).

469 BGH NJW 2012, 1951 = VersR 2012, 734 (sog. »Verfolgerfall«); BGH NJW 2000, 862 = VersR 2000, 372; NJW 1998, 810 = VersR 1998, 201; NJW 1996, 2425 = VersR 1996, 990.

470 BGH NJW 1987, 2925 = VersR 1987, 1040; *Gehrlein* Arzthaftungspflicht Rn. A 60, B 102; *Geiß/ Greiner* ArzthaftpflichtR Rn. A 94; *Laufs/Kern* in Laufs/Kern ArztR-HdB § 103 Rn. 23; *Martis/Winkhart* ArztHaftR K 57; *Pauge* ArztHaftR Rn. 364.

471 BGH NJW 2003, 2309 = VersR 2003, 1126; NJW 2002, 2944 = VersR 2002,1026 (Mitverschulden jeweils verneint); *Deutsch/Spickhoff* MedizinR Rn. 679; *Frahm/Nixdorf/Walter* ArztHaftR Rn. 173; *Gehrlein* Arzthaftungspflicht Rn. A 38c; *Geiß/Greiner* ArzthaftpflichtR Rn. A 98; *Martis/Winkhart* ArztHaftR M 2; *Pauge* ArztHaftR Rn. 370.

472 BGH NJW 2009, 2820 = VersR 2009, 1267; NJW 1997, 1635 = VersR 1997, 449; *Frahm/Nixdorf/ Walter* ArztHaftR Rn. 173; *Geiß/Greiner* ArzthaftpflichtR Rn. A 99; *Martis/Winkhart* ArztHaftR M 3.

§ 49 Die Aufklärungsfehlerhaftung

Die Haftung wegen einer fehlerhaften Selbstbestimmungsaufklärung iSv § 630e Abs. 1 **1** BGB steht selbstständig neben der Behandlungsfehlerhaftung des Arztes. Die Haftung wegen eines Aufklärungsmangels beruht auf völlig anderen Grundlagen als die Behandlungsfehlerhaftung. Eine Vermischung der Haftungstatbestände und Haftungsvoraussetzungen muss daher auf jeden Fall vermieden werden. Zu unterscheiden ist die Fehlerhaftigkeit der Selbstbestimmungsaufklärung zum einen von der Verletzung der Pflicht zur therapeutischen Sicherungsaufklärung nach § 630c Abs. 2 BGB, die einen Behandlungsfehler und nicht etwa einen Aufklärungsmangel begründet. Auch die in § 630c Abs. 3 BGB geforderte wirtschaftliche Aufklärung unterscheidet sich von der Selbstbestimmungsaufklärung, auch wenn es wegen der jeweiligen Inhalte durchaus zu Überschneidungen kommen kann. Ebenfalls nicht der Selbstbestimmungsaufklärung zuzuordnen ist die in § 630c Abs. 2 S. 2 und 3 BGB normierte Pflicht des Behandlers zur Information des Patienten über eigene und fremde Behandlungsfehler.

A. Der rechtliche Ausgangspunkt

Der Arzt ist zur Aufklärung des Patienten über den beabsichtigten Heileingriff und **2** dessen Modalitäten verpflichtet, um der grundgesetzlichen Garantie des Selbstbestimmungsrechtes des Patienten aus Art. 2 Abs. 1 GG sowie der ebenfalls grundgesetzlich gewährleisteten Menschenwürde (Art. 1 Abs. 1 GG) und dem Recht auf körperliche Unversehrtheit (Art. 2 Abs. 2 GG) Rechnung zu tragen.[1] Seinen gesetzlichen Niederschlag gefunden hat diese Verpflichtung in § 630e Abs. 1 BGB. Der grundgesetzlichen Wertung ist zu entnehmen, dass der Patient die Möglichkeit haben muss, eine eigene, willensmängelfreie, informierte und selbstbestimmte Entscheidung über einen beabsichtigten Heileingriff und damit einen zielgerichteten Eingriff in seine körperliche Unversehrtheit zu treffen. Nur so ist es möglich, den Patienten nicht als duldendes Objekt ärztlicher Behandlung, sondern als die Entscheidung zum Heileingriff willentlich und wissentlich mittragendes Subjekt zu behandeln. Diese grundgesetzlichen Wertungen sind sowohl bei der Ausgestaltung des deliktischen Haftungsregimes als auch bei der Interpretation wechselseitiger vertraglicher Verpflichtungen aus dem Behandlungsvertrag zu berücksichtigen.

Im Hinblick auf deliktische Anspruchsgrundlagen schlägt sich dies in dem in der **3** Rechtsprechung allgemein anerkannten Grundsatz nieder, dass ein ohne eine wirksame rechtfertigende Einwilligung vorgenommener ärztlicher Heileingriff trotz der vom Arzt erstrebten Heilungsabsicht tatbestandlich eine rechtswidrige Körperverletzung iSv § 823 Abs. 1 BGB und § 223 StGB darstellt.[2] Es bedarf dementsprechend einer gesondert festzustellenden Rechtfertigung für den Heileingriff, um die deliktische Haftung aus den §§ 823 ff. BGB zu vermeiden. Eine solche Rechtfertigung stellt die Einwilligung des Patienten in den Heileingriff dar, wenn sie willensmängelfrei abgegeben worden ist. Die ärztliche Aufklärung verfolgt dementsprechend den Zweck, den Pati-

---

1 BVerfG NJW 2005, 1103 = MedR 2005, 91; NJW 1999, 1777 = MedR 1999, 180 (zur Einsicht in Krankenakten); BGH MedR 2011, 809; NJW 1989, 1533 = VersR 1989, 514; grundlegend BGH NJW 1959, 811 = VersR 1959, 153; dazu *Deutsch/Spickhoff* MedizinR Rn. 407; *Ehlers* in Ehlers/Broglie ArztHaftR Rn. 853; *Gehrlein* Arzthaftungspflicht Rn. C 4; *Martis/Winkhart* ArztHaftR A 501.

2 BGH NJW 1980, 1905 = VersR 1981, 456; *Deutsch/Spickhoff* MedizinR Rn. 680; *Frahm/Nixdorf/Walter* ArztHaftR Rn. 186; *Ehlers* in Ehlers/Broglie ArztHaftR Rn. 853; *Gehrlein* Arzthaftungspflicht Rn. C 3; *Martis/Winkhart* ArztHaftR A 508; *Pauge* ArztHaftR Rn. 374; zu recht krit. *Laufs* in Laufs/Kern ArztR-HdB § 59 Rn. 2; § 64 Rn. 21; zur Kritik auch *Katzenmeier* in Laufs/Katzenmeier/Lipp ArztR V Rn. 12 f., 83 ff.

enten zur willensmängelfreien Einwilligung in den ärztlichen Heileingriff zu befähigen. Mängel der Aufklärung machen eine vom Patienten erteilte Einwilligung unwirksam. Sie kann keine rechtfertigende Wirkung entfalten, sodass durch den Heileingriff der Tatbestand einer rechtswidrigen und schuldhaften unerlaubten Handlung iSv § 823 Abs. 1 BGB erfüllt ist.

4 Zugleich stellt die Pflicht zur Aufklärung über die vorgesehene Behandlung und deren Modalitäten eine in § 630e Abs. 1 BGB normierte vertragliche Verpflichtung des Arztes oder Krankenhausträgers aus dem Behandlungsvertrag dar, die auch als vertragliche Verpflichtung nach § 630d Abs. 2 BGB die Grundlage dafür schaffen soll, dass der Patient seine für die Rechtfertigung des Heileingriffes erforderliche Einwilligung informiert und willensmängelfrei abgeben kann. Ist die erteilte Aufklärung unzureichend oder mangelbehaftet, führt dies zur Unwirksamkeit einer erteilten Einwilligung des Patienten und verhindert, dass die erteilte Einwilligung eine den in dem Heileingriff liegende Gesundheitsbeeinträchtigung rechtfertigende Wirkung entfalten kann. Es handelt sich bei der Aufklärungspflicht nicht lediglich um eine Nebenpflicht, sondern um eine Hauptpflicht aus dem Behandlungsvertrag.[3] Dies ergibt sich nicht nur aus der verfassungsrechtlichen Bedeutung der Aufklärung zur Sicherung des Selbstbestimmungsrechtes des Patienten, sondern auch aus dem Umstand, dass es sich bei der Aufklärungspflicht um eine ärztliche Berufspflicht handelt, die eng mit der Behandlungspflicht des Arztes zusammenhängt.[4]

5 Sowohl der Umfang der Aufklärungspflichten als auch die Rechtsfolgen von Aufklärungspflichtverletzungen sowie die Verteilung der Beweislast sind bei deliktischer und vertraglicher Anspruchsgrundlage identisch. An dem Gleichlauf hat sich auch unter Geltung des Patientenrechtegesetzes nichts geändert. Die infolge einer Aufklärungspflichtverletzung eintretende Haftung erfordert nicht, dass die Behandlung selbst fehlerhaft ausgeführt worden ist. Vielmehr tritt die Haftung auch bei behandlungsfehlerfreiem ärztlichem Heileingriff ein.[5] Allerdings erfordert die Haftung zumindest das Entstehen von mit einem Eingriff verbundenen nachteiligen Folgen für den Patienten, während ohne solche nachteiligen Folgen ein Arzthaftungsanspruch nicht besteht, insbesondere auch nicht auf den Vorwurf der Verletzung des Persönlichkeitsrechtes des Patienten gestützt werden kann.[6] Mit dem Eingriff verbundene Beschwerlichkeiten reichen allerdings aus.[7] Die Haftungsfolgen sind auf den Ausgleich der mit dem Eingriff verbundenen Beeinträchtigungen beschränkt.

B. Der Aufklärungsmangel

6 Die zur Rechtfertigung einer in einem ärztlichen Heileingriff liegenden Beeinträchtigung von Körper und Gesundheit eines Patienten dienende und nach dem Behandlungsvertrag gebotene Einwilligung des Patienten in den Heileingriff erfordert grds. eine ordnungsgemäße und vollständige Aufklärung über den beabsichtigten Heileingriff. Dementsprechend haftet der Arzt für Gesundheitsschäden, die er schuldhaft durch einen nicht durch eine wirksame Einwilligung legitimierten Heileingriff verur-

---

3 BGH NJW 1984, 1807 = VersR 1984, 538; *Gehrlein* Arzthaftungspflicht Rn. C 5; *Laufs* in Laufs/Kern ArztR-HdB § 57 Rn. 14; *Spickhoff/Greiner* BGB §§ 823 ff. Rn. 201; ohne Zuordnung *Deutsch/Spickhoff* MedizinR Rn. 408; *Frahm/Nixdorf/Walter* ArztHaftR Rn. 186. In BGH NJW 2005, 1718 = VersR 2005, 839, wird die Pflicht zur Selbstbestimmungsaufklärung als Nebenpflicht aus dem Behandlungsvertrag bezeichnet.
4 BGH NJW 1984, 1807 = VersR 1984, 538; *Gehrlein* Arzthaftungspflicht Rn. C 5.
5 BGH MedR 2011, 809; NJW 1989, 1538 = MedR 1989, 139; *Frahm/Nixdorf/Walter* ArztHaftR Rn. 186; *Gehrlein* Arzthaftungspflicht Rn. C 3; *Martis/Winkhart* ArztHaftR A 508.
6 BGH NJW 2008, 2344 = VersR 2008, 1668; *Martis/Winkhart* ArztHaftR A 509.
7 BGH NJW 1987, 1481 = VersR 1987, 667; *Frahm/Nixdorf/Walter* ArztHaftR Rn. 186.

sacht hat, selbst wenn er den Eingriff behandlungsfehlerfrei durchgeführt hat.[8] Ein auf einer fehlerhaften Aufklärung beruhender Arzthaftungsanspruch setzt daher in erster Linie voraus, dass ein Aufklärungsmangel entsprechend den nachstehend dargestellten Grundsätzen festgestellt werden kann.

I. Der Inhalt der Aufklärung

Die Aufklärungspflicht des Arztes hat verschiedene Bezugspunkte. In Abgrenzung zu der einen Behandlungsfehler darstellenden therapeutischen Sicherungsaufklärung (→ § 48 Rn. 46 ff.) stellt die Selbstbestimmungsaufklärung den Oberbegriff für die Informationen an den Patienten als Voraussetzung für die den Eingriff in die körperliche Integrität des Patienten rechtfertigende Einwilligung des Patienten dar. Die Selbstbestimmungsaufklärung unterteilt sich wiederum in die Diagnoseaufklärung, die Behandlungs- oder Verlaufsaufklärung und die Risikoaufklärung.[9] Sie umfasst nach § 630e Abs. 1 BGB sämtliche für die Einwilligung wesentlichen Umstände, insbesondere Art, Umfang, Durchführung sowie die zu erwartenden Folgen und Risiken der Maßnahme sowie ihre Notwendigkeit, Dringlichkeit, Eignung und Erfolgsaussichten im Hinblick auf die Diagnose oder die Therapie, schließlich auch bestehende Behandlungsalternativen. 7

1. Die Diagnoseaufklärung

Die Diagnoseaufklärung betrifft die Information des Patienten über die vom Arzt festgestellte Krankheit. Über die erhobenen Befunde und die gefundene Diagnose ist der Patient auf jeden Fall dann zu informieren, wenn gerade die Diagnose Gegenstand des Arztvertrages ist, wie etwa bei der Einholung einer ärztlichen Zweitmeinung.[10] Der Patient ist über die getroffene Diagnose auch dann – in begründeten Fällen sogar schriftlich – zu informieren, wenn er ausdrücklich fragt.[11] Darüber hinaus besteht eine Verpflichtung zur Information auch ohne konkrete Nachfrage, wenn die Kenntnis der Diagnose für die Entscheidungsfindung des Patienten bei der Wahl zwischen mehreren Behandlungsalternativen oder sonst im Rahmen der Verlaufs- oder Risikoaufklärung[12] von Bedeutung ist.[13] Gleiches gilt, wenn die Kenntnis der Diagnose den Patien- 8

---

8 BGH NJW 2015, 74 = VersR 2015, 196; NJW-RR 2007, 310 = VersR 2007, 209.
9 Zu den zum Teil abweichenden Begrifflichkeiten und Abgrenzungen vgl. zB *Deutsch/Spickhoff* MedizinR Rn. 435; *Ehlers* in Ehlers/Broglie ArztHaftR Rn. 868–890; *Katzenmeier* in Laufs/Katzenmeier/Lipp ArztR V Rn. 14; *Laufs* in Laufs/Kern ArztR-HdB § 59 Rn. 13, 16, 21; *Martis/Winkhart* ArztHaftR A 535 ff.; Spickhoff/*Greiner* BGB §§ 823 ff. Rn. 202–205; *Pauge* ArztHaftR Rn. 374 wählt statt des Begriffes der Selbstbestimmungsaufklärung den Begriff der Eingriffsaufklärung; *Geiß/Greiner* ArzthaftpflichtR Rn. C 18, C 84 differenzieren zwischen der Verlaufs- und der Behandlungsaufklärung; *Frahm/Nixdorf/Walter* ArztHaftR Rn. 186 wählen für die Behandlungs- bzw. Verlaufsaufklärung den Begriff der Eingriffsaufklärung. Auswirkungen für die Rechtsanwendung ergeben sich aus der unterschiedlichen Begrifflichkeit nicht; zum Überblick vgl. auch *Kern* GesR 2009, 1; *Martis* MDR 2009, 611; *v. Pentz* MedR 2011, 222.
10 *Deutsch/Spickhoff* MedizinR Rn. 436.
11 BVerfG NJW 2005, 1103 = MedR 2005, 91; *Ehlers* in Ehlers/Broglie ArztHaftR Rn. 886; *Gehrlein* Arzthaftungspflicht Rn. C 15; *Geiß/Greiner* ArzthaftpflichtR Rn. C 82; *Laufs* in Laufs/Kern ArztR-HdB § 59 Rn. 14; *Martis/Winkhart* ArztHaftR A 569; Spickhoff/*Greiner* BGB §§ 823 ff. Rn. 203.
12 BGH NJW 1959, 814 = VersR 1959, 312 (Aufklärung über eine Krebsdiagnose als Voraussetzung für die Einwilligung in eine Strahlentherapie); *Ehlers* in Ehlers/Broglie ArztHaftR Rn. 887; *Gehrlein* Arzthaftungspflicht Rn. C 15; *Martis/Winkhart* ArztHaftR A 570.
13 BGH NJW 2005, 1718 = VersR 2005, 836; *Deutsch/Spickhoff* MedizinR Rn. 436; *Laufs* in Laufs/Kern ArztR-HdB § 59 Rn. 14; *Martis/Winkhart* ArztHaftR A 570; Spickhoff/*Greiner* BGB §§ 823 ff. Rn. 203.

ten für den Arzt erkennbar bei weiteren Lebensentscheidungen beeinflussen kann.[14] Über diese Fallgestaltungen hinausgehend besteht eine generelle Verpflichtung zur Mitteilung einer gefundenen Diagnose oder gar einer lediglich vermuteten Diagnose auch nach § 630e Abs. 1 S. 2 BGB nicht.

9 Bei schweren, unheilbaren Erkrankungen ist der Arzt verpflichtet, die Diagnose mit der gebotenen therapeutischen Rücksichtnahme zu erläutern, will er sich nicht dem Vorwurf eines durch die Modalitäten der Mitteilung der Diagnose begründeten Behandlungsfehlers aussetzen.[15] In Einzelfällen, insbesondere bei psychisch kranken Patienten kann die Mitteilung der Diagnose das Leben oder die Gesundheit des Patienten ernsthaft gefährden und daher aus therapeutischen Gründen zu unterlassen sein.[16] Ungesicherte Verdachtsdiagnosen hinsichtlich schwerer Erkrankungen – zB der Verdacht auf einen Hirntumor – darf der Arzt dem Patienten nicht eröffnen.[17] Die fehlerhafte Mitteilung einer auf einem einfachen, nicht behandlungsfehlerhaften Diagnoseirrtum beruhenden fehlerhaften Diagnose begründet weder einen Behandlungsfehler noch einen Aufklärungsfehler, sondern ist (unvermeidbare) Folge des seinerseits nicht behandlungsfehlerhaften Diagnoseirrtums.[18]

2. Die Behandlungs- oder Verlaufsaufklärung

10 Die Behandlungsaufklärung muss sich zunächst auf die vom Arzt beabsichtigte Art der Behandlung erstrecken, um den Patienten die Kenntnis zu verschaffen, welcher konkrete Eingriff auf ihn zukommt. § 613e Abs. 1 S. 2 BGB stellt dies durch den Hinweis auf die Aufklärungsbedürftigkeit von Art, Umfang und Durchführung der Maßnahme klar. Dies bedeutet auch, dass der Arzt den Patienten bei einer beabsichtigten radiologischen Behandlung über die vorgesehene Bestrahlungsart informieren muss.[19] Bei nur relativ indizierten operativen Eingriffen muss dem Patienten die Notwendigkeit der Operation im Vergleich zu anderen in Betracht kommenden Behandlungsmethoden erläutert werden.[20] Außerdem muss der Patient zumindest in groben Zügen über die beabsichtigte Vorgehensweise bei der Operation in Kenntnis gesetzt werden.[21]

---

14 *Geiß/Greiner* ArzthaftpflichtR Rn. C 82; *Martis/Winkhart* ArztHaftR A 570.
15 BGH NJW 1959, 814 = VersR 1959, 312; *Ehlers* in Ehlers/Broglie ArztHaftR Rn. 887; *Gehrlein* Arzthaftungspflicht Rn. C 15; *Laufs* in Laufs/Kern ArztR-HdB § 59 Rn. 14; *Martis/Winkhart* ArztHaftR A 571; *Pauge* ArztHaftR Rn. 413, der darauf hinweist, dass eine schonungslose Aufklärung einen Behandlungsfehler darstellen kann.
16 *Deutsch/Spickhoff* MedizinR Rn. 436; *Ehlers* in Ehlers/Broglie ArztHaftR Rn. 886; *Gehrlein* Arzthaftungspflicht Rn. C 15; *Laufs* in Laufs/Kern ArztR-HdB § 59 Rn. 13; *Martis/Winkhart* ArztHaftR A 571.
17 OLG Köln NJW 1987, 2936 = VersR 1988, 139; OLG Frankfurt a. M. NJW-RR 1995, 1048 = VersR 1996, 101 (Verpflichtung zum Hinweis auf den Grad der Wahrscheinlichkeit einer Verdachtsdiagnose); *Ehlers* in Ehlers/Broglie ArztHaftR Rn. 888; *Geiß/Greiner* ArzthaftpflichtR Rn. C 82; *Laufs* in Laufs/Kern ArztR-HdB § 59 Rn. 15; *Martis/Winkhart* ArztHaftR A 570; *Pauge* ArztHaftR Rn. 413.
18 OLG Köln NJW 1998, 3423 = VersR 1999, 98 (zur Aufklärungspflicht über aufgrund eines Diagnoseirrtums nicht erkannte Behandlungsalternativen); *Geiß/Greiner* ArzthaftpflichtR Rn. C 24; *Martis/Winkhart* ArztHaftR A 572.
19 *Geiß/Greiner* ArzthaftpflichtR Rn. C 18.
20 BGH BeckRS 2015, 18671 = VersR 2016, 51 (zu einem lediglich prophylaktischen Eingriff); BGH NJW 2003, 1862 = VersR 2003, 858; NJW 2000, 1788 = VersR 2000, 766; *Frahm/Nixdorf/Walter* ArztHaftR Rn. 196; *Ehlers* in Ehlers/Broglie ArztHaftR Rn. 889; *Gehrlein* Arzthaftungspflicht Rn. C. 27; *Geiß/Greiner* ArzthaftpflichtR Rn. C 18, C 19; *Martis/Winkhart* ArztHaftR A 540, A 1000.
21 BGH NJW 1971, 1887 = VersR 1971, 929; *Ehlers* in Ehlers/Broglie ArztHaftR Rn. 889; *Gehrlein* Arzthaftungspflicht Rn. C 27; *Laufs* in Laufs/Kern ArztR-HdB § 59 Rn. 16f.; *Martis/Winkhart* ArztHaftR A 561.

Dies erfordert keineswegs die Darstellung einzelner Behandlungsschritte oder zu wählender operativer Techniken. Aufklärungsbedürftig ist demgegenüber die Wahl des operativen Zuganges, wenn alternativ zur Verfügung stehende Zugangsmöglichkeiten unterschiedliche Risiken mit sich bringen.[22] Aufklärungsbedürftig ist auch die Dringlichkeit der Operation.[23] Zu der Behandlungs- oder Verlaufsaufklärung gehört darüber hinaus die Darstellung der Tragweite, der Schwere und des voraussichtlichen Verlaufes der Behandlung. Folgen, die regelmäßig mit Eingriffen der gewählten Art verbunden sind, müssen dem Patienten ebenfalls mitgeteilt werden.

Gegenstand der Behandlungs- und Verlaufsaufklärung ist des Weiteren die Darstel- **11**
lung vorhersehbarer, nicht lediglich belangloser Operationserweiterungen. Der Patient muss deshalb darüber aufgeklärt werden, dass bei einem bestimmten Verlauf oder einem bestimmten intraoperativen Befund eine Operationserweiterung möglich oder unvermeidbar wird, wenn dies voraussehbar ist.[24] Dem Patienten ist in gleicher Weise auch das Risiko erforderlicher Nachoperationen im Rahmen der Behandlungsaufklärung darzustellen.[25]

Schließlich gehört zu der gebotenen Aufklärung eine Darstellung des Misserfolgsrisi- **12**
kos, ohne dass allerdings die medizinischen Gründe für bestehende Misserfolgsrisiken erläutert werden müssen.[26] Dies gilt sowohl für das Risiko, dass der beabsichtigte Behandlungserfolg nicht erreicht wird, als – erst recht – für die Gefahr einer möglichen Verschlechterung des Gesundheitszustandes infolge des beabsichtigten Eingriffes. Demgegenüber besteht in diesem Zusammenhang nicht die Verpflichtung, auf auf vermeidbaren Behandlungsfehlern beruhende Misserfolgsrisiken hinzuweisen.[27]

Der Grad der Dringlichkeit eines vom Arzt vorgeschlagenen Eingriffes ist ebenfalls **13**
aufklärungsbedürftig. Bei relativ indizierten Eingriffen muss der Patient darauf hingewiesen werden, dass und mit welchem Risiko ein Aufschieben oder gänzliches Unterlassen des Eingriffes möglich ist.[28] Dem Patienten muss ein realistisches Bild davon vermittelt werden, welche Folgen ein vorübergehendes Aufschieben oder ein Verzicht auf die vom Arzt vorgeschlagene Therapie für ihn hat. Dies gilt umso mehr bei dia-

22 BGH NJW 2007, 217 = VersR 2007, 66; *Geiß/Greiner* ArzthaftpflichtR Rn. C 24; nicht aber bei gleichartigen Risiken, vgl. OLG Hamm MedR 2006, 288; OLG Oldenburg VersR 1997, 978; s. auch OLG Köln ZMGR 2011, 297; OLG München NJW-RR 2011, 749; OLG Koblenz BeckRS 2010, 04552 = VersR 2010, 908.

23 BGH NJW 2003, 1862 = VersR 2003, 858; NJW 1992, 2354 = VersR 1992, 747; *Gehrlein* Arzthaftungspflicht Rn. C 27, C 44; *Geiß/Greiner* ArzthaftpflichtR Rn. C 90; *Martis/Winkhart* ArztHaftR A 1000; *Pauge* ArztHaftR Rn. 423.

24 BGH NJW 2005, 2072 = VersR 2005, 942; NJW 1989, 1541 = VersR 1989, 289; OLG Naumburg NJW-RR 2004, 315; *Frahm/Nixdorf/Walter* ArztHaftR Rn. 212; *Ehlers* in Ehlers/Broglie ArztHaftR Rn. 910; *Gehrlein* Arzthaftungspflicht Rn. C 27, C 52; *Geiß/Greiner* ArzthaftpflichtR Rn. C 20, C 104; *Martis/Winkhart* ArztHaftR A 1701f.

25 BGH NJW 1996, 3073 = VersR 1996, 1239; NJW 1996, 779 = VersR 1996, 330; *Frahm/Nixdorf/Walter* ArztHaftR Rn. 196; *Geiß/Greiner* ArzthaftpflichtR Rn. C 20; *Laufs* in Laufs/Kern ArztR-HdB § 59 Rn. 22 Fn. 32; *Pauge* ArztHaftR Rn. 391.

26 BGH NJW 2015, 477 = VersR 2015, 240; NJW 1991, 2349 = VersR 1991, 227 (kosmetische Operation); BGH NJW 1990, 2929 = VersR 1990, 1010; *Gehrlein* Arzthaftungspflicht Rn. C 49, C 45; *Geiß/Greiner* ArzthaftpflichtR Rn. C 93; *Laufs* in Laufs/Kern ArztR-HdB § 59 Rn. 20, § 60 Rn. 3; *Martis/Winkhart* ArztHaftR A 1060; *Pauge* ArztHaftR Rn. 389 S. 161.

27 BGH NJW 2005, 888 = VersR 2005, 408; NJW 1992, 1558 = VersR 1992, 358; NJW 1985, 2193 = VersR 1985, 736; *Geiß/Greiner* ArzthaftpflichtR Rn. C 12; *Laufs* in Laufs/Kern ArztR-HdB § 60 Rn. 3; *Martis/Winkhart* ArztHaftR A 1062; *Pauge* ArztHaftR Rn. 395.

28 BGH NJW 2003, 1862 = VersR 2003, 858; NJW 1997, 1637 = VersR 1997, 451; *Frahm/Nixdorf/Walter* ArztHaftR Rn. 196; *Gehrlein* Arzthaftungspflicht Rn. C 35; *Geiß/Greiner* ArzthaftpflichtR Rn. C 19; *Martis/Winkhart* ArztHaftR A 1010; *Pauge* ArztHaftR Rn. 429.

gnostischen Eingriffen ohne therapeutischen Eigenwert.[29] Hier muss die Aufklärung noch detaillierter sein und auch entfernt liegende Risiken angemessen darstellen.

14 Zu der Behandlungs- und Verlaufsaufklärung gehört des Weiteren die Aufklärung über die Person des den Eingriff durchführenden Arztes, wenn der Patient vorher erklärt hat, dass er den Eingriff nur durch einen bestimmten Arzt durchführen lassen will. Eine Beschränkung des Eingriffs auf einen Arzt ist typischerweise bei Abschluss einer Wahlleistungsvereinbarung mit einem privat liquidationsberechtigten Chefarzt anzunehmen, kann aber in Ausnahmefällen auch bei einer stationären Behandlung durch einen GKV-Patienten erklärt werden. Soll stattdessen ein Vertreter den Eingriff durchführen, muss der Patient hierüber vorher informiert werden und dem Vertretereinsatz zustimmen. Die vorherige Zustimmung zum Tätigwerden eines anderen Arztes im Rahmen der Aufklärung muss nicht die Wirksamkeitserfordernisse einer zivilrechtlichen Vertretervereinbarung erfüllen, die ggf. den Anforderungen einer AGB-Kontrolle genügen muss.[30] Für die Aufklärung entscheidend ist, dass dem Patienten in dem Aufklärungsgespräch unmissverständlich deutlich gemacht wird, dass ein anderer Arzt tätig werden soll, und der Patient dem mit seiner Operationseinwilligung zustimmt. Dies kann auch der Fall sein, wenn eine Vertretervereinbarung AGB-rechtlich unwirksam ist. Erfolgt der Eingriff ohne die entsprechende vorherige Aufklärung über den den Eingriff durchführenden Arzt, liegt ein rechtswidriger Heileingriff vor, der sowohl den Operateur als auch den Chefarzt als Vertragspartner der Wahlleistungsvereinbarung bei Eintritt eines Schadens ersatzpflichtig macht. Beide Ärzte können sich zur Rechtfertigung auch nicht auf den Einwand rechtmäßigen Alternativverhaltens und darauf berufen, dass die Operation auch bei Durchführung durch den von dem Patienten ausgewählten Arzt nicht anders verlaufen wäre, weil dies das patientenseitige Selbstbestimmungsrecht und damit den Schutzzweck des Einwilligungserfordernisses bei ärztlichen Eingriffen leerlaufen lassen würde.

15 Die Aufklärungspflicht erstreckt sich nach § 630e Abs. 1 S. 3 BGB weiterhin auf ggf. vorhandene Behandlungsalternativen. Ausgangspunkt ist dabei, dass die Wahl der richtigen Behandlungsmethode grundsätzlich Sache des Arztes ist. Der Arzt muss daher nicht ungefragt die verschiedenen in Betracht kommenden Behandlungsalternativen mit deren Für und Wider erläutern, solange seine Behandlung dem geforderten Soll-Standard entspricht und im Vergleich zu anderen, ebenso indizierten und standardgemäßen Methoden im Hinblick auf bestehende Heilungschancen und mit der Behandlung verbundenen Belastungen und Risiken für den Patienten zumindest gleichwertig ist.[31] In diesem Fall darf der Arzt unter mehreren gleichermaßen geeigneten Behandlungsmethoden diejenigen wählen, die er für die Geeignetste hält, etwa weil er hiermit die meiste Erfahrung hat.

16 Eine Aufklärungspflicht über Behandlungsalternativen entsteht demgegenüber zum einen dann, wenn der Patient ausdrücklich nach möglichen Behandlungsalternativen fragt.[32] Zum anderen ist die Aufklärung über Behandlungsalternativen dann geboten, wenn diese zu jeweils unterschiedlichen Belastungen für den Patienten führen oder

---

29 BGH NJW 2009, 1209 = VersR 2009, 257; OLG Bremen BeckRS 2003, 30309861 = VersR 2004, 911; OLG Koblenz NJW-RR 2002, 816; BeckRS 9998, 18835 = VersR 2003, 1313; *Frahm/Nixdorf/ Walter* ArztHaftR Rn. 200; *Gehrlein* Arzthaftungspflicht Rn. C 9; *Geiß/Greiner* ArzthaftpflichtR Rn. C 8; *Laufs* in Laufs/Kern ArztR-HdB § 60 Rn. 8; *Martis/Winkhart* ArztHaftR A 1018.
30 BGH NJW 2008, 987 = VersR 2008, 493.
31 BGH NJW 2004, 3703 = VersR 2005, 227; NJW 1982, 2121 = VersR 1982, 771; *Deutsch/Spickhoff* MedizinR Rn. 439; *Ehlers* in Ehlers/Broglie ArztHaftR Rn. 908; *Frahm/Nixdorf/Walter* ArztHaftR Rn. 204; *Gehrlein* Arzthaftungspflicht Rn. C 31; *Geiß/Greiner* ArzthaftpflichtR Rn. C 22; *Martis/ Winkhart* ArztHaftR A 1221; *Pauge* ArztHaftR Rn. 393, 403; *Wenzel/Simmler* Rn. 1773.
32 BGH NJW 1982, 2121 = VersR 1982, 771.

Nebendahl

unterschiedliche Risiken oder Erfolgschancen bieten.[33] Dies wird durch § 630e Abs. 1 S. 3 BGB ausdrücklich klargestellt. Aufklärungsbedürftig ist eine Behandlungsalternative in diesem Sinne, wenn die alternativ zur Verfügung stehende Behandlungsmethode bei gleichwertigen Belastungen und Risiken eine höhere Erfolgsaussicht verspricht oder wenn bei gleichwertigen Erfolgsaussichten die alternative Methode mit niedrigeren Belastungen oder Risiken verbunden ist. Dies ist nicht schon bei lediglich geringfügig niedrigeren Komplikationsraten einer Behandlungsmethode der Fall. Vielmehr muss es sich um einen Unterschied von einigem Gewicht handeln.[34] Maßgeblich ist dabei das Maß der im Falle der Risikoverwirklichung eintretenden Auswirkungen auf die Lebensführung des Patienten. Zu berücksichtigen sind die zum Zeitpunkt der Entscheidung bekannten Risiken selbst dann, wenn die wissenschaftliche Diskussion über die mit der Maßnahme verbundenen Risiken noch nicht abgeschlossen ist, solange nur in der medizinischen Wissenschaft anerkannte Hinweise auf bestimmte Risiken vorliegen.[35] Der Patient muss in der Lage sein zu erkennen, in welcher Weise sich die eine oder andere Behandlungsmöglichkeit auf seine spätere Lebensführung auswirken kann. Erkennt der Arzt aufgrund eines nicht behandlungsfehlerhaften einfachen Diagnoseirrtums nicht die Behandlungsalternativen, die bei richtiger Diagnose in Betracht kämen, und klärt er deshalb über diese Behandlungsalternativen nicht auf, führt dies nicht zur Fehlerhaftigkeit der Aufklärung, weil ansonsten die haftungsrechtliche Privilegierung des einfachen Diagnoseirrtums leerlaufen würde.[36]

Die Aufklärungspflicht wird nicht dadurch ausgeschlossen, dass die alternative Behandlungsmethode lediglich zu einer Linderung der Beschwerden führt, wenn die Alternative mit deutlich geringeren Risiken oder Beeinträchtigungen verbunden ist.[37] Auf jeden Fall muss der Arzt einen Patienten bei nur bestehender relativer Indikation für eine Therapie über die alternativ zur Verfügung stehenden Behandlungsmöglichkeiten und deren medizinisch begründete Rangfolge informieren.[38] Kann ein operativer Eingriff durch eine konservative Therapie ersetzt oder zumindest zeitlich hinausgeschoben werden, muss der Patient hierüber aufgeklärt werden.[39] Über eine **17**

---

33 BGH NJW-RR 2015, 591 = VersR 2015, 579; NJW 2014, 1529 = VersR 2014, 586; NJW 2006, 2477 = VersR 2006, 1073; NJW 2005, 1718 = VersR 2005, 836; *Deutsch/Spickhoff* MedizinR Rn. 440; *Ehlers* in Ehlers/Broglie ArztHaftR Rn. 908; *Frahm/Nixdorf/Walter* ArztHaftR Rn. 204; *Geiß/Greiner* ArzthaftpflichtR Rn. C 23, C 33; *Katzenmeier* in Laufs/Katzenmeier/Lipp ArztR V Rn. 34; *Laufs* in Laufs/Kern ArztR-HdB § 60 Rn. 6; *Martis/Winkhart* ArztHaftR 158; *Pauge* ArztHaftR Rn. 403.

34 BGH BeckRS 2011, 21473 = VersR 2011, 1450; NJW 2005, 1718 = VersR 2005, 836 (»wesentlich unterschiedliche Risiken und Erfolgschancen«); *Geiß/Greiner* ArzthaftpflichtR Rn. C 23.

35 BGH NJW 2006, 2477 = VersR 2006, 1073 – Robodoc; NJW 1996, 776 = VersR 1996, 233; *Frahm/Nixdorf/Walter* ArztHaftR Rn. 204; *Geiß/Greiner* ArzthaftpflichtR Rn. C 24, C 29; *Laufs* in Laufs/Kern ArztR-HdB § 60 Rn. 4; *Martis/Winkhart* ArztHaftR A 1231; *Pauge* ArztHaftR Rn. 410; Spickhoff/*Greiner* BGB §§ 823 ff. Rn. 212.

36 S. dazu BGH BeckRS 2015, 18671 = VersR 2016, 51.

37 BGH NJW 2000, 1788 = VersR 2000, 766; OLG Karlsruhe OLGR 2003, 233; *Geiß/Greiner* ArzthaftpflichtR Rn. C 29; *Martis/Winkhart* ArztHaftR A 1334.

38 BGH NJW 2003, 1862 = VersR 2003, 858; NJW 2000, 1788 = VersR 2000, 766; *Deutsch/Spickhoff* MedizinR Rn. 438; *Ehlers* in Ehlers/Broglie ArztHaftR Rn. 905; *Frahm/Nixdorf/Walter* ArztHaftR Rn. 204; *Gehrlein* Arzthaftungspflicht Rn. C 35; *Geiß/Greiner* ArzthaftpflichtR Rn. C 19; *Laufs* in Laufs/Kern ArztR-HdB § 60 Rn. 5; *Martis/Winkhart* ArztHaftR A 1015; *Pauge* ArztHaftR Rn. 403; Spickhoff/*Greiner* BGB §§ 823 ff. Rn. 211.

39 BGH NJW 2016, 641 (zur Notwendigkeit, der Behauptung des Patienten nachzugehen, dass eine konservative Behandlungsalternative bestünde); BGH BeckRS 2015, 18671 = VersR 2016, 51; NJW 2000, 1788 = VersR 2000, 766; OLG Köln MedR 2010, 716; OLG Dresden BeckRS 2002, 30243756 = VersR 2003, 1257; *Martis/Winkhart* ArztHaftR A 1015.

Schnittentbindung als Alternative zur vaginalen Geburt muss in normalen Entbindungssituationen nicht aufgeklärt werden, wohl aber wenn bei Durchführung der vaginalen Geburt für das Leben und die Gesundheit des Kindes ernstzunehmende Gefahren drohen und deshalb die Schnittentbindung auch unter Berücksichtigung der Situation der Mutter eine verantwortbare Alternative darstellt oder wenn deutliche Anzeichen dafür bestehen, dass sich der Zustand der Schwangeren bzw. der Geburtsvorgang so entwickeln könnte, dass die Schnittentbindung zur echten Alternative wird.[40]

18 Auf ein alternativ in Betracht kommendes, neuartiges Verfahren muss der Arzt ohne ausdrückliche Nachfrage des Patienten nicht hinweisen.[41] Etwas anderes gilt erst dann, wenn sich das Verfahren weitgehend durchgesetzt hat. Die Verpflichtung zur Darstellung von Behandlungsalternativen scheidet auch bei echten Behandlungsalternativen aus, wenn im konkreten Einzelfall die alternative Behandlungsmethode tatsächlich nicht durchführbar ist.[42] Dies kann aus in dem konkreten Krankheitsbild liegenden Gründen der Fall sein, so zB dann, wenn die alternative Methode aufgrund der mit ihr verbundenen Belastungen bei einem vorgeschädigten Patienten nicht angewandt werden kann oder eine Kontraindikation besteht. Demgegenüber entfällt die Aufklärungspflicht über eine alternative Behandlungsmöglichkeit nicht aufgrund des Umstandes, dass der Patient zu der Behandlung eine Zuzahlung leisten muss oder die Behandlungskosten vollständig zu tragen hat.[43] Keine Aufklärungspflicht besteht, wenn die alternative Behandlungsmethode aufgrund fehlender apparativer oder personeller Voraussetzungen des behandelnden Krankenhauses ausscheidet oder aus anderen Gründen nur theoretisch zur Verfügung steht. Grundsätzlich besteht ohne ausdrückliche Nachfrage des Patienten keine Aufklärungspflicht über eine bessere Ausstattung und modernere Behandlung in Großkrankenhäusern, sofern nur die personelle und sachliche Ausstattung des Krankenhauses dem für die jeweilige Versorgungsebene geforderten Mindeststandard entspricht.[44] Nur in seltenen Ausnahmefällen kommt ohne vorherige Nachfrage des Patienten eine Aufklärungspflicht in Betracht, wenn die sachliche Ausstattung des Krankenhauses an der untersten Bandbreite des geforderten Soll-Standards liegt und der Patient in einem anderen Krankenhaus mit besserer sachlicher und personeller Ausstattung eine deutlich bessere Heilungschance hätte.[45] Eine besondere Aufklärungspflicht besteht schließlich, wenn die von dem Arzt verwendete apparative Ausstattung nicht mehr dem geforderten Mindeststandard entspricht[46] oder wenn sich ein neues und anderweitig prak-

---

40 BGH NJW-RR 2015, 591 = VersR 2015, 579; dazu BGH; vgl. auch BGH BeckRS 2015, 01522.
41 BGH NJW 1988, 1516 = VersR 1988, 495; NJW 1984, 1810 = VersR 1984, 470; *Geiß/Greiner* ArzthaftpflichtR Rn. C 40; *Katzenmeier* in Laufs/Katzenmeier/Lipp ArztR V Rn. 35; *Laufs* in Laufs/Kern ArztR-HdB § 60 Rn. 7; *Martis/Winkhart* ArztHaftR A 1506; *Pauge* ArztHaftR Rn. 408; Spickhoff/*Greiner* BGB §§ 823 ff. Rn. 217.
42 *Deutsch/Spickhoff* MedizinR Rn. 440; *Ehlers* in Ehlers/Broglie ArztHaftR Rn. 907; *Laufs* in Laufs/Kern ArztR-HdB § 60 Rn. 5.
43 *Frahm/Nixdorf/Walter* ArztHaftR Rn. 204; *Gaßner/Strömer* MedR 2012, 159; anders *Pauge* ArztHaftR Rn. 407.
44 BGH NJW 1988, 2302 = VersR 1988, 914; NJW 1988, 763 = VersR 1988, 179; *Ehlers* in Ehlers/Broglie ArztHaftR Rn. 907; *Frahm/Nixdorf/Walter* ArztHaftR Rn. 205; *Gehrlein* Arzthaftungspflicht Rn. C 38; *Geiß/Greiner* ArzthaftpflichtR Rn. C 37; *Laufs* in Laufs/Kern ArztR-HdB § 60 Rn. 6; *Martis/Winkhart* ArztHaftR A 1616; *Pauge* ArztHaftR Rn. 405; Spickhoff/*Greiner* BGB §§ 823 ff. Rn. 216; Wenzel/*Simmler* Rn. 1782f.; enger *Neelmeier* NJW 2013, 2230.
45 BGH NJW 1989, 2321 = VersR 1989, 851; *Frahm/Nixdorf/Walter* ArztHaftR Rn. 205; *Gehrlein* Arzthaftungspflicht Rn. C 38; *Geiß/Greiner* ArzthaftpflichtR Rn. C 37, C 40; *Martis/Winkhart* ArztHaftR A 1623; *Pauge* ArztHaftR Rn. 403, 404.
46 BGH NJW 1992, 754 = VersR 1992, 240; in einer solchen Konstellation dürfte regelmäßig in der Übernahme der Behandlung bei unzureichender Ausstattung ein Behandlungsfehler liegen.

tiziertes Verfahren weitgehend durchgesetzt hat und für den Patienten deutlich risiko-ärmer ist.[47]

Will sich der Arzt für eine Behandlungsmethode entscheiden, die nicht oder noch **19** nicht dem geforderten Soll-Standard entspricht, muss der Arzt auf jeden Fall über die dem geforderten Standard entsprechende Behandlungsalternativen aufklären. Dies gilt in gleicher Weise, wenn der Arzt sich für eine sog. Neulandmethode oder Außensei-termethode entscheiden will. Hier muss der Arzt nicht nur auf die alternativ zur Ver-fügung stehenden anerkannten Behandlungsmethoden hinweisen, sondern darüber hinaus deutlich machen, dass es sich bei der von ihm vorgeschlagenen Methode um eine neue, noch nicht allgemein anerkannte Methode handelt und dass die Methode sowohl hinsichtlich der langfristigen Wirksamkeit als auch hinsichtlich unbekannter Risiken nicht endgültig abgesichert ist.[48]

Insgesamt muss die Aufklärung den Patienten in die Lage versetzen, sich willensmän- **20** gelfrei und informiert für die eine und gegen die andere zur Verfügung stehende Be-handlungsmethode zu entscheiden.

3. Die Risikoaufklärung

Zu der ordnungsgemäßen Aufklärung gehört als Weiteres die sog. Risikoaufklärung. **21**

Zweck der Risikoaufklärung ist es, den Patienten einen Eindruck von den durch die **22** Behandlung möglicherweise ungewollt herbeigeführten Auswirkungen auf seine wei-tere Lebensführung zu geben und ihn in die Lage zu versetzen, sich unter Abwägung der bestehenden Risiken und deren Auswirkungen einerseits und dem Zweck der Be-handlung sowie deren Erfolgsaussichten und Belastungen andererseits willentlich für oder gegen den vorgeschlagenen Eingriff zu entscheiden. Dem Patienten sind zu die-sem Zweck die Risiken nicht in allen medizinischen Details zu erläutern. Vielmehr muss die Aufklärung dazu führen, dass der Patient sich über die bei einer ordnungs-gemäßen Durchführung des Eingriffes bestehenden spezifischen Risiken im Großen und Ganzen ein Bild machen kann. Dem Patienten muss die »Stoßrichtung« eines möglichen Risikos verdeutlicht werden.[49]

Die Aufklärungsbedürftigkeit eines Risikos richtet sich nicht allein nach der Kom- **23** plikationshäufigkeit und insbesondere nicht nach mehr oder weniger sicher nachge-wiesenen prozentualen Eintrittswahrscheinlichkeiten hinsichtlich eines bestimmten Risikos. Entscheidend ist in erster Linie, dass dem Patienten das Maß der Beeinträchti-gung seiner späteren Lebensführung bei tatsächlicher Risikoverwirklichung verdeut-

47 BGH NJW 2006, 2108 = VersR 2006, 838; NJW 1988, 763 = VersR 1988, 240; *Frahm/Nixdorf/ Walter* ArztHaftR Rn. 205; *Geiß/Greiner* ArzthaftpflichtR Rn. C 37, C 40; *Martis/Winkhart* ArztHaftR A 1621; *Neelmeier* NJW 2013, 2230.
48 BGH NJW 2017, 2685 = VersR 2017, 1142; MedR 2011, 237; NJW 2006, 2477 = VersR 2007, 1073 – Robodoc; *Ehlers* in Ehlers/Broglie ArztHaftR Rn. 906; *Gehrlein* Arzthaftungspflicht Rn. C 39; *Geiß/Greiner* ArzthaftpflichtR Rn. C 21; *Katzenmeier* in Laufs/Katzenmeier/Lipp ArztR V Rn. 36; *Martis/Winkhart* ArztHaftR A 1205; *Pauge* ArztHaftR Rn. 410–412, 417; Spickhoff/ *Greiner* BGB §§ 823 ff. Rn. 217.
49 BGH NJW-RR 2017, 533 = VersR 2017, 100; NJW 2011, 375 = VersR 2011, 223; NJW 2010, 3230 = VersR 2010, 1220; NJW 2009, 1209 = VersR 2009, 257; NJW 2006, 2108 = VersR 2006, 838; NJW 1991, 2346 = VersR 1991, 777; *Frahm/Nixdorf/Walter* ArztHaftR Rn. 196; *Gehrlein* Arzthaftungs-pflicht Rn. C 18, C 41; *Geiß/Greiner* ArzthaftpflichtR Rn. C 86; *Katzenmeier* in Laufs/Katzen-meier/Lipp ArztR V Rn. 26; *Laufs* in Laufs/Kern ArztR-HdB § 60 Rn. 1; *Martis/Winkhart* ArztHaftR A 513, A 834; *Pauge* ArztHaftR Rn. 385, 421; Spickhoff/*Greiner* BGB §§ 823 ff. Rn. 234; *Hassner* VersR 2013, 23; *Martis* MDR 2009, 611.

licht wird.[50] Je intensiver sich die Verwirklichung eines Risikos auf die zukünftige Lebensführung des Patienten auswirkt, desto eher und intensiver ist auf das Risiko hinzuweisen. Über Risiken, die im Falle ihrer Verwirklichung zu einer empfindlichen Veränderung der späteren Lebensführung führen können, wie zB das Risiko der Querschnittslähmung, ist dementsprechend auch dann aufzuklären, wenn die Komplikationswahrscheinlichkeit nur äußerst gering ist.[51] Das gilt selbst hinsichtlich minder schwerer aber die Lebensführung beeinträchtigender Risiken, wenn über stärker belastende Risiken aufgeklärt worden ist.[52] Darüber hinaus besteht die Verpflichtung des Arztes, auf mit einer Behandlung verbundene spezifische Risiken, also solche Risiken, die dem Eingriff spezifisch anhaften, ungeachtet des Grades der Realisierungswahrscheinlichkeit auf jeden Fall hinzuweisen, selbst wenn sich die Realisierungswahrscheinlichkeit im Promillebereich bewegt.[53] Etwas anderes gilt in seltenen Ausnahmefällen nur dann, wenn ein eingriffsspezifisches Risiko derart außergewöhnlich und unvorhersehbar ist, dass es für die Einwilligung des Patienten ohne Bedeutung ist. Dies kann nur bei extrem seltenen oder geringfügigen Risiken der Fall sein. Die einem Eingriff spezifisch anhaftenden Risiken können regelmäßig nur auf der Basis medizinischer Sachverständigengutachten festgestellt werden.

24 Auswirkungen auf den Umfang der Risikoaufklärung hat auch die Dringlichkeit der Eingriffsindikation. Selbst bei vital indizierten Eingriffen, insbesondere Notfalleingriffen, entfällt die Aufklärungspflicht nicht. Dem Patienten muss zumindest eine allgemeine Vorstellung über die Schwere des Eingriffs und die damit verbundenen spezifischen Risiken vermittelt werden.[54] Ist eine Behandlung demgegenüber nicht dringend indiziert, muss dem Patienten ein Bild über die bestehenden Risiken in einer Weise vermittelt werden, dass dieser auch unter Berücksichtigung möglicherweise entfernt liegender Risiken die Entscheidung für die Durchführung des Eingriffs bzw. für einen

---

50 BGH NJW 2015, 74 = VersR 2015, 196; NJW 2011, 375 = VersR 2011, 223; NJW 2010, 3230 = VersR 2010, 1220; NJW 2006, 2108 = VersR 2006, 838; NJW 2000, 1784 = VersR 2000, 725; OLG Frankfurt a. M. BeckRS 2003, 30301067 = VersR 2004, 1053; (zur mangelnden Aussagekraft von Risikostatistiken); *Ehlers* in Ehlers/Broglie ArztHaftR Rn. 890, 895, 899; *Frahm/Nixdorf/ Walter* ArztHaftR Rn. 200; *Gehrlein* Arzthaftungspflicht Rn. C 18, C 19; *Geiß/Greiner* ArzthaftpflichtR Rn. C 42; *Laufs* in Laufs/Kern ArztR-HdB § 60 Rn. 3; *Katzenmeier* in Laufs/Katzenmeier/Lipp ArztR V Rn. 30 f.; *Martis/Winkhart* ArztHaftR A 513, A 834; *Pauge* ArztHaftR Rn. 386, 388; Spickhoff/*Greiner* BGB §§ 823 ff. Rn. 234.
51 BGH NJW-RR 2017, 533 = VersR 2017, 100; NJW 2015, 74 = VersR 2015, 196 (Risiko einer Darmperforation bei Koloskopie); BGH NJW 2011, 375 = VersR 2011, 223 (Risiko eines cerebralen Hygroms); BGH NJW 2010, 3230 = VersR 2010, 1220 (Risiko der Querschnittlähmung); BGH NJW 2007, 217 = VersR 2007, 66 (Risiko der Falschgelenkbildung); BGH NJW 2000, 1784 = VersR 2000, 725 (Risiko der Kinderlähmung nach Polioimpfung); BGH NJW 1996, 777 = VersR 1996, 195; NJW 1995, 2410 = VersR 1995, 1055 (Risiko der Querschnittlähmung nach Myelographie); BGH NJW 1991, 2346 = VersR 1991, 777 (diff. hinsichtlich der Ursache des Risikos der Querschnittlähmung nach Bandscheiben-OP); *Frahm/Nixdorf/Walter* ArztHaftR Rn. 200; *Gehrlein* Arzthaftungspflicht Rn. C 21; *Geiß/Greiner* ArzthaftpflichtR Rn. C 61; *Laufs* in Laufs/Kern ArztR-HdB § 60 Rn. 3; *Martis/Winkhart* ArztHaftR A 850; *Pauge* ArztHaftR Rn. 386, 389.
52 BGH NJW 2007, 217 = VersR 2007, 66; *Martis/Winkhart* ArztHaftR A 850.
53 BGH NJW-RR 2017, 533 = VersR 2017, 100; NJW 2011, 375 = VersR 2011, 223 (»wenn sich das Risiko sehr selten verwirklicht«); BGH NJW 2010, 3230 = VersR 2010, 1220; NJW 2000, 1784 = VersR 2000, 725; NJW 1996, 779 = VersR 1996, 330 (Letalitätsrisiko nach Gallenblasen-OP); *Frahm/Nixdorf/Walter* ArztHaftR Rn. 199; *Geiß/Greiner* ArzthaftpflichtR Rn. C 44; *Laufs* in Laufs/Kern ArztR-HdB § 60 Rn. 3; *Martis/Winkhart* ArztHaftR A 1101; *Pauge* ArztHaftR Rn. 489; Wenzel/*Simmler* Rn. 1751f.
54 BGH NJW 1984, 1397 = VersR 1984, 465; *Ehlers* in Ehlers/Broglie ArztHaftR Rn. 900; *Frahm/ Nixdorf/Walter* ArztHaftR Rn. 199; *Gehrlein* Arzthaftungspflicht Rn. C 18; *Geiß/Greiner* ArzthaftpflichtR Rn. C 11; *Laufs* in Laufs/Kern ArztR-HdB § 60 Rn. 1, 3; *Pauge* ArztHaftR Rn. 394.

Verzicht auf den Eingriff treffen kann.[55] Der Patient ist dabei nicht nur über die mit dem Eingriff verbundenen spezifischen Risiken, sondern auch über weitere, nicht ganz seltene andere Risiken zu informieren. Außerdem muss ihm auch die fehlende Dringlichkeit des Eingriffes selbst vermittelt werden.

Über die allgemeinen, mit jeder Operation verbundenen Operationsrisiken muss der   **25** Patient nur dann nicht aufgeklärt werden, wenn die Risiken und deren Schwere bekannt sind. Dies dürfte hinsichtlich der typischen Gefahren von Wundinfektionen, Narbenbrüchen, der Gefahr von Nachblutungen, des Eintritts vorübergehender anästhesiebedingter Nervschäden sowie von Thrombosen und Embolien regelmäßig der Fall sein.[56] Insoweit kann hier – einzelfallbezogen und abhängig von der konkreten Behandlungssituation – ausnahmsweise eine Aufklärungspflicht entfallen. Dies gilt jedoch dann nicht, wenn der Patient die Risiken erkennbar unterschätzt, wenn aufgrund von Besonderheiten des Einzelfalls, zB einer besonderen Anfälligkeit des Patienten oder aufgrund verwendeter Medikamente, das allgemeine Risiko merklich erhöht ist oder die allgemeinen Operationsrisiken im Einzelfall bei ihrer Verwirklichung zu für den Patienten weitreichenden Folgen führen können.[57] Es empfiehlt sich daher im Regelfall auch über die allgemeinen Operationsrisiken aufzuklären.

Über unbekannte Risiken und solche, die lediglich auf Außenseitermeinungen beruhen, muss nicht aufgeklärt werden.[58] Dies gilt auch für Risiken, die außerhalb des   **26** maßgeblichen Fachgebietes in wissenschaftlichen Fachzirkeln diskutiert werden, deren Kenntnis aber noch nicht zum Standard des Fachgebietes des behandelnden Arztes gehört.[59] Entscheidet sich der Arzt allerdings für die Anwendung einer noch nicht allgemein anerkannten Behandlungsmethode oder führt er einen Heilversuch durch, muss er sich über die spezifischen Risiken dieser Methode konkret informieren. Er muss den Patienten auch über das Vorhandensein noch nicht abschließend geklärter Risiken in Kenntnis setzen, wobei in Abgrenzung zu bloßen Vermutungen, sich die

---

55 BGH NJW 2009, 1209 = VersR 2009, 257; OLG Bremen BeckRS 2003, 30309861 = VersR 2004, 911; OLG Koblenz NJW-RR 2002, 816 = VersR 2003, 1313; OLG Oldenburg NJW 1997, 1642 = VersR 1997, 1493; *Ehlers* in Ehlers/Broglie ArztHaftR Rn. 900, 902; *Frahm/Nixdorf/Walter* ArztHaftR Rn. 200; *Gehrlein* Arzthaftungspflicht Rn. C 19; *Laufs* in Laufs/Kern ArztR-HdB § 60 Rn. 5; *Katzenmeier* in Laufs/Katzenmeier/Lipp ArztR V Rn. 28; *Martis/Winkhart* ArztHaftR A 1000; Wenzel/*Simmler* Rn. 1754.

56 BGH NJW 2000, 3423 = VersR 2000, 1282 (fortdauernde Schmerzen); BGH NJW 1996, 778 (allgemeines Infektionsrisiko); *Ehlers* in Ehlers/Broglie ArztHaftR Rn. 892; *Frahm/Nixdorf/Walter* ArztHaftR Rn. 203; *Gehrlein* Arzthaftungspflicht Rn. C 28; *Geiß/Greiner* ArzthaftpflichtR Rn. C 47; *Martis/Winkhart* ArztHaftR A 950; *Pauge* ArztHaftR Rn. 436; Spickhoff/*Greiner* BGB §§ 823 ff. Rn. 235.

57 BGH NJW 1994, 2414 = VersR 1994, 1302 (Infektionsrisiko bei Kniegelenkpunktion); BGH NJW 1992, 743 = VersR 1992, 314; *Frahm/Nixdorf/Walter* ArztHaftR Rn. 203; *Geiß/Greiner* ArzthaftpflichtR Rn. C 47; *Katzenmeier* in Laufs/Katzenmeier/Lipp ArztR V Rn. 32; *Martis/Winkhart* ArztHaftR A 950a.

58 BGH NJW 2011, 375 = VersR 2011, 223; NJW 2010, 3230 = VersR 2010, 1220; anders wenn es sich um ernst zu nehmende Stimmen in einer noch nicht abgeschlossenen wissenschaftlichen Diskussion handelt, vgl. BGH NJW 1996, 776 = VersR 1996, 223; OLG Koblenz NJW 1999, 3419; *Frahm/Nixdorf/Walter* ArztHaftR Rn. 201; *Martis/Winkhart* ArztHaftR A 1107, A 2209 ff.; *Pauge* ArztHaftR Rn. 415; dazu auch *Ehlers* in Ehlers/Broglie ArztHaftR Rn. 893 (»Einzelstimmen in der Literatur und auf Kongressen verpflichten den Arzt zur Beschäftigung mit dem Risiko«).

59 BGH NJW 2011, 375 = VersR 2011, 223; NJW 2010, 3230 = VersR 2010, 1220 (Haftung entfällt mangels schuldhafter Pflichtverletzung); OLG Düsseldorf BeckRS 1995, 01742 = VersR 1996, 377 (Aidsinfektion nach Bluttransfusion im Jahr 1984); *Frahm/Nixdorf/Walter* ArztHaftR Rn. 201, 214; *Gehrlein* Arzthaftungspflicht Rn. C 17; *Geiß/Greiner* ArzthaftpflichtR Rn. C 46; *Katzenmeier* in Laufs/Katzenmeier/Lipp ArztR V Rn. 32.

Einschätzungen zumindest zum Maß der »konkreten Vermutungen« verdichtet haben müssen. Darüber hinaus gehört bei der Anwendung neuer Behandlungsmethoden und medizinischer Heilversuche zu einer ordnungsgemäßen Risikoaufklärung auch der Hinweis darauf, dass mit der Methode bisher nicht bekannte Risiken verbunden sein können, also ein Bereich verbleibt, für den eine Risikoeinschätzung nicht möglich ist.[60]

27   Die Pflicht zur Risikoaufklärung besteht nicht nur bei therapeutischen, sondern auch bei diagnostischen Eingriffen. Haben die diagnostischen Eingriffe keinen therapeutischen Eigenwert, sind darüber hinaus gesteigerte Anforderungen an die Intensität der Risikoaufklärung zu stellen. Auch entfernt liegende Risiken müssen angemessen dargestellt werden. Der Patient muss darüber hinaus über die Notwendigkeit des diagnostischen Eingriffes sowie über Alternativen informiert werden, damit er sich über die Chancen und Risiken des diagnostischen Eingriffes sowie die damit verbundenen Belastungen willensmängelfrei entscheiden kann.[61]

28   Erst recht bedarf es einer sorgfältigen Risikoaufklärung bei der Durchführung fremdnütziger Organ- oder Blutspenden,[62] da diese schon definitionsgemäß ohne Vorteil für den Spender sind. Anders stellt sich die Situation wiederum bei einer medizinisch indizierten Blutentnahme dar.[63]

29   Die Verpflichtung zur Risikoaufklärung erstreckt sich in gleicher Weise auf die Medikamentengabe. Dies gilt zunächst für den Einsatz aggressiver Medikamente, der mit einem ärztlichen Eingriff gleichzusetzen ist.[64] Entsprechendes gilt auch für die Risiken bei Impfungen.[65] Darüber hinaus ist der Patient beim erstmaligen Einsatz eines Medikamentes über die mit der Medikamenteneinnahme verbundenen Nebenwirkungsrisiken zu informieren. Dies gilt auch im Falle eines Medikamentenwechsels, selbst wenn dieser im Interesse des Patienten erfolgt, weil die mit dem neuen Medikament verbundenen Nebenwirkungen und Risiken im Vergleich zu dem »Alt-Medikament«

60 BGH MedR 2011, 809; NJW 2007, 2774 = VersR 2007, 1273 – Racz-Katheter; BGH NJW 2006, 2477 = VersR 2006, 1073 – Robodoc; *Frahm/Nixdorf/Walter* ArztHaftR Rn. 201; *Gehrlein* Arzthaftungspflicht Rn. C 39; *Geiß/Greiner* ArzthaftpflichtR Rn. C 39, 46; *Martis/Winkhart* ArztHaftR A 1205, A 1344; *Pauge* ArztHaftR Rn. 410, 417; MAH MedizinR/*Terbille* § 1 Rn. 303; *Wenzel/Simmler* Rn. 1761 ff.; *v. Pentz* MedR 2011, 222; *Bender* VersR 2009, 113; *Katzenmeier* NJW 2006, 2738; *Vogeler* MedR 2008, 697; ebenso bei einem medikamentösen Heilversuch, vgl. BGH NJW 2007, 2767 = VersR 2007, 995; dazu *Koenig/Müller* MedR 2008,190; *Hart* MedR 2007, 631; *Katzenmeier* JZ 2007, 1108.
61 BGH NJW 2009, 1209 = VersR 2009, 257; OLG Koblenz NJW-RR 2002, 816 = VersR 2003, 1313; *Frahm/Nixdorf/Walter* ArztHaftR Rn. 200; *Ehlers* in Ehlers/Broglie ArztHaftR Rn. 901; *Gehrlein* Arzthaftungspflicht Rn. C 24; *Geiß/Greiner* ArzthaftpflichtR Rn. C 49; *Laufs* in Laufs/Kern ArztR-HdB § 60 Rn. 8–10; *Martis/Winkhart* ArztHaftR A 1010.
62 BGH NJW 2006, 2108 = VersR 2006, 838; *Deutsch/Spickhoff* MedizinR Rn. 463; *Frahm/Nixdorf/Walter* ArztHaftR Rn. 200; *Geiß/Greiner* ArzthaftpflichtR Rn. C 49; *Martis/Winkhart* ArztHaftR A 1140; *Pauge* ArztHaftR Rn. 428; Spickhoff/*Greiner* BGB §§ 823 ff. Rn. 241; *Spickhoff* NJW 2006, 2075; *Gödicke* MedR 2006, 658.
63 LG Heidelberg MedR 2012, 136; dazu *Martis/Winkhart* ArztHaftR A 1140; aA *Olzen/Abanador* ZMGR 2012, 395.
64 BGH NJW 2008, 2344 = VersR 2008, 1668 (zur im Ausland erfolgten Medikamentenverordnung); BGH NJW 2007, 2771 = VersR 2007, 999; NJW 2005, 1716 = VersR 2005, 834; *Deutsch/Spickhoff* MedizinR Rn. 448 (zu infundierten Medikamenten); *Gehrlein* Arzthaftungspflicht Rn. C 23; *Martis/Winkhart* ArztHaftR A 749.
65 BGH NJW 2000, 1784 = VersR 2000, 725 (Polio-Impfung); OLG Köln MedR 2009, 669 = VersR 2009, 1269 (begrenzte Aufklärungspflicht bei Hepatitis-A Impfung).

geringer sind.[66] Insoweit ist neben der Risikoaufklärung auch die therapeutische Sicherungsaufklärung und damit die Behandlungsfehlerhaftung tangiert.[67] Die Aufklärung kann im Normalfall durch Hinweis auf die Packungsbeilage und die dort enthaltenen Warnhinweise geschehen. Bei schwerwiegenden Risiken reicht ein solcher Hinweis allerdings nicht aus. Vielmehr muss der Arzt ausdrücklich auf derartige schwerwiegende Folgen hinweisen.[68] Entsprechendes gilt, wenn sich die aus der Medikamentengabe herrührenden Risiken gerade aus der Kombination mehrerer Medikamente ergeben.[69]

Bei der Gabe von nicht zugelassenen Medikamenten ist zu unterscheiden. Handelt es **30** sich um Medikamente, die für einen bestimmten Indikationsbereich nicht zugelassen sind (sog. Off-Label-Use), deren Anwendung in diesem Indikationsbereich aber üblich ist, richtet sich die Risikoaufklärung nach den allgemeinen Grundsätzen. Entspricht die Gabe des noch nicht zugelassenen Medikamentes demgegenüber noch nicht allgemeiner Üblichkeit oder handelt es sich gar um einen »zulässigen« Medikamentenversuch, gelten die für neue Behandlungsmethoden entwickelten Grundsätze. Der Patient ist daher auf die noch nicht anerkannte allgemeine Üblichkeit und das Fehlen der Zulassung hinzuweisen. Der Arzt muss den Patienten darüber hinaus über Risiken, für die eine konkrete Vermutung spricht, informieren und ihn darüber in Kenntnis setzen, dass die Möglichkeit besteht, dass weitere, noch unbekannte Risiken mit der Medikamenteneinnahme verbunden sein können.[70]

4. Besonderheiten bei sog. Schönheitsoperationen

Besonderheiten hinsichtlich der Aufklärung bestehen bei medizinisch nicht indizierten **31** kosmetischen Operationen, sog. Schönheitsoperationen. Bei derartigen Operationen muss der Patient deutlich darauf hingewiesen werden, dass die Operation medizinisch nicht indiziert ist und daher nicht durchgeführt werden muss.[71] Ihm muss mit aller Deutlichkeit vor Augen geführt werden, welche kosmetischen Verbesserungen mit der beabsichtigten Operation im günstigsten Fall erreicht werden können. Auch die Möglichkeit und der Grad der Wahrscheinlichkeit des Nichterreichens des gewünschten Erfolges muss Inhalt der Aufklärung sein. Der Patient muss des Weiteren darüber informiert werden, dass es ggf. zu einer Verschlechterung des Erscheinungsbildes kommen kann. Dies gilt insbesondere, wenn bleibende Entstellungen nicht auszuschließen sind. Über die mit dem Eingriff verbundenen Risiken ist intensiv und schonungslos

---

66 BGH NJW 2007, 2771 = VersR 2007, 999; *Frahm/Nixdorf/Walter* ArztHaftR Rn. 196; *Geiß/Greiner* ArzthaftpflichtR Rn. C 49; *Martis/Winkhart* ArztHaftR A 1137; MAH MedizinR/*Terbille* § 1 Rn. 307; allgemein zur Aufklärung vor dem Einsatz von Medizinprodukten, *Deutsch* VersR 2006, 1145.

67 *Gehrlein* Arzthaftungspflicht Rn. B 49; *Geiß/Greiner* ArzthaftpflichtR Rn. B 97; *Laufs* in Laufs/Kern ArztR-HdB § 58 Rn. 8; *Martis/Winkhart* ArztHaftR A 750, A 753; dazu auch *Riemenschneider/Paetzold* NJW 1997, 2420.

68 BGH NJW 2005, 1716 = VersR 2005, 834; *Deutsch/Spickhoff* MedizinR Rn. 448; *Frahm/Nixdorf/Walter* ArztHaftR Rn. 196, 121; *Gehrlein* Arzthaftungspflicht Rn. B 49, C 23; *Martis/Winkhart* ArztHaftR A 751; *Pauge* ArztHaftR Rn. 432; *Stöhr* GesR 2006, 145.

69 MAH MedizinR/*Terbille* § 1 Rn. 306.

70 BGH NJW 2007, 2771 = VersR 2007, 999; NJW 2007, 2767 = VersR 2007, 995; dazu *Frahm/Nixdorf/Walter* ArztHaftR Rn. 201; *Martis/Winkhart* ArztHaftR A 756; *Hart*, FS ARGE Medizinrecht, 2008, 173; *Hart* MedR 2007, 631; *Koenig/Müller* MedR 2008, 190; *Vogeler* MedR 2008, 697; *Katzenmeier* JZ 2007, 1108.

71 BGH NJW 1991, 2349 = VersR 1991, 227; *Gehrlein* Arzthaftungspflicht Rn. C 8; *Geiß/Greiner* ArzthaftpflichtR Rn. C 9; *Martis/Winkhart* ArztHaftR A 1020; zum Piercing durch einen nichtärztlichen Piercer, vgl. LG Koblenz MedR 2007, 738; krit. dazu *Berntzen* MedR 2007, 739.

aufzuklären.[72] Die Aufklärung muss umso deutlicher geschehen, je weniger sich eine medizinische Indikation für den Eingriff finden lässt. Entsprechendes gilt, wenn der Operationswunsch des Patienten aus der Sicht eines objektiven Betrachters nicht nachvollziehbar erklärt werden kann und deshalb die Motivation des Patienten für den Eingriff nicht verständlich ist.

32 Diese Grundsätze gelten auch für sonstige medizinisch nicht indizierte Eingriffe wie zB fremdnützige Blutspenden.[73] Sie sind allerdings auf kosmetische Eingriffe nicht anwendbar, die medizinisch indiziert sind, so zB bei Verbrennungsoperationen oder sonstigen Operationen der plastischen Wiederherstellungschirurgie.

5. Die wirtschaftliche Aufklärung

33 Grundsätzlich obliegt dem Arzt nicht die Verpflichtung, den Patienten über die mit einer allgemeinmedizinischen Behandlung verbundenen Kosten zu informieren. Bei Zweifeln an der Erstattungsfähigkeit der entstehenden Kosten durch die Krankenversicherung reichte vor dem Inkrafttreten des Patientenrechtegesetzes regelmäßig der Hinweis des Arztes aus, dass die Krankenversicherung des Patienten die Kosten möglicherweise nicht übernimmt und der Patient deshalb vor der Behandlung eine Abklärung mit der Krankenversicherung vornehmen soll.[74] Gleiches galt, wenn der Arzt erkennen konnte, dass bei sonstigen ärztlichen Leistungen die gesetzliche oder private Krankenversicherung die Kosten nicht übernehmen wird. § 630c Abs. 3 BGB verpflichtet den Behandler nunmehr als vertragliche Nebenpflicht, in Fällen, in denen er positive Kenntnis hat oder hinreichende Anhaltspunkte dafür vorliegen, dass die Übernahme der Behandlungskosten durch einen Dritten nicht gesichert ist, den Patienten in Textform über die voraussichtliche Höhe der Behandlungskosten zu informieren. Die Verpflichtung greift schon dann ein, wenn ein Dritter, regelmäßig die Krankenversicherung des Patienten, auch nur einen Teil der Kosten nicht übernimmt. Die Informationspflicht dürfte allerdings noch nicht durch die in der gesetzlichen Krankenversicherung vorgesehenen Zuzahlungen des Versicherten, zB nach § 39 Abs. 4 SGB V ausgelöst werden.

34 Bei gesetzlich krankenversicherten Patienten kann der Arzt bei Fehlen entgegenstehender Anhaltspunkte grds. davon ausgehen, dass die Krankenversicherung die Kosten einer Behandlung, die zum Leistungskatalog der GKV gehört, auch übernimmt. Anderes gilt wegen der Besonderheiten des Leistungsanspruches für die Zahnersatzbehandlung nach den §§ 55 ff. SGB V. Demgegenüber besteht die Verpflichtung des Arztes, den Patienten darauf hinzuweisen, dass sonstige nicht vom Leistungsumfang der GKV umfassten Leistungen nicht von der gesetzlichen Krankenversicherung übernommen werden. Dies gilt zum einen für nicht erfolgversprechende Therapien (Stichwort: Wunderheiler), zum zweiten für die sog. IGe-Leistungen (individuelle Gesundheitsleistungen), die nicht zum Leistungsspektrum der gesetzlichen Krankenver-

---

72 BGH NJW 2006, 2108 = VersR 2006, 227; NJW 1991, 2349 = VersR 1991, 227; OLG Hamm BeckRS 2011, 15374 = VersR 2011, 1451; *Deutsch/Spickhoff* MedizinR Rn. 462; *Ehlers* in Ehlers/Broglie ArztHaftR Rn. 900; *Gehrlein* Arzthaftungspflicht Rn. C 8; *Martis/Winkhart* ArztHaftR A 1020; *Pauge* ArztHaftR Rn. 426, 427; Spickhoff/*Greiner* BGB §§ 823 ff. Rn. 241; MAH MedizinR/*Terbille* § 1 Rn. 350–353; Wenzel/*Simmler* Rn. 1756; *Martis* MDR 2009, 611.

73 BGH NJW 2006, 2108 = VersR 2006, 838; *Laufs* in Laufs/Kern ArztR-HdB § 59 Rn. 23; *Pauge* ArztHaftR Rn. 428; Wenzel/*Simmler* Rn. 1758.

74 BGH NJW 2000, 2349 = VersR 2000, 999; *Deutsch/Spickhoff* MedizinR Rn. 561; *Geiß/Greiner* ArzthaftpflichtR Rn. A 7, A 96; *Laufs* in Laufs/Kern ArztR-HdB § 61 Rn. 17; *Martis/Winkhart* ArztHaftR A 770 ff.; *Pauge* ArztHaftR Rn. 383; Spickhoff/*Greiner* BGB §§ 823 ff. Rn. 207; *Schelling* MedR 2004, 422; *Stöhr* MedR 2004, 156; zu den Unterschieden bei gesetzlich und privat krankenversicherten Patienten, vgl. *Martis/Winkhart* ArztHaftR A 773, A 790.

sicherung gehören, und zum dritten für kosmetische Operationen.[75] Bei privat krankenversicherten Patienten kann von dem Arzt wegen der Vielfalt der denkbaren Tarife nicht die Kenntnis über mögliche Kostenerstattungen verlangt werden. Ohne nähere Anhaltspunkte für eine unzureichende Kostenübernahme durch die Versicherung besteht daher auch keine Verpflichtung des Arztes gegenüber dem Patienten zur Information über die Höhe der durch die Behandlung verursachten Kosten.[76] Es liegt vielmehr in der Verantwortung des Patienten, sich Klarheit über den Umfang seines Versicherungsschutzes zu verschaffen. Die Pflicht des Arztes beschränkt sich insoweit auf den Hinweis an den Patienten auf die eventuell bestehende Notwendigkeit, die Kostenübernahme durch den privaten Krankenversicherungsträger mit diesem abzuklären. Eine Informationspflicht des Arztes besteht allerdings, wenn dem Arzt bekannt ist, dass die privaten Krankenversicherer die Kosten der von ihm durchgeführten Behandlung generell nicht übernehmen.

Die Informationspflicht erstreckt sich inhaltlich auf die Kosten der durch den Arzt **35** selbst durchgeführten Behandlung. Hierzu gehören auch mit der Behandlung verbundene Kosten anderer Leistungserbringer, wenn die entsprechenden Leistungen mit der Behandlung zwingend verbunden sind, wie zB Kosten für notwendige Laboruntersuchungen oder Röntgenuntersuchungen. Demgegenüber muss der Arzt nicht über die Kosten anderer Behandler informieren, selbst wenn die weiteren Behandlungen mit der Erstbehandlung im Zusammenhang stehen oder sogar durch sie verursacht sind.[77] Gefordert wird vom Arzt keine präzise Preisangabe, sondern die Mitteilung der prognostisch zu erwartenden Kosten der Behandlung, sodass geringfügige Abweichungen unschädlich sind.[78] Die Information muss in Textform nach § 126b BGB und vor Beginn der Behandlung erfolgen. Weitergehende Formanforderungen, so zB das Schriftformerfordernis in § 18 Abs. 8 Nr. 2 BMV-Ärzte für Honorarvereinbarungen mit GKV-Patienten bei sog. IGe-Leistungen bleiben nach § 630c Abs. 3 S. 2 BGB unberührt, gelten also weiter.[79] Beweisbelastet für Fehler im Zusammenhang mit der wirtschaftlichen Informationsverpflichtung nach § 630c Abs. 3 BGB ist der Patient.

Rechtsfolge eines Fehlers bei der wirtschaftlichen Aufklärung ist regelmäßig nicht die **36** Schadensersatzhaftung des Arztes vergleichbar der Haftung bei einer Verletzung der Verpflichtung zur Selbstbestimmungsaufklärung. Der Schadensersatzanspruch aus § 280 Abs. 1 BGB bei Verletzung der wirtschaftlichen Informationsverpflichtung ist vielmehr allein auf die Freistellung von der Pflicht zur Honorarzahlung bzw. auf Rückzahlung des bereits geleisteten Honorars gerichtet,[80] führt also allein zum Entfallen des ärztlichen Honoraranspruches. Der Patient erwirbt einen Schadensersatzanspruch gegen den Arzt mit dem er ggf. gegen den Honoraranspruch des Arztes auf-

---

75 *Deutsch/Spickhoff* MedizinR Rn. 562; *Frahm/Nixdorf/Walter* ArztHaftR Rn. 33a; *Laufs* in Laufs/ Kern ArztR-HdB § 61 Rn. 18; *Katzenmeier* in Laufs/Katzenmeier/Lipp ArztR V Rn. 23; *Martis/ Winkhart* ArztHaftR A 773 ff.; Spickhoff/*Spickhoff* BGB § 630c Rn. 36; zur Aufklärungspflicht bei drohenden Nachbehandlungskosten nach § 52 SGB V, *Teichner/Schröder* MedR 2009, 586.

76 *Deutsch/Spickhoff* MedizinR Rn. 563; *Frahm/Nixdorf/Walter* ArztHaftR Rn. 33a; *Katzenmeier* in Laufs/Katzenmeier/Lipp ArztR V Rn. 23; *Martis/Winkhart* ArztHaftR A 791; Spickhoff/*Spickhoff* BGB § 630c Rn. 36.

77 *Frahm/Nixdorf/Walter* ArztHaftR Rn. 33a; weiter *Teichner/Schröder* MedR 2009, 586; *Krüger/ Helml* GesR 2011, 584.

78 Vergleichbar stellt sich die Situation bei der privatärztlichen Chefarztbehandlung im Krankenhaus dar, vgl. zu den Anforderungen bei Abschluss einer Wahlleistungsvereinbarung BGH NJW-RR 2004, 1428 = VersR 2005, 120; NJW 2004, 686 = VersR 2004, 1007; NJW 2004, 684 = VersR 2004, 1007; dazu *Pauge* ArztHaftR Rn. 33.

79 Dazu Spickhoff/*Spickhoff* BGB § 630c Rn. 41; *Olzen/Uzunovic* JR 2012, 447.

80 BGH NJW 2000, 3429 = VersR 2000, 999; *Frahm/Nixdorf/Walter* ArztHaftR Rn. 33a; *Katzenmeier* in Laufs/Katzenmeier/Lipp ArztR V Rn. 25; *Pauge* ArztHaftR Rn. 383.

rechnen kann.[81] Erstreckt sich die Informationspflicht auch auf die Kosten zwingend mit der ursprünglichen Behandlung verbundener Leistungen Dritter, kann der Anspruch auch die Freihaltung des Patienten von den entsprechenden Zahlungsansprüchen dritter Leistungserbringer umfassen.

37 Besteht neben einer von der gesetzlichen Krankenversicherung getragenen Behandlungsmöglichkeit eine Behandlungsalternative, die nicht zum Leistungsspektrum der gesetzlichen Krankenversicherung gehört, ist der Arzt grundsätzlich verpflichtet, den Patienten auf diese Möglichkeit hinzuweisen, wenn die Behandlungsmöglichkeit deutlich risikoärmer ist oder einen größeren Heilerfolg verspricht.[82] Mit dem Hinweis muss die Darstellung der fehlenden Erstattungspflicht der gesetzlichen Krankenversicherung verbunden sein. Der Arzt muss darüber hinaus bei einer echten Alternative zwischen stationärer und ambulanter Therapie auch über die wirtschaftlichen Folgen der verschiedenen Behandlungen aufklären.[83]

II. Die Intensität der Aufklärung

1. Grundsätzliches

38 Entsprechend dem Zweck der Aufklärung, den Patienten in die Lage zu versetzen, willensmängelfrei und bewusst in eine vorgeschlagene Operation einwilligen zu können bzw. diese abzulehnen, muss die Aufklärung in einer dem Verständnishorizont des Patienten entsprechenden Weise erfolgen. Dabei ist es weder notwendig noch geboten, dem Patienten medizinische Details über den Eingriff oder medizinische Wirkungszusammenhänge im Zusammenhang mit der Risikoaufklärung zu vermitteln. Vielmehr reicht es aus, den Patienten in einer Weise zu informieren, dass er eine allgemeine Vorstellung von dem Eingriff, den mit dem Eingriff verbundenen Belastungen und den mit dem Eingriff verbundenen spezifischen und allgemeinen Risiken erwirbt.[84] Geboten ist eine Aufklärung »im Großen und Ganzen«, die dem Patienten die Stoßrichtung des Risikos erkennen lässt. Je belastender sich ein Risiko nach dessen Verwirklichung auf die weitere Lebensführung des Patienten auswirkt, desto intensiver muss die Aufklärung sein.

2. Keine Verharmlosung

39 Der Arzt muss die mit einer Behandlung verbundenen Belastungen und Risiken dem Patienten in einer den Belastungen und Risiken entsprechenden angemessenen Weise mitteilen. Das stellt § 630e Abs. 1 S. 2 BGB nunmehr ausdrücklich klar. Zwar ist es nicht gefordert und in aller Regel nicht geboten, prozentuale Angaben über Risikoverwirklichungswahrscheinlichkeiten mitzuteilen. Dem Patienten muss jedoch ein rea-

---

81 BGH NJW 2000, 3429 = VersR 2000, 999; *Katzenmeier* in Laufs/Katzenmeier/Lipp ArztR V Rn. 25; für eine Verwirkung des Honoraranspruchs *Deutsch/Spickhoff* MedizinR Rn. 561.

82 So *Martis/Winkhart* ArztHaftR A 814 ff., A 820; *Schelling* MedR 2004, 422; *Katzenmeier* in Laufs/Katzenmeier/Lipp ArztR V Rn. 21; wohl auch *Laufs* in Laufs/Kern ArztR-HdB § 61 Rn. 17; weitergehend (generelle Hinweispflicht) *Hart* MedR 1999, 47; *Rumler-Detzel* VersR 1998, 546; ablehnend *Pauge* ArztHaftR Rn. 407.

83 BGH NJW 1983, 2630 = VersR 1983, 443; LG Karlsruhe NJW-RR 2005, 1690 = VersR 2006, 1217; *Katzenmeier* in Laufs/Katzenmeier/Lipp ArztR V Rn. 21; *Martis/Winkhart* ArztHaftR A 821; *Stöhr* GesR 2011, 193; *Stöhr* MedR 2010, 214; *Schelling* MedR 2004, 422.

84 BGH NJW 2010, 3230 = VersR 2010, 1220; NJW 2009, 1209 = VersR 2009, 257; NJW 2006, 2108 = VersR 2006, 838; NJW 1991, 2346 = VersR 1991, 777; *Deutsch/Spickhoff* MedizinR Rn. 282; *Frahm/Nixdorf/Walter* ArztHaftR Rn. 196; *Gehrlein* Arzthaftungspflicht Rn. C 18, C 41; *Geiß/ Greiner* ArzthaftpflichtR Rn. C 86; *Laufs* in Laufs/Kern ArztR-HdB § 60 Rn. 1; *Martis/Winkhart* ArztHaftR A 513, A 834; *Pauge* ArztHaftR Rn. 421.

Nebendahl

listisches Bild von dem Grad der Wahrscheinlichkeit des Risikoeintrittes vermittelt werden. Verharmlosungen oder Verniedlichungen des Risikos haben dabei zu unterbleiben, weil der Patient ansonsten nicht in der Lage ist, sich ein zutreffendes Bild von den auf ihn zukommenden, mit einer Behandlung verbundenen Risiken zu machen.[85] So darf der Arzt bestehende schwerwiegende Risiken hinsichtlich dauerhafter Schädigungen nicht durch den verniedlichenden Hinweis auf allgemeine, vorübergehende Schädigungen verdecken.[86] Bei Operationen mit hohem Misserfolgsrisiko muss insbesondere bei nur relativ bestehender Indikation auch das Misserfolgsrisiko und – ggf. – die Möglichkeit der Verschlechterung der gesundheitlichen Situation deutlich angesprochen werden.[87] Anderenfalls ist der Patient nicht in der Lage, unter Abwägung der mit einer Behandlung verbundenen Chancen und Risiken eine zutreffende Entscheidung über die Durchführung des vorgeschlagenen Eingriffes zu treffen.

3. Die Dringlichkeit des Eingriffs

Die Aufklärung muss sich nach § 630e Abs. 1 S. 2 BGB auch auf die Dringlichkeit des **40** Eingriffes erstrecken. Nur bei sachgerechter Information über die Dringlichkeit eines Eingriffs kann der Patient nämlich entscheiden, ob er den Eingriff unverzüglich durchführen lässt oder zunächst weitere Abklärungen vornehmen lässt, andere Behandlungsmethoden versucht oder sich in die Behandlung eines anderen Arztes begibt. Dem Patienten muss daher dargestellt werden, ob ein Eingriff unaufschiebbar ist bzw. ob er – ggf. wie lange – verzögert werden kann.[88] Im letztgenannten Fall muss der Patient ergänzend darauf hingewiesen werden, welche Risiken mit einem Aufschieben oder gänzlichen Unterlassen des Eingriffes verbunden sind. Dies gilt erst recht, wenn ein operativer Eingriff durch eine konservative Therapie ersetzt werden kann oder der operative Eingriff zumindest deswegen verschoben werden könnte.[89]

III. Der Aufklärungspflichtige

Aufklärungspflichtig ist nach § 630e Abs. 2 S. 1 Nr. 1 BGB der Behandler oder eine Per- **41** son, die über die zur Durchführung der Maßnahme erforderliche Ausbildung verfügt.

---

85 BGH NJW 2010, 3230 = VersR 2010, 1220; NJW 1994, 793 = VersR 1994, 102; NJW 1992, 2351 = VersR 1992, 960; *Frahm/Nixdorf/Walter* ArztHaftR Rn. 196; *Gehrlein* Arzthaftungspflicht Rn. C 43; *Geiß/Greiner* ArzthaftpflichtR Rn. C 90; *Martis/Winkhart* ArztHaftR A 976; *Pauge* ArztHaftR Rn. 429.

86 BGH NJW-RR 2017, 533 = VersR 2017, 100 (Hinweis auf »Lähmungen« reicht auch bei dem Risiko einer dauerhaften Lähmung aus, nicht aber bei dem Risiko der Querschnittslähmung); NJW 2010, 3230 = VersR 2010, 1220 (Risiko von »langfristigen Lähmungen, die sich jedoch vollständig zurückbilden«, bei Querschnittslähmung); BGH NJW 2006, 2108 = VersR 2006, 838 (Risiken bei Blutspenden); BGH NJW 1999, 863 = VersR 1999, 190 (zum – nicht ausreichenden – Hinweis auf das Risiko vorübergehender Lähmungen bei dauerhafter Nervschädigung); *Martis/Winkhart* ArztHaftR A 977.

87 BGH NJW 1992, 108 = VersR 1992, 358; NJW 1990, 2929 = VersR 1990, 1010; NJW 1991, 2349 = VersR 1991, 227 (kosmetische Operation); OLG Naumburg MedR 2012, 195 = VersR 2011, 1014; OLG München GesR 2010, 414; *Gehrlein* Arzthaftungspflicht Rn. C 45; *Geiß/Greiner* ArzthaftpflichtR Rn. C 93; *Laufs* in Laufs/Kern ArztR-HdB § 60 Rn. 3; *Martis/Winkhart* ArztHaftR A1060; *Pauge* ArztHaftR Rn. 389, S. 161.

88 BGH NJW 2003, 1862 = VersR 2003, 858; NJW 1992, 2354 = VersR 1992, 747; NJW 1990, 2928 = VersR 1990, 1238; *Frahm/Nixdorf/Walter* ArztHaftR Rn. 196; *Gehrlein* Arzthaftungspflicht Rn. C 44; *Geiß/Greiner* ArzthaftpflichtR Rn. C 91, C 92; *Martis/Winkhart* ArztHaftR A 1000; *Pauge* ArztHaftR Rn. 423.

89 BGH NJW 2000, 1788 = VersR 2000, 766 (Vermeidung einer Operation durch konservative Behandlung); BGH NJW 1998, 1784 = VersR 1998, 716 (zeitliche Verschiebung einer Operation); *Gehrlein* Arzthaftungspflicht Rn. C 44; *Geiß/Greiner* ArzthaftpflichtR Rn. C 91, C 92; *Martis/Winkhart* ArztHaftR A 1006; *Pauge* ArztHaftR Rn. 429.

Für die Aufklärung vor einem ärztlichen Heileingriff folgt daraus, dass jeder Arzt grundsätzlich für die ordnungsgemäße Aufklärung über die von ihm selbst durchgeführten Behandlungsmaßnahmen verantwortlich ist, soweit sein Fachgebiet betroffen ist. Demnach muss der Operateur auf das Operationsrisiko einschließlich möglicher operationsbedingter Lagerungsschäden hinweisen. Der Anästhesist ist für die Aufklärung über die mit der Anästhesie verbundenen Risiken zuständig, während der Strahlentherapeut über etwaige mögliche Strahlenschäden aufklären muss. Etwaige Fehler im Bereich eines Arztes einer Fachrichtung stellen grundsätzlich die Ordnungsgemäßheit der Aufklärung oder Behandlung des jeweils anderen Arztes einer anderen Fachrichtung nicht infrage, sofern der Arzt der anderen Fachrichtung nicht positive Kenntnis von dem Mangel der Aufklärung hat.[90] Es gilt insoweit der Vertrauensgrundsatz. Eine fehlerhafte Operationsaufklärung macht daher den Eingriff zwar rechtswidrig, führt aber nicht zur Haftung des an der Operation beteiligten Anästhesisten, solange dieser nicht positive Kenntnis von der fehlerhaften Operationsaufklärung hat.

42 Die Aufklärungspflicht trifft zunächst den Arzt, der den Eingriff selbst vornimmt.[91] Er ist Behandler iSv § 630e Abs. 2 S. 1 Nr. 1 BGB. Auch der die Überweisung zur Operation ausstellende Arzt soll aufgrund seiner Therapieempfehlung für die Aufklärung verantwortlich sein.[92] Das ist gerechtfertigt, wenn der Überweiser bereits die abschließende Entscheidung für den Eingriff trifft und dem Patienten zu dem Eingriff rät, nicht jedoch wenn ein niedergelassener Überweiser lediglich die Einweisung zur stationär im Krankenhaus durchzuführenden Operation veranlasst, die Eingriffsentscheidung aber erst im Krankenhaus getroffen wird.[93] Aufklärungsverpflichtet ist auf jeden Fall der Arzt, der rein tatsächlich die aufklärungsbedürftige Behandlung übernimmt, also zB als aufnehmender Krankenhausarzt die Entscheidung über die Durchführung eines Eingriffes trifft.[94] In einer arbeitsteiligen Organisation, insbesondere in einem Krankenhaus, ist die Verantwortung für die Aufklärung regelmäßig in den der Arbeitsteilung zugrundeliegenden organisatorischen Bestimmungen festgelegt. Für die ordnungsgemäße Organisation ist der Krankenhausträger verantwortlich. Neben die Eigenhaftung des oder der für die Aufklärung verantwortlichen Ärzte tritt daher die vertragliche und deliktische Haftung des Krankenhausträgers für den einen Aufklärungsfehler begründenden Organisationsmangel.[95]

43 Der für die Aufklärung verantwortliche Arzt muss die Aufklärung nicht selbst durchführen, sondern kann sie auf eine geeignete andere Person delegieren. Es muss sich

---

90 BGH NJW 2010, 2430 = VersR 2010, 1183; OLG Karlsruhe OLGR 2004, 237; *Frahm/Nixdorf/Walter* ArztHaftR Rn. 215; *Gehrlein* Arzthaftpflicht Rn. C 57; *Geiß/Greiner* ArzthaftpflichtR Rn. C 106, C 107; *Laufs* in Laufs/Kern ArztR-HdB § 62 Rn. 3; *Martis/Winkhart* ArztHaftR A 1751; *Pauge* ArztHaftR Rn. 461, 465; *Katzenmeier* MedR 2004, 34.

91 *Frahm/Nixdorf/Walter* ArztHaftR Rn. 215; *Gehrlein* Arzthaftpflicht Rn. C 56; *Geiß/Greiner* ArzthaftpflichtR Rn. C 106; *Katzenmeier* in Laufs/Katzenmeier/Lipp ArztR V Rn. 46; *Laufs* in Laufs/Kern ArztR-HdB § 62 Rn. 1; *Martis/Winkhart* ArztHaftR A 1750; *Pauge* ArztHaftR Rn. 461; *Katzenmeier* MedR 2004, 34.

92 BGH NJW 1980, 1905 = VersR 1981, 456; NJW 1980, 633 = VersR 1980, 68; *Frahm/Nixdorf/Walter* ArztHaftR Rn. 215; *Pauge* ArztHaftR Rn. 463; nicht aber der lediglich einen Eingriff empfehlende Konsiliararzt, OLG Oldenburg NJW 1996, 1601 = VersR 1996, 1111; → Rn. 47.

93 So auch OLG Koblenz MedR 2012, 1570 = VersR 2011, 1570; *Frahm/Nixdorf/Walter* ArztHaftR Rn. 215; *Pauge* ArztHaftR Rn. 465.

94 BGH NJW 1992, 2351 = VersR 1992, 960; *Gehrlein* Arzthaftpflicht Rn. C 57; *Martis/Winkhart* ArztHaftR A 1765; *Pauge* ArztHaftR Rn. 461.

95 BGH NJW-RR 2007, 310 = VersR 2007, 209 (zur Organisationsverantwortung des Chefarztes); *Frahm/Nixdorf/Walter* ArztHaftR Rn. 215; *Gehrlein* Arzthaftpflicht Rn. C 57; *Geiß/Greiner* ArzthaftpflichtR Rn. C 108, C 109; *Laufs* in Laufs/Kern ArztR-HdB § 62 Rn. 2; *Martis/Winkhart* ArztHaftR A 1767; *Pauge* ArztHaftR Rn. 466.

nach § 630e Abs. 2 S. 1 Nr. 1 BGB um eine Person handeln, die die für die Maßnahme erforderliche Ausbildung besitzt. Erforderlich ist, dass der Aufklärende die theoretischen Kenntnisse aufweist, die für den konkret durchzuführenden Eingriff notwendig sind; selbst durchgeführt haben muss der aufklärende Arzt einen solchen Eingriff noch nicht.[96] Grundsätzlich ausgeschlossen ist danach die Delegation der Aufklärung auf nichtärztliches Personal.[97] Demgegenüber ist es ohne Weiteres zulässig, die Aufklärung auf einen noch in der Ausbildung befindlichen Assistenzarzt zu übertragen. Der aufklärende Arzt muss nicht Facharzt sein. Er muss jedoch ausreichend mit dem medizinischen Gegebenheiten vertraut sein und die erforderliche Qualifikation besitzen, um die konkret beim Patienten vorliegende Erkrankung beurteilen, den Ablauf der Operation dem Patienten erläutern und die mit dem geplanten Eingriff verbundenen Risiken einschätzen zu können.[98] Ggf. muss der delegierende Arzt die für die Aufklärung erforderlichen Kenntnisse des aufklärenden Arztes in geeigneter Weise überprüfen und – soweit erforderlich – sicherstellen. Außerdem muss der für die Behandlung verantwortliche Arzt die Ordnungsgemäßheit der Aufklärung in geeigneter Weise kontrollieren, wobei strenge Anforderungen zu stellen sind. Erfüllt werden kann dies etwa durch ein jeweils präoperativ erfolgtes Gespräch mit dem Patienten und/oder durch Einblick in die Aufklärungsurkunde.[99] Unterlaufen dem aufklärenden Arzt, auf den die Aufklärung delegiert worden ist, bei der Aufklärung Fehler, führt dies grundsätzlich zum rechtswidrigen Heileingriff und damit zur Haftung nicht nur des aufklärenden Arztes, sondern auch des für die Aufklärung verantwortlichen Behandlers.[100] Ausnahmsweise kann die Haftung des nicht aufklärenden Operateurs – mangels Verschuldens – entfallen, wenn klare Organisationsanweisungen bestehen, deren Einhaltung regelmäßig kontrolliert wird und im konkreten Fall keine Anhaltspunkte für eine mangelhafte Aufklärung zu erkennen sind.[101]

Eine weitere Haftungsgrundlage kann sich darüber hinaus aus der Organisationspflicht des Krankenhausträgers und des Chefarztes ergeben. Beide müssen durch geeignete organisatorische Maßnahmen und Kontrollen sicherstellen, dass die Ordnungsgemäßheit der Aufklärung gewährleistet ist.[102] Dies erfordert vom Chefarzt die **44**

---

96 *Martis/Winkhart* ArztHaftR A 1757a, P 47; *Bender* VersR 2013, 962.

97 BGH NJW 1974, 604 = VersR 1974, 486; *Deutsch/Spickhoff* MedizinR Rn. 480; *Ehlers* in Ehlers/ Broglie ArztHaftR Rn. 860; *Frahm/Nixdorf/Walter* ArztHaftR Rn. 215; *Gehrlein* Arzthaftungspflicht Rn. C 56; *Katzenmeier* in Laufs/Katzenmeier/Lipp ArztR V Rn. 47 (unter Hinweis auf mögliche Entwicklungen bei auf nichtärztliches Personal delegierbaren Eingriffen); *Martis/Winkhart* ArztHaftR A 1762; *Pauge* ArztHaftR Rn. 462, 466; MAH MedizinR/*Terbille* § 1 Rn. 272; *Achterfeld* MedR 2012, 140.

98 OLG München NJW-RR 2011, 749; OLG Karlsruhe NJW-RR 1998, 459; OLG Dresden GesR 2003, 157; *Frahm/Nixdorf/Walter* ArztHaftR Rn. 215; *Gehrlein* Arzthaftungspflicht Rn. C 56; *Martis/Winkhart* ArztHaftR A 1757; *Pauge* ArztHaftR Rn. 462, 463; zu eng *Ehlers* in Ehlers/Broglie ArztHaftR Rn. 860, der eine Delegation auf jüngere Stations- oder Assistenzärzte ablehnt.

99 BGH NJW-RR 2007, 310 = VersR 2007, 209.

100 BGH NJW-RR 2007, 310 = VersR 2007, 209; NJW 2007, 217 = VersR 2007, 66; *Frahm/Nixdorf/ Walter* ArztHaftR Rn. 215; *Gehrlein* Arzthaftungspflicht Rn. C 56; *Geiß/Greiner* ArzthaftpflichtR Rn. C 108 (Garantenstellung des aufklärenden Arztes); *Martis/Winkhart* ArztHaftR A 1758–A 1761; *Wenzel/Simmler* Rn. 1739.

101 BGH NJW-RR 2007, 310 = VersR 2007, 209; OLG Koblenz MedR 2010, 108 = VersR 2009, 1077; OLG Karlsruhe NJW-RR 1998, 459; *Frahm/Nixdorf/Walter* ArztHaftR Rn. 215; *Katzenmeier* in Laufs/Katzenmeier/Lipp ArztR V Rn. 49; *Martis/Winkhart* ArztHaftR A 1768; *Pauge* ArztHaftR Rn. 463; Spickhoff/*Greiner* BGB §§ 823 ff. Rn. 283; dazu auch *Hausch* VersR 2009, 1178.

102 BGH NJW-RR 2007, 310 = VersR 2007, 209; *Deutsch/Spickhoff* MedizinR Rn. 531; *Frahm/ Nixdorf/Walter* ArztHaftR Rn. 215; *Gehrlein* Arzthaftungspflicht Rn. C 57; *Geiß/Greiner* ArzthaftpflichtR Rn. C 108, C 109; *Laufs* in Laufs/Kern ArztR-HdB § 62 Rn. 2; *Martis/Winkhart* ArztHaftR A 1758; *Pauge* ArztHaftR Rn. 466.

Erteilung ordnungsgemäßer Anweisungen zur Aufklärung. Regelmäßig geschieht dies durch entsprechende abstrakte Vorgaben für die Durchführung der Aufklärung. Bei seltenen Eingriffen ist es darüber hinaus unter Umständen geboten, Anweisungen zur Aufklärung im Einzelfall zu erteilen. Außerdem muss in geeigneter Weise die Einhaltung der erteilten Anweisungen kontrolliert werden. Unterlassungen in diesem Bereich führen zur originären Haftung des für die Organisation verantwortlichen Krankenhausträgers und Chefarztes aufgrund eines eigenen Organisationsfehlers im Zusammenhang mit der Aufklärung, die neben die abgeleitete Haftung des Krankenhausträgers für Erfüllungs- oder Verrichtungsgehilfen nach §§ 278, 831 BGB tritt.

45 Eine ohne ausreichende Operationsaufklärung durchgeführte Operation stellt einen rechtswidrigen Heileingriff dar, die auch dann zur Haftung der an der Operation beteiligten Operateure führt, wenn diese die Aufklärung nicht selbst durchgeführt haben. Unter Anwendung des Vertrauensgrundsatzes können das Verschulden und damit die Haftung der operierenden Ärzte allerdings entfallen, wenn der Behandler auf die Ordnungsgemäßheit der Aufklärung – bei Anlegung eines strengen Maßstabes – ohne Fahrlässigkeit vertrauen konnte.[103] Erforderlich hierfür ist, dass durch geeignete organisatorische Maßnahmen und Kontrollen sichergestellt ist, dass die Ordnungsgemäßheit der Aufklärung gewährleistet ist. Dies kann zB durch ein präoperatives Gespräch mit dem Patienten, ob die Aufklärung durchgeführt worden ist, und durch die Kontrolle des Aufklärungsbogens und der Einwilligungserklärung durch Einsicht in die Krankenakte vor Beginn der Operation geschehen.

46 Auch der lediglich die Aufklärung durchführende, am Eingriff selbst nicht beteiligte Arzt haftet dem Patienten bei einer fehlerhaften Aufklärung deliktisch, weil er insoweit einen Teil der ärztlichen Behandlung und damit eine entweder aus der Übernahme eines Auftrages – bspw. des Krankenhausträgers – oder aus der Inanspruchnahme des Vertrauens des Patienten folgende Garantenstellung gegenüber dem Patienten übernimmt. Dies gilt auch dann, wenn der aufklärende Arzt die Empfehlung zur Operation nicht gegeben hat.[104] Der aufklärende Arztes kann sich in diesem Fall nicht mit der Behauptung exkulpieren, dass er nur die Risikoaufklärung übernommen habe, nicht aber die Aufklärung über Behandlungsalternativen und das Mißerfolgsrisiko, weil der aufklärende Arzt durch Übernahme der Aufklärung das Vertrauen des Patienten in Anspruch nimmt und bei fehlerhafter Aufklärung verletzt. Anderes gilt, wenn dem Patienten die begrenzte Übernahme der Aufklärung bekannt war oder ein objektiver Beobachter aus der Sicht des Patienten dies im konkreten Einzelfall hätte erkennen können.

47 Bei horizontaler Arbeitsteilung zwischen mehreren an der Behandlung beteiligten Ärzten, trifft grundsätzlich jeden in die Arbeitsteilung eingeschalteten Arzt die Aufklärungspflicht in seinem Fachgebiet. Der aufgrund Überweisung in die Behandlung einbezogene Arzt ist daher grundsätzlich für die von ihm durchgeführte Behandlung und die mit der Behandlung verbundenen Risiken aufklärungspflichtig, während der überweisende Arzt für die sich aus seinem Fachgebiet ergebenden Behandlungsmöglichkeiten aufklärungsverpflichtet ist.[105] Erfolgt eine Überweisung zum Zwecke einer Operation, ist für die Aufklärung über die Operationsindikation grds. der die Operation veranlassende überweisende Arzt zuständig, sofern der Überweisungsempfänger nicht die Entscheidung zur Operation aufgrund überlegener Fachkunde abschließend

103 BGH NJW-RR 2007, 310 = VersR 2007, 209; *Martis/Winkhart* ArztHaftR A 1779.
104 BGH NJW 2015, 477 = VersR 2015, 240; BGH NJW-RR 2010, 833 = VersR 2010, 115.
105 BGH NJW 1990, 2929 = VersR 1990, 1010; *Gehrlein* Arzthaftungspflicht Rn. C 57; *Geiß/Greiner* ArzthaftpflichtR Rn. C 110; *Laufs* in Laufs/Kern ArztR-HdB § 62 Rn. 3; *Martis/Winkhart* ArztHaftR A 1782; *Pauge* ArztHaftR Rn. 464; *Katzenmeier* MedR 2004, 34.

Nebendahl

treffen soll.[106] Letzteres dürfte allerdings im Regelfall im Verhältnis zwischen dem die Krankenhauseinweisung veranlassenden und dem operierenden Krankenhausarzt anzunehmen sein. Im Verhältnis zwischen Hausarzt und Facharzt liegt die Aufklärungspflicht für vom Facharzt veranlasste Eingriffe regelmäßig bei dem überweisungsempfangenden Facharzt.[107] Bei einer »Querüberweisung« zwischen Fachärzten unterschiedlicher Fachrichtungen darf der überweisungsempfangende Arzt so lange auf die Ordnungsgemäßheit der Untersuchung, Behandlung und Aufklärung durch den überweisenden Arzt vertrauen, solange ihm nicht Anhaltspunkte dafür vorliegen, dass insoweit Mängel aufgetreten sind.[108] Er muss daher nicht über Risiken einer beim überweisenden Arzt durchzuführenden Behandlung aufklären.[109] Diese Regeln gelten grundsätzlich auch in Fällen einer Überweisung an einen spezialisierten Fachmann im Ausland.[110]

Selbstverständlich gilt der Vertrauensgrundsatz im Rahmen der Aufklärung nur im Verhältnis von Ärzten unterschiedlicher Fachrichtungen. Bei Überweisungen innerhalb des gleichen Fachgebietes ist jeder beteiligte Arzt vollumfänglich für die Aufklärung verantwortlich. **48**

IV. Der Aufklärungsadressat

Die Aufklärung muss grundsätzlich derjenigen Person erteilt werden, die für die Erteilung der Einwilligung in den beabsichtigten ärztlichen Heileingriff zuständig ist. In aller Regel ist dies der Patient selbst. Hiervon geht auch § 630e Abs. 1 S. 1 BGB durch die Bezugnahme auf den Patienten aus. Ergänzend ist allerdings § 630e Abs. 4 BGB zu beachten, der durch Verweis auf § 630d Abs. 1 S. 2 BGB bei einwilligungsunfähigen Patienten die Notwendigkeit der Aufklärung des für die Einwilligung in einen ärztlichen Heileingriff Berechtigten begründet. Probleme können sich jedoch in drei Fallkonstellationen ergeben, nämlich bei Minderjährigen, bei willensunfähigen Kranken und bei sprachunkundigen Patienten. **49**

1. Der minderjährige Patient

a) Der Grundfall

Bei ärztlichen Heileingriffen gegenüber minderjährigen Patienten liegt die Einwilligungszuständigkeit grundsätzlich bei den Personensorgeberechtigten.[111] Dies sind im Regelfall beide Eltern. Bei geschiedenen Eltern richtet sich die Einwilligungszustän- **50**

---

106 Instruktiv insoweit OLG Köln GesR 2010, 409; dazu *Ehlers* in Ehlers/Broglie ArztHaftR Rn. 861.
107 BGH NJW 1979, 1933 = VersR 1979, 720; OLG Koblenz NJW-RR 2005, 1111 = VersR 2006, 123; *Frahm/Nixdorf/Walter* ArztHaftR Rn. 215; *Martis/Winkhart* ArztHaftR A 1773, A 1781; *Pauge* ArztHaftR Rn. 465; *Katzenmeier* MedR 2004, 34; weitergehend hinsichtlich einer Aufklärungspflicht des Hausarztes aber BGH NJW 1980, 1905 = VersR 1981, 456; 1980, 633 = VersR 1980, 68; bei Abgabe einer Therapieempfehlung durch den Hausarzt sieht eine Aufklärungspflicht begründet OLG Oldenburg BeckRS 9998, 16994 = VersR 1999, 1422; nicht aber bei einer Empfehlung durch einen Konsiliararzt, vgl. OLG Oldenburg NJW 1996, 1601 = VersR 1996, 1111.
108 Zu den Grenzen zulässigen Vertrauens bei der Aufklärung OLG Köln NJW-RR 2009, 960 = VersR 2009, 1670 (Zwitteroperation).
109 OLG Stuttgart VersR 1991, 1060; OLG Düsseldorf NJW 1984, 2636 = VersR 1984, 643; *Geiß/Greiner* ArztHaftpflichtR Rn. C 110; *Martis/Winkhart* ArztHaftR A 1774.
110 Zweifelnd *Geiß/Greiner* ArzthaftpflichtR Rn. C 111.
111 BGH NJW 2007, 217 = VersR 2007, 66; BGH NJW 1989, 1538 = VersR 1989, 253; *Deutsch/Spickhoff* MedizinR Rn. 496; *Frahm/Nixdorf/Walter* ArztHaftR Rn. 210; *Gehrlein* Arzthaftungspflicht Rn. C 60; *Geiß/Greiner* ArzthaftpflichtR Rn. C 114; *Laufs* in Laufs/Kern ArztR-HdB § 62 Rn. 7; *Martis/Winkhart* ArztHaftR A 1788; *Pauge* ArztHaftR Rn. 468.

digkeit nach der entsprechenden familiengerichtlichen Sorgerechtsentscheidung. Praktische Schwierigkeiten können sich insoweit bei nach ausländischem Recht geschlossenen Ehen und erst recht bei einer nach ausländischem Recht durchgeführten Scheidung ergeben. Hier muss der Arzt in Zweifelsfällen durch Nachfrage die Personensorgeberechtigung klären. Ist dies erfolgt, darf der Arzt sich grds. auf die Angaben des befragten Erziehungsberechtigten verlassen.

51 Im Hinblick auf die grundsätzlich bestehende Einwilligungszuständigkeit und damit korrespondierende Aufklärungsbedürftigkeit beider Elternteile, sind in der ärztlichen Praxis drei Fallkonstellationen zu unterscheiden.[112]

52 Bei sog. Routinebehandlungen, also Behandlungen aufgrund leichterer Erkrankungen oder Verletzungen, darf der Arzt grundsätzlich darauf vertrauen, dass der mit dem Minderjährigen zur Behandlung erschienene Elternteil vom jeweils anderen Elternteil zur alleinigen Erteilung der Einwilligung in die ärztliche Behandlung ermächtigt ist, solange dem Arzt nicht der Ermächtigung entgegenstehende Umstände positiv bekannt sind. Der Arzt darf in diesen Fällen auch ohne ausdrückliche Nachfrage auf das Vorliegen der Ermächtigung und damit die alleinige Einwilligungszuständigkeit des zur Behandlung erschienenen Elternteiles vertrauen. Nur dieses Elternteil muss aufgeklärt werden.

53 Handelt es sich um erheblichere Erkrankungen mit nicht unbedeutenden Behandlungsrisiken, kann der Arzt nicht ohne Weiteres von dem Bestehen einer Ermächtigung des erschienenen Elternteils durch den nicht erschienenen Elternteil zur Einwilligung in die beabsichtigte Behandlung ausgehen. Vielmehr muss der Arzt das Bestehen der Ermächtigung positiv abklären. Regelmäßig reicht hierfür die entsprechende Nachfrage bei dem erschienenen Elternteil aus. Der Arzt darf dabei auf die Richtigkeit der ihm auf eine solche Nachfrage erteilten Antwort so lange vertrauen, solange ihm nicht Anhaltspunkte bekannt sind, die der Annahme einer Ermächtigung zur Einwilligung entgegenstehen. Teilt das erschienene Elternteil auf konkrete Nachfrage das Vorliegen einer Ermächtigung mit, reicht die Aufklärung des erschienenen Elternteiles aus.

54 Wieder anders verhält es sich bei schweren Erkrankungen, die mit Risiken verbunden sind, die für die weitere Lebensführung des Minderjährigen mit schweren Beeinträchtigungen einhergehen können.[113] In derartigen Konstellationen ist grundsätzlich nicht vom Vorliegen einer Ermächtigung zur Erteilung einer Einwilligung von einem an den anderen Elternteil auszugehen. Der Arzt muss deshalb grundsätzlich beide Eltern über den beabsichtigten Eingriff ordnungsgemäß aufklären. Nur dann, wenn ein Elternteil ausdrücklich, unmissverständlich und willensmängelfrei auf die Aufklärung verzichtet, reicht ausnahmsweise die Aufklärung eines Elternteiles aus.

b) Der einsichtsfähige Minderjährige

55 Besondere Probleme treten bei der Behandlung von Minderjährigen auf, die nach ihrem geistigen Entwicklungsstand die notwendige Einsichtsfähigkeit aufweisen, um

---

112 BGH NJW 2010, 2430 = VersR 2010, 1183; NJW 2007, 217 = VersR 2007, 66; NJW 2000, 1784 = VersR 2000, 725; NJW 1988, 2946 = VersR 1989, 145; OLG Stuttgart NJW-RR 2011, 747 = VersR 2011, 534; *Deutsch/Spickhoff* MedizinR Rn. 496; *Frahm/Nixdorf/Walter* ArztHaftR Rn. 210; *Gehrlein* Arzthaftungspflicht Rn. C 61–C 63; *Geiß/Greiner* ArzthaftpflichtR Rn. C 114; *Katzenmeier* in Laufs/Katzenmeier/Lipp ArztR V Rn. 53; *Laufs* in Laufs/Kern ArztR-HdB § 62 Rn. 13; *Martis/Winkhart* ArztHaftR A 1788; *Pauge* ArztHaftR Rn. 470; Spickhoff/*Greiner* BGB §§ 823 ff. Rn. 281; MAH MedizinR/*Terbille* § 1 Rn. 365.
113 Dazu BGH NJW 2007, 215 = VersR 2007, 66.

die beabsichtigte Behandlung selbst beurteilen zu können.[114] Das Vorliegen der Einsichtsfähigkeit ist nicht schematisch an bestimmte Lebensaltersstufen zu knüpfen, sondern ist abhängig von dem Entwicklungsstand des Minderjährigen, der Schwere und Gefährlichkeit der Erkrankung und insbesondere deren Auswirkung auf die spätere Lebensführung. Es ist deshalb Aufgabe des Arztes, die Einsichtsfähigkeit des Minderjährigen zu beurteilen. Hierzu muss er sich in Zweifelsfällen aller ihm zur Verfügung stehenden Hilfsmittel bedienen. Dies macht nicht nur eine Befragung von Eltern und Kind erforderlich, sondern kann ggf. auch die Rücksprache mit einem ansonsten behandelnden Kinder- und Jugendarzt oder die Einschaltung eines Jugendpsychologen notwendig machen. Bei der Beurteilung der Einsichtsfähigkeit selbst ist dem Arzt, der die zur Verfügung stehenden Erkenntnisquellen sorgfältig ausgeschöpft hat, ein weiter Bewertungsspielraum zuzuerkennen, der vom Gericht nur auf grobe Fehlerhaftigkeit überprüft werden kann.

Die Einsichtsfähigkeit des Minderjährigen beseitigt nicht die Einwilligungszuständig-   **56**
keit der personensorgeberechtigten Eltern. Diese müssen mithin unabhängig von der Einsichtsfähigkeit des Minderjährigen über den beabsichtigten Eingriff aufgeklärt werden. Allerdings ist dem einsichtsfähigen Minderjährigen eine kumulativ hinzutretende eigene Einwilligungszuständigkeit einzuräumen.[115] Die Einwilligungszuständigkeit ist bei bestehender Einsichtsfähigkeit nicht auf mindergewichtige Eingriffe beschränkt und schließt insbesondere auch vital indizierte Eingriffe nicht aus.[116] Allerdings wird die Verweigerung der Einwilligung in einen vital indizierten Eingriff durch den Minderjährigen dem Arzt Anlass geben müssen, die Frage der Einsichtsfähigkeit nochmals kritisch zu hinterfragen.

Der Arzt darf den beabsichtigten Heileingriff gegenüber dem einsichtsfähigen Minder-   **57**
jährigen nur durchführen, wenn nach erfolgter Aufklärung der Sorgeberechtigten und des Minderjährigen sowohl die Einwilligung der sorgeberechtigten Eltern als auch des einsichtsfähigen Minderjährigen vorliegt. Verweigern die Eltern die Einwilligung, kann diese ggf. durch einen durch familiengerichtliche Entscheidung nach § 1666 Abs. 3 BGB zu bestellenden Betreuer ersetzt werden.[117] Verweigert umgekehrt der einsichtsfähige Minderjährige die Einwilligung in den beabsichtigten Heileingriff, hat der Eingriff zu unterbleiben. Dem einsichtsfähigen Minderjährigen ist nämlich in gleicher Weise wie einem Volljährigen das »Recht zur Krankheit« als Ausfluss des allgemeinen Persönlichkeitsrechts zuzubilligen.[118]

c) Schranken des Einwilligungsrechtes der Sorgeberechtigten

Das Recht der sorgeberechtigten Eltern zur Verweigerung der Einwilligung in einen   **58**
ärztlichen Heileingriff nach entsprechender Aufklärung besteht nicht unbegrenzt. Es unterliegt vielmehr den von Gesetzes wegen gezogenen Schranken des Sorgerechtes.

---

114 BGH NJW 2007, 217 = VersR 2007, 66; NJW 1991, 2344 = VersR 1991, 812; *Ehlers* in Ehlers/ Broglie ArztHaftR Rn. 876–878; *Frahm/Nixdorf/Walter* ArztHaftR Rn. 210; *Gehrlein* Arzthaftungspflicht Rn. C 64; *Geiß/Greiner* ArzthaftpflichtR Rn. C 115; *Katzenmeier* in Laufs/Katzenmeier/Lipp ArztR V Rn. 52; *Laufs* in Laufs/Kern ArztR-HdB § 62 Rn. 9; *Martis/Winkhart* ArztHaftR A 1795 ff.; *Pauge* ArztHaftR Rn. 469; MAH MedizinR/*Terbille* § 1 Rn. 365; dazu umfassend *Nebendahl* MedR 2009, 197; *Diederichsen*, FS Hirsch, 2008, 355; *Wölk* MedR 2001, 80; zur Problematik bei minderjährigen Eltern, vgl. *Kern* MedR 2005, 628.
115 *Nebendahl* MedR 2009, 197.
116 *Nebendahl* MedR 2009, 197.
117 *Frahm/Nixdorf/Walter* ArztHaftR Rn. 210; *Gehrlein* Arzthaftungspflicht Rn. C 65; *Laufs* in Laufs/Kern ArztR-HdB § 62 Rn. 11; *Martis/Winkhart* ArztHaftR A 1799; *Wenzel/Simmler* Rn. 1840; *Nebendahl* MedR 2009, 197.
118 *Nebendahl* MedR 2009, 197.

Dementsprechend dürfen Eltern ihre Zustimmung zu einem beabsichtigten Heileingriff nicht aus unvernünftigen Gründen verweigern.[119] Probleme treten insoweit insbesondere auf, wenn eine Zustimmungsverweigerung aus weltanschaulichen oder religiösen Gründen erfolgt. In diesem Fall muss sehr genau geprüft werden, ob diese Gründe im Hinblick auf das Interesse des Minderjährigen als unvernünftig bewertet werden können.

59 Der Arzt darf in derartigen Fällen die Verweigerung der Einwilligung durch die Eltern nicht unberücksichtigt lassen, sondern muss die verweigerte Zustimmung durch einen vom Familiengericht nach den § 1666 BGB bestellten Betreuer[120] oder in besonders eilbedürftigen Fällen durch vorläufige gerichtliche Anordnung[121] ersetzen lassen. Nur in seltenen Ausnahmefällen bei Gefahr in Verzug darf der Arzt nach § 630d Abs. 1 S. 4 BGB einen zweifelsfrei gebotenen Eingriff ohne Einschaltung des Familiengerichtes nach den Voraussetzungen des rechtfertigenden Notstandes durchführen.[122]

2. Psychisch Kranke und sonstige Geschäftsunfähige

60 Bei der Behandlung psychisch Kranker und sonstiger Geschäftsunfähiger ist zu differenzieren. Soweit der psychisch Kranke trotz seiner Erkrankung einwilligungsfähig ist, ist die notwendige Eingriffseinwilligung durch ihn zu erteilen.[123] Dementsprechend ist er der richtige Aufklärungsadressat. Fehlt allerdings die Einwilligungsfähigkeit, muss die Einwilligung nach § 630e IV BGB iVm § 630d Abs. 1 S. 2 BGB durch den gesetzlichen Vertreter bzw. den bestellten Betreuer erteilt werden, nachdem dieser vorher ordnungsgemäß aufgeklärt worden ist. Allerdings kann der Betreuer nach § 1904 Abs. 1 BGB nicht wirksam in einen ärztlichen Eingriff einwilligen, der mit schwerwiegenden Risiken für Leben und Gesundheit des Patienten verbunden ist und insbesondere die Gefahr mit sich bringt, dass der Patient bei dem Eingriff stirbt.[124] In diesem Fall ist die Zustimmung des Betreuungsgerichtes erforderlich. Die Zustimmung des Betreuungsgerichtes muss nach § 1906 Abs. 4 BGB auch vor einer Maßnahme mit freiheitsbeschränkender Wirkung eingeholt werden. Dazu gehört zB die Anbringung von Bettgittern oder die vorübergehende oder länger andauernde Fixierung.[125]

---

119 OLG München NJW-RR 202, 811; OLG Stuttgart VersR 1987, 515; *Frahm/Nixdorf/Walter* ArztHaftR Rn. 210; *Gehrlein* Arzthaftungspflicht Rn. C 65; *Katzenmeier* in Laufs/Katzenmeier/Lipp ArztR V Rn. 54; *Laufs* in Laufs/Kern ArztR-HdB § 62 Rn. 11; *Martis/Winkhart* ArztHaftR A 1793; *Pauge* ArztHaftR Rn. 471; *Spickhoff* NJW 2003, 1701; *Bender* MedR 1999, 260; zur strafrechtlichen Bewertung einer Tetanusimpfung bei einem minderjährigen Zeugen Jehovas gegen den Willen der Eltern, vgl. AG Nordenham MedR 2008, 225 = VersR 2007, 1418; zum umgekehrten Fall des religiös motivierten Operationswunsches der Eltern, s. *Putzke* NJW 2008, 1568.

120 *Frahm/Nixdorf/Walter* ArztHaftR Rn. 210; *Gehrlein* Arzthaftungspflicht Rn. C 65; *Laufs* in Laufs/Kern ArztR-HdB § 62 Rn. 11; *Martis/Winkhart* ArztHaftR A 1793.

121 OLG Celle NJW 1995, 792 = MDR 1994, 487.

122 *Frahm/Nixdorf/Walter* ArztHaftR Rn. 210; *Katzenmeier* in Laufs/Katzenmeier/Lipp ArztR V Rn. 54; *Martis/Winkhart* ArztHaftR A 1794; *Bender* MedR 1999, 260; AG Nordenham MedR 2008, 225 = VersR 2007, 1418.

123 *Frahm/Nixdorf/Walter* ArztHaftR Rn. 211; *Martis/Winkhart* ArztHaftR A 1801; *Gründel* NJW 2002, 2987; *Hennies* MedR 1999, 341; *Wigge* MedR 1996, 291; *Kern* MedR 1993, 245.

124 BGH NJW 2005, 2385 = VersR 2005, 1249; NJW 2003, 1588 = VersR 2003, 861; *Frahm/Nixdorf/Walter* ArztHaftR Rn. 211; *Gehrlein* Arzthaftungspflicht Rn. C 65; *Katzenmeier* in Laufs/Katzenmeier/Lipp ArztR V Rn. 55; *Laufs* in Laufs/Kern ArztR-HdB § 62 Rn. 12; *Martis/Winkhart* ArztHaftR A 1802a; *Hennies* MedR 1999, 341.

125 BGH NJW-RR 2012, 1281 = MedR 2013, 45; OLG Bamberg NJW-RR 2012, 467 = VersR 2012, 1440; OLG Düsseldorf GesR 2010, 689; *Frahm/Nixdorf/Walter* ArztHaftR Rn. 211; *Martis/Winkhart* ArztHaftR A 1802b.

Bei vital indizierten, dringenden Eingriffen kann von einer mutmaßlichen Einwilli- 61
gung ausgegangen werden, wenn die Einwilligung des Betreuers nicht rechtzeitig beschafft werden kann.

Sonderprobleme treten im Zusammenhang mit einem beabsichtigten Abbruch einer 62
Behandlung bei irreversibler Erkrankung auf. Ist der Patient einwilligungsfähig und
hat die Krankheit einen irreversiblen tödlichen Verlauf erreicht, müssen lebenserhaltende oder lebensverlängernde Maßnahmen unterbleiben, wenn dies dem zuvor ge-
äußerten Willen des Patienten – etwa in einer sog. Patientenverfügung nach § 1901a
Abs. 1 BGB[126] – entspricht. Liegt eine Patientenverfügung vor, sind der Betreuer und
der behandelnde Arzt nach § 1901a Abs. 1 S. 1 BGB bzw. § 1901b Abs. 1 S. 1 BGB verpflichtet zu prüfen, ob der in der Patientenverfügung niedergelegte Wille noch der aktuellen Lebens- und Behandlungssituation des Patienten entspricht. Ist dies der Fall,
muss die Patientenverfügung beachtet werden. Ansonsten ist der Wille des Patienten
zu ermitteln.[127] Kann der Wille des Patienten nicht festgestellt werden oder liegt keine
– noch aktuelle – Patientenverfügung vor, kommt es nach § 1901a Abs. 2 BGB auf den
mutmaßlichen Willen des Patienten an.[128] Ist auch dieser nicht sicher ermittelbar, ist
der Arzt gehalten, die gebotenen lebensverlängernden Maßnahmen zu ergreifen.

Nur wenn sich der behandelnde Arzt und der Betreuer über den Inhalt oder die Aktu- 63
alität einer Patientenverfügung oder über die medizinische Indikation einer Behandlungsmaßnahme uneinig sind, entscheidet das Betreuungsgericht.[129] Ein bestellter Betreuer kann dementsprechend die Einwilligung in ärztlicherseits für geboten gehaltene
lebenserhaltende oder -verlängernde Maßnahmen nur mit Zustimmung des Betreuungsgerichtes verweigern, das seine Entscheidung an den genannten Kriterien, insbesondere einer vorliegenden Patientenverfügung zu orientieren hat.[130] Die Zustimmung
des Betreuungsgerichtes ist allerdings dann nicht erforderlich, wenn eine derartige
Behandlung nicht indiziert ist, nicht mehr sinnvoll ist oder aus sonstigen Gründen
nicht möglich ist[131] oder der Arzt und der Betreuer übereinstimmend davon ausgehen,
dass die Maßnahme nicht dem Willen des Patienten entspricht. Sind in die Behandlung mehrere Ärzte eingeschaltet, muss die übereinstimmende Einschätzung von allen
Ärzten geteilt werden.

Ärztliche Zwangsbehandlungen, die gegen den natürlichen Willen des Patienten er- 64
folgen sollen, dürfen nach § 1906 Abs. 1 BGB nur erfolgen, wenn der Betreuer in die
Maßnahme einwilligt und entweder die krankheitsbedingte Gefahr besteht, dass der
Patient sich selbst tötet oder sich selbst einer erheblichen gesundheitlichen Schaden
zufügt, oder zur Abwehr eines drohenden gesundheitlichen Schadens. Letzteres ist allerdings nur unter den in § 1906 Abs. 3 S. 1 Nr. 1–5 BGB normierten sehr eingeschränkten Voraussetzungen zulässig. Zu derartigen Maßnahmen ist nach § 1906 Abs. 3a S. 1
BGB die vorherige Zustimmung des Betreuungsgerichtes erforderlich. Der Betreuer ist
seinerseits verpflichtet, eine einmal erteilte Einwilligung zu widerrufen, wenn die Vor-

---

126 Dazu *Martis/Winkhart* ArztHaftR A 1805–A 1812.
127 *Martis/Winkhart* ArztHaftR A 1806; *Coeppicus* NJW 2013, 2939; *Coeppicus* NJW 2011, 2085; *Wil-
     ckens* MDR 2011, 143; *Höfling* NJW 2009, 2849.
128 *Martis/Winkhart* ArztHaftR A 1807; *Höfling* NJW 2009, 2849.
129 BGH NJW 2010, 2963 = MedR 2011, 32; *Coeppicus* NJW 2013, 2939; *Gaede* NJW 2010, 2925; *Ol-
     zen/Schneider* MedR 2010, 745.
130 Dazu BGH NJW 2005, 2385 = VersR 2005, 1249 (zu einer ärztlich nicht »gebotenen« Fortset-
     zung der künstlichen Ernährung im Pflegeheim); BGH NJW 2003, 1588 = VersR 2003, 861;
     Gehrlein Arzthaftungspflicht Rn. C 65; *Martis/Winkhart* ArztHaftR A 1808f.; *Pauge* ArztHaftR
     Rn. 460; *Spickhoff* NJW 2003, 1701.
131 BGH NJW 2005, 2385 = VersR 2005, 1249; NJW 2003, 1588 = VersR 2003, 2297; LG Berlin NJW
     2006, 3014.

aussetzungen für die Zwangsbehandlung entfallen sind. Der Widerruf ist dem Betreuungsgericht anzuzeigen.[132]

3. Bestehende Sprachprobleme

65 Probleme bei der Aufklärung können sich auch aus vorhandenen intellektuellen oder sprachlichen Barrieren ergeben. Grundsätzlich muss der Arzt sicherstellen, dass der Patient durch die vom Arzt geleistete Aufklärung eine zutreffende Vorstellung des Eingriffs und seiner Risiken entwickeln kann. Er muss daher die Gefahr sprachlicher Missverständnisse ausschließen[133] und seine Erläuterungen dem Verständnisniveau des jeweiligen Patienten anpassen bzw. auf dem jeweils angemessenen umgangssprachlichen Niveau erteilen. § 630e Abs. 2 Nr. 3 BGB stellt dies durch die Verpflichtung zu einer für den Patienten verständlichen Aufklärung klar.

66 Insbesondere bei ausländischen Patienten muss sich der Arzt dementsprechend über die Sprachkenntnisse und Verständnismöglichkeiten des Patienten Klarheit verschaffen. Dies kann zB im Rahmen des notwendigen Arzt-Patienten-Gespräches bei der Anamneseerhebung geschehen. Lässt der Patient hierbei erkennen, dass er die Fragen des Arztes versteht, und gibt er sinnvolle Antworten auf die entsprechenden Fragen, darf der Arzt davon ausgehen, dass der Patient ein ausreichendes Sprachverständnis hat.[134] Er kann dann die Aufklärung ohne Beiziehung einer Übersetzungsperson durchführen, bleibt aber verpflichtet, dies in einer dem Sprachverständnis angepassten verständlichen Weise zu tun. In gleicher Weise kann der Arzt bei einem längere Zeit in Deutschland lebenden Ausländer grundsätzlich auf dessen Verständnisfähigkeit schließen, wenn im Arzt-Patienten-Gespräch vom Patienten der Eindruck vermittelt worden ist, den Arzt verstanden zu haben.[135] Es obliegt in derartigen Fällen dem Patienten, den Arzt auf sprachlich bedingte Verständnisschwierigkeiten hinzuweisen und ggf. auf die Beiziehung eines Dolmetschers zu drängen. Bei einer weitreichenden Operation muss sich das mit der Aufklärung vermittelte Verständnis des ausländischen Patienten auch auf die psychosozialen Folgen des beabsichtigten Eingriffs erstrecken;[136] hierbei ist besondere Vorsicht walten zu lassen.

67 In Zweifelsfällen muss der Arzt allerdings eine sprachkundige Person als Dolmetscher hinzuziehen, wenn zu befürchten ist, dass der Patient die ärztlichen Erläuterungen nicht oder nicht richtig versteht.[137] Nicht notwendig ist es, dass es sich um einen amt-

---

132 Dazu *Dodegge* NJW 2013, 1265; zur Rechtslage vor Änderung des § 1906 BGB: BVerfG NJW 2011, 3571; 2011, 2113; BGH NJW-RR 2013, 321; NJW 2012, 2967 = MedR 2013, 39.
133 KG Berlin VersR 2008, 1649; OLG Karlsruhe MedR 2003, 104 = VersR 2004, 244; OLG München BeckRS 2002, 30239820 = VersR 2002, 717; OLG Nürnberg VersR 1996, 1372; *Ehlers* in Ehlers/Broglie ArztHaftR Rn. 870; *Frahm/Nixdorf/Walter* ArztHaftR Rn. 213; *Gehrlein* Arzthaftungspflicht Rn. C 46; *Geiß/Greiner* ArzthaftpflichtR Rn. C 113; *Martis/Winkhart* ArztHaftR A 1818; *Pauge* ArztHaftR Rn. 438; Wenzel/*Simmler* Rn. 1848; *Muschner* VersR 2003, 826.
134 OLG Hamm KHE 2013, 101; OLG Nürnberg NJW-RR 2002, 1255 = MedR 2003, 172; OLG Hamm BeckRS 2000, 14362 = VersR 2002, 192; *Frahm/Nixdorf/Walter* ArztHaftR Rn. 213; *Martis/Winkhart* ArztHaftR A 1822.
135 KG Berlin GesR 2004, 409; OLG München GesR 2003, 239 = VersR 2002, 717; OLG Karlsruhe MedR 2003, 104 = VersR 2004, 244; OLG Brandenburg MedR 1998, 470; dazu auch *Martis/Winkhart* ArztHaftR A 1821; *Muschner* VersR 2003, 826.
136 Vgl. OLG München BeckRS 2002, 30239820 = VersR 2002, 717 (Sterilisation in Zusammenhang mit einer Entbindung bei einer aus einem fremden Kulturkreis stammenden Frau mit rudimentären Deutschkenntnissen, Aufklärung »nix Baby mehr«); dazu *Martis/Winkhart* ArztHaftR A 1826.
137 *Ehlers* in Ehlers/Broglie ArztHaftR Rn. 870; *Frahm/Nixdorf/Walter* ArztHaftR Rn. 213; *Gehrlein* Arzthaftungspflicht Rn. C 46; *Geiß/Greiner* ArzthaftpflichtR Rn. C 113; *Martis/Winkhart* ArztHaftR A 1818; *Pauge* ArztHaftR Rn. 438; *Muschner* VersR 2003, 826.

lich bestellten Dolmetscher handelt. Die Übersetzungsperson muss jedoch sowohl sprachlich als auch intellektuell in der Lage sein, die vom Arzt gelieferte Aufklärung zutreffend zu übersetzen. Es können daher ohne weiteres auch fremdsprachiges Pflegepersonal oder sonstige sprachkundige Dritte zur Übersetzung herangezogen werden, selbst wenn diese nicht heilberuflich tätig sind.[138] Besondere Zurückhaltung ist allerdings bei der Beiziehung sprachkundiger Familienangehöriger des Patienten zu wahren, weil durch den Arzt nicht sicher ausgeschlossen werden kann, dass die Übersetzungsperson unerkennbar eigene Interessen in die Übersetzung einfließen lässt und dadurch die Aufklärung nicht nur übersetzt, sondern inhaltlich verändert. Dies gilt insbesondere bei Eingriffen gegenüber Patienten anderer Kulturkreise, bei denen die Gefahr einer kulturellen Überlagerung bei der Entscheidungsfindung über einen ärztlichen Heileingriff besteht.

Bei nicht dringlichen Eingriffen sind die Anforderungen an die Verständnisprüfung **68** höher. Im Zweifel muss die Behandlung bis zur Hinzuziehung eines geeigneten Sprachkundigen verschoben werden.[139] Erfordert die verständliche Aufklärung die Beiziehung eines Dolmetschers, sind die Dolmetscherkosten durch den Patienten und nicht durch den Arzt zu tragen. Kann oder will der Patient die Dolmetscherkosten nicht übernehmen, darf und muss der Arzt die Durchführung eines nicht dringlich indizierten Eingriffs verweigern.[140] Bei dringlichen Operationen kann ausnahmsweise eine Aufklärung in Zeichensprache ausreichen, wenn ein Dolmetscher nicht zur Verfügung steht.[141] Ist auch dies nicht realisierbar kommt eine Rechtfertigung des Eingriffs in ganz dringenden Fällen auch ohne erfolgte Aufklärung nach den Grundsätzen der mutmaßlichen Einwilligung in Betracht.[142]

Sprachbedingte Verständnisprobleme im Zusammenhang mit der Aufklärung können **69** darüber hinaus auftreten, wenn die Aufklärung durch einen ausländischen Arzt durchgeführt wird, der nicht ausreichend der deutschen Sprache mächtig ist.[143] Auch in diesen Konstellationen ist es Sache des Arztes sicherzustellen, dass sprachbedingte Missverständnisse bei der Aufklärung vermieden werden. Dies kann ebenfalls die Notwendigkeit begründen, einen Dolmetscher beizuziehen.

V. Der Zeitpunkt der Aufklärung

Die Aufklärung muss so rechtzeitig erfolgen, dass der Patient noch in der Lage ist, **70** durch hinreichende Abwägung der für und gegen den Eingriff sprechenden Gründe seine Entscheidungsfreiheit und damit sein Selbstbestimmungsrecht in angemessener Weise zu wahren. Der Patient muss seine Entscheidung nach § 630e Abs. 2 S. 1 Nr. 2 BGB wohlüberlegt treffen können. Ihm muss hierzu eine ausreichende Überlegungsfreiheit ohne vermeidbaren Zeitdruck verschafft werden. Eine frühzeitige Aufklärung

---

138 KG Berlin MedR 2009, 47 = VersR 2008, 1649; OLG Karlsruhe BeckRS 1995, 31162602 = VersR 1997, 241 (Putzfrau als Dolmetscher); OLG Nürnberg VersR 1996, 1372 (mit Ausländer verheiratete Ärztin); OLG München BeckRS 1992, 05291 = VersR 1993, 1488 (Krankenschwester als Dolmetscher).

139 *Muschner* VersR 2003, 826.

140 *Deutsch/Spickhoff* MedizinR Rn. 473; *Frahm/Nixdorf/Walter* ArztHaftR Rn. 213; *Spickhoff* ZRP 2012, 65.

141 OLG Nürnberg VersR 1996, 1372; *Deutsch/Spickhoff* MedizinR Rn. 471; *Gehrlein* Arzthaftungspflicht Rn. C 46; *Martis/Winkhart* ArztHaftR A 1827; *Pauge* ArztHaftR Rn. 452; *Muschner* VersR 2003, 826.

142 *Deutsch/Spickhoff* MedizinR Rn. 471; *Frahm/Nixdorf/Walter* ArztHaftR Rn. 213; *Martis/Winkhart* ArztHaftR A 1828; *Muschner* VersR 2003, 826.

143 AG Leipzig MedR 2003, 582; *Deutsch/Spickhoff* MedizinR Rn. 470; *Geiß/Greiner* ArzthaftpflichtR Rn. C 113; *Martis/Winkhart* ArztHaftR A 1829.

muss auch nicht wiederholt werden, wenn zwischen der Aufklärung und dem Eingriff eine nicht unerhebliche Zeit liegt. Eine die Wiederholung der Aufklärung notwendig machende Entaktualisierung liegt erst dann vor, wenn der Zeitraum so lang ist, dass die Aufklärung zum Zeitpunkt der Erteilung der Einwilligung ihre informierende Wirkung bei dem Patienten nicht mehr entfalten kann. Ein Zeitraum von fünf Wochen zwischen der Aufklärung und dem Eingriff ist bei einer Aufklärung zu einer Herzoperation nicht zu beanstanden.[144]

1. Die stationäre Behandlung

71 Bei stationären Eingriffen soll die Aufklärung über den beabsichtigten Eingriff und die mit dem Eingriff verbundenen Risiken zumindest bei schwierigen und risikoreichen Eingriffen grundsätzlich bereits bei Festlegung des Operationstermins erfolgen, auch wenn dieser Zeitpunkt ggf. Wochen vor dem eigentlichen Operationstermin liegt.[145] Dies gilt jedenfalls dann, wenn zu diesem Zeitpunkt die für die Operationsindikation wesentlichen Untersuchungsbefunde bereits vorliegen, der Operationstermin mithin nicht nur »vorsorglich« vereinbart wird. Fehlen noch Untersuchungsbefunde, die für die abschließende Operationsentscheidung relevant sind, soll die Aufklärung erfolgen, sobald die Untersuchungsergebnisse vorliegen.[146]

72 Ungeachtet dessen kann eine Aufklärung nach diesem Zeitpunkt immer noch rechtzeitig sein und eine wirksame Einwilligung des Patienten begründen, wenn der Patient noch genügend Zeit hat, sich innerlich frei für oder gegen den geplanten Eingriff zu entscheiden. Bei einfachen Eingriffen oder solchen mit wenig einschneidenden Risiken ist dies bei einer Aufklärung im Verlauf des Vortages des Eingriffes bis in den Nachmittag hinein noch der Fall, weil der Patient bis zu diesem Zeitpunkt in ausreichender Weise Nutzen und Risiken der Operation unbedrängt abwägen kann.[147] Demgegenüber dürfte eine Aufklärung am späten Abend, ggf. sogar nach bereits durchgeführter präoperativer Prämedikation auch in solchen Fällen nicht mehr ausreichend sein. Auch über kleine Eingriffe mit nur geringen oder wenig einschneidenden Risiken und die normalen Narkoserisiken muss der Patient erst am Vortag der Operation aufgeklärt werden.[148]

73 Eine am Vortag vor einer Operation erfolgte Aufklärung ist allerdings dann nicht mehr ausreichend, wenn der Patient dabei für ihn überraschend erstmalig von gravierenden, die weitere Lebensführung einschneidend beeinflussenden Risiken erfährt.[149] In

---

144 BGH NJW 2014, 1527 = VersR 2014, 588.
145 BGH BGH NJW 2014, 1527 = VersR 2014, 588; NJW 2003, 2012 = VersR 2003, 1441; NJW 1992, 2351 = VersR 1992, 960; *Deutsch/Spickhoff* MedizinR Rn. 489; *Frahm/Nixdorf/Walter* ArztHaftR Rn. 217; *Gehrlein* Arzthaftungspflicht Rn. C 49; *Geiß/Greiner* ArzthaftpflichtR Rn. C 97; *Laufs* in Laufs/Kern ArztR-HdB § 62 Rn. 6; *Martis/Winkhart* ArztHaftR A 1686; *Pauge* ArztHaftR Rn. 448, 449; Spickhoff/*Greiner* BGB §§ 823 ff. Rn. 280.
146 BGH NJW 1992, 2351 = VersR 1992, 960; OLG Stuttgart BeckRS 2002, 30230826 = VersR 2002, 1428; *Martis/Winkhart* ArztHaftR A 1687; *Hoppe* NJW 1998, 782.
147 BGH NJW 2003, 2012 = VersR 2003, 1441; NJW 1998, 2734 = VersR 1998, 766; *Deutsch/Spickhoff* MedizinR Rn. 489; *Frahm/Nixdorf/Walter* ArztHaftR Rn. 217; *Gehrlein* Arzthaftungspflicht Rn. C 49; *Geiß/Greiner* ArzthaftpflichtR Rn. C 98; *Katzenmeier* in Laufs/Katzenmeier/Lipp ArztR V Rn. 61; *Martis/Winkhart* ArztHaftR A 1636; *Pauge* ArztHaftR Rn. 442; Spickhoff/*Greiner* BGB §§ 823 ff. Rn. 280; Wenzel/*Simmler* Rn. 1803.
148 BGH NJW 1998, 2734 = VersR 1998, 766; NJW 1992, 2351 = VersR 1992, 960; *Deutsch/Spickhoff* MedizinR Rn. 489; *Frahm/Nixdorf/Walter* ArztHaftR Rn. 217; *Gehrlein* Arzthaftungspflicht Rn. C 49; *Martis/Winkhart* ArztHaftR A 1656; *Pauge* ArztHaftR Rn. 440.
149 BGH NJW 2007, 217 = VersR 2007, 66; NJW 2003, 2012 = VersR 2003, 1441; NJW 1998, 2734 = VersR 1998, 766; *Frahm/Nixdorf/Walter* ArztHaftR Rn. 217; *Gehrlein* Arzthaftungspflicht Rn. C 49; *Katzenmeier* in Laufs/Katzenmeier/Lipp ArztR V Rn. 61; *Martis/Winkhart* ArztHaftR A 1637, A 1689; *Pauge* ArztHaftR Rn. 440; Spickhoff/*Greiner* BGB §§ 823 ff. Rn. 280.

Nebendahl

derartigen Fällen muss dem Patienten genügend Zeit gegeben werden, sich mit den erstmalig bekannt gegebenen schwerwiegenden Folgen für die zukünftige Lebensgestaltung auseinanderzusetzen. In diesen Konstellationen ist es daher grundsätzlich erforderlich, den Patienten eine längere Überlegungsfrist – mindestens zwei Tage – einzuräumen. Dies gilt allerdings dann nicht, wenn die Ärzte den Patienten vor der eigentlichen Aufklärung in mehreren Gesprächen schrittweise den beabsichtigten Eingriff und die damit verbundenen Risiken erläutert haben (sog. Stufenaufklärung), sodass dem Patienten vor dem eigentlichen Aufklärungsgespräch die wesentlichen Risiken und deren möglichen Auswirkungen bereits bekannt sind.[150] Bei einer solchen Vorgehensweise kommt es im Aufklärungsgespräch nicht zu der erstmaligen Konfrontation des Patienten mit den einschneidenden Risiken und damit nicht zu einer die Entscheidungsfreiheit des Patienten beeinträchtigenden Überraschungssituation. Es reicht dann eine Aufklärung am Vortag aus. Ebenfalls ausreichend kann bei derart schwerwiegenden Eingriffen eine Aufklärung am Vortag der Operation sein, wenn der Patient trotz erfolgter Aufklärung auf die Operation am Folgetag drängt.[151]

Auf jeden Fall verspätet ist die Aufklärung, die erst nach präoperativ erfolgter Beruhigungs-, Narkose- oder Schmerzmittelgabe durchgeführt wird.[152] Die gebotene Aufklärung über eine Schnittentbindung als echte Alternative zur vaginalen Geburt muss deshalb zu einem Zeitpunkt stattfinden, zu dem die werdende Mutter noch nicht durch die Geburt und die in diesem Zusammenhang erfolgende Medikamentengabe an der unbeeinträchtigten Aufnahme der Aufklärungsinhalte gehindert ist.[153] Eine rechtzeitig erfolgte Aufklärung muss nur ausnahmsweise wiederholt werden, wenn eine Veränderung der Geburtssituation oder neue Erkenntnisse zu einer entscheidend veränderten Einschätzung der Risiken und Vorteile führt und deshalb die in Betracht kommenden Entbindungsmethoden von der Schwangeren neu zu bewerten sind. Ebenfalls nicht mehr rechtzeitig ist eine Aufklärung, die erst »vor der Tür des Operationssaals« erfolgt, weil der Patient dann nicht mehr die notwendige Entscheidungsfreiheit für und gegen die Operation innehat.[154] Er fühlt sich dann bereits in einen Operationsablauf integriert, den er nicht mehr unterbrechen kann. Dies gilt auch dann, wenn dem Patienten die Aufklärungsunterlage bereits längere Zeit vorher überlassen worden ist, er sie aber erst nach Verabreichung einer Beruhigungsspritze kurz vor der Operation unterzeichnet.[155] **74**

Bei medizinisch nicht indizierten Operationen ist es ebenfalls erforderlich, den Patienten nach erfolgter Aufklärung mindestens zwei Tage bis zum Operationstermin zur Überlegung einzuräumen.[156] Dieser Zeitraum kann sich sogar noch verlängern, wenn es im Einzelfall geboten ist, dem Patienten die Gelegenheit zu verschaffen, eine Zweitbeurteilung vor Durchführung der medizinisch nicht indizierten Operation einzuholen. **75**

---

150 BGH NJW 2007, 217 = VersR 2007, 66; OLG Celle VersR 2004, 384; OLG Karlsruhe OLGR 2003, 313; *Frahm/Nixdorf/Walter* ArztHaftR Rn. 217; *Gehrlein* Arzthaftungspflicht Rn. C 49; *Martis/Winkhart* ArztHaftR A 1660, A 1690 ff.; *Pauge* ArztHaftR Rn. 441.

151 OLG Düsseldorf NJW-RR 1996, 347; *Frahm/Nixdorf/Walter* ArztHaftR Rn. 217.

152 BGH NJW 1998, 1784 = VersR 1998, 716; OLG Brandenburg VersR 2011, 267; OLG Düsseldorf VersR 2004, 912; *Frahm/Nixdorf/Walter* ArztHaftR Rn. 217; *Geiß/Greiner* ArzthaftpflichtR Rn. C 100; *Martis/Winkhart* ArztHaftR A 1643f., A 1666.

153 BGH NJW-RR 2015, 591 = VersR 2015, 579; NJW 1993, 2372 = VersR 1993, 703.

154 BGH NJW 1998, 1784 = VersR 1998, 716; NJW 1994, 3009 = VersR 1994, 1235; *Geiß/Greiner* ArzthaftpflichtR Rn. C 100; *Laufs* in Laufs/Kern ArztR-HdB § 62 Rn. 6; *Martis/Winkhart* ArztHaftR A 1642; *Pauge* ArztHaftR Rn. 442, 447.

155 BGH NJW 1998, 1784 = VersR 1998, 716; *Martis/Winkhart* ArztHaftR A 1643.

156 OLG Frankfurt a. M. MedR 2006, 294 (kosmetische Operation); *Deutsch/Spickhoff* MedizinR Rn. 489; *Martis/Winkhart* ArztHaftR A 1641, A 1667.

2. Die ambulante Behandlung

76 Die Aufklärung vor ambulanten Eingriffen richtet sich prinzipiell nach denselben Grundsätzen. Auch bei ambulanten Eingriffen muss sichergestellt sein, dass dem Patienten nach durchgeführter Aufklärung die notwendige Entscheidungsfreiheit verbleibt.

77 Bei durchschnittlichen ambulanten Eingriffen reicht es allerdings aus, wenn die Aufklärung am Tag des Eingriffes durchgeführt wird. In derartigen Fällen ist aber mit besonderer Sorgfalt auf die Modalitäten der Aufklärung zu achten. Das Aufklärungsgespräch muss deutlich von der operativen Phase getrennt sein. Insbesondere darf es nicht erst im Operationssaal durchgeführt werden, um bei dem Patienten nicht den Eindruck zu erwecken, dass er bereits in einer Weise in das Operationsgeschehen integriert ist, dass er sich aus diesem nicht mehr lösen kann.[157] Es muss sichergestellt sein, dass der Patient nach durchgeführter Aufklärung unbeeinflusst den weiteren Fortgang bis hin zur Operation durch eigene Entscheidung unterbrechen kann.

78 Anders zu beurteilen sind allerdings umfangreichere oder risikobehaftetere ambulante Eingriffe, die angesichts der immer stärkeren Verlagerung operativer Eingriffe in den ambulanten Bereich immer häufiger auftreten. Bei derartigen Eingriffen reicht eine Aufklärung am Tag der Operation nicht aus. Vielmehr muss die Aufklärung früher, zB im Zusammenhang mit vorangehenden Untersuchungen oder bei der Festlegung des Operationstermins, spätestens aber am Vortrag des Eingriffs durchgeführt werden.[158] Ggf. muss der Patient zur Durchführung der Aufklärung gesondert einbestellt werden.

3. Diagnostische Eingriffe

79 Die Wahl des Zeitpunktes für die Eingriffsaufklärung bei diagnostischen Eingriffen ist in gleicher Weise wie bei ambulanten Eingriffen zu beurteilen. Grundsätzlich reicht bei risikoarmen diagnostischen Eingriffen die Aufklärung am Tag des Eingriffes aus.[159] Auch hier muss der Patient allerdings die Möglichkeit haben, sich gegen den Eingriff zu entscheiden, sodass eine Aufklärung im oder unmittelbar vor dem Untersuchungsraum, in dem der Eingriff durchgeführt werden soll, nicht mehr ausreichend ist. Dies gilt erst recht, wenn dem Patienten zugleich verdeutlicht wird, dass ohne den diagnostischen Eingriff die für den Folgetag geplante Operation nicht durchgeführt werden kann.[160]

80 Bei diagnostischen Eingriffen, die mit einem eigenen nicht unerheblichen Gefährdungspotential verbunden sind, muss die Aufklärung entsprechend früher durchgeführt werden.[161]

---

157 BGH NJW 2003, 2012 = VersR 2003, 1441; NJW 1994, 3009 = VersR 1994, 1235; *Frahm/Nixdorf/ Walter* ArztHaftR Rn. 218; *Gehrlein* Arzthaftungspflicht Rn. C 50; *Geiß/Greiner* ArzthaftpflichtR Rn. C 98; *Katzenmeier* in Laufs/Katzenmeier/Lipp ArztR V Rn. 60; *Laufs* in Laufs/ Kern ArztR-HdB § 62 Rn. 6; *Martis/Winkhart* ArztHaftR A 1645, *Pauge* ArztHaftR Rn. 445, 446; Wenzel/*Simmler* Rn. 1805; *Rohde* VersR 1995, 391.

158 BGH NJW 2003, 2012 = VersR 2003, 1441; NJW 1994, 3009 = VersR 1994, 1235; OLG Brandenburg BeckRS 2010, 17184 = VersR 2011, 267; *Frahm/Nixdorf/Walter* ArztHaftR Rn. 218; *Gehrlein* Arzthaftungspflicht Rn. C 50; *Martis/Winkhart* ArztHaftR A 1649; *Pauge* ArztHaftR Rn. 445; Spickhoff/*Greiner* BGB §§ 823 ff. Rn. 280; Wenzel/*Simmler* Rn. 1807; *Rohde* VersR 1995, 391.

159 BGH NJW 2003, 2012 = VersR 2003, 1441; NJW 1996, 777 = VersR 1996, 195; NJW 1995, 2410 = VersR 1995, 1055; *Frahm/Nixdorf/Walter* ArztHaftR Rn. 218; *Gehrlein* Arzthaftungspflicht Rn. C 51; *Geiß/Greiner* ArzthaftpflichtR Rn. C 98; *Martis/Winkhart* ArztHaftR A 1652.

160 BGH NJW 1995, 2410 = VersR 1995, 1055; OLG Koblenz NJW-RR 2002, 816 = VersR 2003, 1313; *Laufs* in Laufs/Kern ArztR-HdB § 62 Rn. 6; *Martis/Winkhart* ArztHaftR A 1653.

161 BGH NJW 1996, 777 = VersR 1996, 195; NJW 1995, 2410 = VersR 1995, 1055; *Frahm/Nixdorf/ Walter* ArztHaftR Rn. 218.

Nebendahl

4. Die Operationserweiterung

Ist vor Durchführung einer geplanten Operation bereits voraussehbar, dass es unter **81**
Umständen zu einer Erweiterung der Operation kommen kann, muss sich die Operationsaufklärung auch auf die mögliche Operationserweiterung, deren Belastungen
und speziellen Risiken erstrecken.[162] Verletzt der Arzt diese Verpflichtung, darf er bei
intraoperativ sich ergebender Notwendigkeit zur Erweiterung der Operation die Erweiterung mangels Einwilligung des Patienten nicht vornehmen. Vielmehr muss er,
soweit dies möglich ist, die Operation beenden und den Patienten zunächst über die
Notwendigkeit der Erweiterung aufklären.[163] Eine ununterbrochene Fortsetzung der
Operation kommt nur ausnahmsweise nach den Grundsätzen der mutmaßlichen Einwilligung in Betracht. Dies kann entweder der Fall bei einer nur geringfügigen Erweiterung der Operation sein, die höchstens mit Risiken verbunden ist, die mit den aufgeklärten Risiken der Grundoperation in ihrer Bedeutung vergleichbar sind.[164] In
Fällen, in denen eine Unterbrechung der Operation aus medizinischen Gründen nicht
möglich ist, muss der Arzt zur Vermeidung einer Behandlungsfehlerhaftung die erweiterte Operation vollenden; er kann sich nach wohl überwiegender Ansicht im Hinblick
auf den Aufklärungsmangel nicht auf eine rechtfertigende mutmaßliche Einwilligung
berufen.[165]

Bei nicht vorhersehbaren intraoperativ auftretenden Erweiterungsnotwendigkeiten **82**
oder dem Auftreten vorher nicht erkennbarer und daher nicht aufgeklärter erhöhter
Risiken hat der Arzt soweit möglich und vertretbar die Operation ebenfalls abzubre-
chen und den Patienten nach Abklingen der Narkosewirkung ordnungsgemäß aufzuklären. Erst nach Vorliegen der entsprechenden Einwilligung darf die entsprechende
Operation fortgesetzt werden. Ist der Abbruch der Operation allerdings medizinisch
unvertretbar oder liegt eine absolute Operationsindikation vor, muss der Arzt die
Operation erweitert zu Ende führen. Er kann von einer mutmaßlichen Einwilligung
des Patienten ausgehen, wenn ein verständiger Patient – in der konkreten Situation –
dem Eingriff oder dessen medizinisch bedingter Fortsetzung zugestimmt hätte.[166]

Besonderheiten bestehen insoweit im Hinblick auf verschiedene Entbindungsmetho- **83**
den, weil bei einem intraoperativ notwendigen Wechsel des Entbindungskonzeptes
bereits definitionsgemäß ein Abbruch des Eingriffes ausscheidet. Aus diesem Grunde
muss eine werdende Mutter bereits dann über die Möglichkeit einer Kaiserschnitten-
bindung aufgeklärt werden, wenn vor der Entbindung erkennbar ist, dass ein Kaiser-

---

162 BGH NJW 2005, 2072 = VersR 2005, 942; NJW 1993, 2372 = VersR 1993, 703; *Frahm/Nixdorf/
Walter* ArztHaftR Rn. 212; *Geiß/Greiner* ArzthaftpflichtR Rn. C 20; *Katzenmeier* in Laufs/
Katzenmeier/Lipp ArztR V Rn. 64; *Martis/Winkhart* ArztHaftR A 1701; *Pauge* ArztHaftR
Rn. 444; dazu auch *Dettmeyer/Madea* MedR 1998, 247.

163 BGH NJW 2005, 2072 = VersR 2005, 942; NJW 1993, 2372 = VersR 1993, 703; *Gehrlein* Arzthaftungspflicht Rn. C 52; *Martis/Winkhart* ArztHaftR 1702a; *Pauge* ArztHaftR Rn. 454.

164 Dazu OLG Hamm VersR 2003, 1544 = OLGR 2002, 309; *Gehrlein* Arzthaftungspflicht Rn. C
67; *Martis/Winkhart* ArztHaftR 204, 1704.

165 Nach *Frahm/Nixdorf/Walter* ArztHaftR Rn. 212; *Geiß/Greiner* ArzthaftpflichtR Rn. C 104, sind
bei nicht aufgeklärten aber vorhersehbaren intraoperativen Erweiterungen die Grundsätze
der mutmaßlichen Einwilligung nicht anwendbar; vgl. auch *Pauge* ArztHaftR Rn. 456, 458,
aA (und überzeugender): *Martis/Winkhart* ArztHaftR A 1702a, A 1877.

166 BGH NJW 2000, 885 = VersR 2000, 603; NJW 1993, 2372 = VersR 1993, 703; OLG Naumburg
NJW-RR 2008, 270 = VersR 2008, 224; *Frahm/Nixdorf/Walter* ArztHaftR Rn. 212; *Gehrlein* Arzt-
haftungspflicht Rn. C 52; *Geiß/Greiner* ArzthaftpflichtR Rn. C 103; *Katzenmeier* in Laufs/
Katzenmeier/Lipp ArztR V Rn. 64; *Martis/Winkhart* ArztHaftR A 1703f.; *Pauge* ArztHaftR
Rn. 453, 454.

schnitt notwendig werden könnte.[167] Hierfür reicht allerdings allein die theoretische Möglichkeit der späteren Notwendigkeit einer Kaiserschnittentbindung nicht aus. Vielmehr bedarf es konkreter Tatsachen bzw. deutlicher Anzeichen, die auf die spätere Notwendigkeit einer Kaiserschnittentbindung bzw. das Vorliegen einer echten Entscheidungsalternative zwischen natürlicher Geburt und Kaiserschnittentbindung hinweisen.

84　Die Durchführung der Aufklärung und die Einholung der Einwilligung in den alternativ durchzuführenden Kaiserschnitt müssen bereits zu einem Zeitpunkt erfolgen, in dem die werdende Mutter noch einwilligungsfähig ist. Regelmäßig sollte die diesbezügliche Aufklärung vor Einleitung der Geburt erfolgen. Die Aufklärung ist auf jeden Fall verspätet, wenn die Presswehen bereits eingesetzt haben oder starke Schmerzmittel eine freie Entscheidung der werdenden Mutter nicht mehr zulassen.[168]

5. Notfalloperationen

85　Bei notfallmäßig durchgeführten Operationen reicht eine Aufklärung unmittelbar vor dem Eingriff aus. Darüber hinaus ist in Fällen, in denen aufgrund des Zustandes des Patienten eine Aufklärung vor der Notfalloperation nicht durchführbar ist und die Einwilligung eines gesetzlichen Vertreters nicht erreichbar ist, regelmäßig von der mutmaßlichen Einwilligung des Patienten zur Vornahme der dringend indizierten Notfalloperation auszugehen.[169]

VI. Die Form der Aufklärung

86　Grundsätzlich erfordert eine wirksame Aufklärung die Führung eines Aufklärungsgespräches zwischen dem aufklärenden Arzt und dem Aufklärungsadressaten, regelmäßig dem Patienten, in dem der Arzt dem Patienten die aufklärungsbedürftigen Umstände nachvollziehbar verdeutlicht.[170] Das Erfordernis der mündlichen Aufklärung ist in § 630e Abs. 2 S. 1 Nr. 1 BGB ausdrücklich klargestellt worden. Die Durchführung der Aufklärung allein im Wege der schriftlichen Information scheidet daher auf jeden Fall aus. Denkbar ist in – seltenen – Ausnahmefällen auch die Aufklärung auf telefonischem Weg, wenn der Arzt sich davon überzeugen kann, dass der Patient seine Hinweise und Informationen verstanden hat.[171] Die Schriftform der Aufklärung ist kei-

---

167　BGH NJW-RR 2011, 1173 = VersR 2011, 1146; NJW 2004, 3703 = VersR 2005, 227; NJW 2004, 1452 = VersR 2004, 645; NJW 1993, 2372 = VersR 1993, 703; *Frahm/Nixdorf/Walter* ArztHaftR Rn. 196, 212; *Gehrlein* Arzthaftungspflicht Rn. C 53; *Geiß/Greiner* ArzthaftpflichtR Rn. C 99; *Martis/Winkhart* ArztHaftR A 1710; *Pauge* ArztHaftR Rn. 443; *Bender* NJW 1999, 2706.

168　BGH NJW 1993, 2372 = VersR 1993, 703; *Gehrlein* Arzthaftungspflicht Rn. C 53; *Geiß/Greiner* ArzthaftpflichtR Rn. C 99; *Martis/Winkhart* ArztHaftR A 1710; *Pauge* ArztHaftR Rn. 443.

169　OLG Naumburg NJW-RR 2008, 270 = VersR 2008, 224; *Deutsch/Spickhoff* MedizinR Rn. 489; *Gehrlein* Arzthaftungspflicht Rn. C 66, C 67; *Geiß/Greiner* ArzthaftpflichtR Rn. C 103; *Martis/Winkhart* ArztHaftR A 1698; *Pauge* ArztHaftR Rn. 452.

170　BGH NJW 2014, 1527 = VersR 2014, 588; NJW-RR 2007, 310 = VersR 2007, 209; NJW 2003, 2012 = VersR 2003, 1441; NJW 1985, 1399 = VersR 1985, 361; *Ehlers* in Ehlers/Broglie ArztHaftR Rn. 882; *Frahm/Nixdorf/Walter* ArztHaftR Rn. 197; *Gehrlein* Arzthaftungspflicht Rn. C 47; *Geiß/Greiner* ArzthaftpflichtR Rn. C 87; *Laufs* in Laufs/Kern ArztR-HdB § 62 Rn. 14; *Katzenmeier* in Laufs/Katzenmeier/Lipp ArztR V Rn. 56; *Martis/Winkhart* ArztHaftR 267; *Pauge* ArztHaftR Rn. 431; Spickhoff/*Greiner* BGB §§ 823 ff. Rn. 278; Wenzel/*Simmler* Rn. 1732.

171　So BGH NJW 2010, 2430 = VersR 2010, 1183, zur Anästhesie-Aufklärung eines Vaters vor einer (einfachen) Leistenhernien-Operation der minderjährigen Tochter nach vorheriger Führung eines Aufklärungsgespräches mit der Mutter; *Geiß/Greiner* ArzthaftpflichtR Rn. C 87; Spickhoff/*Greiner* BGB §§ 823 ff. Rn. 278 (zweifelhaft wg. § 630e II BGB); *Pauge* ArztHaftR Rn. 431; Spickhoff/*Spickhoff* BGB § 630e Rn. 3a; Wenzel/*Simmler* Rn. 1732. Vorstellbar ist in einem dringlichen Fall, in dem der aufzuklärende Sorgeberechtigte oder Betreuer nicht für ein persönliches Gespräch erreichbar ist, auch die Durchführung der Aufklärung per Skype.

neswegs geboten, sondern lediglich aus Beweissicherungsgründen anzuraten. Die Tatsache, dass überhaupt ein Aufklärungsgespräch stattgefunden hat, sollte jedoch aufgrund der ausdrücklichen Erwähnung der Aufklärung im Katalog der dokumentationspflichtigen Umstände in § 630f Abs. 2 BGB dokumentiert werden. Die Vorlage eines Aufklärungsformulars ersetzt das geforderte Arzt-Patienten-Aufklärungsgespräch nicht. Das Aufklärungsformular kann lediglich ein Hilfsmittel sein, um das Arzt-Patienten-Gespräch vorzubereiten und die Aufklärung zu erleichtern. Auch die Unterzeichnung des Aufklärungsbogens durch den Patienten reicht nicht aus. Dies gilt auch für fremdnützige Blutspenden.[172] Lediglich bei Routineeingriffen, wie zB die Aufklärung über die Risiken einer Impfung gegen Kinderlähmung, kann die Aushändigung eines Merkblattes ausnahmsweise ausreichend sein. Das gilt allerdings nur, wenn der Erziehungsberechtigten zugleich die Möglichkeit zu weiteren Informationen durch ein Gespräch nachvollziehbar angeboten wird.[173]

Darüber hinaus entfaltet die auf einem Aufklärungsbogen schriftlich niedergelegte   **87**
Einwilligungserklärung des Patienten indizielle Bedeutung dafür, dass ein mündliches Aufklärungsgespräch stattgefunden hat. Finden sich in dem Aufklärungsbogen handschriftliche Eintragungen des Arztes oder ist die Durchführung des Aufklärungsgespräches in der Behandlungsdokumentation unter Angabe von Aufklärungszeitpunkt und Aufklärungsgegenstand festgehalten, soll dem Arzt »im Zweifel geglaubt werden«, dass die Aufklärung tatsächlich ordnungsgemäß stattgefunden hat.[174] Gleiches gilt, wenn der Arzt nachweisen kann, dass er in ständiger Übung richtig und vollständig aufklärt, sofern feststeht, dass ein Aufklärungsgespräch überhaupt stattgefunden hat.[175] Bei einer »gewissen Anfangswahrscheinlichkeit« für die Richtigkeit der Darstellung der Behandlerseite kann das Gericht aus der Parteivernehmung des Arztes die sichere Überzeugung gewinnen, dass der Patient ordnungsgemäß aufgeklärt worden ist. Umgekehrt kann ein vom Patienten unterzeichneter Aufklärungsbogen auch zum Nachteil des Arztes wirken, wenn sein Inhalt nicht den inhaltlichen Anforderungen an eine ordnungsgemäße Aufklärung entspricht, sei es dass die Darstellung zu pauschal ist oder dass Risiken verharmlost werden. Der Aufklärungsbogen indiziert in diesen Fällen, dass die Aufklärung entsprechend dem Inhalt des Aufklärungsbogens und daher unzureichend erfolgt ist.[176] Hat der Arzt das Aufklärungsgespräch nicht dokumentiert und auch kein Aufklärungsformular durch den Patienten unterzeichnen lassen, kann hieraus nicht gefolgert werden, dass eine Aufklärung nicht stattgefunden hat. Die Dokumentation der Aufklärung ist nämlich regelmäßig aus therapeutischen

---

172 BGH NJW 2006, 2108 = VersR 2006, 838; *Deutsch/Spickhoff* MedizinR Rn. 463; *Geiß/Greiner* ArzthaftpflichtR Rn. C 87; *Martis/Winkhart* ArztHaftR A 1140; *Pauge* ArztHaftR Rn. 428, 431; *Spickhoff* NJW 2006, 2075; *Gödicke* MedR 2006, 568.

173 BGH NJW 2000, 1784 = VersR 2000, 725; *Deutsch/Spickhoff* MedizinR Rn. 484; *Frahm/Nixdorf/ Walter* ArztHaftR Rn. 197; *Gehrlein* Arzthaftungspflicht Rn. C 47; *Geiß/Greiner* Arzthaftpflicht R Rn. C 87; Spickhoff/*Greiner* BGB §§ 823 ff. Rn. 278.

174 BGH NJW 2014, 1527 = VersR 2014, 588; NJW-RR 2001, 1431 = VersR 2012, 120; NJW 1985, 1399 = VersR 1985, 361; OLG Naumburg MedR 2013, 245; *Frahm/Nixdorf/Walter* ArztHaftR Rn. 228; *Gehrlein* Arzthaftungspflicht Rn. C 70; *Geiß/Greiner* ArzthaftpflichtR Rn. C 88, C 134; *Katzenmeier* in Laufs/Katzenmeier/Lipp ArztR V Rn. 57; *Laufs* in Laufs/Kern ArztR-HdB § 62 Rn. 16; *Martis/Winkhart* ArztHaftR A 2270; *Pauge* ArztHaftR Rn. 620.

175 BGH NJW 2014, 1727 = VersR 2014, 588; NJW 2004, 3703 = VersR 2005, 227; NJW 1999, 863 = VersR 1999, 210 (in den beiden letzten Entscheidungen keine ausreichende Aufklärung); BGH NJW 1994, 3009 = VersR 1994, 1225; OLG Hamm ; OLG Schleswig MedR 1996, 272; *Frahm/Nixdorf/Walter* ArztHaftR Rn. 228; *Gehrlein* Arzthaftungspflicht Rn. C 70; *Geiß/Greiner* ArzthaftpflichtR Rn. C 134; *Laufs* in Laufs/Kern ArztR-HdB § 62 Rn. 16; *Martis/Winkhart* ArztHaftR A 2272; *Pauge* ArztHaftR Rn. 620.

176 BGH NJW 2014, 1527 = VersR 2014, 588; OLG Nürnberg VersR 2016, 195; OLG Koblenz VersR 2015, 757; *Pauge* ArztHaftR Rn. 620.

Gründen nicht geboten, sodass an das Unterlassen der entsprechenden Aufzeichnung auch keine Auswirkungen auf die Beweislast geknüpft werden können.[177] Aus diesem Grunde kann auch aus dem Umstand, dass sich in der Krankenakte ein nicht ausgefülltes und nicht vom Patienten unterzeichnetes Aufklärungsformular befindet, kein Indiz dafür hergeleitet werden, dass kein Aufklärungsgespräch stattgefunden hat.[178]

88 Nach § 630e Abs. 2 S. 2 BGB sind dem Patienten Abschriften der von ihm im Zusammenhang mit der Aufklärung unterzeichneten Unterlagen auszuhändigen. Die Verpflichtung besteht nur, wenn der Patient für die Aufklärung verwandte Unterlagen unterzeichnet hat, nicht aber, wenn der Arzt die Durchführung der Aufklärung und deren Inhalt lediglich in der Dokumentation vermerkt. Ob elektronisch in Dateiform unterstützte Aufklärungen und anschließend vom Patienten elektronisch »abgezeichnete« Aufklärungsunterlagen[179] das Aushändigungserfordernis auslösen, ist zweifelhaft. Die Aushändigungsverpflichtung dient dazu, den Patienten vor nachträglichen Veränderungen der Aufklärungsunterlage durch den Behandler zu schützen, und verfolgt damit Beweiszwecke hinsichtlich der Indizwirkung, die der vom Patienten eigenhändig unterzeichneten Aufklärungsunterlage zukommt. Wegen der jederzeitigen Veränderbarkeit elektronisch produzierter und elektronisch abgezeichneter Aufklärungsdateien kommt diesen nicht die entsprechende Indizwirkung zu, sodass auch eine Aushändigungsverpflichtung insoweit nicht bestehen dürfte. Anderes gilt, wenn die »elektronische Unterzeichnung« mit einer qualifizierten elektronischen Signatur erfolgt ist. Die Aushändigungsverpflichtung erstreckt sich auf den gesamten verwendeten und vom Patienten unterzeichneten Aufklärungsbogen, also sowohl den Informationsteil als auch den – häufig abtrennbaren – Teil, der die schriftliche Einverständniserklärung enthält. Die Abschrift darf erst nach Unterzeichnung durch den Patienten gefertigt werden. Sie ist dem Patienten im nahen zeitlichen Zusammenhang mit dem Eingriff auszuhändigen, bei einer Krankenhausbehandlung in aller Regel spätestens bei der Entlassung.[180] Eine Aushändigung noch vor dem geplanten operativen Eingriff ist demgegenüber nicht notwendig. Die Zurverfügungstellung von Dateien, die in elektronischer Form die unterzeichneten Unterlagen wiedergeben, dürfte trotz der damit erreichbaren Verwaltungsvereinfachung angesichts des eindeutigen Gesetzeswortlauts (»Abschriften von Unterlagen«) nicht ausreichend sein.[181] Die Aushändigung muss weder durch den aufklärenden Arzt noch überhaupt durch einen Arzt erfolgen, sondern kann auch durch nichtärztliche Mitarbeiter vorgenommen werden. Für die ordnungsgemäße Erfüllung des Aushändigungsanspruches ist die Behandlerseite beweispflichtig.

89 Dem Gesetz ist die Rechtsfolge der Verletzung der Aushändigungsverpflichtung nicht zu entnehmen. Im Hinblick auf die Beweisfunktion der Aushändigungsverpflichtung berührt ein Verstoß gegen die Aushändigungsverpflichtung nicht die Ordnungsgemäßheit einer ansonsten vollständigen und zeitgerechten Aufklärung und damit auch nicht die Wirksamkeit der Einwilligung. Tatsächlich dürfte eine Verletzung der Aushändigungsverpflichtung die Indizwirkung, die ein vom Patienten unterzeichnetes Aufklärungsformular zugunsten des insoweit beweispflichtigen Arztes entfaltet, entfallen lassen, sodass der Arzt nach den üblichen Maßstäben den Beweis einer ordnungsgemäßen Aufklärung führen muss. Das gilt insbesondere, wenn der Patient behauptet, dass handschriftliche Eintragungen in dem Formular erst nach seiner

---

177 BGH NJW 2014, 1527 = VersR 2014, 588.
178 Anders OLG München MedR 2006, 431.
179 Dazu *Spickhoff/Bleckwenn* VersR 2013, 1350.
180 So auch *Martis/Winkhart* ArztHaftR P 57.
181 Auch die Gesetzesbegründung verweist auf die Aushändigung von Durchschriften oder Kopien der unterzeichneten Unterlagen, vgl. BT-Drs. 17/10488, 25; vgl. auch *Spickhoff/ Bleckwenn* VersR 2013, 1350.

Unterschrift angebracht worden wären.[182] Von dem Ausschluss der Indizwirkung nicht erfasst werden allerdings diejenigen durch die Aufklärungsunterlage indizierten Umstände, die zum Nachteil des Arztes wirken.[183]

VII. Die Verzichtbarkeit der Aufklärung

In seltenen Ausnahmekonstellationen ist nach § 630e Abs. 3 BGB die Aufklärung bei **90** Vorliegen besonderer Umstände verzichtbar. Dies gilt bspw. bei unaufschiebbaren Maßnahmen oder einem ausdrücklichen Aufklärungsverzicht des Patienten. Nicht ausreichend ist es allerdings, wenn der Arzt meint, dass die Aufklärung für den Patienten nicht gesundheitsfördernd ist. Ein therapeutisch begründeter Aufklärungsverzicht kommt nur in sehr engen Grenzen in Betracht.[184]

1. Der erklärte Aufklärungsverzicht

Es besteht die Möglichkeit, dass der Patient auf die Durchführung der Aufklärung **91** verzichtet. An einen solchen Aufklärungsverzicht sind allerdings strenge Anforderungen zu stellen. Insbesondere muss der Aufklärungsverzicht willensmängelfrei, eindeutig und unmissverständlich erfolgen.[185] Erforderlich ist eine ausdrückliche Erklärung des Patienten; ein stillschweigender oder konkludenter Verzicht scheidet aus.[186] Der Patient muss sich der Tragweite des Eingriffes bewusst sein. Hierzu muss er auch die möglichen Folgen eines Eingriffes kennen. Dementsprechend kann sich der Aufklärungsverzicht nur auf den für den Patienten absehbaren Rahmen des Eingriffs beziehen. Diesen kann er regelmässig überhaupt erst nach erfolgter Information durch den Arzt überblicken. Nur dann kann der Arzt sicherstellen, dass der Patient nicht über die möglichen Folgen des beabsichtigten Eingriffes irrt. Letztlich wird ein wirksamer Aufklärungsverzicht daher überhaupt nur dann infrage kommen, wenn der Patient sich in einem Arzt-Patienten-Gespräch eindeutig der Durchführung der Aufklärung widersetzt und erklärt, den Eingriff unabhängig von den möglichen – auch schwerwiegenden – Folgen des Eingriffs durchführen zu lassen. Dieser Verzicht sollte vom Arzt auf jeden Fall – zu Beweiszwecken – dokumentiert werden.

2. Der voraufgeklärte Patient

Eine Aufklärung kann des Weiteren dann entfallen, wenn der Patient bereits »voraufgeklärt« ist. Dies kann zum einen der Fall sein, wenn der Patient aufgrund eigener **92** medizinischer Kenntnisse ein hinreichendes Bild von dem Eingriff besitzt.[187] Dies kann sich auch auf Teile der Aufklärung beziehen. So muss eine Krankenschwester nicht über das allgemeine Infektionsrisiko einer Operation aufgeklärt werden.[188]

---

182 *Martis/Winkhart* ArztHaftR P 55; *Rehborn* MDR 2013, 497.
183 Dazu BGH NJW 2014, 1527 = VersR 2014, 588.
184 BGH NJW 1983, 328; OLG München VersR 2002, 986 (zur therapeutischen Sicherungsaufklärung); Spickhoff/*Spickhoff* BGB § 630e Rn. 9, § 630c Rn. 47.
185 BGH NJW 1973, 556 = VersR 1973, 244; *Frahm/Nixdorf/Walter* ArztHaftR Rn. 191; *Gehrlein* Arzthaftungspflicht Rn. C 14; *Geiß/Greiner* ArzthaftpflichtR Rn. C 16; *Laufs* in Laufs/Kern ArztR-HdB § 60 Rn. 17; *Martis/Winkhart* ArztHaftR A 1837, P 60.
186 *Frahm/Nixdorf/Walter* ArztHaftR Rn. 191; Spickhoff/*Spickhoff* BGB § 630e Rn. 9, § 630c Rn. 44; aA *Martis/Winkhart* ArztHaftR A 1837; dazu auch OLG München ArztR 2011, 192.
187 BGH NJW 1996, 788 = VersR 1996, 211; OLG Köln BeckRS 2011, 23323 = VersR 2012, 494; OLG Koblenz NJW 2010, 1759 = VersR 2010, 629; OLG Frankfurt a. M. MedR 2009, 532; OLG Hamm VersR 1998, 322; *Frahm/Nixdorf/Walter* ArztHaftR Rn. 192; *Gehrlein* Arzthaftungspflicht Rn. C 13, C 58; *Geiß/Greiner* ArzthaftpflichtR Rn. C 112; *Laufs* in Laufs/Kern ArztR-HdB § 60 Rn. 15; *Martis/Winkhart* ArztHaftR A 1831; *Pauge* ArztHaftR Rn. 467; *Wenzel/Simmler* Rn. 1814.
188 BGH NJW 1996, 788 = VersR 1996, 211.

93 Die Aufklärungsbedürftigkeit entfällt weiter dann, wenn der Patient von dem vorbehandelnden Haus- oder Facharzt über den Eingriff und die maßgeblichen Risiken bereits aufgeklärt worden ist.[189] Der den Eingriff durchführende Arzt trägt allerdings das Risiko der fehlerhaften oder unterlassenen Aufklärung, sodass ein Verzicht auf die Aufklärung in derartigen Fällen nur dann geboten ist, wenn der Arzt tatsächlich die »Voraufklärung« sicherstellen kann.

94 Die Aufklärungsbedürftigkeit entfällt weiter dann, wenn der Patient im nahen zeitlichen Zusammenhang über eine gleichartige Operation mit vergleichbaren Risiken bereits aufgeklärt worden ist.[190] Die Ausnahmekonstellation greift nur bei Bestehen eines zeitlichen Zusammenhanges ein. Bei der Festlegung der Grenzen eines derartigen zeitlichen Zusammenhanges kann nicht auf abstrakte Zeiträume zurückgegriffen werden. Vielmehr kommt es darauf an, ob der Patient im Hinblick auf die seit dem vorangegangenen, gleichgelagerten Eingriff vergangene Zeit die Aufklärung noch in einer Weise in Erinnerung hat, dass er willensmängelfrei in den erneuten Eingriff einwilligen konnte. Dies ist darüber hinaus nur dann gegeben, wenn tatsächlich eine gleichgelagerte Risikosituation besteht. Das ist ausgeschlossen, wenn dem Patienten nach Verlust eines Organes im nahen zeitlichen Zusammenhang ein weiteres Parallelorgan, zB einen zweiten Hoden, entnommen werden soll, weil sich die Auswirkungen auf die weitere Lebensführung bei der Zweitoperation in völlig anderer Weise darstellen. Auch hier trägt der behandelnde Arzt darüber hinaus das Risiko, dass die Aufklärung bei der Erstoperation ordnungsgemäß erfolgt ist.

3. Die mutmaßliche Einwilligung

95 Schließlich kann die Aufklärungsbedürftigkeit in Fällen der mutmaßlichen Einwilligung entfallen. Denkbar ist dies in Notfällen, bei bewusstlosen Patienten oder bei erstmaliger intraoperativer Feststellung des aufklärungsbedürftigen Zustandes im Zusammenhang mit Operationserweiterungen sowie in sonstigen Fallkonstellationen, in denen sich die Aufklärung und Einholung der Einwilligung des Patienten bzw. seines gesetzlichen Vertreters nicht zeitgerecht herbeiführen lassen. Die mutmaßliche Einwilligung in den Eingriff besteht, wenn angenommen werden kann, dass ein verständiger Patient in den Eingriff bzw. dessen Fortsetzung nach ordnungsgemäßer Aufklärung eingewilligt hätte.[191] Angesichts der Bedeutung des Selbstbestimmungsrechtes des konkret betroffenen Patienten muss der Arzt bei der Beurteilung der mutmaßlichen Einwilligung allerdings bekannte Vorstellungen des Patienten berücksichtigen, auch wenn diese nicht dem Leitbild des verständigen Patienten entsprechen.

---

189 BGH NJW 2003, 2012 = VersR 2003, 1441; NJW 1994, 2414 = VersR 1994, 1302; OLG Köln MDR 2012, 1287; *Frahm/Nixdorf/Walter* ArztHaftR Rn. 192; *Gehrlein* Arzthaftungspflicht Rn. C 13, C 58; *Geiß/Greiner* ArzthaftpflichtR Rn. C 112; *Martis/Winkhart* ArztHaftR A 1832; *Pauge* ArztHaftR Rn. 467.

190 BGH NJW 2014, 1527 = VersR 2014, 588; NJW 2007, 217 = VersR 2007, 66 (zwei vorausgegangene Aufklärungsgespräche); BGH NJW 2003, 2012 = VersR 2003, 1441 (Abstand 1,5 Monate); OLG Düsseldorf BeckRS 2009, 10562 = VersR 2009, 546 (Abstand 2 Monate); OLG Koblenz BeckRS 2004, 04942 = VersR 2005, 118 (unter Rückgriff auf eine mutmaßliche Einwilligung); OLG Köln MedR 2004, 567; *Frahm/Nixdorf/Walter* ArztHaftR Rn. 192; *Gehrlein* Arzthaftungspflicht Rn. C 13, C 58; *Laufs* in Laufs/Kern ArztR-HdB § 60 Rn. 15; *Martis/Winkhart* ArztHaftR A 1835; Spickhoff/*Greiner* BGB §§ 823 ff. Rn. 236; Wenzel/*Simmler* Rn. 1813.

191 BGH NJW 1991, 2342 = VersR 1991, 547; NJW 1989, 1541 = VersR 1989, 289; *Frahm/Nixdorf/Walter* ArztHaftR Rn. 212; *Gehrlein* Arzthaftungspflicht Rn. C 66, C 67; *Geiß/Greiner* ArzthaftpflichtR Rn. C 102; *Laufs* in Laufs/Kern ArztR-HdB § 60 Rn. 11; *Martis/Winkhart* ArztHaftR A 1785; *Pauge* ArztHaftR Rn. 452; Spickhoff/*Greiner* BGB §§ 823 ff. Rn. 285.

Nebendahl

Das Vorliegen einer mutmaßlichen Einwilligung ist typischerweise bei vital indizierten **96** Eingriffen und Eingriffen, für die in zeitlicher und sachlicher Hinsicht eine absolute Indikation besteht, anzunehmen.[192] Bei der unvorhersehbaren intraoperativen Erweiterung eines Eingriffes kommt eine mutmaßliche Einwilligung in Betracht, wenn die Operationserweiterung aus medizinischen Gründen dringend geboten und eine »Operationsunterbrechung« medizinisch erheblich nachteilig ist, oder wenn es sich um eine nur geringfügige Operationserweiterung mit höchstens vergleichbaren Risiken im Hinblick auf die Ausgangsoperation handelt.[193]

Bei nicht vital oder nur relativ indizierten Eingriffen kommt über die belanglose Ope- **97** rationserweiterung hinaus eine mutmaßliche Einwilligung regelmäßig nicht in Betracht. Gleiches gilt in Fällen, in denen der Patient seinen gegenteiligen Willen ausdrücklich geäußert hat.[194]

C. Kausalitätsprobleme

Die Haftung des Arztes wegen eines Aufklärungsmangels und der darauf beruhenden **98** Unwirksamkeit der Einwilligung in den ärztlichen Heileingriff ist auf die durch den Aufklärungsmangel verursachten Primärschäden beschränkt. Dabei kommt es nicht auf eine Kausalität im naturwissenschaftlichen Sinn, sondern eine normativ begründete Ursächlichkeitsfeststellung an.

I. Der Grundsatz

Schadensersatzbegründend sind nur solche Schäden, die infolge der aufgrund unzu- **99** reichender Aufklärung rechtswidrigen Behandlung eingetreten sind.[195] Hierzu gehören regelmäßig die in der durchgeführten Operation liegenden unmittelbaren körperlichen Beeinträchtigungen und deren Folgen. Beruht der Schaden demgegenüber auf der Grunderkrankung, scheidet auch bei unzureichender Aufklärung ein Haftungsanspruch aus. Gleiches gilt für den Fall durch die Aufklärung nicht gedeckter intraoperativer Operationserweiterung, wenn der eingetretene Schaden nicht durch die Erweiterung, sondern bereits durch die Ausgangsoperation herbeigeführt worden ist.[196]

---

192 OLG Naumburg NJW-RR 2008, 270 = VersR 2008, 224; OLG Zweibrücken NJW-RR 2000, 27 = VersR 1999, 1546; *Frahm/Nixdorf/Walter* ArztHaftR Rn. 212; *Gehrlein* Arzthaftungspflicht Rn. C 66; *Geiß/Greiner* ArzthaftpflichtR Rn. C 102; *Martis/Winkhart* ArztHaftR A 1876; *Pauge* ArztHaftR Rn. 454, 456.

193 Dazu OLG Koblenz NJW 2006, 2928 = VersR 2007, 796; OLG Hamm BeckRS 2002, 04760 = VersR 2003, 1544 = OLGR 2002, 309; *Laufs* in Laufs/Kern ArztR-HdB § 60 Rn. 13; Spickhoff/*Greiner* BGB §§ 823 ff. Rn. 285; *Wenzel/Simmler* Rn. 1822. *Frahm/Nixdorf/Walter* Arzt-HaftR Rn. 212 (für mehr als belanglose Eingriffe); *Gehrlein* Arzthaftungspflicht Rn. C 67; *Geiß/Greiner* ArzthaftpflichtR Rn. C 104, schließen die mutmaßliche Einwilligung bei vorhersehbaren Operationserweiterungen grundsätzlich aus; dagegen OLG Koblenz NJW 2006, 2928 = VersR 2007, 796; *Martis/Winkhart* ArztHaftR A 1702a, A 1877.

194 BGH NJW 2000, 885 = VersR 2000, 603 (bei strafrechtlicher Beurteilung); *Gehrlein* Arzthaftungspflicht Rn. C 67; *Geiß/Greiner* ArzthaftpflichtR Rn. C 104, C 105; *Pauge* ArztHaftR Rn. 454.

195 BGH NJW 2012, 850 = VersR 2012, 491; NJW 2011, 375 = VersR 2011, 223; NJW-RR 2010, 833 = VersR 2010, 115; NJW 2008, 2344 = VersR 2008, 1668; NJW 2008, 2344 = VersR 2008, 1668; NJW 1992, 754 = VersR 1992, 240; NJW 1989, 1533 = VersR 1989, 514; *Frahm/Nixdorf/Walter* ArztHaftR Rn. 188; *Gehrlein* Arzthaftungspflicht Rn. C 78; *Geiß/Greiner* ArzthaftpflichtR Rn. C 122; *Martis/Winkhart* ArztHaftR A 2113; *Pauge* ArztHaftR Rn. 480; *Wenzel/Simmler* Rn. 1683, 1687.

196 BGH NJW 2005, 2072 = VersR 2005, 942; OLG Koblenz NJW-RR 2003, 1607 = VersR 2004, 246; OLG Karlsruhe GesR 2003, 239; *Gehrlein* Arzthaftungspflicht Rn. C 78; *Martis/Winkhart* ArztHaftR A 2134 f.

Demgegenüber kommt es für die Kausalitätsbeurteilung nicht darauf an, ob die Behandlung behandlungsfehlerhaft erfolgt ist.

II. Die hypothetische Kausalität

100 Der haftungsbegründende Kausalzusammenhang zwischen dem aufgrund mangelhafter Aufklärung rechtswidrigen Eingriff und dem Schaden kann darüber hinaus bei tatsächlich gegebener Ursächlichkeit in Fällen der hypothetischen Kausalität entfallen.

1. Die anderweitige Schadensursache

101 Denkbar ist dies zum einen, wenn der konkrete Gesundheitsschaden auch bei Wahl einer anderen, rechtmäßigen Behandlungsalternative in gleicher Weise eingetreten wäre.[197] Gleiches gilt auch bei Vorliegen einer besonderen Schadensanlage des Patienten, die auch ohne die aufgrund unzureichender Aufklärung rechtswidrige ärztliche Heilbehandlung zu dem konkret eingetretenen Schaden geführt hätte.[198] In beiden Fällen ist der Arzt für das Vorliegen des hypothetischen Kausalverlaufes beweispflichtig. Wenn der Patient über eine echte Behandlungsalternative nicht aufgeklärt worden ist und geltend macht, dass bei Wahl der Behandlungsalternative der Schaden nicht eingetreten wäre, muss er beweisen, dass er die nicht aufgeklärte Behandlungsalternative gewählt hätte.

2. Die hypothetische Einwilligung

102 Ebenfalls als Kausalitätsproblem stellt sich die hypothetische Einwilligung des Patienten dar. Der haftungsbegründende Kausalzusammenhang zwischen der mangelhaften Aufklärung und dem eingetretenen Primärschaden und damit die Haftung des Arztes entfallen nämlich, wenn der Patient auch bei einer ordnungsgemäßen Aufklärung in den konkreten Eingriff eingewilligt hätte.[199]

103 Im Wege einer abgestuften Darlegungs- und Beweislast muss zunächst der Arzt im Arzthaftungsprozess vortragen, dass der Patient bei ordnungsgemäßer Einwilligung sein Einverständnis in den konkreten Eingriff erklärt hätte. Aus § 630h Abs. 2 S. 2 BGB folgt, dass die hypothetische Einwilligung nur zu prüfen ist, wenn der Arzt sich darauf ausdrücklich beruft.[200] Dies muss zur Vermeidung einer ansonsten drohenden Einwendungspräklusion bereits erstinstanzlich erfolgen, sofern die Ordnungsgemäßheit der Aufklärung streitig ist.[201] Der Patient kann diesen Einwand dadurch entkräften, dass er dem Gericht plausibel macht, dass er sich bei ordnungsgemäßer Aufklä-

---

197 BGH GesR 2016, 362; NJW 2012, 850 = VersR 2012, 491; NJW 2005, 2072 = VersR 2005, 942; NJW 2005, 1718 = VersR 2005, 836; *Frahm/Nixdorf/Walter* ArztHaftR Rn. 188; *Gehrlein* Arzthaftungspflicht Rn. C 79; *Geiß/Greiner* ArzthaftpflichtR Rn. C 149; *Wenzel/Simmler* Rn. 1709.

198 BGH NJW 1987, 1481 = VersR 1987, 667; NJW 1985, 676 = VersR 1985, 60; *Gehrlein* Arzthaftungspflicht Rn. C 79; *Geiß/Greiner* ArzthaftpflichtR Rn. C 149; *Katzenmeier* in Laufs/Katzenmeier/Lipp ArztR V Rn. 74; *Martis/Winkhart* ArztHaftR A 2204; *Pauge* ArztHaftR Rn. 488, 489; *Wenzel/Simmler* Rn. 1692.

199 BGH GesR 2016, 351; NJW 2007, 2771 = VersR 2007, 999; NJW 2005, 1718 = VersR 2005, 836; *Deutsch/Spickhoff* MedizinR Rn. 516; *Frahm/Nixdorf/Walter* ArztHaftR Rn. 221, 222; *Gehrlein* Arzthaftungspflicht Rn. C 72–C 75; *Geiß/Greiner* ArzthaftpflichtR Rn. C 137–C 142; *Laufs* in Laufs/Kern ArztR-HdB § 63 Rn. 3; *Martis/Winkhart* ArztHaftR A 1884; *Wenzel/Simmler* Rn. 1699; *Pauge* ArztHaftR Rn. 480–485; Spickhoff/*Greiner* BGB §§ 823 ff. Rn. 284; dazu auch *Martis* MDR 2009, 611; *Schellenberg* VersR 2008, 1298.

200 *Martis/Winkhart* ArztHaftR A 1900a, P 64; zur früheren (identischen) Rechtslage: BGH NJW 2007, 2774 = VersR 2007, 1273; *Pauge* ArztHaftR Rn. 485.

201 Vgl. dazu BGH NJW-RR 2015, 1278 = VersR 2015, 1313.

rung in einem echten Entscheidungskonflikt befunden hätte. Erforderlich sind allein die Darlegung und der Beweis der den Entscheidungskonflikt begründenden Tatsachen. Der Patient muss nachvollziehbar machen, dass er sich bei ordnungsgemäßer Aufklärung ernsthaft die Frage gestellt hätte, ob er dem Eingriff zum damaligen Zeitpunkt oder durch den behandelnden Arzt zugestimmt hätte. Demgegenüber muss der Patient nicht darlegen, wie er den Entscheidungskonflikt gelöst hätte. Für das Vorliegen eines Entscheidungskonfliktes kommt es auf den konkret betroffenen Patienten und nicht auf die Sicht eines »vernünftigen« Patienten an. Es ist Sache des Gerichtes im Rahmen der Beweiswürdigung die vom Patienten zur Begründung des Entscheidungskonfliktes vorgetragenen Tatsachen im Hinblick auf die Plausibilität des Vorliegens eines Entscheidungskonfliktes zu werten, wobei nicht zu hohe Anforderungen gestellt werden dürfen.[202] Dazu muss das Gericht in der Regel den Patienten persönlich anhören.[203]

Liegt kein echter Entscheidungskonflikt vor, ist die mangelhafte Aufklärung für den **104** Schadenseintritt nicht kausal geworden, die Haftung des Arztes entfällt. Demgegenüber muss der Arzt bei Feststellung eines echten Entscheidungskonfliktes seinerseits nachweisen, dass der Patient trotz des Entscheidungskonfliktes bei ordnungsgemäßer Aufklärung in den konkreten, durch den behandelnden Arzt durchgeführten Eingriff eingewilligt hätte.[204] Der Beweis, an den strenge Anforderungen zu stellen sind, wird nur selten zu führen sein. Er kann geführt werden, wenn der Arzt nachvollziehbar darlegt und beweist, dass der vom Patienten hinzugezogene Arzt seines Vertrauens den Patienten aufgrund objektiver Kriterien von der Einwilligung in die Operation überzeugt hätte.[205]

III. Der Schutzzweck der Aufklärung

Die Haftung des Arztes wegen einer mangelhaften Aufklärung kann darüber hinaus – **105** ausnahmsweise – dann entfallen, wenn es an dem am Schutzzweck der Aufklärungspflicht orientierten Zurechnungszusammenhang zwischen der Aufklärungspflichtverletzung und dem konkreten Schaden fehlt. Eine Haftung des Arztes scheidet nämlich aus, wenn sich der Schaden außerhalb des Schutzbereiches der dem Arzt obliegenden Aufklärungsverpflichtung niederschlägt.[206] Dies ist der Fall, wenn es an einem Zu-

---

202 BGH GesR 2016, 351; NJW 2015, 74 = VersR 2015, 196; NJW 2007, 2774 = VersR 2007, 1273; NJW 2007, 2771 = VersR 2007, 999; NJW 2005, 1718 = VersR 2005, 836; NJW 2005, 1364 = VersR 2005, 694; instruktiv insoweit OLG München Beschl. v. 6.8.2010 – 1 U 2464/10; *Frahm/ Nixdorf/Walter* ArztHaftR Rn. 222; *Gehrlein* Arzthaftungspflicht Rn. C 74; *Geiß/Greiner* ArzthaftpflichtR Rn. C 138; *Katzenmeier* in Laufs/Katzenmeier/Lipp ArztV Rn. 72, 99 ff.; *Martis/ Winkhart* ArztHaftR A 1900; *Pauge* ArztHaftR Rn. 481, 483; Spickhoff/*Greiner* BGB §§ 823 ff. Rn. 284; Wenzel/*Simmler* Rn. 1700–1703.

203 BGH Beschl. v. 29.9.2015 – VI ZR 418/14 = BeckRS 2015, 17906 Rn. 5; NJW 2015, 74 = VersR 2015, 196; NJW 2010, 3230 = VersR 2010, 1220; NJW 2007, 2771 = VersR 2007, 999; NJW 2005, 1364 = VersR 2005, 694; *Deutsch/Spickhoff* MedizinR Rn. 520; *Frahm/Nixdorf/Walter* ArztHaftR Rn. 222, 271; *Gehrlein* Arzthaftungspflicht Rn. C 75; *Geiß/Greiner* ArzthaftpflichtR Rn. C 142; *Martis/Winkhart* ArztHaftR A 1903; *Pauge* ArztHaftR Rn. 482; Wenzel/*Simmler* Rn. 1706.

204 Dazu BGH NJW 1996, 3073 = VersR 1996, 1240; *Pauge* ArztHaftR Rn. 486; Wenzel/*Simmler* Rn. 1704.

205 OLG Karlsruhe BeckRS 2010, 13621 = VersR 2001, 860; *Gehrlein* Arzthaftungspflicht Rn. C 77; *Spickhoff* NJW 2002, 1758.

206 BGH NJW 2006, 2477 = VersR 2006, 1073; NJW 2001, 2798 = VersR 2001, 592; NJW 2000, 1784 = VersR 2000, 725; *Deutsch/Spickhoff* MedizinR Rn. 525; *Gehrlein* Arzthaftungspflicht Rn. C 82; *Geiß/Greiner* ArzthaftpflichtR Rn. C 156; *Martis/Winkhart* ArztHaftR A 2170; *Pauge* ArztHaftR Rn. 492.

sammenhang zwischen der konkreten Aufklärungspflichtverletzung und dem eingetretenen Schaden fehlt.

106 Ist bereits die sog. Grundaufklärung, also die allgemeine Aufklärung über Art und
Schweregrad des Eingriffs und die Stoßrichtung des Risikos durch Angabe des jeweils
schwersten Risikos nicht erteilt worden, kommt eine Haftungseinschränkung nicht in
Betracht.[207] In diesem Fall sind die Mängel der Aufklärung so schwerwiegend, dass
sich der Patient kein zutreffendes Bild von den mit dem Eingriff auf ihn zukommenden
Belastungen machen konnte. Dies ist in Konstellationen gegeben, in denen überhaupt
keine Aufklärung erfolgt ist, und bei fehlerhaften Aufklärungen, die derart gehaltlos
sind, dass sie dem Patienten nicht einmal einen Eindruck von dem schwerstmöglichen
Risiko im Hinblick auf die zukünftige Lebensführung vermitteln konnten. Bei einem
derartigen Mangel entfällt die Haftung auch dann nicht, wenn sich ein nicht aufklärungsbedürftiges Risiko verwirklicht hat.

107 Gleiches dürfte auch gelten, wenn der Arzt vor Anwendung einer sog. Neulandmethode nicht darauf hingewiesen hat, dass er eine Neulandmethode anwenden will,
und der Patient vorträgt, dass er sich bei Kenntnis dieses Umstandes auf eine Operation überhaupt nicht eingelassen hätte.[208]

108 Ist demgegenüber die Grundaufklärung ordnungsgemäß erfolgt und liegt der Mangel
der Aufklärung in anderen Gründen, scheidet die Haftung aus, wenn sich ein nicht
aufklärungsbedürftiges Risiko verwirklicht, sofern sich das verwirklichte Risiko innerhalb des mit der Grundaufklärung vermittelten allgemeinen Schweregrades des Eingriffes sowie der Art der Belastungen bewegt, also insbesondere in Art und Schwere unterhalb des im Rahmen der Grundaufklärung dargestellten schwersten Risikos liegt.[209]

109 Verwirklicht sich nach ordnungsgemäß erfolgter Grundaufklärung ein aufklärungs-
pflichtiges Risiko, ist zu unterscheiden. Hat der Arzt ungeachtet sonstiger Mängel der
Aufklärung über das Risiko aufgeklärt, das sich verwirklicht hat, ist es unerheblich,
dass er andere, nicht realisierte Risiken nicht benannt hat.[210] Die Haftung entfällt.
Demgegenüber bleibt die Haftung des Arztes bestehen, wenn der Aufklärungsmangel
gerade im Hinblick auf das Risiko vorliegt, das sich verwirklicht hat.[211] In diesem Fall
haftet der Arzt für sämtliche Folgen des Eingriffes, auch wenn sie – zusätzlich – auf
Risiken beruhen, über die ordnungsgemäß aufgeklärt worden ist.

---

207 BGH NJW 2001, 2798 = VersR 2001, 592; NJW 1996, 777 = VersR 1996, 195; *Frahm/Nixdorf/
Walter* ArztHaftR Rn. 223; *Gehrlein* Arzthaftungspflicht Rn. C 83; *Geiß/Greiner* ArzthaftpflichtR Rn. C 157; *Laufs* in Laufs/Kern ArztR-HdB § 63 Rn. 8; *Martis/Winkhart* ArztHaftR A
2171; *Pauge* ArztHaftR Rn. 494; Wenzel/*Simmler* Rn. 1715.
208 BGH NJW 2007, 2774 = VersR 2007, 1273 – Racz-Katheter; *Frahm/Nixdorf/Walter* ArztHaftR
Rn. 224 mit Fn. 299; *Bender* VersR 2009, 176; anders BGH NJW 2006, 2477 = VersR 2006, 1073
– Robodoc.
209 BGH NJW 1996, 777 = VersR 1996, 195; NJW 1991, 2346 = VersR 1991, 777; *Deutsch/Spickhoff*
MedizinR Rn. 525; *Frahm/Nixdorf/Walter* ArztHaftR Rn. 223; *Gehrlein* Arzthaftungspflicht
Rn. C 84; *Geiß/Greiner* ArztHaftpflichtR Rn. C 157; *Laufs* in Laufs/Kern ArztR-HdB § 63 Rn. 8;
Martis/Winkhart ArztHaftR A 2199; *Pauge* ArztHaftR Rn. 494, 495; Wenzel/*Simmler* Rn. 1714.
210 BGH NJW 2014, 1527 = VersR 2014, 588; NJW 2006, 2477 = VersR 2006, 1073; NJW 2001, 2798
= VersR 2001, 592; NJW 2000, 1784 = VersR 2000, 725; *Deutsch/Spickhoff* MedizinR Rn. 525;
Frahm/Nixdorf/Walter ArztHaftR Rn. 224; *Gehrlein* Arzthaftungspflicht Rn. C 85; *Geiß/Greiner*
ArztHaftpflichtR Rn. C 157; *Martis/Winkhart* ArztHaftR A 2196; *Pauge* ArztHaftR Rn. 493;
Wenzel/*Simmler* Rn. 1711.
211 BGH NJW 2001, 2798 = VersR 2001, 592; NJW 1989, 1533 = VersR 1989, 514; *Gehrlein* Arzthaftungspflicht Rn. C 85; *Geiß/Greiner* ArztHaftpflichtR Rn. C 157; *Martis/Winkhart* ArztHaftR A
2195; *Pauge* ArztHaftR Rn. 497.

D. Die Darlegungs- und Beweislast

Im Grundsatz liegt die Beweislast für die vollständige und richtige Aufklärung und **110** die rechtfertigende Wirkung der Einwilligung in einen ärztlichen Heileingriff auf Seiten des Arztes.[212] Dies ist durch § 630h Abs. 2 S. 1 BGB nunmehr auch gesetzlich normiert. Der Arzt muss deshalb beweisen, dass er die Aufklärung ordnungsgemäß durchgeführt hat. Dies gilt für sämtliche Voraussetzungen einer ordnungsgemäßen Aufklärung, also sowohl für die Behandlungs- bzw. Verlaufsaufklärung einschließlich der Aufklärung über echte Behandlungsalternativen als auch für die Risikoaufklärung. Auch die Wahl des richtigen Zeitpunktes für die Aufklärung hat der Arzt zu beweisen. In gleicher Weise trifft den Arzt die Beweislast für ihn entlastende Umstände bei nicht oder nicht ausreichend erfolgter Aufklärung. Dies gilt sowohl für den Aufklärungsverzicht des Patienten als auch für die Voraussetzungen der mutmaßlichen Einwilligung oder der hypothetischen Kausalität aufgrund eines hypothetischen Kausalverlaufes oder einer besonderen Schadensanlage. Bei dem Einwand der hypothetischen Einwilligung gelten die dargestellten Grundsätze der gestuften Darlegungs- und Beweislast.

Der Patient ist demgegenüber beweisbelastet für das Vorliegen einer echten und daher **111** aufklärungspflichtigen Behandlungsalternative.[213] In gleicher Weise trifft den Patienten die Beweislast für die Ursächlichkeit des wegen des Aufklärungsmangels rechtswidrigen Eingriffs für den Primärschaden, wenn nicht feststeht, dass der Primärschaden auf dem Eingriff und nicht auf der Grunderkrankung oder auf einer nicht aufgeklärten Operationserweiterung statt auf der aufgeklärten Ausgangsoperation beruht.[214] Behauptet der Patient, dass der Arzt die Beantwortung weiterer von ihm im Aufklärungsgespräch gestellten Fragen verweigert oder diese Fragen falsch beantwortet hätte, trifft ihn gleichfalls die Beweislast.[215] Beruft sich der Patient darauf, dass der Arzt eine von ihm unterzeichnete Aufklärungsurkunde nachträglich verändert hat[216] oder er eine einmal wirksam erteilte Einwilligung widerrufen hat,[217] ist er hierfür beweispflichtig. Für den Einwand der nachträglichen Veränderung einer vom Patienten unterzeichneten Aufklärungsurkunde dürfte es allerdings zu einer den Arzt treffenden Beweislastumkehr kommen, wenn dem Patienten entgegen der Verpflichtung aus § 630e Abs. 2 S. 2 BGB nicht zeitnah eine Kopie der von ihm unterzeichneten Unterlage ausgehändigt worden ist. Die Beweislast für die ordnungsgemäße Aushändigung trägt der Arzt, der sich insoweit aber auf seine Dokumentation stützen kann. Eine schriftliche Quittung des Patienten ist nicht erforderlich.

Ist streitig, ob ein bestimmtes Risiko aufklärungsbedürftig ist, liegt die Darlegungslast für **112** die Aufklärungsbedürftigkeit zunächst beim Patienten, der die Aufklärungsbedürftigkeit behaupten muss. Es ist dann Sache des Arztes, entweder die fehlende Aufklärungsbe-

---

212 *Frahm/Nixdorf/Walter* ArztHaftR Rn. 227; *Martis/Winkhart* ArztHaftR A 2240.

213 OLG Karlsruhe OLGR 2002, 20; *Frahm/Nixdorf/Walter* ArztHaftR Rn. 229; *Martis/Winkhart* ArztHaftR A 2262.

214 BGH VersR 2015, 1293; NJW 2012, 850 = VersR 2012, 491; NJW 1992, 754 = VersR 1992, 238; NJW 1986, 1541 = VersR 1986, 183; *Frahm/Nixdorf/Walter* ArztHaftR Rn. 229, 188; *Martis/Winkhart* ArztHaftR A 2260; *Pauge* ArztHaftR Rn. 488, 626.

215 BGH NJW 1980, 1903 = VersR 1980, 676; *Frahm/Nixdorf/Walter* ArztHaftR Rn. 229.

216 OLG Koblenz NJW-RR 2003, 1607 = VersR 2004, 246; OLG Saarbrücken OLGR 1997, 286; OLG Frankfurt a. M. VersR 1994, 986; *Frahm/Nixdorf/Walter* ArztHaftR Rn. 229; *Gehrlein* Arzthaftungspflicht Rn. C 71; *Martis/Winkhart* ArztHaftR A 2266; *Pauge* ArztHaftR Rn. 628.

217 BGH NJW 1980, 1903 = VersR 1980, 676; *Gehrlein* Arzthaftungspflicht Rn. C 69; *Geiß/Greiner* ArzthaftpflichtR Rn. C 136; *Martis/Winkhart* ArztHaftR A 2264; *Pauge* ArztHaftR Rn. 629.

dürftigkeit oder die Durchführung der Aufklärung zu beweisen.[218] Die streitige Frage kann regelmäßig durch Einholung eines Sachverständigengutachtens geklärt werden.

113 An den von dem Arzt zu führenden Beweis dürfen keine zu hohen Anforderungen gestellt werden. Den Angaben des Arztes über die erfolgte Aufklärung ist im Zweifel zu glauben, wenn seine Darstellung in sich schlüssig ist und »einiger Beweis« für ein Aufklärungsgespräch erbracht worden ist.[219] Im Zweifel bedarf es hierzu der persönlichen Anhörung des Arztes über die Durchführung des Aufklärungsgespräches. Dabei kann auch dann, wenn der Arzt keine konkrete Erinnerung an das tatsächlich durchgeführte Aufklärungsgespräch hat, aus der Angabe des Arztes, wie er gewöhnlich aufklärt, auf die Durchführung eines ordnungsgemäßen Aufklärungsgespräches geschlossen werden, wenn der Arzt darstellen kann, wie er gewöhnlich aufklärt und dass er im vorliegenden Fall von dem gewöhnlichen Vorgehen nicht abgewichen ist.[220] Demgegenüber werden an den vom Arzt zu führenden Beweis einer hypothetischen Einwilligung des Patienten strenge Anforderungen gestellt.[221]

114 Die schriftliche Dokumentation des Aufklärungsgespräches, insbesondere die Verwendung von Aufklärungsbögen, begründet mit indizieller Wirkung die Vermutung, dass der Patient tatsächlich in einem Arzt-Patienten-Gespräch aufgeklärt worden ist.[222] Aus dem bloßen Vorhandensein einer unterzeichneten Aufklärungsurkunde folgt allerdings nicht, das über die Inhalte der Aufklärungsurkunde im Rahmen des Aufklärungsgespräches gesprochen worden ist, sondern (nur) ein – sowohl in positiver als auch in negativer Hinsicht wirkendes – Indiz über die Inhalte des Aufklärungsgespräches.[223] Die Indizwirkung wird verstärkt, wenn sich bspw. aus Eintragungen in dem Aufklärungsformular und/oder handschriftlichen Skizzen über den Operationszugang erkennen lässt, dass das Aufklärungsformular tatsächlich die Grundlage für das Aufklärungsgespräch gebildet hat. In diesem Fall muss der Patient die Indizwirkung des von ihm unterzeichneten Aufklärungsbogens durch substantiierte Darstellung eines abweichenden tatsächlichen Verlaufes entkräften. Demgegenüber erstreckt sich die Indizwirkung nicht darauf, dass der Patient den Aufklärungsbogen tatsächlich gelesen oder verstanden hat.[224] Im Rahmen der gerichtlichen Beweiswürdigung sind der entsprechende Tatsachenvortrag des Patienten sowie ggf. weitere Zeugenvernehmungen

---

218 *Frahm/Nixdorf/Walter* ArztHaftR Rn. 227; *Geiß/Greiner* ArzthaftpflichtR Rn. C 132, nicht entscheidungserheblich in BGH NJW 1999, 2823 = VersR 1999, 1515.

219 BGH NJW 2015, 74 = VersR 2015, 196; NJW 2014, 1527 = VersR 2014, 588; NJW 1985, 1399 = VersR 1985, 361; OLG Naumburg MedR 2013, 245; OLG Hamm VersR 2011, 625; OLG Schleswig NJW-RR 1996, 348 = VersR 1996, 634; *Frahm/Nixdorf/Walter* ArztHaftR Rn. 228; *Gehrlein* Arzthaftungspflicht Rn. C 70; *Geiß/Greiner* ArzthaftpflichtR Rn. C 134; *Laufs* in Laufs/Kern ArztR-HdB § 62 Rn. 17; *Martis/Winkhart* ArztHaftR A 2270 ff.; *Pauge* ArztHaftR Rn. 620.

220 BGH NJW 2014, 1527 = VersR 2014, 588; OLG Karlsruhe NJW 1998, 1800; OLG Schleswig NJW-RR 1996, 348 = VersR 1996, 634; vgl. aber auch OLG Koblenz NJW-RR 2004, 166 = VersR 2005, 695; dazu *Frahm/Nixdorf/Walter* ArztHaftR Rn. 228; *Gehrlein* Arzthaftungspflicht Rn. C 70; *Geiß/Greiner* ArzthaftpflichtR Rn. C 134; *Martis/Winkhart* ArztHaftR A 2272, A 2299; *Pauge* ArztHaftR Rn. 620.

221 BGH NJW 2007, 2771 = VersR 2007, 999; NJW 2007, 2767 = VersR 2007, 995; *Gehrlein* Arzthaftungspflicht Rn. C 77; *Geiß/Greiner* ArzthaftpflichtR Rn. C 137; *Martis/Winkhart* ArztHaftR A 2200; *Pauge* ArztHaftR Rn. 623.

222 BGH NJW-RR 2001, 1431 = VersR 2002, 120.

223 BGH NJW 2014, 1527 = VersR 2014, 588; zu den Grenzen der Indizwirkung vgl. BGH NJW 1999, 863 = VersR 1999, 190; *Frahm/Nixdorf/Walter* ArztHaftR Rn. 228; *Gehrlein* Arzthaftungspflicht Rn. C 71; *Geiß/Greiner* ArzthaftpflichtR Rn. C 134; *Martis/Winkhart* ArztHaftR A 2281; *Pauge* ArztHaftR Rn. 476, 620.

224 BGH NJW 1985, 1399 = VersR 1985, 361; *Frahm/Nixdorf/Walter* ArztHaftR Rn. 228; *Geiß/Greiner* ArzthaftpflichtR Rn. C 135; *Pauge* ArztHaftR Rn. 476.

gegenüber den Angaben des Arztes in dessen persönlicher Anhörung zu dem durchgeführten Aufklärungsgespräch sowie dem Inhalt des Aufklärungsbogens und der sonstigen ärztlichen Dokumentation gegeneinander abzuwägen.

§ 50 Rechtsfolgen der Arzthaftung und Verjährung

A. Der Schadensersatzanspruch

Die Rechtsfolgen eines Arzthaftungsanspruches können auf den Ersatz des durch einen ärztlichen Behandlungsfehlers oder ein Aufklärungsversäumnis entstandenen immateriellen und des materiellen Schadens gerichtet sein. **1**

I. Der Ersatz des immateriellen Schadens

Seit Inkrafttreten des zweiten Schadensersatzrechtsänderungsgesetzes zum 1.8.2002 ist **2** durch Neufassung des § 253 Abs. 2 BGB normiert, dass Schmerzensgeld entgegen der in § 847 BGB aF normierten alten Rechtslage nicht nur in Fällen unerlaubter Handlung, sondern auch bei vertraglichen Pflichtverletzungen in Betracht kommen kann, die zu einer Schädigung des Körpers oder der Gesundheit geführt haben. Für Fallgestaltungen, bei denen das schädigende Ereignis nach dem 31.7.2002 stattgefunden hat, ist daher auch hinsichtlich der Rechtsfolge der Schmerzensgeldhaftung eine Unterscheidung zwischen einer deliktischen und einer vertraglichen Anspruchsgrundlage nicht mehr notwendig. Demgegenüber ist die Unterscheidung bei sogenannten Altfällen, bei denen das schädigende Ereignis vor dem 1.8.2002 stattgefunden hat, noch zu berücksichtigen.

1. Die Faktoren für die Bemessung des Schmerzensgeldes

Die Höhe des Schmerzensgeldes ist im Arzthaftungsprozess nach § 287 ZPO durch gerichtliche Schätzung nach freiem Ermessen festzulegen.[1] In der Praxis erfolgt regelmäßig eine Orientierung anhand von Musterfällen, die in sogenannten Schmerzensgeldtabellen[2] gesammelt sind. Bei der Bemessung der Schmerzensgeldhöhe sind zum einen in der Person des Geschädigten liegende Umstände zu berücksichtigen. Hierzu gehören die Auswirkungen, die die Schädigung auf den Geschädigten und dessen zukünftige Lebensgestaltung haben. Dies betrifft sowohl das psychische und physische Wohlbefinden und das Leistungsvermögen des Geschädigten als auch dessen Berufstätigkeit sowie die sozialen Beziehungen, in die der Geschädigte vor dem schädigenden Ereignis einbezogen war.[3] Schmerzensgeldrelevant ist daher zB ein schädigungsbedingter Verlust des Arbeitsplatzes oder die infolge der Schädigung eintretende Zerrüttung einer Ehe. Zu berücksichtigen ist weiter das Lebensalter des Geschädigten. Dies gilt insbesondere bei Dauerschädigungen. Die Notwendigkeit mehrfacher Folgeoperationen wirkt sich gleichfalls schmerzensgelderhöhend aus.[4] Ebenfalls von Bedeutung für die Höhe des Schmerzensgeldes ist das Schmerzempfinden des Geschädigten, also die Frage, inwieweit der Geschädigte die ihn treffende Schädigung empfinden kann. Zu berücksichtigen ist bei der Bemessung des Schmerzensgeldes schließlich **3**

---

1 Dazu grundsätzlich Wenzel/*Hensen* Rn. 2346 ff.; *Müller,* FS ARGE Medizinrecht, 2008, 227; *Teipel,* FS ARGE Medizinrecht, 2008, 265.
2 Vgl. *Hacks/Wellner/Häcker,* Schmerzensgeld-Beträge 2017, 35. Aufl. 2016; *Slizyk,* Beck'sche Schmerzensgeldtabelle 2017, 13. Aufl. 2016.
3 Dazu allgemein *Küppersbusch/Höher* Ersatzansprüche Rn. 274–280, 282.
4 Vgl. dazu bspw. BGH ZMGR 2015, 409 (fünf Folgeoperationen).

auch, inwieweit der Geschädigte das schädigende Ereignis mitverursacht oder mitverschuldet hat.

4   In der Person des Schädigers liegende Umstände können ebenfalls für die Bemessung des Schmerzensgeldes relevant sein.[5] So führt ein – in Arzthaftungsfällen selten gegebenes – grob fahrlässiges Fehlverhalten des Schädigers zu einer Erhöhung des Schmerzensgeldes. Zu berücksichtigen sind darüber hinaus auch die persönlichen Lebensverhältnisse des Schädigers. Auch dieser Gesichtspunkt hat in Arzthaftungsfällen angesichts regelmäßig vorhandener Haftpflichtversicherungen keine wesentliche Bedeutung. Bedeutsam und das Schmerzensgeld erhöhend kann es allerdings sein, wenn es bei der Abwicklung des Schadensersatzanspruches zu nicht nachvollziehbaren Verzögerungen im Regulierungsverhalten durch den Schädiger kommt.[6] Dies ist allerdings nicht schon dann der Fall, wenn der Schädiger sich gegen ihm gegenüber erhobene Arzthaftungsvorwürfe mit rechtlichen Mitteln zur Wehr setzt.

5   Schließlich müssen bei der Bemessung des Schmerzensgeldes alle sonstigen das schädigende Ereignis begleitenden Umstände berücksichtigt werden.

2. Einmalzahlung und Schmerzensgeldrente

6   Das Schmerzensgeld wird grundsätzlich in Form einer Einmalzahlung gewährt.

7   Im Arzthaftungsprozess muss der Geschädigte dabei das von ihm geforderte Schmerzensgeld nicht beziffern.[7] Es ist vielmehr ohne weiteres möglich und allgemein üblich, einen unbezifferten Klageantrag zu stellen und die Festsetzung der Höhe des Schmerzensgeldes in das Ermessen des Gerichtes zu stellen. In diesem Fall hat das Gericht nach § 287 ZPO die Höhe des Schmerzensgeldes nach freiem gerichtlichem Ermessen zu schätzen. Erforderlich ist jedoch die Angabe des Mindestbetrages für das Schmerzensgeld.[8] Dies ist nicht nur für die Festlegung der gerichtlichen Zuständigkeit zwischen Amtsgericht und Landgericht, sondern auch für die Bestimmtheit des Klageantrages iSv § 253 Abs. 2 Nr. 2 ZPO erforderlich. Darüber hinaus kann ohne die Angabe eines Mindestbetrages in Fällen, in denen das Gericht ein Schmerzensgeld niedriger festsetzt, als es der geschädigte Patient erwartet hat, die für eine Berufung notwendige Beschwer nicht festgestellt werde. Die Angabe eines Mindestbetrages für das Schmerzensgeld hindert das Gericht nicht, einen höheren, auch einen 20% übersteigenden Schmerzensgeldbetrag zuzuerkennen.[9]

8   Neben der Einmalzahlung kommt die Festsetzung einer Schmerzensgeldrente in Betracht. Voraussetzung ist, dass bei dem Geschädigten irreversible oder lang anhaltende Dauerschäden aufgetreten sind, sodass der Geschädigte seine Schädigung immer wieder neu als schmerzhaft empfindet.[10] Dies kann nur bei erheblichen Dauerschäden der Fall sein. Eine Kombination einer Schmerzensgeld-Einmalzahlung und einer Schadensrente ist möglich. Allerdings darf das Gericht bei einer auf eine Einmalzahlung gerichteten Schmerzensgeldklage nicht von sich aus das Schmerzensgeld in eine Einmalzahlung und eine Schmerzensgeldrente aufteilen, weil es in einem solchen Fall an dem erforderlichen Klageantrag auf Zahlung einer Schmerzensgeldrente fehlt.[11] In

5 *Küppersbusch/Höher* Ersatzansprüche Rn. 279.
6 *Küppersbusch/Höher* Ersatzansprüche Rn. 278.
7 *Frahm/Nixdorf/Walter* ArztHaftR Rn. 263; *Gehrlein* Arzthaftungspflicht Rn. E 5.
8 BGH NJW 1996, 2425 = VersR 1996, 990; *Frahm/Nixdorf/Walter* ArztHaftR Rn. 263; *Gehrlein* Arzthaftungspflicht Rn. E 5.
9 BGH NJW 1996, 2425 = VersR 1996, 990.
10 *Küppersbusch/Höher* Ersatzansprüche Rn. 298.
11 BGH NJW 1998, 3411 = VersR 1998, 1565; *Frahm/Nixdorf/Walter* ArztHaftR Rn. 263.

derartigen Fällen hat das Gericht durch einen richterlichen Hinweis auf eine aus Sicht des Gerichtes zutreffende Antragstellung hinzuwirken.

II. Der materielle Schadensersatz

Bei der Bemessung des materiellen Schadensersatzes sind alle durch das schädigende **9** Ereignis adäquat kausal verursachten Vermögensschäden auszugleichen. Der Schadensausgleich richtet sich nach § 249 Abs. 1 BGB – Naturalrestitution – und der in Arzthaftungsfällen regelmäßig ergänzend heranzuziehenden Vorschrift des § 249 Abs. 2 S. 1 BGB, nach der bei Verletzung einer Person alternativ zur Naturalrestitution der Schadensersatz in Geld geschuldet wird. Außerdem ist der entgangene Gewinn nach § 252 BGB zu erstatten.

Wirtschaftliche Vorteile, die dem geschädigten Patienten infolge des schädigenden Er- **10** eignisses zufließen, können im Wege des Vorteilsausgleiches bei der Berechnung des materiellen Schadens zu berücksichtigen sein. Der dem Geschädigten zufließende Vorteil muss jedoch gerade durch das schädigende Ereignis adäquat kausal hervorgerufen sein. Der Vorteil kann auch in der Vermeidung von Verlusten liegen. Dies gilt beispielsweise für ersparte Verpflegungsaufwendungen oder ersparte Aufwendungen für die Unterbringung (Heizkosten, Strom etc.) bei einem Krankenhausaufenthalt sowie für ersparte Fahrtkosten zur Arbeitsstelle oder sonstige ersparte berufsbedingte Aufwendungen.[12] Ein infolge eines schädigenden Ereignisses eingetretener Konsumverzicht, zB der Verzicht auf eine geplante Urlaubsreise, stellt demgegenüber keinen adäquat kausalen Vorteil des Geschädigten dar.[13] Die Vorteilsausgleichung scheidet des Weiteren aus, wenn die Anrechnung des Vorteils dem Zweck der Ersatzpflicht widerspricht. Deshalb können im Rahmen des Vorteilsausgleichs weder die nach arbeitsrechtlichen Grundsätzen erfolgende Entgeltfortzahlung im Krankheitsfall auf den Verdienstausfallanspruch des geschädigten Patienten angerechnet werden, noch die aufgrund bestehender vertraglicher Verpflichtungen erbrachten Leistungen Dritter, insbesondere Leistungen von gesetzlichen Sozialversicherungsträgern. Auch freigebige Leistungen Dritter, die zB aufgrund von Sammlungen oder Schenkungen dem Geschädigten zum Zwecke der Minderung seines Leidens zugewandt werden, sind nach ihrer Zweckrichtung nicht auf den Schadensersatzanspruch anzurechnen.[14] Etwas anderes gilt nur dann, wenn die freigiebigen Leistungen gerade zu dem Zweck erfolgt sind, den Schädiger zu entlasten.

Im Arzthaftungsprozess muss der materielle Schadensersatzanspruch im Wege der **11** Leistungsklage geltend gemacht werden, wenn der Schaden bei Klagerhebung bereits entstanden ist und die Schadensentwicklung zum Zeitpunkt der letzten mündlichen Verhandlung in der Tatsacheninstanz abgeschlossen ist.[15] Ist der Schaden lediglich teilweise entstanden, kann der Geschädigte den bereits entstandenen Teilschaden mittels Leistungsklage gerichtlich verfolgen und damit eine Feststellungsklage gerichtet auf die Feststellung der Ersatzpflicht hinsichtlich zukünftig entstehender Schäden kombinieren. In diesem Fall ist es aber auch möglich, nur eine Feststellungsklage zu erheben. Eine Aufteilung in eine Teilleistungsklage und eine ergänzende Feststellungsklage ist regelmäßig nicht erforderlich.[16]

---

12 BGH Beschl. v. 13.1.2015 – VI ZR 551/13 = BeckRS 2015, 02176 Rn. 5 (auch zur notwendigen Substantiierung); Palandt/*Grüneberg* BGB Vor § 249 Rn. 93.
13 BGH NJW 1983, 1107 = VersR 1983, 392; *Küppersbusch/Höher* Ersatzansprüche Rn. 217; MüKo-BGB/*Oetker* § 249 Rn. 243.
14 *Küppersbusch/Höher* Ersatzansprüche Rn. 37, 424.
15 *Gehrlein* Arzthaftungspflicht Rn. E 6; *Martis/Winkhart* ArztHaftR F 1.
16 BGH NJW-RR 2016, 759; NJW 2003, 2827 = VersR 2003, 1256; *Frahm/Nixdorf/Walter* ArztHaftR Rn. 266; *Gehrlein* Arzthaftungspflicht Rn. E 6; *Martis/Winkhart* ArztHaftR F 7.

12 Das notwendige Rechtsschutzinteresse für die Feststellungsklage setzt voraus, dass der Patient aus seiner Sicht bei verständiger Würdigung mit der Möglichkeit künftiger Folgeschäden rechnen kann.[17] An die Darlegung sind keine hohen Anforderungen zu stellen. Das Feststellungsinteresse scheidet danach nur dann aus, wenn aus Sicht des Klägers bei verständiger Würdigung kein Grund besteht, mit dem Eintritt eines zukünftigen Schadens wenigstens zu rechnen.

B. Verjährung

I. Die Verjährungsfrist

13 Seit dem Inkrafttreten des Schuldrechtsmodernisierungsgesetzes zum 1.1.2002 beträgt die regelmäßige Verjährungsfrist sowohl für vertragliche als auch für deliktische Schadensersatzansprüche nach § 195 BGB drei Jahre. Die nach altem Verjährungsrecht bestehenden unterschiedlichen Verjährungsfristen für vertragliche Ansprüche (30 Jahre) und deliktische Ansprüche (drei Jahre) sind entfallen. Das alte Verjährungsrecht hat damit – unter Berücksichtigung der Übergangsvorschrift in Art. 229 § 6 Abs. 1 EGBGB – nur noch für Fälle Bedeutung, in denen der Schaden vor dem 1.1.2002 entstanden ist und die zu diesem Zeitpunkt noch nicht verjährt waren. Bei derartigen Fällen führt die Anwendung des Übergangsrechtes hinsichtlich der vertraglichen Verjährungsfrist dazu, dass mit dem 1.1.2002 eine dreijährige Verjährungsfrist zu laufen begonnen hat, sofern die kenntnisbezogenen Voraussetzungen des Verjährungsbeginns, nämlich die erforderliche Kenntnis oder grob fahrlässige Unkenntnis von den schadensbegründenden Umständen bereits vor dem 1.1.2002 vorgelegen haben. Die Verjährungsfrist für deliktische Schadensersatzansprüche hat auch nach altem Recht bereits drei Jahre umfasst. Auch die deliktischen Schadensersatzansprüche, die vor dem 1.1.2002 entstanden sind, sind daher spätestens zum 31.12.2004 verjährt, sofern die erforderlichen subjektiven Voraussetzungen vorgelegen haben.

II. Der Beginn des Laufs der Verjährungsfrist

14 Die nach § 195 BGB bestehende dreijährige Verjährungsfrist beginnt nach § 199 Abs. 1 BGB mit Ablauf des Jahres, in dem der Anspruch entstanden ist und in dem der geschädigte Patient von dem Schaden und der Person des Ersatzpflichtigen Kenntnis erlangt hat oder grob fahrlässig nicht erlangt hat. Unabhängig von der Möglichkeit der Kenntnisnahme beträgt die Verjährungsfrist nach § 199 Abs. 2 BGB höchstens 30 Jahre ab dem schädigenden Ereignis.

15 Für den Beginn der Verjährung von Arzthaftungsansprüchen kommt es mithin entscheidend darauf an, wann die subjektiven Voraussetzungen für den Verjährungsbeginn vorliegen. Ansprüche, die auf einen Behandlungsfehler gestützt werden, und Ansprüche, die auf Aufklärungsfehlern beruhen, können in unterschiedlicher Zeit verjähren.[18]

1. Die Behandlungsfehlerhaftung

a) Die positive Kenntnis

16 Für die Behandlungsfehlerhaftung ist die geforderte positive Kenntnis von den den Anspruch begründenden Umständen gegeben, wenn der Patient diejenigen Behandlungstatsachen positiv kennt, die ein ärztliches Fehlverhalten, das Vorliegen eines

---

17 BGH NJW-RR 2007, 601 = VersR 2007, 708; NJW 2001, 1431 = VersR 2001, 874; *Frahm/Nixdorf/Walter* ArztHaftR Rn. 266; *Gehrlein* Arzthaftungspflicht Rn. E 6; *Martis/Winkhart* ArztHaftR F 3.
18 BGH NJW 2017, 949 = VersR 2017, 165.

Primärschadens und den ursächlichen Zusammenhang zwischen dem Primärschaden und dem Behandlungsfehler bei objektiver Betrachtung nahelegen.[19] Der Patient muss hierzu den konkreten Behandlungsverlauf zumindest in Grundzügen überblicken können. Dazu gehört die Kenntnis über die wesentlichen tatsächlichen Umstände des Behandlungsverlaufes, hinsichtlich des Eintretens von Komplikationen und der ergriffenen Maßnahmen. Außerdem müssen dem Patienten die Tatsachen bekannt sein, aus denen sich ein vom geforderten medizinischen Standard abweichendes ärztliches Vorgehen ergibt. Nicht erforderlich ist demgegenüber, dass der Patient auf der Basis der bei ihm vorhandenen Kenntnisse die zutreffenden medizinischen oder juristischen Schlussfolgerungen gezogen hat.[20] Für den Verjährungsbeginn ist auch nicht erforderlich, dass der Patient die Einschätzung gewonnen hat, dass ein haftungsbegründender Behandlungsfehler vorgelegen hat.

Die erforderliche Kenntnis von der Person des Ersatzpflichtigen liegt vor, wenn der Patient weiß, welcher Arzt die Behandlung durchgeführt hat. Ihm müssen Namen, Anschrift und Aufgabenstellung bekannt sein, wobei bei einem Krankenhausarzt auch die Adresse des Krankenhauses ausreichend ist.[21] Darüber hinaus muss der Patient wissen, dass der Arzt in die Behandlung eingeschaltet war und als Schädiger in Betracht kommt. Stehen unterschiedliche Schädiger kumulativ als Haftungsschuldner infrage, kommt es auf die Kenntnis hinsichtlich jedes einzelnen Schädigers an.[22] Insoweit können unterschiedliche Verjährungsfristen gegenüber den verschiedenen in eine ärztliche Behandlung eingeschalteten Ärzten laufen. Etwas anderes gilt allerdings bei alternativer Haftungsverantwortung. Hier beginnt die Verjährungsfrist erst dann, wenn die Zweifel über den richtigen Haftungsschuldner geklärt sind.[23]   **17**

Die Kenntnis des Geschädigten muss sich darüber hinaus auch auf den Schaden beziehen. Erforderlich ist hierfür nicht, dass der Geschädigte den Schadensumfang insgesamt übersehen kann. Vielmehr reicht es insoweit aus, dass der Patient überhaupt den Eintritt eines Primärschadens feststellen kann.[24] Weitergehende Kenntnisse über zukünftige Folgeschäden sind demgegenüber nicht erforderlich. Schon bei Kenntnis des Primärschadens ist nämlich die Erhebung einer Feststellungsklage möglich. Die Wirkung der Verjährung umfasst in diesem Fall nicht nur den Primärschaden, sondern sämtliche voraussehbaren Folgeschäden.[25] Etwas anderes gilt ausnahmsweise nur für Folgeschäden, die nicht voraussehbar gewesen sind. Für diese läuft gegebenenfalls eine gesonderte Verjährungsfrist, sobald der Geschädigte von der Möglichkeit des Eintritts der – früher nicht voraussehbaren – Folgeschäden erlangt hat.   **18**

---

19   BGH NJW 2012, 2644 = VersR 2012, 1005 (zur Verjährung des Regressanspruchs eines Sozialversicherungsträgers); BGH NJW-RR 2010, 681 = VersR 2010, 214; NJW 2001, 885 = VersR 2001, 108; NJW 1999, 2734 = VersR 1999, 1149 (jeweils zur Verjährung nach § 852 I BGB aF); *Frahm/Nixdorf/Walter* ArztHaftR Rn. 237; *Geiß/Greiner* ArzthaftpflichtR Rn. D 4; *Martis/Winkhart* ArztHaftR V 18; *Pauge* ArztHaftR Rn. 5629, 530; *Teichner/Schröder* ZMGR 2014, 79.

20   BGH NJW 2017, 949 = VersR 2017, 165; NJW 1984, 661; VersR 1983, 1158; *Frahm/Nixdorf/Walter* ArztHaftR Rn. 239; *Geiß/Greiner* ArzthaftpflichtR Rn. D 5; *Martis/Winkhart* ArztHaftR V 54; *Pauge* ArztHaftR Rn. 530.

21   BGH NJW 2001, 885 = VersR 2001, 108; *Geiß/Greiner* ArzthaftpflichtR Rn. D 6; *Martis/Winkhart* ArztHaftR V 33.

22   BGH NJW 2001, 964 = VersR 2001, 381; *Geiß/Greiner* ArzthaftpflichtR Rn. D 6; *Martis/Winkhart* ArztHaftR V 36.

23   BGH NJW 1999, 2734 = VersR 1999, 1149.

24   BGH NJW-RR 2006, 712 = VersR 2006, 1090; NJW 2000, 861 = VersR 2000, 331; *Frahm/Nixdorf/Walter* ArztHaftR Rn. 242; *Gehrlein* Arzthaftungspflicht Rn. D 7; *Geiß/Greiner* ArzthaftpflichtR Rn. D 10; *Martis/Winkhart* ArztHaftR V 76; *Pauge* ArztHaftR Rn. 537, 538.

25   BGH NJW 2000, 861 = VersR 2000, 331; NJW 1997, 2448 = VersR 1997, 1111.

19 Das für den Verjährungsbeginn erforderliche Wissen des Patienten muss kein sicheres Wissen sein. Erforderlich ist, dass der Patient auf der Basis des bei ihm vorhandenen Tatsachenwissens hinsichtlich des Ablaufes der Behandlung und der Person des Schädigers in der Lage ist, eine Feststellungsklage mit einiger Aussicht auf Erfolg zu erheben.[26] Hierfür reicht noch nicht die Kenntnis vom Misserfolg der Behandlung aus. Vielmehr muss dem Patienten bekannt sein, dass der Misserfolg durch pflichtgemäße Maßnahmen hätte vermieden werden können.

b) Die grob fahrlässige Unkenntnis

20 Die nach § 199 Abs. 1 Nr. 2 BGB der positiven Kenntnis gleichstehende grob fahrlässige Unkenntnis der für den Verjährungsbeginn maßgeblichen Umstände über den Behandlungsverlauf und die Person des Schädigers ist gegeben, wenn der geschädigte Patient die geforderte Kenntnis vom Behandlungsverlauf und der Person des Schädigers zwar nicht positiv hat, sich die Kenntnis aber in zumutbarer Weise ohne nennenswerte Mühe hätte beschaffen können.[27] Dies ist erst dann der Fall, wenn der Geschädigte eine sich ihm ohne Weiteres anbietende, auf der Hand liegende Erkenntnismöglichkeit nicht wahrnimmt, obwohl die Kenntniserlangung weder besondere Kosten noch nennenswerte Mühen verursacht. Es ist mithin ein Verhalten des Geschädigten erforderlich, mit dem der Geschädigte sich rechtsmissbräuchlich der sich aufdrängenden Erkenntnis verschließt. Hierfür reicht das Unterlassen der Einsichtnahme in angebotene Krankenunterlagen nicht aus, wohl aber der Verzicht auf die Einsichtnahme in tatsächlich zur Verfügung gestellte Kopien der Behandlungsdokumentation nach entsprechender Anforderung durch einen beauftragten Rechtsanwalt.

c) Die Zurechnung fremden Wissens

21 Bei Geschäftsunfähigen oder beschränkt Geschäftsfähigen kommt es für die Beurteilung auf die Kenntnis des gesetzlichen Vertreters an.[28] Gleiches gilt für die Kenntnis bzw. grob fahrlässige Unkenntnis eines von dem Patienten eingeschalteten Rechtsanwaltes, die dem Patienten als dessen Wissensvertreter zugerechnet wird.[29]

22 Steht der Arzthaftungsanspruch einer öffentlich-rechtlichen Körperschaft oder sonstigen Behörde zu, was insbesondere infolge der in § 116 SGB X geregelten Legalzession im Hinblick auf Sozialversicherungsträger der Fall sein kann, ist für die Kenntnis vom Schaden und der Person des Ersatzpflichtigen auf die Kenntnis der nach der behördlichen Organisation zuständigen, mit der Vorbereitung und Verfolgung von Schadensersatzansprüchen betrauten Mitarbeiter der Körperschaft oder Behörde ab-

---

26 BGH NJW 2001, 885 = VersR 2001, 108; *Geiß/Greiner* ArzthaftpflichtR Rn. D 6; *Pauge* ArztHaftR Rn. 530.
27 BGH NJW 2012, 2644 = VersR 2012, 1005; NJW-RR 2010, 681 = VersR 2010, 214; NJW-RR 2010, 681 = VersR 2010, 214; NJW 2003, 288 = VersR 2003, 75; NJW 1995, 776 = VersR 1995, 659; *Frahm/Nixdorf/Walter* ArztHaftR Rn. 243; *Geiß/Greiner* ArzthaftpflichtR Rn. D 8; *Martis/Winkhart* ArztHaftR V 44; *Pauge* ArztHaftR Rn. 534.
28 BGH NJW 2007, 217 = VersR 2007, 66; NJW 1995, 776 = VersR 1995, 659; NJW 1994, 803 = VersR 1993, 1550; *Frahm/Nixdorf/Walter* ArztHaftR Rn. 244; *Gehrlein* Arzthaftungspflicht Rn. D 6; *Geiß/Greiner* ArzthaftpflichtR Rn. D 9; *Martis/Winkhart* ArztHaftR V 60; *Teichner/ Schröder* ZMGR 2014, 79.
29 BGH NJW 2017, 949 = VersR 2017, 165; NJW 2007, 217 = Vers 2007, 66; NJW 1989, 2323 = VersR 1989, 914; *Frahm/Nixdorf/Walter* ArztHaftR Rn. 244; *Gehrlein* Arzthaftungspflicht Rn. D 6; *Geiß/Greiner* ArzthaftpflichtR Rn. D 9; *Martis/Winkhart* ArztHaftR V 61.

zustellen.[30] Regelmäßig sind dies die Mitarbeiter der jeweiligen Regressabteilung. Die Kenntnis sonstiger Mitarbeiter ist demgegenüber nicht maßgeblich. Leitet ein unzuständiger Mitarbeiter die maßgeblichen Informationen nicht an die Regressabteilung des Sozialversicherungsträgers weiter, wird die Verjährungsfrist nicht in Gang gesetzt.

2. Die Aufklärungsfehlerhaftung

Die Verjährung von Ersatzansprüchen, die auf ärztliche Aufklärungsfehler gestützt werden, richtet sich nach den gleichen Grundsätzen.   23

Hat überhaupt keine Aufklärung stattgefunden, liegt die erforderliche Kenntnis für 24
den geschädigten Patienten regelmäßig mit Beendigung der Behandlung vor, weil ihm die Person des behandelnden Arztes als Schädiger, der Eintritt des unerwünschten Behandlungserfolges und der Umstand, dass keine Aufklärung stattgefunden hat, in diesem Falle mit Beendigung der Behandlung bereits bekannt sind oder zumindest bekannt sein müssen.

Problematischer verhält es sich bei zwar erfolgter aber unzureichender Aufklärung. In 25
diesem Fall müssen dem Patienten nämlich die Umstände bekannt sein, aus denen sich die unzureichende Aufklärung ergibt. Insbesondere muss der Patient wissen, dass das verwirklichte Risiko ein spezifisches Risiko des Eingriffes und daher aufklärungsbedürftig gewesen ist. Dem Patienten ist allerdings zuzumuten, sein Wissen hinsichtlich der Aufklärungsbedürftigkeit durch einfache zumutbare Maßnahmen zu vervollständigen. Bei Aufklärungsmängeln trifft den geschädigten Patienten daher eine Erkundigungspflicht zum Umfang der Aufklärungsbedürftigkeit, die sich allerdings nicht auf fachspezifische medizinische Fragen bezieht, inwieweit eine Aufklärung zu erfolgen hatte.[31]

III. Die Hemmung der Verjährung

Die Hemmung der Verjährung von Arzthaftungsansprüchen richtet sich nach den allgemeinen Vorschriften der §§ 203 ff. BGB.   26

Von besonderer Bedeutung ist dabei die Regelung in § 203 S. 1 BGB, wenn der Patient 27
bei dem Arzt oder dessen Haftpflichtversicherer Schadensersatzansprüche angemeldet hat und zwischen dem geschädigten Patienten und dem Schädiger bzw. dessen Haftpflichtversicherung Vergleichsverhandlungen geführt werden. Derartige Vergleichsverhandlungen begründen eine Hemmung der Verjährung. Dabei reicht jede Korrespondenz über den Schadensfall aus, sofern der Schädiger nicht von vornherein und unmissverständlich jede Einstandspflicht verneint.[32] Die Hemmung der Verjährung während derartiger Vergleichsverhandlungen umfasst selbstverständlich nur die an der Verhandlung Beteiligten. Daher führen Verhandlungen mit dem Träger eines Belegkrankenhauses nicht zur Hemmung von Ersatzansprüchen gegen den Belegarzt.[33] Für Ersatzansprüche gegen angestellte Krankenhausärzte bewirken derartige Ver-

---

30 BGH NJW 2012, 2644 = VersR 2012, 1005; NJW 2012, 769 = VersR 2012, 738; NJW 2000, 1411 = VersR 2000, 1277; NJW 1996, 2508 = VersR 1996, 1126; *Frahm/Nixdorf/Walter* ArztHaftR Rn. 246; *Geiß/Greiner* ArzthaftpflichtR Rn. D 9; *Martis/Winkhart* ArztHaftR V 49 ff.

31 BGH NJW 2007, 217 = VersR 2007, 66; NJW 1976, 363 = VersR 1976, 293; OLG München MedR 2006, 431 = VersR 2006, 705; *Frahm/Nixdorf/Walter* ArztHaftR Rn. 240; *Gehrlein* Arzthaftungspflicht Rn. D 9; *Geiß/Greiner* ArzthaftpflichtR Rn. D 14; *Martis/Winkhart* ArztHaftR V 67.

32 BGH NJW 2017, 949 = VersR 2017, 165; NJW 2001, 885 = VersR 2001, 108; NJW 1998, 2819 = VersR 1998, 1295; *Frahm/Nixdorf/Walter* ArztHaftR Rn. 249, 253; *Gehrlein* Arzthaftungspflicht Rn. D 10; *Geiß/Greiner* ArzthaftpflichtR Rn. D 11.

33 OLG Koblenz BeckRS 2011, 00278 = VersR 2011, 759.

handlungen des Krankenhausträgers nur dann eine Verjährungshemmung, wenn sich aus den Verhandlungen ergibt, dass der Krankenhausträger auch im Namen der angestellten Krankenhausärzte verhandelt hat.[34] Allerdings hat ein Verhandeln des Haftpflichtversicherers eines Arztes auch die Hemmung der Verjährung von Ersatzansprüchen gegen einen angestellten – ärztlichen oder nichtärztlichen – Mitarbeiter der Arztpraxis aus demselben Schadensereignis zur Folge.[35] Werden daher Vergleichsverhandlungen zwischen dem geschädigten Patienten und einem Haftpflichtversicherer geführt, muss klargestellt werden, für wen der Haftpflichtversicherer tätig wird. Dies ist insbesondere notwendig, wenn nicht nur die Haftung des Krankenhausträgers, sondern auch der behandelnden Ärzte im Raum steht.

28 Die Hemmung endet mit Abbruch der Verhandlungen. Ein solcher Abbruch liegt erst dann vor, wenn eine Partei die Fortsetzung der Verhandlungen klar und eindeutig verweigert.[36] Besondere Probleme können im Einzelfall auftreten, wenn derartige Verhandlungen »stillschweigend einschlafen«. Ein Einschlafen der Verhandlungen ist anzunehmen, nach dem Zeitpunkt, zu dem unter Berücksichtigung aller Umstände nach Treu und Glauben mit dem nächsten Verhandlungsschritt zu rechnen wäre.[37]

29 Ebenfalls zu einer Hemmung der Verjährung führt die Anrufung der von den Ärztekammern eingerichteten Schlichtungsstellen für Arzthaftpflichtfragen.[38] Die Durchführung eines solchen außergerichtlichen Schlichtungsverfahrens stellt eine Rechtsverfolgung hinsichtlich des Ersatzanspruches iSv § 204 Abs. 1 Nr. 4 BGB dar. Die hemmende Wirkung der Einleitung eines Schlichtungsverfahrens beginnt mit Eingang des Schlichtungsantrags bei der Schlichtungsstelle, eine Zustimmung der jeweils anderen Partei zur Durchführung des Schlichtungsverfahrens ist nicht erforderlich.[39] Lehnt die Partei die Durchführung des Schlichtungsverfahrens ab, kommt es dennoch zur Hemmung. Die hemmende Wirkung erfasst ausschließlich die an dem Schlichtungsverfahren beteiligten Personen. Bei der Einleitung arzthaftungsrechtlicher Schlichtungsverfahren ist daher darauf zu achten, dass sämtliche als Schädiger in Betracht kommenden Personen – Krankenhausträger und beteiligte Ärzte – in dem Schlichtungsverfahren beteiligt werden. Anderenfalls kann es dazu kommen, dass gegenüber den nicht in das Schlichtungsverfahren einbezogenen Schädigern im Verlauf des Schlichtungsverfahrens die Verjährung der diesen gegenüber bestehenden Arzthaftungsansprüche eintritt.

---

34 BGH BeckRS 2007, 16855 = VersR 2007, 1277; NZB-Beschl. zu OLG Oldenburg BeckRS 2007, 16855.

35 OLG Düsseldorf NVersZ 2000, 40 = VersR 2000, 457; OLG Frankfurt a.M. VersR 1998, 1282; *Pauge* ArztHaftR Rn. 548.

36 BGH NJW-RR 2005, 1044 = VersR 2005, 699; NJW 1998, 2819 = VersR 1998, 1295; *Frahm/Nixdorf/Walter* ArztHaftR Rn. 249; *Gehrlein* Arzthaftungspflicht Rn. D 10; *Geiß/Greiner* ArzthaftpflichtR Rn. D 11.

37 BGH NJW 2017, 949 = VersR 2917, 165.

38 BGH NJW 1983, 2075 = VersR 1983, 690; OLG Zweibrücken NJW-RR 2001, 667; OLG Oldenburg NJW 1993, 2997 = VersR 1993, 1357; *Deutsch/Spickhoff* MedizinR Rn. 852; *Konradt* in Ehlers/Broglie ArztHaftR Rn. 170; *Frahm/Nixdorf/Walter* ArztHaftR Rn. 256; *Geiß/Greiner* ArzthaftpflichtR Rn. D 11; *Martis/Winkhart* ArztHaftR V 140; *Pauge* ArztHaftR Rn. 547; *Friedrich* NJW 2003, 1781; zu der Tätigkeit der Schlichtungsstellen, vgl. *Katzenmeier* FS ARGE Medizinrecht, 2008, 201; *Scheppokat/Neu* VersR 2002, 397.

39 BGH NJW 2017, 1879 = VersR 2017, 618.

Nebendahl

12. Kapitel. Gesundheitsstrafrecht

Zur Vertiefung: *Beck,* Kurzfälle aus dem Medizinrecht – Teil 1, ZJS 2013, 42; *Beck,* Kurzfälle aus dem Medizinrecht – Teil 2, ZJS 2013, 156; *Frister/Lindemann/Peters,* Arztstrafrecht, 2011; *Kraatz,* Arztstrafrecht, 2013; *Laufs/Kern/Clemens,* Handbuch des Arztrechts, 4. Aufl. 2010; *Roxin/Schroth,* Handbuch des Medizinstrafrechts, 4. Aufl. 2010; *Spickhoff,* Medizinrecht, 2011; *Ulsenheimer,* Arztstrafrecht in der Praxis, 5. Aufl. 2015.

Rechtsprechungsübersichten: *Kraatz,* Aus der Rechtsprechung und Gesetzgebung zum Arztstrafrecht 2012/2013 – Zum ärztlichen Heileingriff, Teil 1: NStZ-RR 2014, 36; Teil 2: NStZ-RR 2014, 65; Aus der Rechtsprechung zum Arztrecht 2014/2015 – Die Grundsätze der Einwilligung in den ärztlichen Heileingriff, Teil 1: NStZ-RR 2016, 233; Teil 2: NStZ-RR 2016, 297.

§ 51 Beginn und Ende des strafrechtlichen Rechtsgüterschutzes

A. Unterschiedlich geschützte Daseinsphasen

Ob, unter welchen Voraussetzungen und in welchem Maße ein bestimmtes ärztliches **1** Handeln strafrechtlich geboten oder verboten ist, hängt entscheidend davon ab, **welches Rechtsgut** und welcher Rechtsgutsträger von dem jeweiligen Eingriff betroffen ist. Steht beispielsweise das Rechtsgut »Leben« auf dem Spiel, so sind Regelungsdichte und -intensität des Strafrechts in Bezug auf das »Ob« und »Wie« eines ärztlichen Handelns, das auf dieses Rechtsgut Einfluss nimmt, regelmäßig höher,[1] als wenn es nur um die körperliche Unversehrtheit eines Rechtsgutsträgers[2] oder gar nur um dessen persönlichen Lebens- und Geheimbereich[3] geht.

Die Reichweite des strafrechtlichen Schutzes hängt aber nicht nur vom Wert des durch **2** ärztliches Handeln betroffenen Rechtsguts und vom Grad seiner Betroffenheit ab, sondern auch davon, **wessen Rechtsgüter** betroffen sind. So wird etwa das Rechtsgut »Leben« tatbestandlich umfassender und auch in den Rechtsfolgen mit größerer Härte geschützt, wenn es sich um das Leben eines »Menschen« handelt (vgl. §§ 211 ff., 221 f. StGB), als wenn »Ungeborene« (vgl. §§ 218 ff. StGB) vor einem Schwangerschaftsabbruch bewahrt werden sollen. Gegenüber fahrlässigen Verletzungshandlungen ist das »ungeborene« Leben strafrechtlich sogar überhaupt nicht geschützt, gegenüber vorsätzlichen jedenfalls nur eingeschränkter (vgl. § 218a StGB) und mit geringerem Strafmaß (vgl. § 218 StGB) als bei entsprechenden Beeinträchtigungen »menschlichen« Lebens. Auch die körperliche Integrität der (lebenden) Leibesfrucht genießt keinen strafrechtlichen Schutz, während die körperliche Integrität eines schon Verstorbenen gegen eigenmächtige Organentnahmen (vgl. § 19 Abs. 2 TPG) sowie gegen die Wegnahme von Körperteilen (vgl. § 168 StGB) jedenfalls in gewissem Umfang strafrechtlich abgesichert ist.

Das Ausmaß, in dem Rechtsgüter gegen ärztliches Handeln oder Unterlassen straf- **3** rechtlich abgeschirmt sind, **differiert also je nach der Daseinsphase,** in der sich der Träger dieses Rechtsguts zum Tatzeitpunkt gerade befindet. Demnach gilt es, diese Daseinsphasen scharf gegeneinander abzugrenzen, bevor bezogen auf jede einzelne

---

1 Vgl. den 16. Abschnitt des StGB.
2 Vgl. den 17. Abschnitt des StGB.
3 Vgl. den 15. Abschnitt des StGB.

Daseinsphase der konkrete Schutzumfang bestimmt werden kann, den die verschiedenen Rechtsgüter in dieser Daseinsphase jeweils durch die ihnen geltenden Strafrechtsnormen erhalten.

4 Der umfassendste und intensivste strafrechtliche Rechtsgüterschutz widmet sich dabei der Daseinsphase »**menschlichen**« **Lebens,** sodass Beginn und Ende dieser Phase festgelegt werden müssen. Hinsichtlich der vor Beginn menschlichen Lebens gelegenen Daseinsphase ist zwischen intrakorporalem und extrakorporalem **ungeborenen Leben** zu unterscheiden, da für Ersteres die §§ 218 ff. StGB, für Letzteres dagegen das ESchG sowie das StZG einschlägig sind, dh voneinander abweichende Normregime mit wiederum voneinander abweichendem Schutzzweck und -umfang. In der Daseinsphase **nach dem Ende menschlichen Lebens** können neben dem TPG insbesondere §§ 168, 203 Abs. 4 StGB einen Rechtsgüterschutz gegenüber ärztlichem Handeln garantieren, der allerdings (wie der für die Frühphase gewährte) hinter dem für die menschliche Lebensspanne gültigen zurückbleibt. Je nachdem, in welcher Daseinsphase sich der Rechtsgutträger bzw. das Rechtsgutssubjekt zum Tatzeitpunkt befindet, lässt sich von ihm, der strafrechtlichen Terminologie folgend (vgl. etwa § 219 StGB, § 6 ESchG), als von einem »Ungeborenen« (bis einschließlich der achten Schwangerschaftswoche: Embryo; ab der neunten Schwangerschaftswoche: Fötus), einem »Menschen« oder einem »Verstorbenen« sprechen.

B. Abgrenzung zwischen »ungeborenem« und »menschlichem« Leben

I. Beginn menschlichen Lebens

5 Mit dem Statuswechsel vom Ungeborenen zum Menschen geht zugleich ein Wechsel im strafrechtlichen Normregiment von §§ 218 ff. StGB zu §§ 211 ff., § 222, §§ 223 ff. StGB einher. Die insoweit entscheidende zeitliche Zäsur soll dabei nach Rechtsprechung und ganz herrschender Lehre durch den **Beginn der Eröffnungswehen** markiert werden.[4] Dies wird aus dem Wortlaut des ehemaligen, bis zum Inkrafttreten des 6. StrRG 1998 gültigen § 217 Abs. 1 StGB abgeleitet: »Eine Mutter, welche ihr nichteheliches Kind in oder gleich nach der Geburt tötet, wird mit Freiheitsstrafe nicht unter drei Jahren bestraft«. Wie sich aus der Legaldefinition des Begriffs »Kind« in § 176 Abs. 1 StGB ergibt, sind damit »Personen« unter 14 Jahren gemeint, wobei der Begriff »Person« vom Gesetz allgemein (vgl. etwa § 223 StGB) synonym mit dem des »Menschen« iSd § 212 Abs. 1 StGB verwendet wird. § 217 Abs. 1 StGB aF sollte also nicht etwa einen Spezialtatbestand zu § 218 Abs. 1 StGB bilden, um die in § 218a StGB genannten Straflosigkeitsgründe für einen Schwangerschaftsabbruch gerade bei nichtehelichem Nachwuchs auszuschließen, sondern stellte eine Privilegierung zu § 212 Abs. 1 StGB für die Tötung nichtehelicher Menschen durch ihre Mutter »in oder gleich nach der Geburt« dar. Inzident ergab sich aus § 217 Abs. 1 StGB aF damit, dass nach der Terminologie des Gesetzes »in der Geburt« bereits der Status eines »Kindes«, dh einer Person bzw. eines Menschen, erreicht war. Da § 217 Abs. 1 StGB aF innerhalb der Geburtsphase nicht mehr differenzierte, lag es nahe, für den Beginn des Kindes- und damit Menschenstatus auf das Einsetzen der Eröffnungswehen statt erst auf die späteren Press- bzw. Austreibungswehen abzustellen.[5] Mit der Aufhebung des § 217 Abs. 1

---

4 RGSt 1, 446 (447); 9, 131; BGH NJW 1984, 674; *Fischer* StGB Vor §§ 211–216 Rn. 5; LK-StGB/*Jähnke* Vor § 211 Rn. 3; SK-StGB/*Rudolphi/Rogall,* 145. EL, Vor § 218 Rn. 64; *Küper* GA 2001, 515 (517); aA *Saerbeck,* Beginn und Endes des Lebens als Rechtsbegriffe, 1974, 94 ff.; NK-StGB/*Neumann* Vor § 211 Rn. 10.

5 RGSt 9, 131; 26, 178; BGHSt 10, 5 = NJW 1957, 191; BGHSt 31, 348 = NJW 1983, 2097; BGHSt 32, 194 (195) = NJW 1984, 674; *Hirsch,* FS Eser, 2005, 309 (322); *Kraatz* ArztStrafR Rn. 27; statt aller *Küper* GA 2001, 515 (517); *Lüttger* JR 1971, 133; *Lüttger* NStZ 1983, 481.

StGB aF hat der Gesetzgeber diese Grenze zwischen ungeborenem und menschlichem Leben auch nicht etwa verschieben wollen, sondern lediglich eine rechtlich fragwürdige Privilegierung für die Tötung nichtehelicher Kinder aufheben wollen (vgl. Art. 6 Abs. 5 GG).

Abgesehen von diesem rechtshistorischen Argument spricht auch die **gesteigerte** 6 **Schutzbedürftigkeit des »in der Geburt« befindlichen Wesens** dafür, ihm bereits zu diesem Zeitpunkt den verstärkten strafrechtlichen Schutz zukommen zu lassen, der an das Erreichen des Daseinsstatus eines »Menschen« geknüpft ist. Denn ab dem Einsetzen der Eröffnungswehen ist generell auch mit Geburtshilfe bezweckenden Maßnahmen zu rechnen, die zugleich ein erhöhtes Schädigungspotential für das in der Geburt befindliche Wesen mit sich bringen.[6] Insbesondere gegen fahrlässige Schädigungen gewährt das Strafrecht aber dem Ungeborenen noch keinen Schutz, da § 218 StGB eine vorsätzliche Begehung voraussetzt und §§ 222, 229 StGB als Erfolg ausdrücklich den Tod eines »Menschen« bzw. die Körperverletzung einer »Person« fordern. Dass der Menschenstatus mit dem Einsetzen der Eröffnungswehen schon erklommen ist, führt außerdem dazu, dass eine Straflosigkeit nach § 218a StGB im Falle der Tötung eines in der Geburt befindlichen Menschen nicht mehr in Betracht kommt.

II. Interferenzbereich zwischen ungeborenem und menschlichem Leben

Problematisch bleibt der Strafrechtsschutz auf dieser Basis allerdings im sog. Interfe- 7 renzbereich zwischen Ungeborenen- und Menschenschädigung, dh konkret, wenn die **schädigende Handlung** noch vor Einsetzen der Eröffnungswehen vorgenommen wurde, der **Schädigungserfolg** dagegen erst am »in der Geburt« befindlichen oder sogar bereits vollendet geborenen Menschen eingetreten ist. Findet die auf Tötung des noch Ungeborenen abzielende Handlung beispielsweise nach der 24. Schwangerschaftswoche statt, so beträgt das Risiko einer Lebendgeburt als (mehr oder weniger rasch nach der Geburt versterbender) Mensch statistisch deutlich mehr als 50%.[7] Es fragt sich daher, ob in diesen Fällen noch der Tatbestand des § 218 StGB eingreift, sodass die Tötung bei einer medizinischen Indikation nach § 218a Abs. 2 StGB straflos wäre, oder ob stattdessen ein Menschen-Tötungsdelikt mit erhöhtem Strafrahmen und eingeschränkten Straflosigkeitsgründen begangen worden ist.

Um die Abgrenzung zwischen §§ 218 ff. StGB einerseits und §§ 211 ff., 222 StGB ande- 8 rerseits hier leisten zu können, muss nach den Wertungen gefragt werden, die den Gesetzgeber dazu veranlasst haben, die strafrechtliche Haftung zu verschärfen, sobald sich die Tat nicht mehr gegen Ungeborene, sondern gegen Menschen richtet: In Bezug auf die (werdende) Mutter könnte diese Wertung darin bestehen, dass für sie während der **Schwangerschaft eine besondere Konfliktlage** besteht,[8] da sie durch die Schwangerschaft in vielfältiger Weise in ihrer Handlungsfreiheit beschränkt ist und ihr daher eine strafbewehrte »Pflicht zur Austragung der Schwangerschaft« nur eingeschränkt zugemutet werden kann. Diese Überlegung erklärt aber nicht, dass auch bei einem Schwangerschaftsabbruch durch einen Dritten gegen den Willen der Schwangeren (beispielsweise durch den Erzeuger, der sich seiner Unterhaltspflicht entziehen will)

---

6 RGSt 9, 131; Schönke/Schröder/Eser/Sternberg-Lieben StGB Vor §§ 211 ff. Rn. 13; *Maurach/ Schroeder/Maiwald,* Strafrecht Besonderer Teil I, 10. Aufl. 2009, § 1 Rn. 8; *Lüttger* JR 1971, 133.
7 *Sprang/Neerhof* JAMA 1998, 744 (745).
8 BVerfGE 39, 1 (47f.) = NJW 1975, 573; BVerfGE 88, 203 (255 ff.) = NJW 1993, 1751; so auch noch Schönke/Schröder/*Eser*, 25. Aufl. 1997, StGB Vor § 218 Rn. 5 mwN, jetzt anders Schönke/ Schröder/*Eser* StGB Vor § 218 Rn. 9; *Eser/Koch,* Schwangerschaftsabbruch im internationalen Vergleich, Teil 3, 1999, 577 ff.

eine sehr viel niedrigere Strafrahmenobergrenze gilt[9] als bei einer Menschentötung.[10] Eine fahrlässige Tötung durch denselben gegen den Willen der (werdenden) Mutter handelnden Dritten bzw. eine bloße Körperverletzung bliebe sogar straflos, wenn sie sich gegen einen Ungeborenen richtete, ohne dass irgendeine besondere Konfliktlage dieses Dritten dessen Privilegierung gegenüber einem Täter, der aus denselben Gründen einen »Menschen« verletzt, legitimieren könnte.

9 Daraus folgt, dass das StGB ganz allgemein den Rechtsgütern Ungeborener offenbar nicht denselben Wert beimisst wie den vergleichbaren Rechtsgütern von Menschen.[11] Umgekehrt ausgedrückt heißt das, dass der Verletzung von Ungeborenen in deren Rechtsgütern ein **geringerer Erfolgsunwert** zukommt als der Verletzung von Menschen in ihren entsprechenden Rechtsgütern. Der Erfolgsunwert speziell einer Tötung leitet sich nun aus dem gesamten Prozess ab, innerhalb dessen sich die Todesursache im Körper des zunächst noch lebenden Opfers entfaltet und es schließlich zu Tode bringt. Damit der Erfolgsunwert der Tötung eines Menschen erreicht wird, muss sich demgemäß der gesamte Prozess von der ersten schädigenden Einwirkung auf den Körper bis zum bitteren (tödlichen) Ende gerade an einem Menschen entfaltet haben. Wenn auch nur ein einziger kurzer Moment zu Beginn dieses Prozesses noch in die Daseinsphase eines »bloßen« Ungeborenen fällt, so kann sich der volle Erfolgsunwert eines am Menschen begangenen Tötungsdelikts nicht mehr einstellen. Die §§ 211 ff., 222 StGB (und aus denselben Gründen übrigens auch die §§ 223 ff. StGB) können dann nicht mehr eingreifen – genauso wenig wie sie ohne den letzten kurzen Moment, in dem der Tod eintritt, eingreifen können.

10 Der geringere Erfolgsunwert eines Schwangerschaftsabbruchs kann hingegen in derartigen Überlappungsfällen durchaus noch erreicht und sogar mehr oder weniger deutlich übertroffen werden, je nachdem, wie lange die »menschliche« Daseinsphase bis hin zum Todeseintritt letztlich währt. Demzufolge lässt sich hier eine Bestrafung nach § 218 StGB jedenfalls legitimieren, wobei eine volle Ausschöpfung des Strafrahmens umso mehr angezeigt ist, je größer die zeitliche Differenz zwischen Einsetzen der Eröffnungswehen und Todeserfolg ausfällt. Gegebenenfalls kann so auch ein Todeseintritt nach mehrjährigem Menschendasein strafrechtlich noch als »bloßer« Schwangerschaftsabbruch (zugunsten des Täters!) zu bewerten sein, **wenn die schädigende Einwirkung bereits erfolgte, bevor die Eröffnungswehen einsetzten,** und sich im Todeserfolg zu guter Letzt doch noch die Gefährlichkeit jener vorgeburtlichen schädigenden Einwirkung verwirklicht.[12]

11 An der erforderlichen Gefahrrealisierung fehlt es aber, wenn »in der Geburt« oder danach eine **zweite schädigende Einwirkung** auf den schon vorgeschädigten (jetzt:) Menschen stattfindet, die dessen Leben gegenüber der sonst zu erwartenden Spanne weiter verkürzt. Insoweit kommt es nicht darauf an, ob der Neugeborene ohne die zweite schädigende Einwirkung »lebensfähig« gewesen wäre oder sonst innerhalb absehbarer Zeit an der ersten Einwirkung ohnehin verstorben wäre.[13] Jedenfalls wurde

---

9 § 218 StGB: maximal drei Jahre Freiheitsstrafe.
10 § 212 StGB: maximal 15 Jahre, § 211 StGB: zwingend lebenslängliche Freiheitsstrafe.
11 SK-StGB/*Rudolphi/Rogall* 145. EL, § 218 Rn. 1; *Göllner,* Aktuelle strafrechtliche Fragestellungen zur Präimplantationsdiagnostik, 2008, 53; *Hilgendorf* NJW 1996, 761; *Merkel* in Roxin/Schroth MedizinStrafR-HdB 333.
12 RGSt 4, 380; BGHSt 10, 5 = NJW 1957, 191; BGHSt 13, 21 (24) = NJW 1959, 823; LK-StGB/ *Kröger* § 218 Rn. 15; Lackner/Kühl/*Kühl* StGB § 218 Rn. 4; *Arzt/Weber/Heinrich/Hilgendorf,* Strafrecht Besonderer Teil, 2. Aufl. 2009, § 5 Rn. 28; *Roxin* JA 1981, 542 (546); aA NK-StGB/*Merkel* § 218 Rn. 82; *Merkel* in Roxin/Schroth MedizinStrafR-HdB 330.
13 NK-StGB/*Merkel* § 218 Rn. 83; *Kraatz* ArztStrafR Rn. 200; *Merkel* in Roxin/Schroth MedizinStrafR-HdB 335 f.

Hoyer

hier der Erfolgsunwert einer Menschentötung vollständig verwirklicht, sodass der Täter, falls er bei seiner zweiten Einwirkung auf das Opfer Tötungsvorsatz aufweist, gem. §§ 211, 212 StGB bestraft werden kann. In diesem Fall darf ihm der Tod desselben Wesens nicht aufgrund der vorgeburtlichen Einwirkung noch ein weiteres Mal gem. § 218 StGB angelastet werden: Der niedrigere Erfolgsunwert des Schwangerschaftsabbruchs geht vielmehr in dem höheren der Menschentötung auf. Ebenso wenig kann der Täter dann aber neben dem vollendeten Totschlag bzw. Mord auch noch wegen versuchten Schwangerschaftsabbruchs belangt werden,[14] denn auch insoweit gilt: Das niedrigere Handlungsunrecht, das mit einer vorsätzlichen Abbruchshandlung begangen wurde, wird verdrängt von dem schwereren Handlungsunrecht, das einer vorsätzlichen Menschentötungshandlung innewohnt.

Dieselben Grundsätze finden Anwendung, wenn der Täter es nach seiner vorgeburtlichen schädigenden Einwirkung **unterlässt, eine ihm mögliche menschenlebensverlängernde Handlung vorzunehmen.** Aufgrund seiner vorgeburtlichen schädigenden Einwirkung erwächst dem Täter hier eine Garantenstellung aus **Ingerenz** in Bezug auf das gefährdete Dasein. Kommt der Täter in oder nach der Geburt dieser Garantenpflicht nicht nach, so macht er sich gem. §§ 211, 212, 13 StGB strafbar und ihm kann das Erfolgsunrecht der durch Unterlassen begangenen Tötung nicht ein weiteres Mal über § 218 StGB zur Last gelegt werden. Dasselbe gilt für das Handlungsunrecht, das mit dem jeweils von Tötungsvorsatz getragenen Verhalten verbunden war, sodass auch eine Strafbarkeit wegen versuchten Schwangerschaftsabbruchs hinter der vorsätzlichen Menschentötung durch Unterlassen zurücktritt.[15] **12**

Vorrangig gegenüber dem vorsätzlichen Schwangerschaftsabbruch ist allerdings nur die vorsätzliche, nicht die fahrlässige Menschentötung: Hat der Täter nach der vorsätzlichen vorgeburtlich-schädigenden Einwirkung eine **zweite schädigende Einwirkung fahrlässig** in oder nach der Geburt vollzogen, so kann ihm zwar das verwirklichte Erfolgsunrecht nur einmal gem. § 222 StGB zugerechnet werden. Wegen des damit aber noch nicht abgegoltenen Handlungsunrechts, das in der vorgeburtlichen Betätigung von Tötungsvorsatz liegt, treten zu § 222 StGB tateinheitlich ggf. §§ 218, 22 StGB hinzu. Auch dieses ausnahmsweise Nebeneinander von (vorsätzlichem) Schwangerschaftsabbruch und (fahrlässiger) Menschentötung gilt für Begehungs- und Unterlassenskonstellationen gleichermaßen. **13**

C. Abgrenzung zwischen Menschenleben und Tod

Wie der Beginn, so geht auch das Ende menschlichen Lebens mit einem Wechsel des strafrechtlichen Normregimes einher: Ein Tötungsdelikt nach den §§ 211 ff., 222 StGB kommt dann nicht mehr in Betracht, aber auch Körperverletzungs- oder Eigentums- und Vermögensdelikte scheiden gegenüber dem Verstorbenen aus. An die Stelle der Normen zum Schutze lebender Menschen treten allerdings andere, die sich den Rechtsgütern Verstorbener widmen, zB §§ 168, 189, 203 Abs. 4 StGB oder § 19 Abs. 1 TPG. Es ergibt sich daher (auch) aus strafrechtlicher Sicht die Notwendigkeit, das Ende menschlichen Lebens, dh den Zeitpunkt, zu dem der Tod eines Menschen eingetreten ist, präzise zu bestimmen. Im Zeitalter von Organtransplantationen, Gentechnologie und intensivmedizinischer Betreuung, in dem es möglich ist, Hirntote und Apalliker ebenso wie anenzephale Neugeborene am »Leben« zu halten, stellt sich die Frage der Abgrenzung zwischen Leben und Tod ganz anders als für *Friedrich Carl von Savigny*, der noch feststellen konnte, der Tod des Menschen sei »ein so einfaches Na- **14**

---

14 AA NK-StGB/*Merkel* § 218 Rn. 84; *Kraatz* ArztStrafR Rn. 200; *Merkel* in Roxin/Schroth MedizinStrafR-HdB 336.

15 AA *Merkel* in Roxin/Schroth MedizinStrafR-HdB 336.

turereignis«, dass dasselbe keine »genauere Feststellung seiner Elemente nötig mache«.[16] Dennoch enthält das **StGB** seit seinem Inkrafttreten 1871 und bis heute **keine Definition des Todesbegriffs.**

I. Todeskonzept orientiert am TPG

15 Und auch der Gesetzgeber des 1997 in Kraft getretenen TPG hat bewusst auf eine Festlegung des Todeszeitpunkts verzichtet (»Wir haben Wochen darum gerungen, Formulierungen zu finden, die sicherstellen, dass es keine Definition von Tod und schon gar keine Gleichstellung von Tod und Hirntod gibt. Dies heißt aber für jeden Juristen ..., dass die Behauptung, hier sei der Hirntod als Tod definiert, falsch ist.«[17]). Eine Organentnahme »bei toten Spendern« soll zwar nach § 3 Abs. 1 S. 1 Nr. 2 TPG nur zulässig sein, wenn »der Tod des Organspenders nach Regeln, die dem Stand der Erkenntnisse der medizinischen Wissenschaft entsprechen, festgestellt ist«. Damit wird der **Todesbegriff aber gerade nicht definiert, sondern vorausgesetzt**[18] und lediglich bei der Feststellung, ob dessen (ungenannt bleibende) Voraussetzungen erfüllt sind, auf den jeweiligen Stand der medizinischen Wissenschaft verwiesen.

16 Gemäß § 5 Abs. 1 S. 2 TPG braucht die Feststellung des Todes nur »durch einen Arzt« (statt durch zwei Ärzte, wie es § 5 Abs. 1 S. 1 TPG sonst fordert) zu geschehen, »wenn der endgültige, nicht behebbare Stillstand von Herz und Kreislauf eingetreten ist und seitdem mehr als drei Stunden vergangen sind«. Aus dieser Regelung folgt jedoch nicht, dass erst drei Stunden nach dem irreversiblen Herz-Kreislauf-Stillstand bei einem Menschen von dessen Tod auszugehen ist, sondern lediglich, dass dieser Erfolg dann ärztlicherseits kaum noch verkannt werden kann.[19] Die durch § 5 Abs. 1 S. 1 TPG eröffnete Möglichkeit einer früheren Todesfeststellung »durch zwei dafür qualifizierte Ärzte« zeigt vielmehr, dass der Tod objektiv jedenfalls bereits vor dem in § 5 Abs. 1 S. 2 TPG bezeichneten Zeitpunkt eingetreten sein kann – **unter Umständen sogar schon vor dem irreversiblen Stillstand des Herz-Kreislauf-Systems.**

17 Schließlich erklärt § 3 Abs. 2 Nr. 2 TPG eine Organentnahme »bei toten Spendern« für unzulässig, bis »der endgültige, nicht mehr behebbare Ausfall der Gesamtfunktion des Großhirns, des Kleinhirns und des Hirnstamms nach Verfahrensregeln, die dem Stand der Erkenntnisse der medizinischen Wissenschaft entsprechen, festgestellt ist«. Dieser Ausfall sämtlicher Hirnteile bzw. Teilhirne wird medizinisch als Gesamthirntod bezeichnet. Überwiegend wird der Tod des Gesamthirns mit dem des Menschen gleichgesetzt, ohne dass sich dies allerdings zwingend aus § 3 Abs. 2 Nr. 2 TPG ableiten lässt.[20] Mit dem Wortlaut dieser Vorschrift ließe sich vielmehr auch die Annahme eines

---

16 *v. Savigny,* System des heutigen Römischen Rechts, Bd. 2, 1840, 17.

17 *Rüttgers,* Stenographischer Bericht über die 189. Sitzung des Deutschen Bundestages am 25.6.1997, 13. Wahlperiode, 16444 (B).

18 Lackner/Kühl/*Kühl* StGB Vor § 211 Rn. 4; NK-StGB/*Neumann* Vor § 211 Rn. 24; MüKoStGB/ *Schneider* Vor § 211 ff. Rn. 18 f.; Soergel/*Stein,* BGB, 13. Aufl. 2002, Bd. 21, § 1922 Rn. 3; *Angstwurm* in Firnkorn, Hirntod als Todeskriterium, 2000, 8; *Forel* JURA 2001, 73 (77); *Ulsenheimer* in Laufs/Kern ArztR-HdB § 142 Rn. 4; *Merkel* JURA 1999, 113 (114); *Merkel,* Früheuthanasie, 2001, 113; *Otto,* Strafrecht Besonderer Teil, 7. Aufl. 2005, § 2 Rn. 13; *Sachs* in Firnkorn, Hirntod als Todeskriterium, 2000, 62 f.; *Schuchardt,* Stenographischer Bericht über die 189. Sitzung des Deutschen Bundestages am 25.6.1997, 13. Wahlperiode, 16447 (A).

19 BT-Drs. 13/8027, 8; *Saliger* KritV 2001, 382 (410).

20 MüKoStGB/*Tag,* 2. Aufl. 2013, TPG § 3 Rn. 16 ff.; *Fischer* StGB § 168 Rn. 13a f.; *Dufková,* Medizinrecht, 1998, 305; *Höfling/Rixen* in Höfling, TPG, 2. Aufl. 2013, § 3 Rn. 11; *Ingelfinger,* Grundlagen und Grenzbereiche des Tötungsverbots, 2004, 140 f.; *Küper/Zopfs,* Strafrecht Besonderer Teil, 9. Aufl. 2015, 498 f.; *Küpper,* Strafrecht Besonderer Teil 1, 3. Aufl. 2007, § 1 Rn. 7; *Zuck* in Quaas/Zuck MedR § 68 Rn. 141; *Rixen,* Lebensschutz am Lebensende, 1999, 382; *Saliger* KritV 2001, 382 (411 f.); *Tröndle,* FS Hirsch, 1999, 781; *Wallrabenstein* JA 1999, 128.

vom Gesamthirntod unabhängigen Zeitpunkts für den Menschentod vereinbaren, zu dem dann der Gesamthirntod als kumulativ zu erfüllende Voraussetzung für eine Organentnahme hinzutreten müsste. Beispielsweise könnte der Menschentod an den Eintritt eines irreversiblen Herz-Kreislauf-Stillstands gebunden sein, ob dieser nun früher oder später erfolgt als der Gesamthirntod. Der Gesetzgeber jedenfalls hat sich bei der Abfassung des TPG bewusst und gezielt um Offenheit im Hinblick auf den Zeitpunkt des Menschentodes bemüht, um insoweit eine Entscheidung zwischen unterschiedlichen Menschenbildern zu vermeiden. Stattdessen hat er sich darauf beschränkt, den **Gesamthirntod als Mindestvoraussetzung für eine Organentnahme an »toten Spendern«**[21] festzusetzen, ohne sich dazu zu äußern, ab wann überhaupt von »toten Spendern« iSd TPG oder gar iSd gesamten Strafrechts ausgegangen werden soll.

II. Todeskonzept orientiert am medizinischen Erkenntnisstand

Angesichts der Indifferenz des Gesetzeswortlauts nimmt es nicht wunder, dass im Laufe der Interpretationsgeschichte des StGB ganz unterschiedliche Todeskonzepte einander abgelöst haben, die sich jeweils nicht etwa auf eine veränderte Gesetzeslage oder vertiefte Gesetzeserkenntnis berufen haben, sondern nur den fortschreitenden Erkenntnisstand der medizinischen Wissenschaft nachvollzogen und ihm Rechnung getragen haben. Bis zur **Entdeckung des sog. dissoziierten Hirntods 1959**[22] war es innerhalb der Medizinwissenschaften unstreitig, dass Hirn- und Herztod einander unauflöslich binnen weniger Minuten gegenseitig bedingen und dass Letzterer zudem zwingend zum (allerdings erst) allmählichen Absterben auch aller übrigen Organe, Gewebe und Zellen bis hin zum Totaltod sämtlicher Körperzellen führen musste.[23] Die vermeintliche Zwangsläufigkeit eines engen zeitlichen Zusammenhangs zwischen Hirn- und Herztod legte es nahe, das kumulative Erfülltsein beider Todeskriterien für den -eintritt vorauszusetzen, sodass ein hirntoter Mensch zunächst weiterhin als lebend galt und demgemäß bis zu seinem Herztod unter dem Schutz der §§ 211 ff. StGB stand.[24]

Mit der erstmaligen Beobachtung von Hirntoten, deren Herz entweder spontan oder nach künstlicher Beatmung bzw. sonstigen Wiederbelebungsmaßnahmen erneut zu schlagen begann und über längere Zeit zu schlagen fortfuhr, stellte sich aber die Frage nach dem Ende menschlichen Lebens in einem anderen Licht: Infolge seiner verglichen mit dem Herzen geringeren Toleranz gegenüber Sauerstoffmangel ließ sich der Tod des Hirns anders als der des Herzens hier nicht mehr rückgängig machen. Bestand nun eine strafbewehrte Pflicht des Arztes, Atmung und Kreislauf des hirntoten Menschen so lange wie möglich aufrechtzuerhalten? Noch problematischer begann die Rechtslage zu erscheinen, als **1967 in Südafrika die erste Transplantation des Herzens eines Hirntoten** an einen Herzkranken gelang: Sollte sich der damalige Operateur, der medizinische Pionier *Christiaan Barnard*, damit tatsächlich wegen vorsätzlicher Tötung durch aktives Tun strafbar gemacht haben?

18

19

---

21 *Fischer* StGB Vor §§ 211–216 Rn. 14 ff.; Lackner/Kühl/*Kühl* StGB Vor § 211 Rn. 4; *Otto*, Strafrecht Besonderer Teil, 7. Aufl. 2007, § 2 Rn. 13; MüKoStGB/*Schneider* Vor §§ 211 ff. Rn. 18; Schroth/König/Gutmann/Oduncu/*Schroth* TPG Vor §§ 3 und 4 Rn. 38; *Wessels/Hettinger*, Strafrecht Besonderer Teil I, 40. Aufl. 2016, Rn. 21 ff.
22 *Mollarét/Goulon*, Le coma dépassé, 1959.
23 *Stratenwerth*, FS Engisch, 1969, 534.
24 *Imbach* in Roxin/Schroth MedizinStrafR-HdB, 1. Aufl. 2000, 203; *Patzelt* in Höglinger/Kleinert, Hirntod und Organtransplantation, 1998, 17; *Rixen*, Lebensschutz am Lebensende, 1999, 72 ff.; *Schöning* NJW 1968, 189.

20 Im Gefolge dieser medizinischen Revolution setzte sich auf juristischer Ebene international, aber auch national binnen weniger Jahre die These durch, dass **Hirn- und Menschentod einander begrifflich gleichzusetzen seien.**[25] Kritiker haben diesen partiellen Entzug des Strafrechtsschutzes gegenüber zwar hirn-, aber noch nicht herztoten Menschen als »pragmatische Umdefinition des Todes zu fremden Zwecken der Transplantationsmedizin« bezeichnet.[26] Hinter der Verabsolutierung des Hirntodkriteriums stehe das reduzierte Menschenbild einer partikularischen, eindimensionalen Zerebralideologie (»reduktionistischer Enzephalozentrismus«).[27] Immerhin könnten hirntote Menschen bei Aufrechterhaltung ihres Herz-Kreislauf-Systems verschiedenste eindeutige Lebensäußerungen zeigen: Sie verfügten dann über einen rosig durchbluteten warmen Leib, schwitzten und entwickelten ggf. Fieber, veränderten ihren Blutdruck und Puls und könnten sogar noch Kinder zeugen oder eine Schwangerschaft austragen.[28]

21 Die Befürworter des Hirntodkriteriums weisen darauf hin, dass alle diese residualen Vitalfunktionen keine spezifisch menschliche Lebendigkeit mehr bedeuteten, sondern durch vegetative Subsysteme wie Rückenmark, Nerven und Muskulatur außerhalb jeglichen Bewusstseins selbstregulativ gesteuert würden.[29] Menschliches Leben ende nicht erst, wenn der ganze Organismus in allen seinen Teilen bis zur letzten Zelle abgestorben sei, sondern schon, wenn der **Organismus als Ganzes und übergeordnete Einheit endgültig desintegriert sei,**[30] weil das Gehirn als zentrales Steuerungs- und Abstimmungsorgan für sämtliche Einzelfunktionen unwiederbringlich ausgefallen ist.[31]

22 Allein ein irreversibler **Großhirntod,** wie er etwa im berühmten apallischen Syndrom-Fall *Quinlan*[32] vorlag (bis schließlich nach zehn Jahren Bewusstlosigkeit der Herz-Kreislauf-Stillstand eintrat) oder im terminalen Stadium einer Alzheimer-Demenz[33] sowie bei anenzephalen Neugeborenen (die Bezeichnung Anencephalus = griechisch ohne Gehirn ist irreführend)[34] in Betracht kommt, soll nach in Deutschland herrschender Ansicht jedoch noch nicht ausreichen, da Restzweifel darüber bestünden, ob damit wirklich bereits der Verlust jeder geistigen Wahrnehmungsfähigkeit einhergehe.[35] Dagegen wird insbesondere in Amerika, teilweise aber auch in Deutschland geltend gemacht,[36] nach dem unaufhebbaren Fehlen großhirngebundener, charakteristisch menschlicher Fähigkeiten wie Sprechen, Denken, Bewusst- und Selbstbewusstsein las-

---

25 Vgl. *Oduncu* in Roxin/Schroth MedizinStrafR-HdB, 2. Aufl. 2001, 235 f.; *Imbach* in Roxin/Schroth MedizinStrafR-HdB, 1. Aufl. 2000, 204 ff.

26 *Beckmann* ZRP 1996, 219 (221); *Grewel* ZRP 1995, 217; *Höfling* MedR 1996, 6; *Meran/Poliwoda* in Hoff/in der Schmitten, Wann ist der Mensch tot?, 1995, 70; *Imbach* in Höglinger/Kleinert, Hirntod und Organtransplantation, 1998, 84.

27 *Höfling,* Hinter dem Hirntodkonzept steckt ein reduziertes Menschenbild, Frankfurter Rundschau v. 10.8.1994, 16; *Wagner* ZME 1998, 61 (64).

28 *Schlake/Roosen,* Der Hirntod als der Tod des Menschen, 2. Aufl. 2001, 54; *Wagner* ZME 1998, 61.

29 *Imbach* in Roxin/Schroth MedizinStrafR-HdB, 1. Aufl. 2000, 225; *Schlake/Roosen,* Der Hirntod als der Tod des Menschen, 2. Aufl. 2001, 69 ff.

30 *Oduncu* in Roxin/Schroth MedizinStrafR-HdB, 2. Aufl. 2001, 230/244.

31 *Haeffner* Stimmen der Zeit 1996, 807 (812); *Schroth* in Roxin/Schroth MedizinStrafR-HdB 448.

32 University Publications of America, In the matter of Karen Quinlan, Bd. I, 1975, 450 ff., Bd. 2, 1975, 91 ff.

33 *Zimmeck,* Die Reichweite des Lebensrechts im technologischen Zeitalter, 2009, 107.

34 *Prütting/Duttge* MedizinR StGB §§ 218, 218a Rn. 6; *Fischer* StGB § 218 Rn. 4; *Kraatz* ArztStrafR Rn. 206; *Oduncu* in Roxin/Schroth MedizinStrafR-HdB, 2. Aufl. 2001, 220; *Spittler* JZ 1997, 747 (749); *Zimmeck,* Die Reichweite des Lebensrechts im technologischen Zeitalter, 2009, 111; vgl. dazu allerdings auch Schönke/Schröder/*Eser* StGB § 218 Rn. 7.

35 *Zimmeck,* Die Reichweite des Lebensrechts im technologischen Zeitalter, 2009, 114.

36 *Dahl,* Xenotransplantation – Tiere als Organspender für Menschen?!, 2000, 25 f.; *Schlake/Roosen,* Der Hirntod als der Tod des Menschen, 2. Aufl. 2001, 74.

se sich auch kein menschlich-personales Leben mehr feststellen, sondern nur noch der Tod.[37] Solange immerhin noch der vegetative Hirnstamm als Steuerungszentrum für Atem, Herz- und Kreislauftätigkeit intakt ist, bleibt der Organismus jedoch noch ein Ganzes, dh eine integrierte Einheit,[38] die qualitativ etwas anderes und mehr ist als die bloße Summe aller Organe. Entgegen dem britischen Recht[39] wird in Deutschland aber auch der bloße **Ausfall des Hirnstamms** nicht als Todeskriterium akzeptiert, solange der (dann allerdings unvermeidlich und unmittelbar bevorstehende) Großhirntod noch nicht eingetreten ist.[40] Es soll also erst der irreversible **Gesamthirntod** sein, der den endgültigen Zusammenbruch des Organismus als funktionelle Einheit begründet.

Gerade ein solches Abheben auf die verloren gegangene funktionelle Einheit müsste   **23** aber konsequenterweise dazu führen, auch den irreversiblen **Herz-Kreislauf-Stillstand** als (alternatives) Todeskriterium neben dem Gesamthirntod anzuerkennen.[41] Spätestens 30 Minuten nach Unterbrechung der Blutzufuhr und damit Sauerstoffversorgung kann das menschliche Hirn auch intensivmedizinisch keinesfalls mehr wiederbelebt werden und hat seine integrative Funktion für den Organismus damit endgültig verloren.[42] Rechtlich ist eine Wiederbelebung bereits dann ausgeschlossen, wenn der Patient die dazu erforderlichen Maßnahmen verbindlich untersagt hat und anschließend in eine seit mindestens zwei Minuten bestehende Bewusstlosigkeit versunken ist.[43] Klinische Studien belegen nämlich, dass eine spätere Wiederbelebung des Herz-Kreislauf-Systems nach jedenfalls zweiminütiger Bewusstlosigkeit nicht mehr zu erwarten ist.[44] Der Hirntod ist dann allerdings noch nicht eingetreten, sondern erst in weiteren maximal 28 Minuten irreversibel zu erwarten. Müssten diese zusätzlichen Minuten erst verstreichen, bevor mit der Organentnahme an einem solchen sog. **Non-Heart-Beating-Donor** begonnen werden kann, so wäre es infolge des bestehenden Sauerstoffmangels zwangsläufig, dass die dringend benötigten zusätzlichen, zuvor noch uneingeschränkt funktionstüchtigen Spenderorgane inzwischen Schaden genommen haben.[45] Strafrechtlich könnte daher – ausgelöst wiederum durch medizinische Erfordernisse – die Entwicklung bevorstehen, dass es für den menschlichen Tod als ausreichend betrachtet wird, wenn **(alternativ) entweder der Gesamthirn- oder der Herztod** unumkehrbar stattgefunden hat.[46]

---

37 *Kurthen/Reuter* Med Klinik 1989, 483 (484); *Veatch* Transplantation Ethics, 2000, 100 f.
38 *Wissenschaftlicher Beirat der Bundesärztekammer* DÄBl. 1993, 2177 (2178); *Zimmeck,* Die Reichweite des Lebensrechts im technologischen Zeitalter, 2009, 113.
39 Statement issued by the honorary secretary of the Conference of Medical Royal Colleges and their Faculties in the United Kingdom on 11 October 1976, British Medical Journal 1976 (Vol. 2), 1187 f.
40 *Imbach* in Roxin/Schroth MedizinStrafR-HdB, 1. Aufl. 2000, 216; *Schroth* in Roxin/Schroth MedizinStrafR-HdB 452; *Zimmeck,* Die Reichweite des Lebensrechts im technologischen Zeitalter, 2009, 123.
41 So *Zimmeck,* Die Reichweite des Lebensrechts im technologischen Zeitalter, 2009, 150.
42 *Imbach* in Roxin/Schroth MedizinStrafR-HdB, 1. Aufl. 2000, 206; *Thews/Vaupel,* Vegetative Physiologie, 5. Aufl. 2005, 156.
43 *Zimmeck,* Die Reichweite des Lebensrechts im technologischen Zeitalter, 2009, 99.
44 *DuBois* Issues in Law & Medicine 2002 (Vol. 18), 21 (32); *Ethics Committee/American College of Critical Medicine/Society of Critical Care* Critical Care Medicine 2001 (Vol. 29), 1826 (1827); *Youngner/Arnold/DeVita* The Hastings Center Report 1999 (Vol. 29, No. 6), 14 (15 ff.); *Zamperetti/Bellomo/Ronco* Journal of Medical Ethics 2003 (Vol. 29), 182 (183).
45 *DuBois* Issues in Law & Medicine 2002 (Vol. 18), 21 (34).
46 So *Deutsch/Spickhoff* MedizinR Rn. 1033 ff.; *Schick* in Bernat, Ethik und Recht an der Grenze zwischen Leben und Tod, 1993, 129 f.; *Saerbeck,* Beginn und Endes des Lebens als Rechtsbegriffe, 1974, 149.

§ 52 Strafrechtlicher Schutz ungeborenen Lebens

A. Unterscheidung zwischen intra- und extrauterinem ungeborenem Leben

1 Hinsichtlich des strafrechtlichen Schutzes ungeborenen Lebens ist zwischen intra- und extrauterinem Leben zu unterscheiden, da für Ersteres die §§ 218 ff. StGB, für Zweitgenanntes dagegen das ESchG einschlägig ist. Intrauterines Leben beginnt gem. § 218 Abs. 1 S. 2 StGB erst mit »Abschluss der Einnistung des befruchteten Eies in der Gebärmutter« (Nidation), extrauterines Leben gem. § 8 Abs. 1 ESchG dagegen bereits mit der Kernverschmelzung von Samen und Eizelle. Der gesamte Prozess der Einnistung dauert im Falle einer natürlichen Befruchtung bis zum Ende der zweiten Schwangerschaftswoche,[1] sodass erst ab diesem Zeitpunkt eine Strafbarkeit des Schwangerschaftsabbruchs nach § 218 Abs. 1 S. 1 StGB in Betracht kommt. Im Falle einer künstlichen Befruchtung greift der Schutz des ESchG dagegen schon ab dem Zeitpunkt ein, ab dem eine »entwicklungsfähige« befruchtete Eizelle vorliegt, dh eine solche, die sich unter den »dafür erforderlichen weiteren Voraussetzungen zu teilen und zu einem Individuum zu entwickeln vermag«, § 8 Abs. 1 ESchG.

2 Von ungeborenem Leben ist also jedenfalls (gleich, ob intra- oder extrauterin) nicht etwa erst die Rede, wenn sich ein Hirn(teil) entwickelt hat[2] (erst nach der vierten Schwangerschaftswoche) und/oder die Herztätigkeit eingesetzt hat[3] (etwa ab der dritten Schwangerschaftswoche). Es muss aber unter den »dafür erforderlichen weiteren Voraussetzungen« zumindest beides als in der Zukunft möglich prognostizierbar sein, damit überhaupt »Leben« festgestellt werden kann. Wenn nach den obigen Ausführungen (→ § 51 Rn. 23) Hirn- und Herztod alternativ das Ende menschlichen Lebens bezeichnen, so erscheint es folgerichtig, die Erwartbarkeit von Hirn- und Herztätigkeit kumulativ für die Fähigkeit vorauszusetzen, sich zu einem (menschlichen) Individuum fortzuentwickeln.

B. Strafrechtlicher Schutz gegen Schwangerschaftsabbrüche

I. Überblick über das gesetzliche Schutzkonzept

3 Eine Strafbarkeit nach § 218 Abs. 1 StGB kommt also nur in Betracht, wenn innerhalb der Zeitspanne zwischen Nidation und Beginn der Eröffnungswehen auf den Ungeborenen eingewirkt wird und er infolge der Einwirkung verstirbt. Dabei wird der Ungeborene in der Entwicklungsphase bis zum Abschluss der Organogenese als Embryo bezeichnet, anschließend (ca. ab Beginn der neunten Schwangerschaftswoche) als Fetus.

4 Durch §§ 218 ff. StGB geschützt wird allein das Leben des Ungeborenen, nicht dagegen auch dessen körperliche Integrität oder diejenige der Schwangeren.[4] Letztere wird vielmehr lediglich durch §§ 223 ff. StGB vor einem gesundheitsbeeinträchtigenden Schwangerschaftsabbruch bewahrt, der nicht mit ihrer Einwilligung geschieht.[5] Dies gilt auch, wenn der Schwangerschaftsabbruch unsorgfältig durchgeführt wurde und deshalb die Schwangere mehr als erforderlich körperlich beeinträchtigt hat. Auch

---

1 Lackner/Kühl/*Kühl* StGB § 218 Rn. 8.
2 So aber MüKoStGB/*Gropp* § 218 Rn. 6.
3 *Merkel* in Roxin/Schroth MedizinStrafR-HdB 313 f.
4 *Fischer* StGB Vor §§ 218–219b Rn. 2 (»nur mittelbar geschützt«); NK-StGB/*Merkel* § 218 Rn. 7; SK-StGB/*Rudolphi/Rogall*, 145. EL, Vor § 218 Rn. 57 f.; *Wessels/Hettinger*, Strafrecht Besonderer Teil I, 40. Aufl. 2016, Rn. 224 (»Schutzreflex«); *Satzger* JURA 2008, 424 (425); aA Schönke/Schröder/*Eser* StGB Vor §§ 218–219b Rn. 12; MüKoStGB/*Gropp* Vor §§ 218 ff. Rn. 40 ff.
5 Lackner/Kühl/*Kühl* StGB § 218 Rn. 3; *Arzt/Weber/Heinrich/Hilgendorf*, Strafrecht Besonderer Teil, 3. Aufl. 2015, § 5 Rn. 35.

Hoyer

wenn der Schwangerschaftsabbruch auf eine für den Fetus unnötig schmerzvolle Weise durchgeführt worden ist, begründen diese Qualen weder eine Strafbarkeit nach §§ 223 ff. StGB noch auch nur nach §§ 218 ff. StGB: Entscheidend für die Strafbarkeit wegen Schwangerschaftsabbruchs ist nämlich allein, ob der Todeserfolg als solcher vom Täter straflos bewirkt wurde, während der Ungeborene gegen den Eintritt aller Durchgangs- und Nebenerfolge auf dem Wege zum Tode hin keinen strafrechtlichen Schutz genießt.[6]

Darüber hinaus bezieht sich der Schutz durch §§ 218 ff. StGB nur auf vorsätzliche Tö- 5 tungen, wobei allerdings neben vorsätzlichen Tötungshandlungen auch vorsätzliche Tötungen durch **Unterlassen** in Betracht kommen, sofern es sich bei dem Täter um einen Garanten iSd § 13 StGB handelt. Garantpflichtig für das Leben des Ungeborenen sind neben der Schwangeren auch der mit ihrer Behandlung betraute Arzt sowie der Erzeuger des Ungeborenen.[7] In allen drei Fällen handelt es sich dabei um **Beschützergaranten,** sodass bereits aus der Garantenstellung jeweils auch die täterschaftliche Verantwortlichkeit für einen etwaigen Taterfolg resultiert.[8]

Eine Strafbarkeit des Schwangerschaftsabbruchs kann aber nach § 218a StGB entfallen, 6 wenn der Abbruch erstens durch einen Arzt und zweitens mit Einwilligung der Schwangeren vorgenommen wurde sowie drittens darüber hinaus noch gewisse weitere Voraussetzungen erfüllt sind, die in den vier Absätzen des § 218a StGB benannt werden und je nach angewendetem Absatz unterschiedlich sind. Die vier Absätze des § 218a StGB differieren aber nicht nur in den Voraussetzungen, unter denen sie Straffreiheit gewähren, sondern auch in der konkreten Deliktsebene, auf der die Straffreiheit eintritt: Während unter den in Abs. 1 aufgeführten Voraussetzungen »der Tatbestand des § 218 … nicht verwirklicht« ist, bewerten die Abs. 2 und 3 einen Schwangerschaftsabbruch unter den dort genannten Voraussetzungen als »nicht rechtswidrig« und Abs. 4 ordnet an, dass »die Schwangere … nicht nach § 218 StGB strafbar« sei, sofern die dafür vorausgesetzten Umstände vorliegen. Demnach handelt es sich bei den in **Abs. 1** aufgeführten Voraussetzungen um ein **negatives Tatbestandsmerkmal** (dh um ein solches, das nicht erfüllt sein darf, damit der Tatbestand insgesamt verwirklicht ist), bei den **Abs. 2 und 3** dagegen jeweils um **Rechtfertigungsgründe** und bei **Abs. 4** um einen **persönlichen Strafausschlussgrund** allein für die Schwangere.[9]

II. Überblick über die historische Entwicklung

Hinter dieser formalen Differenzierung nach der Deliktsebene, auf der die Straffreiheit 7 ggf. eintritt, steht eine entsprechend unterschiedliche materielle Bewertung der Umstände, welche die Straffreiheit bewirken. Diese differenzierende Bewertung beruht im Wesentlichen auf den **beiden Abtreibungsurteilen des BVerfG von 1975 und 1993,** die sich jeweils auf frühere Fassungen des § 218a StGB bezogen, beide für verfassungswidrig erklärten und den Gesetzgeber zu der jetzigen Fassung des § 218a StGB bewogen. Als mit dem Grundrecht auf Leben (Art. 2 Abs. 2 S. 1 GG) unvereinbar verwarf das BVerfG[10] zunächst 1975 die ein Jahr zuvor vom bundesdeutschen Gesetzgeber eingeführte **Fristenregelung,**[11] die jeden von einem Arzt mit Einwilligung der

---

6 *Merkel* in Roxin/Schroth MedizinStrafR-HdB 312.
7 NK-StGB/*Merkel* § 218 Rn. 95, 99, 100; *Kraatz* ArztStrafR Rn. 208; *Merkel* in Roxin/Schroth MedizinStrafR-HdB 325.
8 *Herzberg,* Täterschaft und Teilnahme, 1977, 83.
9 SK-StGB/*Rudolphi/Rogall,* 145. EL, § 218a Rn. 1.
10 BVerfGE 39, 1 = NJW 1975, 573.
11 BGBl. 1974 I 1297.

Schwangeren innerhalb der ersten zwölf Schwangerschaftswochen durchgeführten Abbruch für gerechtfertigt erklärte. Nach der ein Jahr später vom bundesdeutschen Gesetzgeber in Kraft gesetzten **Indikationenregelung**[12] mussten dann bestimmte Umstände (= Indikationen) zur Einhaltung der Zwölf-Wochen-Frist hinzutreten, damit ein vom Arzt mit Einwilligung der Schwangeren vorgenommener Schwangerschaftsabbruch gerechtfertigt war: Entweder musste der Schwangerschaftsabbruch zur Abwendung einer Lebens- oder schwerwiegenden Gesundheitsgefahr für die Schwangere angezeigt sein (= **medizinische Indikation**) oder die Schwangerschaft musste auf einem Sexualdelikt beruhen (= **kriminologische Indikation**) oder eine Fortsetzung der Schwangerschaft durfte der Schwangeren nicht zugemutet werden können, weil entweder schwerwiegende Gesundheitsschäden beim Kind zu erwarten waren (= **genetische Indikation**) oder die Gefahr einer sozialen Notlage für die Schwangere bestand (= **soziale Indikation**).

8   Da in der ehemaligen DDR seit 1972 eine Fristenregelung galt,[13] sah sich der Gesetzgeber 1992 zu einer Neufassung des § 218a StGB für das mittlerweile wiedervereinigte Deutschland gezwungen, die einen Kompromiss zwischen der bisherigen Rechtslage in West- und in Ostdeutschland bilden sollte. Diese Neufassung[14] übernahm zwar von der zuvorigen westdeutschen Regelung die medizinische und die kriminologische Indikation, ersetzte aber die genetische und die soziale Indikation durch ein sog. Beratungsmodell, wonach innerhalb der ersten zwölf Schwangerschaftswochen nach Beratung der Schwangeren und mit deren Einwilligung von einem Arzt vorgenommene Abbrüche generell gerechtfertigt seien. Wieder ein Jahr später wurde aber auch dieses **erste Beratungsmodell** vom BVerfG[15] als verfassungswidrig aufgehoben, da das bloße Vorangehen einer Beratung nicht ausreiche, um jeden daraufhin durchgeführten Schwangerschaftsabbruch – unabhängig vom Gewicht der dafür bestehenden Gründe – als gerechtfertigt und damit nicht nur als straflos, sondern als im Einklang mit der gesamten Rechtsordnung stehend einzustufen.

9   1995 kam daraufhin die jetzige Gesetzesfassung[16] zustande, die zwar daran festhielt, dass es sich bei medizinischer (Abs. 2) und kriminologischer Indikation (Abs. 3) jeweils um Rechtfertigungsgründe handelt, die aber zugleich das als verfassungswidrig verworfene erste durch ein modifiziertes **zweites Beratungsmodell** (Abs. 1) ersetzte: Dass der Abbruch innerhalb der ersten zwölf Schwangerschaftswochen nach Beratung der Schwangeren auf deren Verlangen von einem Arzt vorgenommen wurde, genügt danach nicht mehr, um die Tat in jedem Fall mit Wirkung für die gesamte Rechtsordnung als gerechtfertigt anzusehen, sondern es sei dann lediglich »der Tatbestand des § 218 StGB nicht verwirklicht«. Unter den in Abs. 1 genannten Voraussetzungen soll eine Abtreibung daher zwar tatbestandslos im Sinne des Strafrechts sein, dennoch aber rechtswidrig im Sinne der übrigen Rechtsordnung bleiben können (nicht müssen). Die Differenzierung zwischen »nur« straftatbestandslosen und in jeder Beziehung rechtmäßigen Schwangerschaftsabbrüchen wirkt sich immerhin darin aus, dass nur letztgenannte aus der gesetzlichen Krankenversicherung finanziert werden dürfen, während bei erstgenannten allenfalls ein Sozialhilfeanspruch in Betracht kommt.[17]

---

12   BGBl. 1976 I 1213.
13   §§ 153 ff. StGB-DDR iVm Gesetz über die Unterbrechung der Schwangerschaft v. 9.3.1972 (GBl. 1972 I 89).
14   BGBl. 1992 I 1398.
15   BVerfGE 88, 203 = NJW 1993, 1751.
16   BGBl. 1995 I 1050.
17   BVerfGE 88, 203 (321) = NJW 1993, 1751.

Die gesetzgeberische Entscheidung, ungeachtet einer etwaigen Rechtswidrigkeit im **10** Einzelfall generell auf eine Pönalisierung aller nach Beratung erfolgten Schwangerschaftsabbrüche innerhalb der ersten zwölf Wochen zu verzichten, beruht auf der Hoffnung, das ungeborene Leben besser als mit der »Keule des Strafrechts« dadurch schützen zu können, dass die Schwangere durch den daran geknüpften Strafverzicht dazu bewogen wird, sich einer Beratung über psychosoziale und wirtschaftliche Hilfsmöglichkeiten im Falle einer Fortsetzung der Schwangerschaft zu öffnen.[18] Gemäß § 219 Abs. 2 S. 1 StGB hat die **Beratung nach dem SchKG** durch eine anerkannte Schwangerschaftskonfliktberatungsstelle zu erfolgen. Nach § 5 I SchKG dient die Beratung zwar dem »Schutz des ungeborenen Lebens«, ist aber zugleich »ergebnisoffen zu führen«. Den Ländern obliegt es gem. §§ 3, 13 SchKG, sowohl ein »ausreichendes Angebot wohnortnaher Beratungsstellen« als auch »ambulanter und stationärer Einrichtungen zur Vornahme von Schwangerschaftsabbrüchen« sicherzustellen. Der Arzt, der den Abbruch der Schwangerschaft vornimmt, ist nach § 219 Abs. 2 S. 3 StGB als Berater ausgeschlossen und macht sich, falls er diesem Verbot zuwiderhandelt, nach § 218c Abs. 1 Nr. 4 StGB strafbar. Die Beratung muss gem. § 218a Abs. 1 Nr. 1 StGB spätestens drei Tage vor dem Schwangerschaftsabbruch durchgeführt worden sein.

III. Abwägung zwischen den Interessen des Ungeborenen und der Schwangeren

Fast 97% aller Schwangerschaftsabbrüche werden in Deutschland unter den Voraus- **11** setzungen des § 218a Abs. 1 StGB vollzogen.[19] Auf die medizinische Indikation entfallen demgegenüber nur 2,5%, auf die kriminologische Indikation etwa 0,5% aller Schwangerschaftsabbrüche.[20] Beide Indikationen gleichen sich darin, dass sie jeweils **Spezialfälle zum allgemeinen rechtfertigenden Notstand,** also zu § 34 StGB, regeln.[21] Als bedrohtes und nur durch den Schwangerschaftsabbruch zu rettendes Rechtsgut gilt es jeweils zunächst, das Selbstbestimmungsrecht der abbruchswilligen Schwangeren zu beachten, die bereits durch die Fortsetzung der Schwangerschaft und erst recht durch die Geburt eines Kindes in ihrer zukünftigen Lebensführung eingeschränkt wäre. In den Fällen einer kriminologischen Indikation befindet sich die Schwangere aufgrund des an ihr begangenen Sexualdelikts notwendig in einem Defensivnotstand,[22] sodass ihr Interesse an der Wiederherstellung uneingeschränkter Selbstbestimmung besonders schützenswert erscheint (vgl. § 228 BGB). Bei der medizinischen Indikation tritt zu der Gefahr für das Selbstbestimmungsrecht noch diejenige für das Leben bzw. die Gesundheit der Schwangeren, die von dem Ungeborenen ausgeht und für diese ebenfalls einen Defensivnotstand begründet.[23]

---

18 NK-StGB/*Merkel* § 218a Rn. 50.
19 BT-Drs. 14/6635, 2.
20 *Dt. Gesellschaft f. Gynäkologie u. Geburtshilfe*, Schwangerschaftsabbruch nach Pränataldiagnostik, 4; BT-Drs. 14/6635, 2.
21 BGHSt 38, 158 = NJW 1992, 763; Schönke/Schröder/*Eser* StGB § 218a Rn. 22; LK-StGB/*Kröger* Vor §§ 218 ff. Rn. 38; SK-StGB/*Rudolphi/Rogall*, 145. EL, § 218a Rn. 16 mwN.
22 *Merkel* in Roxin/Schroth MedizinStrafR-HdB 376.
23 *Faßbender* NJW 2001, 2745 (2750); *Hoerster*, Abtreibung im säkularen Staat, 2. Aufl. 1995, 29; *Ipsen* JZ 2001, 989 (992); *Köhler* GA 1988, 435 (443 f.); *Roxin*, FS Jescheck, 1985, 457 (475 ff.); *Roxin* StrafR Allgemeiner Teil I § 16 Rn. 79; *Maurach/Schroeder/Maiwald*, Strafrecht Besonderer Teil I, 10. Aufl. 2009, § 6 Rn. 24; LK-StGB/*Jähnke* § 212 Rn. 10; *Hirsch*, FS Eser, 2005, 309 (320); *Renzikowski*, Notstand und Notwehr, 1994, 268; dagegen aber *Merkel*, Früheuthanasie, 2001, 612 ff.; *Pawlik*, Der rechtfertigende Notstand, 2002, 327 ff.; wieder anders SK-StGB/*Sinn*, 133. EL, § 212 Rn. 24.

12 Auf der anderen Seite steht bei der Interessenabwägung freilich das Leben des (mehr oder weniger weit entwickelten) Ungeborenen, das aber **als Gefahrenquelle in einem Defensiv- anders als in einem Aggressivnotstand** jedenfalls **nicht abwägungsfest garantiert** ist. Aus dem gegenüber einem Totschlag (§ 212 StGB) deutlich herabgesetzten Strafrahmen für einen Schwangerschaftsabbruch (§ 218 StGB) geht hervor, dass das Leben eines Ungeborenen für die Rechtsordnung ohnehin einen niedrigeren Wert besitzt als das Leben eines Menschen.[24] Je weiter sich der Ungeborene von seinem Entwicklungsstand her allerdings einem Menschen angenähert hat, desto mehr steigt proportional dazu auch der Wert des ungeborenen Lebens, das bei einem etwaigen Schwangerschaftsabbruch zugunsten der aufseiten der Schwangeren involvierten Rechtsgüter geopfert würde.[25] Dementsprechend sieht § 218a Abs. 3 StGB für die **kriminologische Indikation** eine Höchstfrist von zwölf Wochen seit der Empfängnis bis zum Schwangerschaftsabbruch vor. Eine **medizinische Indikation** ist demgegenüber nach § 218a Abs. 2 StGB zwar noch bis zum Beginn der Geburt möglich, doch muss auch hier die Gefahr für das Leben bzw. die Gesundheit der Schwangeren umso dringlicher sein, je näher der Beginn der Geburt rückt.

13 Auch an das Gewicht der »**schwerwiegenden Beeinträchtigung des körperlichen oder seelischen Gesundheitszustands der Schwangeren**« sind mit zunehmender Geburtsnähe verschärfte Anforderungen zu stellen. Dabei ist insbesondere zu berücksichtigen, dass zu befürchtende Beeinträchtigungen allein des seelischen Gesundheitszustands über 90% der Fälle bilden, in denen eine medizinische Indikation festgestellt wird.[26] In diesen hohen Anteil sind vor allem die Fälle eingegangen, die nach der früher (1976–1992) gültigen Indikationenregelung als **genetische oder soziale Indikationen** eingestuft worden wären. Zur Abtreibung berechtigte zwar schon seinerzeit nicht unmittelbar die genetische oder sonst vorgeburtliche Schädigung des Ungeborenen, sondern erst die dadurch begründete Unzumutbarkeit für die Schwangere, ihre Schwangerschaft weiter fortzusetzen. Für eine auf die seelischen Beeinträchtigungen der Schwangeren gestützte Abtreibung nach heutigem Recht braucht aber nicht einmal mehr zwingend eine objektiv schwerwiegende Beeinträchtigung des Fetus in dessen Gesundheitszustand vorzuliegen, solange nur die Schwangere subjektiv schwerwiegend unter ihm leidet.[27]

14 Als schwerwiegende seelische Beeinträchtigungen in diesem Sinne sind jedenfalls **suizidale Neigungen** anzuerkennen, denen die Schwangere bei einem Nichtabbruch der Schwangerschaft Folge leisten könnte.[28] Auch die physischen und psychischen Belastungen, die Drillings- und noch höhergradige **Mehrlingsschwangerschaften** nach der Geburt regelmäßig mit sich bringen, vermögen bis zu deren Beginn eine Reduktion auf Zwillinge zu rechtfertigen.[29] Zulässig soll dabei sogar die gezielte Auswahl eines genetisch oder sonst vorgeburtlich geschädigten Fetus zum selektiven Fetozid sein, da die seelische Beeinträchtigung durch dessen Geburt für die Schwangere mutmaßlich am höchsten wäre.[30]

---

24 *Göllner,* Aktuelle strafrechtliche Fragestellungen zur Präimplantationsdiagnostik, 2008, 53; *Merkel* in Roxin/Schroth MedizinStrafR-HdB 333.

25 SK-StGB/*Rudolphi/Rogall,* 145. EL, § 218 Rn. 1; *Hilgendorf* NJW 1996, 758 (761).

26 S. Nachw. bei LK-StGB/*Kröger* § 218a Rn. 40; ausländische Zahlen bei *Gross* Cambridge Quarterly of Healthcare Ethics 1999, 449 (455) Fn. 13.

27 BGHSt 55, 206 (214 f.) = NJW 2010, 2672.

28 SK-StGB/*Rudolphi/Rogall,* 145. EL, § 218a Rn. 40; *Merkel* in Roxin/Schroth MedizinStrafR-HdB 364.

29 *Merkel* in Roxin/Schroth MedizinStrafR-HdB 373.

30 SK-StGB/*Rudolphi/Rogall,* 145. EL, § 218a Rn. 49; *Merkel* in Roxin/Schroth MedizinStrafR-HdB 374 f.

Hoyer

Die entsprechenden Gefahren müssen allerdings immer »nach ärztlicher Erkenntnis« 15
bestehen, dh aus der objektiven ex ante-Sicht eines approbierten Humanmediziners,
der die Sachlage mit allen ihm verfügbaren Mitteln aufgeklärt hat und seine Diagnose
daraufhin nach dem gegenwärtigen Stand der medizinischen Wissenschaft erstellt
hat.[31] Es darf sich bei diesem die Indikationslage feststellenden Arzt allerdings nicht
um denselben handeln, der später den indizierten Schwangerschaftsabbruch eigenhändig durchführt, da dieser sich sonst allein wegen der damit verbundenen (abstrakten) Gefahr einer Befangenheit nach § 218b Abs. 1 S. 1 StGB strafbar macht.

Droht der Schwangeren nach derartig verobjektivierter »ärztlicher Erkenntnis« eine 16
seelische Beeinträchtigung durch die oder nach der Geburt, so ändert auch ein etwaiges Vorverschulden der Schwangeren an ihrer Lage nichts daran, dass der Schwangerschaftsabbruch zum Zeitpunkt der »ärztlichen Erkenntnis« medizinisch indiziert
war.[32] Allenfalls ließe sich an eine Strafbarkeit der Schwangeren nach § 218 StGB, wegen ihres schuldhaften Vorverhaltens denken (sog. actio illicita in causa), doch würde
dies voraussetzen, dass sie bereits bei ihrem Vorverhalten vorsätzlich im Hinblick auf
einen dadurch ermöglichten späteren Schwangerschaftsabbruch und dessen Rechtfertigung gehandelt hätte.[33] Doch selbst in einem solchen Ausnahmefall kommt für die
Schwangere immer noch ein fakultatives Absehen von Strafe nach § 218a Abs. 4 S. 2
StGB in Betracht, wenn sie sich zum Zeitpunkt ihres Vorverhaltens »in besonderer Be-
drängnis befunden hat«.

C. Strafrechtlicher Schutz extrauteriner Embryos

I. Durch das ESchG geschützte Rechtsgüter

Das ESchG schützt in diametralem Unterschied zu § 218 StGB Embryos, die niemals 17
eine Nidation erfahren haben, sei es, dass sie von Anfang an extrakorporal erzeugt
wurden, sei es, dass sie dem Körper einer Frau vor Abschluss der Nidation entnommen wurden (vgl. § 2 Abs. 1 ESchG). Während eine Abtreibungshandlung sich also
notwendig intrauterin auf den Embryo auswirken muss, kommt für Delikte nach dem
ESchG nur ein extrakorporaler Tatort in Betracht.[34]

Abgesehen vom anderen Tatort schützt das ESchG den Embryo aber vor allem in ganz 18
anderen Rechtsgütern als § 218 StGB, nämlich nicht wie dieser in dessen Leben:[35] Das
zeigt sich schon daran, dass das ganze ESchG keine Norm enthält, die (wie § 218 StGB)
das schlichte Töten eines Embryos jedenfalls grundsätzlich unter Strafe stellt. § 2
Abs. 1 ESchG bedroht zwar denjenigen mit Strafe, der einen Embryo »veräußert oder
zu einem nicht seiner Erhaltung dienenden Zweck abgibt, erwirbt oder verwendet«.
Jedes bloße Töten unter den Begriff des Verwendens zu subsumieren, verletzte aber
die von Art. 103 Abs. 2 GG errichtete Wortlautgrenze.[36] »Verwendet« wird der Embryo, indem er zu irgendeinem Zweck eingesetzt bzw. genutzt wird,[37] wobei eine solche Nutzziehung zwar mit seinem Töten einhergehen kann, andererseits aber auch eine »nutzlose« Tötung denkbar ist, die allein deswegen erfolgt, weil der Embryo selbst
nutzlos erscheint. Wird ein Embryo beispielsweise getötet, weil keine Möglichkeit
mehr besteht, durch seine Implantation eine Schwangerschaft herbeizuführen, so fehlt

---

31 SK-StGB/*Rudolphi/Rogall*, 145. EL, § 218a Rn. 51 f.
32 *Merkel* in Roxin/Schroth MedizinStrafR-HdB 367.
33 Generell abl. BGH NJW 1983, 2267; *Roxin* StrafR AT I § 15 Rn. 68 ff.
34 *Merkel* in Roxin/Schroth MedizinStrafR-HdB 314 f.
35 BGH NJW 2010, 2674.
36 *Schroth* in Roxin/Schroth MedizinStrafR-HdB 556.
37 BGHSt 55, 206 (217) = NJW 2010, 2672; *Kraatz* ArztStrafR Rn. 201; *Schroth* in Roxin/Schroth
    MedizinStrafR-HdB 552.

es an einem Verwenden und die Tötung bleibt tatbestandslos.[38] Derartige aus tatsächlichen Gründen **nicht mehr implantierbare Embryos werden als »verwaist« bezeichnet.** Ihre Verwaisung beruht dann darauf, dass die Frau, von der die befruchtete Eizelle stammt, entweder nicht mehr implantationsfähig oder -willig ist, zB aufgrund eines Unfalls, einer auf natürlichem Wege eingetretenen Schwangerschaft oder auch einer Präimplantationsdiagnostik mit ungünstigem Ergebnis.

19 Findet sich für einen solchen Embryo eine aufnahmebereite »Adoptivmutter«, so darf der Embryo zwar trotz des grundsätzlichen **Verbots einer »gespaltenen Mutterschaft«** (vgl. § 1 Abs. 1 Nr. 2 ESchG) übertragen werden, da insoweit ein rechtfertigender Notstand nach § 34 StGB vorliegt.[39] Wenn sich aber wie in den meisten Fällen keine potentielle Mutter zur Aufnahme des Embryos bereit erklärt und demgemäß keine Implantationschance mehr für ihn besteht, so wäre es umgekehrt sogar strafbar, weiter für seine extrakorporale Fortentwicklung zu sorgen (§ 2 Abs. 2 ESchG) – und jedenfalls straflos, ihn stattdessen zu töten, ob nun durch aktives Tun (Wegschütten des Embryos) oder durch bloßes Unterlassen (Verzicht auf seine weitere Kultivierung in der Petrischale).[40] Lebensschutz betreibt das Gesetz auf diese Weise nicht, genauso wenig übrigens wie in Bezug auf **geklonte Embryos,** die gem. § 6 Abs. 2 ESchG bei Strafe nicht auf eine Frau übertragen werden dürfen und so faktisch zum Tode verurteilt werden.[41]

20 Der Embryonenschutz, um den es hier geht, muss sich also auf ein anderes embryonales Rechtsgut beziehen als auf das Leben. Um welches Rechtsgut es sich dabei handelt, wird mit Blick auf die Forschung an embryonalen Stammzellen besonders deutlich: **Embryonale Stammzellen sind zwar nicht »totipotent«** iSd § 8 Abs. 1 ESchG, dh sie vermögen sich als vereinzelte Zelle unter keinen Umständen mehr zu einem Individuum zu entwickeln. Immerhin sind sie aber noch **»pluripotent«,** können sich also durch Teilung zu verschiedensten Organen und Gewebetypen ausdifferenzieren und bergen daher ein erhebliches Potential zur Heilung diverser menschlicher Krankheiten.[42] Zur Gewinnung embryonaler Stammzellen sind insbesondere drei Verfahren bekannt: Erstens können eigens Eizellen in vitro befruchtet werden, um dann später deren Blastozysten die Stammzellen entnehmen zu können, zweitens können bereits vorhandene Embryonen geklont werden, dh totipotente Zwillinge von zuvor in vitro befruchteten Eizellen hergestellt werden, und drittens können die oben bereits angesprochenen verwaisten Embryonen für die Gewinnung von Stammzellen »ausgeschlachtet« werden.

21 In tatsächlicher Hinsicht gleichen sich allerdings alle drei Verfahrenswege darin, dass sie (nach gegenwärtigem Stand der Medizin) **unweigerlich den Tod des Embryos zur Folge haben.** In rechtlicher Hinsicht gleichen sie sich darin, dass sie jeweils straftatbestandsmäßig sind, obwohl die Embryonentötung selbst (wie festgestellt) im ESchG nicht mit Strafe bedroht wird. Das erstgenannte Verfahren ist nach § 1 Abs. 1 Nr. 2 ESchG strafbar, da die in vitro-Fertilisation hier eindeutig nicht erfolgt, um eine Schwangerschaft herbeizuführen.[43] Das zweitgenannte Verfahren verstößt ebenso eindeutig gegen § 6 Abs. 1 ESchG und alle drei Verfahrensarten verwirklichen zudem auch § 2 Abs. 1 ESchG,[44] da jeweils ein Embryo »zu einem nicht seiner Erhaltung die-

---

38 BGH NJW 2010, 2676; *Hoyer,* FS Rolinski, 2002, 85.
39 AA *Schroth* in Roxin/Schroth MedizinStrafR-HdB 537 (556).
40 *Böcher,* Präimplantationsdiagnostik und Embryonenschutz, 2004, 96 ff.
41 Günther/Taupitz/Kaiser/*Günther,* ESchG, 2. Aufl. 2014, ESchG § 6 Rn. 22 (»strafbewehrte indirekte Tötungspflicht«).
42 *Groebner/David/Franz* Der Internist 2006, 502 ff.
43 *Schroth* in Roxin/Schroth MedizinStrafR-HdB 537.
44 Zweifelnd für Klonen mittels der Kerntransfertechnik *Schroth* in Roxin/Schroth MedizinStrafR-HdB, 4. Aufl. 2010, 539; *Gutmann* in Roxin/Schroth MedizinStrafR-HdB, 2. Aufl. 2001, 355.

nenden Zweck«, nämlich zu Forschungs- und perspektivisch mittelbar zu Heilungszwecken, »verwendet« wird.[45] §§ 1 Abs. 1 Nr. 2, 6 Abs. 1 ESchG greifen ein, obwohl durch die dort beschriebenen Verhaltensweisen zusätzliches Leben zustande gebracht und eben nicht getötet wird. Und § 2 Abs. 1 ESchG greift auch nicht schon wegen der Tötung ein, sondern erst wenn die Tötung zu Forschungszwecken geschieht – weil erst dann eine Verwendung (Nutzziehung) im oben angesprochenen Sinne stattfindet. Ein verwaister Embryo darf also zwar in rein destruktiver Absicht getötet werden, aber nicht in konstruktiver Absicht, etwa für ein Forschungsprojekt.[46] Es bedarf nicht einmal einer Tötung, sondern es würde zB auch eine nicht tödliche Verletzung zu Forschungszwecken ausreichen (wenn dies medizinisch möglich wäre), damit ein Verwenden des Embryos zu anderen Zwecken als seiner Erhaltung iSd § 2 Abs. 1 ESchG vorläge.

Der Strafgrund dieser Norm besteht also allein darin, dass der Embryo zur Erreichung **22** oder Förderung ihm fremder Zwecke instrumentalisiert worden ist, unabhängig davon, ob diese Instrumentalisierung nun auf tödliche oder nicht tödliche Weise erfolgt. Indem § 2 Abs. 1 ESchG ein bloßes Instrumentalisierungsverbot aufstellt, richtet sich der durch ihn bewirkte Rechtsgüterschutz aber **nicht auf das Leben des Embryos, sondern allein auf dessen Würde**.[47] Dieselbe Schutzrichtung verfolgen im Übrigen auch die anderen Strafnormen des ESchG, zB § 1 Abs. 1 Nr. 2, indem dort unter Strafe gestellt wird, wer einen Embryo in vitro herstellt, um ihn später zu instrumentalisieren, statt eine Schwangerschaft damit herbeiführen zu wollen. Auch § 6 Abs. 1 ESchG dient nicht dem Lebensschutz (ganz im Gegenteil), sondern will die würdewidrige »Knechtung« unterbinden, die in der lückenlosen und planmäßigen Determination seiner gesamten genetischen Ausstattung durch einen anderen liege.[48]

Ein Verlust »bloß« seines Lebens ist dem extrakorporalen Embryo somit zumutbar, **23** ohne dass es dafür auf die Voraussetzungen des § 218a StGB ankäme. Geschieht die Tötung aber unter Instrumentalisierung des Embryos zu Forschungszwecken, so verstößt sie gegen Art. 1 Abs. 1 GG und wird deshalb absolut und abwägungsfrei untersagt. **Das Leben ist eben in unserer Rechtsordnung »der Güter höchstes nicht«,** es darf aus verschiedenen Gründen in gerechtfertigter oder sogar tatbestandsloser Form verletzt werden. Zwar bildet das menschliche Leben die vitale Basis auch für die **Menschenwürde.** Allein diese aber stellt sich als oberstes und schlechthin unantastbares Rechtsgut dar, das auch, um den Tod eines anderen Menschen abzuwenden, nicht verletzt werden darf und selbst den Tod seines Trägers überdauert.[49]

II. Rechtliche Zulässigkeit des Stammzellenimports

Das ESchG beruht also auf der Annahme, dass erstens bereits der befruchteten Eizelle **24** uneingeschränkte Würde zukommt[50] und dass zweitens diese Würde durch eine verbrauchende Embryonenforschung missachtet wird. Deshalb wird jeglicher Verbrauch

---

45 *Schroth* in Roxin/Schroth MedizinStrafR-HdB 536.
46 *Hoyer*, FS Rolinski, 2002, 85.
47 *Ipsen* JZ 2001, 989; *Neumann* ARSP 1998, 153; *Schroth* in Roxin/Schroth MedizinStrafR-HdB 556.
48 Günther/Taupitz/Kaiser/*Günther*, ESchG, 2008, ESchG § 6 Rn. 4; *Bayertz*, GenEthik: Probleme der Technisierung menschlicher Fortpflanzung, 1987, 288; *Benda* Aus Politik und Zeitgeschichte B 3/1985, 18 (31); *Glauben* DRiZ 1997, 307 f.; *Habermas* SZ v. 17./18.1.1998; *Habermas* DIE ZEIT v. 12.3.1998, 41; *Jung* ZStW 1988, 1 (34) mwN; Präsident der BÄK *Vilmar* in Presseerklärung v. 9.1.1998.
49 *Hoyer*, FS Rolinski, 2002, 85 f.
50 *Benda* NJW 2001, 2147 f.; *Düwell* EthikMed 1999, 9; *Kollek*, Präimplantationsdiagnostik: Embryonenselektion, weibliche Autonomie und Recht, 2. Aufl. 2002, 206.

von Embryonen zwecks Gewinnung und Erforschung embryonaler Stammzellen in Deutschland durch § 2 Abs. 1 ESchG unter Strafe gestellt **(Inlandstat).** Im Ausland ist die Embryonenherstellung und -tötung zu Forschungszwecken dagegen teilweise zumindest unter bestimmten Voraussetzungen zulässig **(Auslandstat).** Bestellt ein in Deutschland tätiger Mediziner zu Forschungszwecken deswegen Stammzellen, die im Ausland legal für ihn gewonnen und dann nach Deutschland importiert werden sollen, so macht er sich wegen Anstiftung zu § 2 Abs. 1 ESchG strafbar, obwohl dieser Tatbestand auf den Täter der Auslandstat gem. §§ 3 ff. StGB nicht anwendbar ist und entsprechende ausländische Tatbestände ohnehin nicht existieren.[51] Nach § 9 Abs. 2 S. 2 StGB gilt aber für den im Inland handelnden Teilnehmer an einer Auslandstat das deutsche Strafrecht auch dann, wenn die Tat nach ausländischem Tatortrecht nicht mit Strafe bedroht ist.

25 Anders verhält es sich dagegen mit einer **Bestellung von Stammzellen, die im Ausland bereits unter Verbrauch von Embryonen gewonnen wurden** und nunmehr lediglich noch nach Deutschland importiert werden müssen: Hier kommt eine Teilnahme des deutschen Forschers an der schon beendeten Auslandstat nicht mehr in Betracht, sodass auch § 9 Abs. 2 S. 2 StGB ausscheidet. Verschafft sich der deutsche Forscher die Stammzellen aus dem Ausland oder verwendet er bereits importierte Stammzellen im Inland zu Forschungszwecken, so greift also das deutsche ESchG von 1990 mangels zum Tatzeitpunkt noch lebenden Embryos nicht mehr ein. Von dieser Strafbarkeitslücke drohte nach Einschätzung des deutschen Gesetzgebers ein Anreiz für deutsche Forscher auszugehen, sich die benötigten Stammzellen (straflos) aus dem Ausland zu beschaffen – was wiederum im Ausland dazu angereizt hätte, sich bereits im Vorgriff auf zu erwartende Bestellungen, um die künftige Nachfrage prompt befriedigen zu können, ganze Stammzelllinien anzulegen und in entsprechendem Umfang Embryonen zunächst herzustellen und dann zu vernichten.[52]

26 Um derartige Anreize zu gegen die Würde ausländischer Embryonen verstoßendem Verhalten auszuschließen, hat der Gesetzgeber deshalb 2002 das (2008 letztmals geänderte) **StZG**[53] in Kraft gesetzt, das in § 13 Abs. 1 eigens auch eine Strafvorschrift **zum Schutze der Menschenwürde im Ausland befindlicher Embryonen** enthält. Danach macht sich strafbar, wer ohne Genehmigung embryonale Stammzellen entweder selbst aus dem Ausland einführt oder (nachdem sie bereits ins Inland gelangt sind) hier verwendet. Durch eine nach § 6 Abs. 1 StZG erteilte Genehmigung der zuständigen Behörde (vgl. § 7 Abs. 1 StZG) wird also der Tatbestand des § 13 Abs. 1 StZG ausgeschlossen, dh es handelt sich insoweit um ein negatives Tatbestandsmerkmal. Ein Anspruch auf Erteilung einer solchen Genehmigung besteht nur unter den in § 6 Abs. 4 StZG aufgeführten Umständen, dh es müssen erstens die Voraussetzungen des § 4 Abs. 2 StZG und zweitens die Voraussetzungen des § 5 StZG erfüllt sein sowie drittens Letztere durch eine Stellungnahme der zuständigen Ethik-Kommission gem. § 9 StZG geprüft worden sein.

27 Innerhalb der Voraussetzungen des § 4 Abs. 2 StZG sind wiederum drei zu unterscheiden, die für eine Genehmigung kumulativ vorliegen müssen, nämlich erstens dass die embryonalen Stammzellen im Ausland nach dortigem Recht legal **vor dem 1.5.2007 gewonnen** wurden, zweitens dass die Embryonen ursprünglich geschaffen wurden, um mit ihnen eine Schwangerschaft zu erzeugen, dafür aber endgültig nicht

---

51 AA *Schroth* in Roxin/Schroth MedizinStrafR-HdB 542 unter Verweis auf § 2 StZG, der aber nur die Einfuhr und Verwendung embryonaler Stammzellen betrifft, nicht die Anstiftung zu ihrer Gewinnung.
52 *Schroth* in Roxin/Schroth MedizinStrafR-HdB 543.
53 BGBl. 2008 I 1708.

Hoyer

mehr benötigt werden **(verwaiste Embryonen)**, und dass drittens der Embryo dem ausländischen Stammzellenproduzenten **unentgeltlich überlassen** wurde. Die Stichtagsregelung in § 4 Abs. 2 S. 1a StZG bezweckt zu verhindern, dass Embryonen eigens mit Rücksicht auf die im Übrigen erfüllten Voraussetzungen für eine Importgenehmigung getötet werden und der Gesetzgeber so ungewollt an ihrer gezielten Instrumentalisierung zu Forschungszwecken mitwirkt.[54] Als das StZG Anfang Juli 2002 in Kraft trat, sah es als Stichtag demnach zunächst den 1.1.2002 vor – und erst als derartig betagte Stammzelllinien zu Forschungszwecken nicht mehr geeignet erschienen, wurde der Stichtag im Rahmen einer Gesetzesänderung 2008 auf den jetzt gültigen 1.5.2007 verschoben.[55]

Als weitere Genehmigungsvoraussetzung sehen § 6 Abs. 4 StZG iVm § 5 StZG vor,   **28** dass die angestrebten Forschungsziele sich erstens voraussichtlich nur mit embryonalen Stammzellen erreichen lassen **(Erforderlichkeit)** und zweitens »hochrangig« sind **(Verhältnismäßigkeit)**. Dass sowohl Erforderlichkeit als auch Verhältnismäßigkeit in diesem Sinne gegeben sind, muss schließlich auch noch von der gem. § 8 StZG gebildeten zentralen **Ethik-Kommission geprüft** worden sein, deren Stellungnahme für die Genehmigungsbehörde allerdings gem. § 6 Abs. 5 StZG nicht zwingend verbindlich ist. Insgesamt versucht der Gesetzgeber des StZG also durch ein feinzieliertes System an Genehmigungsvoraussetzungen einerseits sicherzustellen, dass es nicht aus dem Inland heraus zu Anreizen für eine Tötung im Ausland befindlicher Embryonen zu Forschungszwecken kommen kann, andererseits dem Gewicht dieser Forschungszwecke dennoch über eine Genehmigung in verhältnismäßiger Weise Rechnung getragen werden kann.

III. Rechtliche Zulässigkeit der Präimplantationsdiagnostik

Ungeklärt war nach der früheren Gesetzeslage, unter welchen Voraussetzungen die   **29** sog. Präimplantationsdiagnostik (PID) strafbar ist, die dazu dient, das genetische Material eines in vitro erzeugten Embryos auf Erbkrankheiten zu untersuchen, damit die Frau, von der die befruchtete Eizelle stammt, sich auf der Basis der dabei erzielten Ergebnisse besser informiert dafür oder dagegen entscheiden kann, in eine Implantation des untersuchten Embryos einzuwilligen. Um das genetische Material untersuchen zu können, muss von dem extrakorporal hergestellten, mehrzelligen Embryo mindestens eine Zelle enzymatisch oder mechanisch abgespalten werden, die sich dann ihrerseits durch Teilungen so lange vermehrt, bis genügend Zellmasse für eine biochemische Diagnostik (Biopsie) zur Verfügung steht. Ist die abgespaltene Zelle selbst noch totipotent (sog. »frühe« PID im Blastomerenstadium),[56] so liegt ein Fall des Klonens vor, das gem. § 6 Abs. 1 ESchG eindeutig strafbar ist. Außerdem wird der abgespaltene Embryo im Rahmen der Biopsie zerstört, um Analysedaten über seinen genetischen »Zwilling« zu erhalten, dh er wird zu einem nicht seiner Erhaltung dienenden Zweck verwendet, was gem. § 2 Abs. 1 ESchG nochmals strafbar ist.[57]

---

54 *Schroth* in Roxin/Schroth MedizinStrafR-HdB 543.
55 Vgl. BT-Drs. 16/383; Annahme des Entwurfs BT-Drs. 16/7981.
56 *Einbecker Empfehlungen* Der Gynäkologe 2005, 555; *Gounalakis,* Embryonenforschung und Menschenwürde, 2006, 20.
57 BGH NJW 2010, 2674; *Gounalakis,* Embryonenforschung und Menschenwürde, 2006, 40; *Laufs* EthikMed 1999, 56; *Schroth* in Roxin/Schroth MedizinStrafR-HdB 551; *Ratzel* in Ratzel/Luxenburger, Handbuch Medizinrecht, 3. Aufl. 2015, § 27 Rn. 16; *Renzikowski* NJW 2001, 2754; vgl. *Göllner,* Aktuelle strafrechtliche Fragestellungen zur Präimplantationsdiagnostik, 2008, 34; gem. § 2 Nr. 33 PIDV soll sich an dieser Rechtslage durch das Inkrafttreten des § 3a ESchG nicht geändert haben; krit. dazu *Schroth* ZStW 2013, 627 (634).

30 Schwieriger zu beurteilen war die Rechtslage, wenn für die PID eine lediglich noch pluripotente Zelle abgespalten und analysiert wird (sog. »**späte**« **PID** im Blastozysten- oder Trophoblastenstadium).[58] Der verbliebene Embryo nimmt dadurch unmittelbar keinen Schaden, da die verbleibenden embryonalen Zellen die abgespaltene aufgrund ihrer Pluripotenz zu ersetzen vermögen.[59] Gemäß den obigen Ausführungen (→ § 52 Rn. 22) geht es dem ESchG aber ohnehin nicht darum, körperliche Schäden vom Embryo (bis hin zu seiner Tötung) abzuwenden, sondern um den Schutz seiner Würde vor Instrumentalisierung. Eine Entwürdigung des Embryos könnte nun in **drei Tathandlungen** zu sehen sein: erstens bereits in der in vitro-Fertilisation (IVF), die erfolgt, um später eine PID vorzunehmen und bei ungünstigem Ergebnis auf eine Implantation des Embryos verzichten zu können, zweitens in der späteren PID selbst, die erfolgt, um eine informierte Entscheidung über das weitere Schicksal des Embryos fällen zu können, und drittens in der schließlichen Entscheidung über den Embryo aufgrund der PID, die bei einem ungünstigen Ergebnis etwa darin bestehen kann, dass der Embryo »verworfen« wird. Wegen einer Entwürdigung bereits durch die IVF selbst kommt § 1 Abs. 1 Nr. 2 ESchG in Betracht, wegen einer Entwürdigung durch die anschließende PID und ein etwaiges Verwerfen des Embryos § 2 Abs. 1 ESchG.

31 Um mit dem zeitlich spätesten möglichen Anknüpfungspunkt für eine Strafbarkeit zu beginnen: Dass die »bloße« Tötung eines verwaisten Embryos gerade kein Verwenden bedeutet, sondern den Verzicht auf eine weitere Verwendung (= zweckgerichtete Nutzung),[60] wurde bereits oben (→ § 52 Rn. 18) dargelegt. Auch mit der zeitlich vorangegangenen PID wird der Embryo nicht verwendet,[61] sondern lediglich geprüft, ob er zur Herbeiführung einer Schwangerschaft verwendet werden soll (tatbestandslos) oder eben nicht verwendet werden soll (ebenfalls tatbestandslos). Tatbestandsmäßig kann damit allein die künstliche Befruchtung sein, die zwar einerseits dem Zweck dient, eine Schwangerschaft herbeizuführen, falls die PID zu einem günstigen Ergebnis gelangt, andererseits aber auch dem Zweck dient, eine Schwangerschaft zu vermeiden, falls die PID ein ungünstiges Ergebnis aufzeigt. In der Literatur wurden die tatbestandlichen Voraussetzungen des § 1 Abs. 1 Nr. 2 ESchG bei einer derartig januskopfigen Zweckrichtung teilweise mit der Begründung verneint, die »dominante Absicht« bzw. »Zentralmotivation« der an einer IVF Beteiligten bestehe darin, eine Schwangerschaft herbeizuführen.[62] Immerhin wird hier aber die künstliche anstatt einer biologisch ebenso möglichen natürlichen Befruchtung zumeist eigens deswegen gewählt, um gar nicht erst den belastenden Weg über eine Schwangerschaft mit Pränataldiagnostik (PND) sowie etwaigem medizinisch indizierten Schwangerschaftsabbruch beschreiten zu müssen. Der Zweck für die Wahl gerade einer künstlichen statt der natürlichen Befruchtung besteht in einem solchen Fall durchaus darin, die sonst zwangsläufige »**Schwangerschaft auf Probe**« **zu vermeiden,** denn wäre es hauptsächlich darum gegangen, iSd § 1 Abs. 1 Nr. 2 ESchG »eine Schwangerschaft der Frau herbeizuführen, von der die Eizelle stammt«, dann hätte diese ja regelmäßig auf die Mög-

---

58 *Djie,* Präimplantationsdiagnostik aus rechtlicher Sicht, Anhang; *Gounalakis,* Embryonenforschung und Menschenwürde, 2006, 18; Günther/Taupitz/Kaiser/*Günther,* ESchG, 2008, Einf B Rn. 99; *Kollek,* Präimplantationsdiagnostik: Embryonenselektion, weibliche Autonomie und Recht, 2. Aufl. 2002, 65 f.

59 BGH NJW 2010, 2674; *Renzikowski* NJW 2001, 2756.

60 BGH NJW 2010, 2675; *Schroth* in Roxin/Schroth MedizinStrafR-HdB 552.

61 BGH NJW 2010, 2673.

62 *Duttge* GA 2002, 247 f.; Günther/Taupitz/Kaiser/*Günther,* ESchG, 2008, ESchG Vor § 1 Rn. 38, ESchG § 1 I Nr. 2 Rn. 21; *Renzikowski* NJW 2001, 2755; *Schneider* MedR 200, 362; *Schroth* in Roxin/Schroth MedizinStrafR-HdB 548; *Schroth* NStZ 2009, 234; aA *Beckmann* MedR 2001, 169 f.

Hoyer

lichkeit einer unstrittig zulässigen PND mit anschließender Abtreibung verwiesen werden können.[63]

Der BGH hatte deshalb die Strafbarkeit einer zwecks PID vorgenommenen IVF nicht generell verneinen wollen[64] und stattdessen eine **differenzierte Lösung in Anlehnung an § 3 S. 2 ESchG** entwickelt.[65] Danach ist eine künstliche Befruchtung zwecks geschlechtsgebundener Auswahl einer bestimmten Samenzelle ausnahmsweise gerechtfertigt, wenn sie dazu dient, das Kind vor einer »schwerwiegenden geschlechtsgebundenen Erbkrankheit zu bewahren«. Wenn die Frau bei der Gefahr schwerwiegender geschlechtsgebundener Erbkrankheiten nicht auf die Möglichkeit einer »Schwangerschaft auf Probe« mit PND und etwaiger Abtreibung verwiesen wird,[66] dann müsse dies doch bei ebenso schwerwiegenden, nicht geschlechtsgebundenen Erbkrankheiten analog gelten.[67] Darüber hinaus ließ sich auch an eine **analoge Anwendung des § 218a Abs. 2 StGB** in der Weise denken, dass eine künstliche Befruchtung immer dann zulässig ist, wenn sie dazu dienen soll, in einer dadurch ermöglichten PID festzustellen, ob bei entsprechendem Befund innerhalb einer PND der Schwangerschaftsabbruch medizinisch indiziert wäre.[68]   32

Die planwidrige Gesetzeslücke als Voraussetzung für eine solche täterbegünstigende Analogie ergab sich daraus, dass die PID als medizinisches Verfahren erst 1990 im Ausland entwickelt wurde[69] und bei der Verabschiedung des ESchG im selben Jahr demzufolge noch nicht vom Gesetzgeber berücksichtigt werden konnte.[70] Ein vergleichbarer Interessenkonflikt wie bei § 3 S. 2 ESchG bzw. § 218a Abs. 2 StGB besteht bei einer auf schwerwiegende genetische Risiken beschränkten PID ebenfalls.[71] Zugleich verhindert eine solche differenzierende Lösung, dass der Wunsch der Eltern, zu einem ihren Idealvorstellungen möglichst perfekt entsprechenden **»Designerbaby«** zu gelangen, letztlich in eine Embryonenselektion nach beliebigen genetischen Merkmalen mündet.[72]   33

Den Gesetzgeber hat die vom BGH aufgezeigte Gesetzeslücke jedenfalls zum Tätigwerden veranlasst, da »Fragen des Lebensschutzes … nicht durch Richterrecht«,[73] sondern vorzugsweise durch demokratisch legitimierte Volkvertreter entschieden gehörten. Von Dezember 2010 bis Februar 2011 sind deshalb gleich **drei fraktionsübergreifende Gesetzentwürfe** in den Deutschen Bundestag eingebracht worden, die sich in ihrer Regelungsrichtung allerdings stark voneinander unterschieden: 34

Der sog. **Göring-Eckardt-Entwurf**[74] sah ein ausdrückliches und ausnahmsloses Verbot der PID vor, das als § 15a in das GenDG eingeführt werden und in dessen § 25a zudem auch strafbewehrt werden sollte. Ein persönlicher Strafausschließungsgrund sollte   35

---

63 *Riedel* in Friedrich-Ebert-Stiftung, Reproduktionsmedizin im internationalen Vergleich, 2008, 100 Fn. 160.
64 BGH NJW 2010, 2674.
65 BGH NJW 2010, 2674 f.; zust. *Schroth* NJW 2010, 2672 (2676 f.); krit. *Lee*, Die aktuellen juristischen Entwicklungen in der PID und Stammzellenforschung in Deutschland, 2013, 51 ff.
66 BT-Drs. 11/8057, 15.
67 BGH NJW 2010, 2675.
68 So auch *Schroth* in Roxin/Schroth MedizinStrafR-HdB 557; *Hufen* MedR 2001, 440 (450); aA *Böckenförde-Wunderlich*, Präimplantationsdiagnostik als Rechtsproblem, 2002, 145.
69 *Günther* in Günther/Taupitz/Kaiser, ESchG, 2008, ESchG Einf A Rn. 197; *Giwer*, Rechtsfragen der Präimplantationsdiagnostik, 2001, 59; *Schroth* in Roxin/Schroth MedizinStrafR-HdB 557.
70 BGH NJW 2010, 2674.
71 *Schroth* in Roxin/Schroth MedizinStrafR-HdB 550.
72 BGH NJW 2010, 2675.
73 BT-Drs. 17/5452, 2.
74 BT-Drs. 17/5450.

wegen ihrer regelmäßig »schwierigen persönlichen Lage«[75] nur den Erzeugern des untersuchten Embryos zugutekommen. Die Unterscheidung zwischen lebenswertem und -unwertem Leben, auf deren Ermöglichung die PID abziele, verstoße gegen die Menschenwürde (Art. 1 GG), das Recht auf Leben (Art. 2 Abs. 2 GG) sowie das Verbot, Menschen mit Behinderungen zu diskriminieren (Art. 3 Abs. 3 S. 2 GG).[76]

36 Der sog. **Flach-Entwurf**[77] wollte zwar die PID grundsätzlich ebenfalls unter Strafe stellen und dazu als neue Vorschrift § 3a in das ESchG einführen. Dessen Abs. 2 sollte jedoch zugleich zwei Rechtfertigungsgründe für die PID eröffnen, nämlich einerseits eine »hohe Wahrscheinlichkeit für eine schwerwiegende Erbkrankheit« aufgrund einer entsprechenden genetischen Disposition der Erzeuger (S. 1), andererseits zur Feststellung einer »mit hoher Wahrscheinlichkeit zu einer Tot- oder Fehlgeburt« des Embryos führenden Schädigung (S. 2). Als hohe Wahrscheinlichkeit sollte dabei bereits ein Risiko von 25–50% gelten.[78] Im Übrigen knüpfte der in S. 1 aufgeführte Rechtfertigungsgrund mit dem Begriff der »schwerwiegenden Erbkrankheit« an die schon vom BGH gezogene Parallele zu § 3 S. 2 ESchG an und nannte als bloßes Beispiel dafür genetische oder chromosomale Anomalien, die eine geringe Lebenserwartung bedingen.[79]

37 Der sog. **Roespel-Entwurf**[80] lehnte dagegen den Begriff der »schwerwiegenden Erbkrankheit« ab, da er »ohne weitere Konkretisierungen nicht zur Abgrenzung des rechtlich Zulässigen vom rechtlich Unzulässigen« tauge.[81] Deshalb sollte diesem Entwurf zufolge § 3 S. 2 ESchG auch ersatzlos gestrichen, dafür aber wiederum ein neuer § 3a in das ESchG eingeführt werden. Im Unterschied zum Flach-Entwurf sah § 3a Abs. 2 des Roespel-Entwurfs jedoch nur einen einzigen Rechtfertigungsgrund vor, nämlich die hohe Wahrscheinlichkeit einer Tot- oder Fehlgeburt oder eines Todes im ersten Lebensjahr aufgrund entsprechender genetischer oder chromosomaler Disposition der Erzeuger. Erst zu einem späteren Zeitpunkt oder gar nicht tödliche schwerwiegende Erbkrankheiten rechtfertigten dem Roespel-Entwurf zufolge also auch bei einer noch so hohen Wahrscheinlichkeit keine PID. Anders als im Flach-Entwurf sollte eine PID auch nicht dazu dienen dürfen, spontane, nicht in den Genen der Erzeuger angelegte Chromosomenstörungen festzustellen, selbst wenn diese zwingend eine Tot- oder Fehlgeburt des untersuchten Embryos zur Folge hätten. Nach beiden zuletzt genannten Entwürfen durfte die PID jedenfalls nur von einem Arzt in einer dafür zertifizierten Einrichtung mit Zustimmung sowohl der Ethik-Kommission als auch der zuvor medizinisch und psychosozial beratenen potentiellen Mutter durchgeführt werden.

38 Am 7.7.2011 hat sich der **Deutsche Bundestag** in 3. Lesung mit 326 Stimmen für den Flach-Entwurf entschieden, der es im Wesentlichen dabei belässt, die Rechtslage klarzustellen, die schon bisher zumindest vom BGH dem ESchG entnommen worden ist. Der auf ein striktes Verbot der PID gerichtete Göring-Eckhardt-Entwurf erhielt 260 Stimmen, während der als Kompromissvorschlag konzipierte Roespel-Entwurf bereits in 2. Lesung mit nur 58 Stimmen scheiterte. Als Gesetz zur Regelung der PID ist der Inhalt des vormaligen Flach-Entwurfs am 8.12.2011 in Kraft getreten und hat das ESchG um einen neuen § 3a ergänzt:[82]

---

75 BT-Drs. 17/5450, 13.
76 BT-Drs. 17/5450, 8 f.
77 BT-Drs. 17/5451.
78 BT-Drs. 17/5451, 10.
79 BT-Drs. 17/5451, 10.
80 BT-Drs. 17/5452.
81 BT-Drs. 17/5452, 9.
82 BGBl. 2011 I 2228.

Während die beiden ersten Absätze dieses neuen **§ 3a ESchG** die tatbestandlichen Vor- 39
aussetzungen und die Rechtfertigungsmöglichkeiten für eine Straftat regeln, betreffen
die folgenden beiden Absätze die Voraussetzungen und die Ahndungsmöglichkeiten
für eine Ordnungswidrigkeit. Strafbar macht sich danach, wer eine PID vornimmt
(Abs. 1), ohne dass erstens das hohe Risiko entweder einer schwerwiegenden Erbkrankheit (Abs. 2 S. 1) oder einer Tot- bzw. Fehlgeburt des schwerwiegend geschädigten Embryos besteht (Abs. 2 S. 2) und zweitens eine schriftliche Einwilligung der Frau
vorliegt, von der die zu untersuchende Eizelle stammt. Nur ordnungswidrig verhält
sich dagegen, wer die PID durchführt, ohne dass erstens die Frau, von der die zu untersuchende Eizelle stammt, vor ihrer Einwilligung umfassend aufgeklärt und beraten
worden ist (Abs. 3 S. 1 Nr. 1), zweitens das Vorliegen einer der beiden in Abs. 2 genannten medizinischen Indikationen durch das positive Votum einer interdisziplinär
zusammengesetzten Ethikkommission vor der PID bestätigt worden ist (Abs. 3 S. 1
Nr. 2) und drittens diese von einem hierfür qualifizierten Arzt in einem hierfür zugelassenen Zentrum durchgeführt worden ist (Abs. 3 S. 1 Nr. 3). Die näheren Voraussetzungen für die Zulassung jener Zentren, in denen allein die PID durchgeführt
werden darf, die notwendigen Qualifikationen der in diesen Zentren tätigen Ärzte
sowie die Zusammensetzung der einzurichtenden Ethikkommissionen werden in
der gem. § 3a Abs. 3 S. 3 ESchG von der Bundesregierung erlassenen und am 1.2.2014
in Kraft getretenen Präimplantationsdiagnostikverordnung (PIDV) geregelt.[83]

§ 53 Strafrechtlicher Schutz menschlichen Lebens

A. System der Tötungsdelikte

Das schon vorgeburtlich durch § 218 StGB geschützte Rechtsgut »Leben« wird in und 1
nach der Geburt noch verstärkt strafrechtlich abgesichert, nämlich ohne die in § 218a
StGB enthaltenen Einschränkungen, mit verschärftem Strafrahmen (§ 212 StGB) und
auch gegen bloß fahrlässige Verletzungshandlungen (§ 222 StGB). Geschützt bleibt
auch die vorgeburtlich durch das ESchG gewährleistete Würde, allerdings nicht durch
einen eigenen Gesetzesabschnitt im StGB, sondern indem verschiedene Teilaspekte der
Würde jeweils gesondert vor Verletzungshandlungen bewahrt werden, zB die sexu-
elle Selbstbestimmung durch §§ 174 ff. StGB oder die Intimsphäre durch § 201a
StGB. Innerhalb der Tötungsdelikte führt eine **zusätzliche Verletzung der Würde
des Opfers** dazu, dass über den Grundtatbestand des § 212 StGB hinaus auch der
Qualifikationstatbestand des **§ 211 StGB** verwirklicht ist: Die Tötung eines Menschen zur Befriedigung des Geschlechtstriebs, aus Habgier oder um eine andere
Straftat zu ermöglichen bzw. zu verdecken, »verwendet« diesen iSd § 2 Abs. 1 ESchG,
degradiert ihn also zum Nutz- oder Störobjekt bei der Erreichung ihm vom Täter
aufgezwungener Zwecke.

Keine Verletzung der Würde, sondern allein des Lebens erfolgt dagegen, soweit die 2
Tötung mit der tatsächlichen oder zumindest mutmaßlichen Einwilligung des Opfers
geschieht, also im Bereich der sog. Sterbehilfe. Wie § 216 StGB beweist, führt allein die
Einwilligung des Opfers zwar noch nicht dazu, dass die Tötung gerechtfertigt oder
gar tatbestandslos ist. Immerhin bewirkt die von § 216 StGB beschriebene qualifizierte
Einwilligung (in Form eines ausdrücklichen und ernstlichen Tötungsverlangens)

---

83 BGBl. 2013 I 323; zur Rechtslage innerhalb des Zeitraums zwischen Inkrafttreten des § 3a
ESchG und der PIDV vgl. *Schroth* ZStW 125 (2013), 627 (638).

aber, dass nur noch ein **privilegiertes Tötungsdelikt** vorliegt und demgemäß keine Bestrafung nach § 212 StGB oder gar nach § 211 StGB mehr in Betracht kommt.[1]

3   Der Begriff »Sterbehilfe« für derartige mit Einwilligung des Getöteten begangene Tötungen ist allerdings höchst missverständlich: Ginge es um bloße **Beihilfe zur Selbsttötung** eines anderen, so läge nämlich gerade **kein Fall der »Sterbehilfe«** vor und es wäre deshalb auch nicht einmal der Tatbestand des § 216 StGB erfüllt – geschweige denn der irgendeines schwereren Tötungsdelikts. § 216 StGB unterscheidet klar zwischen Täter (»jemand«) und Opfer (dem »Getöteten«), sodass sich nach dieser Norm nur strafbar machen kann, wer eine der drei Täterschaftsformen des § 25 StGB (unmittelbare, mittelbare oder Mittäterschaft) verwirklicht. Im Falle einer bloßen Suizidbeihilfe findet somit weder eine Verletzung der Würde des Sterbewilligen noch auch nur die (täterschaftliche) Tötung eines anderen statt. Bis zum 10.12.2015 war die bloße Suizidbeihilfe daher generell tatbestands- und somit auch straflos.

4   Seit diesem Tage gilt jedoch § 217 StGB nF,[2] der nicht jede, aber immerhin die »geschäftsmäßige Förderung der Selbsttötung« tatbestandsmäßig stellt und dafür bis zu drei Jahren Freiheitsstrafe androht. Anders als eine Beihilfe nach § 27 StGB setzt § 217 StGB keine vorsätzliche rechtswidrige Haupttat voraus und belässt es dabei, dass der Suizident selbst mit seinem (versuchten) Suizid keinen Straftatbestand erfüllt. Für eine Strafbarkeit nach § 217 StGB ist es noch nicht einmal erforderlich, dass derjenige, dessen Selbsttötung der Täter geschäftsmäßig fördert, daraufhin überhaupt eine vollendete oder zumindest versuchte Selbsttötung vornimmt, sondern die Förderung einer etwaigen Selbsttötung, dh ihre Ermöglichung oder Erleichterung, bildet selbst bereits den tatbestandsmäßigen Erfolg.[3] Da der Täter aber immerhin mit der Absicht, die Selbsttötung eines anderen zu fördern, gehandelt haben muss, lässt sich § 217 StGB als Vertatbestandlichung einer (geschäftsmäßig begangenen) versuchten Suizidbeihilfe begreifen.[4]

5   Einen Fremdkörper innerhalb des Systems der Tötungsdelikte bildet **§ 217 StGB** insofern, als die versuchte (auch geschäftsmäßig begangene) Beihilfe zu den Fremdtötungsdelikten der §§ 211–216 StGB weiterhin stets straflos bleibt, obwohl gerade eine versuchte Beihilfe zum Mord auf schwerstes Unrecht abzielt, während eine **versuchte Beihilfe zum Suizid** lediglich ein rechtmäßiges Verhalten zu erleichtern braucht. Auch die versuchte Anstiftung zum Suizid wird unabhängig davon, ob sie geschäftsmäßig erfolgt, nicht von § 217 StGB erfasst, obwohl die §§ 26, 27 Abs. 2 S. 2, 30 Abs. 1 StGB generell die Anstiftung als schwerere Unrechtsform gegenüber der Beihilfe einstufen. Mangels rechtswidriger Haupttat bleibt auch die erfolgreiche Anstiftung zum Suizid stets straflos, während die erfolgreiche Anstiftung zur versuchten Suizidbeihilfe gem. §§ 217, 26, 28 Abs. 1 StGB selbst dann strafbar ist, wenn lediglich der Gehilfe, aber nicht der Anstifter geschäftsmäßig gehandelt hat – es sei denn, der Anstifter stand dem Suizidenten als dessen Angehöriger oder sonst nahe, § 217 Abs. 2 StGB.

6   Die Strafwürdigkeit gerade der geschäftsmäßigen versuchten Beihilfe (und nicht auch Anstiftung) zum Suizid (und nicht auch zum Mord) begründet der Gesetzgeber damit, eine derartige Beihilfe könne »Menschen zur Selbsttötung verleiten, die dies ohne ein solches Angebot nicht tun würden«.[5] Der abstrakten Gefahr[6] einer solchen Verleitung

---

1   SK-StGB/*Sinn*, 9. Aufl. 2017, § 216 Rn. 2.
2   BGBl. 2015 I 2177; zu den vier unterschiedlichen Regelungsentwürfen zur Schaffung eines neuen § 217 StGB vgl. *Jäger* JZ 2015, 879 ff.
3   BT-Drs. 18/5373, 19; *Hecker* GA 2016, 455 (458); *Gaede* JuS 2016, 385 (389).
4   *Grünewald* JZ 2016, 938 (943); *Hecker* GA 2016, 455 (458).
5   BT-Drs. 18/5373, 12.
6   BT-Drs. 18/5373, 16; *Gaede* JuS 2016, 385 (388); *Grünewald* JZ 2016, 938 (942); *Kubiciel* ZIS 2016, 396 (398); *Berghäuser* ZStW 128 (2016), 761; abl. *Roxin* NStZ 2016, 185 (186).

zu übereilten, einer momentanen Verzweifelungssituation entsprungenen oder auch fremdbestimmten Suizidhandlungen[7] soll dadurch begegnet werden, dass einerseits die Verfügbarkeit von Angeboten zu einem **assistierten Suizid** möglichst begrenzt wird,[8] andererseits durch geschäftsmäßig handelnde Suizidgehilfen nicht der »fatale Anschein einer Normalität und einer gewissen gesellschaftlichen Adäquanz der Selbsttötung« erweckt wird.[9]

Gegen § 217 StGB ist von mehreren Suizidwilligen **Verfassungsbeschwerde** mit der Be-   7
gründung eingelegt worden, ihr verfassungsmäßig garantiertes Selbstbestimmungsrecht umfasse auch die Inanspruchnahme geschäftsmäßiger Suizidhelfer bei der Umsetzung ihres Sterbewunsches.[10] Die Anträge der Beschwerdeführer darauf, eine einstweilige Anordnung gegen § 217 StGB zu erlassen, hat das BVerfG abgelehnt, weil die Beschwerdeführer durch eine vorläufige Fortgeltung dieser Strafvorschrift bis zur Entscheidung in der Hauptsache keine so gravierenden Nachteile erleiden würden, dass ein Eingriff in die gesetzgeberische Gestaltungsfreiheit ihretwegen unabdingbar erschiene.[11]

Unabhängig von der noch ausstehenden endgültigen Entscheidung des BVerfG über die   8
Verfassungsmäßigkeit des § 217 StGB[12] muss die nach § 216 StGB tatbestandsmäßige Sterbehilfe von einer bloßen Suizidbeihilfe abgegrenzt werden. Letztere ist im Falle einer Aufhebung des § 217 StGB durch das BVerfG nämlich gänzlich straflos, im Falle einer Bestätigung des § 217 StGB durch das BVerfG lediglich bei geschäftsmäßiger Hilfe und auch nur innerhalb eines gegenüber § 216 StGB niedrigeren Strafrahmens sanktionierbar.

B. Hilfe im Sterben

Auf der anderen Seite unterscheidet die Sterbehilfe sich auch von sog. »Hilfe im Ster-   9
ben«, die sich auf eine bloße Bekämpfung von Schmerzen und sonstigen Leiden beschränkt, also nur das »**Wie**« **des Sterbens** betrifft, aber auf das »Ob« und »Wann« des Versterbens ohne Einfluss bleibt. Durch bloße Hilfe im Sterben wird demzufolge jedenfalls kein Tötungsdelikt begangen, gleich ob sie mit oder ohne Einwilligung des Verstorbenen erfolgt. Wird sie gegen oder ohne den Willen des Verstorbenen geleistet, so kommt allerdings ein **Körperverletzungsdelikt** in Betracht. Wird sie ihm gegen oder ohne seinen Willen vorenthalten, so ist eine Körperverletzung durch Unterlassen zu erwägen, falls der Unterlassende sich in einer Garantenstellung iSd § 13 StGB befindet, und ansonsten eine unterlassene Hilfeleistung gem. § 323c StGB zu prüfen.

Insbesondere der **Arzt,** der die medizinische Behandlung des Sterbenden übernom-   10
men hat, **ist Beschützergarant** sowohl für dessen Leben als auch für dessen körperliche Integrität. Eine Beeinträchtigung der körperlichen Integrität liegt aber sowohl in den Schmerzen, die der Sterbende infolge seiner Krankheit erdulden muss, als auch in der Bewusstseinseintrübung, die mit der Verabreichung schmerzstillender oder -lindernder Mittel ggf. einhergeht. Sowohl eine aktive Schmerzbekämpfung als auch das Unterlassen einer Schmerzbekämpfung führen daher zur Strafbarkeit des Arztes wegen Körperverletzung, sofern keine (tatsächliche oder zumindest mutmaßliche) Einwilligung des Sterbenden das betreffende Verhalten abdeckt.[13] Dabei kommt es nicht

---

7 BT-Drs. 18/5373, 12.
8 BT-Drs. 18/5373, 2.
9 BT-Drs. 18/5373, 11; zust. insoweit *Roxin* NStZ 2016, 185 (187, 191).
10 BVerfG NJW 2016, 588 Rn. 9.
11 BVerfG NJW 2016, 588 Rn. 11.
12 Für verfassungswidrig wird § 217 StGB erachtet von *Roxin* NStZ 2016, 185 (188); *Hecker* GA 2016, 455 (471); für eine verfassungskonforme restriktive Auslegung der Norm dagegen *Kubiciel* ZIS 2016, 396 (402f.).
13 *Schroth* in Roxin/Schroth MedizinStrafR-HdB 85f.

darauf an, ob die Einwilligung des Opfers im Rahmen der Körperverletzungsdelikte bereits den Tatbestand ausschließt oder erst als Rechtfertigungsgrund beachtlich ist. Welche »Hilfe im Sterben« jeweils rechtlich gewollt ist, lässt sich nicht nach objektiven Maßstäben festlegen, sondern muss vom Sterbenden selbst entschieden werden:[14] **voluntas aegroti suprema lex.**

C. Indirekte Sterbehilfe

11 Schwieriger als die Fälle der lebenserwartungsneutralen Hilfe im Sterben sind die Fälle der sog. indirekten Sterbehilfe rechtlich einzuordnen. Es geht dabei um die **Verabreichung schmerzstillender oder -lindernder Mittel** an einen Sterbenden, die möglicherweise oder sogar sicher zu einer **Verkürzung von dessen ohnehin begrenzter Lebenserwartung** führen. Wegen dieser Lebensverkürzung geht es insoweit um ein (zumindest versuchtes) Tötungsdelikt, sodass allein die Einwilligung des Sterbenden hier – anders als für die Hilfe im Sterben – gem. § 216 StGB noch keine Straflosigkeit zu bewirken vermag. Dennoch besteht grundsätzliche Einigkeit darüber, dass auch die indirekte Sterbehilfe wie die Hilfe im Sterben straflos ist, sofern sie mit tatsächlicher oder zumindest mutmaßlicher Einwilligung des Sterbenden geleistet wird.[15] Fehlt es an einer solchen zumindest mutmaßlichen Einwilligung, so begründet die indirekte Sterbehilfe allerdings den objektiven Tatbestand eines Tötungsdelikts und es hängt dann lediglich vom Wissensstand des Täters ab, ob er wegen Totschlags oder wegen fahrlässiger Tötung zu bestrafen ist. Streitig ist im Zusammenhang mit der indirekten Sterbehilfe, ob deren **Straflosigkeit schon auf der Tatbestands- oder erst auf der Rechtswidrigkeitsebene** eintritt. Eine Straflosigkeit auf der Tatbestandsebene könnte sich darauf stützen, dass die mit der indirekten Sterbehilfe verbundene Gefahr einer Lebensverkürzung als erlaubtes Risiko eingeordnet wird.[16] Eine Straflosigkeit auf der Rechtswidrigkeitsebene könnte sich daraus ergeben, dass wegen der dem Sterbenden drohenden Schmerzen ein rechtfertigender Notstand bejaht wird,[17] der die Verabreichung des lebensverkürzenden Schmerzmittels erforderlich macht. Unabhängig vom deliktssystematischen Standort, auf dem die Straflosigkeit begründet wird, sind die dafür ausschlaggebenden materiellen Wertungen dieselben:

12 Der Zuwachs an Lebensqualität für den ohnehin Sterbenden, der aufgrund schmerzstillender Mittel eintritt, wiegt den Verlust an Lebensquantität, der aufgrund desselben Mittels eintritt, immerhin bis zu einem gewissen Grade auf – so weit, dass kein strafwürdiges Unrecht mehr verbleibt, wenn zu dem genannten positiven Effekt dann noch die tatsächliche oder zumindest mutmaßliche Einwilligung des Sterbenden hinzutritt, der zuvor über die »Doppelwirkung« des Schmerzmittels aufgeklärt wurde. **Einwilligung in die Verkürzung der Lebensquantität und Verbesserung der Lebensqualität zusammengenommen** sollen also den Unrechtsausschluss bewirken können.[18]

---

14 *Bockelmann,* Strafrecht des Arztes, 1968, 58.
15 BGHSt 42, 301 = NJW 1997, 807; BGHSt 46, 279 = NJW 2001, 1802; BGHSt 55, 204 = NJW 2010, 2963; LK-StGB/*Jähnke* Vor § 211 Rn. 16; *Merkel,* FS Schroeder, 2006, 297; *Roxin* in Roxin/Schroth MedizinStrafR-HdB 86; *Ulsenheimer* in Ulsenheimer ArztStrafR Rn. 697; vgl. auch *Schroth* GA 2006, 549 (565).
16 Schönke/Schröder/*Eser/Sternberg-Lieben* StGB Vor §§ 211 ff. Rn. 26; *Engisch,* FS Bockelmann, 1979, 532; *Herzberg* NJW 1996, 3043 (3048) (»erlaubtes Risiko«); *Jäger* ZStW 115 (2003), 765 (770); *Kraatz* ArztStrafR Rn. 180; *Tröndle* ZStW 99 (1987), 25 (37); vgl. dazu auch *Wessels/Hettinger,* Strafrecht Besonderer Teil I, 40. Aufl. 2016, Rn. 32.
17 BGHSt 55, 204 = NJW 2010, 2963; MüKoStGB/*Schneider* Vor §§ 211 f. Rn. 99; *Dölling,* FS Gössel, 2002, 212; *Merkel,* FS Schroeder, 2006, 308 Fn. 35; *Merkel* JZ 1996, 1148; *Neumann,* FS Herzberg, 2008, 575 ff.; *Roxin* in Roxin/Schroth MedizinStrafR-HdB 87 Fn. 10; *Schreiber* NStZ 1986, 340 f.
18 BGHSt 42, 301 (305) = NJW 1997, 807; BGHSt 46, 279 (284 f.) = NJW 2001, 1802; *Merkel,* FS Schroeder, 2006, 310.

Offen bleibt auf dieser Basis einerseits, wie viel an Lebensverkürzung sein darf, und **13** andererseits, wie deutlich der Gewinn an Lebensqualität sein muss. Der BGH[19] hat eine indirekte Sterbehilfe bislang nur bei »**Sterbenden**« für zulässig erachtet, dh bei Personen, deren Sterbeprozess hin zum nahe bevorstehenden Tod bereits begonnen hat und allenfalls noch geringfügig verlängert, aber nicht mehr nachhaltig in seinem Verlauf beeinflusst werden kann. In der Literatur[20] wird der Rahmen für indirekte Sterbehilfe dagegen überwiegend weiter gesteckt, indem bereits »**tödlich Kranke**« in sie einbezogen werden, dh Personen, von denen zwar feststeht, dass sie irreversibel an einer tödlichen Krankheit zu sterben verurteilt sind, aber nicht, wann dies der Fall sein wird.[21] Auch müssten es nicht notwendig **körperliche Schmerzen** sein, um derentwillen die indirekte Sterbehilfe geleistet wird, sondern könnten auch **andere schwere Leiden** sein, zB Panikzustände aus Angst vor dem bevorstehenden Tod.[22]

Strittig ist schließlich auch, welche **subjektiven Voraussetzungen** aufseiten des Ster- **14** behelfers an eine zulässige indirekte Sterbehilfe zu stellen sind: Die hA fordert insoweit, dass der Sterbehelfer bei seinem Tun von der Absicht zur Schmerzlinderung motiviert gewesen sein muss, während er die damit verbundene Lebensverkürzung lediglich **als mögliche oder allenfalls sichere Nebenfolge in Kauf genommen** haben darf.[23] Zutreffend erscheint hier jedoch die Gegenauffassung, derzufolge es ausreicht, wenn der Sterbehelfer um die segensreiche Wirkung des von ihm verabreichten Schmerzmittels gewusst hat.[24] Dass es ihm auf diese segensreiche Wirkung nicht ankam, verringert diese nicht, und dass es ihm stattdessen auf eine Lebensverkürzung für den Patienten ankam, verschlimmert diese nicht. Bloßes **Gesinnungsunrecht** aber vermag keinen legitimen Strafgrund abzugeben.

D. Aktive Sterbehilfe

Die sog. aktive Sterbehilfe ist dagegen nach § 216 StGB strafbar, auch wenn sie bezwe- **15** cken sollte, einen Sterbenden auf dessen Verlangen von schwersten Schmerzen zu erlösen.[25] Im Unterschied zur indirekten bewirkt die aktive Sterbehilfe nämlich keine Befreiung von Schmerzen vor dem Tod, sondern eine Befreiung von Schmerzen erst im Tod und durch den Tod. Gegeneinander abzuwägen sind hier also nicht der Gewinn an Lebensqualität und ein Verlust an Lebensquantität, sondern ein schmerzfreies Nichtleben und ein schmerzvolles Leben. Dass ein an unerträglichen Schmerzen leidender Patient dabei subjektiv die Alternative des schmerzfreien Nichtlebens vorzieht, genügt nicht zur Rechtfertigung der aktiven Sterbehilfe, wie gerade § 216 StGB beweist.[26] **Objektiv aber kann die Rechtsordnung kein noch so schmerzbeladenes Leben als »lebensunwert« einstufen,** dh als negativen Wert selbst gegenüber dem Tod.[27] Sie kann ein schmerzerfülltes Leben nicht einmal als weniger schützenswert einstufen als ein schmerzfreies, wie sich in Fällen der sog. Pflichtenkollision zeigt. Erst recht

19 BGHSt 42, 301 (305) = NJW 1997, 807; vgl. auch die Grundsätze der BÄK zur ärztlichen Sterbebegleitung DÄBl. 2011, 346 ff.
20 *Schroth* in Roxin/Schroth MedizinStrafR-HdB 89 Fn. 16.
21 So BGHSt 40, 257 = NJW 1995, 204.
22 *Frister/Lindemann/Peters*, Arztstrafrecht, 2011, 109 Rn. 198; *Schroth* in Roxin/Schroth MedizinStrafR-HdB 89 Fn. 18.
23 *Frister/Lindemann/Peters*, Arztstrafrecht, 2011, 109 Rn. 199; *Schroth* in Roxin/Schroth StrafR-HdB 91 Fn. 24; *Schöch* NStZ 1997, 409 (411).
24 *Brunhöber* JuS 2011, 401 (405); *Herzberg* NJW 1996, 3043 (3049); *Merkel*, FS Schroeder, 2006, 297 (316).
25 *Momsen* in Satzger/Schluckebier/Widmaier, StGB, 3. Aufl. 2017, Vor §§ 211 ff. Rn. 26; *Roxin* in Roxin/Schroth MedizinStrafR-HdB 104; aA *Merkel*, FS Schroeder, 2006, 320f.
26 BGHSt 37, 379 = NJW 1991, 2357.
27 AA *Merkel*, FS Schroeder, 2006, 312 Fn. 59.

vermögen noch so erhebliche Schmerzen den Wert eines Lebens nicht auf Null oder sogar auf Minus zu reduzieren.

16 Im Unterschied zur aktiven Sterbehilfe nach § 216 StGB ist die bloße Suizidbeihilfe gem. § 217 StGB nur im Falle geschäftsmäßiger Hilfeleistung und auch nur innerhalb eines niedrigeren Strafrahmens als jene mit Strafe bedroht. Wegen ihrer unterschiedlichen Voraussetzungen und Rechtsfolgen müssen aktive Sterbehilfe und Suizidbeihilfe durch aktives Tun daher voneinander abgegrenzt werden.[28]

17 Aktive Sterbehilfe besteht in der täterschaftlichen Tötung eines Sterbewilligen, während bei der Suizidbeihilfe umgekehrt der Sterbewillige sich selbst täterschaftlich tötet. Von der ganz herrschenden Lehre und bei § 216 StGB auch von der Rechtsprechung wird die Abgrenzung zwischen Täterschaft und Teilnahme nach der sog. **Tatherrschaftslehre** vollzogen.[29] Im Unterschied zur Rechtsprechung engt die hL den Begriff der zu beherrschenden »Tat« bei § 216 StGB aber in einer am spezifischen Schutzzweck der Norm orientierten Weise ein:[30]

18 Es muss sich bei diesem Schutzzweck um einen solchen handeln, der bei der Suizidbeihilfe gerade nicht einschlägig ist und so die gesetzlich angeordnete Differenzierung in den Rechtsfolgen zwischen aktiver Sterbehilfe und Suizidbeihilfe zu erklären vermag. Die einzige ersichtliche Erklärung der unterschiedlichen Rechtsfolgen liegt darin, dass man von einer Person, die den Wunsch äußert, von einem anderen getötet zu werden, niemals sicher weiß, ob der geäußerte Todeswunsch wirklich jene letzte Entschlossenheit erreicht hat, die notwendig wäre, um selbst den unmittelbar todbringenden Akt vorzunehmen.[31] Der Wunsch, nicht mehr länger leben zu wollen, lässt sich jedenfalls leichter äußern als eigenhändig umsetzen. Erst dadurch, dass der Todeswillige selbst den letzten seiner Vorstellung nach noch erforderlichen Akt zur Erfüllung seines Todeswunsches ausführt, wird sichtbar, dass sein Todeswunsch fest genug war, um auch die **»Feuerprobe des ohne weitere Zwischenakte todbringenden Moments«** zu bestehen. Will die Rechtsordnung verhindern, dass auch Todeswünsche verwirklicht werden, die dieser Feuerprobe nicht gewachsen gewesen wären, so muss sie demzufolge jede Tötung auf Verlangen strafbar stellen, wohingegen sie davon bei bloßer Beihilfe zur Selbsttötung absehen kann.

19 Daraus folgt aber zugleich, dass es für die »Tat«herrschaft darauf ankommen muss, **wer den unmittelbar todbringenden Moment beherrscht hat,** während die demgegenüber vorgelagerten Tatstadien insoweit vernachlässigt werden können.[32] Hat der Sterbewillige also jedenfalls den letzten seiner Vorstellung nach noch notwendigen Tatbeitrag zu seiner eigenen Tötung selbst vorgenommen, so ist er unmittelbarer Täter eines Suizids. Eine aktive Sterbehilfe durch einen als Mit- oder mittelbaren Täter einzustufenden weiteren Tatbeteiligten scheidet dann aus:

---

28 *Roxin* in Roxin/Schroth MedizinStrafR-HdB 105 Fn. 69; *Roxin*, FS Dreher, 1977, 331 ff.

29 Vgl. allg. *Roxin*, Täterschaft und Tatherrschaft, 9. Aufl. 2015, 127 ff.; speziell zu § 216 StGB Schönke/Schröder/*Eser/Sternberg-Lieben* StGB § 216 Rn. 11; BGHSt 19, 39 = NJW 1963, 1835; BGH GA 1986, 508; NJW 1987, 1092; NStZ 1995, 230; NStZ 2003, 538; OLG München NJW 1987, 2940; OLG Nürnberg NJW 2003, 454 = JZ 2003, 745.

30 *Arzt* JR 1986, 309; *Herzberg* JA 1985, 137; *Herzberg* NJW 1986, 1635 (1638 ff.); *Herzberg* JuS 1988, 771; *Hohmann/König* NStZ 1989, 304; *Jakobs*, Tötung auf Verlangen, Euthanasie und Strafrechtssystem, 1998, 25 f.; *Jakobs*, Strafrecht AT, 2. Aufl. 1991, 21. Abschnitt Rn. 58a; *Kühl* JR 1988, 338; *Otto*, FS Tröndle, 1989, 157 ff.; *Roxin* NStZ 1987, 345 (347); *Schroeder* ZStW 1994, 565 (579); *Wessels/Hettinger*, Strafrecht Besonderer Teil I, 40. Aufl. 2016, Rn. 162 ff.

31 *Roxin* NStZ 1987, 348.

32 BGHSt 19, 135 (139) = NJW 1965, 699; OLG Hamburg NStZ 2016, 530 (532); *Roxin* NStZ 1987, 347; *Roxin* in Roxin/Schroth MedizinStrafR-HdB 106f.; SK-StGB/*Sinn*, 9. Aufl. 2017, § 216 Rn. 11 aE.

Hoyer

Die **Mittäterschaft** an einer Straftat zeichnet sich nämlich gem. § 25 Abs. 2 StGB da- **20** durch aus, dass die betreffenden Tatbeteiligten sich wechselseitig rechtswidrige Tatbeiträge zusagen und ihnen daher jeweils der durch die eigene Zusage vom anderen erwirkte Tatbeitrag zugerechnet werden kann. Wer sich an seiner eigenen Tötung zu beteiligen verspricht, sagt damit aber keinen rechtswidrigen Tatbeitrag zu, sodass mangels »Unrechtspakts« auch eine gegenseitige Unrechtszurechnung entfallen muss.[33]

Eine **mittelbare Täterschaft** kraft Wissens- oder Willensüberlegenheit über den unmit- **21** telbar sich selbst tötenden Sterbewilligen kommt demgegenüber zwar in Betracht, wenn die (allerdings streitigen) allgemeinen Kriterien des § 25 Abs. 1 Alt. 2 StGB erfüllt sind.[34] Ist dies der Fall, so wird dadurch jedoch trotzdem keine Strafbarkeit wegen aktiver Sterbehilfe begründet, da es dann zwingend an einer wirksamen Einwilligung und erst recht an einem »ernstlichen« Verlangen iSd § 216 StGB fehlt.[35] Die mittelbare Täterschaft bezieht sich dann vielmehr genauso auf einen Totschlag oder sogar einen Mord, wie wenn der Getötete überhaupt keinen Sterbewunsch geäußert oder auch nur empfunden hätte.

Eine gem. § 216 StGB strafbare aktive Sterbehilfe setzt somit voraus, dass der Sterbe- **22** willige erstens jedenfalls nicht selbst als unmittelbarer Täter den todbringenden Moment beherrschte, dass dieser Moment vielmehr zweitens vom potenziellen Sterbehelfer täterschaftlich beherrscht wurde und dass diese Beherrschung drittens erfolgte, weil der Sterbewillige sie ausdrücklich und ernstlich verlangt hatte. **Unter einem Todesverlangen ist dabei ein Plus gegenüber einer bloßen Einwilligung in die eigene Tötung zu verstehen:** Es genügt nicht, dass das Opfer sich zur Duldung der an ihm verübten Tat bereit erklärt hatte, sondern es muss unmissverständlich seine eigene Präferenz für den Eintritt seines Todes bekundet und den Täter im Hinblick auf diese Präferenz zur Tat aufgefordert haben.[36] »**Ernstlich**« ist ein solches Verlangen nur, wenn der Sterbewillige zum Zeitpunkt seiner Äußerung erstens voll schuldfähig war (§§ 19–21 StGB), zweitens keinem Irrtum über seine künftig zu erwartende Lebensqualität und -quantität unterlag sowie drittens nicht unter Zwang, dh dem Einfluss von Nötigungsmitteln (§ 240 StGB), stand.[37] Der BGH hat in neueren Entscheidungen darüber hinaus nur »einen von innerer Festigkeit und Zielstrebigkeit getragenen Todeswunsch«[38] als ernstlich gelten lassen.

E. Geschäftsmäßige Suizidbeihilfe

Eine Strafbarkeit wegen geschäftsmäßiger Suizidbeihilfe nach dem am 10.12.2015 in **23** Kraft getretenen § 217 StGB[39] setzt im Unterschied zur aktiven Sterbehilfe gem. § 216 StGB nur eine abstrakte Gefährdung des Lebens eines potenziell Sterbewilligen voraus – eine vollendete oder auch nur versuchte täterschaftliche Tötung des potenziell Sterbewilligen braucht weder dieser selbst (in Form eines Suizids) noch sein Helfer (in Form einer Fremdtötung) begangen zu haben.[40] Der objektive Tatbestand des § 217 StGB ist vielmehr bereits dann verwirklicht, wenn dem potenziell Sterbewilligen ge-

33 *Fischer* StGB § 216 Rn. 4a; *Kraatz* ArztStrafR 170; Prütting/*Duttge* MedizinR StGB §§ 218, 218a Rn. 25; *Roxin* NStZ 1987, 345 (347).
34 *Herzberg,* Täterschaft und Teilnahme, 1977, 35 f.; SK-StGB/*Hoyer,* 9. Aufl. 2017, § 25 Rn. 52 ff.
35 Schönke/Schröder/*Eser/Sternberg-Lieben* Vor §§ 211 ff. Rn. 37.
36 Schönke/Schröder/*Eser/Sternberg-Lieben* StGB § 216 Rn. 8; BeckOK StGB/*Eschelbach,* 33. Ed. 1.12.2016, StGB § 216 Rn. 9; Lackner/Kühl/*Kühl* StGB § 216 Rn. 2; MüKoStGB/*Schneider* § 216 Rn. 18; SK-StGB/*Sinn,* 9. Aufl. 2017, § 216 Rn. 8; *Kraatz* ArztStrafR Rn. 176.
37 Schönke/Schröder/*Eser/Sternberg-Lieben* StGB § 216 Rn. 8; *Kraatz* ArztStrafR Rn. 176.
38 BGH NStZ 2011, 340 (341); 2012, 85 (86); OLG Hamburg NStZ 2016, 530 (533).
39 BGBl. 2015 I 2177; → § 53 Rn. 4.
40 BT-Drs. 18/5373, 19.

schäftsmäßig eine Suizidgelegenheit gewährt (Alt. 1), verschafft (Alt. 2) oder vermittelt (Alt. 3) wurde. Alle diese Alternativen beziehen sich auf den Begriff der Suizidgelegenheit, dh äußerer Umstände, die dazu geeignet sind, eine Selbsttötung zu ermöglichen oder wesentlich zu erleichtern.[41] **Gewährt** wird eine Suizidgelegenheit durch denjenigen, der diese äußeren Umstände aus seiner Verfügungsgewalt heraus dem potenziellen Suizidenten zur Verfügung stellt.[42] **Verschafft** wird die Suizidgelegenheit durch denjenigen, der diese äußeren Umstände aus der Verfügungsgewalt eines Dritten heraus dem potenziellen Suizidenten zur Verfügung stellt.[43] Und **vermittelt** wird eine Suizidgelegenheit durch denjenigen, der den Kontakt des potenziell Sterbewilligen zu einer Person herstellt, die dazu bereit und imstande ist, ihm eine Suizidgelegenheit zu gewähren oder zu verschaffen.[44]

24 Für alle drei Alternativen muss der Täter allerdings objektiv geschäftsmäßig und subjektiv in der Absicht gehandelt haben, die Selbsttötung eines anderen zu fördern. **Geschäftsmäßigkeit** setzt im Unterschied zur Gewerbsmäßigkeit keine Gewinnerzielungsabsicht voraus, sondern lediglich ein Verhalten, das auf einer gewissen Regelhaftigkeit beruht, also auf Wiederholung bei gleichartigen Tatumständen angelegt ist.[45] Dass der Täter in der Absicht gehandelt haben muss, die Selbsttötung eines anderen zu fördern, bedeutet nicht, dass sich die Absicht des Täters auch auf einen erfolgreichen oder jedenfalls versuchten Suizid des anderen bezogen haben muss.[46] Vielmehr muss nur die Förderung des Suizids vom Täter angestrebt worden sein, während hinsichtlich einer erfolgreichen Durchführung dieses Suizids auch dolus eventualis ausreicht.[47]

25 Auch ein Arzt, der nach Ausschöpfung aller Behandlungsmöglichkeiten und eingehender palliativmedizinischer Aufklärung seines Patienten dessen unbeeinflusst und voll reflektiert geäußertem Wunsch nach einem assistierten Suizid schließlich entspricht und ihm die dafür benötigten Medikamente oder Apparaturen zur Verfügung stellt, handelt also in der **Absicht zur Suizidförderung**, mag er auch noch so inständig darauf hoffen, dass der Patient seinen Sterbewillen schließlich doch fallen lassen werde. Entgegen der Einschätzung des Gesetzgebers[48] wird ein solcher Arzt auch durch die Notwendigkeit eines »geschäftsmäßigen« Handelns nicht zwangsläufig vor Strafe geschützt, sofern sein Handeln etwa auf der Maxime beruht, in ähnlich gelagerten künftigen Fällen dieselbe Bereitschaft zum Eingehen auf den unbeeinflusst entwickelten Wunsch seiner Patienten nach einem assistierten Suizid aufzubringen. Um hier eine Strafbarkeit des Arztes wegen geschäftsmäßiger Suizidbeihilfe zu vermeiden, müsste das Tatbestandsmerkmal der Geschäftsmäßigkeit verfassungskonform restriktiv so ausgelegt werden, dass es lediglich im Rahmen von Geschäftsbeziehungen erfüllt sein kann, die erst aufgrund eines beim Patienten bereits bestehenden Suizidwunsches zwecks dessen Verwirklichung aufgenommen worden sind, nicht aber bei einer Suizidassistenz als ultima ratio innerhalb einer gewachsenen, zu anderen Zwecken gebildeten Vertrauensbeziehung.[49]

41 BT-Drs. 18/5373, 18.
42 BT-Drs. 18/5373, 18; *Berghäuser* ZStW 128 (2016), 761.
43 BT-Drs. 18/5373, 18; *Berghäuser* ZStW 128 (2016), 761 (762).
44 BT-Drs. 18/5373, 18; *Berghäuser* ZStW 128 (2016), 761 (763).
45 BT-Drs. 18/5373, 16; *Gaede* JuS 2016, 385 (389); *Hecker* GA 2016, 455 (457); *Berghäuser* ZStW 128 (2016), 761 (763).
46 BT-Drs. 18/5373, 19.
47 *Berghäuser* ZStW 128 (2016), 761 (767); *Gaede* JuS 2016, 385 (390).
48 BT-Drs. 18/5373, 18.
49 *Gaede* JuS 2016, 385 (390).

F. Passive Sterbehilfe

Anders als die aktive Sterbehilfe und die geschäftsmäßig geleistete (ebenfalls aktive) **26**
Suizidbeihilfe bleibt die passive Sterbehilfe grundsätzlich straflos. Passive Sterbehilfe
leistet derjenige, der darauf verzichtet, den Tod eines tatsächlich oder zumindest
mutmaßlich Sterbewilligen zu verhindern, obwohl er dies könnte. In Betracht kommt
hier somit ohnehin **allenfalls eine Unterlassensstrafbarkeit,** entweder als Garant iSd
§ 13 Abs. 1 StGB wegen unechten Unterlassungsdelikts oder als Nichtgarant wegen
unterlassener Hilfeleistung nach § 323c StGB.

Der Grund für die unterschiedlichen Rechtsfolgen aktiver und passiver Sterbehilfe **27**
liegt darin, dass die obigen Erwägungen zur Strafwürdigkeit der aktiven Sterbehilfe
(→ § 53 Rn. 18) bei ihrem passiven Pendant nicht passen: **Der bloß Unterlassende
nimmt einem Sterbewilligen gerade nicht jenen unmittelbar todbringenden Akt ab,**
durch den dieser auf nicht mehr zu bezweifelnde Weise seine bis zum Äußersten ver-
festigte Tatentschlossenheit unter Beweis stellt. Auch wenn der Sterbewillige lediglich
seinen »natürlichen« oder ihm von dritter Hand zugefügten Tod hinzunehmen bereit
ist, so beherrscht der angesichts dessen passiv bleibende Sterbehelfer den todbringenden Moment doch jedenfalls nicht mehr als der Sterbewillige selbst, nimmt ihm also
wiederum die (buchstäblich) letzte Entscheidung nicht ab.

Daher besteht weitgehend Einigkeit darüber, dass eine Strafbarkeit nach §§ 216, 13 **28**
StGB für einen passiven Sterbehelfer mit Garantenstellung jedenfalls grundsätzlich
ebenso wenig besteht wie eine Strafbarkeit nach § 323c StGB für einen passiven Sterbehelfer ohne Garantenstellung.[50] Die deliktssystematische Kategorie, mit deren Hilfe
sich dieses Ergebnis erzielen lässt, ist die **Einwilligung:**[51] Anders als bei einer Tötung
durch aktives Tun wird sie bei einer Tötung durch Unterlassen als hinreichend akzeptiert, um die Tatbestandsmäßigkeit oder jedenfalls die Rechtswidrigkeit einer Tat auszuschließen. Dafür bedarf es allerdings einer wirksamen Einwilligung, wobei sich diese Wirksamkeit nach denselben Maßstäben beurteilt wie die oben angesprochene
Ernstlichkeit eines Tötungsverlangens bei der aktiven Sterbehilfe (→ § 53 Rn. 22).[52]

Probleme ergeben sich auf dieser Basis, wenn der Sterbewillige im Rahmen seines **29**
selbst aktiv ausgelösten oder zumindest passiv hingenommenen Sterbeprozesses **bereits das Bewusstsein verloren** hat, vom passiven Sterbehelfer aber noch gerettet werden könnte. Hier ließe sich sagen, dass nunmehr wieder der rettungsfähige passive
Sterbehelfer den todbringenden Moment allein beherrscht und deshalb als Garant eine
Tötung auf Verlangen durch Unterlassen begeht, wenn er weiter untätig bleibt (für einen Nichtgaranten käme dementsprechend eine unterlassene Hilfeleistung in Betracht). Der BGH hat dies in seinem sog. **Wittig-Urteil**[53] auch tatsächlich so gesehen,
ist damit aber auf scharfe Kritik im Schrifttum gestoßen:[54] Indem der Sterbewillige
versucht hat, sich selbst aktiv zu töten oder zumindest bewusstlos in den Tod hinüber-
zudämmern, hat er seinen Todeswunsch bis zum letzten Moment durchgehalten, in

---

50 StA München NStZ 2011, 346; *Duttge* MedR 2011, 37; aA allerdings BGHSt 32, 367 ff. = NJW
    1984, 2639; abl. dazu Schönke/Schröder/*Eser/Sternberg-Lieben* StGB Vor §§ 211 ff. Rn. 43; *Roxin*
    in Roxin/Schroth MedizinStrafR-HdB 93.
51 Schönke/Schröder/*Eser/Sternberg-Lieben* StGB § 216 Rn. 10; *Duttge* MedR 2011, 38; *Eidam* GA
    2011, 242.
52 *Kraatz* ArztStrafR Rn. 183.
53 BGHSt 32, 374 = NJW 1984, 2639; ebenso OLG Hamburg NStZ 2016, 530 (535) mablAnm. *Mie-
    bach* NStZ 2016, 536 ff.; *Rosenau* medstra 2017, 54 ff.
54 Schönke/Schröder/*Eser/Sternberg-Lieben* StGB Vor §§ 211 ff. Rn. 43; *Fischer* StGB Vor §§ 211–217
    Rn. 25; NK-StGB/*Neumann* Vor § 211 Rn. 73 ff.; *Herzberg* JZ 1988, 182 ff.; *Otto* NJW 2006, 2217
    (2222); *Roxin* in Roxin/Schroth MedizinStrafR-HdB 93 f.; *Roxin* NStZ 1987, 345 (346); *Schreiber*
    NStZ 2006, 473 (478); *Schroth* GA 2006, 549 (568 f.); krit. auch StA München NStZ 2011, 346.

dem er überhaupt noch einen Willen bilden konnte, und damit, soweit es ihm physisch möglich war, jede Feuerprobe auf die Festigkeit seines Entschlusses bestanden.

G. Sterbehilfe durch Behandlungsabbruch

30 Aufgrund ihrer unterschiedlichen Rechtsfolgen müssen aktive und passive Sterbehilfe sorgfältig voneinander abgegrenzt werden. Schwierigkeiten bereitet dies vor allem in Fällen, in denen die bislang durchgeführte medizinische Behandlung eines Sterbewilligen durch ein Verhalten abgebrochen wird, das sich **von seinem äußeren Erscheinungsbild her** als ein **aktives Tun** darstellt, zB das Abstellen eines technischen Beatmungsgeräts oder das Einstellen der künstlichen Ernährung über eine Magensonde. Gleich ob es sich bei dem Täter nun um den behandelnden Arzt des Sterbewilligen oder um einen Dritten handelt, wäre es für ihn jedenfalls günstiger, wenn sein Verhalten als bloßes Unterlassen bewertet würde und damit die Möglichkeit einer das Unrecht ausschließenden tatsächlichen oder mutmaßlichen Einwilligung bestünde.

31 Bisherige Rechtsprechung und hL[55] wollen aktive und passive Sterbehilfe hier nicht nach faktisch-naturalistischen, sondern nach normativ-bewertenden Gesichtspunkten voneinander abgrenzen und gelangen so zugunsten des Täters zu dem Ergebnis, ein sog. **»Unterlassen durch Tun«** (omissio qua commissio), dh einen Fall strafloser passiver Sterbehilfe, anzunehmen. Dieses Ergebnis ist schon seit Langem weitgehend anerkannt, **soweit der behandelnde Arzt eine von ihm selbst zuvor eingeleitete technische Behandlung wieder abbricht:**[56] Hätte dieser Arzt nämlich die technische Behandlung von Anfang an gar nicht erst aufgenommen, so läge eindeutig ein Fall bloßer passiver Sterbehilfe vor. Der Arzt darf aber des damit einhergehenden Privilegs, dass eine wirksame Einwilligung möglich ist, nicht dadurch verlustig gehen, dass er dem Patienten durch die Behandlungsaufnahme zunächst einmal zu einer längeren Lebensdauer verhilft – sonst wäre es für jeden Arzt, der Strafbarkeitsrisiken vermeiden will, ratsam, seinen auf Hilfe angewiesenen Patienten sogleich versterben zu lassen. Ein weiteres Argument, das dafür spricht, den technischen Behandlungsabbruch durch einen behandelnden Arzt nur als Unterlassen zu werten, besteht darin, dass man sich vorstellt, derselbe Patient wäre von Anfang an nur manuell statt mit technischen Behandlungsmitteln versorgt worden: Hätte es der Arzt beispielsweise eines Tages eingestellt, dem Patienten weiterhin Infusionen mit einer lebensnotwendigen Nährlösung zu verabreichen, so könnte ihm ab diesem Tage wiederum allenfalls ein Unterlassen vorgeworfen werden – der Einsatz der modernen Gerätemedizin darf aber nicht die Konsequenz auslösen, dass sich die strafrechtliche Haftung des Arztes hin zum aktiven Tun verschärft.

32 Obwohl beide genannten Argumente nicht einschlägig sind, wenn die **technische Behandlung von einem Dritten abgebrochen** wird, hat der BGH in einem neueren Urteil auch dies als gerechtfertigt eingestuft.[57] Dem Urteil zugrunde lag ein Fall, in dem die beiden Kinder einer seit über fünf Jahren in einem Pflegeheim irreversibel im Wachkoma (apallisches Syndrom) befindlichen Frau den Schlauch durchtrennt hatten, über den sie nach dem Willen der Heimleitung auch künftig mittels einer Magensonde

---

55 BGHSt 40, 265 f. = NJW 1995, 204; Schönke/Schröder/*Eser/Sternberg-Lieben* StGB Vor §§ 211 ff. Rn. 21 ff.; *Fischer* StGB Vor §§ 211–217 Rn. 32 ff.; *Duttge* MedR 2011, 37; *Otto* NJW 2006, 2217 ff.; *Roxin* in Roxin/Schroth MedizinStrafR-HdB 95; *Roxin,* FS Engisch, 1969, 380 (396); *Roxin* NStZ 1987, 345 (349); *Schreiber* NStZ 2006, 473 (474 ff.); *Schroth* GA 2006, 549 ff.

56 Vgl. BGHSt 40, 257 (265 f.) = NJW 1995, 204; Lackner/Kühl/*Kühl* StGB Vor § 211 Rn. 8; Schönke/Schröder/*Stree/Bosch* StGB Vor §§ 13 ff. Rn. 160; *Murmann* JuS 1998, 630; *Roxin* in Roxin/Schroth MedizinStrafR-HdB 95.

57 BGHSt 55, 191 ff. = NJW 2010, 2963 mAnm durch *Eidam* GA 2011, 232 ff.; *Gaede* NJW 2010, 2925 ff.; *Kubiciel* ZJS 2010, 656 ff.; *Lipp* FamRZ 2010, 1555f.; *Verrel* NStZ 2010, 671 ff.

Hoyer

künstlich ernährt werden sollte. Da die Frau, kurz bevor sie in das Wachkoma verfiel, es ihren Kindern gegenüber ausdrücklich abgelehnt hatte, in einer solchen Lage künstlich weiter ernährt zu werden, sah der BGH die Voraussetzungen einer **Einwilligung in den Behandlungsabbruch**[58] als gegeben an, **ohne dass es insoweit auf »eine Differenzierung zwischen aktivem und passivem Handeln nach äußerlichen Kriterien« ankomme.**[59]

Dass dieses Urteil im Ergebnis billigenswert erscheint, beruht allerdings nur auf dem 33 Wachkoma, in dem sich die Patientin zum Zeitpunkt der Einstellung ihrer künstlichen Ernährung befand. Stellte man sich stattdessen eine zur Tatzeit zwar schwer kranke, aber handlungsfähige Patientin vor, die ihre sie im Pflegeheim besuchenden Kinder zum Durchtrennen des Ernährungsschlauchs aufgefordert hätte, so läge nämlich genau die Situation vor, derentwegen § 216 StGB eine Tötung auf Verlangen durch aktives Tun verbietet:[60] Der verbal seine Sterbewilligkeit Beteuernde scheut letztlich davor zurück, seiner Beteuerung selbst die entsprechende Aktion folgen zu lassen. Erst seine Suizidunfähigkeit zur Tatzeit führt dazu, dass die Rechtsordnung denjenigen, der zuvor seinen Sterbewunsch bekundet hat, nicht mehr darauf verweisen kann, diesem Wunsch dann doch auch selbst Taten folgen zu lassen. Also wird man eine einwilligungsfähige Tötung durch Unterlassen aus normativer Sicht auch erst dann zugestehen dürfen, wenn der tatsächlich oder mutmaßlich in den Behandlungsabbruch Einwilligende zum Tatzeitpunkt **irreversibel suizidunfähig** war, anderenfalls aber eine zumindest nach § 216 StGB strafbare aktive Sterbehilfe annehmen müssen.

H. Sterbehilfe aufgrund einer Patientenverfügung

I. Antizipierte Einwilligung des Patienten

Liegt im Sinne der bisher erarbeiteten Grundsätze normativ ein Fall der passiven Ster- 34 behilfe vor, so kann eine wirksame Einwilligung des Sterbewilligen auf dreierlei Weise zustande kommen: erstens durch aktuell (= unmittelbar vor der Tat) ausdrücklich oder konkludent erklärte **Einwilligung,** zweitens durch antizipiert in Form einer sog. **Patientenverfügung** erklärte Einwilligung[61] und drittens durch **mutmaßliche Einwilligung,** falls eine tatsächliche (aktuell oder antizipiert abgegebene) Willensäußerung infolge irreversiblen Verlusts der Einwilligungsfähigkeit nicht mehr eingeholt werden kann. Die Voraussetzungen für eine rechtswirksame Patientenverfügung sind durch das 2009 in Kraft getretene 3. Gesetz zur Änderung des Betreuungsrechts in den §§ 1901a ff. BGB explizit geregelt worden.[62]

Das Bedürfnis für eine solche gesetzliche Regelung war dadurch entstanden, dass zwi- 35 schen Zivil- und Strafsenaten des BGH, aber auch im Schrifttum zuvor Uneinigkeit darüber bestand,[63] ob und unter welchen Bedingungen eine Patientenverfügung überhaupt als **»eigenständige Legitimationsgrundlage«**[64] für eine passive Sterbehilfe – neben aktuell erklärter und mutmaßlicher Einwilligung – anzuerkennen sei. Während der 1. Strafsenat des BGH einer etwaigen Patientenverfügung stets nur die Bedeutung beimaß, als widerlegliches Indiz für den mutmaßlichen Willen des Komapatienten

---

58 BGHSt 55, 191 (204) = NJW 2010, 2963.
59 BGHSt 55, 191 (203) = NJW 2010, 2963.
60 Krit. auch *Frister*, FS Samson, 2010, 19 f. (26 ff.); *Dölling* ZIS 2011, 345 (346 f.); *Streng*, FS Frisch, 2013, 739 (745 ff.); *Haas* JZ 2016, 714 (716 f.); *Joerden*, FS Roxin, 2011, Bd. 1, 593 (597 f.).
61 *Eidam* GA 2011, 232 (240); *Gaede* NJW 2010, 2925 (2926).
62 BGBl. 2009 I 2286.
63 *Höfling/Rixen* JZ 2003, 884 (885 ff.); *Ingelfinger* JZ 2006, 821; *Otto* NJW 2006, 2217 (2218f.); *Saliger* MedR 2004, 237 (240 f.); *Sternberg-Lieben*, FS Eser, 2005, 1185 (1198 ff.).
64 *Verrel* NStZ 2003, 449 (450).

zum Tatzeitpunkt zu dienen,[65] stufte der 12. Zivilsenat des BGH sie zumindest ab dem Moment als strikt bindend ein, ab dem das Leiden des einwilligungsunfähig gewordenen Patienten einen »irreversibel tödlichen Verlauf angenommen hat«.[66] Der neue § 1901a III BGB geht noch über diese Zivilrechtsprechung hinaus, indem dort eine **Bindungswirkung der Patientenverfügung »unabhängig von Art und Stadium« der Erkrankung** angeordnet wird. Dafür muss die Verfügung gem. § 1901a Abs. 1 BGB allerdings von einem einwilligungsfähigen Volljährigen in Schriftform abgefasst worden sein, ohne dass es andererseits einer notariellen Beurkundung oder ärztlichen Aufklärung und Beratung bedarf.[67] In ihrer zeitlichen Geltung unterliegt die Verfügung zwar keiner automatischen Befristung, sie kann jedoch formlos jederzeit ausdrücklich oder konkludent widerrufen werden.

36 Soweit eine wirksame Patientenverfügung vorliegt und deren Festlegungen noch auf die aktuelle Lebens- und Behandlungssituation des Patienten passen, ist diese somit rechtsverbindlich und es darf nicht stattdessen auf einen möglicherweise andersgerichteten mutmaßlichen Willen des nunmehr einwilligungsunfähigen Patienten zur Tatzeit abgestellt werden. Mutmaßungen über den aktuellen Willen eines einwilligungsunfähigen Patienten sind also umgekehrt nur erlaubt, wenn es entweder überhaupt an einer Festlegung des Patienten bezogen auf seine zukünftige ärztliche Behandlung oder zumindest an deren Wirksamkeitserfordernissen fehlt oder die Lebens- und Behandlungssituation des Patienten sich seit dessen Verfügung wesentlich geändert hat.[68] Um in dem für eine Patientenverfügung erforderlichen Maße eine Festlegung hinsichtlich seiner zukünftigen ärztlichen Behandlung zu treffen, muss der Patient seine Behandlungsentscheidung hinreichend konkret in Schriftform (§ 126 BGB) zum Ausdruck bringen. Der 12. Zivilsenat des BGH will es dafür nicht genügen lassen, wenn der Patient »lebensverlängernde Maßnahmen« für den Fall ablehnt, »dass aufgrund von Krankheit oder Unfall ein schwerer Dauerschaden des Gehirns zurückbleibt«. Nötig sei darüber hinaus entweder die »Nennung bestimmter ärztlicher Maßnahmen oder die Bezugnahme auf ausreichend spezifizierte Krankheiten oder Behandlungssituationen«.[69] In der Literatur werden derartige Anforderungen an den Konkretisierungsgrad einer Patientenverfügung zu Recht als überzogen[70] und der Rechtssicherheit für alle Verfahrensbeteiligten abträglich kritisiert.[71]

37 Zu den weiteren **Wirksamkeitserfordernissen einer Patientenverfügung** gehören neben den in § 1901a Abs. 1 BGB speziell benannten (Volljährigkeit/damalige Einwilligungsfähigkeit/Schriftform/kein Widerruf) auch die von §§ 134, 138 BGB generell geregelten, dass die Erklärung nicht gesetzes- oder sittenwidrig erscheint. Wegen Gesetzeswidrigkeit nichtig wäre etwa eine Patientenverfügung, die sich darauf richtete, aktive Sterbehilfe im oben angesprochenen Sinne gewährt zu erhalten.[72] Dass eine unter Einhaltung aller Wirksamkeitserfordernisse abgefasste Patientenverfügung nicht mehr auf die aktuelle Lebens- oder Behandlungssituation des Patienten passt, kann sich beispielsweise daraus ergeben, dass seitdem neue medizinische Behandlungsmethoden entwickelt wurden, die verbesserte Chancen auf eine Linderung oder gar Heilung der Leiden eröffnen, um deren Vermeidung es dem Patienten einstmals in seiner Verfügung ging.[73]

---

65 BGHSt 40, 263 = NJW 1995, 204.
66 BGHZ 154, 205 Rn. 42, 45 = NJW 2003, 1588.
67 BT-Drs. 16/8442, 14.
68 BT-Drs. 16/8442, 15.
69 BGH MedR 2017, 36 (41).
70 *Sternberg-Lieben* MedR 2017, 42 (43).
71 *G. Merkel* MedR 2017, 1 (8).
72 BT-Drs. 16/8442, 7f.
73 Deutscher Juristentag 2006, Abteilung Strafrecht, II, 8.

II. Mutmaßliche Einwilligung des Patienten

Erst wenn es entweder an jeglicher oder zumindest an einer wirksamen und »passen- **38**
den« Patientenverfügung fehlt, darf und muss gem. § 1901a Abs. 2 BGB der mutmaßliche Wille des einwilligungsunfähigen Patienten festgestellt und auf dieser Grundlage
über eine passive Sterbehilfe entschieden werden. Die mutmaßliche Einwilligung ist
also **subsidiär** nicht nur gegenüber einer aktuell einholbaren, sondern auch gegenüber
einer »passenden« antizipierten Äußerung des Patienten (vgl. § 630d Abs. 1 BGB).[74]
Darüber hinaus wird die Annahme einer mutmaßlichen Einwilligung durch § 1901a
Abs. 2 BGB an einen sog. **Betreuervorbehalt** gebunden, dh ohne oder gegen den Willen eines bestellten oder eigens zu bestellenden Betreuers darf die passive Sterbehilfe
nicht auf einen nur mutmaßlichen Willen des Patienten gestützt werden.[75]

Auch eine stellvertretende Einwilligung des Betreuers in die passive Sterbehilfe auf **39**
der Grundlage eines vom Betreuer gemutmaßten entsprechenden Patientenwillens
wird allerdings gem. § 1904 Abs. 2, 4 BGB nur gültig, wenn **neben dem Betreuer auch
noch entweder das Betreuungsgericht oder der behandelnde Arzt** ebenfalls zu dem
Ergebnis gelangt, die passive Sterbehilfe stimme mit dem mutmaßlichen Patientenwillen überein. Bei der Feststellung dieses mutmaßlichen Willens sind nach § 1901a Abs. 2
S. 3 BGB als Indizien unter anderem auch etwaige frühere Äußerungen des Patienten
zu berücksichtigen, die sich nicht in einer wirksamen Patientenverfügung niederge-
schlagen haben, zB mangels Einhaltung des Schriftform- oder Volljährigkeitserfordernisses. Um Missbrauch zu verhindern, bedarf es aber jedenfalls mindestens zweier
übereinstimmend zur Annahme einer mutmaßlichen Einwilligung gelangender Beur-
teilungsinstanzen (davon eine: der Betreuer), damit auf ihrer Grundlage passive Sterbehilfe geleistet werden darf.[76]

Einer neueren Entscheidung des BGH zufolge sollen die genannten **prozeduralen Ab-** **40**
sicherungen, unter denen allein eine mutmaßliche Einwilligung des Patienten in passive Sterbehilfe angenommen werden darf, nicht nur im Zivilrecht gelten, sondern
»**auch für das Strafrecht Wirkung entfalten**«.[77] Wegen des verfassungsrechtlich gebotenen Schutzes des menschlichen Lebens müssten nämlich »strenge Beweisanforde-
rungen« an die Feststellung eines auf passive Sterbehilfe gerichteten mutmaßlichen
Patientenwillens erhoben werden.[78] Demzufolge scheint es auch im Strafrecht keine
wirksame mutmaßliche Einwilligung in eine passive Sterbehilfe geben zu sollen, ohne
dass Betreuer und Betreuungsgericht bzw. behandelnder Arzt zu einer einvernehmli-
chen Einschätzung des mutmaßlichen Patientenwillens gelangt sind.

In der Literatur wird dagegen zu Recht eingewandt, es könne nicht allein die formelle **41**
Betreuungsrechtswidrigkeit eines Behandlungsabbruchs schon zu dessen Einstufung als
rechtswidrige Tötung führen. Anderenfalls würden die **Tötungsdelikte in bloße Verfah-**
rensschutzvorschriften umgedeutet, dh von Verletzungs- zu abstrakten Gefährdungsde-
likten denaturiert.[79] Ob nun der Betreuer oder ein Dritter mit oder ohne Genehmigung
des Betreuungsgerichts bzw. Einvernehmen des behandelnden Arztes zu der Einschätzung gelangt, der Patient wäre mutmaßlich mit passiver Sterbehilfe einverstanden: Sofern
diese Einschätzung nur im Ergebnis zutreffend erscheint, kann die passive Sterbehilfe
zwar weiterhin als zivilrechts-, nicht aber mehr als strafrechtswidrig angesehen werden.[80]

---

74 BGHZ 154, 205 Rn. 44 = NJW 2003, 1588.
75 BGHZ 154, 205 Rn. 32 = NJW 2003, 1588.
76 Vgl. BT-Drs. 16/8442, 19.
77 BGH NJW 2011, 161 = StV 2011, 283f.; zust. *Gaede* NJW 2010, 2926 f.
78 BGH NStZ 2011, 340 = StV 2011, 284.
79 *Rosenau*, FS Rissing-van Saan, 2011, 443; *Verrel* NStZ 2010, 675; *Verrel* NStZ 2011, 277; *Wolfslast*
    StV 2011, 288 f.
80 *Verrel* NStZ 2010, 674.

§ 54 Strafrechtlicher Schutz der körperlichen Integrität

A. Einwilligung in lebensgefährliche körperliche Eingriffe

1 Während die Einwilligung in vorsätzliche Tötungshandlungen gem. § 216 StGB unwirksam bleibt, gilt dies für vorsätzliche Körperverletzungshandlungen gem. § 228 StGB grundsätzlich nicht: Lediglich dann, wenn eine **Körperverletzung trotz der Einwilligung gegen die guten Sitten verstößt,** bleibt diese ausnahmsweise unwirksam. Bei der Definition des Begriffs der »guten Sitten« darf schon wegen des in Art. 103 Abs. 2 GG verankerten strafrechtlichen Bestimmtheitsgrundsatzes nicht auf ein diffuses »Anstandsgefühl aller billig und gerecht Denkenden« rekurriert werden.[1] Es muss vielmehr an gesetzliche Wertungen angeknüpft werden, wobei sich insbesondere eine Orientierung an § 216 StGB anbietet:[2]

2 Hält der Täter es beispielsweise ernsthaft für möglich, dass er mit seiner Handlung unmittelbar zur Tötung eines anderen Menschen ansetzt, so macht er sich mit dieser Handlung trotz etwaiger Einwilligung seines Opfers zumindest nach § 216 Abs. 2, § 22 StGB strafbar. Daraus lässt sich ableiten, dass das Gesetz Handlungen, von denen man ex ante ernsthaft für möglich halten muss, sie könnten unmittelbar zur Tötung eines anderen Menschen führen, grundsätzlich missbilligt.[3] Demnach verstößt eine Körperverletzung trotz Einwilligung regelmäßig **gegen die guten Sitten, wenn sie das Opfer in eine konkrete Lebensgefahr bringt.**[4]

3 Wie die obige Diskussion zur indirekten Sterbehilfe zeigt (→ § 53 Rn. 11), ist aber auch eine konkret mit dem Risiko einer Lebensverkürzung verbundene Handlung nicht stets rechtswidrig, zB dann nicht, wenn sie zur Schmerzlinderung beim deswegen mit ihr einverstandenen Patienten dient. Auch diese Wertung lässt sich im Wege eines erst recht-Schlusses von den Tötungs- auf die Körperverletzungsdelikte übertragen: Dient ein konkret lebensgefährlicher körperlicher Eingriff der Schmerzlinderung oder sogar Heilung des Betroffenen von einer Krankheit, so bleibt dessen Einwilligung trotz § 228 StGB wirksam.[5] Dabei kommt es nicht darauf an, ob durch die wirksame Einwilligung bereits die Tatbestandsmäßigkeit oder erst die Rechtswidrigkeit der Körperverletzung entfällt.[6] Jedenfalls kann eine **Einwilligung nur wirksam sein, wenn der körperliche Eingriff entweder nicht konkret lebensgefährlich oder medizinisch indiziert war,** um eine Krankheit zumindest zu lindern.

B. Ärztliche Heileingriffe

4 In der letztgenannten Konstellation eines medizinisch indizierten körperlichen Eingriffs spricht man von einem »ärztlichen Heileingriff«, weil es sich bei dem Täter dann regelmäßig, wenn auch nicht zwingend um einen approbierten Arzt handelt. Der **mit Einwilligung des Patienten** vorgenommene ärztliche Heileingriff löst also, da medizinisch indiziert, selbst wenn er konkret lebensgefährlich ist, unstreitig **keine Strafbarkeit wegen Körperverletzung** aus. Realisiert sich das Risiko dieses Eingriffs, indem der Patient daran verstirbt, so scheidet aufgrund der Einwilligung des Patienten

---

1 So aber BGHSt 4, 32 = NJW 1953, 954; dagegen SK-StGB/*Wolters,* 9. Aufl. 2017, § 228 Rn. 8.
2 *Fischer* StGB § 228 Rn. 8 ff.
3 BGHSt 49, 173 = NJW 2004, 2458.
4 BGHSt 49, 34 (44) = NJW 2004, 1054; OLG Düsseldorf NStZ-RR 1997, 325 ff.; *Kraatz* ArztStrafR Rn. 60, 62; *Roxin* StrafR AT I § 13 Rn. 58; *Schroth* in Roxin/Schroth MedizinStrafR-HdB 44.
5 *Fischer* StGB § 228 Rn. 4.
6 Vgl. dazu NK-StGB/*Paeffgen* § 228 Rn. 8; *Schöch* in Roxin/Schroth MedizinStrafR-HdB 53 Fn. 1, 2.

in den medizinisch indizierten Heilversuch auch eine Strafbarkeit wegen fahrlässiger Tötung nach § 222 StGB aus, denn der **Einwilligung in eine unvorsätzliche Tötungshandlung steht § 216 StGB** schon von seinem Wortlaut her (»durch ein ausdrückliches Tötungsverlangen bestimmt«) **nicht entgegen.**[7]

Während also der ärztliche Heileingriff mit Einwilligung des Patienten entweder schon tatbestandslos oder jedenfalls gerechtfertigt ist, wird seit einer Entscheidung des Reichsgerichts[8] von 1894 darum gestritten, ob dies auch für den **ärztlichen Heileingriff ohne Einwilligung des Patienten** gilt – einfach weil er zu Heilzwecken medizinisch indiziert war und ggf. auch tatsächlich zum Heilungserfolg geführt hat.[9] Im Schrifttum wird es überwiegend als mit dem Wortlaut des § 223 Abs. 1 StGB unvereinbar angesehen, hier dennoch eine tatbestandsmäßige körperliche Misshandlung oder Gesundheitsschädigung anzunehmen.[10] »Körperlich misshandelt« worden (1. Alt.) ist nämlich nur, wer durch üble, unangemessene Behandlung eine mehr als unerhebliche Beeinträchtigung entweder seines körperlichen Wohlbefindens oder seiner Körpersubstanz erlitten hat.[11] Dass eine Handlung jemanden in dessen »Gesundheit schädigt« (2. Alt.) setzt voraus, dass durch diese Handlung ein pathologischer Zustand entweder hervorgerufen oder jedenfalls gesteigert wurde.[12] Wer eine bestehende Krankheit heile oder lindere, steigere aber das körperliche Wohlbefinden, statt es zu beeinträchtigen, und verbessere einen pathologischen Zustand, statt ihn zu verschlechtern.[13] Zudem lasse sich ein nach allen medizinischen Regeln (= lege artis) vorgenommener Heileingriff nicht als üble, unangemessene Behandlung einstufen und ein Arzt so einem Messerstecher gleichsetzen. Strittig ist innerhalb dieser Auffassung, ob der objektive Tatbestand des § 223 Abs. 1 StGB nur bei erfolgreichem Heileingriff entfallen soll, während bei erfolglosem Heileingriff allenfalls der Körperverletzungsvorsatz nicht gegeben sei (so die sog. »**Erfolgstheorie**«),[14] oder ob erfolgsunabhängig stets und erst der lege artis durchgeführte Heileingriff den objektiven Tatbestand ausschließe (so die sog. »**lege artis-Theorie**«).[15]

StRspr und ihr folgende Teile des Schrifttums sehen es dagegen als verfassungsrechtlich geboten und (noch) mit dem Wortlaut des § 223 Abs. 1 StGB vereinbar an, den **eigenmächtigen ärztlichen Heileingriff als tatbestandsmäßige Körperverletzung** ein-

5

6

---

7 SK-StGB/*Hoyer*, 39. EL, Anh. zu § 16 Rn. 96.

8 RGSt 25, 345 ff.

9 Schönke/Schröder/*Eser/Sternberg-Lieben* StGB § 223 Rn. 30 ff.; *Fischer* StGB § 223 Rn. 27; LK-StGB/*Lilie* StGB Vor § 223 Rn. 3; Lackner/Kühl/*Kühl* StGB § 223 Rn. 8; *Hardwig* GA 1965, 161 ff.; *Kaufmann* ZStW 73 (1961), 341 (372 f.); *Maurach/Schroeder/Maiwald*, Strafrecht Besonderer Teil I, 10. Aufl. 2009, § 8 Rn. 23 f.; *Roxin* StrafR AT I § 13 Rn. 22 ff.; *Weigend* ZStW 1986, 47 f., 60 f.

10 Schönke/Schröder/*Eser/Sternberg-Lieben* StGB § 223 Rn. 30 ff.; Lackner/Kühl/*Kühl* StGB § 223 Rn. 8; LK-StGB/*Lilie* Vor § 223 Rn. 3 ff.; *Schmidhäuser*, Strafrecht Besonderer Teil, 2. Aufl. 1983, 1/5; *Bockelmann* JZ 1962, 525; *Bockelmann* ZStW 1993, 105; *Müller* DRiZ 1998, 115; *Meyer* GA 1998, 418.

11 Schönke/Schröder/*Eser* StGB § 223 Rn. 3.

12 Schönke/Schröder/*Eser* StGB § 223 Rn. 5.

13 Schönke/Schröder/*Eser* StGB § 223 Rn. 32.

14 *Bockelmann*, Strafrecht des Arztes, 1968, 67 ff.; *Beling*, Die Lehre vom Verbrechen, 1906, 154 f.; *Gössel/Dölling*, Strafrecht Besonderer Teil 1, 2. Aufl. 2004, § 12 Rn. 73; *Hardwig* GA 1965, 161 (163); *Kaufmann* ZStW 73 (1961), 341 (372 ff.); *Welzel*, Das deutsche Strafrecht, 11. Aufl. 1969, 289; wohl auch LK-StGB/*Lilie* Vor § 223 Rn. 3; vgl. auch *Maurach/Schroeder/Maiwald*, Strafrecht Besonderer Teil I, 10. Aufl. 2009, § 8 Rn. 24.

15 *Fischer* StGB § 223 Rn. 19; *Engisch* ZStW 1958, 5; *Hirsch*, GS Zipf, 1999, 355; *Schmidt*, Der Arzt im Strafrecht, 1939, 69 ff.; *Welzel*, Das deutsche Strafrecht, 11. Aufl. 1969, 289.

zustufen.[16] Zur durch Art. 2 Abs. 1 GG gewährleisteten »freien Entfaltung seiner Persönlichkeit« gehöre nämlich auch das **körperbezogene Selbstbestimmungsrecht** jedes Patienten, das vom Staat daher auch strafrechtlich wirksam geschützt werden müsse.[17] Die §§ 239, 240 StGB sicherten dieses körperbezogene Selbstbestimmungsrecht aber nur unzureichend ab, nämlich allein gegen Angriffe auf die körperliche Fortbewegungsfreiheit (§ 239 StGB) bzw. durch Gewalt oder Drohung (§ 240 StGB). Um das körperbezogene Selbstbestimmungsrecht im verfassungsrechtlich gebotenen Umfang strafrechtlich zu schützen, müsse der Wortlaut des § 223 Abs. 1 StGB daher extensiv ausgelegt werden: Immerhin sei kein chirurgischer Eingriff, nicht einmal die Verabreichung einer Infusion möglich, ohne dabei die Integrität mindestens einer Hautgewebezelle jedenfalls vorübergehend und in geringfügigem Umfang zu verletzen, dh die Körpersubstanz zu beeinträchtigen und einen pathologischen Zustand herbeizuführen.[18] Mehr als unerheblich sei dieser körperbezogene Effekt wegen der damit verbundenen Hinwegsetzung über die Patientenautonomie durch das eigenmächtige ärztliche Vorgehen.[19] Diese Missachtung der Patientenautonomie entfalle erst infolge einer Einwilligung des Patienten in den Eingriff, sodass angesichts der dann allein verbleibenden, rein körperlichen Verletzung entweder schon der Tatbestand wegen Unerheblichkeit nicht mehr erfüllt oder die Tat jedenfalls gerechtfertigt sei.[20]

C. Ärztliche Aufklärung und sonstige Einwilligungsvoraussetzungen

I. Aufklärung als Voraussetzung einer wirksamen Einwilligung

7 Folgt man der zuletzt dargestellten Auffassung, so stellt sich auch beim ärztlichen Heileingriff die **Frage, unter welchen Voraussetzungen eine vom Patienten erklärte Einwilligung wirksam ist.** Folgt man dagegen der oben zuerst aufgeführten Ansicht im Schrifttum, so stellt sich die Frage nur bei medizinisch nicht indizierten ärztlichen Eingriffen,[21] zB bei einer kosmetischen Operation, einem Schwangerschaftsabbruch ohne medizinische Indikation, einer Eizellenentnahme zwecks in vitro-Fertilisation oder auch einer Blutspende (Organspenden sind spezialgesetzlich im TPG geregelt, das eine Sperrwirkung gegenüber §§ 223 ff. StGB entfaltet; → § 55 Rn. 2).

8 Unabhängig davon, ob der Eingriff des Arztes medizinisch indiziert war, ist es für eine Einwilligung des Patienten jedenfalls notwendig, dass er zur Zeit seiner – ausdrücklich oder konkludent abgegebenen – Einwilligungserklärung keinen »wesentlichen« Willensmängeln unterlag. Dazu muss der Patient zumindest über die für eine Einwilligung erforderliche **Einsichts- und Urteilsfähigkeit** verfügt haben. Diese ist nicht mit zivilrechtlicher Geschäftsfähigkeit oder Volljährigkeit iSd § 2 BGB gleichzusetzen, sondern hängt einerseits von der individuellen geistigen Reife des Patienten ab, andererseits von der Komplexität der konkret zu treffenden Entscheidung. Regelmäßig wird die für eine Einwilligung erforderliche individuelle geistige Reife spätestens ab Vollendung des 16. Lebensjahres anzunehmen sein.[22] Je übersichtlicher die vom Patienten bei seiner Entscheidung zu berücksichtigenden Chancen und Risiken sind und je einfacher sie sich gegeneinander

---

16 RGSt 25, 375; 38, 34; BGHSt 11, 112 = NJW 1958, 267; BGHSt 16, 309 = NJW 1962, 682; BGHSt 35, 246 = NJW 1988, 2310; BGHZ 29, 33 = NJW 1959, 811; BGHZ 85, 327 = NJW 1983, 328; BGH NJW 2000, 885; NStZ 1996, 34; NStZ-RR 2007, 340 (341); NStZ 2011, 343; NJW 2011, 1088 (1089); LK-StGB/*Lilie* Vor § 223 Rn. 6; *Jescheck/Weigend,* Strafrecht AT, 5. Aufl. 1996, § 34 III 3a; *Kargl* GA 2001, 538 (541 ff.); *Kraatz* NStZ-RR 2014, 36.
17 *Joost* in Roxin/Schroth MedizinStrafR-HdB 401 ff.
18 Vgl. NK-StGB/*Paeffgen* StGB § 223 Rn. 26.
19 SK-StGB/*Wolters*, 9. Aufl. 2017, § 223 Rn. 35.
20 *Joost* in Roxin/Schroth MedizinStrafR-HdB 404 ff.
21 *Schöch* in Roxin/Schroth MedizinStrafR-HdB 53.
22 Vgl. § 2 Abs. 2 S. 3 TPG; *Schroth* in Roxin/Schroth MedizinStrafR-HdB 33 f.

abwägen lassen, desto eher kann die Einsichts- und Urteilsfähigkeit des Patienten aber schon vor Vollendung des 16. Lebensjahres für eine wirksame Einwilligung hinreichen.

Ließe selbst eine noch so gründliche Aufklärung des Patienten über sämtliche möglichen **9** Folgen eines etwaigen ärztlichen Eingriffs nicht erwarten, dass dieser dadurch zu einer selbstverantwortlichen Willensbildung über den Eingriff in die Lage versetzt würde, so muss statt dessen Einwilligung diejenige seines gesetzlichen oder rechtsgeschäftlich bestellten Vertreters eingeholt werden. Das heißt dann aber noch nicht, dass dem höchstpersönlichen Willen eines einwilligungsunfähigen Patienten überhaupt keine rechtliche Bedeutung zukommt.[23] Vielmehr muss sich der **Vertreter** in seiner Entscheidungsfindung daran orientieren, was für das individuelle »**Wohl**« des **Vertretenen** voraussichtlich am zuträglichsten ist (vgl. § 1627 S. 1 BGB für die elterliche Sorge, § 1901 Abs. 2 S. 1 BGB für die Pflichten eines Betreuers), und zu diesem Wohl trägt es grundsätzlich auch bei, dass es dem Patienten ermöglicht wird, »sein Leben nach seinen eigenen Wünschen und Vorstellungen zu gestalten« (vgl. § 1901 Abs. 2 S. 2 BGB), dh selbstbestimmt zu führen. Auch unterhalb der Schwelle hinreichender Einsichts- und Urteilsfähigkeit kann der infolgedessen einwilligungsunfähige Patient somit in beachtlicher Weise an der Definition seines eigenen Wohls mitwirken, indem er seine Ablehnung eines ärztlichen Eingriffs ernsthaft und unmissverständlich zum Ausdruck bringt.

Erteilen bspw. die Eltern eines einwilligungsunfähigen männlichen Kindes aus religiösen **10** Gründen ihre Einwilligung zu dessen **Beschneidung** »nach den Regeln der ärztlichen Kunst«, so ist diese Entscheidung gemäß dem am 28.12.2011 in Kraft getretenen § 1631d Abs. 1 S. 1 BGB[24] zwar grundsätzlich von ihrem Personensorgerecht umfasst, doch soll dies gem. S. 2 derselben Vorschrift nicht gelten, wenn durch die Beschneidung »das Kindeswohl gefährdet wird«. Ob § 1631d BGB die frühere Rechtslage nur klarstellt[25] oder eine zuvor nicht bestehende Einwilligungsbefugnis der Personensorgeberechtigten[26] erst geschaffen hat,[27] ist im Ergebnis gleichgültig, da die Vorschrift gem. § 2 Abs. 3 StGB auf alle früheren Sachverhalte zurückwirkt. Nach Auffassung des Gesetzgebers kann sich eine solche Gefährdung im Einzelfall etwa daraus ergeben, dass bei der Beschneidung ein entgegenstehender Wille des nicht einwilligungsfähigen Jungen unberücksichtigt bleibt.[28] Gegen religiös motivierte Beschneidungen stehe dem betreffenden Jungen überdies ein absolutes Vetorecht ab Eintritt seiner vollen Religionsmündigkeit zu,[29] die gem. § 5 RelKErzG an die Vollendung des 14. Lebensjahres geknüpft ist.

Unabhängig davon, ob dem betroffenen Patienten infolge vorhandener Einsichts- und **11** Urteilsfähigkeit nun selbst die alleinige Entscheidungsbefugnis zukommt oder er infolge (noch) fehlender Einsichts- und Urteilsfähigkeit nur ein Recht darauf hat, dass sein Wille im Rahmen der von seinem Vertreter zu treffenden Entscheidung mitberücksichtigt wird, so darf jedenfalls die Entscheidungsfindung keines der Beteiligten durch Nötigungsmittel iSd § 240 StGB beeinflusst worden sein.[30] Erklärt ein dazu Befugter am Ende dieses Entscheidungsprozesses schließlich seine Einwilligung in den ärztlichen Eingriff, so darf diese Erklärung zudem auch nicht auf unfreiwilligen Wissensmängeln eines der an ihrem Zustandekommen Beteiligten beruhen.

---

23 BGH NJW 2007, 217 (218); *Kraatz* ArztStrafR Rn. 48.
24 BGBl. 2012 I 2749.
25 So BT-Drs. 17/11295, 10 f. mwN.
26 So LG Köln NJW 2012, 2128.
27 So *Herzberg* ZIS 2014, 56 (63).
28 BT-Drs. 17/11295, 18.
29 BT-Drs. 17/11295, 18.
30 Schönke/Schröder/*Lenckner/Sternberg-Lieben* StGB Vor §§ 32 ff. Rn. 48; *Schroth* in Roxin/Schroth MedizinStrafR-HdB 35f.

II. Umfang der gebotenen Aufklärung

12 Um einen derartigen »informed consent« herzustellen und damit zu verhindern, dass er sich selbst wegen des Eingriffs strafbar macht, obliegt es dem Arzt, seinen Patienten **über sämtliche Umstände aufzuklären, von denen ein »verständiger Patient« seine Entscheidung über den Eingriff möglicherweise abhängig machen würde**[31] und von denen der konkrete Patient möglicherweise noch nichts weiß, aber wissen möchte. Einstellen darf der Arzt seine Aufklärungsbemühungen also, sobald der (einsichts- und urteilsfähige) Patient ausdrücklich erklärt, auf jede (weitere) Aufklärung zu verzichten (§ 630e Abs. 3 BGB), weil er entweder schon alle für ihn maßgeblichen Umstände kenne oder aber von ihnen keine weitere Kenntnis erhalten wolle, sondern insoweit dem ärztlichen Urteil vertraue.[32] Solange es an einer solchen Erklärung des Patienten aber fehlt, muss der Arzt von sich aus die für einen »verständigen Patienten« wesentlichen Umstände mitteilen (§ 630e Abs. 1 S. 1 BGB) – und darüber hinaus auch alle weiteren Umstände, nach denen der konkrete Patient ihn fragt oder von denen er aufgrund seiner bisherigen Erfahrungen mit dem Patienten vermuten kann, dass sie für diesen wesentlich sein könnten.[33]

13 Solange es an Anhaltspunkten dafür fehlt, dass der individuelle Patient mehr oder weniger Informationen wünscht, als es ein »verständiger Patient« täte, kann sich der Arzt also am Maßstab jenes verständigen Patienten orientieren. Verständigerweise hängt der Aufklärungsbedarf eines Patienten aber nicht nur von seinem subjektiven Vorwissen ab, sondern auch noch von zwei objektiven Umständen des Einzelfalls: einerseits der Eilbedürftigkeit eines ärztlichen Eingriffs und andererseits seiner Zwangsläufigkeit. Generell lässt sich sagen, dass die **Anforderungen an eine hinreichende Aufklärung umso geringer sind, je eilbedürftiger ein ärztlicher Eingriff ist und je zwingender er medizinisch angezeigt ist.**[34] Dementsprechend lassen sich ärztliche Eingriffe in vier Indikationsstufen einteilen, die sich voneinander durch unterschiedliche Gründlichkeitsniveaus in Bezug auf die jeweils zu gewährende ärztliche Aufklärung abheben:[35]

14 Am gründlichsten muss die Aufklärung vor einem **medizinisch nicht indizierten Eingriff** ausfallen (1. Stufe)[36] – insbesondere muss dem Patienten hier auch die fehlende medizinische Indikation des ins Auge gefassten ärztlichen Eingriffs verdeutlicht werden.[37] Schon weniger gründlich braucht die Aufklärung vor einem **zwar medizinisch indizierten, aber nicht zwingenden Eingriff** zu erfolgen (2. Stufe),[38] bei dem also jedenfalls keine sich zu verschlimmern drohende, sondern nur eine Krankheit vorliegt, mit der sich der Patient unter Umständen auch arrangieren könnte. Noch weniger Gründlichkeit ist vor einem **zwingend medizinisch indizierten Eingriff** ge-

---

31 BVerfGE 52, 131 (167) = NJW 1979, 1925; BGHSt 11, 111 (114) = NJW 1958, 267; BGHSt 12, 379 (383) = NJW 1959, 825; BGH NStZ 2008, 150 (151); Lackner/Kühl/*Kühl* StGB § 228 Rn. 14; *Roxin* StrafR AT I § 13 Rn. 112; *Schöch* in Roxin/Schroth MedizinStrafR-HdB 54 Fn. 5; MAH MedizinR/*Schöch* § 1 Rn. 392.
32 BGHZ 29, 46 (54) = NJW 1959, 811; BGH NJW 1973, 556 (558); *Harmann* NJOZ 2010, 819 ff.; *Schöch* in Roxin/Schroth MedizinStrafR-HdB 71 Fn. 108; *Ulsenheimer* in Ulsenheimer ArztStrafR Rn. 126.
33 *Schöch* in Roxin/Schroth MedizinStrafR-HdB 70 Fn. 99; *Biermann* in Ulsenheimer ArztStrafR Rn. 372.
34 BGH NStZ 2011, 344; *Joost* in Roxin/Schroth MedizinStrafR-HdB 419 Fn. 132 ff.; *Schöch* in Roxin/Schroth MedizinStrafR-HdB 67 Fn. 78.
35 *Kraatz* ArztStrafR Rn. 54; vgl. *Biermann* in Ulsenheimer ArztStrafR Rn. 361.
36 BGH NJW 1971, 335 (337); 1991, 2349; 2006, 2108; OLG München NJW-RR 1994, 20; vgl. § 8 Abs. 2 S. 1 TPG.
37 *Joost* in Roxin/Schroth MedizinStrafR-HdB 420.
38 *Schöch* in Roxin/Schroth MedizinStrafR-HdB 69.

boten (3. Stufe), bei dem also zumindest langfristig eine Chronifizierung der Krankheit, Siechtum oder Tod droht.[39] Sogar auf jede Aufklärung verzichtet werden darf schließlich gem. § 630e Abs. 4 BGB, wenn der **Eingriff zur Lebensrettung** erfolgt und zeitlich zugleich **unaufschiebbar** ist (4. Stufe).[40]

III. Zeitpunkt und Form der Aufklärung

Ein verständiger Patient würde darüber hinaus das Bedürfnis empfinden, die ihm erteilte Aufklärung zunächst zu verarbeiten, noch einmal zu durchdenken und eventuell mit Angehörigen zu diskutieren, bevor er wohlüberlegt über seine Einwilligung entscheidet (§ 630e Abs. 2 S. 1 Nr. 2 BGB). Deshalb ist die Aufklärung grundsätzlich mindestens 24 Stunden vor dem geplanten Eingriff durchzuführen,[41] es sei denn, der Eingriff ist zeitlich unaufschiebbar, um den angestrebten Heileffekt erzielen zu können[42] (vgl. die in → § 54 Rn. 14 aufgeführte 4. Indikationsstufe). Generell muss die **Aufklärung umso frühzeitiger geschehen, je schwerwiegender die dem Patienten abverlangte Entscheidung für diesen ist.** Gerade bei ärztlichen Eingriffen mit einem erheblichen Gefährdungspotential muss also die oben benannte Mindestfrist von 24 Stunden ggf. deutlich überschritten werden, um dem Patienten zusätzliche Überlegungs- und Beratungszeit einzuräumen.[43] 15

Von ihrer Form her hat die Aufklärung entweder ausschließlich **innerhalb eines mündlichen Gesprächs oder in einer sog.»Stufenaufklärung«** zu erfolgen. Diese besteht darin, dass der Patient zunächst ein schriftliches Merkblatt erhält, das der Arzt dann anschließend in einem mündlichen Gespräch noch einmal mit ihm durchgeht, erläutert und vertieft.[44] Stets bedarf es also (zumindest auch) eines mündlichen Gesprächs, das auf den individuellen Wissens- und Verständnishorizont des Patienten Rücksicht nehmen (§ 630e Abs. 2 S. 1 Nr. 3 BGB) und von einem Arzt höchstpersönlich mit dem Patienten geführt werden muss, nämlich entweder von dem behandelnden oder einem von diesem qua Delegation damit beauftragten Arzt (§ 630e Abs. 2 S. 1 Nr. 1 BGB).[45] 16

IV. Inhalt der Aufklärung

Ihrem Inhalt nach besteht eine vollständige Aufklärung grundsätzlich aus drei Teilen (vgl. § 630e Abs. 1 BGB): erstens einer **Diagnoseaufklärung,**[46] innerhalb derer dem Patienten der Grund für den ärztlichen Eingriff erklärt wird, nämlich unter welcher Krankheit er leidet sowie welche Risiken und Einschränkungen in der weiteren Lebensführung die Krankheit mit sich bringt, wenn sie ärztlicherseits nicht behandelt wird. Darauf folgt zweitens eine **Therapieverlaufsaufklärung,**[47] innerhalb derer der Arzt dem Patienten eine bestimmte Behandlungsmethode für dessen Krankheit vorschlägt, die einzelnen dazu künftig durchzuführenden Behandlungsschritte erläutert 17

---

39 *Biermann* in Ulsenheimer ArztStrafR Rn. 369 Fn. 1113.
40 *Biermann* in Ulsenheimer ArztStrafR Rn. 370 Fn. 1115 f.
41 *Kraatz* ArztStrafR Rn. 45; *Biermann* in Ulsenheimer ArztStrafR Rn. 438 Fn. 1396 f., Fn. 1401; s. auch OLG Köln NJW 1992, 1564 (1565); vgl. OLG Brandenburg BeckRS 2010, 15178.
42 OLG München GesR 2007, 112 (114).
43 BGH NJW 1995, 2411.
44 *Kraatz* NStZ-RR 2014, 37; *Biermann* in Ulsenheimer ArztStrafR Rn. 374; *Weißauer*, Behandlungsfehler – Haftung des operativ tätigen Arztes, 1981, 30 ff.
45 *Kraatz* ArztStrafR Rn. 47; *Schöch* in Roxin/Schroth MedizinStrafR-HdB 63; *Biermann* in Ulsenheimer ArztStrafR Rn. 408; ebenso OLG Celle NJW 1982, 2129 (2130).
46 Vgl. dazu *Biermann* in Ulsenheimer ArztStrafR Rn. 345.
47 OLG Köln BeckRS 2013, 01560; *Kraatz* ArztStrafR Rn. 49; nur begrifflich abw. *Biermann* in Ulsenheimer ArztStrafR Rn. 349.

und die mit ihnen verbundenen Chancen und Risiken abschätzt. Den Abschluss bildet die sog. **Alternativenaufklärung**,[48] innerhalb derer der Arzt dem Patienten auch etwa in Betracht kommende andere Behandlungsmethoden und die in ihrem Rahmen ggf. erforderlichen Behandlungsschritte schildert sowie ihre Vor- und Nachteile im Vergleich zu seinem eigenen Behandlungsvorschlag auflistet. Insgesamt sollte sich der Arzt darauf beschränken, die Folgen und ihre Wahrscheinlichkeiten nur darzustellen, die sich bei einer etwaigen Nichtbehandlung der Krankheit bzw. bei einer Behandlung auf die eine oder andere Weise ergäben. Die Bewertung aller Vor- und Nachteile, Chancen und Risiken auf der Basis der ihm gegebenen Informationen selbst vorzunehmen, kann und darf der Arzt seinem Patienten nicht abnehmen,[49] es sei denn, der Patient erklärt nach erfolgter Aufklärung oder unter ausdrücklichem Verzicht auf eine (weitere) Aufklärung, dass er sich im Vertrauen auf seinen Arzt dessen Ratschluss unterwerfen wolle.

D. Hypothetische Einwilligung

18 Wie sich aus den vorstehenden Darlegungen ergibt, sind die rechtlichen Anforderungen an eine hinreichende Aufklärung und damit an eine wirksame Einwilligung hoch. Zahlreiche Fehlerquellen in Bezug auf den Inhalt, die Gründlichkeit, Zeitpunkt und Form der Aufklärung sowie die Person des Aufklärenden führen dazu, dass sich der behandelnde Arzt wegen seines Eingriffs nach § 223 Abs. 1 StGB strafbar machen kann, selbst wenn dieser (so die Rechtsprechung; → § 54 Rn. 6) subjektiv in »bester Absicht« vorgenommen wurde, objektiv medizinisch indiziert war, lege artis durchgeführt wurde und zu einem vollständigen Heilungserfolg geführt hat. Immerhin hält die Rechtsprechung jedoch ein haftungseinschränkendes Korrektiv zugunsten des Arztes bereit: Das Unrecht der Tat entfalle trotz mangelnder bzw. unwirksamer Einwilligung, **wenn der Patient im hypothetischen Falle, dass er vor dem Eingriff ordnungsgemäß aufgeklärt worden wäre, in diesen eingewilligt hätte.**[50] Bei einer solchen »hypothetischen Einwilligung« habe sich das Risiko, den »wahren Willen« des Patienten zu verkennen,[51] nämlich nicht im Körperverletzungserfolg verwirklicht, sodass es am Zurechnungszusammenhang zwischen Aufklärungsmangel und Erfolgseintritt fehle.[52]

19 Eine derartige hypothetische Einwilligung ist konstruktiv **von der mutmaßlichen Einwilligung zu unterscheiden:** Letztere bildet einen Rechtfertigungsgrund und

---

48 BGHZ 102, 17 (23) = NJW 1988, 763; BGH NJW 1988, 765f.; NStZ 1996, 34; NJW 2004, 3703 (3704); 2005, 1718; 2006, 2477 (2478f.); NStZ 2011, 343; MedR 2012, 252 (253); OLG München BeckRS 2012, 23577; OLG Naumburg BeckRS 2013, 05534; *Kraatz* ArztStrafR Rn. 50; *Schelling/Erlinger* MedR 2003, 331 ff.; MAH MedizinR/*Sommer/Tsambikakis* § 2 Rn. 34; vgl. auch *Schöch* in Roxin/Schroth MedizinStrafR-HdB 70 Fn. 100; *Biermann* in Ulsenheimer ArztStrafR Rn. 378 Fn. 1146.
49 BGH NJW 1988, 763; 2005, 1718; 2006, 2477 f.
50 BGHZ 90, 96 = NJW 1984, 1395; BGH BeckRS 1963, 31183195 = JZ 1964, 231 (232); NJW 1980, 1333 (1334); 1991, 2346 (2347); BeckRS 9998, 35241 = JR 1996, 69 (71 f.); MDR 1996, 23 (24); NStZ 1996, 34 f.; NJW 1998, 2734f.; BeckRS 2003, 09163 = JZ 2004, 800; NStZ 2004, 442; NStZ-RR 2004, 16 f.; 2007, 340 f.; NStZ 2012, 205 f.; NJW 2013, 1688 (1689); OLG Karlsruhe BeckRS 2013, 02329; Schönke/Schröder/*Eser* StGB § 223 Rn. 40e; *Kuhlen* JR 2004, 227; *Otto* JURA 2004, 679 ff.; ausf. *Sowada* NStZ 2012, 1 ff.; vgl. auch *Steffen/Pauge* ArztHaftR, 12. Aufl. 2012, Rn. 521 ff.; hingegen *Otto/Albrecht* JURA 2010, 264 ff.; ferner *Böcker* JZ 2005, 925 (926).
51 *Schroth* in Roxin/Schroth MedizinStrafR-HdB 132 Fn. 19/20.
52 BGH NJW 2013, 1688 (1689 Rn. 30); Lackner/Kühl/*Kühl* StGB § 228 Rn. 17a; LK-StGB/*Rönnau,* 12. Aufl. 2006, Vor § 32 Rn. 230; *Hirsch/Weißauer* MedR 1983, 41 (44); *Kuhlen* JR 2004, 227; *Kuhlen,* FS Müller-Dietz, 2001, 439 ff.; *Kuhlen* JZ 2005, 713 (715); *Mitsch* JZ 2005, 279 (283 f.); *Kuhlen* JZ 2005, 718; *Otto* JURA 2004, 679 (682); *Rönnau* JZ 2004, 801f.; *Rosenau,* FS Maiwald, 2010, 683 (690); *Wiesner,* Die hypothetische Einwilligung im Medizinstrafrecht, 2010, 98 ff.; krit. *Gropp,* FS Schroeder, 2006, 197 ff.; anders *Roxin* StrafR AT I § 13 Rn. 124 f.

kommt nur in Betracht, wenn eine auf hinreichender Aufklärung beruhende Entscheidung des Betroffenen vor dem Eingriff nicht eingeholt werden konnte, ohne den Eingriffszweck zu gefährden (§ 630d Abs. 1 S. 4 BGB).[53] Die hypothetische Einwilligung ist von ihren Voraussetzungen her weiter, da sie auch dann durchgreifen kann, wenn hinreichend Zeit zur Verfügung stand, um den Patienten korrekt aufzuklären und seine Entscheidung abzuwarten. In ihren Rechtsfolgen bleibt die hypothetische Einwilligung dagegen hinter der mutmaßlichen zurück, da der Eingriff infolge ihrer nicht etwa rechtmäßig wird, sondern rechtswidrig bleibt und sich diese Rechtswidrigkeit nur eben nicht im Körperverletzungserfolg ausgewirkt hat.[54]

Die von der Zivilrechtsprechung entwickelte, mittlerweile vom Zivilgesetzgeber in § 630h Abs. 2 S. 2 BGB anerkannte und von der Strafrechtsprechung übernommene Rechtsfigur der hypothetischen Einwilligung ist im strafrechtlichen Schrifttum allerdings (noch) **sehr umstritten:**[55] Wäre der Patient ordnungsgemäß aufgeklärt und seine Einwilligung eingeholt worden, so wäre zwar nicht die Verletzung seines Körpers, wohl aber die Verletzung seines körperbezogenen Selbstbestimmungsrechts ausgeblieben. Meines Erachtens ist es daher inkonsequent, einerseits die Tatbestandsmäßigkeit eines eigenmächtigen Heileingriffs damit zu begründen, er verletze immerhin das körperbezogene Selbstbestimmungsrecht des Patienten,[56] andererseits dann aber durch die Anerkennung der rechtlichen Bedeutung einer hypothetischen Einwilligung außer Acht zu lassen, dass die tatbestandsmäßige Verletzung des körperbezogenen Selbstbestimmungsrechts dem eigenmächtigen Heileingriff durchaus zugerechnet werden kann.

Wird demgegenüber der Auffassung der Rechtsprechung gefolgt, so **entfällt infolge einer hypothetischen Einwilligung der Rechtswidrigkeitszusammenhang zwischen Aufklärungsmangel und Erfolg.**[57] Statt einer Strafbarkeit wegen vollendeter kommt dann allenfalls noch eine wegen versuchter Körperverletzung in Betracht. Doch wird sich der Arzt insoweit regelmäßig darauf berufen können, er habe eine hypothetische Nichterteilung der Einwilligung von Anfang an nicht ernstlich für möglich gehalten und nur deshalb überhaupt auf eine (gründlichere) Aufklärung verzichtet. Kann dem Arzt diese Einlassung nicht widerlegt werden, so entfällt der Rechtsprechung zufolge nach dem in dubio pro reo-Satz sein Vorsatz und damit jede Strafbarkeit wegen Körperverletzung.[58] Selbst wenn der Arzt nur irrig angenommen haben sollte, der Patient würde unter der Hypothese hinreichender Aufklärung seine Einwilligung erteilt haben, handelte er ohne Vorsatz und könnte daher allenfalls noch wegen fahrlässiger Körperverletzung bestraft werden.

E. Ärztliche Kunstfehler

Bis auf die wenigen Fälle, in denen der Arzt dem vermuteten Patientenwillen bewusst zuwiderhandelt, wird es wegen Aufklärungsmängeln daher nicht zu einer Strafbarkeit

53 Schönke/Schröder-*Lenckner/Sternberg-Lieben* StGB Vor §§ 32ff Rn. 54; *Schroth* in Roxin/Schroth MedizinStrafR-HdB 40; *Biermann* in Ulsenheimer ArztStrafR Rn. 468 f.
54 *Schroth* in Roxin/Schroth MedizinStrafR-HdB 133 Fn. 22.
55 Abl. Schönke/Schröder/*Eser* StGB § 223 Rn. 40e; *Bollacher/Stockburger* JURA 2006, 908 (913); *Puppe* GA 2003, 764 (772); *Otto* JURA 2004, 679 (682 f.).
56 → § 54 Rn. 6; ähnlich *Frister/Lindemann/Peters,* Arztstrafrecht, 2011, 19 Rn. 40; *Puppe* JR 2004, 470 f.; *Riedelmeier,* Ärztlicher Heileingriff und allgemeine Strafrechtsdogmatik, 2004, 82 ff.; *Rönnau* JZ 2004, 801 (804); *Sowada* NStZ 2012, 1 (7).
57 *Schroth* in Roxin/Schroth MedizinStrafR-HdB 132 (Fn. 18); *Biermann* in Ulsenheimer ArztStrafR Rn. 468.
58 BGH NStZ-RR 2004, 16 (17); NStZ 2012, 205 (206); vgl. auch BGH NJW 80, 1333; 1984, 1397 (1399); 1991, 2344; 1994, 2414; 1998, 2734; 2013, 1688 (1689); *Ulsenheimer* NStZ 1996, 132 (133); aA *Roxin* StrafR AT I § 13 Rn. 123 ff.

nach § 223 StGB, sondern allenfalls nach § 229 StGB kommen. Dasselbe gilt für sonstige Fehler, die dem Arzt bei der Behandlung eines Patienten ggf. unterlaufen. Neben Aufklärungs- gibt es nämlich noch zwei weitere Typen von Behandlungsfehlern, die zu einer Strafbarkeit des Arztes wegen Körperverletzung führen können und daher im Folgenden anzusprechen sind:[59] einerseits sog.»Kunstfehler«, dh **Verstöße gegen die ärztlichen leges artis**,[60] und andererseits Organisationsfehler, dh Mängel bei der Arbeitsteilung zwischen mehreren Beteiligten an einem ärztlichen Eingriff (→ § 54 Rn. 35 ff.).

23 Weicht ein Arzt bei der Behandlung von den anerkannten Regeln der ärztlichen Kunst ab, so begründet dies allein allerdings noch kein rechtswidriges Verhalten. Denn grundsätzlich **kann ein Patient auch in die Anwendung einer neuartigen, ungewöhnlichen Behandlungsmethode wirksam einwilligen** und dadurch die Tatbestandsmäßigkeit oder jedenfalls Rechtswidrigkeit des von seiner Einwilligung umfassten ärztlichen Handelns entfallen lassen. Zu einer wirksamen Einwilligung bedarf es aber auch in diesen Fällen einer vorherigen Aufklärung des Patienten. Wird eine von den leges artis abweichende ärztliche Behandlung in Erwägung gezogen, so muss sich die Aufklärung unter anderem auch darauf beziehen, dass von den anerkannten Regeln abgewichen werden soll, sowie vor allem darauf, weshalb bestimmte Regeln anerkannt sind und der Arzt im konkreten Fall dennoch von ihnen abzuweichen empfiehlt.[61]

24 Es bedarf daher bei Verstößen gegen die leges artis stets einer **besonders gründlichen Aufklärung**, damit eine etwaige Einwilligung wirksam werden kann.[62] Ohne eine diesen qualifizierten Anforderungen genügende Aufklärung ist davon auszugehen, dass sich eine vom Patienten erteilte Einwilligung nur auf eine ärztliche Behandlung entsprechend den leges artis bezieht und ein davon abweichendes ärztliches Vorgehen demzufolge nicht abdeckt.[63] Bei genauer Betrachtung bilden Kunst- und Aufklärungsfehler somit keine voneinander unabhängigen Behandlungsfehler, sondern ein Kunstfehler ist beachtlich, wenn ihm ein Aufklärungsfehler zugrunde liegt. Immerhin indiziert ein Kunstfehler wegen des dadurch ausgelösten besonderen Aufklärungsbedarfs aber, dass zuvor ein Aufklärungsfehler begangen wurde und deshalb eine zumindest fahrlässige Körperverletzung in Betracht kommt. Daher bleibt es unentbehrlich, die Voraussetzungen zu klären, unter denen ein Verstoß gegen die ärztlichen lege artis vorliegt, dh zunächst einmal den Maßstab der ärztlichen Kunstgerechtigkeit näher zu bestimmen.

I. Facharztstandard als Maßstab für eine kunstgerechte Behandlung

25 Die Regeln der ärztlichen Kunst orientieren sich nach herrschender Auffassung am **Standard eines erfahrenen Facharztes**,[64] der anstelle des Täters mit dem konkreten

---

59 *Schroth* in Roxin/Schroth MedizinStrafR-HdB 129; *Ulsenheimer* in Ulsenheimer ArztStrafR Rn. 145.
60 Abl. zum Begriff des Kunstfehlers *Ulsenheimer* in Ulsenheimer ArztStrafR Rn. 147; *Schreiber* MedSach 1976, 71; *Spann/Eisenmenger* Der Chirurg 1979, 199.
61 BGH NJW 2006, 2477 ff.; 2007, 2771; NStZ 2011, 344; OLG Celle NJW 1987, 2304 (2305); OLG Koblenz NJW 1996, 1600 ff.; *Schöch* in Roxin/Schroth MedizinStrafR-HdB 70; *Spickhoff* MedR 2008, 89 (90); *Biermann* in Ulsenheimer ArztStrafR Rn. 381; *Vogeler* MedR 2008, 697 (698).
62 *Schroth* in Roxin/Schroth MedizinStrafR-HdB 43.
63 BGHZ 101, 215 (224) = NJW 1987, 2925; BGHSt 43, 306 (309) = NJW 1998, 1802; OLG Köln NJW-RR 1999, 388 = VersR 1998, 1511 (1512); OLG Stuttgart NJW 1983, 2644; *Kraatz* ArztStrafR Rn. 58; vgl. *Fischer* StGB § 223 Rn. 16 ff.
64 BGHZ 88, 254 = NJW 1984, 655; BGHZ 144, 296 (305 f.) = NJW 2000, 2737; BGH NJW 1993, 2990; 1994, 3008 (3009); BeckRS 9998, 16668 = MDR 1999, 676; BGHSt 43, 306 (311) = NJW 1998, 1802; BGH NJW 1987, 1479 = JZ 1987, 879; NJW 2000, 2758; 2012, 2453 (2454); OLG Ol-

Eingriff befasst ist. Dabei ist es weder notwendig noch hinreichend, dass der Täter formell über die Facharztqualifikation und zudem noch über praktische Erfahrungen verfügt, sondern allein ausschlaggebend, ob er den Eingriff materiell so durchführt, wie es ein erfahrener Facharzt täte.[65] Das hypothetische Verhalten eines erfahrenen Facharztes ergibt sich dabei aus der Summe aller medizinwissenschaftlich gesicherten Erkenntnisse und praktisch anerkannten Erfahrungen zum Zeitpunkt des realen Tatverhaltens (§ 630a Abs. 2 BGB: ex ante-Maßstab).[66]

Da das medizinische Wissen permanent fortschreitet, verschärft sich mit entsprechen- **26** der Geschwindigkeit auch der Facharztstandard ständig. Daraus ergibt sich für den konkreten Arzt die **Obliegenheit, sich selbst regelmäßig beruflich fortzubilden,** um den sich weiterentwickelnden Standards auch künftig gerecht werden zu können. Verzichtet der Arzt darauf, seinen Wissensstand durch Studium der einschlägigen Fachzeitschriften permanent zu aktualisieren, so kann er sich im Falle eines darauf beruhenden Kunstfehlers nicht darauf berufen, er habe es eben nicht besser gewusst.[67] Selbst wenn sein Wissensmangel sich in der aktuellen Behandlungssituation etwa wegen einer besonderen Eilbedürftigkeit oder wegen Arbeitsüberlastung nicht mehr beheben ließe, so kann ihm grundsätzlich zumindest ein sog. »Übernahmeverschulden« vorgeworfen werden. Als verschuldetes Unrecht wird ihm dann statt der kunstfehlerhaften Durchführung des Eingriffs schon dessen Übernahme in Kenntnis des Umstands angelastet, dass er sein Fachwissen vor dem Eingriff nicht auf den letzten Stand gebracht hat.[68] Selbst wenn zu diesem Zeitpunkt kein anderer besser qualifizierter Arzt erreichbar und sofortiges Retten medizinisch indiziert war, können Unrecht und Schuld des Arztes immer noch darin liegen, dass er zB überhaupt den Notdienst übernommen hat, ohne sich dafür zuvor ausreichend vorbereitet zu haben.

Entsprechendes gilt auch, wenn der Arzt nicht mangels Fachwissens, sondern mangels **27** **personeller, sachlicher oder organisatorischer Hilfsmittel** daran gehindert ist, den Facharztstandard zur Tatzeit einzuhalten.[69] Konnte der Arzt bei Übernahme einer Behandlung absehen, dass er mangels der dafür erforderlichen Infrastruktur den Eingriff nicht so durchführen können werde, wie ein Facharzt dies für erforderlich hielte, so begründet auch dies wieder das Handlungsunrecht und die Schuld einer fahrlässigen Körperverletzung. Bleiben Kenntnisse oder Handlungsmöglichkeiten des Täters

denburg NJW-RR 1993, 1114 = MDR 1993, 956; OLG Hamm MedR 2006, 358 (359); *Zuck* in Quaas/Zuck MedR § 72 Rn. 6; *Ulsenheimer* in Ulsenheimer ArztStrafR Rn. 20; vgl. zum ambulanten Operieren *Kern* NJW 1996, 1561 (1562); ferner *Stöhr* MedR 2010, 214f.

65 *Frister/Lindemann/Peters*, Arztstrafrecht, 2011, 44 Rn. 84; *Kraatz* ArztStrafR Rn. 117; *Opderbecke/Weißauer* MedR 1993, 449; *Schroth* in Roxin/Schroth MedizinStrafR-HdB 148; *Ulsenheimer* Der Gynäkologe 1993, 349; *Ulsenheimer* in Ulsenheimer ArztStrafR Rn. 20.

66 BGH NJW 1961, 600; 2000, 2754; NStZ 2003, 657 (658); NJW 2003, 1862 = VersR 2003, 858f.; OLG Düsseldorf VersR 1987, 414 (415); OLG Hamm MedR 2006, 359; *Kraatz* ArztStrafR Rn. 120; *Maihofer* Archiv für Ohren-, Nasen- und Kehlkopfheilkunde 1966, 514; *Tag*, Der Körperverletzungstatbestand im Spannungsfeld zwischen Patientenautonomie und Lex artis, 2000, 235; *Ulsenheimer* in Laufs/Kern ArztR-HdB § 139 Rn. 24.

67 *Schroth* in Roxin/Schroth MedizinStrafR-HdB 150 Fn. 91; *Ulsenheimer* in Ulsenheimer ArztStrafR Rn. 120.

68 RGSt 50, 37 (39); BGHSt 43, 306 (311) = NJW 1998, 1802; BGH NJW 1960, 2253; BeckRS 2010, 22159 = JR 1986, 248 (250); NJW 1998, 1802 (1803 f.); 2010, 2595 (2598); OLG Celle NJW 1982, 706f.; OLG Stuttgart BeckRS 2000, 30089186 = VersR 2001, 1560; Schönke/Schröder/*Sternberg-Lieben/Schuster* StGB § 15 Rn. 152; Prütting/*Duttge* MedizinR StGB § 222 Rn. 6; *Frister/Lindemann/Peters*, Arztstrafrecht, 2011, 77 Rn. 150; *Kraatz* ArztStrafR Rn. 125; *Quaas* in Quaas/Zuck MedR § 13 Rn. 74f.; *Rengier*, Strafrecht Allgemeiner Teil, 9. Aufl. 2017, § 52 Rn. 24; *Schroth* in Roxin/Schroth MedizinStrafR-HdB 149; *Ulsenheimer* in Ulsenheimer ArztStrafR Rn. 111; ferner *Peters* StV 2001, 708 (711); *Ulsenheimer* JR 1986, 250 (251); *Wessels* JZ 1967, 449 (452).

69 OLG Hamm GesR 2005, 462; *Ulsenheimer* in Ulsenheimer ArztStrafR Rn. 114.

hinter dem Facharztstandard zurück, so entlastet ihn dies also nur für den Fall, dass diese Defizite für ihn zum Zeitpunkt der Behandlungsübernahme nicht erkennbar waren.[70]

28 Ob ein etwaiges **Sonderwissen oder Sonderfähigkeiten des Arztes** ihn umgekehrt belasten, dh den Facharztstandard für ihn verschärfen, ist dagegen streitig.[71] Meines Erachtens muss eine über das Niveau eines erfahrenen Facharztes hinaus befähigte medizinische Koryphäe ihre individuellen Sonderkompetenzen ebenso ausschöpfen wie jeder unterdurchschnittlich Begabte auch. Bei einem mit modernsten technischen Mitteln begangenen Vorsatzdelikt käme auch niemand auf den Gedanken, den Täter deswegen freizusprechen, weil ein durchschnittlicher Täter derartige Mittel gar nicht besessen und einzusetzen gewusst hätte. Wenn Sonderfähigkeiten und -wissen aber sogar das schwerere Unrecht eines Vorsatzdelikts zu begründen vermögen, dann müssen sie dazu erst recht im Hinblick auf das leichtere Unrecht eines Fahrlässigkeitsdelikts imstande sein.[72]

29 Liegen aber keine Anhaltspunkte dafür vor, dass der Täter über ein vom Facharztstandard (nach oben oder unten) abweichendes individuelles Leistungsvermögen verfügt, so bleibt es bei diesem Standard als Sorgfaltsmaßstab. **Von ärztlichen Standesorganisationen aufgestellte Richtlinien** können diese Standards schon deswegen nicht verschieben, weil es ihnen dafür nach Art. 20 Abs. 3 GG an der notwendigen Gesetzgebungskompetenz fehlt.[73] Auch zu einer Beweislastumkehr können sie im Strafverfahren wegen des dort geltenden in dubio pro reo-Satzes nicht führen.[74] Schließlich lassen sie sich im Strafprozess auch nicht als antizipierte Sachverständigengutachten verwerten, da es dafür gem. § 79 Abs. 2 StPO unparteilicher Gutachter bedürfte.[75] Aus diesem Grunde können solche Richtlinien **lediglich deklaratorisch** Standards wiedergeben, die auch sonst verbindlich wären, nicht aber konstitutiv auf Standards einwirken, indem sie diese verschärfen oder abschwächen.[76]

30 Innerhalb des vom Facharztstandard gezogenen Rahmens gilt für jeden Arzt der **Grundsatz der Methoden- oder Therapiefreiheit.** Besteht also im einschlägigen Verkehrskreis der erfahrenen Fachärzte (noch) keine Einigkeit darüber, welche von mehreren Heilungsmethoden unter den gegebenen Umständen die bessere Aussicht auf Heilung oder die geringeren Risiken bietet, so stellt sich die Wahl keiner der Alternati-

---

70 *Schroth* in Roxin/Schroth MedizinStrafR-HdB 150.
71 Abl. *Schroth* in Roxin/Schroth MedizinStrafR-HdB 151; *Hirsch* ZStW 95 (1983), 643 (663); *Jeschek/Weigend,* Strafrecht AT, 5. Aufl. 1996, 564 f.; *Kaufmann,* Das Schuldprinzip, 2. Aufl., 1976, 227 f.; *Welzel,* Das deutsche Strafrecht, 11. Aufl. 1969, 131 ff.; bejahend BGH NJW 1987, 1479; Schönke/Schröder/*Sternberg-Lieben/Schuster* StGB § 15 Rn. 138 f.; *Gropp,* Strafrecht AT, 4. Aufl. 2015, § 12 Rn. 48; *Herzberg* JURA 1984, 402 (409 f.); *Kraatz* ArztStrafR Rn. 94; *Kretschmer* JURA 2000, 267 (272); *Rengier,* Strafrecht AT, 9. Aufl. 2017, § 52 Rn. 19 ff.; *Roxin* StrafR AT I § 24 Rn. 50 ff.; *Ulsenheimer* in Laufs/Kern ArztR-HdB § 139 Rn. 34.
72 IErg auch BGH VersR 1987, 687; OLG Oldenburg VersR 1989, 402; *Ulsenheimer* in Ulsenheimer ArztStrafR Rn. 122; *Ulsenheimer* in Laufs/Kern ArztR-HdB § 139 Rn. 19; Schönke/Schröder/*Sternberg-Lieben/Schuster* StGB § 15 Rn. 139; BGH NJW 1987, 1479 mAnm *Deutsch.*
73 *Taupitz,* Die Standesordnungen der freien Berufe, 1991, 748; *Ulsenheimer* in Ulsenheimer ArztStrafR Rn. 67.
74 *Jorzig/Feifel* GesR 2004, 312; *Ulsenheimer* in Ulsenheimer ArztStrafR Rn. 73; aA wohl *Schroth* in Roxin/Schroth MedizinStrafR-HdB 147.
75 *Dressler,* FS Geiß, 2000, 385; *Ulsenheimer* in Ulsenheimer ArztStrafR Rn. 72.
76 OLG Hamm NJW 2000, 1802; OLG München BeckRS 2009, 05091; *Kraatz* ArztStrafR Rn. 118; *Spickhoff* NJW 2001, 1757 (1764); für eine nur eingeschränkte Heranziehung *Jorzig/Feifel* GesR 2004, 312; krit. auch *Hart* MedR 1998, 8 (11).

ven als kunstfehlerhaft dar.[77] Es gelten dann aber die oben geschilderten »normalen« Aufklärungspflichten, dh der Arzt ist grundsätzlich auch zu einer Alternativenaufklärung gehalten (→ § 54 Rn. 17), darf dem Patienten aber die von ihm bevorzugte Alternative empfehlen[78] und kann sich damit auch begnügen, wenn der Patient dem Urteil seines Arztes vertrauen will und deshalb auf eine Alternativenaufklärung verzichtet.

II. Typen möglicher Kunstfehler

Verstöße gegen die leges artis sind während sämtlicher Phasen einer ärztlichen Behandlung möglich: Chronologisch am frühesten innerhalb der Behandlung kann dem Arzt ein **Diagnosefehler** unterlaufen, worunter etwas anderes als eine Fehldiagnose zu verstehen ist. Während sich das Erstelltwordensein einer Fehldiagnose stets erst aus einer ex post-Perspektive ergibt, beruht ein Diagnosefehler darauf, dass die vom Arzt erstellte Diagnose schon von Anfang an (ex ante) nicht aus einer tragfähigen Datenbasis schlüssig abgeleitet worden ist.[79] Entweder hat sich der Arzt bereits bei der Erhebung des Befunds nicht kunstgerecht verhalten, indem er etwa keine Anamnese oder keine Voruntersuchung des Patienten durchgeführt hat, oder er hat den ermittelten Befund fehlerhaft ausgewertet, indem er es etwa versäumt hat, die dadurch nahegelegten Schlussfolgerungen zu ziehen.[80]   **31**

An die Diagnose schließt sich die Wahl einer bestimmten Behandlungsmethode an, was dem Arzt die Gelegenheit zu einem **Methodenwahlfehler** verschafft. Der Arzt muss sich nach erstellter Diagnose einen Überblick über die insoweit in Betracht kommenden Behandlungsalternativen sowie ihre Vor- und Nachteile verschaffen und in den Grenzen der oben angesprochenen ärztlichen Methoden- und Therapiefreiheit daraus einen auf den individuellen Patienten zugeschnittenen, in sich schlüssigen Behandlungsvorschlag entwickeln.[81]   **32**

Hat der Patient diesen Behandlungsvorschlag akzeptiert oder stattdessen eine der ihm vorgestellten Behandlungsalternativen bevorzugt, so stellt sich für den Arzt die Aufgabe, die gewählte Behandlungsmethode fachgerecht anzuwenden, wobei ihm **Methodenanwendungsfehler** unterlaufen können. Zur richtigen Methodenanwendung rechnet etwa, dass dem Arzt keine Fehldosierung der vom Patienten einzunehmenden Arznei unterläuft, dass er nicht das zu verschreibende Medikament verwechselt oder eine Medikamentenverwechslung durch unklare Schreibweise auf dem Rezept provoziert bzw. dass er bei einer Operation den zu behandelnden Patienten oder die zu behandelnde Körperpartie verwechselt.[82]   **33**

Über die korrekte Methodenanwendung hinaus muss der Arzt schließlich noch etwaigen Risiken und Nebenfolgen seiner Behandlung entgegenzuwirken versuchen, zB indem er Hygienevorschriften beachtet,[83] für eine schonende Lagerung des Patienten   **34**

---

77 BGHZ 102, 17 (22) = NJW 1988, 763; BGHZ 106, 153 (157) = NJW 1989, 1538; BGH NJW 1982, 2121 (2122); VersR 1992, 238 (239); NStZ 1996, 34; NJW 2006, 2477 (2478); 2007, 2774; OLG Köln VersR 2009, 834 (835); *Schroth* in Roxin/Schroth MedizinStrafR-HdB 148; *Weißauer,* Anästhesiologie und Intensivmedizin, 1994, 205.
78 OLG Düsseldorf NJW-RR 1991, 987 = VersR 1991, 1176; *Biermann* in Ulsenheimer ArztStrafR Rn. 377.
79 *Kraatz* ArztStrafR Rn. 124; *Ulsenheimer* in Ulsenheimer ArztStrafR Rn. 152.
80 BGHZ 132, 47 ff. = NJW 1996, 1589; BGHZ 159, 48 = NJW 2004, 2011; BGHSt 3, 91 = NJW 1952, 1102; LG Frankfurt a.M. VersR 1975, 935; OLG Düsseldorf VersR 1986, 893; *Ulsenheimer* in Ulsenheimer ArztStrafR Rn. 152.
81 *Ulsenheimer* in Ulsenheimer ArztStrafR Rn. 165.
82 *Ulsenheimer* in Ulsenheimer ArztStrafR Rn. 167.
83 BGH NStZ 2001, 188.

sorgt[84] oder bei Abschluss einer Operation kontrolliert, dass keine Fremdkörper im Operationsgebiet verbleiben.[85] Genügt der Arzt diesen Pflichten nicht, so muss er sich wegen eines **Absicherungs- und Überwachungsfehlers** verantworten.[86]

F. Ärztliche Organisationsfehler

35 Als dritte und letzte Fehlerkategorie nach Aufklärungsmängeln und Verstößen gegen die leges artis bleiben noch sog. Organisationsfehler anzusprechen. Die Möglichkeit zu derartigen Organisationsfehlern ergibt sich daraus, dass innerhalb einer komplexen ärztlichen Behandlung wegen der unterschiedlichen dabei zu erfüllenden Aufgaben zumeist ein **arbeitsteiliges Vorgehen** effektiver und im Interesse des Patienten auch erfolgversprechender erscheinen wird. Jeder an einer solchen Arbeitsteilung Beteiligte ist dann wiederum dazu verpflichtet, den von ihm übernommenen Part lege artis zu erledigen, dh Kunstfehler im oben beschriebenen Sinne dabei zu vermeiden (→ § 54 Rn. 31 ff.). Damit ein an der Arbeitsteilung Beteiligter einen Organisationsfehler begehen kann, darf nun aber nicht er selbst, sondern muss ein anderer an der Arbeitsteilung Beteiligter einen Kunstfehler begangen haben. **Der Organisationsfehler des einen liegt also darin, dass er den Kunstfehler des anderen jedenfalls nicht verhindert,** unter Umständen sogar durch seinen eigenen Arbeitsbeitrag erst ermöglicht hat.

36 Das rechtliche Problem, das sich bei der Prüfung eines Organisationsfehlers stellt, besteht darin, inwieweit man innerhalb einer auf Arbeitsteilung aufbauenden Organisation nicht nur für seine eigenen Kunstfehler verantwortlich gemacht werden kann, sondern auch für die Kunstfehler anderer, die man nicht verhindert hat. Würde jeder an einer Arbeitsteilung Beteiligte nach denselben Maßstäben für die Kunstfehler Dritter haften wie jener Dritte selbst, so wäre eine echte Arbeitsteilung gar nicht möglich, da jeder Beteiligte ständig alle anderen bei deren Aufgabenerledigung überwachen müsste, statt sich auf seinen eigenen Arbeitsbeitrag konzentrieren zu können.[87] Da eine solche Konzentration auf die jeweils eigene Funktion innerhalb der Organisation aber effizienter für einen möglichst hohen »Output« an Heilerfolgen sorgt als eine permanente gegenseitige Bespitzelung, dürfen die Verantwortungskreise der Beteiligten einander grundsätzlich nicht überschneiden. Ein Organisationsfehler darf daher nur in Ausnahmefällen bejaht werden, während im Übrigen der sog. »Vertrauensgrundsatz« gilt,[88] dh jeder sich auf die pflichtgemäße Aufgabenerfüllung durch sämtliche anderen verlassen darf. Damit bleibt nur noch die Frage offen, ob und in welchen Ausnahmefällen dieser Vertrauensgrundsatz begrenzt und also diesem zuwider ein Organisationsfehler angenommen werden muss.

I. Horizontale Arbeitsteilung

37 Dabei ist zunächst zwischen horizontaler und vertikaler Arbeitsteilung zu unterscheiden, denn nur bei Letzterer bestehen Weisungsbefugnisse auf der einen Seite sowie Weisungsunterworfenheit auf der anderen Seite, während bei Ersterer zunächst einmal von der Alleinzuständigkeit jedes Beteiligten für seinen Aufgabenbereich auszugehen ist. Bei horizontaler Arbeitsteilung zwischen mehreren Ärzten gilt der Vertrauens-

---

84 BGH NJW 1984, 1403; *Eberhardt* MedR 1986, 117.
85 *Schroth* in Roxin/Schroth MedizinStrafR-HdB 130 Fn. 11.
86 *Ulsenheimer* in Ulsenheimer ArztStrafR Rn. 157.
87 *Schroth* in Roxin/Schroth MedizinStrafR-HdB 134.
88 *Peter*, Arbeitsteilung im Krankenhaus aus strafrechtlicher Sicht, 1992, 12; *Roxin* StrafRAT I § 24 Rn. 3; *Bock* in Ulsenheimer ArztStrafR Rn. 203; *Wilhelm*, Verantwortung und Vertrauen bei Arbeitsteilung in der Medizin, 1984, 57; *Wilhelm* JURA 1985, 186.

Hoyer

grundsatz so lange, wie der eigentlich unzuständige Arzt nicht sicher davon weiß oder zumindest konkrete Anhaltspunkte dafür hat, dass der eigentlich zuständige Arzt seine Aufgaben nicht lege artis erfüllt. Erst wenn einem Arzt **konkrete Verdachtsmomente**[89] aufgefallen sind oder zugetragen werden, denen er nachgehen könnte und die es nahelegen, dass sein Kollege nicht mehr ohne weitere Überprüfung vertrauenswürdig erscheint, dann muss er diesen Verdachtsmomenten eben auch nachgehen und darf den Kollegen nicht mehr länger einfach nur ungeprüft gewähren lassen.[90] Vermag er selbst mangels Weisungsbefugnis nicht zu gewährleisten, dass der Kollege sich künftig pflichtgemäß verhält, so muss er sich notfalls an den gemeinsamen Vorgesetzten oder ein Aufsichtsorgan wenden und dort seine Verdachtsgründe melden.

II. Vertikale Arbeitsteilung

Innerhalb vertikaler Arbeitsteilung ist zu differenzieren zwischen der Verantwortlichkeit eines Vorgesetzten für etwaiges pflichtwidriges Verhalten seiner Delegaten einerseits und der Verantwortlichkeit jener Delegaten für etwaige pflichtwidrige Weisungen ihres Vorgesetzten andererseits. Ein Vorgesetzter darf sich auf pflichtmäßiges Verhalten seiner Delegaten nur dann und nur insoweit verlassen, wie er diese Delegaten sorgfältig ausgewählt, ihnen ihre Aufgaben zugewiesen und sie darin konkret eingewiesen hat.[91] Insbesondere muss der Vorgesetzte dabei die Gefahr ausschließen, dass sich für bestimmte Aufgaben aufgrund unklarer Zuständigkeiten überhaupt niemand verantwortlich fühlt (negativer Kompetenzkonflikt). Trifft den Vorgesetzten weder ein Auswahl- noch ein Delegations- noch ein Instruktionsverschulden in diesem Sinne, so gilt für ihn der Vertrauensgrundsatz wiederum mit derselben Reichweite wie bei horizontaler Arbeitsteilung, dh der Vorgesetzte haftet für pflichtwidriges Verhalten seiner Delegaten nur, wenn er davon entweder sicher wusste oder dafür über konkrete Anhaltspunkte verfügte.[92] Muss sich der Vorgesetzte dagegen einen **Auswahl-, Delegations- oder Instruktionsfehler** vorwerfen lassen, so besteht gerade in diesem Fehler der notwendige konkrete Anhaltspunkt für einen Verdacht, aufgrund dessen der **Vertrauensgrundsatz erschüttert** ist.

38

Auch der Delegat darf grundsätzlich auf die Pflichtmäßigkeit einer ihm erteilten Weisung vertrauen und diese also ausführen. Kommen ihm insoweit dennoch Zweifel, so muss er zwar beim Weisungsgeber remonstrieren, darf aber regelmäßig wiederum vertrauen, wenn dieser seine Weisung trotzdem aufrechterhält. Nur wenn die Rechtswidrigkeit der empfangenen Weisung ihm entweder **sicher bekannt oder jedenfalls offensichtlich** war,[93] trifft ihn bei deren Befolgung auch eine persönliche strafrechtliche Verantwortlichkeit.[94]

39

---

89 *Bock* in Ulsenheimer ArztStrafR Rn. 204.
90 BGHSt 3, 91 (96) = NJW 1952, 1102; BGH NJW 1980, 649; 1987, 2293 ff.; 1991, 1539 f.; 1998, 1802 ff.; OLG Naumburg ArztR 2005, 21 ff.; *Ulsenheimer* in Laufs/Kern ArztR-HdB § 100 Rn. 5; *Schroth* in Roxin/Schroth MedizinStrafR-HdB 135 f.; *Wilhelm* JURA 1985, 183 (186f.).
91 Prütting/*Duttge* MedizinR StGB § 222 Rn. 10; *Spickhoff/Seibl* MedR 2008, 463 (465); *Wilhelm* JURA 1985, 117; *Wilhelm* JURA 1985, 187; *Zwiehoff* MedR 2004, 364 (370).
92 *Bock* in Ulsenheimer ArztStrafR Rn. 263.
93 *Frister/Lindemann/Peters*, Arztstrafrecht, 2011, 65 Rn. 123; *Kraatz* ArztStrafR Rn. 139; *Wilhelm* JURA 1985, 187.
94 *Wilhelm* JURA 1985, 123.

§ 55 Organ- und Gewebetransplantationen

A. Sonderregelungen für Organ- und Gewebetransplantationen

1 Werden einem lebenden Menschen ohne dessen Einwilligung Organe oder Gewebe zu Transplantationszwecken entnommen, so hat der Täter damit unstreitig sämtliche Tatbestandsmerkmale des § 223 StGB verwirklicht. In jedem Fall scheidet dann auch eine Rechtfertigung der Tat wegen Notstands aus, da **im Missbrauch eines Menschen als »lebendes Ersatzteillager« eine Verletzung von dessen Würde liegt**[1] und somit die Tat niemals »angemessenes Mittel« iSd § 34 S. 2 StGB sein kann.[2] Wird das zu Transplantationszwecken benötigte Organ oder Gewebe stattdessen einem bereits verstorbenen Menschen entnommen, so käme jedenfalls eine Strafbarkeit nach § 168 StGB wegen Störung der Totenruhe in Betracht, denn auch nach dem Tode erlischt der Anspruch auf einen staatlichen Schutz der Menschenwürde nicht abrupt, sondern verblasst erst allmählich mit zunehmender Entfernung vom Zeitpunkt des Todeseintritts.[3] Selbst wenn ein lebender Mensch eines seiner Organe verkauft hat, so könnte dessen anschließende Entnahme rechtswidrig bleiben, da die damit begangene Körperverletzung trotz der Einwilligung »gegen die guten Sitten« iSd § 228 StGB verstoßen könnte.[4]

2 Dennoch scheidet in allen diesen Fällen eine Strafbarkeit nach den §§ 223 ff. StGB bzw. § 168 StGB aus, da das **TPG** seit seinem Inkrafttreten 1997[5] als **lex specialis** für Organ- und seit 2007 auch für Gewebeentnahmen[6] jene Normen verdrängt.[7] Um das TPG anwenden zu können, muss es sich bei dem Tatobjekt allerdings zunächst einmal um ein Organ bzw. um Gewebe handeln. Der **Begriff des Organs** wird durch § 1a Nr. 1 TPG legaldefiniert (funktional selbstständiger Körperteil), der des **Gewebes** durch § 1a Nr. 4 TPG (mindestens eine Körperzelle). Blut und Blutbestandteile werden durch § 1 Abs. 2 Nr. 2 TPG aus dem Anwendungsbereich des TPG ausgeklammert, sodass insoweit die §§ 223 ff., 168 StGB als lex generalis maßgeblich bleiben. Unter den Begriff des Organs fallen gem. § 1a Nr. 3 TPG sowohl regenerierungsfähige als auch nicht regenerierungsfähige Körperteile, unter den Begriff des Gewebes beispielsweise Haut und Knochenmark, aber auch Ei- und Samenzellen.[8]

3 Strafvorschriften, die daran anknüpfen, dass ein Organ oder Gewebe unerlaubt entnommen oder nach seiner Entnahme unerlaubt verwendet wurde, enthält das TPG in seinen §§ 18, 19. Dabei unterscheidet es zwischen Organ- und Gewebehandel einerseits sowie sonstigen Organ- und Gewebeentnahmen andererseits. Während **bei einem Handeltreiben die Einwilligung des Organ- oder Gewebespenders stets unbeachtlich** und der Spender selbst gem. § 18 Abs. 1, 4 TPG strafbar bleibt, hängt die Strafbarkeit sonstiger Entnahmen nach § 19 TPG davon ab, ob eine wirksame Einwilligung entweder des (lebenden) Spenders oder einer Näheperson des (toten) Spenders vorliegt.

---

1 BT-Drs. 4/650, 160.
2 Vgl. SK-StGB/*Günther*, 33. EL., § 34 Rn. 51.
3 *Maurach/Schroeder/Maiwald*, Strafrecht Besonderer Teil II, 10. Aufl. 2012, § 62 Rn. 1 (»Mephisto-Urteil«).
4 Vgl. dazu *Fischer* StGB § 228 Rn. 24a; SK-StGB/*Wolters*, 9. Aufl. 2017, § 228 Rn. 8; BT-Drs. 13/4355, 29.
5 BGBl. 1997 I 2631.
6 BGBl. 2007 I 2206.
7 Schroth/König/Gutmann/Oduncu/*Schroth* TPG § 19 Rn. 163 ff. mwN; *Niedermair*, Körperverletzung mit Einwilligung und die Guten Sitten, 1999, 223 ff.
8 *König* in Roxin/Schroth MedizinStrafR-HdB 509.

Zum 1.8.2013 ist überdies eine Strafvorschrift (§ 19 Abs. 2a) in das TPG eingeführt **4**
worden, die sich gegen unrichtige Angaben zum Gesundheitszustand eines potentiellen Organ- oder Gewebeempfängers wendet. Mit dieser zusätzlichen Strafvorschrift
hat der Gesetzgeber auf den sog. **Organspendeskandal** aus den Jahren 2009–2011 reagiert, innerhalb dessen Ärzte an verschiedenen Transplantationszentren in Deutschland (Göttingen, Leipzig, München und Münster) anscheinend systematisch auf eine
Bevorzugung ihrer Patienten bei der Zuteilung von Organen hingearbeitet haben, indem sie einen schlechteren Gesundheitszustand und dadurch dringenderen Organbe-
darf dieser Patienten vorgetäuscht haben, als er tatsächlich vorhanden war. Das Auf-
decken dieser Manipulationen des Organverteilungsverfahrens durch die Medien
hatte das Vertrauen der Allgemeinheit in ein gerechtes Organverteilungssystem stark
erschüttert und dadurch zu einer weiteren Reduktion der (ohnehin deutlich hinter
dem Bedarf zurückbleibenden) Organspendebereitschaft in Deutschland geführt. In
den Jahren 2012 und 2013 hat der Gesetzgeber daher das TPG gleich dreimal mit dem
Ziel geändert, alle derzeit »vorhandenen Möglichkeiten der Organspende zu realisieren« (vgl. das am 1.8.2012 in Kraft getretene Gesetz zur Änderung des TPG[9]) und zusätzlich »die Bereitschaft zur Organspende in Deutschland zu fördern« (vgl. § 1 Abs. 1
S. 1 TPG in der zum 1.11.2012 durch das Gesetz zur Regelung der Entscheidungslösung im TPG in Kraft gesetzten Fassung[10]), indem das »Vertrauen in ein gerechtes Ver-
teilungssystem« hinsichtlich gespendeter Organe »zurückgewonnen und nachhaltig
verstärkt« werde (Gesetz zur Beseitigung sozialer Überforderung bei Beitragsschulden
in der Krankenversicherung[11]).

B. Organ- und Gewebehandel

I. Begriff des Handeltreibens

Dem Begriff des Handeltreibens unterfallen **alle auf einen Umsatz der betreffenden** **5**
Tatobjekte gerichteten, eigennützigen Bemühungen.[12] Strafbar wegen Organ- oder
Gewebehandels macht sich nach § 18 Abs. 1 TPG nicht nur, wer selbst Handel treibt,
sondern auch, wer Organe oder Gewebe, die Gegenstand verbotenen Handeltreibens
sind, lediglich entnimmt, auf einen anderen überträgt oder sich übertragen lässt. Die
Strafbarkeit wegen Organ- und Gewebehandels erstreckt sich daher über den Händler
hinaus stets auch auf den Spender und den Empfänger, den Explanteur und den
Implanteur der von einem anderen gehandelten Organe und Gewebe.

Zudem ist der Begriff des Handeltreibens selbst bereits außerordentlich weit, da er ers- **6**
tens **schon bloße Bemühungen um einen Umsatz** erfasst und zweitens diese Bemühungen sich nicht einmal unbedingt auf einen eigenen täterschaftlichen Umsatz zu
richten brauchen, sondern auch auf die **Förderung fremden Umsatzes** beziehen können.[13] Neben dem vollendeten Umsatz werden also auch der versuchte und sogar der
nur vorbereitete Umsatz unter Strafe gestellt,[14] neben tatherrschaftlichen Beiträgen
zum Umsatz sollen auch materielle Teilnahmehandlungen täterschaftsbegründend
wirken.[15] Zwar muss der Handeltreibende seinen Tatbeitrag subjektiv **aus eigennützi-**

---

9 BT-Drs. 17/7376, 22.
10 BT-Drs. 17/9030, 7.
11 BT-Drs. 17/13947, 41.
12 BSG JZ 2004, 465; *König* in Roxin/Schroth MedizinStrafR-HdB 513; *Schroth* in Roxin/Schroth
   MedizinStrafR-HdB 481 Fn. 42.
13 *König* in Roxin/Schroth MedizinStrafR-HdB 521.
14 Vgl. *König* in Roxin/Schroth MedizinStrafR-HdB 513; Interfraktioneller Entwurf BT-Drs.
   13/4355, 30.
15 *König* in Roxin/Schroth MedizinStrafR-HdB 527.

gen Motiven erbringen, doch bedarf es dafür nicht unbedingt der Erwartung geldwerter Vorteile.[16] Ausreichend soll es vielmehr auch sein, wenn der Täter in der Hoffnung auf objektiv feststellbare immaterielle Vorteile gehandelt hat, zB mit der Organspende an seinen Ehepartner diesen dazu bewegen will, einen Trennungsentschluss fallen zu lassen.

II. Schutzzweck des Handelsverbots

7 Dass § 18 TPG den Organ- und Gewebehandel derart umfassend pönalisiert, selbst wenn er mit Einwilligung des Spender betrieben wird, könnte sich aus dem Rechtsgut erklären, auf dessen Schutz der Gesetzgeber damit abzielte, nämlich der **Menschenwürde des Spenders:**[17] Indem er seinen eigenen Körper zum Objekt eines Handels, zum »lebenden Ersatzteillager« degradiere, wirke er an einem Vorgang mit, der nicht mit seiner auch für ihn selbst unverfügbaren und unverzichtbaren Subjektqualität vereinbar sei. Von einem liberalen Grundrechtsverständnis her fragt sich aber schon, ob Art. 1 GG tatsächlich eine Pflicht des Menschenwürdeträgers gegen sich selbst zu entnehmen ist und nicht nur ein Recht auf Achtung durch den Staat und Schutz gegen Dritte.[18]

8 Dass § 18 TPG eine solche »Grundpflicht zu menschenwürdegerechtem Verhalten« noch dazu strafbewehrt hätte, passt vor allem auch nicht zu den drei in § 17 TPG geregelten Ausnahmen vom Verbot des Handeltreibens: Gemäß § 17 S. 1 TPG ist ein Handel mit Organen und Gewebe erstens nur verboten, wenn diese der »Heilbehandlung eines anderen zu dienen bestimmt sind« **(Heilbehandlungsklausel).** Tatbestandslos ist demgemäß der Handel mit Organen, die zu Forschungszwecken verwendet werden sollen, oder mit Gewebe, das zu kosmetischen Operationen eingesetzt werden soll – obwohl die Würde des Spenders bei einer dieser Zweckrichtungen doch zumindest nicht weniger betroffen wäre als bei einer Spende zu Heilzwecken.[19]

9 Ein Handeltreiben soll nach § 17 S. 2 Nr. 1 TPG zweitens auch erlaubt sein, wenn die eigennützige Motivation des Handeltreibenden nur in der Erwartung eines »angemessenen Entgelts« für der Heilbehandlung dienende Maßnahmen besteht **(Entgeltklausel).** Ein Kaufpreis für das Organ bzw. Gewebe darf also zwar weder gewährt noch angenommen werden,[20] wohl aber eine angemessene Vergütung für alle Dienst- und Werkleistungen, angefangen von der Entnahme bis hin zur schließlichen Übertragung. Nun wirkt ein Arzt, der die Organentnahme gegen angemessenes Entgelt durchführt, an einer etwaigen Menschenwürdeverletzung aber jedenfalls nicht weniger mit als der Spender, der sie gegen angemessenes Entgelt zulässt. Überhaupt ist nicht ersichtlich, inwiefern es von der »Angemessenheit« einer Gegenleistung abhängen sollte, ob diese Leistung als strafwürdiger Beitrag zu einer Menschenwürdeverletzung einzustufen ist.[21]

10 Drittens erklärt schließlich § 17 S. 2 Nr. 2 TPG auch das Handeltreiben mit aus Organen oder Gewebe bestehenden oder sie enthaltenden Arzneimitteln für nicht tatbestandsmäßig **(Arzneimittelklausel).** Dass der Gesetzgeber diese Ausnahme vorgesehen hat, trägt dem Gesundheitsinteresse aller Patienten Rechnung, deren Heilungsaussichten

---

16 BSG BeckRS 2004, 40334 = JZ 2004, 466; *König* in Roxin/Schroth MedizinStrafR-HdB 518 f.
17 Interfraktioneller Entwurf BT-Drs. 13/4355, 29.
18 Ebenso *König* in Roxin/Schroth MedizinStrafR-HdB 506; *Schroeder* ZRP 1997, 265; *Schroth* in Roxin/Schroth MedizinStrafR-HdB 479; *Schroth* JZ 1997, 1150 f.; *Schroth*, FS Roxin, 2001, 878.
19 *König* in Roxin/Schroth MedizinStrafR-HdB 512; Schroth/König/Gutmann/Oduncu/*Schroth* TPG Vor § 17 Rn. 15.
20 BT-Drs. 13/4355, 30: »Dies schließt ein Entgelt für das Organ, Organteil oder Gewebe aus«.
21 *König* in Roxin/Schroth MedizinStrafR-HdB 522.

von derartigen Medikamenten abhängen. Wenn aber im Einsatz der eigenen Organe und Gewebe zu Handelszwecken ein würdeloses Verhalten zu sehen sein sollte, dann müsste das konsequenterweise auch bei Veräußerung dieser Organe oder Gewebe an einen Arzneimittelhersteller gelten.[22]

Um die in § 17 TPG angeordneten Einschränkungen des Handelsverbots erklären zu **11** können, muss dieses also auf andere Weise legitimiert werden als unter Rückgriff auf den Schutz der Menschenwürde. Stattdessen könnte der Verbotszweck darin bestehen, der **Gefahr vorzubeugen, dass durch den Handel einerseits die finanzielle Notlage von potentiellen Spendern sowie andererseits die gesundheitliche Notlage von potentiellen Empfängern der gehandelten Organe bzw. Gewebe ausgebeutet werden kann.**[23] § 18 TPG beschriebe dann ein abstraktes Gefährdungsdelikt und bildete gewissermaßen einen Spezialtatbestand zum Wucher,[24] bei dem es aber (anders als bei § 291 StGB) nicht darauf ankommt, ob im Einzelfall ein »auffälliges Missverhältnis« zwischen Leistung und Gegenleistung vorliegt. Ein solcher Legitimationsgrund für das Handelsverbot vermag auch zu erklären, weshalb es nur für zu Heilzwecken bestimmte Organe und Gewebe gilt (weil nur insoweit typischerweise eine gesundheitliche Notlage auf Empfängerseite besteht), weshalb es nicht für die Gewährung oder Annahme eines »angemessenen Entgelts« gilt (weil dann gerade keine Notlage ausgebeutet wird) und weshalb Arzneimittel von dem Verbot ausgeklammert bleiben (weil der Arzneimittelmarkt ohnehin durch das AMG reguliert wird).[25]

Ausgehend von einem solchen Schutzzweck des Handelsverbots lässt sich schließlich **12** auch die für ein Handeltreiben konstitutive »eigennützige« Motivation näher bestimmen: Soweit dem Spender vom Empfänger bspw. eine bestimmte Gegenleistung für transplantierte Organe nur deswegen gewährt wird, weil der Spender keinen Vermögensschaden infolge der Entnahme erleiden will, liegt noch keine Eigennützigkeit vor.[26] Denn damit versucht weder der Spender, eine gesundheitliche Notlage des Empfängers auszubeuten, noch umgekehrt dieser eine finanzielle Notlage von jenem. Lässt sich der Spender bspw. gegen das Entnahmerisiko auf Kosten des Empfängers durch eine **Berufsunfähigkeitsversicherung** absichern, so spendet er deswegen noch nicht eigennützig,[27] denn jede Versicherungsleistung dient allein dem Schadensausgleich und schafft keine darüber hinausgehende Bereicherung.[28] Am notwendigen Eigennutz fehlt es auch, wenn dem Spender **Dankbarkeitsgaben in so geringfügiger Höhe** in Aussicht gestellt werden, dass ihretwegen keine verständige Person in der wirtschaftlichen Lage des Spenders in die Organentnahme einwilligte.[29] Denn das Versprechen eines so geringfügigen Ausgleichs für die mit einer Spende verbundenen Nichtvermögensschäden vermag nicht einmal die abstrakte Gefahr zu begründen, dass dadurch eine Notlage entweder des Spenders oder des Empfängers ausgebeutet werden könnte.

---

22 *König* in Roxin/Schroth MedizinStrafR-HdB 510.
23 BT-Drs. 13/4355, 15, 29; *Schroth* JZ 1997, 1150.
24 Abl. *Schroth* in Roxin/Schroth MedizinStrafR-HdB 480; *Schroth* JZ 2004, 469.
25 Vgl. § 17 Abs. 1 S. 2 Nr. 1 TPG; BT-Drs. 16/3146, 35.
26 *König* in Roxin/Schroth MedizinStrafR-HdB 518; *Schroth* in Roxin/Schroth MedizinStrafR-HdB 494 Fn. 84.
27 BT-Drs. 13/587, 6; BT-Drs. 13/4355, 30.
28 IErg auch *König* in Roxin/Schroth MedizinStrafR-HdB 515; *Schroth* in Roxin/Schroth MedizinStrafR-HdB 494 f.
29 *König* in Roxin/Schroth MedizinStrafR-HdB 516 f.; *König*, Strafbarer Organhandel, 1999, 162 ff.; Schroth/König/Gutmann/Oduncu/*König* TPG § 18 Rn. 29; *Weber*, Der Begriff des Handeltreibens, 2008, 118 f.

C. Organ- und Gewebespenden durch Lebende

13 Die Strafbarkeit sonstiger, dh vom Gesetz nicht als »Handel« eingestufter, Organ- oder Gewebeentnahmen beurteilt sich nach § 19 TPG. Anders als eine zu Handelszwecken erteilte **kann eine Einwilligung** zu sonstigen Zwecken **jedenfalls unter bestimmten Voraussetzungen strafrechtlich wirksam sein.** Diese Voraussetzungen differieren allerdings wiederum danach, ob sich die Einwilligung auf eine Lebendspende oder auf eine postmortale Spende bezieht. Die strafrechtlichen Wirksamkeitsvoraussetzungen für eine Lebendspende werden nämlich in § 19 Abs. 1 TPG, die davon abweichenden für eine postmortale Spende in § 19 Abs. 2 TPG benannt.

I. Rechtliche Voraussetzungen für eine Lebendspende

14 Wie sich aus der Verweisung in § 19 Abs. 1 Nr. 1 TPG auf § 8 I TPG ergibt, muss der Organ- bzw. Gewebespender, um wirksam einwilligen zu können, erstens sowohl **volljährig** als auch **einwilligungsfähig** sein (Nr. 1a) und zweitens zuvor in verständlicher Form **gründlichst aufgeklärt** worden sein (Nr. 1b). Die Einwilligung ist drittens nur wirksam, wenn sie sich auf die Entnahme durch einen **Arzt** bezieht (Nr. 4). Viertens beschränkt § 19 Abs. 2 Nr. 2 TPG iVm § 8 Abs. 1 S. 2 TPG den Kreis derjenigen, zugunsten derer der Spender überhaupt nur in eine Entnahme nicht regenerationsfähiger Organe einwilligen kann: Danach muss der Spender dem in Aussicht genommenen Empfänger seines Organs **»in besonderer Verbundenheit offenkundig nahestehen«.**

15 Der Zweck dieser Beschränkung des Empfängerkreises besteht darin, der Gefahr entgegenzuwirken, dass statt altruistischer insgeheim doch eigennützige Motive hinter der Einwilligung stehen und daher »in Wahrheit« ein Fall des (wenn auch verdeckten) Organhandels vorliegt.[30] Zwar kann eine selbstlose Anteilnahme am gesundheitlichen Schicksal eines anderen grundsätzlich auch gegenüber Menschen empfunden werden, zu denen keine besondere persönliche Nähebeziehung besteht – wie auch umgekehrt eine familieninterne Organspende durchaus auf eigennützigen Beweggründen beruhen kann.[31] Der Gesetzgeber hat sich aber mit der Beschränkung des Empfängerkreises dafür entschieden, die **abstrakt betrachtet größere Gefahr eines verdeckten Organhandels** bei einer Spende an jemanden außerhalb dieses engen Empfängerkreises für eine Strafbarkeit ausreichen zu lassen. Da es sich beim Organhandel selbst wiederum um ein abstraktes Gefährdungsdelikt im Hinblick auf eine Ausbeutung der Beteiligten wegen ihrer gesundheitlichen bzw. finanziellen Notlage handelt, begnügt sich der Gesetzgeber hier als Strafgrund mit der **abstrakten Gefahr einer abstrakten Gefahr.**[32]

II. Besonderheiten der Cross-over-Spende

16 Diese Vorverlagerung des Rechtsgüterschutzes ins »Vorfeld des Vorfeldes«[33] hat Rechtsprechung und Schrifttum dazu veranlasst, dem allzu hart erscheinenden Gesetz eher entgegenzusteuern und bei seiner Auslegung daher größtmögliche Milde walten zu lassen. Diese Tendenz zeigt sich insbesondere bei der rechtlichen Beurteilung der sog. Cross-over-Spende. Dabei geht es um Fälle, in denen zwei einander zunächst un-

---

30 BT-Drs. 13/4355, 20.
31 Krit. deswegen *Schroth* in Roxin/Schroth MedizinStrafR-HdB 478 f.
32 Krit. deswegen Schroth/König/Gutmann/Oduncu/*Gutmann* TPG § 8 Rn. 26 ff.; Schroth/König/ Gutmann/Oduncu/*Schroth* TPG § 19 Rn. 43 ff.; *Schroth* JZ 2004, 472; zust. dagegen *Kraatz* ArztStrafR Rn. 195.
33 So *Schroth* in Roxin/Schroth MedizinStrafR-HdB 487.

bekannte Ehepaare jeweils das Problem haben, dass eine Organspende zwischen den miteinander Verheirateten wegen Blutgruppeninkompatibilität nicht in Betracht kommt. Weisen die vier Beteiligten nun Blutgruppen auf, die es medizinisch möglich machten, die Organe der beiden potentiellen Spender kreuzweise auf die beiden potentiellen Empfänger aus dem jeweils anderen Paar zu transplantieren, so stößt dies aber wiederum juristisch auf Schwierigkeiten. Denn nach § 8 Abs. 1 S. 2 TPG müssen Spender und Empfänger sich erstens nahestehen, zweitens in besonderer persönlicher Weise miteinander verbunden sein und drittens diese Voraussetzungen offenkundig erfüllen. **Während das »Nahestehen« die äußere Beziehung zwischen den Beteiligten kennzeichnet, geht es bei der »besonderen persönlicher Verbundenheit« um die inneren Zusammengehörigkeitsgefühle.**[34]

Für ein Nahestehen ist es nach Auffassung des BSG »nicht ausreichend ..., wenn sich   **17**
der persönliche Kontakt zwischen den Partnern der Lebendspende einzig auf den Zweck der Durchführung der Organspende beschränkt«.[35] Ebenso wenig könne die besondere persönliche Verbundenheit »allein aus der Schicksalsgemeinschaft oder dem Gleichklang der Lebensverhältnisse hergeleitet werden«.[36] Es sei stattdessen »zu fordern, dass die persönliche Verbindung zwischen den Ehepaaren so stark ist, dass ihr Fortbestehen über die Operation hinaus erwartet werden kann. Notwendig ist eine Beziehung, die aus Sicht der Beteiligten grundsätzlich auf eine unbefristete Dauer angelegt ist«.[37] Statt einer bereits längerfristig bestehenden Beziehung begnügt sich das BSG also mit einer **als längerfristig prognostizierbaren Beziehung,** ohne allerdings zu erläutern, unter welchen Umständen die Berechtigung zu einer solchen Prognose als »offenkundig« iSd § 8 Abs. 1 S. 2 TPG anerkannt werden kann.

Richtig ist jedenfalls, dass in der besonderen Situation vor einer Cross-over-Spende die   **18**
Gefahr einer gegenseitigen Ausbeutung der finanziellen Notlage eines Spenders bzw. gesundheitlichen Notlage eines Empfängers nicht einmal abstrakt gegeben ist.[38] Wenn aber deswegen mit den kreuzweisen Spenden weder ein offener Organhandel vorgenommen wird noch ein verdeckter Organhandel vorgenommen zu werden droht, dann dürfen diese mangels legitimen Strafgrunds auch nicht strafbar sein. **§ 8 Abs. 1 S. 2 TPG muss also einschränkend ausgelegt werden:**[39] »Offenkundig« ist dabei aber meines Erachtens nicht ein Nahestehen in besonderer persönlicher Verbundenheit zwischen den beiden Ehepaaren, sondern nur innerhalb jedes der beiden Ehepaare. Jeder Spender lässt sich ein Organ »zum Zwecke der Übertragung« zwar nicht desselben, aber immerhin des gleichen Organs auf seinen Ehegatten entnehmen. Das sollte für § 8 Abs. 1 S. 2 TPG ausreichen.[40]

D. Postmortale Organ- und Gewebespenden

Im Unterschied zur Lebendspende, bei der der mögliche Empfängerkreis gesetzlich   **19**
beschränkt ist (→ § 55 Rn. 15), sieht das Gesetz für die postmortale Organspende **keine Beschränkung auf bestimmte Empfänger** vor. Aus der in § 2 Abs. 2 S. 2 TPG erteilten Erlaubnis, dass die Einwilligung »auf bestimmte Organe oder Gewebe beschränkt werden« darf, lässt sich sogar im Umkehrschluss ableiten, dass eine Beschränkung auf

---

34 *Schroth* in Roxin/Schroth MedizinStrafR-HdB 484.
35 BSG BeckRS 2004, 40334 = JZ 2004, 468; aA *Seidenath* MedR 2001, 118 (122); *Dufková* MedR 2000, 408 (412); *Ulsenheimer* in Ulsenheimer ArztStrafR Rn. 748.
36 BSG BeckRS 2004, 40334 = JZ 2004, 468.
37 BSG BeckRS 2004, 40334 = JZ 2004, 468; zust. *Kraatz* ArztStrafR Rn. 196.
38 *Schroth* JZ 2004, 469f.
39 *Schroth,* FS Böttcher, 2007, 544 ff.
40 IErg auch *Schroth* in Roxin/Schroth MedizinStrafR-HdB 490 f.

bestimmte Empfänger bei der postmortalen Spende unwirksam bleiben soll.[41] Ein weiterer Unterschied zur Lebendspende besteht darin, dass diese nur von einem volljährigen und einwilligungsfähigen Spender höchstpersönlich erklärt werden kann (§ 8 Abs. 1 Nr. 1a TPG), während bei der postmortalen Spende sowohl eine Einwilligung zu Lebzeiten durch den Spender (§ 3 Abs. 1 S. 1 Nr. 1 TPG) als auch eine Einwilligung nach dessen Tode durch nächste Angehörige (§ 4 Abs. 1 S. 2 TPG) in Betracht kommt. Insbesondere braucht der in eine Organentnahme nach seinem Tod Einwilligende nicht unbedingt volljährig zu sein, sondern es genügt gem. § 2 Abs. 2 S. 3 TPG grundsätzlich, dass er zum Zeitpunkt seiner Erklärung bereits das 16. Lebensjahr vollendet hatte.

I. Zustimmungs- und Widerspruchslösungen

20 Rechtsvergleichend betrachtet ist es durchaus nicht selbstverständlich, dass es für eine postmortale Spende überhaupt einer Einwilligung, dh einer vorherigen Zustimmung des über das betroffene Rechtsgut Dispositionsbefugten, bedarf. Gesetzesmodelle, die eine derartige Einwilligung voraussetzen, damit eine postmortale Organentnahme durchgeführt werden darf, heißen »Zustimmungslösungen«. Innerhalb der Zustimmungslösungen wird wiederum zwischen Konzeptionen unterschieden, innerhalb derer ausschließlich der Einwilligung des später verstorbenen Organspenders Wirksamkeit zuerkannt wird **(enge Zustimmungslösung)**, und solchen, in denen auch bestimmte Totensorgeberechtigte nach dem Tode des Organspenders wirksam ihre Einwilligung erklären können **(erweiterte Zustimmungslösung)**.[42] Der deutsche Gesetzgeber hat sich also für eine erweiterte Zustimmungslösung entschieden, während beispielsweise in Japan die enge Zustimmungslösung gilt.[43]

21 Den Zustimmungslösungen stehen auf internationaler Ebene die sog. »Widerspruchslösungen« gegenüber, denen zufolge eine postmortale Organspende grundsätzlich zulässig ist, es sei denn, es liegt ein Widerspruch des über das betreffende Rechtsgut Dispositionsbefugten vor. Innerhalb der Widerspruchslösungen lässt sich danach differenzieren, ob der erforderliche Widerspruch nur von der Person wirksam eingelegt werden kann, der ein Organ nach ihrem Tod entnommen werden soll **(enge Widerspruchslösung)**, oder darüber hinaus nach deren Tod auch vom Totensorgeberechtigten **(erweiterte Widerspruchslösung)**. Eine Widerspruchslösung liegt beispielsweise den gesetzlichen Regelungen in Österreich[44] und Spanien[45] zugrunde. Tendenziell ermöglicht naturgemäß die enge Widerspruchslösung am meisten postmortale Organentnahmen, die enge Zustimmungslösung am wenigsten.[46]

22 Die **deutsche erweiterte Zustimmungslösung** stellt einen Kompromiss zwischen den Extrempositionen dar, der dem Willen des verstorbenen potentiellen Organspenders dadurch relativ weitgehend Rechnung trägt, dass auch der Totensorgeberechtigte an den mutmaßlichen Willen des Verstorbenen gebunden bleibt (§ 4 Abs. 1 S. 4 TPG) und sich jedenfalls über dessen zu Lebzeiten erklärten Widerspruch gegen eine Organentnahme nicht hinwegsetzen kann (§ 3 Abs. 2 Nr. 1 TPG). Soweit ein tatsächlich erklärter oder mutmaßlicher Wille des Verstorbenen feststellbar ist, erkennt das TPG diesen somit als verbindlich an, und nur für den Fall, dass kein auch nur mutmaßlicher Wille des Verstorbenen erkennbar ist, wird dem Totensorgeberechtigten eine selbstständige

---

41 IErg ebenso *Schroth* in Roxin/Schroth MedizinStrafR-HdB 460 Fn. 55.
42 Vom BVerfG gebilligt in NJW 1999, 3403.
43 Vgl. *Schroth* in Roxin/Schroth MedizinStrafR-HdB 454.
44 *Bruckmühler/Schumann* in Roxin/Schroth MedizinStrafR-HdB 813 ff.
45 *Muñoz Conde* in Roxin/Schroth MedizinStrafR-HdB 866 ff.
46 Höfling/*Lang*, Transplantationsgesetz, 2. Aufl. 2013, § 11 TPG Rn. 35.

Entscheidungsbefugnis über die postmortale Organentnahme zugestanden.[47] Diese eher dem Selbstbestimmungsrecht des Verstorbenen als dem Gesundheitsinteresse potentieller Organempfänger Vorrang einräumende Gesetzeskonzeption führte dazu, dass in Deutschland seit Langem – und verschärft nach dem sog. Organspendeskandal (→ § 55 Rn. 4) – eine **deutliche Diskrepanz zwischen dem Angebot an Organen und der Nachfrage danach** besteht[48] – ein Organmangel also, dem auch durch Organimporte aus dem eher Widerspruchslösungen zuneigenden Ausland keineswegs vollständig abgeholfen werden kann.

»Um mehr Menschen die Chance zu geben, ein lebensrettendes Organ erhalten zu können«,[49] verpflichtet der am 1.11.2012 durch das Gesetz zur Regelung der Entscheidungslösung im TPG neu in Kraft gesetzte § 2 Abs. 1a TPG deshalb die Krankenkassen, ihren Versicherten, sofern diese das 16. Lebensjahr vollendet haben, alle zwei Jahre einen Organspendeausweis zuzusenden und sie zugleich zu einer Erklärung zur Organ- und Gewebespende aufzufordern – ohne dass der Aufgeforderte dadurch allerdings zu einer solchen Erklärung oder gar zu einer Zustimmung verpflichtet würde (§ 2 Abs. 2a TPG). Mit dieser Regelung soll der vom Gesetzgeber beobachtete eklatante »Abstand zwischen der hohen Organspendebereitschaft in der Bevölkerung (rund 75%) und dem tatsächlich dokumentierten Willen zur Organspende (rund 25%) verringert werden«.[50] Aufgrund des bewussten Verzichts darauf, »die Entscheidungsfreiheit des Einzelnen durch eine Erklärungspflicht einzuschränken«,[51] lässt sich die mit § 2 Abs. 1a TPG eingeführte Regelung entgegen dem Titel des sie einführenden Gesetzes auch nicht wirklich als »**Entscheidungslösung**«[52] einstufen, sondern es bleibt bei der in §§ 3, 4 TPG verankerten erweiterten Zustimmungslösung, ergänzt durch eine allein den Krankenkassen auferlegte Pflicht, ihre von jedem Erklärungszwang freibleibenden Versicherten dennoch zu überhaupt einer Entscheidung und deren Dokumentation aufzufordern. Dass sich durch eine derartige »Entscheidungsaufforderungslösung« tatsächlich ein Beitrag zur Erhöhung des Spendenaufkommens leisten lässt, wird im Schrifttum aus guten Gründen bezweifelt.[53] 23

II. Rechtliche Voraussetzungen für eine postmortale Spende

Die Voraussetzungen, unter denen eine postmortale Organentnahme strafbar ist, ergeben sich aus § 19 Abs. 2 TPG iVm den weiteren Vorschriften des TPG, auf die dort verwiesen wird: Strafbar ist danach erstens jede Organentnahme unter Verstoß gegen §§ 3 Abs. 1 S. 1 Nr. 1, 4 Abs. 1 S. 2 TPG, dh ohne die **Einwilligung entweder des Verstorbenen oder eines von dessen nächsten Angehörigen**. Dabei wird der Begriff des entscheidungsbefugten nächsten Angehörigen durch §§ 1a Nr. 5, 4 Abs. 2 S. 1 TPG näher erläutert (persönlicher Kontakt zum Verstorbenen innerhalb der letzten beiden Jahre vor dessen Tod nötig). Bei mehreren gleichrangigen nächsten Angehörigen braucht zwar nur einer von ihnen zuzustimmen, es kann aber andererseits jeder einzelne von ihnen wirksam widersprechen, § 4 Abs. 2 S. 3 TPG. Eine Person, die dem Verstorbenen »bis zu seinem Tode in besonderer persönlicher Verbundenheit offenkundig nahegestanden hat«, steht nächsten Angehörigen gleich, § 4 Abs. 2 S. 5 TPG, 24

---

47 *Schroth* in Roxin/Schroth MedizinStrafR-HdB 452.
48 *Kraatz* ArztStrafR Rn. 193 aE; *Schroth* in Roxin/Schroth MedizinStrafR-HdB 446.
49 BT-Drs. 17/9030, 3.
50 BT-Drs. 17/9030, 14.
51 BT-Drs. 17/9030, 14.
52 RL 2010/53/EU des Europäischen Parlaments und des Rates über Qualitäts- und Sicherheitsstandards für zur Transplantation bestimmte menschliche Organe v. 7.7.2010, ABl. 2010 L 207, 14 ff.; *Kraatz* ArztStrafR Rn. 193.
53 *Schroth* NStZ 2013, 437.

eine Person, welcher der Verstorbene die Entscheidung über eine Organspende über-tragen hat, geht nächsten Angehörigen vor, § 4 Abs. 3 TPG.

25 Strafbar ist zweitens jede Organentnahme unter Verstoß gegen § 3 Abs. 2 Nr. 1 TPG, dh **entgegen einem Widerspruch des Verstorbenen.** Die Entscheidungsbefugnis des nächsten Angehörigen bleibt also subsidiär gegenüber jeder früheren Erklärung des Verstorbenen, ob diese nun schriftlich oder nur mündlich abgegeben wurde. Strafbar ist drittens jede Organentnahme unter Verstoß gegen § 3 Abs. 1 S. 1 Nr. 3 TPG, dh nur in eine **ärztliche Organentnahme** kann überhaupt wirksam eingewilligt werden.

26 Viertens muss vor der Organentnahme gem. § 3 Abs. 1 S. 1 Nr. 2 TPG der **Tod des Or-ganspenders** »nach Regeln, die dem Stand der Erkenntnisse der medizinischen Wis-senschaft entsprechen«, **festgestellt worden** sein. Dazu muss gem. §§ 3 Abs. 2 Nr. 2, 5 Abs. 1 TPG entweder durch zwei Ärzte unabhängig voneinander der Gesamthirntod des Organspenders diagnostiziert worden sein oder durch einen Arzt der Herz-Kreislauf-Stillstand, wenn seitdem mindestens drei Stunden vergangen sind.

27 Ist zum Zeitpunkt der Organentnahme der Tod des Spenders tatsächlich noch nicht eingetreten und stirbt dieser erst infolge der Organentnahme, so wird eine etwaige Strafbarkeit nach § 19 Abs. 2 TPG iVm § 3 Abs. 1 S. 1 Nr. 2, Abs. 2 Nr. 2 TPG allerdings durch diejenige wegen vorsätzlichen oder fahrlässigen Tötungsdelikts verdrängt.[54] Dies ergibt sich schon daraus, dass es sich bei den §§ 211 ff., 222 StGB um Verletzungs-delikte mit verschärftem Strafrahmen handelt, während eine Strafbarkeit nach den zu-vor genannten Vorschriften des TPG nur der **abstrakten Gefährlichkeit einer unsorg-fältigen Todesfeststellung vorbeugen** soll. Die besagten Vorschriften des TPG kommen letztlich also nur zur Anwendung, wenn der Tod des Organspenders zum Zeitpunkt der -entnahme tatsächlich bereits eingetreten war oder dies zumindest in dubio pro reo angenommen werden muss und lediglich die Todesfeststellung nicht le-ge artis auf die in § 5 TPG beschriebene Weise erfolgte.[55]

E. Verfahren und Kriterien der Organallokation

28 Da bei der postmortalen Organspende keine Beschränkung auf bestimmte Empfänger vom Spender oder (nach dessen Tod) von dessen nächsten Angehörigen wirksam an-geordnet werden kann, stellt sich hier das Problem der Organallokation, dh der Zutei-lung eines knappen Guts angesichts einer das Angebot weit übersteigenden Nachfrage nach Organen. Vermittlungspflichtige Organe iSd § 1a Nr. 2 TPG sind nach dem Stan-dardverfahren gem. § 12 Abs. 3 S. 1 TPG von einer speziellen »Vermittlungsstelle nach Regeln, die dem Stand der Erkenntnisse der medizinischen Wissenschaft entsprechen, insbesondere nach Erfolgsaussicht und Dringlichkeit für geeignete Patienten zu ver-mitteln«. Gemäß § 12 Abs. 2 S. 1 TPG besteht die Möglichkeit, als Vermittlungsstelle auch eine Einrichtung zu beauftragen, die ihren Sitz im Ausland hat. Durch privat-rechtlichen Vertrag vom 10.4.2000 hat die Bundesrepublik von dieser Möglichkeit Gebrauch gemacht, indem sie **Eurotransplant**, eine privatrechtliche Stiftung mit Sitz in den Niederlanden, mit den Aufgaben einer Vermittlungsstelle iSd § 12 TPG betraut hat. Die für eine Organvermittlung maßgeblich von Eurotransplant anzuwendenden »Regeln, die dem Stand der Erkenntnisse der medizinischen Wissenschaft entspre-chen«, werden gem. § 16 Abs. 1 Nr. 5 TPG von der Bundesärztekammer in Richtlinien festgestellt, die vom Bundesministerium für Gesundheit nach § 16 Abs. 3 TPG geneh-migt werden müssen.

---

54 *Schroth* in Roxin/Schroth MedizinStrafR-HdB 462.
55 *Schroth* in Roxin/Schroth MedizinStrafR-HdB 462.

Insbesondere sollen diese Regeln den Erkenntnissen der medizinischen Wissenschaft **29** zu den **Erfolgsaussichten** und zur **Dringlichkeit** einer Organtransplantation Rechnung tragen. Dementsprechend wird in den Richtlinien der Bundesärztekammer zwischen der Gruppe der akut lebensgefährdeten und den übrigen Patienten unterschieden und innerhalb der letztgenannten Gruppe zusätzlich jedem einzelnen Patienten mithilfe des sog. MELD-Scores ein genauer Dringlichkeitspunktewert zugeordnet. Akut lebensgefährdete Patienten sollen bei der Organverteilung gegenüber den übrigen Patienten vorrangig berücksichtigt werden, wobei innerhalb der Gruppe der akut lebensgefährdeten Patienten ebenso die **Wartezeit** entscheidet wie innerhalb der Gruppe der übrigen Patienten primär die Höhe des MELD-Score-Ergebnisses und bei gleicher Höhe dieses Punktewerts sekundär wiederum die Wartezeit.

Diesem kriteriengeleiteten Organzuteilungsverfahren ist nun allerdings die Gefahr **30** immanent, dass einzelne Ärzte zugunsten ihrer Patienten falsche Angaben über deren Gesundheitszustand an Eurotransplant übermitteln, um so ihren MELD-Score und dadurch die Organzuteilungsreihenfolge zu manipulieren. Weil der dringende Verdacht bestand, dass etwa der verantwortliche Arzt am Transplantationszentrum Göttingen verschiedene seiner Patienten wahrheitswidrig gegenüber Eurotransplant als Dialysepatienten für eine Lebertransplantation angemeldet hatte, wurde gegen ihn im Januar 2013 seitens der Staatsanwaltschaft Braunschweig ein Haftbefehl wegen versuchten Totschlags in elf Fällen erwirkt: Es lasse sich zwar nicht nachweisen, dass dringend auf eine Leberspende angewiesene Kranke aufgrund einer **Manipulation der Zuteilungsreihenfolge** tatsächlich verstorben seien, wohl aber müsse ein entsprechender bedingter Vorsatz des Beschuldigten angenommen werden, dem bekannt gewesen sei, welches zusätzliche Mortalitätsrisiko eine verlängerte Wartezeit für jeden Patienten bedeute, dessen MELD-Score eigentlich so hoch sei, wie es für eine Leberzuteilung erforderlich und ausreichend wäre.

Bei der Abgrenzung zwischen strafbarem dolus eventualis und strafloser bewusster **31** Fahrlässigkeit hinsichtlich einer Tötung auf der Warteliste überholter Patienten ergeben sich Schwierigkeiten insbesondere in Bezug auf die Feststellung des voluntativen Vorsatzelements. Das LG Göttingen sah dieses für **bedingten Tötungsvorsatz** erforderliche Element bei dem wegen Totschlagsversuchs angeklagten Arzt nicht als gegeben an, da der Arzt den Tod der aufgrund seiner Manipulationen von einer Organzuteilung verdrängten Patienten nicht gebilligt habe.[56] Er habe vielmehr aufgrund berechtigter Anhaltspunkte darauf vertraut, dass keiner der durch seine Manipulationen verdrängten Patienten aufgrund dieser Manipulationen versterben werde.[57] Unter anderem aufgrund dieser Erwägungen hat das LG Göttingen den angeklagten Arzt am 6.5.2015 freigesprochen, wogegen die Staatsanwaltschaft jedoch Revision beim BGH eingelegt hat.[58]

Um bei fehlendem oder nicht nachweisbarem Verletzungsvorsatz sicherzustellen, dass **32** eine bewusste Manipulation des Organverteilungsverfahrens strafrechtlich nicht folgenlos bleibt, hat der Gesetzgeber den am 1.8.2013 in Kraft getretenen neuen **§ 19 Abs. 2a TPG** geschaffen.[59] Wegen seiner abstrakten Gefährlichkeit für das Leben und die Gesundheit bei der Organverteilung eigentlich vorrangig zu berücksichtigender Patienten ist danach bereits strafbar, wer in der Absicht, anderen Patienten einen ihnen

---

56 LG Göttingen Urt. v. 6.5.2017 – 6 Ks 4/13, Ls. 5, Rn. 197; ebenso *Böse* ZJS 2014, 121; *Schroth* NStZ 2013, 442.
57 LG Göttingen Urt. v. 6.5.2017 – 6 Ks 4/13 Ls. 5, Rn. 1953, 1979, 1988; abl. *Haas* HRRS 2016, 395.
58 Vgl. *Kraatz* NStZ-RR 2016, 298.
59 BT-Drs. 17/13947, 21.

nicht zustehenden, bevorzugten Rang innerhalb der Warteliste der Transplantationszentren zu verschaffen, den Gesundheitszustand irgendeines Patienten unrichtig erhebt, dokumentiert oder an Eurotransplant übermittelt. Ein etwaiger vollendeter oder
versuchter Totschlag würde (wenn er sich denn nachweisen ließe) von einem derartigen abstrakten Gefährdungsdelikt allerdings nicht verdrängt werden können.

13. Kapitel. Ethik

§ 56 Erheblichkeit des Ethik-Topos im Recht

Dass Ethik im Gesundheitsrecht, ja im Recht überhaupt, als ausdrücklicher Topos auf- 1
geführt wird, ist erst seit wenigen Jahrzehnten zu beobachten. Früher war dieser Aspekt entweder zu selbstverständlich, um erwähnt zu werden, oder er spielte einfach
keine besondere Rolle, aus welchen Gründen auch immer. Wenn man dagegen heute
das Recht durchmustert (und übrigens nicht nur das Recht, sondern ebenso auch die
Verwaltung oder den privaten wirtschaftlichen Sektor), so ist »Ethik« als Tatbestandsmerkmal, Richtwert, Befassungsaufgabe, Abwägungsfaktor, Handlungsmotiv usw aus
der Realität nicht mehr wegzudenken. Man spricht heute geradezu von einer »**Ethisierung des Rechts**«,[1] in der das Recht nicht mehr zur (natürlich ethisch verträglichen)
Ordnung vorgefundener, gesellschaftlich gewachsener Verhältnisse aufgerufen ist,
sondern als Mittel eingesetzt wird, um in der Gesellschaft erst einmal ethisch ge-
wünschte Verhältnisse überhaupt herbeizuführen.

Nicht von ungefähr kam diese Entwicklung aber vor gut einem halben Jahrhundert 2
gerade **im Bereich der Medizin und des Gesundheitswesens** auf. Die ärztliche
Kunst ließ immer mehr Therapiemöglichkeiten real werden (1967 beispielsweise
fand die erste erfolgreiche Herzverpflanzung am Menschen statt),[2] Biologie und Ge-
netik begannen, Genome zu entschlüsseln, und verschiedene Lebenswissenschaften
arbeiteten daran, bis dahin sicher geglaubte Bedingungen der vitalen Reproduktion
zu verändern (so wurden zB Klonierungen und künstliche Befruchtungen prakti-
zierbar).[3] Die menschlichen Fähigkeiten schienen allenthalben Grenzen zu sprengen,
und die Sorge kam auf, dass dabei Fragen der Grundlagen und der Moral aus dem
Blick gerieten. Jedenfalls war es der **Weltärztebund,** der daraufhin **1964** (seither
mehrfach aktualisiert und erweitert) »**Ethische Grundsätze für die Forschung am
Menschen**« beschloss.[4]

Mit dieser Thematisierung wurde augenscheinlich ein zunehmendes Notwendig- 3
keitsgefühl der Zeit getroffen. Der Wunsch nach neuer Nachdenklichkeit bei den
Entscheidungsträgern machte sich breit, nach wieder mehr Beachtung von Gemein-
verträglichkeit, Generationengerechtigkeit und Gewissenhaftigkeit, also dem, was
sich eben alles unter dem Kennwort »Ethik« zusammenfassen ließ. Und nicht nur
die verschiedenen Vorschriftengeber nahmen diese Stimmung auf, indem sie entsprechende Vorgaben oder Beratungserfordernisse in ihre Regelwerke einfügten,
über internationale Konventionen, nationale Gesetze bis zu korporativen Statuten.
Auch im übrigen Gesellschaftsbereich vollzog sich diese Entwicklung unübersehbar.
Heute gibt es **Ethikkommissionen, Ethikkomitees, Ethikräte, Ethikbeiräte, Ethik-
beauftragte etc** auf den unterschiedlichsten Feldern. Das Europäische Parlament

---

1 Vgl. nur *Vöneky et al.* (Hrsg.), Ethik und Recht. Die Ethisierung des Rechts, 2013.
2 Durchgeführt von Prof. *Christian Barnard* am Groote-Schuur-Krankenhaus in Kapstadt.
3 Das erste geklonte Tier, das sog. Klon-Schaf »Dolly«, wurde 1996 am Roslin-Institut in Edin-
  burgh (Prof. *Ian Wilmut*) erzeugt. Und bereits 1978 war das erste Retortenbaby, *Louise Brown,*
  geboren worden (als wissenschaftlicher Mentor gilt Prof. *Robert G. Edwards* von der Cam-
  bridge-University, er erhielt 2010 den Medizin-Nobelpreis).
4 Sog. »Deklaration von Helsinki«. Die aktuelle Fassung (Oktober 2013) ist abrufbar unter:
  http://www.jamanetwork.com/journals/jama/fullarticle/1760318; die deutsche Fassung bspw.
  unter: http://www.bundesaerztekammer.de/fileadmin/user_upload/Deklaration_von_Helsinki_
  2013_DE.pdf.

und verschiedene deutsche Bundesministerien etwa haben Ethikbeiräte, und bei der EU-Kommission gibt es einen Ethikausschuss, der sich mit Befangenheiten, Interessenkonflikten und Anstandsfristen befasst.[5] Selbst eine Gruppierung wie die Deutsche Gesellschaft für Politikberatung hat ein Mitglied zum Ethikbeauftragten bestellt. Und alle möglichen Wirtschaftsunternehmen sehen unter den Stichworten **»corporate social responsability«** oder **»compliance«** ethische Rückbesinnung als Teil ihrer Imagekampagnen und Vertriebsstrategien vor.[6] Die Wichtigkeit ethischer Ausrichtung in den verschiedenen Lebensbereichen wird auch dadurch belegt, dass es schon kommerzielle Einrichtungen gibt, die **entsprechende Fortbildung** anbieten. Selbst Anwälte und Richter bemühen sich ja heute um ethische Leitlinien für ihre Berufsausübung.[7]

4   In Deutschland gibt es **auf Bundesebene in der politischen Willensbildung** bzw. Entscheidungsberatung seit einigen Jahren sogar eine **institutionalisierte Ethikeinbindung.** Durch Regierungsbeschluss wurde als »nationales Forum des Dialogs über ethische Fragen der Lebenswissenschaften« **2001** der **Nationale Ethikrat** eingerichtet.[8] Seine Aufgabe war es, den einschlägigen interdisziplinären Diskurs zu bündeln, die gesellschaftliche und politische Debatte zu organisieren, für die Öffentlichkeit Informationsangebote anzubieten, Stellung zu aktuellen lebenswissenschaftlichen Fragen zu beziehen sowie »Empfehlungen für politisches und gesetzgeberisches Handeln« zu unterbreiten. Da der Nationale Ethikrat wegen seiner einseitig exekutivischen Einsetzung trotz profunder Arbeit aber immer unter dem Vorurteil litt, eine interessengerichtete Unterstützungseinrichtung der Regierung zu sein, wurde er **2007** durch den **Deutschen Ethikrat** ersetzt. Dieser hat mit Bundestag und Bundesregierung nun zwei gleichgeordnete Adressaten und wurde zudem gezielt durch Gesetz und mit ausdrücklicher Unabhängigkeitsgarantie errichtet.[9] Seine Aufgabenbestimmung lautet ähnlich wie die des Nationalen Ethikrates, hat jedoch bei der Fokussierung auf die Lebenswissenschaften ein »insbesondere« eingefügt bekommen, sodass auch darüber hinausgehende Themenfelder zur Bearbeitung offen stehen. Zum Beispiel hat sich so der Deutsche Ethikrat öffentlich etwa zu »Demenz – Ende der Selbstbestimmung?«, »Ressourcenallokation im Gesundheitswesen«, »Die Ernährung der Weltbevölkerung – eine globale ethische Herausforderung« oder »Big Data im Gesundheitswesen« geäußert.

---

5   Wegen der steigenden Ethikwichtigkeit auch in anderen (europäischen) Staaten haben sich zudem auf zwischenstaatlicher Ebene mittlerweile viele Konsultations- und Diskussionsforen gebildet, abgesehen von speziellen bi- oder trilateralen Treffen zB organisiert von der WHO, der UNESCO, dem Europarat oder der Europäischen Kommission (dort etwa: das sog. »NEC-Forum« [NEC = National Ethic Councils or Commissions] oder der »International Dialogue on Bioethics«).

6   Hierzu gibt es zudem in Deutschland bekanntlich den von einer Regierungskommission beschlossenen und regelmäßig überarbeiteten Deutschen Corporate Governance Kodex (aktuelle Fassung bei: http://www.dcgk.de/de/kodex/aktuelle-fassung/praeambel.html) und dieser ist über § 161 Abs. 1 AktG, § 43 GmbHG nun mittelbar sogar verpflichtend.

7   Zentraler Beratungsgegenstand der Europäischen Konferenz der Bundesrechtsanwaltskammer am 13.5.2011 zB war die »Anwaltsethik«; vgl. Presseerklärung BRAK Nr. 6 vom selben Tag.

8   Der betreffende Erlass v. 2.5.2001 blieb unveröffentlicht. Die einschlägige Kabinettsvorlage aber ist abrufbar unter: http://www.ethikrat.org/archiv/nationaler-ethikrat/einrichtungserlass.

9   Gesetz zur Errichtung des Deutschen Ethikrates (EthRG) v. 16.7.2007 (BGBl. 2007 I 1385). Zu der Institution nun etwa *Ezazi*, Ethikräte in der Politik, 2016; *Schmidt-Jortzig*, FS Bull, 2011, 365 oder *Ahlswede*, Der Nationale und der Deutsche Ethikrat, 2009.

Schmidt-Jortzig

A. Allgemeines Verhältnis

Für das **Recht** war und ist die **Berücksichtigung ethischer Gesichtspunkte** eigent-   5
lich eine **Selbstverständlichkeit.** Daran ändert auch nichts, dass zunächst einmal die
begriffliche und kategoriale Trennung von Moral (Ethik) und Recht als eine ganz
wichtige Errungenschaft der Moderne gilt und zu den Grundlagen der heutigen
Normwissenschaften zählt.[10] Das Nebeneinander stellt sich dabei jedoch als eine
ebenso befruchtende wie spannungsreiche Symbiose unterschiedlicher Steuerungs-
kräfte dar.

Rein **formell** sind Ethik und Recht jedenfalls deutlich zu unterscheiden. Das Recht   6
geht von festliegenden, vorgegebenen Bestimmungen aus, die ihren Geltungsgrund
jenseits von subjektiven Werturteilen haben. Seine Vorschriften richten sich auch nicht
vorrangig nach sittlichen Kriterien, sondern entstehen aus bestimmten Verfahrenspro-
zessen, die alle möglichen Anstöße und Motive in sich vereinen. Das **Recht sichert
seine Befolgung** außerdem **durch** allfällige **Zwangsmaßnahmen,** die vom Staat ange-
droht, festgesetzt und vollzogen werden. Das gilt jedenfalls für ethische Normen auf
keinen Fall.

Materiell freilich hat das Recht notwendigerweise den Anspruch richtig zu sein.[11] Und   7
weil es dafür auf das ankommt, was die Menschen eben als richtig empfinden, gehört
dazu auch, was für sie ethisch angebracht erscheint. Das Recht soll ja (wie es in Art. 28
Abs. 2 S. 1 GG heißt) die »Angelegenheiten der (…) Gemeinschaft regeln« und dabei
das Gemeinwohl verwirklichen. Es geht also darum, mit den Mitteln des Rechts die
gemeinschaftlichen Bedürfnisse der Menschen zu erfüllen (und zwar möglichst nachhaltig), ihre täglichen Probleme zufriedenstellend zu lösen (oder jedenfalls einer Lösung näher zu bringen) sowie das Gefüge der staatlichen Funktionseinheiten zu ordnen (damit sie die ihnen zugewiesenen öffentlichen Aufgaben auch wirksam erfüllen
können). Und das alles soll so trefflich wie möglich geschehen. Für den daraus folgenden **Anspruch des Rechts auf Richtigkeit** kommt es dann letztlich auch nicht darauf
an, ob dieses Ziel tatsächlich erreicht werden kann, sondern darauf, dass es unbeirrt
angestrebt wird.

Das in diesem Sinne »Richtige« bemisst sich mithin nicht nur nach Faktenlage und Lo-   8
gik, dh objektiv. Vielmehr muss es – zumal in der Demokratie, wo es auf die Akzeptanz bei den Bürgern ankommt – in den Augen der Regelungsadressaten, also bei den
Menschen subjektiv als passend erachtet werden. Das Zufriedensein der Menschen
mit dem Recht hängt (neben der objektiven Stimmigkeit der Regelungen) eben auch
von emotionalen Bedingungen ab. Das Recht muss demgemäß, da und soweit es Befindlichkeiten bei den Menschen anspricht, ihrem Gefühl Rechnung tragen, was in der
Regelungssituation als moralisch angemessen empfunden, dh ethisch erwartet wird.
Insoweit auch subjektiv richtig zu sein, heißt mithin, von den Menschen als gerecht
angesehen zu werden. Der **Wertungsbegriff »gerecht«** erfasst dann das, was unter den

---

10 Zum Verhältnis von Recht und Moral (bzw. Ethik) gibt es eine nahezu unübersehbare Zahl
   literarischer Äußerungen; vgl. hier lediglich: *Braun* JuS 1994, 727; *Hilgendorf,* Recht und Moral, Aufklärung und Kritik 1/2001, 72; *Lindner* JA 2016, 8 oder *Schmidt-Jortzig,* Recht und Ethik
   als unterschiedliche Normquellen, JWE 20 (2015). Erinnert sei auch an den programmatischen
   Satz des letzten Ministerpräsidenten der DDR, *Lothar de Maiziere,* bei seiner Regierungserklä-
   rung zur deutschen Wiedervereinigung: »Wir geben uns nicht der Illusion hin, dass Moral
   und Recht identisch wären, dass wir mit Hilfe des Rechts (also) Moral erzwingen könnten«
   (Protokolle d. Volkskammer DDR, 10. WP, Bd. 1, 3. Tgg., 41, 43).
11 Hierzu ausf. (auch aus einem diskurstheoretischen Ansatz begründet) *Alexy* ARSP 2009, 151;
   sowie bereits *Alexy,* Begriff und Geltung des Rechts, 4. Aufl. 2005, 29 ff. (heute 5. Aufl. 2011).
   Aus verfassungstheoretischer Sicht *Grzeszick* VVDStRL 71 (2012), 49 (51 ff.).

Rechtsgenossen als ethisch angebracht erscheint.[12] Im Staatsrecht ist deshalb geläufig, dass nicht nur die Rechtsgemäßheit, sondern auch die Gerechtigkeit vom **Rechts-staatsprinzip** umfasst werden und als seine formelle und materielle Seite zu unterscheiden sind. Die Formel von »**Gesetz und Recht**« in Art. 20 Abs. 3 GG gibt diesen Doppelgehalt schlagend wieder.[13] Der ideale Rechtsstaat ist deshalb auf die Idee der Gerechtigkeit ausgerichtet,[14] und letztlich sollen auch die Instrumente formeller Rechtsstaatlichkeit nur sie befördern. Im Konflikt zwischen beiden Rechtsstaatselementen müssen demzufolge die Gerechtigkeitsforderungen immer die Oberhand behalten.[15]

9 Schon **substantiell** also hat das Recht auf **Gerechtigkeitsaspekte** und damit auf **ethische Kategorien** einzugehen (und wird dies auch tunlichst immer beachten). Am treffendsten kommt das in der auf *Horaz*[16] zurückgehenden Sentenz zur Geltung: »Leges sine moribus vanae« (Gesetze ohne Moral bleiben kraftlos). Und die wichtige ethische Relevanz für das Recht drückt sich ebenso etwa in der Eignungsvoraussetzung »höchsten sittlichen Ansehens« bei den Richtern am Europäischen Menschenrechtsgerichtshof aus (Art. 39 Abs. 3 EMRK).

10 Bei aller begrifflichen, kategorialen Unterscheidung der diversen Normquellen müssen die Rechtsvorschriften schließlich auch **aus rein pragmatischen Gründen** immer danach trachten, mit den moralischen Vorstellungen der Adressaten übereinzustimmen (oder ihnen jedenfalls nicht zuwider zu laufen). Das ist eine Frage der Gesetzesakzeptanz. Widersprechen nämlich Bestimmungen dem Billigkeitsgefühl der Menschen, leidet die Wirksamkeit der getroffenen Regelungen, weil die Menschen sich dann nicht bzw. nicht mehr buchstabengetreu daran halten und eigene, nun auch nicht unbedingt gemeinschaftsdienliche Verhaltenswege suchen. Langfristig nähme die Folgebereitschaft des Publikums insgesamt Schaden. Und schlimmstenfalls erlischt das Vertrauen in die Problemlösungskompetenz des Staates, er verliert seine Autorität.

---

12 In der (Rechts)Philosophie freilich ist, was »Gerechtigkeit« iE bedeutet, durchaus umstritten (statt näherer Darlegung sei hier nur verwiesen auf: *Höffe*, Gerechtigkeit. Eine philosophische Einführung, 5. Aufl. 2015). Jedenfalls ist Gerechtigkeit eng mit dem Gleichheitsgebot verbunden. Seit *Aristoteles* (Nikomachische Ethik, Buch V, 1131 a) müssen für sie deshalb bestimmte Mindeststandards eingehalten werden, wozu heute insbesondere die Status-Gleichheit (»equality«) aller Menschen mit dem Anspruch auf gleiche Achtung ihrer Würde sowie (»equity«) die zuteilend oder ausgleichend angemessene Berücksichtigung der von den Menschen mitgebrachten Ungleichheit gehören. Plakativ lässt sich danach vielleicht zusammenfassen: Gerechtigkeit ist gerechtfertigte Ungleichheit.
13 Dazu Isensee/Kirchhof/*Schmidt-Aßmann*, HStR II, 3. Aufl. 2004, § 26 Rn. 41 f.
14 BVerfGE 3, 225 (237 f.) = NJW 1954, 65; BVerfGE 7, 89 (92) = BeckRS 1957, 30700627; BVerfGE 7, 194 (197) = NJW 1958, 97; BVerfGE 27, 167 (173) = BeckRS 2006, 26183; BVerfGE 45, 142 (167) = NJW 1977, 2024; BVerfGE 49, 148 (164) = NJW 1979, 151; BVerfGE 74, 129 (152) = NZA 1987, 347.
15 Solche Konflikte aufzulösen, ist vorrangig Aufgabe des Gesetzgebers. Wo das nicht gelingt, wird aber notfalls auch die Verfassungsgerichtsbarkeit der Gerechtigkeit zum Durchbruch verhelfen müssen. BVerfGE 3, 225 (238) = NJW 1954, 65: »Ein legitimer Grund, die Rechtssicherheit in gewissem Umfang und für gewisse Zeit einzuschränken, wird für den Gesetzgeber insbes. dann gegeben sein, wenn er solche Einschränkungen um der Verwirklichung materialer Gerechtigkeit willen selbst setzt oder doch hinnimmt«.
16 *Horaz*, Carmina, Buch III, Ode 24, 35.

B. Spezielle Rezeptionen (insbesondere im Gesundheitsrecht)

Es war nur eine Frage der Zeit, bis in Deutschland auch der **Gesetzgeber** das **Bedürf- 11 nis nach** wieder stärkerer **ethischer Entscheidungsüberprüfung** in seine Vorgaben aufnahm. Und nach allem, was schon über die besondere Sensibilität der Menschen für die Entwicklungen auf dem Medizinsektor gesagt wurde, nimmt es nicht Wunder, dass hierfür das **Gesundheitsrecht** sich als **exemplarisch** erwies.

Wenn nicht alles täuscht, war es als erstes das **Arzneimittelgesetz** (AMG), welches in 12 einer Novelle von 1994 für das In-Szene-Setzen eines bestimmten Vorhabens (dort: die **klinische Prüfung eines Arzneimittels am Menschen**) die **zustimmende Bewertung** »von einer nach Landesrecht gebildeten unabhängigen **Ethik-Kommission**« zur Voraussetzung machte.[17] Und auch das Verfahren der landesrechtlich einzusetzenden Ethik-Kommissionen wird anschließend noch näher bestimmt (§ 42 Abs. 1 AMG).

Durch die »Richtlinie 2001/20/EG des Europäischen Parlaments und des Rates zur An- 13 gleichung der Rechts- und Verwaltungsvorschriften der Mitgliedstaaten über die Anwendung der guten klinischen Praxis bei der Durchführung von klinischen Prüfungen mit Humanarzneimitteln«[18] erhielt diese legislatorische Entwicklung dann den entscheidenden Auftrieb. Die deutsche Legislative setzte die Vorgaben zügig um.

Heute gibt es auf vielen weiteren Feldern die **gesetzliche Pflicht, ärztliche und medi- 14 zinwissenschaftliche Handlungsabsichten,** die Menschen unmittelbar betreffen, vorher durch eine nach Landesrecht eingerichtete **Ethik-Kommission** gutheißen zu lassen (zB §§ 20 Abs. 1, 22 MPG, § 8 Abs. 3 TPG, § 8 Abs. 1 Nr. 7 TFG).[19] Und mit dem **Stammzellgesetz** von 2002 wurde zum ersten Mal auch bundesrechtlich ein Ethikgremium eingesetzt, nämlich die **»Zentrale Ethikkommission«,** welche beantragte einschlägige Forschungsvorhaben prüfen und bewerten muss.[20] Anschließend hat dann vergleichbar das **Gendiagnostikgesetz** von 2009 festgelegt, dass genetische Reihenuntersuchungen erst begonnen werden dürfen, wenn die vom Gesetz eingeführte **Gendiagnostik-Kommission** das Vorhaben in einer schriftlichen Stellungnahme bewertet hat, bei der unter anderem begutachtet wird, ob »die Untersuchung in diesem Sinne ethisch vertretbar ist«.[21] Und nach der Änderung des Embryonenschutzgesetzes 2011 wird nun auch für die Zulassung jeder einzelnen **Präimplantationsdiagnostik** das zustimmende Votum einer Ethikkommission verlangt.[22]

Im **ärztlichen Berufsrecht** schließlich, das landesrechtlich geregelt ist, sind heute 15 gleichfalls Ethikkommissionen installiert. Nach § 15 der von der Bundesärztekammer

---

17 § 40 Abs. 1 S. 2 AMG (1976), eingefügt durch das Fünfte Gesetz zur Änderung des Arzneimittelgesetzes v. 9.8.1994 (BGBl. 1994 I 2071). Zum systematischen Ansatz: *Pestalozza,* Ethikkommissionen und die klinische Prüfung von Arzneimitteln aus deutscher Sicht, Humboldt Forum Recht 2007, 177.

18 v. 4.4.2001, ABl. 2001 L 121, 34, Erwägungsgrund 2 sowie Art. 3 Abs. 2 lit. a: »Der Schutz der Prüfungsteilnehmer wird durch eine Risikobewertung auf der Grundlage (ua) ... der Prüfungen der Ethik-Kommissionen ... sichergestellt«. Heute: Art. 2 Nr. 11, Art. 4 Abs. 3 VO (EU) 536/2014 über klinische Prüfungen mit Humanarzneimitteln v. 16.4.2014 (ABl. Nr. L 158, 1).

19 Untergesetzlich, dh auf Verordnungsebene findet sich Ähnliches etwa in §§ 28b Abs. 1, 28g RöV oder §§ 24 Abs. 2 Nr. 2, 92 StrlSchV. Vgl. iÜ auch § 15 Abs. 1 TierSchG.

20 § 8 StZG sowie § 9 StZG iVm § 6 Abs. 4 Nr. 2 StZG mit ZESV.

21 § 16 Abs. 2 S. 2 GenDG. Zusammensetzung und Aufgaben der Gendiagnostik-Kommission werden in § 23 GenDG geregelt.

22 § 3a Abs. 3 Nr. 2 ESchG idF des PräimpG v. 21.11.2011 (BGBl. 2011 I 2228), mit entspr. Umsetzung in §§ 4 ff. PIDV.

entwickelten Musterberufsordnung[23] müssen bei den (Landes)Ärztekammern und den medizinischen Fakultäten bzw. Hochschulen jeweils Ethikkommissionen errichtet werden, die entsprechende Forschungsvorhaben zu begutachten haben.[24] Ähnliches gilt auch für andere Heilberufe. Und für ethische Rücksichtnahmen bei der praktischen Patientenbehandlung gibt es außerdem entsprechende Richtlinien.

§ 57 Gründe für die geforderte besondere Ethikrelevanz

1   Nicht näher soll im hiesigen Zusammenhang darauf eingegangen werden, woher denn das allgemeine und immer **stärkere Bedürfnis nach** – letztlich auch rechtlich vorgeschriebener – (zusätzlicher) **ethischer Bewertung und Kontrolle von wissenschaftlichen oder politischen Vorhaben** rühren mag. Denn die Entwicklung ist eben unübersehbar. Neben der schon angesprochenen Furcht vor einer Entgrenzung des wissenschaftlichen Fortschritts, speziell in der Medizin, spielen dafür sicherlich viele und unterschiedlichste Faktoren eine Rolle. Sie verlässlich auszumachen, ist vollständig kaum möglich. Vieles bleibt da im Unwägbaren. Konformismen, Stimmungen, Befindlichkeiten wirken mit.

2   Die in der Reflektion auftauchenden Gründe betreffen zunächst **gesellschaftliche Momente.** Durch den Fortschritt der Informationstechnologien hat sich der allgemeine Kenntnisstand ausgeweitet. Dadurch werden heute Entscheidungsdefizite im Behördenverfahren ebenso wie persönliche Verfehlungen von Amtsträgern einfach öfter bekannt, und zwar rund um die Welt. Die allgemeine Aufgeklärtheit verunsichert dann aber auch und lässt die persönliche Wertesicherheit schwinden. Die Menschen – jedenfalls in der »alten Welt« – sind im Übrigen kritischer geworden. Sie sind dünnhäutiger, lassen sich weniger gefallen, mischen sich stärker ein und legen dann ihre eigenen Bewertungsmaßstäbe an. Hinzu kommen noch historische Erfahrungen mit skrupellosen Herrschaftssystemen. Und **rein faktisch** haben einfach die Entscheidungsfragen in Politik, Wissenschaft und Ökonomie heute oft auch sehr viel weiterreichende Folgen für die Menschheit als früher.

---

23 MBO-Ä 1997 (Stand 2015), abrufbar unter: http://www.bundesaerztekammer.de/fileadmin/user_upload/downloads/pdf-Ordner/MBO/MBO_02.07.2015.pdf. Dazu detailliert *Ratzel/Lippert*, Kommentar zur Musterberufsordnung der Deutschen Ärzte (MBO), 6. Aufl. 2015. Landesrechtliche Beispiele: **Baden-Württemberg:** Heilberufe-Kammergesetz idF v. 16.3.1995 (GBl. 1995, 314); **Bayern:** Heilberufe-Kammergesetz idF der Bek. v. 6.2.2002 (GVBl. 2002, 42); **Brandenburg:** Heilberufsgesetz v. 28.4.2003, GVBl. 2003, 126; **Bremen:** Heilberufsgesetz v. 12.5.2005 (Brem.GBL. 2005, 149); **Hamburg:** Hamburgisches Kammergesetz für die Heilberufe v. 15.12.2005 (HmbGVBl. 2005, 495): Hessen: **Niedersachsen:** Kammergesetz für die Heilberufe idF der Bek. v. 8.12.2000 (Nds. GVBl. 2000, 301); **Hessen:** Heilberufsgesetz idF v. 7.2.2003 (GVBl. 2003 I 66); **Mecklenburg-Vorpommern:** Heilberufsgesetz v. 22.1.1993 (GVOBl. M-V. 1993, 62); **Nordrhein-Westfalen:** Heilberufsgesetz idF der Bek. v. 9.5.200 (GV. NRW. 2000, 403); **Rheinland-Pfalz:** Heilberufsgesetz v. 19.12.2014 (GVBl. 2014, 302); **Saarland:** Saarländisches Heilberufekammergesetz idF der Bek. v. 19.11.2007, Amtsbl. 2007, 2190); **Sachsen:** Sächsisches Heilberufekammergesetz v. 24.5.1994 (GVBl. 1994, 935); **Sachsen-Anhalt:** Gesetz über die Kammern für Heilberufe Sachsen-Anhalt v. 13.7.1994 (GVBl. 1994, 832); **Schleswig-Holstein:** Pflegeberufekammergesetz v. 16.7.2015 (SHGVBl. 2015, 206) oder Berufsordnung der Ärztekammer Schleswig-Holstein v. 3.2.1999, Amtl. Anz. (Beilage zum ABl. SH) 1999, 66; **Thüringen:** Thüringer Heilberufegesetz v. 29.1.2002 (GVBl. 2002, 125).

24 Mit den sog. Klinischen Ethikkommissionen nichts zu tun haben die heute an nahezu allen Hochschulen bestehenden (allgemeinen) Ethikkommissionen, welche die Hochschulangehörigen bei praktischen Ethikproblemen beraten und insbes. sicherheitsrelevante Forschungsvorhaben bewerten sollen.

Insgesamt sind daher allenthalben **schwierige Abwägungen** vonnöten, und die Men- 3
schen verlangen dabei vermehrt nach Verständlichkeit in den öffentlichen Entscheidungen, nach überzeugender Fachargumentation ebenso wie nach dem sprichwörtli-
chen »einfachen Menschenverstand«. In den öffentlichen Willensbildungsprozessen
und Abläufen soll wieder das wirklich Wichtige, Grundlegende, Werthaltige und Ge-
meinverträgliche sichtbar werden. Auch der Einzelfall muss hiermit übereinstimmen,
»Soziale Gerechtigkeit« wird eingefordert.[25] Es soll über den Tag hinaus gedacht
werden, **»Nachhaltigkeit«** ist das Postulat. Und die Politik hat sich anzupassen.

Da nun **»Ethik«** als **Sammelbegriff für all diese Bedürfnisse** gilt und in der öffent- 4
lichen Wahrnehmung das Kennwort für jene Anleitungen abgibt, welche die Menschen sich wieder wünschen und in denen sie Halt zu finden hoffen, gerät zunehmend die Forderung sogar nach **förmlicher Vorschreibung von Ethik** auf die
politische Agenda.

§ 58 Was ist eigentlich »Ethik«

Schon aus systematischen Gründen interessiert deshalb, was denn Ethik nun genau 1
meint. Und wo wie im Gesundheitsrecht der Topos vermehrt zu einem veritablen gesetzlichen Tatbestandsmerkmal geworden ist, muss diese Klärung schon juristisch entschieden verlangt werden. Vor allem aber scheint sich die Forderung nach ethischer
Reflexion ja auch an den Durchschnittsbürger, an jeden Einzelnen in der Gesellschaft
zu richten. Er also muss deren Bedingungen verstehen können. Jenseits spezieller Ein-
zelverpflichtung verlangen bei anstehenden gesellschaftlichen Entscheidungen außerdem die Medien, die politische Debatte und die öffentliche Meinung ganz allgemein
eine Berücksichtigung ethischer Gesichtspunkte. Und überhaupt hat sich der Topos
»Ethik« ja längst verselbstständigt und führt ein formelhaftes Eigenleben fern der eigentlichen Zusammenhänge. Gerade der Nichtwissenschaftler, der schlicht im Leben
stehende Mitbürger also, muss mithin erfassen können, was eigentlich Ethik ist und
woran er durch sie gebunden werden soll.

A. Inhalt und Maßstab

Das **juristische Schrifttum** bietet hierzu offenkundig **wenig Hilfe;** man hat vielmehr 2
den Eindruck, die Rechtswissenschaft wolle sich bewusst heraushalten. Selbst eine
ausführliche jüngere Aufarbeitung wagt lediglich eine formelle Begriffsbestimmung:[1] Ethik sei nämlich nur auf »Aussagen (bezogen), deren Gegenstand morali-
sches Sollen ist«, und zu ihren Normen gehörten allein jene, die nicht rechtlicher oder
konventionaler Herkunft seien. Auch ein Blick in die **philosophische Fachliteratur**
bringt indessen **nicht viel weiter,** denn man sieht schnell, dass dort Festlegungen und
Definitionen oft überhaupt nicht gegeben werden oder jedenfalls weit auseinander gehen. Dort konkurrieren dann beispielsweise Richtungen wie Deontologie, Gesin-
nungsethik, Verantwortungsethik, Konsequentialismus, Egalitarismus, Tugendethik,
Utilitarismus oder Prinzipienethik miteinander. Bemerkenswert ist ja ohnehin, dass es
im Englischen den Begriff nur im Plural gibt: »ethics«, also »Ethik*en*«, nicht *die* Ethik;

---

25 So umstritten schon der Gerechtigkeitsbegriff als solcher ist (→ § 56 Fn. 12), so sehr steigert
    sich diese Unschärfe für die Verwendbarkeit im Recht noch bei »sozialer Gerechtigkeit«.
    Gleichwohl kommt die Formel als normative Zielfixierung bereits in Landesverfassungen
    vor, etwa in Bremen (Art. 26, 65, 134 BremVerf) oder im Saarland (Art. 50 SLVerf).
1   *Vöneky*, Recht, Moral und Ethik, 2010, 26 f.

man geht mithin richtigerweise davon aus, dass offenbar verschiedene Ethiken existieren.

3 Zwei Eckpunkte kennzeichnen die deutsche Diskussion. Bei Manchen gilt **Ethik** schlicht **als die Philosophie von Moral und Sittlichkeit**:[2] Ethik sei die allgemeine Theorie von der Sittlichkeit, während Moral lediglich die Sittlichkeitsanleitung des Einzelnen darstelle, inhaltlich bezögen sich beide Kategorien auf das Gleiche. Für andere hingegen ist **Ethik** einzig **eine bestimmte, nämlich die gemeinschaftsbezogene Dimension der Moral**.[3] Deutlich wird aus dieser Kontroverse, dass wesentliche **Differenzen** offenbar **um die Zweckhaftigkeit von Ethik** kreisen. Soll sie sich damit begnügen, ihre Normen aus der vorgefundenen Moralität der Menschen rein deskriptiv-empirisch zu gewinnen, dann zu ordnen und zu einem Regelgebäude zusammenzufassen? Oder darf und muss sie doch auf bestimmte Ziele ausgehen, also lenken wollen sowie gestaltend und edukatorisch wirken? Das ist augenscheinlich eine Kardinalfrage.

4 Eine Ethik, die sich für bestimmte Zielerreichungen stark macht, kann kaum noch eine objektive Normenlehre genannt werden. Sie stellt dann vielmehr in der Hand derer, die sie fachlich formulieren, eine eigene Wertentscheidung, ein subjektives Programm dar. Deshalb sollte man sich an den Gleichordnungsansatz halten. Ethik ist danach das, was sich methodisch aus den subjektiven moralischen Reaktionen der vielen Einzelnen herausfiltern, kritisch analysieren und womöglich verallgemeinern lässt. Oder anders ausgedrückt: **Ethik ist** das Bewusstmachen und Begründen, das Ordnen und Aufbereiten – kurz, **die systematische und kritische Reflexion – der individuellen Moralvorstellungen**. Die österreichische Bundes-Ethikkommission hat dies 2009 in einer Stellungnahme griffig zusammengefasst: »Zwischen Moral und Ethik (sei systematisch) deutlich zu unterscheiden. Ethik ist eine kritische Theorie der Moral, kann aber selbst keine moralischen Regeln aufstellen. Sie formuliert Prinzipien, Normen und Methoden zur Beurteilung moralischer Überzeugungen und Wertsysteme«.[4] Ethik ist also die Wissenschaft von der Moral, oder schlagwortartig gefasst: »Ethik = Moralphilosophie = Sittenlehre«.

5 **Ethik** liefert somit gewissermaßen die **Läuterung der persönlichen Moralität**. Sie verschafft ihr Abstraktion, Generalisierbarkeit, Überzeugungskraft und dadurch auch mögliche Akzeptanz bei anderen. Die persönliche, für sich bleibende Moralität scheint ja im allgemeinen Diskurs als ein wichtiger Maßstab ohnehin übertönt zu werden; zu ihr äußert man sich nur verschämt, ungern öffentlich. Und das gilt nicht nur für den Begriffsgebrauch, sondern ebenso für das jeweils eigene Darauf-eingestellt-Sein. Der ursprünglich individuelle Ansatz erhält durch die Ethik nun eine Erhöhung. Diese erfolgt durch Verwissenschaftlichung, und gewinnt dann Objektivierbarkeit. Sie verdeckt damit allerdings vielleicht auch ihren Ursprung und Kern, nämlich die persönliche Sittlichkeitsorientierung, und läuft damit Gefahr, von der eigentlichen Anstrengung,

---

2 Alle drei Begriffe seien im Grunde synonym, bezeichneten ein und dasselbe einmal griechisch (Ethos/Ethik), einmal lateinisch (Moral) und einmal deutsch (Sittlichkeit). Vgl. zuletzt etwa *Gethmann*, Professionelle Ethik und Bürgermoral. Zur Debatte um die »Bio-Politik«, FS Gerhardt, 2009, 225 ff.; *Gethmann*, Angewandte Ethik. Einleitung, Welt der Gründe. Kolloquienbeiträge, 2012, 517 (518 f.) oder Katzenmeier/Bergdolt/*Höffe*, Das Bild des Arztes im 21. Jahrhundert, 2009, 61 (62). Ähnlich bereits *Gerhardt*, Selbstbestimmung. Das Prinzip der Individualität, 1999, 92 ff.

3 Vgl. *Habermas*, Erläuterungen zur Diskursethik, 1991, 9 ff.; und aus der Rechtsphilosophie etwa Gröschner/Dierksmeier/Henkel/Wiehart/*Gröschner*, Rechts- und Staatsphilosophie: Ein dogmenphilosophischer Dialog, 2000, 262. Vielleicht als »Zweckhaftigkeitslehre« zu bezeichnen.

4 *Bundeskanzleramt Österreich* (Hrsg.), Forschung an humanen embryonalen Stammzellen. Stellungnahme der Bioethikkommission beim Bundeskanzleramt, 2009, 19.

Schmidt-Jortzig

die jedem Einzelnen aufgegeben ist, abzulenken. Ethik bleibt auch weiterhin also auf die tagtägliche Ausfüllung durch persönliche Moralität angewiesen. Und die **Forderung nach ethischer Kontrolle der Entscheidungen und Handlungsweisen in der sozialen Gemeinschaft** ist letztlich nichts anderes als ein **Appell an die eigene Moralität der Akteure.**[5]

Man kann diesen subjektiven Grundgehalt von Ethik aber vielleicht doch noch hinter 6 sich lassen. Seit *Kant* jedenfalls hegt die Philosophie die ausdrückliche Hoffnung, eine **Objektivierung der Moralität** (oder jedenfalls eines bestimmten Kreises ihrer Grundregeln) lasse sich **mithilfe der Vernunft** erreichen. Das scheint gewiss ein verlockender Ansatz zu sein. Er ist logisch schlüssig, überzeugt theoretisch und würde in das Gedankenschema passen. Aber hält er auch konkret und praktisch durch? Immerhin soll Ethik ja eine Anleitung für ein gutes, untadeliges Leben in der Wirklichkeit sein. Und an der Realitätstauglichkeit des Vernunftkorrektivs bestehen da eben doch Zweifel. Man darf sich insoweit keiner Illusion hingeben. Bereits strukturell nämlich ist Vernunft ja nichts Einheitliches, Absolutes, sondern läuft bei den Menschen uU auf ganz unterschiedliche Antworten hinaus. Welcher Politiker ist denn nicht der Überzeugung, seine intensiv erstrebten Regelungsziele seien von purer Vernunft getragen; aber wie heftig man sich dann mit den entsprechenden Programmen der Konkurrenz in den Haaren liegt, zeigt doch die tägliche Erfahrung. Auch konzeptionell sind Produkte der Vernunft zudem nie endgültig, sie lassen sich immer noch weiterentwickeln und übertreffen. Und dass Vernunft schließlich als überhaupt maßgebende (alleinige) Richtschnur für das eigene Leben bei den Menschen unumstritten sei, wird man ja leider auch nicht sagen können. Ganz nüchtern und unambitioniert lässt sich deshalb in der Tat nur konstatieren: Ethik ist die **Systematisierung der bestehenden subjektiven Moralvorstellungen.**

B. Normativkraft

Ethische Gebote, Verbote oder Argumentationen sind also **Anleitungen** (Normen), 7 die den Menschen in seinem täglichen Leben lenken sollen. Weshalb er sie einhält (oder eben nicht), ist keine Frage drittgeschuldeter Pflicht, sondern nur die eigene, höchstpersönliche Maxime guter Lebensführung. Für diese Normgemäßheit muss der Einzelne mithin vor sich selber einstehen, es geht um elementare Selbstverantwortung. Irgendwelche obrigkeitlichen Sanktionen, womöglich autoritative Bestrafung sind jedenfalls nicht zu erwarten. Außer sich »hundsgemein zu fühlen«, droht bei einem Verstoß normalerweise nichts. Im Außenverhältnis wäre allenfalls gesellschaftliche Isolierung oder Ächtung zu befürchten. Ansonsten bleibt es bei subjektiver Distanzierung durch die Mitmenschen, günstigenfalls vielleicht von Toleranz begleitet, aber auch eben bis zu tiefer Gegnerschaft reichend.

Referenzebene bzw. Reaktionsmedium ist demnach für ethische Normen nicht ein all- 8 gemeinverbindliches Ordnungssystem wie das Recht, sondern allein das eigene Gewissen der normgebundenen Person. Dass dieses ein wirksames Eigenregulativ beim Menschen sein kann und sein sollte, lässt sich selbst in Zeiten möglicher Verkümmerung oder Geringachtung kaum leugnen.[6] Nicht umsonst wird die Gewissensfreiheit deshalb von der Verfassung ja auch als individuelles Grundrecht des Menschen garan-

---

5 Ein kritischer Beobachter hat deshalb auch einmal pointiert geurteilt: Ethik-Kommissionen – »die sind eher ein Alarmsignal als eine Hilfe« (*Weimer,* Gewissensbisse, Cicero 4/2007, 162).
6 Hierzu eindringlich *Schröder,* Und es existiert doch, Frankfurter Allgemeine Sonntagszeitung v. 27.9.2009, 11.

tiert,[7] dh als ein Gut, das dem Einzelnen als ureigener Besitz gewährleistet ist. **Ethische Normen** sind mithin das **Korrelat für das Gewissen.** Sie sind seine Basis. Und der Mensch braucht sie, um daran sein eigenes Verhalten kritisch zu reflektieren.

C. Differenz zum Recht

9   Bei der herausgestellten **strukturellen Unterschiedlichkeit von Recht und Ethik** muss es fast zwangsläufig zu Problemen führen, wenn beide zusammentreffen. Das kommt bei zweierlei Konstellationen vor, nämlich einerseits, wenn das Recht etwas gebietet, die Ethik es der betroffenen Person aber verbietet (oder umgekehrt). Und andererseits, wenn – wie bei den gesundheitsrechtlichen Tatbeständen zB – in Rechtsvorschriften gezielt ethische Kontrollmechanismen aufgenommen werden.

10 **Kollidieren Normbefehle von Recht und Ethik** miteinander, so ist der jeweilige Normadressat, zumeist der einzelne Mensch also, gewissermaßen »hin und her gerissen«. Welcher Anweisung soll er nun folgen? Erster (und angebrachter) Impuls ist sicherlich, dem Recht zu gehorchen. Hier sind die Vorschreibungen unmittelbar eingängig, und in der Regel stößt die Befolgung ja auch nicht gleich auf ethische Bedenken. Wo eine Rechtsnorm einem jedoch etwas abfordert, was ethisch zu verurteilen wäre (oder umgekehrt etwas verbietet, was die Ethik von einem verlangt), wird es kritisch. Um mit sich selbst im Reinen zu sein, muss der handelnde (oder eben bewusst untätig bleibende) Mensch hier letztlich **seinem ethischen Drang folgen und sich gegen das Recht stellen.**[8] Er wird dann freilich auch die rechtlichen Konsequenzen seines Ungehorsams zu tragen haben. Die Literatur ist voller Beispiele für solche ausweglosen, tragischen Situationen. Das Recht bleibt jedoch dem beschriebenen Dilemma gegenüber auch nicht blind. Das Strafrecht zumal reagiert mit der Figur des »entschuldigenden Notstands«,[9] wonach – uU sogar übergesetzlich – dem tatbestandsmäßig und rechtswidrig Handelnden in ausweglosen Gewissensnotlagen kein Missbilligungsvorwurf mehr gemacht werden kann. Selbst das Bundesverfassungsgericht hat auf diesen »ethischen Ausweg« Bezug genommen.[10] Dass jedenfalls das Gewissen für den Einzelnen (um seiner selbst willen) am Ende immer die Oberhand behalten muss, ist danach offenkundig[11] und wird noch besonders deutlich, wenn der Konflikt mit dem Gesetz zusätzlich religiös begründet ist.

11 **Versucht** andererseits **ein Gesetz, ethische Kontrollmechanismen für sein Programm nutzbar** zu machen, liegt die Bedenklichkeit eher im Methodischen. Genau das ist bei

---

7   Art. 4 Abs. 1 GG. Und folgerichtig gewährleistet dann Art. 12a Abs. 2 S. 1 GG auch die Kriegsdienstverweigerung »aus Gewissensgründen« oder manifestiert Art. 38 Abs. 1 S. 2 GG das Gewissen als die höchste einzige (und übrigens nicht nur bei »Freigabe« durch die Fraktion, sondern immer geltende) Bindung des Parlamentsabgeordneten. Zur Begrenztheit juristischer Erfassung freilich: *Grochtmann,* Justiziabilität der Gewissensfreiheit, 2009.

8   Weil solche Situationen immer ganz speziell, höchstpersönlich und ebenso wenig abstrahierbar wie generalisierbar sind, würde jeder Versuch einer gesetzlichen Konditionierung (und damit Verstetigung) zu unverträglichen Auswirkungen führen; s. dazu *Schmidt-Jortzig,* FS Ress, 2005, 1569, und *Schmidt-Jortzig* ZEE 2002, 20.

9   Auch *Kersten* JuS 2016, 193 (202). Zu den strafrechtlichen Abmessungen ausf.: *Hörnle* JuS 2009, 873.

10 BVerfGE 115, 118 (157) = NJW 2006, 751 (Luftsicherheitsgesetz): Ein vom Einzelnen in seiner Gewissensnot trotz rechtlichen Verbots »vorgenommener« (Gesetzesverstoß) und eine auf ihn bezogene Anordnung (müsse) strafrechtlich« womöglich differenziert beurteilt werden. Zum Problem allg. *Volkmann* Merkur 62 (2008), 371 (379) oder *Kersten* JuS 2016, 193 (202).

11 Deshalb ist *Höffe* in Katzenmeier/Bergdolt (Hrsg.), Das Bild des Arztes im 21. Jahrhundert, 2009, 61 (62) auch insoweit zuzustimmen, dass die Gebote der Ethik, Moral und Sittlichkeit letztlich die »höchste Stufe des Normativen« seien.

Schmidt-Jortzig

den vielen **gesundheitsrechtlichen Vorschriften** der Fall, **die für bestimmte Vorhaben noch eine (zusätzliche) ethische Abklärung durch eine dafür berufene Einrichtung (meist eine »Ethikkommission«) vorschreiben.** Da nämlich unklar bleibt, welche Ethik nun normative Verbindlichkeit gewinnen soll,[12] und ja auch die dann gefällten ethischen Einzelbewertungen in den entscheidenden Teilen unwägbar bleiben, weil Werturteile sich nun einmal nicht wissenschaftlich begründen lassen, stößt hier die juristische Kontrolle an Grenzen. In Rechtsvorschriften bleibt das **Tatbestandsmerkmal »Ethik«** stets ein **unbestimmter Gesetzesbegriff,** und bei seiner **Anwendung** kommt den Ethikkommissionen ein **breiter Beurteilungsspielraum** zu. Die Entscheidungen von Ethikbeauftragten, Ethikräten etc lassen sich daher juristisch immer nur auf Verfahrensfehler und Logikbrüche überprüfen.

Grundrechtlich fragwürdig kann daher auch bereits die gesetzliche Verankerung als solche sein, nämlich dann, **wenn die ethische Bewertung** durch eine besondere Einrichtung nicht nur (mit)beratend, dh konsultativ, sondern **(mit)entscheidend, konstitutiv,** sein soll. In staatlichen oder jedenfalls öffentlich-rechtlich organisierten Kranken-, Untersuchungs- oder Forschungseinrichtungen mag das noch hingehen, weil dort die Aufgabenerfüllung allemal unter hoheitlichem Entscheidungsvorbehalt steht. Wo aber (auch) für privat oder privatrechtlich projektierte Absichten eine dritte Ethikbewertung als maßgeblich für die Zulassung (und nicht als bloß zusätzlich gutachterliche Hilfe für den verantwortlichen Handelnden) vorgeschrieben wird, wie beispielsweise bei § 6 Abs. 4 Nr. 2 StZG (aber auch § 3a Abs. 3 Nr. 2 ESchG), entsteht ein grundrechtliches Problem, das hier nur mit Fragen gekennzeichnet werden soll.[13] Ist es angängig, ein vom Akteur aus gesehen drittes, fremdes Werturteil über die spezifische Wertentscheidung zu stellen (bzw. als Voraussetzung zu statuieren), mit der jener selber sein betreffendes Freiheitsrecht (Persönlichkeitsrecht, Forschungsfreiheit oder allgemeine Handlungsfreiheit) verantwortlich zu verwirklichen sucht? Darf solcherart ein Grundrecht überhaupt zugunsten einer anderen *privaten* Rechtsposition eingeschränkt werden, und wenn ja, unter welchen Bedingungen? Stößt sich zudem das autoritative Abhängigmachen von (welchen?) ethischen Bewertungen nicht schon am inhaltlichen Bestimmtheitsgebot für grundrechtliche Einschränkungen? Und führt dann überhaupt die begrenzte Nachprüfbarkeit jener dritten Ethikentscheidung nicht zu einem veritablen Konflikt mit der Rechtsschutzgarantie in Art. 19 Abs. 4 GG?

Es zeigt sich jedenfalls, dass die **Einbringung ethischer Prüfungsvorbehalte in Rechtsvorschriften nicht völlig unproblematisch** ist und der Rechtswissenschaft noch etlichen **Klärungsbedarf** aufgibt.

12

13

---

12 Es gibt eben nicht *die* Ethik. Systematisch werden ja vielmehr (→ § 58 Rn. 2) ganz verschiedene Richtungen diskutiert. Und welche soll denn nun juristisch (jeweils) maßgeblich sein?
13 Ähnlich etwa *Taupitz,* FS Schmidt-Jortzig, 2011, 825 (828, 837 f.).

Sachverzeichnis